山西年鉴

2014

方志出版社

图书在版编目(CIP)数据

山西年鉴.2014 /《山西年鉴》编辑部编.—北京:
方志出版社,2014.11
ISBN 978—7—5144—1437—0

Ⅰ.①山…　Ⅱ.①山…　Ⅲ.①山西省—2014—年鉴　Ⅳ.①Z522.5

中国版本图书馆 CIP 数据核字(2014)第 255569 号

山西年鉴(2014)

编　　者:《山西年鉴》编辑部
责任编辑:黄　彦　冯　松

出 版 人:冀祥德
出 版 者:方志出版社
北京市朝阳区潘家园东里 9 号(国家方志馆 4 层)
邮编　100021
网址　http://www.fzph.org
发　　行:方志出版社发行部
(010)67110500
经　　销:各地新华书店
印　　刷:山西省史志印刷厂

开　　本:889×1194　1/16
印　　张:43.75
字　　数:1560 千字
版　　次:2014 年 11 月第 1 版　2014 年 11 月第 1 次印刷
印　　数:0001 ~ 3000 册

ISBN 978—7—5144—1437—0/K·1176　　定价:380.00 元

山西省政区图

内蒙古自治区
河北省
陕西省
河南省
大同市
朔州市
忻州市
太原市
阳泉市
吕梁市
晋中市
长治市
临汾市
晋城市
运城市
石家庄市
邢台市
邯郸市
安阳市
焦作市
新乡市
郑州市
洛阳市
三门峡市
鄂尔多斯市
韩城市
图例
省级行政中心
市级行政中心
县(市)级行政中心
乡、镇、街办
省级界
市级界
县级界
铁路
高速公路
国道
河流、水库
盐湖
山峰名称及高程
长城
比例尺1:2 850 000

山西省交通旅游图

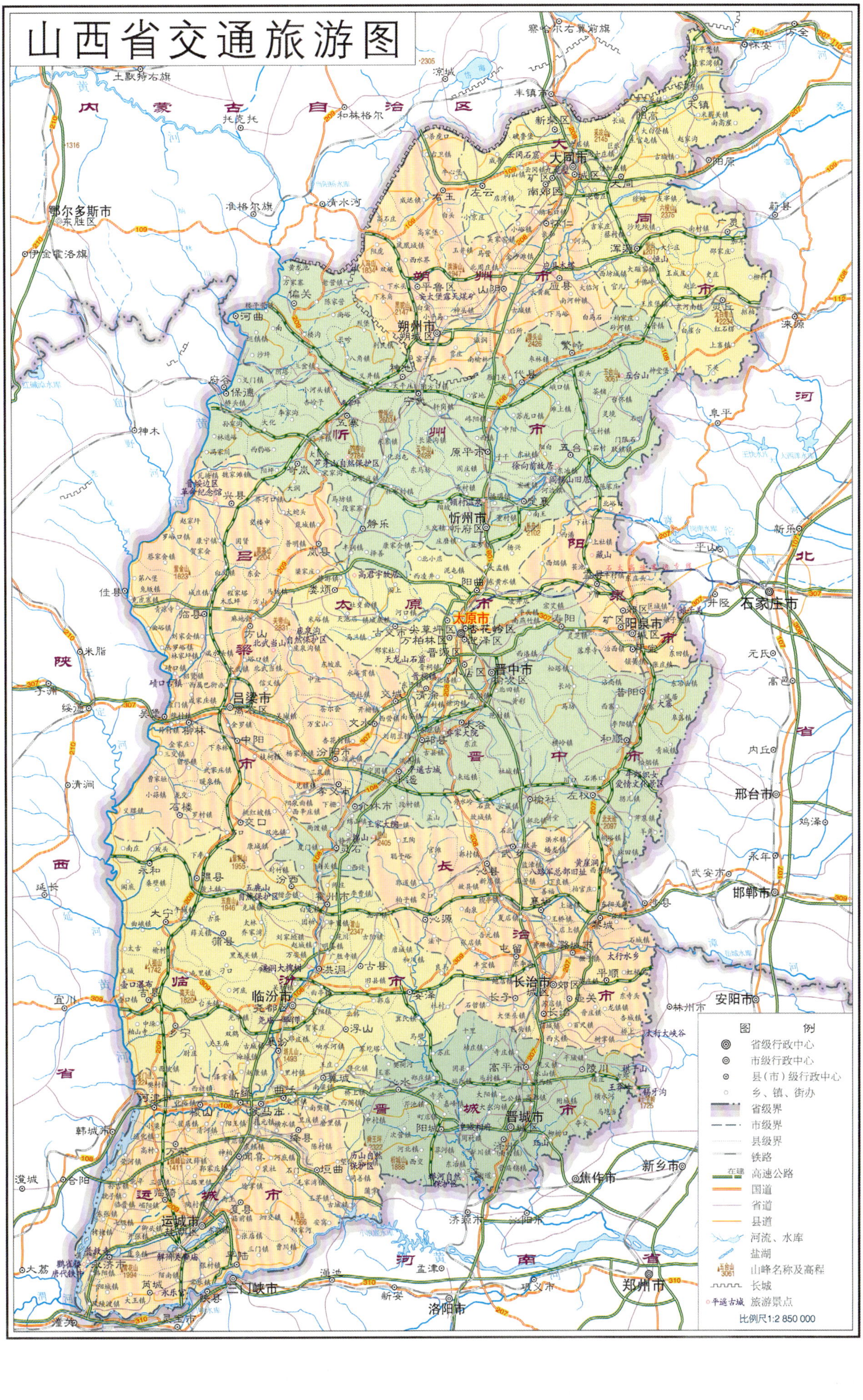
图例
省级行政中心
市级行政中心
县(市)级行政中心
乡、镇、街办
省级界
市级界
县级界
铁路
在建
高速公路
国道
省道
县道
河流、水库
盐湖
山峰名称及高程
长城
平遥古城
旅游景点
比例尺1:2 850 000

数字山西

综合

地区生产总值	12602.2亿元
第一产业	741亿元
第二产业	6712.9亿元
第三产业	5148.3亿元
人均地区生产总值	34810元
法人单位数	244874个
产业活动单位数	323296个

人口

总户数	1313.25万户
常住人口	3629.8万人
男性	1865.4万人
女性	1764.4万人
出生人口	39.15万人
死亡人口	20.17万人

社会从业人员和劳动报酬

社会从业人员	1844.2万人
第一产业	650.6万人
第二产业	519.1万人
第三产业	674.5万人

固定资产投资

全社会固定资产投资	11200.2亿元
第一产业	714.0亿元
第二产业	4657.9亿元
第三产业	5828.3亿元
农村农户投资额	286.5亿元
全社会竣工房屋面积	8308万平方米
#住宅	5514万平方米

对外经济贸易

海关进出口总额	158亿美元
出口总额	80亿美元
进口总额	78亿美元
实际利用外资额	29.9亿美元

能源

一次能源产量	82402 06亿吨标准煤
能源消费总量	20273.5万吨标准煤
煤炭消费量	33475.06万吨
社会用电量	1832.3亿千瓦小时
焦炭外调量	6475.81万吨

物价

居民消费价格总指数	103.1
城镇	103.0
农村	103.2
商品零售价格总指数	101.8
工业生产者购进价格指数	95.5
工业生产者出厂价格指数	90.7

人民生活

城镇居民家庭人均可支配收入	22455.63元
城镇居民家庭人均消费性支出	13166.2元
城镇居民人均住房建筑面积	31.09平方米
农民人均纯收入	7153.50元
农村住户人均生活消费支出	6017.1元
农村居民人均住房面积	33.5平方米

农村经济

农作物播种面积	3782.4千公顷
其中粮食	3274.3千公顷
粮食产量	1312.8万吨
油料产量	19.5万吨
肉类产量	83.2万吨

工 业

工业企业单位	3979个
工业增加值	6006.1亿元
原煤产量	96257万吨
发电量	2603.7亿千瓦小时
生铁产量	4310.7万吨
粗钢产量	4671.4万吨
水泥产量	5269.1万吨

建筑业

建筑业企业单位	2181个
建筑业企业竣工产值	1393.7亿元
建筑业企业总产值	3034.4亿元
建筑业企业房屋建筑竣工面积	3722万平方米

住宿 餐饮业和旅游

限上住宿、餐饮业营业额	121.2亿元
国内旅游人数	24605亿人次
国际旅游人数	212.6万人次
旅游总收入	2305.4亿元
旅游外汇收入	8.2亿美元

财政 金融和保险

公共财政收入	1701.6亿元
公共财政支出	3030.1亿元
城乡居民人民币储蓄存款余额	13339.4亿元
原保险保费收入	412.4亿元

交通运输 邮电通信业

铁路营业里程	3786千米
公路线路里程	13.9万千米
货物周转量	3592.4亿吨／千米
旅客周转量	386.4亿人／千米
市话年末数	433.6万户
农话年末数	105.9万户
移动电话户数	3105.5万户

批发和零售业

社会消费品零售总额	5139.3亿元
市的零售额	4192.5亿元
县的零售额	946.8亿元

教育 科技

高等学校数	70所
高等学校在校学生数	67.7万人
高等学校专任教师数	4.1万人
中等专业学校数	92所
中等职业学校在校学生数	16.38万人
中等职业学校专任教师数	7943万
科学研究机构	129个

文化 体育 卫生 环保

文化馆数	119个
公共图书馆数	127个
体育场地数	10165个
电视台数	3个
医院数	1219个
废水排放总量	47795万吨

（山西省统计局）

首届山西文化产业博览交易会在太原隆重开幕

6月29日，首届山西文化产业博览交易会在省城太原隆重开幕。省委书记袁纯清、省长李小鹏，中宣部副部长、文化部部长蔡武，中国社会科学院院长、党组书记王伟光，国家旅游局局长邵琪伟等巡馆之后，共同开启“文博之门”。省委常委、宣传部部长胡苏平在开幕式致辞，副省长张复明主持。

首届山西文博会紧紧围绕“文化三晋、美丽山西”这一主题，按照“区域影响、地方特色、国家水平、全国一流”的办会思路，由省委宣传部牵头，太原市政府、省直宣传文化系统有关单位及省科技厅、商务厅、旅游局、体育局、煤炭交易中心、山西中华文化促进会等相关单位共同主办。

本次盛会的举行，得到了国内外、省内外文化领域众多单位和企业的积极响应，共有来自14个国家和地区以及24个省市的200多家企业和单位、山西省直和11个市的900多家企业和单位，共计1200多家企业和单位、1万多种产品参展。

大会展览主要包括文化改革发展、文化及相关产业、非物质文化遗产、艺术品、工艺美术等五大类。太原展区的酿醋技艺、临汾展区的花馍作品、长治展区的上党八音会、杏花村汾酒集团展区的杏花美酒、山西宇达集团展区的青铜工艺品、山西影视集团展区的3D电影等等，深受赞许。

开展当日，交易活跃，共有招商项目360个，涉及金额1705亿元，其中签约项目161个，签约金额735亿元。这是山西文化产业生机勃勃的表现，更是山西文化产业发展前景的昭示。

山西广播电视传媒集团
中国网络电视台恭贺

太原 TAIYUAN

展示图书

山西2013年度十大经济新闻

1、转型综改：“实施方案”“行动计划”出台

2、“太原指数”：煤焦现货价格发出“山西声音”

3、首届文博会：构筑文化产业发展新平台

4、扶持中小微企业：27条优惠政策力度空前

5、首发私募基金：山西推进城镇化建设开先河

6、“美丽山西休闲游”：走红海内外旅游市场

7、省属企业：“抱团”进入世界500强

8、武宿综保区“开闸”：晋企走进世界工厂新时代

9、山西品牌：娘子关外开疆拓土

10、2号线开建：太原向地铁时代迈开步伐

要目

Main Contents

编 纂 说 明

一、《山西年鉴》创办于1985年，是山西省人民政府组织、山西省地方志办公室主管主办、《山西年鉴》编辑部编纂出版的大型资料文献，属于每年一册的省级综合性年鉴。其功能定位于全面真实地记载山西省自然、政治、经济、文化、社会等各个领域的基本情况，反映本年度重要事项与发展变化，为国内外读者认识山西、研究山西、投资山西、建设山西提供帮助。

二、《山西年鉴(2014)》记述时限为2013年1月1日至12月31日，特载内容除外。

三、《山西年鉴(2014)》框架在保持历年相对稳定的基础上作了适当调整和增加。新增加部类是"转型综改试验区""开发区"，调整部类是"文物""旅游"。限于框架与实际之差异，个别条目略有交叉，但角度不同，互为参见，保证内容的相对完整。

四、《山西年鉴(2014)》采用分类编排法，共分四个层次编排，即类目、分目、次分目、条目。全书共设立34个类目，203个分目，209个次分目和2156个条目，收录统计图表62张，总字数156万字。

五、《山西年鉴(2014)》配备有主题词检索系统，主题词按首字汉语拼音音序排列。同时，把年鉴内出现的主要缩略语作了辑录注释置于附录。

六、《山西年鉴(2014)》涉及数据由于行业和地区统计口径等方面的原因，个别条目互有不一致之处，当以山西省统计局发布的统计数字为准。统计资料除农业经济、市县概览类目外均使用法定计量单位。

七、《山西年鉴(2014)》稿件由山西省各级党、政、军机关和企事业单位提供。统计资料由山西省统计局提供。照片除署名外由山西画报社提供。

八、《山西年鉴(2014)》由山西年鉴服务部负责发行。读者也可以在山西地方志网(www.sxdfz.com)、山西年鉴网(www.sxnj.com.cn)在线阅读和订阅。

《山西年鉴》创办以来,得到社会各界的大力支持,我们对关心、支持山西年鉴事业发展的各级各部门领导和各位撰稿人表示衷心的感谢!

《山西年鉴》编辑部

二〇一四年九月十一日

省直单位撰稿人名单

姓名	单位
薄晓江	省委办公厅
荆　沛	省委组织部
冯向宇	省委宣传部
王　峰	省委统战部
史竹涛	省委政法委
王小琴	省委机构编制办公室
阎鹏飞	省直属机关工委
杨子晋	省委党史办
张耀东	省委党校
杨卫兵　王　媛	省委信访局
王　宏	省委老干部局
何　涛　秦　钟	省人大常委会办公厅
王　磊　郭　强	省人大常委会办公厅
柏亚华	省政府办公厅
张　琼	省人力资源和社会保障厅
王文广	省民政厅
李晶辉	省公安厅
张利荣	省公安厅交管局
张　霏	省司法厅
刘　诚	省监狱管理局
张小三	省财政厅
董其文	省国税局
徐　鸿	省地税局
宁红伟　郑钰卿	省审计厅
张晋军	省人口和计生委
郭文强	省政府法制办
楚晨希	省外事办
王立品	省统计局
王合龙	省政府参事室(文史馆)
吕继常	省对台办
陈文莉	省政府发展研究中心
高文宏	省地方志办
王　斌	省档案局
石　峥	省发改委
郎卫平	省国资委
张　峰	省国土资源厅
靳国琦	省工商行政管理局
祁治荣　马润卯	省物价局
李　昆	省质量技术监督局
刘英池	省安全生产监督管理局
高　翔	省食品药品监督局
周志清	省政协
牛彦方	省纪委监察厅
马云跃	省高级法院
尹桂珍	省检察院
张志新	省军区
邸俊伟	省武警总队
史永健	省人防办
王明德	民革山西省委
梁俊娜	民盟山西省委
郝文杰	民进山西省委
张云鹏	民建山西省委
胡小龙	农工民主党山西省委
王利波	九三学社山西省委
冯学亮	省工商联
宋海兵　冯　千	省总工会
张　瑜	团省委
李　敏	省妇联
吕轶芳	省作协
王继龙	省科协
王纪山　杜伟琴	省社科联
庞　乐	省侨联
王　岳	三晋文化研究会
侯晓俊	省红十字会
武学亮	省慈善总会
董晨阳	省经信委
王德善	省煤炭工业厅
龙　云	省电力公司
王青山	国家能源局山西监管办
姚文举	省机械电子行业办
康建基	省冶金行业办
霍建星	省化工行业办
王　洋	省建筑材料工业行业办
孙宝明	省纺织业行业管理办
袁　珊　何运燕	省轻工业行业办
赵登斌	省国防科工委
黄永建　王　彬	省食品协会
孙跃武　周　敏	省农业厅
王国丽　张晓鹏	省农业厅
杜文波　赵建民	省农业厅

撰稿人	单位
康　宁　王亚平	省农业厅
贾秀锦　郑戈文	省农业厅
方　果	省农业厅
许云麒　阎维平	省农垦局
郑晓静　侯晋兰	省畜牧兽医局
秦永红	省农机局
杨光宗	省农科院
冀瑞平	省林业厅
王秀芳	省水利厅
边　疆	省中小企业局
冯晓东	省城联社
李国红　米玉婷	省住房城乡建设厅
张运宁　杜晓宇	省重点工程办
闫淑铮	万家寨引黄工程管理局
石振龙	省环保厅
师国梁	省交通运输厅
孙淑环	太原铁路局
市场规划发展部	省民航机场集团公司
石亚萍	省邮政管理局
孙久臣	省邮政公司
张　博	省物资产业集团
孔　鹏	省无线电管理委员会
闫佳男	省通信管理局
赵　苇	电信山西分公司
黄云霞	联通山西分公司
纪红兵	移动山西分公司
原文浩	省展览馆
张红霞	中国煤炭博物馆
陈汾霞　田若微	省博物院
宋晓徽	省口岸办
张新年	太原海关
郑　罡	省出入境检验检疫局
徐晨星	省商务厅
祝志光	省粮食局
司昌平	省供销社
赵　钰	省烟草专卖局
刘丽婷	石化山西分公司
蔡长新	省银监局
张　杰	人行太原中心支行
史俊丽	省农业发展银行
马慕刚	省工商银行
康　宁	省农业银行
罗工滨	中行山西省分行
韩　雪	华夏银行太原分行
赵建伟	建行山西分行
张　晶	晋商银行
王　晶	民生银行太原分行
聂宏伟　雷鹏锋	省农村信用社联合社
许　超	山西邮政储蓄银行
刘　蓉	省保监局
茹哲峰	中国人保山西分公司
周苗为	太平洋财险山西分公司
刘建珍	中国人寿山西分公司
刘志平	太平洋人寿山西分公司
张　倩	平安人寿山西分公司
张　军	省证监局
薛　敏	省教育厅
陈红科	省科技厅
任玉荣	省测绘地理信息局
张素贞	省煤炭地质局
梁述杰	省水文水资源勘测局
李国英	省气象局
车海兵	省地震局
霍春英	省社科院
陈燕萍	省文化厅
李德胜	省图书馆
王振华	省文物局
张　原　李陈华	省文联
潘　焱	省新闻出版局
孔　峰　丁　婕	山西日报报业集团
张　琨	省出版传媒集团
王　珽　杨松吟	省广播电影电视局
王海叶	省旅游局
刘　翔	省卫生厅
刘利民	省医药行业办
王宏德	省体育局
王　静	省民族宗教事务局
闫　鹏	省老龄委
吕竞伟	省残联
刘世锋	省扶贫开发办
郭喜仁	省政府移民办
郎少萍	审计署驻太原特派办
王　磊	财政部驻山西专员办
赵　媛	太原高新技术产业开发区
李立平	长治高新技术开发区
杨成祥　赵新政　李　茂	晋中经济技术开发区
梁　青　段运龙	临汾经济技术开发区
林广源	侯马经济开发区
杨建国	运城空港经济开发区
姚洪涛	风陵渡经济开发区

市县(区)单位撰稿人名单

市志办　太原市地方志办公室
吕少华　牛玉英　小店区史志办
张国文　迎泽区地方志办公室
刘彩秀　杏花岭区地方志办公室
王雪琴　尖草坪区地方志办公室
武超龙　万柏林区地方志办公室
方慧敏　晋源区地方志办公室
杨晓霆　清徐县地方志办公室
崔振刚　阳曲县地方志办公室
李亮存　娄烦县地方志办公室
赵志英　古交市地方志办公室
姚　斌　大同市地方志办公室
徐雅莉　城区地方志办公室
武新田　矿区史志办
石有团　周立娟　南郊区史志馆
贺雨顺　新荣区史志办公室
张守武　阳高县史志研究室
高志英　天镇县史志办公室
张治国　广灵县地方志办公室
高晓彬　刘甫花　灵丘县地方志办公室
范颖莲　浑源县史志办公室
邵明仁　左云县史志办
吉广庆　大同县史志办
任佟苏　杨　文　阳泉市地方志办公室
王世钧　城区地方志办公室
张　嘉　王宏英　矿区地方志办公室
陈益廉　赵连珠　郊区地方志办公室
梁玉珍　洪晓琴　平定县史志办公室
赵平枝　盂县史志编纂委员会办公室
尚竹英　长治市地方志办公室
张少蓉　城区史志办
姜玉罡　郊区地方志办公室
付小波　武俊英　长治县地方志办公室
万瑞星　襄垣县地方志办公室
段蓓蓓　屯留县地方志办公室
王建斌　张国梅　平顺县地方志办公室
王利芳　黎城县地方志办公室
秦慧艳　壶关县史志办
王卫星　长子县史志办
魏春洲　曹小莉　武乡县史志办
王建宏　苗　壮　沁县史志办
宋江华　魏晓燕　沁源县史志办
申俊良　潞城市志办
牛晋军　晋城市地方志办公室
赵同善　杨　盼　城区地方志办公室
张丽霞　沁水县地方志办公室
王家胜　阳城县地方志办公室
焦国锋　陵川县县志编纂委员会
张　静　泽州县史志办公室
秦皓宇　袁路燕　高平市地方志办公室
元雷花　朔州市地方志办公室
常凤霞　王雄一　朔城区政府办
郭文亮　平鲁区政府办
侯志林　曹宝文　山阴县政府办
胡　广　应县政府办公室
李志国　杨健慧　右玉县政府办公室
杨志雁　皇素珍　怀仁县史志办
刘政英　赵保平　晋中市史志研究院
薛丽瑾　榆次区史志办
常彩萍　榆社县史志办
县志办　左权县党史志办
王　燕　张　燕　和顺县史志办
赵珍珠　昔阳县史志办
李丽萍　寿阳县志办
杨　扬　太谷县党史县志办公室
岳丽霞　祁县地方志办公室
韩　娟　平遥县史志办
景茂礼　灵石县史志办
赵俊萍　介休市史志办
石少青　运城市地方志办
何桂兰　盐湖区地方志办公室
程明清　临猗县地方志办公室
薛勇勤　张东宏　万荣县地方志办公室
樊香叶　孟令燕　闻喜县志办
程明云　稷山县地方志办公室
许　隽　新绛县地方志办公室
刘　超　绛县地方志办公室
王建民　垣曲县地方志办公室
孙英杰　夏县地方志办公室
杨卯翠　平陆县地方志办公室

樊志华		芮城县地方志办公室
岳晓转		永济市地方志办公室
王　欣	高创奇	河津市地方志办公室
柴　欣		河津市地方志办公室
赵　芳		忻州市委史志办公室
张新华		忻府区地方志办公室
薄振宇		定襄县史志办
裴志华		五台县史志办
高继东		代县史志办
冯占军		繁峙县地方志办公室
白瑞萍	路玉英	宁武县委史志办
孙定华	温林凤	宁武县委史志办
李燕燕		宁武县委史志办
李青春		静乐县志办
县志办		神池县史志办
朱和森		五寨县志办
贾润高		岢岚县史志办
王巧英		河曲县史志办
武延飞		保德县史志办
卢银柱		偏关县政协文史委
武会文		原平市史志办
李艳洁		临汾市地方志办公室
张洪亮		尧都区志办
张淑霞		曲沃县志办
翟铭泰		翼城县史志办
王建刚		襄汾县志办
曹　月	王俊平	洪洞县地方志办公室
张甜甜		洪洞县地方志办公室
毛华丽		古县地方志办公室
尚晓玲		安泽县地方志办公室
崔　勃	李彤新	浮山县地方志办公室
强培家		吉县地方志办公室
闫　涛		乡宁县地方志办公室
李宏伟		大宁县志办
张克强		隰县地方志办公室
樊永兴		永和县史志办
王建宏	朱荣华	蒲县地方志办公室
陈华伟		汾西县史志办公室
赵香琴	耿文静	侯马市史志办
郭秀东		霍州市史志办
刘翠翠		吕梁市地方志办公室
孙银爱		离石区史志办公室
徐锦笙	郝卫凤	文水县史志办
县志办		交城县地方志办公室
牛小兵		兴县档案史志馆
张海红		临县地方志办公室
张景尧		柳林县地方志办公室
郑凤斌		石楼县地方志办公室
郭学明		岚县地方志办公室
高海龙		方山县地方志办公室
县志办		中阳县地方志办公室
武允明		交口县地方志办公室
张彩琴		孝义市地方志办公室
郭宇霞		汾阳市史志办公室

目 录
Contents

特 载

年度要事

大事记

省情概览

自然地理

资 源

人口 语言

民族 宗教

行政区划

经济建设

法治建设

社会建设

文化建设

生态建设

机构设置和领导人名录

中国共产党山西省委员会

综　述

信 访

台湾事务

党史工作

山西省人民代表大会

综 述

重要会议与部分国家机关工作人员任免

立 法

监 督

山西省人民政府

综 述

重要会议

办公厅

发展和改革委员会

经济和信息化委员会

教育厅

科学技术厅

公安厅

监察厅

民政厅

司法厅

财政厅

人力资源和社会保障厅

国土资源厅

环境保护厅

住房和城乡建设厅

中国共产党山西省纪律检查委员会

民主党派和工商联

民革山西省委员会

民盟山西省委员会

民建山西省委员会

民进山西省委员会

农工党山西省委员会

九三学社山西省委员会

山西省工商业联合会(总商会)

群众团体

山西省总工会

共青团山西省委员会

山西省妇女联合会

山西省作家协会

山西省科学技术协会

山西省文学艺术界联合会

山西省残疾人联合会

山西省社会科学界联合会

山西省归国华侨联合会

山西省红十字会

武 装

山西省军区

司法行政

案　例

经济管理与监督

发展和改革

国土资源管理

国有资产管理

口岸管理

出入境检验检疫

太原海关

工商行政管理

物价管理

质量管理

审 计

统 计

国家财政监督

国家审计监督

安全生产监督管理

食品药品监督管理

能源监督管理

工业经济

经济和信息化

煤炭工业

电力工业

·国网山西省电力公司·

机械电子工业

冶金工业

化学工业

医药工业

建材工业

纺织工业

轻工业

国防科技工业

食品工业

城镇集体经济

转型综改试验区 开发区

转型综改试验区

开发区

农业经济

种植业

农　垦

畜牧业

农业机械化

农业科技

林　业

水　利

中小(乡镇)企业

住房和城乡建设 环境保护

住房和城乡建设

重点工程

万家寨引黄入晋工程

环境保护

交通运输

公 路

铁 路

民用航空

邮政 电信

邮 政

电 信

财政 税务

财 政

税 务

金 融

金融监管

银　行

保 险

商贸 会展

商 贸

粮 食

供销合作

烟草专卖

石油供销

物　流

会　展

文物　旅游

文　物

旅 游

科学技术

科 技

测绘地理信息

煤炭地质

水文水资源勘测

气　象

地　震

社会科学

社科活动

社科研究

著作选介

教 育

基础教育

职业教育和成人教育

高等教育

新闻出版 广播影视

新闻出版

·山西日报报业集团·

·山西出版传媒集团·

广播影视

文　化

文化建设

文学艺术

·文　学·

·艺　术·

·文化产业·

·文化科教·

·非物质文化遗产保护·

·文化交流·

图书馆

档 案

卫生 体育

卫 生

体 育

社会生活

人口 计划生育

婚姻 家庭

妇女 儿童

青 年

老年人

民族 宗教

社会保障

减灾救助

优抚 养老

基层政权和社区建设

社会组织管理

殡 葬

慈 善

扶贫开发

残疾人

移 民

人 物

劳模人物

新闻人物

逝世人物

革命烈士

市县概览

太原市

大同市

阳泉市

长治市

晋城市

朔州市

晋中市

运城市

忻州市

临汾市

吕梁市

附　录

经济和社会发展统计资料

法规选登

CONTENTS

政府工作报告

——在山西省第十二届人民代表大会第二次会议上

山西省人民政府省长　李小鹏

（2014年1月18日）

各位代表：

现在，我代表省人民政府向大会报告工作，请予审议，并请省政协委员和其他列席人员提出意见。

一、2013年工作回顾

过去的一年，我们深入贯彻落实党的十八大、十八届二中、三中全会精神和习近平总书记一系列重要讲话精神，高举中国特色社会主义伟大旗帜，以邓小平理论、“三个代表”重要思想、科学发展观为指导，坚持主题主线和稳中求进工作总基调，攻坚克难，开拓创新，全省经济持续健康发展，社会保持和谐稳定，人民生活水平不断提高，各项工作稳中有为、稳中有进，实现了良好开局。

我们积极应对经济下行压力，经济发展取得新成效。认真落实中央宏观调控政策和各项决策部署，结合我省实际，及时制定实施煤炭20条、低热值煤发电20条、煤层气20条、保障工业运行12条等一系列政策措施，对稳增长发挥了重要作用。

优化投资结构，提高投资效益，“六位一体”推进重点工程建设，全社会固定资产投资首次突破万亿元。大西客运专线、山西中南部铁路通道等铁路建设加快推进，太原地铁2号线开工建设；在建高速公路1250公里，改造国省干线924公里，新建改建农村公路2290公里；吕梁机场建成试航，临汾、五台山机场加快建设；大水网四大骨干工程完成隧洞开挖105公里；新投产电力装机312万千瓦，其中风能和太阳能发电装机120万千瓦；新增燃气管网里程1303公里，总里程达到7019公里，覆盖人口1200多万。

努力扩大社会消费，加快农产品流通体系和社区便民商圈建设，促进电子商务发展，推动全省重点公共场所无线局域网免费覆盖，积极开展“美丽山西休闲游”“山西品牌中华行”等消费促进活动，城乡消费持续增长。努力稳定和拓展外需，太原武宿综合保税区封关运行，机电产品和高新技术产品出口分别增长11.5%、25.7%，外贸转型升级步伐加快。

大力支持实体经济发展，引导煤炭企业增量、稳价、降本、提效，暂停提取有关费用，减轻企业负担近60亿元。支持工业企业挖潜改造，加强产销衔接服务，加大电力外送和省内消纳，促进企业健康发展。实施财政、金融扶持政策，设立20亿元创业投资基金支持创业，投入10亿元支持中小微企业改造升级和科技创新，免征13.5万户小微企业增值税和营业税，“营改增”试点惠及企业2.79万户。全年小微企业新增3.57万户。中小微企业成为促进就业、推动经济发展的重要力量。

据初步统计，2013年全省地区生产总值增长约9%左右，全社会固定资产投资增长22%，社会消费品零售总额增长14%，进出口总额增长5%，公共财政预算收入增长12.1%，城镇居民人均可支配收入增长10%，农民人均纯收入增长12%以上，居民消费价格涨幅3.1%、控制在年度目标3.5%以内，城镇登记失业率3.3%、低于4.2%的控制目标。9项约束性指标全部完成。

一年来，全省上下齐心协力、克服困难，经济社会实现平稳健康发展，全面建成小康社会又迈出了坚实的一步！

我们加快推进经济结构调整,转型发展迈出新步伐。大力改造提升传统产业,煤炭行业建成现代化矿井54座,全省煤炭产量达到9.6亿吨、外运量达到6.2亿吨,11户大型煤炭集团产量占全省的70%以上;焦化行业兼并重组基本完成,企业减少到80户,户均产能由70万吨提高到200万吨;淘汰落后钢铁产能204万吨、焦炭产能756万吨、电力产能21万千瓦、水泥产能350万吨,淘汰落后产能任务全部完成。

加快培育壮大新兴产业,继续实施新兴产业"512"工程,出台加快发展节能环保产业实施方案和行动计划,先进装备制造业、现代煤化工、新型材料工业、特色食品工业等发展势头强劲。太重高铁零部件等项目建成投用,潞安煤制油、太钢不锈钢和硅钢冷连轧、吕梁数据中心等项目加快推进。实施服务业发展"1511"工程,现代物流、信息服务、文化旅游等服务业发展加快,旅游总收入达到2305亿元、增长27.2%,服务业占地区生产总值的比重超过40%。

积极推进节能减排和生态建设,狠抓重点行业和企业节能,扎实推进千项节能改造项目,全省万元地区生产总值综合能耗下降3.8%左右。落实国家大气污染防治措施,制定出台我省实施方案和年度行动计划,大力推进以细颗粒物为重点的大气污染防治,加强水污染防治和城镇污水处理,主要污染物减排任务可全部完成。加大生态环境治理修复力度,治理水土流失面积364万亩,完成高速公路沿线绿化1030公里,全年营造林454万亩。长治、晋城荣获"国家森林城市"称号。强力推进省城环境综合治理,关停污染企业232家,改造拆除小锅炉1.16万台,新增集中供热面积2159万平方米,公交车、出租车基本实现气化,环境质量明显改善。

强化科技和人才支撑,山西科技创新城筹建工作正式启动,水煤浆水冷壁气化炉、煤层气脱氧催化剂、动车轮对关键零部件制造等核心技术取得突破,新建省级重点实验室16家、省级工程技术研究中心7家、省级以上企业技术中心35家。新建院士工作站14个,引进海外高层次人才62名,选拔省级学术技术带头人202名、新兴产业领军人才64名,"千人百县"服务基层活动取得新成效。

一年来,全省上下顶住经济下行压力,保持转型发展定力,转型之路越走越宽广!

我们加大"三农"工作力度,农业农村面貌发生新变化。新实施10项强农惠农富农政策,资金总规模达到60亿元。

加强农田水利基本建设,98座病险水库除险加固全部完成,新启动百座小型水库更新建设,推进大型灌区节水改造,农田实灌面积超过2000万亩。克服严重干旱、冰雪灾害等不利影响,粮食总产量达到131.3亿公斤,再创历史新高。深化农业结构调整,实施七大产业振兴和翻番工程,加快设施蔬菜、水果、中药材等特色产业发展,扶持发展"一村一品"专业村6000个、"一县一业"基地县60个,农产品加工龙头企业销售收入突破千亿元。启动百企千村产业扶贫开发工程,在58个贫困县实施项目209个、总投资690亿元。扎实推进连片特困地区扶贫攻坚,深入开展干部下乡住村包村增收活动,又有47万贫困人口实现脱贫。为农民兄弟新办"五件实事",改造农村困难家庭危房10万户,易地搬迁特困群众11万人,改扩建村级幼儿园546所,为农村配备保洁人员7.2万名、垃圾清运车3.6万台,为1.8万个村安装太阳能路灯36.8万盏,行政村街道亮化任务率先完成。

一年来,全省上下带着感情抓"三农",千方百计促进农业增产、农民增收、农村繁荣,农民群众得到了更多的实惠!

我们着力改善民生和加强社会治理,人民生活质量有了新提高。实施义务教育标准化建设工程和农村薄弱学校改造计划,新建改扩建标准化公办幼儿园216所。进城务工人员随迁子女实现在就读地参加中考。对在读的家庭经济困难儿童、孤儿和残疾儿童每人每年给予1000元的生活补助。创建山西传媒学院、太原学院两所本科院校,建成朔州、晋城两个本科校区,11个设区市实现本科教育全覆盖。9所高校近7万名师生入住高校新校区。

深化医药卫生体制改革,县级公立医院改革试点扩大到83个县,同步推进医药卫生一体化综合改革,试点医院实行药品"零差率"销售。开展贫困地区儿童营养改善试点,2.4万名儿童受益。新建城市社区卫生服务机构92所,省儿童医院新院区启动建设。全省人均基本公共卫生服务经费由25元提高到30元,43项基本公共卫生服务惠及城乡居民。

实施"百县强基""万村千乡"等文化惠民工程,省图书馆、科技馆正式投用,省晋剧艺术中心开工建设。文化精品创作成果丰硕,《粉墨春秋》获全国舞台艺术最高奖"文华大奖"。哲学社会科学、新闻出版、广播影视繁荣发展。全民健身活动丰富多彩,竞技体育水平进一步提高,我省体育健儿在第12届全运会上取得10金8银的优异成绩。

制定实施促进高校毕业生就业的16条措施,包括对城乡低保家庭应届毕业生每人给予1000元求职补贴,组织1万名高校毕业生就业见习并给予补贴,招录公务员、事业单位人员和选聘大学生村官、农村特岗教师2.3万人等,缓解了高校毕业生就业困难。深入开展创业型城市创建活动,加强创业培训和职业指导,为就业困难人员提供"一对一"就业帮扶。全年城镇新增就业51.5万人,转移农村劳动力37万人。

着力提高城乡居民收入,调整高温津贴及一线艰苦岗位津贴标准,企业工资基准线和最低工资标准增长15%以上,落实带薪年休假制度和基层机关事业单位津补贴,提高机关、企事业单位人员取暖补贴标准,为领取保险金的失业人员发放取暖补贴,为全省农户免费发放880多万吨取暖煤。通过发展富民项目、加大补贴力度、转移劳动力、支持返乡创业、干部下乡包村等措施,促进了农民收入持续增加。

全面加强社会保障,城镇职工基本养老、医疗、失业、工伤、生育5项保险实现制度全覆盖。城乡居民基础养老金每人每月增加10元、最低达到65元,企业退休人员基本养老金月人均达到2170元。启动城乡居民大病保险试点,城镇居民医保和新农合财政补助标准提高40元、达到每人每年280元。失业保险金和工伤保险待遇标准平均提高15%。城乡低保标准每人每月分别由308元、148元提高到351元、181元,惠及239万人。为集中供养孤儿、散居孤儿每人每月补助1000元、600元。对2.5万名贫困残疾人实施康复救助。

加快保障性安居工程建设,全年新开工城镇保障性住房24.2万套、基本建成22.1万套,完成农村住房抗震改建1万户、受灾群众住房改建1.86万户。

深入开展平安山西建设,实施"六六创安"工程,加强基层治理体系建设,认真做好信访和人民调解工作,积极排查化解社会矛盾。加强食品安全专项检查,扎实开展药品质量集中整治,食品药品安全保障水平进一步提高。放宽城市城镇落户条件,全面实行居住登记和居住证制度。健全社会治安防控体系,推进民生警务、亲民公安建设,依法打击违法犯罪活动,妥善应对和有效处置各类突发事件,社会保持和谐稳定。

一年来,全省上下不断加大民生投入力度,财政支出总量和增量的八成以上用于民生及相关事业,发展成果更多地惠及广大人民群众!

我们坚持不懈狠抓安全生产,安全生产工作取得新成绩。坚持把安全生产作为最大的民生工程,始终牢记"三个决不能过高估计",始终牢记"三个敬畏",坚决落实政府监管责任,坚决落实企业安全生产主体责任。加强对安全生产的领导,调整安委会组成人员,明确16个行业领域的安全监管责任;深入开展安全生产大检查和"回头看"活动,对重点领域的6.2万户企业进行拉网式排查,关闭非法违法企业1238家;深刻汲取省内外安全生产事故教训,严肃处理南吕梁山隧道爆炸、潞安天脊苯胺泄漏、焦煤汾西正升煤矿透水等事故。全省生产经营性事故起数和死亡人数分别下降7.3%、9.1%,煤炭百万吨死亡率0.077、下降15.4%。安全生产形势持续明显好转,为全省经济社会发展奠定了坚实基础!

我们着力推进改革开放,转型综改区建设实现新突破。坚持以转型综改区建设为统领,制定实施"十二五"后三年实施方案和2013年行动计划,转型综改区建设进入实质性推进阶段。构建和谐煤电关系成效明显,同煤集团成功重组漳泽电力,晋能公司成立运营,全省34户省调主力火电企业有26户实现煤电联营,省内七大煤炭企业分别与有关发电企业签署中长期电煤购销协议,21户企业开展大用户直供电试点。现代煤炭交易体系初步形成,继2012年启动铁路运煤上线交易后,去年又启动公路运煤上线交易,至此我省煤炭销售全部实现网上交易,中国(太原)煤炭交易中心注册交易商达到7556户。成功发布太原煤炭交易价格指数,这是我国首个煤炭主产地价格指数。动力煤期货交易试点前期工作进展顺利。行政审批制度改革取得重大突破,获准国家授权低热值煤发电项目核准权,已为装机812万千瓦的10个项目发放"路条",积极推进煤炭和煤层气矿业权审批制度改革。承接国务院下放行政审批项目33项,取消、下放和调整减少省级行政审批项目435项。在32个县(市、区)推进工商登记制度改革试点。土地管理体制改革深入推进,积极开展城乡建设用地增减挂钩、矿业存量土地整合利用、工矿废弃地复垦利用等试点工作,有效保障了全省建设用地需求。金融创新步伐加快,山西股权交易中心正式挂牌运营,20个县级农信社改制为农村商业银行,金融服务体系不断完善,全省新增各类融资4180亿元。同时,财税体制改革、"飞地经济"发展等积极推进。对外开放进一步扩大,深化省际、省部、省校、省企合作,成功举办文博会、农博会,积极参加中博会等重大展会,招商引资取得新成效。扎实开展对口援疆工作,23项年度重点工程全部完成。

一年来,转型综改试验区建设取得了实实在在的成效,为经济社会发展注入了强大的动力和活力,进一步坚定了全省上下推动转型跨越发展的信心和决心!

我们扎实开展党的群众路线教育实践活动,政府作风焕发新气象。按照中央部署和省委安排,严格执行中央八项规定和我省实施办法,坚决反对"四风",着力解决人民群众反映强烈的突出问题,以为民务实清廉为主要内容,扎实推进教育实践活动各环节工作。坚持立说立行、边查边改,文风会风明显改进,公款吃喝得到有效遏制,停止新建楼堂馆所和清理办公用房工作全面完成,在年初压减省直部门会议经费20%的基础上,又压减部门一般性支出10%,将节省出的经费全部用于改善民生。坚持标本兼治、重在治本,修订完善涉及11个方面的38项制度,制定136条整改措施,明确责任领导和责任部门,整改落实、建章立制工作扎实推进。稳步推进政府机构改革,加强政府系统廉政建设,强化行政监察和审计监督,行政效能和服务水平进一步提升。

加强民主法制建设,自觉执行人大及其常委会的决议、决定,支持人民政协履行职能,全年共办理人大代表建议827件、政协提案748件,向省人大常委会提请审议地方性法规草案9件,制定政府规章1件。"六五"普法深入开展,"法治山西"建设取得新成效。

各位代表,一年来我们走过的道路并不平坦,成绩来之不易。这是党中央、国务院正确领导、亲切关怀的结果,是中共山西省委总揽全局、科学决策的结果,是省人大、省政协大力支持、有效监督的结果,是全省人民齐心协力、艰苦奋斗的结果。在此,我代表省人民政府,向全省人民、人民解放军、武警官兵、公安干警和中央驻晋单位,向各民主党派和人民团体,向所有关心、支持、参与山西改革发展的海内外各界朋友,表示崇高的敬意和衷心的感谢!

我们清醒地看到，我省经济社会发展还存在不少困难和问题，主要是:经济发展规模不大、结构不优、质量效益不高等长期积累的矛盾和问题仍然突出，一煤独大的局面还未根本改变，当前煤炭工业运行困难、企业效益明显下滑、财政增收难度加大，新老问题叠加，加剧了经济运行的压力和困难;节能减排和环境保护任务艰巨，科技创新能力不强，发展方式依然粗放;城乡区域发展差距较大，农民增收特别是贫困地区脱贫困难不小;民生社会事业欠账较多，安全生产基础仍不牢固。

我们还清醒地看到，政府工作仍然存在不少缺点和不足，形式主义、官僚主义、享乐主义和奢靡之风还不同程度存在，思想解放、改革创新不够，调查研究不够深入，对基层、群众工作重视不够，抓落实、求实效下功夫不够，勤俭节约传统有所淡忘，政府职能转变相对滞后，政务环境不优，一些部门推诿扯皮、吃拿卡要现象仍然存在，违规违纪、腐败问题还时有发生。

正视问题为的是解决问题，克服困难才能不断前行。我们要以对党和人民高度负责的态度，事不避难、勇于担当，改革攻坚、创新图强，奋力开创转型跨越发展新局面!

二、2014 年工作安排

2014 年是全面贯彻落实党的十八大和十八届三中全会精神、扎实推进转型跨越发展的关键一年。

当前，我们仍处于发展的重要战略机遇期，经济长期向好的基本面没有改变;党的十八届三中全会开启了全面深化改革的新征程，改革红利、发展动力、市场活力将得到进一步释放;国家深入实施内陆开放战略、中部崛起战略，重点支持中西部地区城镇化发展，政策支撑更加有力;中央继续实施积极的财政政策和稳健的货币政策，加之去年以来我省出台的一系列政策举措，集成效应将不断显现;特别是我省转型综改区建设向纵深推进，国家综合能源基地建设步伐加快，以煤为基、多元发展的产业格局正在形成，发展的基础和条件更加有利，发展空间更为广阔。但前进道路上也面临诸多挑战，外部经济形势严峻复杂，不稳定、不确定因素依然存在。受外部需求不旺、产能过剩和环保约束等因素影响，我省传统支柱产业运行困难，经济下行压力仍然较大。我们必须增强机遇意识和忧患意识，坚定信心、攻坚克难，推动各项工作再上新台阶。

做好今年的政府工作，要贯彻落实好省委十届五次全会提出的工作总要求:“高举中国特色社会主义伟大旗帜，以邓小平理论、‘三个代表’重要思想、科学发展观为指导，全面贯彻落实党的十八届三中全会和中央经济工作会议精神，坚持稳中求进、改革创新的总要求，以转型综改试验区建设为统领和切入点，全面深化改革，强化创新驱动，加快先行先试，加快转变发展方式和调整经济结构，着力保障和改善民生，增强市场和社会活力，推进经济、政治、文化、社会和生态文明建设，以教育实践活动为抓手加强党的建设，切实提高经济发展的质量和效益，促进经济持续健康发展，保持社会和谐稳定，为走出资源型地区转型跨越发展新路、全面建成小康社会努力奋斗。”

2014 年我省经济社会发展的主要预期指标是:地区生产总值增长 9%左右，全社会固定资产投资增长 20%，社会消费品零售总额增长 14%左右，公共财政预算收入增长 9%左右，城镇居民人均可支配收入、农民人均纯收入分别增长 10%左右和 10%以上，城镇新增就业岗位 51 万个，城镇登记失业率控制在 4.2%以内，居民消费价格涨幅控制在 3.5%左右。

约束性指标是:万元地区生产总值综合能耗下降 3.5%，万元地区生产总值二氧化碳排放量下降 3.7%，二氧化硫、化学需氧量、氨氮、氮氧化物减排完成国家下达任务，烟尘、粉尘排放量均下降 0.5%，万元工业增加值用水量下降 5.5%。

今年，要在全面做好各项工作的同时，重点抓好以下几个方面的工作:

(一)大力推进转型综改区建设。认真贯彻省委《关于深入贯彻落实党的十八届三中全会精神加快推进转型综改区建设的若干意见》，深入推进各项改革。大力实施转型综改三年实施方案和 2014 年行动计划，积极开展“转型综改攻坚年”活动，力争在一些事关转型全局的重大改革方面取得突破。着力抓好国家赋权的三项重大改革。依法依规推进低热值煤发电项目审批及煤炭、煤层气矿业权审批，以动力煤为试点，引入期货交易机制，探索开展区域性商品衍生品交易。深化国有企业改革。推进国有企业股权多元化，积极发展混合所有制经济。健全法人治理结构，推进财务等重大信息公开，健全国有资本经营预算和收益分享制度，改进国企负责人考核评价机制，合理增加市场化选聘比例，改革国企管理人员和职工收入分配、福利待遇等制度。推进资源配置市场化改革。实施煤炭资源市场化配置，完善矿业权交易市场。开展自然资源资产化管理试点，加强资源管理。深化资源性产品价格改革，完善居民水、电、气等阶梯价格制度，推进引黄原水直供，加快实施分质供水。深化财税体制改革。改革预算管理制度，推动绩效预算，清理、整合、规范专项转移支付，规范政府融资平台，建立健全政府性债务管理制度和风险预警机制，积极推进煤炭清费立税和资源税从价计征改革，继续推进“营改增”。深化投资体制改革。确立企业投资主体地位，建立民间资本投资开放项目库，支持民间资本以独资、参股、控股等多种方式进入基础设施、市政公用设施和金融、电信、文化、卫生等领域，鼓励非公有制企业参与转型综改重大项目。积极稳妥推进高速公路投资建设管理体制改革。加快金融创新发展。加强银企对接，创新金融产品，扩大股权、债权融资，积极发展私募基金，提高直接融资比重;支持具备条件的民间资本依法发起设立中小型银行等金融机构;探索新型抵押担保手段，稳步推进土地流转预期收益抵押贷款，加大对小微企业、“三农”和结构调整的金融服务力度，发展普惠金融;优化金融环境，防范化解金融风险。推进土地管理制度改革。

深化城乡建设用地增减挂钩等改革，积极推进朔同地区重度盐碱地转为建设用地等试点工作，探索建立城乡统一的建设用地市场，开展农村集体经营性建设用地出让、租赁、入股试点工作，稳妥推进不动产登记制度改革。

进一步扩大对外开放，加快建设外贸转型升级示范基地，扩大优势产品和高附加值产品出口，鼓励先进技术、关键设备和重要原材料进口。充分发挥太原武宿综合保税区的作用，加强口岸建设，促进贸易便利化。创新开发区和各类园区管理体制，积极发展"飞地经济"。加强区域合作，主动融入环渤海经济圈、中原经济圈，加快推进晋陕豫黄河金三角产业转移示范区建设，积极对接丝绸之路经济带。深化与中央部委、高校、科研院所和央企等各类企业的合作，全面落实好各项合作协议。办好能博会、文博会、晋商大会和特色农产品北京展销周等活动，做好中博会等重大展会参展工作。

改革开放永无止境，转型综改重在行动。我们要解放思想、转变观念，大胆探索、先行先试，扎实稳妥、有序推进，努力开创改革开放新局面！

（二）促进经济平稳健康发展。进一步扩大消费。支持企业提供优质、大众、绿色、低碳的产品和服务。鼓励信息消费和新兴服务类消费。加快发展电子商务，支持太原建设国家电子商务示范城市。引深"山西品牌中华行"等消费促进活动。推进城市商贸中心、特色商业街和"15分钟便民商圈"建设，加快农产品现代流通示范区建设，发展一批乡村基本生活综合服务中心。严厉打击制售假冒伪劣产品、价格欺诈、计量欺骗等不法行为，让人民群众安全、放心消费。

促进投资增长和结构优化。"六位一体"推进重点工程建设，加强基础设施、产业发展、城镇化和生态环保、民生和社会事业等重点领域投资，发挥好政府投资的引导作用，多渠道筹措建设资金，促进全社会固定资产投资完成1.3万亿元。完成大西客运专线建设任务，实现太原至西安段通车运营；加快中南部铁路通道建设，全面完成山西段建设任务；加快其他在建铁路项目建设，积极推进大张线、太焦线、太榆城际铁路、阳泉城际铁路等项目前期工作。新建续建高速公路732公里，新建改建国省干线公路800公里、农村公路1000公里。实现临汾机场建成试航，加快五台山机场建设。抓好大水网四大骨干工程、引黄配套工程和百座小型水库建设，加快古贤水利枢纽工程前期工作。

支持各类企业健康发展。加快推进大企业"双千亿""双百亿"工程建设，引导大企业加快技术升级和品牌培育。实施中小微企业成长工程，落实扶持政策，完善服务体系，新培育年销售收入超亿元的"小巨人"企业100户以上。深化工商登记制度改革，推行公司注册资本认缴登记制，实行企业年检改年报，试行先照后证，为各类企业发展创造良好环境。

（三）加快转变经济发展方式。积极推进国家综合能源基地建设。落实好煤炭"20条"，促进煤炭工业可持续发展，加快整合重组矿井技术改造和现代化矿井建设，加大煤炭就地转化力度，延伸煤电铝、煤焦化、煤建材等循环产业链。推动电力工业高效清洁发展，推广应用大容量、高参数、节能环保型机组和先进技术，加快低热值煤发电项目、电力外送通道和电网建设，完善多边交易机制，扩大大用户直供电试点范围。推进煤电一体化发展，鼓励煤电企业以股权为纽带实现联营，鼓励双方签订中长期购销协议。加快煤层气产业发展，加大勘探开发、管线连通和推广应用力度，新增覆盖人口300万。积极发展风能、太阳能、生物质能等新能源产业。

大力改造提升传统产业。按照尊重规律、分业施策、多管齐下、标本兼治的原则，全面清理、分类处置违规项目，严禁上马新增产能过剩项目，提高并严格执行能耗、环保、安全等行业准入标准，有效化解钢铁、焦化、水泥、电解铝等行业产能过剩矛盾，做好职工安置、债务化解等工作。积极应用信息技术和先进适用技术，提升装备水平，促进集群发展。大力推进焦化行业化工产品深加工，推动钢铁产业置换升级和铝镁产业链条延伸，加快建材行业技术改造，提升产品附加值和竞争力。

加快发展新兴产业和服务业。做大做强煤炭机械、重型机械等优势装备制造业，培育壮大煤化工装备、煤层气装备、铁路装备等潜力装备制造业。加快潞安180万吨煤制油、焦煤60万吨甲醇制烯烃、同煤40亿立方米煤制天然气等项目建设。围绕资源循环利用、节能环保服务及装备制造等重点领域，加快发展节能环保产业，力争在半导体照明、高效节能锅炉、低温余热发电装备等方面取得突破。推进"宽带山西"和"三网"融合建设，加快发展物联网、云计算等新一代信息技术。推进太原、晋城国家新能源汽车推广应用示范城市建设，带动全省新能源汽车产业加快发展。大力发展新型材料、特色食品、现代医药等新兴产业，推进太钢高端碳纤维、汾酒工业园等项目建设。落实好支持服务业发展的各项政策措施，着力打造"晋善晋美"文化旅游品牌，积极发展现代物流、研发设计、检验检测等生产性服务业，大力发展育幼养老、家政服务、健康休闲等生活性服务业。

实施创新驱动发展战略。高起点推进山西科技创新城建设，以产业链配置创新链，以创新链配置资金链，引进和培育一流的研发机构、科研项目和科技企业，努力打造国家煤基科技及产业创新高地。启动实施国家创新驱动发展战略山西行动计划和低碳创新行动计划，围绕煤炭安全、高效、清洁、低碳利用以及煤层气开发利用等领域，重点布局一批科技攻关项目。深化科技体制改革，加大科技投入，完善科技投融资体系，引进风险投资基金，建立产学研协同创新机制，强化企业技术创新主体地位，提高自主创新能力。坚持高端引领、以用为本，加大人才培养、引进力度，建立健全人才发现、评价、激励、流动等机制，完善服务保障措施，为转型跨越发展提供强有力的智力支撑。

（四）进一步做好"三农"工作。始终坚持把"三农"工作作为重中之重,以促进农民增收为核心,全面深化农村改革,加快推进农业现代化和新农村建设。

稳定发展粮食生产。加大强农惠农富农政策支持力度,今年再出台10项政策,新增10亿元补贴资金,调动农民种粮务农的积极性。加快灌区节水改造、病险水库除险加固和"一村一井"建设,推进中低产田改造和粮食高产创建工程,增强农业综合生产能力,搞好粮食收储,确保粮食安全和重要农产品有效供给,确保农产品质量安全。

大力发展特色现代农业。加快推进现代农业示范区和雁门关生态畜牧经济区建设,深入实施"一村一品"、"一县一业"和七大产业振兴翻番工程。发展壮大农产品加工龙头企业,健全农业社会化服务体系。加快推进农业科技创新和农业机械化。培育推广优良品种,发展若干骨干种子企业。切实做好农村土地承包经营权确权登记颁证工作,有序推进农村土地流转,发展多种形式规模经营。鼓励发展专业大户、家庭农场、农民合作社、农业企业等新型农业经营主体。

深入实施百企千村产业扶贫开发工程。建立完善示范带动、项目支撑、政策支持、考核激励等机制,加大农企对接力度,加快项目落地和资金落实,完善利益共享机制,带动贫困地区实施区域化、规模化产业扶贫开发,促进农民增收和企业转型。整合扶贫资源,改进扶贫方式,实施精准扶贫,深入推进连片特困地区扶贫攻坚,扎实开展领导干部包村增收、机关定点扶贫工作,今年再实现47万贫困人口脱贫。

着力改善农村人居环境。制定和实施改善农村人居环境规划纲要,坚持改善农村人居环境与巩固两轮"五个全覆盖"成果、办好"五件实事"相结合,与实施百企千村产业扶贫开发工程相结合,与工业化、城镇化相结合,与国民经济和社会发展规划相结合,因地制宜、分类指导,分步实施、长期推进,大力实施以农村基础设施和公共服务为重点的完善提质工程,以采煤沉陷区治理、易地搬迁、危房改造为重点的农民安居工程,以垃圾污水治理为重点的环境整治工程,以美丽乡村建设为重点的宜居示范工程,加大中心村建设力度,逐步改善农村生产生活条件。

扎实办好"五件实事"。今年再改造农村困难家庭危房15万户,改造农村幼儿园300所,易地搬迁农村贫困人口10万人,深入推进乡村清洁工程,在已完成行政村街道亮化工程的基础上,今年再将10万名新型职业农民培训纳入"五件实事"。为农民办实事,政府责无旁贷。我们就是要办一件、成一件,成一件、增一件,持续不断地为农民办好事,让农民兄弟的日子越过越红火!

(五)积极稳妥推进特色新型城镇化。认真贯彻落实中央城镇化工作会议精神,从省情出发,坚持遵循规律、因势利导、顺势而为、水到渠成的指导思想,坚持以人为本、优化布局、生态文明、传承文化的基本原则,按照国家新型城镇化规划,完善和实施我省城镇化规划,努力提升城镇化质量和水平。

推进"一核一圈三群"建设。加快太原城市群建设,支持太原率先发展,大力推进地铁2号线、汾东商务区等重点工程。推动太原晋中同城化,今年在道路互通、公交对开、通信一体、金融同城等方面取得新突破,促进太原与吕梁、忻州、阳泉融合发展。加快大同都市区、上党城镇群、百里汾河新型经济带等城镇组群发展。积极推进区域性中心城市扩容提质,抓好新区建设和城中村、棚户区等旧区改造。探索"以矿建镇"模式,推进矿区城镇化,促进资源型城市可持续发展。高标准规划建设大县城和重点镇,促进工业、商贸等各类产业园区发展,完善基础设施和公共服务,增强县城和小城镇的辐射力和带动力。

提高城镇建设和管理水平。严格实施城乡规划,保持规划的权威性、连续性、协调性。加强建筑质量管理,实行建筑质量终身负责制。推进智慧城市、公交都市、卫生城市建设,增加城市公共绿地和活动场所。严守生态红线,盘活存量土地,切实保护耕地、园地、菜地等农业空间,强化建设用地效益考核,提高城镇建设用地集约化程度。

完善城镇化健康发展体制机制。建立透明规范的城市建设投融资机制,鼓励社会资本参与城市公用设施投资运营。深化户籍制度改革,落实我省放宽城镇和城市落户条件的有关政策,促进有能力在城镇稳定就业和生活的农业转移人口有序实现市民化,稳步推进城镇基本公共服务常住人口全覆盖。

(六)加快文化改革发展。培育和践行社会主义核心价值观,大力弘扬山西精神,切实抓好文化建设"六大工程",加快建设文化强省。

深化文化体制机制改革。按照政企分开、政事分开原则,推动政府部门由办文化向管文化转变。坚持正确舆论导向,加强对互联网的引导和管理。促进转企改制国有文艺院团改革发展,推动经营性文化单位建立完善法人治理结构。扩大政府文化资助和文化采购,探索建立政府购买公共演出服务机制。在公益性文化事业单位逐步推行全员聘用制和岗位责任制。

提高公共文化服务水平。抓好山西广电中心、晋剧艺术中心等重点工程,推进市县文化场馆建设,整合基层宣传文化、体育健身等设施,建设综合性文化服务中心。积极创建公共文化服务示范区,扎实开展"文化惠民在三晋"系列活动。实施哲学社会科学创新工程,发展新闻出版、广播影视、文学艺术事业。加强文物和非物质文化遗产保护,依法打击破坏和盗窃文物等违法犯罪行为。

加快发展文化产业。培育壮大省属骨干文化产业集团,大力扶持中小微文化企业健康发展,实施重大文化产业项目带动战略,鼓励社会资本投入文化领域。大力推动文化产业园区建设和动漫、院线等新型文化业态发展,促进文化与科技、旅游等产业深度融合。完善文化市场准入、运行、竞争和退出机制,健全现代文化市场体系。创作文化精品、讲好山西故事,加强对外交流、唱响山西品牌,让独具魅力的三晋文化走向全国、走向世界!

（七）在改善民生和创新社会治理中加强社会建设。加快教育综合改革和健康发展。新建、改扩建200所标准化公办幼儿园。统筹城乡义务教育资源均衡配置，实施义务教育学校标准化建设，加快农村义务教育薄弱学校改造，积极破解择校难题。将农村初中、小学生均公用经费补助标准提高60元，分别达到760元、560元。普及高中阶段教育。加快发展现代职业教育，抓好实训基地建设。推进继续教育、特殊教育改革发展。探索省市共建高校模式，加强特色学科和急需专业建设，推动高等教育内涵式发展。完善高校新校区各项配套设施。推进筹建山西艺术学院前期工作。支持引导民办教育发展。加强教师队伍和师德建设。切实减轻学生课业负担，促进学生身心健康。健全家庭经济困难学生资助体系。

积极推进考试招生制度改革，实行进城务工人员随迁子女在就读地参加高考。

积极扩大就业。实施更加积极的就业政策，建立经济发展和扩大就业联动机制，建立健全城乡统筹的公共就业服务体系，加强劳动者技能培训和权益保护，全面做好高校毕业生、农村转移劳动力、城镇困难人员、退役军人等群体的就业工作。实施大学生创业引领计划和离校未就业毕业生就业促进计划，政府购买基层公共管理和社会服务岗位更多用于吸纳高校毕业生就业。开展创业型城市创建活动，实行劳动者创业“先贷后补”办法，降低创业门槛，激发创业活力。

着力增加居民收入。深化收入分配制度改革，形成合理有序的收入分配格局。完善最低工资制度，强化企业职工工资调控，实现规模以上企业工资集体协商全覆盖。加强监督检查，确保基层机关事业单位工资和津补贴正常发放。提高住房公积金覆盖率。突出抓好农民增收，提升农业生产经营水平，保障农户宅基地用益物权，完善征地补偿制度，加大以煤补农、以工补农力度，健全农民工工资支付保障机制，多渠道增加农民收入。

完善社会保障体系。整合城乡居民基本养老保险制度，推进机关事业单位养老保险制度改革，稳步推进企业年金、职业年金等补充养老保险。企业退休人员基本养老金提高10%。加强养老机构建设。整合城乡居民医保制度，完善医疗保险异地就医结算办法。城镇居民基本医保和新农合年人均财政补助标准由280元提高到320元。城乡低保标准每人每月分别提高25元、22元，达到376元、203元。农村五保对象集中供养、分散供养省级补助标准提高10%。建立一级重度残疾人护理补贴和贫困一级重度残疾人生活补贴制度，每人每年补贴480元，对5万名贫困残疾人进行康复救助。稳定物价水平，完善社会救助和保障标准与物价上涨挂钩的联动机制。

加快推进保障性住房建设。完善基本住房保障和供应体系，今年再开工建设城镇保障性住房23万套、建成18万套。规范保障性住房管理、分配，推进公共租赁住房和廉租住房制度并轨运行。加大普通商品住房土地供应，增加中小户型商品房供给，促进房地产市场健康发展。

大力发展医药卫生事业。健全全民医保体系，完善重特大疾病医疗保险和救助制度。巩固和发展县级公立医院综合改革成果，探索城市公立医院改革。加强疾病预防控制，推进城乡基本公共卫生服务均等化，完善社区卫生服务体系。加强全科医生培养，支持和鼓励社会办医。加快推进省儿童医院新院区建设。扶持中医药事业发展。做好人口计生工作，启动实施一方是独生子女的夫妇可生育两个孩子的政策。广泛开展全民健身活动，办好第14届省运会。

加强和创新社会治理。健全和落实重大决策社会稳定风险评估机制，改革信访工作制度，建立畅通有序的诉求表达、心理干预、矛盾调处、权益保障机制，有效预防和化解社会矛盾。扎实推进城镇社区“网格化”管理，做好社区矫正工作。探索农村社区管理新模式，健全农村留守儿童、妇女和老年人关爱服务体系。加快建立最严格的食品药品安全监管制度，努力形成生产、流通、消费全过程追溯体系，保障人民群众饮食、用药安全。加强应急管理和防灾减灾能力建设，妥善应对各类突发事件。加强社会治安综合治理，依法严密防范和惩治各类违法犯罪活动，扎实推进平安山西建设。

民生无小事，枝叶总关情。我们要更加关注民生、切实保障民生、不断改善民生，把关系民生的工作一项一项抓紧抓好、一件一件落到实处，让人民群众共享改革发展新成果！

（八）深入推进生态文明建设。建立健全生态文明制度体系，加快实施主体功能区战略，促进绿色发展、循环发展、低碳发展。

着力推进节能降耗。推进工业、建筑、交通、公共机构等领域节能降耗，做好煤炭、焦化、冶金、电力、化工、建材等重点行业节能工作。深入开展能效对标活动，推进千项重点节能改造项目建设，实施企业电机和锅炉系统能效提升计划，推进千家企业节能低碳行动和企业清洁生产。实施节能产品惠民工程，推广应用节能、节水、节材的产品、技术和设备。

强力推进减排治污。深入开展重点行业脱硫、脱硝、除尘改造，推进市区重污染企业搬迁改造，加快淘汰黄标车，推进油品升级，加大天然气、煤层气等清洁能源供应推广力度，扩大集中供热实施范围，强化扬尘治理，加强细颗粒物监测和区域联防联控，有效防治大气污染，减少雾霾天气。启动实施水清洁行动计划，加快城镇污水、垃圾处理设施建设，加强农业面源污染治理。继续抓好省城环境质量改善，如期实现“三年大见成效”的目标。积极开展节能量、碳排放权、排污权、水权交易试点，建立吸引社会资本投入生态环境保护的市场化机制。加大环境执法力度，严肃查处违法行为。

加快推进造林绿化和生态治理修复。深化集体林权制度改革，完善林权抵押贷款、森林保险等配套政策。继续实施林业“六大工程”，重点加强吕梁山生态脆弱区林业生态建设，推进高速公路、国省道和旅游公路沿线绿化工程,全年营造林450万亩。开展汾河、桑干河等6条重要河流及15条中小河流治理,启动引黄输水沿线水源地生态保护工程。完善生态补偿机制,全面推进采空区、沉陷区、水土流失区、煤矸石山的生态环境治理修复。启动晋祠泉复流工程,让千古名泉早日重现昔日风采。

大力发展循环经济。着力构建循环型工业体系,实施工业园区循环化改造。加强共生和伴生矿产资源回收利用,推进废水、废渣、废气和余压、余热循环利用,重点抓好粉煤灰、煤矸石、尾矿等大宗固废综合利用,支持朔州加快建设全国工业固废综合利用示范基地,推动废旧家电和机电产品等再生资源产业化发展。发展生态友好型农业,推广秸秆综合利用。启动晋城、孝义国家循环经济示范城市创建工作。

恢复生态、治理环境、建设美丽家园,是我们的共同职责。全省上下要齐心协力、扎实工作,使三晋大地天更蓝、水更清、山更绿、环境更宜人!

(九)切实抓好安全生产。强化安全发展理念,坚持"三个决不能过高估计"的基本判断,敬畏生命、敬畏责任、敬畏制度,严格落实安全生产责任,形成人人都有责任心、事事都有责任制、处处都把责任落到实处的工作机制和氛围。坚持并落实好一系列行之有效的安全生产规章制度,完善安全生产长效机制。按照"全覆盖、零容忍、严执法、重实效"的要求,采取不发通知、不打招呼、不听汇报、不用陪同,直奔基层、直插现场的方式,加大抽查、督查力度。切实抓好煤矿、非煤矿山、尾矿库、道路交通、危险化学品、特种设备、建筑施工、水库等领域及学校、商场等人员密集场所的安全隐患排查治理。加大安全投入,强化人员培训,推进科技兴安,深化安全质量标准化建设。严格落实安全生产目标责任考核"一票否决制",严肃对待事故、严格追究责任,坚决遏制重特大事故、减少一般性事故,为改革发展提供安全保障。

安全生产是民生,是最基本的民生;是责任,是比泰山还重的责任;是红线,是任何人、任何时候、任何地方都不可触碰的高压红线。我们要时刻绷紧安全生产这根弦,扎实抓好安全生产工作,促进全省安全生产形势持续明显好转,并向稳定好转坚实迈进!

支持国防和军队建设,深入开展双拥工作,发展人民防空事业,促进军民融合式发展。落实民族宗教政策,做好外事、侨务、对台等工作,发展妇女儿童、老龄、残疾人和红十字会等事业,抓好气象、地震、科普、档案、参事、史志等工作。搞好第三次经济普查和地理国情普查。积极推进援疆工作。

一分部署,九分落实。今年的改革发展任务十分繁重,做好各项工作,必须强化改革创新意识,努力建设法治政府、服务政府、责任政府、廉洁政府和学习型政府。加快职能转变。进一步简政放权,深化行政审批制度改革,认真做好国务院下放审批事项的承接工作,继续取消和下放省级行政审批项目,公布省级政府行政审批清单,优化审批流程,提高审批效率。完善政府机构设置和职能配置,严格控制机构编制,财政供养人员只减不增。省级政府机构改革一季度完成,市县机构改革年内基本完成。加快事业单位分类改革,推进行业协会、商会与行政机关脱钩。建立健全政府购买公共服务机制。探索省直管县体制改革,推进扩权强县、扩权强镇改革试点。完善目标责任考核评价体系,推行绩效管理。严格依法行政。自觉接受人大及其常委会的监督,主动接受政协的民主监督,广泛听取民主党派、工商联、无党派人士意见,充分发挥工会、共青团、妇联等人民团体作用。支持法院、检察院依法独立公正行使职权。完善科学民主决策机制,增强公共政策制定的透明度和公众参与度。发展基层民主,做好第十届村委会换届选举工作。善于运用法治思维和法治方式履行职能,做好政府立法,推进综合执法,加强行政复议,开展普法教育,完善法律援助。实行严格的行政问责制,大力整治行政不作为、乱作为现象,严厉查处失职、渎职行为。加强廉政建设。贯彻落实十八届中央纪委三次全会精神,认真执行中央建立健全惩治和预防腐败体系规划,全面落实政府系统党风廉政建设责任制,严格执行廉洁从政各项规定,将廉政建设的要求贯穿于改革工作全过程。加强行政监察和审计监督,建立健全多种形式的监督机制,促进政府部门全面正确履行职责。加强电子政务建设,完善办事公开制度,依法公开权力运行流程。严格执行中央厉行节约、反对浪费的有关规定,严控"三公"经费,规范公务接待,严肃查处各类违法违纪案件,做到干部清正、政府清廉。改进工作作风。巩固党的群众路线教育实践活动成果,抓好建章立制和整改落实,深入开展第二批教育实践活动。认真执行中央改进工作作风的各项规定和我省的一系列制度办法,加大"四风"和庸懒散奢治理力度,切实解决门难进、脸难看、话难听、事难办等问题。加强学习,深入调研,提升素质和能力,大兴苦干实干之风,始终保持昂扬的精神状态,牢记党的宗旨,行使好人民赋予的权力,对人民负责,为人民服务,不负人民重托!

各位代表,全面深化改革的号角已经吹响,转型跨越发展的步伐更加坚实有力。让我们紧密团结在以习近平同志为总书记的党中央周围,在省委的坚强领导下,紧紧依靠全省人民,进一步凝聚改革发展的正能量,锐意进取,真抓实干,为实现转型跨越发展、全面建成小康社会的宏伟目标而努力奋斗!

关于山西省2013年国民经济和社会发展计划执行情况与2014年国民经济和社会发展计划草案的报告(摘要)

——在山西省第十二届人民代表大会第二次会议上

山西省发展和改革委员会主任 王 赋

(2014年1月18日)

一、2013年全省国民经济和社会发展计划执行情况

2013年,面对错综复杂的外部经济环境,在省委、省人大、省政府、省政协的坚强领导和监督支持下,全省上下坚持主题主线和稳中求进工作总基调,突出转型综改试验区建设的统领作用,科学应对经济下行压力,及时出台一系列稳增长、调结构、促转型、惠民生政策措施,确保经济运行保持在合理区间内,经济增长质量有了新提高,民生和社会事业取得新进展,省十二届人大第一次会议确定的各项目标任务顺利完成。据初步统计,全省地区生产总值12600亿元,增长9%左右。全社会固定资产投资11200亿元,增长22.1%,历史上首次突破万亿元大关。社会消费品零售总额4988.3亿元,增长14%。公共财政预算收入1700亿元,增长12.1%。城镇居民人均可支配收入22456元,增长10%。农民人均纯收入7154元,增长12.5%。城镇新增就业岗位51.5万个,超额完成年度任务。城镇登记失业率3.3%,低于4.2%的控制目标。居民消费价格涨幅3.1%,控制在年度目标3.5%以内。万元地区生产总值能耗下降3.8%左右,万元地区生产总值二氧化碳排放量下降3.7%,万元工业增加值用水量下降5.2%,二氧化硫、化学需氧量、氮氧化物、氨氮、烟尘、粉尘等主要污染物减排全部完成年度任务。

(一)投资规模首次超万亿,稳增长工作成效突出。全力扩大投资。在年初确定9600亿元重大项目投资盘子的基础上,针对重大基础设施投资减少和经济下行压力较大的实际情况,新增铁路、保障性住房等领域投资计划300亿元,全年投资完成11200亿元,增长22.1%。抓好重大基础设施建设。铁路建设预计完成投资570亿元,大西客运专线、中南部大通道等项目加快推进。公路建设预计完成投资400亿元,在建高速公路里程1250公里,重点支持左权至黎城、岢岚至临县等项目建设。机场建设预计完成投资17亿元,吕梁机场建成试航,五台山、临汾机场加快推进。水利建设预计完成投资193亿元,农田水利基础设施进一步改善。电力建设预计完成投资409亿元,新投产电力装机容量312万千瓦。积极促进消费、扩大外贸。开展"幸福暖家工程""晋人晋菜晋味道""山西品牌中华行"等消费促进活动。大力发展旅游经济,预计全年旅游总收入实现2305亿元,增长27.2%。积极培育新的外贸增长点,预计全年进出口总额实现158亿美元,增长5%;实际利用外资14.7亿美元。

(二)"1235"行动计划全面实施,转型综改试验区建设步伐加快。召开全省转型综改试验区建设大会,出台了2013–2015年3年"5111"实施方案和2013年"1235"行动计划;"1235"行动计划完成年度目标任务,10项重大改革和20项重大事项16项已经完成,14项取得阶段性进展,结转到2014年继续深入推进。30项重大项目完成年度投资计划,3个项目建成投产,15个项目部分建成投产,5项重大课题形成研究成果。63项部门专项改革任务基本完成,11个市、11个省级试点县、12户省级试点企业改革创新深入推进、效果明显;重点领域改革创新取得明显进展,基层首创取得一批成果,省部合作取得重要进展,转型综改试验区建设进入实质性推进阶段。

(三)重点领域加强对接,争取国家支持成果丰硕。争取国家同意委托我省核准"十二五"1920万千瓦低热值煤发电项目;基本同意将我省作为煤层气矿业权下放管理试点;同意中国(太原)煤炭交易中心开展动力煤期货交易试点前期工作。争取国家批复各领域重大项目共56项,总投资1398.5亿元。争取中央预算内资金再超百亿元;争取国家核准我省发行企业债券216亿元,首次突破200亿元大关,比上年增长110%,超额完成150亿元的全年目标。

(四)重大项目顺利实施,产业转型升级加快推进。加大传统产业改造升级力度。建成了同煤塔山、同忻、潞安高河等54座现代化矿井。全省34户省调主力火电企业中,有26户实现煤电联营,18户与煤炭企业签订了电煤供应长协合同,煤电关系由"背靠背"走向"肩并肩"。焦化企业数量减少到80户,初步形成4个千万吨级、14个500万吨级的焦化集聚区。加快发展壮大新兴产业。实施新兴产业"512"工程,突出抓好"7+2"领域重大项目建设,抓紧推进山西科技创新城建设前期工作,全省战略性新兴产业迈入整体布局、规模发展的新阶段,预计全年非传统产业投资占工业投资比重首次超过传统产业,达到53%,非传统产业增加值占工业增加值比重超过20%,均创近年新高。加快推进现代服务业发展。2013年服务业增加值占地区生产总值比重达到40%,创近年来新高。进一步夯实农业基础地位。加快推进现代农业示范区、农产品加工"513"工程和"一县一业"基地县建设。积极培育大型农业企业集团,农产品加工龙头企业全年销售收入突破千亿元。

(五)节能减排、循环经济工作扎实推进,生态环境建

设显著加强。着力抓好减排治污。出台落实大气污染防治行动计划实施方案和 2013 年行动计划,2013 年全省 11 个省辖市城市空气 PM2.5 日均值均达到年度考核目标。城市污水处理率、垃圾无害化处理率提前完成“十二五”目标。积极开展造林绿化和生态治理恢复。全年治理水土流失面积 364 万亩,完成 454 万亩的营造林任务,重点区域、流域生态环境明显改善。大力发展循环经济。全省大宗工业固废综合利用率预计达到 60.8%。加快淘汰落后产能。全年淘汰落后产能电力装机 21 万千瓦,完成年度任务;淘汰水泥 350 万吨、焦炭 756 万吨、钢铁 204 万吨、电石 30.9 万吨、铁合金 12.9 万吨,均超额完成年度任务。强化节能工作。完成既有居住建筑供热计量和节能改造 750 万平方米,完成 1000 万支高效照明产品的推广任务。积极开展低碳试点示范。争取国家批复《晋城市低碳城市试点工作实施方案》,启动试点工作。

(六)社会事业全面进步,民生改善明显提速。坚持不懈抓好安全生产,全省安全形势持续明显好转。积极扩大就业,全年城镇新增就业 51.5 万人,转移农村富余劳动力 37 万人,应届高校毕业生就业率达 91.7%,城镇登记失业率低于年度控制目标。加大对教育、养老等社会事业的支持力度。实施百企千村产业扶贫开发工程,目前 58 个贫困县正在实施和开工建设的项目 209 个,涉及总投资 690 亿元。抓好农村“五件实事”。加大对保障性住房的支持力度,新开工城镇保障性住房 24.2 万套,基本建成 22.1 万套,完成农村住房抗震改建及受灾群众住房改建 2.86 万户。同时,积极实施援疆项目,全年确定的 23 项工程已全部完工,2.32 亿元援助资金全部拨付到位。2013 年,受外部市场需求不振等因素影响,煤炭工业运行困难,新兴产业不大不强,消费增长动力不足,经济总量不大、结构不优、质量不高、效益不好等长期积累的矛盾和问题依然突出。同时,我省转型综改试验区建设破题不深、先行先试力度不大,与全省人民的期盼还有差距。

二、2014 年全省经济社会发展总体安排和主要任务

2014 年是全面深化改革的重要一年,也是我省继续办好“两件大事”、加快实现“十二五”规划目标的关键一年。全省上下要贯彻落实好省委十届五次全会提出的工作总要求:“高举中国特色社会主义伟大旗帜,以邓小平理论、‘三个代表’重要思想、科学发展观为指导,全面贯彻落实党的十八届三中全会和中央经济工作会议精神,坚持稳中求进、改革创新的总要求,以转型综改试验区建设为统领和切入点,全面深化改革,强化创新驱动,加快先行先试,加快转变发展方式和调整经济结构,着力保障和改善民生,增强市场和社会活力,推进经济、政治、文化、社会和生态文明建设,以教育实践活动为抓手加强党的建设,切实提高经济发展的质量和效益,促进经济持续健康发展,保持社会和谐稳定,为走出资源型地区转型跨越发展新路、全面建成小康社会努力奋斗。”

按照实事求是、积极进取、科学合理的原则,2014 年全省国民经济和社会发展主要目标是:

预期性指标:地区生产总值增长 9%左右,全社会固定资产投资增长 20%,社会消费品零售总额增长 14%左右,公共财政预算收入增长 9%左右,城镇居民人均可支配收入增长 10%左右,农民人均纯收入增长 10%以上,城镇新增就业岗位 51 万个,城镇登记失业率控制在 4.2%以内,居民消费价格涨幅控制在 3.5%左右。约束性指标:万元地区生产总值能耗下降 3.5%,万元地区生产总值二氧化碳排放量下降 3.7%,二氧化硫、化学需氧量、氨氮、氮氧化物减排完成国家下达任务,烟尘、粉尘排放量均下降 0.5%,万元工业增加值用水量下降 5.5%。

(一)全面推进转型综改试验区建设,加快释放改革红利。2014 年是全省“转型综改攻坚年”,初步确定了“3675”行动计划。全省上下要以更大的勇气和智慧、更有力的措施和办法,充分发挥市场在资源配置中的决定性作用,抓好 30 项重大改革、60 项重大事项、70 个重大项目和 5 个重大课题,通过省部合作争取一批国家重大政策,扎实推进转型综改各项工作。

(二)充分发挥投资关键作用,统筹推进稳增长工作。发挥好投资对经济增长的关键作用,进一步扩大投资总量、优化投资结构。健全“六位一体”工作机制,继续发挥重点工程的“火车头”作用。深化投资体制改革,继续落实好国家、省鼓励和支持民间投资的政策,探索实施民间投资“负面清单”管理模式。增强消费对经济增长的基础作用,加强流通领域基础设施建设,培育新的消费热点。提升对外开放水平,扩大利用外资规模,优化外资利用结构。

(三)突出抓好产业转型升级,加快推动经济发展方式转变。坚定不移推进化解产能过剩工作。坚持用高新技术和先进适用技术改造提升焦化、冶金、建材等传统产业,提高产业素质和竞争优势。继续抓好煤电一体化发展。坚持推进坑口煤电一体化,新建低热值煤发电项目必须按煤电一体化或煤电联营模式运营。促进电力产业清洁发展。加快晋电外送通道建设,稳步开展大用户直供电试点工作。加快落实低热值煤发电核准 20 条,力争今年一季度全部发放项目“路条”,督促项目早日开工、早日建成。研究完善新兴产业发展政策,加快部署支持煤层气及相关产业、现代煤化工、电站设备制造、铁路装备、信息产业、新能源汽车、节能环保产业等新兴产业发展,突出抓好山西科技创新城建设。加快现代服务业发展。

(四)继续强化“三农”工作,促进农业农村经济提质增效。加强农业农村基础设施建设。大力发展现代农业,继续落实好各项强农惠农富农政策,支持家庭经营、集体经营、合作经营、公司经营等农业经营新方式,积极培育现代农业示范县和特色农产品生产基地,继续实施农产品加工“513”工程。支持以农载牧、以牧富农,推动畜牧业园区化、规模化发展。扎实推进为农服务体系建设。加快实施百企千村产业扶贫开发工程。

(五)坚持推动城乡统筹发展,积极稳妥实施新型城镇化。坚持以人为本、四化同步、科学布局、绿色发展、文

关于山西省2013年全省和省本级预算执行情况与2014年全省和省本级预算草案的报告(摘要)

——在山西省第十二届人民代表大会第二次会议上

山西省财政厅厅长　武　涛

(2014年1月18日)

一、2013年全省和省本级预算执行情况

(一)全省和省本级预算变动情况。

2013年全省公共预算收入为1699.22亿元,与备案预算一致;因中央转移支付补助增加271.67亿元,各级用当年超收、上年净结余及调入资金等安排支出增加55.49亿元,地方政府性债券安排支出81.05亿元(连同还本支出,共计安排91亿元),全省公共预算支出由3037.42亿元变动为3445.63亿元。省本级公共预算收入为421.42亿元,与备案预算一致;因中央转移支付补助增加271.67亿元,当年专项收入超收等安排支出31.82亿元,地方政府性债券安排支出38亿元,增加各市县转移支付补助相应减少省级支出359.69亿元,省本级公共预算支出由782.16亿元变动为763.96亿元。

(二)全省和省本级预算执行情况。

2013年全省公共财政收入完成1700.22亿元,为预算的100.1%,增收183.84亿元,增长12.1%;公共财政支出执行3030.5亿元,为变动预算的88%,增支271.04亿元,增长9.8%。省本级公共财政收入完成456.62亿元,为预算的108.4%,增收52.4亿元,增长13%;公共财政支出执行625.18亿元,为变动预算的81.8%,减支88.82亿元,下降12.4%,主要是2013年起属于市县的基本建设支出项目由省级改列市县预算所致。初步汇总2013年全省和省本级预算执行情况,全省可实现当年收支基本平衡,省本级略有结余,部分市县可消化一部分赤字。2013年全省政府性基金收入完成988.25亿元,为预算的128.5%,增长23.2%;支出执行951.42亿元,为预算的65.2%,增长28.8%。省本级政府性基金收入完成314.03亿元,为预算的110.7%,增长5.6%;支出执行194.8亿元,为预算的49.6%,下降21.4%,主要是2013年起属于市县的基本建设支出项目由省级改列市县预算所致。2013年全省国有资本经营收入完成11.85亿元,为预算的101.8%,增长90.8%;支出执行10.16亿元,为预算的94.7%,增长136.3%。省本级国有资本经营收入完成4.65亿元,为预算的93%,下降12.8%;支出执行6.13亿元,为预算的94.5%,增长59.2%。上述预算执行数字在全省决算汇总后,还会有些变化,具体结果待各级决算编制完毕后再向省人大常委会报告。

过去一年的工作取得了新的成绩。这是省委、省政府正确领导、亲切关怀的结果,是省人大、省政协依法监督、民主监督的结果,更是全省人民团结奋斗、共同努力的结果,全省各级财税部门为此也做了大量扎实有效的工作。

1. 增强调控能力,努力促进经济平稳较快发展。

制定并以省政府名义出台支持中小微企业发展财政"15条",我省每年财政支持中小微企业的资金达到10亿元以上。落实支持煤炭企业发展"20条",暂停提取有关费用,减轻煤炭企业负担56亿元。累计取消和免征74项行政事业性收费,"营改增"试点惠及企业2.79万户。争取地方政府债券资金91亿元,增加26亿元。争取一般性转移

化传承的新型城镇化道路。加快推进"一核一圈三群"建设。积极发展大县城和重点镇。开展"以矿建镇"试点,推进矿区城镇化。加快实施农村人居环境改善工程,加快美丽乡村建设。同时,围绕落实国家新型城镇化规划,抓紧编制我省规划,及时出台配套政策,积极开展试点示范。

(六)积极推动绿色低碳发展,切实加强生态建设。积极落实我省大气污染防治行动计划实施方案。实施低碳创新行动计划,围绕煤、电、煤层气的高效、清洁、低碳发展,重点布局一批科技攻关项目。继续抓好生态修复重点工程。深入推进循环经济发展,促进煤炭、冶金、电力、化工等传统产业全产业链循环,重点推进煤矸石、粉煤灰等固废综合利用规模化、高端化。

(七)着力强化底线民生,加快实现基本公共服务均等化。努力做好稳定物价工作。加快推进教育卫生事业全面发展,全力促进就业,健全社会保障,扎实推进保障性住房建设。坚持不懈促进全省安全生产形势持续明显好转,并向稳定好转坚实迈进。继续抓好对口援疆各项工作。加快促进军民融合式发展。

(八)密切跟踪研究经济形势,提高经济运行调控能力。密切关注国内外宏观经济形势,更好地研判、把握走势。系统总结梳理过去几年稳增长、调结构、促改革、惠民生工作,把有效的做法、成功的经验、规律性的认识提炼上升到政策和制度层面。加强政策预研究,强化政策储备,及时准确应对经济运行中可能出现的困难和问题,并对政策实施效果进行跟踪评估。

抓紧出台我省主体功能区规划。在"十二五"规划中期评估基础上,启动"十三五"规划前期研究工作,系统梳理事关全局的重大问题,研究提出"十三五"规划的基本思路。

支付666亿元,增加60亿元,其中均衡性转移支付199亿元,增加16.44亿元。

2. 立足转型跨越,推动结构调整和方式转变。

累计筹措资金403亿元,支持铁路、公路、民航、水利等基础设施和转型标杆项目建设。全面落实支持科技创新的财税优惠政策、产业发展政策、人才引进政策及金融服务政策,筹措资金24亿元用于山西科技创新城建设。集中财力支持发展风电、太阳能、新能源装备等。支持10大文化产业集团做大做强。积极推进节能减排和淘汰落后产能。着力支持生态环境综合整治。

3. 加大强农惠农力度,推进城乡统筹发展。

支持新实施10项强农惠农富农政策,省本级惠农资金规模达到60亿元。支持启动百座小型水库更新建设、中低产田改造、高标准农田建设和盐碱地治理。大力支持"一村一品""一县一业"等特色农业项目发展,支持现代农业示范区、雁门关生态畜牧经济区建设。支持农业技术推广和农业社会化服务体系建设。支持吕梁山、太行山集中连片特困扶贫开发试点。着力推进实施农村"五件实事"。

4. 保障改善民生,努力提高人民群众生活水平。

城乡居民养老保险基础养老金每人每月增加10元,企业退休人员基本养老金水平提高10%,城乡居民医疗保险财政补助标准每人每年提高40元,城乡低保标准每人每月分别由308元、148元提高到351元、181元。高校生均拨款达到1.38万元,着力支持中职教育免学费和职业教育实训基地建设;支持实施义务教育标准化建设工程和农村薄弱学校改造计划;家庭经济困难学生资助体系实现各类教育家庭经济困难学生全覆盖。支持落实好职业培训、职业介绍、社会保险、公益性岗位各项就业政策。推进医药卫生一体化综合改革,支持县级公立医院改革和村卫生室建设;重大疾病救助病种扩大到20个,大力支持城镇保障性住房建设。

5. 加强财政管理,提升科学理财水平。

按10%的比例对一般性支出进行了压缩,压下来的3.49亿元集中用于解决新建100座小水库和农村救灾房屋建设。提出了《关于加强财政支出管理硬化预算约束的意见》,出台了《省级财政专户资金管理办法》。省市两级和115个县公开了2013年财政预算;省本级公开了2012年财政决算;省本级、4个市和32个县公开了2013年汇总"三公"经费预算。着力推动县级加强预算绩效管理。开展对民生资金和重大专项资金的监督检查。

二、2014年全省和省本级预算草案

全省公共财政收入预算安排1853亿元,比上年完成数增长9%;公共财政支出预算安排2770.2亿元,比2013年向省人大常委会备案预算同口径增长8.1%(剔除中央专项转移支付提前下达数后同口径比较,下同)。全省公共财政支出预算主要项目安排情况是:一般公共服务支出239.84亿元,增长7.3%;公共安全支出147.63亿元,增长7.7%;教育支出557.91亿元,增长8.5%;科学技术支出37.97亿元,增长9.7%;文化体育与传媒支出63.58亿元,增长8.6%;社会保障和就业支出353.94亿元,增长8.2%;医疗卫生与计划生育支出207.14亿元,增长8.7%;节能环保支出64.83亿元,增长9.1%;城乡社区支出182亿元,增长9.7%;农林水支出273.05亿元,增长10.1%;交通运输支出148.98亿元,增长4.5%;资源勘探信息等支出38.25亿元,增长4.9%;国土海洋气象等支出187.7亿元,增长10.8%;住房保障支出37.9亿元,增长11.3%;预备费31.5亿元,增长7.3%;其他支出141.51亿元,增长5.2%。上述全省预算草案为省代编预算,待市县人代会开过之后,省财政将汇总各级人民代表大会批准的预算,再加上上年结转支出,一并报省人大常委会备案。

省本级公共财政收入预算安排471.9亿元,比上年完成数同口径增长6.9%。省本级公共财政支出预算安排685.26亿元(其中:当年财力安排支出478亿元;中央提前下达转移支付安排支出207.26亿元),比2013年向省人大常委会备案预算增长11.6%,剔除资源价款收入增收数及下划市县支出后同口径增长0.5%。省本级主要支出项目安排情况是:一般公共服务支出52.76亿元,同口径增长3.9%;公共安全支出31.22亿元,增长16%;教育支出73.56亿元,同口径增长8%;科学技术支出10.01亿元,同口径增长1.1%;文化体育与传媒支出13.72亿元,增长11%;社会保障和就业支出113.23亿元,同口径增长5.2%;医疗卫生与计划生育支出20.94亿元,同口径增长4.8%;节能环保支出24.69亿元,同口径增长19.3%;农林水支出80.99亿元,同口径增长2.8%;国土海洋气象等支出69.98亿元,增长226.3%;粮油物资储备支出11.06亿元,下降3.6%;预备费6亿元,增长20%。

经汇总,2014年省本级行政单位、事业单位和其他单位使用财政拨款安排的"三公"经费预算为5.71亿元,比上年预算减少0.53亿元,下降8.5%。其中:因公出国(境)经费0.29亿元,下降3.2%;公务接待费1.28亿元,下降20.2%;公务用车购置及运行维护费4.14亿元,下降4.6%。2014年全省政府性基金收入预算安排1012.45亿元,其中:煤炭可持续发展基金收入190亿元;基金支出安排1011.45亿元。省本级政府性基金收入预算安排321.24亿元,其中:煤炭可持续发展基金收入121亿元;基金支出安排329.24亿元。2014年全省国有资本经营收入预算安排7.18亿元;支出安排7.18亿元,其中,国有企业改革和转型发展资本性支出4.28亿元,调入公共财政预算资金2.9亿元。省本级国有资本经营收入预算安排2亿元,支出安排2亿元。

三、2014年财政工作任务

(一)优化调控方式,推动经济持续健康发展。支持稳定经济增长。调整优化投资结构,压减散碎项目和一般竞

争性领域项目,增强民间投资活力。支持转变发展方式。将财政资金扶持重点转移到加强引导、制定标准、支持创新等方面,支持我省由单一煤电基地向综合能源基地转变。支持激发市场活力。完善国有资本经营预算和收益分享机制。发挥信用担保基金、贷款贴息、出口信用保险等政策工具的作用,缓解中小企业融资难问题。支持实施创新驱动战略。改进科研项目和资金管理,推进省级科研经费优化整合,重点支持各项创新项目、创新工程,支持知识产权推广和发明创造运用。大力推进城镇化建设。建立多元可持续的资金保障机制,支持我省“一核一圈三群”以及大县城和重点镇建设。支持生态文明建设。清理对产能过剩行业的优惠政策,整合资金压缩过剩产能。加大环境保护投入力度。

(二)加大三农投入,推进城乡统筹发展。加大强农惠农政策力度。省级新增10亿元补贴资金,支持我省再出台10项强农惠农富农政策。继续实施中低产田改造,支持水利工程建设和病险水库除险加固,促进农业社会化服务体系建设,保障粮食安全。大力发展现代农业。加快推进现代农业示范区和雁门关生态畜牧经济区建设,推动实施“一村一品”“一县一业”和七大产业振兴翻番工程。支持加大扶贫开发力度。支持建立完善示范带动、项目支撑、政策支持、考核激励等机制,着力实施百企千村产业扶贫开发工程。深化农村综合改革。

(三)着力改善民生,全力增进民生福祉。支持教育优先发展。将农村初中、小学生均公用经费补助标准提高60元,分别达到760元、560元。改善贫困地区义务教育薄弱学校办学基本条件,新建、改扩建200所标准化公办幼儿园。支持普及高中阶段教育,推进职业教育、继续教育、特殊教育改革发展。健全家庭经济困难学生资助政策。支持扩大就业。继续支持实施更加积极的就业政策,促进高校毕业生、农村转移劳动力、城镇困难人员、退役军人等群体的就业。加大社会保障投入力度。企业退休人员基本养老金水平再提高10%。城乡低保标准每人每月分别提高25元和22元,农村五保分散和集中供养省级补助标准每人再提高10%,优抚医院、光荣院集中供养人员生活费每人每月分别提高410元和360元,对全省重度一级残疾人按每人每年480元的标准发放生活补贴或护理补贴。支持保障性安居工程建设。通过投资补助、贷款贴息、资本金注入等方式,吸引银行贷款、社会资金支持保障性安居工程建设特别是已建成保障房的配套设施建设。支持深化医药卫生体制改革。城镇居民医疗保险补助和新型农村合作医疗保险补助标准由280元提高到320元。完善重特大疾病医疗保险和救助制度。完善公立医院综合改革补偿机制和基层医疗卫生机构运行机制。促进文化发展。设立文化旅游产业发展基金。探索建立政府购买公共演出服务机制。支持公共文化服务体系建设。促进全民体育健身活动开展,支持大型体育场馆免费或低收费开放。

(四)大力深化财税体制改革。改进预算管理制度。制定省级预算稳定调节基金管理办法。着力推进重点领域和项目特别是专项资金和项目的绩效管理。深入推进政府和部门预决算公开,加大“三公”经费公开力度。全面清理规范财税优惠政策。盘活财政存量资金。加强财政结转结余资金管理,清理财政暂付款,腾出来的资金重点用于保障和改善民生。控制新增财政存量资金。增加一般性转移支付,清理规范整合专项转移支付。加强地方政府债务管理。把政府性债务分门别类纳入全口径预算管理,严格政府举债程序,坚决制止违法融资行为。落实税制改革政策。在全省范围内实施铁路运输和邮政业营改增试点,全面清理涉煤企业收费,积极推进煤炭资源税从价计征改革。

(五)加强财政管理,提升财政管理水平。积极加强法治财政建设。推进财政行政审批制度改革,完善财政管理制度体系。从严控制一般性支出。省本级2014年一般性项目支出原则上压缩10%,“三公”经费支出数严格控制在预算数之内,实现只减不增。加强财政监督检查。加快嵌入业务流程的财政支出监督机制建设,推进财政内部控制体系建设。

年度要事

Important Matters of the Year

山西精神表述语确定为：“信义 坚韧 创新 图强”

经过一年征集提炼，山西精神的表述语最终确定，并经省委十届四次全体会议通过。表述语征集提炼活动得到省外7000人投稿，省内120万人次参与。

袁纯清当选省人大常委会主任 李小鹏当选省长

1月29日下午，省十二届人大一次会议举行第四次全体会议。袁纯清当选省十二届人大常委会主任，李小鹏当选省长。

开展“项目推进年”活动

2月17日，省委、省政府启动全省“项目推进年”活动。截至年底，全年任务已全部提前完成。项目储备、项目签约、项目落地、项目开工、重点工程建设、项目投产分别完成年度任务224.76%、175.10%、102.84%、116.48%、116.86%、100.71%。

山西关公祖庙圣像台湾巡游

3月29日，关公祖庙圣像到达台湾高雄小港机场，4月18日返晋，活动历时21天，是晋台两地举办时间最长、规格最高、规模最大、参与人数最多的一次交流盛会。据不完全统计，巡游期间，岛内约有超过400万民众参与巡游、朝拜、祈福等活动。

转型综改试验“实施方案”和“行动计划”发布

4月20日，山西省正式发布《山西省国家资源型经济转型综合配套改革试验实施方案（2013—2015年）》和《山西省国家资源型经济转型综合配套改革试验2013年行动计划》。这标志着山西省转型综改试验区建设正式启动、全面铺开、深入推进。

中国太原煤炭交易价格指数发布

5月23日上午，山西公路煤炭交易上线暨中国太原煤炭交易价格指数在中国（太原）煤炭交易中心正式发布。中国太原煤炭交易价格指数由中国（太原）煤炭交易中心和新华社所属新华金融信息交易所合作发布，是国内首个煤炭主产地价格指数。该指数由一个综合指数和动力煤、炼焦煤、喷吹煤、化工煤四个分指数组成，设立6个代表规格品加权平均价，分层次、分角度反映主产地煤炭市场变化情况。

首届山西文博会举办

6月29日，首届山西文化产业博览交易会在太原开幕，来自14个国家和地区、24个省市的共计1200多家企业和单位的1万多种产品参展。7月3日下午，文博会组委会通报，首届山西文博会招商项目360个，涉及金额1705亿元。其中，签约项目161个，签约金额735亿元。主展馆现场成交额近1亿元，达成合作意向突破30亿元，5天内观展人数累计超过20万人次。

山西省出台“煤炭20条”和扶持中小微企业政策

5月，省政府出台《关于进一步支持中小微企业发展的措施（2013年第1批）》。首批措施共15条，山西省财政扶持资金规模将达10亿元。这也被专家解读为山西史上最强的中小微企业扶持政策。

6月，下发《进一步支持中小微企业发展的措施（2013年第2批）》，措施共12条，以金融支持政策破解中小微企业融资难融资贵等“瓶颈”问题。

7月25日，推出《进一步促进全省煤炭经济转变发展方式实现可持续增长的措施》。其中20条措施，分近期、中期、长期三个类别同时实施。

百企千村产业扶贫开发工程启动

7月19日，全省启动百企千村产业扶贫开发工程。工程目标为：坚持以吕梁山、太行山两大连片特困地区为主战场，以区域内扶贫开发攻坚县为重点，以促进农民收入翻番为核心，以贫困人口集中、农民人均纯收入2300元左右的贫困村为主要对象，搞开发、上项目，真扶贫、扶真贫。

全运会山西代表团成绩突出

8月31日至9月12日，第12届全运会在辽宁举行。山西省参加16个大项116个小项的比赛，山西代表团获10金8银6铜、总分557分，在综合成绩排位榜中，金牌位列全国第15位，在中西部19个省份中排第4位。

大事记

A Chronical of Major Events

1月

1日

《山西日报》腾讯微博 http://t.qq.com/shanxiribaowang 上线运行。

《山西省进城务工人员随迁子女接受义务教育后参加升学考试工作的实施方案》公布。

元旦小长假期间，全省共接待海内外旅游者 114.65 万人次，同比增长 19.74%；旅游总收入 6.59 亿元，同比增长 23.15%。

《山西省公路条例》施行。

太原市同全国 73 个重点城市按照国家新的《环境空气质量标准》，发布新的环境监测数据。

山西省新农保和城居保基础养老金在国家确定的每人每月 55 元的基础上提高 10 元，达到每人每月 65 元。全省新农保、城居保参保人数分别达 1397.65 万人、84.48 万人，按月领取待遇人数分别达 302.18 万人、22 万人。

山西省再次提高一至四级残疾军人护理费标准，提标幅度平均达到 19%。

3日

《山西消防事业发展“十二五”规划》印发。

4日

中共山西省委书记、省人大常委会主任袁纯清带领省考核组，对晋中市完成年度目标责任情况进行考核。

省委副书记、代省长李小鹏主持召开省政府第 116 次常务会议，研究 2013 年省级政府固定资产投资计划、全省及省本级财政收支计划安排，讨论通过《山西省 2011~2020 年农村扶贫开发总体规划(送审稿)》，研究四大文化产业集团组建事宜。

由山西经济日报社发起 2012“山西十大经济新闻”系列评选活动揭晓。《山西转型综改试验区总体方案获批》等 10 件新闻入选 2012“山西十大经济新闻”，古交市等 12 个县市区入选 2012“山西投资环境创优县区”，大同华晟果蔬饮品有限公司等 12 家企业入选 2012“山西转型发展创新企业”。

5日

省人力资源和社会保障厅公布，全省城乡基本养老、基本医疗保险参保人数分别达到 2100 万人、3500 万人，已覆盖城乡全体人民。

晋剧《大红灯笼》入选 2010~2011 年度国家舞台艺术精品工程重点资助剧目。

经国土资源部组织专家组对大同火山群地质公园进行复核验收，依据国土部相关文件要求及专家组验收意见，正式批复并命名大同火山群国家地质公园。

永济电机产业基地、太原钕铁硼材料产业基地、大同医药产业基地、迎泽高端包装装备及材料产业基地，被科技部认定为国家火炬特色产业基地。

山西太谷通宝醋业有限公司的注册商标“明泉宝”荣获中国驰名商标。

5~6日

山西省有 59178 人参加全国硕士研究生考试，比上年增加 2498 人，增幅 4.4%。

6日

袁纯清在扶贫开发重点县联系点武乡县参加县委常委民主生活会，强调要以密切联系群众为重点，进一步改进工作作风，坚定信心、攻坚克难、发挥优势，加快富民强县和农民增收步伐。

中国小说学会评选出的“2012 年度中国小说排行榜”揭晓。大同市王祥夫小说《归来》名列短篇小说第一名，晋中女作家陈亚珍创作的长篇小说《羊哭了，猪笑了，蚂蚁病了》荣登榜单。

7日

阳煤集团晋东煤炭管理公司寺家庄煤业有限责任公司发生瓦斯事故，事故造成 7 名矿工死亡。

山西省慈善总会联合运城市慈善总会在闻喜、垣曲两县开展“慈善情暖万家”基层走访慰问困难户活动。

8日

省政府召开全省安全生产紧急电视电话会议。

“2012 感动山西”颁奖晚会在太原举行。董栋、王慧、高晓虹、解黎明、牛何松、窦银科、路珍、范妹锁、余晓兰和刘谦获奖。航天英雄景海鹏、刘旺和蛟龙英雄刘开周获特别奖。

全省弘扬山西精神加快转型跨越发展座谈会召开。“山西精神”的主要内容为“信义 坚韧 创新 图强”。

第五届全国敬老爱老助老主题教育活动评选揭晓，马玉禄获“中华孝亲敬老楷模”，王翠莲、武有元获“中华孝亲敬老楷模提名奖”，寿阳县政府、灵石县老龄委、怀仁县顺达公交有限公司和忻州市人社局4单位获“全国敬老模范单位”称号，王惠等119人被评为“全国孝亲敬老之星”。

由山西四建集团总承包的“省城十大建筑”之山西体育中心主体育场，荣获2012~2013年度中国建设工程鲁班奖(国家优质工程)。

长治高新区创业服务中心、太原留学人员创业园、阳泉市高新技术创业服务中心3家单位获批为国家级科技企业孵化器。

9日

山西省—中央企业合作交流对接会在北京举行。袁纯清、李小鹏在北京会见国有商业银行负责人：中国工商银行董事长姜建清，中国农业银行董事长蒋超良，中国银行行长李礼辉，中国建设银行董事长王洪章，交通银行董事长胡怀邦，国家开发银行行长郑之杰，中国农业发展银行行长郑晖，中国进出口银行副行长刘连舸等，谋合作求发展。

山西、湖北两省能源合作座谈会在太原召开。

10日

山西公安便民服务在线平台正式上线。

全省组织部长会议在太原召开。

由省环境与资源保护协会组织的“山西十大优秀环保企业”评选活动揭晓。分别为：太原钢铁(集团)有限公司、山西焦煤集团有限责任公司、太原重型机械集团有限公司、山西省万家寨引黄工程总公司、山西太旧高速公路管理有限责任公司、山西平朔煤矸石发电有限责任公司、山西天然气股份有限公司、山西安泰集团股份有限公司、山西东辉煤焦化集团有限公司和亚宝药业集团股份有限公司。会上还表彰2012年评选出的资源节约型、环境友好型企业：山西燃气产业集团有限公司、山西天宝风电法兰有限公司、山西西山煤电股份有限公司太原选煤厂。

山西省测绘地理信息局与武汉大学举行山西省测绘地理信息院士工作站签字仪式。

11日

袁纯清主持召开省委省级领导干部会议，传达学习习近平总书记和刘云山、张高丽在新进中央委员会委员、候补委员学习贯彻党的十八大精神研讨班上的重要讲话精神。

袁纯清主持召开省委常委会，传达学习全国组织部长会议、全国人才工作座谈会、全国宣传部长会议、全国政法工作会议精神，听取全省“两会”筹备情况汇报，研究贯彻落实意见，部署有关工作。

省出生缺陷干预救助基金会成立。该会以“救助出生缺陷儿童康复，研究寻求从源头解决出生缺陷办法，减少出生缺陷发生率”为宗旨。

在“寻找中国最美矿山”大型公益活动中，山西潞安集团公司常村煤矿、王庄煤矿、漳村煤矿、石圪节煤业、司马煤业、余吾煤业6家单位获得“中国最美矿山”荣誉称号。

12日

山西省国新能源集团与华润集团在太原签署战略合作协议。

首座中国雕塑博物馆揭牌仪式在大同举行。

在太原市物价局召开的迎春节稳定市场价格动员会上，美特好、家乐福、华联、沃尔玛、山姆士、田和6大连锁超市、平价商店签订稳定蔬菜价格承诺书。

13日

首届中国中医药非物质文化遗产保护与发展论坛在太原举行。

15日

省委中心组举行宏观经济形势专题学习报告会。

全省政法工作会议在太原召开。

省委召开农村工作电视电话会。

李小鹏主持召开省政府第118次常务会议，研究全省应急管理工作和省本级行政审批项目取消调整等工作。

太原市药品不良反应中心挂牌成立。

全省首辆移动治超检测车—总投资200多万元的朔州市移动治超检测车正式运行。

全国旅游一卡通发行，山西省有26家景点加入。

15日至3月15日

首届芦芽山冰雪文化旅游节举办。

16日

省委中心组举行党的十八大精神学习研讨会。

省社科院召开山西经济社会发展2013年度重大研究课题暨《山西经济社会蓝皮书(2013)》新闻发布会。

全省瓦斯突出矿井专项整治会议召开。

太钢自主研发的双相不锈钢钢筋新型材料成功中标港珠澳大桥工程。

17日

省委常委会召开会议，讨论政府工作报告，部署引深学习弘扬右玉精神和领导干部集中走访活动，审定省委常委会2013年工作要点。

袁纯清、李小鹏在太原会见国家质检总局党组书记、局长支树平一行。

18日

李小鹏在太原会见武警部队副司令员薛国强、潘昌杰一行。

省十一届人大常委会第三十五次会议在太原召开。

省委召开依法治省领导组专题会议。

在国家科学技术奖励大会上，山西省9项科研成果荣获2012年度国家科学技术奖。

全国扶贫开发工作电视电话会议在京召开。山西省燕山—太行山、吕梁山“两山”在内的5个连片特困地区区域发展与扶贫攻坚规划启动。

太原市首个森林公安派出所娄烦县森林公安派出所成立。

19日

山西省高校新校区启用。

太中银铁路柳林南站开通运营。

21日

省政协主席薛延忠在太原会见四川省茂县党政代表团一行。

山西省红十字会2013年“红十字博爱送万家”活动在太原启动。

2013年山西省卫生工作暨卫生系统党风廉政建设会议在太原召开。

会议决定进一步提高新型农村合作医疗保障水平，将新农合人均筹资标准提高到340元，住院补偿封顶线提高到15万元，20种重大疾病的补偿比例全部提高到70%。

22~28日

省政协十一届一次会议在太原召开。

袁纯清主持召开省委常委会会议，传达学习习近平总书记关于厉行勤俭节约、反对铺张浪费的重要批示精神，结合实际作出具体部署。

23~30日

省十二届人民代表大会第一次会议在太原召开。

山西省人民医院成功实施一例肝移植手术。

24日

袁纯清主持召开省委常委会会议，传达贯彻十八届中央纪委二次全会精神，学习习近平总书记重要讲话和王岐山的工作报告，提出贯彻落实意见。

李小鹏在太原会见中国进出口银行董事长、行长李若谷一行。

24日至2月24日

百家大型商贸服务企业参与的“蛇舞新春、福惠万家”全省消费促进月活动举行。

25日

省委、省政府出台《关于深化集体林权制度改革的实施意见》。

国家质检总局批准大同云冈旅游区在石窟景区基础上，创建“全国佛教文化与石窟艺术旅游产业知名品牌示范区”。

29日

省十二届人民代表大会第一次会议举行第四次全体会议。袁纯清当选省十二届人大常委会主任，李小鹏当选省长。

李小鹏主持召开省政府第一次常务会议，研究部署加强政府自身建设和当前重点工作。

国家智慧城市试点创建工作会议在北京召开，太原、长治、朔州平鲁区入选首批国家智慧城市试点。

30日

李小鹏主持召开新一届省政府领导班子与中央驻晋和省内主要新闻单位负责人座谈会。

李小鹏在太原会见中煤能源集团公司总经理王安一行。

山西省制定下发《山西省煤矿用工管理规定》。

在省十二届人民代表大会第五次全体会议上，申纪兰连续第十二次当选全国人民代表大会代表，成为全国惟一一至十二届全国人民代表大会代表。

李小鹏在太原会见中国气象局党组书记、局长郑国光一行。

31日

李小鹏主持召开省政府第一次全体会议，贯彻落实省“两会”精神，明确省政府领导分工，对政府工作报告目标责任进行分解，安排部署当前工作。

省委政法委以点评会的形式召开各市政法委书记履职情况汇报会。

李小鹏在太原会见中国电子科技集团党组书记樊友山一行。

李小鹏在太原会见三一集团有限公司董事长梁稳根一行。

第100台1.5兆瓦直驱永磁风力发电机在中国北车永济电机公司完成总装，2月3日，首次出口印度。

2月

1日

全省党风廉政建设干部大会暨省纪委十届三次全会在太原举行。

2日

李小鹏在太原会见上海电气（集团）总公司董事长徐建国一行。

3日

2013“我们的节日·春节——平遥中国年”活动启动仪式在平遥古城举办。

《山西省气象发展“十二五”规划》公布。

4日

《山西省文物建筑构件保护管理办法》正式颁布。

山西科技新闻出版传媒集团揭牌。

5日

李小鹏主持召开省政府第二次常务会议，研究县域经济发展事宜，讨论通过《山西省县域经济发展考核评价暂行办法》。

省政府召开中央驻晋企业座谈会。

“年度影响世界的中国力量品牌500强”排行榜在北京公布，汾酒集团、南风化工集团、山西煤销集团、同煤集团、焦煤集团、晋煤集团、阳煤集团、潞安集团、潞宝集团、太钢集团、太重集团等11家企业荣登榜单。

6日

省十二届人大常委会举行第一次主任会议，明确新一届人大常委会领导班子成员分工，审定省十二届人大常委会第一次会议日程、议程草案，对做好新一届人大开局之年工作作出部署。

李小鹏在太原会见中国保利集团董事长陈洪生、总经理张振高一行。

山西省“三晋学者”支持计划首次评选工作结束，16名教授和专家成为首批“三晋学者”特聘教授（专家）。

8日

山西省打响“除火患、保平安”春节“零点行动”保卫战。

15日

春节长假，全省共接待海内外游客465.7万人次，同比增长24.03%；实现旅游总收入22.13亿元，同比增长29.63%。

洪洞县曲亭水库发生漏水事故。

17日

全省项目推进年动员大会召开。

19日

李小鹏主持召开省政府第三次常务会议，研究分析1月份经济运行情况。

省政府召开全省水库安全专项整治工作电视电话会议。

山西省出台煤矿瓦斯防治“新八条”。

太原率先发布城区空气质量日报。

孝义市鹏飞集团500万吨焦化项目一期投产。

20日

在召开的全省经济和信息化工作会议上，省委、省政府提出全省工业“九大行动”力推转型升级。

李小鹏主持召开省直部门及部分市转型综改工作座谈会。

李小鹏在太原会见中储粮总公司总经理赵双连一行。

最高人民法院副院长南英一行在太原听取全国人大代表政协委员

意见。

山西省由150名水利技术骨干组成30个检查组分赴各地开展水库安全运行专项检查。

由省妇联、省政府妇儿工委办公室组织的母亲健康快车发车仪式在太原举行。

张庆捷被山西省文物局授予“文博大家”荣誉称号，并赠予牌匾。

21日

袁纯清主持召开省委议军会议，专题研究山西省国防后备力量建设。

李小鹏主持召开转型综改工作专家座谈会。

24日

经中国民间文艺家协会考察论证，决定命名忻府区为“中国貂蝉文艺之乡”，并建立“中国貂蝉文艺研究基地”。

25日

省委、省政府召开2012年度目标责任考核总结表彰大会。

李小鹏主持召开省政府第四次常务会议，研究通过《进一步加强兼并重组整合煤矿建设工作的意见》和《进一步推进现代化矿井建设的意见》。

李小鹏主持召开转型综改工作专题会议。

第七届山西十大女杰评选结果在太原揭晓，刘亚青、任晓娜、阎继红、聂惠娟、薛九荣、梁小云、王翠萍、秦莉莉、张珉平、陈玉芳荣膺十大女杰。

26日

薛延忠主持召开省政协十一届二次主席会议。

28日

山西省公安民警抚恤救助基金会决定对牺牲和负伤民警加大从优待警和优抚力度。

在全省食品安全工作会议上，确定食品安全整治重点：风险隐患排查整治、饲料农药兽药专项整治、私屠滥宰和“注水肉”等违法违规行为专项整治、保健食品专项整治、食品标签标识问题专项整治和食品生产加工小作坊专项整治。

第四届山西道德模范评选揭晓，太原理工大学爱心家园团体和赵国文、陈天文、梁广霖、茹向辉、韵树生、张贵才、宋忠平、郭文斌、李保林、鲁际明、范晓刚、赵小红、乔香平、芦来柱、张华滨、荆保山、孟东风、董栋、贾利、张梅仙、李瑞红、常丽红、赵爱英、关安民等24人当选山西道德模范。

平遥煤化集团“点石成纸”的环保石头纸项目开工建设。

首批13家磁性材料生产企业签约太原民营区工业新区“磁谷”项目，投资额为25.8亿元。

3月

1日

省委召开常委（扩大）会议，传达十八届二中全会精神，研究贯彻落实意见。

水利部和全国节约用水办公室下发《关于授予第二批全国节水型社会建设示范区称号的通知》，太原成为全国节水型社会建设示范区。

《山西省2012年人口变动情况抽样调查主要数据公报》公布：根据抽样调查，全省人口出生率为10.70‰，比上年上升0.23‰；人口死亡率为5.83‰，比上年下降0.22‰；人口自然增长率为4.87‰，比上年上升0.01‰。

《山西省就业促进条例》施行。

《山西省节约用水条例》施行。

《山西省新增农村居民重大疾病提高医疗保障水平工作实施方案（试行）》施行。

全省开展林保二号综合整治专项行动。

2日

2012年度太原科技奖揭晓，175万元共奖励4名先进个人、9个先进单位和60个优秀项目。

3日

国务院批准晋城经济开发区升级为国家级经济技术开发区，定名为晋城经济技术开发区。

4日

省文明办研究决定：授予省急救志愿者协会等14个志愿服务组织“2012年全省优秀志愿服务组织”荣誉称号，授予贺小玲等30名志愿者“2012年全省优秀志愿者”荣誉称号。省文明委授予太原市等6个城市“未成年人道德建设先进城市”称号；授予太原市教育局等50个单位“未成年人道德建设先进单位”称号；授予武奇等50人“未成年人道德建设先进工作者”称号。

7日

袁纯清、李小鹏走访华能集团公司。

在庆三八全面建小康巾帼立新功动员大会上，表彰山西十大女杰、省三八红旗手、省三八红旗集体。

全国普法办确定太原市等54个市为2010~2012年全国法治城市创建活动先进单位。

8日

李小鹏在北京会见法国驻华大使白林女士。

9日

袁纯清、李小鹏在北京会见中国铝业公司总经理、党组书记熊维平等一行。

李小鹏在北京会见中国大唐集团公司总经理陈进行一行。

11日

山西省与农业部在北京签署共同推进山西特色现代农业发展战略合作备忘录。

12日

在原平市山火救援中牺牲的阳军被公安部政治部批准为革命烈士，并颁发献身国防金质纪念章，为其家属发放抚恤补助金2万元。

王宝国作品《华侨抗日女英雄李林传》获第四届中国传记文学优秀作品奖。

山西神头发电有限责任公司二期“上大压小”2×1000MW异地建设项目获国家能源局批准，它标志着山西省百万千瓦机组建设实现零突破。

13日

山西省甲醇汽车试点在晋中市启动。

14日

山西代表团令狐安、张少琴、张平、郭凤莲4位代表当选十二届全国人大常委会委员。

以“质监·安全·惠民”为主题的全省质监系统农资打假暨“质监利剑行动”启动仪式在太原市举行。

省委组织部召开中直单位在晋挂职锻炼干部座谈会。

17日

省委组织部召开在全省组织系统开展“四带头、四过硬”活动动员会。“四带头、四过硬”为:带头服务大局,做政治过硬组工干部;带头求真务实,做作风过硬组工干部;带头学习实践,做能力过硬组工干部;带头严格要求,做纪律过硬组工干部。

18日

孝义市楼东、楼俊集团500万吨焦钢一体化项目奠基开工。

19日

袁纯清主持召开省委传达贯彻全国人大政协“两会”精神会议。

19~22日

国家安监总局督导调研组第八组在山西进行督导调研。

20日

李小鹏主持召开省政府第五次常务会议,学习贯彻两会精神,安排部署重点工作,调整最低工资标准。

科技部国家“863”计划信息技术领域智慧城市(二期)重大项目在太原举行启动仪式,山西省“统一时空体系下的多源信息实时接入与异构信息自主加载技术”和“城市信息多层次智能决策关键技术与系统”两个项目列入科技部智慧城市国家“863”计划。

阳泉市天元集团首批绿色节能洗衣机成功下线。

山西省千名矿长在太原签订安全承诺书。

21日

全省人体器官捐献工作会议召开,山西省人体器官捐献全面展开。

23日

“地球一小时”不插电音乐会在太原举行。

25日

省总工会十二届五次全委(扩大)会在太原召开,田喜荣当选新一届省总工会主席。

汾酒集团中国白酒酿酒高粱研究中心在省农科院高粱研究所挂牌成立。

25日至4月18日

对全省重点工程项目推进情况进行第一轮监督检查工作。

26日

省委举行中心组(扩大)学习活动,集体观看话剧《好支书彭云》。

省政府召开全省政府系统廉政工作会议。

省纪委作风建设推进专题会议召开。

城乡居民大病保险在阳泉、运城两个试点市率先实施。

国家能源煤与煤层气共采技术重点实验室在山西晋城无烟煤矿业集团有限责任公司揭牌成立。

大同市新荣区政府与北京森康生物技术开发有限公司举行《投资合作协议》签字仪式,标志着投资12亿元的无公害肉鸡产业化项目正式落户大同新荣区。

26~28日

全国妇联书记处书记范继英一行在太原市和晋中市专题调研山西省妇联宣传思想工作等情况。

28日

李小鹏主持召开省政府第六次常务会议,研究讨论《山西省改善环境空气质量减少灰霾天气实施方案》,安排部署改善环境空气质量工作。

省委组织部召开选聘大学生村官工作会议,决定选聘700名优秀高校毕业生到农村任职。

省电力公司发布《2012年社会责任实践报告》。

29日

太重油膜轴承分公司研制成功世界上承载能力最大的宽厚板轧机油膜轴承。

省政府印发《关于2013年新实施强农惠农富农补贴政策的通知》。

29日至4月18日

山西关公祖庙圣像在台湾巡游。

29日至12月31日

全省开展对城乡结合部、“城中村”、工矿区、出租房屋、“九小场所”、校园及其周边治安“六项整治”集中行动。

31日

2013年乒乓球世界杯团体赛在广州举行。武杨以3:0战胜日本队选手,成为山西历史上第一个女子乒乓球世界冠军。

《山西省人民防空工程建设条例》施行。

太原市医疗保险管理服务中心公布,太原市城镇居民大病医保全面实现即时报销。

4月

1日

山西省“十二五”科技重大专项中的“含氧煤层气脱氧催化剂与流化床集成工艺研究及工程化”项目取得新突破。

2日

太原北沙河、南沙河、玉门河、九院沙河、杨兴河和汾河西干渠(上兰至晋阳湖段)“五河一渠”截污工程全面完成。

李小鹏主持召开省政府第七次常务会议,就提高履职能力、做好政府工作提出明确要求,研究通过《山西省流动人口服务管理办法(草案)》。

国家森林防火检查组在五台山进行督促检查。

在山西省渔业工作视频会议上,公布全省新认证无公害水产品52个。

3日

全省公布表彰2012年度“百部(篇)工程”获奖成果及先进组织单位名单。

4日

第二十三届洪洞大槐树文化节祭祖大典举行。

在国际射联世界杯韩国站比赛中,山西省选手王智伟以总成绩192.1环获男子手枪慢射冠军。

5日

在陕西西安举行的第十七届“西洽会”首场集中签约仪式上,山西签约8个项目拟引资40亿元。

6日

由煤焦企业转型建设的总投资2.6亿元,年生产能力为2000吨的全国首个耐高温乳糖酶项目在交城县投入工业化生产。

6~7日

中共中央政治局常委、国务院副总理张高丽到山西调研。

7日

李小鹏在太原会见新疆昌吉回族自治州州长马雄成一行。

省政府召开专题会议,研究部署山西省卫生和食品安全工作。

繁峙县与澳大利亚巴瑟斯特平原肉类有限公司签署《澳大利亚·繁峙良种肉牛基地建设项目协议书》。澳大利亚良种肉牛基地落户繁峙。

山西焦煤集团公司召开山西焦煤山西焦化股权划转会议，将山西焦煤集团公司所持山西焦煤山西焦化股权划转至山西焦煤汾西矿业（集团）有限责任公司。

8日

山西省煤炭经济专题会议召开。

山西省国家级、省级科技惠民计划启动。

郭万金、刘雷、赵强、王志华、李新宇、吴清萍、孙鹏程7人被选为第一批山西省青年拔尖人才。

8~10日

北京市代表团到山西考察，两省市在太原召开工作交流座谈会，双方政府签署《关于深化落实〈区域合作框架协议〉的实施意见》。

9日

《山西省森林火险预警与响应工作实施细则》发布。

“龙泉山庄杯”2013年全国国际跳棋锦标赛在太原闭幕。

10日

山西省中小企业服务联盟成立。

潞宝兴海60万吨有机合成新材料项目合成氨顺利完成试验生产，合格率达99.97%。

11日

袁纯清在武乡县调研。

全省城市公立医院改革试点启动。

山西省召开瓦斯防治“二十条规定”推进工作座谈会。

山西省首个国家文化科技创新工程“十二五”科技支撑计划项目基于新媒体的舞美设计和舞台效果集成系统应用在太原启动。

即日起，高平市民可以免费乘坐市区内全部共计4条线路的公交车。

12日

省委召开巡视工作汇报会。

李小鹏主持召开省政府第八次常务会议，研究审议并原则通过《山西省国家资源型经济转型综合配套改革试验实施方案（2013—2015年）》和《山西省国家资源型经济转型综合配套改革试验2013年行动计划》。

山西省工艺美术馆揭牌。

13日

中央组织部调研组到山西省专题调研干部教育培训工作。

省政府在岚县启动吕梁山生态脆弱区林业生态建设工程。

李小鹏在太原会见伊利集团董事长兼总裁潘刚一行。

祁县人民政府与内蒙古伊利集团在太原举行液态奶山西生产基地签约仪式。

14日

山西成功组建灵石、襄垣、武乡三只城镇化建设私募基金。

主题为“体验·创新·成长”的第28届山西青少年科技创新大赛在太原落幕。

15日

全省确立首批367个企业创新项目。

《山西省流动人口服务管理办法》施行。

16日

李小鹏主持召开省政府第九次常务会议。会议决定，采取六个方面的措施，进一步促进全省经济持续健康发展。

长治启动健苗工程听力救助项目。

电视节目“小郭跑腿”栏目荣获“全国巾帼文明岗”称号。

“中国农科院—杜邦先锋农民培训”项目在晋中启动。

16~17日

袁纯清到运城市闻喜、夏县、芮城等联系县，就产业升级、项目建设、现代农业、民生改善等问题走访调研。

16日至6月16日

全省进行两个月消防安全专项检查整治。

17日

国家淘汰落后产能工作考核组在山西省进行检查和考核。

蒙晋两地企业家交流座谈会在太原举行。

第13届中国平遥国际摄影大展启动。

《省级地质勘查基金管理暂行办法》出台。

18日

全国推进企业民主管理工作会议在长治召开。

李小鹏主持召开省政府第二次全体会议，分析一季度经济形势，部署二季度重点工作，通过《山西省人民政府工作规则》。

李小鹏在太原会见中国华电集团总经理云公民一行。

“山西精神”海内外三晋儿女书画摄影大型主题展在太原举行。

全省第一次全国可移动文物普查电视电话会议召开。

宁养（临终关怀）社会工作服务示范项目山西子项目在太原启动。

蒲剧《青丝恨》在第八届中国戏剧文化奖优秀剧目展演中获八项大奖。

太原市民营经济开发区与山西煤炭资产经营有限公司签订“联航航空科技产业园项目”合作框架协议，全国首个无人机研发基地落户太原。

18~19日

主题为“让学生做最好的自己”的全国第八届现代学校文化发展论坛在太原召开。

19日

“一张纸、一份爱”志愿公益活动在山西大学启动。

20日

山西省发布《山西省国家资源型经济转型综合配套改革试验实施方案（2013–2015年）》和《山西省国家资源型经济转型综合配套改革试验2013年行动计划》。

国际奥委会主席罗格偕夫人一行参观山西体育中心。

21日

中国诗歌学会授予原平市“中国诗歌之乡”称号。

2013年太原市举办的“向人民汇报，请人民评议”活动在太原电视台开幕。

22日

省委、省政府召开全省转型综改试验区建设大会。

李小鹏在太原会见国家统计局局长马建堂一行。

全省“劳模精神在一线，转型跨越勇争先”暨“走近最美劳动者”记者行采访活动在山西焦煤集团杜儿坪矿启动。

王莽岭国家地质公园揭碑开园。

主题为"城镇化进程中的投融资与公私合作模式"的2013年中国投资论坛年会中国城镇化投融资研讨会在太原召开。

23日

省委中心组举行专题学习会,冷溶作题为"实现中国梦要走中国路"的报告。

李小鹏主持召开省政府第十次常务会议,研究制定提高城乡居民收入水平的措施,原则通过《山西省森林公园条例(草案)》和《山西省实施〈中华人民共和国国防动员法〉办法(草案)》。

省政府出台《关于进一步支持中小微企业发展的措施(2013年第1批)》。

山西省第三届"全民阅读月"暨图书展销活动启动仪式在太原举行。

山西省聚力环保集团定襄环保产业园区开工建设。

阳煤集团首套智能放炮监控系统试用成功。

24日

省委、省政府召开部分省属重点国有企业负责人座谈会。

山西省第一届测绘地理信息行业职业技能竞赛在太谷举行。

24~25日

全国"支付结算知识乡村行"业务宣传推广活动在晋中灵石、平遥、祁县启动。

24~27日

国家体育总局副局长冯建中到山西调研体育文化。

25日

晋剧《大红灯笼》获得第八届全国戏剧文化奖的12项大奖。

26日

中北大学"国家级工程实践教育中心"在山西北方机械制造有限责任公司揭牌成立。

26~27日

省政府召开贯彻落实全省转型综改试验建设大会精神会议。

27日

省委举行选派省直机关优秀年轻干部到农村担任"第一书记"赴任欢送会。

山西省首个架设在企业与金融机构间的信息桥梁——山西省金融服务平台网(www.sxjrfwpt.com)开通。

第一次全国地理国情普查陵川县试点项目启动仪式举行,标志着山西省地理国情普查工作拉开序幕。

28日

李小鹏主持召开省政府第十一次常务会议,听取电力建设情况汇报,讨论通过推动"美丽山西休闲游"若干措施。

"五一"表彰大会召开,对在全省转型跨越发展中做出突出贡献的167个先进集体和188名先进个人进行表彰。

2013年山西省招商引资项目签约仪式在太原举行,现场成功签约110个项目,总投资额4529亿元。

30日

北同蒲线雁门关单洞双线隧道贯通。

5月

1日

主题为"强化安全基础、推动安全发展"全省安全生产新闻摄影大赛启动。

山西张忻在2013北京国际青少年音乐节获歌词创作金奖。

1~3日

2013年全国BMX冠军赛第四、五站和全国BMX锦标赛暨全国青年锦标赛在太原举行,山西赵志阳夺得全国BMX冠军赛(第四站)和全国BMX锦标赛两项赛事的冠军。

2日

省委派出11个信访工作督导组奔赴各市,启动"百日双千案攻坚战"活动。

3~5日

"梦想引领未来——山西青年创业创新展示会"在太原举办。

4日

"美丽山西休闲游"推进会在太原召开,15日起"美丽山西休闲游"惠及游客。

第四届"中国·运城舜帝德孝文化节"在北京启动。

5日

全省第七届职业院校技能大赛(高职组)会计技能比赛在山西财贸职业技术学院举行。

山西高校研究生论坛在太原理工大学举行。

6日

由晋煤集团联合河南省煤田地质局四队在长平矿井施工的目前国内口径最大的煤层气直排井顺利完工。

6~8日

袁纯清、李小鹏率山西省代表团赴安徽学习考察,签署两省《全面战略合作框架协议》。

7日

省政府召开专题会议,研究实施宽带网络专项行动。

国务院棚户区改造督查工作山西汇报会在太原召开。

神池县绿色食品工业园区奠基。

山西省废弃矿渣(山)及污染损毁土地综合开发利用浑源项目奠基仪式举行。

8日

省政府召开电视电话会议,安排部署在全省开展餐饮场所燃气安全专项治理工作。

山西省部分省属国有企业参加的产业扶贫工作座谈会召开。

山西省开展"器官捐献、生命永续"为主题的世界红十字日宣传活动。

8~10日

袁纯清、李小鹏率山西省代表团赴山东学习考察,签署两省《关于深化战略合作的指导意见》。

9日

山西省"青春红丝带"——进校园、进社区、进工地"三进"防艾宣传教育活动在太原科技大学启动。

10日

山西省部分民营骨干企业参加的产业扶贫工作座谈会召开。

2013年全面改善省城环境质量工作会议在太原召开。

11日

"全国慢病防治健康行"公益活动太原站在山西大医院启动。

12日

第七届全国初中英语教师基本功大赛在天津举行,山西王晓燕荣获大赛一等奖。

12~14 日

国家节能考核组到山西对全省节能降耗和控制温室气体排放目标责任进行现场评价考核。

13 日

省政府组织收听收看国务院机构职能转变动员电视电话会议。李小鹏就贯彻落实会议精神提出要求。

省人大常委会民族宗教侨务外事工作委员会听取全省民族工作情况和《山西省清真食品监督管理条例》贯彻实施情况汇报。

省国新能源集团与中石油华北油田分公司在太原签署战略合作协议。

第 12 届全国运动会武术套路预赛(男子赛区)在太原举行。

平陆县"为了六十一个阶级兄弟"纪念馆开馆。

14 日

省委召开"访民生、知民情、解民事"集中走访活动交流会。

李小鹏主持召开省政府第十二次常务会议,研究通过《进一步支持中小微企业发展的措施(2013 年第 2 批)》。

山西省部分扶贫开发工作重点县产业扶贫工作座谈会召开。

省国税局召开全系统营业税改增值税试点工作动员会。

太原科技大学与中国航天科技集团华天软件有限公司基于国产三维 CAD/CAM 软件 SINOVATION 的战略合作签约仪式举行。

山西省焦化行业兼并重组领导组会议召开,研究出台《加快推进焦化行业兼并重组行动方案》。

14~17 日

全国草原监测工作会议暨监测技术培训班在太原举行。

15 日

省政府与中国航天科工集团公司在太原签署《战略合作框架协议》。

"晋善晋美·美丽山西休闲游"在平遥启动。

山西省开展防治碘缺乏病宣传活动,宣传主题为"科学补碘,保护智力,成就梦想"。

15~16 日

袁纯清在晋城市调研。

16 日

《山西日报》刊发《山西省第一次全国水利普查公报》。

山西省推出对保障性住房家庭购买家具建材给予优惠、提升晋菜地位以拉动餐饮消费、开展"山西品牌中华行"以推进全省名优特产品销售等三项扩大消费的新举措。

袁隆平院士在运城考察 F 型杂交小麦。

第十八届全国安全生产科学研究院(所)长联席会议在太原召开。会议主题为"科技驱动发展、合作共赢未来"。

山西凯嘉能源集团矿井煤层气综合利用发电项目在介休市开工建设。该项目总投资 2.5 亿元、项目总装机容量 39 兆瓦。

17 日

袁纯清主持召开省委常委会会议,学习中央关于在全党深入开展党的群众路线教育实践活动的《意见》,并对山西省开展党的群众路线教育实践活动作出初步安排。

山西省旅游商会在太原成立。

《山西省知识产权战略纲要》颁布施行。

18 日

第八届中国中部投资贸易博览会在河南郑州开幕。山西省 1005 个项目赴会招商引资,总投资 9780.9 亿元。

"2013 年山西省科技活动周"在太原启动。

以"巨头聚首,论道转型"为主题的中西部(山西)商贸产业转型高峰论坛在汾阳市举行。

2013 年全国蹦床锦标赛在广州举行,山西省选手董栋夺得全国蹦床锦标赛冠军,山西男队夺得男子团体冠军。

19 日

第八届中博会中部六省旅游博览暨投资洽谈会在河南省三门峡市开幕。山西省 135 个重点旅游开发项目在会上"集体亮相",共签约 10 大项目,总金额 149.5 亿元。

总投资 28 亿元的鹏飞集团 60 万吨甲醇项目、总投资 18.8 亿元的丰邦汽车商务广场项目、总投资 7.8 亿元的意邦农商贸批发市场三个项目在孝义开工奠基。

中国旅游日暨《中国古镇(一)》特种邮票首发仪式在晋中市灵石县静升古镇举行,静升古镇入选《中国古镇(一)》特种邮票。

太原"先进不锈钢材料国家重点实验室"通过验收。

19~21 日

以"实干与成长,合作与发展"为主题的第七届全国大学生村官论坛在阳城县皇城村召开,并发布《2013 中国大学生村官发展报告》。

19~26 日

主题为"科技创新,美好生活。科技强安,安全发展"的 2013 山西煤矿安全科技活动周举行。

20 日

省委中心组举行"提高运用媒体能力,推动转型跨越发展"专题学习会。

江铃重汽福特发动机项目在太原开工建设。

第 26 届戏剧梅花奖大赛在成都市落幕,山西景雪变获得中国戏剧表演艺术最高奖梅花奖,成为"二度梅"获得者。

21 日

李小鹏主持召开省政府第十三次常务会议,听取经济形势分析和农业生产情况汇报,安排部署重点工作。

第二十二届(2012 年度)"山西新闻奖"评选结果揭晓。共评出"山西新闻奖"获奖作品 454 件。

21~23 日

天津市党政代表团到山西省参观考察,举行山西省·天津市工作交流座谈会,签署合作框架协议。

22 日

山西科技创新与经济转型专项基金座谈会在太原召开。

省纪委监察厅召开省直派驻(出)机构创新监督工作交流会。

山西省召开支持中小微企业发展工作会议。

山西大学—阳煤集团共建催化剂研发中心及中试基地框架协议签约仪式在太原举行,"山西大学—阳煤集团催化剂研发中心""山西大学—阳煤集团精细化学品教育部工程研究中心"揭牌成立。

中国工程院公布 2013 年院士增选有效候选人名单,山西省黄庆学、许并社、于斌 3 名专家候选中国工程院院士。

山西省首家民间借贷登记服务中心——晋中市民间借贷登记服务中心挂牌成立。

22~23 日

中央统战部副部长,全国工商联党组书记、常务副主席,全国非公有制经济人士理想信念教育实践活动领导小组组长全哲洙一行到山西调研。

23 日

山西公路煤炭交易上线暨中国太原煤炭交易价格指数发布仪式在中国(太原)煤炭交易中心举行。

袁纯清、李小鹏在太原、晋中就建设太榆科技创新城进行调研。

首届"山西省新农村科技致富带头人"评选活动启动。

24 日

省委常委会召开会议,研究讨论《关于深化法治山西建设的意见》,传达全国非公有制经济人士理想信念教育实践活动电视电话会议精神,研究山西省贯彻落实意见。

省政府专题会议召开,分析研判煤炭市场供需形势,安排部署煤炭经济运行工作。

25 日

省政府召开全省防汛工作电视电话会议。

晋能有限责任公司在太原成立。

全省畜禽养殖污染减排工作推进会在朔州市召开。

2013 全国找矿大会暨第七届百家地质队长座谈会在福建省厦门市举行。山西省地质勘查局 217 地质队、省煤炭地质局 114 勘查院、省煤炭地质局 144 勘查院、省煤炭地质局水文勘查院 4 支地质队进入首届全国百强地质队。

26 日

《礼赞,美丽中国,美丽山西》"文扬杯"东西南北八省区楹联书艺在山西美术馆举行。

太钢在北京人民大会堂发布《2012 年社会责任报告》。

27 日

全国人大调研组到山西调研防震减灾法实施情况。

全省打击保健食品"四非"专项行动启动。

以"回归建筑理性,建筑美丽家园"为主题的第十五届海峡两岸建筑学术交流会在太原召开。

28 日

袁纯清率团赴美国、哥斯达黎加、加拿大访问。

李小鹏主持召开省政府第十四次常务会议,研究国有企业改革创新发展工作。

晋中市政府与入驻省高校新校区的 10 所驻地高校签订战略合作协议。

山西省高速公路货车 ETC 场地试验取得成功。

29 日

首届中国城市经济(山西)投融资论坛在太原召开,并举行中国城市经济专家委员会山西项目部挂牌仪式。

29 日~6 月 1 日

第四届计算与数学种群动力学国际会议在中北大学召开。

31 日

小包裹、大爱心、爱心包裹项目"圆梦 2013"大型公益活动暨芦山灾区学生六一关爱行动启动。

山西证券收购格林期货获批。

山西省首座智能化、无人值守 500 千伏变电站——榆次北变电站启动投运。

6 月

1 日

中华全国手工业合作总社主任、中国轻工业联合会会长步正发一行到省城联社系统调研。

"同城掌上搜"中国运营中心华北地区工作促进会在太原举行。

《山西省国债业务维权管理办法》实施。

2 日

明清古商道研讨会在孝义市召开。

山西省援藏工作促进会成立。

3~6 日

以匈牙利索尔诺克州州长桑德尔·科瓦奇为团长的匈牙利索尔诺克州代表团到山西省进行友好访问。3 日,李小鹏在太原会见代表团一行。

4 日

李小鹏主持召开省政府第十五次常务会议,研究通过《关于做好 2013 年普通高等学校毕业生就业工作的实施意见》,安排部署高校毕业生就业工作。

省环保厅举行新闻发布会,发布 2012 山西省环境状况公报及全省大气污染防治工作情况,PM10 为空气污染的罪魁祸首。

全国首家村志收藏馆在长治县振兴新区中国村志博物馆落户并开馆。

5 日

省政府组织收听收看全国食品药品安全和监管体制改革工作电视电话会议,李小鹏就贯彻落实会议精神提出要求。

世界环境日暨"美丽山西,微力行动"——全省青少年环保公益行动启动仪式在太重集团举行。

省环保厅正式对外发布 11 个省辖城市的 PM10、PM2.5、二氧化硫、二氧化氮、臭氧、一氧化碳 6 项主要污染物的实时监测信息。

6 日

任跟心获第二届中华非物质文化遗产传承人"薪传奖"。

6~7 日

全省 358443 名考生参加全国普通高校招生考试。

7 日

吕梁市与法国塞米尔昂诺克苏瓦市举行缔结友好城市签字仪式。

全省企业全面开展主题为"知责、履责"的安全生产无事故竞赛活动。

中国北车集团大同电力机车有限责任公司完成的和谐 2 型大功率重载电力机车通过中国铁路总公司的技术审查,装用完全自主知识产权的牵引传动及网络控制系统。

8 日

"2013 年中国文化遗产日山西省主场活动——走进长子"在长子县举行。

山西省 2013 年中国文化遗产日非物质文化遗产传统剧目展演活动在省演艺中心举行。

8~9 日

全省民营企业参与产业扶贫开发座谈会在吕梁举行。

9 日

李小鹏主持召开省政府第十六

次常务会议,安排部署全省安全生产和食品药品监管体制改革工作。

省非物质文化遗产保护促进会成立暨第一次会员代表大会在太原召开。

10日~9月30日

开展山西省安全生产大检查。

12日

第四届世界大学生龙舟锦标赛在太原举行。

13日

省文学艺术界联合会第八次代表大会、省作家协会第六次代表大会、省社会科学界联合会第二次代表大会在太原召开。

李小鹏在太原会见中国南车股份有限公司董事长郑昌泓一行。

省政府召开省属企业经济运行分析会,分析当前经济形势,明确“稳增长、调结构”任务,推进全省经济平稳健康发展。

国家“十二五”智能制造装备发展专项“煤炭综采成套装备智能系统开发与示范应用”项目之“智能煤机成套装备地面验收联动”在太重煤机试车成功。

14日

省政府梅山课堂第一课开讲,王峰就加快政府职能转变作专题讲授。

17日

中华医学会西部行(山西站)学术活动在太原开幕,启动“三晋医学英才培育项目”。

山西省举行主题为“践行节能低碳,建设美丽家园”首个全国低碳日宣传活动。

“山西品牌中华行”在北京启动首站活动。

18日

袁纯清主持召开省委常委会会议,认真学习习近平总书记在党的群众路线教育实践活动工作会议上的重要讲话,并对省委常委领导班子开展党的群众路线教育实践活动提出明确要求。

李小鹏主持召开省政府第十七次常务会议,研究通过《关于深化科技体制改革加快创新体系建设的实施意见》。

全省首批党史教育基地授牌仪式在太原举行。

晋豫两省联合举行水上应急演练。

全省食品工业企业诚信管理体系建设现场推进会在晋中市太谷县举行。

2013年建筑工地应急救援演练暨全省建筑安全标准化工地现场观摩会在太原举行。

19日

山西省6月份全省重点工程调度会召开。

“人人都是通风员”煤矿安全论坛在太原举行。

全国人大内务司法工作培训班在太原开班。

全国工会参与社会管理暨职工法律援助维权服务工作推进会在太原召开。

山西省“关爱自然·保护汾河”志愿服务活动启动仪式在太原汾河公园举行。

20日

李小鹏在太原会见韩国电力公社社长赵焕益一行。

省政府与国家测绘地理信息局在北京中国测绘创新基地签订《关于加强山西省国家资源型经济转型综合配套改革试验区测绘地理信息服务合作协议》。

潞安集团与格盟国际能源有限公司煤电联营合作协议签字仪式在太原举行。

太原公共自行车手机软件——“龙城单车”手机客户端发布。

省商务厅、农行山西省分行、中国移动山西省公司和福建鑫诺通讯技术有限公司进行合作签约。山西省“万村千乡市场工程”信息化建设工作全面启动。

山西省第二届伽蓝菩萨文化艺术节暨大型佛教音乐会在太原开幕。

20~22日

全省共有46万余名考生参加中考。

21日

省委常委会召开会议,研究贯彻落实党的群众路线教育实践活动和安全生产等工作的实施意见。

《山西日报》入围全国“百强报纸”。

22日

第三届全国种群生态学前沿论坛在临汾召开。

太原首届半程马拉松赛在太原举行。

山西新型城镇化建设股权投资基金在太原启动。

三晋国际乳腺癌专家论坛在山西大医院开讲。

23日

中国(山西)高校传媒联盟成立大会在太原理工大学举行。

24日

袁纯清、李小鹏在太原会见由香港《大公报》董事长兼社长、香港新闻工作者联合会主席姜在忠率领的香港知名媒体高层采访团一行。

山西省举行“协同2013”军地联合应急通信演练。

全国义务教育均衡发展现场经验交流和工作推进会在晋中市召开。

24~26日

全国人大常委会原副委员长许嘉璐到山西视察。

25日

李小鹏主持召开省政府第十八次常务会议,听取全省重点工程建设进展和新增投资计划情况汇报,讨论通过2012年度县域经济考核评价结果。

李小鹏在太原会见中国保利集团公司董事长徐念沙、保利文化集团股份有限公司董事长陈洪生一行。省文化厅与保利文化集团签署战略合作协议。

在浙江绍兴召开的“全国第二届国土资源节约集约模范县”表彰大会上,襄汾县、平遥县等获得“全国第二届国土资源节约集约模范县”称号。

潞安焦炉煤气高效利用制化学品项目在潞城市奠基开工。

25~26日

袁纯清到临汾调研。

由人社部副部长信长星带领的国务院就业工作部际联席会议督查组到山西省检查指导高校毕业生就业工作。

国家标准化委员会评估专家组对晋中创建国家旅游服务业标准化

试点城市工作进行全面评估。晋中市通过专家组终期评估,成为全国首批申报成功的地级市。

26日

省委召开常委(扩大)会议,传达学习中共中央政治局专门会议和习近平总书记重要讲话精神,研究山西省贯彻落实意见。

省直机关公民道德建设“五个一活动”现场推进会在太原举行。

山西税收博物馆在长治落成并开放。

27日

山西省召开煤炭经济运行专题会议。

山西省海外高层次人才座谈会暨第六批“山西特聘专家”颁证仪式在太原举行。

28日

第二届“保护母亲河,聚力汾河行”活动从太原启程。

29日

首届山西文化产业博览交易会在太原开幕。

2013寻找“山西最美村官”评选结果揭晓,马怀兰、段爱平、宫玉峰、张家胜、原贵生、赵水考、王贵明、郭占君、张新苗、张建国10人被评为“十佳最美村官”。

30日

袁纯清、李小鹏在太原会见文化部部长蔡武一行,文化部与山西省在太原签订《关于共同推进文化建设战略合作框架协议》。

山西省环境科学研究院承担的“山西省污染土壤修复技术开发实验室”通过国家验收。

7月

1日

省委党的群众路线教育实践活动领导小组召开第一次会议,听取山西省党的群众路线教育实践活动筹备情况的汇报,研究部署近期工作。

国家调研组到山西就电力体制改革进行专题调研考察。

山西省图书馆新馆开馆。

中蒙俄“万里茶路”文化旅游产业项目推介暨合作洽谈会启动仪式在太原举行。

太原至拉萨航线开通。

太原市调整煤矿井下艰苦岗位工人的津贴标准。

2日

李小鹏主持召开省政府第十九次常务会议,审议并原则通过《关于实施百企千村产业扶贫开发工程的指导意见》,听取行政审批制度改革情况汇报,研究部署山西省股权交易中心筹建工作。

2~3日

深化平安山西建设工作会议在长治市召开。

2~4日

国家卫生计生委主任李斌一行到山西调研。2日袁纯清、李小鹏在太原会见李斌一行。

3日

巴黎·山西历史文化遗存保护与利用座谈会在太原召开。

太重集团山西煤机制造公司生产的我国第一台年产千万吨综采工作面智能化成套运输设备成功实现试运转。

由山西壶化集团自主研发的智能型数码电子雷管在神华集团黑岱沟露天矿成功实施抛掷爆破。

4日

省委常委会就开展党的群众路线教育实践活动召开会议,梳理征集意见,再作筹备部署。

国家煤层气专题调研组到太原与山西省有关部门和企业进行座谈。

我国功率密度最大的中频感应炉在太钢热试一次成功。

潞城市、太原市尖草坪区、朔州市平鲁区、阳泉市郊区、运城市盐湖区5个省级转型综改试点市(区)纳入扩权强县工作试点范围,至此,省级转型综改试点县与扩权强县试点实现政策互享。

4~5日

全国政协副主席、民革中央常务副主席齐续春带领民革中央调研组一行到山西就深化金融体制改革进行专题调研。4日袁纯清、李小鹏在太原会见齐续春一行。

5日

太原美术馆开馆。

全省全民健身活动中心建设工作现场会在应县召开。

6日

袁纯清主持召开全省党的群众路线教育实践活动动员大会。

“工行杯”山西省大中学生田径运动会在中北大学开幕。

6~7日

全省亚行贷款河川农业综合开发项目产业基地建设示范观摩暨推进报账支付现场会在运城、临汾、晋中3市6县召开。

7~8日

全国政协常委、人口资源环境委员会副主任秦大河带领全国政协调研组到山西就“应对气候变化与大气污染防治”进行专题调研。

8日

省政协部署党的群众路线教育实践活动。

9日

省人大常委会召开党组(扩大)会议,研究部署省人大常委会领导班子党的群众路线教育实践活动工作。袁纯清主持会议并讲话。

马烽纪念馆在汾阳市开馆。

9~12日

第十届中国机构与机器科学应用国际会议在中北大学召开。

10日

省委常委会召开会议,研究部署实施百企千村产业扶贫开发工程。

袁纯清、李小鹏在太原会见国务院副秘书长、中央联席会议办公室主任、国家信访局局长舒晓琴一行。

省综合地理信息中心建设的“山西省突发事件地理信息应急服务系统”通过成果鉴定。

全省企业知识产权管理标准工作启动。

11日

李小鹏主持召开省政府党组(扩大)会议,部署省政府领导班子教育实践活动。

李小鹏在太原会见中国海洋石油总公司总经理杨华一行。

12日

山西省全面启动“智慧旅游”项目建设。

由中化二建集团、太重集团、中

科合成油联合开发的6400吨液压复式起重机进行复式提升实验,成功通过用户验收。

晋京津鲁皖5省市决定共同打造无障碍旅游信息咨询平台。

学雷锋在行动——全国道德模范与身边好人(山西·晋城)现场交流活动举行。

晋京合作协议推进落实工作对接会在太原举行。

应县与清华大学美术学院举行建设陶瓷专业研究生社会实践基地签约仪式。

国内首条钢卷表面免酸洗处理线在太钢投产。

运城市首个微型光伏发电站在闻喜县并网运行。

13日

2013年"科学健身、全民健康"全国运动健身科学指导活动大同站启动。

"第十六届中国模范学生展示活动"山西选拔赛在运城举行。

14日

山西省紧急启动防汛Ⅲ级应急响应。

15日

山西传媒学院揭牌仪式在省高校新校区校园内举行。

由太钢自主设计制造、自主集成创新的不锈钢铬钢连续酸洗线热负荷试车一次成功。

科技部发布国家级示范生产力促进中心2012年度绩效评价结果,山西省生产力促进中心、太原市生产力促进中心、忻州市生产力促进中心3家获评2012年度A类示范中心。

16日

李小鹏在太原会见到山西省考察的中国北车集团公司总经理崔殿国一行。

李小鹏主持召开省政府第二十次常务会议,总结分析上半年经济运行情况,研究部署下半年经济工作。

主题为"晋善晋美·尽在晋城"的第二届中国(晋城)太行山国际文化旅游节开幕。

"2012年度全国十大文物维修工程"评选揭晓,太原王家峰北齐徐显秀墓保护工程入选。

17日

李小鹏在太原会见中国国电集团公司党组书记、董事长乔保平,总经理陈飞虎一行。

第四届中国(晋城)棋子山"晋城煤销杯"国际围棋文化节在陵川县举办。

17~18日

李小鹏主持召开煤炭企业座谈会,研究保持煤炭经济稳定增长的对策措施。

18日

省委中心组举行专题学习会,邀请李君如作题为"以整风精神开展新形势下群众路线教育实践活动"的专题辅导报告。

省政府印发《关于2012年度县域经济发展考核评价结果的通报》。

18~19日

中央党的群众路线教育实践活动领导小组办公室调研组一行,对山西省教育实践活动进展情况进行调研。

19日

全省百企千村产业扶贫开发工程动员大会在太原召开。

山西省人民政府下发关于衔接国务院取消和下放一批行政审批项目的通知。

省委政法委、省军区和北京军区空军在太原召开军地平安建设协作机制启动会。

山西品牌中华行(呼和浩特站)在内蒙古呼和浩特举行。

20日

袁纯清、李小鹏在太原会见农业部部长韩长赋。

20~21日

以"推行规范指南,提高临床水平"为主题的中国妇产科学术会议在太原召开。

20~23日

第七届世界核桃大会在汾阳市举办。

20~30日

山西省委常委开展专题调研文山会海"三公"经费等6个突出问题。

21日

全国农业厅局长座谈会在太原召开。

"善行山西·点亮心灯"慈善助医光明行动在太原启动。

22日

从省考古研究所获悉,晋阳古城遗址发现1处北朝时期的重要建筑。

太钢矿渣超细粉2号生产线热负荷试车成功,正式形成世界处理能力最大的矿渣超细粉生产线。

23日

李小鹏主持召开省政府第二十一次常务会议,听取近期防汛抗洪和救灾减灾情况汇报,安排部署防汛救灾工作,制定促进煤炭经济转变发展方式实现可持续增长的政策措施。

23~25日

民政部党组书记、部长李立国在吕梁市和太原市调研。

24日

国内最先进的日用陶瓷生产线东兴陶瓷有限责任公司新建的微机调控96米燃气隧道窑在怀仁县投产。

25日

袁纯清在太原会见加拿大联邦参议员胡子修和加拿大密西沙加市市长黑兹尔·麦卡利恩。

省政府出台《进一步促进全省煤炭经济转变发展方式实现可持续增长的措施》("煤炭20条")。

省直宣传文化系统学习弘扬右玉精神座谈会在右玉县召开。

晋城市政府与郑州铁路局签订战略合作框架协议。

由同煤集团与右玉县共同投资建设的100MW太阳能光伏发电项目落户右玉。

26日

袁纯清主持召开省委常委会会议,传达学习习近平总书记在部分省市负责人武汉座谈会上的重要讲话精神,研究贯彻落实意见。

省政府召开第三次全体(扩大)会议,总结点评上半年工作,安排部署下半年工作。

2013年"傅山杯"全国传统武术邀请赛暨山西省第二十八届传统武术、散打擂台锦标赛开幕式在太原市举行。

省见义勇为协会对近两年来全省涌现出的见义勇为先进个人和先进集体进行表彰。

太原市民营经济区举行“一园区、两基地”揭牌仪式,即“国家火炬计划太原钕铁硼材料产业基地”“山西省军民结合产业示范园区”和“中北大学优秀教师及毕业生入企锻炼实习基地”。

29日

省委召开全省领导干部大会。

“文化山西大讲堂”开讲仪式暨首场报告会在太原举行。

山西省第一次全国可移动文物普查培训班在太原举办。

中国工程院LED产业化及应用国际高层研讨会在太原召开。

30日

省领导赴右玉县集体学习右玉精神。袁纯清主持省级领导干部学习右玉精神座谈会。

省政府办公厅发布《关于开展农村住房抗震改建试点的实施意见》。

在哥伦比亚卡利举行的第九届世界运动会上,山西省运动员董栋、涂潇获蹦床双人金牌。

“数字古交”地理空间框架建设项目竣工。

31日

李小鹏主持召开省政府第二十二次常务会议,研究通过《低热值煤发电项目核准实施方案》等文件。

李小鹏在太原会见东方电气集团有限公司总经理斯泽夫一行。

山西省召开第一批部门(单位)教育实践活动督导组工作座谈会。

山西平定古州伟峰煤业有限公司发生透水事故,5名矿工罹难。

31日~8月2日

省委办公厅、省人大常委会机关、省政府办公厅、省政协机关分别召开动员会议,启动党的群众路线教育实践活动。

8月

1日

袁纯清、李小鹏在太原会见国家税务总局党组书记、局长王军一行。

全省扩大党代表工作室建设试点工作会议在晋中市榆次区召开。

山西省高速公路军车ETC正式通行。

山西省第十二届人民代表大会常务委员会第四次会议通过《山西省实施〈中华人民共和国国防动员法〉办法》《山西省信息化促进条例》,10月1日起施行。

2日

2013中国国际太阳能十项全能竞赛在大同开赛,并举行2013中国国际太阳能高峰论坛。

山西省旅游景区直通车开通。

省属国有企业转型跨越发展现场学习观摩暨座谈会在长治召开。

3日

“武圣杯”晋秦鲁豫4省市跆拳道邀请赛在运城举行。

3~5日

中国太平洋经济合作全国委员会工作会议在晋中市召开。

5日

全省重点地区打击传销工作会议在太原召开。

省委政法委、省法院、省检察院分别召开党的群众路线教育实践活动动员会。

北京—山西医疗卫生机构战略合作签约仪式在北京举行,签订首批合作协议。

住房和城乡建设部公布2013年度第二批国家智慧城市试点名单,晋城市、阳泉市、大同市城区、怀仁县入选。

6日

李小鹏主持召开省政府第二十三次常务会议,研究通过《加快推进煤层气产业发展意见》《积极稳妥推进户籍管理制度改革的通知》和《公共场所无线局域网建设与服务项目工作方案》。

山西省召开2013年新选聘大学生村官赴任座谈会。

省政府召集推进低热值煤发电项目工作领导组各专业小组,专题研究低热值煤发电项目优选办法。

太原海关与朔州市政府签订合作备忘录。

6~9日

省人大常委会组织山西省全国人大代表到晋城市、晋中市就煤层气产业发展和食品安全工作开展专题调研。

7日

2013年度山西目标责任考核督查情况汇报会召开。

2013全国中学生田径锦标赛在平遥县开幕。

8日

袁纯清、李小鹏在太原会见中国保监会主席项俊波。

煤电企业中长期购销协议签约仪式在中国(太原)煤炭交易中心举行。

山西焦煤集团与中国大唐集团合作框架协议签约仪式在太原举行。

主题为“中国古都天下大同”的2013中国(大同)第12届云冈文化旅游节开幕。

省委常委会召开会议,听取省委常委关于文山会海、“三公”经费、学会协会、窗口单位实行“阳光政务”、楼堂馆所及公务用车、评比达标及节庆活动六个课题调研情况的汇报,研究部署整改意见。

即日起,山西省具有一定经营规模或有自主品牌的个体工商户可向所在地工商部门自愿申请转变为企业组织形式。

李新宇、刘四虎、周倩3名教师获“全国师德标兵”荣誉称号。

9日

省政府与中国华能集团公司就进一步加强能源领域合作进行座谈。

李小鹏在太原会见中国东方航空集团公司总经理刘绍勇一行。

省政府发布《关于建立健全治理欠薪工作机制的意见》。

山西省委、省政府出台《关于深化科技体制改革加快创新体系建设的实施意见》。

10日

全省低热值煤发电工作推进会议召开。

第八届全国残疾人艺术汇演北京赛区比赛落幕,山西省选送的舞蹈《妞妞吃面》等7个节目全部获奖。

“广元建设杯”2013年全国蹦床冠军赛暨系列赛在浙江安吉举行,山西省董栋摘得网上个人冠军,张维夺得男子单跳冠军。

11日

“晋商大讲堂”在太原开讲。

引黄入晋工程北干线大同黄河

原水直供配水支线工程开工。

12 日

中国日报网平遥古城英文频道(shanxi.chinadaily.com.cn/pingyao)上线。

太钢入选国家《重点行业清洁生产示范企业名单》。

12 日~9 月 30 日

全省开展剧毒化学品道路运输交通安全大检查。

13 日

省政府就开展好党的群众路线教育实践活动再次征求各方面意见。

山西省 2012 年度工业企业 30 强评选结果揭晓。

同煤集团朔州煤电公司与山西鑫邦燕麦食业有限责任公司签署合作协议,双方将共同出资建设燕麦食品加工项目。

省科协公布《山西科技工作者状况调查工作方案》。

13~14 日

袁纯清到忻州市调研。

李小鹏到襄垣县、潞城市、长治县、沁源县调研。

14 日

“转型·跨越·发展——央视助推山西城市品牌及旅游产业经济发展推进会”在太原召开。

省级转型综改试点县县委书记座谈会召开。

全省公共资源交易监督平台建设现场会在吕梁召开。

15 日

省委中心组举行专题学习报告会,邀请耿文清作关于作风建设的辅导报告。

李小鹏在太原会见中国农业发展银行党委书记、行长郑晖一行。

16 日

全国双拥办调研组到山西省考察双拥工作。

全省创建创业型城市现场会在晋城召开。

“晋善晋美·美丽山西休闲游”(陕西)推介会在西安举行。

2013 年全省工会组织“金秋助学”活动启动。

山西省第四届“信用示范企业”颁证仪式在太原举行。

山西省首家美国心脏协会(A-HA)心血管急救(ECC)培训中心成立暨揭牌仪式在太原举行。

16~18 日

在第十四届中国智能机器人大赛机器人创新项目(大学组)比赛中,太原理工大学机器人团队的作品“世纪农业园”夺冠。

18 日

人力资源和社会保障部副部长杨志明率国务院安委会第五综合督查组突查山西焦煤集团西山煤电公司西曲矿。

19 日

国务院安委会第五综合督查组到太钢、太重进行安全生产综合督查。

省人大常委会召开座谈会,对 2013 年列为重点办理建议的 6 件省十二届人大一次会议代表建议进行督办。

省政协举行“健全城乡社会保障体系建设”专题议政会调研情况通报会。

省委依法治省领导组依法经营联席会议讨论通过《关于推进依法经营、深化法治山西建设的实施方案》和《推进依法经营深化法治山西建设 2013 年重点项目规划》。

19~20 日

全省百企千村产业扶贫开发工程培训班在太原举行。

20 日

李小鹏主持召开省政府第二十四次常务会议,研究山西科技创新城建设和进一步压减省级公共预算支出等工作。

21 日

省国资委与省农村信用社联合社在太原签署百企千村产业扶贫战略合作框架协议。

22 日

袁纯清主持召开省委常委会会议,通报中央督导组关于省级领导班子民主测评情况的反馈意见,查摆“四风”方面的突出问题,研究具体整改措施。

省委举行党的群众路线教育实践活动先进事迹报告会。

第八届中国青少年科技创新奖评选活动在北京颁奖,山西省杨正茂、暨嘉镕获奖。

23 日

袁纯清主持召开省委常委会会议,传达学习全国宣传思想工作会议特别是习近平总书记重要讲话精神、部分省区市党委群众路线教育实践活动领导小组负责同志座谈会精神,研究山西省贯彻落实意见,研究部署山西科技创新城建设。

国务院安委会第五综合督查组在太原召开会议,向山西省反馈阶段性安全生产督查意见。

全省牛羊产业发展重点县座谈会在朔州市召开。

24 日

2013 年全国玉米遗传育种学术研讨会在晋中召开。

第八届全国大学生“飞思卡尔”杯智能汽车大赛在哈尔滨工业大学举行,太原理工大学晋豹二队获得光电组全国一等奖,晋豹一队获得电磁组全国一等奖。

25~29 日

主题为“践行绿色植保,促进生态园林”的第五届中国园林植物保护高端论坛在太原举行。

26 日

全省深化行政审批制度改革太原现场会召开。

27 日

山西省互联网业界“坚守七条底线、拒绝网络谣言”座谈会在太原举行。

省文化厅与建设银行山西省分行签订战略合作协议。

28 日

省政协十一届三次常委会议在太原召开。会议围绕推进转型综改试验区建设议政建言。

中国证监会副主席姜洋一行到山西调研。

山西首条全智能化监控运行的高压输电线路在太原建成。

29 日

智慧太原时空信息云平台建设试点项目启动。

山西股权交易中心有限公司在太原举行揭牌仪式,首批挂牌企业 866 家。

“2013 年中国民企 500 强”名单发布,海鑫钢铁集团、通达集团、安泰集团、立恒钢铁、建邦集团、常平钢铁集团、美锦能源集团、潞宝集团8家企业入选。

30日

《光辉典范——抗战时期中国共产党党风廉政建设展》在武乡开展。

31日

2013年中国企业500强发布，山西煤炭运销集团有限公司、山西焦煤集团有限责任公司、阳泉煤业(集团)有限责任公司、山西潞安矿业(集团)有限责任公司、大同煤矿集团有限责任公司、山西晋城无烟煤矿业集团有限责任公司、太原钢铁(集团)有限公司、山西煤炭进出口集团有限公司、大秦铁路股份有限公司、山西省国新能源发展集团有限公司和山西建筑工程(集团)总公司11家企业入选。

新型城镇化理论与实践座谈会在太原召开。

31日~9月12日

第12届全运会在辽宁举行，山西代表团获10金8银6铜。

9月

1日

2013年"金融知识进万家"山西银行业金融知识宣传服务月活动在太原启动。

全国群众体育先进及体育系统先进表彰大会在沈阳举行，山西省体育局群体处，山西省体育局体操管理中心2个先进集体及路震洲等13名先进个人受到表彰。

太重集团33万千瓦级汽轮机低压转子锻造成功。

《灵丘县现代有机农业园区发展规划》在北京通过专家评定。

即日起，山西省实行电话用户实名制登记制度。

2日

山西省首届"阅读强素质，共筑中国梦"职工读书节启动。

由省委外宣办和中国新闻社山西分社共同举办的"行走中国·2013年世界华文传媒高层山西行"启动。

3日

李小鹏主持召开省政府第二十五次常务会议，研究通过《关于支持省城太原率先发展的若干措施》，原则通过《山西省志愿服务条例(草案)》。

全运会蹦床男子网上个人决赛在辽宁葫芦岛市结束，山西选手董栋获金牌。

"2013年国家星火重大项目"——内陆盐碱地改良与作物高产高效技术示范推广推进会在大同召开。

3~4日

第四届八路军文化研讨会在武乡县举行。3日第三届八路军文化旅游节在武乡开幕。

3~6日

全国政协副主席卢展工带领全国政协教科文卫体委员会调研组到山西就革命老区公共文化服务体系建设进行调研。

4日

袁纯清、李小鹏在太原会见国家工商总局党组书记、局长张茅一行。

省政府专题研究全省大县城建设实施方案。

4~6日

商务部副部长李金早一行就山西对外开放和商务发展形势、农村商贸流通发展和农民生产生活情况等到山西省调研。

4~8日

全国人大常委会副委员长兼秘书长王晨一行就义务教育法到山西进行执法检查。

5日

袁纯清以"转型跨越中务必保持艰苦奋斗作风"为题给领导干部讲党课。

"感知美丽新山西"第八届全国网络媒体山西行活动启动仪式在太原举行。

全省党政机关停止新建楼堂馆所和清理办公用房工作电视电话会议召开。

国内首个农产品B2B模式运营平台——"生态960·中国"电子商务平台在太原上线。

6日

亚洲粉煤灰及副产品石膏处理与利用技术国际交流大会在朔州市召开。

第三届晋台新闻交流论坛在太原举行。

晋能集团800万平方米粉煤灰硅酸钙板及200万平方米涂装深加工项目投产启动仪式在朔州举行。

稷山县人民政府与阳煤丰喜集团战略合作框架协议签约暨阳煤丰喜稷山西社园区尿素联产LNG项目开工建设。

6~8日

国务院医改督导组到山西对基层医药卫生体制综合改革情况进行督导。9日，国务院医改督导组听取省政府基层医改情况汇报，并对督导情况进行反馈。

7日

第七届世界养生大会在大同市阳高县开幕，大会宣读并发布《许家窑宣言》。

9日

省商务厅、美国驻华使馆商务处共同在太原举办中国(山西)美国投资合作洽谈会。

由国新能源投资建设的1000万吨煤炭集运站在偏关县开工奠基。

10日

山西省首个现代生物制药院士工作站——山西中远威药业有限公司院士工作站在晋中市太谷县成立。

全国最大的垂直流人工湿地——晋城丹河人工湿地处理工程正式投入运行。

11日

全国政协办公厅第二批信息联系点第八次联系会议在大同市召开。

我国首套露天煤矿半连续工艺设备在中煤平朔东露天矿组装完成。

大同—香港航线开通。

14日

华北地区血管外科专题研讨会在山西大医院举行。

15~18日

袁纯清、李小鹏分别带领省观摩检查组，对运城市、阳泉市、临汾市、忻州市、晋城市、朔州市、长治市、大同市重点工作和项目推进情况进行观摩检查。

16日

孝义市与上海申沃客车有限公司、山西华夏动力科技有限公司合作项目——新能源客车联合研制生产基地项目在太原签约。

山西省首个综合保税区——太原武宿综合保税区(一期)通过海关总署、国家发展改革委等十部委联合验收,具备封关运行条件。

冀鲁豫晋高速公路省界收费站联动保畅专题会在河北省召开，会议签署《河北省、河南省、山西省、山东省高速公路省界收费站联动保畅协议》。

17日

全省城联系统和工美行业贯彻落实省政府支持中小微企业发展政策座谈会在太原召开。

京津冀鲁晋豫辽内蒙古8省市自治区旅游部门在太原召开会议,就加强假日期间区域旅游合作、快速处理异地旅游投诉、有效应对旅游突发事件等方面展开区域合作。

由山西北方机械制造公司研制的高效高压永磁同步电动机通过节能鉴定。

18日

上海—《福布斯》中文版发布“中国现代家族企业调查报告”。永泰能源、安泰集团俩家族企业入选A股最大的100家上市家族企业榜单。

19日

2013平遥国际摄影大展在平遥开幕。

23日

省委举办的省管主要领导干部学习习近平总书记重要讲话专题研讨班在省委党校开班。

省委党的群众路线教育实践活动领导小组召开第二次会议,传达刘云山在中央教育实践活动领导小组第三次会议上的讲话精神,听取全省第一批教育实践活动第一环节活动开展情况的汇报,对下一阶段工作作出部署。

《山西省企业产品质量信息资源平台》项目通过验收。

山西省2013年中央补助地方健康素养促进行动项目启动。

山西省首个太阳能光伏背板项目在汾阳投产。

24日

潞安集团、阳煤集团、山煤集团与北京兴边富民清洁能源公司在太原签署煤矿乏风及低浓度瓦斯氧化发电项目的BOT投资建设合作合同。

首届小微企业金融服务论坛在太原举行。

中国森林城市建设座谈会在南京举行,长治、晋城两市同获“国家森林城市”命名。

山西省首个国防科技产业园——太原国防科技产业园落户阳曲县转型发展产业园区。

太原留学人员创业园被科技部批准授予“国家国际科技合作基地(国际技术转移中心类)”。

25日

李小鹏主持召开省政府第二十六次常务会议，传达学习国务院京津冀及周边地区大气污染防治工作会议精神,听取“贯彻落实国务院关于取消和下放50项行政审批项目决定”的情况汇报，研究部署山西省再取消和下放70项行政审批项目事宜。

26日

袁纯清主持召开省委常委会(扩大)会议,认真学习习近平总书记在指导河北省委常委班子专题民主生活会时的重要讲话精神,传达学习中央党的群众路线教育实践活动领导小组办公室关于河北省委常委召开高质量专题民主生活会的情况通报，并对省级领导班子以及第一批参加教育实践活动的单位召开专题民主生活会提出新的要求、作出新的部署。

吕梁民用机场首次校飞完成。

第四届全国道德模范评选表彰活动中,解黎明被评为全国道德模范。

省国新能源发展集团与古交市政府在古交签署战略合作框架协议,携手推进煤层气产业发展。

27日

以主题为“文化传承,仁孝为本”的省城各界隆重纪念孔子诞辰2564周年庆典活动在太原举行。

省政府举办“梅山课堂”第四讲,邀请张遂安讲授“煤层气产业现状及发展趋势”。

省十二届人大常委会第五次会议举行专题讲座,邀请叶小文作题为《中国文化与文化中国——文化复兴中国梦的文化底气与根基》的专题讲座。

27~28日

山西省生态庄园经济发展研讨会在晋中召开。

28日

以“清凉太原城,激情马拉松”为主题的2013年汾酒杯太原国际马拉松赛在太原举行。

在保加利亚举行的第二届世界女子拳击青年锦标赛上,袁运子夺得冠军。

汾西矿业正升煤矿发生透水事故,10人罹难。

29日

全省领导干部下乡住村包村增收工作电视电话会在太原召开。

《山西省人民政府关于衔接国务院取消和下放50项行政审批项目等事项的通知》下发。

《山西省高速公路管理条例》公布。

山西·乡宁(云丘山)2013红叶文化旅游节暨云丘山中国古村落摄影大赛在乡宁县拉开序幕。

“寻找新晋商·中国万里行”活动启动。

30日

由山西省煤炭地质局114勘查院承担施工的山西省第一口页岩气井——页1号在隰县开钻。

10月

1日

《山西省信息化促进条例》实施。

山西省科技馆开馆。

8日

李小鹏主持召开省政府党组会议，学习习近平总书记重要讲话精神,研究讨论省政府领导班子对照检查材料。

朔州创建“国家公共文化服务体系示范区”。

9日

李小鹏主持召开省政府第二十七次常务会议,原则《通过山西省落实大气污染防治行动计划实施方案和2013年行动计划》,学习贯彻第四次全国对口支援新疆工作会议精神。

山西省融资担保行业协会成立大会在太原举行。

10日

山西省首台全地面起重机TZM500全地面伸缩臂起重机在太重集团下线。

10~11日

全国人大常委会原副委员长、中国关心下一代工作委员会主任顾秀莲到晋城市就关心下一代工作进行调研并出席纪念晋城市关心下一代工作委员会成立20周年暨“双先”表彰大会。

11日

省委常委会召开会议，专题学习习近平总书记在参加河北省委常委班子专题民主生活会时的重要讲话。

《山西省发展中医药条例》施行。

11~31日

太原开展全市工业企业冬季大气污染预控行动。

13日

李小鹏在太原会见国家烟草专卖局党组书记、局长凌成兴一行。

段爱平荣膺全国“最美村官”称号。

14日

以“中国西北游、出发在兰州”为主题的兰州市2013年旅游暨项目招商推介会在太原举行。

全省2013年无线电监测技能大赛在晋中市开赛。

15日

由国务院南水北调办副主任、山西省原省长于幼军出资160万元捐赠的大同“南风轩社区文化活动中心”举行揭牌仪式。

15~17日

山西省第四届特奥运动会在太原举行。

16日

第八届全国健康老人名单公布，山西省梁四富等34人当选全国健康老人。

山西日盛达太阳能科技有限公司500t/d超白压延光伏玻璃下线。

16~20日

第三届中国（山西）特色农产品交易博览会在中国（太原）煤炭交易中心举办。

17日

李小鹏主持召开省政府第二十八次常务会议，研究部署当前经济工作，传达学习全国改善农村人居环境工作会议精神，研究通过《关于进一步规范我省国家工作人员因公临时出国的实施意见》。

国务院软件正版化工作督察组到太原召开通报会。

18日

袁纯清主持召开省委常委会会议，讨论开展党的群众路线教育实践活动省委常委班子对照检查材料，对下一步工作作出部署。学习习近平总书记就坚持和发展“枫桥经验”的重要批示，传达纪念毛泽东同志批示“枫桥经验”50周年大会精神，研究山西省贯彻落实意见。

李小鹏在太原会见由霍英东集团行政总裁霍震寰、香港菱电发展有限公司主席胡晓明率领的香港山西商会访问团一行。

全省51个品牌和48家企业荣获山西省“2013年百姓最放心食品品牌及道德诚信食品企业”称号。

18~20日

全省馆配图书订货会及2014年全省名优文教产品订货会在太原举办。

18~22日

“山西品牌中华行”活动在上海举行。

20日

全省社会治安防控体系“六网覆盖”工程建设推进会在太原召开。

“服务百姓，健康行动”国家卫生计生委、国家中医药管理局支持吕梁山片区捐赠仪式在吕梁汾阳举行。

山西老陈醋中华行活动在新疆维吾尔自治区昌吉回族自治州阜康市举行。

21日

第十一届全国“篮球城市”交流活动在太原开幕。

平朔东海伟业“平鲁国际服装产业基地”项目开工建设。

22日

《山西省人民政府关于计量发展规划(2013—2020年)的实施意见》发布。

23日

绵山景区举行“国家5A级旅游景区”挂牌仪式。

全国住房城乡建设系统第六届企业文化建设论坛暨推广太原市城乡管委“市政公用服务进社区”经验现场会在太原召开。

山西省中小企业创业示范基地在太原市晋源区开建。

山西资源型经济转型战略目标研讨会召开。

23~25日

全国云报纸技术应用平台第二次会议在晋中召开。

24日

山西老陈醋中华行大连站活动启动。

北京五矿利国国际贸易有限公司与阳曲县政府就3D打印国防科技产业园项目签订协议。

25日

山西粮食（玉米、小杂粮）产销衔接会在忻州召开。

第十届中国艺术节“群星奖”在山东省威海市揭晓。山西凤台小戏《县长遛牛》等14个节目获“群星奖”。

欧洲中国文化展览馆在法国普罗旺斯市(Provins)成立，普罗旺斯市和平遥县结为友好城市。

25日~12月10日

山西省集中开展安全生产大检查“回头看”。

26日

第十四届“文华奖”在山东省青岛市揭晓，舞剧《粉墨春秋》荣膺“文华大奖”，说唱剧《解放》获文华优秀剧目奖，晋剧《刘胡兰》获文华剧目奖，史佳花获“2013年中国文化艺术政府奖——文华表演奖”。

首届山西省感动百姓寻找乡村爱心故事活动“乡村十大爱心大使”颁奖仪式在太原举行。冯莉清等10人获奖。

26~27日

第二届全国民间中医发展研讨会在平遥县召开。

26~29日

资源型经济转型与区域可持续发展高级研修班在太原举办。

27日

袁纯清主持召开省委常委会会议，学习贯彻刘云山在中央党的群众路线教育实践活动领导小组第五次会议上的重要讲话精神，讨论省委领导班子关于党的群众路线教育实践活动的《整改方案》和一批整改制度，并就整改落实和建章立制工作作出部署。

太重榆液上海液压项目开工建设。

山西省遥感中心承担完成的山西省煤层自燃遥感调查项目通过验收。

27~28日

国家教育督导检查组就太原市迎泽区建设义务教育发展基本均衡县任务进行督导评估认定。

28日

李小鹏带领省观摩检查组到吕梁市进行观摩检查。

29日

李小鹏带领省观摩检查组对晋中市重点工作和项目推进情况进行观摩检查。

蒲剧《山村母亲》获中国戏曲现代戏突出贡献奖，授奖仪式暨座谈会在运城举行。

平遥古城入选“中国最令人向往的地方”。

30日

袁纯清、李小鹏带领省观摩检查组，对太原市重点工作和项目推进情况进行观摩检查。

国家质检总局批准山西省岢岚柏籽羊肉、岢岚红芸豆、运城盐池大盐(河东大盐)、运城盐池黑泥4个产品实施国家地理标志产品保护。

中北大学教授刘有智荣获2013年度何梁何利基金“科学与技术创新奖”。

31日

中央第六巡视组巡视山西省工作动员会召开。

省委、省政府在太原召开全省观摩检查总结座谈会，对观摩检查活动进行总结，对下一步工作进行安排部署。

2013年中国科技传播论坛科技传播与企业创新分论坛在太原举办。

31日至12月31日

山西省开展煤矿提升运输设备专项大会战，对煤矿提升运输设备的基础管理、检测检验、安全保护、信号装置、现场运行及人员持证上岗情况进行集中检查。

11月

1日

山西日报微信公众平台——订阅号“山西日报”上线运行。

山西省企业百强排行榜发布。

太原市城镇职工大病医保在山西省肿瘤医院、山西医科大学第一医院、山西省人民医院3家定点医院试点启动即时报销。

1~3日

以“绿色、环保、循环、低碳”为主题的山西省节能减排博览会在省展览馆举行。

2日

太原轨道交通2号线一期工程和华能太原东山燃机热电厂开工建设。

几内亚矿产和地质部部长穆罕默德·拉明·福法纳考察中电投山西铝业。

4日

中国北车集团大同电力机车有限责任公司(同车公司)首批15台新型和谐2八轴大功率交流传动机车交付西安铁路局安康机务段。

5日

李小鹏主持召开省政府第二十九次常务会议，部署山西省化解钢铁焦化水泥电解铝行业产能过剩矛盾和工商登记制度改革工作，原则通过《山西省“十二五”规划纲要实施情况中期评估报告》。

6日

清徐县文化馆、长子县常张乡文化站、临猗县眉户剧团、芮城县蒲剧团、太原市晋源区文体市场行政综合执法队、晋城市华荧农村数字电影院线有限公司、静乐县广播电视服务中心、绛县吉峪村农家书屋等单位获“第五届全国服务农民、服务基层文化建设先进集体”称号。

山西省表彰第十二届全国运动会山西代表团先进集体和个人。

长治市被授予首批国家公共文化服务体系示范区。

山西省见义勇为协会举行表彰会，授予高文彬、追授刘建红“见义勇为先进分子”荣誉称号。

8日

在第八届中国北京国际文化创意产业博览会上，山西省代表团签约达成50亿元关公文化产业战略合作协议。

东辉集团收购澳大利亚inova矿产资源公司。

9日

设于中北大学的山西省共享式软件人才实训暨培训基地开始试运行。

10日

代县绣品《企盼》、平遥漆器《晋商六宝》、山西唐人居古典家居文化有限公司的衣柜《狮子滚绣球》，李世顺的石雕作品《悬空寺》《云冈石窟》5件作品荣获中国礼品创意设计大赛“华礼奖”金奖。

山阴县千亩土地治理及高科技无公害蔬菜生产示范园建设工程在山阴县启动。

2013全国创意产业与版权运营研讨会在北京举行，2013第八届中国创意产业年度大奖“龙腾奖”揭晓，广灵剪纸文化产业园区荣获最佳园区奖。

11日

在第29届世界蹦床锦标赛比赛中，山西省选手董栋和涂潇在蹦床男子个人比赛中分获冠军、亚军。

11~14日

国务院最低生活保障政策落实情况第五督查组到山西省督查。15日在太原召开督查情况反馈会。

省教育部公布2013年“百千万人才工程”国家级人员名单。山西大学教授殷杰、山西师范大学教授张献明、中北大学教授熊继军、太原理工大学教授寇子明、董晋湘入选。

12日

省人大召开“十二五”规划《纲要》实施情况中期评估座谈会。

经中国银监会批准，晋中市商业银行正式升级更名为晋中银行。晋中银行在全省率先推出“微信银行”。

《全国资源型城市可持续发展规划(2013—2020年)》公布，山西省10个地级市3个县级市列入全国资源型城市。

阳泉市入选全国“青少年权益工作创新”试点城市。

13 日

省人口计生委科学研究所和国信凯尔联合基因组学实验室成立，人口出生缺陷基因数据库开建。

14 日

省委召开常委(扩大)会议，传达贯彻十八届三中全会精神。

15 日

袁纯清主持召开省委常委会会议，研究讨论深入贯彻十八届三中全会精神、加快推进转型综改试验区建设调研课题，传达中共中央关于薄熙来严重违纪违法案及其教训的通报，传达全国干部教育培训工作会议精神，讨论全省治理“四风”的制度建设计划。

以“加强产学研用合作、推进创新驱动发展”为主题的山西省首届“百校百企”科技合作与项目对接活动在太原举行。

16 日

山西省首家非物质文化遗产艺术基地落户太原。

18 日

浑源至广灵高速公路开通运营。

以“魅力三晋，善良山西”为主题的首届“大美山西”摄影大赛颁奖晚会在太原举行。

18~22 日

由国家发改委委托的第三方评估组对山西省转型综改试验区建设进行评估调研，评估组到吕梁市、晋中市、太原市进行实地调研。

19 日

李小鹏主持召开省政府第三十次常务会议，学习贯彻党的十八届三中全会精神，研究全省经济社会发展主要指标 2013 年预计完成情况和 2014 年计划安排，讨论通过《山西能源学院筹建方案》。

山西省个体化耐药基因与转化医学院士工作站在山西医科大学第一医院开始运行。

由中国科学院大气物理研究所和山西省气象局共同承建的大气物理联合实验室在山西省气象局揭牌成立。

临汾全市建成标准化星级免费公厕 180 多座。

20 日

《中共山西省委关于认真学习宣传贯彻党的十八届三中全会精神的通知》下发。

21 日

山西省环保物联网建设项目被列入世界银行 2014—2016 财年规划新增贷款项目名单，获世行贷款 1.5 亿美元。

《山西省人民政府关于化解钢铁焦化水泥电解铝行业产能严重过剩矛盾的实施方案》出台。

22 日

袁纯清主持召开省委常委会会议，研究 2014 年经济社会发展主要指标计划安排，讨论治理“四风”第二批整改制度和《关于党政主要领导不直接分管部分工作的若干规定(试行)》。

以“扶助小微企业，促进转型成长”为主题的 2013“创新中国行”中小企业信息化培训活动在太原举办。

23 日

《晋善晋美·三晋窑火——山西古代陶瓷特展》在北京展出。

25 日

李小鹏主持召开省政府安全生产工作专题会议。

中央宣讲团党的十八届三中全会精神报告会在太原举行。

晋剧《巴尔思御史》《上马街》在第十三届中国戏剧节获优秀剧目奖，演员牛建伟获优秀表演奖。

山西省国新能源发展集团与襄垣县人民政府签署战略合作框架协议。

26 日

袁纯清主持召开省委常委会会议，学习《党政机关厉行节约反对浪费条例》，传达四省区党的群众路线教育实践活动座谈会精神，研究山西省贯彻落实措施。

省政府领导带队突击检查石油、天然气、煤层气管网、库站及运输车辆的安全生产工作。

国药集团山西物流中心落户太原不锈钢产业园区。

27 日

袁纯清、李小鹏在太原会见在山西出席全国工商系统非公党建工作会议的国家工商总局党组书记、局长张茅，中组部部务委员吴玉良一行。

全省道德建设座谈会在太原召开。

28 日

中国少年先锋队山西省第六次代表大会在太原开幕。

全国工商系统推进非公有制企业党建工作经验交流会在太原召开。

山西省气象局与省科学技术协会在太原签署联合提升气象科技传播能力战略合作协议。

28~29 日

袁纯清分别与 11 位县（市、区）委书记一对一、面对面谈心。

29 日

省旅游局在香港举行“晋善晋美·美丽山西休闲游”大型推介会。

30 日

全国首批、山西省首家智能化养老试验基地在运城市落户。

右玉县和长子县荣获“美丽中国示范县”称号。

12 月

1 日

山西省工商登记制度改革试点工作启动。

长治市城区网格化社会综合服务平台、盂县资源枯竭型矿区塌陷地生态产业技术与示范、朔城区出生缺陷防控体系建设及优生优育科技惠民应用示范 3 项目被列入国家科技惠民计划。

牛扎根入选“2013 中国十大杰出村官”。

2 日

袁纯清先后主持召开农村、社区基层党组织建设座谈会。

山西省在广州市举行“晋善晋美·美丽山西休闲游”大型旅游推介会。

中国科学院与沁县签订战略合作协议，共建农业新品种新技术培育示范基地。

2~3 日

太原、运城、晋城循环经济标准化试点通过考核。

3 日

李小鹏主持召开省政府第三十一次常务会议，研究通过《加快发展节能环保产业实施方案和行动计划》。

4日

省委召开市委书记、工(党)委书记抓基层党建工作专项述职会议。

2013年度太原龙山童子寺佛阁遗址考古取得重大成果,新发现北齐佛龛和中原地区保存年代最早的唐代寺院壁画。

山西转型综改试验区建设全国示范性劳动竞赛在太钢集团公司启动。

山西美锦能源股份有限公司发行股份和支付现金购买资产等事宜获得有条件审核通过。

6日~7日

省委中心组(扩大)举行学习报告会,邀请全国政协副主席、致公党中央主席、科技部部长万钢作题为"深化科技体制改革、加快创新驱动发展"的辅导报告。科技部与省政府在太原举行部省工作会商会议,万钢与李小鹏签署《部省工作会商制度议定书》(2013~2018年)。7日,万钢在山西就深化科技体制改革进行调研。

全省调整高速公路车型收费标准。

9日

灵石县与首创华夏股权投资基金管理有限公司在灵石县签订合作框架协议。

11日

山西省创新扶贫开发体制机制工作座谈会召开。

"一种十五辊复合矫直机""一种煤矿井下短壁采煤铲车""高强度抗疲劳耐大气腐蚀热轧钢带及其制造方法""煤粉工业锅炉的稳燃方法及装置"获第十五届中国专利优秀奖。

12日

2014年中国煤炭市场高峰论坛暨煤炭交易会在太原举办。签订煤炭合同9.55亿吨。

13日

山西省2013年度目标责任考核工作动员会议召开。

山煤集团2014年度重点用户座谈会在中国(太原)煤炭交易中心举行。

三晋环保行活动20年总结会在太原召开。

14日

山西首届"行者杯"铁人三项户外挑战赛在太原开赛。

15日

袁纯清主持召开省委常委会会议,研究确定全省治理"四风"的制度建设计划和开展"四风"突出问题专项整治方案。

以"动手动脑,体验科技"为主题的首届山西省"少年科学杯"智能机器人大赛在太原落幕。

16日

袁纯清主持召开省委常委(扩大)会议,传达中央经济工作和城镇化工作会议精神。

17日

李喜爱、陈纲、陈永哲获全国"人民满意的公务员"称号,右玉县委、忻州市公安局获全国"人民满意的公务员集体"称号。

18日

省中小企业局与省科学技术协会就促进中小微企业创新发展签订战略合作协议。

18~19日

省委召开加快推进转型综改区建设调研课题汇报会。

19日

山西省第十届精神文明建设"五个一工程"优秀理论文章评选揭晓。

山西省首个"婴儿安全屋"在太原市社会(儿童)福利院建成启用。

原平煤机配套装备特色产业基地被科技部认定为国家级火炬特色产业基地。

20日

省委召开第一批教育实践活动专项整治工作会议,对"四风"突出问题专项整治活动进行再安排再部署。

山西企业再担保有限公司获批成立。

21日

太原重工集团荣获"2013年中国企业自主创新TOP100企业"称号。

22日

"山西品牌中华行"(武汉站)在武汉举行。

太原举行物业服务收费标准听证会。

23日

袁纯清主持召开省委常委会会议,研究讨论省委常委会工作报告、加快推进综改区建设若干意见和治理"四风"第三批整改制度。

省委、省政府召开全省民营经济转型跨越发展促进大会。

国家2013年主要污染物总量减排核查组对山西省2013年总量减排工作完成情况进行核查。

中共山西省委召开党外人士座谈会,听取各民主党派省委、省工商联和无党派人士对《中共山西省委、山西省人民政府关于深入贯彻党的十八届三中全会精神,加快推进转型综改试验区建设的若干意见(讨论稿)》的意见建议。

24日

李小鹏主持召开省政府第三十二次常务会议,讨论《政府工作报告》(讨论稿),研究为领取失业保险金的失业人员发放取暖补贴等工作。

《太原市古树名木保护条例》施行。

25日

山西中医药博物馆在太谷开馆。

26日

省军区召开大会,宣布省军区领导班子调整命令,任命冷杰松为山西省军区司令员。

26~27日

省委十届五次全会暨全省经济工作会议在太原举行。

27日

山西焦炭(国际)交易中心首次发布11月份焦炭价格指数为81.20点。

29日

国家级非物质文化遗产广灵剪纸代表传承人张多堂荣膺"中华晋商20年十大晋商守望者"荣誉称号。

30日

袁纯清主持召开省委常委会(扩大)会议,传达中央农村工作会议精神,研究山西省贯彻落实意见。

李小鹏主持召开省政府第四次全体(扩大)会议,讨论修改《政府工作报告》(讨论稿),安排部署当前工作。

朔城区天朔电动汽车生产线投产。

31日

袁纯清主持召开省委常委会会议,讨论治理"四风"第四批整改制度,听取全省"两会"筹备工作和党内法规及规范性文件清理情况汇报。

(师维孝)

省情概览

A General Introduction of Shanxi Province

自然地理

【位置　面积】 位置　山西省位于北纬34°34′~40°43′，东经110°14′~114°33′，属于内陆省份，在太行山与黄河北干流域峡谷之间，地处华北西部的黄土高原东翼，是首都北京的西部屏障。省境山环水绕，构成与邻省的天然分界。东隔太行山，与河北省毗邻；西、南跨黄河，与陕西、河南两省相望；北越长城，与内蒙古自治区接壤。在国家经济发展布局中，山西紧靠以北京、天津为中心的“环渤海经济圈”，位于由山西、河南、湖北、安徽、湖南、江西组成的“中部六省”的最北端。

面积　山西省域轮廓呈由东北斜向西南的平行四边形，南北长682千米，东西宽385千米，总面积15.68万平方千米，约占全国土地总面积的1.634%，在全国各省（市、自治区）中列第19位。　（张　峰）

【地质　地貌】 地质　山西省位于中朝准地台近中央部位，称山西断隆。北抵内蒙古地轴中部，南连秦岭褶皱系，西接鄂尔多斯台坳，东以太行山大断裂为界同华北地坳分开。山西断隆的中轴上，叠加有“S”形汾渭地堑系。山西境内地层发育较全，除上奥陶系上统、志留系、泥盆系、石炭系下统和中统缺失外，其余时代地层均有分布；尤其前寒武系和上古生界地层，在中国北方具有一定的代表性。山西境内岩浆岩类型多，分布较广泛，以侵入岩为主，特别是中生代侵入岩反映出多期次的特点，与许多内生矿产的形成有关。并有全国罕见的碱性岩类。

地貌　山西省地貌景观大体分为基岩山区、黄土高原山区、断陷盆地3大类型。主干山脉有：太行山、吕梁山、中条山、五台山、恒山、太岳山（即霍山），多呈北东—南西向或近南北向展布。主要盆地由北向南依次为：阳高盆地、大同盆地、忻州盆地、太原盆地、临汾盆地、运城盆地、长治盆地。山地占全省总面积40%，丘陵占40.3%，平川和河谷面积仅占19.7%。全省北高南低，由东北向西南倾斜。省内最高点为五台山北台顶叶斗峰，海拔3058米；最低点在垣曲县西阳河与黄河汇流处，海拔180米；最大相对高差2878米。　（张　峰）

【气候】 降水　2013年，山西省年平均降水量538.4毫米，比多年平均值473.5毫米多64.9毫米，比上年多62.3毫米。排2000年以来第三位（第一位2003年696.3毫米、第二位2011年576.9毫米、2007年与2013年相同排第三位）。各县（市、区）年均降水量介于328.8毫米（芮城县）~718.9毫米（永和县）之间，大同市和朔州市偏多，晋城市偏少。汛前（1~5月）降水量64.0毫米、汛期（6~9月）降水量451.0毫米、汛后（10~12月）降水量23.3毫米，分别占年降水总量的12%、84%和4%。全省降水主要集中在夏、秋季，分别占全年降水量的69.7%和17.1%。春季，全省平均季降水量为65.9毫米，较常年同期偏少13.3毫米，较上年同期偏少6.0毫米。全省各地降水区域分布不均，介于16.1毫米~157.3毫米之间。夏季，全省平均季降水量为394.1毫米，较常年值（268.2毫米）偏多125.9毫米，为1971年以来第二多，较最多值（1988年，434.3毫米）偏少40.2毫米。各地降水量介于184.5毫米~578.5毫米之间。全省除南部运城市的临猗、芮城等县降水量不足200毫米，其余大部分地区降水量在200毫米以上，其中，长治市大部及黄河沿河部分地区降水量达500毫米以上。秋季，全省平均降水量为96.9毫米，较常年均值（107.9毫米）偏少11.0毫米，较上年同期偏少3.6毫米。各地降水量介于36.4毫米~182.6毫米之间。12月，降水天气稀少，全省平均降水量为0.1毫米，较常年值偏少3.5毫米，在近10年中与2008年同为最小值。

气温　全省年平均气温为10.8℃，较常年偏高1.0℃，较上年偏高1.4℃，居有气象记录以来第四位。空间分布为由北向南逐渐升高，且中部盆地高于同纬度东西两侧山区。北部大部年均气温在9℃以下，右玉最低为5.3℃；运城市以及临汾中南部气温较高，在13℃以上，河津、临猗和运城市最高，为15.4℃；其余大部分地区平均气温在7℃~13℃之间。与常年相比，有一半以上地区气温偏高1.0℃以上，最大偏高2.3℃。各季特点

8月1～2日，国务院应急办突发事件预警信息发布管理工作调研组在组长吕红频带领下到山西省气象局进行调研　（李国英提供）

为:春、夏、秋季气温偏高,冬季气温接近常年。

日照　全省平均日照时数为2419.9小时，较常年偏少29.5小时。大同市大部、朔州市大部和其余局部地区年日照时数多于2600小时,最多年日照时数出现在右玉；临汾、运城和长治的局部年日照时数少于2000小时,最少日照时数出现在南部的侯马,其余大部地区年日照时数介于2000小时~2600小时之间。在统计的108个县(市)中,55个县(市)日照时数偏少,其中14个县(市)偏少200小时以上;有10县(市)日照时数较常年偏多200小时以上。2013年全省日照年内分布状况为:春季日照接近常年略偏多，夏季和冬季日照偏少,秋季全省大部日照正常。冬季,全省各地日照时数278.5小时~585.9小时之间,北部多于南部。春季,全省各地日照时数在467.6小时~851.5小时之间,由北向南递减。运城大部、临汾局部和长治局部日照时数在600小时以下,中、北部大部地区日照时数超过700小时,其他地区日照时数在600小时~700小时。夏季,全省各地日照时数在409.0小时~747.1小时之间。除少部分地区日照时数不足500小时外,全省大部分地区日照时数在500小时以上。秋季,全省各地日照时数在384.8小时~730.3小时之间,北部多于南部。北部大部地区日照时数在600小时以上。　（李国英）

资　源

【土地资源】　山西省土地总面积约1566万公顷（折合15.68万平方千米),其中农用地面积约1004万公顷(15065万亩)。全省农业用地中,耕地面积4064506.96公顷(6096.76万亩)，建设用地面积969720.43公顷(1454.58万亩)，未利用地面积465640186公顷(6984.6万亩)。

（张　峰）

【矿产资源】　山西省分布有丰富的矿产资源，是资源开发利用大省,在全国矿业经济中占有重要地位。全省已发现矿种120种(金属矿产28种,非金属矿产85种,能源矿产4种,水气矿产3种)，其中有探明资源储量矿产70种,已利用矿产72种。与全国同类矿产相比,资源储量居全国第一位的矿产有煤层气、铝土矿、耐火粘土、铁矾土、镓矿等5种。保有资源储量居全国前10位的矿产有37种。主要矿产为煤、煤层气、铝土矿、铁矿、铜矿等。煤炭资源得天独厚,资源储量丰富,分布广泛,煤质优良,查明资源储量2673.79亿吨，占全国查明储量的1/5;煤层气资源极为丰富,沁水、西山、河东煤田为煤层气高产富集区，累计探明地质储量1568亿立方米,居全国第一;已查明的铝土矿矿产地89个,保有资源储量11.04亿吨,约占全国保有资源储量的33.3%,居全国之首,预测资源储量100亿吨左右;铁矿类型多,资源储量丰富,分布广泛,保有资源储量37.81亿吨,居全国第五位；白云岩资源遍布全省,适合冶镁的白云岩资源十分丰富,预测资源总量约508亿吨。煤、铝土矿等沉积矿产分布广泛,铁矿、铜矿等重要矿产分布相对集中,但是重要金属矿产贫矿多、富矿少,共伴生矿多、单一矿少。　（张　峰）

【水资源】　2013年,山西省年平均降水量538.4毫米,比多年平均值473.5毫米多64.9毫米，比上年多62.3毫米。排2000年以来第三位（第一位2003年696.3毫米、第二位2011年576.9毫米、2007年与2013年相同排第三位)。各县(市、区)年均降水量介于328.8毫米（芮城县)~718.9毫米（永和县）之间，大同市和朔州市偏多,晋城市偏少。汛前(1~5月)降水量64.0毫米、汛期(6~9月)降水量451.0毫米、汛后(10~12月)降水量23.3毫米,分别占年降水总量的12%、84%和4%。2013年,山西省各河流水势总体平稳。南洋河、滹沱河、清水河、龙华河、浊漳河、榆社河、绛河(以上属海河流域),晋西沿黄支流北川河、南川河,汾河干流及其支流涧河、静升河、洪安涧河、续鲁峪来水量偏多,其余河流均偏少。受局部暴雨和极端气候的影响，汛期中的7月，续鲁峪、涧河、清凉寺沟、沁水河、绛河、三川河等河流发生较大洪水。

据全省65座大中型水库汛初蓄水水量统计,2013年汛初(2013年6月1日）蓄水总量为9.43亿立方米,2013年汛末（2013年10月1日）蓄水总量为11.02亿立方米，2013年年底蓄水总量为11.60亿立方米,均多于多年同期平均。

根据降水量距平百分比旱情等级划分标准，一年12个月看,1月除大同、朔州、阳泉和晋中市没有旱情外，其他市区中度干旱;2月太原、忻州、大同市严重干旱，朔州市特大干旱，其他市区轻度干旱或没有旱情；3月降水量仍然偏少，全省都有不同程度的旱情。8月太原、临汾和运城市轻度干旱，长治和晋城市中度干旱；9月长治市轻度干旱，运城和晋城市中度干旱。

2013年汛期，山西省灾情主要集中在7月。汛期共有11个地市、84个县、604个乡镇、109万人受灾，倒塌房屋4.7万间，损坏房屋4660间，转移8.4万人，直接经济损失31.4亿元，其中水利直接经济损失3.1亿元。（梁述杰）

人口　语言

【人口】 据2013年人口抽样调查，年末全省常住人口为3630万人，比上年末增加19万人。全年全省出生人口39万人，人口出生率为10.81‰；死亡人口20万人，死亡率为5.57‰；自然增长率为5.24‰。出生人口性别比为114.03。

2013年人口数及其构成表

指　标	年末数（万人）	比重（%）
全省常住人口	3630	
其中：城镇	1908	52.56
乡村	1722	47.44
其中：男性	1865	51.39
女性	1765	48.61
其中：0~14岁	575	15.83
15~59岁	2578	71.02
60岁及以上	477	13.15
其中：65岁及以上	304	8.37

（省统计局）

【语言】 山西是汉语方言比较复杂的省份之一。由于地理和历史等诸多原因，山西方言较多地保留古代汉语成分，在语音、词汇和语法方面都有重要特点。与其他北方方言相比，山西方言除晋南多数县市和北部广灵没有入声外，其余各区均有入声。山西方言的入声读音短促，韵母以喉塞音收尾。山西境内与毗邻省份有入声的方言被称为晋语。在词汇语法方面的特点，一是有分音词、合音词和逆序词，二是有丰富的四字格俗语，三是有大量以“圪”为前缀构成的词语，四是保留许多古语词，五是名词、动词、形容词、量词的重叠形式非常丰富。按照《山西方言调查研究报告》的研究，根据入声有无及其他语音特点，山西方言可以分为六个区：

中区：以太原方言为代表，属晋语。语音特点是有入声，平声不分阴阳。分布在晋中一带，包括太原、清徐、晋中、太谷、文水、交城、祁县、平遥、孝义、古交、介休、寿阳、榆社、娄烦、灵石、盂县、阳曲、阳泉、平定、昔阳、和顺与左权等县市区。

西区：以吕梁市离石区方言为代表，属晋语。语音特点是有入声，多数点阴平和上声调型相同，调值接近。分布在晋西一带，包括吕梁、汾阳、中阳、柳林、石楼、临县、方山、兴县、岚县、静乐、隰县、交口、永和、大宁、汾西与蒲县等县市区。

东南区：以长治方言为代表，属晋语。语音特点是有入声，部分点去声分阴阳。分布在晋东南一带，包括长治、长治县、潞城、黎城、平顺、壶关、屯留、长子、沁源、沁县、武乡、襄垣、晋城、阳城、陵川与高平等县市。

北区：以忻州、大同方言为代表，属晋语。语音特点是有入声，入声不分阴阳。分布在太原以北地区，包括大同、大同县、阳高、天镇、怀仁、左云、右玉、应县、山阴、繁峙、忻州、定襄、原平、五台、代县、浑源、灵丘、朔州、平鲁、神池、宁武、五寨、岢岚、保德、偏关与河曲等县市。

东北区：仅有广灵县一个点，属冀鲁官话。语音特点是无入声，古入声次浊声母字今读去声。

南区：以临汾、运城方言为代表，属中原官话。语音特点是无入声，古入声次浊声母字今读阴平。分布在山西南部，包括运城、芮城、永济、平陆、临猗、万荣、河津、乡宁、吉县、夏县、闻喜、垣曲、稷山、新绛、绛县、临汾、霍州、古县、安泽、洪洞、浮山、翼城、侯马、曲沃、襄汾与沁水等县市。

（安志伟）

民族　宗教

【民族】 山西是少数民族杂居散居的省份。民族构成以汉族为主，汉族人口占全省总人口99.7%，有54个少数民族，包括：回族、满族、蒙古族、彝族、苗族、土家族等，人口为10.32万人，占全省总人口0.3%，其中回族最多，约占少数民族总人口的80%。

山西省的少数民族有5个特点：一是人口总数不多，但民族成分多。全省共有54个少数民族成分（仅缺塔塔尔族）。少数民族人口在万人以上的有回族、满族、蒙古族。二是大分散、小聚居。全省11市119个县（市、区）有少数民族。有44个少数民族聚居村，50个少数民族聚居的街道和100多个相对聚居的居民社区。三是回族人数居绝大多数且相对聚居，有较强的民族意识和宗教感情。四是少数民族聚居村有相当一部分处于山区或贫困县区，经济社会发展水平相对落后。

（王泽武）

【宗教】 全省境内有5个宗教团体，教职人员认定备案超6000人，其中佛教2447人、道教151人、伊斯兰教154人、天主教332人、基督教2752人。（王泽武）

行政区划

【区划地名】 2013年，山西省民政厅完成对大同市中心城区的城、郊、矿区行政区划调整，运城市临猗县撤县设区，怀仁县、襄垣县、灵石县撤县设市行政区划的审理工作，全部上报省政府审定。起草完成《山西省设镇暂行标准》。《政区大典》（山西分卷）编撰工作完成初审。开展申报地名文化遗产认定评选活动，完成申报“千年古县”的审核上报工作。完成1条省界、4条市界、42条县界的联检任务。

（王文广）

2013年山西省行政区划表

市名	城市			市辖区	县	镇	乡	街道	统计
	合计	地级市	县级市						
	22	11	11	23	85	564	632	200	
太原市	小店区 娄烦县	迎泽区 古交市	杏花岭区	尖草坪区	万柏林区	晋源区	清徐县	阳曲县	1市6区3县21镇31乡52街道
大同市	城区 浑源县	矿区 左云县	南郊区 大同县	新荣区	阳高县	天镇县	广灵县	灵丘县	4区7县33镇66乡40街道
阳泉市	城区	矿区	郊区	平定县	盂县				3区2县20镇12乡12街道
长治市	城区 长子县	郊区 武乡县	长治县 沁县	襄垣县 沁源县	屯留县 潞城市	平顺县	黎城县	壶关县	1市2区10县68镇64乡14街道
晋城市	城区	沁水县	阳城县	陵川县	泽州县	高平市			1市1区4县48镇26乡10街道
朔州市	朔城区	平鲁区	山阴县	应县	右玉县	怀仁县			2区4县19镇50乡4街道
晋中市	榆次区 平遥县	榆社县 灵石县	左权县 介休市	和顺县	昔阳县	寿阳县	太谷县	祁县	1市1区9县59镇59乡17街道
运城市	盐湖区 夏县	临猗县 平陆县	万荣县 芮城县	闻喜县 永济市	稷山县 河津市	新绛县	绛县	垣曲县	2市1区10县81镇55乡13街道
忻州市	忻府区 五寨县	定襄县 岢岚县	五台县 河曲县	代县 保德县	繁峙县 偏关县	宁武县 原平市	静乐县	神池县	1市1区12县59镇126乡6街道
临汾市	尧都区 吉县 霍州市	曲沃县 乡宁县	翼城县 大宁县	襄汾县 隰县	洪洞县 永和县	古县 蒲县	安泽县 汾西县	浮山县 侯马市	2市1区14县75镇76乡20街道
吕梁市	离石区 方山县	文水县 中阳县	交城县 交口县	兴县 孝义市	临县 汾阳市	柳林县	石楼县	岚县	2市1区10县81镇67乡12街道

经济建设

【概述】 2013年全省生产总值12602.2亿元，比上年增长8.9%。其中，第一产业增加值773.8亿元，增长4.5%，占生产总值的比重为6.1%；第二产业增加值6792.7亿元，增长10.2%，占生产总值的比重为53.9%；第三产业增加值5035.8亿元，增长7.5%，占生产总值的比重为40.0%。

人均地区生产总值34813元，按2013年平均汇率计算为5621美元。

全年全省公共财政收入1700.2亿元，增长12.1%。税收收入1135.5亿元，增长8.6%，其中国内增值税、营业税、企业所得税、个人所得税、资源税和城建税共计完成税收956.0亿元，增长3.2%。公共财政支出3030.5亿元，增长9.7%。其中，教育、医疗卫生、社会保障和就业、住房保障、公共交通运输、节能环保、城乡社区事务等民生支出2477.9亿元，同比增长9.9%，增加223.3亿元，民生支出总量和增加额分别占全省公共财政支出的81.8%和83%。

居民消费价格比上年上涨3.1%，其中，食品价格上涨6.2%。商品零售价格上涨1.8%。固定资产投资价格上涨0.5%。工业生产者出厂价格下降9.3%，其中生产资料价格下降9.8%，生活资料价格上涨1.8%。工业生产者购进价格下降4.5%。农业生产资料价格上涨2.5%。

2013年山西省居民消费价格比上年涨幅表

指　标	涨幅(%)
居民消费价格	3.1
食　品	6.2
烟酒及用品	2.1
衣　着	2.0
家庭设备用品及维修服务	1.6
医疗保健和个人用品	0.8
交通和通信	-0.8
娱乐教育文化用品及服务	2.5
居　住	2.5

全年全省城镇新增就业51.5万人。转移农村劳动力37万人。年底城镇登记失业率3.3%。（省统计局）

【农业】 全年全省农作物种植面积389.83万公顷，比上年增加0.74万公顷。其中，粮食种植面积327.43万公顷，减少1.72万公顷；油料种植面积14.03万公顷，减少0.55万公顷；棉花种植面积2.34万公顷，减少1.39万公顷。在粮食种植面积中，玉米种植面积167.0万公顷，增加0.11万公顷；小麦种植面积67.75万公顷，减少1.15万公顷。

全年粮食产量1312.8万吨，增加38.7万吨，增产3.0%。其中，夏粮231.7万吨，减产11.3%；秋粮1081.1万吨，增产6.7%。

全年完成造林30.3万公顷，减少1.4%。其中，荒山荒地造林面积29.88万公顷，减少1.3%。全年木材产量11.9万立方米，减少2.5%。

全年全省猪牛羊肉总产量72.6万吨，增长8.2%。其中，猪肉产量61.2万吨，增长8.6%；牛肉产量5.2万吨，增长6.1%；羊肉产量6.2万吨，增长5.1%。年末生猪存栏502.2万头，生猪出栏786.2万头。牛奶产量86.2万吨，增长7.8%。禽蛋产量79.8万吨，增长6.9%。水产品产量4.6万吨，增长10.6%。

年底全省农业机械总动力3183.2万千瓦，增长4.1%。机械耕地面积260.9万公顷，增长1.4%；机械播种面积251.6万公顷，机械收获面积170.3万公顷，分别增长3.0%和12.4%。全省农机化经营总收入121.8亿元，增长5.9%。（省统计局）

2013年山西省主要农林产品产量及其增长速度表

产品名称	产量（万吨）	比上年增长(%)
粮　食	1312.8	3.0
其中：玉米	955.5	5.7
小麦	230.7	-11.0
谷子	36.8	17.8
豆类	30.8	11.5
薯类	36.0	13.1
油　料	19.5	-0.5
棉　花	3.1	-34.8
甜　菜	22.5	-44.9
蔬菜及食用菌	1198.5	8.2
水　果	711.8	5.1
其中：瓜果类	80.9	14.7
园林水果	631.0	4.0
食用坚果	8.5	-35.5
其中：核　桃	6.3	-40.5

【工业和建筑业】 2013年底全省规模以上工业企业3946家，增加230家。全年规模以上工业增加值增长10.5%。

全社会原煤产量9.6亿吨，增长5.3%；发电量2625.0亿千瓦时，增长3.6%。规模以上工业企业焦炭产量

2013年山西省规模以上工业增加值增长速度表

指　标	比上年增长(%)
规模以上工业	10.5
其中：轻工业	8.6
重工业	10.6
其中：国有及国有控股企业	6.1
其中：集体企业	5.9
股份制企业	11.0
外商及港澳台商投资企业	8.3
其中：煤炭工业	10.5
焦炭工业	4.2
电力工业	3.4
冶金工业	15.9
化学工业	6.0
建材工业	4.6
装备制造业	15.5
医药工业	8.5
食品工业	7.7

2013年山西省规模以上工业主要工业产品产量及其增长速度表

产品名称	单位	产量	比上年增长(%)
原煤(全社会)	万吨	96256.9	5.3
洗煤	万吨	59746.8	16.2
白酒	千升	111880.8	-13.0
液体乳	万吨	48.7	-20.2
纱	万吨	5.7	4.8
布	万米	4536.9	-2.1
丝	吨	65.3	19.2
机制纸及纸板	万吨	34.2	18.2
焦炭	万吨	9076.8	7.5
其中：机焦	万吨	8940.0	7.9
硫酸(折100%)	万吨	18.5	2.1
化肥(折100%)	万吨	446.1	9.7
合成洗涤剂	万吨	10.8	6.4
化学纤维	吨	2396.4	-46.8
水泥	万吨	4984.9	1.4
平板玻璃	万重量箱	2065.3	4.5
生铁	万吨	4303.2	6.9
粗钢	万吨	4671.4	14.5
钢材	万吨	4486.2	18.1
原铝	万吨	104.2	-1.3
氧化铝	万吨	784.6	31.5
卷烟	亿支	158.5	1.6
发电量(全社会)	亿千瓦小时	2625.0	3.6

9076.8 万吨，增长 7.5%；钢材产量 4496.2 万吨，增长 18.4%。

规模以上工业企业实现主营业务收入 18404.7 亿元，增长 2.0%。其中，煤炭、焦炭、冶金和电力工业分别实现主营业务收入 7341.4 亿元、1326.1 亿元、4146.2 亿元和 1602.3 亿元，分别增长-2.3%、-2.0%、6.4%和 6.5%；化学、建材、装备制造、医药和食品工业分别实现主营业务收入 844.9 亿元、366.4 亿元、1640.1 亿元、138.2 亿元和 705.5 亿元，分别增长-0.7%、-0.5%、5.1%、20.3%和 10.8%。

2013 年山西省规模以上工业企业利润总额及其增长速度表

指 标	利润总额（亿元）	比上年增长（%）
规模以上工业	547.9	-31.4
其中：国有控股企业	345.8	-32.9
其中：集体企业	4.2	-43.6
股份制企业	337.8	-40.0
外商及港澳台商投资企业	67.0	-31.3

规模以上工业实现利税 1445.8 亿元，下降 18.3%；实现利润 547.9 亿元，下降 31.4%。

全年全省建筑业实现增加值 759.7 亿元，比上年增长 6.4%。具有建筑业资质等级的总承包和专业承包建筑业企业实现利润 80.1 亿元，增长 15.6%。（省统计局）

【固定资产投资】 2013 年全社会固定资产投资 11200.2 亿元，增长 22.1%。其中，国有及国有控股投资 5031.8 亿元，增长 11.3%；民间投资 6089.0 亿元，增长 33.8%。

在全社会固定资产投资中，内资企业投资 10718.1 亿元，增长 23.1%；外商及港澳台商企业投资 134.5 亿元，下降 19%；个体经营及农户投资 347.7 亿元，增长 14%。

在全社会固定资产投资中，第一产业投资 705.1 亿元，增长 92.6%；第二产业投资 4685.1 亿元，增长 13.3%；第三产业投资 5810.1 亿元，增长 24.3%。在第二产业中，工业投资 4724.9 亿元，增长 14.4%。其中，煤炭工业投资 1165.8 亿元，下降 13.8%，非煤产业投资 3559.0 亿元，增长 28.1%；传统产业（煤炭、焦炭、冶金、电力）投资合计 2222.7 亿元，下降 3.7%，非传统产业投资合计 25022 亿元，增长 37.3%。

2013 年山西省分行业全社会固定资产投资及其增长速度表

行 业	投资额（亿元）	比上年增长(%)
总计	11200.2	22.1
农林牧渔业	757.1	98.5
采矿业	1485.7	-6.1
制造业	2560.8	31.9
电力、热力、燃气及水的生产和供应业	678.4	11.9
建筑业	15.2	-10.3
批发和零售业	248.2	26.7
交通运输、仓储和邮政业	1116.4	-15.8
住宿和餐饮业	84.8	39.8
信息传输、软件和信息技术服务业	63.0	68.4
金融业	3.9	94.2
房地产业	2475.1	33.3
租赁和商务服务业	60.7	134.5
科学研究和技术服务业	31.0	-11.2
水利、环境和公共设施管理业	1239.5	67.5
居民服务、修理和其他服务业	26.5	73.2
教育	152.3	-9.6
卫生、社会工作	57.0	4.9
文化、教育和娱乐业	84.9	2.1
公共管理、社会保障和社会组织	59.8	27.9

2013 年山西省房地产开发和销售情况表

指 标	单 位	绝对数	比上年增长(%)
投资完成额	亿元	1308.6	29.5
其中：住宅	亿元	958.8	30.3
房屋施工面积	万平方米	14040.0	19.9
其中：住宅	万平方米	10754.9	15.6
房屋新开工面积	万平方米	3673.3	-11.8
其中：住宅	万平方米	2723.4	-16.7
房屋竣工面积	万平方米	2284.8	31.8
其中：住宅	万平方米	1848.0	28.7
商品房销售面积	万平方米	1642.8	9.7
其中：住宅	万平方米	1484.4	6.8

全年全省在建固定资产投资项目 12688 个。其中，亿元以上项目 3175 个，计划总投资 21993.2 亿元，完成投资 6770.4 亿元。

全年房地产开发投资 1308.6 亿元，增长 29.5%。其中，住宅投资 958.8 亿元，增长 30.3%；商业营业用房投资 182.6 亿元，增长 31.1%。（省统计局）

【能源】 2013 年全省一次能源生产折标准煤 8.2 亿吨，增长 5.4%；二次能源生产折标准煤 4.0 亿吨，增长 12.0%。

全年全省向省外运输煤炭 6.2 亿吨，增长 5.8%，外运煤炭占原煤产量 64.0%。在外运煤炭中，铁路运输 4.8 亿吨，增长 2.7%；公路运输 1.4 亿吨，增长 18.4%。向省外输送电力 793.1 亿千瓦小时，增长 3.1%，外输电量占发电量 30.2%；向省外运输焦炭 6475.8 万吨，增长 13.5%，外运焦炭占焦炭产量 71.3%。

全年全省全社会用电总量 1832.4 亿千瓦小时。其中，第一产业用电 37.8 亿千瓦小时，占全社会用电量 2.1%；第二产业用电 1497.0 亿千瓦小时，占 81.7%，其中工业用电 1475.5 亿千瓦小时；第三产业用电 154.6 亿千瓦小时，占 8.4%；城乡居民生活用电 143.0 亿千瓦小时，占 7.8%。（省统计局）

2013 年社会消费品零售总额及其增长速度表

指 标	绝对数（亿元）	比上年增长(%)
社会消费品零售总额	4988.3	14.0
分地域：城镇	4138.5	13.9
其中：城区	2743.4	14.7
乡村	849.8	14.3
分行业：批发业	283.9	14.3
零售业	4227.7	14.1
住宿业	68.1	10.5
餐饮业	408.6	13.1

2013 年限额以上批发零售业零售额及其增长速度表

指 标	绝对数（亿元）	比上年增长(%)
汽车类	670.0	10.3
石油及制品类	597.4	6.4
金银珠宝类	53.7	39.5
家用电器和音像器材类	122.7	18.7
通信器材类	10.2	2.0
粮油、食品、饮料、烟酒类	221.8	20.9
服装、鞋帽、针纺织品类	217.0	17.9
化妆品类	18.5	15.2
体育、娱乐用品类	5.0	15.6

【国内贸易】 2013年全省社会消费品零售总额4988.3亿元,增长14.0%。按经营地统计,城镇消费品零售额4138.5亿元,增长13.9%;乡村消费品零售额849.8亿元,增长14.3%。按消费形态统计,商品零售额4518.6亿元,增长14.1%;餐饮收入额469.7亿元,增长13.3%。 (省统计局)

2013年海关进出口总额及其增长速度表

指标	绝对数（亿美元）	比上年增长(%)
	158.0	5.0
出口额	80.0	14.0
其中:一般贸易	38.7	-6.2
加工贸易	40.2	42.5
其中:机电产品	46.5	35.2
高新技术产品	32.3	68.0
其中:国有企业	17.2	-12.0
外商投资企业	36.0	62.7
进口额	78.0	-2.8
其中:一般贸易	51.7	-7.6
加工贸易	16.9	4.9
其中:机电产品	21.3	-19.3
高新技术产品	9.4	-32.5
其中:国有企业	29.7	-8.7
外商投资企业	18.2	-18.1

2013年与山西有贸易往来的主要国家和(港台)地区进出口情况表

	出口额（万美元）	比上年增%	进口额（万美元）	比上年增长(%)
中国香港	35769	24.9	96	-5.2
中国台湾	23383	-4.1	12191	-34.5
印度	42669	87.0	9167	1.9
澳大利亚	15238	-18.6	193356	5.4
美国	150360	3.7	20290	-34.3
巴西	17581	-18.8	101865	18.2
日本	23924	-10.1	38496	-38.5
韩国	58555	-7.2	28030	26.9
德国	19812	40.7	41860	-26.3
荷兰	92445	60.5	1886	-47.5

【对外经济】 2013年全省海关进出口总额158.0亿美元,增长5.0%。其中,进口额78.0亿美元,下降2.8%;出口额80.0亿美元,增长14.0%。

全年出口煤炭105.2万吨,下降26.7%;出口焦炭54.6万吨,增长36.3%;出口镁及其制品5.6万吨,增长11.1%;出口钢材77.0万吨,下降0.5%,其中不锈钢36.8万吨,增长23.4%。出口机电产品46.5亿美元,增长35.2%;出口高新技术产品32.3亿美元,增长68.0%。

全年进口铁矿砂2344.1万吨,下降0.9%,进口金额29.6亿美元,增长2.6%;进口机电产品21.3亿美元,下降19.3%。

全年全省新设立外商直接投资企业48家;按全口径统计实际使用外商直接投资金额28.1亿美元,增长12.1%。

全年全省对外经济合作新签合同额2.4亿美元,下降63.0%。

(省统计局)

【交通 邮电】 2013底全省公路线路里程13.9万千米,其中高速公路5011.1千米,与上年末持平。

2013年客货运输量及其增长速度表

指 标	单 位	绝对数	比上年增长(%)
旅客运输量	万人	42435.7	3.9
其中:铁路	万人	6294.4	1.4
公路	万人	35045.7	4.1
民航	万人	974.7	14.4
旅客运输周转量	亿人千米	429.9	1.6
其中:铁路	亿人千米	189.8	-1.3
公路	亿人千米	239.9	4.0
货物运输量	万吨	152380.2	5.4
其中:铁路	万吨	73184.8	2.4
公路	万吨	79162.4	8.2
民航	万吨	5.0	3.3
货物运输周转量	亿吨千米	3645.0	8.9
其中:铁路	亿吨千米	2315.7	8.0
公路	亿吨千米	1329.2	10.6

年底全省民用汽车保有量415.9万辆(包括三轮汽车和低速货车37.6万辆),比上年末增长12.1%,其中私人汽车326.7万辆,增长16.0%。本年新注册汽车59.8万辆,增长4.6%。年末轿车保有量220.2万辆,增长19.5%,其中私人轿车199.1万辆,增长21.5%。

全年全省完成邮电业务总量359.9亿元,增长6.0%。其中,邮政业务总量34.1亿元,增长12.0%;电信业务总量325.8亿元,增长5.4%。年底移动电话用户3105.5万户,其中,3G移动电话用户952.0万户。全省宽带接入用户521.3万户,增长3.3%。

(省统计局)

【金融】 2013年底全省金融机构本外币各项存款余额26269.0亿元,比年初增加2108.4亿元,比年初增长8.7%。各项贷款余额15025.5亿元,比年初增加1807.1亿元,增长13.7%。

年底全省农村金融合作机构(农村信用社、农村合作银行、农村商业银行)人民币贷款余额3135.0亿元,比年初增加468.9亿元,增长17.6%;人民币存款余额5015.2亿元,比年初增加695.6亿元,比年初增长16.1%。

2013年年末金融机构本外币存贷款及其增长速度表

指 标	年末数（亿元）	比年初增长(%)
各项存款余额	26269.0	8.7
其中:单位存款	11277.6	4.0
城乡居民储蓄存款	13385.0	11.2
其中:人民币	13339.4	11.2
各项贷款余额	15025.5	13.7
其中:短期贷款	6089.8	15.3
中长期贷款	8040.7	12.1
其中:个人消费性贷款(人民币)	758.5	45.6

2013年底全省共有上市公司34家。全省辖区证券市场各类证券成交额12206.4亿元,增长38.4%。其中股票成交额7911.6亿元,增长33.8%;基金成交额222.2亿元,增长138.7%;债券成交额4072.6亿元,增长44.9%。年底投资者资金账户累计开户数165.0万户,增长3.1%。

全年全省保费收入412.4亿元,增长7.2%。其中,寿险业务保费收入239.7亿元,增长2.4%;健康险业务保费收入20.2亿元,增长24.5%;意外险业务保费收入8.0亿元,增长21.6%;财产险业务保费收入144.6亿元,增长13.1%。全年支付各类赔款及给付169.3亿元,增长41.9%。(省统计局)

法治建设

【依法治省新格局】 2013年,省司法厅向省委常委会议专题汇报法治山西建设工作,提请省委、省政府印发《关于深化法治山西建设的实施意见》和《关于加强诚信建设全面推进依法治省的意见》,确立法治山西建设"1+6"工作体系,并将"法治山西"重点工作分解为若干项目,明确责任单位、责任人员、推进步骤、完成时限,实现项目化推进,加强法治山西建设领导力量和工作机制。推动牵头部门分别召开6个联席会议,督促各市建立完善"1+6"工作体系。推进落实领导干部述法制度,争取省考核办在干部述职中增加述法内容,突出司法行政机关在推进法治山西建设中的职能与地位。（张　霏）

【山西省领导干部依法行政专题研讨班】 5月27日至6月1日,省委组织部、省委党校和省人民政府法制办公室在省委党校联合举办两期山西省领导干部依法行政专题研讨班。省直有关部门法制处室和主要执法处室负责人,部分县(市、区)分管法制工作副县(市、区)长,市、县政府法制办负责人和执法部门负责人共160余人参加学习研讨。省政府法制办党组书记、主任王卫星为首期研讨班作开班动员讲话。省委党校教授呼旭光、教授徐晓兰和山西大学教授何建华分别作专题讲座,省人力资源和社会保障厅、省农业厅、省地税局、省统计局法规处处长和大同市、阳泉市、长治市长子县、临汾市古县政府法制办主任分别作依法行政实践报告。（郭文强）

【依法行政联席会议暨经验交流会】 10月25日,省委依法治省领导组依法行政联席会议暨经验交流会在太原召开。省政府法制办、省发改委、公安厅等16个联席会议成员单位及省民政厅、卫生厅、商务厅、国税局4个受邀单位出席会议。会议学习和明确省委依法治省领导组依法行政联席会议制度、机制和工作职责等项内容。省公安厅、交通厅等13个单位就推进本单位依法行政工作经验和对全省推进依法行政工作的建议作交流发言。其他单位提交书面交流材料。（郭文强）

【督导依法行政宣传月活动】 由省人民政府法制办公室牵头,8月在全省组织开展"依法行政宣传月"活动。为指导、推动"依法行政宣传月"活动开展,省政府法制办结合党的群众路线教育实践活动,由办领导带队,深入基层开展调研,听取意见,加强上下交流,推进全省依法行政工作。8月19日,省纪委驻办纪检组长周计伟带队赴朔州市就"依法行政宣传月"活动开展情况和当地依法行政工作情况进行调研指导,政府法制杂志社、《山西日报》等媒体一同参加调研。调研组深入朔州市公安局、统计局和怀仁县等市直部门和县政府听取工作情况汇报、查看有关资料、进行实地走访,了解朔州市依法行政宣传月活动开展情况,交流加强政府法制宣传工作、扩大宣传效果新思路和新方法。21日,调研组一行参加朔州市"依法行政宣传月"活动工作座谈会。朔州市政府就"依法行政宣传月"活动开展情况作介绍,市监察局、人社局、公安局、国土资源局、司法局、食药局、地税局、统计局等市直部门介绍如何推进依法行政、做好法制宣传工作做法,提出许多建设性意见和建议。朔州市委常委、常务副市长韩忠荣出席座谈会并讲话。依法宣传月活动结束后,省委常委、常务副省长高建民在省政府法制办报送《关于2013年"依法行政宣传月"活动的情况报告》上批示:"依法行政的宣传是法制办的重要工作内容,要再接再厉,继续抓好。"（郭文强）

社会建设

【教育　科学技术】 2013年底,全省普通高等学校70所,独立设置的成人高等学校12所。全省高等教育毛入学率34%,高中阶段毛入学率91%。成人技术培训学校培训职工和农民共计207.1万人次。

全年全省专利申请量与授权量分别为18859件和8565件,分别增长12.3%和18.3%;其中发明专利申请量与授权量分别为6025件和1332件,分别增长11.2%和1.8%。全年新登记科技成果447项。获得国家科学技术奖5项。国家认定企业技术中心26家。省级企业技术中心180家。按照国家高新技术企业认定办法,年底累计高新技术企业370家。

2013年山西省各类教育发展情况表

指　标	招生（万人）	在校生（万人）	毕业生（万人）
研究生	0.9	2.7	0.8
普通高等教育	21.5	67.7	17.3
中等职业教育	16.5	50.5	18.5
普通高中	28.9	84.8	28.6
初中	41.3	129.1	54.1
小学	39.4	229.6	47.7
特殊教育	0.1	0.7	0.1
学前教育	44.3	95.1	34.2

全省25个经济开发区入区企业14770家,其中500强投资企业94家。区内税收收入161.0亿元,增长10.3%;企业主营业务收入5405.3亿元,增长18.6%。

年底全省有省、市、县产品质量监督检验和计量检定技术机构124个,国家检测中心2个。监督抽查3411家企业29类49种6105批次的产品和商品。全年完成强制检定计量器具74万台件。

全省有气象台站121个,全省开展121电话天气自动答询的台站121个。全省气象系统开展人工影响天气业务的单位116个,防雹、增雨累计受益面积150.52万平方千米,增雨量30.33亿立方米。全省有天气预报服务Intel网站4个,卫星云图接收站15个。

全省有专业综合地震台站10个,省级地震台网中心1个,省级数字测震地震台网1个。全年M3.0—M3.9级地震7次,M4.0—M4.9级地震0次,最大震级M3.6级。

（省统计局）

【卫生　体育】 2013年底,全省有卫生机构(含诊所)12050个,床位17.3万张。卫生防疫、防治机构134个,妇幼保健院(所、站)132个。全省卫生机构共有卫生技术人员20.3万人,其中医院卫生技术人员13.0万人;卫生院、社区卫生服务中心(站)卫生技术人员3.5万人,其中农村乡镇卫生院2.1万人;防疫、防治与妇幼保健卫生技术人员1.0万人。全省115个县(市、区)开展新型农村合作医疗工作,有2202万农民参加合作医疗。

全年山西省运动员在国内外重大比赛中获金、银、铜牌分别为56

枚、40枚和47枚(包括非奥运项目比赛)。全省销售中国体育彩票15.6亿元,比上年增长53.8%。 (省统计局)

【人民生活　社会保障】 全年城镇居民人均可支配收入22456元,增长10.0%;城镇居民人均消费性支出13166元,增长7.8%。全年农村居民人均纯收入7154元,增长12.5%;农村居民人均生活消费支出6017元,增长8.1%。城镇占调查总户数20%的低收入家庭人均可支配收入9425元,增长10.3%;农村占人口20%的低收入者收入2283元,增长15.6%。城镇居民家庭恩格尔系数(即居民家庭食品消费支出占家庭消费支出的比重)27.9%,农村居民家庭恩格尔系数33.0%。

年底参加城镇基本养老保险766.4万人,增加33.4万人;参加新型农村社会养老保险1439.8万人,增加42.2万人;参加城镇基本医疗保险1086.3万人,增加28.8万人;参加失业保险400.7万人,增加9.8万人;参加工伤保险548.9万人,增加19.4万人,其中农民工166.6万人;参加生育保险445.6万人,增加22.7万人。

全年得到城市最低生活保障救济人数85.0万人,全年共发放城市最低保障资金25.1亿元。16.4万人纳入农村五保供养。

年底全省城镇有各种社区服务设施3069个,其中综合性社区服务中心453个,各类收养性单位床位数67975张,收养人数4.1万人,国家抚恤、补助各类优抚对象18.3万人。全年销售福利彩票29.3亿元,筹集社会福利资金9.0亿元,接受社会捐赠款0.5亿元。 (省统计局)

【资源　环境　安全生产】 截至2013年底,全省10座大型水库蓄水总量为9.6亿立方米。

年底全省森林面积282.4万公顷,森林覆盖率18.0%。

按《环境空气质量指数(AQI)技术规定(试行)(HJ633-2012)》评价,2013年太原市环境空气优良天数为162天;按《城市空气质量日报(AQI)技术规定》评价,其余10个地级城市环境空气优良天数范围在198~335天之间。

黄河、海河流域山西段共监测100个断面,达到Ⅲ类以上水质标准的断面占46.0%,达到Ⅳ类水质标准的断面占16.0%,达到Ⅴ类水质标准的断面占6.0%,有32.0%的断面超过Ⅴ类水质标准。

全年各类自然灾害造成直接经济损失152.6亿元,较上年增长139.6%;农作物受灾面积181.9万公顷,较上年增长152.6%,其中,绝收面积25.5万公顷,较上年增长189.8%。

全年全省共发生各类生产经营性事故2125起,下降7.3%;死亡1156人,下降9.1%。重大事故发生一起,死亡10人。全年全省煤炭百万吨死亡率0.078。 (省统计局)

【旅游】 全年全省接待海外旅游者212.6万人次,接待国内旅游者2.5亿人次,分别增长12.4%和26.6%;旅游外汇收入8.2亿美元,国内旅游收入2253.7亿元,旅游总收入2305.4亿元,分别增长14.4%、27.6%和27.2%。 (省统计局)

文化建设

【公共文化体系】 2013年底,全省有群众艺术馆12个,文化馆119个,文化站1407个(其中:乡镇综合文化站1197个),农村文化活动场所2.82万个。全省共有专业艺术表演团体155个。全省有公共图书馆126个。2013年全省报纸共出版60种(不含高校校报)、20.2亿份,各类杂志出版198种、3544.1万册,各类图书出版3764种、13960万册。年底全省共有广播电视台113座,广播电台1座,电视台3座,中短波转播发射台15座,调频转播发射台119座,一百瓦以上电视转播发射台148座。广播人口覆盖率96.76%,电视人口覆盖率98.45%,有线电视用户497.9万户。山西影视集团共发行、生产、创作电影、电视剧、专题片37部。推进"百县强基"和"万村千乡"工程建设,起草《山西省公共文化服务体系建设方案》,印发《山西省文化厅关于做好农村文化活动场所全覆盖工程后期维护及日常开放工作的通知》,制定"省市县三级公益文化设施达标率",完成全省98个公共图书馆评估定级;落实中央及省级年度建设资金1亿元,完成标准化建设项目20个;落实中央及省级年度"三馆一站"免费开放及设备购置专项资金1亿元,为县级两馆配送流动图书(文化)服务车140辆,为全省艺术院团配送流动舞台车81辆;落实中央及省级年度农村文化建设资金1.4亿元,平均每个村级文化活动室补贴5000元,提升基层公共文化服务能力。国家级示范区和示范项目建设取得阶段性成果,长治市成为首批"国家级公共文化服务体系示范区",太原市"文化精品惠民基层行"项目获得公共文化服务体系示范区创建城市资格,晋中市"民办文化的扶持、引导与规范管理"项目、大同市"红领巾艺术团再建设"项目获得国家级公共文化服务体系示范项目创建资格。 (陈燕萍)

【群众性文化活动】 推进文化资源共享工程建设,落实中央资源共享工程建设资金350万元、"数字图书馆"建设资金75万元、电子阅览室建设资金893万元、建设全省联合书目数据库图书馆100个。与省财政厅联合印发《山西省美术馆公共图书馆文化馆(站)免费开放工作实施方案》《山西省乡镇综合文化站建设实施方案》《山西省农村文化活动场所全覆盖工程推进方案》。实现全省59个老区县级公共文化设施、670个老区乡镇综合文化站、15265个老区农村文化活动场所全覆盖。举办第四届少年儿童粉笔画大赛、山西省第五届网络摄影大赛、山西省"金秋风韵"老年才艺大赛、"手牵手·让梦想成真"系列公益培训活动。运城市第二届群文风采大赛为河东百姓送上文化大餐,省直五院团深入基层演出470余场。忻州市启动"送戏下乡"全覆盖活动,全年送戏近1000场。省文化厅组织人员到垣曲古城镇、武乡砖壁村开展送戏、送文化、送器材活动。完成"春雨工程"——山西省文化志愿者新疆行文化交流任务。 (陈燕萍)

【文化产业发展】 省文化厅与保利文化集团签订战略合作协议,在山西文化保税区和文化广场两个项目上达成意向合作。与建设银行山西分行签订合作协议,协调省建行与山西演艺集团、山西唐是文化艺术设计公司等5个文化企业就多个文化产业项目达成合作意向。举办第四届山西动漫艺术节。推进4个国家级文化产业基地广灵剪纸文化产业园、祁县红海玻璃文化产业园、平遥漆器文化产业园、平定刻花瓷文化产业园建设。省文化厅出台《关于支持全省文化产业加快发展的若干措施》,从市场准入、财税政策、投融资、土地、人才等32个方面提出新举措。举办首届山西省文化产业博览会,招商项目360个,签约161个,签约金额达735亿元。参加“第九届深圳文化产业博览会”“第八届北京国际文化创意产业博览会”等国内知名文化产业会展活动,推动山西省文化产业的发展。

(陈燕萍)

【文化体制改革】 以山西演艺集团为抓手,全省开展普查指导工作,推动改革配套政策落实,巩固和扩大文艺院团改革转企取得的成果,基本实现全省演艺产业布局、剧种科学保护和演出市场的初步调整,形成国有、集体和民营院团竞相发展的局面。以省图书馆和省晋剧院为试点,全省公益性文化事业单位逐步推行全员聘用制和岗位责任制。经营性文化单位法人治理结构逐步深化,国有文化资产管理体制逐渐完善,国有文化资产实现保值增值。 (陈燕萍)

【文化发展环境优化】 全省演出、娱乐、艺术品、网吧、网络音乐、网络游戏六大市场总规模达到31.18亿元。省文化厅对全省文化市场行政审批工作进行调研,摸清底数,推进改革,将省文化厅原来的9项审批事项缩减为4项,5项下放基层,放开网吧审批,简化审批流程和环节,解决审批繁、审批杂、审批难的问题。出台《山西省公共文化场所和文化活动突发事件应急预案》,开展“文化市场综合行政执法岗位大练兵大比武”活动,提升文化市场综合执法规范化专业化水平。全年全省共出动检查3万余人次,净化社会文化环境。(陈燕萍)

生态建设

【污染物减排】 截至2013年底,完成75个责任书重点项目,脱硝机组装机容量占火电总装机容量比例达到72%,较上年提高36个百分点,大幅度提升减排支撑能力,主要污染物排放总量持续下降。与上年相比,化学需氧量排放量削减3.24%,氨氮排放量削减2.77%,二氧化硫排放量削减3.56%,氮氧化物排放量削减6.93%,均超额完成年度目标。

(石振龙)

【环境影响评价】 省级批复环评项目492个,较上年减少274个,减幅为35.77%,批复环评报告书项目256个,较上年减少261个,减幅为50.48%;批复环评报告表项目228个,较上年减少5个,减幅为2.15%;批复规划环评项目8个,较上年减少8个,减幅50.00%。 (石振龙)

【自然生态保护】 推进生态示范建设,芮城县、孝义市被命名为省级生态县,忻州市台怀镇等4个乡镇被命名为国家级生态乡镇。全年共创建省级生态乡镇37个、生态村169个;建立自然保护区信息数据库,掌握全省自然保护区情况,初步实现数字化管理;推进矿山生态环境保护工作,对全省相关技术单位进行《矿山生态环境保护与恢复治理方案编制导则》培训,配合环保部举办全国矿山生态保护技术规范培训班。各市环保局对本辖区范围内煤炭开采企业进行检查,基本掌握《矿山生态环境保护与恢复治理方案》编制及实施情况。对全省11个市的矿山生态恢复治理工作进行督察,督促煤炭企业对存在的问题进行整改,推进矿山生态恢复治理工作。 (石振龙)

【农村环境保护】 实施农村环境连片整治,完成748个村庄的环境综合整治,建设一批饮用水源地保护设施、生活污水收集管网、生活污水处理设施、生活垃圾转运设施和畜禽养殖污染防治设施。解决影响农民群众集体健康的“问题村”,根据环保部《关于2013年优先安排存在突出环境与健康问题的村庄治理资金有关事项的通知》,省、市、县级财政投入600万元,对洪洞县下柳树村、孔家崖村、后河头村的农村环境进行集中治理。

(石振龙)

【气象与生态建设】 参与大气污染联防联控工作,《山西省改善环境空气质量减少灰霾天气实施方案》上报省政府常务会议;《山西省重污染天气监测预报预警方案》与环保厅联合制定下发;按照省委、省政府指示要求,《山西省环境气象服务业务建设方案》正式出台。《气象条件对大气污染影响研究》得到省领导高度重视并列为省重点课题。与环保部门共享全省55个环境监测站资料,每日定时进行环境空气质量预报会商,定时在内网发布环境质量预报产品,适时通过各类媒体发布重污染天气预警。与周边省市联合开展人工消减雾霾的有益尝试。全省温室气体观测站网建设第一期3个观测站正式投入业务运行,成为首个全省布网在线监测环境温室气体浓度的省份,风能、太阳能等气候资源普查、分析和影响评估工作正常开展。重点开展电力尤其是风能资源开发、输变电线路、发电厂空冷气象条件分析、城市规划气候可行性论证,其中“岢岚30兆瓦光伏发电项目太阳能资源评估”为新建设项目。

(李国英)

机构设置和领导人名录

中国共产党山西省第十届委员会

书　记　袁纯清
副书记　李小鹏　金道铭(满族)
常　委　袁纯清　李小鹏　金道铭(满族)　胡苏平(女)
　　　　高建民　汤　涛　李兆前　陈川平　张少华
　　　　王建明　聂春玉　杜善学　白　云(女)
委　员（共72人,按姓氏笔画为序）
　　　　马天荣　丰立祥　王　亚　王　赋　王安庞
　　　　王茂设　王建武　王建明　王清宪　牛仁亮
　　　　左世忠　石扬令　卢晓中　申联彬　田喜荣
　　　　白　云(女)　冯改朵(女)　吕伟红(女)　朱晓明
　　　　仲　轩　任润厚　刘传旺　刘向东　汤　涛
　　　　孙跃进　杜善学　李　洪　李小鹏　李仁和
　　　　李平社　李东福　李永林　李兆前　李建功
　　　　李栋梁　李晓波　李高山　李悦娥(女)　李海渊
　　　　李福明　杨　司　杨森林　杨增武　吴永平
　　　　吴清海　张　保*　张　健　张　璞　张九萍(女)
　　　　张义平　张少华　张建欣(女)　张高宏　张瑞鹏
　　　　陈川平　陈永奇　罗清宇　金道铭(满族)
　　　　周明定　胡苏平(女)　段建国　姜新文　洪发科
　　　　袁纯清　耿彦波　聂春玉　高卫东　高建民
　　　　郭迎光　郭新民　董洪运　廉毅敏　潘军峰
　　　　薛延忠
候补委员（按得票多少为序,得票相等的按姓氏笔画为序）
　　　　李海渊*　张义平*　张文栋　张旭光　张志川
　　　　张建坤　岳普煜　赵雁峰　贺天才　席小军
秘书长　杜善学*　聂春玉
常务副秘书长　姜新文
副秘书长　张克强　张瑞鹏*　王进喜　李体柱　孙　毅
　　　　冯建平*　邹天敬　冯　征　王利波

省十二届人大常委会组成人员

主　任　袁纯清
副主任　李政文　牛仁亮　周　然　安焕晓(女)
　　　　张茂才　田喜荣
秘书长　李仁和
委　员（共57人,按姓氏笔画为序）
　　　　于亚军(女)　王尚义　王娟玲(女)　王继伟
　　　　王满春　牛三平　亢官文　邓永明　石金鸣
　　　　邢德川　任福耀　刘　巩　刘　美　远勤山
　　　　杜永成　李东福　李永宏　李青山*　李宝卿
　　　　李思进　李高山　李福明　杨　波　杨俊和
　　　　杨竞赛　杨森林　何　涛　宋新柱　张明亮
　　　　张建国　张铁锁　张高宏　郑建国　赵建平
　　　　赵建平　赵雁峰　侯晋川　施联秀　姜新文
　　　　姚芝楼　秦良玉　袁升德　袁　进　高国顺
　　　　高新文　郭　明　郭贵仁　郭勇义　郭振中
　　　　郭新民　曹建军　梁丽萍(女)　韩和平
　　　　韩怡卓　谢　海　薛维梁　魏　武(女,回族)
常委会副秘书长　何　涛　亢官文　李正伦*　邬敬文
　　　　李　渊　宋　伟

山西省人民政府

省　长　李小鹏
常务副省长　高建民
副省长　杜善学　张建欣(女)　任润厚　郭迎光
　　　　王一新　张复明
秘书长　陈永奇*　廉毅敏
省长助理　刘　杰
副秘书长　巨宪华　韩和平*　崔国红*　白秀平
　　　　盛佃清　王　成*　王　纯*　余瑞卿
　　　　郭　立　马彦平　王志民　张广勇

政协第十一届山西省委员会

主　席　薛延忠
副主席　李雁红　令政策　卫小春　刘滇生　王　宁
　　　　朱先奇　李悦娥(女)　张友君
秘书长　阎根生
常务委员（100名,按姓氏笔画为序）
　　　　卫忠平　马天荣　王云亭　王水成　王兴旺
　　　　王丽峰(女)　王虎胜　王建国　王贵平
　　　　王艳梅(女)　王晓立　王爱萍(女)　王爱琴(女)
　　　　代全民　冯亚琴(女,蒙古族)　冯改朵(女)
　　　　冯建新　宁立新　边晋南　邢国明　成锡锋
　　　　师　帅　庄金洲　刘　正　刘本旺　刘占中
　　　　刘佰平　刘致远　安　华　安俊生　许并社
　　　　孙连珠　孙祥林　苏亚君　杜建荣　李中元
　　　　李书吉　李安平　李志强　李建民　李俊明
　　　　李桂平(女)　李海瑕(女)　李福龙　李德志
　　　　杨左卿(女)　杨社堂　杨忠华　杨临生　吴晓年
　　　　宋兴航　张　政　张　锦(女)　张广慧　张子玉
　　　　张亚平　张并生　张李锁　张建豪　张俊生
　　　　张根虎　张培富　张湘君(女)　张富刚　武　强
　　　　武金贵　武爱国　郑　红(女)　法　海　孟原生
　　　　赵　明　赵恒寿　赵笑长　郝　旭　郝建华(女)
　　　　郝瑞珍(女)　侯秀娟(女)　姜利辉　姚宪华
　　　　姚锦城　秦作栋　倪生唐　高　凡(女)　高凤平
　　　　高文变(女)　高英武　郭海刚　海　信(满族)
　　　　菅二拴　梅志强　曹改莲(女)　曹惠斌　闫润德
　　　　梁文海　梁志祥　梁俊明　程银锁　谢新宁

薛国利　薛靛民

副秘书长　马　伟　张建豪　程银锁　刘文秀

中国共产党山西省第十届纪律检查委员会

书　记　李兆前

副书记　杨森林　冯改朵(女)　贾毓杰　辛旭光

常　委　荀志坚　张秀萍(女)*　康建成　孟　萧

因新中　李吉山　孙兴武　郝　权

委　员　(按姓氏笔画为序)

于若洁　弓　跃　卫建友　卫洪平　马联社

王　民　王　琦　王玉成　王帅红　石常明

田国仁　冯改朵(女)　边晋南　邢文奇　成振林

因新中　任建平　刘予强　刘国庆　刘冀民

孙兴武　李书凯　李正印　李吉山　李兆前

杨森林　辛旭光　张华龙　张秀萍(女)　张效彪

陈国荣　陈跃钢　林玉平　孟　萧　赵庆华

赵建平　郝　权　郝耀平　荀志坚　秦文峰

贾毓杰　高建国　郭玉福　常高才　崔国红

康建成

秘书长　孟　萧

山西省高级人民法院

院　长　左世忠

副院长　朱　明　刘冀民　吴秋霞(女)　张　炜

王志刚　王文娅(女)

山西省人民检察院

检察长　杨　司

副检察长　文晓平*　荣　彰　曹改莲(女)　严奴国

王国宏　胡克勤

省委工作部门和派出机构

省委组织部

部　长　汤　涛

常务副部长　朱先奇*　张高宏

副部长　张　健　陈跃钢　张　葆(女)　陈学东

省委宣传部

部　长　胡苏平(女)

常务副部长　李高山

副部长　郭玉福*　郭　健*　杜学文　尹天五　王　蕾

省委统战部

部　长　聂春玉*　白　云(女)

常务副部长　马天荣*　郭海刚

副部长　王建新　高　键　杨临生　夏振贵　张云泽

省委政法委员会

书　记　王建明

常务副书记　边晋南

副书记　杨有才*　薛永辉　李苏平　闫喜春

省委政策研究室

主　任　张瑞鹏*　邹天敬

副主任　王利波*　马文革　杨绪全*　安　洋*　梁若皓

省机构编制委员会办公室

主　任　刘传旺

副主任　郭晋明　王树奇　张立煌

省直机关工委

书　记　王铁选

副书记　郭忠实　冯进成　王建成

省直纪工委书记　卫建友

省委巡视组

组　长　马景龙*　李锐锋*　曹燎原　陈　森

张晓亚　刘向东　邢顺喜

副组长　林富强*　常宝童*　李努生　梁丽山　因新中

杨有才*　牛社威　刘香兰

省委巡视组办公室

主　任　邢顺喜*　赵建平

副主任　闫志强　刘精瑛

省委部委管理机构

省委老干部局

局　长　陈跃钢

副局长　郭世卿　郑兰珍　岳卫东

省委、省政府信访局

局　长　李体柱

副局长　梁雨润　张福祥　王进军　张建平　白秀平

防范和处理邪教问题领导小组(610)办公室

主　任　冯建平*　冯　征

副主任　高国俊　关龙江　武俊平

省委台湾工作(省政府台湾事务)办公室

主　任　黄进明

副主任　梁淑娟(女)　刘可宏　徐爽志

省委机要局(省国家密码管理局)

局　长　任兔平

省接待办公室

主　任　巩　成

副主任　安献华

省委保密委员会办公室(省国家保密局)

主　任(局　长)　张　华

副主任(副局长)　王鹤平　李全顺

省人大及其常委会工作机构

省人大法制委员会

主任委员　王凤祥*　邓永明

副主任委员　高国顺　王满春　王联英　王晓明

省人大内务司法委员会
主任委员　李永宏
副主任委员　韩和平　郭贵仁　郭忠烈
省人大财政经济委员会
主任委员　赵建平
副主任委员　李宝卿　郑建国　吴临芳(女)　张立新
省人大常委会教育科学文化卫生工作委员会
主　任　杨　波
副主任　姚芝楼　郭贵春　袁升德　宋新柱
　　　　张明亮　梁　权　安志辉　冯　睿
省人大常委会农村工作委员会
主　任　谢　海
副主任　董常生　杨文章　曹晋芳　祁玉林
省人大常委会城乡建设环境保护工作委员会
主　任　张崇慧*　施联秀
副主任　常宝童　汤俊权　乔锦瑞
省人大常委会人事代表工作委员会
主　任　王大高*　刘　巩
副主任　杨竞赛　梁丽山　霍晓琴(女)
省人大常委会民族宗教侨务外事工作委员会
主　任　李荣先(女)*　李东福
副主任　秦良玉　赵建平　李　洪
省人大常委会法制工作委员会
主　任　邓永明*　高国顺
副主任　张铁锁　蔡汾湘　张世文
省人大常委会预算工作委员会
主　任　郑建国
副主任　王晓勇　王玉明
省人大常委会研究室
主　任　何　涛(兼)
副主任　张拯瑜
省人大常委会信访局
局　长　叶增强
省人大常委会代表资格审查委员会
主　任　李政文
副主任　李仁和　刘　巩　张高宏

省政府组成部门

省发展和改革委员会
主　任　王　赋
副主任　李福龙*　李永平　赵友亭*　程泽业
　　　　王晓胜　刘　锋　徐安崇　王　成
省经济和信息化委员会
主　任　胡玉亭*　张华龙
副主任　刘致远*　张兵生　申瑞涛(女)　冀明德
　　　　张华龙*　陈官虎　胡荣华　朱　鹏*　高　云
省教育厅(省高校工委)
厅　长(书　记)　李东福*　张文栋
副书记　吴俊清*　张培良
副厅长　刘惠民*　张卓玉　王李金*　李青山
省高校纪工委书记　史富泉*　赵庆华
省科学技术厅
厅　长　贺天才
副厅长　秦作栋　张新伟　郭春林
省公安厅
厅　长　刘　杰
副厅长　成振林(常务)　李玉生　雷党辰　边智慧
　　　　李太平*　张立刚(挂职)
省监察厅
厅　长　冯改朵(女)
副厅长　刘蓉华(女)　因新中*　李吉山　刘予强*
　　　　何　青　谢克敏
省民政厅
厅　长　周明定*　薛维栋
副厅长　王卫东(女)　何耀光*　何子义　许富昌
省司法厅
厅　长　王水成*　崔国红
副厅长　李满胜　王化清　刘占中　张玉良
　　　　周培斌*　句轶旺
省财政厅
厅　长　郑建国*　武　涛
副厅长　石常明　胡双明　张　韬*　武　涛*　常国华
省人力资源和社会保障厅
厅　长　张　健
副厅长　杨培岳　李建刚　王云龙　王建文　姚　逊
省国土资源厅
厅　长　李建功
副厅长　高　博　王晓立　彭东晓　周际鹏
省环境保护厅
厅　长　刘向东*　郭长青
副厅长　刘　军　张广勇*　王学东　刘大山
省住房和城乡建设厅
厅　长　李俊明*　李栋梁
副厅长　闫晨曦　郝培亮*　李锦生
省交通运输厅
厅　长　段建国*　李正印
副厅长　张　润　王志民*　戴　飞　唐　晋
省水利厅
厅　长　潘军峰
副厅长　张　健　解放庆　常书铭　李　力
省农业厅(省委农村工作领导组办公室)
厅　长(主任)　孙连珠*　李平社
副厅长(副主任)　刘志杰　陈明昌　董希德　左义河*
　　　　赵志杰　王高勇　关建勋*　雷郭堂
省林业厅
厅　长　李永林
副厅长　霍转业　常光明　任建中
省商务厅
厅　长　孙跃进

副厅长　张　文　李晋峰　刘　进　王来平　李志胜

省文化厅

厅　长　张明亮*　张瑞鹏

副厅长　张　健　李　歆　赵银邦

省卫生厅

厅　长　高国顺*　卫小春

副厅长　李书凯　李凤岐*　梁明虎　王　峻　赵光国*
　　　　谢　红(女)

省人口和计划生育委员会

主　任　杨增武

副主任　杨恩健*　王祥瑞　杨建勇　梅志强

省审计厅

厅　长　郝志远*　王　亚

副厅长　郝素珍(女)　高爱平　姚宪华

省外事侨务办公室

主　任　张志川

副主任　武绍忠　田亦军　鞠　振　冉莉萍

省煤炭工业厅

厅　长　吴永平

副厅长　杨茂林　牛建明　武建森　胡万升　王宇魁

省政府直属特设机构

省政府国有资产监督管理委员会(国资委党委)

主　任(书记)　朱晓明

副书记　渠性轩(常务)　李天太
　　　　田国仁(兼纪委书记)

副主任　李宝文*　朱成基*　崔联会*　曹慧昌
　　　　马　进　张宏永　狄重阳　宋世华

省政府直属机构

省地方税务局

局　长　卢晓中

副局长　张跃建　刘建光　张澎涌

省工商行政管理局

局　长　王虎胜*　周明定

副局长　马联社　薛维栋*　王振宇*　王亦兵

省质量技术监督局

局　长　常高才

副局长　张岐云　王国强　高　航　李志强

省广播电影电视局

局　长　梁志祥*　齐　峰

副局长　李光明　董晓林　薛　荣

省新闻出版(版权)局

局　长　林玉平

副局长　梁宝印*　王吉敏　吴体刚　安　洋

省体育局

局　长　苏亚君

副局长　杨凤楼　李振生　郝晓峰　李世杰

省统计局

局　长　杨文章*　翟振新

副局长　翟振新　卢建明　赵占明

省安全生产监督管理局

局　长　张根虎*　霍红义

副局长　唐　晋*　刘德政　牛建华　狄重阳*

省旅游局

局　长　席小军*　冯建平

副局长　王炳武　王文保　李　贵　王　琳

省宗教事务局(省民族宗教事务委员会)

局　长(主　任)　郭海刚*　高　键

副局长(副主任)　卫望军　侯文禄

省文物局

局　长　王建武

副局长　刘正辉　宁立新

省粮食局

局　长　杨随亭

副局长　马　珩　吕苛青(女)　薛愿兵

省人民防空办公室

主　任　韩裕峰

副主任　孙　群　刘　涛　张　铭

省政府法制办公室

主　任　崔国红*　王卫星

副主任　刘钢柱　李云涛

省政府机关事务管理局

局　长　任云峰

副局长　王东春　孙富忠　牛柱珍　梁若皓*　任建华

省政府部门管理机构

省物价局

局　长　李福龙*　李永平

副局长　王克信　庞金龙　祁晓虎　王春庆

省国防科技工业办公室(省国防科技工业党委)

主　任(书　记)　张华龙*　朱　鹏

副书记　冯鲁生*　安雅文　史国兵

副主任　温国贵　王树峰　齐建伟

省中小企业局

局　长　王克建*　胡荣华*

副局长　赵志杰*　王怀荣　武晨阳　闫龙江

省食品药品监督管理局

局　长　赵光国

副局长　任晋斌　谢　红*　贠亚明　刘建国*

省监狱管理局

局　长　句轶旺

副局长　王华艳　李扁屯　高　奇

省扶贫开发办公室

主　任　刘昆明*　王立伟

副主任　郎作仕　王汉有*　张晓红　张伟勤

省公安厅交管局(省交警总队)

局　长(总队长)　边智慧*　尹喜平

副局长(副总队长)　李新生　刘　敏　张顺喜　王丕谟*

省机械电子工业行业管理办公室

主　任　刘小平

省冶金工业行业管理办公室

主　任　许世军

省化学工业行业管理办公室

主　任　张莉萍

省建筑材料工业行业管理办公室

主　任　张玲俐(主持工作)

省纺织工业行业管理办公室

主　任　李锦旺

省轻工业行业管理办公室

主　任　王元山

省医药行业管理办公室

主　任　杜月双*　尚阿浪

省政协工作机构

省政协调研室

主　任　杨临生*　马　伟

副主任　蒋福新

省政协提案委员会

主　任　郭慧民*　孟原生

副主任　阎贵林　李卫东

省政协经济委员会

主　任　王虎胜

副主任　刘致远　毛金明　李润玺*　李　岩

省政协人口资源环境委员会

主　任　菅二拴

副主任　郭玉玺　张玉平

省政协农村委员会

主　任　孙连珠

副主任　吴潭龙　张建忠

省政协教科文卫体委员会

主　任　杨左卿(女)

副主任　田润华(女)　王建国　张建全

省政协社会法制委员会

主　任　王水成

副主任　傅银瑜(女)

省政协民族和宗教委员会

主　任　李福龙

副主任　高凤平　白晓军(女)*

省政协文史和学习委员会

主　任　闫润德

副主任　杨　菲(女)

省政协港澳台侨和外事委员会

主　任　梁志祥

副主任　郝瑞珍(女)　王阳华(女)

省直属事业单位

省委党校(山西行政学院)

校　长　金道铭

院　长　李小鹏*　高建民

常务副校长(副院长)　李高山*　李福明

副校长(副院长)　高建生　王联辉　郭成文　潘　峰　刘明星

山西广播电视台

台长、总编　李海渊*　郭　健

副台长　王树勋　张晋斌

副总编　张敬民　邢书良　李占鳌

山西日报社

社　长　袁升德*　郭玉福

总编辑　兰炎平

副社长　兰炎平(常务)　李蜀昌　张　宁　冯爱民

副总编　胡　果　杨小宁*　丁伟跃

省委党史办公室

主　任　张铁锁*　于若洁

副主任　栗金凤(女)*　牛崇辉*　张越轶

省政府发展研究中心

主　任　李劲民

副主任　董宇明　王亦兵*　高志明*　王凤鸿　焦斌龙

省地方志办公室

主　任　李茂盛

副主任　赵群虎　刘益龄　张晓光

省供销合作社联合社

主　任　高　璋

副主任　李俊德　袁清茂　王彤宇

省煤炭地质局

局　长　王学军

副局长　郑全发*　黄芩丽(女)　张晓峰

省地质勘查局

局　长　安俊生*　翁金明

副局长　韩晋生　潘海燕

省万家寨引黄工程管理局(总公司)

局　长(经　理)　菅二拴*　王　纯

副局长(副经理)　朱春耀*　张俊杰*　樊安顺　雷天才

省农业科学院

院　长　刘惠民

副院长　关建勋　陈明昌*　聂安全　乔雄梧　王娟玲

省社会科学院

院　长　李中元

副院长　贾桂梓(女)　潘　云　孟艾芳　杨茂林

中国(太原)煤炭交易中心

主　任　曲剑午

副主任　高　伐　阎世春

省档案局(档案馆)

局(馆)长　阎默彧

副局(馆)长　张彦杰(女)　王保国　邢利民　孔凡春

省机械设备成套局

局　长　杨晋生

副局长　段治强*　王拥军

山西省省级政府采购中心

主　任　赵建新

副主任　王跃进　穆恩科

山西社会主义学院

院　长　聂向庭*

副院长　王建新(常务)　李祥熙　王解峰*　陈忠辉

煤炭工业太原设计研究院

院　长　徐忠和

副院长　耿建平　李树庭　刘晓勇

省城镇集体工业联合社

主　任　李荣钢

副主任　杨晋才　杨润梅

省招生考试管理中心

主　任　王　云

副主任　张亚平*　任应红　张金文　王双虎

省公路局

局　长　惠高峰

副局长　张兴顺　赵玉生　许秀銮

省煤炭基本建设局

局　长　武建森

副局长　王振海　温运峰

省测绘地理信息局

局　长　张宝玉

副局长　于建刚*　孔令礼

省农机局(省农业机械发展中心)

局　长(主　任)　王立伟*　左义河

副局长(副主任)　姚建忠　许继光*　张培增

中国煤炭博物馆

馆　长　李希海

副馆长　张奎元*　陈胜军　胡高伟　马召源

省民航机场集团公司(管理局)

总经理(局长)　郝孝义

副总经理(副局长)　赵庆斌　梁洪逵　张希亮

省投资咨询和发展规划院

院　长　曾宪琪

山西博物院

院　长　石金鸣

禹门口水利工程管理局

局　长　武福玉

山西老年大学

专职副校长　覃建平

省交通运输执法局

局　长　张晋鹏*

省高速公路管理局

局　长　董新品

省交通运输管理局

局　长　李华中

山西省国有企业监事会

主　席　陈建鹰*　赵子传　李成业*　马　平
　　　　宋世华*　弋小燕　杨雨公

省煤炭基金稽查总队(山西省财政厅煤炭基金稽查局)

总队长(局长)　黄　庙

省委前进期刊总社

社　长　边新文

省属地方金融类企业监事会

主　席　高向新

山西省人民医院

院　长　杜永成

山西医科大学第一医院

院　长　肖传实

山西医科大学第二医院

院　长　卫小春*　武　晋

山西大医院

院　长　刘　强

省就业服务局

局　长　师跃进

省社会保险局

局　长　贺德孝

省交通厅重点公路工程建设办公室(领导组办公室)

专职副主任　刘玉柱

中央部属单位

财政部驻山西财政监督专员办事处

监察专员　李元成

审计署驻太原特派员办事处

特派员　朱登云

中国人民银行太原中心支行

行　长　赵志华

中国银行业监督管理委员会山西监管局

局　长　王占峰

中国保险业监督管理委员会山西监管局

局　长　王　毅

中国证券监督管理委员会山西监管局

局　长　孙才仁

中国工商银行股份有限公司山西分行

行　长　周　玮

中国农业银行山西省分行

行　长　杨继荣

中国银行山西分行

行　长　郑国雨

中国建设银行股份有限公司山西省分行

行　长　高　强

中国邮政储蓄银行山西省分行

行　长　张　军

山西省通信管理局

局　长　谢远生

山西省邮政公司

总经理　李玉杰

省气象局

局　长　杜顺义

省地震局

局　长　樊　琦(女)

省国家税务局

局　长　王学东

省出入境检验检疫局

局　长　李旭辉

山西省烟草专卖局(公司)

局　长(总经理)　李泽华

太原铁路局

局　长　杨绍清

太原海关

关　长　吕伟红(女)

国家能源局山西监管办

专　员　张建平

中国石油化工股份有限公司山西分公司

总经理　徐建春

群众团体

省总工会

主　席　郭海亮*　田喜荣

副主席　高凤平*　郭新民(常务)　王兴旺　梁若洁*
　　梁克昌　王　荣

共青团山西省委员会

书　记　赵雁峰

副书记　安　华　任　忠　马皖东*　刘　娟*

省妇女联合会

主　席　李悦娥(女)*　王维卿

副主席　郑　红(女)*　顾青圻(女)*
　　韩　红(女)　张敬平

中国作家协会山西省分会

主　席　张　平*　杜学文

副主席　王祥夫　吕　新　李　杜　李骏虎　杨占平
　　张明旺(常务)　张锐锋　赵　瑜　秦　溱
　　哲　夫　晋原平　葛水平　蒋　韵　潞　潞

省科学技术协会

主　席　侯晋川

副主席　杨伟民　关原成*　王德贵　崔　忠　郝建新

省文学艺术界联合会

主　席　李才旺*　张根虎

副主席　李太阳(常务)　石跃峰

中国国际贸易促进会山西省分会(中国国际商会山西商会)

会　长　贾雪峰

副会长　靳成福　焦惠生

省残疾人联合会

理事长　郭贵仁*　李亚明

副理事长　郭新志(女)　温万一　刘　晔

省社会科学界联合会

主　席　李高山

常务副主席　侯秀娟

副主席　李中元　李劲民　高建生　张卓玉　王李金
　　吴俊清　郭泽光　王尚义　王志超

省归国华侨联合会

主　席　许并社

副主席　范安龙

省台湾同胞联谊会

会　长　谢碧玲(女)*

驻会副会长　周志文

省红十字会

专职副会长　冯晋生

驻外办事处

省政府驻北京办事处

主　任　陈晓东

省政府驻上海办事处

主　任　曹美玲(女)

省政府驻广州办事处

主　任　刘亚林

省政府驻沈阳办事处

主　任　田　凯

大专院校

山西大学

校　长　郭贵春*　贾锁堂

副校长　刘滇生*　刘维奇　行　龙
　　杨　军　高　策　李思殿

太原理工大学

校　长　张文栋*　吕　明

副校长　侯晋川　郭敏泰　许并社　李晋平　梁丽萍
　　吕永康　戴晋明

山西财经大学

校　长　郭泽光

副校长　赵国浩　刘中朝*　张兔元　张如山　卢庆山
　　马培生　杨有振

山西医科大学

校　长　段志光

副校长　郑建伟*　闫肖卿　孙安乐　王宏伟　贺培凤
　　郑建中　李思进

山西农业大学

校　长　赵春明

副校长　王俊东*　弓永华　张虎芳　李宏全　邢国明

山西师范大学

校　长　武海顺

副校长　卫建国　原战勇　闫桂琴(女)　薛耀文　郝勇东

太原科技大学

校　长　郭勇义

副校长　黄庆学　李永堂　曾建潮　徐格宁　柴跃生　李　忱　李俊林

中北大学

校　长　贾锁堂* 刘有智

副校长　肖忠良　韩　焱　沈兴全　薛　智　白培康　熊继军

山西中医学院

院　长　周　然

副院长　马存根　冯前进　周晓明　张永德　冀来喜　王晞星

长治医学院

院　长　王庸晋

副院长　赵中夫　陈忠义　宋晓亮　张芳萍

太原师范学院

院　长　王尚义* 梁吉业

副院长　张瑞君　王川龙　张喜明　王卫平(女)　齐利平

忻州师范学院

院　长　李思殿* 王志连

副院长　冯天仓　郭丕斌　张美富　董元兴　罗小兰

山西大同大学

校　长　常乃军

副校长　郭　永　石云龙　赵富玺　张　策　张晓永

运城学院

院　长　姚纪欢

副院长　梁晋才　王卓民　张凤琴(女)　梁永平　李慎明

长治学院

院　长　李忠康

副院长　茹文明　武有祯　皇甫志芳　李长江

晋中学院

院　长　孙建中

副院长　邓　明　杨高才　郭贤成　柴　达　李长萍

太原工业学院

院　长　吴俊清*　霍世平

副院长　仉志余　张翠梅(女)*　李国臣　靳金贵

吕梁学院

院　长　杨述平

副院长　卫英慧　马向东　闫　明　高顺有

山西广播电视大学

校　长　刘发威

副校长　张耀斌　牛白琳

山西经济管理干部学院

院　长　丁怀民

副院长　王克勤　张改娥(女)　秦长江

山西煤炭管理干部学院

院　长　刘发威* 郝建功

副院长　李宏达　李　进　武东升　王凤岗　李桂平

山西传媒学院(原广播电影电视管理干部学院)

院　长　郝本廉

副院长　王建国　王新塘　武升平

山西省财政税务专科学校

校　长　申长平

山西警官高等专科学校

校　长　张子荣

山西职工医学院

院　长　于明江

山西青年职业学院

院　长　李　伟

山西省政法管理干部学院

院　长　郝晓琴

山西建筑职业技术学院

院　长　成　宏

山西药科职业学院

院　长　李华荣

山西交通职业技术学院

院　长　张文才

山西艺术职业学院

院　长　李　力

山西林业职业技术学院

院　长　马宗兆

山西水利职业技术学院

院　长　李振兴*　孙西欢

山西旅游职业学院

院　长　何乔锁

山西管理职业学院

院　长　杨勇翔*

山西体育职业学院

院　长　朱天燕

山西警官职业学院

院　长　闫绪安*　许文海

山西国际商务职业学院

院　长　郝永新

山西戏剧职业学院

院　长　李培勇

山西煤炭职业技术学院

院　长　曹允伟

山西医科大学汾阳学院

院　长　闫肖卿*　王　军

阳泉煤炭专科学校

校　长　霍世平*　韩保清

太原电力高等专科学校

校　长　鲍善冰

山西工程职业技术学院

院　长　刘　勇

山西职业技术学院

院　长　昝和平

山西金融职业学院

院　长　杜明汉*　崔满红

山西财贸职业技术学院

院　长　牛白琳*　李晋平

山西机电职业技术学院

院　长　李和平

山西轻工职业技术学院

院　长　王枝茂

太原大学

校　长　任玉平(女)*　吴建设

吕梁市教育学院

院　长　白荣欣

长治市教育学院

院　长　焦建中

长治职业技术学院

院　长　郭建华

晋城职业技术学院

院　长　王维平*　成广海

临汾职业技术学院

院　长　王　超

山西师范大学临汾学院

院　长　梁崇太*　孔康民

忻州职业技术学院

院　长　刘祁杰

晋中职业技术学院

院　长　程太生*　刘月红

山西运城农业职业技术学院

院　长　吴立春*　闫顺茂

运城幼儿师范高等专科学校

校　长　梁周全

阳泉师范高等专科学校

校　长　陈永昶

太原旅游职业学院

院　长　王春玲(女)

太原城市职业技术学院

院　长　杨志家

晋中师范高等专科学校

院　长　张润喜

运城师范高等专科学校

校　长　张汉语

山西省军区

司令员	刘云海*	少将
	冷杰松	少将
政治委员	张少华	少将
副司令员	负自博	少将
副政治委员	喻　军	少将
司令部参谋长	徐洪生*	少将
	吴国志	大校
政治部主任	李　竞	少将
后勤部部长	谢新宁	大校

武警山西总队

司令员	仲　轩	少将
第一政治委员	刘　杰(兼)	一级警监
政治委员	刘振所	少将
副司令员	杨建国	大校
	夏家亮	大校
	王树海	大校
副政治委员	胡占林*	大校
	史金福*	大校
	侯德琪	大校
司令部参谋长	李善勇	大校
政治部主任	张喜文	大校
后勤部部长	穆瑞国	大校

民主党派和工商联

中国国民党革命委员会山西省委员会

主任委员　张友君

副主任委员　刘占中　杨俊和　郭原林　孙建民　谢碧玲　刘　美　辛　琰　张湘君

中国民主同盟山西省委员会

主任委员　张　平

副主任委员　亢官文　傅建荣　史海涌　梅志强　赵恒寿　王维平　梁丽萍　李书吉

中国民主建国会山西省委员会

主任委员　王　宁

副主任委员　姚宪华　刘蓉华(女)　薛维梁　王庆荣　张秋利　代全民

中国民主促进会山西省委员会

主任委员　卫小春

副主任委员　张　政　张建豪　成锡锋　高新文　陈维毅　任建国

中国农工民主党山西省委员会

主任委员　周　然

副主任委员　郭新志(女)　王爱萍(女)　李思进　张李锁　牛三平　武金贵

九三学社山西省委员会

主任委员　刘滇生

副主任委员　杨社堂　张并生　李青山　张文旺　闫义勇　张培富　张红健

山西省工商业联合会(省民间商会)

主　席　张复明

副主席　樊秀清　王建华　郎宝山(满)　赵淑芊

注:2013年12月31日前调离岗位者在姓名后右上角标注*。

(省委组织部、省军区政治部、武警山西总队政治部)

中国共产党山西省委员会

Shanxi Provincial Committee of the Communist Party of China

综　述

【学习贯彻习近平总书记一系列重要讲话精神】 党的十八大以来，习近平总书记发表了一系列重要讲话，提出许多新思想、新观点、新论断、新要求，丰富和发展了中国特色社会主义理论，是马克思主义中国化的最新成果，是全面建成小康社会、推进社会主义现代化、实现中华民族伟大复兴中国梦的强大思想武器和行动指南。省委把学习贯彻习近平总书记一系列重要讲话精神作为首要政治任务，下发通知，要求以县处级以上领导班子和领导干部为重点，在全省兴起学习热潮。省委常委会带头学习，先后18次集中学习，原原本本研读原著，交流讨论心得体会。省委常委带头上讲台，作辅导报告，谈学习体会。省委举办两期省管主要领导干部学习习近平总书记重要讲话精神研讨班，各级各部门采用多种形式、从多层面引深学习活动，教育引导党员、干部和群众增强"三个自信"，增强为实现中华民族伟大复兴中国梦贡献力量的责任感和使命感，切实把思想和行动统一到习近平总书记重要讲话精神上来，自觉武装头脑、指导实践、推动工作。把学习习近平总书记重要讲话精神与学习党的十八大精神结合起来，联系山西实际确定21个课题，由省委常委和副省长领题调研，提出贯彻落实十八大精神的政策措施，把学习成果转化为推动转型跨越发展、办好"两件大事"，全面建成小康社会的实际成效。　（薄晓江）

【贯彻执行中央八项规定改进干部作风】 中央提出八项规定后，全省上下及时传达学习，出台四个实施办法。省委常委会带头作出贯彻落实中央八项规定精神的"五项承诺"，带头严格执行中央和省委规定，建立领导干部直接联系群众等制度，开展下乡住村包村增收以及"访民生、知民情、解民事"集中走访活动。在改进会风和公务接待方面制定《五个严格控制》《五个严禁超标准》等制度，规定省级领导在太原市调研公务一律不安排用餐，下基层调研公务一律吃本地菜肴、一律不饮酒，越野车全部上缴、统一管理等，制定许多"硬杠杠"。开展纪律作风整顿，倡导勤俭办一切事情，严格控制"三公经费"，严格执行中秋和国庆过节"五不准"。加强对中央八项规定贯彻执行情况的监督检查，查处157起违规行为。开展专项清理楼堂馆所，超标办公用房全部腾退，总面积达64.8万平方米。文风会风明显改进，党风政风明显好转，全省会议数量同比减少35%，文件简报减少55%，会议经费减少25%，新闻节目对领导活动的报道减少36%，党政机关因公出国(境)人数下降25.8%。严格贯彻执行中央《党政机关厉行节约反对浪费条例》，解决突出问题，倡导节俭之风，树立党政机关务实清廉的良好形象。　（薄晓江）

【开展党的群众路线教育实践活动】 根据中央部署，在中央督导组指导下，围绕为民务实清廉主题，按照"照镜子、正衣冠、洗洗澡、治治病"的总要求，聚焦"四风"，加强领导，精心组织，周密部署，统筹推进第一批163个部门和单位的教育实践活动。省委常委班子坚持从自身做起，自觉摆进去，带头深入群众、带头征求意见、带头查摆问题，就文山会海、"三公"经费等六个专题进行领题调研，进一步查找"四风"突出问题；到服务窗口单位调研，面对面听取意见、实打实解决问题；举行先进事迹报告会，组织省级四大班子成员实地重温习近平总书记关于右玉精神的重要批示和讲话精神。在调查研究、广泛征求意见、普遍谈心交心、认真撰写对照检查材料的基础上，集中两天时间召开专题民主生活会，围绕"四风"对照检查20个问题，班子成员之间认真开展批评与自我批评，凝聚共识、明确方向。省委常委班子专题民主生活会受到中央领导以及中央教育实践活动办、中央督导组充分肯定。研究制定《省委领导班子整改方案》《全省治理"四风"制度建设计划》和《开展"四风"突出问题专项整治方案》，就每项任务定出任务书、列出时间表、确定责任人。在省级班子带动下，全省374940名党员参加第一批教育实践活动，整个活动组织有序、进展顺利，取得明显成效。坚持把解决突出问题、整风精神、领导带头、制度建设、开门搞活动贯穿始终，各部门(单位)

严格按照环节要求开展活动，集中学习时间平均达到8天，征求到各类意见建议8.59万条，整改项目4277个，“废改立”各项制度9681个。

（薄晓江）

【推动经济转型发展】 以提高经济发展的质量和效益为中心，坚持新型工业化、信息化、城镇化、农业现代化同步发展，强化创新驱动，深化改革开放，不断增强发展后劲。

1.抓经济发展逆势而进。按照中央确定的主题主线总基调做好经济工作，加强对经济工作的领导和对形势的研判，统筹抓好稳增长、推改革、促转型、惠民生各项工作。面对煤炭市场低迷、经济下行压力较大的严峻形势，转型主导，综合施策，出台并实施“煤炭20条”“中小微企业27条”“低热值煤发电20条”“煤层气20条”等一系列举措。把投资作为保增长的关键，加强重点工程建设，狠抓“项目推进年”工作，按照“六位一体”加快项目建设。推进“双千亿”“双五百亿”和“百强潜力企业”工程，培育新的增长点，经济社会发展实现稳中有进、稳中向好。初步统计，2013年全省生产总值完成12602.24亿元、增长8.9%；全社会固定资产投资11200亿元、增长22.1%；社会消费品零售总额4988亿元、增长14%；公共财政预算收入1700亿元、增长12.1%；城镇居民人均可支配收入22453元、增长10%；农民人均纯收入7150元、增长12.5%；居民消费价格涨幅控制在3.1%。

2.转型综改试验区建设深入推进。贯彻落实党的十八届三中全会精神，全面深化改革，以转型综改试验区建设为切入点，围绕产业转型、生态修复、城乡统筹、民生改善四大任务，带动全省加快转型、更好发展，更大地释放资源型地区的改革红利、市场潜力和创新活力。年初，召开转型综改试验区建设大会，出台《山西省国家资源型经济转型综合配套改革试验实施方案（2013—2015年）》和《2013年行动计划》，细化国家批复的《总体方案》，分解落实有关任务。加快晋煤集团煤层气抽采利用、中煤平朔鑫源公司粉煤灰综合利用等30个重大项目建设，18个项目可全部或部分投入运营。争取国家政策支持，在1920万千瓦低热值煤发电项目核准权、煤层气矿业权分级审批试点等方面取得实质性突破。深化重点领域改革，铺开的10项重大改革和20项重大事项都取得重要进展。煤电一体化、大用户直供电试点推进，全省主力火电企业2/3以上实现煤电联营，50%以上与煤炭企业签订电煤供应长协合同，省内7大煤炭集团与电力集团签订中长期供煤协议；国内首个反映产地煤炭市场价格的“太原指数”正式上线，推进动力煤期货交易试点前期工作；以土地管理制度改革、金融产品创新为突破口，稳妥推进农村土地流转、适度规模经营，开展城乡建设用地增减挂钩、矿业存量土地整合利用、露天采矿用地改革、工矿废弃地复垦利用试点和城镇化私募基金试点。十八届三中全会后，为破解转型难题、拓宽发展路径，由省委常委、副省长围绕14个课题领题调研，形成《关于深入贯彻落实党的十八届三中全会精神、加快推进转型综改试验区建设的若干意见》，明确山西推进改革的路线图。

3.传统产业加快改造提升。以兼并重组、技术改造、循环经济为主要途径，加快传统产业优化升级。继续提升煤炭行业整体素质，全行业安全生产水平、劳动生产率、资源利用率显著提高，总体进入机械化大矿时代，全省煤炭产量、外运量分别达到9.6亿吨、6.2亿吨。推进焦化行业兼并重组，单体炼焦企业规模从2010年的70万吨提高到近200万吨。推进钢铁企业联合重组和升级改造。推进省、市、县、工业园区和企业不同层面循环经济试点，工业废材、废渣、废气、废水综合利用水平不断提升。

4.新兴产业继续发展壮大。把发展新兴产业作为转型的重中之重，太重集团煤机成套装备制造、高速列车轮轴国产化等一批重大项目建成投产，装备制造业保持两位数增长，成为第三大产业。潞安180万吨煤制油、焦煤60万吨焦炉煤气制烯烃等项目继续推进。电子信息及软件服务、低温发电装备、新能源汽车、无人机、T800级高端碳纤维等高新技术产业和产品成为山西发展的新亮点。在工业投资中，非传统产业投资同比增长37.3%、占比达到52.7%，首次超过传统产业。现代物流、信息服务等生产性服务业快速发展，旅游总收入达到2305亿元、增长27.2%。

5.农业现代化水平提高。加大强农惠农富农政策力度，在实施50项补贴政策的基础上新实施10项，资金达到60亿元。农业综合生产能力稳步提高，粮食产量达131.3亿公斤，创历史新高。推进现代农业示范区建设，发展“一县一业”“一村一品”，实施七大产业振兴和翻番工程。以多种形式推动农业产业化经营，农业合作社数量居全国第三，农产品加工龙头企业销售收入1056亿元、增长29%以上。在晋北地区倡导实施“以农载牧、以牧富农”战略，鼓励发展规模养殖。启动实施百企千村产业扶贫开发工程，58个贫困县实施项目209个，总投资690亿元，涉及设施农业、规模养殖、特色种植、农产品加工流通等领域，项目建成后可吸纳10多万人就业。推进吕梁山、太行山两大连片特困地区扶贫攻坚，又有47万人实现脱贫。

6.新型城镇化体系加快构建。“一核一圈三群”城镇框架体系加快构建，太原城市群被列入城市群发展“3+10”战略，成为国家重点建设的十大区域性城市群之一；以交通等基础设施互联互通为重点的太原晋中同城化加快推进。大同都市区、临汾百里汾河新型经济带、上党城镇群等加快发展。各中心城市强力扩容提质，城市容貌和人居环境专项治理，城中村、棚户区和老旧基础设施改造效果明显。实施大县城战略，推进100个特色宜居重点镇建设，创新规划、户籍、土地、投融资体制机制，在城镇化融资、农民就地城镇化、城乡公共服务一体化等方面有新的探索和成效。全省城镇化率超过52%。基础设施更加完善，高速公路新增规划里程938千米，在建里程1250千米，中南部铁路大通道、大西客运专线加快建设，2015年铁路营运里程将达到5700千米。吕梁机场完成开航前试飞工作，五台山机场、临汾机场建设进展顺利。“大水网”四大骨干工程及配套工程继续推进。

7.改革开放迈出新步伐。围绕转型综改试验区建设,在创新产业转型促进机制、资源能源节约和生态环境保护修复机制等方面深化改革。推进事业单位分类改革和文化体制改革,筹备新一轮机构改革。加快简政放权,取消、下放和调整减少行政审批事项263项,推广太原市“两集中、两到位”审批机制。扩权强县工作继续推进。提升开放型经济水平,鼓励支持市县发展“飞地经济”。山西太原武宿综合保税区封关运行,与太原海关建立区域通关合作关系的口岸海关增至19个。全省招商引资落地资金7028.1亿元,增长34.3%。进出口总额157.98亿美元,增长5%;出口79.96亿美元,增长14%。

8.科技创新取得新进展。强化科技和人才支撑,实施重大科技专项,劣质煤大型气化、煤层气开发利用、动车轮对关键零部件、高容量锂电池、低温余热发电等关键技术取得突破,山西科技创新城核心区建设启动,新建省级重点实验室16家。新引进海外高层次人才62名。(薄晓江)

【民主政治建设和依法治省】 召开省十二届人大一次会议和省十一届政协一次会议,选举产生省人大、省政府和省政协新一届领导班子,实现中央人事安排意图,完成各项工作的顺利过渡,为进一步做好改革发展稳定工作提供重要的组织保障。

1.坚持和完善人民代表大会制度。加强对人大工作的领导,支持省人大及其常委会围绕全省中心工作依法行使职责。以提高立法质量为重点加强和改进立法工作,科学编制5年立法规划,制定、修改、废止地方性法规9件,初审2件。支持省人大常委会依法加强对“一府两院”工作的监督,特别是加强对经济工作和重大民生工程的监督。加强和改进代表工作,完善代表联系群众制度,充分发挥代表作用。支持和促进人大常委会、专门委员会和人大机关自身建设。

2.坚持和完善中国共产党领导的多党合作和政治协商制度。把政治协商纳入决策程序,推进政治协商、民主监督、参政议政制度建设,健全社会主义协商民主。支持政协围绕转型跨越发展、非公有制经济发展等重大问题进行调研,积极建言献策。推进人民政协工作创新,完善政协领导、政协机关和专门委员会联系界别制度。巩固和发展最广泛的爱国统一战线,搞好同民主党派和无党派人士团结合作。加强党外代表人士队伍建设。加强宗教和民族工作。做好侨务和对台工作。

3.健全基层党组织领导的基层群众自治机制。加强城乡社区建设。完善以职工代表大会为基本形式的企事业单位民主管理制度。推进政务公开、司法公开、厂务公开、村(居)务公开和公共企事业单位办事公开。注重发挥工会、共青团、妇联等人民团体作用。

4.深化司法体制机制改革。加强执法司法公信建设,开展法治市、法治县(市、区)、法治行业、民主法治示范村创建活动,开展“六五”普法。制定出台深化法治山西建设的实施意见,强化法制监督,加强队伍建设,提升法治山西建设水平。

5.坚持和完善军地齐抓共管国防后备力量建设机制。加快武警部队现代化建设。制定实施《国防动员法》办法。北京军区在山西召开部团建设会议,推广山西省的做法。加强人民防空工作。深化军民融合式发展,军地“双服务”迈上新台阶。(薄晓江)

【加强宣传思想工作】 1.加强思想道德建设。开展中国特色社会主义宣传教育,组织党的十八大和十八届一中、二中、三中全会精神的学习宣传,习近平总书记一系列重要讲话精神的学习宣传,中央和省委重大决策部署的学习宣传。组织开展“共筑中国梦、建功在三晋”“美丽的山西我的家”“我为综改做贡献”等主题宣传教育活动,宣传“山西精神”,培育和践行社会主义核心价值观。推进公民道德建设工程,深化精神文明创建活动,开展道德领域突出问题专项教育和治理。开展志愿服务,推动学雷锋活动常态化,开展第四届全国道德模范、“山西好人”“身边好人”等推荐评选活动,培育知荣辱、讲正气、作奉献、促和谐的良好风尚。

2.营造良好舆论氛围。召开全省宣传思想工作会议,贯彻落实习近平总书记全国宣传思想工作会议讲话精神,出台《中共山西省委关于加强宣传思想工作的若干意见》。加强主流媒体阵地建设。组织“扶持中小微企业发展”和“最美基层干部”等重点报道,加强社会热点问题正面引导和舆论监督,做好重大突发事件新闻报道。用先进文化占领网络阵地,加强和改进网络建设,强化网络社会管理。完成文联、作协、社科联、记协换届工作。加强对外宣传,加大山西历史文化、名优产品推介力度,展现山西转型跨越的成就和山西人民昂扬奋进的精神风貌。

3. 丰富人民精神文化生活。加强文化基础设施建设,推动公共文化服务设施向社会免费开放。加强文化惠民工程建设,开展“三下乡”“四进社区”优秀剧目展演等惠民活动,文化消费指数提升。加强重点文物保护开发和非物质文化遗产保护传承。推出精品力作,舞剧《粉墨春秋》获第十四届“文华大奖”。整合有线电视网络资源,建设现代传播体系。普及科学知识,开展全民健身运动。第12届全运会上山西省代表团取得“10金8银”的好成绩。

4.增强文化整体实力和竞争力。加强与文化部的战略合作,提升六大文化集团实力,打造文化产业基地和区域性文化产业集群,推动文化产业发展。引导和鼓励民营资本进军文化产业,培育现代文化市场体系。组织举办首届山西文化产业博览交易会。深化国有公益性文化事业单位改革,加强人才队伍建设,创新文化管理体制。(薄晓江)

【保障和改善民生】 落实促进就业的各项政策,强化公共就业服务,解决高校毕业生、农民工和退役军人等重点群体就业问题,出台促进高校毕业生就业16条措施,狠抓创业带动就业、职业技能培训等工作,应届高校毕业生就业率达到91%，全年城镇新增就业51.3万人，登记失业率为3.3%。全省统一的社保综合服务体系初步形成，经办服务工作走在全国前列。关注困难群体，完善救助机制，保障基本生活。完善初次分配和再分配调节机制，健全进城务工人员工资保障机制，多渠道增加居民财产性收入。推进各级各类教育事业发展，实施高考“阳光招生”，规范中小学办学行为，落实农民工子女流入地参加中考政策。高校新校区基本建成，近7万名师生如期入驻。加强城乡医疗和公共卫生服务体系建设，扩大基本药物制度实施范围，公立医院改革试点县增加至83个，网格化管理、家庭医生制和团队负责制等基本公共卫生服务模式在全国推广。狠抓城中村、棚户区改造和公租房、廉租房建设，农村危房改造力度加大。继续为低收入农户免费供应一吨冬季生活用煤。为农民群众新办“五件实事”，改造农村困难家庭危房10万户，易地搬迁特困群众11万人，改扩建村级幼儿园546所，行政村街道亮化任务全面完成，农村生产生活条件进一步改善。

加强基层社会管理和服务体系建设，增强城乡社区服务功能，强化企事业单位、人民团体的社会管理和服务职责，发挥群众参与社会管理的基础作用。出台平安山西建设五年规划，加强社会治安综合治理，健全群众利益协调、权益保障、社会矛盾调处、稳定风险评估等机制，加大社会矛盾纠纷排查化解力度，严密防范和依法惩治违法犯罪活动，推进平安山西建设。省委常委带头领办包办疑难信访案件，开展省委书记和市委书记信访工作面对面点评。开展领导干部下访接访活动，依法解决群众合理诉求，加大重信重访案件处置力度，促进信访秩序稳步好转。进京非正常访人数排位退至全国十位以后。

牢固树立安全也是第一要务、安全是最基本民生的理念，一刻不放松地狠抓安全生产。严格落实政府和企业两个主体责任，强化公共安全体系和企业安全生产基础建设。开展安全生产大检查，引深专项整治，实施从业人员素质提升工程，加大责任追究力度，安全生产形势持续好转。在连续4年事故死亡人数较多下降基础上，各类事故死亡人数下降5.5%，煤矿百万吨死亡率降为0.077，下降15.4%，继续保持全国较好水平。

（薄晓江）

【生态环境建设】 把生态文明理念融入经济社会发展各方面和全过程，清还旧账、不欠新账，以绿化、净化、气化为重点建设美丽山西。

落实节能减排目标责任制，实施结构节能、技术节能、管理节能、社会节能，突出抓好占全省能耗总量80%的工业领域重点节能降耗工程，控制能耗增量，降低能耗存量。淘汰落后产能，近几年仅焦炭行业淘汰落后产能近1500万吨。完善能源管理体系，探索节能量交易机制。全省万元国内生产总值能耗下降3.8%左右。

落实国家大气污染防治措施，加大重点行业污染治理力度，严格控制主要污染物排放。主要污染物减排任务全部完成，11个市城区环境空气质量有不同程度提高，省城环境空气质量明显改善。

持续实施六大造林工程，全年营造林302818公顷。推进农村环境连片整治和生态修复治理，加强水土保护治理，完成水土流失治理面积242788公顷，地下水位持续回升。全省天然气管线突破7000千米，覆盖11个市、98个县（市、区）。气化覆盖人口达到1210万。（薄晓江）

【党的组织建设和廉政建设】 1.学习型党组织建设。围绕学习贯彻党的十八大、十八届三中全会和习近平总书记重要讲话精神，省委中心组举行14次集体学习，邀请中央有关部委领导和知名专家学者作专题报告，多次举行常委班子学习交流会。举办18期十八大精神集中轮训班，对2400多名省管领导干部和县（市、区）长进行培训，省委宣讲团开展党的十八大精神宣讲82场，十八届三中全会精神宣讲15场。制定实施《2013—2017年全省干部教育培训规划》，加强党员干部理论培训和党性教育，建立“太行精神”“右玉精神”教学实践基地，发挥山西干部在线学院作用，围绕提高服务转型发展能力，举办培训420余班次，培训干部近4万人。

2. 领导班子和干部人才队伍建设。坚持在转型发展主战场选好干部、配强班子、建硬队伍。坚持德才兼备、以德为先用人标准，选拔一批优秀干部充实到各市和省直厅局领导班子。深化干部人事制度改革，完善竞争性选拔干部制度，从优秀大学生村官中公开选拔330名县（市、区）乡科级副职，在部分高校试行领导署名推荐与竞职民主推荐相结合的办法选用领导干部。加强干部实践锻炼，实施年轻干部成长工程，从省市县直属机关选派近千名年轻干部到农村担任“第一书记”，选派41名干部到省级综改试点县、省信访局、山西证监局挂职锻炼。加强干部日常管理监督，完善市、县（市、区）长助理配备和管理及开发区领导管理体制，坚持“一报告两评议”和领导干部报告个人有关事项制度，制定《关于进一步加强和改进干部谈心谈话的意见》，出台《关于干部工作“八从严”的意见》，对“急躁、漂浮、跑要”问题约法三章，开展干部人事档案、各级机关事业单位借用人员专项清理工作。加强年度目标责任考核，完善考核评价体系。实施创新创业人才引进培养工程，累计引进海外高层次人才197名，11人入选国家“千人计划”。

3. 基层组织建设。强调各级党委书记是党建工作“第一责任人”，落实党建工作责任制，实施市委书记抓基层党建述职制度，完善“联述联评联考”工作机制。以农村和社区为重点加强基层党建工作，努力“把最优秀青年推选为党员、把最优秀党员推选为书记”。完成农村（社区）“领头雁”培训延伸计划，培训农村（社区）“两委”干部和骨干党员24万余名。提高基层干部做群众工作的能力，推进服务型基层党组织建设。开展乡镇党代会年会制试点工作和党代表工作室建设试点工作。关心基层干部，提高保障水平。以挂牌督办等方式，加强后进村整顿工作。新选聘大学生村官470名，强化对大学生村官的引导和流动管理。

4.干部联系群众常态化。完善大

接访、接待日、联系点、蹲点调研等直接联系群众制度。2011年以来,开展干部下乡住村、包村增收活动,全省12万多名干部下乡住村2万余个,下乡住村40万余天,组织开展各种活动7万多次,制定发展规划2.3万个,新上项目2万个,帮助农民解决实际问题6.7万个,投入帮扶资金31.6亿元。组织开展"访民生、知民情、解民事"集中走访活动,35名省级领导干部走访覆盖所有县(市、区),376名市级领导干部走访覆盖所有乡(镇、街道),3812名县级领导干部走访覆盖所有村(社区)。各级领导干部走访农户147624户、召开座谈会31088次。

5.党风廉政建设。坚持党要管党、从严治党,严格落实党风廉政建设责任制,省委常委带队对各市党风廉政建设责任制落实情况进行考核检查。开展示范教育、警示教育和岗位廉政教育,加强对权力运行的制约和监督,深化重点领域、关键环节改革和体制机制创新,拓展预防腐败的广度和深度。针对会员卡等问题,实施5项专项治理和清理工作。以"制度+科技"为路径,推进"一网六平台"建设,完善具有山西特色的惩防体系。坚持"老虎""苍蝇"一起打,严肃查处大要案件和发生在群众身边的腐败问题。全省各级纪检监察机关立查案件10890件,处分违纪党员干部11879人,其中市厅级26人、县处级336人。扩大巡视范围、强化巡视效果,配合中央巡视组做好巡视工作。

(薄晓江)

重要会议

【山西——央企合作交流对接会】 1月9日,山西省——中央企业合作交流对接会在北京举行,就在晋投资项目推进中的困难问题现场解答、对接解决,听取下一步合作意见建议。省委书记袁纯清出席并讲话,省委副书记、代省长李小鹏主持。20余家中央企业负责人以及山西省各市、省直有关部门主要负责人参加对接会。

交流对接会上,省企面对面交流,发言踊跃、气氛热烈。在听取各企业负责人的发言后,袁纯清对中央企业长期以来对山西改革发展的支持表示感谢。他说,山西已进入加快转型的新阶段,中央企业要坚定对山西发展的信心,坚定对企业在山西投资兴业的信心。山西拥有巨大政策支撑,全省域的综改试验区建设进入实质推进阶段,资源要素保障更加有力。软环境发生深刻变化,干部群众呈现谋转型、干发展的良好精神状态,企业的沟通渠道将会更加便捷。要强化不求所有、但求所在的理念,加快转变政府职能,按照市场规律办事,畅通联系沟通渠道,建立企业与政府的直通车制度,提高办事效率,营造良好环境,为企业发展提供优质服务。要充分发挥双方优势,以资本为纽带,以股权优化组合为抓手,实现资本、技术、人才与资源的有机结合,加大煤炭、煤层气、铝镁等资源综合利用力度,加紧启动建设一批标志性、引领性大项目,构建以资源为优势的全产业链。山西要加大对外开放力度,健全政策体系,完善体制机制,优化资源配置,做到资源共享,实现优势互补,实现企业做大、地方发展、人民受益的目标。

李小鹏介绍山西经济社会发展情况及工作重点。他说,国资委和中央企业多年来十分关心支持山西发展,不断加大在晋投资力度,以实际行动给予了实实在在的帮助,为山西经济发展、社会进步、民生改善作出了重要贡献。山西发展离不开中央企业的参与和支持,转型综改试验区等政策机遇和山西发展的大好形势为中央企业投资发展创造良好条件、提供更大空间。希望中央企业充分发挥项目、资金、技术、管理、人才等方面优势,继续加大投资,加强合作,在更高层次、更广领域实现互利共赢、共同发展。

兵器工业集团总经理张国清、电子科技集团总经理熊群力、海洋石油总公司董事长王宜林、华能集团总经理曹培玺、大唐集团总经理陈进行、华电集团党组书记李庆奎、国电集团总经理朱永芃、神华集团董事长张喜武、中国铝业总经理熊维平、国家开发投资公司董事长王会生、港中旅集团董事长张学武、保利集团董事长陈洪生、中煤能源集团总经理王安、建筑材料集团总经理姚燕等17位企业负责人发言,感谢山西省委、省政府对中央企业的大力支持、提供的良好服务,介绍在晋投资和重点项目进展情况,就加快项目审批、加强政府协调、强化政策扶持、推进煤电一体化和资源综合利用等提出建议。(薄晓江)

【稳定和信访工作点评会议】 1月31日,省委召开稳定和信访工作点评会议,省委书记袁纯清出席会议并讲话。他强调,要牢固树立"发展是第一要务、稳定是第一责任"的意识,切实提高认识,负起领导责任,依法依规办事,维护群众权益,保持社会和谐稳定,为转型跨越发展提供良好环境。省领导高建民、王建明、田喜荣、左世忠、杨司等出席会议。

省委书记与各市市委书记面对面点评稳定和信访工作,是山西省率先确立的一项工作制度。2013年是第三个年度点评。会上,各市汇报情况,省领导和省委政法委、省信访局负责同志进行点评,达到总结经验、查找问题、研究对策、推动工作的目的。

(薄晓江)

【党风廉政建设干部大会】 2月1日上午,全省党风廉政建设干部大会暨省纪委十届三次全会在太原举行。省委书记、省人大常委会主任袁纯清出席会议并讲话,省委副书记、省长李小鹏主持会议。省政协主席薛延忠出席会议。省委常委、省纪委书记李兆前传达十八届中央纪委第二次全会精神。

袁纯清指出,习近平总书记在中央纪委二次全会上的重要讲话,思想深邃、高屋建瓴、振聋发聩,提出一系列新思想、新观点、新举措,对于指导当前和今后一个时期党风廉政建设和反腐败斗争、保持党的先进性和纯洁性,具有重大而深远的意义。山西要结合实际认真学习贯彻,更加科学有效地惩治和预防腐败,坚定不移地把党风廉政建设和反腐败斗争引向深入,以严明的纪律、昂扬的斗志和优良的作风,团结带领全省人民,为加快转型跨越发展、全面建成小康社会不懈奋斗。

袁纯清强调，省委常委要以对党和人民高度负责的精神，一方面严格履职，一方面严格自律，在反腐倡廉方面给全省广大党员干部做出表率。袁纯清代表省委常委就厉行勤俭节约、反对铺张浪费作出五项承诺，请广大党员干部和全省人民进行监督。

李小鹏在主持会议时要求，各级各部门要迅速传达学习会议精神，坚决把思想和行动统一到中央和省委关于加强党风廉政建设的决策部署上来；要全面贯彻落实会议精神，坚定不移地把党风廉政建设和反腐败斗争引向深入，做到在政治纪律上有新加强，在工作作风上有新气象，在反腐倡廉上有新成效；要进一步加强对反腐倡廉建设的领导，形成党委统一领导、党政齐抓共管、纪委组织协调、部门各负其责、依靠群众支持和参与的工作格局，确保会议精神落到实处。

在省委主会场参加会议的还有省委、省人大、省政府、省政协负责人，省法、检两长等。（参见第 119 页）（薄晓江）

【全省项目推进年动员大会】 2 月 17 日，省委、省政府召开全省项目推进年动员大会。省委书记袁纯清出席会议并讲话，省长李小鹏主持会议，并向 11 个市颁发 2013 年度项目建设“六位一体”目标责任状，会议通报 2012 年度重点工程考核排名情况，宣读 2013 年度重点项目“六位一体”目标任务。省委、省人大、省政府、省政协负责人，省军区、省武警部队负责人及省法检两长在主会场出席会议。

袁纯清就抓好“项目推进年”工作提出五点要求：第一，转型跨越，项目为要。第二，明确主攻方向，抓好重点项目。第三，围绕引进项目，进一步解放思想、扩大对内对外开放。第四，综合协调、统筹用力，抓好项目的落地和建设。第五，转变工作作风，要把效果切实体现在项目建设上。

李小鹏指出，省委、省政府把 2013 年确定为项目推进年，是把握稳中求进总基调，以提高经济增长质量和效益为中心，保持经济持续健康发展的重要举措。抓好重点工程，关键是明确目标，真抓实干，狠抓落实，确保取得实实在在的成效。各市、各部门、各建设单位要按照省委、省政府的安排部署，用重点项目、重点工程推进转型跨越的各项工作，开拓进取、攻坚克难、扎实工作、再创业绩，为开创山西省转型跨越发展、全面建成小康社会的新局面做出更大的贡献。（薄晓江）

【议军会议】 2 月 21 日，省委召开议军会议，传达中央军委、北京军区党委扩大会议精神，对全省国防后备力量建设情况进行总结，并就新年度工作进行部署，对省军区提请会议审议的议题进行讨论审议。省委书记、省人大常委会主任袁纯清主持会议并讲话。省委副书记、省长李小鹏讲话。省党政军领导刘云海、张少华、高建民、负自博、喻军、徐洪生、李竞、谢新宁及省直有关部门负责人出席。

会上，省军区司令员刘云海传达中央军委、北京军区党委扩大会议精神，总结山西省国防后备力量建设情况，提出新年度任务部署意见。省委常委、省军区政委张少华就加强和改进新形势下民兵工作，在转型跨越中协调推进国防动员和后备力量建设，以及提交会议审议的议题提出意见建议。省军区参谋长徐洪生就《山西省关于贯彻中发〔2012〕9 号文件精神，加强和改进新形势下民兵工作的意见（讨论稿）》作说明。（薄晓江）

【2012 年度目标责任考核总结表彰大会】 2 月 25 日，省委、省政府召开 2012 年度目标责任考核总结表彰大会。省委书记袁纯清出席会议并讲话，省委副书记、省长李小鹏主持会议，省委常委、组织部长汤涛通报 2012 年度目标责任考核工作。省政协主席薛延忠，省领导胡苏平、高建民、李兆前、王建明、李政文、张建欣、郭迎光、王一新、张复明，省高级人民法院院长左世忠，省人民检察院检察长杨司出席会议。

袁纯清指出，山西省实行年度目标责任考核三年来，坚持把谋事业、抓工作、促发展贯穿考核始终，在科学发展上发挥导向作用；坚持以人为本、民生为先，在为民惠民上发挥推动作用；坚持把落实目标责任与加强作风建设和纪律整顿结合起来，在优化发展环境、调动各方面积极性创造性上发挥促进作用；坚持创新体制机制，加强过程管理，在增强考核的规范性、准确度、公信力上发挥示范作用；坚持标准面前人人平等，在加强干部队伍能力和作风建设上发挥激励作用。

李小鹏指出，各地各部门要以这次会议为契机，全力以赴、真抓实干，推动各项工作再上新水平，跃上新台阶。他要求，当前要抓好安全维稳工作，做好各类安全隐患排查治理工作，防范各类事故的发生，做好矛盾纠纷化解工作，为全国“两会”召开创造良好的社会环境；要促进经济平稳较快发展，加强对经济运行的监测，及时解决经济运行中存在的困难和问题，促进经济平稳健康运行；要加快重点工程项目建设，围绕“项目推进年”工作，创优发展环境，进一步加大招商引资力度，不断扩大投资规模；要保障和改善民生，确保各项民生工程顺利推进，各项社会事业健康发展；要做好春耕春播工作，为全年粮食生产取得好收成打好基础，要抓好春季植树造林工作，努力建设美丽山西；要举全省之力推进转型综改试验区建设，在重点领域和关键环节取得突破，努力走出一条资源型经济转型跨越发展的新路子。（薄晓江）

【转型综改试验区建设大会】 4 月 22 日，省委、省政府召开转型综改试验区建设大会。省委书记、省人大常委会主任袁纯清出席会议并讲话。袁纯清强调，要以改革创新精神和求真务实作风，认真落实《实施方案》和《行动计划》，切实做到认识有新提高、改革有新突破、项目有新成果、落实有新举措，全面加快转型综改试验区建设。省委副书记、省长李小鹏主持会议。省政协主席薛延忠，省委常委，省人大、省政府、省政协负责人，省军区、省武警总队主要负责人，省法检两长在主会场出席会议。

李小鹏在主持会议时要求，各级

各部门各单位要认真学习,深刻领会这次会议精神,切实用国家批复的《总体方案》和山西省下发的实施方案、行动计划统一思想、提高认识,指导工作、推动落实;要雷厉风行,对照实施方案和行动计划,进一步细化工作举措,明确工作责任,完善工作计划,加强工作指导,强化考核监督,确保省委、省政府的决策部署落到实处;要大胆探索,坚持把先行先试作为试验区建设的灵魂,把改革创新作为试验区建设的核心,因地制宜、勇于创新,在实践中完善思路,在探索中闯出新路,在克服困难、解决问题中开创新局面、总结新做法、推广新经验,不断丰富综改试验内涵,不断完善政策措施,不断把转型综改试验区建设引向深入。

会上,省发改委、晋中市、晋煤集团、朔州市平鲁区负责人作表态发言。

(薄晓江)

【全省党的群众路线教育实践活动动员大会】 7月6日,省委召开全省党的群众路线教育实践活动动员大会。省委书记袁纯清主持会议并讲话。他强调,要扎实开展党的群众路线教育实践活动,着力整治形式主义、官僚主义、享乐主义和奢靡之风"四风"方面存在的突出问题,保持党同人民群众血肉联系,为转型跨越发展提供有力保证。中央第八督导组组长金炳华,省委副书记、省长李小鹏,省政协主席薛延忠,中央第八督导组副组长崔曰臣等出席会议。

袁纯清强调,教育实践活动要抓好三个关键环节。要抓好学习教育、听取意见,开展调查研究,虚心听取基层党员群众和社会各界的意见和建议,摸清底数,找准问题;要抓好查摆问题、开展批评,深刻进行党性分析和自我剖析,开展深刻的自我批评和诚恳的相互批评,搞好民主评议;要抓好整改落实、建章立制,制定整改方案,开展专项治理,确保制度落实,推动改进工作作风、密切联系群众常态化、长效化。

金炳华肯定山西省委围绕扎实开展教育实践活动所做的大量准备工作。他要求,山西各级党组织和广大党员、干部要深刻认识教育实践活动的重大意义,以饱满的政治热情和良好的精神状态积极投身教育实践活动,以改进作风的实际成效取信于民;要采取务实管用措施,在解决突出问题上下功夫;要坚持两手抓两促进,把党员、干部在活动中激发出来的工作热情和进取精神转化为做好工作的动力,用经济社会发展成效检验活动成效。

在主会场参加会议的还有:中央第八督导组全体成员;在山西省工作的中央委员、候补委员和中纪委委员;省委常委,省人大、省政府、省政协负责同志;省法院院长、省检察院检察长;省委委员、候补委员,省纪委副书记;正省级老同志和近5年退出领导岗位的副省级老同志;各民主党派、工商联主要负责人和无党派代表人士以及中央驻晋单位和省、市有关部门负责同志。 (薄晓江)

【全省组织工作会议】 8月8日,省委召开全省组织工作会议。省委书记、省人大常委会主任袁纯清出席会议并讲话。他强调,要认真学习贯彻习近平总书记在全国组织工作会议上的重要讲话精神,坚持在转型跨越的主战场培养选拔干部,加强领导班子和干部队伍建设,为加快转型跨越发展、全面建成小康社会提供坚强组织保证。省委常委、组织部长汤涛主持会议。省领导李兆前等出席会议。

汤涛在总结讲话中强调,落实全国组织工作会议精神和袁纯清书记讲话精神,要贯彻从严方针,打牢工作基础,为转型综改试验区建设提供坚强组织保证。一要深化认识,把握规律,推进组织工作创新发展。二要坚持培养和选拔并重,建设高素质执政骨干队伍,把党和人民需要的好干部、转型综改试验区建设需要的好干部更多更好地用起来。三要打牢基础,凝聚力量,形成推动发展的合力。四要大力建设讲政治、重公道、业务精、作风好的模范部门。 (薄晓江)

【市委书记、工(党)委书记抓基层党建工作专项述职会议】 12月4日,省委召开市委书记、工(党)委书记抓基层党建工作专项述职会议。省委书记袁纯清主持会议并讲话,他强调,要认真贯彻党的十八大、十八届三中全会精神,强化各级党组织书记的管党意识和管党责任,提升基层服务型党组织建设水平,发挥基层党组织作用,为全面深化改革和转型跨越发展提供坚强保证。中央第八督导组组长金炳华,中央组织部组织二局负责人出席会议并讲话;中央督导组副组长崔曰臣以及督导组其他人员,省委常委胡苏平、汤涛、李兆前等出席会议。

会上,围绕抓基层党建工作,11个市的市委书记分别述职,省直机关工委、省高校工委、省国资委党委、省国防科技工业党委、省非公经济组织工委书记书面述职。述职后,参会人员对各位市委书记和工(党)委书记抓基层党建工作进行民主测评。

中央组织部组织二局负责人认为,山西省委高度重视基层党建工作,这次专项述职会议准备充分,各位书记的述职实事求是,各地工作有特色有亮点,会议测评体现了民主务实的作风,全省基层党建工作富有成效。下一步要按照中央部署,以开展第二批教育实践活动为契机,突出抓好基层党组织带头人队伍建设,继续抓好重点工作和有关制度的落实,全面提升基层服务型党组织建设水平。

金炳华指出,省委举办专项述职会议,是坚持党要管党、从严治党,落实基层党建工作责任制的重要举措,回应了教育实践活动中的群众关切,充分体现了山西省委对基层党建工作的高度重视,取得明显成效。要深入学习贯彻习近平总书记系列重要讲话和十八届三中全会精神,紧密结合开展教育实践活动,进一步加强基层党组织建设,做到干部转作风、群众得实惠。坚持书记抓、抓书记,一级抓一级,层层抓落实,不断探索新做法,创造新经验。

省委党建工作领导小组成员,省直机关工委、省高校工委、省国资委党委、省国防科技工业党委、省非公经济组织工委书记和组织部长,各市组织部长等参加会议。 (薄晓江)

【山西省委十届五次全会暨全省经济工作会议】 12月26-27日，省委十届五次全会暨全省经济工作会议在太原举行。会议由省委常委会主持。省委书记袁纯清，省委副书记、省长李小鹏作讲话。会议全面贯彻落实党的十八大、十八届三中全会和中央经济工作会议精神，分析国内外经济形势，总结2013年工作，部署2014年工作。会议听取和讨论袁纯清受省委常委会委托作的工作报告和李小鹏关于经济工作的讲话，讨论《关于深入贯彻党的十八届三中全会精神、加快推进转型综改试验区建设的若干意见》。省政协主席薛延忠，省领导胡苏平、高建民、汤涛、李兆前、张少华、王建明、李政文等出席会议。省委委员63人，候补委员10人，有关方面负责人出席会议，部分基层党员代表列席会议。

会议充分肯定省委常委会一年来的工作。会议指出，要加强和改进党对经济工作的领导，提高驾驭复杂局面的能力、深入调查研究的能力和解决实际问题的能力。特别是主要领导干部要把改革作为"一把手"工程，抓住事关全局、牵一发而动全身的重点领域和环节，力求取得突破。各级领导干部要深怀为民之情，增强发展韧劲，坚持艰苦奋斗，坚决反对"四风"，守住清廉本色。要坚持正确导向、严格管理和科学考核，加强干部队伍建设，整治"急躁、漂浮、跑要"之风。要健全党的基层组织体系，加强基层党组织带头人队伍建设，加大后进村党组织整顿力度，增强基层党组织的创造力、凝聚力和战斗力。要做好第一批党的群众路线教育实践活动收尾工作，以钉钉子的精神抓好整改和建章立制工作，同时要把"为民服务"摆到更重要的位置上，确保第二批教育实践活动扎实开展、取得实效。要加强党风廉政建设，加大反腐败工作力度。要牢牢把握舆论引导主动权，把全省干部群众的信心和斗志引导到做好明年经济工作和全面深化改革上来。会议指出，当前要抓好经济运行调节，完善市场调控，做好信访稳定工作，深入困难群众开展走访慰问活动，保持勤俭节约，倡导文明过节风尚。

会议认为，提交这次大会讨论的《关于深入贯彻党的十八届三中全会精神、加快推进转型综改试验区建设的若干意见》充分体现中央要求和山西实际，具有较强的政策性、针对性、可操作性，是推进山西省全面深化改革、加快山西省转型综改试验区建设的重要指导性文件。

全会审议通过《关于李海渊、张义平等二名候补委员递补为委员的决定》，审议通过《关于确认省委常委会给予张保开除党籍处分决定的决议》。（薄晓江）

办公厅

【政务参谋】 参谋助手作用进一步发挥。在调研的基础上，起草《关于深入贯彻党的十八届三中全会精神加快推进转型综改试验区建设的若干意见》，为全省贯彻落实党的十八届三中全会精神、全面深化改革提供了高质量的参谋服务。开展"文山会海"的深度调研，形成一些"削山填海"的制度性成果。起草、修改各类文稿650余篇，成稿400余万字，编发《工作研究与交流》33期，完成省委全委会、全省经济工作会等重要会议的文稿起草任务。加强信息综合提炼，畅通信息应急渠道，编发《山西信息》《每日要情》3000余期，向中办报送信息1600余篇，被中办采用150余篇，有14篇信息得到李克强、刘云山、王岐山、张高丽等中央领导的批示。（薄晓江）

【综合协调机制建设】 健全完善四大班子办公厅之间、与省委各部门之间的沟通协调机制，为省四大班子和谐高效运转提供坚强保障。全年共组织全省性大中型会议130余次，组织省委常委活动350余次，其中，省委常委会议52次，全体常委参加的大型活动80余次。完成张高丽、李长春、孙春兰、郭金龙等党和国家领导人到晋视察任务。坚持"指挥统一、反应灵敏、协调有力、运转高效"的原则健全完善应急值班工作体系，在应急处突中发挥重要作用。深化干部下乡住村和领导干部包村增收活动，做好扶贫工作。统筹做好《中共山西省委志》省委和省委办公厅工作部分的编纂工作。（薄晓江）

【督查工作】 成立省委督查工作领导小组，加强对重大督查活动的统筹协调。围绕学习贯彻党的十八大精神、贯彻落实中央八项规定、停建清理楼堂馆所等重大决策开展督查14次。办理中央领导、省委领导批示86件，按时办结率达到100%，得到袁纯清等省领导的充分肯定。58件政协提案全部按时办复。加大对互联网等新兴媒体的舆情收集、上报、办理工作力度，受理网民留言1.5万余件，网上回应2500余件，落实反馈1235件。其中，"运城市倾听网友呼声确保群众出行安全"上榜人民网"2013网络问政十大案例"。（薄晓江）

【公文办理】 完善办文制度，提高办文质量，做好党内法规审核制定和文件备案审查工作。审核处理省委和省委办公厅文件280余件，向中央报备党内法规和规范性文件31件，清理文件1013件，传递、办理文件资料5600余件、178万余份。加大文件保密管理力度，做好文件集中清理工作，确保公文运转处理周密高效。开展全国机要交通职能转变和业务信息化建设试点工作，实现连续21年无业务事故差错的好成绩。提高文件印刷质量，规范档案资料管理工作，继续保持《中办通讯》工作在全国的领先水平。（薄晓江）

【服务保障】 教育实践活动中，按照边查边改的原则，办了六件实事。综合服务楼投入使用，机关食堂改造工程完工，幼儿园加固改造基本完成，桥东宿舍区改造继续推进，机要专网通讯楼也基本完工，后勤保障的硬件得到有效改善。在此基础上，加强大院安全保卫和应急处突工作，加强经费管理，营造整洁的办公环境，维护机关正常的办公秩序。探索开展个性化、多样化、亲情化的老干部服务工作。同时，车辆保障、餐饮服务、物业保洁、幼儿教育、维修服务、卫生保健等各方面的工作都取得长足的进步，为省委正常运转提供坚强保障。

（薄晓江）

组　织

【概述】 2013年，省委组织部抓好习近平总书记系列讲话精神学习培训，完成十八大精神集中轮训任务，用中国特色社会主义最新理论成果武装头脑、指导实践；指导推动第一批党的群众路线教育实践活动开展，形成一批认识成果、实践成果、制度成果，作风建设成效明显；印发《关于干部工作"八从严"的意见》，以坚决的态度提出必须坚持什么，反对什么，解决哪些突出问题；在转型综改试验区建设主战场培养选拔干部，加强换届后各级领导班子建设，选拔一批大学生村官到乡镇和事业单位任职，选派近千名年轻干部到村担任"第一书记"，建立"跑官要官"行为登记制度，树立正确的用人导向；深化党委书记抓党建工作机制，将"联述联评联考"工作拓展到农村(社区)，完成农村(社区)"领头雁"培训延伸计划，开展乡镇党代会年会制、党代表工作室和在职党员到社区报到服务群众试点等工作，探索处置不合格党员办法，提高大学生村官服务群众能力，强化基层党组织战斗堡垒作用；组织开展下乡住村包村增收及"访民生、知民情、解民事"集中走访活动，引导党员干部在服务群众中转变作风，推动领导干部直接联系群众、服务群众工作常态化；坚持高端引领、以用为本，实施十项重大人才工程，开展"千人百县"高层次人才服务基层活动，为转型综改试验区建设提供人才支撑；完善年度目标责任考核体系，取消国内生产总值超额完成任务加分等事项，发挥考核"指挥棒""风向标"作用；以开展"四带头四过硬"活动为载体，建设"讲政治、重公道、业务精、作风好"模范部门；以"走进组织部"主题开放日活动为契机，将党的组织关系接转等3项审批权限下放，提升服务水平。

（荆　沛）

【党员干部思想理论武装】 抓住理想信念教育这个龙头，组织各级干部开展习近平总书记系列重要讲话精神教育培训，用中国特色社会主义理论最新成果武装头脑、指导实践，坚定理想信念，增强政治定力。一是学习贯彻习近平总书记系列重要讲话精神。全国组织工作会议召开之后，部务会成员集中3天时间，学习总书记讲话原文。部务会3次召开专题学习会，召开6个半天务虚会进行研讨。按照中组部部署，就全省组织系统和县处级以上领导干部学习贯彻习近平总书记系列重要讲话精神作出安排。举办2期省管领导干部专题研讨班，1期全省组织系统专题研讨班。二是完成十八大精神集中轮训任务。对2400多名省管领导干部和县(市、区)长进行轮训；组织骨干力量开展82场十八大精神宣讲；推行"干部上讲台、培训到基层、网络全覆盖"，把十八大精神送到基层一线。三是深化和拓展"三位一体"教育培训格局。出台《2013-2017年全省干部教育培训规划》，研究制定《关于在干部教育培训中进一步加强理想信念教育的意见》。围绕提高服务转型综改能力，依托山西干部在线学院，开展网上学习培训。探索建立基于领导核心胜任力培训模式，推进干部教育培训工作创新。（荆　沛）

【访民生知民情解民忧活动】 2月至4月开展以"访民生、知民情、解民事"为内容的领导干部集中走访活动。各级领导干部深入田间地头、农家院落、企业车间，通过召开座谈会、走访调研、谈心谈话等形式，真访民生、深知民情、力解民事，实现省市县四大班子全员参加，县乡村三级全面覆盖。35名省级领导干部走访覆盖所有县(市、区)，376名市级领导干部走访覆盖所有乡镇(街道)，3812名县级领导干部走访覆盖所有村(社区)。全省各级领导干部走访农户147624户、召开座谈会31088次，收集意见建议72449条，帮助当地解决实际困难34186个、提出合理化建议44307条。为巩固活动成果，省委制定《领导干部"访民生、知民情、解民事"集中走访制度》，推动领导干部直接联系群众、服务群众工作常态化。（荆　沛）

【队伍建设】 按照好干部标准，围绕转型综改中心任务搭配班子、选好干部，在全省上下形成正确的用人导向。一是出台《关于干部工作"八从严"的意见》。省委组织部制定《关于干部工作"八从严"的意见》，要求从严坚持原则、从严把握标准、从严教育培养、从严识别干部、从严班子选配、从严破格提拔、从严监督管理、从严整治风气，用坚决态度回应总书记重要讲话精神，在指导干部工作实践上提出必须坚持什么、反对什么、着力解决哪些突出问题，确保从严治党、从严治吏要求落到实处。中央政治局委员、书记处书记、中组部部长赵乐际作出批示给予肯定。省委书记袁纯清要求，各级领导干部特别是省委常委带头贯彻执行干部工作"八从严"规定。二是选优配强各级领导班子。适应转型综改区建设需要，采取全委会定向推荐和非定向推荐、"两推两议两差额"、领导署名推荐与民主推荐相结合等办法，选配一批市厅级领导干部，补充空缺职位。坚持重视基层用人导向，选拔330名优秀大学生村官到乡镇任副职，充实乡镇领导班子。加强换届后领导班子思想政治建设，贯彻执行民主集中制，严格党内生活，保证各级领导班子坚强有力。三是实施年轻干部成长工程。以理想信念教育为主题，对50名中青年领导干部进行集中培训。从省、市、县直属机关选派近千名年轻干部到农村担任"第一书记"。选派41名中青年干部到综改试点县、省信访局、省证监局挂职锻炼。组织省直单位、本科高校与地方、国有企业开展年轻干部双向挂职。四是解决干部制度改革中出现的新情况新问题。转发中组部《关于完善竞争性选拔干部方式的指导意见》，对不符合、不适应的做法，该纠正的纠正，该完善的完善。制定《领导班子综合分析研判工作办法》，强化领导班子建设基础性工作；制定《关于进一步加强和改进干部谈心谈话的意见》，要求大范围近距离观察了解干部；制定《干部考察组人员管理办法》，严格干部考察工作。五是加强干部管理监督。开展买官卖官、跑官要官、档案造假、违规破格提拔等问题集中整治工作，省、市两级组织部门建立“跑官要官”行为登记制度；整治“工作秩序涣散、人事管理松懈”行为，开展全省各级机关事业单位借用人员专项清理工作；治理党政领导干部“走读”现象，解决干部作风漂浮、责任心不强问题；开展干部人事档案专项清理，实现省管干部电子档案数字化；把省管重要骨干企业总经理纳入省委直接管理范围；研究制定省级领导秘书配备、管理、安排暂行规定。（荆　沛）

【基层党组织和党员队伍建设】 树立大抓基层鲜明导向，深化党委书记抓党建工作机制，强化基层党组织政治堡垒作用，夯实党的执政基础，推动基层党组织建设全面进步、全面过硬。一是全面加强各领域基层党组织建设工作。深化“联述联评联考”工作机制，落实各级党委书记抓基层党建工作责任制。完成农村(社区)“领头雁”培训延伸计划，培训农村(社区)“两委”干部和骨干党员24万余名。开展乡镇党代会年会制、党代表工作室和在职党员到社区党组织报到试点工作。统筹推进机关、社区、企业、高校等各领域基层党建工作。二是加强和改进党员队伍建设。印发《2013年山西省发展党员工作指导意见》，坚持严把入口、畅通出口，合理确定党员发展数量，重视从青年工人、农民、知识分子中发展党员；探索处置不合格党员机制，保持党员队伍的纯洁性。发挥“三晋红e”网站和远程教育网络作用，宣传先进典型，抓好党员教育。开展困难党员帮扶工作，做好“12371”党员服务电话接听受理工作，维护党员权益。三是强化大学生村官管理工作。在全省大学生村官中开展践行党的群众路线“六个一”活动，提高大学生村官服务群众能力。改进选聘方式，选聘470名大学生村官。实施创业行动计划，举办第三届中国(山西)特色农博会大学生村官创业展。（荆　沛）

【人才队伍建设】 推进人才强省战略，坚持高端引领、以用为本，实施十项重大人才工程。选拔出14名院士后备人选和202名学术技术带头人，命名首批“三晋学者”16人，引进两院院士18名，引进海外留学人才及“985”院校毕业生1600余人，领军人才、企业人才、农村实用人才、社会工作专业人才等各类人才队伍建设呈现竞相发展局面。加速实施“百人计划”，引进海外高层次人才62名，2人入选中央“千人计划”，省委书记袁纯清为引进人才代表颁证；成立山西“百人计划”专家联谊会，组织专家围绕山西转型跨越发展建言献策。开展“千人百县”高层次人才服务基层活动，652名高层次人才下基层开展服务活动1776次。（荆　沛）

【年度目标责任考核】 适应新形势新任务新要求，贯彻执行中组部《关于改进地方党政领导班子和领导干部政绩考核工作的通知》，健全完善年度目标责任考核体系，树立正确政绩观。一是完善考核指标。将考核基本指标调整为产业转型、生态修复、城乡统筹、民生改善4大类，另设特色工作、综合改革2个类别指标，取消国内生产总值超额完成任务加分事项，突出转型综改导向。二是加强过程管理。考核指标下达后，指导省直各单位对目标任务细化分解，对创新工作指标实施项目化管理，对综改任务进展情况加强监督检查。三是坚持“民生优先、民评为主”。完善省委全委会评价、“两代表一委员”评议、社会公众和服务对象民意调查、省市互评、内部民主测评“五评一体”考核评价体系；将开展群众路线教育实践活动情况作为考核评价重要内容；采用“短信问答平台”进行民意调查；将“五个全覆盖”回头看整改工作和高校毕业生就业等涉及民生重点工作纳入考核。研究制定《山西省年度目标责任考核试行办法》，推动考核工作先试先改，发挥考核“指挥棒”“风向标”作用。（荆　沛）

宣　传

【概述】 2013年，全省宣传思想文化系统围绕中央和省委省政府的中心工作，落实“两个巩固”根本任务，推进“六大工程”，各项工作取得显著成效。

1.开展党的十八大、十八届三中全会精神宣讲活动，加强科学理论宣传普及和科研阐释工作，增强干部群众道路自信、理论自信、制度自信。

2.组织召开省文联、省作协、省社科联、省记协换届大会。5月和6月召开四个团体的换届大会。袁纯清、李小鹏等省领导出席换届大会。四个换届大会取得成功，实现领导班子新老交替，绘制省文艺事业、社科理论事业、新闻事业繁荣发展新蓝图。

3.举办首届山西文化产业博览交易会。6月29日至7月3日，在太原举办山西省首届文博会。中央、国家有关部门以及兄弟省市领导、出席全国文化厅局长座谈会全体代表，观摩文博会，给予高度评价。法国、俄罗斯等14个国家及香港、台湾地区，全国25个省市及山西省1000

全省宣传工作会议　（冯向宇提供）

多家文化企业和单位、1万多种文化产品参展，观众达20多万人次，境内外85家媒体600余名记者进行报道，社会反响强烈，广受好评。展会现场交易1亿元左右，签约项目161个，签约金额735亿元，大部分签约项目落地并开工建设，实现社会效益和经济效益双丰收。

4.组织召开全省宣传思想工作会议。8月，党中央召开全国宣传思想工作会议，习近平在会上发表重要讲话。省委对贯彻落实会议精神高度重视，袁纯清多次作出指示，并亲自修改审定省委《关于加强宣传思想工作的若干意见》。9月22日，省委在太原召开全省宣传思想工作会议。袁纯清出席会议并作重要讲话，明确要求不断强化"意识形态意识"，扎实推进"四个建设"，努力使宣传思想文化工作"硬起来、强起来、亮起来、实起来"。会议安排部署工作，提出实施"六大工程"工作思路。（冯向宇）

省领导陪同文化部部长蔡武参观首届山西文博会 （冯向宇提供）

【思想理论建设】 推广省委中心组"六学六用"经验，加强学习型党组织建设，组织全省党员干部学习党的基本理论和中央、省委重大决策部署。省委中心组全年共组织学习14次，袁纯清亲自点题、推荐学习书目，省委常委带头讲课，学讲结合、以讲促学，取得良好效果。组织各种层次宣讲团深入基层、深入群众进行宣讲，各级新闻单位开展一系列主题宣传活动，推动科学理论普及。实施哲学社会科学创新工程和社科研究"百部(篇)工程"，推出《2013年山西经济社会发展蓝皮书》《山西工业新型化对策研究》优秀成果。省社科规划办申请国家社科基金资助项目50项，资助金额达936万元。（冯向宇）

【舆论引导】 1.围绕中央和省委重大决策部署，组织"共筑中国梦、建功在三晋""践行群众路线、弘扬右玉精神""最美基层干部""项目推进年和转型综改试验区建设""山西品牌中华行"宣传战役，组织全国全省"两会"、首届山西文博会重点报道，组织香港知名媒体高层参访团到晋采风，组织"美丽山西休闲游"香港站推介活动，协调中央主要媒体刊发反映山西的稿件1万余篇(条)，凝聚促进转型跨越发展的正能量。

2.开展长治苯胺泄露、曲亭水库垮塌等突发事件和社会热点舆论引导，加强对各类舆情搜集报送、分析研判，加大对错误思想观点批驳力度，维护社会稳定、促进社会和谐。省委宣传部被中宣部评为舆情信息工作先进单位。

3.推动各级新闻媒体加强阵地建设，创新栏目节目内容，规范新闻采访秩序。《山西日报》获全国"百强报刊"称号。山西广播电视台安全播出工作受到国家新闻出版广电总局通报表彰。

（冯向宇）

【网络舆论生态新改善】 1.组织黄河新闻网、山西新闻网、山西网络广播电视台、山西日报官方微博微信等网络媒体，开展"同心共筑中国梦""党的群众路线教育实践活动""转型综改进行时""微博民生服务活动日"网上主题宣传活动，开展全国网络媒体山西行活动。

2.壮大舆情信息员、网络评论员、新闻发言人队伍，开展涉晋网络舆论引导工作，有效应对多个热点问题及突发事件，全年累计发布引导性内容近50万条，掌握网上舆论引导主导权。网络评论工作多次受到国家网信办表扬。

3.指导推动各市加快组建互联网信息管理机构，健全互联网领导体制和管理机制，组织互联网新闻信息服务资质年检，加强对属地各类网站日常监管，规范网络传播秩序，确保属地网站可管可控。（冯向宇）

【社会主义核心价值体系建设】 1.开展"三个倡导"宣传教育。通过制作电视宣传片、编写学习读本、举办专题研讨会、开展主题教育活动、建设展览馆多种形式，弘扬"山西精神"和"右玉精神"。

2.开展"讲文明树新风"活动、学雷锋活动、志愿服务活动、公益广告宣传活动和"我们的节日"主题活动，开展"感动山西""山西好人"等道德模范推荐评选活动，推进道德讲堂建设和未成年人思想道德建设，治理食品行业、窗口行业和公共服务领域道德诚信问题，加强公民道德建设，弘扬社会新风正气。

3. 出台新的创建活动管理办法，推动群众性精神文明创建活动开展，促进城乡文明程度提高。（冯向宇）

【文化体制机制改革】 1.文化体制改革深化。推动转企改制单位建立现代企业制度，深化非时政类报刊出版单位改革，出台省属文化企业宏观管理制度，探索建立政府购买公共文化服务机制。在6月召开的全国文化体制改革工作座谈会上，山西省作为典型，进行大会发言。

2.公共文化服务水平提升。通过2013年底督查调研，山西省公共文化服务设施建设有很大进展。市级“五馆一院”建成率和开工率分别达50%和32%，县级“三馆一院”建成率和开工率分别达63%和17%。太原、大同、忻州等市“五馆一院”建设起点比较高、进展比较快，晋中市县级“三馆一院”建成率比较高，长治市县级图书馆、文化馆达标率比较高。山西广电中心等省级重点工程建设进展顺利，省图书馆新馆正式开馆，山西大剧院得到充分利用，初步形成山西省高水平文艺活动大舞台，文化惠民活动大幅增加。长治市国家级公共文化服务体系示范区建设和太原市“文化精品惠民基层行”国家级示范项目通过文化部验收。实施五台山寺庙群修缮等七大文物保护工程，开展应县木塔、关圣文化建筑群申遗等工作，忻州九原岗北朝壁画墓发掘意义重大。举办“关公圣像”台湾巡游活动，促进晋台文化交流。与文化部签署战略合作框架协议，为文化强省建设提供新动力。

3.文化产业健康发展。用新标准统计，山西省文化产业增加值411.3亿元，增幅22.2%，明显高于全国文化产业和山西省国内生产总值增幅。省属六大文化集团实力壮大，体育、旅游、文博、工美四大文化集团组建工作进展顺利，文化与旅游、科技、体育等产业融合发展步伐加快，涌现出一批重点文化产业园区和新型文化业态。组团参加深圳文博会，获“优秀组织奖”和“优秀展示奖”。在2013年度中国省市文化产业发展指数和中国文化消费指数排名中，山西省文化消费满意度居全国第一，创新驱动力指数居全国第五。

4.文化创作生产成果丰硕。舞剧《粉墨春秋》获第14届“文华大奖”，说唱剧《解放》获“文华优秀剧目奖”，晋剧《刘胡兰》获“文华剧目奖”。晋剧《巴尔思御史》《上马街》获第13届中国戏剧节“优秀剧目奖”。话剧《立春》荣获话剧艺术学术最高奖“全国学院奖”。蒲剧《山村母亲》获中国现代戏研究会“特殊贡献奖”。景雪变荣膺“二度梅”。蒲剧《还债局长》、歌舞剧《山里娃》反映时代精神，弘扬高尚道德，受到好评。《八路军》等6件作品获第四届中华优秀出版物奖，《Ⅲ体——死神永生》获第九届全国优秀儿童文学奖。电影《落经山》在全国各大院线上映，电视剧《幸福生活万年长》在央视八套播出，左权花戏歌舞剧《太行奶娘》在国家大剧院上演。“彩墨情韵——李夜冰中国画展”在京举办，反响热烈。（冯向宇）

统　战

【概述】1.举行学习贯彻党的十八大及十八届三中全会精神系列活动。一是举办全省统一战线学习习近平总书记系列重要讲话专题培训班，省统一战线党员干部和党外代表人士200余人参加学习。二是开展统一战线“坚持和发展中国特色社会主义”主题教育活动，重点抓“五个一”活动，即：组织党外代表人士赴西柏坡进行“重温历史、坚定信念”学习教育，分别召开“坚持和发展中国特色社会主义”理论报告会和专题座谈会，举办“中国梦·我的梦”主题征文活动和“高扬的旗帜·共同的梦想”书画摄影展。三是在全省3万多名非公经济人士中开展“争当新晋商，转型做贡献”理想信念教育活动，帮助他们坚定对中国特色社会主义的信念，增进对党和政府的信任，提振对自身企业发展的信心。四是分别组织召开各民主党派、无党派人士、新社会组织、非公经济人士、归国留学人员等学习贯彻十八届三中全会精神座谈会。通过形式多样、内容丰富的学习教育活动，统一战线成员坚定坚持中国共产党领导、走中国特色社会主义道路、全面深化改革、服务转型跨越的信念和决心。

2. 开展统一战线成员为全省转型跨越发展献计出力活动。一是深入调查研究，积极建言献策。确定18个重点课题，由部领导班子和统一战线成员分别领题调研，全部高质量完成。其中，各民主党派、工商联和无党派人士围绕转型跨越和综改试验区建设进行专题调研，形成8份调研成果，省委、省政府专门听取汇报，予以高度评价和积极采纳。二是协助省委召开大会，推动非公经济发展。12月23日，省委、省政府召开全省民营经济转型跨越发展促进大会，四大班子主要领导出席，表彰第三批48名优秀中国特色社会主义事业建设者和24名“山西省民营经济发展突出贡献奖”获得者，鼓舞非公经济人士抓住契机、转型升级、放手发展的积极性。三是牵线招商引资，促进合作交流。在上海举办优秀中青年民营企业家投资恳谈会，向长三角地区推出1000多个重点招商项目，签约合作意向19个，总投资494亿余元。发挥海联会优势，与31个海(境)外社团进行交流互访，并争取李兆基基金会捐赠100万元人民币资助山西省新建20所农村卫生室。四是引导扶贫助困，服务社会民生。根据省委、省政府“百企千村产业扶贫开发”战略部署，召开非公企业产业扶贫开发座谈会，推动非公企业强化责任、积极参与，省委书记袁纯清给予批示肯定。动员引导非公企业通过捐资、认种、义务植树等形式参与生态文明建设，省直商会捐款600余万元，在全省起到良好的示范作用。支持各民主党派、无党派人士广泛开展科技咨询、下乡义诊、捐资助教等公益活动，筹集投入资金1300余万元。

3. 推进党外代表人士队伍建设。一是加大选配力度。省委带头落实有关政策，上半年有12名党外人士被选配到厅级重要领导岗位上。二是广泛联系交友。制定出台联谊交友制度，协调19名省级党政领导和省委统战部9名班子成员与83名党外人士结对交友。建立完善与民主党派和无党派人士联系沟通的7项制度，密切党与党外人士的联系。三是加强培养教育。在中央社院、上海交通大学、省委党校等地组织举办各类培训班13个班(次)，培训统一战线各领域代表人士1200人(次)，党外代表人士队伍整体素质得到提高。四是健全管理体系。坚持“五个一”工作机制，对党外市厅级干部进行集中走访，召开党外市厅级干部履职交流会，选择太原、晋中2市6县开展党外代表人士综合评价试点工作。五是强化督查推进落实。12月4~13日，省委督查工作领导组下发文件、抽调人员，省委统战部班子成员带队，对11个市和省直有关部门贯彻4号文件和8号文件情况进行督查，强化各级党委的认识，推进党外代表人士的发现、培养、使用和管理。4号文件下发以来，全省新增配厅级党外干部17名，新增配党外处级干部294名，均占到党外厅级和处级干部的15%以上。

4. 完成规定动作，抓好"四型"机关建设等特色自选动作，开展群众路线教育实践活动。一是加强理论学习，坚定理想信念。组织中心组学习7次、机关党员干部集体学习20多次，组织学习交流6次，举办各种辅导讲座7次，上党课3次，办班培训1次，分三批组织机关干部到中山大学、哈尔滨工业大学自主选学。二是深入调查研究，密切联系群众。部领导班子成员和机关干部深入扶贫联系点，研究解决群众生产生活中遇到的困难和问题；深入统一战线成员和基层统战部门，研究解决新情况新问题。组织调研走访50多次，收集各类意见建议500多条。三是主动查找问题，开好民主生活会。在广泛开展谈心、深入交流思想的基础上，召开部领导班子民主生活会，针对"四风"方面存在的问题，开展严肃认真的批评与自我批评，是一次少见的、高质量的、成功的生活会，充分体现党内生活、作风建设的新气象，得到省委督导组肯定。四是落实"八项规定"，积极转变作风。部机关开展"学习型、服务型、创新型、和谐型"机关建设，进行精简会议和文件简报、清车、清房、清退会员卡、清理"小金库"等专项整治工作，下乡调研、公务活动中严格执行中央"八项规定"和省委四个"实施办法"，厉行节约、反对浪费、勤政为民、务实清廉在机关干部中蔚然成风。五是建立长效机制，推动整改落实。把落实整改措施和落实党风廉政建设责任制、加强机关效能建设结合起来，建立健全30项制度规范，巩固党风廉政建设齐抓共管的工作格局和机关效能建设的整体成效。

5. 民主党派工作。一是坚持多党合作相关制度。组织召开协商会、通报会、座谈会15次，组织开展集中专题调研、考察新型产业和科技创新企业各1次。各民主党派、无党派人士围绕省委、省政府中心工作，先后提交政协集体提案141件、委员提案360件、调研报告14份，为省委、省政府决策提供了重要参考。二是协助各民主党派加强自身建设。在各民主党派省委会机关开展"转变作风，加强自身建设年"活动，协助修订完善领导班子建设的十项制度，形成《各民主党派省委会关于加强领导班子制度建设座谈会纪要》，开展领导班子谈心、述职评议和履职交流，在沟通思想、增进团结的基础上，增强领导班子成员的责任感、事业心和自律性。

6. 推进民族工作。一是建立少数民族干部、高级知识分子、企业家数据库，加强对少数民族代表人士的动态管理，夯实统一战线工作基础。二是深入少数民族聚居村调研，走访吕梁、运城、临汾回民聚居村和少数民族产品定点企业，促进少数民族经济的持续健康发展。三是会同省委宣传部、省民委推动民族团结进步创建活动，命名表彰一批民族团结进步创建示范单位，促进全省各民族共同团结奋斗、共同繁荣发展。四是狠抓民族领域矛盾纠纷排查调处工作，妥善处理20起涉及少数民族流动人口的纠纷，促进各民族群众的和谐相处。

7. 推进宗教工作。一是协助省委对省宗教工作协调小组、省天主教工作领导小组进行调整，并召开3次会议，加强对宗教工作的分析研判和领导协调。二是推动和谐寺观教堂创建活动，全省10个场所和10名个人受到中央统战部、国家宗教局表彰。三是推动佛道教开展讲经交流活动，加强教风建设。四是指导省伊斯兰教协会圆满完成朝觐工作，受到广大穆斯林的赞誉。五是选举天主教长治教区助理主教，天主教选圣工作取得重大突破。六是研究治理基督教私设聚会点问题取得成效，坚决抵御"达洼宣教"渗透措施，维护全省宗教界和谐稳定。

8. 推进外联工作。一是深化联谊交流，邀请香港山西商会访问团、黄埔军校同学会知名亲属考察团等12个团组、223人到晋参访考察，举办"台胞青年千人夏令营山西分营""台湾教师古文化之旅"等品牌活动，扩大联谊交友规模，丰富层次，提高影响力。二是组织召开常务理事扩大会，举办港澳、海外理事国情省情培训班，增进港澳、海外理事对山西省情实际、历史文化的了解，增强大家为山西转型跨越牵线搭桥、内引外联的责任感和使命感。三是贯彻"大海联"工作思路，加大海外新生代、中产专业、行业协会等方面资源的拓展力度。推动成立香港山西商会，支持开展俄罗斯、英国山西商会的注册、筹备工作，港澳台、海外统战工作触角得到延伸。四是组织召开全省统战系统对台工作会议，牵头举办台海形势专题报告会，开展"扶贫助困、情动三晋"走进海联新农村卫生室活动，指导省侨联、省台联举办社会管理机制创新工作会议、开展省台联成立30周年纪念大会等重大活动，锻炼干部队伍，扩大社会影响。

9. 推进基层工作。一是开展专题调研走访活动。深入部分律师事务所，就有关工作政策、方式方法，听取新的社会阶层人士意见和建议。摸清底数、掌握情况，分析问题、研究对策，形成《我省新的社会阶层人士状况调研报告》，为做好新的社会阶层人士工作奠定良好基础。二是开展"同心·律师服务团"志愿活动。帮助基层政府部门依法行政、化解突出矛盾和问题，为政府重大项目提供法律服务，帮助企业解决生产经营中遇到的法律方面的难题，帮助基层干部群众学习法律知识、增强法律意识。山西省2名律师受到中央统战部表彰。三是加强归国留学人员队伍建设。邀请省人才办、省发改委等9家单位负责人召开座谈会，对全省留学人员工作情况进行摸底交流；协助省委人才办成立山西"百人计划"专家联谊会，将全省引进的197名海外高层次人才纳入联谊会工作范围，山西欧美同学会·山西留学人员联谊会工作得到加强。

10. 推进统战软实力建设工作。一是统战理论调研，完成中央统战部下达的理论创新研究课题,经过认真初评,筛选上报中央统战部论文5篇,1篇论文获二等奖,2篇论文获三等奖。二是统战宣传工作,围绕党的统战方针政策、统一战线重要会议活动等开展宣传报道,先后在中央媒体和省内主流媒体发表宣传报道文章、信息800多条,被中央统战部评为"中国统一战线宣传工作先进单位"。三是统战信息工作,及时发现和总结全省统一战线工作中的新情况、新问题、新经验,全年被中央统战部和省委采用70余条,省委统战部信息工作获全国二等奖。四是加强机关精神文明创建,关心干部职工生活,丰富机关文化,努力改善机关办公条件,热心为离退休老干部提供服务,开展干部下乡、扶贫、慰问等工作,增强机关凝聚力、执行力。（王　峰）

【全省统战部部长会议】 3月27日在太原召开。会议总结上年全省统战工作,对2013年任务进行安排部署,同时通报全省统战调研、宣传、信息工作先进单位及个人表彰名单,组织进行大会交流发言。忻州、吕梁分管统战工作的领导和各市委统战部部长,省直工委、高校工委、国资委党委、国防科工委和团省委统战部部长,部分高等院校、国有企业统战部部长,省统战系统各单位党员负责同志,省委统战部机关干部,共计150余人参加会议。（王　峰）

【全省党外市厅级领导干部履职交流会】 4月1日,省委统战部组织召开全省民主党派、无党派市厅级领导干部2012年度履职交流大会。会议深入学习贯彻党的十八大精神,组织民主党派和无党派市厅级领导干部就2012年度履职情况进行述职交流,达到统一思想、交流经验、共同提高,为全省转型跨越发展凝聚合力的预期目的。省政府副省长、省工商联主席张复明,省政协副主席、民进省委主委卫小春,省人大常委会副主任、农工党省委主委周然,省政协副主席、九三学社省委主委刘滇生及省委统战部领导班子成员出席大会。省纪委副书记、省监察厅厅长冯改朵,省委组织部副部长张高宏应邀莅临会议指导工作。全省民主党派和无党派市厅级领导干部共计86人参加会议。（王　峰）

【纪念"五一口号"65周年座谈会】 4月23日,省委统战部召开纪念中共中央发布"五一口号"65周年座谈会。省人大常委会副主任、农工党省委主委周然,省政协副主席、民进省委主委卫小春,省政协副主席、九三学社省委主委刘滇生,省政协副主席、民革省委主委张友君出席会议。各民主党派省委在并副主委、秘书长,无党派人士代表,省委统战部领导班子成员、处室负责人共计40余人参加座谈。（王　峰）

【统战系统台海形势报告会】 5月23~24日,省委统战部举办台海形势报告会,专题学习对台政策、了解台海形势,增强统战系统做好对台工作的积极性和主动性。北京联合大学台湾研究院刘红教授应邀作《关于台海形势的特点与走势》专题报告。各市委统战部分管对台工作的领导、联络科(处)长,省直工委、省高校工委、省国资委党委、省国防科工委统战部,团省委统战部部长,省统一战线各党派、团体、单位分管领导,省委统战部全体班子成员和机关干部,共计80余人参加。（王　峰）

【全省民主党派领导干部培训班】 6月3~7日,山西省民主党派领导干部培训班在中央社会主义学院举办。中央社院党组成员、副院长袁廷华出席开班典礼并致辞,省委统战部常务副部长郭海刚出席结业典礼并为学员授课。全省各民主党派市级组织新任副主委,省直(高校)基层委员会、总支新任主委,共计111人参加培训。（王　峰）

【省台联成立30周年】 6月28日,山西省台联成立30周年纪念大会在太原召开。省台联理事,历届会长、副会长、常务理事和部分台胞代表约60余人参加会议。全国台联党组书记、副会长梁国扬出席会议。（王　峰）

【民革中央调研组到山西调研】 7月3~5日。全国政协副主席、民革中央常务副主席齐续春带队的民革调研组一行9人到山西就"深化金融体制改革"进行调研。其间,齐续春专门为山西省各民主党派作"转变作风,加强自身建设"专题报告。省委书记、省人大常委会主任袁纯清,省委副书记、省长李小鹏等会见看望调研组一行。（王　峰）

【黄埔军校知名亲属考察团到晋考察】 10月9~13日,黄埔军校同学会组织以全国政协委员、总装科技委原副主任、徐向前之子徐小岩中将为团长的部分知名黄埔亲属一行20人到山西省考察。考察团先后赴太原、忻州、大同、朔州寻访抗日战场遗址、参观纪念馆。（王　峰）

【全省归国留学人员座谈会】 11月18日,省委统战部组织召开全省归国留学人员座谈会,传达全国欧美同学会成立100周年庆祝大会情况,学习贯彻习近平总书记大会重要讲话精神和十八届三中全会精神。（王　峰）

【全省民营经济转型跨越发展促进大会】 12月23日,省委、省政府在省委多功能会议厅召开全省民营经济转型跨越发展促进大会。省领导袁纯清、李小鹏、薛延忠、高建民、牛仁亮、张复明等出席大会。会议表彰全省评选出的48位优秀中国特色社会主义建设者和24名"山西省民营经济发展突出贡献奖"获得者。(参见第129页)（王　峰）

【民主党派老领导姚奠中先生逝世】 12月27日,山西民主党派老一辈领导人姚奠中先生因病在家中逝世。姚奠中是山西省稷山县人,生于1913年,系章太炎晚年七名国学研究生之一。历任山西大学中文系教授、主任、古典文学研究所所长,全国政协委员、省政协副主席、九三学社山西省委主委,山西省古典文学会会长、中国书法家协会理事,山西省书法家协会名誉主席等职。发表过有关中国古代文、史、哲论文130余篇,出版和再版专著(含主编及高校教材)23种。其中获国家级奖2种,省级奖6种。姚奠中以诗、书、画、印并称"四绝"。于2009年获第三届

兰亭奖终身成就奖。（王　峰）

政法委

【概述】 2013年，在省委的正确领导下，省委政法委领导班子围绕中央和省委的决策部署，推进平安山西建设、法治山西建设和政法队伍建设，积极服务和保障转型综改试验区建设，加强党委政法委自身建设，完成年初确定和省委交办的各项任务。（史竹涛）

【平安山西建设】 2013年，省委政法委立足工作实际，提出以打好"六场硬仗"、强化"六项整治"、推进"六网覆盖"、化解"六类矛盾"、管好"六类人群"、开展"六安联创"为主要内容的"六六创安"工程，科学规划、分步推进，以项目化管理推动工作落实。

1.强化顶层设计。起草《平安山西建设五年规划》并以省委、省政府两办文件印发全省，分阶段、分领域、分层次对全省各级各部门提出明确目标和工作要求；制定2013年的《行动计划》，确定50个重点项目，形成高起点谋划、项目化推进的工作格局。

2.逐项安排部署。围绕"六六创安"工程的总体要求，分别出台"六场硬仗""六项整治""六网覆盖""六类矛盾""六类人群""六安联创"实施方案，并召开一系列会议进行安排部署。在长治市召开深化平安山西建设工作会议，对平安山西建设进行系统部署；陆续召开电视电话会议、现场推进会对"六项整治""六网覆盖"等专项工作进行再动员再部署，各项工作有序开展。

3.夯实基层基础。召开全省部分市基层社会服务管理体系建设座谈会，推进第二批、第三批推进县基层社会服务管理平台建设。全省119个县(市、区)全部完成硬件设施和信息平台建设任务，率先在全国实现基层社会服务管理平台省域全面覆盖。组织编写《基层综治工作者手册》，并以此为教材举办全省两期基层社会服务管理专题培训班，对各市的师资力量和业务骨干进行培训。

4.开展全面宣传。与省委宣传部联合下发《关于开展"平安山西2013"集中宣传活动的通知》，组成记者团分赴全省进行集中采访，充分利用报纸、电视、网络等媒体开设专栏、专题节目和微博，集中宣传平安山西建设经验做法，共刊发稿件3100余篇。（史竹涛）

【服务和保障转型综改试验区】 1.形成制度体系。政法机关服务和保障转型综改试验区建设是省委政法委2013年考核的创新项目。制定出台《关于政法机关服务和保障转型综改试验区建设的指导意见》，在此基础上，省法、检、公、司四部门分别出台配套实施办法，形成全省政法机关服务转型综改"1+4"制度体系。与省工商联共同制定政法机关服务和保障非公经济发展的20条意见。服务保障转型综改工作得到省委、省政府领导肯定。省委书记袁纯清批示："政法委围绕全省大局制定指导性意见并形成配套性文件，表明服务大局意识强，工作着力点抓得对，希望能抓好落实。"省长李小鹏批示："省委政法委围绕中心、服务大局，制定服务综改区建设的1+4文件体系，很有必要，很好，应抓好落实并不断完善。"

2.服务省委决策。围绕2013年全省"项目推进年"活动的要求，专门下发《关于在全省政法机关服务和保障"项目推进年"工作的通知》，进一步细化工作要求，更加贴近项目推进的需要。

3.开展督查调研。对全省11个市政法机关服务和保障转型综改试验区建设工作进行全面的督查调研，通过走访、座谈、专题汇报等形式，对各市政法机关服务保障工作进行全面了解，对推动工作落实进行督促指导，并形成调研报告。

4.做好宣传报道。按照《2013年山西省政法综治宣传工作要点》，围绕服务保障转型综改建设在山西法制报上进行全方位、多角度的报道。制作"政法机关服务和保障转型综改试验区建设"专题讲座，在"山西干部在线学院"供大家学习。

5.及时总结经验。召开全省政法机关服务和保障转型综改试验区建设电视电话会议，省政法委书记王建明作重要讲话。会议交流工作经验，提出工作要求，明确工作抓手。全年共编发10期政法动态推广各市服务保障工作典型经验。（史竹涛）

【法治建设】 1.完善领导机制和工作体制。经省委常委会专题研究通过，王建明担任依法治省领导组常务副组长，增补政府分管法制的副省长、人大分管立法的副主任为副组长，并对领导组副组长和成员单位进行调整。同时，依法治省领导组办公室增配省委政法委分管副书记、省人大法制委主任委员、省政府法制办主任为兼职副主任，选拔一名政法工作经验丰富的县委书记担任了专职副主任。同时，建立推进法治建设的地方立法、依法行政、公正司法、依法经营、基层民主法治建设、普法和依法治理等六个联席会议机制，形成依法治省办与六个联席会议"1+6"工作体系，构建起党委统一领导、政法委组织推动、依法治省办协调指导、各职能部门分工协作、共同推进的领导体制和工作机制。

2.制定实施意见和工作重点。围绕党的十八大对法治建设提出的新要求新部署，制定《关于深化法治山西建设的实施意见》并以省委文件印发全省。围绕《实施意见》的落实，召开深化法治山西建设专题工作会议，就推进法治山西建设作重点强调部署。6个联席会议分别研究制定工作实施方案，确定2013年法治山西建设的88个重点项目，明确时间表、工作任务和责任人，以项目推进工作落实。

3.突出公正司法和司法体制改革。(1)推进执法公开。组织省政法各部门总结近年来推进阳光执法的工作情况和成功经验，起草《全省政法机关深化法治山西建设推进公正司法行动方案》和《关于在全省政法系统实施"阳光司法"工程五年工作规划》，详细规定推进司法公开的时间表、路线图和工作任务。(2)健全配套制度。组织省政法各部门制定与新《刑事诉讼法》配套的16个相关文件，编辑出版《山西省办理刑事案件实用手册》，并下发到一线办案干警手中。(3)推进司法改革。召开全省涉法涉诉信访改革试点工作启动会议，举办专题培训班，在对涉法涉诉信访信件的阅办、研判的基础上，开展重点案件督办、协调和评查工作，并从群众来信来访中选取5件上级机关多次交办、政法机关反复办理、当事人长期缠访闹访的典型案件交省检察院进行评查，发现执法问题，纠正错案瑕疵。

4.开展重点课题调研。与省委办公厅、省民政厅组成调研小组，对当前山西省学会、协会存在问题进行调研，并形成《关于我省学会、协会存在问题和对策的调研报告》；围绕完善现代社会组织体制，召开由各级民政部门和社会组织参加的座谈会，并形成调研报告。（史竹涛）

【政法队伍建设】 一是制定政法人才五年规划，提出政法人才队伍建设的五大机制和五项工程，并召开会议进行安排部署。二是加强中青年领导干部培养，开展中青年领导干部集中轮训，举办专题培训班提升能力素质。组织省政法各部门普遍开展重点岗位、相关人员的业务轮训，共培训干警10000多人次。三是强化纪律作风教育整顿。以省检察院副检察长文晓平严重违纪问题为反面教材，召开全省政法系统加强纪律作风建设电视电话会议，提出“四个从严”“五个严禁”等工作要求，在全省政法机关组织开展为期一个月的纪律作风整顿活动。抽调人员在全省11个市41个县(市、区)进行专项督察和明察暗访，共发现各类问题155个，并对大同、运城、忻州等地基层干警违纪问题进行全省通报。开展正面宣传教育，向全省政法干警做出向见义勇为的高文彬学习的决定，并编印《全省政法系统纪律作风建设禁令汇编》。四是在全省政法干警中广泛开展双十佳评选工作，对基层一线的优秀杰出政法干警和先进集体进行表彰。（史竹涛）

【加强和改进党委政法委工作】 1.加强干部教育培训。制定《2013~2015年全省党委政法委(综治办)系统干部能力素质提升教育培训规划》，组织全省政法系统中青年干部领导能力提升、执法监督业务专题、基层社会服务管理专题及新疆建设兵团农6师基层综治干部社会管理专题等5个培训班，共培训750人次。

2.发挥干部协管职能。对省政法各部门正处以上干部和各市政法部门班子成员情况进行摸底，建立政法系统正处以上领导干部库。参与省委组织部对部分政法领导干部调整工作的考察。

3.推进政法系统党风廉政和惩防体系建设。加大对违法违纪干警的惩处力度，对9起反映干警违法违纪案件线索进行交办督办，其中5起取得重大进展；对在纪律作风检查中发现的违法违纪人员进行惩处，给予免职1人、行政警告8人、辞退18人、通报批评21人次、书面检查34人、诫勉谈话9人。（史竹涛）

机构编制

【行政管理体制改革】 推进全省政府职能转变和机构改革。贯彻落实党的十八届二中、三中全会精神和中发〔2013〕9号文件精神，把推进新一轮政府职能转变和机构改革工作作为重中之重来抓。一是抓好改革方案拟定工作。拟定《市县政府职能转变和机构改革的意见（征求意见稿）》，在太原市召开市县政府职能转变和机构改革座谈会，向11个市和31个县主要领导、市编办主任征求意见，赴福建等4个省进行调研学习，对《意见》进行修订完善。推进行政审批制度改革。6月21日与26日，分别印发《关于重新组建山西省食品药品监督管理局的通知》(晋办发〔2013〕10号)《关于印发山西省食品药品监督管理局主要职责内设机构和人员编制规定的通知》(晋政办发〔2013〕71号)，完成省级食药监体制改革。7月，行政审批制度改革牵头部门调整为省编办后，省编办按照国务院和省政府的部署，完成国务院国发〔2013〕19号、27号文件分别取消和下放的133项、50项行政审批项目落实衔接工作；贯彻落实省领导关于第三季度再取消和下放一批省级行政审批项目等事项指示精神，取消和下放行政审批项目等事项70项。督促相关部门加强对保留审批事项监管和审批流程规范，推动政府职能转变。做好机构改革调整相关工作。推进全省食药监管体制改革，以省委办公厅、省政府办公厅文件印发《全省食品药品监督管理体制改革工作方案》《关于市县食品药品监督管理体制改革的实施意见》，对全省改革工作进行安排部署。在组织全办力量分6个组深入省直53个部门和单位以及部分市县调研基础上，拟定《山西省人民政府职能转变和机构改革方案》，12月17日、

副省长高建民参加行政审批制度改革工作座谈 （王小琴提供）

19日经省编委会议和省委常委会议审议通过,上报党中央、国务院审批。市县改革方面,各市市级食药监管机构组建完成。市县市直食品药品监督管理体制改革工作基本结束。对照国务院机构改革工作,拟定《关于省卫生厅、计生委合并组建省卫计委的审核意见》和《关于省新闻出版局、省广电局合并组建省新广电的审核意见》,经省编委会议审议通过,统筹推进全省职能转变和机构改革各项工作。

(王小琴)

【体制机制调整】 加强转型综改试验区建设体制机制保障。下发《关于进一步做好市县国家资源型经济转型综合配套改革试验区建设机构编制工作的通知》(晋编办字〔2013〕104号),为促进全省转型跨越和综改试验区建设提供体制机制保障。推进义安经济发达镇行政管理体制改革试点工作,多次对试点运行情况进行调研,推动改革深化。做好各类园区建设机构编制工作。印发《关于成立太原武宿综合保税区管理委员会的通知》(晋编字〔2013〕3号),为山西省推进综改试验区建设,提供体制机制保障。与省委组织部联合印发《关于进一步明确开发区领导体制等有关问题的通知》(晋组通字〔2013〕37号),对开发区管理机构领导职数等问题进行规范。配合做好相关领域体制改革工作。司法体制改革方面,提出加强依法治省工作力量初步意见;印发《关于下达2010年政法干警招录培养体制改革公安专项编制的通知》(晋编办字〔2013〕98号),拟定中央第三批政法专项编制分配方案,充实和加强基层政法力量。医疗体制改革方面,会同省卫生厅,就全省县级公立医院改革情况进行督查,促进改革工作落实。工商、质检体制改革方面,结合市县食品药品监督管理体制改革,下发省工商、质检系统人员划转通知,为下步改革打下基础。保障和改善民生方面,对教育、社会福利机构、重点公益工程、监督检查机构、预警机构、低收入保障机构机构编制事宜进行调整,加强对民生领域体制机制保障。 (王小琴)

【事业单位改革】 2013年,牵头省财政厅、省人社厅对省直事业单位分类进行研究和多次调整,省直事业单位分类意见基本确定,提请省事业单位改革领导组和省编委联席会议研究审定。市县分类工作方面,对各市上报市县事业单位分类意见进行审核。全省事业单位改革配套文件完成拟订工作。完成承担行政职能事业单位改革、事业单位法人治理结构、创新事业单位机构编制管理方面配套政策拟订工作,配合财政、人社部门完成财政政策、人事制度改革、收入分配制度改革等方面配套政策,9个配套政策文件完成征求意见工作,提请省事业单位改革领导组和省编委联席会议研究审定。事业单位法人治理结构试点工作推进。省直13个试点单位中绝大部分单位都完成章程修订工作,理事人选确定,做好召开首届理事会准备。 (王小琴)

【机构编制管理】 控制机构编制。贯彻“约法三章”要求,下发关于严格控制事业单位机构编制的通知,并对2013年全省各市增编情况进行摸底统计,提出消化意见;贯彻落实中编委会议精神和省委常委会决定,下发《关于冻结行政事业单位编制的通知》、拟定《关于加强机构编制管理实现全省编制总量只减不增的意见》和《山西省控编减编工作方案》,确保财政供养人员只减不增。加强机构编制监督检查。做好全省机构编制统计年报和统计分析工作,为加强管理和监督提供依据。在上年进行机构编制全面核查基础上,做好存在问题整改工作,共印发核查反馈意见书83份。学习贯彻《行政机关机构编制违法违纪行为政纪处分暂行规定》,加大机构编制监督检查力度。加强事业单位登记管理。完成省直1599个事业单位法人年检工作。出台《山西省事业单位登记管理实施办法》,对43个不按时报送年度报告事业单位法人证书进行废止。推进机构编制电子政务建设。组织完成电子政务建设项目公开招标,中心机房建设。推进软件开发和网络建设。推进全省网络建设,研究制订《山西省市县两级机构编制部门接入全省党委系统业务网络的实施方案》。做好全省政务和公益机构专用中文域名注册管理工作。截至2013年底,全省域名注册总量超过3万个,域名覆盖率超过65%,获得中央编办“域名注册管理服务工作先进单位”表彰。 (王小琴)

【机构编制法制化】 加强机构编制工作宣传。2月22日,省编办主要领导在中共山西省委办公厅《工作研究与交流》第六期发表《加强和创新机构编制管理着力破解控制机构编制增长与适应经济社会发展需要的难题》文章,对机构编制法规制度和管理规定进行宣传。加强法律服务和保障工作。全年牵头审核并答复省直各部门各单位立法和规范性文件40余件,参与相关立法论证会、协调会5次。省委办公厅交由省编办审核37件党内法规和规范性文件审核工作基本结束。 (王小琴)

直属机关工委

【全省机关党的工作会议】 3月7日召开。会议总结2012年度工作,部署2013年六项方面重点工作任务。省直各直属机关党委书记、专职副书记、纪委书记、各市直工委书记、省直工委各部门负责人和省直党校领导班子共350多人出席会议。 (阎鹏飞)

【省直机关干部五项全能比赛】 3月27日,印发《关于开展省直机关干部五项全能比赛活动的通知》(晋直发〔2013〕7号)以及活动方案。活动从3月下旬开始至6月上旬结束,以“公文写作、党的知识、电脑操作、语言表达和健步走”为主要内容。比赛分初赛和决赛两个阶段实施。省直机关党的关系隶属于省直工委148个单位组织本单位开展干部五项全能初赛。约6万多名干部参与初赛阶段比赛活动,其中,有90多名厅级干部、1200多名处级干部。省直工委成立比赛活动组委会,下设综合协调组、各单项比赛组、资格审查组、仲裁组、宣传组、安全保卫组、颁奖组,召开动员

3月7日，全省机关党的工作会议在太原召开　（闫鹏飞提供）

会和预备会，经过初赛筛选，有114个单位、249名选手报名参加决赛阶段比赛，其中处级干部25人。6月18~19日，省直工委在山西体育中心、山西经济管理干部学院和山西大学商务学院组织开展五项全能决赛，共评出省直机关干部五项全能比赛一等奖5名、二等奖10名、三等奖25名，公文写作、党的知识单项比赛前10名，优秀组织奖31个；省直机关劳动竞赛委员会分别为荣获五项全能比赛一、二、三等奖选手记一、二、三等功。6月28日，在山西体育中心举行省直机关干部五项全能和广播体操比赛颁奖仪式，袁纯清、安焕晓、张复明、李悦娥为获奖单位和个人颁奖。袁纯清作出批示：这样的活动有意义，既拓展了机关党的活动空间，又实际实效实用。（阎鹏飞）

【基层组织建设】 一是《中国共产党党和国家机关基层组织工作条例》和省委《实施意见》专项督查。根据省委组织部要求，上半年重点对21所高职高专院校落实《高校基层组织工作条例》情况进行专项检查，并在高校探索建立业余党校，组织对1700余名大学生入党积极分子进行培训。从12月上旬开始，集中对省直机关贯彻落实《条例》和省委《实施意见》情况进行专项督查。二是基层党组织建设。指导7个省直厅局机关党委按期完成换届选举，批准新成立党委及机关党委11个，调整机关党委、纪委负责人60人次。举办2期党务干部培训班，对省直机关143名专职党务干部和新任党务干部进行集中培训。组织147个厅局分5个组召开"联述联考联评"专项述职大会，30名厅局机关党委书记在大会上进行基层党建工作述职。制定出台《关于加强机关党支部建设的意见》。三是党的工作责任制考核。制订下发省直机关党的工作责任制《考核方案》和《考核细则》，完成54个中央驻晋单位和省直企事业单位2012年度落实党的工作责任制情况考核。（阎鹏飞）

【文明和谐创建】 一是开展主题实践活动。举办社会主义核心价值体系建设有奖征文，组织道德模范志愿服务先进事迹巡讲，开展"我推荐我评议身边好人"、学雷锋志愿服务活动。6月26日召开省直机关公民道德建设"五个一"活动现场推进会，为省直机关第一届道德模范、省直机关第六批"双十佳"、省直机关2012年优秀志愿服务组织、优秀志愿者、省直机关社会主义核心价值体系征文一、二等奖获奖者共100人进行颁奖。王铁选宣布省直机关学雷锋志愿服务道德模范先进事迹巡讲活动正式开始，并向《山西晚报》《山西青年报》与会领导颁发省直工委、省直文明委宣传活动采访委托书。二是强化创建工作日常管理。召开省直文明委全委会，制定出台《省直机关文明单位动态管理暂行办法》，修订完善省直文明单位创建管理规定和考评指标体系。组织对2012年度省直文明单位进行检查验收，完成2013年度省直系统申报省级文明单位评选推荐。办好省直文明网，创办《山西画报·省直文明创建专刊》。（阎鹏飞）

【统战群团工作】 4月8日，省直机关统一战线学习贯彻十八大精神培训班在省直党校开班，省直工委书记王铁选作开班动员讲话。开展"重温历史、坚定信念"优良传统教育、坚持和发展中国特色社会主义主题教育，建立和完善党外代表人士人才信息库。4月10日召开省直机关工会工作会议，表彰54个模范单位和集体、111名劳动模范，为461名困难和大病职工放发救助金60.6万元。4月17日召开省直机关团工作会议。在省直机关团组织中开展"三观、三热爱"主题教育和征文活动，学习贯彻共青团十七大精神，对131个先进团组织、

省直工委党的群众路线教育实践活动动员大会在太原召开

（闫鹏飞提供）

160 名优秀团干部、240 名优秀团员进行表彰。加强机关党建信息化建设，探索建立省直机关“党务云”系统。改版山西机关党建网，完成《党的生活》12 期编辑发行任务，印发《省直党建信息》24 期。（阎鹏飞）

党校教育

【概述】 2013 年，中共山西省委党校、山西行政学院(以下简称校院)围绕建设有特色、高水平先进省级校院目标，紧扣全面提升办学质量主线，高扬“在党爱党、在党信党、在党为党、在党捍卫党”主旋律，坚持稳中求进，各项工作取得较大突破和进展：完成省委交办的学习党的十八大和习近平总书记重要讲话精神集中轮训任务；开展党的群众路线教育实践活动；加强校院委班子和干部队伍建设；教学改革稳步推进；常规班次等教学培训任务完成；学员管理进一步加强；科研资政和理论研究、课题研究卓有成效；省级文明和谐单位创建成效明显；基础设施建设有新进展；国民教育和干部继续教育质量得到提高；机关党建和党风廉政建设取得新进展；管理和行政后勤工作效能逐步提升；业务指导有新进步；财务基础管理工作走向规范；安全保卫、老干部、定点扶贫等工作取得新成绩，校院事业继续保持良好发展态势。（张耀东）

【重点轮训培训】 2013 年上半年完成第 9~18 期 1360 余名省管领导干部学习贯彻党的十八大精神集中轮训任务。下半年完成 2 期省管主要领导干部学习习近平总书记系列重要讲话精神专题研讨班的培训任务。省领导袁纯清、李小鹏等为研讨班作报告。承办全省组织系统、统一战线系统学习习近平总书记系列重要讲话精神专题研讨班，年底举办首期省直单位青年干部理想信念教育培训班。（张耀东）

【常规班次等培训】 2013 年度共举办各类干部培训班次（不含基层送学）117 期，累计培训 11618 人。举办 4 期省管领导干部进修班，2 期中青年领导干部培训班以及 2 期正处级公务员培训班、1 期师资班等常规班次。对外培训通过委托培训、承接省委培训、基层办班、专题培训等措施，举办专题培训班次 76 个。干部选学为省银监局、省科技厅、省人社厅、省交通厅、省监管局、省档案局、省商务厅、省司法厅等部门举办班次 20 个。组织教师深入全省 86 个县(市、区)开展送学培训 21 个专题 133 场次，培训对象近 3 万人次。（张耀东）

【教学改革】 根据党的十八大以来的形势任务要求，调整优化教学内容和专题，突出理想信念和党性锻炼，加大马克思主义原著、中国特色社会主义理论体系、十八大精神、十八届三中全会精神、习近平总书记系列重要讲话精神和转型综改试验区建设、右玉精神等教学比重。注重提高案例教学和“2+1”互动教学的质量和效果，继续组织学员论坛、硕博论坛，开展延伸培训、体验式教学、警示教育等活动。全年邀请国内外 20 余名专家学者来校院举办外请报告近 20 场。组织编写和出版《中国特色社会主义理论体系研究》《马克思主义导读》《马克思主义名言警句》《政府管理实用案例选编》等教材。（张耀东）

【科研资政功能】 成立决策咨询部发挥校院优势，引导教研人员深入实际和学员调查研究形成对策性建议。全年围绕全省目标责任考核、群众路线教育实践活动、政府职能转变、生态庄园经济和干部思想动态等，编报 10 期《决策建议报告》，9 期得到省领导 12 人次批示，其中省委书记袁纯清批示 3 篇，6 篇被其他省领导批示。《山西日报》等省内外媒体也对《决策建议报告》的成果进行宣传报道。（张耀东）

【理论和课题研究成果】 发挥校院党史、党建学科优势，精心策划研究选题，以理论研究中心名义在《山西日报》《前进》等省以上报刊发表文章 8 篇；全校教研人员在省以上出版社、报刊出版发表科研成果共计 200 余部(篇)，其中在国家级重要报刊和列入校科研奖励范围的其他报刊发表 60 余篇。全年有 2 项国家级课题、3 项全国党校系统重点调研课题、12 项全国行政学院科研合作课题、9 项省软科学课题及 10 项校院级课题获准立项。3 项国家级课题结项，其中 1 项鉴定为“优秀”、2 项鉴定为“良好”。2 项科研成果获山西省第十届精神文明建设“五个一工程”奖，获省社科联重点课题评奖一等奖 2 项、三等奖 1 项，优秀奖 4 项。获省社科联“百部(篇)工程”奖 4 项(二等奖 3 项、三等奖 1 项)。贯彻省委常委会议精神，成立山西右玉精神研究中心，编写《右玉精神干部学习读本》，创办《右玉精神研究通讯》，在省级以上报刊发表文章 10 篇，申报 1 项右玉精神研究主题的省社科规划课题。（张耀东）

【学员管理】 制订出台《进一步加强学员管理的若干规定》，加强各班次尤其是常规班次的学员管理。《山西日报》、山西电视台、人民网、新华网、中央党校网站对常规班次开展的“四抓四促”学员管理情况作专门报道。加强学风建设，组织中青班学员开展课题调研。第54、55 期中青班和省直机关第 1 期青年干部理想信念教育培训班的《收获的季节崭新的起点》《在党校的日子》《知行记录》《金色记忆》等学习成果受到省委领导肯定，第 54 期中青班的 5 项课题成果在省委办公厅主办的《工作研究与交流》刊发。（张耀东）

【国民教育和干部继续教育】 参加 2013 年度公务员和研究生考试的国民教育本科部大学生中，16 名同学被中央国家机关和山西省级机关录用，11 名同学被省内企事业单位录用；52 名同学先后被中国人民大学、北京师范大学、武汉大学、四川大学等院校录取，其中“985”院校和“211”院校分别录取 19 人和 9 人。完成历时 24 年的全省党校函授教育收尾工作。函授学院与研究生部合并，实现中央党校和省委党校在职研究生教育的职能整合。在职研究生和本科生教育加强管理，严把招生、教学、毕业关，生源、教学质量和社会评价度

都得到新提高。（张耀东）

【校办报刊及资料编印】 《理论探索》保持全国中文核心期刊地位，再次获评 CSSCI 来源期刊。《山西党校报》和《山西省委党校学报》拓宽思路、创新栏目、改进文风。继续编印《山西省情资料手册》，成为省内外领导干部，尤其是学员了解掌握省情的品牌工具书。图书馆研发的“八路军总部在山西”数据库经过一年多的调研考察和资料收集整理，基本完成建库任务。（张耀东）

【业务指导】 出台校院委成员市县党校联系点制度，协调省有关部门增加县级党校基本建设补助资金，并规范其使用程序。全年共安排 3000 万元，受资助的每所县级党校将获得 200 万~560 万元补助资金。校院领导多次到运城、太原、长治、阳泉、忻州、吕梁、临汾、晋中等基层党校调研，协助基层解决具体问题。推进县级党校办学体制改革，起草完善《县级党校评估体系》。《山西党校通讯》的办刊宗旨进一步贴近基层，及时反映交流一批好的经验做法。（张耀东）

老干部工作

【概述】 2013 年，全省各级老干部工作部门围绕中心，服务大局，突出重点，扎实工作，取得成绩。

一是抓好离退休干部“两项建设”，凝聚广大老同志与党同呼吸、共命运、心连心的正能量。开展全省离退休干部学习贯彻党的十八大精神知识竞赛。举办两期省直离退休干部党支部书记学习十八大精神示范培训班，市县两级共举办 248 期老干部党支部书记培训班。以“薪火传承葆本色，转型跨越立新功”和“同心共筑中国梦”主题实践活动为载体，引导离退休干部服务社会、发挥余热。全省有 1600 余个老年社团组织、30 多万名离退休干部以不同形式参与到经济社会发展实践中。

二是抓生活待遇落实不放松，深化离退休干部服务管理工作。集中出台政策，提高 4 项老干部生活待遇标准。各地建立离休干部医药费统筹标准正常增长机制，市县两级离休干部平均医药费统筹标准较上年增长 16%。在太原市召开全省利用社区资源服务离退休干部工作推进会。召开加强和改进省级老同志服务管理工作座谈会，就规范省级老同志的服务管理工作提出具体意见。举办第七届山西老年健康产业博览会。加强离退休干部困难帮扶和信访督办工作，建立省级特困离退休干部帮扶机制。加强老干部学习活动阵地建设，举办全省离退休干部“同心共筑中国梦”书画展、省城离退休干部大型文体活动展演和第四届省城老干部合唱节、老年文艺演出等系列活动。

三是抓省属企业离休干部服务管理机制建立。协调省财政厅将运城国家粮食储备库等 4 户困难企业 72 名离休干部和 77 名新中国成立前老工人生活补贴纳入财政支持范围。协调解决省直驻并外困难企事业单位 2012 年离休干部医药费、2013 年省属困难企业和自收自支事业单位离休人员生活补贴共 3300 余万元。与省国资委就省属企业离休干部医药费和生活补贴保障机制进行全面调研。经省政府研究决定，省财政拨出专项资金一次性解决部分省属改制破产企业离休干部医药费、生活补贴的历史拖欠 1900 余万元。

四是抓好老干部工作部门自身建设。贯彻落实中央“八项”规定，转变工作作风，获评省直机关首批廉政文化示范单位。开展党的群众路线教育实践活动。在武汉大学连续举办两期全省老干部局处长培训班。邀请中组部老干部局领导来并作专题业务讲座。举办局系统年轻干部业务培训班、处级干部学习习近平总书记讲话和三中全会精神专题培训班。开展全省老干部工作部门重点课题调研活动，局领导班子成员领题完成 6 项业务工作重点调研课题和 7 项改进工作作风方面的深度调研课题。局领导和机关干部深入平顺县中五井乡开展“访、知、解”活动、干部下乡住村和包村增收工作，年内落实扶贫项目 10 个，争取扶贫资金 416 万元。

（王　宏）

【全省老干部工作会议】 1 月 17 日，在太原召开。省委常委、组织部部长汤涛出席会议并讲话；省委组织部副部长、老干部局局长陈跃钢作工作报告。汤涛在讲话中指出，各级老干部工作部门要站在政治的、历史的、全局的高度认识老干部工作，进一步强化责任；要努力让老同志的思想充满活力，进一步凝聚广大离退休干部的正能量；要创新服务手段，整合社区资源和社会化服务机构，为老干部提供个性化、多样化的服务。（王　宏）

【《山西老干部工作 30 年》出版】 省

1 月 17 日，全省老干部工作会议在太原召开　（王　宏提供）

山西省第七届老年健康产业博览会　　（王　宏提供）

委老干部局历时两年组织编辑《山西老干部工作30年》。该书记述20世纪80年代初至2012年山西老干部工作历程、成效和经验。全书分领导机构和工作机构、落实离退休干部政治待遇、落实离休干部生活待遇、离退休干部的安置和服务管理、组织引导离退休干部发挥作用、老干部活动中心(室)工作、开展老年大学工作、组织开展活动、宣传调研工作、自身建设工作、大事记、附录等共12章,19万字。各章以时间为线索,选取最具代表性的历史事实,较为全面、系统地展现全省老干部工作发展历程。（王　宏）

【全省老干部局(处)长培训班】 3月29日~4月1日,4月15~18日,全省老干部局(处)长学习十八大精神拓展理论视野培训班分两期在武汉大学举办。部分市、县老干部局局长,省委老干部局机关部分工作人员和局属单位正处级领导干部共计138人参加培训。培训班请武汉大学专家学者进行中国社会保障制度改革与实践、党史党风廉政专题、老年社会如何开展离退休干部的服务管理工作、当前宏观经济形势分析、当前国家安全形势及热点问题分析等专题讲座,并组织参训人员到红安县和辛亥革命纪念馆、湖北省博物馆进行现场教学。（王　宏）

【省直离退休干部党支部书记理论培训班】 4月中旬,省委老干部局举办两期省直离退休干部党支部书记学习十八大精神培训班,262人参加培训。培训班邀请省委党校、山西大学的教授围绕党的十八大报告、国际国内形势、山西转型跨越发展战略等专题作辅导;组织观看党性教育影片《忠诚与背叛》;进行离退休干部服务管理工作问卷调查。（王　宏）

【"薪火传承葆本色,转型跨越立新功"和"同心共筑中国梦"主题实践活动开展】 全省老干部工作部门按照中组部和省委老干部局部署,以"我为建设美丽山西献一策"活动、"走进转型综改试验区采风"活动、"种一棵树、留一片绿"活动、"学习解黎明见行动"志愿服务活动、"讲历史、讲传统、讲作风""离退休干部与大学生村官牵手"等"八个一"活动为具体载体,开展各种形式老干部活动1192次,使主题活动呈现出载体多样、内容充实、有声有色、参与广泛等特点。（王　宏）

【全国老干部局长轮训班上介绍山西工作经验】 6月7日,省委组织部副部长、老干部局局长陈跃钢应邀出席在全国组织干部学院举办的第14期全国老干部局长轮训班,并作题为《提高老干部工作科学化水平的一些探索和思考》专题发言。陈跃钢结合山西实际,介绍山西省老干部工作一些做法和成效,课下还与中组部老干部局新任局长李炎溪和其他局领导进行座谈。（王　宏）

【第七届老年健康产业博览会】 9月6~8日,山西第七届老年健康产业博览会和离退休干部文体展演活动在中国煤炭博物馆举行,省委常委、组织部部长汤涛进行巡馆。博览会展览面积5000平方米,设标准展位150个,参展企业122家,参展产品数量4000余种。涉及老年人吃、住、行以及家庭护理服务、健康休养等多项内容。分设老年医疗康复器械区、家庭保健用品区;老年文体休闲区;老年养老设施区和综合服务区等五大区域。展会期间举办第四届省城老干部合唱节、第四届"我眼中的老年博览会"摄影比赛等活动,安排7场中老年文艺演出,近4000余名老同志登台表演。（王　宏）

【离退休干部发挥作用工作经验交流会】 9月26日,在吕梁市召开。省委组织部副部长、老干部局局长陈跃钢总结与安排部署;吕梁市、忻州市、晋城市、运城市、太原市、左权县、襄垣县、山西农大8个单位作交流发言,晋中市等14个单位书面交流;交城县退休干部任武秀作为先进典型发言,会议表彰14名离退休干部。与会者实地观摩柳林县退休干部薛炳宏、李步福发挥作用示范点。（王　宏）

【离退休干部"同心共筑中国梦"主题书画展】 10月16~22日,全省离退休干部"同心共筑中国梦"主题书画展在省老干部活动中心举办。书画展从各级老干部工作部门报送778幅作品中遴选163幅作品进行展出。（王　宏）

【全省利用社区资源做好离退休干部服务工作推进会】 11月26日,在太原市召开。会议对全省利用社区资源做好离退休干部服务工作进行总结和安排部署。与会人员观摩太原市迎泽区南海二社区、迎泽区海边街社区、小店区坞西社区3个示范点;太原市、阳泉市矿区、大同市城区、孝义市、长治市城区、闻喜县6个单位交流经验;晋中市榆次区电力社区、晋城市城区后圪塔社区等6个单位作书面交流。（王　宏）

信　访

【概述】 2013年是信访工作转型提

升年，信访总量同比下降16.4%，进京重复信访全国排位退至第十，信访秩序好转，实现“门前秩序好起来、非访位次退下来”目标。一是开展群众路线教育实践活动推进领导干部接访下访。信访局按省委要求把信访工作纳入党的群众路线教育实践活动，发挥“书记点评”和“省委常委、副省长定期直接接待群众来访”制度的示范带动效应，掀起省市县领导干部接访下访热潮。2013年市县两级接访量占全省的85%，把大量信访群众吸附在基层、大量信访问题解决在属地。二是推进疑难信访问题攻坚化解。狠抓“事要解决”这一核心，在上年化解5079件信访积案的基础上，2013年又连续五次交办化解3450件疑难信访案件，12月份又筛选交办200件特殊疑难案件，最大限度地减少信访存量。三是推进信访秩序规范。召开全省规范化建设运城现场会，全面放开网上投诉受理，出台督查工作规则、来访接待工作规则和信访事项三级终结制度，严格依照《信访条例》，对信访工作行为、信访人的信访行为、解决信访问题的责任者和信访事项制造者行为进行全面规范。四是推进体制机制创新。以“信访系统大调研”为契机，探索创新，形成一批务实管用的实践成果，以条块“双交双包”、公开听证、第三方力量参与为主要内容的“创新群众工作八法”，受到中央政法委书记孟建柱的肯定。五是推进信访部门和信访干部队伍建设。年初部署开展“走群众路线、解百姓忧难、树信访新风”活动，对接党的群众路线教育实践活动，狠抓思想作风建设。18名县级信访局长经选拔担任副处长级督察专员。中央督导组对山西信访工作“反四风”、转作风、树新风的成效给予肯定。（杨卫兵　王　媛）

【全省保持稳定和信访工作点评会】 1月31日在太原召开。省委书记袁纯清主持并讲话。省委、省政府和省联席会议的主要领导参加会议，省委副秘书长、省信访局局长李体柱就2012年信访工作情况对11个市进行点评，各市市委书记作表态发言。

（杨卫兵　王　媛）

【全省信访工作会议】 2月26日召开，安排部署2013年的信访工作。省委常委、常务副省长高建民出席并讲话，省委副秘书长、省信访局局长李体柱作工作报告。（杨卫兵　王　媛）

【“走、解、树”主题活动】 2月26日在全省信访系统开展。省委在1月31日的信访点评会议上要求信访系统把“走群众路线、解百姓忧难、树信访新风”主题活动，作为对接党的群众路线教育实践活动和省委“访、知、解”活动的总抓手，并于全省信访工作会议上进行动员部署，掀起在全省信访系统中尽心尽力为党分忧、全心全意为民解难的热潮。

（杨卫兵　王　媛）

【“百日双千案攻坚战”活动】 4月25日，全省“百日双千案攻坚战”活动动员会召开，省委副秘书长、省信访局局长李体柱做工作部署，省信访局副局长梁雨润主持会议。会议就预防和减少越级上访和进京非访提出四点要求：一是完善常态督导制度，发挥好督导工作组的指导、推动、把关作用；二是要完善考核通报制度，发挥好考核考评工作的“指挥棒”、“风向标”作用；三是利用《民生大接访》栏目，发挥好新闻舆论监督作用；四是完善“三向规范、三向追究”制度，发挥好警示教育、推动工作的作用。（杨卫兵　王　媛）

【《民生大接访》节目开播】 5月17日，由省信访局与山西广播电视台合作的《民生大接访》栏目改版播出。该节目是全国首档直击信访现场的纪实类新闻栏目，旨在发挥主流媒体的正面宣传和舆论引导，宣传党的政策、普及法律常识、推动问题解决、促进干部作风转变，开辟信访工作新渠道，推进开门办信访。（杨卫兵　王　媛）

【舒晓琴到山西调研】 7月10日，国务院副秘书长、中央联席办主任、国家信访局局长舒晓琴到山西调研，深入到万柏林区信访接待中心、小井峪街道、南寒街道办事处、西矿街北社区和南寒社区基层一线走访调研。强调，要以党的群众路线教育实践活动为契机，探索用群众工作理念和方法做好信访工作的新途径新办法，化解信访突出问题，维护社会和谐稳定。国家信访局副局长张恩玺，省委副秘书长、省信访局局长李体柱等陪同调研。

（杨卫兵　王　媛）

【全省信访工作规范化建设交流会】 7月25日在运城市召开，省委副秘书长、省信访局局长李体柱主持会议。旨在进一步规范工作秩序，更好地解决群众合理诉求，把做好信访工作作为开展党的群众路线教育实践活动的重要内容。（杨卫兵　王　媛）

【袁纯清到古交市社区接访】 9月

4月25日，“百日双千攻坚战”活动动员会召开　（杨卫兵提供）

7月25日，全省信访工作规范化建设交流会在运城市召开

（杨卫兵提供）

10日，省委书记、省人大常委会主任袁纯清到古交市嘉乐泉社区接待处理包联信访事项。（杨卫兵　王　媛）

【中央群众路线督导组到省信访局调研】 11月20日，中央群众路线教育活动督导组到省信访局调研，省委副秘书长、省信访局局长李体柱汇报工作情况。督导组组长金炳华肯定山西省信访工作取得的成绩。

（杨卫兵　王　媛）

【“八法”化解疑难信访问题】 11月21日，《山西省创新群众工作“八法”攻坚化解疑难信访问题》专题刊发在《中央联席会议简报》第40期，被中央领导同志作出批示，给予肯定。

（杨卫兵　王　媛）

台湾事务

【概述】 2013年，山西省台湾事务办先后举办“关公祖庙圣像赴台巡游”“第三届晋台新闻交流论坛”“第二届晋台经贸交流合作恳谈会”“台湾大学生三晋行”“台湾关庙谒祖行”“第三届海峡两岸中小学校长教书育人研讨会”等交流活动，全省对台工作重点突出、特色鲜明，取得新的成绩。

1. 台湾重要人士到晋交流增多。2013年山西省相继接待“台湾海基会”副董事长高孔廉新闻媒体参访团、台湾新党主席郁慕明到晋参加“第十五届海峡两岸建筑学术交流会”、台中市市长胡志强夫妇到晋参访、台湾鸿海集团总裁郭台铭到晋参加“关公祖庙圣像赴台巡游”活动启动仪式、台湾星云法师到晋举办“星云大师一笔字书法展”等重要参访交流活动，山西省委书记袁纯清、省长李小鹏、省委宣传部部长胡苏平等省领导会见有关台湾客人。

2. 晋台经济交流合作取得新成效。一方面邀请接待台湾旺旺集团、蓝天科技集团、大润发集团等工商团组到晋考察，为台商到晋投资创造条件。另一方面指导推动山西省经贸考察交流项目团组赴台开展经贸交流考察。省台办赴台举办“第二届晋台经贸交流合作恳谈会”，指导临汾市政府在台北举办“临汾——台北经贸合作恳谈会”，协助晋城市市委书记张九萍率晋城市有关人员赴台进行经贸交流考察。通过开展“请进来、走出去”的工作，截至11月底，促成全省新增台资企业5家，总投资8612.2万美元，合同利用台资8390万美元。晋台贸易进出口总额为31344万美元。

3. 晋台各界交流发展。全年晋台交流项目131项、1617人次，其中台胞到晋交流项目20项、594人次；山西省居民赴台交流项目111项、1023人次。一是推动晋台文化教育和青少年交流活动开展。围绕“华夏文明看山西”交流品牌建设，以关公文化、晋商文化、后土文化、佛教文化、根祖文化等特色传统文化为抓手，举办“华夏文明看山西——台湾大学生三晋行”“台湾关庙谒祖行”、台湾中学生“名城古都——大同之旅”“第三届海峡两岸中小学校长教书育人研讨会”等台胞到晋交流活动。二是推动晋台各界大交流。省台办指导协调工会、青年、妇女、宗教协会、宗亲会等群团组织与台相关单位、社团组织开展交流活动，让台湾各阶层、各领域民众更多地参与到晋台各界大交流中来。先后邀请台湾“中华道教团体联合会”、台湾“中华神农大帝协进会”、台湾新北市工会、台北山西同乡会等团体到晋进行交流参访活动。三是指导和管理山西省的赴台交流。组织指导协助太原市、长治市杂技团、太原大学交流团、海外太原王氏宗亲联谊后援会交流团、晋中市旅游推荐团、吕梁黄河大唢呐艺术团等团组赴台开展交流活动及省教育厅、省总工会、省旅游局、省卫生厅、省法学会等部门和单位，与台青年、高校、行业工会、医院、旅游同业公会、法律团体等机构和社团，相应开展交流。

4. 对台宣传工作成效明显。山西省对台宣传工作以深化晋台新闻交流为抓手，以提升入岛宣传成效为着眼点和落脚点，以晋台新闻交流论坛作为重点工作项目，带动全省对台宣传工作全面发展。一是持续推动全省网络对台宣传。新建成市级涉台网站1个（《美丽朔州——塞上明珠》），累计建站数达12个；围绕提升网络宣传效能，对涉台网站管理人员进行专题培训，加强通讯员队伍建设；先后推出“山西关公祖庙圣像赴台巡游”“第三届晋台新闻交流论坛”等重要涉台活动专题报道，全省网络对台宣传主要指标位居全国前列。二是加强入岛宣传。针对关公文化在岛内的广泛影响，结合“关公祖庙圣像赴台巡游活动”，拍摄电视专题片《关帝祖庙》，并在台湾中天电视台播出；在连续两年开展《山西魅力市县》专项入岛宣传工作的基础上，完成《山西魅力市县》4个专题的制作，分别在台湾东森、旺报、庆联有线等8个媒体持续刊播；全年接待“台湾驻港传媒记者山西参访团”“台湾海基会媒体参访团”等10个团组103人次的媒体记者到晋采访考察和报道相关活动。

5. 涉台教育工作开展。各地通过在党校开设课程，在报纸设立专版专栏，举办报告会等形式，开展群众性涉台教育活动。省台办举办“全省涉台宣传干部培训班”和“山西省台办干部高级研修班”，编发6期《山西对台工作》和79期《台情选编》；大同市组织“我爱宝岛台湾图片展”，吕梁市台办开展“爱我宝岛、心系统一”宣传教育活动，长治市编印《涉台教育读本》并开展涉台教育进机关、进学校、进社区等“五进”教育活动，运城市台办举办小学生涉台教育讲座等。（吕继常）

【“两岸关公文化巡礼——山西关公祖庙圣像巡游”】 3月29日至4月18日，“两岸关公文化巡礼——山西关公祖庙圣像巡游”活动在台举办。山西省运城解州关帝祖庙的明代关帝圣像、青龙偃月刀、汉寿亭侯印及轿子等珍贵文物一并入岛，先后绕境高雄、台中、新北、台北、基隆等14个县市、160多座宫庙进行巡游交流，举办10场“忠义千秋”——两岸关公文化巡礼文艺晚会，在多地举办大型关公文化图片展、“天下关庙一家亲”座谈会等活动，省委常委、宣传部部长胡苏平等赴台出席开、闭幕式并参加相关交流活动；台湾知名人士连战、王金平、林丰正、林中森、郝龙斌、连胜文、郭台铭等也都参与组织或参加活动，沿途超过400万岛内民众参与巡游、朝拜和祈福等活动，台湾电视、报纸刊播新闻1000余条、投入宣传广告2000余档、互联网新闻达23万余条。（吕继常）

【“第三届晋台新闻交流论坛”】 9月1~6日省台办在晋举办“第三届晋台新闻交流论坛”，省委常委、宣传部部长胡苏平，国务院台办新闻发言人、新闻局副局长范丽青出席论坛并讲话，高雄市新闻记者公会、台湾新闻传播协会等5个联办单位和旺报、联合报等台湾30多家新闻媒体的50余位负责人参加论坛，其中80%是首次到山西，拓展台湾参加论坛人员范围；晋台两地媒体签署“第三届晋台新闻交流论坛四点共识”，达成在岛内创办“三晋都市报台北版”等多项合作协议。（吕继常）

【全省对台工作会议召开】 3月30日，全省对台工作会议在太原市召开，省台办主任黄进明主持。会议传达中央精神，部署全省工作。各市委、省直各部门、各群众团体党组和高校分管对台工作的负责人200余人参加会议。（吕继常）

【叶宏灯到晋考察】 5月中旬，广东省东莞市台商联谊会会长叶宏灯一行到晋参访，考察晋城高平市炎帝陵寝等历史遗迹，并捐赠100万元用于炎帝陵寝的修复。（吕继常）

【郁慕明到晋参加“第十五届海峡两岸建筑学术交流会”】 5月26~28日，台湾新党主席郁慕明到晋参加“第十五届海峡两岸建筑学术交流会”，参观素有“中国古建筑博物馆”之称的晋祠。（吕继常）

【全省涉台宣传干部培训班】 6月26~28日，省台办在太原举办2013年度全省涉台宣传干部培训班，邀请国台办综合局局长马晓光，省安监局副局长刘德政等作专题授课，省直有关部门及各市、县（区）台办100余人参加培训。（吕继常）

【台湾星云法师到晋参访】 7月4~7日，台湾星云法师到晋参访交流，出席“星云大师一笔字书法展—2013中国大陆巡回（太原展）”开展仪式，在太原美术馆作“幸福与安乐—幸福生活与中华文化的复兴”主题演讲，参拜佛教圣地五台山。（吕继常）

【台湾新闻媒体参访团到晋参访】 7月26~30日，台海海基会副董事长兼秘书长高孔廉率台湾新闻媒体参访团一行20余人到晋参访，对山西日报报业集团、太原市公交集团、太原电视台及部分太原台资企业进行参访交流，参访团由台湾海基会成员及台湾中天电视台、“中央社”、《中国时报》、《旺报》、《经济日报》等媒体记者组成。省委常委、宣传部部长胡苏平，太原市长耿彦波会见参访团一行。（吕继常）

【胡志强夫妇到晋参访】 8月10~12日，台中市市长胡志强到晋参访，到山西省晋祠、五台山等历史文化名胜进行参访交流。国务院台办主任张志军、省长李小鹏宴请台中市市长胡志强夫妇一行。（吕继常）

【“第二届晋台经贸交流合作恳谈会”】 9月9~15日，省台办组织指导山西省经贸考察团在台举办“第二届晋台经贸交流合作恳谈会”，省有关单位和企业70余人与台湾50余家企业进行座谈交流、业务对接，宣传山西省经济社会发展战略和投资环境。（吕继常）

【台北市山西省同乡会回乡参访】 9月15~26日，省台办邀请台北市山西省同乡会理事长王真一及新一届理、监事一行回乡参访，到太原、吕梁、晋中等市进行参访交流。（吕继常）

党史工作

【概述】 2013年，省委党史办公室和党史工作者贯彻落实党的十八大精神和习近平总书记一系列重要讲话精神，围绕省委全面贯彻落实十八大精神开创转型跨越新局面决策部署，按照十八大对党史工作提出的新任务新要求，落实党史工作以史鉴今、资政育人根本任务，推动党史研究、党史宣传教育、党史资料征集、党史资源开发利用等工作取得新成绩。一是召开全省党史研究室主任会议。5月27日，山西省党史办公室主任会议在太原召开。会议传达贯彻全国党史研究室主任会议精神，中央领导关于对党史工作重要讲话精神，中央党史研究室对党史工作任务部署，就2013年全省党史工作作出安排。省委对贯彻落实中央精神，做好党史工作,加快山西省由党史资源大省向党史工作强省迈进步伐提出要求,省委党史办公室主任于若洁就全年党史工作主要任务作具体安排。会议召开和抓好各项工作任务落实,推动党史工作实现新进展。二是省委组成党史工作专项督查调研组。9月、10月间,省委组成督查组,由省委党史办公室领导带队，对全省11个市及部分县区进行贯彻落实中发〔2010〕10号文件和全国党史工作会议精神情况进行督查调研,省委党史办公室进行自查总结。通过督查调研,掌握和了解各市党史工作情况、取得成绩和存在问题，在此基础上进行梳理总结,向省委报送督查调研党史工作情况报告。督查调研工作,推动全省党史工作迈向一个新台阶。（杨子晋）

【党史研究】 推进党史基本著作编写工作,在编写出版《中国共产党山西历史》新民主主义革命时期第一卷、社会主义革命和建设时期第二卷、改革开放和社会主义现代化建设新时期第三卷基础上,编写出版《中国共产党山西简史》《中国共产党山西历史大事记》(1924—2012)，为加强对山西地方党史学习提供普及性教材。（杨子晋）

【专题史研究】 深化专题研究,完成《山西革命根据地的文化建设》初稿,取得根据地文化建设研究阶段性成果。党史人物研究方面,完成《李雪峰传》送审稿。

推进完成全国党史部门统一部署“抗日战争时期山西省人口伤亡和财产损失调研”课题,编撰出版《抗日战争时期山西省人口伤亡和财产损失》调研课题省卷(资料卷)、运城市卷、忻州市卷。“抗损”课题的系列卷编撰出版任务完成。《山西省革命遗址通览》课题,编撰出版吕梁市卷,完成朔州市卷送审稿。完成《科学发展成就辉煌——从党的十七到十八大》山西卷撰写任务,研究编写成果上报中央党史研究室。研究确定《改革开放实录》山西部分编写方案和专题内容,上报中央党史研究室,展开《山西改革开放实录》自编本专题内容确定和组织研究撰写工作。（杨子晋）

【资料征集和编纂】 做好重要文献资料征集编辑工作,确定《毛泽东山西工作文稿》编辑工作,由中央文献研究室一部和省委党史办公室承担具体编辑任务，以中央文献研究室和中共山西省委名义共同编辑出版。做好具体编辑业务,推进该书审定出版。

全年推进《华国锋在山西》《齐云在太行》《陶鲁笳文集》等重要课题史料征集和研究编写工作。年底启动编纂《吕梁山革命斗争史史料丛书》,参与编纂《太行山革命斗争史史料丛书》相关工作。组织编写《2013年山西党史纪事》初稿。

2013年，编撰出版和编辑出版《中国共产党山西简史》《中国共产党山西历史大事记(1924—2012)》《抗日战争时期山西省人口伤亡和财产损失调研成果(省资料卷、运城卷、忻州卷)》《毛泽东山西工作文稿》《中共山西年鉴(2013)》《陶鲁笳文集》《2013年山西年鉴党建图文增刊（画册)》《朱德与山西抗战论文集》《山西省革命遗址通览·吕梁市卷》著作类、资料征编类图书11部,共900余万字，并推进一批重点课题完成送审稿和初稿。（杨子晋）

【党史宣传教育】 组织开展评选首批山西省党史教育基地工作,省委党史办公室对全省47处党史教育基地进行命名挂牌，增添全省党史教育、革命传统教育活动阵地。

组织开展党史学习活动。《中国共产党山西历史》3卷本出版后，省委组织部和省委党史办公室联合召开《中国共产党山西历史》出版座谈会。省委常委、组织部部长汤涛主持会议并讲话。会议要求全省广大党员干部群众深入学习党史，从历史自信中坚定坚持和发展中国特色社会主义的信心,推动山西转型跨越发展。省委组织部、省委宣传部、省委党史办公室联合发出《关于认真组织学习宣传〈中国共产党山西历史〉(1–3卷增订版)的通知》。组织发行宣传,发行8000多套。

做好党史研究成果转化利用工作,运用多种手段扩大党史宣传。与山西电视台等联合摄制电视文献片《毛泽东在山西》,共两集,每集30分钟,分别为《抗日前奏》和《走向胜利》,宣传红色山西历史,宣传毛泽东踏上山西黄土地留下的光辉足迹,建立的伟大功绩。学习毛泽东等老一辈革命家精神风范,与有关部门共同组织征集学术论文180余篇,做好评选优秀论文,编辑出版专集工作。

发挥党史宣传教育优势,组织编辑《群众路线参考资料》,为配合全省第二批开展党的群众路线教育实践活动提供党史教育材料。

办好党史期刊和党史年鉴,《党史文汇》突出可信、可读、可鉴、可存办刊特色,扩大党史宣传覆盖面;《中共山西年鉴》发挥总结宣传现实实践,为资政服务作用。

筹建山西党史网，借助互联网扩大党史宣传。公开招标确定山西党史网建设制作单位，对山西党史网内容设计进行论证并展开各项准备工作。

（杨子晋）

【纪念场馆及红色旅游】 推进筹建中国共产党山西省党史馆(山西革命博物馆)工作,建设省党史馆被列为全省重点工程项目,推进项目选址确定，与省投资咨询和发展规划院合作,编制《项目可行性研究报告》;组织室内有关专家和研究人员,修改编制《展览陈列内容大纲》。

彭真生平暨中共太原支部旧址纪念馆,发挥党史教育基地和革命传统教育基地、爱国主义教育基地作用,纪念馆被国务院公布为第七批全国重点文物保护单位。

与省旅游局联合发出《关于组织编撰山西省红色旅游指南》系列丛书的通知,制定编撰方案并启动编撰工作。

（杨子晋）

山西省人民代表大会

The People's Congress of Shanxi Province

综　述

【概述】 2013年，省人大常委会全年共召开常委会会议8次、审议议题87项，制定、修改和废止地方性法规9件，审查批准太原、大同两市地方性法规8件，审查报备规范性文件32件，听取审议省“一府两院”专项工作报告17项，就法律法规实施情况开展执法检查2项，就重大事项作出决议、决定16项，任免国家机关工作人员188人次，为办好“两件大事”，推进全省经济、政治、文化、社会和生态文明建设发挥积极作用。

（何涛　秦钟　王磊　郭强）

重要会议与部分国家机关工作人员任免

【山西省十一届人大常委会会议】 2013年，山西省十一届人大常委会共举行2次会议，即第三十四次和第三十五次。

第三十四次会议。1月5日在太原举行。

会议议程是：(1) 听取和审议山西省人民代表大会常务委员会代表资格审查委员会关于山西省第十二届人民代表大会代表资格的审查报告；(2)人事任免及其他事项。

会议表决通过山西省人民代表大会常务委员会代表资格审查委员会《关于山西省第十二届人民代表大会代表资格的审查报告》。表决通过人事任免名单。根据代省长李小鹏的提名，决定任命王一新为山西省副省长。

第三十五次会议。1月18日在太原举行。

会议议程是：(1)听取《关于山西省第十二届人民代表大会第一次会议筹备情况的报告》；(2)审议山西省第十一届人民代表大会常务委员会向山西省第十二届人民代表大会第一次会议所作的工作报告稿；(3)审议山西省第十二届人民代表大会第一次会议议程（草案）；(4)审议山西省第十二届人民代表大会第一次会议主席团和秘书长名单（草案）；(5)审议山西省第十二届人民代表大会第一次会议议案审查委员会组成人员名单（草案）；(6)审议山西省第十二届人民代表大会第一次会议列席人员名单（草案）；(7)其他事项。

会议表决通过山西省第十一届人大常委会向山西省第十二届人民代表大会第一次会议所作的工作报告稿；表决通过山西省第十二届人民代表大会第一次会议议程（草案），山西省第十二届人民代表大会第一次会议主席团和秘书长名单（草案），山西省第十二届人民代表大会第一次会议议案审查委员会组成人员名单（草案）；表决通过山西省第十二届人民代表大会第一次会议列席人员名单。

（何涛　秦钟　王磊　郭强）

【山西省十二届人大第一次会议】 1月23~30日在太原举行。应出席代表552人，实出席547人。会议主席团成员共计63人，常务主席为袁纯清、申联彬、杜玉林、李政文、靳善忠、安焕晓、郭海亮、王雅安。

大会议程共12项：(1)听取和审议山西省代省长李小鹏《关于政府工作的报告》；(2)审查和批准省人民政府《关于山西省2012年国民经济和社会发展计划执行情况与2013年国民经济和社会发展计划（草案）的报告》，批准山西省2013年国民经济和社会发展计划；(3)审查和批准省人民政府《关于山西省2012年全省和省本级预算执行情况与2013年全省和省本级预算（草案）的报告》，批准山西省2013年省本级预算；(4)听取和审议山西省人民代表大会常务委员会常务副主任申联彬《关于山西省人民代表大会常务委员会工作的报告》；(5)听取和审议山西省高级人民法院院长左世忠《关于山西省高级人民法院工作的报告》；(6)听取和审议山西省人民检察院检察长杨司《关于山西省人民检察院工作的报告》；(7)选举山西省第十二届人民代表大会常务委员会主任、副主任、秘书长、委员；(8)选举山西省省长、副省长；(9)选举山西省高级人民法院院长和山西省人民检察院检察长；(10)选举山西省出席第十二届全国人民代表大会代表；(11)通过山西省第十二届人民代表大会各专门委员会组成人员名单；(12)其他事项。

大会共收到代表提出的议事原案13件，经议案审查委员会审查后报大会主席团决定，将其中的8件立为8

1月29日，省十二届人大一次会议选举袁纯清为省人大常委会主任，李政文、牛仁亮、周然、安焕晓、张茂才、田喜荣为副主任，李仁和为秘书长　（刘　通提供）

个议案，内容均为制定或修改地方性法规，全部交由省人大及其常委会有关工作机构办理；其余5件转作代表建议、批评和意见处理。收到建议、批评和意见及议案转建议共865件，内容涉及推进综改试验区建设、落实扩权强县政策、统筹城乡发展、保障和改善民生、安全生产、环境保护、加快社会事业发展、创新社会管理、加强社会主义民主法制建设等方面。其中，14件交由省人大常委会办理，823件交由省政府系统办理，6件交由省高级人民法院办理，2件交由省检察院办理，20件交由党群部门办理。

会议选举产生新一届省级国家机关。选举袁纯清为省第十二届人民代表大会常务委员会主任，李政文、牛仁亮、周然、安焕晓（女）、张茂才、田喜荣为省第十二届人民代表大会常务委员会副主任，李仁和为省第十二届人民代表大会常务委员会秘书长；选出山西省第十二届人民代表大会常务委员会委员57人；通过省人大法制委员会、内务司法委员会和财政经济委员会三个专门委员会组成人员名单。选举李小鹏为省长，高建民、杜善学、张建欣（女）、任润厚、郭迎光、王一新、张复明为副省长。选举左世忠为省高级人民法院院长。选举杨司为省人民检察院检察长，由省人民检察院报经最高人民检察院检察长提请全国人民代表大会常务委员会批准。

会议还选出70名山西省出席第十二届全国人民代表大会的代表。

本次会议有827人列席，有10人旁听。（何涛　秦钟　王磊　郭强）

【山西省十二届人大常委会会议】 2013年，十二届人大常委会共举行六次会议，即第一次至第六次。

第一次会议。 2月18日在太原举行。会议听取省人大常委会主任袁纯清所作的讲话。

第二次会议。 3月29~31日在太原举行。

会议议程是：(1)审议山西省人民代表大会常务委员会关于修改《山西省人民防空工程建设条例》的决定(草案)；(2)审议山西省人民政府关于提请废止《山西省暂住人口治安管理条例》的议案；(3)审议和批准《太原市流动人口服务管理条例》；(4)审议和批准《太原市动物和动物产品检疫条例》；(5)审议和批准《大同市机动车排气污染防治条例》；(6)审议和批准《大同市河道管理条例》；(7)人事任免及其他事项。

会议表决通过山西省人民代表大会常务委员会关于修改《山西省人民防空工程建设条例》的决定，山西省人民代表大会常务委员会关于废止《山西省暂住人口治安管理条例》的决定，山西省人民代表大会常务委员会关于批准《太原市流动人口服务管理条例》的决定，山西省人民代表大会常务委员会关于批准《太原市动物和动物产品检疫条例》的决定，山西省人民代表大会常务委员会关于批准《大同市机动车排气污染防治条例》的决定，山西省人民代表大会常务委员会关于批准《大同市河道管理条例》的决定。

会议表决通过人事任免名单，并向通过任命的人员颁发任命书。根据省人大常委会主任会议的提名，任命何涛为省人大常委会副秘书长、研究室主任，亢官文、李正伦、邬敬文、李渊、宋伟为省人大常委会副秘书长；高国顺为省人大常委会法制工作委员会主任，张铁锁、蔡汾湘、张世文为省人大常委会法制工作委员会副主任；杨波为省人大常委会教育科学文化卫生工作委员会主任，郭贵春、袁升德、宋新柱、张明亮、梁权、安志辉、冯睿为省人大常委会教育科学文化卫生工作委员会副主任；谢海为省人大常委会农村工作委员会主任，董常生、曹晋芳、祁玉林为省人大常委会农村工作委员会副主任；施联秀为省人大常委会城乡建设环境保护工作委员会主任，常宝童、汤俊权、乔锦瑞为省人大常委会城乡建设环境保护工作委员会副主任；刘巩为省人大常委会人事代表工作委员会主任，杨竞赛、霍晓琴为省人大常委会人事代表工作委员会副主任；李东福为省人大常委会民族宗教侨务外事工作委员会主任，赵建平、李洪为省人大常委会民族宗教侨务外事工作委员会副主任；郑建国为省人大常委会预算工作委员会主任，王晓勇、王玉明为省人大常委会预算工作委员会副主任；张拯瑜为省人大常委会研究室副主任；叶增强为省人大常委会信访局局长。原任上届省人大常委会副秘书长，各工作委员会、研究室主任、副主任，信访局局长、副局长，未提名任命的，即予免职。根据省人大常委会主任会议的提名，任命王联英为省人大法制委员会副主任委员，吴临芳为省人大财政经济委员会副主任委员。

根据省长李小鹏的提名，决定任命廉毅敏为省人民政府秘书长，王赋为省发展和改革委员会主任，胡玉亭为省经济和信息化委员会主任，张文栋为省教育厅厅长，贺天才为省科学技术厅厅长，刘杰为省公安厅厅长，李洪为省国家安全厅厅长，冯改朵为省监察厅厅长，薛维栋为省民政厅厅长，崔国红为省司法厅厅长，武涛为省财政厅厅长，张健为省人力资源和社会保障厅厅长，李建功为省国土资源厅厅长，郭长青为省环境保护厅厅长，李栋梁为省住房和城乡建设厅厅长，段建国为省交通运输厅厅长，潘军峰为省水利厅厅长，李平社为省农业厅厅长，李永林为省林业厅厅长，孙跃进为省商务厅厅长，张瑞鹏为省文化厅厅长，卫小春为省卫生厅厅长，杨增武为省人口和计划生育委员会主任，王亚为省审计厅厅长，张志川为省政府外事侨务办公室主任，吴永平为省煤炭工业厅厅长。原任上届省人民政府秘书长、厅长，委员会、办公室主任，未提名本次会议任命的，即予免职。

根据省高级人民法院院长左世忠的提名，免去张远光的省高级人民法院审判委员会委员、审判员职务，李德荣、杨民宏的省高级人民法院审判员职务。根据省人民检察院检察长杨司的提名，任命胡克勤为省人民检察院副检察长，王卫民、李文、任焕山、黄玉洪为省人民检察院检察员；免去秦勤的省人民检察院检察员职务，杜双洪的大同铁路运输检察院检察员职务。

29日下午，常委会举行专题讲座，由委员何涛、邓永明、赵建平，分别围绕省人大常委会行使监督权、立法工作和对计划、预算的审查监督等作讲座。

第三次会议。5月27~29日在太原举行。

会议议程是：(1)审议省人民政府关于提请审议《山西省信息化条例(草案)》的议案；(2)审议省人民政府关于提请审议《山西省实施〈中华人民共和国国防动员法〉办法(草案)》的议案；(3)审议省人民政府关于提请审议《山西省森林公园条例(草案)》的议案；(4)审议和批准《太原市客运出租汽车服务管理条例》；(5)审议省人大常委会主任会议关于提请通过省十二届人大常委会代表资格审查委员会组成人员名单(草案)的议案；(6)人事任免及其他事项。

会议表决通过山西省人民代表大会常务委员会关于批准《太原市客运出租汽车服务管理条例》的决定；山西省第十二届人民代表大会常务委员会代表资格审查委员会组成人员名单；山西省人民代表大会常务委员会关于接受李青山辞去山西省人民代表大会常务委员会委员职务请求的决定。表决通过人事任免名单，并向通过任命的人员颁发任命书。

会议表决通过省人大常委会主任会议提名的省十二届人大常委会代表资格审查委员会组成人员名单，李政文任主任委员，李仁和、刘巩、张高宏任副主任委员，邓永明、李东福、李永宏、李思进、杨波、杨竞赛、何涛、郑建国、赵建平、施联秀、高国顺、韩怡卓、谢海任委员。

根据省人大常委会主任会议的提名，任命高国顺为省人大法制委员会副主任委员(兼)，郭贵仁为省人大内务司法委员会副主任委员，郑建国为省人大财政经济委员会副主任委员(兼)，姚芝楼为省人大常委会教育科学文化卫生工作委员会副主任，梁丽山为省人大常委会人事代表工作委员会副主任，秦良玉为省人大常委会民族宗教侨务外事工作委员会副主任。根据省高级人民法院院长左世忠的提名，免去孟昭辉的太原铁路运输法院审判员职务，张丽敏的大同铁路运输法院审判员职务。根据省人民检察院检察长杨司的提名，任命王海林为省人民检察院检察委员会委员、检察员，张仲马为省人民检察院检察员；免去宁建新、张旭民的省人民检察院检察员职务，孙晓松的太原铁路运输检察院检察员职务，张有德的大同铁路运输检察院检察员职务；批准任命宁建新为吕梁市人民检察院检察长，批准免去张仲马的吕梁市人民检察院检察长职务。

28日下午，常委会举行专题讲座，由国家发改委党组副书记、副主任朱之鑫围绕当前我国经济形势作专题讲座。

第四次会议。7月29日至8月1日在太原举行。

会议议程是：(1)审议省人民政府关于提请审议《山西省高速公路管理条例(修订草案)》的议案；(2)审议省人民政府关于提请审议《山西省发展中医药条例(草案)》的议案；(3)审议《山西省实施〈中华人民共和国国防动员法〉办法(草案)》；(4)审议《山西省信息化促进条例(草案)》；(5)审议《山西省森林公园条例(草案)》；(6)审议山西省人民代表大会常务委员会关于修改《山西省实施〈中华人民共和国道路交通安全法〉办法》的决定(草案)；(7)审议和批准《太原市晋祠泉域水资源保护条例》；(8)审议和批准《太原市兰村泉域水资源保护条例》；(9)听取和审议省人民政府《关于2013年上半年全省国民经济和社会发展计划执行情况的报告》；(10)听取和审议省人民政府《关于2013年省本级预算调整方案(草案)》；(11)听取和审议省人大财政经济委员会《关于2013年省本级预算调整方案(草案)的审查报告》；(12)审议山西省人民代表大会常务委员会《关于批准2013年省本级预算调整方案的决议(草案)》；(13)听取和审议省人民政府《关于2012年省本级财政决算(草案)及2012年省本级财政决算和2013年上半年全省预算执行情况的报告》；(14)听取和审议省人大财政经济委员会《关于2012年省本级财政决算(草案)的审查报告》；(15)审议山西省人民代表大会常务委员会《关于批准2012年省本级财政决算的决议(草案)》；(16)听取和审议省人民政府《关于2012年省本级预算执行和其他财政收支的审计工作报告》；(17)听取和审议省人民政府《关于教育改革发展规划纲要落实工作情况的报告》并进行满意度测评；(18)听取和审议山西省人大常委会执法检查组关于检查《山西省预防职务犯罪工作条例》实施情况的报告；(19)人事任免及其他事项。

会议对教育改革发展规划纲要实施情况报告进行满意度测评。表决通过《山西省实施〈中华人民共和国国防动员法〉办法》《山西省信息化促进条例》《山西省森林公园条例》、山西省人民代表大会常务委员会关于修改《山西省实施〈中华人民共和国道路交通安全法〉办法》的决定；山西省人民代表大会常务委员会关于批准《太原市晋祠泉域水资源保护条例》的决定；山西省人民代表大会常务委员会关于批准《太原市兰村泉域水资源保护条例》的决定；《山西省人民代表大会常务委员会关于批准2013年省本级预算调整方案的决议》；《山西省人民代表大会常务委员会关于批准2012年省本级财政决算的决议》。表决通过人事任免名单，并向通过任命的人员颁发任命书。根据省长李小鹏的提名，决定免去胡玉亭的省经济和信息化委员会主任职务，决定任命张华龙为省经济和信息化委员会主任。根据省高级人民法院院长左世忠的提名，任命赵永革、唐琳、宋俊伟、段治国为省高级人民法院审判员。

31日，常委会举行专题讲座，由国防大学副校长毕京京以强军梦是实现中国梦的坚强力量保证作讲座。

第五次会议。9月26~29日在太原举行。

会议议程是：(1)审议省人民政府关于提请审议《山西省志愿服务条例(草案)》的议案；(2)审议《山西省高速公路管理条例(修订草案)》；(3)审议《山西省发展中医药条例(草案)》；(4)审议和批准《大同市人民代表大会常务委员会关于废止〈大同市国有企业及国有控股企业领导人员任期经济责任审计条例〉的决定》；(5)听取和审议省人民政府《关于财政科技经费投入使用情况的报告》并进行专题询问；(6)听取和审议省人民政府《关于全省行政复议法实施情况的报告》；(7)听取和审议省人民政府《关于全省公安机关执法规范化建设工作情况的报告》；(8)听取和审议省人民政府《关于全省信息化建设情况的报告》；(9)听取和审议省人民政府《关于全省农机工作情况的报告》；(10)听取和审议省人民政府《关于保障饮用水安全工作情况的报告》；(11)听取和审议省人民政府《关于全省民族工作情况的报告》；(12)听取和审议省人民政府《关于省本级财政资金支持企业转型发展情况的报告》；(13)审议《关于山西省综改试验区11个省级试点县(市、区)人大常委会依法履职服务中心工作情况的调研报告》；(14)人事任免及其他事项。

会议表决通过《山西省高速公路管理条例》；《山西省发展中医药条例》；山西省人民代表大会常务委员会关于批准《大同市人民代表大会常务委员会关于废止〈大同市国有企业及国有控股企业领导人员任期经济责任审计条例〉的决定》。表决通过人事任免名单，并向通过任命的人员颁发任命书。根据省人大常委会主任会议的提名，任命杨文章为省人大常委会农村工作委员会副主任。根据省长李小鹏的提名，决定免去段建国的省交通运输厅厅长职务，决定任命李正印为省交通运输厅厅长。根据省高级人民法院院长左世忠的提名，任命张学俊为省高级人民法院审判委员会委员、审判员，王建兴、白迎唐、张艳萍、吴志军、李克恭为省高级人民法院审判员；免去武晋林的省高级人民法院审判员职务。根据省人民检察院检察长杨司的提名，免去寇先根、张旭民的省人民检察院检察员职务，杨承瑾的太原铁路运输检察院检察员职务。

27日下午，常委会举行专题讲座，由中央社会主义学院党组书记、第一副院长叶小文以中国文化与文化中国——民族复兴中国梦的文化底气与根基为题作讲座。

第六次会议。11月25~28日在太原举行。

会议议程是：(1)审议省人民政府关于提请审议《山西省土地整治条例(草案)》的议案；(2)审议省人民政府关于提请审议《山西省城镇住房保障条例(草案)》的议案；(3)审议《山西省志愿服务条例(草案)》；(4)审议和批准《太原市残疾人保障条例》；(5)审议省人大常委会关于召开山西省第十二届人民代表大会第二次会议的决定(草案)；(6)听取和审议省人大常委会执法检查组关于检查《中华人民共和国安全生产法》实施情况的报告；(7)听取和审议省人民政府关于山西省"十二五"规划《纲要》实施情况中期评估报告；(8)听取和审议省人大财政经济委员会关于山西省"十二五"规划《纲要》中期评估及部分指标调整的审议意见；(9)听取和审议省人民政府关于2012年省本级预算执行审计查出问题的整改工作报告；(10)审议省人大内务司法委员会关于省十二届人大一次会议主席团交付的代表议案审议结果的报告(书面)；(11)审议省人大财政经济委员会关于省十二届人大一次会议主席团交付的代表议案审议结果的报告(书面)；(12)审议省人大常委会人事代表工作委员会关于省十二届人大一次会议主席团交付的代表议案处理情况的报告（书

8月16日，省人大常委会副主任李政文、牛仁亮、周然、安焕晓、张茂才，秘书长李仁和赴平顺县西沟村开展党的群众路线实地教育活动，并看望全国人大代表申纪兰 （王　磊提供）

面);(13)听取和审议省人民政府关于省十二届人大一次会议以来代表建议、批评和意见办理情况的报告;(14)听取和审议省高级人民法院关于省十二届人大一次会议以来代表建议、批评和意见办理情况的报告;(15)听取和审议省人民检察院关于省十二届人大一次会议以来代表建议、批评和意见办理情况的报告;(16)人事任免及其他事项。

会议表决通过《山西省志愿服务条例》;关于批准《太原市残疾人保障条例》的决定;省人大常委会关于召开山西省第十二届人民代表大会第二次会议的决定;省人大常委会关于山西省"十二五"规划《纲要》部分指标调整的决议;省人大内务司法委员会关于省十二届人大一次会议主席团交付的代表议案审议结果的报告;省人大财政经济委员会关于省十二届人大一次会议主席团交付的代表议案审议结果的报告;省人大常委会人事代表工作委员会关于省十二届人大一次会议主席团交付的代表议案处理情况的报告;省人民政府关于省十二届人大一次会议以来代表建议、批评和意见办理情况的报告;省高级人民法院关于省十二届人大一次会议以来代表建议、批评和意见办理情况的报告;省人民检察院关于省十二届人大一次会议以来代表建议、批评和意见办理情况的报告。表决通过人事任免名单。

根据省人民检察院检察长杨司的提名,任命李晓波为省人民检察院检察员,王小燕为太原西峪地区人民检察院检察长,赵小莉、芦春贤、石宝明、张利全为太原西峪地区人民检察院副检察长、检察委员会委员,张建华、胡旭东、杨傲寒、武爱生、王淑珍、李锐锋、郝彬为太原西峪地区人民检察院检察委员会委员、检察员,张建武、孙德平、刘凤伟、徐志德、李凤英、高新华、张威为太原西峪地区人民检察院检察员,邓百福为阳泉荫营地区人民检察院检察长,张存庆、庞有清为阳泉荫营地区人民检察院副检察长、检察委员会委员,张福拴、黄鑫平、赵冬冬、贾宏国为阳泉荫营地区人民检察院检察委员会委员、检察员,史真存、徐云焕、冯来川、贾晓东、史宝平、梁安国为阳泉荫营地区人民检察院检察员,赵仰政为晋城晋普山地区人民检察院检察长,王慧玲、程鹏、史树和、张必强为晋城晋普山地区人民检察院副检察长、检察委员会委员,韩睿为晋城晋普山地区人民检察院检察委员会委员、检察员,张伟、邢书云、宋志学、马惠霖、翟鹏华、孙志强、袁东斌、靳四棠、李志红为晋城晋普山地区人民检察院检察员,姚江华为永济董村地区人民检察院检察长,张志浩、杨梅为永济董村地区人民检察院副检察长、检察委员会委员,潘创福、管亚军为永济董村地区人民检察院检察委员会委员、检察员,姚继堂、张贵仁、冯勇强、秦金萍、胡晓龙、韩卫国、何新亮、陈亚鹏、张惠杰、张益民为永济董村地区人民检察院检察员;免去胡献国的太原铁路运输检察院副检察长、检察委员会委员职务。

28日上午,常委会举行专题讲座,由北京大学党委副书记、纪委书记、光华管理学院博士生导师于鸿君教授以政府和市场为题作讲座。

(何涛　秦钟　王磊　郭强)

立　法

【省人大常委会通过的地方性法规】

《山西省人民防空工程建设条例》《山西省实施〈中华人民共和国国防动员法〉办法》《山西省信息化促进条例》《山西省森林公园条例》《山西省实施〈中华人民共和国道路交通安全法〉办法》《山西省高速公路管理条例》《山西省发展中医药条例》《山西省志愿服务条例》。

(何涛　秦钟　王磊　郭强)

【省人大常委会批准的地方性法规】

《太原市流动人口服务管理条例》《太原市动物和动物产品检疫条例》《太原市客运出租汽车服务管理条例》《太原市晋祠泉域水资源保护条例》《太原市兰村泉域水资源保护条例》《太原市残疾人保障条例》《大同市机动车排气污染防治条例》《大同市河道管理条例》。

(何涛　秦钟　王磊　郭强)

【省人大常委会废止的地方性法规】

《山西省暂住人口治安管理条例》。

(何涛　秦钟　王磊　郭强)

监　督

【听取和审议省政府及其部门、"两院"工作报告】 省人民政府《关于上半年全省国民经济和社会发展计划执行情况的报告》《关于2012年省本级财政决算和2013年上半年全省预算执行情况的报告》《关于2012年省本级预算执行和其他财政收支的审计工作报告》《关于教育改革发展规划纲要实施情况的报告》《关于财政科技经费投入使用情况的报告》《关于省本级财政资金支持企业转型发展情况的报告》《关于全省信息化建设情况的报告》《关于〈中华人民共和国行政复议法〉实施情况的报告》《关于全省公安机关执法规范化建设》《关于全省农机工作情况的报告》《关于保障饮用水安全工作情况的报告》《关于全省民族工作情况的报告》《山西省"十二五"规划〈纲要〉实施情况中期评估报告》《关于省十二届人大一次会议以来代表建议、批评和意见办理情况的报告》,省高级人民法院《关于省十二届人大一次会议以来代表建议、批评和意见办理情况的报告》,省人民检察院《关于省十二届人大一次会议以来代表建议、批评和意见办理情况的报告》,省人民政府《关于2012年省本级预算执行审计查出问题的整改报告》。

(何涛　秦钟　王磊　郭强)

【听取和审议省人大及其常委会有关工作部门的报告】 省人大财政经济委员会《关于2013年省本级预算调整方案(草案)的审查报告》《关于2012年省本级财政决算(草案)的审查报告》,省人大常委会执法检查组《关于检查〈山西省预防职务犯罪工作条例〉实施情况的报告》《关于省人大常委会组成人员视察全省教育改革发展规划纲要实施情况的报告》,省人大财政经济委员会《关于2013年上半年我省金融形势的分析报告》,省人大常委会研究室《关于11

9月29日，省十二届人大常委会第五次会议专题询问全省财政科技经费投入使用情况，省人大常委会副主任李政文、安焕晓、张茂才、田喜荣，秘书长李仁和出席，副主任周然主持会议　（郭　强提供）

个省级转型综改试点县(市、区)人大常委会依法履职服务中心工作情况的调研报告》，省人大财政经济委员会《关于山西省服务业发展情况的调研报告》，省人大内务司法委员会《关于省十二届人大一次会议主席团交付的代表议案审议结果的报告（书面)》，省人大财政经济委员会《关于省十二届人大一次会议主席团交付的代表议案审议结果的报告(书面)》，省人大常委会人事代表工作委员会《关于省十二届人大一次会议主席团交付的代表议案处理情况的报告(书面)》，省人大常委会执法检查组《关于检查〈中华人民共和国安全生产法〉实施情况的报告》。

（何涛　秦钟　王磊　郭强）

【《山西省预防职务犯罪工作条例》实施情况的检查】 6月至7月，省人大常委会部分组成人员、省人大代表和检察、监察、审计机关的相关人员组成检查组，到省司法厅、省国土资源厅、省环境保护厅、省住房和城乡建设厅、省交通运输厅、省国资委6个厅局，长治、吕梁、阳泉、朔州、晋城5个市以及首钢长钢、阳煤集团等单位，听取汇报60余次，召开座谈会30余次，查阅文件300多件，召开反馈意见会10余次，对《山西省预防职务犯罪工作条例》(以下简称《条例》)在全省的贯彻实施情况进行检查。

执法检查组认为，全省贯彻实施《条例》已经起步，各项工作正在逐步推开，各地基本上都成立了预防职务犯罪工作领导协调机构，开展《条例》学习宣传教育工作，一些单位和部门积极贯彻《条例》，建立制度，注重惩处、推进工作。

针对检查中发现的问题，报告建议：加强宣传，提高认识，筑牢预防工作的思想防线；健全制度，完善程序，构建预防工作的长效机制；严格监督，依法指导，充分发挥各执法主体的职能作用。

（何涛　秦钟　王磊　郭强）

【全省教育改革发展规划纲要实施情况的视察】 《山西省中长期教育改革和发展规划纲要（2010~2020年）》(以下简称《纲要》)是山西省贯彻落实国家中长期教育规划纲要，推进未来一个时期山西省教育改革发展的纲领性文件。听取和审议《纲要》实施情况，并对该专项工作报告进行满意度测评，是新一届人大常委会产生之后围绕改革发展和民生重大事项开展的第一项重点监督工作。

6月9日，省人大常委会召开《纲要》满意度测评工作动员会，副主任周然出席并作动员讲话。7月1~4日和19日，周然带队，46位组成人员先后到吕梁、晋中和太原3市及所属5县区，听取情况汇报，到十余所各级各类学校及高校新校区和省招生考试基地视察。

视察组认为，《纲要》实施三年来，全省各级政府坚持“优先发展”理念，政策投入保障有力；坚持“教育公平”原则，各级各类教育协调发展；坚持以“改革创新”为动力，教育重要领域和关键环节改革稳步推进。各类教育得到快速发展，教育整体水平获得明显提升，《纲要》确定的阶段性目标基本完成。

针对检查中发现的问题，建议在以下方面加强工作：统筹推进教育现代化建设；完善教育经费保障机制；扩大优质教育资源；推进职业教育；加强教师队伍建设；搭建终身教育服务平台。（何涛　秦钟　王磊　郭强）

【《中华人民共和国安全生产法》实施情况的检查】 9月至10月，省人大常委会副主任牛仁亮、周然、安焕晓分别带队，率领部分省人大常委会委员、省人大代表到太原、晋中、阳泉、吕梁、临汾、运城6个市20余个基层单位，采取听汇报、召开座谈会、查阅文件资料、实地考察等方式对山西省贯彻实施安全生产法情况进行检查。

执法检查组认为，从总体上看，全省上下对安全生产工作高度重视，认真贯彻执行安全生产法等法律法规，为加强和改进安全生产工作、保障经济社会持续健康发展、保障人民群众生命财产安全做大量卓有成效的工作，取得较为明显的成绩。全省安全生产工作继续保持平稳向好的趋势。

检查组针对检查中发现的问题，建议进一步创新安全发展理念，深化安全意识；进一步落实政府监管和企业主体责任，严格安全责任追究；进一步加强基础工作，提升安全保障能力；进一步健全法规制度，构建安全长效机制。

（何涛　秦钟　王磊　郭强）

山西省人民政府

The People's Government of Shanxi Province

综　述

【经济发展取得新成效】 2013 年，山西省人民政府充分发挥政策措施的保障作用，落实中央宏观调控政策和各项决策部署，结合省情实际，远近结合、综合施策，制定实施一系列稳增长政策措施。比如，针对煤炭工业近年来少有的运行困难，及时出台促进煤炭经济转变发展方式和持续健康发展的近期、中期、长期共 20 条措施；国家正式授权山西省核准低热值煤发电项目后，及时出台低热值煤发电项目核准 20 条措施，明确“10 准入”“10 优先”的核准条件；为推动煤层气产业健康发展，还及时出台加快推进煤层气产业发展的 20 条意见。这一系列政策措施的出台和实施，对稳定全省经济大局、促进经济持续健康发展发挥重要作用。统筹掌控“三驾马车”，发挥好投资的关键作用、消费的基础作用，加大投资力度，扩大社会消费，稳定和拓展外需，支持实体经济发展，经济保持平稳较快发展，质量和效益明显提升。2013 年全省地区生产总值完成 12602 亿元、增长 8.9%，全社会固定资产投资 11200 亿元、增长 22.1%，社会消费品零售总额 4988 亿元、增长 14%，公共财政预算收入 1700 亿元、增长 12.1%，城镇居民人均可支配收入 22456 元、增长 10%，农民人均纯收入 7154 元、增长 12.5%，经济在克服困难中实现平稳健康发展。 （柏亚华）

【转型发展迈出新步伐】 改造提升传统产业，2013 年全省煤炭产量达到 9.6 亿吨、外运量达到 6.2 亿吨，焦化行业兼并重组基本完成，户均产能由 70 万吨提高到 200 万吨。培育壮大新兴产业，先进装备制造业、现代煤化工、新型材料工业、特色食品工业等发展势头强劲，装备制造业跃升为工业第三大支柱行业，占工业增加值比重达到 8.3%。工业投资中非传统产业占比达到 54.3%，首次超过传统产业。旅游总收入达到 2305 亿元、增长 27.2%，服务业占地区生产总值的比重达到 40%。推进节能减排和生态建设，推进以细颗粒物为重点的大气污染防治，主要污染物减排任务全部完成。强化科技和人才支撑，科技创新城筹建工作正式启动，“千人百县”服务基层活动取得新成效。 （柏亚华）

【农业农村面貌发生新变化】 加大强农惠农富农力度，在落实国家各项补贴政策的基础上，又新实施 10 项强农惠农富农政策，资金总规模达到 60 亿元。粮食总产量达到 131.3 亿公斤，连续 4 年创历史新高。实施七大产业振兴和翻番工程，设施蔬菜、水果、中药材等特色产业蓬勃发展，农产品加工龙头企业销售收入突破千亿元。启动百企千村产业扶贫开发工程，推进连片特困地区扶贫攻坚，又有 47 万贫困人口实现脱贫。农民人均纯收入连续 6 年保持两位数增长、增速连续 3 年高于城镇居民，贫困地区农民收入增速连续 3 年高于全省农民。为农民新办“五件实事”，改造农村困难家庭危房 10 万户，易地搬迁特困群众 11 万人，改扩建村级幼儿园 546 所，为农村配备保洁人员 7.2 万名、垃圾清运车 3.6 万台，为 1.8 万个村安装太阳能路灯 36.8 万盏，行政村街道亮化任务全面完成。

（柏亚华）

【人民生活水平有新提高】 把财政支出总量和增量的八成以上用于民生及相关事业。全年新建、改扩建标准化公办幼儿园 216 所，进城务工人员随迁子女实现在就读地参加中考，9 所高校近 7 万名师生入住高校新校区。县级公立医院改革试点扩大到 83 个县，试点医院实行药品“零差率”销售。实施“百县强基”“万村千乡”等文化惠民工程，省图书馆、科技馆正式投用。全年城镇新增就业 51.5 万人，转移农村劳动力 37 万人。城镇职工基本养老、医疗、失业、工伤、生育 5 项保险实现制度全覆盖。全年新开工城镇保障性住房 24.2 万套、基本建成 22.1 万套，完成农村住房抗震改建 1 万户、受灾群众住房改建 1.86 万户。

（柏亚华）

【安全生产工作取得新成绩】 把安全生产作为最大的民生工程，坚持决不能过高估计安全生产形势、决不能过高估计干部群众对安全生产重要性的认识、决不能过高估计各级政府和企业安全生产的能力和水平，敬畏生命、敬畏责任、敬畏制度，落实政府监管责任，落实企业安全生产主体责任，加强对安全生产的领导，明确16个行业领域的安全监管责任；开展安全生产大检查和“回头看”活动，对重点领域的6.2万户企业进行拉网式排查，关闭非法违法企业1238家。全省生产经营性事故起数和死亡人数分别下降7.3%、9.1%，煤炭百万吨死亡率0.077、下降15.4%，安全生产形势持续明显好转，为全省经济社会发展奠定坚实基础。（柏亚华）

【转型综改区建设实现新突破】 坚持以转型综改区建设为统领，制定实施“十二五”后三年实施方案和2013年行动计划，转型综改区建设进入实质性推进阶段。争取国家赋权三项重大改革，获准授权低热值煤发电项目核准权，煤炭和煤层气矿业权审批改革试点稳步推进，动力煤期货交易试点前期工作进展顺利。构建和谐煤电关系成效明显，同煤集团成功重组漳泽电力，晋能公司成立运营，全省34户省调主力火电企业有26户实现煤电联营，省内七大煤炭企业分别与有关发电企业签署中长期电煤购销协议。现代煤炭交易体系初步形成，煤炭销售全部实现网上交易，成功发布太原煤炭交易价格指数。土地管理体制改革深入推进，金融创新步伐加快，财税体制改革、“飞地经济”发展等积极推进。转型综改试验区建设取得实实在在的成效，为经济社会发展注入动力和活力。（柏亚华）

重要会议

【省政府全体会议】 **第1次全体会议** 1月31日上午，省长李小鹏主持召开省政府第1次全体会议，贯彻落实省“两会”精神，明确省政府领导分工，对《政府工作报告》目标责任进行分解，安排部署工作。会议强调，要加强组织领导，明确工作分工，严格履行职责，狠抓工作落实，确保各项目标任务完成；要细化目标责任，层层分解任务，制定周密计划，加强考核监督，确保各项工作抓一件成一件，件件有成效；要坚持高效务实，提高工作效率，加快审批进度，创新工作方法，形成齐抓共管抓落实、相互支持促发展局面；要改进工作作风，坚决执行中央关于改进工作作风，密切联系群众八项规定实施细则和山西省出台的具体办法制度，建设法治政府、服务政府、责任政府、廉洁政府和学习型政府。

第2次全体会议 4月18日上午，省长李小鹏主持召开省政府第2次全体会议，分析一季度经济形势，部署二季度重点工作，通过《山西省人民政府工作规则》。会议认为，在外部环境严峻复杂形势下，全省上下攻坚克难、扎实工作，推动全省一季度经济社会发展平稳开局、扎实前进，预计地区生产总值同比增长9.5%左右，固定资产投资增长16.8%，社会消费品零售总额增长13.1%，进出口总额增长25.5%，公共财政预算收入增长17.3%，城乡居民收入分别增长8.6%、13.4%。但山西省经济下行压力仍然较大，形势仍不容乐观，一些先行指标增长乏力，煤炭等传统行业效益下滑，农业受到干旱影响。对此，必须采取有效措施，加以解决。

第3次全体会议 7月26日，省政府召开第3次全体(扩大)会议，总结点评上半年工作，安排部署下半年工作。会议强调，全省上下要统一思想、坚定信心，齐心协力、迎难而上，高效务实、真抓实干，做好下半年工作，完成全年目标任务。省长李小鹏主持会议并讲话。会议要求，要坚决贯彻落实中央要求，按照省委统一安排，开展好党的群众路线教育实践活动，特别要立说立行、说改就改，针对经济下行压力加大、发展环境不优、行政效能不高、创新发展能力不强等问题和群众期盼愿望，深入调查研究、制定出台措施、多办好事实事，确保教育实践活动取得实效。

第4次全体（扩大）会议 12月30日下午，省长李小鹏主持召开省政府第4次全体(扩大)会议，讨论修改《政府工作报告》(讨论稿)，安排部署工作。会议要求，各级各部门要组织好对《政府工作报告》讨论修改工作，使报告修改过程成为总结经验、鼓舞士气、查找问题、纠正不足过程，成为统一思想、凝聚力量、集中智慧、谋划发展过程，成为落实责任、细化措施、真抓实干、为民服务过程。报告起草组要根据会议讨论情况抓紧修改完善报告，确保报告体现中央新精神、反映群众新期待、符合转型跨越发展新要求，做到总结成绩实事求是，分析问题客观到位，把握形势科学准确，部署工作重点突出、扎实细致。（柏亚华）

【省政府常务会议】 **第116次常务会议** 1月4日下午，省委副书记、代省长李小鹏主持召开省政府第116次常务会议，研究2013年省级政府固定资产投资计划，全省及省本级财政收支计划安排，讨论通过《山西省2011—2020年农村扶贫开发总体规划(送审稿)》，研究四大文化产业集团组建事宜。

第118次常务会议 1月15日上午，省委副书记、代省长李小鹏主持召开省政府第118次常务会议，研究全省应急管理工作和省本级行政审批项目取消调整等工作。会议要求，主要负责人要专题研究、亲自督导落实应急工作，指定专人管理负责具体工作。要总结山西省应对事故事件经验教训，举一反三，全面加强应急管理工作，特别要突出重点，找准漏洞和问题，以强化应急意识、责任意识、底线意识为核心，对应急管理工作进行整改，掌握应急管理工作主动权。

第1次常务会议 1月29日，省第十二届人大一次会议选举产生新一届省人民政府领导班子。会后，省长李小鹏主持召开省政府第一次常务会议，研究部署加强政府自身建设和重点工作。会议强调，新一届政府要以人民满意为目标，加强政府自身建设。要转变政府职能，深化行政审批制度改革，提高行政效能，为各类市场主体创造公平发展环境，为人民群众提供良好公共服务；要依法行政，规范行政行为，推进政务公开，让权力在阳光下运行；要加强廉政建设，完善惩治和预防腐败体系，严肃查处各类违法违纪案件，严格控制“三公”经费，厉行勤俭节约，反对铺张浪费，以为民、务实、清廉形象取信于民；要改进工作作风，严格执行中央关于改进工作作风、密切联系群众的八项规定和实施细则，改进文风会风，深入基层调查研究。

第2次常务会议 2月5日上午，省长李小鹏主持召开省政府第2次常务会议，研究县域经济发展事宜，讨论通过《山西省县域经济发展考核评价暂行办法》。会议强调，为推动县域经济更好更快发展，有必要制定实施《山西省县域经济发展考核评价暂行办法》。考核评价办法在指标设计上做到全面系统与突出重点相结合，加强对总量和速度指标考核，注重对安全生产、民生改善、结构调整和环境优化等指标考核；在评价奖惩上坚持“一把尺子、分类选优、体现特色、统一评价”思路，激励有条件的县率先发展，有潜力的县加快发展，贫困县尽快脱贫致富，发挥好考核评价政绩导向作用，把各地加快发展积极性引导到推动科学发展轨道上来。

第3次常务会议 2月19日上午，省长李小鹏主持召开省政府第3次常务会议，研究分析1月份经济运行情况。会议认为，1月份，全省工业经济稳定增长，农业生产总体向好，消费市场持续活跃，重点工程进展顺利，就业形势基本稳定，经济运行继续保持回升态势，但经济发展环境依然复杂多变，促进经济平稳较快增长仍然面临较大压力。会议原则通过《2012年全省安全生产考核指标和考核办法》，要求各级各部门各企业高度重视，严格管理，科学考核，表彰奖励向企业和一线干部职工倾斜，发挥考核工作导向作用。

第4次常务会议 2月25日下午，省长李小鹏主持召开省政府第4次常务会议，研究通过《进一步加强兼并重组整合煤矿建设工作的意见》和《进一步推进现代化矿井建设的意见》。会议认为，加强重组整合煤矿和现代化矿井建设，是巩固煤炭资源整合煤矿兼并重组成果、确保煤矿安全生产的现实需要，也是加快调整煤炭工业结构，提升煤炭经济发展质量和效益，促进高碳资源低碳发展、黑色煤炭绿色发展的重要举措。山西省煤炭工业正处于大规模建设改造时期，按照国家有关政策和法律法规，结合山西省实际，制定加强重组整合矿井建设和加快现代化矿井建设意见，十分必要、十分及时。

第5次常务会议 3月20日上午，省长李小鹏主持召开省政府第5次常务会议，传达贯彻全国“两会”精神，安排部署重点工作，研究通过调整山西省2013年最低工资标准的方案，讨论通过《山西省信息化条例（草案）》。会议认为，要按照国务院《关于深化收入分配制度改革的若干意见》精神，抓紧研究制定山西省收入分配改革方案和实施细则，加快建立符合山西实际、更加公平合理收入分配制度，提高人民群众收入水平，维护社会公平正义与和谐稳定。会议讨论通过最低工资标准调整方案，决定4月1日起实行。

第6次常务会议 3月28日上午，省长李小鹏主持召开省政府第6次常务会议，研究讨论山西省改善环境空气质量、减少灰霾天气实施方案，安排部署改善环境空气质量工作。会议指出，改善环境空气质量，减少灰霾天气，事关人民群众身体健康和生活质量，事关山西生态文明建设和转型跨越发展。各级各部门要充分认识改善环境空气质量重要性和紧迫性，按照党的十八大提出的建设生态文明要求，坚定信心、完善措施、加大力度，推动山西省环境空气质量持续好转。

第7次常务会议 4月2日上午，省长李小鹏主持召开省政府第7次常务会议，就提高履职能力、做好政府工作提出明确要求，研究通过《山西省流动人口服务管理办法（草案）》。会议指出，加强和完善流动人口服务管理是强化社会管理的一项重要任务，制定流动人口服务管理办法是贯彻落实中央决策部署重要举措，对于实现流动人口管理服务法制化具有重要意义。

第8次常务会议 4月12日上午，省长李小鹏主持召开省政府第8次常务会议，研究审议并原则通过《山西省国家资源型经济转型综合配套改革试验实施方案（2013–2015年）》和《山西省国家资源型经济转型综合配套改革试验2013年行动计划》。

第9次常务会议 4月16日上午，省长李小鹏主持召开省政府第9次常务会议，听取一季度经济运行情况汇报，研判经济形势，制定促进经济持续健康发展政策措施，讨论通过《进一步支持中小微企业发展的措施（2013年第1批）》。

第10次常务会议 4月23日上午，省长李小鹏主持召开省政府第10次常务会议，研究制定提高城乡居民收入水平措施，原则通过《山西省森林公园条例（草案）》和《山西省实施〈中华人民共和国国防动员法〉办法（草案）》，决定提交省人大常委会审议。

第11次常务会议 4月28日，省长李小鹏主持召开省政府第十一次常务会议，听取电力建设情况汇报，讨论通过推动“美丽山西休闲游”若干措施。

第12次常务会议 5月14日上午，省长李小鹏主持召开省政府第12次常务会议，研究通过《进一步支持中小微企业发展的措施（2013年第2批）》，安排部署金融扶持中小微企业发展工作。会议认为，全省经济总体平稳，但下行压力仍然较大，进一步出台支持中小微企业发展措施，既是稳增长、控通胀、防风险重要举措，也是促进经济社会持续健康发展必然要求。

第13次常务会议 5月21日上午，省长李小鹏主持召开省政府第13次常务会议，听取经济形势分析和农业生产情况汇报，安排部署重点工作。会议认为，1月至4月，全省规模以上工业增加值同比增长11%，公共财政预算收入增长15.5%，进出口总额增长27%，货运量、用电量等先行指标向好，安全生产形势持续明显好转，民生工作扎实推进，装备制造、食品、医药等新兴产业快速发展，非国有投资、新兴产业投资大幅增长，成为拉动经济增长重要动力。

第14次常务会议 5月28日上午，省长李小鹏主持召开省政府第14次常务会议，听取晋能集团组建发展、阳煤集团托管重组太化集团、晋煤集团托管重组太原煤气化公司情况汇报，研究部署国有企业改革创新发展工作。

第15次常务会议 6月4日上午,省长李小鹏主持召开省政府第15次常务会议,研究通过《关于做好2013年普通高等学校毕业生就业工作的实施意见》,安排部署高校毕业生就业工作。会议强调,要拓宽渠道、增加岗位,在现有计划基础上,新安排4000名高校毕业生从事农技推广工作,组织2万名高校毕业生参加就业见习,招录600名公务员和14000名事业单位人员,招聘“三支一扶”“西部计划”、大学生村官和农村特岗教师2160人,应征入伍服兵役2000人,扶持自主创业500人,动员省内国有企业提供3000多个就业岗位。

第16次常务会议 6月9日上午,省长李小鹏主持召开省政府第16次常务会议,传达贯彻习近平总书记、李克强总理关于加强安全生产的重要指示精神,安排部署全省安全生产和食品药品监管体制改革工作。

第17次常务会议 6月18日下午,省长李小鹏主持召开省政府第17次常务会议,研究通过《关于深化科技体制改革加快创新体系建设的实施意见》。会议研究并原则通过报送省十二届人大及其常委会的五年立法规划建议项目,决定按照立法节奏与经济社会发展水平相适应原则,进一步修改完善后,按程序报送省人大常委会。

第18次常务会议 6月25日上午,省长李小鹏主持召开省政府第18次常务会议,听取全省重点工程建设进展和新增投资计划情况汇报,讨论通过2012年度县域经济考核评价结果。会议决定,在确保完成年初投资计划基础上,新增年度投资计划300亿元,其中电力项目增加投资80亿元,公路项目增加投资100亿元,铁路项目增加投资70亿元,保障性住房建设增加投资50亿元。在新增投资计划中,政府投资10亿元,占3.3%;企业投资61.2亿元,占20.6%;银行贷款175亿元,占58.3%;市场融资53.8亿元,占17.8%。

第19次常务会议 7月2日上午,省长李小鹏主持召开省政府第19次常务会议,审议并原则通过《关于实施百企千村产业扶贫开发工程的指导意见》《贯彻落实国务院〈关于取消和下放一批行政审批项目等事项的决定〉的意见》。会议原则通过《山西省高速公路管理条例(修订草案)》《山西省发展中医药条例(修订草案)》,决定进一步修改完善后,提请省人大常委会审议。

第20次常务会议 7月16日上午,省长李小鹏主持召开省政府第20次常务会议,分析上半年经济运行情况,部署下半年经济工作。会议研究通过《关于2013年省本级预算调整方案(草案)》,决定按程序提交省人大常委会审议。

第21次常务会议 7月23日上午,省长李小鹏主持召开省政府第21次常务会议,听取近期防汛抗洪和救灾减灾情况汇报,安排部署防汛救灾工作,研究制定促进煤炭经济转变发展方式实现可持续增长政策措施。会议原则通过《关于进一步促进全省煤炭经济转变发展方式实现可持续增长的二十条措施》,决定尽快修改完善后按程序下发执行。

第22次常务会议 7月31日上午,省长李小鹏主持召开省政府第22次常务会议,传达学习中央政治局上半年经济形势分析会议精神,安排山西省稳增长、调结构、促改革等工作,研究通过山西省低热值煤发电项目核准实施方案和高速公路网规划调整方案,听取重点水利工程建设情况汇报。

第23次常务会议 8月6日,省长李小鹏主持召开省政府第23次常务会议,研究通过加快推进煤层气产业发展意见、积极稳妥推进户籍管理制度改革的通知和公共场所无线局域网建设与服务项目工作方案。

第24次常务会议 8月20日,省长李小鹏主持召开省政府第24次常务会议,研究山西科技创新城建设和进一步压减省级公共预算支出等工作。

第25次常务会议 9月3日上午,省长李小鹏主持召开省政府第25次常务会议,研究通过《关于支持省城太原率先发展的若干措施》,原则通过《山西省志愿服务条例(草案)》。会议要求,省直有关部门要履行职责,发挥服务者、协调者和参与者作用,综合采取资金支持、用地倾斜、下放权限等措施,全力支持太原市落实发展规划、改善环境质量、建设重大项目、发展总部经济、打造金融高地、加快改革创新。

第26次常务会议 9月25日上午,省长李小鹏主持召开省政府第26次常务会议,传达国务院京津冀及周边地区大气污染防治工作会议精神,听取贯彻落实国务院关于取消和下放50项行政审批项目决定的情况汇报,部署山西省再取消和下放70项行政审批项目事宜。

第27次常务会议 10月9日上午,省长李小鹏主持召开省政府第27次常务会议,原则通过山西省落实大气污染防治行动计划实施方案和2013年行动计划,学习贯彻第四次全国对口支援新疆工作会议精神。

第28次常务会议 10月17日下午,省长李小鹏主持召开省政府第28次常务会议,研究部署经济工作,传达学习全国改善农村人居环境工作会议精神,研究通过《关于进一步规范我省国家工作人员因公临时出国的实施意见》。

第29次常务会议 11月5日上午,省长李小鹏主持召开省政府第29次常务会议,研究部署山西省化解钢铁焦化水泥电解铝行业产能过剩矛盾和工商登记制度改革工作,原则通过《山西省“十二五”规划纲要实施情况中期评估报告》。会议原则通过《山西省土地整治条例(草案)》和《山西省城镇住房保障条例(草案)》,决定修改完善后提交省人大常委会审议。

第30次常务会议 11月19日上午,省长李小鹏主持召开省政府第30次常务会议,学习贯彻党的十八届三中全会精神,研究全省经济社会发展主要指标2013年预计完成情况和2014年计划安排,讨论通过《山西能源学院筹建方案》。

第31次常务会议 12月3日下午,省长李小鹏主持召开省政府第31次常务会议,研究通过加快发展节能环保产业实施方案和行动计划,决定提高全省城乡低保、农村五保和优抚事业单位集中供养人员生活费标准,发放一级重度残疾人护理补贴和一级重度贫困残疾人生活补贴。

第32次常务会议　12月24日上午，省长李小鹏主持召开省政府第32次常务会议，讨论《政府工作报告》（讨论稿），研究为领取失业保险金的失业人员发放取暖补贴等工作。会议决定，从2013年起向领取失业保险金的失业人员发放取暖补贴。

（柏亚华）

办公厅

【政务信息】 2013年信息处共编报政务信息3400余条。其中，编报《上报国办信息》205期、1151条，国办采用70条，国务院领导批示14条，在国务院考核各省的信息积分排名中，由上年的第16位前移至2013年的并列第7位；编发《晋政信息》244期、1796条，充分发挥全省政务信息主渠道的功能。（柏亚华）

【政务公开】 完善信息公开制度，制定下发《关于贯彻落实国务院办公厅当前政府信息公开重点工作安排的通知》，重新修订《政府信息公开工作制度》《山西省政府信息公开指南》《山西省政府信息依申请公开制度》，起草制定《政府信息公开依申请说明》《网民留言办理工作办法（试行）》和《关于进一步加强政府信息公开回应社会关切提升政府公信力的实施意见》。加强政府信息公开指导和监督工作，不断规范信息公开的内容、程序和方式。2013年，在省政府门户网站发布省政府文件41件、省政府办公厅文件109件、通知公告等其他类信息14件；受理、答复公民、法人依申请公开35件；转办网民留言349件，通过网上公开回复网友问题444件，政府信息公开水平得到提升。

（柏亚华）

【督查工作】 将《政府工作报告》分解的306项工作目标任务落实到11个市政府和72个牵头单位，对各单位目标责任完成情况实施网上动态跟踪，确定53项重点工作列入专项督查计划，以点带面推动工作落实。对2013年省政府重点工作目标责任、转型综改试验区建设、“六位一体”推进重点项目等三大重要工作的完成情况开展认真督查核查，涉及11个市、12户国有企业，抽查26个县级政府，近200个项目，有力促进任务完成。通过日常催办、定期督查、动态报告，先后共对31次省政府常务会议研究决定的“五件实事”、安全生产、医药卫生体制改革、食品安全、保障性住房建设、转型综改、生态建设、强农惠农、扶持中小企业发展等方面67项事项逐一进行督查，确保政令畅通和决策落实。与省委督查室联合就全省贯彻落实中央八项规定和山西省4个实施办法的情况进行督查，协助省委对各单位停止新建楼堂馆所和清理办公用房情况进行实地督促检查。对“煤炭20条”政策措施落实情况、打造“15分钟便民商圈”示范工程、省卫生厅推进单病种收费制度建设情况、中北大学研究生培养收费问题、太原科技大学排洪渠项目竞标问题、省投资规划院招才引智政策落实情况进行督办。两轮“五个全覆盖”存在问题较集中的29项工程逐一进行实地核查督查。对省长包联的3件多年未能解决的信访事项，沟通协调，加强督促检点，最终圆满结案。

（柏亚华）

【应急工作】 强化应急值守和信息报告，严格政务值班制度，协助省领导妥善处置突发事件296起，包括：“12·31”潞安天脊集团苯胺泄漏事故、“1·7”阳煤集团寺家庄煤矿瓦斯爆炸事故、“2·15”洪洞县曲亭水库塌陷事故、“2·19”阳泉矿区透水事故、“6·19”朔州开发区饭店失火爆炸事故、“7·9”潞安大成利源煤化公司选煤厂坍塌事故、“9·28”焦煤集团汾西矿业正升煤业透水事故等突发事件。强化应急管理基础，严格组织对应急预案进行修订审核，提升应急实战能力，推行信息化管理，全省编制各级各类应急预案10万件，做到“横向到边、纵向到底”。采取自主、集中和专题宣传相结合，多形式宣传贯彻《山西省突发事件应对条例》。全面加强基层应急管理工作，节假日期间组织对市县和部门大范围抽查，确保全省政务值班的良好秩序。组织对11个市和23个省直单位进行应急管理专题调研检查。按照值班信息化和预案电子化的要求，有效整合省直部门应急通信资源，确保互联互通。完善交流协作机制，组织承办黄河中游四省（区）应急联动工作座谈会，提升省际之间联合防范和处置突发事件的综合能力。

（柏亚华）

·参事（文史）·

【参事工作】 在参事待聘、人员不足的情况下，室（馆）想方设法、积极组织在职参事开展调查研究，围绕中心工作，努力建言献策。

3月10日，室（馆）安排调研组成员深入运城进行调查研究，撰写《关于省政府应加大对黄河金三角承接转移示范区支持力度》的建议。

3月20日，为配合省委、省政府“转型跨越发展”的重大战略部署，室（馆）以《晋参通讯》内参为依托，组织策划“市县领导谈发展”大型活动，完成对运城市市长和该市闻喜、新绛、河津三县（市）县（市）长的访谈并成稿发表。

8月8日，室（馆）安排参事杨晓国深入吕梁兴县对当地群众占地补偿问题进行实地调研。经过协调努力，使当地群众最关心、最迫切需要解决的问题得到妥善处理。

9月1日，室（馆）安排参事杨晓国对高原生态问题进行研究。经过深入细致的调研，杨晓国撰写《浊漳河为什么要蓄水？右玉人为什么要种树？》一文，对山西高原生态问题进行了详细解读，省内各大媒体对调研内容进行刊载。

12月1日，室（馆）安排调研组成员对山西省农村信用社金融支农情况进行走访调研，撰写《关于我省农村信用社金融支农情况》的调查报告，并以《参事建议》的形式上报省政府领导参阅。

12月15日，室（馆）配合国务院参事室调研组一行，赴长治对国家能源局核准的1920万千瓦煤矸石发电机组运行情况进行深入了解。同时赴

山西省人民政府参事室(文史馆)建馆60周年文史馆员书法绘画作品展 （王合龙提供）

长治市多地进行实地考察调研。 （王合龙）

【文史馆员工作】 组织文史馆员开展文史研究和书画创作活动,推动山西文化事业的繁荣和发展

7月5日,室(馆)精心组织,在太原美术馆为文史馆员、著名书法家袁旭临先生举办大型书画展,促进馆员之间,及馆员与社会各界之间的学术交流。

9月15~21日，为庆祝山西省人民政府文史研究馆建馆六十周年,室(馆)在山西省美术馆组织举办“省政府文史馆建馆60周年大型书画展”。省政府文史馆22名新老馆员的200余幅精美的书画作品在展览馆集中亮相,展出的画作之多、层次之高,不仅为省城观众献上一场别开生面的视觉盛宴,也给广大书画爱好者提供一次难得的学习交流机会。

12月6~15日,省政府参事室(文史馆）与中央文史研究馆书画院、中国美术家协会艺术委员会、山西省美术家协会具体承办《彩墨情韵——李夜冰画展》。此次李夜冰在中国美术馆举办的展览活动，主办单位为:中央文史研究馆、省委宣传部、省文化厅、省文学艺术界联合会。活动中,文化部党组成员、故宫博物院院长单霁翔,省委常委、省委宣传部部长胡苏平等领导、艺术家出席该画展的开幕式。省人大常委会副主任周然主持画展现场。画展共展出李夜冰的107幅作品,其中荷花系列41幅、钢笔写生20幅、民居系列19幅、异国风光27幅,为全国的美术爱好者奉献一场别开生面的视觉盛宴。 （王合龙）

发展和改革委员会

【概述】 2013年,面对错综复杂的经济形势，省发改委综合经济管理部门职能,谋项目、强作风、提效能,发展改革各项工作取得新的进展。一是“项目推进年”措施有力,全省固定资产投资首次突破万亿元大关；二是转型综改“5111”实施方案和“1235”行动计划出台,年度综改任务完成;三是低热值煤发电项目核准等三大政策诉求取得突破，争取中央资金和项目支持再创佳绩;四是按月分析经济形势,完成“十二五”规划《纲要》中期评估,牵头起草“低热值煤发电20条”“煤层气20条”等多项事关全局的政策措施；五是传统产业改造提升力度持续加大，战略性新兴产业迈入整体布局、规模发展的新阶段,农业的基础性地位夯实,服务业占地区生产总值比重首次超过40%；六是生态环境治理力度加大,节能减排、循环经济取得新成效,低碳试点有序开展;七是农村“五件实事”推进,医药卫生体制改革深化,教育、养老、卫生等公共服务设施项目有序推进；八是自身建设得到加强，职能转变、作风转变。 （石　峥）

【转型综改推进】 (1)顶层设计完善。“总体方案—实施方案—行动计划”的推进模式得以确定,2013~2015年“5111”实施方案和2013年“1235”行动计划正式出台，省直各部门及各市、试点县、试点企业制订相应的改革方案,综改试验区建设进入实质性推进阶段。“1235”行动计划完成年度目标任务。10项重大改革和20项重大事项中,16项已经完成,14项取得阶段性进展。30项重大项目完成年度投资计划,3个项目建成投产,15个项目部分建成投产。5项重大课题形成研究成果。(2)重点领域改革创新取得进展。促进能源产业发展、城镇化发展、生态环境保护治理的体制机制改革深化,金融机制和金融产品创新效果明显,招商引资和招才引智加强，海关通关模式创新取得进展,人才政策体系得到完善。(3)基层首创取得一批成果。鼓励发扬基层首创精神,总结和推广基层经验,太原行政审批制度改革、朔州工业固废综合利用、阳泉“飞地经济”、11个综改试点县金融创新改革等顺应发展趋势、具有山西特色的改革范式逐步形成。(4)省部合作取得重要进展。与国家有关部委、金融机构、央企等签署30多个合作协议或备忘录。 （石　峥）

经济和信息化委员会

【运行调控】 1.加强经济运行监测调度。建立省市县三级目标责任体系，按季公布各市增长目标预警指数，引导各市及时采取措施稳增长。完善300户重点企业运行监测制度,对全省240个预增收入亿元以上工业项目进行跟踪监测,推动全省工业经济发展。

2.强化企业生产要素保障。加强煤电油气运生产要素的综合协调,落实省委省政府“煤炭20条”,鼓励电力企业清洁高效就近用煤,组织召开全省北煤南运衔接专题会议，扩大省内电煤的销售。推动煤电联营和大用户直供电工作，确保重点工程项目用电。加大铁路运输协调，保证重点物资、重点企业运输需求。

3. 加大政策指导协调力度。针对大宗商品销售低迷的问题，研究制定《促进省内工业产品销售的政策措施》，帮助企业缓解经营困难；制订加快发展工业节能环保产业行动方案和计划，培育新的经济增长点。

2013 年全省规模以上工业增加值同比增长 10.5%，高于全国平均水平 0.8 个百分点，全国排名 22 位。全省完成发电量 2625.4 亿千瓦时，工业用电量 1475.5 亿千瓦时，外送电 793.1 亿千瓦时。（董晨阳）

【结构调整】 1. 加快转型项目建设。推进 1180 个工业转型升级项目建设，有 400 余个项目建成投产或部分投产。全省新兴产业投资达到 2502.2 亿元，增长 37.3%，占全部工业投资的比重达到 52.9%，首次超过传统产业投资。

2. 推进兼并重组。全省焦化企业数量从 2010 年的 223 户减少到 80 户左右，前 6 位焦化企业产能占比由上年的 13.6%提高到 21.1%；前 6 位钢铁企业粗钢产能占比由上年的 39.6%提高到 45.5%；前 6 位水泥企业产能占比由上年的 34.9%提高到 50%。

3. 淘汰落后生产能力。全年累计关停淘汰落后焦化 756 万吨、水泥 350 万吨、钢铁 204 万吨、电力 21.2 万千瓦、电石 30.9 万吨、铁合金 12.29 万吨、造纸 9.1 万吨、印染 6745 万米，全面或超额完成国家下达山西省的目标任务。

4. 强化企业自主创新能力。新增国家级企业技术中心 4 户，新认定省级企业技术中心 31 户，全省总数分别达到 26 户和 180 户。太钢和太重技术中心在全国分别排名第 4 位和第 9 位。

5. 提升产业集聚水平。21 个国家级、省级新型工业化产业示范基地的增加值和利润分别占到全省工业的 20%和 40%以上，成为推动工业转型升级的重要支撑。（董晨阳）

【节能降耗】 1. 全力抓好节能降耗。在六大高耗能行业和千家企业实施节能重点工程，1024 项节能改造项目已完工 913 个，形成年节能能力 1800 万吨标准煤。对 90 多个高耗能项目进行节能评估和审查，从源头上控制能耗增长。在 33 户水泥企业开展能效对标活动，发布 13 项地方节能标准，推进合同能源管理，15 家节能服务公司通过国家备案，全省总数达到 92 家。制订加快工业节能环保产业发展的行动方案和计划，在忻州市启动节能量交易试点，在晋中市启动实施甲醇汽车试点工作，推动太原、晋城成功列入国家第一批新能源汽车推广应用城市，推进工业、交通、建筑和公共机构节能，全省万元国内生产总值能耗下降 3.74%，高出全年目标 0.24 个百分点。

2. 强化工业固废综合利用。支持朔州建设全国一流工业固废综合利用示范基地，与朔州市政府联合组织召开亚洲粉煤灰及副产石膏处理与利用技术国际交流大会。推进晋能集团年产 400 万平方米粉煤灰硅酸钙板生产线等 57 个重点项目建设，2013 年全省大宗工业固废综合利用率达到 60.8%。（董晨阳）

【技术引领】 1. 推动两化深度融合。完成《山西省信息化促进条例》立法工作，制订推进两化深度融合指导意见。3 户企业获批国家两化深度融合示范企业，7 个项目被列入国家电子商务集成创新试点工程，提升工业领域信息化水平。

2. 加快三网融合步伐。推动“宽带山西”建设，全省新增宽带用户 71.16 万户，普及率达 14.25%，居全国第 9 位。在全省重点公共场所分批次启动实施免费 Wi-Fi 覆盖，加快太原市三网融合试点，支持太原、阳泉、长治、朔州智慧城市试点建设，推动太原、晋中电信并网升位，开展信息安全检查。

3. 促进电子信息制造和软件服务业发展。推进山西省云计算、互联网、大数据、LED 等新一代产业发展。加强系统集成和“双软”认定。全省电子信息制造业完成销售收入 530 亿元，增长 15.2%；软件服务业主营业务收入达 75 亿元，增长 35%。（董晨阳）

【协调发展】 1. 支持大企业大集团做大做强。全省有 9 户工业企业进入全国 500 强，其中 7 户企业进入 100 强。

2. 扶持中小企业快速成长。全省中小微企业增加值同比增长 17%左右，成为促进全省经济稳定增长的重要支撑。

3. 推动军民融合发展。全省军工企业增加值全年增长 12%，军工经济与地方经济实现有机融合、优势互补。（董晨阳）

《山西省信息化促进条例》宣传贯彻暨新闻发布会　（董晨阳提供）

【破解工业领域转型综改难题】 1.推进煤电协调发展。全省有26户主力发电企业实现煤电联营，占主力火电企业装机容量的73%;18户主力火电企业与煤炭企业签订电煤供应长协合同，占主力火电企业总容量的57.4%。

2.提升中国(太原)煤炭交易中心功能。完善“一核三系四中心”综合服务体系,发布中国(太原)煤炭交易价格指数,引导境内煤炭进入平台交易。交易中心注册交易商已达7468户,累计交易总量13亿吨,交易额达8513亿元。

3.推动大用户直供电试点工作。全省共有22户用电企业实现大用户直供,交易电量76.1亿千瓦时,降低企业用电成本6000余万元。（董晨阳）

教育厅

【概述】 2013年,山西省共有各级各类学校1.79万所，在校生666.99万人。幼儿园5882所,在园幼儿95.14万人,专任教师41317人,学前三年毛入园率80.4%。小学8946所,专任教师180548人,在校生229.64万人,学龄儿童净入学率99.82%。初中阶段教育学校1991所，在校生数129.14万人,专任教师117434人。特殊教育学校56所,在校生7146人,专任教师1385人。高中阶段教育学校1011所，在校生135.31万人（普通高中504所,在校生84.85万人;中等职业教育学校507所，在校生50.46万人),高中阶段毛入学率91%。普通高等学校70所(本科院校21所,高职高专院校49所),另有独立学院8所(不计校数)，民办普通高等学校7所,成人高等学校12所。本专科在校生67.68万人,在校研究生27473人,高等教育毛入学率34%。（薛　敏）

【教育经费】 2013年,全省教育经费收入691.82亿元，较上年增长7.2%。其中:预算内教育经费拨款(不含教育费附加)517.22亿元;各级政府征收用于教育的税费收入52.52亿元;企业办学教育经费1.89亿元；民办学校中举办者投入经费4.83亿元；社会捐集资办学经费0.45亿元;事业收入104.33亿元。全省地方教育和其他部门教育经费总支出615.98亿元,较上年增长5.43%。教育部门事业性经费总支出554.24亿元,较上年增长3.6%。（薛　敏）

【教育改革发展规划纲要】 8月,省十二届人大常委会第四次会议听取和审议省政府关于实施教育规划纲要工作情况的报告，并进行满意度测评，出席会议的组成人员60人，发出测评票60张,收回60张,其中满意票59张,基本满意票1张,满意率100%。（薛　敏）

【实施“6203计划”】 贯彻省委、省政府的新部署,立足转型综改试验区对教育工作的新要求,研究制定《教育为转型综改试验区服务行动计划(2013-2015年)》(简称“6203计划”),明确提出在“十二五”期间实施人才强教、布局优化、科技创新、职教振兴、均衡发展、文化引领等6大工程,落实20项具体推进措施,提升山西省教育的科技创新、服务综改、人才支撑等3大能力。推进各项工程的实施，在人才强教工程推进方面,通过实施“131领军人才计划”,共引进聚集院士43名、知名学者和学术技术带头人207名,评选出优秀中青年拔尖创新人才469名,促进办学水平提高;在布局优化方面,适应以煤为基、多元发展的需要,推进山西能源学院筹建工作,推动中北大学、太原科技大学分别在朔州市和晋城市建立校区,实现普通本科教育设区市全覆盖。围绕山西省支柱产业和产业转型升级,优化学科专业布局,重点支持高校加强建设煤炭能源类和煤层气等特色专业。主动适应山西省城镇化建设和新农村建设需要，新建、改扩建一批中小学、幼儿园,基础教育学校的布局进一步优化。加强高校科研平台建设,推进科技创新,提升服务能力。职教振兴、文化引领等工程有序推进,推动教育事业科学发展。

（薛　敏）

【中小学教师队伍建设】 加强教师师德师风建设,组织全国教书育人楷模和省师德标兵学习宣传活动,全省有3名教师被评为“全国师德标兵”。实施农村义务教育学校教师特设岗位计划,招聘特岗教师1916人(其中国贫县1422人，省贫县494人),安排到758所农村学校任教。启动“山西省中小学教学名师培养计划”,首批培养150名专家型名师。加强中小学校长、教师培训,全年培训中小学校长近1000名、教师5万名。完成2013届免费师范毕业生就业工作,落

6月24日，全国义务教育均衡发展现场经验交流和工作推进会在晋中市召开

（薛　敏提供）

实2013届教育部属师范大学347名免费师范毕业生就业岗位。深化中小学教师职称制度改革,评选出首批中小学正高级教师23名。推进全省中小学教师资格制度改革,印发《山西省中小学教师资格考试改革实施办法》《山西省中小学教师资格定期注册试点工作实施办法》。（薛　敏）

【语言文字】 出台《山西省贯彻〈国家中长期语言文字事业改革和发展规划纲要(2012—2020年)〉的实施意见》。完成对灵石、寿阳、翼城、襄汾、襄垣、浮山、偏关、和顺、安泽等9个县三类城市达标性评估工作。验收命名37所大中小学校为省级语言文字规范化示范校。举办小学生普通话语音知识大赛，全省11个市、60个县、近300所学校的26.9万人参与。

（薛　敏）

【体育卫生艺术】 7月，举办山西省大中学生田径运动会。10个市和60所高校1831名运动员、教练员和团部人员参加比赛。全年共举办14项单项体育竞赛活动,8000余学生、教职工参加比赛。全年上报《国家学生体质健康标准》测试数据学校总数增加到10845所，位居全国第9位,上报率达到89.99%,全国排名提高到第18位。10~11月,对省城38所高校太原校区的所有新生、部分二年级学生进行麻疹-风疹联合疫苗接种。在全国第四届中小学生艺术展演活动中,山西省获得优秀组织奖一等奖,5个表演类节目参加全国现场展演,选送的20个艺术表演类节目全部获奖,获奖艺术作品56个，获奖艺术教育科研论文5篇。开展“高雅艺术进校园”活动,11月,中国歌剧舞剧院歌剧团和中国爱乐乐团分别到山西大学、太原理工大学等八所高校,为学校师生进行演出;全国高等学校艺术教育专家讲学团的3名专家分别在山西财经大学、山西工商学院等9所高校举办讲座。12月,教育部、总参谋部、总政治部联合组成的学生军训工作调研组在晋检查调研学生军训工作,省教育厅和省军区军训办向调研组汇报山西省学生军训工作情况,调研组给予充分肯定和鼓励。（薛　敏）

【学校安全稳定】 开展学校安全能力建设,省政府办公厅下发《关于加强中小学幼儿园安全能力建设的意见》，省教育厅下发实施方案，提出“三化三建设”(安全教育课程化、安全演练常态化、安全职责全员化,建设校园安全保障体系、家校共管体系、安全工作考核体系)的工作目标和要求。安排在太原、晋中、阳泉三市30所小学、28所初中进行《安全》教材试用,编写以“十防”为主要内容的《学校安全培训与演练指导手册》,成立山西省学校安全教育中心。10月底,教育部在山西省召开第七届全国中小学安全工作经验交流会,对山西省做法和成绩予以充分肯定。加强对深化“平安校园”建设工作的督促指导,加大“平安校园”考核验收力度,2013年全省平安校园覆盖率由2012年的40%提高到52.87%。推进学校及周边综合治理专项整治工作,分别印发《关于在全省教育系统继续深入开展学校安全专项整治工作的通知》《山西省集中开展学校及周边综合治理专项整治实施方案》,开展专项整治活动。加强学校食堂规范化管理,与省食药局联合印发《山西省食堂餐饮安全规范化管理的实施方案》,全面提升学校食堂餐饮安全保障水平。强化安全培训工作,组织全省高校食堂管理人员进行食品安全培训。做好重点时段和敏感时期学校安全稳定工作，教育系统保持和谐稳定局面。（薛　敏）

【贫困家庭学生政策资助体系建设】 从2012年秋季学期开始实施全省学前教育资助制度,2013年共安排资金1.37亿元,对在读的家庭经济困难儿童、孤儿和残疾儿童按照1000元/生/年的标准给予生活补助，覆盖在园儿童的15%，受助儿童约12.3万人。农村义务教育阶段小学、初中家庭经济困难的寄宿生生活补助提高到4元/生天、5元/生天。中等职业教育实现免费就学,职业高中每生每年提高到2000元，普通中专提高到2500元,体育类、艺术类专业免学费标准按每生每年4000元。高中国家助学金资助政策从2010年秋季学期开始实施，资助标准为每生每学年1500元,资助面为全省普通高中在校生数的20%,2013年共资助普通高中家庭经济困难学生17.1万人。高校本专科国家奖学金、国家励志奖学金和国家助学金资助政策从2007年秋季学期开始实施,本专科国家奖学金奖励标准为每生每学年8000元；国家励志奖学金奖励标准为每生每学年5000元,覆盖面为全省全日制本专科在校生人数的3%；国家助学金资助标准为生均每学年3000元，覆盖面约为全省全日制本专科在校生人数的20%。2013年全省本专科国家奖学金共奖励854人,国家励志奖学金共奖励1.79万人，国家助学金共资助13.14万人。研究生国家奖学金政策从2012年秋季学期开始实施，奖励标准为:博士研究生每生每学年3万元，硕士研究生每生每学年2万元。2013年共奖励博士研究生82人、硕士研究生592人。实施中等职业学校国家助学金政策,全省基本建立起覆盖各阶段教育的学生资助体系。加强日常监督检查,中等职业学校免费全覆盖工作进入常态化。（薛　敏）

【教育改革试点】 推进教育体制改革工作,山西省承担的“推进义务教育学校标准化建设”“统筹推进义务教育均衡发展”“校企合作研究生培养模式改革”3个国家级教育体制改革试点工作进展顺利,并取得初步成果。其中,晋中市统筹推进义务教育均衡发展、“校企合作研究生培养模式改革”分别被国家教改简报刊发,并作为典型经验在教育部网站教改动态中进行发布。“统筹推进义务教育均衡发展”试点形成“四化两改三保证”的晋中模式:即学校建设标准化、教师交流制度化、教育管理规范化、教学手段信息化;改造薄弱学校、改革高中招生制度;保证贫困生不失学、保证学困生不流失、保证农民工子女和城市学生享受同等待遇。改革在全国范围引起广泛关注。《人民日报》、中央电视台、中国教育电视台、《中国教育报》等多家媒体宣传报道晋中推进义务教育均衡发展的做法。全国先后有20多个省市的40多

山西省教育厅推进高校新校区建设 (薛　敏提供)

个考察团在晋中学习交流。山西省95个省级教育体制改革试点项目按计划推进,一些试点取得初步进展。其中,晋中市整体构建中小学序列化德育体系改革试点、太原市二十七中走读班教学模式与管理机制改革试点、山西师范大学顶岗实习—置换培训联动机制改革与实践的典型经验被编入中国教育改革发展丛书《教育改革典型案例》。 (薛　敏)

【依法行政】 印发《山西省教育厅关于进一步推行教育行政执法责任制的意见》,梳理行政执法依据共140件(法律18件,行政法规16件,地方性法规7件,部门规章87件,地方政府规章12件),行政执法职权共3类51项(行政许可8项,教育行政处罚27项,其他具体行政行为16项),将行政执法职权分解到15个处室,配套制定行政执法工作制度,编制行政许可、行政复议、行政处罚流程图,制作32种行政执法文书常用格式范本。编印《山西省教育厅行政执法责任制汇编》。精简行政审批事项,简化办事流程,8项行政审批项目调整为6项。全年网上批办行政审批事项107件。依法做好规范性文件审查备案工作。经法制办审核备案,印发《关于加强山西省普通高中学校中外合作办学项目管理的意见》。根据省委党内法规和规范性文件清理工作要求,对21件由省教育厅负责起草、6件配合其他厅局起草的、由省委省政府出台的党内法规和规范性文件进行清理审核。 (薛　敏)

【高校章程建设】 加强高校章程建设,组织全省高校开展学习宣传工作,组织部分高校参加教育部政法司在江西和长春举办的培训,年初印发《全省高校章程制定工作的时间安排》,将全省各级各类高校章程申报核准工作排出时间表,召开高校章程制定工作推进座谈会,5月份对完成章程申报工作的高校进行督查,有7所高校申请章程核准。 (薛　敏)

【法制宣传教育】 印发《山西省教育厅关于做好“六五”普法中期督导检查工作的通知》,组织开展全省“六五”普法中期检查。与依法治省办、司法厅、综治委、团省委联合印发《关于进一步加强青少年学生法制教育的若干意见》,与团省委、省高院、省检察院、省司法厅等单位联合举办“黄河律师杯”第三届山西省大学生模拟法庭大赛,22所高校参加大赛。组织全省教育系统开展“法律进学校主题班会”活动。印发《关于进一步加强厅机关领导干部和公务员学法用法工作的意见》,11月27~29日组织厅机关全体公务员参加省委依法治省办组织的无纸化普法考试,及格率100%。10月印发《山西省教育厅关于全面加强教师法制教育工作的意见》(晋教法〔2013〕6号),11月和12月选派40名校长、教师参加教育部举办的全国中小学校长、骨干教师法制教育专题培训班。印发《关于做好2013年教育系统“全民禁毒宣传月”禁毒宣传教育工作的通知》,组织全省88所高校播放合成毒品警示纪录片《与死神共舞》,组织各市教育局、各高校参加国家禁毒办、中国禁毒基金会举办的全国禁毒动漫和宣传教育讲课比赛。 (薛　敏)

【教育督导】 经山西省人民政府批准,成立山西省人民政府教育督导委员会。完成全省中小学校责任督学挂牌督导制度。督导评估产生142所2013年度“山西省素质教育示范学校”。9月至11月,对2010~2012年度使用农村义务教育薄弱学校改造计划项目资金的66个县(市、区),就义务教育学校办学基本条件达标情况进行专项部署督查。完成对规范中小学办学行为的综合督查、对中等职业教育免学费“回头看”的验收、对29个县级教研室5个县级职教中心的评估验收。启动对20所高校为改善办学条件使用政府债券资金的跟踪督导。完成21个营养餐试点县食堂建设情况督查任务。对全省民办中小学校、民办培训机构进行专项督查。组织太原市万柏林区、襄汾县、泽州县教育行政部门配合国家完成年度基础教育质量监测工作。 (薛　敏)

【毕业生就业】 配合省委组织部、省人社厅、团省委等有关部门选聘大学生村官470名、“三支一扶”人员557名、大学生西部志愿者180名。做好高校毕业生入伍工作,实际入伍高校毕业生1114人,在校生1084人,新生252人。做好困难毕业生的就业援助工作,为3090名低保家庭毕业生每人发放一次性求职补贴1000元,推荐就业1468人。组织全省高校累计举办校园招聘会2858场次,提供岗位9万余个。开展多种形式的网上招聘活动,建立从全国高校毕业生就业网、山西毕业生网,到学校校园网的三级网络一体化平台,2013年全省开展网上招聘活动近200场，招聘单位7000余家，发布招聘职位5.9万个，网上求职注册毕业生达5.4万人。加强创业教育，鼓励高校毕业生自主创业，全省应届高校毕业生中有859人申领“高校毕业生自主创业证”，进行自主创业。启动实施“1+3”（“1”就是紧紧抓住毕业生离校前的1个月时间〈6月份〉，动员各高校集中开展各类毕业生招聘活动，在招聘场次、岗位数量、签约率上都要明显增加；“3”就是将毕业生就业服务工作再延长3个月〈7、8、9月份〉）就业工作方案。（薛　敏）

【规范办学行为】 配合完成教育部检查组对山西省治理义务教育阶段择校乱收费和中小学教辅资料散滥问题执行情况专项检查。出台“规范办学十二条规定”，对全省1015所学校规范办学行为进行全面督查。完成中等职业学校办学资质清查工作，全省共清查学校410所，其中361所学校具备中等职业学历教育办学资质，35所学校限期整改，取消14所学校办学资质。规范成人高等学历教育办学行为，对省外高校在晋的68个函授站执行教学计划、教学管理、教师管理、学生管理等方面的工作进行专项检查。完成高等学校函授站年检和新设函授站的备案工作，年检合格的函授站共149个，不合格的函授站10个，撤销函授站4个，备案新函授站15个。（薛　敏）

【教育交流与合作】 2013年，山西省与国家留学基金管理委员会在山西省启动实施国家公派出国留学“地方合作项目”。2013年国家公派出国留学共录取97人，其中地方合作项目录取56人、面上项目录取18人、学校项目23人，省筹资金资助出国留学人员全省共录取80人。山西大学和太原理工大学成为“教育部出国留学培训与研究中心”。山西省共有高校2个中外合作办学机构、26个中外合作办学项目，在校生共计4171人。出台《关于加强山西省普通高中学校中外合作办学项目管理的意见》，首次批准山西省实验中学、山西大学附属中学校、太原师范学院附属中学、山西省榆次第一中学校、太原市第十二中学校、太原市第二外国语学校等六所学校试点举办高中涉外合作办学项目。2013年各级各类学校共聘请外专外教164人次。2013年高校共接收外国留学生115人，山西大学、太原理工大学成为山西省首批接收中国政府奖学金来华留学资格的院校。2013年共派出150人次赴美国、英国、法国、意大利等21个国家、地区进行访问和培训，其中教师、管理人员121人次，参加国际学术会议40人次。高校有75名学生作为交流生到国外、台湾高校学习。共举办国际学术会议7个，教育厅共接待4批代表团的48人次来访。（薛　敏）

科学技术厅

【科技投入与成果】 2013年度，山西省科技厅以转型综改试验区建设为统领和切入点，科学谋划，精心部署，在“以煤为基多元发展”的重点科技政策激励、重大科学技术创新、重要服务支撑能力建设等方面都取得新的突破和提高。全省企业研发投入总额132.3亿元，比上年增长16.7%，投入强度达到1.09%。获得国家科技奖5项，争取国家科技项目资金约5亿元。全年专利申请量18859件，比上年增长12.3%。（陈红科）

【科技创新“21条”出台】 2013年度，省科技厅按照省委常委会和省政府常务会议精神，成立以厅长为组长的《实施意见》起草组，起草组多次召开企业、大学、科研院所座谈会和专家论证会，广泛征求省发改委、经信委等15个厅局的书面意见，共征集各类意见30条。经过认真研究和逐条梳理，借鉴和吸收兄弟省市好的经验和做法，8月9日，以省委、省政府名义出台《关于深化科技体制改革加快创新体系建设的实施意见》（晋发〔2013〕16号）文件。科技创新“21”条凸显五大亮点：一是提出建设创新型山西。二是突出企业主体地位。三是突破政府科技投入瓶颈。四是释放科技人员创新活力。五是打出科技体制改革组合拳。（陈红科）

公安厅

【平安山西和法治山西】 2013年，全省公安机关围绕全省工作大局，坚持以“五个一”工作思路为指导，以建设平安山西、法治山西为目标，以“五大体系”建设为抓手，推进民生警务、亲民公安建设，维护全省社会和谐稳定，提升公安工作和队伍建设水平。2013年全省公共安全感同比上升1.67%，人民群众对公安机关满意度同比上升1.65%。在2013年度政风行风评议工作中，省公安厅在12个省直执法监督部门中排名第4，取得历年来最好成绩；全省公安队伍违法违纪案件和人数同比下降26.8%和19.1%。

1. 发挥职能作用，维护社会稳定。加强情报信息搜集研判工作，掌握对敌斗争主动权，确保社会政治稳定；开展矛盾纠纷排查化解工作，妥善处置一大批群体性突发事件；实施“六六创安”工程，开展侦破命案、打黑除恶等“六大战役”，刑事犯罪案件上升势头得到遏制，其中危害严重的八类暴力犯罪案件、“两抢一盗”案件、经济犯罪案件下降明显，现行命案破获率创历史最好水平。

2. 推进民生警务，服务人民群众。在互联网上开通山西公安便民服务在线，方便人民群众，节约办事时间和成本，提高工作效率和警务运行质量；在全省公安机关组织开展“三转变三服务三提升”民生警务实践活动，推进民生警务开展。全省公安机关推进民生警务、亲民公安建设做法，公安部和省委、省政府领导多次作出重要批示，给予肯定。

3. 加强基层基础建设，夯实公安工作根基。推进信息化建设，提高动态化、信息化条件下基层基础工作层次和水平；推进执法规范化建设，提升公安机关执法公信力；推进户籍制度改革，提请省政府出台《关于积极稳妥推进我省户籍管理制度改革的通知》；推进“六网覆盖”工程，构建打防管控一体化社会治安防控格局，预防违法犯罪活动。

4. 狠抓公安队伍建设,提升整体素质。开展教育实践活动、"三个怎么办"和"为何从警,如何做警,为谁用警"大讨论活动;加强纪律作风建设,实现群众满意度不断提高、民警违法违纪率逐年下降"一高一低"目标;构建和谐警营,推进"双联双建"活动,落实从优待警各项措施,构建"快乐工作,幸福生活"和谐警营。(李晶辉)

【全省公安工作电视电话会议】 1月30日,省厅召开全省公安工作会议,贯彻全国公安厅局长会议和全省政法工作会议精神,总结2012年工作,安排部署2013年全省公安工作。

(李晶辉)

【全面启动居民身份证登记指纹信息】 3月27日,省公安厅在太原召开全省公安机关居民身份证登记指纹信息工作部署培训会议,在先行试点成功基础上,对全省公安机关启动居民身份证登记指纹信息工作进行安排部署和培训。各市公安局分管户政管理工作的副局长、户政(治安)支队长以及负责此项工作有关业务技术人员参加会议。

省公安厅治安总队对各市从事居民身份证登记指纹信息有关技术人员、小教员进行业务培训。

(李晶辉)

监察厅

【概述】 2013年,省监察厅按照监察部和省政府关于加强反腐倡廉建设一系列新要求、新思路、新举措,贯彻党的十八大和十八届二中、三中全会、中央纪委二次全会、国务院第一次廉政工作会议精神,落实省委、省政府、省纪委部署各项工作任务,以转职能、转方式、转作风统一思想、指导实践,聚焦中心任务,狠抓工作落实,推动廉洁政府建设,强化对中央八项规定精神和国务院约法三章以及山西省实施办法落实情况监督执行,促进政风改善;加强对中央和省委、省政府重大决策部署贯彻落实情况督促检查,确保政令畅通;推进惩防体系信息网"一网六平台"建设,健全权力运行制约监督机制;解决群众反映突出问题,治理损害群众利益不正之风;坚持"老虎""苍蝇"一起打,加大惩治腐败力度;案件审理、监察机关行政复议、法规研究、宣传教育等工作取得新进展、新成效;审计工作、来访接访工作加强,全省行政监察工作取得进展。(牛彦方)

【监督检查工作】 按照中央《关于建立健全中央重大决策部署贯彻执行情况监督检查机制的意见》要求,围绕转型综改试验区建设和政府职能转变开展监督检查。强化对行政审批制度改革和审批事项监督,对11个市、41个省直部门行政审批制度改革进行两轮检查。推动85项扩权强县下放权限落到实处。针对产业转型、节能减排、民生改善等重要政策措施落实情况,督促有关部门开展自查自纠;针对"五个全覆盖"、改善省城空气质量、淘汰落后产能等重点工作任务落实情况,加大廉政监察、执法监察、效能监察力度;针对重点工程、重大项目、重要改革事项,强化执纪监督和行政问责措施,跟踪服务、督查督办机制健全完善。监督检查工作开展,保障省领导联系指导18个项目、省级转型综改20个标杆项目、跟踪督办53个重点项目顺利落地、顺利推进。坚决纠正有令不行、有禁不止、阳奉阴违等行为,发现和纠正一批政策执行、工作落实等方面突出问题,促进中央和省委、省政府重大决策部署贯彻落实。(牛彦方)

【全省行政监察工作会议】 于5月9日在太原召开。省纪委副书记、省监察厅厅长冯改朵作题为《转变职能,真抓实干,推动行政监察工作再上新台阶》工作报告。省委常委、常务副省长高建民出席并讲话。他强调,行政监察工作要把持续发展经济、不断改善民生、促进社会公正三大重点任务和办好"两件大事"执行情况作为监督检查重中之重,抓紧抓好转型综改试验区建设方案实施、项目落地和推进、保障和改善民生、安全生产等工作。加大对征地拆迁、企业改制、环境保护、医疗教育、保障住房、食品安全等督查检查。省纪委书记李兆前主持会议。他指出,要在严明政治纪律、确保政令畅通上下功夫,在改进工作作风、创优发展环境上下功夫,在解决突出问题、维护群众利益上下功夫,在"运用制度+科技完善"惩防体系上下功夫,推动党风廉政建设和反腐败斗争向纵深发展。(牛彦方)

民政厅

【概述】 2013年,全省民政系统坚持"以民为本、为民解困、为民服务"的工作宗旨,扎实工作,完成各项目标任务。城乡困难群众救助水平大幅提升,城市和农村低保标准分别提高30元、24元,234.8万低保对象基本生活得到有效保障;自然灾害救助工作扎实有效,全年下拨救灾资金3.84亿元,救助受灾群众345万人次;优抚安置双拥工作成效明显,下拨各类优抚经费10.92亿元,保障重点优抚对象20.8万人。自主就业退役士兵职业教育和技能培训工作全面推进,5098名退役士兵入校参训。开展双拥宣传教育和双拥共建活动,促进军民融合式发展。基层政权和社区建设扎实推进,深化村务公开民主监督,推进社区"网格化""三有一化"建设,社区工作人员年均工资增长24%,服务设施达标的社区增长23%。创新农村养老服务模式,落实中央和省级建设资金7000万元,全省新建1217个农村老年人日间照料中心,超额完成原定500个的建设任务。创新社会组织管理体制,四类社会组织直接登记和社区社会组织备案登记制度全面展开。全省直接登记社会组织176家,社区社会组织备案登记1332家。推进行政区划调整,重新启动停滞近10年的县级以上行政区划调整工作。专项社会事务管理服务更加规范,全省火葬区由1984年划定的19个县(市、区)扩大为93个县(市、区)。全年救助流浪乞讨人员7万多人次,办理婚姻登记约42万对。(王文广)

【民政部督察组到晋督查调研】 1月

9~10 日，民政部督察组到晋重点对落实中办国办《关于做好节日期间流浪乞讨人员救助管理工作的通知》精神和民政部《关于主动加强对个人和民办机构收留孤儿管理的通知》落实情况进行督查。督查组到太原、晋中两市，实地查看个人收留孤儿场所、儿童福利院和救助管理站，组织召开省、市、县三级民政部门分管领导和福利院、救助站管理人员参加的座谈会，听取大家对做好流浪乞讨人员救助管理工作和加强对个人和民办机构收留管理孤儿工作的意见和建议。

（王文广）

【加强个人和民办机构收留孤儿管理】 省民政厅按照民政部通知要求和省领导指示精神，组成督查组对全省个人和民办机构收留孤儿大排查进行督查。经排查，全省个人和民办机构共有 14 家，收留孤儿 269 名，其中经民政部门批准并办理相关手续的有 8 家。为加强对个人和民办机构收留孤儿的管理，民政厅专门下发文件，要求全省各级民政部门按照属地管理原则，将 14 家个人和民办收留孤儿机构纳入当地县级民政部门监管范围，实行“谁管理、谁负责”的安全责任制，把孤儿基本生活、养育条件、日常管理纳入县级民政部门议事日程。对没有履行手续的 6 家机构，由所在县民政部门抓紧督促签订合办协议，明确责权。对不愿签订合办协议的，县级民政部门要定期上门检查，坚决排除安全隐患。对于借收留孤儿募捐牟利或操纵孤儿从事违法活动的机构，要协调有关部门，依法予以严厉打击和取缔。要将签订协议和手续完备的机构供养孤儿按照福利机构供养标准享受生活补助，改善孤儿养育条件；要推广社会福利院设置寄养服务站的做法，对民办机构开展“一托一”帮扶行动，使民办机构规范、健康运行；要组织引导社会力量帮助孤儿健康成长，组织和引导社会组织、专业社工和志愿者走进民办机构，为孤儿开展生活救助、肢体康复、学习辅导和心理慰藉；建立给孤儿送温暖献爱心制度，在“六一”、春节和寒冬季节走访慰问孤儿，积极倡导社会各界参与孤儿救助，鼓励爱心人士收养孤儿。

（王文广）

【惠民殡葬政策出台】 为贯彻落实民政部《关于进一步深化殡葬改革促进殡葬事业科学发展指导意见》（民发〔2009〕170 号）精神，加快推进全省殡葬改革，省政府下发通知，从 2013 年 1 月 1 日起，免除城乡困难群众的基本殡葬服务费用。

具体免费对象为：凡具有山西省常住户籍的城乡低保对象、农村五保供养对象、优抚对象、城市“三无”对象和县以上公安机关开具允许火化证明的无名尸体。为提倡火化，有条件的市、县可扩大免费范围。免费项目包括上述对象死亡后选择火化的，对遗体接运、存放（三天以内）、消毒、火化、骨灰盒（价值 200 元以内）五项基本殡葬费用给予免费。火化无名尸体产生的各项殡葬费用全部免费。免费金额按当地物价部门确定的收费标准计算。

（王文广）

【窦玉沛一行到晋调研】 5 月 7~8 日，民政部副部长窦玉沛率社会救助司、政策法规司、基层政权和社区建设司、社会福利和慈善事业促进司负责人，到山西省就贯彻落实《国务院关于进一步加强和改进最低生活保障工作的意见》（国发〔2012〕45 号）和民政创制立法工作进行调研督查，并召开省人大、编办、民政、财政、人社、法制等部门领导参加的民政工作座谈会。省委常委、常务副省长高建民出席座谈会并讲话，省民政厅厅长薛维栋作工作情况汇报。窦玉沛针对当前民政工作存在的一些问题，他强调指出，在社会救助工作方面，要继续重视支持社会救助工作力量配备，重视基层工作经费保障，重视支持社会救助申请家庭经济状况核对机制建设；在民政创制立法方面，要提高对创制立法工作重要性的认识，加快立法进程，加强民政法制机构建设，加大法制法规的贯彻宣传力度。

民政部调研督查组还到太原、大同、阳泉等市民政基层单位，就城乡低保、社区建设等工作进行调研指导。

8 月 22 日上午，窦玉沛在太原市主持召开深化殡葬改革工作座谈会，与 8 个省市民政厅（局）分管厅（局）长和社会事务处处长深入交流，共同探讨新时期深化殡葬改革的有关问题。窦玉沛在太原市万柏林区西矿街北社区主持召开殡葬改革和社会救助社区座谈会，听取基层民政干部、乡镇党委书记、居（村）委会主任和群众对深化殡葬改革和完善社会救助制度等问题的意见和建议。窦玉沛充分肯定太原市在农村社区创建红白理事会、在城市社区组织社区公祭、在清明期间组织群众踏青遥祭活动等亮点工作，强调要在新时期继续推进殡葬改革，提倡文明节俭办丧事，树立起移风易俗新风尚。（王文广）

【全省福利工作暨农村老年人日间照料现场推进会】 6 月 27~28 日，省民政厅在运城市召开全省福利工作暨农村老年人日间照料现场推进会，总结 2012 年、部署 2013 年全省社会福利工作，推广以平陆县、盐湖区为代表的农村老年人日间照料典型经验。全省各市民政局局长、分管副局长、社会福利和慈善事业科科长、福利院院长及 20 个试点县的民政局局长参加会议。

与会代表观看平陆县民政局日间照料专题片，盐湖区民政局、盐湖区龙居镇雷家坡村、太原市社会（儿童）福利院、大同市社会福利院先后作典型发言。省民政厅决定对运城市民政局创新日间照料工作给予 100 万元工作奖励。会议代表还参观平陆县西关、张店农村老年日间照料中心和盐湖区龙居镇、五曹村日间照料中心、区社会福利中心及临猗县家庭寄养站。

（王文广）

【李立国到山西调研】 7 月 23~25 日，民政部党组书记、部长李立国到山西省吕梁市和太原市等地走访慰问困难群众、优抚对象，调研指导相关工作，并召开党的群众路线教育实践活动座谈会，听取基层党员干部、群众对民政工作的意见建议。他强调，开展教育实践活动，要深入走访调研，广泛听取群众意见和呼声，充分发挥民政在社会建设中的骨干作用，进一步完善社会救助体系，发展社会福利事业，加强城乡社区建设，使广大人民群众享受到更多更好的公共服务。

在晋期间，李立国与省委书记袁纯清、省长李小鹏进行会谈。

(王文广)

【全省落实最低生活保障政策工作会议】 10月18日，省政府召开全省落实最低生活保障政策工作会议，就贯彻落实国发45号文件和《山西省人民政府关于切实加强和改进最低生活保障工作的意见》(晋政发37号文件)进行详细部署。省政府副秘书长马彦平主持会议并讲话，省民政厅党组书记、厅长薛维栋提出工作要求，厅党组成员、副厅长王卫东就今后一个时期的重点工作作出安排。

会议要求，各市要把低保工作作为保障和改善民生的一项重点工作来抓，在政治上要重视、政策上要完善、资金上要保障、工作上要支持，进一步增强做好低保工作的责任感和使命感。要抓住关键环节，全面落实好最低生活保障的各项政策措施。要加强组织领导，明确工作责任，采取有效措施，下大力气推动山西省低保工作再上新台阶。 (王文广)

【国务院督察组到晋督查】 11月9～15日，国家审计署副审计长余效明带领国务院办公厅、国家发改委、民政部、人社部、审计署、扶贫办等部门有关同志组成的第五督察组，对山西省最低生活保障政策落实情况进行督促检查。督察组采取查看政策文件资料、听取有关情况汇报、召开座谈会、入户走访等形式，实地督察大同、吕梁两市及所属县区。 (王文广)

司法厅

【法律服务】 1.实施律师与重点工程项目“牵手工程”。全省组建专业法律服务团队153个，对接服务重点项目1855个，组织开展调研走访、法律体检、风险评估、排困解难等专项活动2万余次，提出法律意见书近3万份，为全省重点工程建设项目提供组团式、集成式、一站式法律服务。朔州市司法局推动建立“四化一体东部新区”建设重点项目必须有律师法律服务的保障机制，落实服务联系对接重点项目“五十项承诺”。阳泉市司法局制订下发《关于为重点项目重点工程建设提供法律服务的意见》，成立专项服务领导小组和专门办公室，挑选各个领域的精英律师，落实相应的包保责任制推动工作。

2.为重点工程建设涉及征地拆迁、项目融资、资产重组、招投标、职工安置补偿等方面提供公证180余项。太原市司法局组织公证法律服务团担当文博会法律顾问，共发放宣传资料13900余册，解答法律咨询170余人次，起草法律意见书24份。大同市司法局与国土资源局对接，办理国有土地使用权出让、挂牌以及国有矿业权转让签约现场公证100余次。

3.推进全省“12348”法律援助服务热线建设和省、市、县各级便民服务大厅建设，开展“法律援助便民服务专项行动”，解决困难群众打官司难的问题。全年累计办理各类法律援助案件近2万件，受援人总数首次超过20万，争取各类赔偿近亿元。在全国纪念《法律援助工作条例》颁布10周年座谈会上，山西省做典型发言。

4.健全完善管理工作体制机制，制订《关于〈国家司法鉴定人和司法鉴定机构名册(山西册)〉管理和使用办法》，组织规范化司法鉴定机构验收和鉴定机构年度考核工作，推动提高司法鉴定工作水平。全年接受办理司法鉴定案2.8万件，平均采信率达98%以上。临汾市司法局组织鉴定机构对曲亭水库透水后6个村623户受损建筑进行司法鉴定，为受灾群众补偿资金928万元。探索建立仲裁机构变更登记制度。 (张 霏)

【维护稳定】 1.监狱工作，以创建“平安监狱”为主线，部署开展“监管秩序”和“纪律作风”专项整顿活动，“公开司法、阳光执法”活动和“教育质量年”等活动，推进“四防一体化”建设。出台《罪犯违纪违法行为处罚办法》《罪犯检举揭发制止违规违纪行为的奖励办法》等制度，提高管理执法水平，保持全年无罪犯脱逃、无重大案件和疫情。落实监管首要标准，创新罪犯教育工作，推动罪犯文化教育和职业技术教育纳入省级规划，全省罪犯改好率达98.2%，守法守规率达97.7%。

2.劳教戒毒工作，以“强基础、促规范、抓落实”为主线，以开展“教育质量年”活动为载体，开展场所风险评估和所情分析研判，规范教育矫治流程，制定出台《关于进一步推进戒毒工作的指导意见》，探索完善戒毒工作新模式，戒毒工作保持全国领先位置。

3.社区矫正工作，制订出台加强监管、开展社会影响调查评估和执法考核等三个文件，召开工作现场会，组织业务骨干培训，实现省市县乡四级机构全覆盖，推进矫正管理中心场所建设，累计接收社区矫正人员47760人，解矫27546人，在册社区矫正人员20214人，累计再犯罪率0.15%，没有发生脱管漏管和重大恶性案件。

4.安置帮教工作，制订出台教育改造质量评估、信息核查、基地管理等三个文件，推进刑释解教人员安置帮教基地建设，动员社会力量多途径、多形式地参与安置帮教工作。接收刑释解教人员1.2万名，衔接率高达75%，重点帮教对象接送率100%，重新犯罪率仅为2.42%。组织拍摄以全国帮教典型韩雅琴为原型的电影《韩妈妈和她的儿女们》，在全国上映。

5.人民调解工作，建立完善行业性、专业性人民调解组织，发挥律师、公证、司法鉴定等司法行政工作整体合力，深化矛盾纠纷“大排查、大调处、大预防”活动，指导开展重点领域的矛盾纠纷工作，调解各类矛盾纠纷近30万件，调解成功率达96%。

(张 霏)

财政厅

【概述】 2013年，全省公共财政收入完成1701.6亿元，为年度预算102.2%，比2012年增长24.97%，增收185.2亿元。其中：税收收入完成1136.9亿元，占公共财政收入的比重66.8%，增长8.8%，增收97.1亿元；非税收入完成564.7亿元，占公共财政收入的比重为33.2%，增长19.8%，增收93.5亿元。全省公共财政支出3030.1亿元，占年度预算的88.6%，与上年决算数相比，增长9.8%，增支270.6亿元。分级次看，市级、县级增幅快于全省水平，分别增长21.5%和16.8%；财政支出中心向下倾斜，2013年省、市、县各占全省总支出的比重分别为20.4%、19.2%、60.4%，市、县两级支出比重比上年提高1.8和3.6个百分点。全省公共支出用于与人民群众生活直接相关的教育、文化体育传媒、社会保障就业、医疗卫生、城乡社区事务、节能环保和住房保障等民生支出2482.1亿元，为年度预算的90.1%，同比增长10.2%，增支229.2亿元，民生支出总量和增值额分别占全省公共财政支出的81.9%和84.7%。

(张小三)

【强农惠农富农】 推进实施农村“五件实事”。改造农村困难家庭危房10万户，易地搬迁特困群众11万人，改扩建村级幼儿园546所，为农村配备保洁人员7.2万名、垃圾清运车3.6万台，为1.8万个村安装太阳能路灯36.8万盏，行政村街道亮化任务率先完成。深化农村综合改革，开展“一事一议”财政奖补试点，支持启动美丽乡村建设试点。(张小三)

【民生保障】 全省社会保障和就业支出419.0亿元，全省教育支出542.4亿元，全省医疗卫生支出201.6亿元，全省住房保障支出95.6亿元，全省文化体育与传媒支出66.7亿元。

(张小三)

人力资源和社会保障厅

【概述】 2013年，全省人社系统贯彻落实省委、省政府的决策部署，一是实施三大民生若干新举措，就业质量、社保水平、收入水平均有新提高。实施“就业16条”，全年城镇新增就业51.5万人，城镇登记失业率3.3%。实施“增收15条”，多措并举促进居民增收。创新社保管理服务方式，推行五项社会保险费一票征缴、一站式服务，全年各项社会保险参保率均达

11月30日，2013山西·太原人才智力交流大会在太原召开

(张 琼提供)

95%以上，社保卡应用工作全面展开，制发社保卡达到2100万张。二是推进两项改革，人才人事体制机制创新有新进展。实施四大人才工程和“千人百县”高层次人才服务基层计划，推进人事制度改革，公务员分类管理、考试录用、考核奖励、教育培训等工作都取得新成效，事业单位公开招聘、人员聘用、岗位管理、绩效工资等四项制度全面入轨，完成军转干部安置任务。(张 琼)

【就业水平提高】 突出抓高校毕业生就业，发挥市场就业决定性作用，开发就业岗位，密集组织举办针对高校毕业生的公共就业服务进校园、就业服务月、网络招聘周、中小微企业金秋招聘会、山西太原人才智力交流大会等活动，推进国有企业公开招聘工作，加大就业见习规模，落实实名制跟踪服务，17.6万名应届高校毕业生实现就业，就业率91%，超过上年水平。推广晋城创建经验，创业孵化基地覆盖80%的县，新增个体工商户10.3万户，带动就业30余万人，全省创业就业12.9万人，完成计划的129%。30个农村劳动力转移就业示范县创建工作扎实有效，转移农村劳动力37万人。开展就业技能培训、岗位技能提升培训和创业培训，各类职业培训93万人次，就业质量有新提升。各级公共就业服务机构组织各类招聘活动1190场次，提供岗位90余万个。坚持开展“就业援助月”专项活动，帮助4.1万名就业困难人员实现就业。全年城镇新增就业51.5万人，完成计划的103%，城镇登记失业率3.3%，控制在4.2%的计划目标内。

(张 琼)

【居民收入增加】 加强部门协调、实地督查和劳动监察执法，对11个市城乡居民增收情况进行排名通报，多措并举促进居民增收。提高最低工资标准、发布企业工资指导线、提高一线工人高温津贴和煤矿井下艰苦岗位津贴、督促县区兑现机关津补贴和事业单位绩效工资、提高各项社保待遇水平、落实全省机关事业单位带薪年休假制度、提高全省机关企事业单位冬季取暖补贴标准以及为企业退休志愿军老战士和新中国成立前参加革命工作老工人增发生活和医疗补助等增收措施基本上得到落实。全年城镇居民人均可支配收入达到22453元，增长10%。(张 琼)

国土资源厅

【土地资源开发】 2013年，全省国土资源系统严守耕地红线、大力开发土地资源，建设高标准基本农田204万

11 月 21 日，全省地质灾害防治工作总结暨治理项目推进会召开
（张 峰提供）

亩，新增耕地 21.2 万亩，解决全省重点工程占补平衡难题，守住 6075 万亩耕地红线。全年提供用地空间 38.15 万亩，批准建设用地 28.95 万亩，供应土地 26.09 万亩，保障大批转型标杆项目、新兴产业项目和民生项目及时落地。（张 峰）

【管理体制改革】 深化改革、积极创新，矿产资源有偿获得、用地管理、矿产资源勘探和煤层气管理体制四项重大改革取得成果。集中解决历史遗留的兼并重组煤矿换证和非煤资源整合置换难点问题，全面完成 12 个首批国家煤炭规划矿区矿业权设置方案修编，集中规范整理 2000 年以来的 2 万余宗矿政档案，推进矿政管理的规范化、精细化和信息化。保障经费投入、推进找矿突破，全年安排勘查经费 5.6 亿元，批准立项找矿项目 95 个，验收往年地质勘查项目 75 个，新增煤炭、铁矿、铝土矿、冶镁白云岩、石墨等矿种的资源量，其中新增煤炭资源量 30.88 亿吨。（张 峰）

【供地结构优化】 2013 年，优化供地结构，提升节约集约用地水平，全年供应国有建设用地总量 15.83 万亩，为 18 万套保障性住房应保尽保供应土地 1.12 万亩；出台系列文件，将供地率等考核内容列入省政府对各市政府的目标责任考核，推进节约集约用地工作有效落实。（张 峰）

【地质环境保护与治理】 2013 年，全省地质环境保护开创新局面，成立由省委常委、常务副省长高建民为组长的“矿山复绿”行动领导组，推进全省“矿山复绿”工作；制订《山西省矿山地质环境治理项目管理办法》等管理制度，对矿山企业履行矿山地质环境保护与恢复治理义务及财政投资的矿山地质环境治理项目进一步规范管理。（张 峰）

【地质灾害预警预报】 2013 年，全省国土资源系统关注民生，强化地质灾害预警预报和宣传演练，做到大汛面前无大灾，全年发布地质灾害气象风险预警 56 次，成功避让地质灾害 9 起，转移安置 445 人，避免人员伤亡 135 人，避免直接经济损失 717 万元。（张 峰）

【国土资源执法监察和防控】 2013 年，执法监察依托新技术，发挥防控作用，利用航空、遥感技术等高科技手段，严厉打击非法采矿违法占地，查处土地违法案件 1208 宗，取缔非法违法采矿点 154 处，查处越界开采 15 起，查处非法采矿 51 处，维护国土资源开发利用秩序。全年国土收益 934.62 亿元，其中，征缴矿产资源价款 300.02 亿元，实现土地出让价款 634.6 亿元。（张 峰）

环境保护厅

【政务信息及环境信访】 全年编印《山西环保信息》12 期、《山西省环境保护厅公报》4 期，向省委省政府、环保部报送信息 320 条，被环保部和省委、省政府采用 100 余条。

制订《2013 年环境信访工作要点》，印发《山西省环保系统环境污染矛盾纠纷排查化解实施办法》，对全省环保系统开展环境污染矛盾纠纷排查化解工作进行统一部署。5 月始，在全省环保系统开展为期三个月的环境信访“积案化解专项行动”，集中解决一批复杂疑难信访问题，规范信访秩序。全年共受理各类信访件 9814 件，同比增长 18%，其中来信 841 封，同比增长 26%；来访 342 批（449 人次），同比增长 16%；电话（含 12369 热线）8521 个，同比增长 17%；电子邮件 110 封，同比增长 59%。受理各类环境信访事项 178 件（其中含环保部转办 38 件，省委社情民意办转办 4 件），同比增长 63%。受理来访 29 批 98 人次，同比增长 123%。受理信访件在规定期限内全部办结。（石振龙）

【规划与财务】 编制印发《山西省环境保护“十二五”规划中期评估工作方案》，明确规划中期评估的主要任务和任务分工，全年共完成《省“十二五”规划〈纲要〉》中涉及环保的内容和指标的中期评估、《山西省环境保护“十二五”规划》中期评估、山西省“十二五”中期城乡生态化战略推进研究课题、国家环境保护“十二五”规划评估四项评估内容。省级环保专项资金、三河三湖水污染防治资金以及重金属污染防治资金共计安排项目 90 个，共计下达环保治理资金 3.49 亿元，带动社会投入 31.65 亿元。下达省级财政补助资金 5000 万元，在全省 36 个重点区域完成环境应急指挥系统建设、市级应急监测及装备建设以及县（市）级应急监测及装备建设。开展国家环境空气监测网山西省项目（二期）建设，投资 5710 万元，在大

同、长治、临汾、阳泉、朔州、忻州、晋中、晋城、吕梁和运城10个市建成49个监测点位，配备空气监测仪器设备共计501台(套)。（石振龙）

住房和城乡建设厅

【概述】 2013年，山西省住房和城乡建设厅带领全系统广大干部职工，扎实推进，创新开拓，城镇化发展水平和质量提高；保障性住房新开工、建成、投资任务均顺利完成；重点工程建设项目储备、签约、落地、开工、建设、投产任务均超额完成；房地产业、建筑业持续健康发展，乡村清洁工程、农村困难家庭危房改造两件实事推进，建筑节能和城镇生活减排等约束性指标完成；住房公积金缴存使用同步增长，建筑工程质量、安全生产和信访维稳形势总体平稳，各项年度目标任务完成；为促进全省经济社会发展作出贡献，被省委、省政府评为2013年目标责任考核优秀单位，受到住房城乡建设部的肯定。

（李国红　米玉婷）

【城镇化推进】 一是城镇化加快推进，发挥拉动经济社会发展的引擎作用。按照“一核一圈三群”总体布局，以城镇市政基础设施、公共服务设施和产业园区建设为抓手，推进太原都市圈、城镇组群、区域中心城市、大县城和重点镇建设，城镇化取得新的进展。全省城镇化率比2012年提高1.5个百分点，达到52.76%，与全国平均水平的差距缩小。

（李国红　米玉婷）

【城乡规划建设管理】 按照城镇化推进要求，编制城镇群、城镇组群、城镇总体规划、城镇控制性详规等各类规划，并组织实施，发挥对城镇化的引领作用。围绕建设“气化山西”“净化山西”，加强城镇燃气、供热、污水和垃圾处理等市政基础设施建设和运营管理，城镇燃气普及率达到84.78%，集中供热普及率达到81.5%，污水处理率达到84%，生活垃圾处理率达到65%，同比分别提高0.21、2.4、0.1、7.45个百分点；削减COD(化学需氧量)24.1万吨、氨氮2.21万吨，完成减排任务。围绕生态文明建设，加大城市园林绿化力度，新增绿地面积1612公顷，城市建成区绿化覆盖率达到37.1%、绿地率达到31.67%，同比分别提高0.63、0.13个百分点，人均公园绿地面积达到10.7平方米，同比提高0.18平方米。大同、朔州、黎城、长子、灵石、古县6个市县被命名为国家园林城市(县城)，汾阳、和顺、长治县被命名为省级园林城市(县城)。

（李国红　米玉婷）

【城镇保障性住房建设】 改善城镇困难家庭的住房条件。2013年，国家下达山西省任务为新开工18万套，建成17万套。为加快改善城镇低收入家庭住房条件，拉动投资增长，山西省将任务调整为新开工23万套，建成21万套，计划投资392亿元。全省实际新开工24.2万套，建成22.1万套，分别超出国家下达任务34.5和30个百分点；完成投资542.85亿元，超出年度计划38.5个百分点。率先在全国开展全省域的住房调查，摸清了住房底数，得到住建部的充分肯定。推进住房保障立法工作，《山西省住房保障条例》进入省人大审议程序。（李国红　米玉婷）

【推进重点工程】 按照省政府“六位一体、统筹推进”的总体部署，开展“项目推进年”活动，健全完善工作机制，强化督查考核，项目储备、签约、落地、开工、建设、投产均超额完成年度目标任务，调结构、促转型、惠民生，实现固定资产投资突破万亿元大关。2013年，全省项目储备投资额227095.69亿元，完成年度计划224.10%；签约项目投资额26342.70亿元，完成年度计划175.06%；落地项目投资额16173.94亿元，完成年度计划107.83%；开工项目投资额11929.43亿元，完成年度计划119.29%；省市重点工程建设投资额11281.29亿元，完成年度计划112.77%，其中，省重点工程建设投资额4870.36亿元，完成年度计划110.01%；投产项目投资额10801.24亿元，完成年度计划108.01%。

（李国红　米玉婷）

【建筑业和房地产业】 建筑业和房地产业持续健康发展。加强建筑业、房地产业发展形势分析，对行业运行进行跟踪监测和指导，强化市场监管，创造良好环境，促进“两业”较快发展。全年完成建筑业产值2980亿元，同比增长11.7%；实现增加值750亿元，占GDP的比重达到6%，继续发挥支柱产业作用。房地产开发投资完成1308.6亿元，同比增长29.5%，占固定资产投资比重达到11.6%。

（李国红　米玉婷）

【建筑节能推进】 贯彻落实国家“绿色建筑行动方案”，抓好新建建筑节

11月20日，全省住房城乡建设工作会议暨党风廉政精神文明建设工作会议在太原召开　（李国红提供）

能监管、既有建筑节能改造、可再生能源建筑推广应用等工作,新增绿色建筑面积171万平方米,完成年度目标任务。 (李国红 米玉婷)

【住房公积金缴存使用】 住房公积金缴存使用同步增长,发挥支持住房建设和住房消费的重要作用。全省新增缴存职工26.66万人;新增缴存额210亿元,同比增长5.23%,提取77.07亿元,同比增长18.28%;发放个人住房贷款76.73亿元,同比增长41.75%;实现增值收益15.55亿元,同比增长40.7%。 (李国红 米玉婷)

【乡村清洁工程和农村危房改造】 实施乡村清洁工程和农村困难家庭危房改造,是省政府确定今后五年为农民群众办的五件实事中的两件。2013年,在全系统的共同努力下,全省2.82万个行政村全部启动乡村清洁工程,共落实资金11.57亿元,配备清扫保洁和监管人员7.8万名,垃圾收运车辆3.59万台,初步建立起较为完备的清运保洁体系,农村环境面貌发生明显变化。农村困难家庭危房改造10万户任务完成;1万户农村住房抗震改建试点全部开工,其中9035户竣工。按照省政府安排,完成1.86万户受灾群众住房改造任务。

(李国红 米玉婷)

交通运输厅

【交通基础设施建设】 1.编制并报省政府批准"三纵十二横十二环"高速公路网规划调整方案。交通基础设施建设完成投资379.2亿元,为计划的126%。高速公路在建里程达到1250千米,长治至平顺、王庄堡至繁峙、广灵至浑源3条高速公路通车运营。国省干线公路新改建工程开工924千米,完工599千米,晋城至高平一级公路改造工程竣工通车。农村公路新改建工程开工2290千米,完工2005千米。

2.集中连片特困地区交通扶贫战略启动。争取到交通运输部投资18亿元,完成国省干线公路9个项目189千米,开工建设重要县乡公路改造23个项目329千米。

3.运输枢纽及站场建设加快。续建新建一级汽车客运站6个、二级汽车客运站17个,晋城客运东站、运城客运东站建成并投入运营。

4.重点工程建设质量稳步提高。在建高速公路项目实体工程抽检合格率达到93.3%,关键指标抽检合格率达到96.1%,比上年分别提高0.6%、3.3%。

(师国梁)

【公路管理养护与治超】 1.高速公路建立特大桥梁技术状况定期检测制度与特长隧道联防机制。全年实施养护专项工程180项,检测桥梁1289座。普通公路完成大中修工程328千米、安全保障工程1625千米、危桥改造152座,108国道改造示范工程通过交通运输部验收。高速公路、国省干线公路、县乡公路优良路率分别达到99.8%、81.48%、75%。全省收取车辆通行费152亿元,比上年增长17%,并为197万辆鲜活农产品运输车辆和1208万辆小客车减免通行费8亿元。晋中市龙城高速公路实行养护托管模式,既降低养护成本,又保证养护质量。晋中公路分局依靠地方政府实行干线公路路政共管机制,委托沿线县、乡政府和村委会对路域环境综合治理,解决过村镇路段脏、乱、差问题。吕梁市、临汾市持续加大农村公路管养经费投入,长治市集中实施农村公路安保工程,服务水平明显提升。

2.治超长效机制建设加快推进。全省一半以上公路超限检测站实现标准化、永久化、规范化,源头治超远程监控平台实现省、市、站三级联网,投入运行的公路超限检测站和高速公路匝道入口全部实现不停车检测。建立源头治超"黑名单"制度。全年共检测货运车辆9568.4万辆,查处非法超限车辆996辆,卸载3925.4吨,非法超限超载率稳定控制在0.2%以内,继续保持全国领先水平。 (师国梁)

【高速公路公共服务】 一是把提升高速公路公共服务列入全省综改试验区建设2013年专项行动计划,推动科技进步、管理创新、服务提升。二是不停车收费系统(ETC)建设取得进展。专用车道覆盖率达到42%,服务网点达到718个,ETC用户达到9.16万个,军车ETC投入运行,山西省与京津冀鲁四省市实现高速公路不停车收费跨省联网。三是服务区标准化建设成效明显。完成13个服务区服务设施的升级改造,在71个收费站建设综合性便民服务大厅、便民服务候车亭。实施服务区"温馨工程",开展服务环境整治,服务区环境面貌和服务水平提高。四是信息服务系统得到完善。建立以省市交通台、96500出行热线、12122紧急救援专线和沿线可变情报板为主干的高速公路综合信息系统。高速公路标志完

5月25日,临离高速湫水河大桥右幅顺利贯通 (师国梁提供)

善工程全面完成。（师国梁）

【城乡公交发展】 1.城市公交优先发展战略全面实施。全省新增更新城市公交车辆1318台，总运力达到9772辆，全年运送旅客14.6亿人次，同比增长6.6%。太原市创建国家“公交都市”示范城市取得进展，公交出行分担率由上年18%提高到29%。大同市、阳泉市城市公交分担率达到20%以上，晋中市11个县(区、市)全部开通城市公交。朔州市、运城市实施城市公交国有化改造。忻州市政府投资100万元建成公交智能化管理系统。太原市、晋城市公共自行车系统基本建成。

2.城际公交、农村客运公交化改造步伐加快。山西高校新校区至太原、晋中公交网基本建成，运行良好。全省镇村公交线路达到323条，28.5%的乡镇、21%的建制村通农村公交。临汾市、晋城市出租汽车“电召”“网召”服务系统投入运营。（师国梁）

【道路运输转型发展】 省交通运输物流公共信息平台投入运行，并与国家交通运输物流公共信息平台对接。全省物流企业达到362家，年产值18亿元；货运站达到72个，年吞吐量652万吨。甩挂运输企业达到21户，甩挂车辆达到2218辆，年运输量788万吨。汽车租赁业发展提速。2013年，全省公路客运量及旅客周转量分别完成3.47亿人次和237.8亿人千米。公路货运量及货物周转量分别完成7.75亿吨和1280亿吨公里，同比分别增长5%、6.5%。（师国梁）

【行业安全生产】 一是以道路运输、水上交通、公路施工、人员密集场所为重点，组织开展“道路客运安全年”活动和“百日安全生产大检查”等专项整治行动，共排查安全隐患11057项，除28项正在整改外，其余全部得到整改。全系统未发生重大及以上安全生产事故，各项指标均在省政府下达的控制指标之内。二是加快构建军民融合、平战结合、平急结合的应急体系。开展长大隧道危化品运输车辆事故、水上应急救援、工地防汛抢险、人员密集场所消防疏散等专项应急演练，成功实施临汾曲亭水库溃坝事故滞留旅客疏散和中储棉侯马仓库火灾事故物资应急抢运。（师国梁）

【科技教育和节能减排】 “高等级公路大纵坡路段沥青路面结构与材料研究”等9项成果获省、部科技进步奖，“高速公路交通安全设施设计指南”等3项交通运输地方标准发布施行，在全国率先开展高速公路货车不停车收费系统研究与试验。省交通科研院坚持科技研发、成果转化与高新技术产业化一体推进，走出一条创新驱动发展的新路子。交通教育质量提高，山西交通职业技术学院新校区投入使用，省交通技师学院国家级示范校建设推进，省交通干部学校干部培训与成人教育规模逐年扩大。“车、船、路、港”千家企业低碳交通运输专项行动深入，全行业23个单位获交通运输部节能减排项目专项资金1724万元。交通运输部、国家发改委重点支持项目雁门关隧道节能照明改造工程和晋中、河津服务区节能环保改造工程竣工投入运营；交通运输部重点支持的全国第一个省级交通环境监测项目山西省交通环境监测网络基本建成，省政府下达的油罐车油气治理年度任务完成。新建高速公路服务区全部规划加气站。运输市场老旧车辆“三年淘汰计划”完成，共淘汰老旧车辆1.68万辆。全省城际客运和货运物流燃气汽车总量达3万辆，晋城市每年增加燃气公交车100辆。（师国梁）

【法制和行政效能建设】 2013年，省人大常委会通过新修订的《山西省高速公路管理条例》，并于2014年1月1日起施行。《太原市客运出租汽车服务管理条例》经省人大常委会批准，以地方法规发布。建立交通建设贯彻国防要求协商会议制度。完成对全系统270个单位的行政执法评议考核。交通运输执法标志标识、执法证件、执法服装实现全省统一。开展“路政管理规范年”活动，基层基础建设加强，路政队伍素质提高。深化行政审批制度改革，省级行政审批(许可)事项由20项精简为8项，全部纳入厅综合政务大厅集中管理，实现“一条龙作业、一个窗口办理”。（师国梁）

水利厅

【概述】 2013年，山西省累计完成水利投资180.52亿元。全省已建成水库637座，其中大型水库10座，中型水库67座，现有大中型水库库容48.56亿立方米。全年实际灌溉面积1339.13千公顷。小型水利设施累计达到8535处。小型水利灌溉面积92.96千公顷。累计除涝面积89.13千公顷。万亩以上灌区118处，万亩以上机电灌站70处，防渗长度8874.45千米。累计堤防长度10039.3千米。水利工程总供水量69.67亿立方米。当年地下水开采量33.99亿立方米，水土流失累计治理面积5475.71千公顷，新增水土流失累计治理面积242.8千公顷。当年改善和提高农村饮水安全标准人口60.42万人。城乡供水工程年供水量11.69亿立方米。全省小水电全年发电量3.41亿千瓦小时；水产品总量45621吨，较上年增长10.62%。

（王秀芳）

【法规建设】 3月1日，《山西省节约用水条例》正式施行。10月，编制水利立法项目计划报送省政府法制办，建议将《山西省实施〈中华人民共和国水土保持法〉办法》(修订)和《山西省实施〈中华人民共和国渔业法〉办法》(修订)列入2014年人大立法项目；呈报的《山西省农村饮水管理办法》被列入省政府2014年政府立法项目。

制定《山西省水库标准化建设与管理指导意见》(试行)，意见适用于山西省水库主要建筑物达到设计标准，病险水库除险加固任务已完成，组建有水库管理单位的大中小型水库。分为总则、工程及设施、组织机构、安全管理、运行管理、积极管理六部分46条。（王秀芳）

【水生态系统保护与修复前期工作】 根据水利部批准山西省为全国首个水生态系统保护与修复试点省份文件精神，开展娘子关、辛安、神头、晋祠、兰村、柳林、雷鸣寺等19个岩溶地下水的水生态保护与修复工作，编制《山西省岩溶大泉水生态环境保护与治理修复工作指导意见及工程实施方案技术大纲》；组织有关单位在对2000年划定的全省地下水超采区复核的基础上，编制完成《山西省地下水超采区评价报告》，划定地下水限采和禁采范围。

协调省政府法制办、省国土资源厅等有关部门，对全省19处岩溶大泉进行全面系统调查，针对出现的问题，采用新思路新方法，分析各个岩溶泉域水量、水质的变化特征，以及影响泉流量和水质的主要因素，分泉源、水量、水质重点区域对岩溶泉域保护区范围重新提出划定方案，明确泉域保护的主要目标，年底之前上报省政府批复。

开展晋祠、神头泉等岩溶泉综合治理工程，晋祠凤峪沟店头村——龙泉寺段2千米堤防修复、河岸绿化等水生态修复工程已完工，近期将进行验收；朔州市神头泉东西海泉组和小泊泉组水源地保护治理工程施工正在进行，东西海泉组治理工程共完成泉域清淤5万立方米、浆砌石0.1万立方米。

为进一步优化水资源配置，提高水资源利用效率，根据《中共中央、国务院关于加快水利改革发展的决定》文件精神，在地表水源覆盖的太原、大同、朔州、忻州、晋城、运城等区域，专题研究并开展关井压采工作，通过行政手段，运用地表水源置换包括岩溶水在内的地下水源，实现地下水采补平衡。编制完成《山西省地下水关井压采规划及实施方案》，报省政府批复后将全面实施。（王秀芳）

【转型综改】 1. 加快全省用水总量控制指标分解工作。按照水利部水量分配工作方案，9月中旬初步完成“全省用水总量控制指标地市分解方案”编制工作。

2. 细化全省用水总量控制指标。按照水利部要求，完成2015年全省各市用水效率年度控制指标分解方案。推动太原、晋城、阳泉和侯马等市全国节水型社会建设试点工作。5月，阳泉市节水型社会试点通过海河水利委员会组织的中期评估。对2008年公布的《山西省用水定额》工业和生活部分进行了修订，并增加农业部分的内容，目前正与有关部门进行协调。

3. 开展入河排污口调查和主要河流水功能区水域纳污能力分析工作。2012年提出的《山西省水功能区纳污能力核定和分阶段限制排污方案》已根据有关专家意见修改完毕，将上报省政府征求各市政府意见。按照水利部开展的水资源保护规划要求，提出入河纳污控制及水污染治理初步方案。《山西省水资源保护规划》编制工作全面开展。（王秀芳）

农业厅

【概述】 1. 粮食产量创历史新高。2013年，省委、省政府高度重视农业和粮食生产，在落实中央惠农政策的基础上，出台多项惠农政策，加强农业基础设施建设，改善农业生产条件，实施科技兴农战略，推进粮食高产创建工程，开展防灾减灾，粮食生产克服前期干旱、局部暴雨冰雹灾害、后期病虫害等诸多不利因素影响，全省粮食生产持续稳定发展。经国家统计局核定后公布，2013年全省粮食总产量达到131.28亿公斤，首次超过130亿公斤，比上年增产3.0%；全省粮食平均亩产267公斤，比上年增加9公斤，粮食总产和单产均创历史新高，全省各地区均衡增产，10个市创历史新高。

2.种植业结构优化。2013年，全省粮食播种面积基本稳定，产量增加。其中：夏粮面积、产量减少；秋粮面积、产量增加。特别是玉米、高粱面积略增、产量增加显著；而杂粮、马铃薯面积虽略减少，但产量依然增加。全省经济作物总面积基本稳定，不同作物播种面积和产量年度间变化明显。蔬菜、药材面积、产量增加；棉花、油料、甜菜面积、产量减少，特别是棉花、甜菜减幅较大。

全省粮食作物播种面积3274.30千公顷，比上年减少17.20千公顷，减幅0.52%；产量达到1312.80万吨，比上年增加38.70万吨，增幅3.0%。其中：小麦播种面积677.47千公顷，比上年减少11.50千公顷，减幅1.67%；产量230.72万吨，比上年减少28.46万吨，减幅11%。玉米播种面积1670.04千公顷，比上年增加1.07千公顷，增幅0.06%；产量955.47万吨，比2012年增加51.60万吨，增幅5.7%。高粱播种面积28.77千公顷，比上年增加0.07千公顷，增幅0.24%；产量6.99万吨，比上年增加0.79万吨，增幅12.7%。杂粮播种面积176.24千公顷，比上年减少6.19千公顷，减幅3.39%；产量15.39万吨，比上年增加1.79万吨，增幅13.2%。马铃薯播种面积168.55千公顷，比上年减少0.38千公顷，减幅0.22%；产量29.58万吨，比上年增加3.42万吨，增幅13.1%。

全省经济作物播种面积508.14千公顷，比上年减少8.50千公顷，减幅1.67%。其中：蔬菜播种面积252.77千公顷，比上年增加4.96千公顷，增幅2%；产量1198万吨；比上年增加91.16万吨，增幅8.23%。甜菜播种面积4.60千公顷，比上年减少3.95千公顷，减幅46.21%；产量22.46万吨，比上年减少18.32万吨，减幅44.92%。药材播种面积30.82千公顷，比上年增加0.07千公顷，增幅0.24%。棉花播种面积23.44千公顷，比上年减少13.93千公顷，减幅37.27%；产量3.06万吨，比上年减少1.63万吨，减幅34.80%。油料播种面积140.32千公顷，比上年减少5.54千公顷，减幅3.95%；产量19.47万吨，比上年减少0.1万吨，减幅0.52%。（孙跃武）

林业厅

【概述】 2013年，全省林业工作按照省委省政府绿化山西、生态兴省战略部署，围绕“山上治本、身边增绿、产业富民、林业增效”的工作思路，推进林业六大工程建设，转变作风，狠抓落实，完成各项工作任务。

1. 造林绿化。推进林业六大工程，全年完成营造林30.27万公顷，占年度任务的100.9%。其中，“两山”造林工程完成13.2万公顷，“两网”绿化工程完成6.13万公顷，“两林”富民工程完成6.67万公顷，“两区”增绿工程完成2.27万公顷，“双百”精品工程完成2万公顷。

2. 森林资源保护。强化森林防火工作,推行网格化巡查和定点责任看护制度。2013年,全省共发生森林火情221起,其中林火32起、荒火189起,过火面积3.22万亩,受害森林面积6324亩,森林火灾受害率0.15‰,低于省政府确定0.5‰的控制目标,未发生重大森林火灾。查处涉火肇事者213人,追究相关责任人380名。重点实施林业有害生物防治193万亩,成灾率控制在1.4‰,远低于4.3‰的控制指标。开展专项整治行动,打击涉林犯罪行为,共查处森林和野生动物案件3350起,林政处罚5585人次,挽回直接经济损失2000余万元。新批建省级湿地公园7处,申报国家级湿地公园试点2处。

3. 集体林权制度改革。继续深化集体林权制度改革,省委、省政府印发《关于深化集体林权制度改革的实施意见》,安排专项资金900万元扶持林业专业合作社建设。林权配套改革有序推进,制订出台《山西省集体林权流转办法》,森林保险试点通过财政部审批。

4. 林业产业。全年林业产值达到360亿元以上,比上年增长15%。经济林发展势头强劲。以核桃、红枣为主的传统经济林产业稳步推进,以连翘、双季槐为主的新兴经济林态势良好,新发展经济林100万亩。种苗花卉产业稳步发展。省人民政府办公厅印发《关于加强林木种苗工作的意见》,举办2013年山西苗木及绿化资材博览会;全省新育苗37.7万亩。参加第八届中国花卉博览会,获3项金奖,综合排名全国第五。全省森林公园接待游客达到1105万人次,门票收入1.86亿元。全省林下经济经营面积达到551万亩,产值16.5亿元,参与农户近11万,人均收入1599元。

5. 林业科技。围绕全省林业区域特点,重点在九大国有林局、市县安排中央财政和省煤炭可持续发展基金项目37项。突出科技推广,红枣"双调"(上调树势,下调土壤)和裂果防控叶面施肥、核桃"五个一"(一级苗,一米坑,一担肥,一桶水,一张膜)栽植、低产林土肥水管理等20项林业实用技术得到推广。强化科技创新,申报"森林多目标多功能经营技术引进""Forest Watch林火智能监测与决策支持系统技术引进"两项国际先进林业科学技术引进项目。"抗逆速生白杨优良杂交无性系选育""松柏柽柳扦插及盐碱地造林技术研究"等三项科技成果通过省科技厅鉴定,"黄土丘陵区防护林营造综合配套技术研究"获山西省科技成果二等奖。

6. 林业对外开放。继续实施中日合作"中国黄土高原林业新技术及管理方法推广普及项目";完成中日民间绿化交流基金项目营造生态示范林186.7公顷。

7. 林业投资。2013年,全省林业投资总量110.1亿元,比上年增长9.2%。其中:中央和省级投资37.84亿元,社会投资72.26亿元。（冀瑞平）

【《山西省森林公园条例》】 8月1日,省第十二届人民代表大会常务委员会第四次会议审议通过《山西省森林公园条例》(下称《条例》),自10月1日起施行。《条例》共6章42条,《条例》规定,森林公园建设应按照森林公园总体规划进行,森林公园内的项目建设应与周边景观和环境相协调,相应的旅游服务设施、环境保护设施和防火设施应同时规划、同时设计、同时施工、同时使用。森林公园内禁止建设破坏自然景观、地质遗迹、历史文化遗址、古生物化石遗迹和妨碍游览、污染环境、破坏资源的工程设施和不得新建高尔夫球场、狩猎场等项目。《条例》还明确相关法律责任,违反《条例》相关规定,造成森林资源风景破坏的,将会被处10万元以上30万元以下的罚款,构成犯罪的,依法追究刑事责任。（冀瑞平）

商务厅

【概述】 2013年,山西省社会消费品零售总额实现4988.3亿元,同比增长14%,高于全国平均增速0.9个百分点,增速全国排第三名,在中部六省和安徽省并列第一名。全省进出口总值970.2亿元人民币(折合157.98亿美元),扣除汇率因素,同比增长5%。其中出口491.1亿元人民币(折合79.96亿美元),同比增长14%;进口479亿元人民币(折合78.01亿美元),同比下降2.8%;贸易顺差1.95亿美元,出口、进口比为1.02。全省新批外商直接投资企业48家,同比增长23.08%;实际利用外资28.07亿美元,同比增长12.10%。全年累计对外投资5.4亿美元,对外承包工程完成营业额7.6亿美元。25个开发区实现地区生产总值1551.22亿元、工业增加值1119.75亿元、财政收入184.27亿元、固定资产投资960.02亿元、实际引进境内省外投资额950.81亿元。

（徐晨星）

【全省商务新闻发布会制度建立】 2013年,首次建立全省商务新闻发布会制度,每季度召开一次商务新闻发布会,通报全省商务运行情况、商务重点工作、重大活动、重要事项,多次组织召开促消费活动、网络购物等专题新闻发布会。（徐晨星）

【现代流通体系建设】 实施骨干流通企业"515"工程,山西省建行为流通企业量身定制融资服务。发展商贸物流业,太原市成为全国城市共同配送试点市。建设商业集聚区,鼓楼食品街、太原长风第六馆等一批特色商业街开业运营。推进鲜活农产品现代流通体系建设,出台《山西省鲜活农产品现代流通发展规划》,支持全省连锁超市与农民专业合作社开展"农超对接",扶持全省大型超市新建一批生鲜农产品配送中心和农产品直采基地,国家级试点——晋中农产品现代流通综合示范区启动实施。

（徐晨星）

文化厅

【省部合作协议签订】 7月1~2日,全国文化厅局长座谈会在太原召开,省长李小鹏和文化部部长蔡武签署《山西省人民政府、文化部关于共同推进文化建设战略合作框架协议》,省委书记袁纯清出席签约仪式。省部协议的签订是加强山西省人民政府与文化部合作、建立工作机制、创新文化发展的重要举措。文化部对山西转型综改试验区建设、公共文化服务体系建设、文化艺术繁荣发展、文化产业转型升级、文化会展经济发展、非遗项目保护利用、对外文化交流合作、文化改革创新、文化人才培养等方面给予全方位的支持,推动全省文化改革发展。　(陈燕萍)

【文化设施建设】　省文化厅推进山西大剧院与保利文化集团的战略合作,成立山西大剧院管理中心,每年安排引进100场优秀剧目在大剧院上演,2013年举办各类演出67场次。启动"长风之夜"周末惠民演出,以高品质的舞台效果和优质的现代化服务赢得社会各界广泛好评。省图书馆新馆于2013年7月1日正式开放运营,开馆以来日均接待读者万余人次,为全省人民打造一所设施完备、功能齐全的"终身学校""城市书房"。山西晋剧艺术中心建设项目奠基开工。省级标杆文化设施建设项目推进,使全省人民群众享受文化改革发展的新成果。　(陈燕萍)

【文艺创作】　第十届中国艺术节上,山西省艺术职业学院创作的舞剧《粉墨春秋》获"文华大奖",山西省戏剧职业学院创作的说唱剧《解放》获"文华优秀剧目奖",吕梁市晋剧院创作的晋剧《刘胡兰》获"文华剧目奖";晋中市和顺县的凤台小戏《县长遛牛》、临汾市群众艺术馆的眉户小戏《带着妈妈上大学》等14个节目荣获"群星奖"。山西省图书馆系统服务总分馆建设、山西省农村流动书库工程等5个项目获单项奖。第十三届中国戏剧节上,山西省晋剧院的《巴尔思御史》、太原市晋剧艺术研究院的《上马街》获优秀剧目奖。9月,全省艺术创作生产会议在芮城召开,对"讲好山西故事"进行部署,表彰一批文艺院团先进集体和个人。省演艺集团创作话剧《立春》、京剧《紫袍记》等一批省级重点舞台艺术作品,运城市蒲剧青年实验团的《还债局长》、高平市人民剧团的《深山腊梅》等一批市县级舞台艺术剧目相继推出。省画院艺术家组织画家开展以"美丽山西"为主题的系列美术作品创作工作。省文化厅获得文化部"2011—2012年度国家舞台艺术精品工程组织工作奖"。　(陈燕萍)

【非遗保护机制】　建立晋中文化生态保护区非遗整体性保护体制机制,推进太原市小店区等8个综合传习中心建设和4个濒危项目抢救保护工作,构建非物质文化遗产保护、传承和利用新格局。落实中央非物质文化遗产保护资金4000余万元,出台《山西省非物质文化遗产保护专项资金管理指导意见》,完成第四批国家级评审工作,推进非物质文化遗产研究基地、博物馆和传习所建设。组织省"文化遗产日"非物质文化遗产宣传活动,宣传展示山西省的非遗保护成果。　(陈燕萍)

【文化人才培养模式创新】　省文化厅实施文化领军人才素质提升工程,加快"三区"人才培养工作,举办省直文化系统领导干部、新任县级文化局长、全省艺术院校舞蹈教师素质提升培训等18个专题培训班;与省人社厅联合承办全国"文化生态保护区建设中非物质文化遗产保护和利用"高级研修班;与省建行联合举办"文化金融大讲堂";与北京舞蹈学院联办高级舞蹈研修班;与上海戏剧学院联办高级编导研修班。运城市蒲剧青年实验团团长景雪变获"中国戏剧表演奖·二度梅花奖",朔州市歌舞团演员詹丽华、运城市蒲剧团演员贾菊兰获得"梅花表演奖"。至此,全省已有44人获"梅花奖",其中4人为"二度梅"。在全国少儿戏曲"小梅花"比赛中,山西省艺术院校6人获得"十佳"称号。大小梅花均稳居全国榜首。山西戏剧职业学院与中国戏曲学院联合举办首届中国戏曲学院晋剧班返晋实习,创排剧目40余部,实践演出5场,以优异成绩赢得省内戏曲界专家认可。高雅艺术进校园演出活动举办28场。　(陈燕萍)

【对外文化交流】　文化厅启动"山西—乌兰巴托中国文化中心合作项目",在蒙古乌兰巴托实施山西非遗展、山西书画展、山西黄河歌舞——"晋韵流芳"文艺晚会等7个项目;实施"山西文化进台湾"项目,促进晋台文化交流。　(陈燕萍)

卫生厅

【医药卫生体制改革】　2013年,山西省新农合参合率达99.33%,住院最高支付限额达15万元,均创历史新高;将20类重大疾病实际补偿比例提高到70%,在阳泉、运城两市开展重特大疾病新农合购买大病保险试点工作。在部分非政府办社区卫生服务机构开展基本药物制度试点工作,药品"零差率"销售覆盖所有实施综合改革的县级公立医院。在全国第4家制订省级2013版基本药物补充品种目录,基本药物招标采购工作在国务院医改办会议上作经验交流。县级公立医院综合改革范围由34个县(市、区)扩大到83个,占全省总县数的70%,超过国家50%的要求。推进城市公立医院改革试点。建立乡村医生养老退出政府补助机制和村卫生室信息化运行补助机制,太原市建立乡村医生进退流转机制的做法受到国务院副总理刘延东的批示肯定。人均基本公共卫生服务经费由25元提高到30元,服务项目由10类41项扩展到11类43项,基本公共卫生服务网格化管理、家庭医生制和团队负责制的服务模式得到国家卫生计生委肯定,重大公共卫生项目任务全部完成。　(刘　翔)

【医疗服务能力建设】　全省医疗卫生机构诊疗人次数、出院人数、住院病人手术人次分别达到1.24亿、368.12万和80.42万,分别比上年同比增长4.45%、5.61%和7.69%。投入14亿元,新建和改扩建医疗卫生机构259个。省儿童医院新院区建设项目进展顺利,新增社区卫生服务机构95所,5所机构被评为国家级示范机构。鼓励社会力量办医,将民营医院纳入医院等级评审范围,为民营医疗机构培训管理和专业人员2000人次。在40所医院开展护士岗位管理试点工作。实施16项京晋地区医疗卫生领域合作项目,受到省委书记袁纯清充分肯定;完成各类基层卫生人才培训4.7万人次。4个专科被评为国家临床重点专科建设项目,山西省国家临床重点专科总数居中部省份前列。申报获批国家级和省级卫生科技攻关研究项目192项,其中,资助额度千万元以上的国家级重大项目2项。安排38所三级医院对口支援95个县级医院,组织630名二级以上医疗卫生机构主治医师以上医生对口支援210个乡镇卫生院。 (刘 翔)

【疾病预防控制和卫生应急工作】 扩大免疫规划疫苗报告接种率达98%以上,艾滋病等重大传染病得到有效防控,大骨节病等地方病防治成果得到巩固,烟草控制大众传播活动获全国优秀组织奖,科学有序有效开展人感染H7N9禽流感防控工作。为50余万名妇女进行宫颈癌、乳腺癌检查,为贫困县儿童发放价值600余万元营养包,全省孕产妇住院分娩率达99.86%,孕产妇死亡率、婴儿死亡率分别为15.97/10万、7.57‰,均提前达到山西省"十二五"目标。建设和改造无害化卫生厕所16.68万户,11个县城和6个乡镇荣获国家卫生县城(镇)称号,是创建成功最多的一年。完成组建国家紧急医学救援队伍的任务,完成突发事件医疗卫生救援任务16起,救治伤员624人。成功救治汾西矿业"9·28"透水事故2名被困11天矿工,创造医疗救治奇迹。(刘 翔)

【卫生监督执法和食品安全风险监测】 举办三期医院院长依法执业专题培训,开展整顿医疗秩序专项行动、医疗质量万里行、抗菌药物临床应用专项整治、"健康校园"创建和饮用水卫生安全监管等活动,共监督检查医疗卫生机构和公共场所6.6万户,查处案件3643件,取缔无证行医"黑诊所"789户次,监督覆盖率位居全国第一,案件查处数居全国第五,山西省在全国进一步整顿医疗秩序打击非法行医专项行动电视电话会议上作典型发言。加强食品安全风险监测,构建省市县乡四级食源性疾病监测网络,食品中污染物和有害因素监测网络覆盖全省60%以上的县,高于国家50%的指标,食源性疾病事件监测实现县级全覆盖。 (刘 翔)

【中医药工作】 2013年,修订颁布《山西省发展中医药条例》,出台《山西省人民政府关于扶持和促进中医药事业发展的意见》,为加快发展中医药事业提供法制保障。启动基层中医药服务能力提升工程,创建12个省级基层中医药工作先进单位、39个省级中医药特色社区卫生服务中心、126个省级中医药特色乡镇卫生院。3所医院被评为全国综合医院中医药工作示范单位,7个专科被评为中医专业国家临床重点专科。中药资源普查进展顺利,总体进度排全国第二。 (刘 翔)

【政风行风和医德医风建设】 省卫生厅开展党的群众路线教育实践活动,在纠正"四风"、着力解决人民群众反映强烈的突出问题上取得成效,受到中央督导组高度评价。坚持依法行政的经验,在省委依法治省领导组依法行政联席会议暨依法行政经验交流会上作交流。开通12320卫生热线。深化行政审批制度改革,行政审批项目由31项精简为8项。广泛开展患者满意度调查、出院患者回访和医德查房工作,回访率达到出院病人的80%以上,山西省的做法被国家卫生计生委在全国推广。加大先进典型宣传力度,联合媒体开展"走基层·寻找身边好医生"宣传活动。对90所医疗机构进行医德医风明察暗访,开展收受"红包"、药品回扣专项整治。省卫生厅被授予预防职务犯罪先进单位荣誉称号,被评为全省政风行风建设社会管理部门先进单位。 (刘 翔)

人口和计划生育委员会

【概述】 2013年,低生育水平持续稳定,人口自然增长率为5.24‰。基层服务网络、优质服务和孕前优生咨询指导"三个全覆盖"稳步推进,国家免费孕前优生健康检查项目实现县级全覆盖。计生家庭民生改善力度加大,"三晋康家"工程取得成效,奖励扶助、优先优惠、关怀扶持"三位一体"的利益导向体系健全。人口信息化体系更加完善,基层人口管理服务信息系统覆盖全省,成为全省基层社会服务管理的信息平台,被中央综治委肯定并推广。流动人口服务管理加强,服务均等化水平提高。基层文明执法、窗口单位为民服务创先争优、依法行政示范乡镇(街道)、基层群众自治示范村(居)等创建活动持续开展,政风行风建设水平取得新成效,省人口计生委连续4年被评为全省政风行风建设免评部门,连续七年受到省政府表彰。 (张晋军)

【坚持计划生育基本国策】 加强组织领导,召开全省人口计生工作会议和人口计生领导小组扩大会议,与各市和省直相关部门签订目标责任书。加强任务落实,对年度重点工作进行细化分解,每季度制订工作计划予以推进。加强目标责任考核,制订《考核细则》,运用考核平台对市、县进行网上考核,对11个县进行半年督查,对11个市、30个县进行年终抽查考核。加强干部提拔、评先评优计划生育审核,全省共审核单位和个人9895个,否决18个。加强孕前管理服务,严格社会抚养费征收,开展利益引导和服务关怀,引导群众自觉实行计划生育。加强新型人口文化建设,创建13个省级人口文化建设示范基地。启动"圆梦女孩志愿行动",集中打击"两非",形成关爱女孩和综合治理出生人口性别比的良好局面。 (张晋军)

【优质服务推进】 继续推进人口计生服务网络、优质服务和孕前优生咨询指导"三个全覆盖"。加强基层服务网络标准化、规范化、信息化建设,安排乡级服务中心建设项目27个,建成73个数字化服务站。继续开展优质服务先进单位创建活动,创建9个国家级和17个省级优质服务先进单位。继续推进优生促进工程,运用孕前优生咨询指导系统,开展免费孕前风险评估48.3万例。推进国家免费孕前优生健康检查项目,实现县级全覆盖;全年共检查275114人(目标人群

255000人),目标人群覆盖率达108%,超出国家规定28个百分点,建起预防出生缺陷、提高出生人口素质的重要防线。 (张晋军)

【公共服务均等化】 加强顶层设计,将流动人口计生工作纳入全省加强和创新社会管理全局予以推进。巩固完善"一盘棋"工作机制,建立环渤海10省区市,省内太原、晋南晋东南、晋北三大区和南同蒲沿线,毗邻省市、县区,省级相关部门四个层级的协作框架。推进乡镇(街道)流动人口"四统一"一站式服务管理。开发流动人口网上预约办证平台,实行一次性告知、首接负责制、限时办结制、特殊情况"承诺制"等措施,解决流动人口办证难问题。加快推进服务均等化,开展免费技术服务、免费发放避孕药具和"爱在流动"服务家庭系列活动,试点县由2012年的53个扩大到所有县(市、区)。加强流动人口信息化建设,实现与全国流动人口信息交换平台的链接,异地查询、交换流动人口个案信息45621人,反馈率达95%以上。加强流动人口统计监测和重要课题研究,在全省建立5000多个样本点,调查流动人口15000多人;完成《2013年山西省流动人口生存和发展研究报告》等4个课题。 (张晋军)

审计厅

【概述】 2013年,全省各级审计机关审计和审计调查单位6471个,查出违法违规金额1497.37亿元,损失浪费金额3.54亿元,促进增收节支和挽回损失501.37亿元。移送案件线索526件277人,移送处理金额40.83亿元。提交报告信息3213篇,提出审计建议12443条,促进建立健全规章制度109项,发布审计结果公告90多篇。 (宁红伟 郑钰卿)

【监督检查】 根据审计署部署,组织省市县三级审计机关对大同、长治等11个市级及所辖109个县(区)和1144个乡(镇)截至2012年底和2013年6月底政府性债务情况进行审计,揭示影响经济社会安全运行风险和隐患,提出规范债务管理、防范财政风险等建议。围绕山西省综改试验区建设重大决策部署,省审计厅对山西煤销集团和山西国际电力集团合并重组、阳煤集团托管重组太原化学工业集团、晋煤集团托管重组太原煤气化集团实施情况进行跟踪审计,为政府决策提供依据。

(宁红伟 郑钰卿)

外事侨务

【因公出国(境)管理】 加强因公出国(境)政策指导和管理协调。根据省委、省政府安排部署,结合山西省对外开放和综改试验区建设实际,起草《关于进一步规范我省国家工作人员因公临时出国的实施意见》,以省委办公厅、省政府办公厅文件下发。实行严格的计划管理。出访人员结构进一步优化,出访热点国家团组在一定程度上得到控制,出访亚洲周边和发展中国家从事商务贸易、文化交流等有实质性任务团组增多。加强行前纪律和涉外礼仪培训,全省因公出国(境)人员在境外没有发生违反外事纪律的行为。 (楚晨希)

【对外合作及交流】 精心组织高层出访。协调办理省领导和各市领导出访40多个国家和地区,推动了山西省和往访国在能源、经贸、科技、医疗、农业、住房、环保等领域的务实合作,签署多项合作协议和意向。礼宾接待更为科学规范。报经省委批准,以省委外事工作领导组名义下发《关于进一步规范和改进我省外事礼宾工作的若干意见》(晋外领字〔2013〕1号),加强全省礼宾接待工作的指导。扩大友城交往和区域合作。友城交往提质增量,全年新增友城3对,新签友城意向6对,全省友城数量达39对。通过友城渠道,开展互访互动,在能源、信息技术、装备制造、港口运输、教育文化、医疗、旅游等多领域开展务实合作。扩大对外宣传。配合有关部门组织境外华文媒体山西行。拓展E山西多语种网站群应用,推出微信服务平台,提供签证和领事认证办理、境外经贸资源等信息服务。

(楚晨希)

【服务综改试验区建设】 举办全省外事专办员培训班。再次优化因公出国(境)审批流程,简化审批手续,缩短审批时间,下放身份证查验权,实行邀请函担保制度,实行告知制度和信息公示制度,寓出国管理于服务之中。

支持"请进来""走出去",实施多项举措。支持山西省重大对外合作、产业转型、生态修复、社会治理等项目。

(楚晨希)

【侨务工作】 加强与重点华侨华人、侨

晋善晋美山西营——荷兰华裔青少年营员在五台山 (楚晨希提供)

领侨社和侨资企业联系，服务山西省对外交流合作和经济发展。加大政策扶侨助侨力度。协调处理涉侨信访案件108件。开展侨务外宣和华文教育。

（楚晨希）

【第三届中国西班牙市长对话会】 9月16日，由中国人民对外友好协会、西班牙省市联合会、山西省人民政府主办，山西省外事侨务办公室承办的"第三届中国西班牙市长对话会"在太原举行。副省长王一新会见参会的中外代表。全国友协副会长李建平，西班牙省市联合会主席、桑坦德市长伊尼戈·德拉塞尔纳·埃尔那伊斯分别致辞，省政府副秘书长盛佃清致开幕词，西班牙省市联合会秘书长安赫尔·费尔南德斯发言，省外事侨务办主任张志川主持，副主任武绍忠、田亦军出席。

（楚晨希）

煤炭工业厅

【煤炭经济】 山西省出台"山西煤炭20条"，是帮企救市、转变经济发展方式的重大举措，为国家层面出台煤炭"国5条"进行率先探索，促进全省煤炭经济发展质量提高。

2013年全省煤炭产量9.62亿吨，同比增加4863.52万吨，增幅5.3%；煤炭出省销量6.2亿吨，同比增加3422万吨，增幅5.88%。销售收入14178.22亿元，同比增加2101.22亿元，增幅17.40%，其中非煤收入10154.09亿元，同比增加2124.1亿元，增幅26.45%。实现税费1149.95亿元，煤炭对全省规模以上工业经济增长的贡献率为57.6%，拉动全省规模以上工业增加值6.1个百分点。全省加快转变煤炭经济发展方式，全省煤炭经济走向理性发展轨道。

（王德善）

【煤炭基本建设】 全行业完成煤炭固定资产投资1718亿元；全年全省初步建成现代化矿井54座，命名表彰25座；重组整合矿井竣工验收82座，从2010年至2013年累计竣工验收170座；推进68个煤矿建设省重点工程项目，全年完成投资429.2亿元。加强煤炭生产管理，出台《生产煤矿回采率管理实施细则》，审查批复82座矿井的生产能力核定。

（王德善）

山西省国有资产监督管理委员会

【概述】 2013年，山西省国资委系统监管企业实现营业收入1.72万亿元，实现利润总额129.2亿元，上缴税金782.5亿元。营业收入和利润总额两项指标分别列全国地方国有企业第2和16位。其中，省属企业实现营业收入1.69万亿元，实现利润115.4亿元，完成增加值2614亿元，上缴税金742亿元，职工薪酬1096亿元，营业收入、利润总额、增加值、职工薪酬分别列全国省级国资委监管企业第2、13、2、1位。2013年，6户省属企业入围《财富》杂志世界500强企业，10户省属企业进入中国企业500强，其中7户跻身全国百强。山西焦煤集团和晋能集团2户企业营业收入跨入两千亿级别。

（郎卫平）

【国有企业经济运行】 2013年1~4月，受我国煤炭、钢铁等产品价格大幅下滑影响，省属企业经营情况恶化，利润持续下滑。为应对经济下行压力，省委、省政府扶持政策陆续出台，7月，《进一步促进全省煤炭经济转变发展方式实现可持续增长的措施》出台；8月，《关于加快推进煤层气产业发展的若干意见》和《山西省低热值煤发电项目核准实施方案》出台。省国资委经济监测力度加大，省属企业经济运行分析会议全年召开四次，指导企业实施保增长的措施。省属企业保增长活动持续开展，与中央5大电力集团和浙能集团等地方发电企业开展的中长期煤炭购销合作深入推进，焦煤集团、同煤集团煤炭销量实现增长，太重集团成套订货、国际订货增幅20%以上，建工集团与地方政府、兄弟省属企业合作签约一批项目；煤炭企业部分资源整合矿井项目停建缓建，投资风险得到控制；焦煤集团的焦化产业，山煤集团的贸易产业，中条山集团的炼铜产业实现扭亏减亏；同煤集团、太钢集团财务公司成立；晋煤集团、中条山集团集中采购增效数亿元；太钢降低采购成本、提质减废、优化物流，降本增效17亿元；焦煤集团商品煤综合成本同比下降15.6%；山煤集团吨煤完全成本控制到260元。自5月起，省属企业利润总额实现连续8个月降幅收窄。

（郎卫平）

省国资委领导在企业观摩调研　（郎卫平提供）

中国人民政治协商会议山西省委员会

Shanxi Provincial Committee of Chinese People´s Political Consultative Conference

综　述

【理论学习】 2013年，面对改革发展新的形势和任务，省政协把学习贯彻中共十八大、十八届二中、三中全会和习近平总书记系列重要讲话精神放在突出位置，统筹推进中心组、常委会、委员和机关干部学习，坚持以中国特色社会主义理论引领事业发展、以社会主义核心价值观凝聚各界共识、以党的路线方针政策统一思想行动，巩固各党派团体、各族各界人士团结奋斗的共同思想政治基础。2013年组织中心组学习11次、常委会集体学习3次，集中培训委员、机关干部及市县政协领导800余人次。（周志清）

【议政建言】 2013年，省政协安排常委会议、专题议政会议就发展非公有制经济、加快转型综改试验区建设、引导社会资本投资现代农业、健全城乡社会保障体系和改进工作作风等事关转型跨越、科学发展的重点，集中进行协商议政；依托专委会就应对经济风险、发展循环经济、防治大气污染、深化煤炭资源税改革、推进革命老区公共文化体系建设、增强青少年体质等进行调研、提出建议；组织委员围绕稳增长、抓改革、促转型、惠民生等重要问题撰写提案、反映情况。2013年，共组织调研、视察活动40多批次，报送专题建议报告10余件；征集提案948件，立案办复799件、采纳率达89.24%；委员们提出的破解非公企业“准入难”和“融资难”等问题的建议，突出创新驱动、强化要素支撑、推进转型综改试验区建设的建议，坚持规划、政策、服务“三位一体”引导社会资本投资特色现代农业的建议，提高社会保险参保率和社会保障标准等建议以及98件重点提案，受到省委、省政府高度重视，有些已转化为党政推进科学发展、增进群众福祉的实际举措。（周志清）

6月14日，省政协召开“改进工作作风、密切联系群众”专题议政会（周志清提供）

【凝聚力量】 开展“岗位奉献转型跨越”主题活动，是省政协发挥委员在本职工作中的骨干作用、服务全省改革发展的重要抓手。为落实省委、省政府保持经济社会持续健康发展的重大部署，省政协丰富活动内容、创新活动方式，调动和激发委员岗位建功的积极性，引导委员立足本职、创先争优，服务全省建设发展。发挥政协联系面广的优势，进一步加强与港澳台同胞的团结联谊，增进与西欧、南美国家相关组织的友好往来，宣传山西、推介山西，为山西省招商引资、招才引智牵线搭桥，协调服务。（周志清）

【环境创优】 把优化发展环境作为政协开展民主监督的重点，2013年选派56名委员担任执法执纪监督员，配合省纪委、监察厅开展政风行风评议活动；组织委员参与省年度责任制评议工作，为促进省委省政府工作部署落实、年度目标任务完成发挥作

用；组织委员深入部分市县、重点行业、窗口单位进行视察督查，推动相关问题解决。（周志清）

【集中走访活动】按照省委开展“访民生、知民情、解民事”集中走访活动统一部署，主席班子成员先后到11个市28个县(市、区)，面对面了解群众生产生活情况，听取基层呼声、诉求，收集到各方面的意见建议435条。（周志清）

【社情民意工作】在政协门户网站开通“委员心声”平台，聘请340名驻晋全国政协委员和省、市、县政协委员为社情民意特约委员，拓宽社情民意渠道，做好社情民意信息综合分析和报送工作，为党政掌握民情民意、推进工作提供服务。2013年，收集社情民意信息7900余篇，编报专刊78期，其中16篇信息受到中央和省领导关注并作出批示。山西省社情民意信息工作继续保持全国领先地位。（周志清）

【促进阶层关系和谐】主动走访民族宗教界代表人士，密切与新社会阶层代表人士联系，及时掌握并反映他们的愿望诉求，积极协调、力尽所能帮助解决他们工作生活中的实际困难和问题，促进民族团结、宗教和睦和社会阶层关系和谐。（周志清）

5月23日，山西省政协举行“察情建言惠民行”活动启动仪式
（周志清提供）

重要会议

【省政协十一届一次全体委员会议】1月22~28日在太原举行。会议应出席委员586人，实到562人。21日下午举行预备会议和主席团第一次会议，审议通过政协第十一届山西省委员会第一次会议主席团、主席团会议主持人和秘书长名单，审议通过召开政协第十一届山西省委员会第一次会议议程、日程和其他有关事项。22日上午举行开幕会议，郭良孝主持会议。薛延忠代表省政协常委会向大会报告工作。卫小春向大会作政协山西省委员会常务委员会提案工作情况报告。会议期间，委员们列席省人大十二届一次会议，认真听取和讨论政府工作报告及其他报告。通过大会发言、小组讨论、联组会议和提案、社情民意信息等多种方式，围绕山西省转型跨越发展、全面建设小康社会积极建言献策，切实履行职能。28日上午举行第五次全体会议，通过提案审查委员会关于省政协十一届一次会议提案审查情况的报告，关于政协山西省委员会常务委员会工作报告的决议，政协第十一届山西省委员会第一次会议政治决议。会议选举薛延忠为政协第十一届山西省委员会主席，李雁红、卫小春、刘滇生、王宁、朱先奇、李悦娥、张友君为政协第十一届山西省委员会副主席，阎根生为十一届省政协秘书长，马天荣等100人为十一届省政协常务委员。省委书记袁纯清在闭幕会议上讲话。会议期间，省委书记、省人大常委会主任袁纯清，省委常委、代省长李小鹏等领导分别出席工商联等界别委员小组讨论并听取大会发言。会议共收到提案838件，经审查立案714件。（周志清）

【省政协十届第二十九次常委会议】1月14~15日在太原举行。省政协主席薛延忠，省委常委、组织部部长汤涛，省政协常务副主席郭良孝，副主席周然、李雁红、李潭生、卫小春、刘滇生、王宁、张茂才等，秘书长阎根生出席。会议听取省委常委、副省长高建民关于政府工作报告（征求意见稿）的说明、省高院关于法院工作报告(征求意见稿)的说明、省检察院关于检察院工作报告（征求意见稿)的说明；审议通过政协常委会工作报告、提案工作情况报告；审议通过有关人事事项，因严重违纪，决定撤销郭勇飞的十届省政协委员、常委资格。会议决定省政协十一届一次会议于1月22日在太原召开。审议通过省政协十一届一次会议的有关议程(草案)、日程(草案)；审议通过关于政协第十一届山西省委员会委员名额的决定(共587名)。会议听取关于政协第十一届山西省委员会委员建议名单的说明，协商通过委员名单(共586名)。会议期间，省委常务副秘书长姜新文和省政府副秘书长盛佃清分别通报政协提案办理情况；省政协各专门委员会报告五年来的工作，并对今后工作提出建议。会议对“一府两院”工作报告、发展计划报告、财政预算报告进行讨论，在肯定成绩的同时，提出积极的意见和建议。省政协主席薛延忠在闭幕会上讲话。（周志清）

【省政协第十一届常务委员会会议】2013年，省政协十一届委员会常务委员会共召开4次，即第一次至第四次。

第一次常委会议。1月28日下午在太原举行。薛延忠主持会议并讲话，李雁红、卫小春、刘滇生、王宁、朱先奇、李悦娥、张友君等，秘书长阎根

1 月 22～28 日，省政协十一届一次会议在太原举行（周志清提供）

生出席。会议审议通过常委会 2013 年工作要点，审议决定省政协工作机构设置，表决任命省政协副秘书长、各专委会和调研室主任、副主任。

第二次常委会议。5 月 23~24 日在太原举行。受薛延忠委托，李雁红主持会议。刘滇生、王宁、朱先奇、李悦娥等出席会议。会议审议通过《关于进一步破解难题，加快非公有制经济发展的建议》，审议通过《关于李润玺同志免职的决定》，因职务调整，免去李润玺同志经济委员会副主任职务。

第三次常委会议。8 月 28~29 日在太原举行。薛延忠主持开幕会议并讲话；受薛延忠委托，李雁红主持闭幕会议。卫小春、王宁、朱先奇、李悦娥、张友君出席。会议审议通过《关于大力推进转型综改试验区建设的建议案》。

第四次常委会议。12 月 3~4 日在太原举行。薛延忠出席会议并讲话。李雁红、卫小春、刘滇生、王宁、朱先奇、李悦娥等出席。会议集中学习中共十八届三中全会《决定》和习近平总书记重要讲话精神，传达贯彻刘云山同志在全国政协常委会议上关于中共十八届三中全会有关情况的通报讲话；通过《关于引导社会资本投资特色现代农业的建议》和关于召开政协第十一届山西省委员会第二次会议的决定，并就做好下一阶段重点工作作出部署。（周志清）

【省政协十届第四十八次主席会议】 1 月 12 日举行。研究省政协十届二十九次常委会议和省政协十一届一次会议的有关事项。省政协主席薛延忠主持会议并讲话。省委常委、组织部部长汤涛，省政协常务副主席郭良孝，副主席周然、李雁红、李潭生、卫小春、刘滇生、王宁、张茂才等，秘书长阎根生出席。会议审议通过省政协十届二十九次常委会议议程（草案）和日程、省政协十一届一次会议议程（草案）和日程（草案）；审议通过关于召开省政协十一届一次会议的决定（草案），建议省政协十一届一次会议于 2013 年 1 月 22 日在太原召开；审议通过关于政协第十一届山西省委员会委员名额的决定（草案）；审议通过政协第十一届山西省委员会委员建议人选名单；审议并原则通过政协山西省委员会常务委员会工作报告（草案）和政协山西省委员会常务委员会关于提案工作情况的报告（草案）。会议决定将以上草案提请省政协十届二十九次常委会议审议，将委员建议人选名单提请省政协十届二十九次常委会议协商。会议决定省政协十届二十九次常委会议于 1 月 14~15 日在太原召开。通过有关人事事项，决定提请省政协十届二十九次常委会议审议。（周志清）

【省政协十一届主席会议】 2013 年，省政协十一届委员会主席会议共召开九次，即第一次至第九次。

第一次主席会议。1 月 28 日举行。薛延忠主持会议，李雁红、卫小春、刘滇生、王宁、朱先奇、李悦娥、张友君等，阎根生出席。会议审议通过省政协十一届一次常委会议议程（草案）；关于设置专门委员会的决定（草案），审议通过第十一届省政协副秘书长、专委会主任、副主任、调研室主任、副主任名单（草案），审议通过省政协常委会 2013 年工作要点（草案），并决定提请省政协十一届一次常委会议审议。同时研究确定主席、副主席、秘书长分工。

第二次主席会议。2 月 26 日举行。薛延忠主持会议并讲话，李雁红、刘滇生、朱先奇、李悦娥、张友君等，阎根生出席。会议研究确定省政协常委会 2013 年主要工作责任制。

第三次主席会议。4 月 16 日召开主席（扩大）会议，研究《山西省政协办公厅关于改进工作作风的实施办法》并原则通过；研究十一届省政协专门委员会组成人员、特聘副主任产生办法。薛延忠主持会议，李雁红、王宁、朱先奇、李悦娥等，阎根生出席。

第四次主席会议。4 月 27 日举行，审议通过十一届省政协专门委员会组成人员名单；审议通过专委会特邀副主任建议名单。薛延忠主持会议，李雁红、卫小春、王宁、朱先奇、李悦娥等，阎根生出席。

第五次主席会议。5 月 17 日举行。受薛延忠委托，李雁红主持会议。卫小春、刘滇生、王宁、李悦娥、张友君，阎根生出席。会议传达薛延忠做好省政协当前工作的有关要求；研究召开省政协十一届二次常委会议的有关事项，听取关于省政协十一届二次常委会议筹备情况的汇报，审议通过省政协十一届二次常委会议议程（草案）和日程。会议决定，省政协十一届二次常委会议于 5 月 23~24 日在太原举行。建议会议的主要议题是，为促进山西省非公有制经济发展协商议政、建言献策。审议并原则通过《关于进一步破解难题，加快我省非公有制经济发展的建议（讨论稿）》，由经济委员会根据会议讨论意见进一步修改后，提请常委会议审议。审议通过有关人事事项，提请常委会议审议。会议还集体学习中共中央政治局常委、全国政协主席俞正声和中共中央书记处书记、全国政协副主席杜青林在全国政协专门委员会主任会议暨专题研讨班上的讲话。

第六次主席会议。5月27日举行。受薛延忠委托，李雁红主持会议。卫小春、王宁、朱先奇、李悦娥等，阎根生出席。会议传达学习中共中央关于在全党深入开展党的群众路线教育实践活动的意见和17日省委常委会议精神，研究确定2013年省领导领办督办的8个方面98件重点提案。

第七次主席会议。8月21日举行，研究召开省政协十一届三次常委会议有关事项。薛延忠主持并讲话，李雁红、卫小春、王宁、朱先奇、李悦娥、张友君等，阎根生出席。会议审议通过省政协十一届三次常委会议议程（草案）、日程，决定省政协十一届三次常委会议于8月28~29日在太原召开。建议会议的主要议题为：贯彻落实中央和省委、省政府决策部署，围绕加快资源型经济转型综合配套改革试验区建设协商议政、建言献策。会议讨论《关于大力推进转型综改试验区建设的建议案（讨论稿）》，决定提交常委会议审议。

第八次主席会议。11月27日举行。会议学习贯彻中共十八届三中全会精神，研究召开省政协十一届四次常委会议有关事项。薛延忠主持并讲话，李雁红、卫小春、刘滇生、王宁、朱先奇、李悦娥、张友君等，阎根生出席。会议审议通过省政协十一届四次常委会议议程（草案）、日程，决定省政协十一届四次常委会议于12月3~4日在太原召开；建议会议的主要议题为，学习贯彻中共十八届三中全会精神，围绕引导社会资本投资我省现代农业建言献策。会议通过《关于引导社会资本投资现代农业的建议案（讨论稿）》，由农村委员会根据会议讨论意见进一步修改后提请常委会议审议。建议省政协十一届二次会议于2014年1月17日在太原召开，提请省政协十一届四次常委会议审议。

第九次主席会议。12月10日举行，听取各专门委员会和调研室2013年工作总结，研究2014年工作计划。薛延忠主持并讲话，李雁红、王宁、朱先奇、李悦娥、张友君等，阎根生出席。（周志清）

2013年4月，省政协主席薛延忠在汾阳市山西山宝食用菌生物有限公司实地调研 （周志清提供）

重要活动

【"察情建言惠民行"活动启动】 5月23日启动。李雁红为活动授旗并宣布活动开始，李悦娥讲话，阎根生出席。这项活动由省政协教科文卫体委员会牵头，通过省市县政协组织三级联动来开展。2013年重点组织文艺、医卫、科协、科技、教育等界别委员进行"四送一帮扶"，引导广大政协委员深入基层、了解民意、反映民情、化解民忧。活动惠及9个市15个县(区)的基层群众。（周志清）

【"委员心声"网络平台开通】 8月2日开通。李雁红点击开通"委员心声"网络平台。"委员心声"网络平台是省政协网站在原有基础上，对委员履职平台进行的整合升级，进一步畅通和拓宽各级政协委员反映社情民意的渠道。（周志清）

调研室和专门委员会

【提案委员会】 2013年，组织征集提案948件。其中，各民主党派、人民团体、省政协各专门委员会、各市政协、各界别集体提案166件，委员提案782件。经审查，立案提案799件，占提案总数的84.28%；作为来信处理149件，占提案总数的15.72%。在立案的提案中，经济发展方面的325件，占40.68%；民生改善方面的302件，占37.80%；社会管理方面的172件，占21.52%。到2013年年底立案提案已全部办复。在办复的提案中，建议被有关单位采纳，已经解决和正在解决的713件，占89.24%；建议合理但因时机条件不成熟，有待今后办理的80件，占10.01%；因政策规定和客观条件所限等原因不能解决的6件，占0.75%。经审查，对适宜公开的提案和答复在政协网上进行发布；作为来信处理的提案，也及时转送有关单位作为工作参考。突出重点督办。确定8类98件提案作为省领导领办督办的重点提案，采纳率为100%。提出八项提案工作整改举措。加强交流协作、工作指导。参加全国政协提案办理协商工作座谈会，及时编印《山西省政协提案工作参考手册》，深入基层就提案工作进行调研、指导和培训，提案服务水平逐步提升。（周志清）

【经济委员会】 围绕省政协十一届二次常委会议开展调研。通过调研、考察,形成提交本次常委会议的《建议》(讨论稿),7名同志围绕主题进行大会发言。在吸纳常务会议精神、对《建议》(讨论稿)进行修改后,形成《关于进一步破解难题,加快我省非公有制经济发展的建议》,报送省委、省政府,省委书记袁纯清对《建议》作出重要批示。探索政协意见建议落实机制。省政协及时发出“关于贯彻落实省委书记袁纯清重要批示的书面通知”,要求各有关部门尽快拿出贯彻落实意见和具体措施,并向省政协通报落实情况。省金融办制定《山西省金融支持非公有制经济发展的指导意见》并下发实施,省国土厅、省工商局、省金融办等部门向省政协通报情况。省政协同时以办公厅名义,向省直有关部门和相关单位印发“省政协经济委关于省政协十一届二次常委会议建议案落实情况的通报的通知”。对省金融办的做法给予肯定,同时要求有关部门进一步提高对政协建议案的认识,学习借鉴省金融办等部门的做法,积极吸纳政协建议,有力促进政协履职成果转化。就重点难点问题开展调研视察。随同分管领导赴大同、阳泉和运城、长治4市8县(市、区)开展以“访民生、知民情、解民事”为主题的走访调研活动。围绕保持经济持续健康发展、加快转变经济发展方式、促进循环经济发展等方面的内容,组织委员开展调研视察,形成“关于我省国有企业应对经济风险的建议”“关于改善我省金融环境建设的建议”等社情民意信息,均被报送到有关部门作为决策参考。以开展“岗位奉献转型跨越”主题活动为内容,对发挥界别作用、建立工作机制进行积极探索。组织部分省政协委员参加“中央厨房开放日”活动,参加省委、省政府及相关部门和金融等系统组织的培训、会议或活动20余次。(周志清)

【人口资源环境委员会】 在深入调研、多方征求意见的基础上,形成《转型综改调研报告集》(约5万字)和《转型综改实践案例》(约3万字)材料供常委们参阅,完成《关于大力推进转型综改试验区建设的建议案》(讨论稿),经省政协十一届三次常委会议审议通过后,报省委、省政府。实地了解民情民意。先后随同分管领导赴长子县、洪洞县、高平市、运城盐湖区了解人民群众的期盼和诉求。增进与委员及相关方面的联系与沟通。通过召开委员会全委会,组织委员视察、调研、座谈,不定期走访委员等形式,为委员履职参政创造条件。加强与全国政协及兄弟省市政协的联系,加强与政府相关部门的联系,制定出台《省政协人口资源环境委员会与政府对口部门联系制度》。加强与市、县政协对口部门的联系,加强与各民主党派、无党派及社会团体的联系。利用参加重点提案督办和行风政风评议等机会,参与民主监督。建章立制,委员会工作逐步走向规范化、制度化。先后制定出台省政协人口资源环境委员会《学习制度》《与政府相关对口职能部门工作联系制度》《和各市政协人口资源环境委员会工作联系办法》《联系委员制度》《委员会办公室工作职责》。协助文史和学习委员会开展“岗位奉献转型跨越”活动,配合全国政协人资环委完成“应对气候变化与大气污染防治”在山西省的调研工作,形成《关于科学应对气候变化和大气污染防治的报告》,由全国政协报送中共中央办公厅、国务院办公厅。(周志清)

【农村委员会】 举办农业界别部分委员“学习贯彻十八届三中全会精神座谈会”,共同研究探讨山西省农村深化改革的思路和途径。围绕省政协十一届四次常委会议题扎实调研。提交调研报告15份,形成《关于引导社会资本投资现代农业的建议案》,经省政协十一届四次常委会议审议通过后报省委、省政府。搭建活动平台,助推农业界别委员参加“岗位奉献转型跨越”活动,加强同各部门的联系与合作,邀请对口部门负责人参加政协的有关会议。推进提案和反映社情民意工作,完成省政协农村委修志工作,完稿1.5万字。(周志清)

【教科文卫体委员会】 开展“察情建言惠民行”活动。组织文艺、医卫、科协、科技、教育、社科等界别的委员,开展“四送一帮扶”,引导广大政协委员以体察民情,反映民意,化解民忧,改善民生为目的,深入基层,协助党委、政府做好群众工作,为办好山西省“两件大事”和转型跨越发展作出应有贡献。通过送科技、送文化、送教育、送医疗下基层,帮扶基层群众解决生产生活中的实际困难和问题,帮助基层群众掌握科技致富本领、丰富精神文化生活、提高医疗保健意识和身体健康水平,活动惠及9个市15

2013年1月,山西省县(市、区)政协主席学习贯彻党的十八大精神培训班在太原举行 (周志清提供)

个县(区)的基层群众,取得良好的社会效果。对活动中群众反映的问题进行认真梳理,属当地政府权责范围能够解决的60多个问题,通过市县政协及时反馈给当地政府协调解决;需要省政协出面沟通、联系的,及时帮助沟通、联系,并整理上报社情民意65条;对于比较重要或比较复杂的问题,准备做进一步的调研或整理,以提高社情民意的质量。开展专题调研。为发展现代职业教育,再次召开职业教育专题研讨会;为促进青少年健康,深入基层进行青少年体质状况专题调研;开展文化古村落保护调研,向省委、省政府报送《关于加强我省文化古村落保护工作的建议》。加强与对口厅局交流协作,着力为山西省各项事业发展助力。参与重点提案督促办理,着力提高和促进提案办理质量。随同分管领导深入基层开展"访民生、知民情、解民事"活动,着力在深知、真知民生民事民情上下功夫。 (周志清)

【社会法制委员会】 组织"改进工作作风、密切联系群众"专题议政会。围绕构建改进工作作风长效机制,科学推进流程再造、提高行政审批效率等提出意见和建议。《山西日报》整版刊发委员的议政发言。省委书记袁纯清等领导对专题调研报告作出重要批示。组织"健全城乡社会保障体系"专题议政会。组织委员开展以健全养老保障、医疗保障、最低生活保障和社会救助为重点的深入调研。参加调研的17位省政协委员提交书面发言,7位委员作专题发言,4名委员作即席发言。《山西日报》专版刊发以"为民务实谏真言,专题议政献良策"为题的议政发言。省委书记袁纯清对调研报告作出重要批示,省政府第31次常务会议对"关于残疾人权益保障的建议"作出回应,决定"从2014年起建立我省重度残疾人护理补贴和贫困残疾人生活补贴制度,对未纳入城乡低保的一级重度残疾人每人每年发放护理补贴480元,对纳入城乡低保的贫困一级重度残疾人在享受低保的基础上每人每年再给予生活补贴480元"。以推动法制健全和司法公正为主题,开展各项履职活动。组织部分省政协委员对省综治办《平安山西建设五年规划(2013—2017年)》进行研读并提出修改建议。参加省委依法治省领导组组织召开的"深化法治山西建设"专题工作会议,并就省政协作为省委依法治省领导组成员单位拟确定的工作职责回复意见,推荐联络员。就山西公安便民服务在线运行情况进行调研,就如何更扎实地开展民生警务、亲民公安建设提出具体意见和建议。应邀与最高人民法院山西巡查组进行座谈,代表山西省政协对山西省高级人民法院工作提出意见和建议。同时应巡查组的邀请,组织部分省政协委员赴省高院参加座谈会,就全省法院系统在领导班子建设、司法业务建设及司法队伍建设等方面的情况提出意见和建议。在探索民主监督方式和途径上付诸实践。协商推荐政协委员担任政风行风监督员。协调委员参加相关部门政风行风评议活动。以转变工作作风、优化发展环境为主题组织专项视察。加强与对口联系部门的联系与合作。以"察情建言惠民行"为主题,开展"送法律下基层"活动。对1000多名基层群众进行普法宣传和十八大、十八届三中全会精神宣讲,为300多名群众解答法律疑问,为30多名需要法律援助的群众提供帮助,同时走访群众20多户,收集反映社情民意20余条。完成修志工作,完成文稿约4万字。 (周志清)

【民族和宗教委员会】 组织委员参加"新进委员和市县主席集中学习培训班",进行政协提案和反映社情民意业务培训,使委员了解山西省民族宗教工作形势,增强履职能力,提高参政议政水平。参加全国政协民宗委举办的"推进新形势下人民政协民族和宗教工作研讨会",提交《围绕中心任务、认真履行职责,努力做好新形势下政协民族宗教工作》交流材料。围绕"我省宗教团体和宗教活动场所用水、用热、用气价格有关问题"进行专题调研,形成"关于恳请协调我省宗教界寺观教堂支付水、电、暖气费用的提案"上报省政府有关部门并被采纳。3月30日,省物价局出台"关于对我省五大宗教团体和宗教活动场所用水、用热、用气价格有关问题的通知"文件,要求对全省范围内依法批准的佛教、道教、伊斯兰教、天主教、基督教五大宗教团体和宗教活动场所用水、用热、用气价格按照居民用水、用热、用气价格执行。围绕"促进爱国宗教团体建设,加强和创新宗教事务管理"进行走访调研,撰写"关于改善五台山佛协办公条件建议的报告""关于加强僧才队伍建设,创办五台山僧众佛学院建议"和"关于加强五台山文物和建筑修缮、维护的建议"三条社情民意上报有关部门。围绕"岗位奉献转型跨越"主题活动进行调研视察,推荐表现突出的5名民宗界委员。参与民族宗教文化活动。专程看望省城民族宗教界代表人士,就做好新形势下民族宗教工作进行交流,向省佛教协会、省道教协会、省伊斯兰教协会、省基督教"两会"、省天主教"两会"五大宗教团体各赠送传真打印一体机1台。参加山大附中(西藏班)庆祝藏历水蛇新年(春节)活动,并与省委统战部、省民委共同送去价值6万余元的学习用品。组织民宗委参访团赴台湾,就海峡两岸宗教文化活动进行考察交流,参加省宗教局、省佛协举办的"山西省首届佛教讲经交流会",参加省基督教"两会"、省天主教"两会"举行的一年一度庆祝圣诞节活动。重视提案和社情民意工作。推荐5位民宗界委员为省政协"特约社情民意信息委员",帮助委员修改上报提案和社情民意,全年通过专委会反映社情民意6篇。通过《山西省政协民族宗教系统信息工作考评办法》。加强与全国政协民宗委的联系,争取全国政协民宗委的指导。做好全国政协民宗委和兄弟省市政协民宗委组织的来晋视察、考察、调研服务工作。完成《山西政协志》民族宗教委员会部分的撰稿工作。

(周志清)

【文史和学习委员会】 研究制定本

8月23日,山西省政协召开港澳委员座谈会　(周志清提供)

届政协文史资料工作五年规划和委员学习培训五年规划。举办十一届省政协首期委员培训班。对172名新任省政协委员进行集中学习培训,在学习内容的安排上注重对十八大精神和习近平总书记一系列重要讲话精神的科学解读,对山西省情和当前中心工作的把握;注重对统一战线内容和人民政协基本理论的解读,对政协经常性工作方法的传授。动员引导广大委员双岗履职,举行山西省政协委员"岗位奉献转型跨越"主题活动座谈会。引导委员践行社会主义核心价值体系,弘扬"信义、坚韧、创新、图强"的山西精神,自觉遵行社会主义荣辱观,推动全社会共同价值追求和思想道德基础的形成。编辑出版《中国梦赤子情——山西省政协港澳台侨委员叙事》。收录文章47篇35万字,以口述和纪实的手法,记录45位山西省政协历届港澳台侨委员的风雨人生,表现他们的爱国情怀。坚持正确的办刊方向,完成《文史月刊》12期140余万字的编辑出版任务。完成《山西政协志》有关文史资料委员会的撰稿工作,完稿16000字。向省、市图书馆及各高校图书馆捐赠《共同的记忆——山西省政协纪念改革开放30年征文选》《风雨春秋——山西省各民主党派工商联无党派人士史料选》《民国早期山西村政史料选编》《山西辛亥人物传》《山西纪事:1949—1978》5种图书共计1000册。

(周志清)

【港澳台侨和外事委员会】 完善《与省直相关部门的对口联系制度》,制定《关于深化学习的规定》《关于加强调查研究和视察工作的规定》《关于联系界别、委员的办法》《关于加强和港澳委员联系的办法》和《工作职责》。参与省政协十一届三次常委会关于推进山西省转型综改试验区建设议题的调研工作。参与经济委员会以"拉近距离,推动消费"为主题的"中央厨房开放日"活动,就企业绿色无公害原料、饮食产品生产工艺、饮食产品安全检测等内容进行视察。加强提案和社情民意工作。2013年提出提案近40件,社情民意40余件。组织委员参加"我为转型跨越发展作贡献"活动,结合自己创办企业、为山西转型跨越发展作贡献的实践撰写汇报材料。召开港澳委员座谈会,就进一步扩大招商引资和加快山西转型综改试验区建设进行交流探讨。组织港澳委员在太原、忻州、晋中、临汾、运城等地进行考察调研。加强与全国政协、兄弟省市及市县政协的联系。组织有关领导和委员赴境外及其他地区,推进赴台经济文化交流和海外经济文化交流。参与界别视察,就太原市大气环境治理进行视察及座谈。　(周志清)

【调研室】 按照《十一届省政协常委会2013年工作要点》和《省政协机关2013年度目标责任考核指标》要求,认真完成有关会议材料、有关党的群众路线教育实践活动及其他文稿起草工作;围绕政协中心工作提供文字综合等服务;组织研究会领导和骨干参加人民政协理论工作座谈会等。引导省政协委员,各民主党派省委、省工商联,省政协各专门委员会和市、县(市、区)政协反映社情民意。2013年,围绕深化经济体制改革,贯彻落实八项规定和十八届三中全会精神,建设转型综改试验区,推进城镇化建设,健全社会组织管理制度,加强生态文明建设,保障和改善民生等上下关注的问题,共收集各级政协和委员、政协各参加单位和各专门委员会反映的社情民意信息7600余条。经筛选、编辑和综合,向全国政协、省委和省政府及有关部门报送重要信息500余篇,编印《政协社情民意》75期。据不完全统计,全国政协办公厅共采择上报党中央、国务院23篇,其中单篇稿件1篇,综合稿件7篇,转送稿件15篇。中央和省领导以及有关部门批示和反馈信息12篇。山西省政协社情民意信息工作居全国各省区市政协前列,保持良好的工作发展态势。　(周志清)

中国共产党山西省纪律检查委员会

Shanxi Provincial Committee for Discipline Institution of Communist Party of China

【概述】 2013年省委贯彻中央要求，结合山西实际，对党风廉政建设和反腐败工作提出新要求、新思路、新举措，做出全面安排部署。省委常委会多次听取党风廉政建设和反腐败工作汇报，研究部署有关工作，审议通过山西省《建立健全惩治和预防腐败体系2013—2017年实施办法》和省纪委常委会工作报告。省委书记袁纯清、省长李小鹏作出指示，强调党要管党、从严治党，严明党的纪律特别是政治纪律，坚定不移改进作风，坚决惩治腐败。

在中央纪委和省委领导下，全省各级纪检监察机关学习贯彻党的十八大和十八届二中、三中全会精神，特别是习近平总书记系列讲话精神，坚持以中央新的要求统一思想、指导实践。坚决贯彻中央纪委二次全会和全省党风廉政建设干部大会部署，履行党章和行政监察法赋予职责，聚焦党风廉政建设和反腐败斗争，转职能、转方式、转作风，调整工作布局，攥紧查办案件和执纪监督“两只拳头”，坚持“老虎”“苍蝇”一起打，加大对党员领导干部违反党纪政纪、涉嫌违法行为审查和处置力度，保持惩治腐败高压态势，党风廉政建设和反腐败工作取得新进展新成效。（牛彦方）

【严明党的纪律工作】 全省各级纪委坚持把维护党的纪律放在首位，加强对党的各项纪律特别是政治纪律执纪检查，维护中央和省委权威。加强党的纪律教育，强化党员组织意识和纪律观念。查处违反政治纪律行为，推动各级党组织和党员干部遵守党章和党内其他法规，执行好习近平总书记提出的“三个决不允许”“五个不允许”政治要求，在思想上政治上行动上同党中央保持一致。加强对选人用人监督特别是省“两会”会风会纪监督，查处一批违反组织人事纪律案件。（牛彦方）

【领导干部作风建设】 全省各级纪检监察机关把落实中央八项规定精神和省委“四个实施办法”作为改进作风重要措施，针对群众反映各种作风“顽疾”，强化监督、铁面执纪、严肃问责，对违反规定踩“红线”、闯“雷区”行为“零容忍”，发现一起、查处一起，通报曝光，层层传导压力，形成震慑。全省查处违反中央八项规定精神和省委“四个实施办法”问题1115个，处理违规违纪人员1263人。

履行协助党委抓党风职责，按照省委部署，结合党的群众路线教育实践活动，开展“四风”问题专项治理，在全省部署开展26个专项整治工作。全省纪检监察系统开展清退会员卡工作，并将清卡活动延伸到全省机关团体及事业单位，实现全覆盖。采用明察暗访、调阅账目、实地走访、听取汇报等方式，查纠公款吃喝、私客公待、机关干部相互宴请等“吃喝不正之风”。会同有关部门开展清理违规用车、停建楼堂馆所和清理办公用房工作，1368个单位2244人纠正违规用车，清退违规车辆3160辆；全省290个在建楼堂馆所项目停工，清退超标办公用房64.8万平

2月1日，全省党风廉政建设干部大会在太原召开（牛彦方提供）

方米。抓住中秋、国庆、元旦等时间节点,狠刹公款送节礼、公款旅游、铺张浪费等不正之风。通过纠建并举,"吃喝不正之风"消退,公车私用现象减少,奢侈浪费等不正之风得到遏制,干部作风改进。(牛彦方)

【查办案件】 全省各级纪检监察机关贯彻党要管党、从严治党方针,把惩治腐败放在突出位置,坚持有腐必惩、有贪必肃,保持惩治腐败高压态势。坚持"老虎""苍蝇"一起打,既查处领导干部违纪违法案件,又解决发生在群众身边不正之风和腐败问题。全年立查县处级以上干部案件316件,处理地厅级干部26人、县处级干部336人。全省各级纪检监察机关初核问题线索9922件,立案10890件,结案10879件,给予党纪政纪处分11879人。

改进办案思路和方式。加强案件线索管理,对各种渠道反映干部问题线索核查,对反映失实的予以澄清,对一般性问题提醒警示,抓早抓小,建立健全早发现、早处置机制。函询1239人,谈话1200人次。完善省、市、县三级反腐败组织协调机构,指导重大案件查办,会商解决疑难问题,协调办案力量和资源。探索优质高效协同办案模式,省纪委监察厅建立与法院、检察、公安、审计等相关部门信息沟通、线索共享、手段互补、案件移送等协作机制,提高办案质量和效率。强化派驻机构联组办案职能,派驻机构办案积极性和办案能力提升,排查案件线索和查办案件数量分别是联组成立前5.6倍和7.2倍。加强案件监督管理和审理工作,规范办案程序,加强依纪依法、安全文明办案。发挥查办案件治本功能,落实"一案两报告"制度,剖析典型案件形成主客观因素及行业领域利益冲突规律性问题,提出治本对策和建议,建章立制、堵塞漏洞,加强警示教育。(牛彦方)

【巡视工作】 加强和改进巡视工作,强化巡视监督。按照中央和省委要求,围绕党风廉政建设和反腐败斗争,把发现问题、形成震慑作为主要任务。强化对领导班子及其成员特别是主要负责人监督,发现在党风廉政建设和反腐败工作、落实中央八项规定精神、执行政治纪律、选人用人等方面突出问题,提高针对性和实效性。树立对重大问题应该发现而没有发现就是失职、发现问题没有如实报告就是渎职观念,落实监督责任。完成2批对11个单位巡视,开展对6个市24个县(区、市)巡视,发现问题和案件线索230条,其中厅级8件,处级6件。案件线索全部安排进行核查,对其他问题督促相关部门和单位进行整改,提高巡视效率和水平。制定《省委巡视机构内部监督考核办法》,全文刊登在中巡办《巡视参考》第8期上,作为典型经验在全国推广。(牛彦方)

【反腐倡廉宣传教育和廉政文化建设】 加强廉洁从政教育,开展主题突出、特色鲜明反腐倡廉宣传工作。在《山西日报》开设反腐倡廉专栏,在山西广播电台开办"记者调查""廉政之声"节目,在山西电视台开设专题采访,宣传报道全省反腐倡廉决策部署和成功经验,使反腐倡廉宣传工作常态化。开展示范教育,结合保持党的纯洁性教育活动,督导各地市结合自身情况推出基层先进典型。通过组织报告会、廉政知识竞赛、参观廉政教育基地等活动,加强对纪检监察干部的警示教育和岗位廉政教育。推进领导干部任职前廉政法规知识测试工作试点,确定朔州市、阳泉市为领导干部任前廉政法规知识测试工作试点市。开展廉政文化创建活动。全省整合新建廉政教育基地210个。评选出迎泽街道解南一社区等13个全省首批廉政文化建设示范联系点。评选出高君宇故居纪念馆等13个第二批省级廉政教育示范基地。加强反腐倡廉舆情网络信息工作,运用网络平台宣传反腐倡廉成果。中央纪委宣教室《全国纪检监察系统反腐倡廉网络评论集》采用收集山西省优秀网评文章10余篇。(牛彦方)

【预防腐败】 落实《中央惩治和预防腐败体系2013-2017年工作规划》,起草山西省《实施办法》,推进惩治和预防腐败体系建设。发挥科技在防治腐败中作用,推进惩防体系信息网建设,"一网六平台"联通试运行。

制订出台制度和措施,加强对权力运行制约与监督。推动廉政风险防控机制建设,拓展预防腐败领域和深度。深化派驻机构联组管理,指导推进临汾、阳泉、晋中、吕梁联组管理试点。强化联组与派驻机构优势互补、相互促进工作机制,对驻在部门加强监督。中央纪委监察部内网《监察之窗》刊发《山西省积极探索省直派驻机构强化监督的新路子》报道,对联组发挥集中、联动、专业等优势,解决过去纪检组解决不了、解决不好难题,提高工作成效等优点进行宣传。省委办公厅《山西信息》刊登《山西省探索创新纪检监察派驻机构联组管理、交叉办案新模式》,王岐山作出批示。落实党风廉政建设责任制,对11个市、92个省直单位进行党风廉政建设责任制专项检查考核。深化党务、政务公开,完成国家政务公开试点任务。(牛彦方)

【基层党风廉政建设】 坚持教育、制度、监督、惩治多管齐下,深化农村、城市社区、国有企业、高等学校和公用事业单位党风廉政建设。强化阳光农廉网功能,实现惠农项目、资金、补贴公开。推行惠农补贴资金国库集中支付,保证财政涉农补贴资金安全、及时、准确发放到农民群众手中。强化教育、监督和涉农信访案件查办工作,全面建立村务监督委员会,促进农村基层干部廉洁履职。加强对国有企业"三重一大"决策制度执行情况及企业领导人员、关键岗位管理人员监督,加强对工程建设、物资采购、招标投标和资金管理使用等重点环节存在问题专项治理,查处违纪违法案件。山西企廉网建设取得进展。推进高等学校和科研院所党风廉政建设,解决高校园区建设、招生录取、基本建设、物资采购、学术诚信、科研经费等方面问题。推进公用事业单位、城市社区党风廉政建设。探索非公有制经济组织和新社会组织反腐倡廉建设。

(牛彦方)

【纠正损害群众利益不正之风】 解决损害群众利益问题。调查安全生产事故及背后腐败问题，加大责任追究力度。查处食品药品、生态环境、教育卫生领域不正之风及乱收费、乱罚款、乱摊派等损害群众利益案件，维护群众合法权益。受理和处理效能投诉。民主评议政风行风工作加强。全年查办发生在农村、国土资源、司法、教育、医疗等方面损害群众切身利益案件7000余起，处分7000余人。委厅领导班子带头，全省纪检监察机关开展以查处案件、反对"四风"为主要内容"带案下访解民忧"专项工作，集中解决1138件涉纪信访突出问题和涉及"四风"案件或事项，办结1060件，查实983件，处分党员干部1575人，移送司法机关98人。对中央巡视组交办2448件重要信访件，采取直查、交办、转办等方式，办结1787件，查处352人。2013年民调显示，人民群众对反腐倡廉建设满意度为87.37%，较2012年78.5%提高8.86个百分点。（牛彦方）

【全省党风廉政建设干部大会】 2月1日在太原举行。袁纯清出席会议并讲话。李小鹏主持会议。李兆前传达中共十八届中央纪委第二次全会精神。袁纯清指出，习近平总书记在中央纪委二次全会上重要讲话，提出一系列新思想、新观点、新举措，对于指导当前和今后一个时期党风廉政建设和反腐败斗争、保持党的先进性和纯洁性，具有重大而深远意义。要结合山西实际学习贯彻，更加科学有效地惩治和预防腐败，坚定不移地把党风廉政建设和反腐败斗争引向深入。他对上年山西省党风廉政建设和反腐败斗争取得成绩给予肯定。对做好下一步反腐倡廉工作提出六点要求：要以对形势和任务科学把握，增强推进党风廉政建设和反腐败斗争责任感和紧迫感；要以严明纪律，增强党的凝聚力和战斗力；要以优良作风，保持与人民群众血肉联系；要以有力监督，让权力在阳光下运行；要以务实创新精神，构建具有山西特色惩防体系；要以坚强有力领导，推动反腐倡廉建设不断取得明显成效。会议以电视电话会议形式召开，省四大班子领导，省法检两院主要负责人，各市市委书记、市长，省直各部门主要负责人在主会场参加会议，市县有关负责人在分会场参加会议。（参见第59页）（牛彦方）

【省纪委十届三次全体会议】 2月1日在太原召开。会议由省纪委常委会主持。李兆前代表省纪委常委会作题为《深入学习贯彻党的十八大精神扎实推进党风廉政建设和反腐败斗争》工作报告。全会回顾总结上年全省党风廉政建设和反腐败工作。从5个方面安排部署2013年反腐倡廉工作。一是严明党的纪律。维护党章权威性和严肃性，维护党的纪律特别是政治纪律，保障中央和省委、省政府重大决策部署贯彻落实，确保政令畅通。二是改进作风。开展以为民务实清廉为主要内容党的群众路线教育实践活动，把监督执行中央"八项规定"和省委三个实施办法作为改进党风政风经常性工作，开展整治庸懒散奢专项行动，优化发展环境，密切党同群众联系。三是加强山西特色惩治和预防腐败体系建设。保持惩治腐败高压态势，加强反腐倡廉宣传教育，严格执行廉洁从政有关规定，强化对权力运行制约和监督，推进改革创新和制度建设，推进"一网六平台"建设与应用工作，提高反腐倡廉建设科学化水平。四是开展纠风和专项治理。加强基层党风廉政建设，解决人民群众反映强烈问题和发生在群众身边腐败问题。五是加强纪检监察自身建设，以铁的纪律打造人民满意纪检监察干部队伍。（牛彦方）

【全省纪检监察创新工作调研成果交流会】 5月10日在长治召开。李兆前出席并讲话。他强调，要准确研判当前反腐倡廉形势，更加科学有效地防治腐败。要严明党的纪律特别是政治纪律，坚决维护党的团结统一。要坚决贯彻中央"八项规定"和省委四个实施办法，坚决查处顶风违纪问题。要坚持惩治和预防腐败两手抓两手都要硬，形成不敢腐惩戒机制、不能腐防范机制、不易腐保障机制。要坚决反对特权思想和特权现象，绝不允许搞特权。要推进纪检监察机关职能转变、加强纪检监察队伍建设，为完成党的十八大各项战略部署、实现转型跨越发展提供保障。会议期间，长治、太原、大同、省科技厅等进行交流发言，8家承担重点课题研究任务单位交流课题研究进展情况。（牛彦方）

【省直派驻(出)机构创新监督工作交流会】 5月22日在太原召开。李兆前出席会议并讲话。他强调，各联组和派驻(出)机构要进一步明晰工作

2月2日，山西省纪委十届三次全会举行第三次会议，在完成各项议程后闭幕（牛彦方提供）

3月5日，省委常委、省纪委书记李兆前在晋城市晋煤集团下井跟班 （牛彦方提供）

理念，突出为民务实清廉主题，加强对驻在部门和所属系统监督；要围绕权力运行建章立制，加强信息化建设，用信息技术和规范程序固化制度，提高制度执行力，把权力关进制度笼子里；要抓住重点，加强对党的纪律特别是政治纪律、中央八项规定和省委四个实施办法、三重一大决策制度执行情况监督检查，强化廉政风险防控工作；要严格要求，特别是要加强纪检监察机关、派驻(出)机构自身建设，体现监督者更要接受监督、信任不能代替监督要求。省公安厅纪委、省高级人民法院纪检组、省经信委纪检组、省高校纪工委介绍创新监督机制做法。 （牛彦方）

【全省基层涉纪信访工作会议】 9月10日在太原召开。李兆前出席并讲话。会议决定，从2013年9月起至2014年7月，全省纪检监察机关集中开展“带案下访解民忧”专项工作，重点查处人民群众反映强烈基层干部违纪违法问题，特别是因干部“四风”问题损害群众利益案件。这次专项工作作为全省纪检监察系统践行党的群众路线具体行动，贯穿于教育实践活动全过程。在专项工作中，省纪委监察厅领导班子成员带头做到“五个一”，即：每人到省纪委监察厅信访大厅接待群众来访一天，督办解决“四风”或涉纪信访疑难案件一个，负责包涉纪信访工作重点县一个，联系指导涉纪信访工作的地级市一个，具体帮助机关新遴选公务员化解涉纪信访事项一件。市县两级纪检监察机关采取领导带头接访、分片包案下访等方式，集中解决“四风”和涉纪信访疑难问题。 （牛彦方）

【全省纪检监察机关查办案件工作推进会】 11月18~19日在太原召开。李兆前出席会议并讲话。他强调，要深刻领会十八大以来党中央和中央纪委关于反腐败斗争新决策新要求，贯彻十八届三中全会精神，坚持有案必查、有腐必惩，坚持“老虎”“苍蝇”一起打，加大查办案件工作力度，查处领导干部违纪违法案件和发生在群众身边腐败问题，集中力量突破一批大案要案，保持惩治腐败高压态势，坚决遏制腐败滋生蔓延势头，以查办案件工作实际成效取信于民。 （牛彦方）

民主党派和工商联

Democratic Parties and the Federation of Industry and Commerce

民革山西省委员会

【概述】 2013年，民革山西省委学习贯彻中共十八大、习近平总书记系列讲话和民革十二大精神，围绕中共山西省委、省政府的中心工作，以“薪火相传，圆多党合作之梦，转变作风，加强自身建设年”活动为主线，以加强基层组织建设为抓手，以为山西省“转型跨越发展和综改试验区建设”献计出力为重点，加强自身建设，开展参政议政、民主监督、社会服务和祖国和平统一工作。（王明德）

【思想建设】 开展“薪火相传，圆多党合作之梦”主题教育活动。省委会把这一活动与“转变作风、加强自身建设年”相结合，安排工作。5月，省委会下发《关于开展“薪火相传，圆多党合作之梦，转变作风、加强自身建设年”活动的实施方案》，开展一系列活动。驻会领导带队分三路到全省各地进行督导调研；召开纪念“五一口号”发布65周年学习座谈会；邀请全国政协副主席、民革中央常务副主席齐续春莅晋作专题报告；参加中共山西省委统战部举办的纪念活动。在“弘扬优良传统、增强道路自信、深化政治交接”征文活动中，共组织投稿36篇；省委会班子成员带头撰写理论文章，并在《山西民革》杂志及相关报刊发表；组织机关干部赴渝参观重庆特园——中国民主党派历史陈列馆。组织省直属基层组织负责人赴西柏坡学习参观。

民革党史研究和宣传。8月，民革中央下发《关于开展抢救性采集民革前辈史料工作的通知》，省委会召开专题会议，推动这项活动。期间，省委会领导分别赴民革太原、大同、长治、晋城和临汾市委会指导工作。对全省民革党员中16名黄埔老人、抗战老兵进行慰问。完成8位黄埔老人、抗战老兵口诉历史的摄影、剪辑工作。在民革前辈史料收集工作中，民革太原市委会、大同市委会、运城市委会和省直属三支部开展大量工作。

参与孙中山思想学习、研究与宣传工作。4月，召开的孙中山研究学会理事会换届暨“拓展孙中山研究新境界”学术研讨会上，省委会报送的《加大宣传力度，回应时代课题——关于民革中央孙中山研究会工作的思考》《地方组织开展孙中山研究工作的思考》在会上进行交流。

参加山西统一战线理论研究工作。在2013年全省统战理论政策研究创新成果申报中，省委会共报送12篇论文参评。民革长治、晋城、临汾、阳泉市委会分别成立理论研究机构，如民革太原市委会的思想政治工作研究会，长治市委会的理论研究会，临汾市委会的领导干部读书班，阳泉、晋中市委会的理论小组等，在民革组织开展统战理论和参政党理论研究中发挥作用。

宣传民革自身建设和参政议政成果。省委会抓住“基层特色支部建设”等工作亮点，充分利用社会媒体、网络媒体以及自办刊物、工作简报等宣传阵地，对民革先进组织和优秀人物进行报道，全年在民革中央网站、《团结报》《山西日报》《山西政协报》等刊登350余篇文章。《山西民革》杂志提升办刊质量，加强和改进《理论研究》《党员信箱》《学习体会》等栏目。《团结报》山西记者站围绕省委会中心任务开展工作，获得2013年度全国先进记者站二等奖。（王明德）

【组织建设】 基层组织建设。省委会十分重视基层组织建设工作，注重研究和帮助解决基层组织存在的困难和问题，为基层组织开展工作创造条件。5月，召开省直属基层组织主委履职座谈会，14名基层组织负责人就换届以来的工作情况进行交流，并听取省委统战部和高校统战部提出的指导意见。省委会分别派人赴11个市级组织就特色支部建设进行调研，10月下旬在吕梁召开民革全省特色支部经验交流会，从全省160个基层组织中选出16个特色支部作经验交流，对特色支部工作进行总结。11月，参加民革华北地区工作会议，与兄弟省、市交流探讨基层组织建设经验。

干部队伍建设。为保证民革事业健康发展，省委会围绕搞好政治交接和领导班子建设，加强代表人士队伍建设和后备干部培养工作，在抓党员质量和特色上下功夫。全年共发展党员201人，年净增率为4.8%，其中大学以上学历占84%，比上年增长10%；

民革特色占29%,比上年增长3%。新党员中,有15人当选各级人大代表、政协委员。截至2013年底,全省党员总数为3921人。在中共太原市委统战部的支持下,完成民革太原市委会主委的补选工作。

党员干部培训工作。9月23日,省委会在上海交通大学举办民革中青年代表人士培训班,对40多名中青年代表人士进行专门培训。配合有关部门做好民革代表人士任职、培训、推荐等工作,加强对后备干部队伍的培养。 (王明德)

【参政议政】 1. 发挥参政议政、民主监督作用。6月,按照中共山西省委统战部《关于开展全省统战大调研工作方案》的要求,省委会下发《关于开展省市联合调研的通知》,并进行布置。7月,全国政协副主席、民革中央常务副主席齐续春带领民革中央调研组一行,莅晋就金融改革联合调研。8月,省委会两次赴高平就炎帝文化展开调研。9月,参加民革中央调研组在太原开展的环保执法体制改革调研。10月,组织民革界别省政协委员在太原市就省城大气环境治理进行调研。11月,联合省政协专委会,赴忻州就"重修杨爱源将军故居"提案进行督办调研。12月,组织调研组前往阳泉市,就山西省古村落保护进行调研。省委会形成的《关于大力扶持以城市商业银行为代表的中小银行支持实体经济发展的建议》调研报告,经民革中央整理上报中共中央、国务院,得到国务院副总理马凯的批示;省委会《关于我省非物质文化遗产传承及保护的建议》的调研报告,向中共山西省委、省政府做专门汇报,受到省委常委、常务副省长高建民高度评价。在省政协十一届二次全会上,省委会共提交集体提案11件,界别提案72件,立案62件,转为来信10件,省委会撰写的《关于我省非物质文化遗产传承及保护的建议》大会发言。全年向民革中央报送社情民意信息90条,向省政协报送78条。民革阳泉市委会报送的社情民意信息被全国政协采纳1条,被省政协采纳2条。全省各级组织所报信息的采用率明显提升,社情民意信息工作有新突破。在民主监督工作方面,民革党员中的人民监督员、特约检察员、特邀监察员,作为民主监督的重要力量,发挥维护社会和谐稳定、增强社会凝聚力等作用。

2. 专委会工作。各专门委员会是省委会做好参政议政工作的参谋和助手,也是参政议政工作的重要平台和依托。民革省委八个专门委员会,围绕省委参政议政工作总体部署,相继召开会议,各具特色,都提供优秀提案和社情民意素材。形成领导班子成员分工负责,各专委会主任主持工作,机关各部室协调,按照各自工作制度和规划有计划地开展课题调研的工作局面。 (王明德)

【社会服务】 1. 法律咨询服务工作。省委会按照中共十八大提出的"全面推进依法治国""加快建设社会主义法治国家"和民革十二届三次中常会的要求,利用界别特色和社会法制领域人才聚集的优势,成立"山西民革法律(咨询)服务中心",开展形式多样的法律咨询服务活动。各级组织通过"法进社区""送法下乡"活动等形式,让普法教育、法律咨询等法律服务进乡村、进校园、进企业、进社区,为困难群众提供法律服务。

2. 开展"博爱·牵手"活动。2013年8月,省委会印发《关于开展伸出博爱之手——民革基层组织牵手困难群众的通知》,并制订实施方案。12月,省委会携省直属红十字支部,就民革基层组织牵手困难群众情况进行调研,并慰问太原市50多户困难群众,送去价值2万元的慰问品。各级组织通过捐款捐物、慰问困难群众、与抗战老兵促膝长谈、给乡村小学学生送温暖、关爱孤残儿童等多种形式,帮助困难党员和群众解决实际问题。太原市委会开展关爱抗战老兵工作;大同市委会成立农村留守儿童联系帮扶小组;阳泉市委会启动举办农民养殖技术培训班活动;长治市委会走访慰问困难党员及家属;晋城市委会举行"走进山区、扶贫帮困"活动,为70岁以上困难老人排忧解难;朔州市委会为儿童福利院建立活动中心;晋中市委会救助被媒体广泛报道的"背着爸爸上学"贫困女孩赵青;忻州市委会慰问贫困山区学校师生,送去学习文具和体育用品;民革吕梁市委会组织党员向交口县20多户贫困农民捐赠猪仔40多头;临汾市委会邀请农业专家赴浮山县指导核桃种植技术;运城市委会组织专家向农民传授农作物病虫害防治技术;省直属六支部向在山西定居健在的抗战老兵捐赠五万元人民币等等。

3. "同心·博爱"扶贫活动。省委会立足实际,继续打造"同心·博爱"品牌,推动扶贫工作。7月,到中阳县枝柯镇枝柯村开展扶贫活动。9月,赴偏关县马次梁村扶贫点调研。10月,配合民革中央社会服务部和中国医学基金会,为山西引进"中国医学基金会超声医学教育公益项目",三星(中国)投资有限公司捐赠总价值约700多万元的7台设备。12月26日,建成"三星智能化超声诊断培训中心"。 (王明德)

【促进祖国和平统一】 两岸双向交流。2013年10月,台湾电子产业学会荣誉理事长吕执中率领台湾企业家一行8人,在晋城召开"台湾·晋城民企交流合作战略发展会"。11月,省委会参与接待台湾"神农炎帝文史学会寻根之旅团"78人到高平炎帝陵祭祖活动。春节前夕,省委会向台胞赠送春联。12月,省委会在太原接待台湾阎锡山先生纪念会理事邓治平。民革老党员、台胞刘阿美多次通过写信、电话、贺卡等方式,进行亲情联系。民革沁水支部与32家台胞及海外侨胞保持通信,编撰《实谓美》一书,受到好评。阳泉市委会举办"同一轮明月共享中华梦"书画、摄影、集邮展览活动,展出作品300多件。

民革孝义支部主委侯建川带领孝义市春德艺术团一行25人,赴台湾进行为期8天的皮影戏演出,与台湾泼墨仙人事业股份有限公司签订联合拍摄《哪吒》科幻片合作协议。山西省民革党员"戴式心意拳"传承人霍永历、知名收藏家吴大鹏,赴台参加相关活动。 (王明德)

民盟山西省委员会

【概述】 2013年，全省发展新盟员445人，截至2013年底，山西省民盟盟员总数为8430人，省直属组织47个，其中有11个地级市委会，36个盟省委直属基层组织。民盟山西省委在民盟中央和中共山西省委的正确领导下，在省委统战部的指导帮助下，贯彻中共十八大、十八届三中全会和民盟十一大精神，落实《民盟中央五年规划(2013~2017年)》，继承发扬盟的优良传统，推进自身建设，履行参政党职能，各项工作取得进展。

（梁俊娜）

【参政议政】 1.提案工作。2013年，在山西省政协十一届一次会议上，中国民主同盟山西省委员会(以下简称盟省委)共提交团体提案25件，其中，23件被省政协立案采纳。提交大会发言材料5件，其中《发挥优势积极探索推动我省煤化工产业的有序发展》被选为大会发言。《加强县乡村三级医疗机构建设，切实提高农村医疗服务治疗》《建立我省养老保险联查机制，尽快实现不同险种间的畅通对接》《建立林业信息中心 创建数字林业平台》《关于加强生态林管护员队伍建设的建议》《社情建设中同步规划建设"托老所"的建议》《加大农村敬老院建设管理力度》《关于中国式社会养老的几点建议》7件提案被省政协列为督办提案。

2.专题调研。2013年4~9月，根据选定的省委统战部重点调研课题，盟省委组织调研组多次赴太原市、宁武县、应县等地进行专题调研，形成《保护农民土地权益 促进农村经济健康快速发展》的调研报告。在11月召开的"山西省统一战线服务转型跨越发展调研成果汇报会"上，副省长高建民听取汇报后高度评价调研成果。

3.社情民意信息工作。据统计，2013年度盟省委共采纳社情民意信息有《建议尽快将地方政府债务进行分类管理》等662篇，报送民盟中央和山西省政协662篇，其中，盟中央采用《我国现行社保制度亟须尽快作出整改》等31篇，省政协采用《基层政协委员对〈环境保护法修正案(草案第二次审议稿)〉的七条具体修改意见》等50篇。

4.议政建言。盟省委三次参加省政协议政会，作《力戒形式主义 改进文风会风》《推进省级基本医疗保险制度城乡一体化的建议》《引导金融资本投入农业生产》的大会发言。

9月在2013年度民盟教育论坛上，盟省委提交的3篇论文被大会收录，其中，《专业学位研究生培养状况研究与思考》被评为优秀论文，并在大会作发言。10月在华北五省生态论坛上，盟省委提交的4篇论文被大会收录，其中，《华北地区景区水华污染防控对策研究》被定为大会发言稿；《以立体复合养殖新技术破解生态农业对水源和土质过度依赖的困局》被定为小组发言稿。（梁俊娜）

【社会服务】 1.农村教育烛光行动。8月13日，由新东方教育科技集团、太原新东方和民盟山西省委主办，民盟运城市委、稷山县教育局承办的为期三天的"烛光行动——新东方教师社会责任行"稷山站暑期培训班在稷山县拉开帷幕。稷山县98名初中英语教师参加培训。

2.爱心帮教活动。7月，"民盟山西省委爱心大讲堂"在省未成年人管教所正式启动。全年邀请有关专家学者在山西省女子强制戒毒所、省未成人管教所开展三期不同内容的课程讲座。山西省未成人管教所申请成立的"山西玉泉学校"通过省司法厅、财政厅、教育厅及太原市教育局批复同意。山西省成为全国将未成年犯的文化教育纳入国家义务教育序列的极少数省份之一。（梁俊娜）

【专门工作委员会】 盟省委高度重视专委会工作，在原有8个专委会的基础上增至11个，新设医疗卫生、联络和青年工作委员会。4月召开盟省委十届委员会第一次专委会工作会议，通过《民盟山西省委各工作委员会工作细则》，任命新一届专委会主任、副主任。科技工作委员会赴榆次、太谷就新农村建设开展调研；农村工作委员会赴长治、大同、吕梁等地就农民专业合作社、土地流转、新农村建设、科技下乡等问题进行调研；法制工作委员会赴省女子强制戒毒所、省未管所开展法律知识、健康知识讲座及帮教演出；妇女工作委员会赴太原市小店区就女性权益保障和女企业家创业问题进行考察调研；青年工作委员会赴古交市新农种植养殖有限公司进行调研；医疗卫生工作委员会赴太谷县人民医院举行"健康关爱行动"。

（梁俊娜）

【思想建设】 2013年，盟省委以纪念中共中央发布"五一口号"65周年为

4月8日，民盟山西省委专委会工作会议在太原市召开

（梁俊娜提供）

契机，在全省盟内组织开展“弘扬优良传统，增强道路自信，深化政治交接”征文活动，共收到征文56篇并结集出版；组织盟内代表人士参加省委统战部“中国梦·我的梦”主题征文活动，有5名盟员获奖。先后组织画家参加“情系雅安”大型书画义捐活动，书画作品拍得2万余元；参加“高扬的旗帜 共同的梦想”全省统一战线书画摄影展；参与主办“今朝更好看——纪念毛泽东诞辰120周年大型书画展”等。

提高《山西盟讯》质量，《山西盟讯》由报纸改为期刊《山西民盟》，加强“群言堂”“理论探源”等理论建设篇幅，加大对重要盟务活动、参政议政成果和盟内先进人物的宣传力度。2013年共出版4期《山西民盟》。

（梁俊娜）

【组织建设】 截至2013年底，全省共发展新盟员445人。其中发展博士学位的新盟员16人，硕士学位的新盟员78人，具有正高职称的新盟员9人，副高职称的新盟员54人，担任副处以上职务的新盟员5人，担任省政协委员的新盟员2人。（梁俊娜）

【民盟山西省十届二次全委会议】 6月19日，民盟山西省十届二次全委会议在太原召开。民盟中央副主席、民盟山西省委主委张平，副主委亢官文、傅建荣、史海涌、梅志强、赵恒寿、王维平、梁丽萍、李书吉，秘书长徐佩雄出席会议。中共山西省委统战部常务副部长郭海刚应邀出席会议并讲话。民盟省委委员共七十余人参加会议。张平作重要讲话。傅建荣、史海涌分别主持开幕、闭幕会。（梁俊娜）

【民盟山西省委成立55周年纪念会暨书画作品展】 11月30日，民盟山西省委在山西文扬文化传媒有限公司展厅隆重举行“聚锦攒华——纪念中国民主同盟山西省委员会成立55周年纪念会暨书画作品展”开幕式。民盟中央副主席、民盟省委主委张平出席开幕式并宣布书画展开幕。中共山西省委统战部副部长郭海刚等参观书画展。省政协副主席、民革山西省委主委张友君，省政协副主席、九三学社山西省委主委刘滇生，民建山西省委副主委薛维梁，民进山西省委副主委高新文，农工党山西省委副主委张李锁，省社会主义学院副院长陈忠辉，省政府参事室副主任张志斌等有关领导应邀出席开幕式。民盟山西省委副主委亢官文、傅建荣等出席开幕式，山西民盟书画院顾问、副院长、书画家，已过世盟员书画家亲属，部分基层盟组织代表，民盟山西省委和民盟太原市委机关工作人员等共130余人参加书画展览。（梁俊娜）

【民盟山西省委直属基层组织新盟员培训班】 8月27日，盟省委在山西社会主义学院举办省直属基层组织新盟员培训班，来自30个省直基层组织的118名新盟员参加培训学习。山西社会主义学院党委书记王宝生，民盟山西省委副主委赵恒寿、秘书长徐佩雄、组织部部长潘世兴出席会议。（梁俊娜）

【民盟山西省委参政议政工作培训会】 8月28日，盟省委召开2013年参政议政工作培训会议。会议邀请民盟中央调研处处长吴会劲和信息处处长张雨斌分别就提案工作及社情民意信息基本知识进行专业的辅导，会议由盟省委秘书长徐佩雄主持，盟省委副主委赵恒寿作重要讲话。全省各市委员会和省直基层组织的参政议政骨干盟员及盟省委机关干部共135人参加会议。（梁俊娜）

民盟山西省委成立55周年纪念会暨书画作品展（梁俊娜提供）

民建山西省委员会

【主题教育】 按照“转变作风、加强自身建设年”活动的要求，突出学习主题。以活动为载体，重温历史、弘扬传统。2013年是中共中央发布“五一口号”65周年，根据省委会工作安排，山西省民建各级组织召开纪念“五一口号”发布65周年座谈会，并在会内开展主题征文活动。民建阳泉、朔州、忻州、晋中、晋城、临汾、运城、吕梁等市委会和省直支部组织会员参观西柏坡、北京复兴之路、重庆民主党派纪念馆、武乡八路军太行纪念馆、革命圣地延安、“百团大战”主战场，缅怀革命先烈，接受革命传统教育。4月份，根据省委统战部安排，开展“山西统一战线坚持和发展中国特色社会主义主题教育活动”，各地市委会和基层组织精心组织实施，深入基层调研，有计划地组织领导班子成员参加理论学习班、培训班。山西民建画院组织多名优秀会员画家，创作20余幅歌颂中国特色社会主义的优秀书画作品，参加省委统战部举办的“高扬的旗帜、共同的梦想”书画摄影展；在全省会员中开展“中国梦、我的梦”征文活动，收到征文作品80余篇，多篇获得优秀奖。（张云鹏）

【宣传工作】 宣传助力，推动学习成果扩大化。加强对外宣传，及时报道山西民建参政议政和重大会务活动信息,不断扩大民建组织的社会影响力。全省各级组织在省级以上网站刊登新闻稿件280余篇,其中,会中央网站采用55篇,省委网站采用278篇。做好省委网站的维护和及时更新,全年更新网站信息稿件500多篇,使广大会员及时了解省委会的主要工作和会务动态,搭建会内外交流沟通平台。根据民建中央宣传部的工作安排,适时将《山西民建》复刊,并在加大信息量、图文并茂、突出特色等方面下功夫,扩大全省民建各级组织的社会影响力。民建运城市委报送的《吕继康:万顷绿波"守护神"》获得民建中央2012~2013年度新闻宣传工作优秀作品。(张云鹏)

【理论研究】 开展理论研究,分析新形势下民建山西省委员会在建设和发展中面临的新情况、新问题,努力在参政党理论研究上取得新成果,报送民建中央理论研究论文10余篇,其中《不断加强自身建设推进工作创新发展》获民建中央理论研究二等奖。《山西民建60年发展的基本情况和经验探析》一文,在山西社会主义学院学报发表。(张云鹏)

【参政议政】 按照民建中央关于加强参政议政工作的要求,紧紧结合山西省实际,围绕全面深化改革和经济社会发展大局,围绕促进山西省中小企业发展、煤层气产业发展、生态绿化建设、节能减排及环境综合治理和推进电力产业布局调整、城镇化建设、现代农业建设、房地产调控等方面开展专题调研,形成调研报告提案。在省政协十届二次全会上,民建山西省委员会共提交大会发言2篇、提交团体提案33件、委员提案38件。其中《我省发展现代农业应着力解决的几个问题》《尽快实现部分县市医保卡在全省通用的建议》等被省政协列为省领导督办提案。各市委会全年共向同级政协提出组织提案67份、委员提案152份,为当地经济、社会发展提出针对性比较强的对策建议,提高全会的参政议政水平。(张云鹏)

【调查研究】 围绕民建中央重点调研专题和年度调研成果征选方向,省委统战部课题"我省发展现代农业应着力解决的几个问题",相关专委会和调研组成员开展调研,并邀请省农业厅专家对调研报告进行科学分析,形成调研报告,在全省统一战线成果汇报会上作发言,促进山西省现代化农业健康发展。《加快电力产业向煤炭基地集中布局的建议》,为山西省电力、煤炭、煤化工发展提出非常有价值的建议。《山西省生态文明建设中节能环保产业制度体系的创新与完善》软课题在科技厅立项,并形成课题调研报告。资环委组织专委会委员深入山西兰花科创公司围绕节能减排及环境综合治理开展专题调研,形成高质量调研报告。(张云鹏)

【社情民意】 省委会注重与基层组织的联系,结合识民生、知民情、解民意活动,倾听诉求,反映意愿。2013年共收集上报省市社情民意280余篇,民建中央、省政协采纳30余篇。其中"关于落实完善残疾儿童康复工作管理条例""加强对我国食品安全监管力度""发展城市民办养老机构"等建议被民建中央采用;"治理河道采砂乱象刻不容缓""发展低热值煤发电项目应注意全循环零排放""关注农村留守儿童精神障碍问题"等建议被省政协采用。2013年民建山西省委社情民意工作获民建中央社情民意三等奖。(张云鹏)

【组织建设】 2013年,各级基层组织依据《会章》,坚持"三个为主"和注重质量、注意数量、保持特色、优化结构的组织发展原则,开展组织建设工作。

1. 会员发展工作。全年发展新会员281人,具有中高级职称的79人,职业经理人63人。截至2013年底,民建山西省会员总数为4443人,平均年龄47.7岁。经济界、企业界会员3100人,占74.4%。会员分布在大中城市3777人,占85%。会员结构更趋合理,经济界代表人士比例进一步增加。

2. 探索创新基层组织建设的新途径、新方法。在民建中央全国基层组织建设研讨会上,省委会提交的《凝心聚力,基层组织建设实现新跨越》的经验交流材料在大会上得到一致好评。省直供销支部、省直七支部、太原市古交总支、吕梁市汾阳总支、运城市盐湖一支部参加大会并提交书面发言,临汾市洪洞总支被大会确定为15个基层组织先进代表,作大会交流发言。会后全省民建组织做好会议精神的贯彻落实,认真学习民建中央领导讲话、学习先进经验和做法、加大宣传力度,推动基层组织建设。民建中央副主席张少琴,组织部部长李世杰分赴太原、大同、临汾、运城市委会走访调研,召开座谈会,对基层组织建设提出建设性的意见和建议,促进山西省基层组织健康发展。

3. 开展专委会工作。民建山西省经济委员会、法制委员会、企业委员会、妇女委员会、理论研究委员会、能源与资源环境委员会等六个专门委员会开展活动,协助省委会在参政议政调研、社会服务和自身建设方面开展大量有益的工作。经民建中央批准,民建山西省监督委员会于2013年10月份成立,按照民建中央工作统一要求,加强会内监督,开展各项工作。(张云鹏)

【社会服务】 民建太原、阳泉、大同、晋中、忻州市委开展三下乡活动、援建农村温室、援建农村人畜饮水工程、援建农村卫生室、援建农村文化室、捐资助学等,共计投入扶贫资金265万元。民建长治市委组织会员向灾区捐款。民建晋中市委介休支部举办"心系芦山、情洒御珑湾"名家书画笔会,将17件作品拍卖,所得善款捐给地震灾区。民建朔州市委组织民建企业家会员到朔城区乔家梁村残疾儿童家庭开展爱心捐助活动。民建阳泉市委组织会员到阳泉市福利院慰问孤残儿童。民建晋城市委为陵川县扶贫点争取农业专项扶贫资金16万元。民建临汾市委市直总支捐助10名贫困大学生,同时成立"民建临汾市直总支慈善基金会"。会员企业家、运城市鑫源兄弟集团董事长李家林,捐资120万元,为41名大学新生提供本科四年或五年全部学习费用。会员企业家、吕梁市凤凰体检部董事长高生云为几名贫困大学生捐助银行卡，同时为市区15所大中专院校赠送价值7万余元的健康类图书。

(张云鹏)

【援疆工作】 会员企业山西信友集团近年来积极参与民主党派援疆工作，投资建设煤电化循环经济产业园区，支持和促进新疆经济建设的跨越式发展。民建中央常务副主席马培华在新疆视察调研时，专门将山西省会员刘芳亮列入代表团成员，对其援疆工作给予高度评价。新疆党政军领导多次关心项目的进展情况，并提供多方面的支持。(张云鹏)

民进山西省委员会

【概述】 2013年，民进山西省委团结带领全省会员，深化对中国特色社会主义参政党的认识，凝聚政治共识，增强基层活力，参政议政，热情服务社会，各项工作都取得新进展。

全年全省基层组织达到201个，会员4717人，平均年龄49.9岁，教育文化出版主界别占74.3%。

在省政协十一届一次会议上，提交21件党派提案和3件大会发言。全年报送社情民意信息154条，其中两条得到中共山西省委书记袁纯清等领导重要批示，在省政协的社情民意信息工作排名中连续五年位居各党派前列，被民进中央评为2013年度"参政议政工作先进单位"。

(郝文杰)

【参政议政】 1月4日，民进中央副主席、省政协副主席、民进省委主委卫小春，副主委张政、张建豪、高新文、陈维毅、任建国，秘书长兼参政议政部部长贺安黎参加中共山西省委召开的党外人士情况通报会，听取全省经济工作会议精神通报。

1月4日下午，民进中央副主席、民进省委主委卫小春、专职副主委高新文参加中共山西省委召开的人事协商通报会。

1月7日，民进省委机关2012年度公务员述职考核测评会议召开。会议由高新文主持。牛艳芝被评选为机关先进工作者。

1月18日下午，卫小春参加全省党风廉政建设反腐败工作党外人士情况通报会。

1月22~28日和1月23~30日，省政协十一届一次会议和省十二届人大一次会议在太原举行。卫小春、张政、张建豪等31名政协委员参加会议。省人民政府文史馆员、民进会员席德生列席会议。卫小春当选十一届省政协副主席并被推举为全国政协委员，张政、张建豪、成锡锋、冯亚琴、宋兴航当选省政协常委。高新文当选省人大常委，熊继军当选全国人大代表。

1月23日，省"两会"民进会员座谈会举行，民进中央副主席、民进省委主委卫小春，副主委张政、张建豪、成锡锋、高新文、陈维毅、任建国，秘书长兼参政议政部部长贺安黎同与会代表、委员座谈履职感受。卫小春在会议上作讲话。

1月，卫小春出席民主党派工商联基层代表座谈会，并代表民进省委就《政府工作报告》(征求意见稿)谈建议。(郝文杰)

【社会服务】 2月5日，民进山西开明画院连续第四年赴老军营新建南路第二社区"送春联进社区"，常务副院长席德生、副院长史彦鹏、理事刘峻岭等书法家为社区居民免费书写百余幅春联。民进省委专职副主委高新文参加活动。

4月20日起，民进省委农林工作委员会先后到灵丘、怀仁、山阴、阳曲、太原市尖草坪区、迎泽区等地的14处果园大棚集中区，调研病虫害灾情，举办培训班8期，1000多名果农接受抗病虫害知识培训。

5月11日，民进省委与民进太原市委、民进阳泉市委在阳泉市郊区杨家庄中学联合开展助学支教活动。

5月20~21日，山西民进企业家联谊会二届一次理事会暨运城招商项目推介会在运城举行。民进中央社会服务部副部长朱效利应邀出席。民进省委专职副主委高新文讲话。会长徐文龙作五年工作总结报告。民进中央常委、清华大学政治经济研究中心主任蔡继明作题为《深化经济体制改革，推进非公经济发展》的报告。

6月23~27日，全国人大常委会原副委员长、民进中央原主席、中华炎黄文化研究会会长、北京师范大学人文宗教高等研究院院长许嘉璐在山西视察并出席"2013年介休绵山慈孝文化旅游活动周"活动，卫小春陪同。民进山西开明画院举办"绵山民进山西省委书画笔会"。卫小春、秦国栋等集体看望许嘉璐。

8月9日晚，"美丽隰州欢乐盛夏"寨子乡专场文艺晚会暨山西民进艺术团、民进省直金融支部文化下乡活动在隰州广场举行。民进省委专职副主委高新文，临汾市人大常委会副主任、民进临汾市委主委王金珍等领导观看演出。

9月23日，民进山西省委"同心·彩虹行动"贵州省长坝乡教师第二期培训班开班仪式在省实验小学举行。卫小春作讲话。

11月13日，山西民进企业家联谊会被民进中央授予"同心·彩虹行动"先进集体，联谊会副会长郝鸿峰，副会长兼秘书长温双伟荣获"同心·彩虹行动"先进个人。(郝文杰)

【专题调研】 4月8日，省人大常委会常委、民进省委专职副主委高新文带领部分会员和机关干部到阳泉市调研新农村文化建设。

7月24日，由高新文带队的民进山西省委调研组就"山西省骨干文化企业生存状况"赴山西省戏剧研究会文华晋剧院和山西艺术职业学院华晋舞剧团调研。省政协委员、民进省委秘书长兼参政议政部部长贺安黎，省政协委员、民进省委常委、省人民政府发展研究中心副主任焦斌龙，民进省委常委、山西民进艺术团团长朱丽，民进省委常委、山西人民出版社副总编石凌虚，山西大学商务学院文化产业管理教研室主任朱志国等参加调研。

8月13日，民进中央秘书长高友东一行在山西晋中考察文化旅游市场，民进省委办公室主任周戈、民进晋中市委副主委张润仙陪同考察。

(郝文杰)

农工党山西省委员会

【思想建设】 1. 学习贯彻中共十八大和十八届三中全会精神。农工党山西省委先后组织省委常委班子、机关干部职工和全省三千多名党员学习中共十八大、十八届二中、三中全会精神以及习近平总书记一系列重要讲话、中共中央改进工作作风密切联系群众的“八项规定”等;选派机关处级干部参加中共山西省委党校(省直分校)十八大精神培训班学习;选派骨干党员参加农工党中央、中共山西省委统战部相关培训 12 个班次,300 余人次。举办纪念中共中央发布“五一口号”65 周年、“高扬的旗帜、共同的梦想”书画摄影展及主题征文系列活动。

2. 开展主题教育活动。在全省范围内开展农工党员思想调查工作,举办省直新党员培训班、民主党派参政议政讲座、“中国梦·我的梦” 征文等活动。组织省委部分委员、市级组织负责人赴重庆参观民主党派历史陈列馆、抗战遗址博物馆和红岩村,开展“重温历史、坚定信念”优良传统教育,在开展农工党史教育中,总结出“成立早、主张好、有武装、正气高”的农工党早期光荣历史,和“联中共、反日蒋、跟中共、把政参”,来概括“五一口号”发布前后,农工党与共产党之间经受血与火考验的亲密友党关系。

(胡小龙)

【参政党职能履行】 1.发挥专委会作用。按照小型化、年轻化、功能化的原则,农工党山西省委调整重组八个专门工作委员会,即医药卫生工作委员会、教育工作委员会、科技工作委员会、经济和人口资源环境工作委员会、文化艺术工作委员会、社会和法制工作委员会、妇女工作委员会和老龄工作委员会。召开专委会工作会议,举办《多党合作背景下农工党员的责任认同和履职的主要形式》等专题培训和交流,培训专委会委员 150 余人。2013 年,重组后的专委会首次承担省委布置的 6 个调研课题并取得成果。

2. 创新参政议政工作机制。制定《农工党山西省委调研课题管理办法(试行)》,对申报立项、课题管理、成果评审和调研支持做出规定,推动参政议政工作进一步制度化,探索建立专委会与高等院校、科研院所联合调研的新机制。

3. 开展专题调研。以建设国家级水生态系统保护与修复试点省为契机,农工党山西省委以《加强水生态系统保护与修复,推进山西经济社会绿色转型》为重点调研课题。组织专家调研组,先后到吕梁市、阳泉市和晋城市的 10 个县现场调研, 形成调研报告。该调研报告在中共山西省委、山西省政府召开的统一战线调研成果汇报会上进行专题汇报,常务副省长高建民非常关注调研报告反映的情况,高度评价农工党山西省委开展的调研工作。同时,该调研报告还获得农工党中央优秀调研报告一等奖。副省长郭迎光专门对《山西省连翘利用现状和开发对策调研报告》作出批示。2013 年,农工党山西省委第一次获得“农工党中央优秀调研报告组织工作奖”。

4.“两会”议政建言质量稳步提高。在 2013 年的全国和山西省 “两会”上,提交政协提案、人大议案和建议 128 件,大会发言 2 篇。其中 11 件被列为省政协重点督办提案,较往年有大幅度提高。在省政协“改进工作作风, 密切联系群众专题议政会”作《用激励制衡构建改进作风的长效机制》的大会发言,受到好评。

5. 信息工作取得新成效。建立与有关部门不定期联系、走访制度,与信息员经常性沟通讨论机制;以专题培训、以会代培和座谈讨论等方式,对有一定基础的党员骨干进行培训,着力提高党员的参政意识、观察、发现、分析问题的能力和文稿撰写能力。全年报出社情民意 100 篇,有关部门采用 20 篇次。其中:《关于工伤认定中对“48 小时”规定的补充建议》等 5 篇次被全国政协采用;《提高儿童用药安全性的建议》得到国家领导人的批示;7 篇被农工党中央采用;7 篇被省政协采用。两位党员荣获农工党中央“2013 年度全党反映社情民意信息工作先进个人”荣誉称号。

(胡小龙)

【社会服务】 继续做好“环境与健康宣传周”“国际科学与和平周” 等活动, 并组织党员医疗专家赴中阳县、平顺县等革命老区开展送健康活动。拓展服务内容,将单一的诊疗服务拓展为“三送”形式,即:“向群众送诊疗服务和健康教育、向基层医护人员送知识更新和技术指导、向医院送改进建议”。主委周然针对基层群众非常缺乏常见病的防治知识,经常是小病不治拖成大病,大病大治人财两空的情况,针对 17 种常见病,组织专家编写《健康备要》一书,已向中阳县、榆社县、平顺县等贫困老区免费发放价值 20 多万元《健康备要》,有效传播防病治病的科学知识和文明健康的生活方式。

其他社会捐助:为雅安地震灾民捐助救灾款物 20 余万元、为文水县贫困学生捐助学习用品 3 万余元、为中阳县两个扶贫点困难群众捐助春节慰问物资 1 万元。 (胡小龙)

九三学社山西省委员会

【组织建设】 2013 年,贯彻《中共中央关于加强新形势下党外代表人士队伍建设的意见》,实施“人才强社”战略,从新社员发展入手,通过培训提高社员的整体素质。截至 2013 年底,全省共有社员 3150 人。2013 年全省共发展新社员 173 人。全省共有省直属组织 16 个,地市级组织 10 个,省直高校组织 10 个,全省社员分布在 11 个市, 共建有基层组织 130 个。

根据《山西省公务员管理信息系统建设工作方案》的具体规定,建立九三学社山西省委机关公务员管理信息系统。 (王利波)

【公益慈善帮教】 4 月 11 日,山西省政协副主席、社省委主委刘滇生带领部分省人大代表、省政协委员赴晋中市榆社县出席云竹小学捐赠图书仪式。刘滇生主委代表社省委和晋美工商管理学院共向云竹小学捐赠精美

九三学社山西省委“和平周”义捐活动　　（王利波提供）

图书1000余册。

11月14日，在第二十五届中国“国际科学与和平周”来临之际，社省委向在并的直属基层组织及广大社员发出“衣旧情深”闲置衣物捐赠太原市福利精神康宁医院活动的倡议书。活动共捐赠日用品两箱，秋冬衣物近四百件。（王利波）

【社会服务】 1. 创新“九地合作”工作机制。社省委与中共长治市委组织部、中共岢岚县委县政府成立“九三学社长治博士工作站”和“九三学社岢岚博士工作站”。九三学社专家工作站的成立，是社省委开展九地合作，发挥人才智力优势，拓宽社会服务工作领域的新思路、新实践。博士工作站作为与地方政府开展合作的一种新形式，针对性和专业性更强，服务方式更为多样灵活，由于有持续的固定经费支持，送科技下乡，推广绿色农业发展集成技术更为顺畅，效果更加明显。

2. 晋陕豫跨省合作升级。2013年九三学社晋豫陕“黄河金三角区域合作与发展”座谈会于10月26~27日在河南省三门峡市举行。三省围绕社务工作交流、区域合作发展研讨、《晋陕豫黄河金三角区域合作规划》解读、“黄河金三角区域合作”参政议政选题方向解读和科技成果推介等方面开展广泛研讨。

3.发挥科技人才优势，以科技兴农为目标开展社会服务。推广绿色种植技术示范。以九三学社成员为主导研发的绿色种植技术继续在全省及全国十余个省市示范推广，组织现场培训、技术讲座50余次，受众1万余人，发放宣传材料10万余份，累计示范推广总面积达66.7万公顷，平均增产15%以上，帮助农民朋友增收7亿元以上。《时代周报》对刘滇生教授做独家专访；《中华英才》刊登文章《刘滇生：大学教授干农活》，获得社会广泛关注和好评。

推广旱地果树集雨节水技术。社省委主委刘滇生教授主导发明的“旱地果树集雨节水抗旱技术”，在运城、临汾、长治、晋中等市应用推广，省林业厅在朔州怀仁段高速路绿化项目中应用该项技术。5月，社省委与省科协、省农业厅在晋中市杨壁村举行“旱地果树集雨节水技术”示范基地揭牌仪式，建立山西省科普基地，把这项技术作为九三学社形象工程予以大面积示范推广。山西省果业工作总站发文《关于在全省旱地果园推广应用集雨节水技术的通知》，将“薄膜旱井集雨技术”作为全省重点推广项目之一。

科技扶贫，创建扶贫模范品牌。4月上旬，社省委领导赴榆社县为向阳村金土地农业科技专业合作社揭牌，向当地农业合作社赠送5台种肥同穴播种机、2吨生物有机肥。金土地农业科技专业合作社的成立，标志着刘滇生教授及其研发团队的绿色生态农业技术在向阳村的推广步入新阶段，有利于加快建立和发展刘滇生教授倡导的新型大学复合型农业社会化体系。5月，社省委领导率队在榆社县向阳村开展“四送一帮扶”活动，成立“九三学社山西省委科技扶贫点精品生态果园示范区”，面积达133.4公顷。在社省委的直接帮助下，该村还争取到省扶贫款和水利工程项目资金。

（王利波）

【参政议政】 1. 提案工作。2013年，在山西省政协十届一次会议上，社省委共提交大会发言3篇，团体提案19件，全部被省政协立案。

2. 社会调研。2013年7~8月，根据省委统战部的统一部署，社省委组成由社省委专职副主委张培富为组

“九地合作”共建博士工作站　　（王利波提供）

长，社内部分省政协委员、省人大代表和有关专家组成的调研组，分别赴山西省大同、运城，进行专题调研，形成《农村社会化服务体系建设》调研报告和建议。在山西省统一战线服务转型跨越发展调研成果汇报会上，该调研成果受到省政府常务副省长高建民等领导的肯定和赞赏。

3. 社情民意信息。2013 年度社省委上报九三学社中央和省政协社情民意信息共 634 篇，其中社中央采用 8 篇，省政协采用 12 篇，全国政协采用 2 篇，省级部门反馈 1 篇。信息工作在全省民主党派和工商联中排名第三，被九三学社中央表彰为“年度信息工作先进单位三等奖”。

（王利波）

【九三学社山西省九届二次全委扩大会议】 4 月 27 日，九三学社山西省九届二次全委扩大会议在太原召开。省政协副主席、社省委主委刘滇生，中共山西省委统战部常务副部长郭海刚出席会议并讲话。

社省委副主委杨社堂、张培富分别主持会议。社省委副主委张并生、李青山、张文旺、闫义勇、张红健，秘书长曾俊英，原社省委老领导，社省委委员，各市级组织专职副主委及秘书长，吕梁支社筹备组负责人，未担任委员的省直各支社主委，社省委机关部门负责人等参加会议。（王利波）

山西省工商业联合会（总商会）

【概述】 2013 年，省工商联围绕“争当新晋商，转型做贡献”实践主题，从 5 月开始，开展“民营企业与中国梦”活动，组织全省 6 万多名非公经济人士参加以增强非公有制经济人士对中国特色社会主义的信念、对党和政府的信任、对企业发展的信心为主要内容的理想信念教育实践活动。举办全省非公经济人士理想信念报告会，编印下发《当代晋商追梦之旅》和报告会光盘，树立宣传一批先进典型，组织 22 家骨干会员企业发布社会责任报告，撰写《2012 年度山西民营企业社会责任报告》，表彰一批“关爱员工、实现双赢”优秀民营企业家和优秀员工。

省工商联认真推行目标责任制，强化督促管理，建立健全各项规章制度，2013 年省工商联机关被省直工委评为和谐文明标兵单位。（冯学亮）

【教育培训】 创办“晋商大讲堂”，举办五期解读政策专题讲座；举办学习培训、观摩考察、座谈交流、项目对接“四位一体”的优秀中青年民营企业家上海交通大学学习培训和项目对接恳谈活动；承担省政府优秀小微企业主创业能力提升培训工程，分三期对 1000 名有发展潜力的小微企业主进行培训。（冯学亮）

【社会服务】 组织民营企业家在吕梁召开民营企业参与全省“百企千村”产业扶贫现场动员和观摩交流会，推动民营企业贯彻落实省委提出的企业帮扶农村发展、促进农民增收的战略部署。2013 年全省民营企业参与产业扶贫开发项目 300 个左右，规划总投资 600 多亿元。

组织全省 140 家民营企业建设“新晋商光彩林”，建立义务植树基地 120 个，植树 11.6 万亩，捐助绿化费 4.64 亿元，认种认养绿地 14.9 万亩、树木 1482 万株。

省工商联与民生银行等多家银行联合，举办 5 次金融服务中小企业发展银企对接洽谈会。组织省科协有关部门和法律工作者送科技、送法律进民企。推进山西省民营企业参加全国科技进步奖、军民两用评审、星火计划等评审活动。举办民营企业法律风险防范培训班，为省直商会和民营企业提供具体的法律维权服务。

组织部分民营企业家参加第 12 届世界华商大会和区域间经贸洽谈活动，带领民营企业与长三角地区民营企业合作签约新兴产业项目 19 个，总投资额 494 亿元。建立 160 多家晋商组织、2200 多名世界晋商代表数据库，指导推动省外成立 11 家晋商组织。（冯学亮）

【参政议政】 联合 9 个省直单位组成 6 个调研组赴全省 11 市和部分重点县区及 100 多家民营企业调研，在民营经济占主体的煤炭、焦化、冶金、新兴产业、商贸服务业 5 个行业，建立 100 家代表性民营企业“点对点”运行情况观察点，并为资产、营销收入 10 亿元以上的 150 家重点民营企业建立数据库，进行定点观察、长期跟踪服务。

向省委省政府报送《促进民营经济转型跨越发展调研报告》和 7 个专题报告，报告中提出的建议意见被省委、省政府出台的《关于深入贯彻党的十八届三中全会精神，加快推进转型综改区建设的若干意见》采纳；与省政法委联合出台《政法机关服务和保障非公有制经济发展的实施意见》；向省政协全会提交 9 件团体提案和 2 份大会发言材料，3 件提案被列入重点提案，省领导亲自督办。承担并完成省委、省政府和有关部门委托的调研任务，撰写《关于综改区金融体制创新，解决小微企业融资难的思路和对策》《在山西综改试验区建设中商会的定位与作用研究》，编印出版《2012 年山西民营经济发展报告》。（冯学亮）

【全省民营经济转型跨越发展促进大会】 与省委统战部共同组织，由省委、省政府召开的“全省民营经济转型跨越发展促进大会”。省委书记、省人大常委会主任袁纯清，省长李小鹏，省政协主席薛延忠及牛仁亮等省领导出席并为获奖人员颁奖。省委常委、常务副省长高建民讲话。副省长、省工商联主席张复明宣读表彰通报。

会上，省委省政府授予 48 位非公有制经济人士为“山西省优秀中国特色社会主义事业建设者”荣誉称号。（参见第 67 页）（冯学亮）

群众团体

Mass Organizations

山西省总工会

【概述】 2013年，山西省总工会一是学习贯彻党的十八大、十八届三中全会精神、习近平总书记系列重要讲话精神和中国工会十六大精神，省委召开工会工作座谈会，为全省工会工作指明方向和目标、创造良好环境和条件。二是围绕转型跨越主题，在组织职工建功立业上取得新突破。山西转型综改试验区建设劳动竞赛上升到国家层面，被全总列入全国示范性劳动竞赛。三是维护职工合法权益，在深化和谐劳动关系上取得新突破。开展“农民工有困难找工会，拿不到工资找工会”专项行动。四是加强长效机制建设，在服务职工群众上取得新突破。送温暖、金秋助学、职工大病医疗互助等帮扶品牌做大做强。五是发挥工会“大学校”作用，在加强职工文化建设上取得新突破。举办首届职工读书节，组织“榜样山西·最美劳动者”评选，参与投票职工达200万人次。六是加强工会自身建设，在求真务实、真抓实干上取得新突破。开展“调查研究年”活动，举办全省工会干部知识竞赛，以运用网格化、实现全覆盖为主要目标，开展第四个“工会组建月”集中建会行动，全省新增建会企业21316个，新发展企业会员293737人。统筹抓好其他各项工作，工会经审、女职工、工运研究、资产监管、对外交流、职工物价监督、产业工会、对口援疆等工作都取得新进展。截至年底，全省工会组织发展到59145个，覆盖法人单位169440个，工会会员7715293人。（宋海兵）

4月18日，全国工会推进企业民主管理工作会议在山西长治召开（宋海兵提供）

【省委工会工作座谈会】 2013年12月28日，山西省委工会工作座谈会在太原召开。山西省委书记、省人大常委会主任袁纯清在讲话中强调，各级党委要高度重视和切实加强工会工作，在山西转型跨越发展中充分发挥职工群众的主力军作用。省委常委、常务副省长高建民，省委常委、组织部部长汤涛，省政协副主席朱先奇等出席，省人大常委会副主任、省总工会主席田喜荣汇报工会工作。会议肯定全省工会工作，分析研究工会面临的困难和问题，进一步指明工会工作方向和目标任务，为推进全省工会工作创造良好环境和条件。座谈会上，晋中、长治、临汾三市市委书记，太原市总工会主席，三家大型企业董事长等作大会发言。

山西省委工会工作座谈会后，山西省委以《会议纪要》的形式发出通知，要求落实会议确定的九条措施：(1)各级党委每届任期至少召开一次工会工作会议，每年至少专门研究一次工作。(2)健全和完善政府与工会联席会议制度，每年至少召开一次会议，通报政府有关政策及重要工作部署，研究解决涉及职工切身利益和工会工作的重要问题。(3)各级人大、政协要从加强立法、执法检查，民主参与、民主协商和民主监督等方面，为工会发挥作用创造更多条件。(4)健全困难职工帮扶机制，加大帮扶资金保障力度，加大困难劳模帮扶力度，加强工会各级困难职工帮扶中心建设。(5)强化工会服务职工阵地建设和发展，将其纳入公共文化服务体系。(6)工会要代表困难职工与劳模参与和监督保障性住房建设等重点民生工作。(7)加强工会领导班子和干部队伍建设，加强基层工会组织建设，重视培养工会干部，加大工会干部交流力度，根据工作需要，各级工会主席实行专兼职相结合，需要高配的予以高配。(8)扩大职工工资集体协商覆盖面，健全完善企业职工工资协商共决、正常增长、支付保障机制。(9)加大工会组织在企业中的社会化和兼职化力度，最大限度地引导广大职工群众参与改革、推动改革。

（宋海兵）

【开展“农民工有困难找工会，拿不到工资找工会”专项行动】 山西省工会组织主动承担责任，在元旦、春节期间开展“农民工有困难找工会，拿不到工资找工会”专项行动。山西省总工会连续五天在《山西工人报》刊登省、市、县三级工会讨薪联系电话，统一部署各级工会在醒目位置悬挂横幅，方便农民工投诉求助。同时在省城各主要媒体广泛宣传，在全社会叫响“农民工有困难找工会，拿不到工资找工会”的口号。在省委省政府支持下，省总工会指导全省11个市、119个县(市、区)总工会建立农民工讨薪应急救助专项资金，总金额3580万元。其中太原市总工会200万元，其他市总工会各100万元，县级工会各20万元。农民工工资一时难讨回，从专项资金中垫付其工资的50%~70%，让农民工先回家过年，工会组织替他们追讨欠薪。各级工会设立专门投诉举报接待室，24小时全天候接待农民工投诉，建立专项行动周报告制度，初步形成帮助农民工追讨欠薪机制。截至年底，全省工会共接到农民工反映工资问题的电话2014人次，接报工资拖欠案件303起，直接帮助4004名农民工讨回拖欠工资3492万元，省、市、县工会共为农民工垫付工资38.945万元。

（宋海兵）

山西省总工会在全省开展“农民工有困难找工会拿不到工资找工会”专项行动

（宋海兵提供）

【开展“调查研究年”活动】 2013年，山西省总工会确定为“调查研究年”。山西省总工会制订实施方案，安排十个方面的课题。市、县总工会副职以上领导干部，省总工会、省级产业工会副处以上干部全部领题调研。全省工会干部共撰写调研报告1200余篇，出版专著2部，在各类刊物发表74篇，获奖11篇。

（宋海兵）

【建功立业活动】 一是转型综改试验区建设劳动竞赛取得新突破。山西转型综改试验区建设劳动竞赛上升到国家层面，被中华全国总工会列入促进区域发展全国示范性劳动竞赛，每年专门为竞赛增加5个全国五一劳动奖状、8个全国五一劳动奖章和15个全国工人先锋号指标，省委和中华全国总工会领导出席启动仪式。制订下发《山西省转型综改试验区建设全国示范性劳动竞赛方案（2013—2015）》，在省直部门、重大项目和市级、试点县、试点企业五个示范赛区展开示范竞赛活动。二是围绕转型跨越开展群众性经济技术活动。开展煤炭、陶瓷、金融、建筑、烹饪、餐饮、水利、林业等行业职工职业技能大赛，全省选树10名技术带头人，表彰10项职工优秀技术创新成果，其中一项获全国二等奖。三是以弘扬新时期劳模精神推动践行中国梦。简朴、隆重组织“五一”表彰，表彰名额从以往近1000个压缩到292个，优中择优，匡正风气，提高先进模范含金量，增强劳模精神影响力、感召力。在11个市同步举行“劳模精神在一线、转型跨越勇争先”活动，组织劳模为职工送去技术、文化、医疗、法律，在全社会弘扬劳模精神。培养选树一批新时期劳模标杆，其中的突出代表省电建二公司职工贾向东，两次受到习近平总书记接见。集中开展“中国梦·劳动美”主题宣传活动，组织“榜样山西·最美劳动者”评选。四是多措并举提升职工科学文化素质。举办首届职工读书节，各级工会共为职工购买、发放图书30余万册，赠送购书卡40余万张，组织读书学习活动1万场次。创建、命名一批全省“电子职工书屋”示范点暨山西省数字图书馆企业分馆，新建职工书屋337个，其中全国工会职工书屋示范点30个。

（宋海兵）

【职工合法权益维护】 一是推进企业民主建设。出台《山西省总工会关于进一步规范职工代表大会审议内容的指导意见》，在全国首次提出职代会要审议职工带薪休假，丰富职代会工作内容。以中小企业和非公企业为重点，集中开展厂务公开、职代会建制专项行动，基本完成全国厂务公

6月19日，全国工会参与社会管理暨职工法律援助维权服务工作推进会在山西太原举行 （宋海兵提供）

开协调小组五年规划任务。二是拓宽集体合同、工资协商覆盖面。推进集体合同制度建设，以工资集体协商为核心内容，以行业性、区域性协商为重点，全面推进协商制度化、程序规范化、内容精细化、效果明显化，全省共签订综合性集体合同32812份，覆盖企业90855户，覆盖职工4308804人。签订工资专项集体合同37132份，覆盖企业93545户，覆盖职工4745318人。签订女职工权益保护专项集体合同16145份，覆盖企业20868家，覆盖女职工132万人。三是维护职工安全健康卫生权益。以安康文化建设为引领，"安康杯"竞赛活动向非公企业、中小企业、非生产性企业拓展，全省参赛单位13496家，参赛职工429.5万人，参赛班组14.12万个，120万名职工参加安康知识培训教育活动。 （宋海兵）

【职工服务工作】 做大做强送温暖、金秋助学、职工大病医疗互助等帮扶品牌，送温暖活动共筹资1.2亿元，慰问困难企业3514家、困难职工27.22万人，其中困难农民工3.6万户，困难劳模3125户。金秋助学活动共筹集资金3574.35万元，发放助学款3457.79万元，资助困难职工和困难农民工子女15036人。职工大病医疗互助活动拓展到10个市，共筹集互助金8200万元，惠及174万名职工。实施女职工"关爱行动"，全省筹集资金445.05万元，走访慰问困难女职工4.68万人，帮扶救助困难女职工2.28万名，对1.39万名困难女职工进行了"两癌"检查。 （宋海兵）

【工会自身建设】 一是运用网格化管理推进工会组织全覆盖。开展第四次"工会组建月"集中建会行动、新增企业建会和数据库录入集中行动、开业5年以上且职工50人以上未建会企业集中建会行动，全省新增建会企业21316个，新发展企业会员293737人。全省基层工会组织发展到59145个，覆盖法人单位169440个，会员达到771.5万人。女职工组织同步组建，基本实现全覆盖。二是持续引深"双亮双争双评"，落实会员"四权"活动。全省企业工会"双亮"覆盖面达到80%以上，"五星级"工会达到815家，71%的基层工会达到"三星级"以上标准，5家基层工会被评为"全国会员评家先进单位"，37个基层工会获得"全国模范职工之家"。培育出全国企业工会工作"十面红旗"单位西山煤电集团工会等一批具有山西特色的基层工会典型。三是组织召开全省工会代表会议。选举产生山西省中国工会十六大代表51名。四是强化工会经费收缴工作，2013年省总工会本级经费收入25750万元，超额完成任务19.36%，上缴情况最好的晋中市超额完成任务40.13%。召开全省财政划拨地税代收工会经费现场会，促进地税代收、财政代扣工会经费工作实现新突破，全省地税代收工会经费7.89亿元，比计划增长16.7%；省级财政拨款增长17.08%。五是加强学习型工会组织建设。省总工会党组中心组集体学习14次，每月聘请专家进行专题讲座，省总工会机关处级以下干部参加业务培训和考试，在省总工会干校培训工会干部5167人。开展全省工会干部工会知识大竞赛，组织竞赛比赛300多场（次），30多万名工会干部职工参加。六是加强党风廉政建设。落实党风廉政建设责任制和廉政谈话制度，加强反腐倡廉教育。 （宋海兵）

【山西省总工会十二届五次全委（扩大）会】 2013年3月25日，山西省总工会第十二届委员会第五次全体（扩大）会议在太原召开。会议传达贯彻中央关于做好工会工作的重要指示精神和中华全国总工会相关会议精神，选举山西省人大常委会副主任、省总工会党组书记田喜荣为新一届省总工会主席，并对全省工会工作作出部署。会议还通过《关于团结动员全省职工为加快转型跨越、全面建成小康社会建功立业的决议》，省总工会原主席郭海亮出席并讲话。 （宋海兵）

【全省工会干部知识竞赛】 2013年7月，山西省总工会在全省范围内开展工会干部知识竞赛。山西省人大常委会副主任、省总工会主席田喜荣作重要讲话。知识竞赛历时5个月，全省30多万名工会干部和职工参加答题竞赛，提高工会干部整体素质。 （宋海兵）

【工作经验得到肯定】 为农民工讨薪专项行动得到中华全国总工会、省委领导肯定。中央政治局委员、中华全国总工会主席李建国就"农民工有困难找工会，拿不到工资找工会"专项行动作出批示："山西省总工会开展这一专项行动，并将其作为省工会工作的一个品牌长期抓下去，千方百计维护农民工的基本权益，其做法值得学习、借鉴。”中华全国总工会党组书记、副主席、书记处第一书记陈豪批示：“请相关部门研究总结推广好山西省总的经验。”省委书记袁纯清两次作出批示：“这项活动有现实针对性，巩固下来，坚持下去。”“要巩固成果，总结经验，完善办法，扎扎实实坚持下去。”省长李小鹏批示：“很必要，很有意义，也很有成绩。望总结经验，进一步完善，再接再厉，做得更好。”田喜荣代表山西省总工会在中华全国总工会十六届二次执委会上作题为《始终牢记政治责任，努力激发基层活力》的经验介绍。中华全国总工会在山西省先后召开全国厂务公开民主管理经验交流会、全国工会参与社会管理暨职工法律援助维权服务工作推进会，推广山西省的经验。中华全国总工会考核的重点业务工作中，山西省在组建工会和发展会员工作获得考核一等奖，工资集体协商工作获得考核一等奖，非公有制企业厂务公开、职工代表大会建制率均在全国排名第一，财务工作获评比竞赛特等奖。2013 年，全省工会共获得省部级以上荣誉 13 项，山西省总工会在全省目标责任考核工作中连续四年被评为优秀。（宋海兵）

共青团山西省委员会

【概述】 2013 年，各级团组织结合实际，开展一系列成效明显、影响广泛的工作。其中太原“让梦想起航”大型招聘会、大同区域化大团建、阳泉 12355“六进”百场宣讲、长治就业直通车、晋城青年创业孵化基地、朔州青年创业园、忻州关爱留守儿童、“吕梁菁英—聚力中国梦、青春献吕梁”主题活动、晋中青少年“爱心网”、临汾“帮困助学献爱心”、运城“县乡村三级团干部集中培训”等工作，探索总结了一系列好的经验做法。全省团工作得到省委和团中央重视。省领导袁纯清、胡苏平、王建明等先后就共青团工作作出批示。团中央书记处书记徐晓、傅振邦到晋调研给予肯定和具体指导。（张　瑜）

【服务综改】 一是举办“山西青年大讲堂”形势政策宣讲 1257 场，全省青年服务转型跨越发展思想行动统一。二是组织各条战线 54 个项目参加“梦想引领未来”青年创业创新展示会，开展“投身转型跨越、奉献美丽山西”主题系列活动和服务安全生产“五个一”活动（通过“建立一套工作体系，创建一批工作典范，建设一支人才队伍，培养一种安全文化，贡献一份青春才智”，引导和动员全省各界青年认清安全生产形势、强化安全生产意识、提高安全生产技能、参与安全生产监管，并在全社会营造人人关心安全生产，人人投身安全生产氛围，创造安全生产环境）。（张　瑜）

【青少年思想教育】 一是围绕党的十八大精神学习宣传，开展宣讲 816 场，发表微博 2.36 万条，编发手机报 186 期。二是开展“我的中国梦”主题团日活动 4.36 万场，“红领巾梦想园”系列活动覆盖全体少先队员。三是开展“山西精神”和中华优秀传统文化宣讲 832 场。四是通过“青春建功中国梦”主题微视频征集和“最美青工”评选，传递“劳动、创造、奋斗”青春正能量。青年报宣传山西青年英雄谱等各类典型 1000 多人，激励青少年践行社会主义核心价值观。五是深化青年马克思主义者培养工程，有 2.32 万名青年骨干参加培训。（张　瑜）

【基层组织和基层工作】 一是市县两级全部召开党建带团建会议并下发制度文件。完成县乡村三级团组织和省市县三级少工委集中换届。二是乡镇大团委初步形成活动开展、经费保障、工作考核等长效机制。三是成立省行业协会团建指导委员会，建立市级非公团工委 8 个、县级 37 个，新建非公企业团组织 3627 个。驻京、驻广东团工委工作开展良好，建立市级驻外团工委 4 个，县级 31 个。四是通过分级分类方式完成团干部全员培训。五是选派省市两级团干部 56 人赴县级团委驻点，建立跟踪考核制度，了解驻点工作。选派 30 名高校团干部赴县级团委挂职，通过定期督导和阶段性总结，挂职干部能力和所在团委工作实现“双提升”。（张　瑜）

【青年创业就业】 为 3.14 万个农村青年创业项目发放小额贷款 25.16 亿元，带动 4.75 万名青年实现就业。为城市青年创业发放贷款 4860 笔。培训农村青年和进城务工人员 5.47 万人。规范“青年就业创业见习基地”建设，帮助 2.61 万名青年上岗见习。（张　瑜）

3 月 2 日，团省委、省青年志愿者协会联合山医大二院共同开展主题为“关爱困难人群，守护群众健康”送医送药大型公益活动

（张　瑜提供）

山西省纪念"五四运动"九十四周年暨青年投身转型跨越推进会

（张　瑜提供）

【维护青少年合法权益】省市县三级开展"共青团与人大代表、政协委员面对面"活动257次，畅通青少年利益诉求渠道。发挥预防青少年违法犯罪专项组组长单位作用，召开会议3次，深入调研摸清五类重点青少年群体底数和信息，并进行针对性服务与管理。开展12355公益大讲堂246场，为青少年提供服务1.55万人次。（张　瑜）

【品牌工作】 一是关爱农民工子女志愿服务共结对农民工子女19.91万对，提供服务1.39万人次，参与志愿者5.61万名。"一张纸、一份爱"志愿公益活动创收善款25.26万元。二是希望工程推出"一元捐"活动，各类筹资1148万元，资助贫困学生2149名，援建希望小学5所，希望图书室、体育园地等21个。三是青年文明号开展"岗位学雷锋，行业树新风"主题系列活动，提升社会影响力。四是保护母亲河行动实施"美丽山西、微力行动"主题环保公益活动，以青少年微言微行，传播环保理念，倡导生态文明。五是大学生"挑战杯"竞赛向全国组委会推荐作品35件，获奖25件。大中专学生"三下乡"活动以"践行山西精神、推动转型跨越"为主题，组织3.98万名大中专学生参与。六是青少年对外交流派遣212名青少年出访学习，接洽109名青少年来访。（张　瑜）

·山西省青年联合会·

【概述】2013年，山西省青年联合会按照全省共青团重点工作布局，结合青年统战工作特点，发挥青联组织、人才和资源优势，团结凝聚全省各族各界青年求真务实、锐意进取，各项工作取得成效。在强化自身建设，推动青联工作科学化方面做了大量工作，一是深入晋中市寿阳县企业、农村、学校、社区及基层团组织，通过宣讲、座谈、调研、劳动等形式了解基层团干、青年实际工作中新情况、新问题，形成《山西省青年自组织发展现状及对策研究》调研报告。二是开展全省各级青联组织基本情况统计工作、青联委员侨青摸底工作，摸清各级青联组织规模、委员数量、党员数量、学历职称、新侨情等情况。三是召开省青联十届三次常委会。增选省青联副主席、常委、副秘书长，增补省青联委员，增补人员中有经济学家、奥运冠军、青年企业家代表、大学生村官代表等，增强青联代表性和凝聚力。（张　瑜）

【增强思想引领力】 一是组织省青联委员学习"两会"精神暨"中国梦·我的梦"交流座谈会，全国人大代表郭新志、董林、熊继军等与来自省青联13个界别30多名代表分享参会感受，结合个人实际畅谈实现"中国梦"体会。二是省市青联开展"山西青年大讲堂"宣讲活动481场，参与人次87275。仅"山西大讲堂——习近平总书记系列重要讲话和青年的使命"，参与委员达400余人；与山西大学文学院共同举办"山西国学大讲堂"18场，参与人次2000左右。（张　瑜）

【服务转型】 一是与相关部门和青联委员进行沟通协商，整合各方资源，筹建山西省转型发展青年创业基地。二是举办"梦想引领未来"山西青年创业创新展示会，以"转型跨越、青年先行"为主题，以项目推介、展览展示等形式，筛选来自全省企业、高校、农村54个项目参展，全省5000多名青年参观展示会。（张　瑜）

【对外交流合作】 接待香港"王锦辉慈善教育基金会"金城营造集团山西爱心之旅；接待韩国女性家庭部派遣青年代表团分团一行100人到山西省进行友好访问；组派"2013山西青年人才香港高级培训班"一行20人赴香港考察学习；组派"第五次山西省青少年友好交流访日团"一行12人赴日本进行友好交流访问；组派"2013山西青少年国际夏令营"分赴美国、英国，以及我国台湾地区，以上课、民宿等形式与当地青少年进行学习交流；与德国勃兰登堡州青年体育联合会互访交流，"山西省青联委员第一次欧洲访问团"一行20人赴德国、奥地利、波兰进行友好交流访问，接待德国勃兰登堡州体育青年联合会一行9人到山西省进行友好访问；组派"第三次山西青年朝鲜访问团"一行20人赴朝鲜进行友好交流访问。（张　瑜）

·山西省学生联合会·

【概述】2013年，山西省学联以思想引领和成长服务为工作主线，推进"与信仰对话"、青年马克思主义者培养工程、"兴晋挑战杯"等活动，提升学校、学生工作科学化水平，各项工作取得成绩。一是在全省举办"与人生对话——优秀毕业生报告会活

6 月 5 日，世界环境日，山西省启动实施“美丽山西微力行动”全省青少年环保公益行动　　（张　瑜提供）

动”，开展“与人生对话——我的 14 岁青春宣言”和“与人生对话——我的 18 岁成人宣誓”活动，参与人数达 2061 人次。二是组织全省广大在校大中学生参与为“雅安地震”捐款捐物和山西省希望工程“一元捐”、青年志愿者“一张纸、一份爱”等公益活动，全省有 2.67 万名学生参与。三是协助团省委从山西省 56 所大中专院校选拔出 82 名候选人，配合组织部门德能勤绩要求从中选拔 30 名专职团干派往全省基层团县委进行为期一年挂职锻炼。　（张　瑜）

【思想引领】 一是组织全省学校学生观看《学习党的十八大精神专题片》大学版、中学版、中职版，全省各级各类学校累计开展十八大宣讲活动 1086 场，其中，高等院校 817 场、中学中职 269 场。二是动员全省大、中学校基层团组织开展“我的中国梦”主题活动。组织大中学生利用节假日，在自己家乡、学校周边等地开展“寻访身边的中国梦”活动；在中学生中举办“我的中国梦”微电影大赛和主题作文竞赛。全省各级各类学校累计开展“我的中国梦”教育实践活动 2678 场，其中，省本级 48 场，高校 2046 场，中学中职 584 场。（张　瑜）

【“青马”工程】 确定明确大学生骨干、专职团干部、青年教师三大培养群体青年马克思主义者培养目标，完善省、市、高校三级联动机制，做到“培养工程”在本科院校各班、系全面实施，全年全省各级各类“青马”工程培训人数达 21600 人。建立分级聘用、全省共享大学生青年马克思主义者培养工程导师团，并于 7 月底举办全省大学生青年马克思主义者培训班。　（张　瑜）

【新媒体建设】 高校团组织微博体系建设初具规模。省级微博听众数达 12620 个；原创广播数 400 余条；广播被转载、评论数 2 万余次；信息更新频率平均 1.6 条/天；本地校级团委官方微博建设覆盖率 100%、听众数 8036，使用情况良好。本地高校团支部微博建设覆盖率达 88%、听众数为 8036 个，使用情况良好。各级团组织利用官方微博开展活动和推动工作，如“感悟十八大青春正能量”“时评絮语”“青春共话十八大”等活动得到各级团组织微博关注与转载。（张　瑜）

·山西省少先队工作委员会·

【概述】 2013 年，山西省少工委按照全国少工委六届四次全委会和团省委十四届二次全体会议工作思路和重点部署，结合本地实际，开展“红领巾相约中国梦”、省市县少工委三级换届等工作。推动全省各学校把每周 1 课时少先队活动课程普遍落实到中小学新学年课表上；探索在教育部门教研机构中设立少先队教研员，研究推动少先队活动课；争取教育部门相关政策和资源保障，将辅导员用书、队课教材等纳入义务教育资源配置，将少先队队室、鼓号队等纳入义务教育学校标准化建设范围。贯彻落实 3 月份省委书记袁纯清关于“一张纸献爱心”活动批示精神，于 3 月 27 日，在太原市青年路小学，举行“捐一张废纸、献一片爱心”主题少先队活动，并向全省少先队员发出倡行宣言，将“一张纸献爱心”活动与全省少先队“节能环保十小事”等实践活动相结合，组织动员全省 400 万少年儿童知晓并参与到活动中。　（张　瑜）

【配齐市县总辅导员】 按照 2012 年联合省教育厅下发《关于进一步规范配备市、县、乡三级少先队总辅导员的通知》，明确要求不同层级总辅导员岗位设置要求、任职条件、基本职责、队伍管理、工作程序等。配齐全省市、县两级总辅导员 130 名（市级 11 名、县级 119 名），占应配备数 100%。　（张　瑜）

【省市县少工委三级换届】 4 月 15 日，山西省市县少工委集中换届动员会在太原召开。会后，各市团委、少工委按照省少工委有关会议和文件精神，成立换届领导小组，召开市级少工委全委会，对县级少工委换届工作进行督导，推进县级少工委换届任务落实。截至 8 月，全省各市县按照层层递进，紧密衔接换届要求，有 10 个市级少工委、119 个县级少工委完成换届工作。　（张　瑜）

山西省妇女联合会

【概述】 2013 年，全省各级妇联组织围绕“一手抓发展、一手抓维权”，在“党和政府有要求、妇女群众有需要、妇联组织能作为”方面找准切入点，坚持解放思想，加强改革创新；坚持调查研究,加强顶层设计;坚持整合资源,加强社会协同;坚持求真务实,加强服务力度,推动妇女工作迈上新台阶。

1. 巾帼主题实践活动亮点纷呈。开展“美在山西”巾帼主题实践活动,号召妇女建设生态美、追求生活美、倡导健康美、崇尚精神美。实施“共建美丽家园”行动,全年创建县级以上“三八绿色工程”示范基地770个,妇女创办林业专业合作社211个,植树造林373万株。树立大环保理念,做好小家庭文章,实施“家庭节能行动”,在农村、社区举办家庭环保节能小制作、知识讲座、小窍门比赛等活动,喊响“拒绝白色污染、使用布袋子”口号,发放《低碳生活家庭小台账》,倡导绿色生活方式和绿色消费模式。

2. “励志行动”推动妇女创业就业。通过建立各类创业就业示范基地、提供免费技能培训、组织女性专场招聘会、落实小额贷款财政贴息政策、搭建劳务输出平台等举措,构建覆盖不同区域、不同群体妇女创新创业就业服务体系。全省举办“春风行动”女性专场招聘会104场,创建省级巾帼家政培训、妇女手工编织示范基地74个,新建巾帼创业基地506个、女大学生创业实践基地336个,804名妇女获得贴息贷款4905万元,10余万农村妇女参加实用技术培训。以先进典型励志引航,培养树立省级三八红旗集体121个、三八红旗手252名,省级巾帼文明岗100个、巾帼建功标兵100名。

3. 妇女维权工作推进。加大国策宣传力度,举办专题培训班,开展征文研讨活动。组织“十二五”妇女儿童发展规划中期监测统计、评估督导工作,总结工作成绩和经验,分析存在的问题和原因,提出对策建议。协调卫生、教育等有关成员单位研究解决妇女儿童健康教育方面问题,使监测评估结果为决策所用。实施“推动中国妇女参政项目”,促进性别平等和儿童优先意识纳入决策和社会主流。加大维权服务力度,以法律“七进”为载体,推进“六五”普法宣传教育工作,开展农村妇女土地权益调查,发挥12338维权服务热线作用,推广妇女信访代理制,加强信访网络建设,全年接待来信来访来电7328件。参与社会管理维护稳定,实施防拐、防艾面对面宣传及妇女法律援助项目,办结法律援助案件392件,落实援助资金14.5万元,为受援人挽回经济损失3150万元。针对侵害儿童案件频发现象,发起“保护我们的孩子—绿丝带行动”,各级妇联上下联动,组织座谈会和签名活动,呼吁更多的人参与到活动中来,重视未成年人安全。

4. 服务民生工作开创新篇。争取国家资金2000多万元,实施中国妇基会、儿基会“两癌救助”“母亲健康快车”“母亲邮包”“贫困地区儿童营养改善”“留守流动女童健康成长”等25个公益项目。用好省级妇女专项工作经费,开展贫困地区妇女家政服务、手工编织等创业就业技能培训,救助特困妇女,关爱留守流动儿童,把党和政府的温暖送到妇女群众身边。发起成立山西省妇女儿童发展基金会,搭建社会爱心企业和人士关爱帮扶妇女儿童慈善公益平台,这是山西省第一个致力于妇女儿童慈善事业的公募基金会。

5. 妇联特色家庭工作充满活力。深化家庭文明创建,各级妇联开展五好文明家庭、美德在农家、平安家庭、德孝文化等各类特色家庭创建活动,引导广大家庭倡扬道德新风、追求健康生活。省妇联以“争做尊老敬老好儿女、和睦恩爱好夫妻、教子有方好父母、互敬互让好婆媳、团结互助好邻居”为目标,表彰一批文明和谐家庭、好婆媳、好妯娌、好邻里典型。围绕“六安联创”,以“七家共建”为载体,创建省级平安示范家庭100户。实施家庭教育五年规划,推进网上家长学校工作,开展百所“家校桥”示范校创建活动,组建“家庭教育大篷车”,全省巡讲1382场,受益家长20万人。开展“春蕾桥—爱心家庭派对”活动,筹集款物360万元,为4129名孤残儿童找到结对家庭。

6. 教育培训助推女性成长成才。以女性文化学堂为载体,组织讲座,激励妇女树立“四自”精神、践行山西精神,为综改试验区建设贡献智慧和力量。省、市和部分县妇联设立女性文化学堂,省妇联带专家赴各市和县区组织专场讲座26场。各级妇联组织妇联干部、妇女干部、妇代会主任、女大学生村官等培训班,多形式加强妇女及妇联干部教育培训,增强服务能力。省妇联举办省妇女干部理论培训班,组织女领导干部参加领导力提升研修班,提高妇女干部队伍素质。

7.自身建设再上新台阶。与省委组织部联合下文,启动市、县、乡三级妇联换届工作,应换届10个市、90个县、1007个乡镇完成换届任务,增强妇联组织凝聚力和战斗力。市、县妇联主动适应城乡经济结构和社会结构新变化,推进在“两新组织”中妇女组织设置,探索基层妇女组织向网格化管理延伸新形式,妇女组织网络拓展。开展“下基层、访妇情、办实事”活动,推进妇女之家建设,2013年建成400多个省级示范点。全省各市和大部分县落实按妇女人均1元钱标准给妇联增拨专项工作经费政策,基层妇女工作呈现出“有人干事、有阵地做事、有钱办事”局面。省妇女研究会完成换届,编撰完成《聚焦山西妇女社会地位》专著。 (李　敏)

【“三八”国际劳动妇女节系列庆祝活动】 3月7日,省城妇女庆“三八”“全面建小康　巾帼立新功”动员大会在太原市工人文化宫举行。省政府、省政协领导出席纪念大会并作讲话。省级老领导,省妇联领导出席大会。山西妇女运动老前辈、省妇联老领导、省直有关厅局女领导,省妇联团体会员代表,以及各行各业妇女代表800多人参加纪念大会。

“三八”节期间,省妇联开展关爱母亲健康、妇女维权周宣传咨询、“春风行动”女大学生大型专场招聘会等系列活动。 (李　敏)

【省妇联十届五次执委会议】 4月15日,在太原召开。省委、省政府、省政协领导,省妇联领导出席会议。会议传达全国妇联十届五次执委会议精神,回顾总结2012年全省妇女工作,对2013年工作进行安排部署。会议选举王维卿为省妇联主席,王荣为省妇联兼职副主席。

省妇联副主席顾青圻作《用党的十八大精神凝聚妇女力量 为推动转型跨越发展、全面建成小康社会努力奋斗》工作报告。省妇联十届执行委员会委员，省妇联各部室、直属单位负责人100余人参加会议。

（李 敏）

【省妇联十届七次执委(扩大)会议】 7月12日，在太原召开。会议总结2013年上半年工作，安排部署下半年工作。省妇联主席王维卿出席会议并讲话。会议选举张敬平为省妇联副主席。

省妇联十届执行委员会委员，省妇联机关干部、直属单位负责人及部分离退休干部列席会议。（李 敏）

【“保护我们的孩子绿丝带行动”】 8月24日，临汾市汾西县发生一起伤害儿童恶性案件，6岁男童斌斌被人骗至野外，残忍挖去双眼。省妇联班子成员第一时间前去看望受害儿童，并送去慰问金。

针对频频发生的侵犯未成人权益犯罪行为，省妇联决定在全省开展“保护我们的孩子绿丝带行动”。8月28日，省妇联组织省直有关部门负责人，社科、法律、心理、教育界专家学者，以及省内主流媒体召开座谈会，围绕“保护孩子 远离伤害”主题进行研讨，强烈谴责侵害未成年人权益行为，并对加强未成年人保护提出意见、建议。会后，省妇联组织签名活动。各级妇联上下联动，组织座谈会和签名活动，呼吁更多人参与到活动中来，重视未成年人安全。（李 敏）

【山西省委召开妇女工作座谈会】 12月30日，在太原召开。省委书记、省人大常委会主任袁纯清在会上对全省妇女工作提出要求。

省妇联主席王维卿汇报全省妇女工作，省委组织部、省教育厅、省人社厅、省财政厅、大同市委、运城市妇联负责人先后发言。省直有关部门负责人，省妇联班子成员，各市市委副书记、市妇联主席参加会议。

会后形成专题会议纪要，要求全省学习领会习近平总书记关于妇女工作的重要讲话精神，做好妇女工作，为妇女发展创造条件。

会议确定，要逐步提高各级人大代表、政协委员中的女性比例，切实保障广大妇女的知情权、参与权、表达权和监督权；落实各级党委、人大、政府、政协领导班子各配备1名以上女干部目标，重视党政正职、重要岗位女干部的培养选拔配备工作；配齐配强各级妇联领导班子，加大妇联干部的培训、交流力度；完善促进男女平等的公共政策，加强地方立法，加大宣传力度，营造关心支持妇女儿童事业的良好社会环境；加强妇联基层组织特别是农村和社区妇联组织建设，在农村合作组织、社区商务楼宇等女性相对集中的地方建立灵活多样的妇女组织；支持妇联依照法律和章程创造性地开展工作，为开展好妇女工作提供必要的经费保障，改善妇联办公条件。（李 敏）

山西省作家协会

【概述】 2013年山西省作家协会将重点工作放在开展党的群众路线、召开第六次代表大会、组织实施赵树理文学奖评奖、总结山西文学年度成果、丰富作家创作资源等方面。山西省作家协会编辑出版《山西文学年度报告》《山西文学年度作品选》等反映山西年度文学成果的书籍刊物；通过评奖、组织采风、召开研讨会、加强对外交流等多种形式的活动来丰富作家创作的资源、提高作家创作的热情。2013年作家们辛勤创作，山西省多部作品斩获国家级、省级大奖，影视作品佳作迭出，多部剧作热播及获得表彰。（吕轶芳）

【山西省作协第六次代表大会】 2013年初，省作协成立换届筹备组，制订详细的换届工作方案，经过半年时间的筹备，6月13~15日，省作协六次作代会在太原召开，省委书记袁纯清，省长李小鹏，省委常委、宣传部部长胡苏平和省委四大班子领导出席开幕式，袁纯清、李小鹏、胡苏平发表讲话。会议审议通过《工作报告》和《山西省作家协会章程》，选举产生山西省作协新一届领导机构，完成各项议程。（吕轶芳）

山西省科学技术协会

【概述】 省科协围绕服务创新驱动发展战略、提高全民科学素质、推进科技人才队伍建设、加强组织建设等中心任务，组织实施“四大科普计划”顶层设计、学会能力提升计划制定、山西省首次科技工作者状况调查、科协干部“优化自身素质、强化服务能力”建设研究等事关科协战略布局的重点工作，以期更加准确地把握新时期科协工作的规律和特点，找准定位，超前部署，在全省转型跨越发展中发挥出科协组织的独特作用。各项研究工作均取得阶段性成果。

（王继龙）

【学术交流】 10月12~14日，中国数学会主办、省科协和山西大学共同承办的“中国数学会2013学术年会”在太原召开，国际数学联盟秘书长Martin Groetschel、12位中科院院士以及来自国内外的400多名数学领域专家学者与会，副省长张复明出席会议并致辞。大会颁发华罗庚数学奖、陈省身数学奖等奖项，90多位专家在会上作学术报告，11位院士专家分赴太原理工大学、山西师范大学、吕梁学院、太原五中等高校和中学开展学术交流、专题报告和科普讲座。组织和支持有关省级学会加强学术交流，先后举办精品学术活动20场，如中国科技传播与企业创新论坛、全国玉米遗传育种学术研讨会、全国烧结烟气综合治理技术研讨会、第十五届海峡两岸建筑学术交流会、山西省第十六届超声学术会议暨山西省第二届心血管影像论坛、山西省第十七届眼科学术年会等。组织开展海峡两岸新农村建设研讨会、海峡两岸青年学子科技交流活动、以色列培训项目和海智计划等工作。2013年，全省科协系统共举办各类学术会议330多场，参会科技人员4.4万人次。（王继龙）

【科普惠农】 省科协重点进行科普

惠农长效机制的探索与建设。在原有科普惠农兴村计划项目储备库建设基础上,建立基层科普计划项目储备库。开展全国基层科普行动计划和山西省科普惠农兴村计划先进单位和带头人推荐评选工作,共有72个农技协、22个农村科普示范基地、14个农村科普带头人、9个社区受到国家和省级表彰,获奖补资金1906万元。实施科普惠农服务站试点工作,采取“资助合作、联合共建、长效发展”方式,首批建立5个试点,全程推进,跟踪问效。加强科普惠农绿色通道建设,通过推行专家、企业、基地、技术、产品“五位一体”运作模式,实现建设100个省级科普惠农服务站、扶持100个科普惠农骨干企业、建设100个优质农产品示范基地、主推100项科普惠农先进适用技术的“四个一百”目标,实现“放心农资下乡、优质农产品返城”双向服务全省县县全覆盖、信息技术传播体系惠农站点全覆盖的目标。开展下乡住村和包村增收工作,帮助方山县郝家庄村制定以脱毒马铃薯种植、使役兼肉用牛养殖为主,小杂粮为辅的农业产业发展规划,马铃薯项目连续两年大丰收,平均亩产3500~4000公斤。组织开展科普惠农实用技术培训487场,专家进村入户指导5200余人次,受益群众5.9万人次。建立科技扶贫合作基地2个,开展全程技术指导和跟踪服务,探索科技帮扶新模式。为全省1.39万名大学生村官编制并赠送科技手机报156期,农科110热线全年服务群众2.7万人次,中科云媒平台累计培训农民10万人次,在北京、上海举办3次科普惠农特色农产品展销(示)会,等等。 (王继龙)

【科普益民】 围绕“保护生态环境,建设美丽中国”主题,省科协会同领导小组成员单位联合开展山西省2013年“全国科普日”暨第10届“科普三晋”系列活动,重点策划组织省城主场活动、中国科普摄影大赛、健康科普进社区、科普教育基地联动等活动。省委领导出席主场活动,并与现场的青少年共做科普互动实验。全省各级科协组织共举办科普报告、科普培训、科普展览、科技咨询等7340余场次,分发科普图书、报刊、光盘等资料206.2万份,受众人数100余万人次。朔州市科协、泽州县科协等12个单位和太原迎泽公园海底世界等4项特色活动受到中国科协表彰。“星期日知识讲座”面向机关、企业、学校、社区等社会群体送“课”上门,全年共举办43场,并收集精彩讲稿编辑出版《在科技馆听讲座》。“健康科普三晋行”等科普大篷车巡回服务开展100多场次;“科普每一天”工程覆盖省城3600余辆公交车、1500多个公共场所,同时推动科普动漫进县区、进企业。晋城市“科技之春”活动、吕梁市科普月活动、大同市“科普云中”活动、长治市公众科学素质知识竞赛等一大批基层主题科普活动相继开展。 (王继龙)

10月1日,山西省科技馆新馆开馆 (王继龙提供)

【科普强企】 开展“讲理想、比贡献”活动,全省共计8.89万人次科技人员参加,采纳合理化建议2.09万条。专门成立山西省创新方法培训基地,举办师资培训2期,面向汾机、太重等企业开展普及培训和轮训1400余人次,为企业解决上百个技术难题,产生5项专利成果。以建立推送网络节点为依托,推进科技成果和专利技术的推广应用,在太原、晋中等地建立推送节点16个,培训专利应用人员500名,初步形成省级专利技术推送网络。“金桥工程”项目完成42项,实现经济效益4.8亿元。高新区和经开区科协组织建设得到加强,有太原、长治、阳泉、晋中等4个高新区、经开区建立科协组织。太原市科协加强院士工作站建设,累计建立院士工作站15个,引进院士21名,企业与院士合作研发项目共计47项。晋中市科协推进产学研二级平台建设,促进科技成果转化。省科协与省中小企业局签署战略合作协议,实施院士专家企业技术创新协作行动,联合省国资委等单位征集企业技术需求80项,涵盖新能源、新材料、装备制造、煤炭化工等多个领域,为太重煤机等企业的20个项目与有关院士专家达成合作意向,集聚多方力量促进产学研用紧密结合。 (王继龙)

【科普助教】 举办全省青少年科技创新大赛、青少年机器人竞赛、宋庆龄少年儿童发明奖等赛事,开展中小学科普双百工程报告会、青少年高校科学营、“助力科学梦”家庭科学教育公益活动、“航天科技连着你和我——院士专家校园行”等众多活动。 (王继龙)

【全民科学素质工作】 在省科协的争取下,山西省将全民科学素质建设纳入到省委、省政府对各市、省直部门(单位)的年度目标责任考核体系,配套制定考核办法和考核评价指标体系,省政府与全省11个市政府签订加强公民科学素质建设目标责任状,并于年底完成对11个市、92个省直部门全民科学素质工作的考核。太原、吕梁、临汾、阳泉等市分别与所辖

青少年与省科技馆新馆展品亲密接触　　（王继龙提供）

各县（市、区）签订目标责任状，建立健全全民科学素质工作考核激励机制。省科协发挥领导小组各成员单位作用，组织开展全民科学素质特色活动；在晋城市开展科学素质抽样调查，对"十二五"全民科学素质工作进行中期评估。　（王继龙）

【科普场馆建设】　省科技馆新馆于10月1日建成开馆。新馆集科普展览、科教影视、科技培训等多项功能于一体，展区内容新颖、布展形式别致、展示手段科技含量高，开馆3个月接待观众26.6万人次，被誉为全国科技馆建设的精品工程。全省11个市有7个市级科技馆启动建设，忻州市科技馆主体工程完工，阳泉、运城、太原3个市级科技馆完成审批立项，朔州、晋中、晋城3个市级科技馆被列入当地重点建设工程。　（王继龙）

【科普资源开发利用】　山西科技新闻出版传媒集团于年初正式组建成立，成为拥有3报、8刊、4大类30多种科技手机报、影视、网络、户外、流动等于一体的全国首家全媒体科技传媒集团。《科学导报》《山西科技报》《科学之友》等报刊全新改版，科技手机报全年编辑发布9000多期；大今网、易科网、96580、三农网络电视等数字媒体全面上线，手机、微博、微信等用户突破300万；《科普大篷车》电视节目在全省60多个市县开播，结合各类科普活动主题，开发挂图、图书、影视、动漫、课件等科普资源100多套（件），健康365中心全年服务群众近7000人次；跨媒介科普云服务平台——中科云媒建成300个试点，被财政部列入文化产业专项重点扶持，被国家新闻出版广电总局评为全国城乡公共阅报屏示范项目。

（王继龙）

【学会能力提升计划研究】　对省科协所属132个省级学会进行科学分类，掌握学会在自然科学领域的覆盖面；建立起学会管理信息平台，制定"山西省科协学会自身建设基本标准"，为实施学会能力提升计划提供依据；对省科协所属学会进行承接政府职能摸底调查，向省委、省政府上报学会承接政府转移职能的有关请示，书记袁纯清、省长李小鹏等省领导均作重要批示，要求省科协会同省编办做好调查研究工作。　（王继龙）

【首次科技工作者状况调查】　制订科技工作者状况调查工作方案，组建专业团队，全方位收集数据，结合山西实际设计调查问卷，合理布局抽样站点，周密安排问卷调查，调查研究工作按计划有序推进，将于2014年完成调查研究全部工作，出版《山西省科技工作者状况调查》蓝皮书。

（王继龙）

【表彰举荐优秀科技人才】　开展第七届山西省优秀科技工作者、2013年度山西省科技奉献奖、第二届山西省科技传播奖等奖项的评选表彰，参与中国青年科技奖、中国青年女科学家奖等奖项的遴选举荐。晋城市科协开展十佳工程师和优秀工程技术人员评选，并由市劳动竞赛委员会给予记功表彰；大同、长治等市科协开展优秀科技工作者表彰，彰显科协组织在引才、聚才、荐才方面的重要作用。

（王继龙）

【发展环境建设】　2013年，省长李小鹏、副省长张复明等省领导共计20余次深入科协调研、听取科协汇报或出席科协组织的会议活动。加强与有关部门的沟通协调，争取在经费投入、基础建设、人员编制、干部成长、工作推进等方面获得相关部门的支持。　（王继龙）

山西省文学艺术界联合会

【山西省文联第八次代表大会】　于6月13~15日在太原召开。省委常委全体出席大会开幕式，省委书记、省人大常委会主任袁纯清，省委副书记、省长李小鹏，中国文联党组书记、副主席赵实分别讲话。省文联党组书记、第七届常务副主席张根虎代表省文联第七届委员会在省文联第八次代表大会第二次全体会议上作《坚持正确导向激发创造活力为建设文化强省而努力奋斗》工作报告。省文联党组副书记、第七届副主席李太阳在省文联第八次代表大会第二次全体会议上作文联章程修改案说明。省文联章程修改反映时代要求，体现文艺工作者心愿。选举工作组织有序，文联领导班子实现新老交替。张根虎当选为省文联第八届主席，李太阳当选为省文联第八届常务副主席，石跃峰、李和平、刘廷明、郭新民、王爱琴、高晓江、赵建平、史佳华、谢涛、王学辉、马小平、聂还贵、王富山13人当选为省文联第八届副主席，尤小芳、王平、王改瑛、王跃生、王新国、冯海涛、史志月、刘彤方、张华斌、李明、李剑斌、杨志刚、陈延龙、和悦、岳云、侯讵望、赵国柱、聂翠青、贾大一、郭银屏、高鑫玺、崔莹玺、覃晓春、谢玉辉、韩清波、靳忠、魏荣汉(按姓氏笔画为序)27人当选为省文联第八届主席团委员。（张 原 李陈华）

【中国文联领导到晋调研】 3月26日，中国文联党组副书记、副主席覃志刚一行5人到山西进行为期2天调研。

3月27日，调研座谈会在太原召开。省委宣传部副部长杜学文就山西文化和文艺事业发展状况作介绍。省文联党组书记张根虎就山西文联基本情况、调研组重点了解的6个方面内容，2013年一些工作思路作发言。当天下午，调研组到省文联所属企业晋宝斋考察调研。

3月28日，调研组一行赴平遥县文联调研。平遥县文联自2004年成立，各项工作和活动开展有声有色，除文学、音乐、舞蹈、书法、美术、摄影协会外，还发展楹联艺术协会、女子诗社、民俗文化研究会、德润斋画廊等各类与文化艺术有关诗、书、画研究社团20多个。建立廉庄、成巨、横坡等6个文联创作采风研究基地。各艺术门类会员2600余名，建立文艺人才档案2000余份。

覃志刚在考察后指出：一个县级文联几年来做了大量的工作，得益于三个好：平遥是个好品牌，好地方；在平遥这个地方遇到了好的领导；文联有一个好的领头人。

（张 原 李陈华）

【全省基层文联工作会议】 11月20日在平遥县召开。会上，代表中国文联向受到人力资源社会保障部、中国文联联合表彰"全国文联系统先进集体"——平遥县文联，向受到中国文联表彰"全国文联工作优秀集体"——晋城市文联，颁发荣誉证书和奖牌。会上，对获得"全省文联工作先进集体"的太原、阳泉、忻州、长治、运城5个市文联进行表彰授牌。平遥县文联、晋城市文联做典型发言。与会代表对文联工作发展新思路、新举措进行探讨交流。会议编印"全省基层文联工作会议材料汇编"发到与会省各文艺家协会，各市、县文联进行交流学习。会后，组织与会人员赴平遥县文联进行观摩。（张 原 李陈华）

【文艺实践】 2013年是落实省八次文代会提出《山西省文联五年发展规划纲要》开局之年。省文联开展一系列文艺实践活动。中国山西世界文化遗产和非物质文化遗产摄影展在柬埔寨举办，山西曲艺家赴法国参加"巴黎中国艺术节"，并演出具有山西地域文化特色节目，山西美术家赴巴林，参加"水墨聚焦"——2013年走进联合国公共行政日庆典暨中国书画艺术交流展。中国平遥国际摄影节，五台山国际摄影大展，中国芮城永乐宫第六届国际书画艺术节暨全国'魏晋风度'新锐书法作品展、全国第三届草书作品展，"汾州裕源杯"全国摄影大赛、第二届中国科普摄影大赛、"金桃园杯"全国摄影大赛、"光大杯"全国摄影大赛在山西举办。组织实施中华文明历史题材创作工程，举办"今朝更好看"——纪念毛泽东同志诞辰120周年书画展，"山西精神"海内外三晋儿女书画摄影剪纸大型展览，"美丽山西"右玉精神书画摄影邀请展，山西省第14届"杏花奖"评比演出，第九届中国音乐"金钟奖"二胡、钢琴、古筝、声乐、合唱比赛山西选拔赛，第四届山西省花鸟画作品展，并出版画册，山西省第二届风景名胜摄影展，山西省第九届书法篆刻展、山西省第三届书法精品展、山西省第二届群众书法展。举办第七届"小荷风采"全国少儿舞蹈展演山西选拔赛，第二届山西杂技"金菊奖"空竹大赛，"美丽山西"中国梦朗诵音乐会，"我要当主播"山西电视主持人大赛暨第七届全国"校园金话筒"山西选拔活动，共同承办中部六省曲艺大赛。

6月13日，省委书记、省人大常委会主任袁纯清，省委副书记、省长李小鹏，中国文联党组书记、副主席赵实等领导亲切接见省文联第八次代表大会的全体代表（张 原提供）

2013年，山西文艺界获一大批优秀文艺奖项：在中国戏剧"梅花奖"评比中，山西贾菊兰获中国戏剧"梅花奖"，景雪变获中国戏剧梅花奖"二度梅"，晋剧《大红灯笼》获第八届全国戏剧文化奖，山西省晋剧院演出《巴尔思御史》，太原市实验晋剧院演出《上马街》获第13届中国戏剧节优秀剧目奖；在全国各类美术展览中，山西有14件美术作品获国家级美展优秀奖；在第24届全国摄影艺术展上，山西摄影家分别获金质收藏奖1个，银质收藏奖1个，评委推荐奖2个，优质奖16个；在中国书协举办展览中，山西共有17位作者获奖，其中在第四届中国书法"兰亭奖"评比中，王国柱获"佳作奖"，杨二斌获"理论奖"；山西广播电视台肖彦芳获第八届全国德艺双馨电视艺术工作者称号；在中国曲协举办"马街书会"上，由马小平创作，弓瑞、耿麟合说相声

6 月 13 日，省文联第八次代表大会在太原召开　　（张　原提供）

《山西好声音》获一等奖，张月军撰写的论文《建设‘中国曲艺之乡’品牌的思考》被评为第二届中国曲艺之乡“岳池论坛”优秀论文奖；在第七届“小荷风采”全国少儿舞蹈展演中，山西选送舞蹈《‘筷’乐欢歌》《大红公鸡毛毛腿》获“小荷之星”金奖，《长大我要当矿工》等 3 个节目获银奖；在中国首届民间工艺美术展中，山西 10 位民间文艺家分别获金奖 3 个，银奖 7 个等。省电影家协会副主席、秘书长杨志刚担任编剧的电影《耿二有点二》入选 2013 中国百部农村电影工程排名第一。中国电影家协会在京召开《耿二有点二》研讨会并给予一定资金扶持。省文联崔莹玺、樊丽红分别撰写论文《农村电影嬗变之旅》《坚守文艺评论的良知——当前文艺评论的问题与思考》获山西省第十届精神文明建设“五个一工程”优秀理论文章奖等。

（张　原　李陈华）

【文化惠民】 为打造“文化山西”品牌，省文联在中国（太原）煤炭交易中心举办两次“山西文化大讲堂”学术报告会，邀请我国一些学者、专家、教授作演讲，省城和各市县文艺界代表、大专院校、驻晋部队、企业厂矿、艺术院团等单位近千人到场聆听。“山西文化大讲堂”受到社会各界欢迎和好评。

为打造“欢乐山西”品牌，省文联组织大型“消夏”文艺惠民广场演出。组织画家、书法家分别赴太原警备区、太原陆军预备役高炮旅，为官兵举行书画创作、笔会活动，赴农村、厂矿、军营为群众书写春联 2000 余幅。在太原儿童福利院举行“公益影像·爱心档案”活动启动仪式，近百名摄影家纷纷捐款、捐物，折合人民币 2 万多元。赴平顺县西沟村为农民送去“西沟人家”家庭影像摄影作品。坚持每周六为广大摄影爱好者免费举办摄影讲座，对基层摄影者作品进行点评、辅导。进社区进行杂技常态化辅导，举办“抖空竹·闹元宵”进社区慰问演出。

四川雅安发生地震后，山西文艺界开展献爱心活动，省文联举办“情系雅安——山西百名书画家赈灾义捐”活动，206 位书画家创作，捐赠 187 幅书画作品，拍出书画作品 187 幅，总价款 141 万元，所得善款经公证处公证后，全部用于支援雅安地震灾区，义建一所“晋义学校”。省委书记袁纯清高度评价义捐活动，专门做出批示：此举抓得早，很有意义，体现了山西省书画家的大爱情怀。

（张　原　李陈华）

·山西省书法家协会·

【《砚边七友诗书画印雅集》作品展】 2013 年 1 月 1~15 日，由山西省书法家协会、山西诗词学会主办袁旭临、郭齐文、殷窦、李慧英、田树苌、时新、朱建华《砚边七友诗书画印雅集》作品展，在太原市迎泽公园晋商博物馆举行。展览展出诗书画印作品 200 余件。　　（张　原　李陈华）

【中国书法进万家】 1 月 29 日，省文联、省书协组织 40 余名书法艺术家到太原市晋源区古城营村梅芝花卉园慰问农民朋友，开展“走基层、到晋源、送文化”活动。书法家们为花卉园创作 700 余幅春联。

1 月 30 日，省文联、省书协组织近 30 余名书法艺术家到西山煤电古交镇城底矿开展送温暖、送欢乐活动。书法家们在红色洒金宣纸上书写“共享科学成果，促进安全生产”“安全规程系生命，自觉遵守是保障”“树立企业安全形象，促进安全文明生产”等内容书作。

1 月 31 日，省文联、省书协组织书法家送欢乐下基层走进山西医科大学第一医院。30 余位书家纷纷泼墨挥毫，草、楷、行、篆，书写富有鲜明特色春联联语，如急诊北大门“急病人所急时间就是生命，痛患者所痛爱心总在玉壶”。老年病科楼“医家妙手巧擅中西术，仁者寿龄辉映南极星”。三号住院楼“灵丹化疾岐黄术，妙手回春菩萨心”。普外四病区楼“一刀一针不敢失之毫厘，慎思慎断岂容稍有疏忽”。机关楼“强内涵树形象服务至上，重质量精管理品牌第一”。

2 月 1 日，省文联、省书协组织 20 余名书法家到省武警太谷直升机大队慰问武警官兵。

（张　原　李陈华）

【山西省第七届少儿书画新人新作展】 由山西省文联主办，山西艺术研究创作中心、小学生习字指导中心承办的山西省第七届少儿书画新人新作展于 2 月 21~23 日在山西省美术馆举行。1800 多件作品在 8 个展厅同时展出，来自全省各地入展作者、指导老师、家长以及众多书画爱好者齐聚太原。　　（张　原　李陈华）

【山西省第九届书法篆刻展】 8 月 16 日，由山西省书法家协会主办的“山西省第九届书法篆刻展”在山西美术馆开幕。

这次展览，收到书法篆刻作品

1800件,其中外省投稿280件,外省投稿率为15%,来稿数量是历届书展中最多一次。在这次评审中,省书协制订评审规则和注意事项,并规定评选纪律,按照"公平、公正、公开"原则进行评选,参展作品质量得到保证,做到"阳光、规范、学术、和谐",增强评审工作透明度和公信力。经过初评、复议、终评,评出入展作品200件和30件获奖作品。其中一等奖5名,二等奖10名,三等奖15名,获奖提名作品18件。(张　原　李陈华)

【山西省第十一届书法临摹展】 9月17日,"云海杯"山西省第十一届书法临摹展在怀仁云海生态园开幕。这次展览由山西省文化厅、山西省书法家协会主办,山西省金石书道研究所承办,山西怀仁云海生态园有限责任公司、山西金石书法篆刻研究院协办。

山西省第十一届书法临摹展自2013年4月面向全国征稿至6月30号截稿,收到来自全国31个省、市、自治区和香港特别行政区投稿作品1000余件,创历届投稿数量之最。投稿作者中既有国展、省展入展获奖书法家,中国书法家协会会员、省级书法家协会会员、大中专院校学生,也有普通书法爱好者。经过省书协组成评委会公平、公正评审,从来稿中评出入展作品102件,其中一等奖5件,二等奖10件,三等奖15件,优秀奖72件;入选作品65件。展览展出特邀全国著名书法家及评委作品16件,获奖作者临摹和创作作品204件。这次展出200多件作品,既展示作者对书法经典理性、睿智深度解读、剖析和诠释,也凸显作者继承传统经典基础上创新、求变能力以及创变主体意识和书法当代审美立场,一定程度上比较全面、客观反映全省乃至全国书法发展脉络、趋向和水平。(张　原　李陈华)

【赵社英书法展】 11月16日,"赵社英书法展"在山西美术馆开幕。赵社英是当代书坛行草书法代表人物之一,本次展览展出他近年来创作真、行、草书法作品130余件。作品以精妙典雅小品为主,间有狂放质拙鸿篇巨制;小到尺内文札,大到数丈狂草。既有赵社英最具代表性碑帖融合行草书,又有尽显深厚功力小楷;既有忠实于经典法帖临作,又有汲古出新韵味盎然新创;既有笔精墨妙书卷气浓郁典雅行草,又有不计工拙、质朴无华古雅章草;既有尺牍、手札、扇面,又有条幅、斗方、对联、长卷、册页,体现赵社英作为一位优秀书法家综合艺术素养和多重艺术风貌。本次展览至19日结束。(张　原　李陈华)

·山西省美术家协会·

【李夜冰画展】 12月6日,由中央文史研究馆、山西省委宣传部、山西省文联、山西省文化厅联合主办"彩墨情韵——李夜冰画展"在中国美术馆举办。文化部党组成员、故宫博物院院长单霁翔,中国作协副主席、民盟中央副主席张平,中国文联副主席、中央文史研究馆副馆长、中国美术家协会副主席冯远,山西省委常委、宣传部部长胡苏平,山西省人大常委会副主任周然等领导出席开幕式。邵大箴、薛永年、李延声等书画界名家以及来自北京、山西文艺界、美术界专家学者出席开幕式。展览展出李夜冰107幅作品。其中荷花系列41幅、钢笔写生20幅、民居系列19幅、异国风光27幅。(张　原　李陈华)

·山西省摄影家协会·

【摄影对外文化交流】 1月31日至2月5日,"中国山西世界文化遗产和非物质文化遗产摄影展览"开幕式在柬埔寨吴哥窟举行,这是山西省摄影家协会首次在国外举办摄影展览。山西省摄影家协会副主席王东风和来自山西20多名摄影家参加这次活动。展览展出近百幅山西省世界文化遗产和非物质文化遗产摄影作品,旨在让柬埔寨人民透过摄影作品了解拥有五千年华夏文明的山西,把山西灿烂文化和淳朴风情展现给世界。(张　原　李陈华)

【文艺志愿服务活动】 1月27日,在太原市儿童福利院举行"公益影像 爱心档案"公益活动启动仪式,近百名摄影家踊跃捐款2万余元;2月7日,省摄影家协会副主席岳峰一行7人到平顺县西沟,为当地农民送去新春的祝福和"西沟人家"家庭影像志摄影作品;2月13日,由山西省摄影家协会主办"美丽中国'全家福'公益摄影活动暨摄影大赛"在阳曲县泥屯镇岔上村启动。来自全省300多名摄影家参加这次活动。(张　原　李陈华)

【摄影创作基地建立】 五老峰风景名胜区、云丘山风景名胜区、解州关帝庙、离石安国寺4个摄影创作基地对山西省摄影家协会会员和中国摄影家协会会员免费开放。(张　原　李陈华)

【山西作者获表彰奖励】 在第24届全国摄影艺术展览上,山西摄影作者获金质收藏奖1个,银质收藏奖1个,评委推荐奖2个,优秀奖16个,创历史最好成绩。5月20日,在太原举办省城文艺界纪念毛泽东同志《在延安文艺座谈会上的讲话》发表71周年茶话会上,省文联对在第24届全国摄影艺术展览上获奖山西作者进行表彰奖励。商业类金质收藏奖获得者赵淞鹏获奖金奖励1万元,艺术类银质收藏奖获得者荆永斌获奖金奖励8000元,石志强、胡远嘉2个评委推荐奖和16位优秀奖获奖作者分别获奖金奖励500元。(张　原　李陈华)

·山西省民间文艺家协会·

【第二届太原"关工杯"少儿美术作品大展赛】 4月27日至5月1日,由山西省民协、太原市关心下一代工作委员会、太原市教育学会联合主办第二届太原"关工杯"少儿美术作品大展赛在太原新星大世界视觉空间美术馆举行,3000件优秀儿童美术作品亮相。

本届大展赛主题为"我的梦·中国梦",旨在引导少年儿童关注时代发展,紧跟中华民族伟大复兴前进步伐,通过手中画笔描绘对美好生活追求,展现他们纯真心灵和昂扬向上精神风貌。大展赛征集到来自太原全市

10个县(市、区)49所小学、幼儿园和辅导培训机构各类少儿美术作品近6000件,经专家评选,3000件优秀作品参展。其中,980件作品分获一、二、三等奖,省公路幼儿园、太原市少年宫等22家单位获优秀组织奖。大展赛现场设有手工贴画、彩绘绢扇和小风铃等7项互动活动。

(张　原　李陈华)

【7个民间文艺创作基地挂牌成立】 乔家大院民俗文化基地、后沟村农耕文化基地、介休绵山节庆文化基地、太原民间剪纸艺术基地、新绛县绛州鼓乐和光村古村落基地、平定刻花瓷工艺基地、吕梁市年俗文化基地7个民间文艺创作基地挂牌成立。

(张　原　李陈华)

【庙前高跷获金奖】 2月22日,中国首届社火艺术节暨第十一届中国民间文艺山花奖·民俗礼仪表演评奖活动在陕西陇县举行。山西唯一一支入选本届社火节社火表演项目——约300年历史的太原庙前高跷获山花奖金奖。(张　原　李陈华)

【参加中国(开封)首届民间工艺美术展】 4月1~7日,中国(开封)首届民间工艺美术展在开封清明上河园拉开帷幕,来自全国20多个省市300多件作品参展。山西共有10件作品参展,包括唐兰兰民间艺术社剪纸《皇城相府》、丹青锦绣工作室刺绣《凤凰展翅》、刘惠斌泥塑工作室泥塑《晋城做醋工艺》、高平市马良刺绣厂丝带绣《花开富贵》、高平市凤林刺绣厂刺绣《如意观音》、安氏陶业有限公司黑陶作品和金红运布鞋有限公司刺绣作品等。(张　原　李陈华)

【小店腾飞舞龙队获中国(南宁·青秀)舞龙展演银奖】 中国(南宁·青秀)舞龙展演暨第十一届中国民间文艺山花奖·民间艺术表演奖评奖活动于6月27~29日在南宁举行,来自16个省17支舞龙队伍亮相。小店腾飞舞龙曾获山西省民俗文化节舞龙大赛金奖、太原市2012年舞龙大赛第一名。最终,小店腾飞舞龙队表演《龙腾盛世》获银奖,山西省民协获优秀组织工作奖。(张　原　李陈华)

3月27日,中国文联调研组赴山西省文联调研　(张　原提供)

·山西省戏剧家协会·

【晋剧《大红灯笼》获殊荣】 4月25日,由山西省文联创意策划、山西梅花文化传播有限公司创作演出晋剧《大红灯笼》继荣膺国家舞台艺术精品工程十大精品剧目之后,获第八届全国戏剧文化奖12项大奖。该剧主演、"二度梅"得主、省戏剧家协会副主席、秘书长史佳华获第八届全国戏剧文化奖表演大奖。晋剧《大红灯笼》获第八届全国戏剧文化奖中12项大奖:张曼君、李慧琴获导演金奖;贾璐获编剧金奖;刘杏林获舞美设计金奖;刑辛获灯光设计金奖;王玲、李红霞、薛勇获服装造型金奖;胡嫦娥、苗洁、武凌云获表演金奖;李建国、郑芳芳获表演奖银奖;杜瑞、侯升旭、刘宏亮、董学非获优秀表演奖;刘和仁获音乐设计金奖;王效忠获最佳出品人;山西梅花文化传播有限公司获优秀制作出品单位。

(张　原　李陈华)

【景雪变、贾菊兰分获"二度梅""梅花奖"】 由中国文联、中国戏剧家协会主办第26届中国戏剧梅花奖大赛于5月20日在成都揭晓。山西运城市蒲剧团贾菊兰凭借主演蒲剧《青丝恨》,获第26届中国戏剧梅花奖。山西运城市青年蒲剧团景雪变凭借主演蒲剧现代戏《山村母亲》,以直面人性的现实题材,内容深刻的主题思想,戏剧人物形象的艺术创造,准确完整的舞台呈现,获第26届中国戏剧梅花奖"二度梅"。山西已有48人次获中国戏剧梅花奖,名列全国第一。

(张　原　李陈华)

【山西8名选手荣获"金花奖"】 由中国戏剧家协会主办第十七届"中国少儿戏曲小梅花荟萃",于8月2~7日在江苏泰州举行。来自全国各地23个代表队150余名优秀选手云集泰州。山西省戏剧职业学院康乃方主演晋剧《打金枝》、贾宇心主演晋剧《算粮》、临汾戏剧学校贾真真主演蒲剧《表花》、运城戏剧学校卢薇主演蒲剧《杀狗》、陈洋洁主演蒲剧《表花》、晋中戏剧学校张欢主演晋剧《小宴》,这6名小选手凭借在剧中精彩表演,获第十七届中国少儿戏曲小梅花荟萃"金花奖"及全国十佳称号。运城戏剧学校张丹妮凭借主演蒲剧《柜中缘》、晋城戏剧学校李娜凭借主演上党梆子《三关排宴》获第十七届中国少儿戏曲小梅花荟萃"金花奖"。

(张　原　李陈华)

【纪念"梅花奖"创办30周年系列活动】 由中国文联、中国戏剧家协会主办"中国戏剧'梅花奖'创办30周年系列活动"在北京举行。由山西历届"梅花奖"获得者44人组成最大规模代表团参加"梅花奖"盛会,再一次在全国戏剧界彰显山西作为文化资源大省和“梅花”大省实力。

“梅花奖”设立30年来，山西44人、48次获得这项殊荣，其中4人获得“二度梅”，获奖数量居全国首位。

(张　原　李陈华)

·山西省电视艺术家协会·

【《我要当主播》电视主持人大赛暨全国“校园金话筒”山西选拔】 2013年9月28日，由山西省电视艺术家协会主办，太原广播电视台百姓频道承办的《我要当主播》山西省电视主持人大赛暨第七届全国“校园金话筒”山西选拔活动落下帷幕。选拔活动经5个月全省海选，从2000多名参赛选手中选拔出80名优秀选手，经过8场晋级赛导师考核，1场选手逆袭比赛以及半决赛，有11位选手进入到最后决赛。最终，山西传媒学院赵敏行获金奖。(张　原　李陈华)

【省视协各电视专业委员会组织健全】 为了发展繁荣山西电视艺术事业，加强与中国视协各专业委员会对接和联系，省视协分别成立农村、动漫、产业、文艺、纪录片、影视创作、市县、播音主持等8个电视专业委员会，使各电视专业委员会得到充实完善。(张　原　李陈华)

【电视艺术工作者表彰大会】 10月12日，省视协秘书长李明带领有关方面人员在浙江嘉兴参加了中国电视艺术家协会主办的第八届全国德艺双馨电视艺术工作者表彰大会。省视协推荐山西广播电视台黄河频道总监、主任编辑肖彦芳获“第八届全国德艺双馨电视艺术工作者”称号。

(张　原　李陈华)

·山西省电影家协会·

【高迪斯艺术电影沙龙在太原举办】 在太原解放数码影城支持下，“高迪斯艺术电影沙龙”活动坚持在每周星期六上午举办，为广大会员和影迷放映经典影片。(张　原　李陈华)

【美丽山西中国梦朗诵音乐会】 7月3日，在省委会议厅，庆祝中国共产党成立92周年美丽山西中国梦朗诵音乐会拉开帷幕。

朗诵音乐会由中共山西省委办公厅和山西省文联联合主办，省电影家协会承办。表演者饱含深情地吟诵和演唱，配以唯美画面、优美旋律和绚丽灯光，让整台朗诵音乐会感情充沛，气势磅礴，表达三晋儿女学习贯彻落实党的十八大精神、实现中国梦、共同建设美丽山西坚定信念和奋斗决心。

(张　原　李陈华)

【影视编剧走基层】 为引导广大影视编剧深入基层、贴近群众，为人民抒写，为时代放歌，协会组织20余名影视编剧，于10月14~20日，赴右玉、怀仁、山阴、朔州进行艺术采风。

(张　原　李陈华)

【山西省电影家协会创作基地挂牌】 11月8日，山西省电影家协会创作基地在吕梁市离石安国寺挂牌。

(张　原　李陈华)

·山西省曲艺家协会·

【相声《山西好声音》获一等奖】 2013年2月20日，由中国曲协、河南省文联、平顶山市委、平顶山市政府主办2013年第八届中国·宝丰马街书会全国曲艺邀请赛在马街书会会场举行。2013年第八届中国·宝丰马街书会全国曲艺邀请赛有来自宁夏、山西、甘肃等14个省区市的146名演员17个曲种25个节目参加。山西省曲艺家协会选送由中国曲协副主席、山西省曲协主席马小平创作，山西相声演员弓瑞、耿麟合说相声《山西好声音》获邀请赛一等奖。

(张　原　李陈华)

【李鸿民从艺60年活动】 山西“山东快书表演艺术家”李鸿民从艺60周年庆典活动于3月29~30日，在省城太原举办。国内相声表演艺术家唐杰忠、赵连甲、李立山，以及“快板将军”朱光斗从北京赶来庆贺。本次活动诸多名家进行表演，研讨曲艺发展之路，进行拜师仪式，成为近年来山西曲艺界一场盛宴。

李鸿民，河北人，曾拜山东快书大师高元钧为师，后在山西扎根创业，使山东快书在山西得到发展，培养弟子达300人，创作的山东快书多次获全国大奖。在3月30日收徒仪式上，李鸿民新收9名徒弟，李鸿民弟子尹海鹏、博继冬分别收徒20名和16名。(张　原　李陈华)

【“中华山东快书研究会山西分会”成立】 3月29日晚，旨在“弘扬中华传统文化、促进快书艺术发展”的中华山东快书研究会山西分会成立揭牌仪式在省京剧院举行。中国曲艺家协会分党组书记、副主席董耀鹏，中国曲协副主席、省曲协主席马小平，省曲协副主席、秘书长张月军等出席仪式并为李鸿民颁发全国曲艺作品银奖。揭牌仪式后，举办“李鸿民先生从艺60周年”曲艺专场演出，来自北京和全国各地曲艺名家登台献艺。唐杰忠与崔喜悦合作演出相声《师徒斗智》；山西曲坛奇葩柴京云、柴京海兄弟表演大同数来宝《你幸福吗》；李鸿民弟子们登台表演男女对口快书《红樱桃》和快书小品《连长冲》；李鸿民登台表演代表作《卖元宵》。

(张　原　李陈华)

【沁县“我们的节日·端午”民俗文化节沁州书会鼓曲唱曲优秀曲目展演】 6月10~12日，在山西首个中国曲艺之乡——沁县举办“我们的节日·端午”民俗文化节山西沁州书会鼓曲唱曲优秀曲目展演。这项活动得到中国曲协和山西省文联、山西省曲协重视，中国曲协主席姜昆为沁州书会题词“愿沁州书会成为中国曲艺的品牌活动”，中国曲协分党组书记、副主席董耀鹏在沁县考察时说：中国今后要着重打造两个‘书会’，一个是河南马街书会，一个是山西沁州书会。2012年，中国曲艺家协会授予沁县“中国曲艺之乡”称号。这次民俗文化节闭幕式上，山西省文联和山西省曲协为沁县“山西曲艺创作基地”授牌。

(张　原　李陈华)

【巴黎中国曲艺节】 7月1~6日，于法国巴黎中国文化中心举行巴黎中国曲艺节之北方曲艺专场演出。此次演出由中国曲艺家协会、巴黎中国文化中心、法国华商会、法国《欧洲时报》社共同主办。本届曲艺节专场演出包括山西长子县文化馆演员刘引红表演，长子县文化服务中心副主任、演奏员李广树伴奏长子鼓书《小两口回娘家》；山西长治县文化服务中心演员王海燕表演，演奏员付利智、屈彩亮伴奏潞安大鼓《割肉还娘》；山西省曲艺团演员池银寿、富越武表演二人台《走西口》《挂红灯》等山西曲艺节目。为了让观众更好地观看演出，演出事先为观众准备中法文演出手册，内容包括演员简介、曲种介绍、节目文本，同时现场播放中法文唱词字幕。在法期间，曲艺家们为法国民众和当地华人华侨献上两场文艺演出。中国曲协副主席、山西省文联副主席、省曲协主席马小平，巴黎中国文化中心主任殷福，副主任苏旭，法国华商总会会长卓旭光等中法嘉宾出席活动，与巴黎当地华人华侨、在法中资机构代表、法国民众等百余人观看演出。

（张　原　李陈华）

【参加第六届中部六省曲艺大赛】 第六届中部六省曲艺大赛于8月14~16日在江西举办。这次大赛由中国曲艺家协会和江西省文联主办，江西省曲协、南昌市文联承办，山西、河南、安徽、湖南、湖北5省曲协共同协办。由省曲协主席马小平创作，弓瑞和耿麟表演相声《山西好声音》获一等奖；由李彦生、师大江、阿峰和赵全尧创作表演群口相声《才艺大比拼》以及由乔俊宝创作，李磊、裴晋卫表演群口快板《中国梦》获二等奖。

（张　原　李陈华）

【参加第十届中国艺术节暨全国第十六届群星奖曲艺门类作品决赛】 第十届中国艺术节暨全国第十六届群星奖曲艺门类作品决赛，于10月18~20日在山东济南文化中心群星剧场举办。山西省长子鼓书《常回家看看》、钢板鼓书《退钱》、河东道情《借亲妈》、潞安鼓书《好婆婆》等作品编排新颖独特，表演朴实生动，紧贴时代脉搏，抒发草根心声，成为第十届中国艺术节“群星奖”曲艺门类获奖作品，获全国第十六届群星奖。

（张　原　李陈华）

·山西省杂技家协会·

【“抖空竹闹元宵”活动】 2月20日，由省杂技家协会和太原市空竹协会主办“抖空竹 闹元宵”活动在省城南宫广场举行。20余名空竹队员表演12个空竹绝技，博得群众掌声。

“抖空竹 闹元宵”活动是山西省杂技家协会春节期间一项常态化活动，在龙城百姓中产生一定影响。

（张　原　李陈华）

【“抖出快乐·杂技惠民服务”进社区辅导活动】 由于连续三年协会组织“抖空竹，闹元宵”进社区演出活动，引起社区居民对空竹这项民间杂技的喜爱，省杂协根据社区居民建议，与劲松社区联系协商，组织协会会员进社区对居民进行空竹辅导。太原市劲松社区“群众杂技活动基地”于11月14日进行揭牌仪式。《山西日报》以《社区有了“群众杂技活动基地”》为题进行图文报道，报道说：“为便于在社区开展常态化辅导，省文联、杂技家协会建立省城首个‘群众杂技活动基地’，当日在迎泽区劲松社区揭牌。” （张　原　李陈华）

【4个杂技创作(活动)基地创建】 省杂技家协会2013年在全省范围内创建4个杂技创作(活动)基地：太原市杂技创作基地、晋中平遥洪善驿杂技创作基地、太原市劲松社区群众杂技活动基地、长治市杂技团杂技创作基地。 （张　原　李陈华）

·山西省音乐家协会·

【音乐比赛和音乐会】 1月，与中北大学体育与艺术学院音乐系共同举办《温洁学生独奏音乐会》；与中北大学体育与艺术学院音乐系共同举办《韩晋宁作品音乐会》；与太原市珠江琴行共同举办“第一届雅马哈全国钢琴大赛(山西赛区)”。

3月，与中北大学体育与艺术学院音乐系共同举办了《青春的旋律——王燕平、创作音乐会》。

4月，与中北大学体育与艺术学院音乐系共同举办《杨绍科独唱音乐会》。与晋中学院音乐学院共同举办两场《王珊珊师生音乐会》；省音协、省二胡学会共同举办第九届中国音乐金钟奖二胡比赛山西省选拔赛；4月28日，第九届中国音乐金钟奖钢琴比赛山西选拔赛在太原市文化艺术学校落下帷幕。

本次比赛评委会由省钢琴学会会长张瑞蓉，常务副会长张朝阳，副会长孙鸣、李恒林、副秘书长康滇5位钢琴教育专家组成，比赛本着公平、公正、公开原则进行评审。经过选手激情演奏，本次比赛经过初赛复赛严格选拔，评出一等奖1名，二等奖3名，三等奖5名。

5月，省音协、山西省合唱联盟共同举办第九届中国音乐金钟奖合唱比赛山西选拔赛。这次合唱比赛形式多样、名曲荟萃，无伴奏合唱曲目明显增多，展示合唱高水平。全省首个室内合唱团和合唱沙龙亮相，反映合唱爱好者幸福指数的提升，预示合唱发展未来趋势。山西大学音乐学院合唱团演唱《如梦令》《夜莺》，山西溥泷市内合唱团演唱《哦！大地》《希泊来奴隶合唱》，山西大学附中“梦之声”女声合唱团演唱《闲聊波尔卡》《水母鸡》，山西大学商务学院合唱团演唱《和谐之声》《鸟儿在歌唱》等经典作品，音色优美，表达准确，震撼赛场，经专家综合评定，分别获金奖。山西吉祥鸟合唱团、阳泉市青年爱乐合唱团、山西省实验中学合唱团、太原煤气化职工合唱团、山西好朋友合唱沙龙、山西省群众艺术馆女子合唱团等6个合唱团获风采奖。杨建中、李劲、苗圃、李诚、马刚罡、王宝萍、路晓、李新、陈艳明获优秀指挥奖；穆珍、高露露、刘茵潇、刘婕、周艳莉、荆芳、张晨原、吴兵获优秀伴奏奖。

5月10日，由省音协、山西大学音乐学院主办第九届中国音乐金钟奖声乐比赛山西选拔赛在山西大学音乐学院举行。5月，与忻州市音乐家协会、忻州师范学院舞蹈、音乐系共同举办《温秀红个人独唱音乐会》；与忻州市音乐家协会、忻州师范学院舞蹈、音乐系共同举办《王兆国独唱音乐会》;与忻州市音乐家协会、忻州职业技术学院艺术系共同举办《刘春芳个人演唱会》; 与中北大学体育与艺术学院音乐系共同举办《田军学学生琵琶独奏音乐会》。

6月,与运城学院音乐系共同举办《李兰个人独唱音乐会》;与运城学院音乐系共同举办《台慧个人独唱音乐会》; 与晋中学院音乐学院共同举办《张雪梅师生音乐会》;与中北大学体育与艺术学院音乐系共同举办《杨博华学生独奏音乐会》; 与中北大学体育与艺术学院音乐系共同举办《陈娟学生古筝独奏音乐会》; 与晋中学院音乐学院共同举办《康乐师生音乐会》; 与晋中学院音乐学院共同举办《11级表演班“青春如歌”视唱音乐会》; 与长治学院音乐舞蹈系共同举办《合唱专场音乐会》。

7月,由省音协手风琴学会主办山西省第二届手风琴教学研讨会在太原召开。

10月,与朔州师范高等专科学校共同举办《常晓英声乐作品音乐会》。

(张　原　李陈华)

·山西省舞蹈家协会·

【太原市第23届学校艺术教育活动月学生舞蹈比赛】 4月17~21日,与太原市教育局共同举办“太原市第23届学校艺术教育活动月学生舞蹈比赛”。 (张　原　李陈华)

【“欢乐山西”山西舞蹈(少年)比赛暨第七届小荷风采全国少儿舞蹈展演山西选拔赛】 “欢乐山西”山西舞蹈(少年)比赛暨第七届小荷风采全国少儿舞蹈展演山西选拔赛于4月29日至5月1日,在山西艺术职业学院星光剧院举行,来自全省300多个节目参赛。按照评审委员会评审结果,推荐比赛创作一等奖和表演一等奖优秀节目参加中国舞协“第七届小荷风采全国少儿舞蹈展演”全国评选。最终山西省舞协选送入围6个节目:《筷乐欢歌》《大红公鸡毛腿腿》获“小荷之星”全国金奖;《草原欢歌》《我和奶奶跳花伞》《枣妞妞打枣》《长大我要当矿工》获“小荷之秀”全国银奖; 省舞协获优秀组织奖。5个节目入围首届“荷花·少年全国(中学)校园舞蹈汇演”,分别是《金秋》《飞吧,雏鹰》《快乐校园》《老家的河》《我们的城里老师》。 (张　原　李陈华)

【全省三期舞蹈专业培训】 3月、10月和11月, 配合中国舞协完成全省舞蹈专业培训3期,来自全省各市县从事舞蹈教师300余人参加培训,聘请本省知名老舞蹈艺术家为培训学员作民族、民间舞蹈专题讲座。

(张　原　李陈华)

【男子群舞《回娘家》获第九届中国舞蹈“荷花奖”中国民族民间舞大赛铜奖】 协会推荐选送太原师范学院舞蹈系编创男子群舞《回娘家》在贵阳参加由中国文联、中国舞蹈家协会、贵州省人民政府主办第九届中国舞蹈“荷花奖”中国民族民间舞大赛中获铜奖, 山西省舞协获优秀组织奖。

(张　原　李陈华)

山西省残疾人联合会

【概述】 2013年,省残联推进残疾人社会保障和服务体系建设,开展党的群众路线教育实践活动,加强领导班子和干部队伍建设、党风廉政建设,提高机关效能,完成年度各项工作任务。(1)7月19日,省委常委会听取省残联第六次代表大会筹备情况汇报,省委、省政府主要领导作指示。省委常委、常务副省长高建民,省委常委、组织部部长汤涛分别对残联换届工作作出重要批示。省残联对换届进展较慢的市进行督导,市级残联7月底前全部完成换届,大同市残联结束20年未换届的历史。(2)省残联新一届党组、理事会将建立重度残疾人护理补贴和贫困残疾人生活补贴制度(简称残疾人“两项补贴”制度)作为残疾人社会保障和服务体系建设的突破口来抓,主动争取支持。省委、省政府主要领导对此作出重要指示。(3)基本解决省残联位于龙城大街的职工宿舍楼和省残疾人综合康复就业中心的基建遗留问题。(4)推进残疾人“两个体系”建设,康复、特殊教育、劳动就业、社会保障、维权、宣传文体等工作开展。(5)省残联党组先后17次专题研究部署,开展党的群众路线教育实践活动。开展“大调研、大改革、大服务”,“出思路、出制度、出效果”的“三大三出”活动。发放924份调查问卷,就39个课题深入调研,征求到意见建议758条。整顿机关工作纪律,建立健全26项工作制度。(6)推进机关和基层文化建设,落实党建工作责任制。开展基层党组织和党员公开承诺活动。开展群众性精神文明创建工作,做好工青妇和统战工作。省残疾人就业服务指导中心主任温建生被评为省直机关劳动模范。在阳高县罗文皂镇罗文皂村开展下乡住村活动。省残联领导班子成员全年下乡住村7次, 投入42万元新建3座日光温室蔬菜大棚, 举办种植养殖技术培训班, 捐赠图书和社区文体活动器材, 等等。(7)落实党风廉政建设责任制,“一把手”带头落实“一岗双责”。执行中央“八项规定”和省委“实施办法”。文件数量、公务接待费用、因公出国出境费用较上年同期分别下降21.6%、57%和63%。巩固纪律作风整顿成果,以《廉政准则》为重点加强廉政教育,针对廉政风险点落实防控措施。通过首问责任制、AB岗等方式,提高机关效能。 (吕竞伟)

【山西省残疾人联合会第六次代表大会】 8月7日上午在太原迎泽宾馆召开。175名正式代表(含113名残疾人及残疾人亲友代表, 正式代表之外,还有特邀代表25名、列席代表49名)参加会议。省委书记、省人大常委会主任袁纯清,省委副书记、省长李小鹏等省四大班子领导出席开幕式,接见全体代表并合影留念。中国残联副主席汤小泉代表中国残联向大会致贺词。省总工会常务副主席郭新民代表省内各人民团体向大会致贺词。省委常委、常务副省长高建民代表省四大班子在开幕式上讲话。大会等额选举产生省残联第六届主席团(65名委员)和出席中国残联第六次代表大会的省政府副秘书长马彦平等16名山西省代表。省残联第六届主席团第一次全体会议选举产生主席团主席、副主席,高建民当选为主席,马彦平、李亚明、郭贵仁、郝兴平(女、次日当选省盲人协会主席,下同)、郝丽娟(女、省聋人协会主席)、王贵明(省肢体残疾人协会主席)、郑富梅(女、省智力残疾人及亲友协会主席)、杨珠义(省精神残疾人及亲友协会主席)当选为副主席;推举李亚明为省残联第六届执行理事会理事长,根据理事长提名,通过副理事长(郭新志(女)、温万一、刘晔)、理事(尹惠民、侯维、郭占文、郝兴平、郝丽娟、郑富梅、杨珠义)人选;通过省级各专门协会主席、副主席候选人名单;通过拟向上推荐的中国残联第六届主席团山西省委员人选(李亚明、郝丽娟、杨珠义)。各类别残疾人代表分别选举产生省级各专门协会第六届委员会,再由各专门协会委员会选举产生本类别残疾人专门协会主席、副主席。在8月8日举行的大会闭幕式上,通过李亚明代表省残联第五届主席团向大会作的题为《加快残疾人事业科学发展步伐为实现残疾人全面小康而奋斗》的工作报告;宣读省残联第六届主席团主席、副主席名单,省残联第六届执行理事会成员名单,省级各专门协会主席、副主席名单;新当选的省残联第六届主席团主席高建民讲话。 (吕竞伟)

【山西省重度残疾人护理补贴和贫困残疾人生活补贴制度】 12月3日下午,省长李小鹏主持召开省政府第31次常务会议。会议决定,从2014年1月1日起建立山西省重度残疾人护理补贴和贫困残疾人生活补贴(简称残疾人“两项补贴”)制度,对未纳入城乡低保的一级重度残疾人每人每年发放护理补贴480元,对纳入城乡低保的贫困一级重度残疾人在享受低保的基础上每人每年再给予生活补贴480元。山西省成为中国残联“六代会”后第一家、中部第一个建立残疾人“两项补贴”制度的省份。 (吕竞伟)

【专门协会工作】 5月9~10日,省残联举办“快活谷狮子会杯”中国象棋残健共融团体赛山西省选拔赛,分盲人组、其他残疾类组、残疾人工作者组,共30余人参赛。省残联、省盲人协会(简称省盲协)举办中央人民广播电台《阿宏·阿菊》第三届“夏青杯”朗诵大赛盲人赛区山西选拔赛;举办“追梦杯”第四届全国盲人歌手大赛山西选拔赛,经全国复赛,民族组武艳《亲吻祖国》入围全国决赛。省盲协接受香港快活谷狮子会捐赠的50套盲人象棋。省聋人协会组织参加第二届“沣标杯”国际聋人摄影大赛。5月17~18日,省肢体残疾人协会(简称省肢协)、迎泽区残联、迎泽区肢协在迎泽区残疾人综合服务中心举办多帮帮纳米手机镀膜培训活动,帮助肢体残疾人创业。4月18日,经长治市民政局批准,长治市残疾人汽车驾驶员协会揭牌成立,中国肢协副主席王延、省肢协主席张晏萍前往祝贺,协会以“为残疾人服务和推进残疾人就业”为宗旨,有持有C2~C5驾照的残疾人会员120余人。7月23~25日,由中国特奥委员会主办、省残联承办,省智力残疾人及亲友协会协办的2013年华北地区特奥家庭支持联络网培训班暨幼儿运动员计划演示活动在太原举行,来自北京、天津、河北、内蒙古、山西的60余名特奥家庭成员、特教教师参加,并到太原市杏花岭区特殊教育中心学校观摩教学和亲子活动。4月2日“世界自闭症日”当天,省精神残疾人及亲友协会、山西方舟自闭症研究院联合省城志愿者举办“星星天使·你不孤单”2013年首届关爱自闭症儿童大型公益慈善活动(太原站)。 (吕竞伟)

【“农村基层党组织助残扶贫工程”】 2013年,全省落实资金610万元,帮扶贫困残疾人家庭2029户。截至年底,为1320个帮扶户的2069名家庭成员办理低保,为1848个帮扶户办理新农保,为1982个帮扶户办理新农合。对帮扶户进行项目帮扶,按从事行业分,种植业664户、养殖业785户、农副产品加工业132户,就业创业、商铺经营、危房改造等其他形式的帮扶448户,帮扶户当年全部脱贫。11月23~26日,省扶贫办安排专项资金10万元举办全省“农村基层党组织助残扶贫工程”致富带头人培训班,讲授扶贫政策,115个涉农县(市、区)具有代表性的致富带头人及各市残联工作人员160余人参加培训。 (吕竞伟)

【基金募捐救助】 2013年,山西省残疾人福利基金会得到中国残疾人福利基金会项目支持489.37万元、北京康扶国际贸易有限公司和北京万国

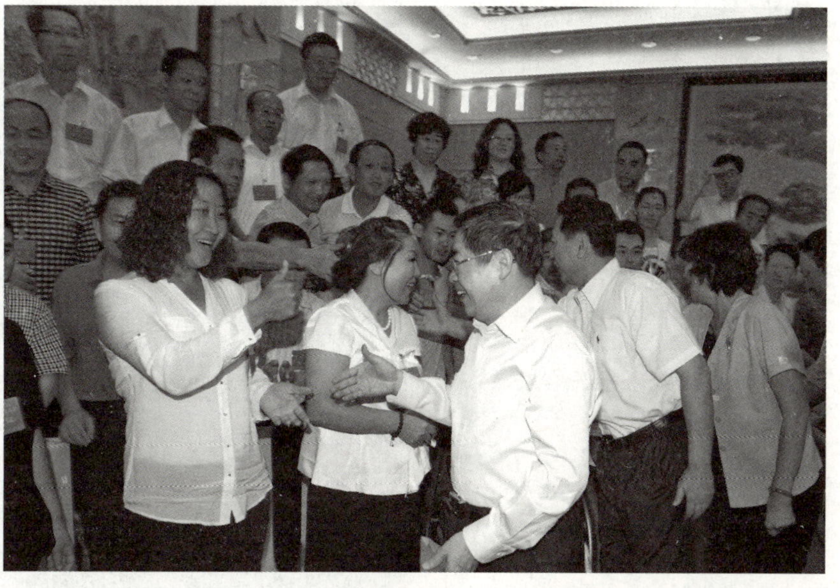

8月7日,省委书记袁纯清,省长李小鹏,中国残联副主席、中国残疾人福利基金会理事长汤小泉等领导亲切接见出席山西省残疾人联合会第六次代表大会代表 (张 原提供)

经典书城捐赠的300万码洋图书、理财利息收入356.33万元、其他募捐收入7.6万元,合计1153.30万元。实施一系列救助项目:"集善工程·启明行动"为1000名贫困白内障患者实施复明手术;"集善工程·助行行动"1100名重度肢体残疾人配发轮椅;"集善爱心书屋·文化助残行动"向10个市的19个县级残联及有关机构捐赠300万码洋图书;"我送盲童一本书"项目为太原、晋中、吕梁、运城的120名盲生配发"阳光听书郎";"集善工程·助困行动"救助贫困残疾人项目慰问120户贫困残疾人家庭,对汾西县小郭斌(媒体报道过的被挖眼6岁男童)给予10000元特别救助。中国残疾人福利基金会项目:"阳光伴我行"集善明门幼儿轮椅项目为0~3岁脑瘫、存在各类肢体障碍的幼儿发放430辆专用轮椅;"阳光伴我行"集善明门儿童轮椅项目(3~15岁)发放200辆便携式脑瘫儿童专用轮椅;"集善工程·爱之翼电动轮椅项目"为太原市5名重度肢体残疾人配发电动轮椅;"集善如新儿童蜜儿餐项目"资助7所特殊教育学校、康复机构415名残疾儿童5000包蜜儿餐,总价值100万元;"集善工程·助听行动"为太原、运城的15名听力残疾人配发助听器;"集善工程·爱的足迹"AEE鞋项目;"集善工程·拉夏贝尔服装捐赠项目"。7月,山西省慈善总会为晋中6名聋儿配发双耳助听器。山西省残疾人福利基金会还通过中国残疾人福利基金会向四川雅安灾区捐赠10万元资金,实施"集善工程·富士康助残"服装捐赠项目。（吕竞伟）

【残疾人组织建设】 2013年,省残联领导班子中配备残疾人副理事长,9个地市级残联领导班子中配备残疾人,96个县级残联机关有残疾人干部;乡镇(街道)残联1459个,占全部乡镇(街道)数的99.32%,选聘残疾人专职委员1769名;社区(村)残协22298个,占全部社区数量的82.78%,选聘残疾人专职委员24365名。省市县乡残联实有人员4750人。各级残联共举办培训班1302期,培训机关干部、残疾人专门协会干部及残疾人专职委员33028人次。共建立省级以下各类残疾人专门协会527个,市级专门协会已建比例为90.91%,市辖区专门协会已建比例为85.22%,县(含县级市)级专门协会已建比例为79.79%。（吕竞伟）

【山西省第四届特殊奥林匹克运动会】 10月15~17日,由省残联、省体育局、教育厅、民政厅主办的山西省第四届特殊奥林匹克运动会在太原举办,254名运动员参加9个大项176个小项的比赛。10月17日上午,省委常委、常务副省长高建民,省政府副秘书长马彦平,省体育局局长苏亚君,省残联党组书记、理事长李亚明,省体育局副局长李世杰,省残联副巡视员尹惠民等到山西体育中心现场观看比赛并为运动员颁奖。（吕竞伟）

山西省社会科学界联合会

【概述】 2013年,省社科联围绕省委省政府的中心工作,解放思想,求真务实,各项工作取得成效,凸显社科界的思想库作用。召开省社科联第二次代表大会,组织第八次全省社科研究优秀成果评奖工作,并先后在全国社科普及交流会、全国学会工作会、西部地区协作会上交流工作经验。省社科联荣获全省调研工作先进单位、交通安全先进单位。在全省目标责任制考核中被评为良好单位。有2项研究成果荣获省第十届精神文明建设"五个一工程"奖。（王纪山　杜伟琴）

【山西省社科联第二次代表大会】 省社科联自1987年成立以来,因种种原因,26年没有换届,换届工作的难度较大,任务艰巨。省委省政府高度重视省社科联的换届工作,省委书记亲自听取汇报,省委组织部、省委宣传部下发文件并组织安排。按照省委的要求和省委组织部、省委宣传部的安排,从2013年初开展筹备工作。6月12~14日,山西省社科联在太原召开第二次代表大会,来自全省各地、各高等院校、科研院所、学会研究会和有关单位的社科专家学者和骨干355人出席大会。省委在并的常委及省人大、省政府、省政协的主要领导出席大会开幕式。省委书记袁纯清在开幕式上讲话,省长李小鹏作经济形势报告,省委常委、宣传部部长胡苏平出席大会并讲话。与会代表审议通过省社科联第一届委员会的工作报告,审议通过修改后的《山西省社科联章程》,选举产生163位委员、26名常委,组成新一届社科联领导班子。（王纪山　杜伟琴）

【山西省第八次社科优秀成果评审】 经省委、省政府批准,2013年由省社科联组织实施第八次全省社科研究

山西省第八次社科大评奖　（王纪山提供）

优秀成果评奖活动。该次申报的成果共1120项，经资格审查,712项成果符合参评资格。经过初评共推出入选成果449项,在此基础上,学科组进行集中评审，共推荐284项优秀成果。这次评奖中,一是始终坚持正确导向。坚持马克思主义在意识形态领域的指导地位,对涉及政治、民族、宗教问题的成果慎之又慎。二是坚持理论联系实际,注意克服理论研究“空对空”的问题,评出的成果应用性较强,应用性成果占45%。三是注意合理向基层倾斜,初评下放。初评工作放在基层科研院所和市级社科联,发挥基层的作用。这次评奖的获奖项目申报人工作单位不在省城高校和科研院所的占到15%，比历届评奖的比例都高。四是程序严密,纪律严明,完善“五不准”的评审纪律、严格的回避制度,省纪检委进行全程监督,评审风清气正,确保评审结果的公平公正。

（王纪山　杜伟琴）

山西省归国华侨联合会

【董中原到山西调研慰问】 1月21~22日,中国侨联党组副书记、副主席董中原一行到晋调研慰问。省委书记、省人大常委会主任袁纯清会见董中原一行。

董中原一行先后到太原市和晋中市，代表中国侨联走访慰问老归侨、南侨机工和困难归侨侨眷,向他们转达中央书记处和李源潮对侨联工作的重要指示精神并致以亲切问候。每到一户,董中原都与他们亲切交谈,向重点侨户和困难归侨送上鲜花和慰问金，并祝他们新年快乐,身体健康。

董中原在与省侨联机关干部座谈中对山西省侨联工作给予肯定。

（庞　乐）

【省侨联九届五次全委会议】 3月26日在太原召开。会议审议并通过省侨联主席许并社代表省侨联九届常委会所作的工作报告及有关人事事项。

（庞　乐）

【省侨联组织参与社会管理机制创新工作会议】 5月21日在晋城召开。中国侨联副主席乔卫,省委统战部常务副部长郭海刚、副巡视员李志兰,晋城市委副书记、市长刘润民等有关领导出席会议。

乔卫对山西省各级侨联组织参与社会管理机制创新工作所取得成绩给予肯定,并就侨联组织参与社会管理、创新机制制度提出新的思路和要求。

会上,晋城、太原、阳泉、忻州、晋中等市侨联和省海外人员亲属联谊会从各自不同的角度,就参与社会管理、创新机制、制度等方面的做法进行会议交流发言。大同、朔州、吕梁、长治、临汾、运城等市侨联提交书面交流材料。

（庞　乐）

【东芝“侨心足球万里行”山西捐赠活动】 5月28日，由中国侨联所属中国华侨公益基金会主办,中国华侨公益基金会足球专项基金承办的东芝“侨心足球万里行”活动在太原市桃南小学举行赠送仪式。太原市桃南小学、代县新联希望小学、忻州市特殊教育学校、定襄县西邢林东侨心学校、盂县牛村中心秀珍爱心小学共五所学校接受捐赠。五所侨心小学共接受捐赠90套足球服、30双球袜和球鞋、5套教材和50个足球。（庞　乐）

【华侨历史博物馆到晋征集史料】 7月28日至8月2日，中国华侨历史博物馆吕咏梅一行在山西省就侨界史料收集和影(音)像资料录制开展工作。

吕咏梅一行先后在南侨机工蔡明训、苏荣禄,老归侨沈永钧、陈佐良、潘俊桐、庾廷瑞、施尚文,侨务工作者林卫国八名侨界代表人士家中采访,进行侨界史料的查看、收集和影(音)像资料的录制,深入了解老归侨在国外的生活情况、回国后的情况,聆听老归侨回国投身于抗日救国斗争的光辉历程、毅然回国参加祖国建设的感人故事,亲身感受老归侨渗透在血液中的那割舍不断的侨情。采访中,共发现证书、徽章、照片、书籍等各类有收藏价值的史料40余件,征集到老归侨及子女慷慨捐助的藏品20余件。

（庞　乐）

【“侨心杯”全国少年足球邀请赛】 8月10日,由中国侨联主办的2013“侨心杯”全国少年足球邀请赛开幕式在江苏盐城市实验小学举行。山西省侨联少年足球代表队——桃南小学足球队一行15人参加此次邀请赛。

桃南小学是省侨联一直支持和联系的一所学校,桃南小学连续两年参加“侨心杯”全国少年足球邀请赛。

（庞　乐）

3月26日,山西省侨联九届五次全委会议在太原召开(庞　乐提供)

5月21日，山西省侨联组织参与社会管理机制创新工作会在晋城召开 （庞　乐提供）

【三晋名家唐诗书法展】 9月19~21日，由山西省侨联主办、山西省华夏书画院承办的“三晋名家唐诗书法展”在平遥开展。共展出山西籍或在山西工作过的当代40多位书法名家以唐诗为内容的书法作品六十余幅。其中包括董寿平、姚奠中、杜五安、阎丽川、卫俊秀、徐文达、林鹏、张颔等书法艺术家的作品。展览期间共接待中外参观者2000余名。 （庞　乐）

【表彰归侨侨眷】 12月2~5日第九次全国归侨侨眷代表大会在北京召开。大会表彰中国侨界杰出人物和全国归侨侨眷先进个人，全国侨联系统先进集体和先进工作者、先进组织和先进个人。山西省伍永安被国务院侨办和中国侨联授予“中国侨界杰出人物提名奖”，王迪录、王晓琴、白计平、白俊梅、朱玉芳、朱建中、朱瑜国、朱福连、孙晓明、苏岚、何萍、张兰萍、蒲净13人被国务院侨办和中国侨联授予“全国归侨侨眷先进个人”荣誉称号，太原市侨联、晋城市侨联被人社部和中国侨联授予“全国侨联系统先进集体”荣誉称号，晋中市侨联、阳泉市侨联、长治市城区侨联被中国侨联授予“全国侨联系统先进组织”荣誉称号，介建芳、田成文、沈广晋被中国侨联授予“全国侨联系统先进个人”荣誉称号。 （庞　乐）

【“华人华侨三晋年会”系列活动】 2013年，省侨联组织实施“华侨华人三晋年会”系列活动。

1.组团赴广东、北京、河北、浙江等地开展学习考察交流和邀客邀商活动。学习沿海地区侨联超前的工作思路、务实的工作作风和非凡的工作成就，加深对“侨”的认识，开拓视野、提高认识，为做好山西省侨联工作积累知识和经验。

2. 向海内外侨团、侨商推介山西、宣传山西。邀请广东国际华商会组团到晋中、忻州两市进行项目投资考察，确定在忻州建立占地66公顷的工业园区，在祁县建立占地133公顷的商贸物流园区。引进台湾陈福荣教授与山西路鑫能源集团签订“电致色变节能玻璃项目”“桌上型电子显微镜项目”和协助引进高新技术、产业、人才合作协议。

3. 举办“第二届华人华侨三晋年会暨海外人才回国创业项目山西推介会”，共推出涉及新材料、新能源、高新技术、节能环保、生物制药、现代化服务业六大类共1500个项目。举办“山西—新西兰侨界企业家商贸投资交流座谈会”。协助举办“中国工程院LED产业化及应用国际高层研讨会”。举办以“亲情乡情友情和关爱”为主题的第二届“山西在港人员联谊会”年会。 （庞　乐）

【“促转型、助发展”建言献策活动】 2013年，省侨联在全省各级侨界人大代表、政协委员和省侨联特聘专家中开展“促转型、助发展”建言献策活动。年初，通过信函、电子邮件、网站发布信息等多种方式，对省侨联特聘专家及所属侨界人大代表、政协委员进行动员。整个活动中，共收到省侨联特聘专家、各级侨界人大代表、政协委员及各级侨联机关干部论文和意见建议125篇。其内容涵盖文化、教育、医疗、卫生、环境、能源、新材料等各个方面。 （庞　乐）

【“走基层、访侨户、凝心聚力助发展”走访调研活动】 2013年省侨联在全省侨联系统开展“走基层、访侨户、凝心聚力助发展”走访调研活动。组织机关干部到侨界群众家中，听取侨界群众对侨联工作的意见和建议，征求侨界群众对山西省经济社会发展的意见，密切机关干部与侨界群众的联系，促进机关干部工作作风转变；对老侨、新侨中的代表人士进行重点走访，采写爱国轨迹和心路历程，进行侨史资料的收集与整理。截至10月底，通过入户走访、慰问、座谈等形式，全省共走访归侨700余人次，各级侨联共采访侨界代表人士106人，收集史料、图片338件，撰写人物采访传记106篇、计36.2万余字；征求到意见建议近46条，提交调研报告共14篇。针对侨界群众集中反映的困难归侨生活补助事宜，认真论证、提出解决意见，主动向省政府相关领导汇报并得到大力支持，会同省外侨办、人社厅、财政厅共同起草《关于为我省困难归侨发放生活补助的通知》上报省政府，就五类困难归侨提出补助意见。 （庞　乐）

【全省侨情摸底工作】 从2013年开始，省侨联在全省范围内开展新一轮的侨情摸底主要是新侨摸底工作，特别邀请省委统战部、团省委、省直工委、国资委、国防科工委、高校工委等单位相关部门的负责同志召开新时期侨情研讨会，并赴山西留学人员创业园和部分涉侨企业进行实地调研。在摸清海外华侨、新侨及留学人数、重点从事行业分布、杰出人士信息等情况的基础上，对山西省侨情变化形势和特点、新侨及归国留学人员的创业方向和形势进行重点分析，查找新侨及归国留学人员回国创业中存在的问题与困难、侨联组织开展海内外联谊工作中存在的问题和不足，并有针对性地提出整改措施和意见，撰写《山西省新侨及留学生群体调查报告》。建立《全省归侨资料库》《省直机关、省属企业、高校和团省委联系的归侨侨眷资料库》《新侨（含留学人员）资料库》《各级侨联联系的海外重点人士资料库》《省侨联联系的海外侨团和侨界科技、文化人才资料库》以及《侨界各有关社团成员资料库》等。（庞　乐）

山西省红十字会

【概述】 截至2013年底，山西省红十字会机关内设一室两部（办公室、赈济救护部和事业发展部），下辖两个直属事业单位(山西省造血干细胞捐献者资料库管理中心和山西省红十字会备灾救护中心)，机关和事业单位共有在编人数22人。机关工作人员参照公务员管理。全省11个市及119个县(市、区)全部建立红十字会，11个市级红十字会理顺管理体制，61个县级红十字会理顺管理体制。全省共有基层组织1450个，团体会员单位1600余个，注册志愿者2000余人，会员80余万人。(侯晓俊)

【应急体系建设】 全省各级红十字会按照中国红十字会应急体系建设规划要求，加强应急体系建设，完善应急机制，提升专业化、科学化救助水平，突出第一时间应对，建立应急快速反应机制，不断提高应急反应能力。在重大自然灾害和公共突发事件发生时，做到第一时间报告灾情、第一时间到达灾区、第一时间开展救助。省、市级红十字会均已纳入政府总体应急预案体系，成为应急工作领导机构成员。全省各级红十字会完善自然灾害等突发事件应急预案体系，制定灾害救助规则，出台相关管理规定，成为政府应急体系的重要组成部分。

为进一步提升红十字系统灾害救援能力，使赈济救援工作更为规范和高效，山西省红十字会举办灾害应急管理培训班3期，开展“5·12防灾减灾日”和《山西省突发事件应对条例》实施一周年宣传周活动，来自全省基层红十字会部分专职副会长和赈灾专干参加救灾专项培训并进行相关内容的演练。

对现有库存各类应急物资进行全面普查，及时补充部分备灾物资，对各类自然灾害和突发性事件给予及时应对和救助。

为大同、吕梁、长治等市的部分受灾县会紧急调拨救灾面粉55吨和总会的救灾棉被5000床，用于缓解灾区临时安置人员的生活燃眉之急。

芦山地震发生后，山西省红十字会动员全省红十字会投身抗震救灾。全省红十字会共收到社会捐赠款物770余万元，其中省本级接收捐款142.81万元，捐赠灾区价值103.4万元救灾物资。山西省红十字会按总会要求将救灾款汇缴至总会雅安救灾专账，用于灾区后续安置和家园重建工作。完成芦山地震捐赠款物专项审计工作，无截留、挤占、侵占及套取资金情况。

继续加强与高危行业的合作，并不断向新领域拓展，陆续为山西省铁路、煤炭、航空等15家单位及企业进行现场救护知识培训，全年共开展应急救护培训52期，培训初级急救员2562人次。2013年，按照省红十字会彩票公益金应急救护培训项目实施方案，举办彩票公益金救护师资培训班两期，培训合格救护师资70人。

加大救护培训工作，推动应急救护知识的宣传与普及，通过省政府应急办举办的《山西省突发事件应对条例》实施一周年宣传活动、全面推广中国红十字会“掌中宝”应急救护知识学习软件、夏令营的应急演练、周末培训班等各种宣传活动，以及走进学校、走进社区的方式加强对市民、学生、志愿者及企业职工救护知识的宣传与普及，省本级普及救护知识达7.2万人次；应急救护志愿服务进社区活动初显成效。活动的开展共使20000余人受益。（侯晓俊）

【人道救助工作】 组织举办全省“红十字博爱送万家”活动，发放价值700多万元的救助物资。副省长张建欣参加慰问活动。

山西省红十字会与省直工委、省文明办联合下发《关于继续开展2013年度“博爱一日捐”募捐活动的通知》，动员省直各单位、各市红十字会

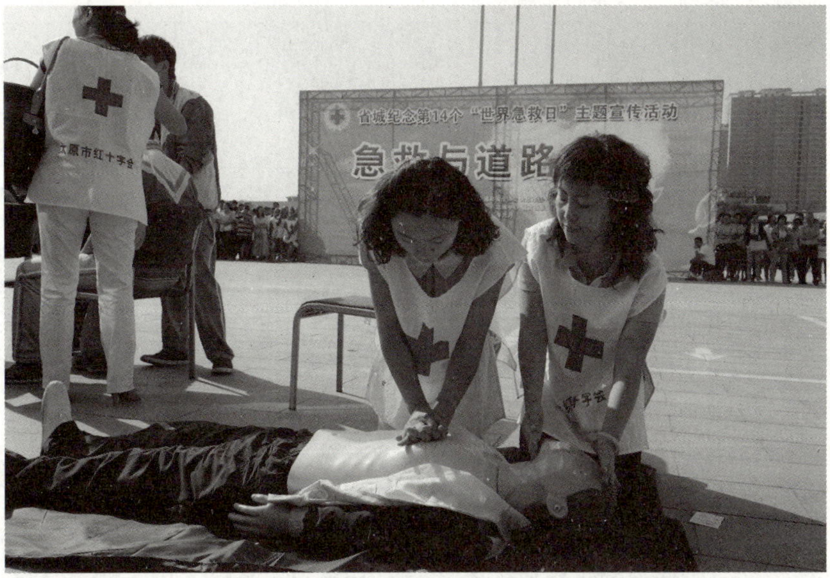

山西省红十字会举行“世界急救日”主题宣传活动　（侯晓俊提供）

以及社会各界参与。全省红十字会系统接收“博爱一日捐”捐款近600万元,其中省本级37.6万元。

继续开展大病患儿救助活动,小天使基金共接收全省贫困家庭14周岁以下白血病患儿110人份申请材料,救助46人,救助资金达145万元。天使阳光基金共接收全省贫困家庭14周岁以下先天性心脏病患儿136人份申请材料,救助46人,救助资金达77万元。博爱幸福工程共完成50名足内翻患儿的救治,救助金额为15万元。临时救助对9名特困人员进行救助,救助金额为59450元。9月,山西省红十字会开展临汾被挖双眼男童郭斌的募捐工作,派员看望并向郭斌的父亲转赠社会各界的爱心捐款约4万元。

与省直工委联合救助省直企事业单位因病致困职工活动,共计投入救助金25万元。全年总计救助136人次,发放医疗救助金2209450元。

推动“红十字天使计划”项目实施,援建“博爱卫生站”2所,累计由中国红十字会总会、中国红十字基金会和山西省共援建“博爱卫生站(院)”52所,援建金额530.9万元。其中省红十字会援建本省“博爱卫生站”6所,援建金额38万元;在长治市武乡县八路军总部景区(长治市武乡县韩北乡王家峪村)援建1所红十字救护站。各“红十字博爱卫生院(站)”运营正常。山西省博爱家园项目获得中国红十字会总会157万元资金支持,援建博爱卫生综合服务站4个、博爱逃生路1条、博爱家园居民红十字文体活动中心2个、博爱文化活动广场1个,博爱护地坝1座。

(侯晓俊)

【无偿献血和造血干细胞捐献】 全省各级红十字会推动无偿献血工作,广泛开展无偿献血宣传、动员及表彰工作,全省逐步实现临床用血100%来源于无偿献血。

2013年,省造血干细胞捐献者资料库管理中心(简称“山西省分库”)不断加大造血干细胞捐献宣传力度,除在省城各新闻媒体进行宣传报道外,还深入高校进行宣传讲座及制作宣传展架在省城献血屋,山医大二院采集室及忻州师范学院等地进行摆放,起到较好的宣传效果。

根据中国造血干细胞捐献者资料库管理中心《关于下达2013年度各省分库入库工作任务的通知》,山西省分库保质保量地完成中华骨髓库安排山西省分库2013年5000人份入库任务,累计向中华骨髓库管理中心传输志愿者HLA(人类白细胞抗原)分型数据7.1万人份。当年,成功捐献造血干细胞16名,共计捐献造血干细胞93例,挽救了90多名白血病患者的生命。

4月,省分库在太原对全省各市工作站进行2013年造血干细胞采样任务安排暨举办业务培训班。

(侯晓俊)

省红十字会向包扶村西马村贫困户发放慰问物资　(侯晓俊提供)

【遗体与人体器官捐献】 2012年,经中国红十字会总会和卫生部批准,山西省成为开展人体器官捐献工作试点省份以来,省红十字会在省卫生厅等相关部门给予的政策法规、医疗技术等方面的支持和配合下,稳步推进全省人体器官捐献工作,制定出台《山西省人体器官捐献试点工作实施意见》,逐步建立具有可操作性的工作流程、管理办法和协调机制;建立由司法、民政、卫生、法制和红十字会等单位和部门相关领导和人员组成的省人体器官捐献工作委员会,指导全省人体器官捐献工作有序开展;设立省人体器官捐献移植医院并成立省级人体器官获取组织,负责对潜在捐献者进行捐献评估及实施器官获取工作;成立由省人体器官捐献移植医院多年从事人体器官移植、具有丰富器官移植临床经验的专家和学科带头人组成的省人体器官捐献专家组,负责全省人体器官捐献工作的政策建议、决策参考、技术咨询、协调捐献器官的分配、对医院人体器官移植技术临床应用与伦理委员会进行监督指导等;建立全省人体器官捐献协调员队伍。

2013年3月,与省卫生厅联合在太原召开山西省人体器官捐献工作启动会议暨协调员培训班。会议总结和研究部署进一步推动人体器官捐献工作。组织各市器官捐献协调员30余人,参加中国人体器官捐献管理中心组织的培训与考试,其中有10余人获得全国人体器官捐献协调员资质。

2013年,山西省红十字会分别在太原、吕梁成功完成人体器官捐献2例,受益人数5人。累计完成人体器官捐献6人,捐献肾脏12个,捐献肝脏5个,受益人15人。　(侯晓俊)

【红十字青少年和志愿服务】 2013年,省直新注册登记红十字志愿者670人。省直红十字志愿者开展志愿服务1300人次,志愿服务时间达5546小时。

举办红十字志愿者骨干团队建设及现场应急救护技能操作等业务培训两次，自救互救公益普及培训一次，赴山西中医学院进行应急救护知识普及讲座一次。

年初，山西省红十字会举办志愿服务工作座谈会，对2013年山西省红十字志愿服务工作作出规划和部署。

在山西红十字福润长寿院建立“山西省红十字志愿服务基地”。组织省直红十字志愿者定期为长寿院的老人做生活护理和心理安抚等服务，志愿服务活动逐步常态化。

围绕“雷锋日”“5·8世界红十字日”和“5·12防震减灾日”等主题宣传日，组织全省各级红十字志愿者及志愿服务队深入社会基层开展形式多样的宣传纪念活动，弘扬雷锋精神，通过向群众发放宣传折页和普及现场救护知识与技能演练等方式，增强全民防灾减灾意识，提高群众自救互救能力。7月初，组织省直红十字青少年志愿者骨干深入山区中学，和当地的中学生一起学习现场救护知识及技能操作，提高他们的自救互救能力。

6月，山西省红十字会派出30名红十字志愿者参与在太原举办的“首届山西文化产业博览会交易会”志愿服务活动。红十字志愿者经大会组委会培训、演练、上岗，完成现场应急救护、文明指引、秩序维护等志愿服务工作，受到各级领导、参展商及嘉宾的一致认同。

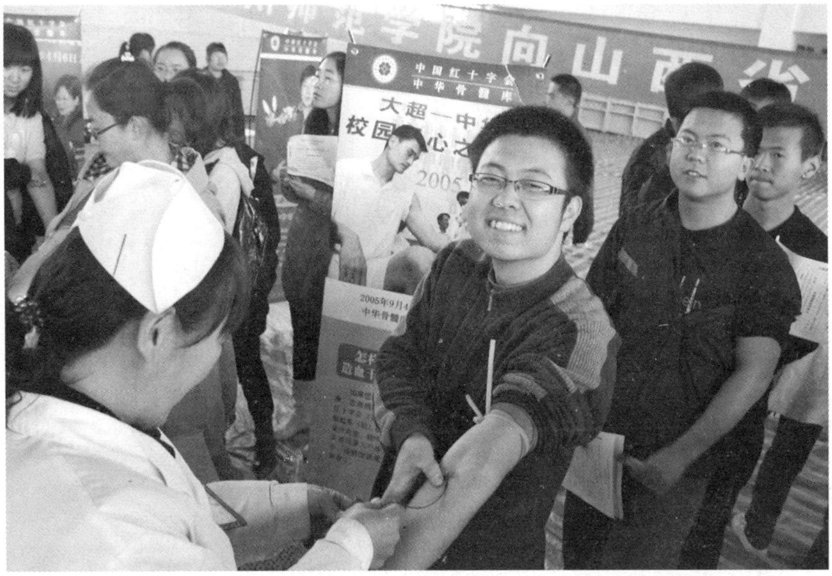

忻州师范学院学生踊跃报名采血样加入中华骨髓库（侯晓俊提供）

根据中国红十字会总会《关于举办纪念汶川地震五周年全国红十字青少年自救互救知识竞赛的通知》，部署全省各级红十字青少年参加知识竞赛。组织太原理工大学、山西医科大学等大中院校，太原、晋城两市红十字会组织各级各类学校3万余名红十字青少年参加此次竞赛。提高广大青少年在自然灾害和事故突发现场自我保护意识和自救互救能力，在学校、社会和青少年中产生积极的影响。

7月，山西省红十字会在临汾举办主题为“携手人道，超越梦想”的2013年全省红十字青少年夏令营活动，来自19所高校、中学的师生参加活动。营员们开阔视野，丰富课外知识，提升应急救护技能，增进相互之间的友谊，增强团队意识，在推动青少年身心健康的全面发展、进一步弘扬红十字精神、参与红十字公益事业具有积极的意义。（侯晓俊）

【对外交流与合作】 12月，由澳门教育工作者、学生等志愿者组成的红十字博爱小学义教探访团一行31人，在山西省进行为期5天的义教、探访及交流活动。义教探访团拜访省红十字会、山西红十字福润长寿院及太原市红十字血液中心，彼此就业务工作、合作交流，尤其是开展的相关志愿服务工作，与志愿者们进行深入的交流。（侯晓俊）

山西省军区

【概述】 2013年，在北京军区党委和省委、省政府的正确领导下，省军区党委团结带领全区官兵，在思想政治建设、军事斗争准备、党委班子和干部队伍建设、基层建设、安全稳定等各项工作领域成果丰硕，部队全面建设取得新的发展进步。（张志新）

【省军区党委十届二次全体（扩大）会议】 1月10~11日，省军区召开党委十届二次全体（扩大）会议。会议传达学习军委和北京军区党委扩大会议主要精神，回顾总结全区2012年工作情况，安排部署2013年主要任务。省军区党委委员，各师（旅）级单位部门领导，省军区机关处长以上领导，直属单位党委书记共130余人参加会议。省军区政委张少华代表省军区党委常委作工作报告，省军区司令员刘云海就改进作风真抓实干，努力提升省军区部队建设质量水平提出明确要求，省委书记、省军区党委第一书记袁纯清讲话。（张志新）

1月10日，山西省军区召开党委十届二次全体（扩大）会议

（张志新提供）

【思想作风教育整顿】 1月17~23日，组织在全区团以上党委机关集中开展“转作风、重实干”思想作风教育整顿。重点围绕需要解决的突出问题，区分学习辅导、典型教育、检查剖析、总结交流四个阶段进行，省军区党委常委带头参加教育，要求团以上党委班子成员认真过一次双重组织生活。结合实际制订出台《关于进一步加强省军区党委自身作风建设的措施》，组织领导机关勤政情况监督检查和基层风气专项整治，全面推进离退休干部不合理住房、车辆和公勤人员三项清理，对全区改进作风情况进行明察暗访，及时发现和纠正存在问题。借北京军区党委巡视回访东风，以巡促建，狠抓整改，移交的4类12个具体问题整改成效显著。

（张志新）

【洪洞曲亭水库抢险救援】 2月15日，洪洞县曲亭水库发生溃坝灾情，省军区组织民兵预备役人员3000余人第一时间赶赴受灾现场，并派出应急指挥组深入一线实地勘察、统一指挥，协调现场抢险救援行动。经过6个昼夜的连续奋战，完成抢险指挥部赋予的人员疏散、警戒封控、清淤抢修、野战保障等任务，省长李小鹏专门向省军区为参战官兵请功。

（张志新）

【“坚定信念、铸牢军魂”主题教育活动】 在全区部队开展“坚定信念、铸牢军魂”主题教育活动，整个教育覆盖全员、贯穿全年，在团以上党委机关、离退休干部、现役官兵和民兵预备役人员分别分层展开，主要目的是引导广大官兵进一步坚定中国特色社会主义信念，坚定奋力实现强国梦、强军梦的追求，把思想和意志凝聚到建设听党指挥、能打胜仗、作风优良的过硬部队上来。（张志新）

【人武部考察帮建】 2013年初，按照军区要求和省军区党委工作部署，制订下发《对人武部进行考察帮建的实施方案》，明确考察帮建的工作思路、任务目标、方法步骤和责任分工。同时，根据省军区常委分片包干帮建计划，抽调机关相关人员成立工作组，并对工作组主要任务、具体职责、方法步骤和时限要求提出具体要求。 （张志新）

4月8日，全国退役士兵移交暨安置改革年度重点工作部署会在山西省军区召开 （张志新提供）

【全国士兵退役移交暨安置改革重点部署会议】 4月7~9日，总参谋部、民政部在太原召开全国士兵退役移交暨安置改革重点部署会，总参谋部、总政治部、总后勤部有关部局领导，全军各大单位，各省（区、市）有关部门人员共130人参加会议。 （张志新）

【全民国防教育系列活动】 4月23~25日，全省国防教育工作人员培训会议在晋城召开。会议期间，邀请国防大学部分专家教授围绕新形势下国防建设、国防教育、国际形势、国家战略环境以及国内外热点问题进行授课辅导，并组织参会人员就总结梳理国防教育"山西模式"开展讨论交流。年内，全省持续推进国防教育"百千万工程"，省本级和11个地级市以及全省90%以上县（市、区）委党校挂牌成立国防教育学院，命名第二批省级国防教育基地22个，并抽调精干力量组建省国防教育宣讲团，赴全省各地巡回宣讲13场，直接受众达1.1万余人。 （张志新）

【新形势下民兵工作新规出台】 4月，省委、省政府、省军区联合出台《关于加强和改进新形势下民兵工作的实施意见》。《意见》明确新时期全省民兵工作的发展方向，对新形势下民兵思想政治建设、组织建设、能力建设、相关保障、组织领导等内容进行规范。 （张志新）

【省民兵预备役应急大队建立】 5月，省政府、省军区采取省域抽编、依托组建、对口建设的方式，组建省民兵预备役应急大队，大队编大队部1个，应急分队7支，专业保障分队6支，总员额1017人。 （张志新）

【"2012式"军车号牌换发完成】 4月至7月，按照北京军区统一部署安排，完成全区959副新式军车号牌换发，建立车辆档案1075份，并协调全省162个高速公路收费站开通军车ETC功能，确保军车运行畅通，正规有序。同时，向地方有关单位函告《关于地方单位和领导车辆不再使用"2012式"军车号牌的通知》。 （张志新）

【省级应急力量配装】 5月20日，省军区牵头组织省政府应急办、省环保、水利、林业、卫生、地震等应急职能部门，省军区司令部直属队、大同预备役工兵团，第27集团军第82旅、188旅，北京军区联勤部第264、322医院等省级应急专业力量组建单位共计360人，举行山西省应急专业力量装备发放仪式，为省抗洪抢险、森林灭火、地震救援、核生化救援、医疗防疫救援5类9支分队配备发放专业装备器材11类81种11808件（套）。省委常委、常务副省长高建明等领导参加发放仪式。 （张志新）

【全省征兵工作】 6月26日，全省征兵工作电视电话会议在太原召开。省政府常务副省长高建民，省政府副秘书长马彦平，省军区司令员刘云海、政委张少华、副司令员贠自博、副政委喻军、参谋长徐洪生、政治部主任李竞，以及省纪委、省委宣传部，省教育厅、公安厅、民政厅、财政厅、卫生厅、交通运输厅、人社厅、省总工会、省妇联、团省委的有关领导和省征兵办公室的有关人员在主会场参加会议。张少华就进一步完成好征兵任务提出明确要求，高建民就做好征兵工作作指示。 （张志新）

【全省党管武装工作述职会议】 8月1日，全省党管武装工作述职电视电话会议在太原召开。省四大班子有关领导，省军区部门以上领导、机关处长，省国动委成员单位负责同志，各市市委书记、各师（旅）级单位一名主官共130人在省军区主会场出席会议。各市市长和市国动委成员单位主要领导、各师（旅）级单位部门以上领导和有关人员在分会场参加会议。会议由省军区司令员刘云海主持。各市国动委主任进行大会述职，省委常委、省军区政委张少华回顾分析全省党管武装工作形势，对各市保障武装工作经费、推进部团基础设施建设、军队转业干部安置、解决随军家属就业、义务兵优待金发放和退役士兵安置等六项党管武装工作重点指标落实情况作量化细化讲评，并安排部署当前和今后一个时期的主要任务。省委书记、省军区党委第一书记袁纯清讲话。省军区司令员刘云海就贯彻落实会议精神,提出具体要求。

(张志新)

【协调指导涉军维权工作落实】 8月2日,牵头组织召开全省涉军维权工作表彰电视电话会议,省委常委、省军区政治委员张少华、省委政法委书记王建明出席会议并讲话,对全省30个先进单位和55名先进个人进行表彰。全年共受理涉军维权案件15起,指导市县两级办理涉军维权案件87起,为部队和军人军属挽回经济损失1000余万元。 (张志新)

【“铸盾-2013B”联合战役演习】 8月5至9日,按照北京军区年度战役集训演习安排部署,着眼有效履行“屏护首都、稳定山西”核心使命,本着“深化研练、突出重点、强化能力、促进准备”的原则,在军区导演部的统一领导下,省军区采取自导自演的方法,进行要素集成训练和以“首都联合防空西部责任区综合防卫作战”为课题的联合战役指挥演练,重点演练组织战备转级、联合定下决心、组织协同保障、联合防空、联合防卫、联合防暴6个训练课题。省军区首长机关共计参加83人,演练期间共完成作业文书328份,标绘要图56份,处置情况84组。 (张志新)

【物资集中采购落实】 年内,根据总部、北京军区关于推动物资集中采购相关指示精神,省军区本级按照《山西省军区物资集中采购管理实施细则》和《2013年度山西省军区物资集中采购目录》相关要求,落实物资集中采购制度,扩大采购范围,规范采购程序,强化管理监督,全年物资集中采购金额98.5万元,节约资金12.7万元,节资率达到13%,基本上实现物资需求、采购管理、资金支付相互分离。 (张志新)

【省城军民欢送新兵】 9月10日,“省城军民欢送新兵大会”在太原火车站站前广场隆重举行。省军区司令员刘云海、政委张少华和部门以上有关领导,以及太原市军地领导、妇联民政等部门、接兵部队人员和新兵,共计1000余人参加大会。刘云海代表省征兵工作领导组作重要讲话。

(张志新)

【人武部和预备役部队建设工作会议】 10月18至19日,北京军区人武部和预备役部队建设工作会议在太原召开。总政治部副主任贾廷安,北京军区司令员张仕波、政委刘福连出席会议并讲话。省委书记袁纯清、省长李小鹏,军区副司令员刘志刚、副政委王健、副政委兼政治部主任程童一,以及省委常委、常务副省长高建民等领导出席会议。总部机关有关领导,华北五省(区、市)分管武装工作的领导,北京军区机关,各省军区(卫戍区、警备区)、军分区、预备役师(旅)主官和部分人武部主官参加会议。袁纯清作大会致辞,李小鹏和张少华分别作关于促进军民融合式发展、加强部团一线指挥部建设的经验介绍,忻州市委书记董洪运、高平市人武部部长刘海靖和长治军分区3个单位和个人介绍工作经验。其间,军区其他5个单位代表和个人大会介绍经验,表彰一批先进单位和个人。 (张志新)

6月28日,山西省征兵宣传进高校活动启动仪式在太原理工大学举行 (张志新提供)

【人武部、预备役团基础设施建设】 年内全区各级继续贯彻落实省委、省政府、省军区联合下发的实施部(团)基础设施建设三年规划,思想统一、态度坚决,紧紧围绕实现强军目标,军地协力,攻坚克难,强势推进。到年底,105个新建部(团)中有95%建成入住或主体完工,部(团)战备、训练、办公、生活条件得到改善。 (张志新)

【扶贫帮困活动】 开展以“省军区帮县、师旅帮乡、部团帮村、营连帮户、干部助学”为主要内容的“四帮一助”活动。省军区机关定点帮扶兴县罗峪口村,4个扶贫产业项目全部上马,并带动发展起红枣、胡麻、土豆、杂粮等“兵字号”特色农业项目15个,实现当年建设当年见效。全区部队与140多个贫困村、1200余户特困家庭和160余所学校结成帮扶对子,帮助开发扶贫项目150余个,组织技能培训370批次,捐赠图书40余万册,资助特困学生2300余名。 (张志新)

【医疗保障社会化改革】 按照军区部署要求,以临汾军分区为先期试点,协调驻地三甲医院和保险机构签订三方协议,制作发放军人临时医保卡,在临汾市所属17个县区确定17家医院,全部实现官兵、职工、家属在规定范围内持卡免费就医及保险机构定期理赔。 (张志新)

【冬季适应性训练】 12月11~23日,全区13个师(旅)级单位、119个人武部和9个预备役团,以参加首都联合防空作战为背景，紧贴自身作战任务和地区特点，采取徒步行军与摩托化机动相结合的方式，组织完成冬季适应性训练。全区参训4935人（现役干部1217人、士兵314人、民兵及预任人员3404人），随带轻武器758件、各型车辆473台。首长机关参训率85.2%，平均行军距离419.8千米，其中徒步行军平均距离105.2千米。（张志新）

武警山西省总队

【概述】 2013年，武警山西省总队党委认真学习贯彻习近平主席系列重要指示，坚持以强军目标为统领，按照明确的总体思路，团结带领广大官兵，聚精会神搞建设，全力以赴抓落实，圆满完成以执勤处突为中心的各项任务，部队整体建设稳步推进、巩固提高，安全工作经历波折、经受考验。（邸俊伟）

【思想政治建设】 按照“五得”要求，推行“1+3+1”授课模式，抓好“四教”落实，主题教育效果明显。借助承办武警部队基层文化工作会议，研发政治工作一体化平台，规范10个文化场所，培养9类400名文体骨干，提升部队文化软实力。注重打好意识形态领域主动仗，抓好任务中政治工作，稳妥处置涉警敏感事件，落实“月教育、周预警、日提示”预防工作机制，过细做好经常性思想工作，推进心理疏导、法律服务工作，严密组织新兵“三查一除”，确保官兵绝对忠诚、绝对纯洁、绝对可靠。（邸俊伟）

【遂行任务能力提升】 狠抓正规化执勤，开展勤务教育整训和执勤隐患“六查”活动，完成33处规定外目标勤务撤收和分队部署调整，解决8大类174项突出问题。落实常态化战备，推动11个地市兵力预置点建设，组织敏感期维稳备勤和检验性拉动演练，侦察、通信、机要等军事保障有力有效。突出实战化训练，借鉴外军先进训练理念和模式，举办反恐特战队员集训，结合“卫士—13”演习，组织成建制大规模对抗演练和机动分队比武竞赛活动，抓好新兵教育训练和岗前培训，部队战斗力明显提升。全年累计用兵46880人次，完成临汾市洪洞曲亭水库溃坝抢险、大同维稳、太原连环爆炸案处置、赴疆武装押解及山林灭火等重大任务926起，有力维护社会稳定。（邸俊伟）

【部队正规化建设】 开展作风纪律整顿和正规化管理研讨活动，加大警备纠察力度，官兵行为养成日趋规范；严密组织士官专业培训、集中整训和职业技能鉴定，开展“百名优秀士官评选”活动，促进能力素质提升；以迎接全军安全大检查为契机，持续深化“五个重点问题”治理，加强经常性督导检查，开展汲取“10·4”案件教训系列警示教育活动，组织安全大检查，影响部队安全稳定的重难点问题得到有效纠治。（邸俊伟）

【基层整体建设】 依据武警党委1号文件，对一线指挥部实施宏观指导，支队按照《三十条》对基层进行面对面指导，基层对照《按纲建队计划》狠抓经常性工作落实，按纲抓建秩序更加规范；分期组织686名大、中队军政主官和司务长进行《纲要》集中培训，对15个支队级单位、85个基层中队进行考察帮建、蹲点指导，培养按纲抓建的明白人、实干家；按照试点先行、全面展开、逐步深化的思路，推行“小滚动、大闭合、压茬式”考评帮建模式，坚持以考促建，在压茬解决问题中提高建设质量。（邸俊伟）

【综合保障】 加快后勤战备体系建设，调整编配两级应急保障力量，补充更新战备物资；加强后勤精细化管理，研究制定《厉行勤俭节约，严格经费管理实施细则》等系列措施办法，突出抓好预算执行、物资采购、经费审计、伙食管理，提高综合保障效益；加大基础设施建设力度，推进经济适用房、总队医院迁建、干部士官公寓房等重点工程建设，完成15个基本达标中队整改任务，有效解决104个中队冬季洗澡问题，官兵工作生活条件改善。（邸俊伟）

人民防空

【概述】 2013年，山西人防围绕山西省转型跨越发展需要，实施人防事业“三三三”推进战略，推进人防建设与经济社会融合发展，各项业务工作取得新成效。

1. 实施人防“三三三”推进战略，推进特色和品牌打造重点工作年。

2013年，全省共确定26项特色和品牌打造重点工作。围绕省直机关疏散人口的应急指挥、生活保障需要，结合晋中人防教育训练工作实际，多方筹资，建成平时固定使用和野战运用相结合的8.67公顷多功能疏散基地。太原市人防工程建设规范化管理，朔州市人防疏散基地建设，晋中市市、县两级“五型”（服务型、创新型、学习型、廉洁型、准军事化型）机关建设等工作均在全省前列。

10月11日，武警部队基层文化工作会议在山西总队召开

（邸俊伟提供）

2.各项体系建设。(1)人防指挥所体系建设。省级、阳泉市、晋城市、吕梁市人防基本指挥所投入使用;太原市、朔州市、长治市人防基本指挥所正在进行设备安装和装修;忻州市、运城市完成基本指挥所施工图设计;大同市基本指挥所正在确址、立项的前期准备中。全省有3个县级人防指挥所完成主体施工,6个县级人防指挥所完成立项。(2)人防防护工程体系建设。截至2013年底,全省收缴易地建设费13258.1万元,县级防空地下室建设比上年同期增长近一倍。全省人防工程开发利用安排就业人员1万余人。(3)人防指挥信息体系建设。完成国家人防办光纤骨干网建设任务;完成多媒体、多功能预警报知系统安装选址;完成便携式卫星建设;完成北斗导航定位系统建设;开展人防空情预警训练;完成“山西省人民防空突发事件应急预案”;完成省、市防空袭预案的修订并开展街道办事处一级的防空袭方案制定的试点工作;与财政厅联合出台“关于全省市、县(市、区)人防机动指挥通信系统建设有关事项的通知”,加大机动指挥通信系统的集中管控力度。(4)经调查研究,以省直防空防灾疏散基地、晋中市疏散基地为试点,制订“山西省人防疏散基地建设标准”。朔州市人防疏散基地经过为期两年的集中建设,成为集战时功能齐备,平时应急、学习为一体的综合基地。(5)人防宣传教育体系建设。国家人防群众防空防灾宣传教育和技能训练太原基地(山西省防空防灾体验馆)建设,外装修工程完成,布展方案通过专家评审,安监、消防、地震、应急等部门都提出参与布展意向。与山西省科技新闻出版传媒集团建立长期、互利互惠的合作关系。借助山西科技新闻出版传媒集团的纸质媒体、网络媒体、流动媒体、视听媒体、数字传媒等媒体资源,扩展人防宣传教育的渠道。结合“5·12”全国防灾减灾日、“9·18”警报试鸣日,开展以“识别灾害风险,掌握减灾技能”为主题的防空防灾宣传活动,向社会发放人防宣传手册20万册,发放防灾减灾公益短信1100余万条,受教育人数超过30万人次。(6)人防科研体系建设。建立山西省人防行业专家库,制订专家库管理办法。与北京航空航天大学、泰森科技等省内外科研单位共同合作开发“人民防空设施管理系统”“人防工程智能化管控系统”。

3.破解制约人防发展的瓶颈问题,理顺人防工程管理体制。(1)成立省人防办考核领导组,开发目标责任考核管理辅助系统,设立专门的督察员,对各项工作实施动态的全过程的考核。协调省委组织部制订《关于进一步加强人防部门领导干部管理有关问题的通知》。(2)联合省监察厅、省审计厅、省财政厅共同推进防空地下室易地建设费征缴工作规范化。一是以省监察厅名义下文,对全省各市县工程建设项目进行梳理分类,针对不同情况提出防空地下室易地建设费追缴方案,特别是对机制方面存在的漏洞进行评估,提出解决措施。二是联合省审计厅开展对防空地下室易地建设费征缴情况进行审计,与省审计厅协调,在预算执行、财政决算、政府投资等有关审计工作中,把防空地下室易地建设费征缴、管理、使用情况纳入审计范围。要求各市审计局每年年末要将防空地下室易地建设费征缴、管理和使用情况的审计向省审计厅作出书面报告。三是按照省财政厅对非税分成收入的规定,在全省人防系统实行非税分成收入自动清分软件与本级财政的对接,规范人防系统非税分成收入工作流程。(史永健)

【“5·12”大型公益宣传活动】 在全国第五个防灾减灾日,全省各级人防部门相继开展以“识别灾害风险,掌握减灾技能”为主题的防空防灾宣传活动。5月12日,山西省人防办联合省科技传媒集团,在太原市敦化坊街和胜利东街,采取播放人防宣传片、展示防空防灾知识宣传图片、发放人防知识宣传手册和应急用品等形式开展防空防灾科普宣传。(史永健)

【《山西省人民防空工程建设条例》】 该《条例》曾于2008年5月16日经山西省第十一届人民代表大会常务委员会第二次会议通过,省办经多方广泛调研并聘请专家反复论证,修改后的《条例》于2013年3月31日由山西省人民代表大会常务委员会第二次会议通过和公布,并于公布之日起施行。

(史永健)

【全省人防应急通信系统参加省应急成员单位互联互通演示】 省应急办于2013年12月16日上午,在省人防办基本指挥所组织山西省应急通信互联互通演示。

省应急办常务副主任孟希雄、省人防办主任韩裕峰、省人防办副主任孙群以及各参演单位的相关领导,在省人防办基本指挥所指导并观摩应急通信互联互通演示。

省应急办、省军区、省公安厅、省地震局、省气象局、省人防办,太原、大同、朔州、忻州、晋中、阳泉、长治、临汾、晋城市人防办,河北省人防办、内蒙古自治区人防办、石家庄市人防办,共18个单位参加演示。

应急通信互联互通演示,共涉及三个方面的内容。一是进行应急指挥所视音频信号传输;二是进行应急通信车视音频信号传输;三是进行3G图传视音频信号传输。

本次应急通信互联互通演示,光纤电路及卫星信道工作稳定,视音频及切换设备工作正常,参演人员操作动作熟练,指挥口令准确有力,互通演示程序顺畅,所有程序一次到位,所有视音频信号连接达到100%连通。

(史永健)

【业务技能训练比武】 省人防办成立训练比武竞赛领导组,对省市县各级人防办包括领导干部在内的机关和事业单位的所有职工按照专业或岗位划分,分别从人防指挥信息专业知识、人防理论、专业技能几方面进行系统培训和严格考试,普遍提高山西人防干部职工的业务素质,并从中选拔出26名同志和2名同志代表山西人防分别参加由北京军区和国家人防办组织的训练比武竞赛。

(史永健)

法治政府建设

【地方立法】 2013年，地方立法重点一是促进信息化发展，提高全省信息化工作水平；二是加强国防建设，完善国防动员制度；三是保护森林资源，促进生态文明建设；四是促进中医药发展，提高全民健康水平；五是规范高速公路管理，保障安全畅通；六是弘扬中华传统美德，倡导互助友爱精神；七是规范土地整治，有效保护耕地；八是健全城镇住房保障制度，保障困难群体住房需求；九是推进户籍制度改革，保障流动人口合法权益。全年制定并公布地方性法规6件，有2件提请省人大常委会审议。废止地方性法规1件。制定省人民政府规章1件。

1.省人民政府组织起草《山西省信息化促进条例(草案)》。2013年3月20日，《条例(草案)》经山西省人民政府第5次常务会议讨论通过后，提请省人大常委会审议。8月1日，本条例经山西省第十二届人民代表大会常务委员会第4次会议审议通过，自2013年10月1日起施行。

2.省人民政府组织起草《山西省实施〈中华人民共和国国防动员法〉办法(草案)》。2013年4月23日，《办法(草案)》经山西省人民政府第10次常务会议讨论通过后，提请省人大常委会审议。8月1日，本办法经山西省第十二届人民代表大会常务委员会第4次会议审议通过，自2013年10月1日起施行。

3.省人民政府组织起草《山西省森林公园管理条例(草案)》。2013年4月23日，《条例(草案)》经山西省人民政府第10次常务会议讨论通过后，提请省人大常委会审议。8月1日，本条例经山西省第十二届人民代表大会常务委员会第4次会议审议通过，自2013年10月1日起施行。

4.省人民政府组织起草《山西省发展中医药条例(修订草案)》。2013年7月2日，《条例(修订草案)》经山西省人民政府第19次常务会议讨论通过后，提请省人大常委会审议。9月29日，本条例经山西省第十二届人民代表大会常务委员会第5次会议审议通过，自2013年10月11日起施行。

5.省人民政府组织起草《山西省高速公路管理条例（修订草案)》。2013年7月2日，《条例(修订草案)》经山西省人民政府第19次常务会议讨论通过后，提请省人大常委会审议。9月29日，本条例经山西省第十二届人民代表大会常务委员会第5次会议审议通过，自2014年1月1日起施行。

6.省人民政府组织起草《山西省志愿服务条例(草案)》。2013年9月3日，《条例(草案)》经山西省人民政府第25次常务会议讨论通过后，提请省人大常委会审议。11月28日，本条例经山西省第十二届人民代表大会常务委员会第6次会议审议通过，自2014年3月1日起施行。

7.省人民政府组织起草《山西省土地整治条例(草案)》。2013年11月5日，《条例(草案)》经山西省人民政府第29次常务会议讨论通过后，提请省人大常委会审议。

7月24日，全省政府法制工作座谈会在太原召开　（郭文强提供）

10 月 25 日，省依法行政联席会议暨经验交流会在太原召开

（郭文强提供）

8.省人民政府组织起草《山西省城镇住房保障条例(草案)》。2013 年 11 月 5 日,《条例(草案)》经山西省人民政府第 29 次常务会议讨论通过后,提请省人大常委会审议。

9.山西省第十一届人大常委会第十三次会议于 2004 年 9 月 25 日修订通过《山西省暂住人口治安管理条例》不能适应当前形势发展和社会管理需要，根据有关法律法规规定，2012 年 11 月 22 日,山西省人民政府提请省人大常委会审议废止本条例。2013 年 3 月 31 日，山西省第十二届人民代表大会常务委员会第 2 次会议审议通过关于废止《山西省暂住人口治安管理条例》决定,自公布之日起施行。

10.省公安厅起草《山西省流动人口服务管理办法(草案)》。《办法(草案)》经依法审查后,提请省人民政府常务会议审议。2014 年 4 月 2 日,《办法(草案)》经山西省人民政府第 7 次常务会议审议通过,2014 年 4 月 15 日,省长李小鹏签署山西省省人民政府令第 234 号,公布《山西省流动人口服务管理办法》。本办法自 2013 年 4 月 15 日起施行。（郭文强）

【规范性文件审查备案】 2013 年,省人民政府法制办公室前置审查以省人民政府和省人民政府办公厅名义印发规范性文件草案 49 件。前置审查省直有关部门印发的规范性文件草案 99 件。提出修改意见和建议 642 条。按照有关规定,全年共公布省直部门规范性文件 42 件。全年备案审查各设区的市规范性文件 115 件,其中太原市 28 件、大同市 1 件、朔州市 11 件、忻州市 20 件、吕梁市 10 件、晋中市 10 件、阳泉市 6 件、长治市 11 件、晋城市 8 件、临汾市 5 件、运城市 5 件。2013 年度规范性文件审查备案工作有三个方面特点:一是规范性文件发文数量减少。全年,前置审查以省政府和省政府办公厅名义发文规范性文件数同比减少 12.5%;前置审查省直部门规范性文件数同比减少 31.2%;备案审查各设区的市规范性文件数同比减少 19.6%。二是规范性文件质量提高。规范性文件草案总体较为规范,超越法定权限、违法设定行政许可、行政强制和行政处罚等问题明显减少。三是规范性文件管理工作有创新。部分市(县)和省直部门探索规范性文件审查备案工作新思路,制定一系列创新型工作制度和程序。如太原市政府出台规范性文件制定统一编号、统一登记、统一公布“三统一”制度,推进规范性审查备案工作,提高规范性文件质量。（郭文强）

【全省政府法制工作座谈会】 7 月 24 日,省人民政府法制办公室组织召开全省政府法制工作座谈会。会议主题是“创新政府法制工作,加快推进依法行政,为保障转型跨越发展提供优质服务”,座谈会由办党组成员、副主任刘钢柱主持,办领导及机关各处室负责人、各设区的市人民政府法制机构负责人共 40 人参加会议。会议主要议程三项:一是听取各市政府法制办负责人对省政府法制办机关开展党的群众路线教育实践活动、对班子和党组成员意见、建议;二是总结交流上半年全省政府法制工作开展情况,探讨和研究下半年政府法制工作要点;三是传达全国第十二届政府法制监督工作协作会议精神。会上,各市政府法制办负责人,对省政府法制办机关开展党的群众路线教育实践活动，提出许多有益意见和建议。对改进机关工作作风,提高业务工作质量，提升工作效率具有重要意义。各市汇报上半年政府法制工作开展情况,总结工作亮点和特色,为推进全省政府法制工作提供借鉴。最后,办党组书记、主任王卫星进行总结发言,他指出:一是要肯定前半年工作成绩,增强做好政府法制工作信心和决心。二是要认清形势,明确目标,增强做好政府法制工作责任感和使命感。三是要明确任务,坚持创新,推进政府法制工作不断取得新成效。（郭文强）

【法治讲坛】 8 月 19 日,省政府法制办“法治讲坛”开讲,办党组书记、主任王卫星参加开讲仪式并讲话,办党组成员、副主任李云涛在“法治讲坛”讲第一课,办机关及下属事业单位全体人员参加讲座。王卫星指出,举办“法治讲坛”旨在搭建业务学习与交流平台,目的是通过这一平台,讲授业务知识、传授工作经验,提升人员素质,克服能力不足,提高政府法制机构服务转型跨越发展和综改试验区建设能力和水平。李云涛以《行政复议工作情况报告》为题,介绍行政复议工作发展历史、职能定位、面临问题、发展趋势及行政复议工作在化解社会矛盾、维护和谐稳定方面作用等情况,他结合具体行政复议案件同大家进行互动交流。（郭文强）

【山西省行政复议干部知识更新专题研修班】 4 月,省政府法制办在浙江大学组织举办两期“山西省行政复议干部更新知识专题研修班”。4 月 15 日,研修班开班仪式在浙江大学继续教育学院举行。来自省、市、县三级政府法制机构 60 余名学员参加本次研修班。两期研修班围绕《行政复议法解读》《当前行政复议与行政审判的衔接》《基层案件处理及政府决策当中需要关注的问题》等内容分别进行为期一周学习研修。　（郭文强）

【行政复议法实施情况】 9 月 28 日,省政府法制办主任王卫星受省人民政府委托,向山西省第十二届人民代表大会常务委员会第五次会议作《山西省人民政府关于〈中华人民共和国行政复议法〉实施情况的报告》。《报告》表明,行政复议法自 1999 年公布施行以来,全省各级行政复议机关努力工作,有效保障和监督行政机关依法行使职权,化解大量行政争议,维护人民群众合法权益。从该法施行到上年年底,全省各级行政复议机关共办理行政复议案件 1.47 万件。其中,以乡镇政府为被申请人 397 件,占全部案件总数 2.7%;以县级政府为被申请人 1201 件,占全部案件总数 8.17%;以县级政府部门为被申请人 6988 件,占全部案件总数 47.54%;以市级政府为被申请人 789 件,占全部案件总数 5.37%;以市级政府部门为被申请人 3815 件,占全部案件总数 25.95%;以省政府为被申请人 692 件,占全部案件总数 4.71%;其他 817 件,占全部案件总数 5.56%。全省每年平均办理行政复议案件 1100 余件,行政复议纠错率达 31%。《报告》表明,“办案机构不健全,办案人员严重缺失”是困扰山西省行政复议工作发展主要问题。依照《行政复议法》规定,政府法制机构是行政复议工作承办机构。从山西省行政复议机构设置来看,山西省县级政府法制机构专职人员数平均只有 0.2 名,不符合《行政复议法》“2 人以上办案”规定。甚至县级政府没有设立法制机构。加强行政复议工作,发挥行政复议制度作用,省人民政府从如下几方面推进行政复议工作:一是围绕建设法治政府目标,提高各级领导干部对行政复议工作认识水平;二是按照加强创新社会管理要求,提高各级领导干部应用法治思维和法治方式解决问题能力;三是加强行政复议队伍建设,提高行政复议办案质量。10 月 15 日,省人大常委会主任会议通过《山西省人大常委会关于全省行政复议法实施情况报告的审议意见》。　（郭文强）

【行政复议规范化建设考核】 1 月 10~24 日,省人民政府法制办公室对各设区的市 2012 年度开展行政复议规范化建设工作进行考核。每个设区的市随机抽查两个县级政府、两个市直部门进行考核。考核主要内容是:行政复议机构队伍建设情况、保障措施落实情况、行政复议职能履行情况和行政复议指导监督工作、扩大行政复议影响工作、行政复议案件统计分析工作。考核采取百分制方式进行。评分程序为“听、查、看、评”。“听”即听取被考核单位开展行政复议规范化建设工作情况汇报;“查”即查阅开展行政复议规范化建设工作相关文件、资料和行政复议案卷;“看”即现场查看行政复议工作场所、设备等;“评”即考核人员对被考核单位工作开展情况评分。计分规则是市政府本级工作情况占本市分值 40%,被考核县及市直部门工作情况分别占本市分值 30%。考核工作结束后,省政府法制办向省人民政府报送《山西省人民政府法制办公室关于对各市 2012 年度开展的行政复议规范化建设工作考核的情况报告》,将各市于 2012 年度开展行政复议规范化建设工作总体情况、所取得成绩及存在问题向省人民政府作全面汇报。3 月 26 日,常务副省长高建民审阅《报告》后,作出批示:“注意总结和推广经验做法,解决存在的突出问题,全面推进行政复议规范化建设”。　（郭文强）

【行政复议、行政应诉案件办理】 2013 年,省人民政府收到公民、法人和其他组织行政复议申请 134 件,较上年度增加 53.7%。受理吕梁市国建煤化有限公司认为吕梁市人民政府行政不作为,2013 年 6 月 18 日向省政府法制办提出行政复议申请,请求确认被申请人不公开“吕梁市政府向山西省政府报送的关于‘吕梁环城高速公路’项目征地方案的请求及山西省人民政府对该请示的批复文件”政府信息违法;太原市小店区黄陵乡小吴村杨根拴、吴锦光、吴润贵、吴锡恒、原宝林、吴润福、吴道元、原凤林等 8 人不服山西省人民政府于 2009 年 11 月 2 日作出的《关于太原市小店区二〇〇九年第二批次建设用地的批复》(晋政地字〔2009〕164 号),2013 年 11 月 20 日向省政府法制办提出行政复议申请;平遥县朱坑乡丰盛村村民贾狗心、阎士红、贾小青、裴占锁不服晋中市人民政府不履行政府信息公开法定职责,于 2013 年 7 月 8 日向省政府法制办提出行政复议申请,请求确认违法并责令被申请人依法公开相关政府信息等行政复议案件 115 件。全年

“12.4”全国法制宣传日活动　（郭文强提供）

结案94件，其中撤销2件，维持36件，驳回申请11件，以其他方式处理45件。2013年，省人民政府法制办公室受省人民政府委托办理行政应诉案件10件，跟踪督办国务院法制办进行裁决案件4件。（郭文强）

【全省政府法制监督工作座谈会】 12月22日，全省政府法制监督工作座谈会议在太原召开。会议总结回顾2013年全省政府法制监督工作，听取各市、省直各有关单位2014年政府法制监督工作思路，分析工作面临的新形势、新任务，围绕省委、省政府中心任务，研究进一步加强和改进政府法制监督工作思路和措施，谋划2014年全省政府法制监督重点工作。省政府法制办副主任李云涛出席座谈会并讲话，他指出，要加强地方各级政府经济调节、市场监管、公共服务、社会管理、环境保护等职责。深化行政执法体制改革，整合执法力量，推进相对集中执法权，推进综合执法，解决权责交叉、多头执法以及临时工执法问题，减少行政执法层级，加强对安全生产、食品药品、环境保护、劳动保障等社会关注热点、焦点领域监督检查。为全省转型综改试验区建设提供法制保障。（郭文强）

【重点领域执法检查】 省政府法制办根据有关规定，在全省住建、民政和烟草3个领域开展行政执法检查工作。6月8日，省政府法制办会同省住建厅、省民政厅和省烟草专卖局联名印发《山西省人民政府法制办公室关于开展行政执法案卷评查工作的通知》。此次案卷评查范围是2012年1月1日至2013年6月30日期间各系统办结行政处罚、行政许可两类案卷。从7月中旬到9月底，全省住建、民政和烟草3个系统评查省、市、县三级行政执法部门行政处罚案卷16039宗、行政许可案卷11094宗。在检查验收阶段，省政府法制办抽查3个系统案卷610宗（行政处罚案卷380宗、行政许可案卷230宗），所抽查案卷全部合格。检查过程中发现问题主要有三方面。一是法律适用方面。一些行政许可案卷中没有注明适用法律、法规、规章依据；一些行政处罚决定在法律法规规定幅度以下实施处罚，但卷内没有减轻处罚法定情节和法定依据。二是执法程序方面。一些行政许可决定做出，超出法定期限；一些行政处罚案件未依法履行告知义务，或者履行告知义务有瑕疵；一些行政处罚案件没有当事人申辩、陈述内容完整记载，也没有放弃陈述、申辩记载，不能反映当事人陈述、申辩权是否得到保障；个别案卷现场检查笔录、调查笔录中没有体现执法人员出示执法证件、表明身份、告知回避权利内容。有的笔录记录过于简单，没有写清楚违法行为发生时间、地点、过程和情节。三是事实、证据方面。个别案卷认定主要事实无证据佐证或证据不充分，仅有主观评述认定。证据种类相对比较单一。一些行政处罚案卷偏重采用调查（询问）笔录作为定案证据，对其他种类证据收集不够全面。（郭文强）

【新增执法人员培训】 省政府法制办对新增加行政执法人员约14000余人进行业务能力和素质提升培训。11月26~28日，第一期新增行政执法人员培训班在太原市举行。省政府法制办人事教育处处长刘学忠主持开班仪式，省政府法制办党组成员、机关党委书记、省纪委驻办纪检组组长周计伟作开班动员讲话。来自省直厅局20个单位122人参加培训。在3天培训中，山西大学法学院彭云业教授和山西省政法管理干部学院闫桂芳教授和省政府法制办秘书行政处处长郭文强、法制一处处长李峰、行政复议应诉处正处级副处长肖班、行政执法监督处正处级副处长李保川分别就《行政处罚法》《行政许可法》《规范性文件制定与审查》《依法行政基本知识与推进依法行政实务》《行政复议知识》《行政处罚法及行政执法基础知识》作专题讲座。授课中教员与学员进行互动交流，学员们学习热情很高，学习气氛浓厚，普遍反映培训很有必要。（郭文强）

【“12·4”法制宣传日活动】 12月4日，省城2013年度“12·4”全国法制宣传日活动拉开序幕。这次宣传活动由山西省委依法治省领导组办公室和山西省人民政府法制办公室联合主办。副省长张建欣到现场视察指导。省政府副秘书长巨宪华，省委依法治省领导组办公室主任、省司法厅厅长崔国红，省委依法治省领导组办公室副主任、省政府法制办主任王卫星率依法治省领导组办公室、省政府法制办、省司法厅有关领导和处室干部、法律专家80余人参加现场宣传咨询活动。这次活动宣传重点是：“大力弘扬法治精神，共筑伟大中国梦”；“法制宣传助推转型跨越，依法行政建设法治政府”。参加宣传活动领导和专家向现场群众宣讲党的十八届三中全会精神，回答有关“法治山西”建设，特别是依法行政、建设法治政府方面问题。这次活动发放宣传单3000余份，发放法制书刊1000余本，解答群众咨询300余人次。（郭文强）

法院

【概述】 全省法院履行审判职责，狠抓执法办案，全年共受理各类案件241724件，审执结230338件，分别比上年同期上升7.86%和10.64%，结案标的额292.45亿元，同比分别增长0.3个百分点和15.26%；省高院审执结各类重大案件3468件，与上年基本持平。审限内结案率、结案均衡率、裁判自动履行率等各项指标持续向好，审判职能拓展，服务大局的长效机制建立。

1.刑事审判工作。执行新修订的刑诉法，发挥刑事审判惩治和预防犯罪的职能作用，依法打击危害国家安全、公共安全和人民群众生命财产安全等犯罪活动，惩治坑害投资商、创业者和破坏市场经济秩序的各类经济犯罪、职务犯罪行为，全省法院共审结一审刑事案件22425件，判处罪犯28522人，其中5年以上有期徒刑直至死刑的3203人。参与社会管理综合治理，创新少年审判工作，判处未成年罪犯1001人，对其中498名处以非监禁刑，同比上升45.61%；规范减刑、假释和暂予监外执行工作，审结减刑、假释案件12529件，同比下降20.42%；依法向管制犯、缓刑犯发出禁止令，推进社区矫正，做好对特殊人群的帮教管理工作；针对办案中发现的漏洞和问题，向企业和相关部门提出整改司法建议779件，维护社会安全稳定。正确把握罪刑法定、疑罪从无和非法证据排除等原则，坚决防止冤假错案，尊重和保障人权，为316名符合法律援助条件的被告人指定辩护人，对12名证据不足、指控犯罪不能成立的被告人依法宣告无罪。

2.民商事审判工作。制订出台《关于贯彻落实党的十八大精神，全面服务和保障转型综改试验区建设的指导意见》《关于开展“优化投资环境，依法保障综改试验区建设”活动，服务全省“项目推进年”工作的指导意见》《关于为深化平安山西建设提供坚强司法保障的实施意见》等指导性文件。注重发挥司法的教育、评价、指引和示范等功能，在妥善处理转型综改试验区建设进程中常见多发、涉及面宽的融资借贷、合同违约、项目转让、知识产权、工程建设、土地流转等纠纷的同时，强化各类市场主体依法经营、诚信交易的责任，严肃制裁不讲诚信、恶意欺诈、扰乱市场、损害公共利益等行为，努力营造公平、开放的法治环境和社会诚信环境。共审结各类一审民商事案件134725件，同比上升19.87%，涉案标的达147.08亿元。高度重视涉及民生案件的审理，依法严惩人民群众深恶痛绝的危害食品药品安全、制售假冒伪劣商品、破坏耕地、污染环境等违法犯罪案件310件；妥善审理涉及劳务合同、医患纠纷、工伤、教育等社会保障类案件6462件，财产权属、财产损害、相邻关系等所有权纠纷案件6822件，征地拆迁、土地使用权转让、商品房买卖等房地产开发纠纷案件1158件；依法审结农村土地承包、土地流转、山林权属、农资供应、农产品销售等涉农纠纷案件673件，维护农民权益，服务城乡统筹发展。在婚姻家庭、继承纠纷、劳动争议等普通民事、行政案件的审理中，引导当事人通过速裁程序或调解、和解、仲裁等方式解决问题，一审民事案件调解、撤诉率达

1月16日，全省中级法院院长会议在太原召开　　（马云跃提供）

71.43%，同比上升3.1个百分点，加大涉诉矛盾源头化解力度，对征地拆迁、劳动保障、医患关系、交通事故、环境污染等重点领域多发性纠纷，实现与多元纠纷解决机制的有效对接，促进矛盾的实质性解决。各类案件一审服判息诉率达到89.13%，同比上升1.91个百分点。及时制定企业破产重整案件立案审查的司法意见，规范企业破产重整行为，全省法院审慎审理相关案件215件，既保护债权人的合法权益，又促进企业依法转型升级。

3.行政审判工作。坚持把行政审判作为监督依法行政、优化经济发展软环境的重要平台，共审结各类一审行政案件1296件，同比增长16.65%，其中确认具体行政行为违法或无效、判决履行法定职责、撤销具体行政行为的274件，占到21.14%；认真纠正公权力对私权利的不当侵害，审结行政赔偿和国家赔偿案件68件，赔偿金额51.71万元；加强与行政机关的良性互动，推动行政首长出庭应诉，定期与行政执法单位沟通，分析通报行政案件败诉原因，促进法治政府建设；履行司法审查职责，审理行政机关申请非诉执行案件1191件。

4.执行工作。建立失信被执行人数据库，并召开新闻发布会，首批公布794个失信被执行人名单，加大对失信被执行人的惩戒力度，对16名有执行能力而拒不履行法律义务的被执行人依法予以司法制裁。全年共执结各类案件36436件，同比上升13.81%，实际执行率77.26%，执行标的额达123.89亿元。开展全省党政机关执行法院生效裁判专项积案清理工作，督促主动履行法律义务，执结案件630件，标的金额6.2亿元。

5.信访和审判监督工作。持续破解信访难题，开展集中治理赴省进京滞留访、越级访的百日攻坚活动，消化信访积案511件，全省涉诉信访总量同比下降21.7%；强化司法救助工作，简化救助审批程序，全省法院累计缓减免交诉讼费3610案2719.95万元。坚持依法保护当事人诉讼权利与减少当事人诉累、维护生效裁判既判力与坚决纠错的统一，共审查申诉、申请再审案件3777件，对符合进入再审程序条件的及时依法提起再审或指令下级法院再审；共审结再审案件738件，予以改判、发回重审325件，占当年生效裁判的0.21%。健全完善并严格落实与公安、检察机关互相配合、互相制约的工作机制，共同出台保障刑事诉讼法、民事诉讼法正确实施的16个规范性文件，审结各级检察机关抗诉的刑事、民事、行政案件545件。

（马云跃）

【全省中级法院院长会议】 1月16日，省高院在晋祠宾馆召开全省中级法院院长会议，传达第二十次全国法院工作会议精神，安排部署新年度工

作。省高院党组书记、院长左世忠出席会议并讲话，同各中院院长签订党风廉政建设责任书和社会管理综合治理目标管理责任书。党组副书记、副院长朱明主持会议并作总结讲话。党组副书记、副院长刘冀民传达第二十次全国法院工作会议精神并就刑事审判工作进行专项安排，党组成员、副院长吴秋霞、王志刚和纪检组长赵有珍分别就民事审判、涉诉信访、党风廉政建设和队伍建设工作进行专项安排。（马云跃）

【省法、检两院召开向非中共代表人士通报工作情况会议】 1月18日，省法、检两院召开向非中共代表人士通报工作会议。农工党主委、省政协副主席周然，民进省委主委、省政协副主席卫小春，民建省委主委、省政协副主席王宁，省高院党组书记、院长左世忠，省检察院党组书记、检察长杨司，省委统战部常务副部长马天荣等出席会议，省委统战部、民革、民盟、民建、民进、农工党、九三学社、工商联、无党派人士的代表及省高院、省检察院的有关领导参加会议。（马云跃）

【刑事审判工作座谈会】 1月18日，全省法院刑事审判工作座谈会在省法院召开，副院长刘冀民进行工作安排，仇拉锁、张继荣专委参加。省院负责刑事工作的负责人和中级法院负责刑事审判工作的副院长及相关人员参加会议。（马云跃）

【省高院召开2012年度工作总结表彰大会】 2月26日，省高院召开全院干警大会，总结机关2012年度工作，安排部署2013年工作，表彰87名先进工作者，为连续三年评为考核优等的7名同志记三等功。（马云跃）

【2013年院保密委员会工作会议】 3月26日，省高院召开院2013年保密委员会工作会议。学习《人民法院工作国家秘密范围的规定》《最高人民法院保密委员会2013年工作要点》《中共山西省委保密委员会2013年工作要点》，副院长沈德咏在最高人民法院保密委员会全体会议上的讲话，省高院保密委员会主任罗锁堂总结2012年保密工作情况，对2013年保密工作提出几点意见。（马云跃）

【山西省减刑、假释工作会议】 5月13日，山西省减刑、假释工作会议在太原市召开。省委政法委副书记闫喜春、省法院副院长刘冀民、省检察院副检察长荣彰、省公安厅党委委员段绪忠、省司法厅副厅长李满胜、省监狱管理局局长句轶旺出席并讲话，国家法官学院黄永维院长进行授课。省法院审监庭、审监二庭全体人员和各中院分管领导、庭长参加会议。（马云跃）

10月22日，省高院在太原召开“发布失信被执行人名单”新闻发布会（马云跃提供）

【全省法院调研工作会议暨调研骨干培训班】 7月22~26日，全省法院调研工作会议暨调研骨干培训班在太原举办，省高院党组副书记、副院长刘冀民出席会议并作讲话，省高院研究室主任李瑞荣主持会议并传达贯彻全国法院调研工作会议精神，各中院研究室主任，刑事、民事、行政、政治部和基层法院调研骨干共180余人参加会议和培训。（马云跃）

【全省中级人民法院院长座谈会】 全省中级人民法院院长座谈会于7月25日在大同举行。会议学习贯彻全国高级法院院长会议精神，分析当前法院工作面临的新形势、新任务，研究加强司法为民、公正司法、提升司法公信力，推动平安山西、法治山西建设的具体措施，部署今后一个时期人民法院工作。省委常委、政法委书记王建明对会议作出批示。省高院党组书记、院长左世忠对全省法院今后一段时间的工作进行部署，并确定六项工作重点。（马云跃）

【“公众开放日”活动】 9月17日上午，省高院邀请10名社区群众、10名大学生来院参加“公众开放日”活动，共安排参观院史馆、旁听审判、座谈三项内容。院党组成员、纪检组长王珍，院党组成员、政治部主任张学俊参加座谈和相关活动。（马云跃）

【“发布失信被执行人名单”新闻发布会】 10月22日，省高院在太原召开“发布失信被执行人名单”新闻发布会。省高院党组成员、执行局局长冯强在发布会上介绍发布失信被执行人名单的必要性、发布的意义、范围、发布程序、公布方式，省银监局党委委员、纪检书记祁绍斌作配合人民法院失信被执行人名单制度的建立、全力防范金融风险、保障金融安全和社会稳定的发言。省高院党组副书记、副院长朱明作《依法推进诚信机制建设、为建设诚信山西发挥作用》的主

题发布。（马云跃）

【人民陪审员培训示范班】 9月23~27日，省高院在本院大法庭举办“2013年全省法院人民陪审员培训示范班”，对全省各基层法院220余名人民陪审员进行为期五天的培训。培训的课程设置包括法官职业道德及廉政问题、中国司法制度若干问题、法官的思维方式和裁判方法及刑事诉讼法、民事诉讼法等内容，涵盖人民陪审工作的各个重要环节，授课教师由省法院有多年相关业务经验的业务骨干和资深法官担任。

（马云跃）

【《关于为深化平安山西建设提供坚强司法保障的实施意见》出台】 为实现“努力让人民群众在每一个司法案件中都能感受到公平正义”的目标，突出“司法为民、公正司法”的主线，发挥审判职能作用，推动平安山西建设，省高院于9月29日出台《关于为深化平安山西建设提供坚强司法保障的实施意见》。意见就深化平安山西建设的具体措施进行分工，并要求建立好四项机制，抓好贯彻落实。（马云跃）

【“山西企廉网建设工作推进会”】 11月7日，省纪委“山西企廉网建设工作推进会”在省高院十楼会议室召开，省纪委副书记贾毓杰、省纪委常委荀志坚、省国资委纪委书记田国仁，以及21家国企的纪委书记参加会议。（马云跃）

【业务骨干能力提升研修班】 11月23日至12月6日，省高院分别在北京大学和清华大学举办两期“山西法院系统业务骨干能力提升研修班”。来自省高院机关各部门负责人和业务骨干89名，各中院有关领导和业务骨干48名，共137人参加学习培训。（马云跃）

【全省法院司法公开会议】 12月23日，全省法院司法公开会议在省法院召开。仇拉锁专委传达全国法院司法公开推进会精神，各中级法院负责人汇报法院司法公开的亮点特色、存在的问题和对策建议，副院长刘冀民讲话。省院相关处室负责人和部分县区法院院长参加会议。（马云跃）

【2013年度目标责任考核大会】 12月30日，省法院2013年度目标责任考核大会在机关大法庭举行，省委考核组和全员干警参加大会，会议由院长左世忠主持，组长刘惠民代表省委考核组讲话，左世忠代表院党组作班子述职报告。会后，省委考核组进行民主测评、谈话。（马云跃）

检 察

【概述】 2013年，山西省人民检察院忠实履行宪法和法律赋予的职责，强化法律监督、强化自身监督、强化队伍建设，各项检察工作取得新进展。

1. 查办危害转型跨越发展的犯罪，服务和保障综改试验区建设。2013年，共查办侵害国有企业资产职务犯罪153件236人。开展职务犯罪专项预防410件，依法督促清收国有资产14亿元，及时向有关单位及其上级主管部门发出检察建议411份。查办职务犯罪258件369人。

2. 维护社会稳定，促进平安山西建设。2013年，共批准逮捕各类刑事犯罪嫌疑人16262人，提起公诉25958人，批准逮捕准确率达99.9%，提起公诉案件有罪判决率达到99.99%。对轻微刑事犯罪依法决定不批捕1456人，决定不起诉836人，提出变更强制措施1091人，开展社区矫正监督工作，依法纠正脱管漏管736人次。提起刑事被害人救助1007人，实际发放救助金721.27万元。办理轻微刑事和解案件666件，民事申诉和解案件679件。处理群众举报、控告、申诉信访8537件次，检察长接待信访2666件5269人。

3. 查办职务犯罪力度。2013年，查办各类职务犯罪1339件1819人，追缴赃款3.5亿元。查办贪污贿赂犯罪876件1271人，其中大案697件，县处级以上领导干部要案80人（其中厅局级7人），大要案增幅居全国前列。加大惩治行贿犯罪力度，对87名行贿人依法追究刑事责任。查办渎职侵权犯罪463件548人，其中大案205件，县处级以上领导干部要案11人。开展查办发生在群众身边、损害群众利益职务犯罪专项工作，查办此类职务犯罪916件1212人。同步介入矿难、溃坝、爆炸等重大安全责任事故调查，查办事故背后的渎职犯罪89人。全省检察机关贪污贿赂犯罪案件侦结率达92.48%，起诉率达96.38%，渎职侵权犯罪案件侦结率达92.78%，起诉率达91.99%。

4. 强化对诉讼活动的法律监督。2013年，监督行政执法机关移送涉嫌犯罪案件67件92人，监督侦查机关立案58件71人。开展对公安派出所执法办案情况专项检查等活动，监督侦查机关立案1633件、撤案1359件、追捕916人、追诉1009人。加强刑事审判监督，对认为确有错误的刑事裁判提出抗诉399件。加大刑罚执行和监管活动监督力度，纠正减刑、假释、暂予监外执行不当442人，清理久押不决94人，纠正超期羁押17人，监督交付监狱执行刑罚648人。加强民事行政诉讼监督，全年受理各类案件6342件，对确有错误的民事行政裁判提出抗诉213件，发出再审检察建议320件，纠正民事行政审判活动违法行为1265次，办理督促起诉案件3237件，办理执行监督案件2215件，促进“执行难”问题的解决。

（尹桂珍）

【司法警察工作】 1. 以履职为重点，依法全面履行各项职责。全面和规范履行《人民检察院司法警察条例》和《人民检察院司法警察执行职务规范（试行）》规定的司法警察职责，加强与相关业务部门的沟通联系，参与搜查、协助追逃等工作，发挥司法警察在维护社会稳定、促进社会管理创新、化解社会矛盾方面的职能作用。仅省院上专案2人共计160天，搜查押解20人次

2.突出抓好办案安全工作。把保障办案安全作为工作的重中之重，加强对办案安全形势的分析，总结和研究保障办案安全工作的特点和规律，及时发现和消除隐患。加强警示教

8月21日,山西省预防职务犯罪宣讲团巡回宣讲活动在太原举行
(尹桂珍提供)

育,同时要求各市分院法警支队经常运用办案安全事故典型案例警示广大司法警察。应对新《刑事诉讼法》带来的新任务、新特点,做好各个环节处置突发事件预案。加强办案安全防范,落实办案安全规范,坚决杜绝重大办案安全事故的发生

3.抓好办案工作区的建设,规范办案工作区使用和管理。继续抓好《人民检察院办案工作区设置和使用管理规定》的贯彻落实。遵循规范设置、依法使用、加强监督的原则,完善办案工作区使用审批、登记、交接、执勤等规章制度,规范办案工作区使用管理的操作流程。落实"看审分离"要求,保障办案安全。执行办案工作区准用制度,推进办案工作区达标创建工作。2013年对8个办案工作区进行检查验收,都达标并通过验收。

(尹桂珍)

【监外执行(社区矫正)法律监督】 1.狠抓在乡镇(街道)一级设立社区矫正流动检察室或巡回检察站的工作。通过设立流动检察室和巡回检察站,延伸监督的触角,提升监督的效果。

2.抓社区矫正法律监督信息化建设。离石区、杏花岭区、尧都区和永济市等基层院创新和探索新的监督手段,运用手机定位等科技手段加强对社区矫正人员的法律监督,实现检察机关与司法部门的信息共享和与司法行政机关社区矫正执行的同步监督。

3.抓典型以点带面。在社区矫正法律监督工作中,省院组织召开全省监外执行(社区矫正)法律监督工作经验交流现场会。

4.加强社区矫正法律监督,强化对法院交付执行和日常矫正的监督,通过监督发现并书面提出纠正意见2980件,已得到纠正2944件,并发现查办一起社区矫正工作中的职务犯罪案件。 (尹桂珍)

【清理久押不决案件】 1.摸清底数。对全省2009年12月30日前羁押仍未审结的久押不决案件进行重新排查。要求各市认真排查,摸底底数,坚决杜绝瞒报、漏报现象,专人负责,限期落实。

2.突出重点。将五年以上久押不决的案件作为2013年清理和纠正的重点,特别是高检院督办的八年以上案件,逐案逐人进行跟踪督促。全省共清理纠正高检院督办的八年以上案件5案5人。

3.加强联系,定期与省政法委、省法院、省公安厅召开联席会议,共同协商解决久押不决案件。全年共召开五次联席会议,逐案逐人进行核对,研究解决对策,限期进行清理,通过召开联席会议制订下发《关于对死刑案件中未被判处死刑的被告人及时交付执行的规定》等两个规范性文件。截至2013年底,全省共清理久押不决案件68案124人。 (尹桂珍)

【民行检察】 一是办案指标与上年同比明显上升。全省共受案13669件,审查处理13573件,分别同比上升124%和117%。提出抗诉213件,发出再审建议320件。省院民行处共办理案件257件,人均21件。二是民诉法新增职能全面履行。省院制定加强执行监督意见,全省共办理执行监督和审判活动违法监督案件4175件。三是创新开展两个专项活动。按照检察长杨司批示,在全省部署开展督促起诉专项活动和行政执法检察监督试点工作,办理案件4463件,为国家挽回经济损失16.6亿元。

(尹桂珍)

【控告检察】 山西省人民检察院控告处协助做好省院院领导接待来访群众3次、共计28件32人的相关工作。省院控告处全年接待群众来访1922件2713人,处理群众来信1701件,处理举报电话668件,分流举报线索207件,处理省管要案线索115件,审查市分院上报要案线索备案77件,督促相关市院做好在省院门口群体访、非正常访等重点来访22件。认真办理高检院交办信访案件14件,认真办理省委政法委收到转省院来信案件、中央第六巡视组巡视山西省期间接收涉法涉诉信访案件153件。坚持"受审分离"原则受理民事监督申诉案件40件,坚持规范接待分流刑事申诉案件22件、控告检察干警案件1件。坚持带案下访,处置1件涉检信访网络舆情,高检院控告厅作为典型案件进行转发。 (尹桂珍)

【基层检察院建设】 1.评先创优活动。组织全省先进基层检察院评选表彰工作,24个先进基层院和3个市院受到表彰。

2.开展基层建设调研工作。先后陪同院领导到联系点调研,与省院计财处联合开展"科技强检示范院标准"调研,陪同高检院调研组赴全省各地进行调研。组织基层院内设机构

设置情况专题调研，对市县两级院机构配备情况进行摸底和收集相关情况，并向高检院上报山西省基层院机构设置情况。

3. 推进基层院内设机构改革工作。7月，省院下发文件，在太原等9个市、10个基层院和吕梁所辖13个基层院开展基层院内设机构改革试点工作。

4. 继续抓好服务农村“两个办法”的落实，推进检力下沉和巡回检察工作的开展，同意批准设立运城空港区检察室。（尹桂珍）

【宣传和涉检舆情监控处置】 1. 开展“阳光检察”活动。制订《关于在全省检察机关实施“阳关检察”工程的意见》，在全省确定2个市级院，14个基层院作为试点先行开展。有条件的检察院建立“检务大厅”，为人民群众提供一站式服务、近距离服务、高效透明服务；落实“检察开放日”制度，邀请社会各界代表以及新闻媒体等到检察机关，参观图片资料，观看多媒体演示等活动；完善12309举报电话、举报网站，畅通群众法律咨询与举报、申诉渠道；推进职务犯罪预防工作“进机关、进企业、进社区、进乡村、进学校”的“五进”战略，采用公益广告、宣传版面、媒体专栏、开通预防网站等宣传教育形式，强化预防宣传；完善接受人大监督的各项制度，自觉接受人大监督；全方位推进检务公开，各级检察院逐步建立新闻发言人制度，开设门户网站、开通检察微博、在报刊、广播电视上开设专栏，在全省检察机关推进“阳光检察”工作。

2. 加大检察工作宣传力度。全年在各类媒体上刊发稿件600篇，刊发图片26张，同比上升20%，其中《检察日报》发稿119篇，首次在《人民日报》刊发2篇稿件。《山西青年报·检察周刊》出版发行45期。山西省人民检察院门户网站共计发稿200篇。其中在重要新闻栏目发稿22篇，检察动态栏目发稿18篇，检察风采9篇，亮点聚焦栏目发稿11篇，权威发布4篇，基层联播栏目发稿18篇，媒体播报38篇，全年网站点击数达到685339次，比上年增长23万余次。

11月1日，山西省人民检察院未成年人刑事检察处在太原市第五十六中进行普法教育（尹桂珍提供）

2013年12月4日开通“山西检察”腾讯微博，点击量达7万余次。

3.加大涉检舆情监控处置力度。加强网络舆情监测，编发《涉检舆情快报》246期，及时处置涉检舆情23次，化解重大舆情危机3起。

（尹桂珍）

【未成年人刑事检察】 1. 减少对未成年人适用强制措施，严格限制使用羁押性强制措施。根据未成年犯罪嫌疑人涉嫌犯罪的事实、主观恶性、有无监护与社会帮教条件等，综合衡量其社会危害性、人身危险性，按照少捕、慎捕原则，对逮捕必要性进行评估。对被逮捕的未成年犯罪嫌疑人入所后服从管理，依法变更强制措施不致发生社会危险性，能够保证诉讼正常进行，经评估无继续羁押必要的，及时变更强制措施。同时，针对不批准逮捕案件容易引发侦查机关的疑问、被害人的误解甚至上访等问题，坚持不捕双向说理原则，将各类矛盾解决在萌芽状态。

2. 运用不起诉裁量权，探索新型分流模式，适当扩大检察机关的起诉裁量权，建立附条件不起诉制度，既符合国际刑事诉讼制度的发展方向，也可以给更多的没有前科劣迹、主观恶性不大、偶尔失足且涉嫌罪行较轻的未成年犯罪嫌疑人提供改过自新、尽早回归社会的机会，有利于及时有效地化解社会消极因素。山西省检察机关以落实附条件不起诉为重点，结合工作实际，明确附条件不起诉的适用条件、对象范围、考察期限、决定程序、救济途径等，并规范不起诉宣告程序和非刑罚处置措施适用，强化教育感化功能，降低未成年人起诉率。

（尹桂珍）

【女检察官协会】 2013年“三八节”期间，省院和吕梁市院女检察官，深入吕梁市开展“送法下乡、国防教育”活动。以“送法进企”“送法进农村”“送法进社区”三个活动组分别深入中阳县钢铁有限公司、孝义市汾西矿业集团，离石区城北街道办李家沟村、离石区莲花池街道办南关和昌宁社区，了解民情，宣传法律，发放手册、释法答疑。送法下乡活动结束后，女检察官们到军事训练基地接受国防教育体验军营生活，到吕梁民兵综合训练基地，学习人防指挥、民兵预备役等国防知识，增强政治素养和国防意识。（尹桂珍）

公 安

【改进工作作风九项规定】 省厅党委研究制订《山西省公安厅党委关于改进工作作风的九项规定》。

《山西省公安厅党委关于改进工

作作风的九项规定》要求:一是切实改进调查研究工作。二是切实改进会风。三是切实改进文风。四是切实改进机关工作作风。五是切实改进考核检查工作。六是切实加强公务车和警车管理。七是切实改进警卫工作。八是切实厉行勤俭节约。九是切实加强监督检查。 (李晶辉)

【全省公安机关打击食品安全犯罪电视电话会议】 1月25日下午,公安部召开全国公安机关打击食品安全犯罪电视电话会议,安排部署2013年全国公安机关开展"打击食品犯罪、保卫餐桌安全"专项行动。公安部电视电话会议结束会后,省厅召开会议,对全省"打四黑除四害"专项行动开展以来工作进行总结表彰,并对全省"打击食品犯罪、保卫餐桌安全"专项行动进行安排部署。

副厅长雷党辰肯定在"打四黑除四害"专项行动开展以来所取得的成绩,并对2013年"打击食品犯罪、保卫餐桌安全" 专项行动进行安排部署。一要明确任务目标和打击重点。二要积极探索侦查破案新思路、新方法。三要加强协作配合、坚持综合治理,着力形成打击犯罪的整体合力。 (李晶辉)

【全省"两会"安保】 山西省第十一届政协一次会议和山西省第十二届人大一次会议于1月28日和30日在省城太原闭幕。"两会"期间,全省各级公安机关按照公安厅统一工作部署,全警动员,严格按照《山西省第十二届人民代表大会安全保卫工作总体方案》要求,围绕"绝对安全、万无一失"和"六个坚决防止"工作目标,落实各项安保措施,为"两会"胜利召开营造安全、稳定、和谐社会治安环境。 (李晶辉)

【襄汾"2·18"爆炸案告破】 2月18日15时24分,襄汾县振兴路地税局家属院南楼三单元一层西户襄汾县政法委副书记李某家中发生爆炸并起火,造成一人死亡。经过部、省、市、县四级公安机关18个昼夜连续奋战,成功侦破此案。

经查,2月16日19时许,犯罪嫌疑人杨万忠将自制爆炸装置放置在李某家门前。2月18日15时许,李某一家三口从外地返回到家中后,其女儿李子琰触动爆炸装置引发爆炸,爆炸致李子琰死亡。犯罪嫌疑人杨万忠对犯罪事实供认不讳,据犯罪嫌疑人交代,涉案炸药、雷管等爆炸物品系本人在20世纪70年代担任乡镇武装部部长期间私自藏匿。案件正在进一步侦查中。 (李晶辉)

【社会治安"六项整治"工作部署视频会】 4月3日,省厅召开全省公安机关参与社会治安"六项整治"工作部署视频会,对全省公安机关参与社会治安"六项整治"工作进行安排部署。厅治安、刑侦部门主要负责人在省厅主会场参加会议,各市公安局局长和治安、刑侦部门相关同志在各市分会场参会。

会议对全省公安机关开展"六项整治"要求:一是要迅速启动"六项整治"专项行动。要求各市公安局主要领导亲自挂帅,按照省厅工作要求,结合当地实际,制定操作性强的工作方案,迅速开展工作。二是要将"六项整治"工作与省厅部署的其他工作结合,统筹兼顾,省厅将逐月通报各市工作情况,对工作不力、战果不明显的,将予以通报批评。三是要及时总结发现工作经验,树立典型。要边整治边进行"回头看",进行阶段性工作小结,发现工作经验和典型。四是要严格执法,依法办事。各级公安机关参战民警要克服畏难情绪,不急不躁,在工作中一定要严格依法办事,坚决杜绝粗暴执法、违规办案问题发生。 (李晶辉)

【"打击食品犯罪保卫餐桌安全"】 5月15日下午,公安部召开"打击食品犯罪保卫餐桌安全"专项行动视频部署会,对集中开展打击制售假牛羊肉、病死猪肉、注水肉等假劣肉制品犯罪进行动员部署。公安部电视电话会议结束会后,省厅召开全省公安机关会议,对全省以集中打击肉制品犯罪为重点的破案会战进行安排部署,副厅长雷党辰出席会议并讲话。

雷党辰强调:一要高度重视,切实增强责任感。二要采取措施,深入摸排食品安全的线索。三要突出重点,始终保持严打高压态势。四要规范执法,充分利用法律武器严惩犯罪。五要加强沟通,做好案件的鉴定、起诉等各环节工作。 (李晶辉)

【民生警务、亲民公安建设】 5月17日,省厅召开全省公安机关电视电话会议,安排部署深化民生警务、亲民公安建设工作。省长助理、公安厅厅长刘杰出席会议并讲话,厅党委委员、副厅长成振林主持会议,厅领导、厅副巡视员,厅直各单位主要负责人,各序列行业公安处(局)长在省厅主会场参加。

刘杰传达国务委员、公安部部长郭声琨,公安部党委委员、政治部主任蔡安季和省委书记袁纯清,省委常委、政法委书记王建明等领导对全省公安机关推进民生警务、开展亲民公安建设重要批示精神以及公安部调研组反馈意见。就下一阶段工作重点,刘杰指出六个方面:一是坚定不移地用民生警务和亲民公安理念统领全部公安工作。二是坚定不移地坚持"双联双建"工程,突出抓好两个服务措施的落实。三是坚定不移地抓好队伍建设这个根本,确保实现"一高一低"的目标。四是坚定不移地夯实基层基础工作的根基,努力推进打防管控一体化工作格局。五是坚定不移地深化执法规范化建设,不断提升执法规范化水平。六是坚定不移地转变作风,努力营造干事创业、奋发有为的精神状态和干事氛围。 (李晶辉)

【"平安高考"】 为做好2013年全省高考安全保卫工作,全省各级公安机关高度重视,精心组织,周密安排,强化措施,狠抓落实,出动警力3万余人次,警车7600余台次。 (李晶辉)

【首届山西省文化产业博览交易会安保】 首届山西省文化产业博览交易会于6月29日~7月3日在省城太原举办。"文博会"期间,全省公安机关出动各类安保力量8500余人次,车辆3000余台次,完成"文博会"各项活动安全保卫，实现“绝对安全，万无一失”和“六个坚决防止”工作目标。文博会组委会授予省公安厅、太原市公安局等19个单位和部门“首届文博会突出贡献奖”，评选公安机关106人为“首届山西省文化产业博览交易会先进个人”。（参见第407页）

（李晶辉）

【全省禁毒工作电视电话会议】 9月2日，国家禁毒委召开全国禁毒工作电视电话会议，会后，召开全省禁毒工作电视电话会议。省禁毒委员会主任、副省长张建欣出席并讲话，省禁毒委员会副主任、省长助理、公安厅厅长刘杰主持会议。

会议强调，全省各级政府、禁毒委员会成员单位要结合本地禁毒工作实际，研究具体禁毒工作措施，贯彻落实全国禁毒工作会议精神。一是充分认识、评估当前山西省毒情现状，提高毒情严峻性认识，提高禁毒工作的主动性和针对性。二是各级政府统一领导，成员单位齐抓共管，形成禁毒工作的良好机制。三是以打开路，打好“肃毒害、创平安”禁毒百日攻坚会战。四是加大对吸毒人员的收戒力度，落实各项排查、管控、治理措施，减少社会的危害。

省委书记袁纯清对全省禁毒工作作出专门批示，要求省禁毒办要随时掌握各地贯彻落实情况，做好对禁毒百日攻坚会战的督办、督察工作。

刘杰就贯彻落实全国、全省禁毒工作会议提出要求：一是要认真分析形势，传达好会议精神。二是要突出重点，强化整治措施。三是要加强督导，确保各项措施落到实处。

（李晶辉）

【汾西“8·24”恶性伤害儿童案告破】 8月24日下午19时许，临汾市汾西县发生一起伤害儿童恶性案件。一名正在家门口玩耍的6岁男童郭某被犯罪嫌疑人带至野外，犯罪嫌疑人对其双眼实施严重伤害。

案发后，公安部派出专家组到一线指导破案。省、市、县三级公安机关抽调警力成立专案组，统筹多警种同步上案，开展侦查工作。刘杰、段绪忠赶赴一线，实地勘查案发现场，调度指挥，至9月2日，该案告破。

经专案组侦查调查认定，犯罪嫌疑人为受害男童郭某伯母张会英（女，1972年3月21日出生，系山西省汾西县对竹镇乔家庄人，生前在汾西县永安镇某养殖场打工），张某于8月30日在自家院内跳井自杀。

经DNA检验，在犯罪嫌疑人张会英衣服上，检验出多处受害男童郭某血迹；同时从该衣服上检验出张会英DNA。

专案组综合侦查调查和刑事技术DNA检验结果认定，张会英系该案犯罪嫌疑人。（李晶辉）

【中秋节期间社会稳定】 2013年中秋期间，全省社会政治稳定，治安秩序平稳。9月19日8时~9月21日18时，全省未发生重大刑事、治安案件；未发生重大火灾、交通事故；未发生重大群体性事件。节日期间，全省公安机关处置各类警情8462起，其中刑事类警情784起，治安类警情2332起，交通事故类警情1866起，火灾类警情29起，其他类警情3451起。

（李晶辉）

【“六网覆盖”工程建设推进会议】 10月20日，省综治办、省公安厅在太原市联合召开全省社会治安防控体系“六网覆盖”工程建设推进会议。省委常委、政法委书记王建明，公安部治安管理局副局长闫正斌出席会议并讲话，省长助理、公安厅厅长刘杰主持会议。省委政法委副书记薛永辉、省综治办副主任刘永生、省公安厅副厅长雷党辰、张立刚及省财政厅、省经信委、省发改委等成员单位负责人，省综治办、省公安厅相关部门负责人、各市政法委书记、综治办主任、公安局局长和太原市各县区政法、综治、公安等单位负责人参加会议。太原市市长耿彦波一同参加实地观摩。

会议组织参会代表实地观摩太原市公安局万柏林分局应急指挥中心、闫家沟社区视频监控系统建设及应用情况，太原、晋中、晋城、忻州市分别就本地社会治安防控体系“六网覆盖”工程建设情况做大会经验交流发言，8个市进行书面经验交流。

（李晶辉）

【全省公安局处长会议】 10月21日，省厅召开全省公安局处长会议，贯彻落实公安部和省委、省政府领导重要批示以及全国公安厅局长座谈会精神，总结2013年以来公安工作，分析面临形势和任务，对重点工作进行安排部署。省长助理、公安厅厅长刘杰安排部署全省公安工作，厅党委副书记、常务副厅长成振林主持会议，厅党委副书记、副厅长李玉生传达公安部和省委、省政府领导重要批示，厅党委委员、副厅长雷党辰宣读省厅《关于深入开展“三转变三服务三提升”民生警务实践活动的方案》。

省公安厅召开专题会议安排部署深化民生警务、亲民公安建设工作

（李晶辉提供）

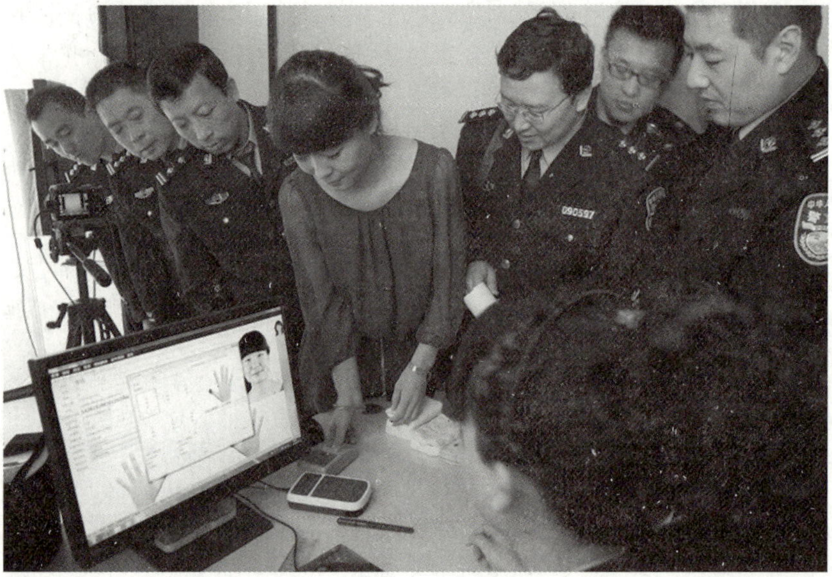

山西省公安机关全面启动居民身份证登记指纹信息工作

(李晶辉提供)

会议以电视电话会议形式召开,厅党委成员,巡视员、副巡视员,各市公安局局长、政治部主任,厅直各单位主要负责人,各序列行业公安局(处)长在主会场参加会议并观看《基层公安机关工作情况暗访实录》专题片。各市、县公安机关党委班子成员及有关部门负责人在分会场收听收看会议。

(李晶辉)

【太原“11·6”爆炸案件告破】 11月6日7时40分至8时许,太原市迎泽桥东发生一起爆炸案件。案件发生后,中央领导作出一系列重要批示指示,要求迅速侦破案件,严惩危害公共安全暴力犯罪。公安部派出以一名副部长带队的专家组赶赴现场,指导破案。山西省委、省政府高度重视,主要领导亲自对案件侦破、伤员救治等项工作进行安排部署。省、市公安机关迅速成立专案组,在兄弟省市公安机关支持下,全力开展侦破。经过41小时连续奋战,8日凌晨2时,该案成功告破,犯罪嫌疑人丰志均在太原被抓捕归案。

警方初步查明,犯罪嫌疑人丰志均,男,41岁,太原市杏花岭区人,曾因盗窃被判处有期徒刑9年。警方从其住处缴获私自制造爆炸装置,发现大量犯罪证据,并查处其作案时驾驶车辆。犯罪嫌疑人丰志均对犯罪事实供认不讳。案件破获后,公安部、山西省委、省政府、太原市委、市政府致电,对参战民警顽强拼搏、连续奋战工作作风和雷厉风行、快速破案过硬素质给予肯定,对全体参战民警表示问候和感谢。

(李晶辉)

【入选2013年度全国十大公安微博】 12月4日,2013年度全国政务新媒体峰会在北京举行。会上,人民网舆情监测室发布《2013年腾讯政务微博和政务微信发展研究报告》,山西省公安厅政务微博“山西公安发布”以87.99分综合得分入选全国“十大公安系统机构微博”,排名第九。武汉大学互联网科学研究中心发布《2013年度腾讯政务微博案例排行榜》,“山西公安发布”策划宣传《太原交警开温情罚单》入选“全国政务微博案例排行榜单”,综合得分86.36,排名第六。

据统计,截至2013年10月31日,经腾讯微博平台认证政务微博达160068个,其中公安微博21064个。

(李晶辉)

【服务基层警务“双16条”】 省公安厅制订出台《山西省公安厅服务民生措施16条》《山西省公安厅服务基层警务措施16条》。

服务民生16条措施:增加山西公安便民服务在线业务办理项目,由9类185项增加到11类226项。

户政管理:开通户口预约办理和居民身份证办理进度查询短信告知业务;开通居民身份证加急办理业务;实行民爆物品、烟花爆竹业务网上办理。

交通管理:逐步完善交通违法提醒机制,推进互联网交通违法支付平台建设;扩大县级车管权限范围,完善“流动车管所”制度;建立全方位交通服务体系;建立道路交通事故理赔中心;免费为机动车发放车辆智能信息卡。

消防管理:对国家和省重点项目的消防审核验收开辟绿色通道。

出入境管理:放宽全省居民就近办理出入境证件申请条件;下放大陆居民往来台湾通行证再次签注制作权;开通出入境网上缴费和短信提醒服务;开辟特殊人群办理出入境证件绿色通道。

服务基层警务16条措施:在公安信息网“政工直通车”中增设警衔审批流程公示专栏,在办理立功受奖、警察证申领、警号及数字证书配发工作中,最大限度压缩审批时限;建立和完善民警培训提速提效机制;加大民警执法维权力度;严格控制和规范各项任务指标,为基层民警减压减负;开辟食品药品违法犯罪案件物证检验鉴定绿色通道;前移技侦工作阵地;在公安局域网开通警务保障直通车栏目;改进被装管理办法;加快新录用民警警服配发时间;加大对市、县公安机关的办案(业务)经费和业务装备经费的补助力度;取消对基层民警使用警务通采集、查询信息量考核;提升“警综平台”应用功能;改进对监管场所的等级评定考核办法;为基层公安机关刑侦办案、刑技检验、跨省市工作协调提供更为快捷的服务等。

(李晶辉)

【全警追逃利剑行动】 2013年,根据省委政法委、省公安厅打好“六场硬仗”安排部署,省厅刑侦总队在全省公安机关组织开展全警追逃利剑行动。抓获各类网上逃犯12319名,比上年全年抓获总数多1003名,上升了8.6%。其中抓获外省逃犯2547名,抓获故意杀人逃犯121名,抓获部B

级通缉令及部督捕逃犯6名,抓获潜逃10年以上逃犯69名,共有1989名网上逃犯投案自首。其中,刑侦部门抓获网上逃犯4428名,占全部抓获总数36%;治安管理部门抓获网上逃犯3590名,占总数30%;经侦部门抓获逃犯256名,禁毒部门抓获逃犯169名,网监部门抓获逃犯233名,交管部门抓获逃犯144名,其他各警种也抓获一批网上逃犯。 (李晶辉)

【圣诞节期间安全保卫】 圣诞节期间,全省各级公安机关按照公安部、省厅统一部署和要求,高度重视,精心部署,明确任务,落实责任,采取有效措施,组织开展圣诞节期间各项安全保卫工作。全省出动警力28568人次、警车4532辆次,圣诞节期间,全省社会治安稳定,未发生影响安全稳定案(事)件。 (李晶辉)

·交通管理局·

【概述】 2013年,省公安厅交管局发挥省级公安交管部门和省道路交通安全领导小组办公室职能作用,制订、组织实施全省道路交通管理规划,对全省执行道路交通法律、法规情况进行指导、监督,组织指导和监督全省公安交管部门依法查处道路交通违法犯罪活动,预防和处理道路交通事故,管理机动车和驾驶员,开展交通安全宣传教育,加强交通安全管理科技信息化建设,加强全省高速公路交通安全管理。全年,按照“围绕一个中心,守住两条底线,抓好三项重点工作”(“一个中心”,服务全省转型跨越发展和再造一个新山西宏伟目标。“两条底线”,坚决不发生公路“三乱”等违法违纪问题,坚决不发生因民警管理不善、失职渎职造成的有影响的重特大事故。“三项重点工作”,一是抓好秩序管理,保安全畅通;二是抓好基层基础工作,预防重大事故;三是用服务质量来提升群众满意度。)总体思路,创新管理机制,加强队伍建设,提升服务水平,创造良好道路交通环境,满足人民群众新期待新要求。 (张利荣)

【省道路交通安全领导小组办公室】 推动省政府出台贯彻落实《国务院关于加强道路交通安全工作的意见》(国发〔2012〕30号)的《实施意见》,制订出台《山西省道路交通安全管理“十二五”规划》《2013年山西省道路交通安全工作指导意见》《山西省道路交通安全工作考核细则》,加强对各地、各部门道路交通安全工作指导、协调、考核和推动。8月底,以省道路交通安全领导小组名义,在太原召开全省道路交通安全工作现场会,推广部分市县政府、职能部门和客货运企业交通安全管理先进经验,部署贯彻落实国发〔2012〕30号文件等重点工作。 (张利荣)

【预防交通事故】 2013年,完成国务院安委办和省委、省政府下达交通事故控制任务。自2008年,首次实现一年内未发生一次死亡10人以上重大交通事故。2013年,全省共发生涉及人员伤亡道路交通事故5303起,死亡2133人,受伤5520人,经济损失2889.64万元,同比分别下降5.08%、7.02%、7.74%、18.11%。 (张利荣)

【大排查大教育大整治货车违法行为】 全省共排查清理车辆逾期未检验、未报废等各类信息73万余条;向5346家企业和14万名驾驶人进行违法告知;排查运输企业、货运场站、改装维修企业、重点施工单位1.5万余家,限期整改车辆5249辆、停运车辆2987辆、强制报废车辆2168辆,签订责任书9000余份,累计查处货车交通违法行为88万余起,全省货运车辆引发交通事故同比下降5.09%。开展货车靠右行驶专项整治,道路通行秩序好转。 (张利荣)

【道路交通安全大检查】 联合省公路局、公路设计部门对上年排查出的159处国省道事故多发路段,进行实地调研,提出具体治理方案,由省公路局统一组织整治。全省共排查道路交通安全隐患2711处,投入整改资金1.07亿元,完成整改2289处;摸排“五类重点车”51万辆,排查出存在不安全因素的7万余辆,整改5.19万辆;摸排“三类重点驾驶人”80.86万人,整改存在不安全因素的3.86万人;深入运输企业4460家,排查出存在隐患的企业438家,整改331家;会同有关部门对客运企业和场站检查956次;查处超速违法行为162万余起,疲劳驾驶6852起,消除各类交通安全隐患。 (张利荣)

【公路交通安全防控体系建设】 全省共建设卡口890个,299个交通安全服务站全部连入公安网,基本实现国省道省际、市际出入口全覆盖,重点交通违法能及时预警、布控、拦截、查处,工作效率和管控能力增强。11

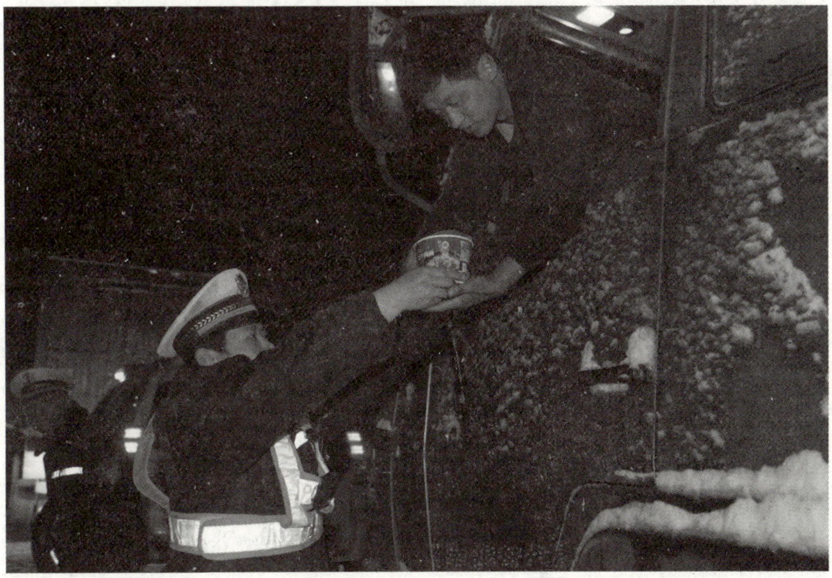

公安交警救助被困司乘人员 (张利荣提供)

公安交警冒雨护送考生赶往考场　（张利荣提供）

月21日，公安部交管局在山西省召开全国加强公路交通安全防控体系建设现场会，交流和推广山西省公路防控体系建设及严管通行秩序的做法和经验。这是1987年省交警总队组建以来，公安部首次在山西省召开31个省、区、市交警总队长参加的全国现场会。（张利荣）

【护航太原率先发展】 出台《支持省城太原率先发展若干措施》，从人力、财力、物力、政策、业务各方面支持太原率先发展，在太原市大规模道路施工改造期间，发动局机关134名民警站高峰岗，组织其他交警支队1300余人次支援太原交警疏堵保畅，受到社会各界高度评价。（张利荣）

【公安交通管理便民服务】 依托“山西公安便民服务在线”和门户网站“山西公安交警网”平台，可办理45项交管业务，在山西公安交警网推出机动车检验网上预约、车驾管业务导办服务、驾驶人模拟考试等一系列便民服务措施，实施民生警务，“让数据多跑路、群众少跑腿、服务群众零距离”。全年累计为群众提供违法查询服务9000余万次，群众从互联网选取号牌2.3万余笔。拓展微信、微博服务，山西公安交警网微信公众平台被评为2013年度全国公安政务微信协作联盟十佳单位。交管局微博在全省党政机关政务微博中排名第8，被腾讯公司评为“十大政务机构微博”。推进自助业务服务、业务下放，全省90%以上县级车管所开办车驾管业务。7月底，在太原召开全省深入推进民生警务、亲民公安建设现场会。（张利荣）

【化解交通事故矛盾纠纷】 以省公安厅名义，与16个厅局联合出台《关于进一步加强道路交通事故社会矛盾化解工作的意见》，细化部门职责和工作措施，完善矛盾纠纷调解机制。联合省财政厅、省卫生厅举办全省道路交通事故社会救助基金培训。成立省道路交通事故矛盾纠纷化解工作指导组和交通肇事逃逸案件受害人家访工作组，过年过节组织民警对交通肇事逃逸案件受害人进行家访慰问。全省公安交警联合中华少年儿童慈善救助基金会，开展交通事故致孤、致残、致贫少儿救助活动，广泛募集并累计发放救助金30余万元，救助47人。（张利荣）

【源头管理】 严把车辆检验关，大中型客货车检验率达86.1%，全省机动车检验率达80.73%。部署开展全省校车、面包车车身喷涂核载人数和举报电话工作，加强社会各界对重点车辆严重交通违法行为的监管。要求全省混凝土运输车全部安装车外盲区监控系统，并向全国198家混凝土运输车生产、改装企业发函，加强对混凝土运输车安全管理。严格半挂车注册登记政策规定，从源头上预防和遏制半挂车制动安全隐患。组织全省公安交警开展为期2个月的集中整治报废车专项行动，共报废注销机动车7.9万余辆，消除安全隐患。为严把驾驶人考试关，落实公安部123、124号令要求，全省新建小型汽车驾驶人考试场地78个，大中型客货车考试场地16个，全部安装自动评判系统。严格执行驾驶人交通违法记分、考前教育等规定，大中型客货车驾驶人审验率达98.45%。（张利荣）

【科技信息化建设】 推进350M数字集群通信系统建设，投资2.2亿元，建成294套通信基站，为全省交警配备5000多部数字对讲手台和500余部车载台，实现全省无线集群联网通讯全覆盖。推进高清视频指挥调度系统、交警警用地理信息系统建设。与中国移动山西分公司合作，开展山西道路动态综合管控系统建设。（张利荣）

【安全宣传教育】 强化主流媒体宣传，与《山西法制报》合办交通周刊，与山西交通广播和黄河电视台开通交警直播室、交警连线、车管在线、局长热线、黄河大交通等多个栏目，通过“声、屏、报、网”等各类媒体、各种形式，开展交通安全宣传教育活动，在央视发稿量同比增加50%，在山西卫视发稿量位居全省52个记者站之首。同时，加大网络宣传，依托专业团队建设开发山西公安交警网，日均访问量突破9万人次，全省各级公安交警全部在新浪、腾讯开通政务微博。太原、临汾、吕梁、阳泉交警支队先后建成交通安全宣传教育基地，并组织不同群体开展体验式、交互式交通安全宣传教育120余批次。在全省公安交警中开展“三员”交警活动，要求全省交警在当好管理员、服务员的同时，当好文明交通宣传员，把交通安全宣传教育贯穿到每一次交通违法查处、事故处理和日常车驾管业务当中。（张利荣）

【交通协管员管理】 推动省人大在新修正的《山西省实施〈中华人民共和国道路交通安全法〉办法》中明确规定：

"道路交通安全协管员的经费由县级以上人民政府负责"。推动省公安厅、省财政厅、省人社厅联合出台《山西省交通协管员管理暂行办法》，对交通协管员招录、培训、考核、管理、工资、福利、奖惩做出明确规定，为规范协管员管理，解决广大协管员切身利益问题提供政策依据。督促、帮助市、县两级交管部门协调当地政府，解决交通协管员经费保障问题。（张利荣）

【从优待警】 制订民警强制休假制度、高速交警"团圆计划"，确保民警张弛有度、身心健康，解决民警反映的两地分居、照顾家庭难问题。为全省7000余名交警和1.3万余名交通协管员办理人身意外伤害保险，加大对因公牺牲、因公致残、因病致贫民警或家属抚恤、慰问力度，并建立长效机制。组织全省公安交警系统第二届羽毛球比赛、乒乓球比赛、篮球比赛、"唱响中国梦、交警好声音"歌手大赛、书法绘画作品展等。（张利荣）

司法行政

【依法治理重点工程】 1. 法制宣传。省厅在《山西法制报》开设"市县委书记谈法治建设"专栏，举办全省领导干部法制报告会。各市县司法局开展"法律六进"法制宣传教育主题活动，与相关部门联合印发实施意见，加强对重点普法对象的法制宣传教育。晋中市司法局举办八期"法治大讲堂"，全市处级以上干部听取讲座3640人次，在全市形成专题学法、学用结合、学法考核等一系列学法用法常态化机制。吕梁市司法局与市财政局、市国资委联合下发《关于开展"法律进企业"活动的实施方案》等文件。开展"六五"普法中期检查督导，总结基层先进经验，《人民日报》《法制日报》等进行报道。组织全省"六五"普法中期无纸化法律知识考试，全省7000余家单位，近20万公职人员参加考试。9月30日，省委书记袁纯清在《法制日报》头版发表题为《深化法制宣传教育加快建设法治山西》的署名文章。在"12·4"全国法制宣传日当天，全省开展各具特色的法制宣传活动，副省长张建欣参加。

2. 依法治理。推动各市比照省级模式建立"1+6"（或"1+5"）工作体系，开展"法治市县""法治行业""民主法治示范村"等多层次、多领域的依法治理和法治创建活动，促进提高社会法治化管理水平。（张　霏）

【监所安全生产】 厅局党委坚持把安全生产作为确保监所安全稳定的重要工作，提出"两个至少""五个亲自"等工作要求，督促各监所企业持续加大安全生产投入，加强对安全人员的教育培训，开展各类隐患排查治理活动，从硬件上打造牢固可靠的监管设施，从软件上提升科学有效的监管水平，从细微处排查整治安全隐患，提高推动监所安全生产水平，全年无发生较大以上伤亡事故。（张　霏）

【省律师公证协会换届】 12月20～30日，分别召开山西省公证协会第四次会员代表大会和第五次律师代表大会，产生省律师协会、公证协会新的领导班子，并就做好全省律师、公证工作进行安排部署。（张　霏）

·监狱管理局·

【概述】 2013年，山西省监狱系统实现司法部对监狱工作要求无罪犯脱逃、无狱内重特大案件、无重大疫情、无重大安全生产事故"四无"目标，山西省监狱管理局在省政府目标责任考核中被评为优秀等次。

1.平安监狱建设。把安全稳定作为首要政治任务，集中资金加大投入改善安防设施，按照"急要、必要、需要"急缓程度，对重大安防设施进行集中整治，完成监狱信息化建设一期工程预定任务；开展为期2个月"监管改造秩序专项整顿"活动，出台《罪犯违规违纪行为处罚办法》和《罪犯检举揭发制止违规违纪行为的奖励办法》，净化监管秩序；联合省法检司出台《关于贯彻执行〈最高人民法院关于办理减刑、假释案件具体应用法律若干问题的规定〉的实施意见》以及《拟呈报假释罪犯再犯罪危险评估办法》《罪犯交付执行工作规范》，规范刑罚执行工作程序；开展"教育质量年"活动，将罪犯九年制义务教育纳入所在地区教育规划，罪犯职业技术培训和鉴定费纳入财政预算；开展为期4个月的安全生产大检查活动，强化对各类安全隐患整治。

2. 民警队伍建设和反腐倡廉建设。加强领导班子建设，加强理论学习，深化理论武装，坚定三个自信；发扬和坚持民主集中制，完善党委内部议事和决策机制，增强班子凝聚力、

阳高县龙泉司法所所长李培斌传达十八届三中全会精神

（张　霏提供）

战斗力、决策力、号召力。加强民警教育培训,在全系统开展学习贯彻党的十八大、十八届三中全会精神和习近平总书记一系列重要讲话精神活动,组织118名处级干部、理论和业务骨干参加省委党校和北京大学研修班学习,开展干部在线自主选学活动,组织9000余名民警参加轮训。加强党风廉政建设,开展两次民警纪律作风整顿活动,加强对执法、管理重点环节执法执纪检查和监督,查处一批民警违纪违法案件,出台《关于改进工作作风加强民警队伍纪律作风建设的六项规定》《关于改进工作作风密切联系群众十项规定》一系列制度规定,解决群众反映突出问题。

(刘　诚)

【民警队伍纪律作风整顿和监管秩序专项整顿活动】 4月1日至6月1日,山西省监狱系统组织开展为期2个月的民警队伍纪律作风整顿和监管改造秩序专项整顿活动。民警队伍纪律作风整顿重点整顿工作制度不落实、岗位责任心不强、劳动纪律松弛、警容风纪不整和队伍管理不规范问题。监管秩序专项整顿活动重点打击狱内又犯罪行为、牢头狱霸行为、不服管教行为、抗拒劳动改造行为等"七种行为"。

(刘　诚)

【教育质量年活动】 2013年4月至2014年4月,山西省监狱系统开展教育质量年活动。教育质量年活动主要工作目标是:通过开展教育质量年活动,把教育工作作为监所工作中心任务,树立正确教育理念,筑牢教育工作基础,完善教育工作机制,丰富教育工作内容,创新教育方法,提高教育队伍专业化水平,落实教育工作保障,运用教育、管理、劳动改造手段,发挥心理矫治和治疗重要作用,提高教育工作针对性和实效性,使质量年活动成为设施建设年、手段创新年、特色深化年、成果展示年,推进教育工作规范化、科学化、社会化、专业化,维护监所持续安全稳定,提高教育工作水平和改造质量,推进监所工作科学发展。

(刘　诚)

【安全生产大检查"回头看"活动】 山西省监狱系统开展多次安全生产大检查,并于10月25日至12月10日,开展安全生产大检查"回头看"活动,检查安全生产大检查阶段查出的隐患整改情况以及重要场所、重点行业、高危项目、高危岗位和反复发生、长期未得到根治重点问题,对查出的安全隐患下达隐患整改通知书,按照措施、责任、资金、时限、预案、标准"六落实"工作要求进行跟踪督办,对非法生产经营建设和经停产整顿仍未达到要求的,一律关闭取缔;对非法违法生产经营建设有关单位和责任人,一律按规定上限予以处罚;对存在违法生产经营建设单位,一律责令停产整顿,并严格落实监管措施;对触犯法律有关单位和人员,一律依法追究法律责任,坚决将隐患消灭在萌芽状态。

(刘　诚)

案　例

【赵兴林等抢劫、故意杀人、敲诈勒索案】 被告人赵兴林、文林均系四川省德阳市人,捕前系大同市某火锅城餐厅服务员。2008年6月到11月间,二被告人共谋抢劫出租车,分别在大同市大同公园正门、大同市火车站附近、大同市鼓楼附近等地,于晚间10时许或11时许分别骗乘了四辆出租车,当车行至人少地带时,分别采取持刀威胁、用绳子捆绑手脚或用胶带缠手脚及头面部等方法,劫得被害人张志恒、赵宏、周涛、谷建忠等人的钱财后由被告人文林将四被害人分别持刀捅死,后将出租车丢弃。在被害人赵宏已被杀害后还用该人的手机给其妻发短信,以赵宏被绑架为由索要人民币2万元未得逞。

大同市中级人民法院经审理认为,被告人赵兴林、文林多次结伙采用暴力手段劫取他人财物,其行为已构成抢劫罪;抢劫后为灭口而故意非法剥夺被害人生命,致四人死亡,其行为均已构成故意杀人罪;抢劫杀人后,敲诈勒索被害人家属的财物,数额较大,其行为均已构成敲诈勒索罪(未遂),应依法并罚。该二被告人犯罪性质恶劣,情节、后果特别严重,社会危害性和人身危险性极大,在共同犯罪中,赵兴林、文林均系起主要作用的主犯,罪行极其严重,应依法惩处。依法判处二被告死刑,剥夺政治权利终身,并处罚金两万元。宣判后,赵兴林提出上诉,山西省高级人民法院经审理裁定驳回其上诉,维持原判。经最高人民法院复核,核准维持对二被告人死刑判决。

(马云跃)

【刘玉新等故意杀人、抢劫案】 被告人刘玉新,河南省原阳县人,曾因犯销售赃物罪被判处有期徒刑二年六个月。被告人刘忠伟,系长治市郊区人,曾因盗窃罪被判处有期徒刑一年六个月,缓期二年执行。2008年10月,刘玉新向到其处找工作未果的王金刚、孟为平提议一起抢劫废品收购站。王、孟二人同意。同年11月的一天22时许,三人持匕首胶带来到长治市东外环路亢玉希、梁珍夫妇经营的废品收购站,由刘玉新在外望风,王、孟翻墙入院,踹门入户,用毛巾将被害人梁珍捆绑、蒙眼,劫取现金3000元及黑色直板手机一部后逃离现场,赃款被平分、挥霍,刘玉新分得手机。被告人刘玉新为更好地控制王、孟二人一起继续作案,又纠集了被告人刘忠伟参与抢劫。2008年12月到2009年1月间,刘玉新、刘忠伟和王、孟四人持刀、胶带等作案工具,去往长治市北郊漳泽西街闫书广、昝翠利夫妇经营的废品收购站、长治市郊区老顶山镇东沟村村西水泥路段、长治市郊区南垂村田保旬、张彩琴夫妇经营的废品收购站、长治市城区县前巷徐作银、沈继荣夫妇经营的废品收购站、长治市城区桃园村建平五金电料经销部、长治市东外环路环洲物资有限公司鑫盛公司等地采取持刀威胁,将被害人用胶带捆绑,蒙眼等方式,劫取现金及其他财物共计66548元。2009年2月23日19时许,四人又在刘忠伟提议下前往长治市郊区庄里村许陈旺、张翠英夫妇经营的煤球厂内对其一家三口进行捆绑,在抢劫过程中,许陈旺因被刘玉新用其随身携带的匕首在腹部刺了一刀后致内失血休克并机械性窒息死亡。为掩盖罪行,四人经商定将许陈旺之妻张翠英及其子黄金亮均予杀害，并用院内家用车油箱内的柴油洒在尸体上及屋内后逃离现场。次日2时许由刘忠伟返回现场放火，焚烧了三被害人的尸体及作案现场。

长治市中级人民法院经审理认为，被告人刘玉新、刘忠伟以非法占有为目的，使用暴力劫取他人财物的行为均已构成抢劫罪；为灭口而故意非法剥夺他人生命的行为，又均已构成故意杀人罪，均应依法予以并罚。刘玉新纠集刘忠伟等三人组成抢劫团伙，疯狂作案，在不到四个月时间内抢劫8次，其中入户抢劫7次，抢劫财物共计价值66548元，数额巨大。其中，刘玉新系主犯，刘忠伟系积极参与者，二人犯罪手段极其残忍，后果极其严重，主观恶性、人身危险性和社会危害性极大，应依法惩处。判处该二人死刑，剥夺政治权利终身并处没收个人全部财产。王孟二人也分别被判处无期徒刑。宣判后，刘玉新、刘忠伟提出上诉，山西省高级人民法院经审理裁定驳回其上诉，维持原判。经最高人民法院复核，核准维持对二被告人的死刑判决。

（马云跃）

【李兴抢劫、盗窃案】 被告人李兴，四川省巴中市人，无业。1996年4月至2008年4月间，被告人李兴参与共谋或提议、组织、指挥抢劫，并先后伙同他人携带刀、铁棍、撬棍、压剪、手电等作案工具，深夜闯入或蒙面闯入北京市丰台区、河北省清苑县、蠡县、徐水县、蔚县、平山县、阳原县和山西省浮山县、广灵县、神池县、定襄县、繁峙县、山阴县、原平市、五台县、兴县、阳曲县、浑源县、朔州市、寿阳县等地的养殖场、加油站、煤场等处，采取对正在休息的业主或职工等被害人进行威胁、殴打、用床单撕成的布条等捆绑、撬砸保险柜或在被害人身上翻找财物等手段，抢劫作案47起，劫得现金及其他财物共计价值1446892元，并致被害人湛发芳、冯国英、郑志平等人死亡。1997年12月至1998年6月间，被告人李兴还分别伙同他人携带铁棍、压剪等作案工具，先后4次用翻墙入院或在墙上挖洞的方法，分别在河北省蠡县、高阳县、清苑县等地盗窃财物价值共计93585元。

晋中市中级人民法院经审理认为，被告人李兴以非法占有为目的，采用暴力手段劫取他人财物的行为已构成抢劫罪；以非法占有为目的，秘密窃取他人财物的行为又构成盗窃罪，应依法予以并罚。李兴先后分别伙同多人采用持械、殴打、捆绑等方式抢劫作案，已成为人员较为固定的抢劫犯罪集团。该嫌犯长期流窜作案、抢劫时间延续长达十余年，抢劫的地域范围较大，数次较多，其中部分抢劫系持枪抢劫，数额巨大并造成三人死亡，严重危害社会治安和人民群众的生命财产安全，主观恶性极深，人身危险性极大，社会危害性极大，且在抢劫犯罪中为主提议抢劫，纠集他人参与，参与抢劫预谋，且组织、指挥他人及亲自参与抢劫，主持分配和保管赃款赃物，起组织、领导作用，是抢劫犯罪集团的首要分子，应按照该抢劫犯罪集团实施的全部犯罪处罚。依法判处其死刑，剥夺政治权利终身，并处没收个人全部财产。经山西省高级人民法院、最高人民法院依法复核，核准对其处以死刑的判决。其他同案犯也分别被判刑。

（马云跃）

【刘仁生等四人受贿、贪污、巨额财产来源不明、掩饰隐瞒犯罪所得案】被告人刘仁生原任山西潞安矿业集团有限责任公司（以下简称潞安矿业集团）副总经理兼潞安煤炭运销总公司总经理、山西潞安煤炭经销有限责任公司法定代表人、执行董事（副厅级），2011年8月7日因涉嫌受贿罪被阳泉市人民检察院立案侦查，2012年3月29日经山西省人民检察院决定被逮捕。

被告人李林英（刘仁生妻子）原任潞安矿业集团计划生育办公室主任兼卫生处妇幼保健所所长（正科级），太原市人民检察院于2012年5月25日以涉嫌受贿罪对其立案侦查，6月15日对其监视居住，2012年7月14日经山西省人民检察院决定被逮捕。

被告人李明（刘仁生侄子），原任华电煤业集团运销有限公司国内贸易部部长，2011年9月9日因涉嫌受贿罪被阳泉市人民检察院立案侦查，2011年9月14日被监视居住，2012年3月29日经山西省人民检察院决定被逮捕。

被告人刘准（刘仁生儿子），原为北京市海淀区四季青派出所干警，太原市人民检察院于2012年5月25日以涉嫌受贿罪对其立案侦查，6月15日对其监视居住，2012年7月14日经山西省人民检察院决定被逮捕。

经审理查明：被告人刘仁生身为国家工作人员，利用职务便利，单独或伙同李林英、李明、刘准索取他人财物或非法收受他人财物，为他人谋取利益。其中与其妻子潞安集团计划生育办公室主任兼卫生处妇幼保健所所长李林英共同受贿598.64万元，与其侄子华电集团运销有限公司国内贸易部部长李明共同受贿40.82万元，与其儿子北京市海淀区四季青派出所干警刘准共同受贿18万元。被告人刘仁生还单独收受现金、北京市房产两套、捷豹汽车一辆、名贵字画、象牙笔筒、金条等财物，价值人民币4025.25万元。此外，被告人刘仁生从其实际控制的陕西重生矿业科技有限公司销售给潞安矿业集团16台可移动式救生舱，在潞安矿业集团自行承担安装费用的情况下，骗取潞安矿业集团320万元安装费，并将此款非法占为己有，构成贪污罪。

另外，被告人刘仁生家庭财产尚有人民币655.633506万元、美元17.2万元、港币1.797万元、欧元1000元，不能说明合法来源。

被告人李林英明知北京市海淀区蓝靛厂观山园6号楼1单元5A室和北京市远大路上河村小区4号楼1单元801室是刘仁生犯罪所得，仍积极选房、安排被告人李明对房屋装修并实际控制。在案发后，李林英为使刘仁生逃避法律制裁，安排李明将藏匿于其在北京两套住房内的334万元现金以及字画、金银饰品等钱物转移；安排潞安煤炭经销公司的刘清进、申毅（以上二人均另案处理）将存放于其长治家中的字画、花瓶、房产证等贵重物品窝藏、转移，构成掩饰隐瞒犯罪所得罪。

阳泉市中级法院于2013年1月23日对该案作出一审判决:

1.刘仁生犯受贿罪,判处死刑,缓期二年执行,剥夺政治权利终身,并处没收个人全部财产;犯贪污罪,判处有期徒刑十三年,并处没收财产人民币100万元;犯巨额财产来源不明罪,判处有期徒刑六年。数罪并罚,决定执行死刑,缓期二年执行,剥夺政治权利终身,并处没收个人全部财产。

2.李林英犯受贿罪,判处有期徒刑五年,并处没收财产人民币80万元;犯掩饰、隐瞒犯罪所得罪,判处有期徒刑六年,并处罚金人民币20万元。数罪并罚,决定执行有期徒刑十年,并处没收财产人民币80万元,罚金人民币20万元。

3.李明犯受贿罪,判处有期徒刑二年,并处没收财产人民币10万元;犯掩饰、隐瞒犯罪所得罪,判处有期徒刑二年,并处罚金人民币5万元。数罪并罚,决定执行有期徒刑三年,缓刑四年,并处没收财产人民币10万元,罚金人民币5万元。

4.刘准犯受贿罪,判处有期徒刑一年六个月,缓刑二年,并处没收财产人民币5万元。

5.没收刘仁生单独受贿及与被告人李林英、李明、刘准共同受贿所得价值人民币4682.71万元的财物、贪污所得人民币320万元、非法所得人民币655.633506万元、美元17.2万元、港币1.797万元、欧元1000元,上缴国库。

一审判决后,被告人未提出上诉,判决生效。（尹桂珍）

【王有明等四人受贿、洗钱、介绍贿赂案】 被告人王有明原任晋城市国土资源局局长、党组书记、山西省国土资源厅副巡视员(副厅级)。2012年7月13日,因涉嫌受贿罪经山西省人民检察院决定刑事拘留,同年7月19日,经山西省人民检察院决定逮捕。

被告人王富山原任晋城市国土测绘院院长、晋城市政协常委。2012年7月13日,因涉嫌受贿罪经山西省人民检察院决定刑事拘留,同年7月19日,经山西省人民检察院决定逮捕。

被告人安新鲜,曾用名“辛娴”,原晋城市书画院院长,系被告人王有明妻子。2012年7月13日,因涉嫌受贿罪经山西省人民检察院决定刑事拘留,同年7月19日,因涉嫌洗钱罪经山西省人民检察院决定逮捕。

被告人安新海,高平市正和选煤有限公司董事长。2012年7月13日,因涉嫌掩饰隐瞒犯罪所得罪经山西省人民检察院决定刑事拘留,同年7月19日,因涉嫌洗钱罪经山西省人民检察院决定逮捕。

经审理查明:被告人王有明原任晋城市国土资源局局长,在任职期间,利用主管矿产资源、土地资源、工程建设、人事任用等职务便利,为他人谋取利益,单独或伙同他人非法收受贿赂款人民币2939.9916万元、美元10万元,实际所得人民币2439.9916万元、美元10万元,情节特别严重,其行为构成受贿罪。被告人王富山与王有明通谋,利用职务之便为他人谋取利益,伙同王有明共同收受贿赂款1600万元,实际所得500万元,系受贿共犯,其行为亦构成受贿罪。被告人安新鲜作为王有明之妻,帮助王有明收受贿赂款60万元,系受贿共犯,其行为构成受贿罪。被告人安新海为帮助他人办理有关煤矿手续,积极介绍姬慧丰、毕生才向王有明行贿173万元,情节严重,其行为构成介绍贿赂罪;被告人安新海明知王有明、安新鲜的正常收入与其提供的巨额购房款明显不符,且明知大部分系受贿所得,仍通过提供本人和他人身份、账户的方式,以本人和他人的名义积极帮助安新鲜投资房产,情节严重,其行为构成洗钱罪。

临汾市中级法院于2013年5月13日对该案作出一审判决:被告人王有明犯受贿罪,判处死刑,缓期二年执行,剥夺政治权利终身,并处没收个人全部财产。被告人王富山犯受贿罪,判处有期徒刑十一年,并处没收个人财产人民币50万元。被告人安新鲜犯受贿罪,判处有期徒刑三年,缓刑五年。被告人安新海犯介绍贿赂罪,判处有期徒刑二年;犯洗钱罪,判处有期徒刑五年,并处罚金人民币200万元,数罪并罚,决定执行有期徒刑六年,并处罚金人民币200万元。

被告人上诉后,二审法院维持一审判决。（尹桂珍）

【盂县百度网吧与阳泉茂绪科技有限责任公司网络服务合同纠纷抗诉案】 2010年7月,由阳泉市公安局网监支队指定,阳泉茂绪科技有限责任公司(以下简称茂绪公司)为盂县百度网吧安装了由深圳任子行软件公司开发并授权茂绪公司在阳泉经销的“任子行”上网实名制软件。安装时,茂绪公司向申诉人收取了2850元的费用。对后续是否收费,双方没有进行任何形式的约定。2011年5月4日,茂绪公司单方面书面通知申诉人,要求对前期所安装的“任子行”软件再次收费。收费标准为每上机一人次,收费0.16元(即所谓“扣点费”)。茂绪公司同时利用技术手段控制了申诉人的网吧系统,如不缴费,网吧将无法正常营业。至申诉人起诉时,茂绪公司利用技术控制手段已强制收取包括申诉人在内的盂县28家网吧各一定数量的“扣点费”,且至今仍控制着各网吧上网系统,不缴费则无法正常营业。

2011年6月16日,盂县百度网吧向城区人民法院起诉,请求判令茂绪公司返还收取的上网扣点费;判令茂绪公司立即停止单方面收费行为和停止使用软件控制申诉人网吧正常营业的行为,并赔礼道歉;判令茂绪公司将安装在申诉人网吧系统中的“任子行”软件恢复至2011年5月4日前正常状态。由于盂县28家网吧同时对同一被告提起相同诉讼,城区法院对28起诉讼案件合并审理。

2012年3月1日,城区人民法院作出(2011)城民初字第516号民事裁定。该裁定认为,不属于人民法院受理民事案件的范围,应由相关行政部门处理。依照《民事诉讼法》第一百零八条第(四)项之规定,裁定驳回原告盂县百度网吧的起诉。

原告不服上诉至阳泉市中级人民法院。

2012年7月2日,阳泉市中级人民法院作出(2012)阳民终字第266号民事裁定。该裁定认为,本案双方当事人之间的争议，涉及行政管理部门对网络经营业主的行业管理，不属于人民法院审理的民事案件的范围，确应由行政管理部门处理。原审法院裁定并无不当，裁定驳回上诉，维持原裁定。

孟县百度网吧不服阳泉市中级人民法院(2012)阳民终字第266号民事裁定，向阳泉市人民检察院提出申诉，阳泉市人民检察院提请山西省人民检察抗诉。2013年3月19日，山西省人民检察院以晋检民抗(2013)43号民事抗诉书向山西省高级人民法院提出抗诉。理由如下：

本案争议的焦点是盂县百度网吧与茂绪公司之间的法律关系以及是否属于人民法院受理民事案件的范围。

1. 阳泉市公安局与盂县百度网吧之间属于行政法律关系。

阳泉市公安局根据国务院令第363号《互联网上网服务营业场所管理条例》第四条："公安机关负责对互联网上网服务营业场所经营单位的信息网络安全、治安及消防安全的监督管理；"之规定，依法对盂县百度网吧的信息网络安全进行监督管理，作出了要求盂县百度网吧安装上网实名制软件的具体行政行为。因此，阳泉市公安局与盂县百度网吧之间属于行政法律关系。

2. 茂绪公司与盂县百度网吧之间属于民事法律关系。

原审判决认为本案茂绪公司与盂县百度网吧之间的争议，涉及行政管理部门对网络经营业主的行业管理。而认定这一事实的前提是茂绪公司具有行政主体资格或行政管理权限。我国法律规定企业法人或社会组织获得上述资格或权限的途径是应当有明确的行政授权或行政委托，其中行政授权必须要有法律、法规的明确规定，授权组织才享有行政主体资格，以自己的名义实施行政行为，并承担其行为的法律后果；行政委托有效并产生相应的法律后果亦需具备以下条件：(1) 行政机关必须具有合法的委托权限；(2) 被委托者必须在委托权限内实施行政行为；(3) 被委托者以委托其权力的行政机关的名义进行活动；(4) 法律后果归于委托的行政机关。本案中，茂绪公司是经工商行政管理部门注册登记的有限责任公司，属企业法人，不是法律、法规规定的被授权主体，阳泉市公安局亦未委托其实施行政行为。茂绪公司只是作为阳泉市公安局指定的销售单位(该行为违反《反不正当竞争法》第七条之规定)，以自己的名义为盂县百度网吧安装其被授权销售的"任子行"上网实名制软件，并在安装后向盂县百度网吧收取了2850元费用及后续费用，显然不符合行政授权或行政委托的法律要件，其不具有行使行政职权的主体资格，其为网吧提供网络服务并没有行政权的法律属性，是典型的民事法律行为。盂县百度网吧是经工商行政管理部门注册登记的个人独资企业。双方当事人同属于市场经济环境下的平等民事主体，双方各自独立经营并以自己名义承担民事责任。因此，茂绪公司与盂县百度网吧之间属于民事法律关系。

3. 原审判决认定本案不属于人民法院受理民事案件的范围，明显错误。

本案中，茂绪公司与盂县百度网吧之间属于民事法律关系，且双方当事人对与阳泉市公安局之间的行政法律关系无争议。盂县百度网吧的诉讼请求是要求茂绪公司立即停止单方面收费行为和停止使用软件控制其网吧正常营业的行为及返还已强行收取的扣点费。故本案所争议的法律关系客体是茂绪公司与盂县百度网吧之间因收费争议以及茂绪公司以技术手段控制盂县百度网吧正常营业的侵权行为而发生的财产关系。依据《民事诉讼法》第三条规定："人民法院受理公民之间、法人之间、其他组织之间以及他们相互之间因财产关系和人身关系提起的民事诉讼，适用本法的规定。"据此，盂县百度网吧与茂绪公司的收费争议属于人民法院受理民事案件的范围。原审判决认定事实和适用法律均存在错误。

山西省高级人民法院受理抗诉后，于2013年10月15日作出(2013)晋民再字第70号民事裁定书，认为检察机关抗诉理由成立。裁定：一、撤销阳泉市中级人民法院(2012)阳民终字第266号民事裁定和阳泉市城区人民法院(2011)城民初字第516号民事裁定。二、指令阳泉市城区人民法院对本案进行审理。

(尹桂珍)

经济管理与监督

Economic Administration and Supervision

发展和改革

【投资规模扩大】 1. 投资规模扩大。在年初汇总确定9600亿元重大项目投资盘子的基础上，针对全省2013年基础设施投资减少和经济下行压力较大的不利因素，年中及时研究提出新增铁路、保障性住房领域投资计划300亿元，经省政府同意后组织实施。

2.项目审批进度加快。共审批(核准、备案)项目1668项，涉及总投资10035亿元，全年未发生一起拖延、超时审批现象。

3.省级煤炭可持续发展基金计划下达进度加快。组织省直20多个部门和各市修订完善投资计划，3月12日经省政府审定印发，比往年提前近两个月，6月计划下达超过80%，9月基本下达完毕。

4.投资结构优化。以重大项目建设为抓手带动战略性新兴产业投资快速增长，全省战略性新兴产业投资完成5281亿元，增长24%，占全省投资的47.2%。

5.民间投资活力激发。及时发布投资政策信息，鼓励和引导民间投资健康发展。全省民间投资完成6089亿元，增长33.8%，占全省投资的54.4%，同比提高4.8个百分点，稳居全省投资的"半壁江山"。

6.省级项目储备增量提质。省级储备库储备项目2万多个，总投资20万亿元以上，其中，新兴产业项目投资占比达60%。 （石　峥）

【争取中央支持】 争取国家同意委托山西省核准"十二五"1920万千瓦低热值煤发电项目，在全国尚属首次，是国家电力核准体制的重大改革和突破；基本同意将山西省作为煤层气矿业权下放管理试点，困扰多年的煤层气矿业权问题有望化解；同意中国(太原)煤炭交易中心开展动力煤期货交易试点前期工作。此外，争取国家授权山西省对国家规划矿区内净增生产能力120万吨/年以下和国家规划矿区之外的煤矿项目履行核准程序；争取将山西省大同、阳泉、长治、临汾、晋中、太原万柏林区列入《全国老工业基地调整改造规划(2013~2022年)》支持范围；争取将原平—大同—张家口铁路和太原至焦作铁路扩能改造列入原铁道部《2013年铁路勘察设计计划》；争取国家对蒙西至华中地区煤运通道、和邢铁路开展可研评审。

项目方面：争取国家批复煤炭、电力等项目共56项，总投资1398.5亿元。资金方面：争取中央预算内资金支持100.3亿元；争取国家核准山西省发行企业债券216亿元，首次突破200亿元大关，比上年增长110%。

（石　峥）

【稳增长政策】 1. 经济形势分析开展。配合省政府按月组织召开经济形势分析会议，加强经济运行监测，及时提出针对性、操作性强的工作建议。"十二五"规划《纲要》中期评估完成。完成11个市级规划《纲要》和73个省级专项规划评估，预测分析42项指标实现程度，起草完成《中期评估报告》，提出地区生产总值等指标调整意见，经省十二届人大常委会第6次会议审议通过。

2.重大政策研究及时有效。牵头起草"低热值煤发电20条"，创新性贯彻落实国家核准授权，从工作机构、政策依据、准入条件、核准程序、奖励办法、项目验收、监督管理等方面，对低热值煤发电项目核准作出明确规定。起草"煤层气20条"，提出促进煤层气上、中、下游产业协调发展以及财政、金融、税收等方面的一揽子政策措施。起草《关于化解钢铁、焦化、水泥、电解铝行业产能严重过剩矛盾的实施意见》《关于加快社会信用体系建设的指导意见》《山西省清洁生产"十二五"规划》《山西省开展绿色建筑行动实施意见》《山西省地下水污染防治实施方案》《山西省关于加快发展节能环保产业实施方案》，省政府正式印发实施。（石　峥）

【产业转型升级】 1.传统产业改造升级力度加大。煤炭行业：巩固煤炭资源整合成果，建成同煤塔山、同忻、潞安高河等54座现代化矿井，有6户大型煤炭企业进入世界500强。火电建设：10个在建燃煤发电项目（装机563.5万千瓦），有3个项目建成投产，装机147万千瓦。11个电力"路条"项目中(装机1482万千瓦)有3个项目获得核准并开工建设，装机125万千瓦。分两批发放10个低热值煤发电项目的“路条”，装机容量合计812万千瓦。冶金行业：重点支持太钢集团不锈钢及硅钢冷连轧项目、山西华拓铝业年产15万吨铝合金棒锭及铝制品加工等项目。焦化行业：落实《山西焦化行业兼并重组指导意见》，通过关小上大、同业重整、上下联合等方式加快推进焦化行业重组步伐。

2.新兴产业发展壮大。现代煤化工：潞安煤制油项目累计投资76.2亿元，合同签订总金额163.9亿元，部分设备正在安装，主要装置正在桩基施工；焦煤煤制烯烃项目累计投资6.3亿元，开始长周期设备订货准备和征地拆迁工作；同煤煤制天然气项目加快项目相关专篇批复，临建设施完成，开始场地通平工作。高端装备制造：太重集团煤机成套装备制造、高速列车轮轴国产化项目二期工程等一批重大项目竣工投产，大运重卡扩建项目、金鼎煤机等一批带动性强的重大项目开工。新能源产业：全省新能源发电装机新增170万千瓦，达到777万千瓦，增长28%，占全省电力装机约12.7%。煤层气、天然气：全年煤层气抽采量达76亿立方米，同比增加10%；天然气消费量达到32亿立方米，同比增加23%。全省新增管网里程1300千米，总里程突破7000千米，覆盖人口1200万。新材料：特殊钢、LED光电、轻合金产业基地和集聚区初具规模。太钢高性能碳纤维复合材料项目正式开工建设。生物医药：亚宝药业、中科鸿基平遥生物科技产业园等一批项目有序推进。全年非传统产业投资占工业投资比重首次超过传统产业，达到53%，非传统产业增加值占工业增加值比重达到20%，均创近年新高。

3.农业基础地位夯实。执行中央及山西省各项强农惠农富农政策，新实施十项强农惠农富农政策。实施农田水利工程建设，加快实施新增粮食产能、中低产田改造、保护性耕作以及朔同盆地盐碱地改造等提高耕地综合生产能力项目，全年粮食总产量131.3亿千克，再创历史新高。推进现代农业示范区、农产品加工“513”工程和“一县一业”基地县建设，农产品加工龙头企业销售收入突破千亿元。

4.现代服务业加快发展。山西股权交易中心挂牌开业，山西省金融服务平台正式运营，银行间债券市场融资规模取得突破。太原铁路枢纽（北六堡）物流中心获批并开工建设，山西煤炭物流配送体系省内建设项目中有8个项目基本建成并试运营。重点旅游景区基础设施建设提速，服务设施改善。服务业增加值占地区生产总值比重达40%，创近年新高。

（石　峥）

【节能减排和生态建设】 1.环境治理力度加大。加大力度支持以太原市为重点的城市环境综合整治工程。污水处理厂升级改造和配套管网建设加快，安排8600万元配套资金用于贫困县垃圾处理工程建设，城市污水处理、垃圾无害化处理率提前完成“十二五”目标。

2.循环经济有序推进。循环经济试点工作全面推进，国家和省级试点企业阶段性评估验收完成。《兴县循环经济园区规划》修编和项目建设协调推进。争取太原市不锈钢产业园区列为国家园区循环化改造示范试点，晋城、孝义两市列为国家循环经济示范市（县）。循环经济评价考核体系建立，11个循环经济地方标准公布。全省工业固废综合利用率达到69%，比上年提高12个百分点。

3.节能工作强化。节能评估审查或节能登记备案覆盖全部固定资产投资项目。在公益性工程中执行绿色建筑标准，750万平方米既有居住建筑完成供热计量和节能改造，1000万支高效照明产品完成推广任务。低碳试点示范开展。《晋城市低碳城市试点工作实施方案》获国家发改委批复同意，试点工作启动。全国首个覆盖全省主要城市的温室气体观测网络完成布局建设。

（石　峥）

【民生事业】 1.“农村五件实事”推进。牵头提出山西省“农村五件实事”工作建议，及时筹措下达5亿元行政村街道亮化工程资金，争取国家新增计划支持山西省2013年易地搬迁农村贫困人口1万人，改扩建幼儿园546所。

2.医药卫生体制改革深化。全省城乡居民参保（合）率达98%和99.3%，出台并试点大病医保实施方案和大病保险招投标管理办法，县级公立医院改革试点扩大到83个县。

3.保障性住房建设加快。审批城镇保障性住房项目340个，共计23万套，争取国家投资28.9亿元。其中，新开工国有工矿棚户区改造170万平方米、1.7万户。

4.教育、养老等社会事业发展。统筹安排中央、省级资金7.5亿元，加大对农村初中校舍改造、中小学标准化建设、中等职业学校教学用房的支持力度。核准高校新校区单体项目建筑面积311万平方米、安排资金2.5亿元，重点支持新校区基础设施及教学建设项目。《山西省基本公共服务体系“十二五”规划》编制出台，养老、卫生、就业、社区服务等公共服务设施项目有序推进，1000个农村老年人日间照料中心启动实施。

5.援疆工作推进。全年确定的23项工程完工，2.32亿元援助资金拨付到位。

（石　峥）

【自身建设】 1.投资项目审批权限下放。研究提出下放到市、县（扩权强县试点县、省级转型综改试点县）投资项目审批权限8项，以及随项目审批权限一同下放的审批流程2项，涉及全委审批事项工作量60%以上，省级政府投资审批领域达80%以上。

2.目标任务完成。对省考核办下达的23项目标任务、省政府下达的38项目标任务，由一把手总负责，分管领导、责任处室具体推进，逐项落实时间进度和关键节点，实时跟踪推进情况，定期检点督促，各项任务均完成年度目标，2013年被省委省政府考评为“优秀”等次。

3.工作作风强化。坚决执行中央“八项规定”和省委“四个实施办法”，执行首办负责制、限时办结制、一次性告知制等六项行政审批工作制度和机关工作人员80字接待守则，全委工作作风改善。

4.党风廉政长效机制健全。召开党风廉政建设干部大会，落实党风廉政建设责任制,开展整治庸懒散奢专项行动,健全拒腐防变长效机制。

5.监督机制完善。项目审批事项办理情况全部上网实行实时监控,启动"重大项目稽查监管信息系统"建设和重大项目稽查条例起草工作。

6.干部队伍建设加强。强化任人唯贤、注重实绩的选人用人导向,将优秀干部选任到重要岗位上去。组织开展各类专题培训,安排自主选学,累计培训干部职工3000人次。

(石　峥)

国土资源管理

【保护耕地资源】 1.高举耕地保护大旗,严守耕地红线。开展市级人民政府耕地保护责任履职情况检查,省、市、县、乡、村层层签订耕地保护目标责任状,全面分解落实耕地保护责任。

2.规范运行30亿元耕地开发专项资金,开发造地。省级新立造地项目85个,新增耕地15.3万亩;市级占补平衡项目立项886个,新增耕地21.06万亩;省、市共验收855个项目,新增耕地入库21.2万亩,全面落实30万亩造地任务,守住6075万亩耕地红线,解决重点工程占补平衡难题。加强耕地质量建设,确定37个高标准基本农田建设示范县、重点县,建设高标准基本农田204万亩,提高耕地综合生产能力。

(张　峰)

【保障发展用地】 1.拓展用地空间。2013年争取国家下达和奖励山西省计划指标16.75万亩,安排重点工程使用国家控制的计划指标12.2万亩,全年使用新增用地计划指标28.95万亩。推进城乡建设用地增减挂钩、露天采矿用地改革、矿业存量土地整合利用、批而未用计划指标调剂使用等用地新机制,拓展用地空间9.2万亩。全年共提供建设用地38.15万亩,为历史最高。

2.加强宏观调控,保障重点项目及时落地。推行用地计划指标上半年"笼子"管理,下半年集中收回剩余指标实行项目先报先批。推行省级重点项目用地预报制,为重点项目"戴帽"下达计划,避免下达计划指标闲置的问题。全年批准建设用地822(宗)批、34.38万亩,供应土地26.09万亩,保障全省重点项目、民生项目及时落地。

(张　峰)

【节约集约用地】 结合山西省实际出台系列文件,将供地率等考核内容列入省政府对各市政府的目标责任考核,推进节约集约用地工作。

1.出台《山西省国土资源厅关于进一步加强土地节约集约利用工作的通知》(晋国土资发〔2012〕381号)、《山西省国土资源厅关于落实单位国内生产总值建设用地下降目标的通知》(晋国土资发〔2012〕252号),组织各市局制订本市单位国内生产总值建设用地下降目标年度工作任务和目标、单位国内生产总值建设用地下降目标评估制度,稳步推进单位GDP建设用地下降目标。

7月31日,省国土厅与中国资源卫星应用中心签署《应用卫星遥感监测国土资源管理秩序合作协议》

(张　峰提供)

2.出台《闲置和低效用地清理处置工作的实施意见》(晋国土资发〔2013〕259号),进一步明确开展闲置和低效用地清理处置工作的组织实施步骤、清理范围和方法、处置方式和程序。每季度通报全省土地供应及开发利用情况,并将闲置土地处置情况纳入年度目标考核,促进全省批而未供、开发利用违约等低效和闲置土地的开发利用。

3.争取地方财政配套经费,部署开展太原市、原平市土地集约利用评价工作。

4.探索农村集体建设用地使用权流转试点,推进节约集约用地制度改革。就集体经营性建设用地流转工作在全省开展调研,确定永济、介休、新绛、泽州和11个转型综改试点县共计15个县(市、区)作为流转工作试点。

(张　峰)

【土地确权与变更调查】 1.按照《农村集体土地所有权确权登记发证成果检查验收办法》,对全省11个地市农村集体土地所有权确权登记发证成果检查,并对存在问题进行整改。9月,国土资源部对太原、晋中、朔州、大同农村集体土地所有权确权登记发证成果重点抽查,认为山西省农村集体土地所有权确权登记发证工作领导重视,工作规范,成果可靠,成果达到"优秀"标准。2013年全省集体土地所有权颁证率达到96.5%,农村集体建设用地和宅基地使用权确权登记发证工作有序推进。

2.召开2012年度全省土地变更调查工作动员部署会,建立由地籍、规划、耕保、建审、执法等多部门联动协作完成的联合工作机制。在影像未下发前,组织指导各地提前收集整理资料、制订工作方案,主动开展年度土地变更调查工作。国土资源部下发遥感监测成果后,抽调规划、耕保、建审、地籍、执法监察及相关技术人员，集中时间、集中精力对遥感监测图斑逐一进行实地核实、拍照和联合确认，对成果实行逐级把关、层层签字确认的质量控制制度，完成全省2012年度土地变更调查工作。（张　峰）

9月29日，《山西转型综改国土资源管理制度改革专项方案》论证会召开（张　峰提供）

【矿产资源管理】 1.煤矿企业兼并重组整合换发采矿许可证工作成果巩固。2013年共办理煤炭资源采矿权登记275宗，其中为兼并重组煤矿办理延续152宗，换发长期采矿许可证48宗，其他日常管理（包括变更、延续、划界延期、补证、核查换证、抵押备案等）75宗。

2.非煤矿产资源开发整合采矿登记工作基本完成。2013年共计办理非煤资源采矿权登记316宗，其中变更、延续、新立等事项办理133宗，划界、划界延期、转让和抵押备案等事项办理183宗。除经非煤资源整合工作领导组同意继续完善相关手续的98座矿山外，其余全部完成。

3.开展省级和各市发证权限的矿业权设置方案、非国家规划矿区煤炭矿业权设置方案的编制工作以及煤炭国家规划矿区矿业权设置方案修编工作。23个省级非煤矿业权设置方案全部完成评审，11个地市矿业权设置方案均通过省级评审，相关数据报国土资源部备案。完成7个非国家规划矿区煤炭矿业权设置方案，完成6个国家煤炭规划矿区矿业权设置方案的修编工作。

4.制订采矿权审批、备案、审核等事项的申报、审查要点和市级审查意见三项《办事指南》，印制成册并向社会公布，规范审查标准和审查程序，推进行政审批的公开化、规范化、透明化，提高国土资源管理部门的服务质量。

5.完成2012年度矿山企业年检工作。全省应检矿山4794座，其中部级发证95座，省级发证1278座，市级发证276座，县级发证3145座，实检4791座，占应检总数的99.94%，合格率95.95%，抽检矿山266座，抽检率为5.55%；指导完成全省煤、铁、铝土、铜、金、锰、铅、钼、磷、硫铁、石墨、耐火粘土等12个重要矿种的“三率”调查与评价及实地核查工作。

6.加强矿产资源储量监督管理。完成建设项目压覆重要矿产资源审批262件。审结“建设项目压覆重要矿产资源评估报告”278个，各类建设项目压覆煤炭资源总计16.82亿吨（保有16.32亿吨），铝土矿资源储量590.8万吨。完成晋城市环城高速公路工程，太原至兴县铁路工程，吕梁市至临县高速公路工程，山西中南部铁路通道工程（长治段），太中银铁路建设工程，新建蒙西至华中地区铁路通道建设工程6个国家和省重点工程建设项目压覆报批。（张　峰）

【地质勘查管理】 1.根据省找矿突破战略行动部署，制发《关于加快矿业权价款地质勘查项目工作进度的通知》（晋国土资办函〔2013〕262号），推进矿业权价款地质勘查项目进展，完成设计调整批复61个（次），验收项目75个，可提交煤炭资源量231.81亿吨，其中新增30.88亿吨；铁矿资源量5.61亿吨，其中新增2381.3万吨；铝土矿资源量2.58亿吨，其中新增2180.75万吨；冶镁白云岩资源量22.12亿吨，其中新增8.52亿吨。

2.根据《地质勘查资质监督管理办法》（国土资发〔2010〕14号）的要求，对28个省外地勘单位和76个项目进行地质勘查资质备案；按照矿业权管理相关规定，办理地质调查证61个，勘查许可证72个（新立1个，注销12个，保留24个，变更9个，延续22个，转让4个）。

3.开展老矿山接替资源找矿工作。完成《山西省灵丘县支家地铅锌银矿接替资源勘查》《山西省灵丘县刁泉银铜矿接替资源勘查》项目的野外验收；完成《山西省闻喜县篦子沟铜矿接替资源勘查》《山西省垣曲县桐木沟铜矿接替资源勘查》《山西省灵丘县支家地铅锌银矿接替资源勘查（续作）》和《山西省灵丘县刁泉银铜矿接替资源勘查（续作）》4个2014年度老矿山找矿项目的初审。（张　峰）

【改革与制度创新】 1.结合省综改《总体方案》，编制《理顺矿产资源有偿获得开发利用体制改革》《推进用地管理改革》《加强矿产资源勘探工作》和《深化煤层气管理体制改革》4个实施方案，并分别成立专项改革领导小组，明确责任分工，制定保障措施，推进四项重大改革取得显著成果。2013年，全省城乡建设用地增减挂钩下达52个县周转指标3.8万亩；工矿废弃地复垦利用试点进入实施阶段，在全省有条件的市县全面开展；朔城区、山阴县编制盐碱地改造利用实施方案，朔同地区成片盐碱地改造利用有序推进;建立省级耕地开发专项资金新增耕地储备数据库和全省建设用地耕地占补平衡机制;出台《关于开展农村集体建设用地使用权流转试点工作的通知》,农村集体土地入股共享企业发展成果试点稳步推进。推进铁矿等矿产资源矿业权有偿取得制度,公开出让7宗探矿权,成交6宗,成交价款达1.77亿元。

2.主动服务,加强对综改试点县土地管理制度的创新指导。召开2013年转型综改试验土地管理制度创新指导会,出台《山西省省级转型综改试点县(市、区)土地管理制度创新指导工作方案》,对试点县开展深化城乡建设用地增减挂钩、创新省级耕地开发项目专项资金使用机制、探索开展农村集体建设用地使用权流转三项试点进行规范和统一。各城乡建设用地增减挂钩试点县(市、区)可以直接向省厅报送项目实施方案;各省级耕地开发项目专项资金使用机制试点县可以向省厅直接申报,并直接预留60%指标使用;对农村集体建设用地使用权流转试点,明确农村集体建设用地使用权的流转范围、流转方式、流转程序和流转收益分配。

(张　峰)

【煤层气矿业权审批制度改革试点】 继2010年争取国土资源部与省政府签署《创新矿业用地机制合作协议》后,全省国土资源管理的又一次重大突破。4月摸清全省煤层气和煤炭矿业权设置情况,提出具体改革建议。6月形成《山西省煤层气矿业权审批制度改革试点方案》初稿,与国土资源部地质勘查司多次交换意见。6月20日,常务副省长高建民带队与国土资源部副部长汪民沟通协调煤层气矿业权审批制度改革问题。7月8日,省长李小鹏、秘书长廉毅敏、厅长李建功与国土资源部部长姜大明、副部长汪民、副部长王世元就煤层气矿业权审批制度改革有关事宜进行磋商。8月21日,汪民在山西省调研煤层气矿业权审批改革事宜。8月23日,省部联合领导小组召开会议,集体审议并原则通过《山西省煤层气矿业权审批制度改革试点方案》,形成第一次会议纪要,提出按照"部控省批"原则,将沁水盆地煤炭、煤层气矿业权审批权限部分下放山西省国土资源厅。9月25日,山西省正式商请国土资源部联合印发《煤层气矿业权审批制度改革试点工作方案》(晋政函〔2013〕102号)。试点方案征得国家发改委、国务院法制办同意。(张　峰)

【地质灾害防治】 2013年全省降雨量打破历史同期纪录,极端气候频发、多发,地质灾害防治形势严峻、任务繁重。省长李小鹏针对地质灾害防治工作多次做出重要批示,常务副省长高建民先后深入临汾市、吕梁市、晋中市灾害易发区现场对防治工作进行安排部署。省市国土部门加大巡查检查力度,强化预警预报,发布地质灾害气象风险预警56次,成功避让地质灾害9起,转移安置445人,避免人员伤亡135人,避免直接经济损失717万元,基本做到大汛面前无大灾。

1.会同省应急办、水利厅、气象局、气象台、地震局召开年度地质灾害趋势预测会商会,形成2013年度地质灾害趋势报告,严格责任分工,强化部门协调配合。

2.加大经费投入,推进防治工程建设。2013年国家和省级财政累计投入1.69亿元,治理29个地质灾害工程项目。"四个体系"建设逐步铺开,监测预警指挥平台开始筹建,建成30个高危隐患点降雨量监测站。地质灾害群测群防"十有县"实现全省域覆盖。

3.强化宣传演练。组织一千余个检查组和万名防治专家深入乡村及隐患点展开"进村入户"宣传教育活动,组织各类突发地质灾害应急演练318次,参与人员44851人。

4.2013年汛期共发布三级以上地质灾害气象风险预警52次,发送短信17.5万余条,应急分队出动应急处置34次,170余人次参与灾情调查、抢险方案制定和转移群众。

(张　峰)

【地质环境保护】 1.推进山西省"矿山复绿"工作。2月26日,省政府成立由省委常委、常务副省长高建民为组长,副秘书长马彦平、厅长李建功为副组长,相关厅局领导为成员的"矿山复绿"行动领导组,晋中市、长治市、忻州市的领导组相继成立。编制完成《山西省"矿山复绿"行动实施方案》,通过国土资源部的技术评审。

2.大同晋华宫国家矿山公园南部矿山地质环境治理工程完成地裂缝回填及夯实、护坡、截排水、植被恢复、引水管路、道路修复等工程,治理面积达10.5公顷,取得较好环境效益与社会效益。

3.制订《山西省矿山地质环境治理项目管理办法》《山西省矿山地质

8月23日,山西省煤炭、煤层气矿业权审批制度改革座谈会召开

(张　峰提供)

环境保护与恢复治理监督管理办法》等管理制度，对矿山企业履行矿山地质环境保护与恢复治理义务及财政投资的矿山地质环境治理项目进一步规范管理。

4.推进全省《矿山地质环境保护与治理恢复方案》编制、评审与备案工作。全省煤矿应编制“治理方案”905个，完成编制903个，完成率99.8%，备案901个，完成率99.6%。非煤矿山完成《矿山地质环境保护与治理恢复方案》审查备案203个。

5.4月22日，作为科普教育、科学研究和旅游观光胜地的山西陵川王莽岭国家地质公园揭碑开园。

（张　峰）

【国土资源执法监察】 1.完成2012年度土地矿产卫片执法检查，违法案件得到依法查处，违法势头得到遏制。土地卫片方面：立案查处1208宗，收缴罚款9205.48万元；没收违法建筑物、构筑物497.46万平方米；拆除违法建筑物5.65万平方米；没收违法所得59.67万元；移送司法机关追究刑事责任13人；申请法院强制执行615件。矿产卫片方面：立案138宗，收缴罚款269.49万元；没收违法所得748.85万元；吊销采矿许可证2个；移送公安机关追究刑事责任27人。分别对太原、忻州、吕梁、阳泉、长治等6市，小店区、左云县、朔城区、忻府区、文水县、寿阳县、盐湖区等21县（区）进行警示约谈。

2.打击非法违法采矿行为。与省监察厅联合组成5个检查验收组，检查验收11市33县（市、区）的打击土地矿产违法行为专项行动。出动巡查人数94440人次，排查关闭矿井6346处，取缔非法违法采矿点154处，越界开采15处，查处非法采矿51处，炸毁和填埋坑点465处，查扣非法采矿设备165台（件），没收非法矿产品815吨，收缴罚没款216.55万元，行政拘留43人，刑事处罚21人，复垦恢复地貌90亩。

3.开展卫星遥感监测和视频监控网建设试点。经省政府批准，与中国资源卫星应用中心签订合作协议，并在晋城市、河津市、岚县完成视频监控网建设试点工作任务。（张　峰）

【党风廉政建设】 1.加强监督检查，确保政令畅通。开展“学党章、转作风”专题监督检查活动，推动各级党员干部严格遵守党章和党内其他法规，坚决维护中央、省委省政府和厅党组权威。

2.落实八项规定，作风明显改进。以党的群众路线教育实践活动为契机，聚焦“四风”问题，制定7个方面24条措施，会议次数同比减少41%，会议经费减少68%；公务接待费用下降36.97%。出台《党员干部生活作风十不准》，把监督管理延伸到八小时之外。围绕公款吃喝、过节送礼、跑官拉票等不正之风，开展明察暗访和专项检查30余次，查纠问题73个，处理21人。集中整改用地报批速度不快、矿业权审批不规范等突出问题，修订8类33项制度，从全面整改、专项督办、制度建设等方面同步推进，机关作风明显好转。

3.加大办案力度，发挥震慑作用。2013年，全系统共有173人受到党政纪处分及刑事处罚。其中，党纪处分52人，政纪处分127人，刑事处罚9人；涉及处级干部6人，科级及以下干部167人。

4.编印《警示教育案例》《图说廉政准则“52”个不准》等书籍，举办《反腐倡廉漫画巡回展》，用身边事教育身边人。在晋中、阳泉、朔州等市规划创建廉政教育基地，5000余人次接受教育。推行一把手和纪检组长任职交流，交流处级干部21名。依托科技监督，在太原试点建立国土资源网上挂牌交易在线实时监管系统，监管土地交易66宗，涉及金额121.15亿元。

5.与省委巡视办联合出台《建立巡视工作协作机制的意见》，加大对土地矿产资源等重点工作的联合调研。专项巡视共发现问题134个，提出整改建议14类。

6.简政放权，维护群众利益。厅本级行政审批事项由原来的22项缩减到8项，精简比例达64%。对重大项目和民生项目用地服务保障落实一次告知、首问负责、限时办结、回访监督等制度。邀请人大代表、政协委员、行风监督员和管理服务对象代表，多次对基层站所及窗口单位明察暗访。坚持厅领导信访接待日制度，接待来访86批次、268人，办结73件，解决一批损害群众权益的突出问题。（张　峰）

国有资产管理

【国有企业项目投资】 2013年，省属企业完成投资2076亿元，为历年之最。2013年，省属企业开工建设重点项目116个，完成投资1210亿元；竣工投产18个。省属企业承担的8个省级重大项目完成投资271亿元，占项目总投资21%。在全部投资中，“双千亿”企业投资占比达到90%以上，11户省属企业全年完成落地投资额2300亿元。2013年，太钢集团中频感应炉、太重集团煤机成套装备制造、同煤集团60万吨甲醇、中条山集团50万吨多金属矿综合捕集回收技术改造、晋能集团18个物流节点及王家岭煤矿等一批项目基本建成。焦煤集团60万吨烯烃项目，同煤集团60万吨烯烃项目，晋煤集团高硫煤洁净利用循环经济工业园化电热一体化项目，阳煤集团化工产业“九大园区、十大项目”启动开工。潞安集团180万吨高硫煤清洁利用油化电热一体化项目，交投集团总长150千米的3个高速公路项目，经贸集团、山投集团房地产项目，国控集团“三园两院”项目推进建设。（郎卫平）

【国有企业产业转型】 截至2013年底，省属企业385座资源整合保留矿井中，在产或进入联合试运转107座，在建241座，释放产能8485万吨。2013年，晋煤集团总氨产量超过1400万吨，阳煤集团化工实物产量近千万吨，创历史新高。太钢集团不锈钢产销量继续领跑世界，全年出口不锈钢近50万吨，创历史最好水平。国际能源、同煤集团、焦煤集团、晋能集团在运、在建控股装机容量达到2580万千瓦，一批项目进入全省1920万千瓦低热值煤发电政策范围。晋煤集团、国新能源、国际能源、晋能集团等企业，全年完成煤层气抽采25亿立方米，累计建设长输管线5000多千米，覆盖11个市98个县，气化人口1210万。（郎卫平）

【国有企业整合重组】 2013年，省属企业煤电一体化进程加速。煤销集团与国际电力合并重组为晋能集团，40座煤矿+9座电厂打捆项目启动建设；焦煤集团重组大唐集团460万千瓦发电机组项目启动；潞安集团与国际能源煤电联营、交叉持股，整合电力装机1202万千瓦、煤矿产能3030万吨。煤、化等产业整合重组和资源整合深入推进，焦煤集团重组运城盐化集团和焦炭集团，推进重组唐山300万吨焦化。晋煤集团全年内部消化无烟煤1730万吨，煤炭内部转化率40%。阳煤集团布局规划9个循环经济产业园区。省市国有企业合作加强，忻州忻通公司与阳煤集团合作取得实质性进展，忻州水务成功与省水务集团重组。2013年，省国资委监管企业户数调整到19户，阳泉国资委监管企业同比减少8户。（郎卫平）

【国有企业改革】 截至2013年底，省属企业混合所有制企业比重达到64.44%，控股上市公司16家，上市公司中非国有股权比例达到48.8%。2013年，国新能源上市获证监会有条件通过。省直机关所属企业脱钩改革工作推进，清产核资、产权变更进行过半，已划转企业生产经营秩序正常，部分进行改制重组，8户委托监管企业中，5户基本调整到位。全省厂办大集体改革实施意见上报国家部委。全年8户企业的破产计划获批，全省5270名国企职教幼教退休教师按期得到生活补贴。经贸集团、国控集团、商贸资产等企业历史遗留问题得到妥善解决。各市国资委因地制宜探索改革路径，阳泉市出台国有企业改革发展实施方案和改制重组工作方案，长治市出台市属工业企业改革实施方案和企业改制三年推进计划，晋中市拟定厂办大集体改革意见，太原市推进破产企业人员、辅(物)业土地资产移交工作和改制企业"回头看"工作，临汾市完成5户企业政策性破产工作，推进大同、晋城、吕梁、忻州、运城企业破产、改制、脱钩等工作。（郎卫平）

【国有企业科技创新】 2013年，14户省属企业进驻山西科技创新城，计划投资约100亿元，规划建设29个研发、工程中心。省属企业全年科技活动经费累计支出497亿元，约占营业收入3%。山西省首家企业类国家重点实验室在太钢集团建成。潞安集团与中科院上海高研院、山西煤化所等机构合作的产学研一体化高端创新合作平台成果突出。全国首台自主研发的高海拔极低温海陆两用5兆瓦风电机组在太重集团下线。省属企业省级技术中心新增9个，国家级技术中心新增2个，国家创新型企业新增3户。太钢集团、太重集团技术中心2013年进入全国十强，潞安天脊技术中心进入全国百强。晋煤集团、焦煤集团推荐的项目和汾酒承担的课题分别获得2013年国家科技进步奖二等奖及国家技术发明奖二等奖。太钢集团荣获首届中国政府质量奖提名奖。建工集团获得詹天佑奖、鲁班奖、国家优质工程奖三个国家级大奖。（郎卫平）

【国有企业社会责任】 2013年，省属企业"百企千村产业扶贫开发工程"启动实施，省国资委出台"14·36·46·500"产业扶贫方案。即确定14户省属国有企业联系衔接山西省以吕梁山、太行山两大连片特困地区为主战场的36个国家扶贫开发重点县，成立46个农业产业开发公司，五年累计投融资500亿元，实施以发展现代特色农业、结合当地扶贫搬迁推进城镇化建设，实施开发性农业建设为主要内容的产业扶贫开发。推动省属企业与省农信社300亿元信贷支持战略合作框架协议签订。省属企业下属47个农业开发公司成立，在36个贫困县的59个项目启动，规划投资总额218.9亿元，同煤现代农业产业园区、阳煤万吨羊肉屠宰加工等12个项目开工建设，完成投资25.9亿元。2013年，省属企业免费供应低收入农户取暖用煤700余万吨，让利110余亿元。全年新增就业岗位3.4万个。同煤、晋煤、阳煤数万户职工2013年喜迁新居。太钢集团实施技术改造，为太原市14万个家庭提供冬季取暖热源。大同、阳泉、忻州、临汾等市国资委投入大量资源建设保障房。太原、大同国有企业配合拆迁工作，支持市政建设。"百日双千案攻坚战"和"学习枫桥经验、及时就地化解矛盾纠纷"等活动在省属企业广泛开展。（郎卫平）

8月21日，省国资委与省农信社签署战略合作框架协议
（郎卫平提供）

【国有资产监督管理】 省国资委进行国资监管立法探索，全面清理国资

省长李小鹏在山西国际电力天桥水电公司调研　　（郎卫平提供）

监管规范性文件。完善直接监管和委托监管并行的监管模式，精简下放5项审核审批事项。改进业绩考核办法，考核导向作用更加突出。将划转到省国资委系统的省直厅局脱钩企业纳入常规监管，省国资委参与股权多元化企业的股东会决策，进一步落实出资人职能。监事会针对企业管理短板、债务风险，加强专项监督。财务监督、产权管理、绩效评价、收益管理、薪酬管理等监管工作全面加强。省市国资委按照新的产权登记办法，对所属企业进行产权重新登记。阳泉市国资委全面清理规范性文件，考核办法进一步改进。太原市国资委加强监事会监督。运城市国资委开展收取国有资本收益试点工作。大同市国资委全面推行资产处置进场交易。

（郎卫平）

口岸管理

【概述】 截至2013年底，山西省有正式对外开放口岸1个—太原航空口岸，临时对外开放口岸1个—大同航空口岸。口岸作业区2个—太原武宿综合保税区和山西方略保税物流中心。

太原航空口岸出入境人员322122人次，同比增长39.04%；出入境飞机2617架次，同比增长22.64%；进出口货运量344吨，同比增长31.1%。在出入境飞机架次中，固定航班同比增长28.8%，旅游包机增长26.3%，公务机同比减少33.3%，备降航班增长100%。2013年，大同航空口岸临时开放后，出入境飞机24架次，出入境人员2662人次。

全年口岸进出口总值达158亿美元，同比增长5%；监管货运量2442万吨，同比增长27.2%；货值49.3亿美元，同比增长15.2%。山西方略保税物流中心2013年进出口货运量792054吨，进出口货值10926万美元，征收两税共2.54亿元，同比增长13%；太原武宿综合保税区办理进出口货物133.4吨，货值29.15万美元。

（宋晓徽）

【保障赴台巡游关公圣像及人员进出境】 3月，由省委宣传部、省台办，运城市委市政府主办“两岸关公文化巡礼关公祖庙圣像巡游”活动，由山西省领导带队100多人参加巡游活动。省政府口岸办配合省台办工作，多次召开会议，协调郑州航空口岸和太原航空口岸在通关礼遇及进出境手续办理等方面给予便捷服务，保障入岛关公祖庙珍贵文物及人员顺利进出境。（宋晓徽）

【太原机场口岸核心能力建设通过验收】 6月17日，国家质量监督检验检疫总局考核组对太原机场口岸核心能力建设进行考核验收。省政府口岸办、省民航机场管理局等相关负责人参加。

考核组通过听取汇报、现场检查、查阅相关技术资料和原始工作记录、理论测试、口头询问及现场操作考试等方式，对太原机场口岸核心能力建设进行考核。考核组认为，太原机场口岸机制、设施、设备及人员综合能力基本达到相关要求，领导重视、各部门响应，口岸卫生专业人员素质、应急处置能力建设以及保健中心预防接种等方面水平较高，一致同意向质检总局推荐通过考核验收。

（宋晓徽）

【大同云冈机场口岸临时开放】 大同市被国家确定为2013年“中国国际太阳能十项全能竞赛”承办城市后，为满足国际性重要赛事要求，做好大同机场口岸临时开放各项工作，省政府口岸办分别于3月、6月、8月在大同市召开大同航空口岸临时开放工作协调会三次。太原海关、山西出入境检验检疫局、省公安边防总队、省民航机场管理局和大同市政府及相关部门参加会议。会议主要听取大同市政府关于大同航空口岸临时开放准备工作情况汇报及太原海关、山西出入境检验检疫局和山西省公安边防总队对保障大同航空口岸临时开放需求方案说明。同时，会上各相关单位还分别通报《大同航空口岸临时开放工作协调会会议纪要》相关工作推进情况。大同市政府、各查验单位及山西省民航均表示，将按照大同机场临时开放时间节点，做好各项工作，确保大同机场临时开放安全、稳定、高效运行。8月27日，省政府口岸办组织有关专家组成验收组，对大同云冈机场航空口岸改造项目进行验收。省政府口岸办主任韩仲平、太原海关副关长高志凯、山西出入境检验检疫局副局长任传永、省公安边防总队副参谋长贺颖波、省民航机场管理局纪检书记吴建庭和大同市市委常委、副市长王克建等相关领导参加。会上，验收组听取大同市政府关于大同机场临时开放工作进展情况汇报，查看大同机场国际厅查验现场布局、流程、设施配置和口岸查验单位办公业务用房及配套设施等，并观摩国际航班出入境查验通关演练。验收组认为,大同机场国际厅查验设施基本能满足查验单位工作需要,口岸查验人员到位,查验流程等文件资料基本完善,可以承担大同机场临时开放检查检验工作。为此,验收组一致同意通过验收。

7月31日,国家口岸管理办公室以国岸函字〔2013〕63号,正式批复同意大同云冈机场口岸临时开放。

(宋晓徽)

【大同至香港航班开通】 9月11日,大同至香港航班正式开通。大同市委副书记、市长李俊明,市委常委、副市长王克建,省经济和信息化委员会副总经济师王锐颖、省政府口岸办主任韩仲平、省民航机场管理局局长郝孝义、省公安边防总队总队长罗卫东等参加首航仪式并视察T1国际航站楼进出港流程。(宋晓徽)

【山西省首家公务机公司入驻太原武宿国际机场】 7月4日,山西省民航机场集团公司与山西神飞公务机有限公司签署战略合作协议书。双方协议:一是神飞公务机公司与机场集团公司合作投资建设一座兼具贵宾服务功能和公务机服务功能综合楼,满足高端客户服务业务发展需求;二是与山西民航机场贵宾有限责任公司共同组建太原机场公务机业务地面服务公司,合作开展太原机场公务机地面服务业务。(宋晓徽)

【山西省口岸工作领导组全体会议】 12月20日,省政府组织召开。副省长、省口岸工作领导组组长王一新出席并讲话。省政府副秘书长、省口岸工作领导组副组长盛佃清主持,省经济和信息化委员会副主任、省口岸工作领导组副组长张兵生以及23个成员单位相关负责人参加。

省政府口岸办主任韩仲平汇报山西省口岸工作,省商务厅、太原海关、山西出入境检验检疫局、省公安边防总队、省民航机场管理局等部门相关负责人先后发言。(宋晓徽)

【口岸监管与服务】 2月2日和3月7日,太原海关分别查获两起携带港币现钞380万元和1300万元进境案。

9月16日,国家海关总署牵头会国家发展和改革委、财政部、国土资源部、住建部、商务部、国家税务总局、国家工商总局、国家质检总局、国家外汇管理局等十部门组成联合验收组,对太原武宿综合保税区(一期)进行正式验收。联合验收组按照海关特殊监管区域基础和监管设施验收标准,分基础设施、隔离设施、专用通道、监管设施及相关配套设施等五部分,进行实地考察,并组织验收评审会。验收组成员一致同意太原武宿综合保税区(一期)通过验收。联合验收组与省政府签署《太原武宿综合保税区(一期)验收纪要》。太原武宿综合保税区正式通过国家十部委验收,并封关运行。

太原海关全面启动通关作业无纸化改革。太原海关与山西省内36家企业完成《海关通关作业无纸化协议》签约。2013年接受通关无纸化申报报关单533票,货运量47.6万吨,货值7.7亿美元,实征税款2133万元。

太原海关区域通关范围扩大。全国13个口岸海关在太原召开区域通关联系配合办法签署暨业务交流会,太原海关与上海、杭州、宁波、福州、厦门、郑州、江门、南宁等8个海关正式确立"属地申报、口岸验放"区域通关模式,区域通关口岸增至19个。

太原机场海关多措并举推动太原航空口岸快速发展。2013年,太原机场海关针对进出境航班及旅客数量快速增长,优化通关环境,完成进出境航班监管任务,助推太原航空口岸健康快速发展。一是关注太原口岸进出境航班开通与运营情况,分析运行情况和存在问题;二是根据进出境旅游航线特点,向各航空公司、旅行社等单位加大海关政策宣传力度,保障航线运营健康有序;三是针对进出境航班及旅客数量成倍增长及午夜、凌晨进出境航班多特点,调整充实一线监管力量,利用旅客舱单及旅客通关系统,筛查重点、有的放矢,完成航班监管任务;四是强化文明执法,加强与口岸各联检单位沟通联系,协调解决旅客通关过程中各类疑难问题,为广大进出境旅客提供宽松和谐通关环境。

(宋晓徽)

【晋苏两地检验检疫局签署合作备忘录】 3月26日,山西出入境检验检疫局与江苏出入境检验检疫局签署《深化检验检疫合作机制备忘录》。签字仪式采用视频连线形式进行,通过建立合作机制,两局将全面促进双方各项工作更加有效、管理更加规范、发展更加和谐,共同营造"互惠、互补、双赢、共进"良好局面。双方在加强工作创新合作探索特色质检之路,加强检验检疫业务合作提高执法把关水平等十个方面达成合作共识。

(宋晓徽)

【《关于共同应对太原空港口岸突发公共卫生事件和核辐射、生物、化学因子恐怖事件协作机制备忘录》】 太原机场出入境检验检疫局与省公安边防总队司令部共同签署。按照"高度重视、积极应对、联防联控、依法科学处置"原则,双方在四个方面深化协作机制。即加强沟通交流,及时通报相关信息;加强日常协作,有效处置突发公共卫生事件、核辐射、生物、化学因子恐怖事件;加强共同应急演练,做到平战结合;加强防护知识培训,提高自身防护能力。

(宋晓徽)

【山西进口水果指定口岸】 6月通过国家质检总局专家组考核验收,7月国家质检总局批准太原航空口岸为进境水果指定口岸。

9月9日,山西出入境检验检疫局在太原召开"山西省首家进境水果指定口岸开通仪式新闻发布会",向新闻媒体介绍进境水果指定口岸创建过程及指定口岸开通重要意义,并对首批从台湾地区进口凤梨、番石榴等6种水果进行现场检疫和检测。《山西日报》《山西经济日报》《中国国门时报》及山西人民广播电台等媒体记者应邀出席,并进行现场采访和新闻报道。2013年进境水果共计5批次,货值11.7万美元。(宋晓徽)

【实行外贸新举措】 针对山西地处内陆、出口不畅短板,山西出入境检验检疫局争取总局和相关口岸局支持，对现有检验检疫通关放行模式进行探索，在全省推出"检验检疫虚拟口岸直通车"新通关模式，扶持首批6家进口企业获"晋津检验检疫虚拟口岸直通车"试点资质，平均每批为企业节省货运集港时间1天半、节省经济成本500元，此举得到省委省政府关注支持，受到进出口企业欢迎。

（宋晓徽）

【服务综改区建设】 山西出入境检验检疫局出台服务全省综改试验区发展13条措施；配合太原综保区完成检疫处理区项目建设；推荐4种产品获得国家地理标志产品、7家企业获得出口欧盟普惠制原产地试点资质；服务重点工程项目，第一时间落实省委书记批示、对山西成功汽车集团进口旧机电设备申请采取远程审核服务措施；召开"促进外贸发展座谈会"，为企业解决实际困难26个；支持大同机场口岸临时开放，保障大同国际太阳能十项全能竞赛举办；帮助太原航空口岸获批进境水果指定口岸。（宋晓徽）

【山西省公安边防总队边检长效机制建设】 为贯彻落实公安边防部队边检长效机制建设工作会议精神，总队结合实际，总结梳理出"强化五种意识、推新五项机制"工作思路和举措，推动边检长效机制建设工作。

1.强化"高标准"意识，推新服务规范养成机制。以《边检服务水平评价体系》为参照，按照《边检执勤岗位基本业务能力标准》要求，深化定式养成。结合太原航空口岸出入境客流量不断增大实际，探索创新勤务组织，向创新要警力、要效率、要水平，实现勤务组织精细化、用警效能最大化，确保每项服务要求在高强度勤务工作中不变形、不走样，口岸通关顺畅，管控严密。

2.强化"重实效"意识，推新业务考核培训机制。将业务培训考核工作作为检查员队伍建设基础性工程贯彻始终，依托边检业务执勤岗位练兵考核，完善"周考、月评、年赛"业务练兵考核机制，以"考核促提高、成绩促实效"，构筑外语、法律、边检业务、梅沙系统业务应用及保障专项培训在内综合培训体系，提高检查员各项业务技能。

3.强化"常督察"意识，推新视频督察监控机制。坚持边检服务督察工作日常化，执勤科按照"一周两查"要求，落实好勤务录像倒查制度，司令部定期、不定期对检查员执勤情况进行视频督察，对检查员证件接还、文明用语和验证程序进行督导，使执勤人员言行举止处于监控状态，促进检查员固化服务养成，培养镜头意识。

4.强化"广纳谏"意识，推新走访问卷调查机制。通过走访座谈、联创共建、业务交流等多种形式，走出站门，吸取其他单位成功经验，取长补短，确保制度机制先进性。拓展外部监督渠道、发挥社会监督功能，确保边检服务水平长效机制建设与地方经济发展步调协调一致。

5.强化"法治化"意识，推新执法规范化建设机制。强化法治理念，把加强法治建设贯穿于边检工作全过程。从规范执法程序、加强执法责任监督入手，定期开展执勤执法大检查，完善群众执法监督和执法执勤工作机制，创建公平规范口岸环境。

（宋晓徽）

【与口岸联检单位建立共防共管协作机制】 针对年初国内多地发生H7N9禽流感疫情形势，山西公安边防总队与太原机场出入境检验检疫局签署《预防口岸突发公共卫生事件协作机制备忘录》，构建口岸综合防控体系，确保太原航空口岸安全稳定。

（宋晓徽）

【打造服务品牌】 山西公安边防总队全体官兵在业务量不断加大情况下，树立"旅客为先"服务意识，内强素质，外树形象，推进提高边检服务水平工作，打造边检优质服务品牌。坚持将服务理念教育灌输作为检查员业务培训考核基础性内容贯穿始终，确保服务理念入脑入心。按照边检执勤执法标准规程，定期组织开展录像倒查，监督各岗位执勤人员行为举止，严扣各个查验环节服务语言、动作及表情，强化检查员服务定式养成。定期组织召开边检服务定式讲评会议，以录像倒查形式对执勤人员服务行为进行分析和讲评，促进总队边检服务水平提升。组织开展以"提升服务水平大家谈"为主题教育实践及边检"文明使者"评选活动。围绕地方经济社会发展规划，跟进服务，坚持每月对出入境旅客数据进行分析评估，开展口岸调研为省政府提供决策参考。坚持问需于民、问计于民，组织航空公司和旅行社开展边防检查政策规定和网上报检工作协调座谈会，组织召开公务机办理边检政策培训会，回应服务对象对边检工作新期待、新要求。结合太原航空口岸出入境旅游团队和公务机多特点，推出旅游团"网上报检""预检通关"和公务机"全天候通关"等便民措施，提升服务质量。在全省范围内实施统一受理公安业务"山西公安便民服务在线"专栏，建立"边防总队"链接，定期发布便民公告，解答公众提问。开展"边检天天伴你行"主题警营开放日和边检服务品牌宣传活动，邀请省、市媒体对总队边检工作进行宣传报道。

（宋晓徽）

【省际交流】 3月1~4日，贵州省口岸办副主任罗向东率贵州省公安边防总队、贵阳海关、贵州出入境检验检疫局、贵州省公安厅出入境管理局、贵州省机场集团公司等单位相关负责人一行10人到晋调研考察，山西省政府口岸办组织对口单位进行交流座谈。双方就航空口岸基础设施建设、改扩建以及国际航线引进和运营等方面进行交流。调研组参观考察太原航空口岸国际厅，在现场，贵州口岸方面询问国际厅布局设计，查验单位流程设置以及相关配套设施等情况。

8月20日，宁波市政府、市政府口岸办一行5人到晋调研综合保税区建设情况。省政府口岸办组织省商务厅、太原海关等单位参加调研。调研组深入太原武宿综合保税区，参观业务大厅、主卡口等。调研组了解综保区组织架构、审批过程及主要做法、贸易便利化主要政策等。

10月15日，重庆市政府口岸办、重庆机场集团公司等一行11人到晋调研太原进境水果指定口岸工作。调研期间，考察团先后对水果冷藏库、熏蒸库、检验检疫实验室进行现场调研，并对境外水果的检查流程、品种、价格等进行询问。座谈会上,山西检验检疫局、省民航机场集团公司介绍太原进境水果口岸申报、建设和运营情况。考察团表示,太原进境水果指定口岸建设和发展经验对重庆市申请设立进境水果指定口岸具有借鉴意义。晋渝两省市均属内陆地区,经济发展存在很多相似之处,双方应以此为契机,加强口岸合作,共同促进外向型经济发展。 (宋晓徽)

出入境检验检疫

【概述】 2013年,山西出入境检验检疫局(以下简称"山西局")按照国家质检总局"抓质量、保安全、促发展、强质检"12字方针和山西省委、省政府转型跨越发展及综改试验区建设部署,以"小局要有大气魄、小局要有大作为"决心和勇气,提出"创新、实干、规范、和谐"工作要求和"强局兴检"目标。凝心聚力,奋发有为,创新发展,各项工作取得新成效,为服务山西经济稳定增长、促进外贸发展作出新贡献。全年共检验检疫出入境货物19423批次、货值46.75亿美元,与上年同比,分别下降9.1%、17.7%;签发各类原产地证书11917份,签证金额7.65亿美元,与上年同比分别减少1.7%、4.4%;检疫查验出入境人员32.12万人次,与上年同比增长39.5%;健康检查6600人次,与上年同比增加22.9%;从出入境货物中检验出不合格商品189批、不合格金额11487万美元;在出入境人员健康体检中,检出艾滋病2例、性病6例、肺结核2例、肝炎40例、澳抗110例;截获入境旅客携带禁止进境物1584批次。 (郑 罡)

【质量工作】 一是宏观质量管理加强。向省政府汇报工作,报送进出口商品质量分析、工作专报和调研报告,加强对行业性、区域性、系统性问题分析;通过走访、座谈会等形式,加强与各地市政府联系;进出口产品质量安全情况纳入政府绩效考核体系。二是对外合作加强。2013年,山西局与江苏、天津、山东、新疆、珠海等局,与省商务、农业、环保、食药等部门建立合作,对扶持山西更多产品"走出去"、为地方产业升级、转型发展作出贡献。三是企业质量诚信建设加强。建立与检验监管模式、优惠政策、通关验放模式、奖惩体系挂钩的综合诚信管理平台,对企业诚信管理评级率达100%。四是营造全社会关注质量氛围工作加强。山西局在开展"质量月"活动中,通过开展技术比武、实验室开放、食品安全周、12365局长接线、企业自检自控能力评比、新闻发布等系列活动,达到声势显、特色足、影响大目的;召开"促进外贸发展座谈会"、开展政策巡讲活动,增强地方政府部门、企业对检验检疫法律法规的了解和掌握;落实新闻发布制度,面向社会媒体举办新闻发布会11次,在省部以上新闻媒体报道达420条次,扩大检验检疫影响力。 (郑 罡)

【检验检疫】 加强质量安全风险防控和企业质量安全管理,开展质量安全风险排查整治、业务督查、证书质量评比、计收费业务督察和配合质检总局开展"一审双查"等7个专项督查活动,对70多个不符合项目进行整改。围绕创新监管模式,整合现有监管要素,初步形成符合山西实际出口工业产品综合监管模式;"集中审单"和"新版电子监管"系统应用推进。加强认证认可管理,严格注册备案准入,引入工作监督机制,使认证审核、监督与检验检疫业务监管工作有机结合,增强监管工作有效性。围绕国门口岸安全、消费品安全、产品质量和食品安全,提高疫情疫病截获率、媒介生物检出率和不合格商品检出率。2013年检出不合格出入境货物189批,同比增长22%;截获入境旅客携带禁止进境物1584批次、有害生物20种次,同比分别增长114%、186%;进出境集装箱检疫查验率达到100%。在"双打"行动中,出动执法人员671人次,检查企业311次,对某企业进口槽钢未经检验擅自使用行为依法实施行政处罚。 (郑 罡)

【服务经济社会发展】 一是突破外贸瓶颈有创新。针对山西地处内陆、出口不畅短板,对现有检验检疫通关放行模式进行探索,在全省推出"检验检疫口岸直通车"新通关模式,扶持10家进口企业获得"晋津直通车"试点资质。二是服务综改区建设有举措。山西局围绕"打造精品,为民服务"窗口建设总要求,打造服务型检验检疫"名片",出台13条服务综改试验区发展措施;帮扶太原综保区项目建设通过验收;推荐4种产品获得国家地理标志产品、7家企业获得出口欧盟普惠制原产地试点资质;新增6家企业、13种出口产品获准"绿色通道";山西局第一时间落实省委书记批示、对省重点工程项目山西成功汽车集团进口旧机电设备提供审核服务;口岸核心能力建设通过考核验收,帮助太原航空口岸获批进境水果指定口岸;支持大同机场口岸临时开放,保障国际太阳能十项全能竞赛举办。三是服务经济发展有亮点。通过加强与地方政府合作机制,创建质量安全示范区,促进地方优势产品扩大出口,带动地方经济质量提升、产业升级和农民增收,拉动地方经济发展,调动地方各级政府抓示范区建设和扩大当地"拳头"产品出口积极性。在质检总局公布144个国家级出口食品农产品质量安全示范区名单上,山西局水果、芦笋、杂粮杂豆等7个示范区榜上有名,在全国直属局中位列前5名。例如,侯马局与运城市合作建设苹果示范园区取得显著成绩,建立万荣、临猗、平陆3个示范园区。由2008年2787吨、178万美元,每年以十数倍的几何级数增长,达到2013年8.3万吨、8069万美元,分别增长30倍、45倍,出口注册果园面积达12万亩,果农亩均增收1万元,成为运城市"富民强市"重点项目。(郑 罡)

【特色质检】 山西局坚持用创新思维谋划发展思路,局党组围绕局情省情在系统内外进行调研,确立"创新、实干、规范、和谐"8字工作方针;形成《关于山西省对外贸易情况专题调研报告》,得到政府主要领导肯定;开展中国特色质检之路研讨,形成《践行中国特色质检工作之路文集》。在新思维引领下,山西局确立"一个理念、三大作为、四个要求和五项建设"山西特色强局兴检工作思路。一个理念:就是小局要有大气魄,小局要有大作为。三大作为:树立开拓创新大气魄,在抓质量和保安全方面要有大作为;树立先行先试大气魄,在服务经济和促进发展方面要有大作为;树立励精图治大气魄,在强局兴检和构建和谐方面要有大作为。四个要求:开拓创新、实干兴局、规范管理、构建和谐。五项建设:核心职能、优化服务、基层基础、制度效能、文明和谐。在落实职能转变和简政放权部署中,山西局转变检验监管模式,加强理论研究,探索符合山西实际、由"检"向"管"转变监管新模式;变"管得多"为"管得住、管得精、管得好"。国务院、质检总局系列法检政策出台后,山西局第一时间传达贯彻精神,确保思想统一、队伍稳定、秩序井然;第一时间出台17条意见贯彻落实国务院有关精神;第一时间向检验检疫相对人公示和宣传相关政策,制订便捷办事流程,做到不折不扣,严格执行。山西局成立8个课题组开展针对性研究,对法检改革影响进行摸底评估,明确改革方向和思路。 (郑　罡)

【安全生产大检查】 9月16~17日,国家质检总局党组副书记、副局长梅克保率领总局通关司、特设局、办公厅有关人员赴山西督查指导安全生产工作。期间到山西质检两局调研,现场观摩太原航空口岸核与辐射有害因子应急处置演练,检查太原机场检疫除害处理企业安全生产落实情况,并会见副省长张建欣、王一新,双方就发挥质检职能作用、加强安全生产监管、保障厂门和国门安全、提升通关便利化水平、促进山西综改区建设、推动山西转型跨越发展进行交流。2013年,山西局把握安全工作"底线思维",把做好安全生产工作作为一项重要工作。一是明确领导机构。成立安全生产大检查领导小组,局领导任组长,各处(室)为成员单位,强化组织领导。二是明确检查范围和原则。确定国门安全情况,实验室安全、机关内部安全管理,所辖熏蒸处理企业安全管理等4个检查重点。三是针对自身工作开展自检自纠。四是针对企业开展排查。五是梳理问题,加强整改。 (郑　罡)

【基层基础建设】 一是科技引领作用发挥。山西局重视科技工作发展后劲,在科研制标等工作中"35岁以下青年人才项目" 占总申报项目数66.7%;加大科技引领力度,推行"三个一+红、黄、绿灯"管理模式,组织完成山西局首次科研评奖;科研制标进度管理强化;分支机构实验室建设加强。二是信息化建设取得新突破。信息化建设作为8项重点工作之一,围绕信息安全,加强信息化基础建设,改造机房电源线路,更换主服务器,推进业务管理集中审单、电子监管系统上线。在三个平台建设中,搭建服务器虚拟化集群平台,将21个应用系统移至虚拟化平台运行;实现不同移动终端对办公和业务系统统一处置;使用云桌面搭建移动办公系统平台,在山西省走在前列,信息化基础、效能和综合保障能力提升。三是企事业单位活力增强。围绕企事业单位做大做强,制订管理办法。2013年,企事业单位自身发展壮大,对山西局事业发展支持力度增强。技术中心创新"检企实验室"合作管理模式,检测资质、检测水平和应对突发事件能力提升;中检山西公司鉴定委托、质量认证和报检代理三大业务成绩显著;保健中心业务资质和体检市场开拓增长;晋检科技部业务增长;检验检疫协会在发挥"检企"纽带、扩大行业影响方面进步;各分支局在企事业发展方面取得成效;各单位对企事业的支持力度加大。四是基层建设进展加快。山西局推进基层建设进程,加大与质检总局、地方政府和有关部门协调力度,晋城、运城、朔州、综保区等筹备工作展开;山西局办公大楼维修改造工程完成;新建技术业务楼项目设计方案通过市政府审批,建筑内部功能布局和设计方案通过质检总局审批。 (郑　罡)

太原海关

【概述】 2013年,太原海关学习贯彻党的十八大精神,落实"把好国门、做好服务、防好风险、带好队伍"的"四好"总体要求,加强学习型、服务型、法治型、创新型、廉洁型"五型"海关建设,坚持求真务实、锐意进取,从全省经济社会发展实际出发,不断优化监管服务,推进各项建设,整体工作继续保持平稳健康发展的良好态势。

全年完成税收入库48.02亿元,同比增长0.36%,再创历史新高;监管货运量2442万吨,同比增长27.2%;货值49.3亿美元,同比增长15.2%;监管进出境飞机2886架次,同比增长26.3%;监管进出境人员33.2万人次,同比增长41.6%。 (张新年)

【全省外贸发展】 把服务山西转型跨越发展作为自身的重要职责,促进开放型经济的稳定发展,全省外贸进出口呈现稳中有进、稳中向好的局面,全年进出口总值再创历史新高,外贸发展质量和效益得到提升。2013年山西省进出口总值980.6亿元人民币(折合158亿美元),扣除汇率因素(下同)同比增长5%,进出口总值居全国第24位,增速居第26位。其中:出口496.1亿元人民币(折合80亿美元),增长14%,出口总值居全国第23位,增速居第14位;进口484.5亿元人民币(折合78亿美元),下降2.8%,进口总值居全国第25位,增速居第27位;全年实现贸易顺差11.6亿元人民币(折合2亿美元)。 (张新年)

【太原武宿综合保税区通过国家验收】 支持太原武宿综保合保税区建设,成立由关长吕伟红任组长的专项工作组,指定专人对接综保区指挥部,参与相关工作,从综保区规划选址、基础建设、监管设施、产业项目、管理机构机制、政策解读等方面提出政策建议,并帮助指挥部开展规划、设计、招商等工作。8月20日,太原海关牵头联合省内10个厅局单位对综保区进行预验收。9月16日,海关总署牵头组织国家十部委来晋进行正式验收,并颁发验收合格证书。12月27日,太原武宿综保区正式开始办理海关业务。 (张新年)

2013 年太原海关主要业务数据统计表

序号	业务类别	2013 年	同比增长(%)
1	监管货运量(万吨)	2442	27.2
	出口	69	24.7 倍
	进口	2373	23.8
2	进出口报关单(张)	6264	13.5
	出口	740	4.7
	进口	5524	14.8
3	进出口报关单记录(条)	15648	13.7
4	集装箱标准数量(箱次)	17165	18.9
	出口	827	−21.7
	进口	16338	22.1
	集装箱载货量 (吨)	303039	50.0
	出口	14742	−29.1
	进口	288297	34.6
5	税收入库(万元)	480220	0.4
	关税	43199	−8.9
	进口环节税	437021	1.4
	出口税(万元)	6289	50.3
6	实际减免税(万元)	37642	−11.4
7	加工贸易合同备案(份)	79	6.8
	其中:金额(万美元)	23220	−61.2
8	企业注册累计(家)	2452	8.4
	其中:合资企业	126	−6.0
	合作企业	6	20.0
	独资企业	55	7.8
	国有企业	210	1.0
	私营企业	1992	10.5
	实际进出口企业(家)	1189	2.1
9	监管进出境飞机(架次)	2886	26.3
10	监管进出人员(人次)	331782	41.6
11	采取强制措施(人次)	26	4.2 倍
12	罚没入库(万元)	1478	25.4 倍

【服务工作】 赴省内各市调研,深入有关进出口企业进行实地考察,帮助地方政府和企业解决外贸发展中的困难。关长吕伟红在朔州、运城、长治等市组织的专题会议上开展政策宣讲,对有关部门和企业作海关政策专题讲座。关区各业务部门结合实际组织进出口企业培训,深入企业送政策上门,帮助相关人员了解掌握海关规定。研究、改进和完善统计预警分析工作,坚持定期和不定期向省、市政府和商务部门提供海关统计数据和进出口贸易重点商品的进出口情况分析,为各级领导科学决策提供依据。畅通“12360”海关服务热线,统一受理社会各界向海关提出的服务需求,增进海关与服务对象间沟通与联系。6 月正式启动通关作业无纸化改革试点工作,提高通关效率。与外贸企业建立紧密合作伙伴关系,落实大客户服务制度,指定专人具体服务重点企业,及时解决通关过程中遇到的问题。在人力紧张情况下,科学配置管理资源,为省内增加的国际航班做好监管服务,支持全省对外开放工作。加强与省内市政府和重点企业联系沟通,先后与运城、朔州 2 市签订合作备忘录,明确海关支持各地和重点企业发展的具体措施,建立沟通顺畅的紧密合作机制。太原海关与省内 7 市、3 个兄弟单位和 5 个大型企业签订合作备忘录。 (张新年)

【打击走私】 贯彻全国打击走私工作会议精神,开展打击走私专项斗争和联合行动,确定打击“洋垃圾”走私、毒品走私、武器弹药走私、重点涉税商品走私、濒危野生动植物走私、违法携带货币等物品进出境行为等 6 个工作重点,会同省公安厅、环保厅等单位联合制定出台 5 个专项行动方案。立案调查行政违规案件 54 起,案值 4803.02 万元,办结 37 起,案值 3992.39 万元。立案侦办走私犯罪案件 6 起,其中走私进口废塑料案 4 起,查证涉嫌走私进境废塑料 23162.88 吨,案值约 9265.15 万元;立案侦办邮递渠道走私进境象牙案 1 起,查扣涉案象牙 84.65 千克,估值 352.71 万元人民币,实现关区侦办固体废物走私、珍稀动物制品走私案件零突破。海关总署原副署长王松鹤、公安部副部长刘金国对太原海关打私工作给予肯定。2013 年,太原海关共查获超量携带货币现钞进出境案件 9 起,其中违规携带 1300 万元进境案件是全年全国最大的该类案件,中央和省内多家媒体进行报道。

(张新年)

【依法拍卖没收走私车辆】 3 月 22

日、3月29日、12月27日组织3次公开拍卖活动，对2009年侦办的“10·10”走私汽车案33辆没收走私车进行拍卖。3次拍卖成交额1314.5万元，比拍卖底价高出652万元，溢价率98.42%，实现国有资产的保值增值。中央和省内媒体集中报道走私汽车公开拍卖活动，对太原海关严格依法行政、公开透明处理罚没车辆的做法予以积极评价。（张新年）

工商行政管理

【概述】 2013年，山西省工商行政管理局根据省委、省政府和国家工商总局安排部署，结合工作实际，认真贯彻落实党的十八大精神、省委十届四次全会暨全省经济工作会议精神、全国工商行政管理工作会议精神，以服务“五位一体”建设为目标，以坚持开拓创新为动力，以深化效能建设为抓手，以建设高素质干部队伍为保障，强化市场监管，维护消费权益，推进非公党建，建设法治工商，加强队伍建设，各项工作取得新进展、新成效、新突破。全年净增9万户，各类市场主体总量突破134万户；在省级综改试验县、扩权强县试点县和太原市城区等32个县区启动工商登记制度试点改革；推进“品牌兴省”，全省有效注册商标量大幅增加。集中开展各种专项执法活动，查处大量案件，坚持集中开展食品安全整治，实现与新建机构食品安全监管工作平稳过渡。全系统受理消费者咨询、申诉、举报近10万件。开展党的群众路线教育实践活动，贯彻中央八项规定，解决“四风”方面存在的突出问题，文风会风、公务接待、工作作风明显改进。（新国琦）

·法制建设·

【法治工商建设】 7月18日召开“全系统法治工商建设大会”，表彰2012年度全省工商系统依法行政示范单位。出台《山西省工商行政管理局关于进一步深化法治工商建设的实施意见》，对新形势下深化法治工商建设的总体目标、工作任务作出全面部署。出台《山西省工商行政管理机关“法治工商”建设考核评价标准》和《工商所法治工商建设考核评价标准》，对各级工商机关和工商所实行百分制考核评价。出台《山西省工商行政管理机关工商所法制员工作规定》，规范工商所法制员工作制度，夯实基层法治工商建设基础。（新国琦）

【“依法行政示范单位”创建活动】 省委依法治省领导组命名大同市工商局为“省级依法治理标兵单位”，临汾市工商局开发区分局、忻州市工商局忻府区分局为“省级依法治理示范单位”；省局命名新绛县工商局等5个单位为全省工商系统第二批“依法行政示范单位”。至此，全省工商系统被省委依法治省领导组命名2个“省级依法治理标兵单位”、31个“省级依法治理示范单位”。（新国琦）

【依法经营联席会议机制】 5月24日，省委常委会将省工商局增补为省委依法治省领导组成员单位，并牵头负责依法经营联席会议机制，协调推进市场主体依法经营。省局拟定、省委依法治省领导组出台《省委依法治省领导组推进依法经营联席会议制度》，确定联席会议主要职责、工作程序、成员单位及其职责分工。8月19日，召开省委依法治省领导组推进依法经营联席会议第一次会议，省局牵头起草《山西省推进依法经营联席会议制度实施方案》《推进依法经营深化法治山西建设2013年重点项目规划》，印发各成员单位付诸实施。（新国琦）

【地方立法和规范性文件审查备案工作】 向省人大申报2015年修订《山西省消费者权益保护条例》立法项目；向省政府法制办申报2014年规章立法项目《山西省市场主体住所（经营场所）登记办法》。办理省人大、省政府及省直相关部门涉及工商行政管理有关法律、法规、规章草案的修改、协调工作38件，其中国家法律2件，地方法规23件，省政府规章11件，省直厅局规范性文件2件。严格执行规范性文件审查备案制度，省局出台的《贯彻拍卖监督管理办法实施细则》《支持中小微企业发展若干措施》《农民专业合作社联合社登记指导意见》3件规范性文件全部经省政府法制办核审通过，并在《山西政报》公布。参与省委办公厅组织的党内法规和规范性文件清理审核工作，完成清理任务。（新国琦）

【规范行政执法行为】 印发《关于进一步做好工商行政执法与刑事司法衔接工作的通知》，进一步健全全省工商行政管理系统涉嫌犯罪案件移送工作程序。专门制发书面办案指导，印发至省局各业务处室及各市局法制科，对申诉与举报案件类型的区分、处理依据和处理程序及应注意的问题都进行具体指导。继续做好行政处罚案件核审、听证、行政复议、行政诉讼工作。核审行政处罚案件6件，办理行政复议案件13件（其中省局为被申请人的6件，省局受理复议的7件），牵头办理行政应诉案件9件。（新国琦）

【“六五”普法规划】 发出《关于开展“推进依法治国”法制宣传教育主题活动的通知》，5月至年底，在全系统开展“推进依法治国”法制宣传教育主题活动，为全面推进依法行政、建设“法治工商”营造良好法治环境。发出《关于组织开展“六五”普法中期检查督导的通知》，5~8月，组织全系统开展自查检查督导工作，推动“六五”普法规划实施。省局统一安装全国普法办指定的无纸化学法用法及考试系统，11月14日，参加省委依法治省办统一组织的无纸化普法模拟考试，11月27~29日，参加全省无纸化普法考试。12月4日，在国家工商总局行政学院举办为期6天的“全省工商系统法制专家型人才培训班”，市局法制分管领导及法制科、股长173人参加培训。（新国琦）

·反垄断与反不正当竞争执法·

【市场经济发展监管维护】 围绕治

理商业贿赂、打击"傍名牌"、查处不正当竞争案件等职责,开展反不正当竞争执法工作,取得明显成效。全省共查处各类案件3089起,收缴罚没款2521.93万元,维护市场经济的健康有序发展。长治市工商局查处的王世杰特大制售假冒汾酒、五粮液一案,由于涉案金额达250万元被移送公安机关。同时严厉查处供水、供气、供热、通讯、交通、物业等与人民群众生活密切相关的垄断性行业滥用垄断地位强制交易、强制服务等行为,维护消费者的合法权益。全系统共查处限制竞争案件48起,收缴罚没款409.91万元。为提升监管执法能力,各市工商局探索建立和完善高效、集中、统一、专业化的执法办案监管机制。晋中市为进一步适应集中办案机制,做好案件线索移交衔接工作,制定《案源管理工作规范》。 (靳国琦)

【行业公平竞争环境创造】 始终保持高压态势,开展"打传销、反欺诈、促和谐"执法行动,开展创建"无传销城市"活动,出台《山西省打传销、反欺诈、促和谐执法行动方案》,确定大同、忻州、晋中、临汾、运城等市为重点整治地区,8月5日,召开重点地区打击传销工作会议,对执法行动进行安排部署。全年全系统共出动执法人员9684人次,车辆520台次,查处传销案件15起,捣毁传销窝点257个,教育遣散传销人员5888人,移送公安机关案件5起。在重点地区开展打击传销宣传教育活动,国家工商总局对运城市盐湖区王培编写的打传书籍《剑指传销》给予高度评价,并在全国进行发放。 (靳国琦)

·食品流通监督管理·

【推进责任制落实】 2月5日,全省工商系统食品安全暨消费维权工作会议召开,明确全年流通环节食品安全工作任务,并与各市工商局局长签订2013年度食品安全责任书。修订印发《山西工商行政管理系统流通环节重大食品安全事故应急预案(试行)的通知》,及时转发《国家工商总局关于进一步加强食品安全隐患排查工作的通知》(晋工商消字〔2013〕16号)。3月5日,省局印发《山西省工商局关于贯彻落实〈山西省食品生产加工小作坊和食品摊贩监督管理办法〉(试行)的实施意见》(晋工商消字〔2013〕74号),全面规范工商职责内的食品生产加工小作坊、食品摊贩的管理。实行商场、超市、集贸市场内食品生产加工小作坊、前店后坊许可制度和食品摊贩备案登记管理制度。"五一"前,省局下发《关于加强"五一"期间流通环节食品安全监管工作的通知》(晋工商明电〔2013〕21号),9月3日,省工商局召开全系统电视电话会议,全面部署"两节"食品安全监管工作。9月13日,下发明电,强调抓好节日期间食品安全监管工作,各级工商机关普遍开展"两节"食品安全大检查,狠抓节日食品市场监管工作,保证节日食品市场的安全。12月17日,省工商局与省食品药品监督管理局签订关于食品安全监管工作交接备忘录,实现与新建机构食品安全监管工作平稳过渡。 (靳国琦)

【流通环节食品安全专项整治】 集中开展农村食品市场、乳制品市场、食用油市场、食品添加剂市场、节假日市场、酒类市场、调味品市场、校园周边食品经营安全等八项专项整治,共出动执法人员241451人次(其中农村市场80163人次),检查食品经营者297782户次(其中农村市场115325户次),捣毁售假窝点9个,查处不符合食品安全标准的食品案件1694件(已办结),案值226.3万元,查处不符合食品安全标准的食品数量9700千克,建立食品安全示范店16784个,营造良好的食品消费环境。 (靳国琦)

·消费者权益保护·

【消费教育与消费引导活动】 围绕消费热点和维权难点,组织开展各类消费调查16次,围绕基层"一会两站"消费维权服务网络,开展贴近基层、贴近群众的消费教育与引导活动182场次,培训维权工作者和志愿者280人次。各级工商部门在"3·15"国际消费者权益日纪念活动期间,公布2012年《消费申(投)诉热点》和《消费维权典型案例》,全系统出动宣传服务人员1800人次,发放消费教育引导宣传资料235万份,现场接受消费咨询群众达45万人次,提升消费者的消费信心和安全满意度,确保辖区内没有发生群体性消费纠纷事件。 (靳国琦)

【流通领域重要商品专项执法检查】 开展儿童用品、消防产品、电子产品、建材市场、交通工具五类重点商品的专项整治,全系统查处违法案件701件,罚没金额311.4万元;强化流通领域商品质量日常执法检查,出动执法人员33246人次,检查经营户15024户;组织流通领域商品质量监测,抽检样品885组,不合格269组。 (靳国琦)

【服务领域维权反欺诈专项执法检查】 开展以电信、金融、旅游、物业服务等为重点行业的执法检查;组织以消费者投诉举报热点问题为案件来源的执法检查;维护以消费者诉求维权难点问题的专项执法检查。全系统共查处服务领域消费者申诉举报违法案件157件,为消费者挽回经济损失2441.2万元,发布消费提示和消费警示25条。 (靳国琦)

·市场规范管理·

【维护市场竞争秩序】 开展红盾护农活动,加大对重点区域、重点市场、重点品种的监管,查处违法违规案件791件,监测农资商品质量223批次;评选出74家"诚信示范市场"。运城市工商局、太原市工商局迎泽分局市场科、阳泉市工商局城区分局北大街工商所、晋中市工商局、侯马市工商局被评为"全国工商系统2012—2013年度诚信市场创建活动工作突出单位";稳步推进市场监管信息化建设,基本完成全省农资主体信息库和商品交易市场信用数据库,录入市场信息9862条;网络商品市场监管初见成效,初步厘清全省网络经营主体数据库，全省共有网络经营主体8164户。开展网络非法药品广告和网络非法经营主体整治，请总局协助关闭非法经营网站3家，查办网络案件12件，其中1件案件被选入总局典型案件；加强汽车、成品油市场监管，配合商务部门进行黑加油点、黑加油站、黑加油罐车的查处取缔，配合环保部门开展大气污染防治，共监测成品油质量118批次，合格率48.3%；开展H7N9禽流感防控工作，牵头或配合商务部门关闭198个活禽交易市场或摊点。（新国琦）

·合同监管管理·

【合同格式条款专项整治】全年查办合同违法案件315件，罚款196.93万元。3~5月，在全省开展对苹果等电子产品企业利用合同格式条款侵害消费者权益行为专项整治执法行动。立案调查103起，查结案件76起，其中免除自己责任的61起，加重消费者责任的57起，排除消费者权利的63起，罚款22.88万元，制发整改通知（建议）书160份，责令改正格式条款52项。9月开始，开展银行业、电信业合同格式条款规范监管工作。对不公平合同格式条款点评工作，共点评出银行业、电信业等17个行业涉嫌不公平合同格式条款281种。对2012年度全省工商系统开展的合同格式条款整治专项行动先进单位和先进个人进行通报表彰。（新国琦）

【服务经济发展】创新合同帮农工作机制和方式，加快推订合同17800余份，合同金额达1.8亿元。制定《山西省工商局贯彻拍卖监督管理办法实施细则》。全系统办理拍卖备案422件，拍卖成交金额7.46亿元。开展动产抵押登记工作，全系统为企业、个体工商户、农业生产经营者办理登记798件，金额172.48亿元。（新国琦）

【制定合同示范文本】与省商务厅联合制定《山西省居民服务业单用途商业预付卡服务交易合同行为指引》《山西省居民服务业单用途商业预付卡服务交易合同》《山西省零售业单用途商业预付卡服务交易合同》和《山西省住宿和餐饮业单用途商业预付卡服务交易合同》。对理发美容、洗浴洗染、家庭清洁、综合/专门零售以及住宿餐饮业等领域格式合同文本进行规范。与省旅游局联合下发《关于推行〈国内旅游“一日游”合同（示范文本）〉的通知》。为规范工程建设领域合同签约履约行为，推行使用2013版建设工程施工合同，与省住建厅联合下发《关于做好建设工程施工合同（示范文本）实施工作的通知》。（新国琦）

·市场主体注册登记与监管·

【工商登记制度改革】根据省政府常务会议决定，以“公司注册资本实行认缴登记制、放宽公司注册资本登记条件、放宽市场主体住所登记条件、年检制度改为年报制度”为主要内容，在省级综改试验县、扩权强县试点县和太原市城区等32个县区启动工商登记制度试点改革。（新国琦）

【推出“9+2”措施】出台《支持中小微企业发展若干措施》9条、《个体工商户转变为企业组织形式登记实施意见》和《农民专业合作社联合社登记管理暂行办法》。后两个文件填补法律法规空白。（新国琦）

【各类市场主体大发展】免收企业注册登记费和个体工商户注册登记费。高效服务招商引资，确保外资企业健康有序发展。截至2013年底，私营企业总数达到22万户，个体工商户总数达到100万户，农民专业合作组织总数达到6.3万户，5.8万户内资企业、3595户外资企业（含分支机构），全省各类市场主体总数134.4万户，较上年净增9万户。（新国琦）

【市场主体监督管理】推进企业网上年检和远程名称核准工作，提高年检效率，方便办事群众。全年全省应检企业242725户，参检企业199157户，企业参检率为82.1%，网检率（通过网络参检户数）达到100%。组织开展查处取缔无照经营及综合考评工作，规范17357户，取缔2078户。开展对重点企业、重点行业的属地巡查，强化企业登记机关与属地监管机关的工作衔接，落实工作纪律，强化服务管理，为企业发展提供保障。（新国琦）

·广告监督管理·

【广告查处】全省全年检查广告38.63万条次；发现涉嫌违法广告1696条次；收缴违法印刷品广告46.65万份；行政告诫468条；查处违法广告案件1228件，罚没款共计578.97万元。（新国琦）

【广告业发展】继续推进筹建山西首个国家级广告（文化）产业创意园工作；探索建立客户企业和广告企业定期联席会议制度，加强广告企业和客户企业的联系；引导辖区内有潜力企业加强“商标+广告”宣传，高度重视广告企业专业技术人员培训，保障专业技术职称考试，全省300余人参加考试；争取放宽户外广告和固定印刷品登记条件，为中小微企业发展创造更加宽松环境；运用公益广告这一载体，宣传党的十八大精神，推出一批“讲文明树新风”公益广告，进一步推动正风正气形成。（新国琦）

【虚假违法广告专项整治】联合省委宣传部、省政府新闻办等部门制定《山西省整治虚假违法医药广告专项行动方案》，4月底开始，开展为期3个月的全省整治虚假违法医药广告专项行动。监测医药类广告36389条，责令改正358条，责令公开更正26件，公告曝光36条，立案查处98件，罚没款75.8万元。8~11月，开展为期3个月的排查清理涉嫌非法集资广告资讯信息活动，制定《关于排查清理非法集资广告资讯信息的工作方案》。开展广告语言文字专项检查，创造良好文明环境。强化利用互联网发布药品广告监督检查力度，打击网上非法售药行动。（新国琦）

【行政指导】 综合运用广告经营资格检查、行政指导等手段,对经营单位的广告发布情况进行检查,督促媒体加强广告发布前审查,规范发布行为,指出存在的违法问题。下发《关于进一步加强广告审查员培训通知》,在太原、忻州、临汾组织500余人的广告审查员培训,提高其法律意识及审查能力。多措并举,加大监测力度,净化广告市场。 (靳国琦)

·商标管理·

【品牌兴省战略】 全年商标申请量突破1万件,达到11992件,较上年增长25%,超额完成目标任务。全省有效注册商标总量达到51265件,其中地理标志商标33件,国际注册商标41件。依法认定山西省著名商标430件,向国家工商总局推荐20件商标认定驰名商标,国家工商总局在案件审理中依法认定山西省13件驰名商标。 (靳国琦)

【品牌争创】 全年依法认定山西省著名商标430件,总数达到1051件;山西省中国驰名商标总数达到78件。以省政府名义召开"全省实施商标战略、深入推进品牌兴省工作会",明确提出"政府主导、工商主推、企业主体"工作思路,进一步激发企业争创品牌热情,近500家驰(著)名商标企业代表参加会议。 (靳国琦)

【商标保护】 开展严厉打击侵犯知识产权和制售假冒伪劣商品专项行动,立案查处商标侵权案件938件,案值796.77万元,其中向公安机关移送案件11件,案值432.99万元。向社会曝光10件商标侵权假冒案件,人民网等20多家媒体进行宣传报道。 (靳国琦)

·信用山西建设·

【开展信用活动】 全系统向国家工商行政管理总局推荐2010~2011年度全国"守合同重信用"企业267家,被总局公示的企业181户,占全国公示总数4.5%。举行山西省第四届"信用示范企业"活动颁证仪式,向社会公示240家信用示范企业。 (靳国琦)

【升级信用分类监管系统】 对企业信用分类监管系统进行升级,进一步推进企业信用分类监管,加大企业信用信息归集整合力度,形成较为完善的信用信息数据库。全省市场主体AAA级19户,AA级7159户,A级1075034户,B级132678户,C级46081户,D级64789户。 (靳国琦)

【完成信用体系建设评估报告】 撰写《山西省社会信用体系建设"十二五"规划中期评估报告》,对山西省"十二五"以来社会信用体系建设完成工作、存在问题及下一步计划安排进行总结、说明,全文近万字。 (靳国琦)

【项目信息公开和诚信体系建设】 建成覆盖省、市、县三级发改、经信、教育、环保、住建、国土、交通、水利、煤炭、工商、安监等部门工程建设领域项目信息和信用信息公开共享专栏1742个。发布32495个项目的各类信息1245632条及从业单位和从业人员信用信息185万条。 (靳国琦)

·非公经济组织党建·

【"两个覆盖"扩大】 全省新组建党组织199个,党组织总数达到14264个。以省委组织部等部门名义下发《关于落实非公有制经济组织党建工作经费的通知》,保障各级非公工委和联合组建党组织工作经费。 (靳国琦)

【"两支队伍"建设】 加强非公经济组织党组织书记培训,以省委组织部、省非公工委名义下发《关于规范非公有制经济组织党建工作指导员管理工作的通知》,保障工作力量。10月11~13日,对全省市县非公工委专职副书记、办公室主任共300余人进行培训。 (靳国琦)

【"两个作用"发挥】 以"双强六好"为目标,制定具体实施方案,开展"立足岗位做贡献、转型跨越当先锋"活动,增强党组织的影响力。 (靳国琦)

【非公党建新成效】 基本配齐市县非公工委专职副书记。11月28日,国家工商总局在晋召开"全国工商系统推进非公有制企业党建工作经验交流会",山西省8个单位介绍经验,中组部部务委员吴玉良、国家工商总局局长张茅对山西省非公党建工作模式、创新措施、取得成效给予充分肯定和高度评价。省非公工委组织开展的全省非公有制经济组织党组织"规范提升"活动,被评选为2013年度全省组织工作创新项目。 (靳国琦)

物价管理

【概述】 2013年,物价工作以科学发展观为指导,以综改试验区建设为统领,以价格总水平调控目标为中心,加强价格监管、深化价格改革、疏导价格矛盾、规范价格秩序,探索创新、各项工作取得成绩。2013年,全省全年居民消费价格总水平上涨3.1%,从总体上看全年价格走势平稳。 (祁治荣 马润卯)

【价格总水平稳定】 2013年,由于农产品价格、服务价格上涨,推动全省价格总水平上涨,给群众生活带来一定的影响。加上全省CPI连续三年低于全国平均水平,2013年调控物价的工作难度、压力相当大。面对艰巨繁重的稳定价格总水平工作任务,全省物价系统按照稳中求进的宏观调控总基调,发挥职能作用,统筹兼顾,综合施策,创新调控手段,稳定价格总水平。

1. 领导重视、综合施策。省委、省政府高度重视物价工作。省委书记袁纯清在太原美特好超市广场店调研"一元菜"时指出:政府补贴坚持下去,形成机制,保障供应,实惠市民,降价不降质。省长李小鹏多次对物价工作作出批示,多次主持召开省长碰头会、专题会、工作会研究稳定物价工作,讨论燃气发电财政补贴机制、电价调整等具体工作。

2. 注重防范,提高预警预报能

力。加强与群众生活密切相关的商品和服务价格监测,提高监测质量和效率,完善应急监测制度。加强居民生活必需品价格监测、加强重要节假日和重点时段价格监测,提高应急反应能力、提高监测分析能力;及时分析监测数据和监测情况、及时预警预报,有效防范价格异常波动。

3.突出重点,稳定蔬菜价格。2013年下半年,由于蔬菜等价格上涨,带动全省CPI上涨,影响到群众生活。在深入调查、反复研究基础上,提出"两稳一平"的稳价措施,就是稳定关键时段蔬菜价格、稳定关键环节蔬菜价格,推出平价蔬菜销售试点等措施。首批确定的试点是各市人民政府所在地的城区,以及浑源等11个县(市)。采取"定价格、定品种、定时段、定销点"的"四定"办法,稳定蔬菜价格。

4.上下联动,抓好稳价措施落实。按照省里统一安排,省直有关部门和各市行动迅速,采取有针对性的措施稳定价格,特别是稳定蔬菜价格。如太原市增加"一元菜"优惠蔬菜品种,扩大实施范围;晋中、大同、阳泉市长亲自抓稳定蔬菜价格工作;运城市各县均设立平价蔬菜专供点,定品种定价格供应平价菜。

5.严格征管,发挥价格调节基金作用。全省征收价格调节基金16.37亿元,其中省本级收入3.99亿元。在加强征管的同时,各级各地注重发挥基金调节作用,安排近5亿元价格调节基金,用于支持副食品基地建设、政府重要商品储备、稳定重大节日市场价格、平价商店建设等。

(祁治荣　马润卯)

【推进转型发展】 1.推进燃煤电厂脱硝脱硫除尘加价。加大脱硝加价的力度,每千瓦时加价提高到1分钱。调动发电企业脱硝积极性,实施脱硝加价的燃煤发电机组容量累计1971万千瓦。在做好脱硝加价工作的同时,继续实施脱硫电价政策,累计执行脱硫装机容量3558.6万千瓦。

2.争取国家支持,适当少降低山西省火电上网电价。为落实国务院《大气污染防治行动计划》,国家发改委于9月份统一调低全国火电企业上网电价,腾出电价空间用于节能环保。此前,省物价局反复向国家汇报情况、反映困难、提出诉求,请求国家考虑全省实际情况。山西省上网电价每千瓦时降低0.9分钱,少降0.31分钱,少降幅度26%,省内燃煤电厂年少降价总额约4.07亿元;网对网送京津唐、河北南网电价降低0.7分钱,少降0.51分钱,少降幅度42%,年少降价约0.76亿元;按照山西省点对网上网电价同步少降0.31分钱测算,年少降价约1.48亿元。上述三项合计,实际为山西省火电企业增收6.31亿元。

3.研究测算山西省电网输配电价,推进大用户直供电电价改革。为完善电价形成机制,引入竞争,扩大火电用户选择权,研究测算全省电网输配电价,推进大用户直供电电价改革工作。经国家批复确认,山西省大用户直供电电网输配电价为0.078元/千瓦时,其中:110千伏用户为0.064元/千瓦时,220千伏用户为0.05元/千瓦时。

4.继续完善主要污染物排污权交易基准价。会同有关部门调整4种主要污染物排污权交易基准价。全省交易269宗,交易金额2.12亿元。

(祁治荣　马润卯)

【新措施出台】 1.取消部分涉企行政事业性收费。取消和免征部分行政事业收费62项,其中取消51项,免征11项。

2.降低部分行政事业性收费。降低机动车抵押登记费等20项行政事业性收费标准。总计一年可减轻各方面负担286.58万元。

3.继续实施有关收费减免措施。继续落实支持小微企业发展的政策措施,对小微型企业以及从事个体经营的失业人员、残疾人、退役士兵以及毕业2年以内的普通高校毕业生实行减免政策,鼓励各类劳动者创办微型企业,促进小微型企业健康发展。

4.继续实施重大节日小型轿车免收通行费和绿色通道政策。累计免费车辆874.68万辆,免收车辆通行费2.3亿元。绿色通道减免车辆187万多辆,减免通行费5.2亿元。继续贯彻执行焦炭生产排污费收费减免政策,累计减轻企业负担11亿多元。

5.规范教育收费。规范部分考试收费标准;从严核定中小学教材教辅材料价格;制订出台幼儿园收费管理暂行办法:一是统一明确全省各级各类幼儿园的收费项目、标准和定价权限;二是明确财政补贴比例,规定各级政府要加大对学前教育的财政投入,生均财政拨款标准不低于生均保育教育成本50%,保教费标准不高于保育教育成本50%。

6.规范和降低部分经营服务性收费标准。一是规范气象专业服务收费。减少项目,降低收费标准。收费项目由原来8大项91个小项,规范为3大项28个小项,大幅度降低防雷技术服务收费标准,平均降低幅度30%左右。每年可减轻企业负担约600万元。二是清理和规范部分经营服务性收费。清理规范进出口环节经营服务性收费、省图书馆非基本服务收费、司法系统部分服务收费、殡葬服务收费。三是降低太原武宿国际机场停车收费和公证服务收费,每年可减轻用户负担约220万元。四是停止收取机动车治安网络信息服务费,每年可减轻车主负担约3500万元。

(祁治荣　马润卯)

【民生价格监管】 1.推进农副产品平价商店建设。落实国家发改委《关于充分发挥价格职能作用进一步推进农副产品平价商店建设的指导意见》精神,在全省各地市开展平价商店建设,在低收入群体相对集中的地区已建立500多家平价商店,以低于市场均价销售蔬菜、粮油等农副产品,稳定"菜篮子"价格。搭建街办社区与农副产品生产企业合作平台,通过产销对接,减少流通环节,降低成本费用,确保平价蔬菜价格低于当地同类市场均价15%以上,平价粮油肉蛋类价格低于当地同类市场均价5%以上。如:太原市小店区平价蔬菜均价低于市场价格20%,免费为社区困难群众提供3~5份蔬菜,销售蔬菜550余万公斤,销售粮油、鸡蛋等农副产品65余万公斤,让利500余万元。

2.降低部分药品价格。调整和降低呼吸解热镇痛和专科特殊用药等药品价格,涉及400多个品种,1460个剂型规格,平均降价幅度约15%,调整降低奥美拉唑等4种单独定价药品最高零售限价,平均降幅约20%。

3.实施部分旅游景点门票优惠价格措施。根据国家发改委、省政府有关规定要求,实施重大法定节假日旅游景点门票价格优惠措施,涉及80多家重要景点。（祁治荣 马润卯）

【资源性产品价格改革】 1.推进水价改革,完善改革方案。为发挥价格杠杆在促进节约用水、优化水源结构中的重要作用,按照省政府要求,开展水价改革研究论证,形成《关于推进水价改革 理顺水源比价关系 全面实施阶梯式水价的指导意见》。

2. 落实省政府“煤炭二十条”政策,制订出台配套措施。落实《山西省人民政府关于印发进一步促进全省煤炭经济转变发展方式实现可持续增长措施的通知》,及时出台配套的细化措施。减半收取煤炭交易费,减轻煤炭企业和用户负担。降低中国(太原)煤炭交易中心煤炭交易费。由向买卖双方各收取0.10元/吨,暂降为向买卖双方各收取0.05元/吨。煤炭交易费新标准执行以来,累计为煤炭生产企业和用户减负2215.81万元。

3.落实《山西省人民政府关于加快推进煤层气产业发展的若干意见》,研究探索煤层气价格形成机制。在广泛调研、部门研讨基础上,形成《关于推进我省煤层气价格形成机制改革的指导意见(初稿)》。

（祁治荣 马润卯）

【规范市场价格秩序】 价格监督检查和反垄断工作针对新问题、适应新形势、采取新方法,注重价格秩序监管、注重民生价格监管、注重优化经济发展环境价格监管。规范市场价格秩序,加大执法力度,在强化日常监管和节日市场监管的同时,开展涉农收费、服务行业水电气热价格、旅游行业价格、教育收费和涉企收费等专项检查工作。配合国家检查组完成对建设银行、中信银行等商业银行的重点检查工作。全省查处价格违法案件1748件,实施经济制裁1.3亿元。受理价格举报案件23515件,办结率达99.6%。组织开展煤炭价格稽查工作,上缴财政管理费5800万元,水资源费156万元。（祁治荣 马润卯）

【各项基础工作】 农产品成本调查在完成常规调查工作的同时,开展专项调查研究,走在全国前列。对10多个行业定价成本实施监审,核减不合理费用约17.9亿元。价格认证工作稳步推进。涉案价格鉴定、复核裁定案件、价格认证等标的总额1092.8万元。价格法制工作取得新进展。“六五”普法、法律“六进”、法制培训、立法项目建设、规范性文件审查都取得新成效。价格研究工作紧密联系实际,《山西省南北区域火电成本差异上网电价研究》和《山西省煤炭成本构成及水平分析》两项课题研究取得新成果。出台《山西省价格信用体系建设行动方案(试行)》。价格信息咨询工作,开展广泛多层次价格咨询服务。利用报纸、电台、电视、网络开展价格宣传,新华社、《人民日报》、中央电视台等媒体对山西省规范价格秩序、平价商店建设等作宣传报道。

（祁治荣 马润卯）

质量管理

【概述】 2013年,在国家机构改革和政府职能转变大形势下,省质监局党组贯彻落实省委、省政府和国家质检总局一系列部署要求,完成省级食品生产加工质量安全监管职能和相关人员资产划转工作;贯彻执行中央八项规定精神和省委四个“实施办法”,以大抓作风转变良好形象和务实行动。按照中央和省委统一部署,开展党的群众路线教育实践活动,取得预期成效。（李 昆）

【质量管理】 一是推进质量强省。代省政府起草并由省政府出台全省《关于质量发展纲要的实施意见》和2013年行动计划,召开全省质量工作会议,对质量强省建设工作进行全面部署;向总局推荐4家企业申报首届中国质量奖,对太钢不锈钢予以重点指导帮助,在全国2000多家企业和组织竞争中脱颖而出,最终位列第3名,实现重大突破;组织晋城等地申报创建“全国质量强市示范城市”,辐射带动各地质量强市建设;向总局推荐2家企业申报创建国家中小学质量教育社会实践基地,启动省级基地创建,在阳泉等地试点开展市级基地创建;建立省、市级政府质量奖励制度。二是推动名牌发展。推进“全国知名品牌创建示范区”建设,指导汾阳市白酒集中产区、祁县玻璃器皿产业集中发展区和大同云冈旅游示范区开展创建工作,太原经济技术开发区获总局批准筹建全国能源装备产业知名品牌创建示范区。科学规划名牌

全面开展特种设备安全大检查大整治活动（李 昆提供）

发展路径，开展2013年山西省名牌产品推选，302个产品获山西省名牌产品称号，与省商务厅联合在北上广等地开展“山西品牌中华行”宣传活动，扩大山西省地理标志保护产品数量，并向总局申报。三是完善质量诚信体系。完成全省企业质量信用档案数据库建设，录入信用信息2000余条；开展山西省质量信誉企业评定，将评定范围从工业企业向建筑业、服务业等各个行业延伸，854家企业获评A级以上质量信誉企业；推进质量统计分析工作，开展全省产品质量合格率调查统计，全省各地均编制完成2013年产品质量状况分析报告。

（李　昆）

【计量管理】 开展《计量发展规划》学习宣传贯彻活动，出台《山西省贯彻落实国务院计量发展规划实施意见》；组织开展月饼等食品包装计量监督检查，加大限制商品过度包装计量监管力度；计量惠民七件实事全部落实：加油机受检率、集贸市场公平秤配备率、煤矿用安全计量器具受检率均达100%，出租车计价器实现零差错，免费提供家用日常计量器具检定服务，民用“四表”首检做到全覆盖，诚信计量示范活动推进。

（李　昆）

【食品安全监管】 省级食品生产加工环节质量安全监管职能和相关机构人员于8月12日正式移交省食品药品监督局。在职能移交前，推进风险隐患排查、食品生产加工小作坊、食品标签标识标注3个专项整治，开展添加“亚硝酸盐”和肉制品生产企业监督检查，打击违法违规行为；制定出台小作坊监管办法和食品安全事故应急预案，试点开展企业信用体系建设，严把许可受理关、现场核查关和产品检验关，共发放食品、食品添加剂和食品相关产品生产许可证338张，注销258张；对21类34种食品58个风险因素进行风险监测，其中白酒、食醋等重点产品覆盖率达100%；开展食品安全宣传周，举办“食品安全大家行”和“食品检验机构开放日”活动，与省监察厅联合制作完成《民以食为天》宣传警示教育片。指导各市、县局做好职能、人员移交准备和衔接工作。

（李　昆）

【特种设备安全监察】 探索资质管理、监督检查、安全监察、检验检测和行政执法“五位一体”监管模式，在安全监察机构中实行“定人、定位、定岗、定责”。以省政府名义召开全省特种设备安全工作会议，与11个市和19个省直部门签订《特种设备安全目标责任书》；开展特种设备安全大检查大整治活动，突出燃气安全、小型锅炉和快开门式压力容器、冶金工贸以及危化企业使用特种设备、液氨生产使用单位、电梯安全使用等方面，共出动监察、执法和检验人员62568人次，检查生产、使用单位28380家次，排查设备2.9万台(套)，检验设备14.5万台(套)、气瓶28万只，发现和整改安全隐患21632个，下达监察指令书4273份，立案697件。督促生产使用单位落实主体责任，约谈企业1万余家。提升检验检测能力，新增检验项目12项、安全阀自校机构2家、气瓶检验机构6家。宣传《特种设备安全法》，邀请专家作专题讲座，向行业管理部门和所有生产使用单位“送法上门”，免费发放法律单行本6万余册，对企业管理和操作人员进行专题培训；在山西电视台7个频道集中2周时间每天5次滚动播放电梯安全使用公益广告。2013年，全省特种设备安全实现零死亡、零事故。

（李　昆）

【产品质量监督】 开展建筑扣件、儿童用品等9类重点产品质量提升行动；加大证后监督力度，对电线电缆、防爆电器等4类产品170余家生产企业进行监督检查；推进工业产品和检验机构质量分类监管，获证企业分类监管率达100%；对16家承担国抽、省抽和工业产品发证检验任务技术机构进行现场考核与分类评价，对25家机动车安检机构进行监督抽查。

（李　昆）

【执法督查】 开展农资、建材等5项“质监利剑行动”和“双打”专项行动，出动执法人员14.7万人次，查处各类违法案件3000余起，查获假劣产品货值9100余万元，捣毁制假售假窝点110余个；强化产品质量监督抽查，共抽查39类6105批次产品，合格率88.6%，其中山西省产品合格率超过94%；加强监督抽查后处理，发布监督抽查通报24期和消费警示1期，发出不合格产品处理通知单298份，不合格产品生产企业处理完成95%。

（李　昆）

【认证认可监督管理】 推行3C产品联合监管模式和区域监管责任制，在阳泉市试点开展3C产品和自愿性认证体系“双项”全覆盖拉网式检查；对全省11个市8个领域100家实验室进行抽查检查，对177家实验室开展3个参数能力验证活动；部署开展强制性认证产品质量安全专项整治活

太原市国家级循环经济标准化试点中期评估汇报会

（李　昆提供）

动,抽检 17 个生产企业 23 家经销商 50 批次样品,合格率 100%。

(李　昆)

【标准化管理】 加强节能减排、循环经济、特色农业、高速公路建设、旅游、社会服务等重点领域标准体系建设,连续 3 年公开征集地方标准制修订项目,2013 年共征集项目 201 项,立项、审查、发布 106 项,地方标准发布数量首次突破百项。制定《山西省质量技术监督局 2013 年度转型综改任务暨山西省创新循环经济标准体系实施方案》,发布 4 项循环经济体系标准和5 项循环经济认证评价标准,指导 4 个国家级试点城市制定 4 项市域循环经济体系标准;承担总局科研项目《基于认证技术的循环经济评价应用基础研究》达到国际先进水平;第七批 16 个国家级农业标准化示范区建设任务完成,30 个省级示范区完成年度建设任务;4 个循环经济标准化试点城市建设工作得到国家标准委和国家发改委专家肯定;晋中市国家级旅游服务业标准化试点城市建设通过国标委验收;与省发改委、省财政厅共同形成加强国家级服务业标准化试点项目管理和推动落实社会治理、公共服务标准化工作机制。 (李　昆)

【基础建设】 对批准筹建晋中纺机、祁县玻璃、晋城煤层气、阳泉耐火材料、长治煤基合成油、省计量院煤矿安全计量器具和省质检院不锈钢 6 个国家质检中心进行专项督导,国家能源安全计量器具质检中心获准正式运行;对全省 18 个已授权、4 个已批准筹建和 7 个拟申报省级质检中心(站)进行督导和考察,新批准筹建省级中心 2 个,另有三个省级中心列入省局规划;占地 6.6 公顷、建筑面积 10 万平方米、总投资 5 亿元的质监综合检验检测园区各类手续全部办齐,开工建设。 (李　昆)

审　计

【财政审计】 开展对省财政厅、省发改委等 31 个部门预算执行情况审计,延伸审计 401 个二、三级预算单位和 506 个项目实施单位。审计发现在政府预算编制、财政收入支出预算执行、财政改革、固定资产投资计划执行等方面存在应交未交预算收入 451.51 亿元、资金滞留闲置 235.96 亿元、擅自处置国有资产 1.08 亿元等问题,从体制机制制度和政策层面查找漏洞、分析原因,提出改进管理、完善制度建议,提高财政资金使用绩效。7 月 30 日,省审计厅厅长王亚受省政府委托,向省十二届人大常委会第四次会议作《关于 2012 年省本级预算执行和其他财政收支的审计工作报告》。省人大常委会组成人员对审计工作报告给予高度评价。

(宁红伟　郑钰卿)

7 月 30 日,省审计厅厅长王亚向省人大常委会作《2012 年省本级预算执行和其他财政收支的审计工作报告》 (宁红伟提供)

【专项审计和调查】 紧跟省委、省政府确定重大民生实事,坚持预算执行审计与专项资金审计相结合,开展对全省 778 个单位管理使用 649.35 亿元专项资金审计,涉及农业、教育、医疗卫生、林业、水利、扶贫、环保等重点民生领域,查处挤占挪用、滞留截留、损失浪费、分配不公等影响资金管理和使用效益问题,促进各项惠民政策落实。 (宁红伟　郑钰卿)

【政府重大投资建设项目审计】 开展对全省 18 条高速公路、省属 10 所高校新校区、山西大水网等 31 个政府重大投资建设项目跟踪审计,核减投资额 60.1 亿元,提高项目管理绩效。完成对 41 项省重点工程包干联系推进督查工作。(宁红伟　郑钰卿)

【金融审计】 组织实施对省农村信用联社及全省 60 户农村信用社 2011、2012 年度资产负债损益情况审计,重点揭示反映信贷资金投向结构不合理,违规融资、投资、担保等方面问题和风险,加大对金融领域重大违法违规问题和经济犯罪案件线索查处力度,提出防范和化解风险对策建议,促进企业防范金融风险,完善金融监管。 (宁红伟　郑钰卿)

【企业审计】 组织开展对省经济建设投资公司、建筑工程总公司等 4 户国有企业 2011、2012 年度资产负债损益情况审计,通过对企业重大决策、项目、资金使用、资源利用等相关权力和责任监督,揭示企业资产质量不高、决策不规范、损失浪费以及影响企业科学发展制度性、体制性等问题,推动企业深化改革、加强经营管理、防控重大风险,确保国有资产安全完整、保值增值。

(宁红伟　郑钰卿)

【外资审计】 开展对国际农发基金/世界粮食计划署山西晋北农业综合开发项目等 14 项国外贷援款项目公

证审计,提高审计质量,提升外资利用水平。（宁红伟　郑钰卿）

【经济责任审计】贯彻两办规定,推动出台《山西省关于贯彻执行〈党政主要领导干部和国有企业领导人员经济责任审计规定〉的实施意见》。全省有89个审计机关建立经济责任审计工作联席会议制度,113个成立经济责任审计领导组。全年共审计领导干部1318名,查出领导干部负直接责任问题金额10.42亿元。

（宁红伟　郑钰卿）

统　计

【山西省第三次全国经济普查工作】2月8日,省政府发出《关于认真做好我省第三次全国经济普查工作的通知》(晋政发〔2013〕8号),就全省第三次经济普查工作进行全面部署,标志着全省第三次全国经济普查工作正式启动。（王立品）

【省统计局评为全省目标责任考核优秀单位】2月26日,在省委、省政府2012年度目标责任考核总结表彰大会上,省统计局被评为优秀等次,自2010年开展责任制考评以来,连续三年被评为全省目标责任考核优秀单位。（王立品）

【《山西省县域经济发展考核评价暂行办法》】3月25日,省政府印发《山西省县域经济发展考核评价暂行办法》(晋政发〔2013〕10号),通过科学考核和客观评价县域经济发展状况,引导和激励各县(市、区)积极发展壮大县域经济,为实现"十二五"规划任务全面完成提供有力支撑。

6月25日,省长李小鹏主持召开省政府第18次常务会议,研究审议2012年度县域经济考评结果。会议认为:《山西省县域经济发展考核评价暂行办法》加大民生改善、结构调整、资源环境保护和政策创新的考核权重,符合全省县域经济社会发展实际,特别是把农民增收指标放在突出重要位置,体现保障和改善民生要求。考核实施部门要认真执行考核办法,并结合考评工作实践,不断完善考核办法,切实发挥好考核评价的导向和激励作用。（王立品）

【马建堂到岢岚县调研】4月21~23日,国家统计局局长马建堂带领相关司局负责人分别就国家统计局定点扶持岢岚县工作、固定资产投资统计改革试点进行调研。（王立品）

【全省统计系统命名表彰】5月6日,共青团山西省委、省统计局对全省统计系统获得"山西青年五四奖章""山西青年岗位能手""山西青年五四奖状""山西省统计局五四优秀青年"者进行命名表彰。（王立品）

【山西省第三次经济普查综合业务培训】10月28日启动。此次培训采取跨级滚动模式,分三期完成,覆盖全省各市、县(区)第三次经济普查的师资力量近400人,培训合格者将成为普查业务培训的骨干教师,取得教授普查业务资格,承担着全省基层普查人员业务培训。（王立品）

国家财政监督

【概述】省财政监督办坚持以强化财政监管为重点,以深化内部管理和队伍建设为基础,以优化发展环境为抓手,完成2013年各项任务。全年对331个单位进行检查调研,同比增长95%;查出问题103亿元,增长50倍;应追缴财政收入2735万元,增长42倍;日常审核审批81.3亿元,征收非税收入41.5亿元,完成14项专题调研并提出建议103条。先后获得山西省高速公路建设先进集体、省直文明和谐单位标兵荣誉称号,机关财务、人事报表和机关工会等4项工作先后受到上级表彰,政务公开工作在财政部考评中名列第一,全办呈现出团结进取的发展态势。（王　磊）

【收入监管】(1)税收征管质量检查。对太原市高新技术开发区的税收征管质量情况进行调研,在此基础上选取省国税、地税及其所属的朔州、晋城两市国、地税部门作为检查对象,延伸至12个相关企业开展检查,同时对山西省"营改增"情况开展调研。(2)一般增值税退税审核。全年共办理宣传文化、监狱劳教、水电、煤层气五大行业80户次的退税申请,审批退付一般增值税73916万元。(3)中央非税收入征收和监缴。全年累计征收41.5亿元,包括大中型水库移民后期扶持基金、农网还贷资金、福利彩票公益金、体育彩票公益金、大中型水库库区基金和可再生能源电价附加收入等。(4)其他审核事项。全年受理审核全省国税系统"三代"税款手续费142户次,共计1940万元;审核煤层气(瓦斯)开发利用中央财政补贴申请42户次、涉及资金24674万元;审核津补贴调节基金2135万元。(5)开展回头看,对以前年度的检查下达处理决定。对2012年山西省国税、地税及其所属太原、吕梁税收政策执行情况及税收征管质量情况检查中发现的问题下达处理决定,批缓和滞留税款全部入库。对山西省民航机场集团公司财税政策执行情况和非税收入资金使用情况检查中发现的四大类13个问题下达处理决定。

（王　磊）

【支出监管】全年共组织检查3项、日常审核审批7项。共受理368户单位申报,较上年同期增长65.77%;受理申报金额554811万元,增长34.19%;核定553628万元,增长35.39%。上报4篇专题调研报告、9篇情况反映及1篇典型案例;提出52条建议,得到财政部及省委、省政府高度重视。(1)开展山西省2010~2012年中小型病险水库除险加固资金管理使用日常监管核查。重点抽查洪洞县、尧都区等6县水库12个。(2)山西省2012年县级基本财力保障机制奖补资金及中央公共投资预算资金专项检查。对吕梁、临汾等5市9县及太原晋源区、省水利厅等单位开展检查,检查户数83户,外调单位户数57户。(3)对山西省部分高校中央公共投资资金收支两条线、津补贴发放情况检查。对山西大学、山西医科大学等5所高校的中央公共投资资金、收支两条线、津补贴情况进行检查。(4)支出日常审核工作。2013年共受理审查审核类项目申报368户,申报金额554811万元,剔除金额1183万元,核定553628万元。 (王 磊)

【会计监督】 (1)会计信息质量检查。先后检查中磊会计师事务所山西分所、汾西矿业(集团)和潞安集团,延伸检查立信会计师事务所山西分所等3家事务所。(2)加强证券资格会计师事务所日常监管,推进日常行政监督常态化、规范化。一是创新监管方式。试行证券资格会计师事务所点对点监督制度,明确监管对象和监管责任。二是加强资料报备工作。印发《关于做好山西省证券资格会计师事务所2011年度报备工作的通知》,为做好证券资格会计师事务所业务数据分析和分类管理奠定基础。三是建立专业人才信息库。四是定期走访山西省注册会计师协会,及时掌握全省证券资格会计师事务所成立和合并情况。 (王 磊)

【金融监管】 (1)金融企业会计信息质量检查。检查太保财险山西分公司和晋商银行,相关单位主动补缴个人所得税518万元。(2)推进金融日常监管工作。对"一行三局"2012年财务决算进行审核,对中国农业银行山西省分行10个二级分行项目287户涉诉资产11.4亿元证明进行审核,审核农村金融机构定向费用补贴26户,核定金额7638万元,核减1815万元。开展外国政府贷款项目监督检查后,发现项目进展缓慢、档案资料不齐全、亏损严重等问题,督促相关单位进行整改。(3)对金融企业开展"四项业务"检查和调查。对中国工商银行山西省分行2010~2012年度"三项业务"检查涉及问题,征求交换意见并下达处理决定。对金融企业准备金计提情况实施监管,并实地对国家开发银行山西省分行、渤海银行太原分行进行调查。(4)督导落实2009~2011年检查处理决定。一是督促解决信达山西分公司关于山西焦煤集团所属三户企业债转股未完成新公司注册登记问题,专题报财政部、山西省政府。二是督促被查单位报送整改情况报告以及相关账务调整凭证复印件、补缴税款凭证等,对处理处罚决定进行整改落实,补缴税款44.61万元。(5)建立健全金融监管信息报备制度和金融联合监管机制。完善对太原人行和山西银监、证监和保监部门的综合财政监管数据库,结合"三项业务"检查和准备金计提监管工作,对中央管理金融企业"四项业务"建立监管台账。联合各监管部门制定《建立金融联合监管工作机制的若干意见》,建立起以四项制度为支撑的金融联合监管工作机制。 (王 磊)

【综合财政监管】 (1)完成2户驻晋中央基层预算单位的预算资产财务检查。重点检查新华通讯社山西分社和山西省国税局2012年度预算资产财务情况检查。(2)国库集中支付、银行账户审批。全年共受理审核国库直接支付25户次,核定金额8859万元;共受理954户单位2241个银行账户年检、审核新开账户22个、办理账户备案22个。(3)督促中央基层单位贯彻新财会制度。组织16个中央行政及参公事业单位相关人员参加《行政单位财务规则》集中培训;定期对各单位执行情况进行抽查调研、统计分析和情况通报,通过整章建制方式督促各驻晋中央基层预算单位加强系统内培训、提高本单位财务管理水平。 (王 磊)

国家审计监督

【概述】 2013年,审计署太原特派员办事处(以下简称太原办)有人员编制150人,在编130人,办领导班子成员7人,处级领导职务32人。设有办公室、法规处、财政审计处、行政事业审计处、资源环保审计处、农业审计处、固定资产投资审计处、金融审计处、企业审计处、社会保障审计处、外资运用审计处、计算机审计处、人事教育处和机关党委等14个处室。

2013年,审计署共下达太原办审计项目26个,均按审计署规定时间完成并上报审计报告。全年提交审计报告23篇、审计调查报告3篇、专题报告5篇。编发重要审计情况23期、审计简报66期、工作动态47期、机关党委简报15期、群众路线教育实践活动简报22期,共计173期。被审计署审计要情采用19篇,重要信息要目采用38篇,专题报告采用1篇,重要审计信息采用共计58篇。被署领导批转函采用5篇,信息转送函采用16篇,审计工作通讯采用5篇,1个典型审计案例被审计署综合报告采用。审计(调查)查出的主要问题涉及金额2174.35亿元,其中违规金额192.92亿元,管理不规范金额

审计人员深入生物质成型燃料"绿煤"的项目研发现场进行实地调研
(郎少萍提供)

审计人员在利用垃圾发电工程现场查看相关资料　（郎少萍提供）

1980.94亿元，损失浪费金额0.49亿元。通过审计挽回损失3224万元，直接促进国家财政增收节支32.8亿元。推动制定整改措施35项，促进完善制度5项。移送司法、纪检监察机关处理案件涉及人员2人；移送司法、纪检监察机关处理案件3起；移送其他部门处理涉案人员9人，涉及金额7.28亿元。（郎少萍）

【财政审计】 对河北省2011~2012年财政收支进行审计，审计共查出23大类91个具体问题。上报的审计信息被审计署重要信息要目采用7篇，署领导批转函采用2篇，信息转送函采用2篇。编发的工作动态和经验总结被署协调领导小组转发7期，转发总数列18个特派办第一。审计查出1起案件被中央电视台焦点访谈节目予以报道，查处涉案人员8名，其中追究刑事责任2名，追究党纪政纪责任6名。审计发现的河北省石家庄市政府拒不执行审计决定继续扣发被征地农民安置补偿费问题，被审计署以署领导批转函形式转送河北省委省政府，省委书记周本顺，省长张庆伟，省委常委、石家庄市委书记孙瑞彬作出重要批示，10626个农户的31984.89万元安置补偿费全部返还被征地农民。（郎少萍）

【金融审计】 主要组织实施中国人民银行某市中心支行2012年度财务收支以及某省国家金库系统办理2012年预算资金收纳拨付情况审计。查出的主要问题有：应纳未纳入预算、少计收入、扩大开支范围、账外资产、账实不符、部分代理国库或办理国库经收业务的商业银行延压滞留预算收入、预算收入缴库不及时、退库审核不严格以及对库款的支拨审核不严等问题，涉及金额4亿多元。《从事预付卡第三方支付业务的机构经营中存在问题较多，亟待规范》的审计简报和《关于某县农村支付结算环境建设情况的专题报告》被审计署以重要信息要目形式上报国务院后，被中办或国办采用，中央领导作出重要批示。（郎少萍）

【农业与资源环保审计】 组织实施对山西省2011~2012年矿产资源开发利用保护及相关资金征管情况的审计工作。查出违法违规问题5类16个问题，占抽审资金总额87.85%。针对审计中发现的突出问题，以重要审计情况上报审计署7篇；以移送处理书移送山西省政府2篇；上报审计信息3篇，其中《利用电子数据缩小范围，筛选重大问题线索》的计算机审计方法，在全国矿产资源审计视频培训会上作为经验进行交流和推广。同时，高度重视整改工作，审计期间，被审计单位整改金额达到2.43亿元。（郎少萍）

【经济责任审计】 组织开展银行领导人经济责任审计项目和企业领导人经济责任及财务收支审计项目。在银行领导人经济责任审计中，查出政府融资平台存量贷款清理整改不到位，内部控制执行不严格，部分信贷资产存在风险隐患各类问题，涉及违省规问题金额15.72亿元，管理不规范问题金额10.24亿元。在企业领导人经济责任及财务收支审计项目中，被审计署《审计要情》采用13篇，上报国务院后，均被中办或国办采用，中央领导作出重要批示。（郎少萍）

安全生产监督管理

【概述】 2013年，全省各级、各部门和各单位贯彻落实习近平、李克强关于安全生产工作重要指示批示精神，按照党中央、国务院和省委、省政府关于加强安全生产工作一系列决策部署，开展安全生产大检查、“知责、履责”安全生产竞赛等活动，全省安全生产呈现“四个双下降”和“一个良好”态势。一是各类生产经营事故总起数、总死亡人数同比双下降，分别下降7.29%、9.05%。二是一次死亡3人以上事故起数、死亡人数同比双下降，分别下降16.36%、30.28%。三是一次死亡10人以上事故起数、死亡人数同比双下降，分别下降66.67%、75.00%。四是部分重点行业领域事故起数、死亡人数同比呈现双下降。道路交通事故起数、死亡人数同比分别下降5.08%、7.02%；冶金等工贸行业事故起数、死亡人数同比分别下降36.36%、46.67%；特种设备事故起数、死亡人数同比都下降50%；工商贸其他行业事故起数、死亡人数同比分别下降41.18%、55.56%。五是安全生产指标控制情况良好。全年各类生产经营性事故共死亡1156人，占国家下达年度控制指标87.44%，比进度控制目标少166人。（刘英池）

【细化监管责任】 起草并以省政府1号文件下发《关于做好2013年安全生产工作的通知》；协调召开全省安

全生产工作会议、全省安全监管工作会议和5次省政府安委会,修订和颁发对各市、省直有关部门及省属重点企业的年度安全目标责任书,明确考核指标和考核办法;印发《关于进一步明确部分行业领域安全生产监管职责的通知》,对全省16个存在争议行业领域监管责任进行细化明确;督促各级各部门执行安全生产挂牌责任制、安全包保、"三落实"等制度,落实安全责任。（刘英池）

【安全监管】 一是在非煤矿山方面,开展露天矿山高陡边坡排土场垮塌、地下矿山中毒窒息和片帮冒顶、尾矿库洪水漫顶和溃坝等专项整治,在重点时段对重点尾矿库实行专人盯守;推进金属非金属矿山整顿关闭工作,列入关闭计划119座尾矿库闭库115座。国家安全监管总局在代县召开全国重点地区金属非金属矿山安全生产工作座谈会上,肯定山西省整顿关闭做法和成绩,推广山西省尾砂综合利用方面经验。二是在危险化学品方面,组织开展危险化学品领域专项整治,推进重点监管危险化工工艺自动化改造,对未经正规设计危险化学品生产储存在役装置进行诊断;涉及首批"两重点一重大"(重点监管危险化学品、重点监管化工工艺、重大危险源)危化企业自动化改造基本完成,应搬迁13户企业,有7户搬迁或停产。三是在冶金等工贸行业方面,开展对煤气区域、交叉检修、有限空间、高温液态金属吊运、粉尘爆炸、餐饮场所燃气等较大风险作业和场所专项治理,在12家冶金企业开展自动报警与安全连锁专项改造试点工作,探索煤气安全管理有效途径。在职业病危害防治方面,推动职业危害申报工作,全省累计申报企业9684家;开展以焦化、水泥、石材加工等行业职业安全健康专项治理,责令停产整顿39家,提请关闭41家。（刘英池）

【安全检查】 根据党中央、国务院和省委、省政府决策部署,按照"全覆盖、零容忍、严执法、重实效"要求,从6月10日开始,开展为期4个月安全生产大检查和"回头看"。省政府安委办组成4个督导组进行不间断督导。各级、各部门都制订方案,层层发动,严密组织,扎实检查。大检查期间,全省共组织督查检查组9454个,出动检查人员20万人次,检查企事业单位和场所19.8万家(次),责令改正违法行为10万余起,关闭非法违法企业1238家。国务院安委会督导组在对山西省两次督查时,对全省安全检查和安全工作均给予肯定。（刘英池）

【加强基层基础】 开展以"知责、履责"为主题的安全生产无事故竞赛活动,各企业法定代表人签订安全生产承诺书;督促企业落实省政府118条规定、领导干部现场带班制度和煤矿"六大员"、非煤矿山"五大员"等规定;推进安全标准化建设,提升企业安全生产管理水平;加强各级各类人员教育培训,培训党政干部400多人,企业从业人员61万人(次);全省建成20749个"安全乡村",占总数68.23%;11个市、78个县建立安全生产应急管理机构,组织开展应急演练3342次,提高应急管理水平。（刘英池）

【事故查处】 起草下发《关于进一步做好生产安全事故报告工作的通知》,对17起较大事故进行挂牌督办,结案13起;提高对中铁隧道集团和潞安天脊公司等瞒报、迟报事故调查等级,由省级调查处理;对连续发生较大事故的阳泉市和太钢、潞安等单位负责人约谈。严格事故责任追究,全省安全监管监察部门共查处各类事故52起,结案42起,给予党纪政纪处分295人,追究刑事责任17人;开展警示教育,元旦当天,在中铁隧道集团瞒报事故现场召开现场会,将典型事故案例制作成警示教育片下发各级,并在全省安全生产工作会议上播放和点评;吸取国内外事故教训,及时提出要求并开展长输管道、液氨、民爆、燃气、化工、仓储等6个行业专项治理。（刘英池）

【2013年重大以上安全事故】 9月28日,山西焦煤集团汾西矿业有限公司正升煤业东翼回风巷掘进工作面发生透水事故,造成10人死亡。（刘英池）

食品药品监督管理

【概述】 2013年,山西省食品药品监督管理系统推进食品药品监管职能调整的同时,狠抓安全监管工作。抓住重点,突破难点,解决一些影响食品药品安全的突出问题,全省食品药品安全形势持续稳定向好,各项工作取得成效。（高 翔）

【监管体制改革】 按照国务院和省政府决策部署,山西省食品药品监督管理局推动食品药品监管体制改革。争取各方面重视和支持,与省编办加强沟通,共同外出学习考察,深入市县、乡镇调研分析,联合召开座谈会10余次,共同研究起草改革方案和实施意见,架构全新的行政管理、监督执法、技术支撑"三位一体"监督体系,构建省、市、县、乡、村五级工作体系。省政府出台体制改革实施意见,重点明确市、县、乡三级机构编制数量、人员来源,使实施意见更具指导性,更具操作性。国家食品药品监管总局专门刊发山西的做法,要求各地借鉴。省市两级改革到位,开始推进县乡改革。全省体制改革到位后,省级食药监部门增加行政编制19名、事业编制49名,市级增加行政编制93名、事业编制198名,县级增加行政编制454名、事业编制950名,乡镇设食品药品监管站888个、增加事业编制6024名,全省增加编制约7800余名,增幅达192.3%,全省食药监系统队伍达到11876人,占到全省人口的万分之三点二五,其中,县、乡两级监管队伍占到全系统82%,形成省、市、县、乡四级正金字塔式的队伍规模。（高 翔）

【食品安全监管】 加强高风险聚集性餐饮单位监管。提出加强聚集性就餐单位监管的15条意见和措施,强化对学校食堂、建筑工地食堂以及大型餐饮单位的监督检查和规范管理。全省共检查学校食堂6362所,责令整改1844所,立案查处191起,学校食堂量化分级率达到 92.8%。约谈餐饮单位负责人 310 人,责成省城江南餐饮集团、星河湾酒店、金港大酒店等 15 家大型饭店向社会作出公开承诺。

开展保健食品专项整治。针对保健食品非法生产、非法经营、非法添加和非法宣传等突出问题,在全省部署开展"打四非"专项行动,采取摸底排查、检验筛查、公开曝光等方式,打击各种违法违规行为。全省共立案查处 850 起,罚没款 306 万元,移送公安机关 14 起。邀请省内外主流媒体召开新闻发布会,对查处的 129 种违法保健食品和 21 起典型案件予以曝光,警示消费,引起社会强烈反响。总局在全国"打四非"总结会议上对山西取得的成效予以通报表扬。

强化食品生产源头质量监管。承接食品生产环节监管职能后,省局抓住婴幼儿奶粉、中秋月饼等重点品种,采取专项检查、监督抽验、警示公告等手段,加强食品生产企业监督管理,重点监督检查 2 家婴幼儿配方乳粉生产企业和 17 家乳制品生产企业,对发现的 17 个问题隐患,督促企业整改,严把食品源头质量关。对发现的 10 批次不合格月饼,及时以监管公告的形式向社会公布,发出安全警示。用管理药品的方式对婴幼儿配方乳粉实施严格管理,在全国第一家制定出台《药店专柜销售婴幼儿配方乳粉管理办法(试行)》,并在全省范围内遴选 70 家药店,开展专柜销售婴幼儿配方乳粉试点工作。 (高 翔)

【药品、医疗器械监管】 开展药品"两打两建"专项行动。在全省开展严厉打击药品违法生产和经营行为,加强药品生产经营规范建设和监管机制建设的专项行动,重点对生产企业原辅料购进把关不严格、擅自变更工艺流程、检验检测不真实、不按质量规范操作,经营企业购进渠道不规范、储存条件不达标以及异地设库、出租证照、挂靠销售等问题进行集中整治。全省共责令整改 1671 家,停产停业 9 家,收回 GMP 证书 1 张,净化药品市场环境,防范药害事件的发生。

开展中药质量专项整治。组织行政执法人员和中药专家组成专项工作组,采取督查检查、监督抽验、严查重处等措施,重点整治中药材、中药饮片增重染色、掺杂使假、重金属超标等问题,抽验中药材 510 种 688 批次,发现 39 个品种 47 批次不合格,责令改正 437 家,立案 201 起,罚没款 65.97 万元。

推进实施GMP、GSP 药品质量规范。加强药品生产企业实施 GMP、药品经营企业实施 GSP 情况跟踪检查,全省跟踪药品生产企业 156 家、经营企业 1985 家,对 49 家存在问题的企业责令限期整改。推动制药企业实施新版 GMP 认证,促进企业兼并重组、转型升级,对 14 家逾期未通过新版 GMP 认证的药品生产企业责令停产,实施管控。

强化医疗器械薄弱环节质量监管。抓住医疗器械企业质量管理基础薄弱的问题,重点整治医疗器械注册审批不严格、生产质量管理体系不落实、购销记录不真实、使用行为不规范等问题,全省查办医疗器械案件 631 件、罚没款 276 万元,同比分别增长 37.2%、36.7%。 (高 翔)

【监管方式创新】 在全系统实行"网格化监管、格式化检查、痕迹化管理"的"三化"监管模式,网格化监管解决责任到人、监管覆盖无空白的问题,格式化检查解决监管到位、检查项目无遗漏的问题,痕迹化管理解决行为规范、监管问责有依据的问题。提出"三化"向"四化"迈进,把监管信息化建设提升到战略层面,在全系统推进"责任网格化、检查格式化、管理痕迹化、监管信息化"监管模式。省级监管信息化平台已经建成,系统构架一个基础信息库和六大应用系统(网格监管、行政执法、动态监管、应急管理、政务公开、投诉举报)。省局率先实施保健食品化妆品监管信息化工作,基本实现全系统保化监管信息化,全省 11 个市、119 个县(市、区)应用信息化监管系统实施保化监督检查达到 53159 家次。吕梁市初步实现对"四品一械"的信息化监管,纳入信息化监管的企业占到总数 63.8%。省政府在吕梁召开现场会,要求推广学习该局监管信息化经验。12 月 26 日,在全国工作会议上作经验交流。 (高 翔)

【案件查办】 把检验检测作为行政监督的重要支撑,运用技术检测手段,及时发现和处置安全隐患及问题,对食品、药品、保健食品、医疗器械开展监督抽验和风险监测 16155 批次。在全省 11 个市、119 个县开通"12331"举报投诉电话,建立无休日、全天候投诉举报受理平台,受理投诉举报,要求省市两级下沉一线,发挥带动推动作用,带头查办大要案件。加强与公安部门打假联控联防,与省高院、省高检、省公安厅联合制定《办理食品药品涉刑案件物证检验鉴定工作规定》,开辟涉刑案件快速检验鉴定绿色通道,对制假售假案件及时移送,追根溯源,查流向、捣窝点。全系统查处各类案件 11331 起,罚没款 3129 万元,捣毁各类制假窝点 106 个,移送公安涉刑案件 145 起。

(高 翔)

【医药产业】 抓住国家实施药品生产新标准机遇,采取"五个加强"推进措施,加强外引内联、加强银企合作、加强政策引导、加强责任落实、加强跟踪服务,推动省内一批企业兼并重组,推动国药集团、华润集团、石药集团等国内优势企业来山西投资合作,推动资源整合和转型升级,有 38 家制药企业实施资源整合,提高产业集中度,增强山西制药企业的核心竞争力。选择交通银行、民生银行作为战略合作伙伴,引导金融机构把医药产业作为重点投资领域。通过一系列措施,加快省制药企业认证进程,有 38 家企业 209 条生产线率先通过新版 GMP 认证,全省医药产业呈现出转型发展、快速发展势头,近年来平均增幅在 20%以上。 (高 翔)

能源监督管理

【概述】 2013 年,原国家电监会与国家能源局重组后,明确原国家电监会派出机构划给国家能源局实行垂直管理。根据《中央编办关于国家能源局派出机构设置的通知》(中央编办发〔2013〕130 号)和国家能源局关于印发《国家能源局派出机构主要职责内设机构和人员编制规定》的通知(国能人事〔2013〕438号),原国家电力监管委员会山西省电力监管专员办公室(简称山西电监办)更名为国家能源局山西监管办公室(简称山西能源监管办),于2013年12月12日正式挂牌成立。内设综合处、市场监管处、行业监管处、电力安全监管处、资质管理处、稽查处六个职能处室。

山西能源监管办被省政府评为“2012年度安全生产工作先进单位”,被省直文明办评为“2012年度省直文明和谐单位标兵”,稽查处被省政府评为“山西省减排先进集体”。

(王青山)

【安全监管】 2013年,把电力安全监管作为首要的政治任务和全年工作主线,及时贯彻国家能源局和山西省政府指示精神,落实安全生产主体责任,开展专项安全监管行动,健全完善应急管理体系,落实重大活动保电机制,开展宣传培训工作,配合推进电力设施保护工作。全年未发生电网大面积停电事故,继续保持全省电力安全生产形势总体稳定。 (王青山)

【市场准入监管】 完善电力市场准入制度,健全管理职责,推进许可工作实现制度化、规范化、程序化。加强对持证企业的信息管理,规范电工进网作业许可,加强工程领域监督管理,专题研究历史遗留的审批核准手续不完善机组,强化许可的后续监管。全年完成新颁发发电类许可证20家,豁免1家,注销发电许可证1家;新颁发承装(修、试)电力设施许可证24家,登记事项变更29家,许可变更8家,完成许可延续38家,注销19家承装(修、试)电力设施许可证;新颁发电工进网作业许可证6297人,完成续期注册7208人。 (王青山)

【市场建设】 关注发电经营、电煤储运、电网运行和电力供需情况,分析电力运行形势。完善考核管理,建立经营分析制度;建立《山西省火电机组深度调峰交易办法》;制订《山西省发电权交易规则(试行)》《山西省电力用户与发电企业直接交易规则(试行)》和《山西送华中特高压电能交易基本规则》三个规范市场秩序文件。

(王青山)

【市场运行监管】 制订《山西电网燃煤机组备用管理及有序调停实施办法(试行)》《山西省抽水蓄能电站运行管理实施细则》和《山西省风电场样板机选定办法(试行)》等规则,重点加强对系统运行方式、电力调度、电网规划、风电消纳、低热值煤发电、监管统计等方面的监管。 (王青山)

【行政执法】 每月定期向社会公布12398投诉举报处理情况,开展热线标示普及和宣传;构建热线评价指标体系;加强投诉举报处理工作闭环机制;加大行政执法力度,全年直接调查处理459件投诉举报案件,维护用户的合法权益和市场秩序。

(王青山)

【节能减排监管】 山西能源监管办加强电力行业节能减排工作的组织和监管,优化节能调度,扩大发电权交易,开展机组能耗对标管理,全省供电煤耗下降6克,全年节约原煤近260万吨;会同相关部门对14家火电企业的脱硝设施和在线监测系统组织验收;开展在线监测系统运行情况专项督查,增强烟气在线监测系统运行监管。 (王青山)

【保民生促发展】 制订《山西省居民用电服务质量监管实施细则(试行)》,推进居民用电直供到户改造和人民群众用电满意工程,及时处理电力投诉举报事项,保障人民基本用电权益,促进市场公平无歧视开放。山西省2013年全面实现无电人口通电,共解决87个村(均为自然村)、992户、3245人的用电问题,彻底告别“无电户”时代。针对小区合表用电存在的诸多问题,联合相关部门广泛调研、征询各方意见,制订实施方案,推进居民用电“一户一表”直供到户改造。

1.国务院取消大用户直购电试点行政审批后,与省直相关部门和省内发电企业协同配合,将大用户直接交易作为山西电力市场化改革的重要抓手,推进电力用户与发电企业直接交易。2013年省内直接交易电量达到13.7亿千瓦时,电力用户可降低用电成本5300余万元。

2. 国家能源局委托山西核准低热值煤发电项目后,省政府多次召开专题会议,省有关部门研究制订实施方案。监督办作为能源局派出机构,建立山西省低热值煤发电监管和服务机制,通过加强规划、项目建设和运行监管,加强行政执法,做好审批下放的后续监管工作。经过筛选,2013年共发放10个低热值煤发电项目前期许可(两批共812万元)。已发“路条”的项目大多完成“五通一平”工作,核准的项目均开工建设。

3.截至2013年底,全省34家主力火电企业中,有26家实现煤电联营,18家发电企业与煤炭企业签订电煤供应长协合同,走出一条煤电和谐发展的新路径。 (王青山)

工 业 经 济

Industrial Economy

经济和信息化

【概述】 2013年，全省经信系统坚持稳中求进工作总基调，克服外部经济环境严峻复杂，市场需求持续低迷，能源原材料产品价格大幅下滑等多方面不利因素，积极应对经济下行压力，全省工业经济呈现出总体平稳的运行态势。

1.生产情况。2013年，全省规模以上工业增长10.5%，增速较上年同期回落1.4%，高于全国平均水平0.8%，全国排名22位。

(1)分轻重工业看，全年轻工业增长8.6%，低于全省平均水平1.9%，同比回落4.8%，占全省工业比重6.1%，同比提高0.7%；重工业增长10.6%，高于全省水平0.1%，同比回落1.2%。

(2)从隶属关系看，全年省属以下企业增长14.2%，高于全省平均水平3.7%，占全省工业比重56.7%，同比提高2.6%；中央企业、省属企业增速低于全省水平，分别增长5.5%、6.5%，占全省工业比重为14.8%、28.5%。

(3)从企业规模看，全年大中型工业企业增长5.1%，低于全省水平5.4%，同比回落4.7%，影响全省工业增速回落3.5%；占全省工业比重69.7%，同比下降5.2%。

2.各市运行情况。2013年，全省11个地级市中，运城、晋中、忻州、临汾、吕梁、晋城和朔州分别增长13.1%、13%、13%、12.6%、12%、12%和11.5%，高于全省平均水平；长治增长10.5%，与全省水平持平；太原、大同和阳泉三市工业增速低于全省水平，分别增长10.1%、10%和7.5%。

3.产量情况。2013年，全省煤炭产量96257万吨，增长5.3%；焦炭产量9076.8万吨，增长7.5%；钢材产量4496.2万吨，增长18.4%；粗钢产量4481.4万吨，增长15.1%；氧化铝产量784.6万吨，增长31.5%；水泥产量4984.9万吨，增长1.4%；原铝产量104.2万吨，下降1.3%。

4.效益情况。2013年，全省规模以上工业企业销售收入18404.7亿元，增长2%，实现利税1445.8亿元，下降18.3%，实现利润547.9亿元，下降31.4%，销售利润率3%，同比下降1.5个百分点。截至2013年底，全省规模以上企业3946户，从业人员平均人数205.4万人；亏损企业1406户，亏损面35.6%，同比提高3.2%；资产负债率71.3%。

5.发用电情况。2013年，全省发电量2625.4亿千瓦时，增长3.6%，增速同比回落4.5%；全社会用电量1832.3亿千瓦时，增长3.8%，增速减缓3.2%；工业用电量1475.5亿千瓦时，增长2.9%，增速减缓3.7%；外送电793.1亿千瓦时，同比增长3.1%。

6.铁路运输情况。2013年，全省铁路货运量59897.7万吨，同比多运665.7万吨，增长1.1%；煤炭货运量51107.5万吨，同比多运247.2万吨，增长0.5%；其他货运量8790.2万吨，同比多运418.5万吨，增长5%。

7.成品油销售情况。成品油市场供应总体宽松，用于公路运输和生产的柴油需求明显下降。2013年，全省调入成品油694.7万吨，下降1.3%；销售成品油690.1万吨，下降4.7%，其中汽油销量235.7万吨，增长2.2%；柴油销量454.4万吨，下降7.9%。

8.天然气产销情况。2013年，全省开采煤层气31.6亿立方米，同比增长16.1%。全省购进天然气22.1亿立方米，同比增长10.4%；销售天然气21.8亿立方米，同比增长10.5%，其中工业用气9.5亿立方米，同比增长5.6%，低于全省平均水平4.9%，民用气

2013年全省工业增长情况

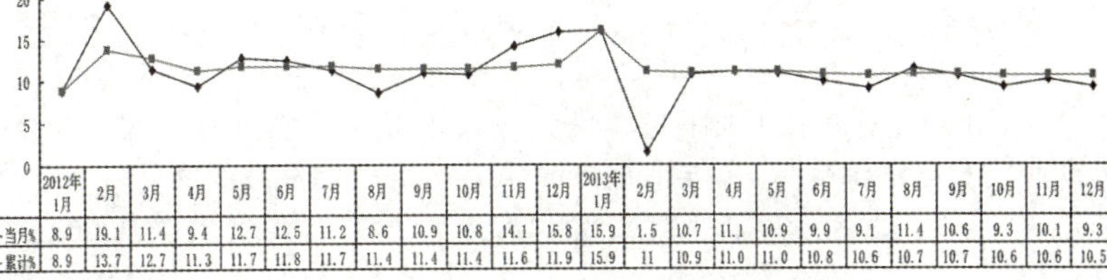

	2012年1月	2月	3月	4月	5月	6月	7月	8月	9月	10月	11月	12月	2013年1月	2月	3月	4月	5月	6月	7月	8月	9月	10月	11月	12月
当月%	8.9	19.1	11.4	9.4	12.7	12.5	11.2	8.6	10.9	10.8	14.1	15.8	15.9	1.5	10.7	11.1	10.9	9.9	9.1	11.4	10.6	9.3	10.1	9.3
累计%	8.9	13.7	12.7	11.3	11.7	11.8	11.7	11.4	11.4	11.4	11.6	11.9	15.9	11	10.9	11.0	11.0	10.8	10.6	10.7	10.7	10.6	10.6	10.5

2013 年 12 月各市工业增加值增速情况

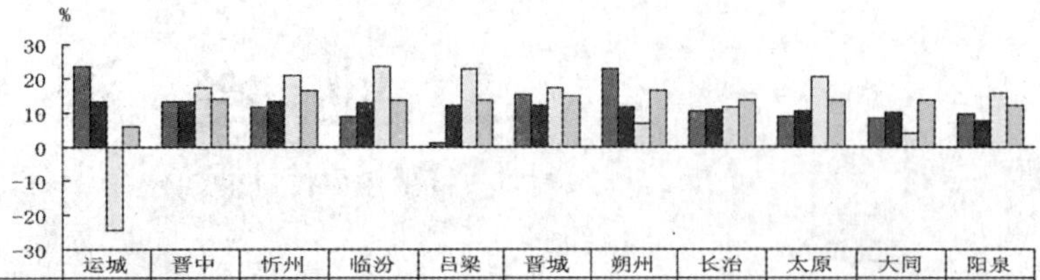

	运城	晋中	忻州	临汾	吕梁	晋城	朔州	长治	太原	大同	阳泉
2013年12月	23.5	13	11.6	8.8	0.9	15	22.8	10.3	8.6	8.4	9.6
2013年	13.1	13	13	12.6	12	12	11.5	10.5	10.1	10	7.5
2012年12月	-24.3	17.2	20.6	23.7	22.6	17.3	6.7	11.4	20.2	3.9	15.7
2012年	6	13.7	16.4	13.5	13.5	14.6	16.3	13.4	13.5	13.4	11.9

2013 年全省月度工业用电情况

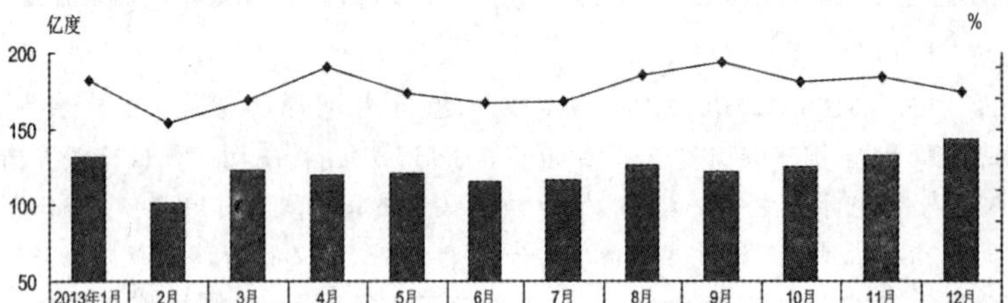

	2013年1月	2月	3月	4月	5月	6月	7月	8月	9月	10月	11月	12月
工业用电量	131.1	100.9	122.6	119.4	121.2	115.1	116.8	125.8	122.2	125.3	132.5	142.8
同比	5.8	-8.3	-0.4	10.3	1.5	-1.8	-1.3	7.3	11.6	5.5	7.2	2.2

2012~2013 铁路货运量增速变化情况

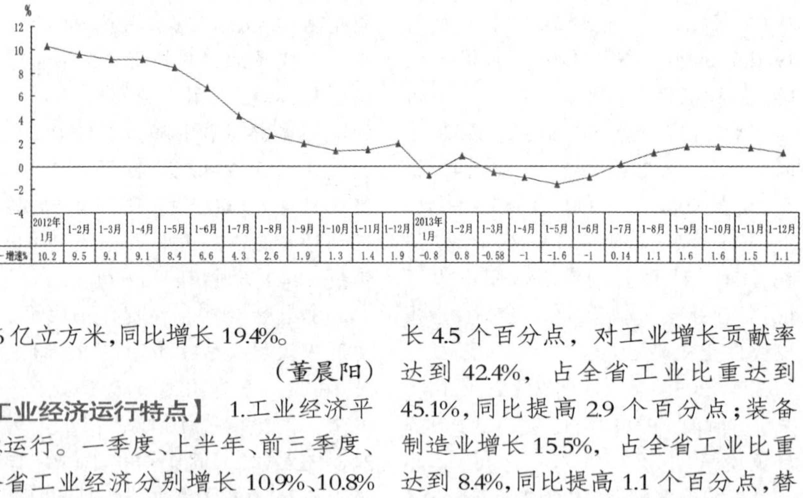

	2012年1月	1-2月	1-3月	1-4月	1-5月	1-6月	1-7月	1-8月	1-9月	1-10月	1-11月	1-12月	2013年1月	1-2月	1-3月	1-4月	1-5月	1-6月	1-7月	1-8月	1-9月	1-10月	1-11月	1-12月
增速%	10.2	9.5	9.1	9.1	8.4	6.6	4.3	2.6	1.9	1.3	1.4	1.9	-0.8	0.8	-0.58	-1	-1.6	-1	0.14	1.1	1.6	1.6	1.5	1.1

6.6 亿立方米，同比增长 19.4%。

（董晨阳）

【工业经济运行特点】 1.工业经济平稳运行。一季度、上半年、前三季度、全省工业经济分别增长 10.9%、10.8%和 10.7%，总体保持在 10%~11%的增长区间，全年全省工业增长 10.5%。在宏观经济增速减缓，能源原材料价格大幅回落，经济运行极其困难的情况下，全省工业增速没有出现大起大落，保持总体平稳，并实现高于全国水平增长。

2.增长结构优化。2013 年，非煤产业快速增长，对全省工业平稳较快增长起到重要支撑作用。全年非煤产业增长 10.5%，拉动全省工业经济增长 4.5 个百分点，对工业增长贡献率达到 42.4%，占全省工业比重达到 45.1%，同比提高 2.9 个百分点；装备制造业增长 15.5%，占全省工业比重达到 8.4%，同比提高 1.1 个百分点，替代焦炭、电力行业，成为煤炭、冶金之后的山西省第三大产业；食品工业加快发展，占全省工业比重达到 3.7%，同比提高 0.6 个百分点。

3.主导产品产量稳定增长。钢材、粗钢产量持续快速增长，全年产量增速分别为 18.4%、15.1%，高于全国平均水平。焦炭扭转上年连续 10 个月负增长局面，持续保持平稳增长。煤炭在市场需求明显减少的情况下，产量保持平稳增长，12 月突破 9000 万吨，达到 9272 万吨，创历史新高。

4.产品价格总体低位运行。上半年，受市场需求影响，全省煤炭、焦炭、钢材、尿素等主导产品价格总体呈持续下行走势；下半年随着宏观经济逐步回暖，部分产品价格才止跌有所反弹，但同比仍大幅下降，总体处于低位运行区间。

（董晨阳）

【工业运行存在问题】 1.产销衔接总体状况较差。全年全省规模以上工业企业实现销售产值 16633.1 亿元，增长 1.9%，同比回落 5.1 个百分点；产销率为 95.25%，同比下降 0.09 个百分点。从各市情况分析，大同、阳泉、长治、忻州和吕梁 5 市产销率低于全省平均水平；太原、阳泉、长治、晋城、朔州、忻州和临汾 7 市产销率同比下降。产销衔接总体状况较差，市场有效需求仍然不足。

2.实体经济依然困难。2013 年，全省规模以上工业企业销售收入增长 2%，同比回落 7.7 个百分点；低于全国水平 9.2%；实现利润下降 31.4%，低于全国水平 43.6 个百分点；销售利润率 3%，同比下降 1.5 个百分点，低于全国水平 3.1 个百分点；资产负债率超过 70%达到 71.3%，企业经营风险大幅增加。

3. 新兴产业接替支撑作用有限。煤焦冶电等传统行业占全省工业比重达 80%左右，仍然是全省工业经济增长的主要动力，受宏观经济增速减缓影响，四大传统行业市场需求萎缩，增长动力不足；装备、食品、医药等新兴产业增长较快，但总量不大，规模偏小，短期内难以弥补煤炭等传统行业增速下滑的影响。

4.主导产品价格仍处低位。截至 12 月底，山西省吨煤平均价格同比下降 90 元左右；6.5 毫米线材价格同比下降 50 元/吨；不锈钢价格同比下降 3100 元/吨；二级冶金焦炭价格同比下降 240 元/吨。全省工业品出厂价格同比下降 9.3%，连续 22 个月全国降幅最大。经测算，由于价格下降影响，全省减少增加值 600 亿元以上。

5.国有及大中型企业持续低速增长。从规模分析，大中型企业增加值占全省工业比重达到 70%，从所有制

2013年煤炭产量月度完成情况

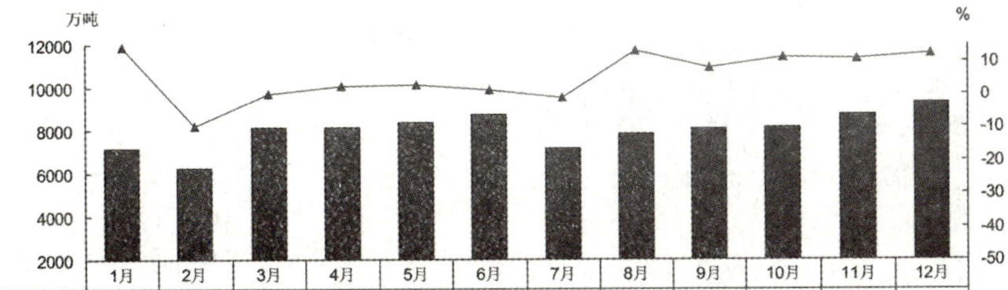

	1月	2月	3月	4月	5月	6月	7月	8月	9月	10月	11月	12月
产量	7129.7	6256	8149	8092	8361	8703	7124	7809.9	8060	8130	8726	9272
增速	14.2	-9.7	0.2	2.4	2.6	1.1	-1	13	7.96	11.2	10.8	12.4

2013年钢材月度产量完成情况

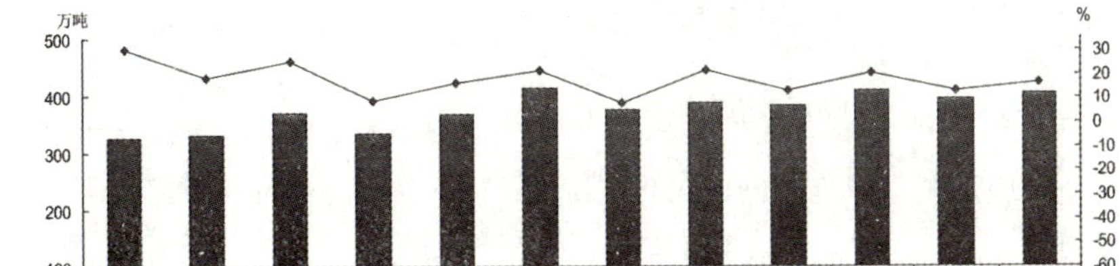

	2013年1月	2月	3月	4月	5月	6月	7月	8月	9月	10月	11月	12月
产量	327.1	331	369.3	333.1	366.5	411	373.7	385.1	380.2	407.5	393.6	402.1
增速	30.5	18.5	25.5	8.9	16.1	21.4	8	21.5	12.8	20.2	12.9	16.6

2013年焦炭月度产量完成情况

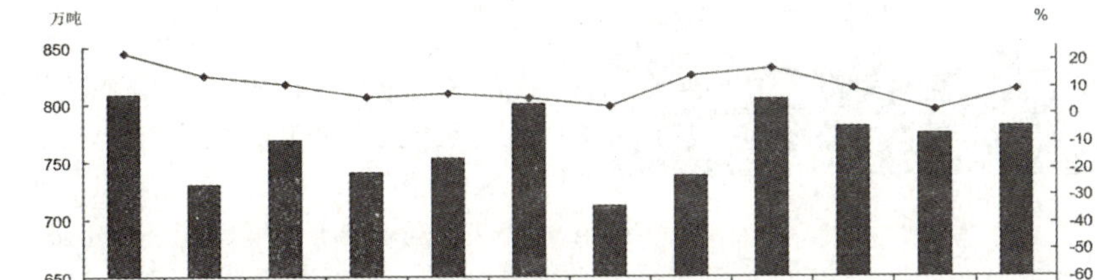

	2013年1月	2月	3月	4月	5月	6月	7月	8月	9月	10月	11月	12月
产量	808.4	730.5	768.3	741	752.9	799.7	711.7	737.6	804.2	780.4	774.4	779.7
增速	22.9	14.2	11.4	6.4	7.9	6.1	3	14.3	16.9	9.5	1.5	9.1

2013年化肥月度产量完成情况

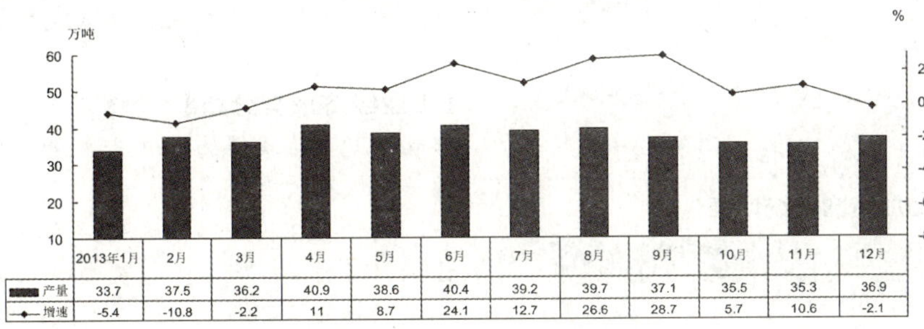

	2013年1月	2月	3月	4月	5月	6月	7月	8月	9月	10月	11月	12月
产量	33.7	37.5	36.2	40.9	38.6	40.4	39.2	39.7	37.1	35.5	35.3	36.9
增速	-5.4	-10.8	-2.2	11	8.7	24.1	12.7	26.6	28.7	5.7	10.6	-2.1

结构分析，国有控股企业增加值占全省工业比重达到50%。2013年，国有及大中型企业一直维持4%~6%的低速增长，持续低于全省增长水平；焦煤、晋煤、阳煤、潞安、平朔、兰花、长钢、翼钢、天脊、三维等国有及大中型企业产值下降，对全省工业增长贡献趋于减弱。（董晨阳）

【主要工业行业运行情况】 1.煤炭行业。2013年，全省煤炭产量96257万吨，增长5.3%。全省煤炭出省销量61595万吨，同比增加3422万吨，增长5.9%；其中铁路出省销量完成47741万吨，同比增加1261万吨，增长2.7%，公路出省销量完成13853万吨，增长18.5%。截至12月底，全省煤炭企业库存2548万吨，同比增加833万吨，增长48.6%。

2013年，煤炭行业销售收入7341.4亿元，下降2.3%，低于上年同期12.4个百分点；实现利润329.6亿元，下降50%，降幅较同期扩大18.5%；销售利润率4.5%，同比下降4.8个百分点。1235户规模以上煤炭企业中526户亏损，亏损面42.6%，同比提高8.6个百分点；亏损企业亏损额169.6亿元，同比增长48.3%。

2.冶金行业。2013年，全省粗钢、钢材产量为4671.4万吨和4486.2万吨，分别增长14.5%、18.1%；不锈钢294万吨，下降0.8%；氧化铝784.6万吨，增长31.3%；电解铝104.2万吨，下降1.3%；全省日均粗钢产量12.36万吨，6月达到13.9万吨的年度峰值。

2013年，冶金行业销售收入4146.2亿元，增长6.4%；实现利润41.8亿元，增长51.6%，销售利润率1%，同比提高0.3个百分点；583户规模以上冶金企业中183户亏损，亏损面31.4%，同比下降0.3个百分点；亏损企业亏损额45.8亿元，下降18.9%。

细分行业情况，钢铁行业销售收入3609.2亿元，占全行业比重87%，增长7.6%，实现利润41.3亿元，增长6.8%，销售利润率1.1%，同比下降0.1个百分点；有色行业销售收入537亿元，下降0.9%；实现利润0.48亿元，同比扭亏为盈。

3.电力行业。截至12月底，全省发电装机容量5767.3万千瓦，较上年增加312.3万千瓦，发电设备利用小时4732小时，同比减少36小时。

2013年，电力行业销售收入1602.3亿元，增长6.5%；实现利润103.5亿元，增长2倍，销售利润率6.5%，同比提高4个百分点，高于全省平均水平3.5个百分点。117户规模以上电力企业中43户亏损，亏损面36.8%，同比下降3.8个百分点；亏损企业亏损额21.4亿元，同比下降33.5%。

4.焦炭行业。2013年，全省焦炭产量9076.8万吨，增长7.5%，增速同比加快10.6%。从月度产量看，所有月份单月产量均在700万吨以上，特别是1、9月两个月突破800万吨，生产总体保持稳定。

受煤炭价格持续下跌影响，焦炭企业生产成本下降，经营状况有所好转，但总体仍大幅亏损。2013年，焦炭行业销售收入1326.1亿元，下降2%；实现利润盈亏相抵净亏损48.2亿元，

2013 年全省主要工业产品价格统计表

单位:元/吨

名　称	2013 年 11月	2013 年 12 月	2012 年底	2008 年以来最高价
6.5 毫米线材	3290	3290	3340	5832（2008 年 5 月）
不锈钢 304/B 2.0	15462	15100	18200	32720(2008 年 4 月）
二级冶金焦炭	1180	1180	1420	2900（2008 年 8 月）
动力煤（5500 大卡）	455	463	550	720（2011 年 10 月）
主焦煤	1105	1105	1320	1900（2008 年 9 月）
电解铝	14500	14200	15300	19321(2008 年 3 月）
氧化铝	2900	2900	2900	3428（2008 年 5 月）
尿　素	1650	1630	1920	2400（2012 年 4 月）

2013 年全省主要工业产品产量完成情况统计表

单位:万吨

产　品	2013 年	
	总　量	同比(%)
煤　炭	96000	5.3
焦　炭	9076.8	7.5
钢　材	4486.2	18.1
粗　钢	4671.4	14.5
原　铝	104.2	−1.3
氧化铝	784.6	31.3
水　泥	4984.9	1.4
化肥(折纯)	446.1	9.7

2013 年全省各市工业增加值增速统计表

地　区	增速(%)	备　注
全　省	10.5	
太原市	10.1	
大同市	10	
阳泉市	7.5	
长治市	10.5	
晋城市	12	
朔州市	11.5	
忻州市	13	
吕梁市	12	
晋中市	13	
临汾市	12.6	
运城市	13.1	

同比减亏 19.1 亿元。177 户规模以上焦炭企业中 110 户亏损，亏损面 62.1%,同比下降 7.7 个百分点;亏损企业亏损额 68.4 亿元，同比下降 13.7 个百分点。

5.化工行业。2013 年,全省化肥(折纯)产量 446.1 万吨,增长 9.7%;尿素（折含 N100%)404.5 万吨，增长 15.6%;精甲醇 216.5 万吨,增长 35.7%;聚氯乙烯树脂 47.4 万吨,增长 13.3%。

由于化工产品价格持续低位运行，企业亏损严重，生产经营困难。2013 年,化工行业销售收入 844.9 亿元,下降 0.7%;实现利润盈亏相抵净亏损 9.1 亿元,同比由盈转亏。277 户规模以上化工企业中 95 户亏损,亏损面 34.3%，同比下降 1.6 个百分点;亏损企业亏损额 38.1 亿元,同比增长 1.1 倍。

6.机电行业。2013 年,全省机电行业同比增长 15.5%,高于全省平均水平 5%,占全省工业比重 8.4%,替代焦炭、电力成为全省第三大支柱产业。机电行业销售收入 1640.1 亿元,增长 5.1%;实现利润 45.8 亿元，同比下降 14.6 个百分点，销售利润率 2.8%，同比下降 0.5 个百分点。595 户规模以上机电企业中 164 户亏损,亏损面 27.6%,同比提高 3.2 个百分点；亏损企业亏损额 15.1 亿元,同比增长 33.5%。（董晨阳）

【工业经济形势分析】 全省工业经济运行既面临难得的历史机遇,也面临诸多风险和挑战。

由于存在较多的不确定、不稳定因素，制约工业经济平稳较快增长。一是国际经济环境依然严峻复杂,全球经济复苏的基础不牢固,世界经济形势错综复杂。二是中国经济进入增速换挡、动力转换新阶段,市场需求持续低迷,产能过剩矛盾突出,国家投资拉动的强度、力度有所减弱,对山西省能源原材料产业发展刺激作用降低。三是受国家化解过剩产能政策以及市场因素影响,山西省传统产业增长动力不足,新兴产业规模总体偏小,工业经济应对市场风险能力仍显薄弱。四是山西省工业投资力度减弱，发展后劲相对不足,2013 年全省

5月10日,全省技术创新工作会议召开　　（董晨阳提供）

固定资产投资增长22%,但全部工业投资仅增长14.4%，低于全省平均水平7.6个百分点。

在工业经济运行中,也存在较多利好因素。中国经济发展长期向好的基本面没有变,党的十八届三中全会对全面深化改革作出总体部署,将进一步激发工业转型升级的内生动力和活力;中央城镇化工作会议明确提出,要把城镇化作为扩大内需和促进产业升级的重要抓手,有利于释放内需巨大潜力,为山西省大宗工业产品带来广阔的市场空间;国家在低热值煤发电、煤电一体化、大用户直供电、甲醇汽车试点等方面支持山西省转型综改试验区建设,为工业发展提供政策支撑;非煤产业稳步发展,为工业经济持续健康发展提供多点支撑;近年来,山西省持续大规模的工业投资,大力度调整结构,新上一批优势项目,培育一批龙头企业,夯实工业基础,增强发展后劲。

机遇与挑战并存。国际、国内严峻复杂的经济形势与山西省超重型工业结构矛盾相互叠加,对山西省工业经济增长形成较大制约。

（董晨阳）

煤炭工业

【煤炭发展标准建设】 2013年,对《煤矿安全质量标准化标准及考核评级办法》《煤矿企业办矿标准》《煤矿现代化矿井标准》《煤矿管理标准》《煤矿建设标准》《煤矿建设施工管理标准》六个标准进行修订完善,出台《六个标准贯彻落实评价考核实施办法》;制定《露天煤矿管理标准》,完成全省办矿企业首次等级审核评定,完善煤炭现代化标准体系。　（王德善）

【煤炭转型发展】 全行业在建较大非煤转型项目107个,非煤固定资产投资610亿元,同比增长6.3%。省煤炭厅制定2013年行动计划4个专项《实施方案》，包干联系28个非煤项目，督促指导项目单位完成投资272亿元。全省非煤转型标杆引领项目,如:180万吨煤制油、焦煤60万吨煤制烯烃、同煤40亿立方米煤制天然气等有不同程度进展,为全省煤炭产业延伸拓展发展空间起到引领示范作用。　（王德善）

【煤矿安全生产】 2013年,全省煤矿共发生事故40起,死亡75人,同比减少8人,下降9.64%;煤炭百万吨死亡率0.077，同比减少0.014、下降15.38%，比全国平均水平低0.211,煤矿安全各项指标均大大低于国家下达山西省的控制目标,煤矿百万吨死亡率创出山西煤炭现代开发史的最低值。(1)创新安全理念。认真落实“三个决不能过高估计”的新判断和“三个敬畏”的新要求,提出“安全生产是天大的事”“人人都是通风员”新理念,创新发展煤矿安全理念体系。(2)加强督促检查。全年开展5次全省性、集中性、持续性的督查检查,累计督查矿井2251矿次。发挥突击执法检查的作用,采取暗查、暗访、夜查和突查的方式,全覆盖跟踪巡查、督查重大隐患整改,打击非法违法煤炭生产建设行为。(3)严格安全管理。突出建设矿井安全管理，严格落实建设、施工、监理三方责任,有效防止煤矿建设重特大事故;突出“治瓦斯、摸清水”两个重点,出台瓦斯防治八项规定,严格水害防治;突出安全质量标准化管理，全省全年共建成292座安全质量标准化矿井;突出应急救援工作,全省煤矿安全应急救援体系基本建成,能力提升。(4)强化隐蔽性致灾因素排查治理。以整合改造建设矿井为重点，集中开展隐蔽性致灾因素“大会诊”,水文地质会诊954矿次,瓦斯会诊865矿次,针对会诊出来的问题,全部采取针对性整改措施。同时,加强煤矿瓦斯抽采利用，抽采量52.5亿立方米,同比增加14.6%,利用量18.2亿立方米,同比增加17.4%。　（王德善）

【煤炭现代文明建设】 1.煤炭科技工作。煤矿现代化综采装备、煤炭绿色开采技术得到推广，全行业有68项科技成果获得中国煤炭科学技术奖,由晋煤集团、汾西矿业、霍州煤电等单位共同完成的“煤矿岩巷全断面高效掘进关键技术与装备”研究项目获国家科技进步二等奖。

2.煤炭人才建设。全省累计培训各类从业人员23.03万人次,确定省内19所专业定向培养院校,举办首次校企洽谈会，全年变招工为招生2.9万人,举办第二届“同煤杯”职工职业技能大赛,推行“送教下矿”,全省煤炭职业中专招生达15万人,75%的特种作业人员和班组长接受职业教育,煤矿安全培训和职业教育水平提高。

3.绿色生态和谐矿区建设。协调促进矿区生态环境恢复和采煤沉陷区地质灾害治理,全行业完成造林3.3万亩,绿化280万平方米,加强煤矿职业卫生防治，保障从业人员职业健康权益,推动实施“以矿建镇”工作,5家煤

炭企业开展试点，推进绿色和谐文明矿区城镇化建设。（王德善）

电力工业

·国网山西省电力公司·

【概述】 国网山西省电力公司（简称省电力公司）是国家电网公司全资子公司，属国有特大型企业，以电网规划、建设、运行管理及电力调度、经营等为主营业务，下设11个市供电公司、99个县级供电公司，供电区域覆盖全省除12个趸售县以外的108个县（市、区），肩负着山西省3580万人民电力供应的基本使命，承担着向京津唐、河北、江苏、湖北、山东等地外送电力的重要任务，服务客户约822万户，拥有资产588亿元，员工3.01万人。

截至2013年底，省电力公司共有220千伏及以上电压等级变电站188座，主变414台，变电容量85631.574兆伏安。其中，特高压变电站1座；500千伏变电站17座（含榆社开闭站）；220千伏变电站170座。共有220千伏及以上输电线路576条，线路长度16953.779千米（不含跨省输电线路）。跨省输电线路29条，长度3433.739千米。截至2013年底，山西电网总装机58230.7兆瓦，接入500千伏系统机组59台，容量28570兆瓦；接入220千伏系统123台，容量23696.5兆瓦；接入110千伏系统44台，容量2473.74兆瓦；接入35千伏系统4座，容量65兆瓦。全年售电量1735.28亿千瓦时，外送电量303.65亿千瓦时，同比增长7.2%。

2013年，省电力公司坚持"三遵循两减少"，严格领导干部到岗到位，开展安全管理提升，基础管理全面夯实。推进安全大检查，变电站全停隐患排查整治，大规模风电有序并网，电网风险分析全面强化，省地运行方式协调联动，确保特高压大电网安全运行和电力可靠供应。生产、基建、农网、营销作业现场安全有序，集体企业、信息系统、保密、消防安全保持平稳，未发生人身伤亡事故，重大及以上电网、设备事故和误操作事故。健全完善应急体系，省际特高压应急救援联动机制有效运转，电力应急指挥中心三级全覆盖，主备调48小时切换、区外电源黑启动和迎峰度夏联合应急实战演练，增强大面积停电防控能力，省调调度运行安全超过1万天，"一户一案"供用电抢险救援成为全国典型范例。（龙 云）

【电网建设与发展】 3月14日，国家电网公司总经理、党组书记刘振亚在京与省委副书记、省长李小鹏一行举行会谈。双方表示进一步加强合作，加快特高压等电网项目建设，推动山西综合能源基地转型发展，实现互利共赢。4月28日，省政府召开第11次常务会议，研究讨论《山西省人民政府关于加快推进全省电力建设的若干意见》，逐一确定项目核准、建设进度、晋电外送、新能源发展、体制改革等各环节目标措施，落实责任部门，举全省之力加速推进电力建设。7月9日，李小鹏赴国家发改委、能源局协商加快特高压发展，形成支持特高压外送大通道建设的良好外部环境。9月，山西省公布《关于继续取消和下放一批行政审批项目等事项的决定》，要求简化500千伏输变电项目核准流程，缩减审批时限。12月，在中央经济工作会议期间刘振亚与袁纯清、李小鹏共同表示对特高压外送通道互相支持、加快建设。电网前期工作全面提速，在国家电网公司首个完成"十二五"规划的全部500千伏项目核准，五寨——兴县等4个"十三五"初500千伏电网项目取得"路条"，施工受阻、变电站土地手续等多项难题得到有效解决。

首次开展山西电网500千伏"黑启动"路径方案计算研究及演练分析（龙 云提供）

建设进度质量管控有力。全年完成固定资产投资84.86亿元，110千伏及以上交流线路开工2908.56千米，投产2841.59千米；变电容量开工1158.55万千伏安，投产1157.7万千伏安，继续保持各季度均衡开工投产，项目全过程管控获电力行业企业管理创新成果一等奖。±800千伏哈密南——郑州特高压直流输电线路工程（山西段）按期竣工进入试运行，500千伏榆次北等一大批输变电工程建成投运，太原城市配网提升，2010~2012年农网改造升级工程通过验收，解决无电人口通电问题。500千伏左权电厂送出工程荣获国家优质工程奖，220千伏蔺城变电工程获得国家电网公司质量管理流动红旗，110千伏及以上优质工程率实现100%。（龙 云）

【经营管理】 面对经济增速放缓、用电市场疲软的不利局面，省电力公司以"线损管理年"活动带动提升省电力管理精益水平，依托特高压拓展外送电市场,挖潜增效、内生外拓,实现经营逆势上扬,创出历史最好水平。截至12月底,建成用电信息采集线损综合管理平台,累计安装智能电能表655万只,省市县关口采集全覆盖,3286个台区采集线损双达标,综合线损率比计划下降1.97个百分点。灵活组织月度增供交易,同比增长17亿千瓦时,增幅达55%,公司外送电量首次突破300亿千瓦时。落实中央“八项规定”,厉行勤俭节约,整改“四风”问题,压缩非生产经营性支出,公司系统会议费、业务招待费、差旅费、办公费同比平均下降均超过33%。初步建成公司内控体系,创新开展基建、农网改造工程在线审计,实施供电服务、盘活利库等效能监察,依法规范水平不断提升。推进县供电公司、乡镇供电所管理提升工程,省电力公司领导“抓两头、带中间”对口帮扶,完成县供电企业(副职)负责人和供电所长培训,基层管理进一步夯实。 (龙　云)

【安全生产】 2013年,贯彻“安全第一、预防为主、综合治理”的方针,以杜绝人身事故、防止大面积停电、防范重大设备损坏为首要任务,开展“安全管理提升年”活动,强化安全生产基础管理,践行“九个一”工作要求,开展“安全大检查”,推进安全生产标准化和精益化,保障“三集五大”体系顺利建设。坚持“三遵循、两减少”,推进“综合大检修”,完成春(秋)检、迎峰度夏(冬)及各项生产、建设任务,安全生产局面保持稳定,实现无重大设备事故5217天。省电力公司研发应用的高危及重要客户供用电安全管理移动作业管控平台成功上线试运行,实现供用电安全精益管控向客户现场的穿透,实现全公司用检工作人员现场作业标准统一、行为规范、项目齐全。按季开展煤矿等高危及重要客户供用电安全隐患排查,持续强化客户隐患治理整改的专业指导、跟踪服务,督导客户做好隐患整改消缺,动态修订和完善客户事故应急抢险保电“一户一案”,持续增强应急预案的针对性、实效性和可操作性。全年现场巡检煤矿等高危级重要

7月25日,武乡县城关镇一户民居成为山西省首个正式并网的居民用户分布式光伏电源 (龙　云提供)

客户4532户次,组织编制客户事故应急抢险保电应急预案1027例,滚动修订“一户一案”2319户次,巡检率、“一户一案”制定率、全年滚动修订率均达到100%,发现客户责任隐患1579条,做到“通知、报告、服务、督办”四个100%。新华社专题报道公司“一户一案”管理经验,“一户一案”供用电抢险救援成为全国典型范例。 (龙　云)

【农电建设】 2013年农网改造升级工程投资17.5亿元,新建和改造35千伏变电站2座、线路14千米,10千伏线路2820千米、配变3700台,低压线路3395千米。通过近四年(2010~2013年)农网建设与改造,公司在全省范围累计投资82.55亿元,公司所辖11个地区98个县域的农村电网结构、设备水平、供电能力、供电可靠性和抵御自然灾害能力得到提高,促进农村经济社会发展。

2013年,朔州平鲁区、原平市、大同市新荣区、潞城市、古县、闻喜县、阳城县、孝义市、介休市、阳曲县等10个县(市)供电公司全面完成新农村电气化县建设任务。共建设120个电气化乡,2400个电气化村。截至年底,全省共建成34个电气化县、361个新农村电气化乡(镇)、6800个新农村电气化村。闻喜县、阳城县等10县(市)荣获山西省“新农村电气化县”称号。配合政府开展电力科技扶贫活动,按照地方政府经济转型发展整体思路,投资300余万元,对偏关县高寒、高效反季节蔬菜基地的供电设施进行改造,提高生产率,降低人工成本,促进当地农民脱贫致富。 (龙　云)

【电力营销】 2013年,省电力公司以“示范引领、手段创新、品质提升、协同运作”为主线,推进服务创新,丰富服务手段,强化服务措施,促进优质服务水平持续提升。开展“投诉处理质量提升年”活动,加强供电服务品质评价与监督,对照新“三个十条”,查找当前供电服务工作中存在的差距和不足。开展居民用电“片警式”供电服务及“供电所规范化服务对标”活动,推进抄表员、低压用电检查员向片区客户经理转型,消除农电一线存在的服务难点、热点问题。开展客户回访、明察暗访、工作通报,按照“三个必须”(每件必须分析原因,每件必须总结措施,每件必须考核到人)的原则,加大对投诉事件的处理与考核力度,对典型事件、突出问题做到发现一起、整改一类。制定全流程客户满意度评价常态化工作管理办法,统一评价运作,统一评价指标。 (龙　云)

【电能替代】 贯彻“以电代煤、以电代油,电从远方来”发展战略,对全省

各地区能源消耗总量、产业电气化特点、冬季供暖基本情况、农村电气化应用等进行全面调研摸底,协助政府出台相关文件,制定有针对性的电能替代实施方案,统筹安排部署公司电能替代工作。开展电能替代示范项目,在山西耀华电力节能供热有限公司研发出谷期电集中供暖及分户控制系统的基础上,促成太原市4个新建小区约43.1万平方米安装该系统实施电采暖,通过发热电缆与蓄能管结合的发热体,在电网低谷时段将电能转换为热能,报装总容量达3.488万千伏安。

省电力公司与省、市政府相关部门沟通,争取政府对电动汽车产业及应用的支持,推动电动汽车产业发展。助力太原市和晋城市申报新能源汽车推广应用城市。11月26日,财政部、科技部、工信部、发改委四部委联合下文,太原市、晋城市被列入国家第一批新能源汽车推广应用城市或区域名单。推进电动汽车充换电设施建设与运营工作,建设完成7座充换电站,新开工建设临汾侯马、晋城高平2座充换电站。 (龙 云)

【科技与信息化】 以重点领域攻关为突破,加快科技创新,智能用电小区建设模式研究等12项重点科研项目取得重大进展,特高压与环境兼容性评估等21项成果获国家电网公司及以上科技进步奖。公司参与的"1000千伏特高压交流输电系统与环境兼容性评估及工程应用"、主导研发的"碳纤维复合材料在山西电网中的应用研究"、省电力科学研究院"直接空冷机组冷端性能诊断及优化关键技术研究与应用"、省检修公司"超特高压输电线路带电检修技术实用化研究"等4个项目分获国家电网公司科技进步二、三等奖。国网长治供电公司参与的"农村电网智能化关键技术研究及示范工程建设"、公司参与的"宁东-山东±660千伏直流输电示范工程"、省电力科学研究院参与的"大型空冷电站给水泵汽轮机排汽新型冷却方式研究及工程示范"等3个项目分获中国电力科学技术奖二、三等奖。国网大同供电公司"输电线路安全运行在线监视和现场作业管控技术的研究及示范"获山西省科技三等奖。"输电线路基础施工专用钻机""灰土智能加湿系统"等其他11个项目分获电力建设科学技术成果二、三等奖。

2013年共申请专利960项,其中发明专利278项,申请量在国家电网公司排名第12位。专利授权687项,其中发明专利46项,授权量在国家电网公司排名第11位。截至年底,累计拥有有效专利1166项,其中发明专利83项,拥有量在国家电网公司排名12位。全年公司系统共发表科技论文1247篇,其中EI等检索或收录的高等级论文36篇,出版论著6部,登记软件著作权51件。省电力公司通过扶持群众性创新和知识产权培育,鼓励全员参与"小创造、小发明、小改进、小成果、小创新"科技创新,加大对创新成果、专利的奖励力度,将技术创新、科研攻关成果,作为晋升职称、入党提干、评先树优的重要依据,激发员工的参与热情。全年科研项目验收完成率100%,技术标准任务完成率100%。 (龙 云)

机械电子工业

【概述】 2013年,山西机电工业规模以上企业实现工业总产值1733.7亿元,同比增长11.2%;实现工业增加值524.4亿元,同比增长15.6%;实现主营业务收入1628.5亿元,同比增长5.2%;实现利税76.7亿元,同比下降11.2%;实现利润44.8亿元,同比下降14.3%;实现机电产品出口46.48亿美元,同比增长35.2%,其中电器和电子产品出口33.82亿美元,占机电产品出口比重达到72.76%。在电子产品中,出口手机1441.7万台,价值28.9亿美元,分别比上年同期增长90.3%和77.7%。欧盟、美国和东盟分列山西省手机出口前三大市场。2013年,太原富士康生产的iphone5和ihone4S系列智能手机有62%直接出口境外。在全国经济形势复杂多变的情况下,山西省装备制造业得到平稳健康发展,特别是电子信息产业,在富士康的带动下产业规模大幅增长,但效益下滑较为严重。 (姚文举)

【科技成果及新产品】 11月26日,晋西工业集团有限责任公司技术中心和山西蓝天环保设备有限公司技术中心被国家发改委、科技部、财政部、海关总署、国家税务总局认定为国家级企业技术中心。

10月19日,国家发改委公布国家级企业技术中心2013年年度评价结果,太重技术中心在全国887家国家级技术中心评价中排名第9位,跻身于全国国家级技术中心十强,位居全国重型机械行业首位。

12月21日,由国务院发展研究中心核准,中国企业评价协会主办的"2013年中国企业自主创新TOP100"评价发布,太原重工荣膺2013年中国企业自主创新TOP100。

9月5日,科技部印发《关于下达2013年度有关国家科技计划项目的通知》,太重集团申报的"72/80MN双柱式快速自由锻造液压机"项目(项目编号2013GRA30001)被列入"2013年度国家重点新产品计划"。

9月30日,由太重煤机有限公司牵头,相关14家企业、2家科研机构、3家高等院校为成员单位,正式成立山西省煤机装备产业技术创新战略联盟。

2013年度国家科技奖获奖名单公布,山西省装备制造业两项研究项目"大吨位系列履带起重机关键技术与应用""煤矿岩巷全断面高效掘进关键技术与装备"获得2013年度国家科学技术进步奖二等奖。"高性能谐振式传感器关键技术及其应用"项目获国家技术发明奖二等奖。

太重集团5项创新成果获山西省科技奖。这5项成果是:太重与太原科技大学共同研发的基于复合连杆机构驱动的全液压滚切剪机研制技术,获省科技进步一等奖;75MN短行程节能型铝合金挤压机和Φ325三辊Assel轧管机组成套设备研制获省科技进步二等奖;480/100吨-21.4米铸造起重机研制及150万吨/年5.5米捣固式焦炉成套设备开发项目获省科技进步三等奖。

11月28日，中国机械工业联合会会刊——《中国机电工业》杂志主办的“2013装备中国创新企业年会暨装备中国创新先锋榜颁奖盛典”在北京梅地亚中心举行。山西蓝天环保设备有限公司、中国北车永济新时速电机电器有限责任公司上榜。

3月23日，世界上承载能力最大的轧机油膜轴承在太重油膜轴承分公司诞生。该轴承系为南京钢铁有限公司生产的宽厚板轧机油膜轴承，其工作直径1670毫米，轴承工作长度1452毫米，单个轴承最大载荷7247吨，即一对轴承载荷量可达14494吨。该轴承不仅在载荷量上是当今世界最大，而且在长度和直径上也属世界之最。

3月25日，中国北车集团永济新时速电机电器有限责任公司的一套自主研制装置将风能与太阳能发电合并利用变成现实。该厂首次自主研制的全国最大功率750千瓦风光互补变流器，在青海省乌兰光伏发电基地完成并网发电验证试验。

3月底，由中国北车永济新时速电机电器有限责任公司承担的“十二五”科技重大专项“装备制造关键技术”中的“700千瓦高速动车组用稀土永磁同步牵引电机研发”项目完成2台样机试制，取得阶段性成果。

4月23日，阳煤集团首套智能放炮监控系统，在一矿井底存车巷成功试用。

4月25日，由中国北车大同电力机车有限责任公司研制，具有完全自主知识产权的HXD21001号八轴大功率电力机车在大包铁路顺利完成运用考核，完全符合机车运用考核大纲要求，标志着世界上最先进的大功率交流传动电力机车研制成功。

5月3日，太重有史以来生产的第一件超百吨级33万千瓦电机转子在太重大锻件分公司锻造成功。钢锭重达205吨，使用自行设计、刚刚投产运行的12500吨压机进行锻造，锻造成功后的标准重量为109吨。这件超百吨的33万千瓦电机转子整体质量，达到国内大型电站锻件的一流水平，也标志着太重锻造技术及整体加工能力跻身于国内领先水平，成为全国大锻件理事会仅有的5家成员单位之一。

5月8~12日，全国首届城市公共汽车节能大赛在深圳举行。皇城相府宇星公司自行设计制造的一辆12米长纯电动客车参加此次比赛，与比亚迪并肩获得金奖。

7月初，太重生产的世界上矿石处理量最大的半移动破碎站交付使用。该套设备是太重为太钢袁家村铁矿生产的，主要由主体钢结构总成、破碎机、大运量带式输送机、电气自动控制系统、液压系统、碎石机、随站悬臂起重机等设备组成；额定生产能力7650吨/小时，最大可达9180吨/小时，用于年产2000万吨以上的大型露天矿采剥工作；是世界上小时产量最大的半移动破碎站。

7月18日，国内首套大功率井下智能成套综采装备在太重煤机工业园试车成功，标志着全国向“无人采煤工作面”迈出重要一步。该项目是国家“十二五”智能制造发展专项的重点项目之一，总投资4.4亿元，其中，国家补贴1亿元，是国家“十二五”期间发展智能制造专项中补贴资金最大的项目。

7月18日，经省科技厅组织的专家组鉴定认为，由太重集团研发制造的“WK系列大型矿用机械正铲式挖掘机”项目研究成果，填补全国大型机械正铲式挖掘机装备制造空白，产品性能指标均达到或超过国际同类产品，综合技术处于国际先进水平，在挖掘机动力驱动及智能控制、回转和行走传动系统等技术方面处于国际领先水平。

8月26日，全球电流等级最高的1700V/3600AIGBT模块产品在永济新时速电机电器有限责任公司成功下线，填补全国在大电流领域的空白，实现全国IGBT高端器件产业化的重大突破。该产品广泛应用于智能电网、电动汽车、新能源发电、工业控制领域。永济电机公司成为世界第四个、国内第一个能够封装6500伏以上电压等级IGBT的企业，打破长期依赖进口的局面。

9月26日，由中化二建集团、太重集团、中科合成油技术有限公司共同研发制造的6400吨液压复式起重机在潞安集团首次运行，将潞安油化电热一体化示范项目油品合成装置区费托合成反应器一次吊装成功。

10月16日，位于长治县的山西日盛达太阳能科技有限公司研制的500吨/天超白压延光伏玻璃成功下线，为全省第一块光伏玻璃，填补全省光伏产业空白。

10月28日，太重集团拥有完全自主知识产权的“TZM500全地面起重机”成功下线。该产品最大起吊能力500吨，主臂全伸状态起重臂总长84米，可与固定副臂、塔臂联合起吊并带有超起功能，整机机动性好、转场快捷方便。性能达到国际同类设备先进水平。

11月1日，由太重自主研发、设计、制造的全国首台5兆瓦高海拔海陆两用风电机组在内蒙古察右中旗辉腾锡勒华电风场成功安装。

11月11日，由潞安太阳能公司研发的“潞安高效多晶”电池正式下线，进入量产阶段。

11月15日，山西北方机械制造公司研制的高效高压永磁同步电动机，首批订单6台产品正式出厂，发往介休市国泰绿色能源有限公司。

（姚文举）

【技术改造】 4月18日，太原市民营经济开发区与山西煤炭资产经营有限公司签订“联航航空科技产业园项目”合作框架协议，全国首个无人机研发基地正式落户太原。该产业园位于民营区工业新区，总投资20亿元，占地约33公顷，将打造全国第一个无人机研发基地，成立全省首家航空遥感研发中心和全省首家通用航空培训服务基地。

5月2日，中国兵器工业集团晋西工业集团公司轨道交通及高端装备制造基地项目在太原工业新区破土动工。该项目是公司调整产业结构、打造“百亿车轴”产业体系的重要组成部分，是山西省、太原市发展高端装备制造和节能环保的重点项目。

5月20日，江铃重汽福特发动机项目在太原开工建设，省长李小鹏等出席开工仪式。江铃汽车董事长王锡高、福特汽车(中国)有限公司董事长兼 CEO 罗礼祥致辞。

10 月 27 日,太重榆液上海液压项目正式开工建设。该项目总投资 5000 万元,主要建设安装先进的工艺设备及检测装置等,全部完成后可实现年产智能化液压系统 3 亿元。

11 月 8 日,国家发改委以发改高技〔2013〕1994 号文下发《关于山西青云集团有限公司合资生产 HPC450 直升机和 ViperSD-4 飞机项目核准的批复》。青云集团成为全国首家得到发改委核准的民营航空制造企业。

12 月 1 日,中国液压气动密封件工业协会认定榆次液压产业基地为第二批国家液压液力气动密封产业集群示范基地。

12 月 30 日上午,在朔城区富甲工业园区山西天朔电动汽车有限公司厂区内,天朔公司首条生产线正式投产。（姚文举）

【对外合作】 4 月 23 日上午,太重集团与美国西屋电气公司签署合作协议,共同出资成立太重派尔核电有限公司。项目总投资 1001.67 万美元。

8 月 28 日,晋中市政府与北京北达新兴能源投资基金管理有限公司签署《新能源汽车产业基地项目合作协议》。项目建设规模为年产 40 万台新能源发动机、40 万台变速箱和 10 万台汽车整车项目,计划总投资约 100 亿元,分两期实施。项目投产后,可新增产值 384 亿元。

9 月 16 日,孝义市与上海申沃客车有限公司、山西华夏动力科技有限公司合作项目——新能源客车联合研制生产基地项目在太原正式签约。该项目入驻孝义高新科技产业园区,规划五年内投资 50 亿元,生产规模达到 5000 辆,年产值可达 70 亿元。

10 月 24 日,北京五矿利国国际贸易有限公司与太原市阳曲县就 3D 打印国防科技产业园项目签订协议,这标志着山西省首个 3D 打印项目正式落户太原市。同时,这也是太原市国防科技产业园迎来的首个签约项目。

该项目由北京五矿利国公司与中北大学合作进行建设,总投资 20 亿元,预计四年建成。该项目竣工后,市场运营内容主要包括:3D 打印设备及配套材料的生产与销售;3D 打印制造、快速经济模具、快速精密铸造等加工服务。项目一期年产值可达 1.5 亿元,实现年利润 5000 万元;二期年产值可达 15 亿元,实现年利润总额 5 亿元。（姚文举）

【市场开发】 1 月中旬,经山西出入境检验检疫局检验合格,山西平阳重工机械有限责任公司首批 2 台货值 3.5 万美元的液压支架顺利出口乌克兰,实现山西液压支架出口零突破。

1 月 31 日,第 100 台 1.5MW 直驱永磁风力发电机在中国北车永济电机公司完成总装。历时两个月,国内风电企业首次出口印度最大批量订单全部交付。这标志着我国直驱永磁风力发电机技术日渐获得国外风电市场认可。

3 月 25 日,中国北车同车公司研制的中白货运 1 型机车通过独联体铁路机车车辆认证,成为中国获得独联体国家“通行证”的首款大功率货运机车产品。

6 月 17 日,由太重集团矿山设备分公司为南非英美资源公司生产的 WK-55 型矿用挖掘机正式在天津港装船发运。这是太重首次将 WK-55 型挖掘机出口到非洲。

7 月 17 日,中国北车旗下的大同电力机车有限责任公司与白俄罗斯铁路联盟签署 18 台大功率交流传动电力机车销售合同。

7 月 22 日,由太重特种铸造分公司研发生产的国内首套出口澳大利亚大型挖掘机履带板装车发运,58 立方米,总长度 11.7 米,重 160 吨,其工作承载重量 1480 吨。

8 月 2 日,由太重特种铸造分公司自主研发制造的两件超大型耐磨件产品,是为智利 SALVADORA 矿山使用的美国国际名牌艾利斯 60—109 型矿山破碎机配套的关键部件,全部系精密耐磨件打造,每件直径 6.2 米,高 2.23 米,重达近百吨。

8 月 18 日,阳泉煜昌机械制造有限公司给印度焦化工程配套生产的首批 400 余吨 MZ942 大口径煤气阀门阀体球铁铸件完成交货,成为山西省惟一能生产大型薄壳承压铸件的民营企业。（姚文举）

冶金工业

【概述】 2013 年底,山西省有规模以上冶金工业企业 583 户,其中黑色金属企业 473 户,有色金属企业 110 户;从业人员 25.8 万人,其中黑色金属企业 19.6 万人,有色金属企业 6.2 万人。形成生产能力:粗钢 6193 万吨、生铁 6185 万吨、钢材 5814 万吨;铜 10 万吨、电解铝 112 万吨、金属镁 70 万吨、氧化铝 1020 万吨。粗钢产能 100 万吨以上企业 21 户(其中 200 万吨以上企业 13 户)。

2013 年,粗钢完成 4671 万吨(全国排名第五位,占全国比例 5.80%),同比增长 14.51%,其中太钢不锈钢产量 322 万吨,同比增长 3.87%;生铁完成 4303 万吨(全国排名第五位,占全国比例 6.07%),同比增长 6.94%;钢材完成 4486 万吨(全国排名第六位,占全国比例 4.2%),同比增长 18.15%;铁矿石完成 9830 万吨(全国排名第四位,占全国比例 6.77%),同比增长 19.2%;铁合金完成 183 万吨,同比减少 3.09%。十种有色金属完成 137 万吨(全国排名第十位,占全国比例 3.4%),同比减少 1.84%,其中:铜完成 8.86 万吨(全国排名第十四位,占全国比例 1.3%),同比减少 9.75%;铝完成 104 万吨(全国排名第九位,占全国比例 4.7%),同比减少 1.31%;镁完成 24 万吨,同比减少 0.3%;氧化铝完成 785 万吨(全国排名第三位,占全国比例 17.7%),同比增长 31.54%。

出口钢材 77.0 万吨,下降 0.5%,其中不锈钢 36.8万吨,增长 23.4;出口镁及其制品 5.6 万吨,增长 11.1%。全年进口铁矿砂 2344.1 万吨,下降 0.9%,进口金额 29.6 亿美元,增长 26%。

2013 年,全省规模以上冶金工业企业完成主营业务收入 4146 亿元,同比增长 6.4%,占全省 22.5%;实现利税 127.8 亿元,同比增长 10.2%,占全省 8.8%;实现利润 41.8 亿元,同比增长 51.6%,占全省 7.6%。

（康建基）

【冶金工业特点】 山西冶金工业为资源型经济,依靠丰富的煤炭资源和冶金矿产资源,发展冶金工业有着独特优势,经过多年发展,已经建立雄厚基础,粗钢、生铁、钢材和氧化铝及金属镁排名在全国靠前,太钢为全球最大的单体不锈钢企业。但冶金工业装备水平低,技术水平差,产品技术含量低,产品附加值少,企业经济效益差。钢材除太钢产不锈钢产品外,其他企业基本上以建筑用材为主(占到全省钢材总量 60%以上),同质化竞争激烈。铝工业虽然有丰富铝土矿及氧化铝优势,但由于电价高,西部低电价产能释放,电解铝行业效益不佳,铝及铝合金深加工产品很少,高附加值产品更少,谈不上竞争优势。规划中的电解铝项目进展缓慢,这几年不但没有发展,还有萎缩趋势。金属镁行业由于耗能高、镁及镁合金深加工产品不足,缺乏竞争优势。

由于全国性钢铁行业和有色金属行业主要产品产能相对过剩,普遍存在价格接近或低于成本。2013 年 12 月底,钢协钢材综合价格指数为 99.14 点,钢材回到 1994 年价格水平。国内电解铝行业吨铝电耗在 13762 度左右,行业平均成本 15240.32 元/吨,12 月底电解铝价格在 14000 元/吨左右。山西省冶金企业处于微利或亏损边缘,部分企业面临生存危机。

（康建基）

【企业转型发展】 面对严峻形势,冶金企业全力提速转型跨越进程,用项目建设速度加快企业发展速度,用多元投资结构优化企业产业结构,把困难期转化为项目快速推进期、积蓄后劲机遇期,推进重点工程项目建设。

2013 年,冶金行业重点推进 87 个技改项目,总投资 2047 亿元。太钢重点项目主要布局在四个方面。一是以品种结构优化升级为特征的钢铁主业项目。其中正在建设的 90 万吨不锈钢冷连轧项目、100 万吨硅钢冷连轧项目和 80 万吨高速铁路专用钢项目是重中之重。7 月 15 日,太钢不锈钢铬钢连续酸洗线热负荷试车一次成功,该项目的工艺设计、设备制造均由太钢工程技术公司自主集成,具有完全知识产权,并创造多项新成果,对于加快开发生产全国高性能、高质量、低成本的不锈钢产品,推进钢材产品升级换代技术开发与应用,具有重要意义。二是产业链建设项目。4 个境内外原辅料项目正在快速达产达效,不锈钢 10 万平方米加工配送项目在建。三是新材料项目。非晶带材、钛合金、高端碳纤维项目投产。四是绿色发展项目。年产 20 万立方米蒸压加气砼板项目投产,全球最大的钢渣综合利用项目六条生产线五条建成,陆续投产;热熔渣制矿棉、高炉渣超细粉等 8 个循环经济项目加快建设,同步加快推进城市集中供热、城市污水处理等城市废弃物资源化利用项目,实现由企业内部小循环向城市和社会大循环深度转变。

太钢充分利用综保区政策优势,成立太钢保税综合服务有限公司。10 月 30 日,该公司成为武宿综保区内首家具备运营资质的企业。

年初刚刚成立的太钢集团财务有限公司充分发挥金融服务职能,成立不到一年创效 8200 多万元,业务不断拓展,功能逐步显现。

太钢不断整合内部工程技术优势,加速推进成套工程技术输出步伐。在完成集团公司内部工程业务的同时,不断加大外部市场开拓,先后完成新疆、广西、天津等多处工程技术项目,对外工程技术输出实现一年一个台阶,三年三步跨越。2013 年利润同比增长 28.8%,成为太钢多元发展新效益增长点。

中阳钢铁一体系改造全面建成投产,包括 1780 立方米高炉和 2×120 吨转炉。在做大做强钢铁主业的同时,做强白酒、墙体涂料等非钢产业,使非钢产业成为公司经济效益的重要组成部分,打造“主体带动、两翼齐飞、多元发展”的新格局。

立恒钢铁实现工业经营农业,以租用方式流转农用 233.45 公顷盐碱地,进行连片综合治理,特种水产养殖区试养的大闸蟹养殖成功,双千亩莲鱼共养的主体工程完工,晋国文化旅游区的仿古四合院基本形成,高科技智能温室区的建设如期进行。

山西华兴铝业 100 万吨氧化铝建成投产;山西复晟铝业有限公司一期工程 2013 年 8 月开工奠基,计划投资 70 亿元,年产 160 万吨砂状冶金级氧化铝。中条山 50 万吨多金属矿综合捕集回收技术改造项目基本建成。项目建成后,各种元素能基本吃干榨尽,回收率为金 95.6%、银 94.6%、铜 98.3%、硫 96.8%。同德铝业 100 万吨氧化铝、孝义信发铝循环项目进展顺利。

（康建基）

【淘汰落后与节能减排】 面对装备水平低,技术水平差,环境和环保压力加大实际,全省冶金企业加快淘汰落后步伐和加大节能减排力度。

2013 年,山西省淘汰落后炼铁产能 104 万吨,粗钢产能 300 万吨(太钢主动淘汰临钢 200 万吨),铁合金 12.29 万吨。

太钢率先集成世界最先进的节能环保技术,形成完整的固态、液态、气态废弃物循环经济产业链。焦炉煤气脱硫脱氰制酸、高炉冲渣水余热回收、饱和蒸汽发电、膜法污水处理、钢渣肥料制造等节能技术填补行业空白。在行业内率先启动 PM2.5 减量工作,能耗、水耗、污染物排放等主要指标行业领先。太钢的固态废弃物、工业废水、工业废酸均实现 100%循环利用;二次能源回收使用量占到生产所需能源 48.6%。由于采取废水处理后循环再利用技术,节约大量新水使用,2013 年吨钢耗新水降至 1.5 吨,耗水量全球同行业最低。太钢还加快由自身小循环向城市和社会大循环转变。每年处理城市居民生活污水近 2000 万吨,为城市提供集中供暖热源 1400 多万平方米。同时,加快推进消纳处理废旧汽车、塑料、轮胎、电池等城市废弃物的消纳处理,不锈钢特色产品广泛应用于城市交通、建筑、日常生活各个领域。太钢成为城市功能不可或缺的组成部分,实现与城市的和谐发展。

首钢长钢公司坚持低碳发展、可持续发展理念,加大“三废”治理和综合利用力度,不断推进产业延伸,节能减排取得长足进步,转型发展迈出坚实步伐。与2009年相比,长钢公司吨钢综合能耗降低46千克标准煤,吨钢综合电耗降低30.5千瓦时,吨钢耗新水量降低2.05吨;污水日处理能力提升至1.5万吨,每年减少取新水量480万吨。

山西华泽铝电有限公司2013年投资5049万元对电解槽进行节能技术改造,年可节电1.3亿千瓦时;投资6200余万元,对两台自备机组脱硫及脱硝系统进行改造,实现达标排放,改善当地环境质量。十二五"以来,累计完成节能量7.41万吨标煤,为建设资源节约型和环境友好型社会、推动生态文明建设做出贡献。在电解生产中,通过新式阴极钢棒结构技术、"五低三窄一高"新型槽控技术等行业领先技术的应用,实现铝液交流电耗指标的持续优化。

山西华圣铝业围绕低电压运行的技术核心,在电解槽密封保温、新式阴极钢棒和磁流体稳定技术等方面进行不断探索和优化,形成一系列集技术与生产为一体的低电压配套技术,成效非常显著,系列平均电压降幅达0.25伏,直流电耗降幅达428千瓦时/吨铝。

中电投山西分公司对焙烧4台平盘各真空受液槽及气液分离器进行增加中心管。改造后,平盘真空泵的运行电流值较改造前下降150安,平盘系统可节约用电7000千瓦时/天,每年可为公司降低成本约127万元。改造雨排系统,对雨排废水进行回收,每小时可回收生产废水50立方米,实现氧化铝生产废水零排放,既符合环保要求,同时每年可节约新水消耗费用约130余万元。

中铝山西分公司2013年度完成节能量79780吨标准煤,超额完成当年节能目标13200吨标准煤。

(康建基)

【技术创新】 以科技创新驱动结构调整。适应国家装备制造业发展和钢材标准升级要求,太钢发挥山西省不锈钢工程技术研究中心、山西省铁道车辆用钢工程技术研究中心、先进不锈钢材料山西省重点实验室、先进不锈钢材料国家重点实验室等创新平台的优势,集中力量研发汽车、铁路、造船、工程机械、核电、石油、化工等领域的专用和紧缺钢材,形成以不锈钢为核心,包括铁路用钢、高强韧系列钢材在内的高效、节能、长寿型产品集群,为推进关键钢铁材料的国产化进程、建设钢铁强国发挥重要作用。太钢在铁路客货车用不锈钢、化学品船用不锈钢、液化天然气(LNG)用钢、超临界电站锅炉专用钢等领域的20多个品种国内市场占有率第一,30多个品种替代进口。其中,车轴钢90%以上用于中国制造的火车上,不锈钢板材引领城市地铁新型客车外观材料,并成为货车箱体升级换代材料;耐腐蚀不锈钢材料和低温合金材料用于远洋化学品船、冷藏集装箱和海水淡化设备的制造;高等级管线钢和不锈钢用于西气东输管道和液化石油气储罐建造;双相不锈钢筋成为港珠澳大桥唯一的不锈钢筋材料,结束了国内桥梁无不锈钢筋的历史,极大地延长桥梁使用寿命;不锈钢复合板用于三峡水利工程,耐高温腐蚀和防辐射钢材为新型核电工程安全保驾护航,高等级冷轧硅钢成为核电机组核心电磁材料;多种高端材料应用于国家载人飞船、潜艇、军舰的关键部位。

首钢长钢公司面对严峻形势,紧盯市场,坚持"以销定产",加大品种开发力度,科学组织生产"适销对路"产品,先后成功研发高强度锚杆钢、耐候H型钢、硬线钢、焊线钢、钢绞线用钢等5个系列11个新品种。

中阳钢铁以"做专、做精"为指导,开发冷墩钢、弹簧钢为目标,向汽车、铁路、桥梁使用的标准件加工等领域推进,形成较强的差异化竞争优势。

中铝山西分公司创新串联法生产氧化铝工艺技术的核心项目——"烧结法赤泥快速分离项目"带料试车,标志着这一新工艺、新技术、新装备首次在氧化铝工业中得到应用,是烧结法溶出浆液分离洗涤工艺及装备的重大变革。

"低碳纳熟料溶出工艺"的应用,降低烧结法粗液碳酸钠浓度至6克/升,减少排盐过程中造成的返工浪费及无效循环损失,创造年效益1004万元。

"低A/S熟料烧结工艺技术"的应用,大幅增加烧结法赤泥配吃量10吨/小时以上,产生年效益2000万元。

(康建基)

化学工业

【概述】 2013年,山西化工行业以科学发展观统领全局,突出重点项目建设,推进产业结构升级,推动企业技术创新,落实节能降耗减排,全省化工经济运行呈现积极向好的发展态势。截至年底,全行业规模以上企业264户,资产总计1489亿元,同比增长6.9%。全行业实现主营业务收入906亿元,同比下降1.7%;亏损企业亏损额37.8亿元,同比增加92.1%,全行业实现利润544万元。逐月来看,行业经济呈现震荡中逐步上行的发展态势,特别是6月后,受到甲醇等产品需求旺盛等影响,经济回暖步伐加快,月主营业务收入稳定在80亿元左右,行业亏损面逐步收窄,亏损额持续下降。

2013年,全省化肥、甲醇、聚氯乙烯等主要产品产量保持较高增速,合成氨产量520万吨,同比增长0.7%,排全国第2位;尿素(折含N100%)产量405万吨,同比增长15.6%,排全国第2位;甲醇产量217万吨,同比增长35.7%,排全国第5位;聚氯乙烯(PVC)产量47.4万吨,同比增长13.3%,排全国第10位。同时,电石、烧碱、子午线轮胎等部分产品产量均出现不同程度下滑,电石产量25.6万吨,同比下降41.4%;烧碱产量49.5万吨,同比下降11.3%;子午线轮胎154万条,同比下降3.7%。

(霍建星)

【行业规划】 11月,经省政府同意,《山西省煤化工产业发展"十二五"规划》发布。围绕低质煤的高效清洁利用,发展现代煤化工产业,延伸拓展特色煤化工产业,优化提升传统煤化工产业被确定为山西省煤化工产业"十二五"发展的重点。"十二五"末,山西省力争形成现代煤化工为主导、传统煤化工为基础、精细化工、化工新材料为特色的产业格局。在规划布局方面，根据煤炭资源和大型企业分布状况，综合考虑煤种适应性、水资源、土地资源和环境等支撑条件，结合城镇化发展规划，在晋东、晋中、晋北规划建设各具特色的三大现代煤化工产业基地，培育壮大15个具有鲜明循环经济特色的煤化工精品园区，优化产业布局，实现集约发展。

（霍建星）

【项目建设】 全行业完成固定资产投资482亿元，同比增长46.7%，在建项目319个，同比增长10.8%，竣工项目199个，同比增长11.2%。中科院煤化所和太钢集团联合建设的T800级聚丙烯腈碳纤维项目、同煤集团60万吨/年甲醇项目、宏特公司年产6万吨/年(一期3万吨)超高功率石墨电极项目等项目基本建成；推进潞安集团高硫煤清洁高效利用油化电热一体化示范项目、阳煤清徐新材料园区项目、兰花集团20万吨/年己内酰胺项目、山西焦煤集团60万吨/年MTO项目、晋煤集团百万吨清洁燃料项目、同煤集团60万吨/年烯烃项目、襄矿集团20万吨/年乙二醇项目等项目；同煤集团40亿立方米/年煤制天然气项目获得国家发改委批准开展前期工作。（霍建星）

【节能减排】 山西省质量技术监督局与山西省经济和信息化委员会7月正式发布《山西省煤制甲醇单位产品综合能耗限额》《山西省合成氨联产甲醇单位产品综合能耗限额》《山西省煤层气制甲醇单位产品综合能耗限额》《山西省焦炉煤气制甲醇单位产品综合能耗限额》4个原料路线的地方甲醇能耗限额标准。全省化工行业重点耗能产品电石、合成氨、烧碱、甲醇等全部有地方能耗限额标准，为全省高载能行业产业优化升级、能效对标、节能目标考核评价等政策实施，提供政策和技术依据。

（霍建星）

【技能大赛】 12月13~15日，山西省化工行业“工贸杯”职业技能竞赛正式举办。大赛由省经信委、省人社厅、团省委和省总工会主办，省化工行办负责具体会务组织实施。本次竞赛设分析工、检修电工两个工种，共有全省16户化工企业、80名选手参赛，进行理论知识和实际操作两项内容考核。经过竞赛裁判组裁定，晋煤集团天源化工有限公司等16支代表队荣获组织奖；分析工组前六名分别为李森、刘庆红、崔唯唯、辛玮娟、吉泽云、刘小平，检修电工组前六名分别为赵勇、王荣山、刘斌、薛小军、张海青、焦晋涛。本次竞赛获奖的12名选手均获得“山西省化工行业技术能手”和“山西省青年岗位能手”荣誉称号；李森、赵勇2人被授予“山西省五一劳动奖章”，并获得“三晋技术能手”荣誉称号，颁发技师职业资格证书；刘庆红、崔唯唯、王荣山、刘斌4名选手被省劳动竞赛委员会记“一等功”，颁发高级工职业资格证书(已经是高级工的颁发技师职业资格证书)；辛玮娟、吉泽云、刘小平、薛小军、张海青、焦晋涛6名选手被省劳动竞赛委员会记“二等功”，颁发高级工职业资格证书，并可破格申报技师资格考评。

（霍建星）

【劳模评选】 5月，人力资源和社会保障部、中国石油和化学工业联合会下发《关于表彰全国石油和化学工业先进集体、劳动模范和先进工作者的决定》。晋城煤业集团天溪煤制油分公司MTG车间、大同煤矿集团有限公司煤气化厂净化车间、山西潞安煤基合成油有限公司、山西天泽煤化工集团股份公司4个单位获“全国石油和化学工业先进集体”称号，韩喜民、赵隆、郑东东、王改敬、李宏、吴建兵、吴炳君7人获“全国石油和化学工业劳动模范”称号。（霍建星）

【信用建设】 8月16日，由省政府“信用山西”建设领导组办公室、省工商局、省民政厅民间组织管理局指导，山西省信用企业协会主办，山西信用共建联盟承办的“山西省第四届信用示范企业评选活动”评选结果揭晓。由省煤化工协会推荐的山西焦化集团有限公司、山西晋丰煤化工有限责任公司、山西天泽煤化工集团股份公司、山西丰喜化工设备有限公司、山西山阴县石星化工有限责任公司、山西侨友化工股份有限公司、晋城煤业集团天溪煤制油分公司等16户企业荣获“信用示范企业”称号。

（霍建星）

医药工业

【概述】 2013年，山西省医药行业总体呈现持续向好态势。工业总产值完成138亿元，销售收入完成131亿元，分别比上年增长14%和19%。其中，医药工业销售收入超10亿元的有3户，分别为威奇达、振东、亚宝，上亿元的企业有19个，分别为康宝、普德、云鹏、太原、宝泰、仟源、石药银湖、同达、晋城海斯、同星、同药、华康、广生胶囊、华卫、广生医药包装、广誉远、中远威、佳能达华禹、千汇等。2013年全国医药工业企业百强榜按主营业务收入排，亚宝药业集团列第90名。（刘利民）

【《山西省医药生物产业发展“十二五”规划》】 由山西省医药行业管理办公室起草，经过反复论证修改，于2013年2月由省政府正式发布。

《山西省医药生物产业“十二五”发展规划》发展重点为：一是做大做强龙头骨干企业。重点培育亚宝、威奇达、振东、康宝、普德、仟源、同星、广生8户产业龙头企业和山西双鹤药业、国药山西公司2户商业龙头企业做强做大；扶持石药银湖、云鹏、太原药业、博康、华康、同达、晋新双鹤、华元、中远威、晋城海斯、津华、曙光、万荣三九、广誉远、华卫、天生、云中、德元堂、三宝、旺龙药业等骨干企业。在全省形成亚宝、振东、太行三大中药材规范化种植、中成药生产及中药科研开发为一体的中药现代化产业龙头；威奇达、博康、同星三大以发酵工艺为主的抗生素、土霉素、半合成抗生素原料药及制剂产业龙头；康宝为主的生物医药和创新药物产业龙头；中国医药集团山西有限责任公司现代医药物流及电子商务配送中心立足山西、面向全国的零售连锁配送体系。依托产业龙头及现代物流体系的辐射带动作用，通过市场化运作，促进一批骨干企业向规模化、集团化方向发展。

二是发展壮大六大特色产业集群。依托大同、太原、晋中、运城、晋东南、侯马六大医药产业园区,加强公用工程、交通运输、环保治理等公共服务体系建设,聚集医药企业和重点项目,形成六大特色医药产业集群。

三是建设晋药道地药材种植基地。发挥山西省中药材资源品种多、道地药材种植和中成药规模化生产的比较优势,培育全国道地药材种植生产基地。建设形成以陵川党参为特色的晋东南种植区,以浑源黄芪为特色的雁北种植区,以安泽连翘、万荣柴胡、新绛远志、临汾地黄、芮城丹参等为特色的晋南种植区。支持药材种植基地通过 GAP 种植认证,达到规范化种植。

四是建设全省医药物流配送中心。加大药品流通企业整合力度,重点扶持大型药品流通企业发展。鼓励具有条件的药品批发企业优化资源配置,延伸产业链条,建立并完善现代物流配送体系,实现物流配送中心的自动化、标准化、智能化。推进农村药品供应网建设,支持大型药品批发企业向农村配送质优价廉的药品,减少流通环节。推进大型医药零售连锁、物流配送、技术咨询服务、药品专利事务等服务体系建设,着力增强医药服务企业的市场覆盖能力、物流配送能力、客户服务能力和品种保证能力。

五是建设医药公共技术支撑平台。完善山西省医药生产质量、技术标准体系和创新体系,大力度提高山西省新产品研发能力,主动提前介入,加快自主知识产权新药的开发进程。

在此基础上,结合山西省医药发展环境,规划提出加大资金扶持力度、加大招商重组力度、着力培育企业集团、加大技术创新力度、加强人才引进培育、优化产业发展环境、推进企业诚信建设、发挥行业协会作用等政策措施,确保医药"十二五"规划的顺利实施。 (刘利民)

【《山西省医药行业转型综改试验实施方案》】 结合山西省医药行业现状和特点,由山西省医药行业管理办公室起草。 (刘利民)

【《医药行业"十二五"中期评估报告》】 8月,完成。对2010年到2013年上半年山西省医药行业主要经济指标、重点任务完成情况、规划提出的措施执行情况分别进行梳理,对存在问题和面临的形势进行细致分析,对"十二五"规划(中期)实施情况进行评估,提出后续推进措施。 (刘利民)

【山西省中药学——校企研究生教育创新中心成立】 11月,由山西中医学院、山西振东制药股份有限公司、亚宝药业集团股份有限公司、山西同达药业有限公司、国药集团山西有限公司、山西中医学院中西医结合医院和山西省食品药品监督管理局七家单位共建,构建中药学全行业、全过程硕士研究生培养体系,创建政产学研用硕士学位研究生培养模式。中药学一级学科下设的中药化学实验室为国家中医药管理局三级实验室、省级基础课示范实验室、省级医学重点实验室。中药分析实验教学示范中心为山西省实验教学示范中心,面积480平方米,拥有各种大型现代化分析仪器。同时学院有共享的山西中医学院科研实验中心,面积718.74平方米,该中心实行集中优势、资源共享的实验室建设与管理体制,拥有各类先进的教学科研仪器设备213台件,总值1045万元,其中10万元以上大型仪器设备29台件,价值860余万元。内设分子生物学实验室、分析实验室、药理毒理实验室、生物化学实验室、中药制剂技术实验室、细胞培养室、动物实验室等。创新中心和研究基地的建设,为硕士研究生人才培养奠定坚实基础。 (刘利民)

【省级医药企业技术创新中心增添新成员】 12月,经过省经信委、省科技厅、省财政厅、省国税局、省地税局、太原海关等相关部门审核批准,山西云鹏制药有限公司企业技术中心为山西省第十七批省级企业技术中心。截至年底,全省医药行业拥有国家级企业技术中心1户,省级企业技术中心17户。 (刘利民)

【山西华元医药集团荣获2013年度山西省技术创新示范企业】 根据《山西省技术创新示范企业认定管理办法》(晋经信技术字〔2013〕398号)的规定,山西省医药行业管理办公室积极组织医药企业进行材料申报,并依据12月16日由省经信委会同省财政厅、省教育厅、省总工会、省科学技术协会组织的2013年山西省技术创新示范企业专家评审会结果,经综合考察,山西华元医药集团有限公司荣获2013年度山西省技术创新示范企业。 (刘利民)

【新版 GMP 认证工作推进】 2013年,全省医药企业积极筹措资金进行搬迁改造。已有亚宝药业集团股份有限公司、山西昂生药业有限责任公司、山西振东道地药材开发有限公司、石药银湖制药有限公司、山西康宝生物制品股份有限公司、山西皇城相府药业有限公司、国药集团山西瑞福莱药业有限公司、山西康源堂生物科技有限公司、山西同达药业有限公司、山西琳泽制药有限公司、山西新宝源制药有限公司、山西仟源制药股份有限公司、国药集团威奇达药业有限公司、大同长兴制药有限责任公司、山西诺成制药有限公司、山西晋新双鹤药业有限责任公司、山西浑源万生黄芪开发有限公司、山西普德药业股份有限公司、长治市三宝生化药业有限公司、晋城海斯制药有限公司、山西威奇达光明制药有限公司、山西振东泰盛制药有限公司、山西星火维敏制药有限公司、山西太行药业股份有限公司、山西丕康药业有限公司、山西华康药业股份有限公司26家医药企业领取46张证书,其中无菌药15家,领取证书22张;非无菌药11家,领取24张。 (刘利民)

建材工业

【概述】 2013年,山西省建材行业规模以上企业共239户,亏损企业101户,亏损面达42%,亏损总额9.92亿元,比上年同期增亏1.95亿元。产品销售收入完成218.5亿元,同比下降

2%。实现利润1.83亿元,比上年同期减少3.89亿元,同比下降68%。列入统计的19种主要建材产品,有10种保持增长,水泥生产4984.8万吨,同比增长1.36%;平板玻璃生产2065.3万重量箱,同比增长4.53%;商品混凝土生产776.3万立方米,同比增长13.25%。玻璃纤维纱、石膏板生产均呈增长,主要建材产品均呈下降或低点增长。水泥熟料生产2089.9万吨,同比下降6.05%;陶瓷砖生产898.7万平方米,同比下降19.76%。

全省建材行业销售利润率为1.8%,低于上年同期2.9%,总资产报酬率和总资产贡献率分别为2.8%和5.2%,均低于上年同期水平。水泥企业亏损面达54.3%,亏损总额8.74亿元,占全建材行业亏损额度88%,比上年同期增亏3.6亿元。混凝土与水泥制品业亏损面达47%,亏损总额6832万元,比上年同期增亏1805万元。亏损严重、利润下滑的行业有砖瓦及建筑砌块制造、黏土及其他砂石开采、石灰和石膏制造、玻璃纤维增强塑料制品制造、建筑用石开采与加工业等。利润增长的行业有轻质建筑材料制造、石灰石、石膏开采、建筑陶瓷制品制造、石棉云母采选与制品、玻璃纤维及制品、石墨、滑石采选、隔热和隔音材料制造等。（王　洋）

【固定资产投资】 截至2013年底,山西省建材工业固定资产投资完成332.3亿元,比上年增长16.19%,略高于全国建材行业13.81%的平均增速。水泥制造业固定资产投资完成61.9亿元,占全省建材行业固定资产投资总额18.6%,同比增长7.38%。建筑装饰用石开采、黏土及其他土砂石开采、其他非金属矿采选、石灰和石膏制造、水泥制品制造,砼结构构件制造、砖瓦及建筑砌块制造、建筑用石加工、隔热和隔音材料制造、玻璃纤维及制品制造等行业投资规模较大、增速较快。（王　洋）

【调整结构,淘汰落后产能】 建成投产12条水泥生产线,新增水泥产能2000万吨,全省水泥产能达9000万吨。淘汰落后水泥产能350万吨,涉及企业24户,立窑企业和3米以下的磨机基本全部退出,清理无证企业。计划淘汰产能约1200万吨小型干法水泥生产线。耐火材料也按计划淘汰部分落后工艺及设备。淘汰落后、关小上大,水泥工业全部采用新型干法工艺生产水泥熟料,属于世界先进工艺技术水平,基本完成产业升级任务;平板玻璃产能2076万重量箱,均为浮法玻璃。淘汰垂直引上、小平拉等落后的平板玻璃生产工艺;建筑陶瓷砖产能9600万平方米,企业平均年产规模达到400万平方米以上,全省产能排名前10位的建筑陶瓷企业总产能达到7000万平方米,生产集中度达到近70%;新型墙体材料总产能360亿块标砖,占墙材总比重由"十五"期末35%上升到55%;发展耐火材料工业,成为全国四大生产基地之一,产能约300万吨。（王　洋）

【节能减排综合利用资源】 通过产业结构优化和节能减排技术推广,提升水泥、墙体材料、平板玻璃等行业规模结构和工艺结构,建材工业产品单位综合能耗逐年下降,实现全行业全年节能量超过50万吨标准煤。提高石灰石、高铝耐火黏土、石英砂、优质高岭土等重要非金属矿产资源的保护性开发和综合利用水平,主要污染物排放总体下降,其中烟粉尘排放量和SO_2排放量年平均下降10%以上。利用各类工业固体废弃物全年超过1500万吨,其中粉煤灰、煤矸石综合利用量均达到30%以上,电厂脱硫石膏等工业废弃物得到有效利用。部分水泥企业开展利用水泥窑协同处置工业废弃物、有毒有害废弃物、城市垃圾的工程试验及其综合利用工程,开始运行脱硝处理工程。（王　洋）

【强化行业质量管理】 深入贯彻落实《水泥企业质量管理规程》等国家和省有关质量方面的法律法规和标准要求,加强对水泥、商品混凝土、墙体材料、建筑陶瓷等重点建材产品的质量监督。出台水泥制品企业化验室管理的有关办法,纳入质量管理的监管范围。对水泥企业进行化验室星级评定、评审考核工作和2013年度水泥化验室合格证年度考核与监督管理工作,提高建材企业质量管理和产品实物质量水平。截至2013年底,全省取得水泥企业化验室合格证(章)的企业191户(包括持有中国建材联合会颁发合格证的企业),其中162户企业提出年度考核申请,29户企业未申报。经过各市建材主管部门的材料审查和现场考核,其中149户企业合格,占78%;13户企业基本合格,占7%;不合格企业9户,占5%。注销化验室合格证(章)的企业20户。（王　洋）

【经济运行统计、分析与监测】 对重点建材企业经济运行进行统计汇总和分析预测,加强和改进经济运行监测分析,关注宏观经济环境变化情况,加深对建材工业发展规律的认识和把握,每季度发布一次全省建材工业经济运行情况分析,为政府和企业决策提供依据。（王　洋）

【制定建材产品能耗限额标准】 根据省经信委和省质监局要求,省建材工业协会制订山西省铝硅系耐火熟料及制品和蒸压加气混凝土砌块单位产品综合能耗限额标准,正式发布实施。起草对煅烧煤系高岭土单位产品综合能耗限额标准,通过专家初审。（王　洋）

【存在问题】 1.市场需求不旺,工业生产增长缓慢。全年全省建材行业产销率完成92.3%,同比降低3.6%,产成品资金占用同比增长19.1%,存货周转率4.21次,较上年同期下降0.62次。主要建材产品普遍供大于求,库存上升。

2.产能过剩。全年全省水泥工业总产能达到1.38亿吨,其中熟料折合水泥产能0.88亿吨,水泥粉磨站产能0.5亿吨,水泥熟料总产能达到6856万吨,人均熟料水平在2000千克左右,停止核准新建扩大大于900千克的水泥(熟料)产能标准线。全年全省水泥及水泥熟料产能利用率分别为36%和44%,低于全国水泥产能利用率72%的平均水平。持续新增产能无序发展的势头未得到有效遏制，建筑陶瓷、墙体材料、商品混凝土、平板玻璃产能增长迅猛，导致产能过剩局面，整体经济效益下降。（王 洋）

纺织工业

【概述】 2013年，全省63户规模以上企业资产总额117.77亿元，比上年增长20.22%；现价工业总产值108.91亿元，比上年增长27.92%；营业收入89.84亿元，比上年增长9.07%。

1.生产增速回升，但成本压力更加凸显。全省统计的八大类纺织产品中，除布减产2.08%和绒线减产3.50%外，纱、印染布、蚕丝、蚕丝被、无纺布和服装都比上年增长，其中：印染布、蚕丝、蚕丝被和无纺布的增长幅度在两位数以上。从行业来看，纺织、服装和纺织机械三大行业的现价工业总产值增幅分别为31.11%、21.22%和28.51%，而化纤行业的降幅达45.18%。与此同时，企业生产成本持续增加。首先，用工成本快速上涨。随着人口老龄化加剧和国家最低工资制度的不断强化，纺织服装产业面临的用工压力凸显，"招工难"成为普遍现象，企业用工成本压力持续加大。劳动力成本的快速上涨已经直接危及到企业生存。其次，欧美量化宽松政策推高以化纤、能源为主的原料进口价格，使纺织企业输入性成本增加，而纺织产品出厂价格指数并没有大的波动，企业利润空间缩小。再次，棉花价格高位运行，国内棉花价格远高于国外棉花价格，二者价格严重扭曲，棉纺织企业承受着较大的成本压力，导致下游服装生产和出口也受到很大影响。与上年相比，全省纺织工业63户规模以上企业营业成本增加7.87%，销售费用增加1.20%，管理费用增加29.07%，财务费用增加8.92%，营业利润下降22.69%。

2.销售小幅反弹，但面临困难仍较大。2013年，全省63户规模以上企业主营业务收入86.51亿元，比上年增长9.16%；产成品资金占用7.12亿元，比上年减少500万元，降幅为0.70%；应收账款12.59亿元，比上年增加13.63%。从行业来看，纺织主营业务收入41.46亿元，比上年增长33.55%；纺织机械行业主营业务收入28.99亿元，比上年增长9.81%；化纤和服装两个行业主营业务收入比上年大幅下降，降幅分别达42.86%和26.37%。纺织机械行业产成品资金占用1.42亿元，比上年减少37.99%；而服装行业产成品资金占用1.91亿元，比上年增加35.46%。

3.效益有所好转，但亏损问题仍严重。2013年，全省63户规模以上企业利税总额4.70亿元，比上年增加13.53%。其中：实现利润2.25亿元，比上年增加22.95%；税金总额2.45亿元，比上年增加6.06%。利税增长主要靠纺织行业，增长幅度高达238.18%；其次是服装行业，增长幅度20.88%。而纺织机械行业利税下降63.84%，化纤行业则处于亏损状态。全省63户规模以上企业中，有19户企业亏损，比上年减少1户，但亏损企业亏损额达1.36亿元，比上年增加8.80%。特别是纺织机械行业亏损企业亏损额0.67亿元，占全省亏损总额49.26%，比上年增加12.4倍。（孙宝明）

【淘汰落后产能】 根据国家淘汰落后产能的通知精神，全省有4户纺织企业山西凯通印染有限公司、山西华晋纺织印染有限公司、山西森鹅服装有限公司、晋城凤凰织品有限公司进行申报。省纺织工业行业管理办公室配合省经济和信息化委员会，对这4户企业项目审批、近三年生产情况、生产规模、设备型号、环保达标等诸方面进行严格审核。经过评审，山西凯通印染有限公司、山西华晋纺织印染有限公司、晋城凤凰织品有限公司列入国家工业和信息化部淘汰落后产能公示名单。（孙宝明）

2013年山西省纺织工业主要产品产量完成情况统计表

名 称	计量单位	2013年	2012年	增减(%)
纱	吨	56922.92	54322.87	4.79
其中：棉纱	吨	54348.92	51955.87	4.61
棉混纺纱	吨	2574.00	2367.00	8.75
布	万米	4536.88	4633.00	−2.08
其中：棉布	万米	3805.88	4053.00	−6.10
棉混纺布	万米	731.00	580.00	26.03
印染布	万米	14805.50	12605.40	17.45
绒线(俗称毛线)	吨	80.01	82.91	−3.50
蚕丝	吨	65.30	54.80	19.16
蚕丝被	万条	1.35	0.91	48.35
无纺布(无纺织物)	吨	2263.78	1909.97	18.52
服装	万件	1419.95	1384.48	2.56
梭织服装	万件	1187.61	1114.44	6.57
其中：西服套装	万件	225.98	225.79	0.08
衬衫	万件	345.74	320.55	7.86
针织服装	万件	232.34	270.04	−13.96

【技术创新】 1.印染工程技术中心正式挂牌。7月17日,山西彩佳印染有限公司、西安工程大学印染工程技术中心暨西安工程大学硕士研究生课题研究、本科生实习基地挂牌仪式在山西彩佳印染有限公司举行。

2.纺织技术创新示范企业。中国纺织工业联合会开展“纺织技术创新示范企业”认定工作,并于11月1日在北京人民大会堂召开“纺织之光”2013度纺织工业联合会科技教育奖励大会,山西彩佳印染有限公司获“纺织技术创新示范企业”称号。

山西彩佳印染有限公司先后获得中国纺织工业协会“改革开放三十年推动纺织企业升级重大技术进步奖”、国家发明专利2项、科学技术成果1项,并有十余种新型面料获得中国优秀面料设计奖和创新奖。

此外,山西彩佳印染有限公司企业技术中心于2013年“五一国际劳动节”前被全国总工会授予“工人先锋号”荣誉称号。

3.国家火炬计划立项项目清单。山西纺织工业有2个项目入选2013年度国家火炬计划立项项目清单,其中:序号为131,项目编号为2013GH030118的项目是山西绿洲纺织有限公司的“年产120万米湿纺大麻布”。序号为1745,项目编号为2013GH051672的项目是山西彩佳印染有限公司的“棉织物双氧水连续快速冷堆练漂工艺”。

4.“聚苯硫醚长丝生产技术开发”技术创新项目验收。12月11日,受省经信委委托,省纺织工业行业管理办公室在太原理工大学轻纺工程学院主持召开项目验收会。该项目由山西新新纺织行业技术中心承担。项目的成功开发,填补全省该领域高性能纤维生产空白,为降低大气中PM2.5含尘量,提升空气环境质量,对全省能源重化工基地可持续发展提供支持。

(孙宝明)

【服装行业】 1.两款面料获奖。山西彩佳印染有限公司研发的“防静电、防水、防油、防污及酸碱整理面料”于4月15~17日在上海召开的全国印染行业协会第十二届新材料、新技术、新工艺、新产品技术交流会上被评为

2013年山西省纺织工业主要经济指标完成情况统计表

单位:亿元

指标名称	纺织行业	化纤行业	服装行业	纺机行业	合计
企业单位数(个)	38	1	10	14	63
亏损企业(个)	12	1	1	5	19
年初存货	8.87	0.00	2.83	5.24	16.94
流动资产合计	40.32	0.35	9.54	24.27	74.48
其中:应收账款	4.97	0.07	2.40	5.15	12.59
存货	9.64	0.02	3.35	5.01	18.02
其中:产成品	3.77	0.02	1.91	1.42	7.12
资产合计	63.75	0.58	17.60	35.84	117.7
负债合计	47.75	0.46	8.49	32.08	88.78
营业收入	42.95	0.20	16.07	30.62	89.84
其中:主营业务收入	41.46	0.20	15.86	28.99	86.51
营业成本	38.52	0.18	13.21	27.34	79.25
其中:主营业务成本	37.46	0.18	13.10	25.97	76.71
营业税金及附加	0.07	0.00	0.06	0.12	0.25
其中:主营业务税金及附加	0.07	0.00	0.05	0.12	0.24
销售费用	0.61	0.00	0.35	0.68	1.64
管理费用	1.18	0.01	1.13	3.23	5.55
财务费用	1.35	0.01	0.22	0.13	1.71
利息支出	1.04	0.01	0.22	0.12	1.39
营业利润	0.78	0.00	1.06	−0.92	0.92
利润总额	0.61	0.00	1.77	−0.13	2.25
亏损企业亏损总额	0.69	0.00	0.00	0.67	1.36
税金总额	1.25	0.00	0.43	0.77	2.45
利税总额	1.86	0.00	2.20	0.64	4.70
现价工业总产值	47.18	0.20	19.07	42.46	108.9
从业人员平均数(万人)	0.95	0.01	0.49	0.74	2.19

注:不包括合成纤维单体企业

"中国优秀印染面料"一等奖;山西绿洲纺织有限公司研发的"有机大麻湿纺平布"于8月23~24日在江苏盛泽举行的"2013年中国国际面料设计大赛暨2014/2015秋冬中国流行面料入围评审会"上荣获"优秀奖",并入围第30届(2014/15秋冬)中国流行面料,该公司也被中国纺织信息中心和纺织产品开发中心授予"2014/2015秋冬中国流行面料入围企业"荣誉称号。至此,该公司连续30次共有46种面料入围"中国流行面料"。

2. 操作比武大赛。12月27~28日,富怡·山西省服装行业首届金剪奖制板师大赛暨富怡·第二届全国十佳服装制板师大赛选拔赛在太原理工大学轻纺工程学院举行。活动由山西省服装协会、山西新新纺织行业技术中心主办,太原理工大学轻纺工程学院承办,天津宝盈电脑科技有限公司冠名,太原宇信缝制机械有限公司赞助。晋城职业技术学院任波以总分90.6的好成绩夺得第一名,际华3534制衣有限公司陈慧龙和山西兵娟制衣有限公司任晓阳分别获得第二、第三名;际华3534制衣有限公司和山西兵娟制衣有限公司分别获得优秀组织奖。

3.全国纺织行业技术能手。11月1日,"纺织之光"2013年度中国纺织工业联合会科技教育奖励大会在北京人民大会堂举行。际华3534制衣有限公司郑莉莉荣获"纺织之光"2013年度全国纺织行业技术能手称号,也是全省纺织工业唯一获此殊荣的人。

4.际华工业物流园。12月27日,际华3534制衣有限公司举行运城空港工业物流园入驻项目签约仪式。际华工业物流园是新兴际华集团有限公司和际华集团股份有限公司精心筛选、重点扶持,由际华3534制衣有限公司具体实施兴建的综合大型项目。位于运城市空港新区南区,规划占地面积100公顷左右。完成9幢78000平方米的厂房建设,20000平方米恒森包装厂房、10000平方米服装厂房已投入生产运营,一幢12层30216平方米的沿街商用及职工公寓项目主体完成,预计2014年6月底投入使用。

5.军服统检荣获佳绩。山西兵娟制衣有限公司作为中国人民解放军总后勤部被装五年协议供应商落实质量保证制度,产品质量严抓车间主任负责制、工序责任追究制、检验分级责任制、产品返工考核制的"四制"管理,做到层层负责、环环把关、全方位监控。中国人民解放军总后勤部被装产品质量统检通报,山西兵娟制衣有限公司被抽检的三个品种经综合评比,均获全优产品。

6.绿洲服饰荣膺中国劳动防护行业企业50强。2013年,中国安全生产协会劳动防护专业委员会首次开展劳动防护行业50强企业评选活动,山西绿洲纺织有限责任公司服饰分公司入选中国劳动防护行业50强企业。其自主研发的《矿用防静电反光服》不仅获得国家专利,还被中国劳动保护工业企业协会推荐为《优质劳动防护产品》。 (孙宝明)

【太原理工大学轻纺工程学院组建成立】 经省教育厅批准,撤销太原理工大学轻纺工程与美术学院,组建成立太原理工大学轻纺工程学院和太原理工大学艺术学院,并于7月1日正式运行。轻纺工程学院现有教师50余名,其中教授、副教授等高级专业技术人员23名。学院教学科研机构设"两系一所一中心",即纺织系、服装系、轻纺工程研究所和实验中心;开设纺织工程、服装设计与工程、服装与服饰设计3个全日制本科专业,在校学生1100余人。 (孙宝明)

轻工业

【概述】 2013年,山西省轻工业增加值350亿元,增长7.6%,实现销售收入860亿元,增长9.09%。利润、利税与上年同期相比不同程度减少。全省共有规模以上食品企业262户,直接从业人员8万余人,实现销售收入707.43亿元,同比增长12.2%。

主要产品产量:乳制品产量54万吨,食醋产量56万吨,饮料酒产量55千升,软饮料产量150万吨,家具产量3.8万件,机制纸及纸板(外购原纸加工除外)产量35万吨,合成洗涤剂产量10万吨,塑料制品产量26万吨,日用玻璃制品产量30万吨,日用陶瓷产量20亿件。

(袁 珊 何运燕)

【政策规划】 1月5日,《山西省工业园区和新型工业化产业示范基地"十二五"发展规划》发布。规划提出,"十二五"时期,山西省各市要围绕区域优势和园区特色,做强做大园区优势主导产业,努力创建新型工业化产业示范基地。其中轻工产业有太原市醋产业规模化建设;大同市集中建设绿色食品工业园区;朔州市以建设乳品工业、陶瓷工业等五大基地为目标,推进怀仁金沙滩陶瓷工业园区等八大工业园区;吕梁市加快推进杏花村酒业集聚区建设;临汾市发展食品加工等新兴产业。

3月18日,《山西省食品工业发展"十二五"规划》公布。到2015年,山西省将建立健全食品企业诚信不良记录收集、管理、通报制度和行业退出机制。"十二五"期间,山西省将基本建立起符合国家食品安全体系要求的食品标准体系、食品安全法规体系、控制技术和检测技术体系、食品安全认证体系、风险监测和风险评估体系,以及比较健全的食品企业诚信体系和食品安全信息体系,力争食品生产环节监督抽查合格率超过97%。山西省还将开展食品企业诚信体系试点建设,及时总结推广试点经验,完善相关规范和标准。加强食品安全监督检查,排查食品安全隐患,建立食品企业诚信不良记录收集、管理、通报制度和行业退出机制。发挥行业协会作用,加强行业自律,强化质量检测人员安全意识教育和技能培训。引导企业规范行为和履行社会责任。此外,利用山西省综改实验区先行先试政策,加大对食品工业发展的政策资金支持。对符合产业政策和规划的重点食品工业项目,污染物排放总量指标优先配给,用地优先纳入当地用地规划和年度供地计划,加大财政对食品工业的资金扶持力度。

3月31日,《山西省轻工业发展“十二五”规划》发布。到“十二五”末,全省轻工业销售年收入力争突破1480亿元。食品产业实现销售收入1000亿元。还要争取新增中国驰名商标5个;新增1个国家级企业技术中心、5个省级企业技术中心。

（袁　珊　何运燕）

【技术创新年度获奖】 2013年1月,山西长治维特衡器有限公司、长治金泽生活工程有限公司等37家企业被省科技厅、省国资委、省总工会研究并确定为第三批创新型试点企业,旨在加快培育创新型企业,强化企业技术创新主体地位。

2月6日,中国日用化学工业研究院的直接法制备醇醚羧酸盐(AEC)工艺工程技术获2012年度中国轻工业联合会科学技术奖二等奖;山西杏花村汾酒集团有限责任公司汾青酒厂酿酒用风冷式冷凝器项目获2012年度中国轻工业联合会科学技术优秀奖。

8月,山西太谷通宝醋业有限公司山西老陈醋净化技术获2012年度省科学技术奖科技进步类二等奖。

10月1日,GB/T19777-2013地理标志产品山西老陈醋标准实施。

12月,轻工行业五家企业山西五台山沙棘制品有限公司、太原双合成食品有限公司、山西亚华制盖有限公司、山西厦普赛尔食品饮料股份有限公司、山西明禾陶瓷有限责任公司被认定为山西省第一批技术创新示范企业。轻工行业太原市金大豆食品有限公司技术中心、太原双合成食品有限公司技术中心、太原六味斋实业有限公司技术中心、山西恒丰实业有限公司技术中心、长治市金泽生物工程有限公司技术中心、汾州裕源土特产品有限公司技术中心被认定为山西省第十七批省级行业技术中心。

（袁　珊　何运燕）

【淘汰落后产能】 主要是造纸行业。太原市龙盛伟纸业有限公司、文水县纸箱包装工业有限公司、芮城县中宝纸业有限公司三家造纸企业共淘汰落后产能9.1万吨。

（袁　珊　何运燕）

【企业动态】 2013年2月,包括汾酒集团在内的山西省11家企业入选“影响世界的中国力量品牌500强”排行榜。

汾酒集团“汾”商标于2012年12月31日被国家工商总局商标局正式认定为中国驰名商标,汾酒集团已获得“杏花村”“竹叶青”和“汾”三件中国驰名商标,成为全省唯一拥有三件中国驰名商标的企业。

2月,山西三地创建“全国品牌示范区”,其中包括杏花村白酒和祁县玻璃器皿。汾阳清香型白酒品牌示范区集聚吕梁市34家白酒品牌企业,建设集生产、营销、旅游度假、文化为一体的低碳高效园区,创建工作正在推进。祁县正在建设一个面积为3平方公里,集设计、研发、生产、展示、销售、配送等功能于一体的玻璃器皿工业区。

4月22日,太原市民营经济转型跨越发展推进会暨表彰大会在并州饭店召开。山西宏艺股份有限公司被授予“太原市诚信经营十佳民营企业”荣誉称号。

5月22日,山西彤康食品有限公司经过五年多努力,用山楂果酿出“泽州红”。2007年,彤康公司在泽州县高都镇大兴村兴建“彤康庄园”。经过5年建设,彤康庄园保护性认养上万株百年山楂老树,建设以有机种植为标准的5000亩山楂基地,并进行地理标志保护,开发拥有自主知识产权、国际领先、用山楂清汁酿造红酒的工艺技术,形成年产2500吨山楂酒的生产能力,使山区村民人均年收入增加数千元。

6~12月,“山西品牌中华行”先后在北京、呼和浩特、广州、成都、上海、重庆、南昌、武汉8个城市举办推介活动,受到各方欢迎。山西省轻工业多家企业参加活动,现场签订合同,销售产品。活动实现现场销售1100多万元,签下的供货合同金额突破10亿元。（袁　珊　何运燕）

【行业出口】 2013年,山西省日用陶瓷一改往日粗、笨的“面孔”,开始探索高档陶瓷产品的开发和研究,先后有三家企业开发成功中高档骨质日用瓷产品,打入新西兰和澳大利亚等国际市场。

4月12日,一批货值28080美元的辣椒红色素出口印度,这是山西首次出口此类产品。山西省辣椒红色素作为一种天然色素,有着色泽鲜艳、着色力强的优点,主要用于方便面、饼干、罐头等食品,以及化妆品和高级饲料等领域。

4月25日,山西广灵荞宝生物科技有限公司首单20吨出口货物启运,这是该公司为台湾省和马来西亚客商提供的第一单货物。山西广灵荞宝生物科技有限公司所生产的苦荞芦丁香茶、苦荞香米及苦荞方面食品和以苦荞壳为填料的家纺用品等3大系列40多个品种远近闻名。2012年,我国台湾地区及马来西亚客商与广灵荞宝生物科技有限公司签订8000万元苦荞产品供货合同。

（袁　珊　何运燕）

【项目建设】 2013年3月,山西天元集团大型“城市矿产”再生资源循环经济产业园区绿色节能洗衣机项目竣工投产,生产线试车成功。该项目规划总投资20亿元,占地53公顷,年产环保节能洗衣机、电冰箱、空调、小家电共1500万台,实现产值50亿元、利税12.5亿元,安置就业人数4800人。

山西春阳生物有限公司是灵丘县一家以苦荞麦开发加工为主导产品的农产品加工龙头企业。项目投资6000余万元,投产后,年可转化苦荞5000吨,实现产值5亿元,安排劳动力100余名。

4月13日,祁县与伊利集团在太原钜星液态奶山西生产基地举行签约仪式。该项目位于祁县经济开发区,总投资10亿元,是山西省最大的液态奶生产基地,项目达产后,年产值可达30亿元,实现税收1.2亿元。

山西合盛工贸有限公司利用废弃物年产10万吨瓦楞纸原纸,项目总投资8600万元,项目二期工程主体工程完工,完成调试工作,7月投入运行。

7月12日,应县与清华大学美术学院,举行建设陶瓷专业研究生社会实践基地签约仪式,这标志着国内顶级学院与应县正式建立合作关系。双方携手合作,既有利于清华学子把理论专业知识运用于实践,又有利于应县建立产学研紧密结合的陶瓷产业体系,促进陶瓷科研成果转化推广。

(袁　珊　何运燕)

【地区发展】 晋城市在实施农业综合开发过程中,重点推出山西彤康年产1500吨山楂果酒加工、3000亩优质高粱种植示范基地、2000亩优质核桃示范基地、2500吨食用菌加工生产线、5000吨灵芝和虫草生产基地扩建等8大项目。

2013年,繁峙县做大农业加工龙头企业,园区化带动现代农业。该县扶持农业龙头企业宝山鼎盛、宏钜大磨坊提档加速改造,提高农产品加工的科技含量和附加值,并依托这两个企业建设农业加工园区。宝山鼎盛科技有限公司再投资6000万元,上马亚麻酸及亚麻酸油深化开发二期工程项目,新建日处理30吨浓香压榨亚麻油、亚麻籽饼浸出生产线各1条,扩建日处理20吨的亚麻油生产线;宏钜大磨坊净投资3460万元,实施小杂粮加工基地建设项目,新建加工、包装车间8960平方米,转化农产品4000万千克。

2013年,长子县助推产业转型。帮助发展潜力较大、市场前景较好的中小企业技改壮大,延伸扩展。重点抓好昌利食品软包装、浩润蔬菜深加工、福源淀粉葡萄糖及10万吨麦芽糖醇等加工项目的技改。并突出抓好雨润集团10万头生猪养殖、方兴园区蔬菜检测加工及物流配送中心、晋西牧业和鑫利源牧业两个万头肉牛养殖、绿生源千亩双孢菇生产等农业龙头企业的扩能改造,力争全年农业龙头企业销售收入增长20%,全县农业副产品加工转化率达到50%。

2013年,岚县通过实施招商引资,基础设施和150万公斤/座的5座原种窖开工建设,建成后可成为全省最大的马铃薯脱毒种薯原种繁育基地;宜芳食品有限公司新上马年产1000吨马铃薯粉条、粉丝生产线,建成后年可实现销售收入820万元,加上原有的年加工7.2万吨马铃薯精淀粉生产线,可带动全县3万农户种植马铃薯13340公顷。

2013年,祁县荣获"全国绿化模范县"称号,该县连续获得"中国玻璃器皿之都""国家外贸转型升级专业型示范基地""国家级生态示范区"等11个国字号品牌,其软实力和竞争力提升。

5月7日,作为忻州市唯一的农副产品精深加工园区神池县绿色食品工业园区正式奠基,山西长祥圆食品有限公司等4家农产品加工业龙头企业首批入园,标志着神池特色农副产品加工产业步入一个崭新的发展阶段。园区占地面积164.75公顷,规划有小杂粮深加工区、肉类加工区、油料生产区、饲草饲料加工区等七大功能区。　(袁　珊　何运燕)

【展会协会宣传】 2月28日,第二届工艺美术大师命名大会在太原市召开。经过个人申报、基层推荐、材料审查、实地考察、专家评审、现场考核、会议确定、对外公示等程序,市政府决定命名赵英等15人为太原市第二届工艺美术大师;命名高林珍等13人为太原市第二届民间工艺美术大师。其中包括漆器、青铜器、雕塑、美术陶瓷、堆锦、刺绣、木板年画、澄泥砚、玻璃、皮影、木雕、石雕、砖雕、仿古工艺美术行业。

5月18~20日,中博会在河南省郑州市举行。山西省酒类、醋类、特色食品类、饮品类、地方土特产类、民用及工艺品类、流通企业类7大类19家企业参展,囊括从汾酒、老陈醋、柳林红枣、沁州黄小米等山西传统代表产品到陶瓷、不锈钢餐刀、酒杯等新型的名优产品。

6月17~27日,举行以"社会共治同心携手维护食品安全"为主题的2013年山西省食品安全宣传周活动。省经信委、公安厅、农业厅、商务厅、卫生厅、质监局等十部门结合自身职能,陆续组织开展丰富多彩、形式多样、社会广泛参与的宣传教育活动,推进食品安全科普宣教活动全面开展,增强食品企业及从业者的主体责任和道德诚信意识,宣传诚实守信典型,动员各方力量关心、支持和参与食品安全工作,促进全社会协同共治食品安全。

6月18日,2013年食品安全宣传周食品诚信体系建设现场推进会在晋中召开,省内多家食品企业就诚信体系建设进行经验交流。十家食品工业企业通过诚信体系评价。

7月24~25日,为期两天的"中国黄河金三角稷山翟店第二届包装印刷贸易洽谈会"在稷山县翟店镇举办。此次洽谈会由中国包装联合会纸制品包装委员会、运城市果业发展中心、稷山县人民政府联合主办。来自黄河金三角秦晋豫3省4市以及山东、河北、大连等全国各地的有关领导、纸包装客商、印刷包装生产企业等600余人参加。在项目推介会上,推介年产40万吨高强瓦楞纸生产线等4个项目;在产品购销签约中,共签约9个合作项目及部分产品购销合同。江南大学等4所大专院校与本地包装印刷企业达成技术转让成果一项、校企合作意向两份。本届贸易洽谈会成交额5亿元,其中,达成项目合作意向签约金额3.2亿元;贷款融资协议5450万元;活动期间,共发布企业用工需求信息1000余条。

8月和10月,由省财政厅、省商务厅主办,省醋产业协会承办的山西老陈醋中华行活动分别在贵州和大连举行。山西13家大型骨干酿醋企业集体亮相。他们将传统工艺生产的纯天然、纯绿色、不添加任何防腐剂的正宗山西老陈醋带给当地广大消费者。展会期间,山西金醋科技有限公司还给两地的两万多名环卫工人每人无偿捐赠一瓶正宗老陈醋,受到当地政府和广大消费者好评。

11月6日,山西省组织祁县、太原、闻喜三地的玻璃器皿企业参加第114届广交会第二期。山西大华玻璃实业有限公司成交804万美元,占山西省玻璃器皿类成交额39.3%,在山西省参展企业中起到示范带头作用。山西省是全国玻璃器皿出口生产基地,每年玻璃器皿出口创汇达1亿美元以上,各玻璃生产企业订单大多依靠在广交会上看样成交,因此,广交会玻璃工艺品成交是山西省关注的重点和热点。本届广交会山西省玻璃器皿成交2045万美元,占比55.1%,是第114届广交会第二期山西省最大成交商品。

（袁　珊　何运燕）

国防科技工业

【概述】 全年实现销售收入360.9亿元，同比增长12.6%；完成工业增加值77.09亿元，同比增长13.69%；实现利润12.57亿元，同比增长47.21%；实现利税21.75亿元，同比增长28.62%；职工年均收入达到41536元，同比增长6.53%。民爆、民口配套、中电科、船舶、核工业、地方军工电子和航空等6个行业，高于全省军工平均增长水平。晋西工业集团有限责任公司销售收入突破100亿元。

1.坚持创新驱动，武器装备科研生产取得新进展。2013年，全省国防科技工业承担的以神舟十号、嫦娥三号配套任务为代表的高新技术武器装备科研生产任务全面完成，全行业未发生重大质量问题。推进科技进步，企业自主创新能力增强。全省国防科技工业武器装备科研成果获得国家科学技术进步奖一等奖1项、二等奖1项、国防专项奖23项，获得山西省国防科技创新奖23项；贯彻军民结合、寓军于民方针，支持、引导和鼓励符合条件的民口企事业单位、社会资本参与武器装备科研生产和建设，准入制度不断严格，武器装备科研认证许可规范，落实军工民口配套单位享受税收等方面的优惠政策，推动省内高端制造企业获得许可，省内参加军品协作配套单位增加。

2.民品发展力度加大，军民融合取得新进展。2013年，山西军工民品销售收入同比增长15.61%。其中，主要民品铁路产品销售收入33.31亿元，同比增长4.19%；矿用产品销售收入20.18亿元，同比增长26.18%；特种车辆及汽车零部件收入13.24亿元，同比增长14.14%；特种化工产品销售收入44.92亿元，同比增长42.51%；民爆器材收入34.76亿元，同比增长65.89%，成为支撑全省军工特种化工发展的主要力量；军工电子信息产品销售收入6.34亿元，同比增长20.76%；机电装备产品销售收入50.44亿元，同比增长45.36%。

3.质量管理、安全生产工作全面加强。坚持军品质量第一，全省武器装备科研生产工艺管理完善，过程控制加强，责任事故追究力度加大，全省军工质量问题“零容忍”文化正在形成，企业质量管理规范化、法制化，全行业未发生重大质量问题。

4.针对军工和民爆行业的特殊性，加强军工和民爆行业安全监管。落实全国、全省安全生产电视电话会议精神和山西省人民政府关于安全生产的各项部署要求，坚决遏制安全生产事故发生，召开全省军工行业安全生产工作例会和工作推进会，制订《安全生产大检查工作方案》，成立7个督查组，在全省军工系统和民爆行业开展安全生产大检查，开展安全生产专项整治、百日大检查和安全生产月活动，履行政府部门和企业安全生产监管主体责任。发现并完成395个安全问题及隐患整改。全省民爆行业围绕安全生产，从国家争取新增产能7.2万吨，率先实现“十二五”现场混装炸药产能占工业炸药50%以上的目标。着力在闭环管理、杜绝违章、班组达标、签订零死亡责任书等四项重点上推动，《山西军工行业安全生产标准化建设方案》制订出台，全系统安全生产标准化建设推进。加强目标考核管理，加强事故责任追究，制订《山西省国防科技工业生产安全事故报告和调查处理工作制度》，军民品事故报告、调查处理流程更加明确，工作更加规范化。全省军工和民爆安全生产保持平稳势头，连续八年高标准完成省政府下达的责任考核目标。

（赵登斌）

【产业和产品结构调整】 提高产品研发和制造水平，提升核心竞争力。注重顶层设计和政策引领。省国防科工办全力促成《山西省人民政府关于加快推进军民结合产业发展的意见》（晋政发〔2013〕19号文件）出台，《关于全省军民结合产业推进的意见》《山西省军民结合产业发展专项资金管理办法》和《军民结合专项资金支持项目申报指南》等配套措施出台并实施。全省军民结合产业发展推进会在太原召开，《军民结合项目信息汇编》印发，119项合作条件比较成熟、技术先进、具有较高经济效益、符合山西省转型方向的军民结合项目发布，现场推介项目总投资达248亿元。狠抓项目推进和对接签约，一批军民结合项目全面推进，全省军工共储备军民结合项目119项，新签约5项，落地8项，开工11项，建设12项，投产8项，累计完成投资46亿元，其中，10个与五大军工集团战略合作项目累计完成16.53亿元，对17个军民结合项目进行专项资金支持，申报省科研项目15项，经费达2.08亿元。军民融合发展横向协调和纵向沟通机制完善，在总结与太原市、大同市合作经验基础上，与临汾市、长治市和晋中市加强协同，在建立军地协调机制上达成共识，形成框架性意见，全省国防科技工业18户军工单位与晋中市政府进行军地协作全面对接。以项目为支撑，全省军民结合产业特色园区建设步伐加快。2013年，山西军工中电科光伏及电子信息产业园、中航晋中特种装备及车辆科技产业园、晋西集团轨道交通装备制造工业园、长治康庄航天工业园、晋西春雷铜带箔加工工业园等5个军民结合产业示范园初步建成，有12个重点项目入园落地实施，实现聚集化发展；太原民营经济开发区（晋西集团交通装备制造工业园）、长治康庄工业园（长治康庄航天工业园）命名为省级军民结合示范园区。通过政策支持，资金引导，全省军民结合项目法人责任制改革推进。市场优化配置资源的基础作用发挥，招商引资力度加大，项目投资主体多元化向前推进，社会资本参加股权投资积极性提高，军民结合产业项目实行新项目、新法人、新机制，全省军民结合项目普遍建立项目法人责任制，市场在优化配置资源方面作用明显，项目投资主体呈现多元化趋势。5月份，山西平阳重工机械有限责任公司与山西煤销集团装备有限公司、阳煤忻州通用机械有限责任公司三方合资组建美新集团；晋西工业集团有限责任公司与上海环境发展有限公司合作，承担社会公益责任，投资垃圾焚烧发电BOT项目；中国电子科技集团公司第二研究所与中国电子科技集团公司、山西省科技基金公司、山西省创业风险引导基金公司共同出资组建山西中电科新能源有限公司，实现太阳能电池硅片及成套装备的产业化。

(赵登斌)

【军工企业民品发展】 2013年，山西国防科技工业克服市场需求不足、产品价格持续下跌的不利影响，加大民品开发力度，调整产品产业结构，一批新开发的产品研制成功、新的民品项目陆续建成投产，为军工民品发展提供新动力。晋西机器工业集团有限公司新建5万吨高精度铜板带生产线建设项目整体进入试生产阶段，设备及单项工程开始进行内部验收。太原市生活垃圾焚烧发电厂BOT项目进展顺利。马钢晋西轮轴研发制造项目，一线设备安装调试完成，开始试生产；山西北方机械制造有限责任公司开发生产的具有自主知识产权的系列高效高压永磁同步电动机，通过工信部节能技术鉴定；长治清华机械厂推进军工民品发展和军民结合产业发展，航天技术应用产品全年实现收入16.5亿元，实现军民品同步增长；山西平阳重工机械有限责任公司民品产业保持持续发展，液压支架实现产值13.87亿元，新产品电液阀、氢氧发生器、碎纸机等实现新发展；北方通用动力集团研发生产的新型能源产品核电柴油发电机组，市场良好，2013年实现收入1.74亿元；中国电子科技集团公司第二研究所年产100MW太阳能电池硅片及成套装备产业化项目增强自主创新能力和研发实力。 (赵登斌)

【民爆安全监管加强】 2013年，山西民爆行业贯彻工信部和省政府要求，强化民爆行业安全生产"两个主体"责任。年初，省国防科工办与全省20家民爆企业全部签订安全生产责任书，各项管理制度完善，梳理、汇编法规制度62项。按照"全覆盖、零容忍、严执法、重实效"的总体要求，在全省民爆行业安全生产专项整治和打击非法违法生产经营建设专项行动深入开展。6月，全省民爆生产企业和销售企业安全生产大检查全面进行，并对查出的问题进行严格整改。8月，在国务院"百日安全生产专项整治"第二督查组随机督查中，山西壶关化工集团有限公司安全生产工作受到高度评价；10月，在公安部、工信部等五部委的安全督查中，对山西民爆行业安全生产工作给予充分肯定。开展安全生产标准化达标考评，对全省9家生产企业、11家销售企业进行安全生产标准化达标考核，全省所有现场混装炸药车实现视频监控，关键设备实现安全联锁控制。着力行业结构调整，《山西民爆行业结构调整指导意见》制订出台，全省民爆生产和销售企业的联合重组工作完成，民爆产业结构得到优化，现场混装炸药产能31.85万吨，占工业炸药总产能57%，率先实现国家"十二五"规划50%目标。山西同德化工股份有限公司、山西壶关化工集团有限公司、山西金恒化工集团股份有限公司、山西江阳兴安民爆器材有限公司等企业实现生产、销售、爆破服务一体化，山西全盛化工集团右玉地面站和山西同德化工集团五台地面站建成并通过国家组织的验收。全省民爆行业技术进步加快，山西壶关化工集团有限公司引进美国高强度塑料导爆管生产线，通过工信部组织的技术鉴定和生产验收，达到国内领先、国际先进水平，填补国内空白；山西同德化工股份有限公司膨化炸药生产线、山西金恒化工集团股份有限公司导爆管雷管生产线和聚能射孔弹生产线，按照技术指导意见，完成技术改造，并通过验收。2013年，全省民爆行业实现销售收入34.76亿元，同比增长65.89%；实现利润2.66亿元；完成工业炸药产量41.8万吨，同比增长11.8%，完成工业雷管产量1.25亿发，同比增长17.9%。

(赵登斌)

食品工业

【概述】 山西省食品工业协会(简称山西食协)坚持科学发展观，遵守《食品安全法》及相关法规，遵循社会主义市场经济规律，反映食品行业需求，维护食品行业合法权益，为食品行业开展多方位服务，协调发展跨地区、跨行业、跨部门联系与合作，在行业与政府之间发挥桥梁与纽带作用，促进全省食品行业持续健康发展和社会进步。

2013年，协会坚持为政府、为行业、为企业的"三服务"方针，促进全省食品工业健康发展，满足广大人民群众生活水平不断提高的需要。推进全省食品工业企业诚信体系建设，初步建立起比较完善的食品工业企业诚信管理体系、诚信信息征集和披露体系、诚信评价体系和食品工业企业

6月17日，山西省食品安全宣传周活动启动仪式在太原举行

(王　彬提供)

2013 年山西省食品工业主要指标统计表(一)

统计口径	企业单位数	主营业务收入	同比增减	利润总额	同比增减	利税总额	同比增减	工业总产值	同比增减
	(个)	(亿元)	(%)	(亿元)	(%)	(亿元)	(%)	(亿元)	(%)
2000 万元及以上	262	705.3	10.8	45.5	−2.7	97.8	−1.6	688.0	14.4
5000 万元及以上	165	678.6	13.3	44.7	−1.9	96.1	−0.9	650.4	15.9
1 亿元及以上	118	642.9	11.7	43.3	−2.5	94.0	−1.5	611.7	14.2
5 亿元及以上	24	465.8	17.2	35.7	−5.0	79.9	−2.7	409.1	15.2
10 亿元及以上	10	370.7	17.2	28.5	1.3	71.2	0.0	317.4	16.5

注:本表统计口径为 2012 年主营业务收入或 2013 年上半年 2000 万元及以上、5000 万元及以上、1 亿元及以上、10 亿元及以上的规模以上工业企业

2013 年山西省食品工业主要指标统计表(二)

统计口径	企业单位数	主营业务收入	同比增减	利润总额	同比增减	利税总额	同比增减	工业总产值	同比增减	工业增加值	同比增减
	(个)	(亿元)	(%)	(亿元)	(%)	(亿元)	(%)	(亿元)	(%)	(亿元)	(%)
农副食品加工业	128	345.68	15.86	12.75	24.88	14.41	23.48	368.48	23.46	97.80	15.52
食品制造业	75	121.13	10.35	8.54	0.12	11.59	−1.19	119.66	8.58	29.55	5.07
酒、饮料和精制茶制造业	58	198.09	3.30	17.22	−25.42	42.38	−16.77	162.85	0.58	71.59	−1.79
烟草制品业	1	40.41	10.56	7.01	41.05	29.42	17.07	42.10	13.82	32.80	10.20

注:本表统计口径为主营业务收入 2000 万元及以上的工业企业

诚信体系运行机制。

(黄永建　王　彬)

【食品工业诚信信息认证】 10 个企业通过认证分别是:山西古城乳业集团有限公司、山西雅士利乳业有限公司、山西太谷通宝醋业有限公司、内蒙古蒙牛乳业(集团)山西乳业有限公司、蒙牛乳业(太原)有限公司、大同夏进乳业有限责任公司、山西双合成商贸有限公司、山西海玉食品有限公司、山西泽榆畜牧业开发有限公司、山西田森农副产品加工配送。

(黄永建　王　彬)

【山西省食品安全宣传周】 6 月 17 日,在省城太原启动,省领导出席并作动员讲话。省政协副主席、省卫生厅厅长卫小春对省层面主要活动进行安排部署,山西省食品安全协调委员会成员单位分管领导,各市食安办代表,部分大型食品企业负责人以及新闻媒体记者参加。汾酒集团股份有限公司、山西大众农牧股份有限公司、黄河京都大酒店有限公司、山西美特好有限公司代表向全省食品生产经营企业发出诚信倡议,作出保证食品安全的承诺。

(黄永建　王　彬)

【2013 中国山西食品工业博览会暨山西糖酒食品展览会】 6 月 20 日在山西省展览馆开幕,为期 3 天,展出国内食品工业的最新技术设备和新产品,由山西省食品工业办公室主办。主题是:汇集食品精华、共创转型发展;宗旨是:绿色、安全、健康合作。全国 20 多个省市食品工业协会及相关行业协会参加,共有 200 个国际标准展位,分为 7 个大型展区,其中包括酒类及饮料乳品展区、餐饮调味品展区、特色农副产品展区、方便休闲食品展区等。

(黄永建　王　彬)

【第三届中国(山西)特色农产品博览交易会】 10 月 16 日,在太原中国煤炭交易中心举行。本届特色农博会有 2281 家国内外企业参展,5542 件产品亮相。省长李小鹏,田喜荣、王宁等领导与申纪兰、郭凤莲等全国人大代表出席开幕式。

本届农博会由农业部、山西省人民政府、中华全国供销合作总社、中国贸促会共同主办,以“特色、创新、

合作、共赢”为主题,集中展示山西特色农业发展新成果,开展农业投资贸易和交流合作。 (黄永建 王 彬)

【山西4产品获国家地理标志保护】 10月30日，国家质检总局批准山西省岢岚柏籽羊肉、岢岚红芸豆、运城盐池大盐(河东大盐)、运城盐池黑泥4个产品实施国家地理标志产品保护。推荐的国家地理标志保护产品永济芦笋,被国家质检总局推荐首批列入欧盟产品目录表,成为中国首批获得欧盟官方保护的地理标志产品。

对山西老陈醋、左云苦荞、永济芦笋等7个产品进行地理标志产品保护,促进企业知名产品的出口。

(黄永建 王 彬)

【《食品工业发展“十二五”规划》】 为提高居民生活水平，促进人口就业、带动农民增收,贯彻落实省委、省政府转型跨越发展战略部署,壮大产业规模,推动产业升级,促进食品工业持续较快发展，结合全省实际制订。

(黄永建 王 彬)

城镇集体经济

【概述】 2013年,山西省城镇集体工业联合社围绕一个中心,即出台《关于加快全省城镇集体企业改革发展的意见》和相配套的《全省城联集体企业关闭重组实施方案》;两条主线，即以山西省集体合作经济协会、山西省工艺美术协会为平台,以山西省集体合作经济和山西省工艺美术行业为主线,做大山西城联资产管理投资(集团)有限责任公司和山西工艺美术集团有限责任公司两大集团;三大任务:一是以集体资产为纽带,用法律和市场经济手段运营城联社资产,加快城镇集体企业改革重组。二是依照《中华人民共和国城镇集体所有制企业条例》，维护各级城联社和成员单位及其职工政治、经济地位与合法权益。三是建立和完善财政供养与创收增收相结合的城联社经费保障新机制。坚持“四权”原则:“抓住所有权,放活经营权,强化监督权,提升收益权”;完成五项指标:力争在“十二五”期末,全省城联系统和工艺美术成员单位实现产值300亿元,增加值200亿元,利税100亿元,出口交货值10亿元，集体资产总额保持在200亿元。百强项目建设即:打造全省城联系统和工美行业的百强企业。

2013年，山西省城联社从十个方面实现全行业转型跨越发展。(1)由单一的集体企业向股份合作制企业转型;(2)由劳动密集型企业向小微技能劳动密集型企业转型;(3)由封闭单一的行业经济向县域经济转型;(4)由二轻行业管理向集体资产监管运营转型;(5)由传统手工业向低碳产业、为一村一品和“三农”服务上转型;(6)工艺美术向文化旅游产业转型;(7)传统二轻优势行业向全省十大产业链延伸上转型;(8)招商引资向东南沿海省份产业梯度转移的接续上转型;(9)发挥各级联社机关和成员企业区位优势向现代服务业上转型;(10)发挥联社合作经济优势向服务城镇化建设上转型。

2013年，山西省城联系统完成工业总产值157亿元,同比增长8%;完成工业增加值71亿元，同比增长7%;销售收入145亿元，同比增长11%;上缴利税43亿元，同比增长9%;利润21亿元,同比增长10%。

(冯晓东)

【全省城镇集体企业改革会议暨山西省集体合作经济协会第二届会员代表大会】 4月11日在太原召开。中华全国手工业合作总社主任步正发向大会发来贺信,省人大财经委主任赵建平、省经信委副主任陈官虎出席并讲话。省经信委副巡视员、山西省轻工行管办主任王元山、省人社厅副巡视员康继峰、省供销社副主任李亚明、省民政厅民间管理局局长吴建强、省中小企业局副局长武晨阳到会指导,中华全国手工业合作总社集体经济和手工业指导部副主任、中国工业合作经济学会秘书长王福岭宣读全国总社步正发主任的贺信。

按照协会《章程》,大会选举产生新一届协会领导机构。全国总社名誉主任陈士能、原省人大常委会常务副主任、党组书记纪馨芳任协会名誉会长,省供销社、农信社、中小企业局有关领导任协会名誉副会长，省人大财经委主任赵建平当选协会会长，大会表决通过协会理事会《工作报告》《章程》《会费收取办法》《财务报告》。

大会表彰2012年完成省政府目标责任优秀、先进市城联社和近年来全省城联系统深入开展培育50强成员企业,创40个名优品牌产品,建30强县(市、区)城联社,培育千名生产经营骨干和百名优秀管理干部“543111+11”工程系列活动中涌现出来的先进单位和个人进行命名表彰。同时表彰省城联系统“十杰”“十佳”青年,并向9个扶持县级城联社脱贫的县委、县政府赠送《关注弱势群体,重视集体经济》的牌匾。 (冯晓东)

【山西工艺美术集团成立】 山西省工艺美术行业2009年被列入山西省文化产业发展“十二五”规划中,2011年山西工艺美术集团被列入山西省十大文化产业集团之一。2013年12月12日,经山西省人民政府批准,山西工艺美术集团有限责任公司正式注册成立。注册资本金5000万元。承担工艺美术品的生产、销售、研发及相关服务。

集团下设4个分公司:山西工艺美术集团进出口公司、山西工艺美术创作基地有限责任公司、太行山夕阳红休闲文化(度假村)有限责任公司、山西木偶皮影演艺研究院有限责任公司。 (冯晓东)

【中华全国手工业合作总社七届三次理事会】 5月31日在太原召开。中华全国手工业合作总社主任、中国轻工业联合会会长步正发作七届三次理事会工作报告。全国总社名誉主任陈士能、杨志海、潘蓓蕾、张善梅等出席,全国总社副主任王世成、杜同和、陶小年,监事会主任崔毅出席,全国总社各部门和部分行业协会、学会负责人,全国各省、自治区、直辖市以及部分市联社领导共计160余人出席。山西省政府副秘书长白秀平、省经信委主任胡玉亭、省发改委总工程师王野彬、省经信委副主任陈官虎、省轻工行办主任王元山等出席。

会议调整、增补部分总社理事、常务理事；增补江苏省联社主任许荣云、广东省联社主任舒海波为总社特邀副主任。山西省城联社、广西壮族自治区联社、上海市城镇联社、福建省联社作工作交流。（冯晓东）

【全省工艺美术大会暨山西省工艺美术协会第五届会员代表大会】 4月12日在太原召开。省委常委、宣传部部长胡苏平，省政协副主席朱先奇，原省人大常委会常务副主任、党组书记、省工艺美术协会名誉理事长纪馨芳，中国工美集团公司总经理、中国工美协会常务副理事长张红等领导出席并讲话。

大会审议表决《工作报告》《财务收支决算报告》《会费收取办法的修改说明》。选举产生山西省工美协会第五届理事会，常务理事会，理事长、副理事长、秘书长、常务副秘书长人选。

新当选理事长李荣钢进行发言，明确今后五年工作的指导思想、基本思路、基本目标和主要措施。

会议对百余名近年来山西工美行业在文化产业发展中涌现出的先进单位和个人进行表彰。（冯晓东）

【步正发到长治市调研】 6月1日，中华全国手工业合作总社主任、中国轻工业联合会会长步正发到长治市城联社就集体企业改革和城联社转型发展进行调研。全国总社副主任、省城联社主任李荣钢，长治市副市长陈鹏飞等陪同调研。（冯晓东）

【灵石县首届工艺美术作品展】 由县城镇联社、县工艺美术协会主办，县书法家协会、县美术家协会协办，于9月24~28日在县文化艺术中心展出。此次展览汇集全县根雕、石雕、木雕、彩塑、剪纸、布艺、刺绣、手工编织、奇石收藏、食品雕刻等十个行业的200余件精品，出自全县40多位民间工艺美术师、民间艺人之手。展览为灵石工艺美术产业化、规模化发展搭建一个平台。灵石县工艺美术大会暨灵石县工艺美术协会第二届会员大会同时召开。（冯晓东）

6月1日，中华全国手工业合作总社主任、中国轻工业联合会会长步正发在长治市调研（冯晓东提供）

【漆艺屏风报面世】 为中国第一份，由平遥县苗世民藏报博物馆推出，平遥德意隆漆艺中心制作。这份名为《苗世民藏报》的屏风报纸，长47厘米、高12厘米，共分十二版，图文并茂，囊括一份报纸应有的元素。作品将漆艺和报纸的元素完美结合，既有平遥推光漆器闪光发亮、手感细腻滑润的特点，又具有较强的观赏和收藏价值，是该县漆艺技术应用的新突破。（冯晓东）

【山西展区亮相深圳文博会】 5月17日，为期4天的第九届中国(深圳)国际文化产业博览交易会在深圳会展中心开展。山西参展作品从全省37家优秀文化企业中，精挑细选28大类上千种产品。展品以深厚传统文化工艺品为主，同时结合新闻出版、广播影视、文化演艺等方面内容，既代表本地、本行业文化产业发展较高水准，又代表产业发展方向，具有较好市场前景。吉利尔丝绸，定襄晟龙木雕，广灵剪纸，澄泥砚，平阳木版年画，平遥推光漆器等受到广大爱好者喜爱。

同日，第九届深圳文博会山西代表团招商合作项目签约仪式举行。省委常委、宣传部部长胡苏平，深圳市副市长吴以环出席并致辞，山西省有关部门及各市宣传文化部门负责人参加，共签订26个项目，协议融资总额52亿元。（冯晓东）

【山西工美亮相首届山西文博会】 6月29日至7月3日在中国(太原)煤炭交易中心举行。山西工美协会承担其中11项内容，即：序厅精品陈列、国际陶瓷精品展暨中国十大名窑大师作品展、国际玻璃·水晶艺术精品展、国际漆器精品展、台湾地区文化创意精品展、华北五省市(区)工艺美术大师作品联展、晋作家具作品展、山西工美专题展、“神工”杯工艺美术精品评奖活动、山西工艺美术技能大赛(优秀选手现场技艺表演)和国际漆艺大师现场技艺交流。

本届博览会涉及14个国家及港台地区，25个省市近千余家展商，招商项目360项，总额1705亿元，达成签约意向161个，金额735亿元。观展人数累计超过20万人次。（冯晓东）

【山西工美组团参加第十四届中国工艺美术大师作品暨国际艺术精品博览会】 10月31日至11月4日，由武汉市政府、中国工艺美术协会共同主办。共有来自国内外600多家展商带来数万件工艺美术作品。山西省工美协会组团参展。展品包括泥塑、云雕、剪纸、砂器、陶瓷等。在本届展会

9月30日,“晋之梦”郭梅花剪纸艺术展在北京举办(冯晓东提供)

上,山西工艺美术协会推出“手艺山西,美好三晋”的口号,“晋”字号手工艺品得到推广。

“百花杯”是中国工艺美术精品奖,由中国工艺美术大师作品展进行评审,是工艺美术行业的重要奖项。山西省工艺美术协会用两个月时间,准备60余件精品,参评本届“百花杯”中国工艺美术精品奖。山西省参评的工艺美术作品获得4个金奖、7个银奖、12个铜奖、14个优秀奖。

(冯晓东)

【山西工美组团参加2013中国(北京)品质生活文化展】 10月21日在北京国际展览中心举行。由中国轻工业联合会、中国礼仪休闲用品工业协会和北京市贸促会主办。山西省工艺美术协会组织会员和企业参展。

由大会组委会主办的第七届“华礼奖”中国礼品创意设计大奖赛同期举行。山西工美选送15件作品全部获奖,其中金奖5件,银奖4件,铜奖3件,优秀奖3件。荣获金奖的作品有代县雁绣坊的刺绣《企盼》,平遥唐都漆器有限责任公司的《晋商六宝》,山西唐人居古典家居文化有限公司的衣柜《狮子滚绣球》,李世顺的石雕《大同云冈悬空寺》和《新文房四宝三多轩木塔悬空寺砚台》;荣获银奖的作品有代县雁绣坊的刺绣《雁门春色》,高平市红萍服饰有限公司的手工刺绣《富贵吉祥》和《钱包夹》,山西吉利尔丝绸股份有限公司的《丝麻爽身被》;荣获铜奖的作品有代县雁绣坊的刺绣《贵妃醉酒》,山西唐人居古典家居文化有限公司的《福禄寿条案》,李安民的《铜火锅》;荣获优秀奖的作品有平遥唐都漆器有限责任公司的《晋商餐具》,高平市红萍服饰有限公司的《真丝睡衣》,山西吉利尔丝绸股份有限公司的《180丝麻凉席》。

(冯晓东)

【宇达集团承制陈赓铜像落成】 7月21日,一代名将、杰出的无产阶级革命家、军事家,中国人民解放军卓越领导人,新中国国防科技及教育事业奠基者之——陈赓大将铜像在长沙国防科技大学安装完成。陈赓铜像,高8.1米(象征‘八一’建军节),青铜铸造,由中国美术家协会雕塑艺术委员会主任、广州美术学院院长、著名雕塑家黎明先生创意设计,山西宇达集团精心制作。陈赓铜像,用写实手法塑造将军光辉形象,情态逼真,英气逼人。

(冯晓东)

【中国(平遥)第四届漆文化艺术博览会】 9月19日在平遥推光漆文化产业创意园唐都漆艺博物馆开幕。省委常委、宣传部部长、平遥国际摄影大展组委会主任胡苏平,省人大常委会副主任、省总工会主席田喜荣,省政协副主席张友君,省城联社主任、省工美协会理事长李荣钢,中国摄影家协会主席、党组书记王瑶,平遥籍人民艺术家阎维文,中国美术馆原馆长、人民艺术家杨力舟等与来自海内外的嘉宾、策展人、摄影家、新闻媒体等参观。

此届博览会主题是“传承、保护、创新、发展”,来自中国、日本、韩国以及全国四大漆器产区的漆艺机构、漆器生产厂家的60多个参展单位展出作品。博览会期间举办“漆艺文化产业发展论坛”,邀请全国漆艺界专家、行业领导、企业家以“漆艺文化及产业发展”为主题展开论坛,全国参展漆艺艺人共计100余人参加论坛,进

9月19日,2013中国(平遥)漆文化艺术博览会开展(冯晓东提供)

行互动。（冯晓东）

【曲沃郑家剪纸作品入选全国公益广告】 5月，中央文明办副主任王世明观看郑家葫芦、剪纸、平阳木版年画等系列作品后，提议郑月巴围绕衣服和粮食来历为全国“讲文明树新风”公益广告创作剪纸作品。郑月巴带领家人潜心创作，历时一个多月，把棉花从种到收，再到纺线、织布，直至最后缝制成衣的26个艰辛过程逐一展示出来，完成剪纸作品《千辛万苦一袭衣》，以民间剪纸艺术的手法来表现主题，告喻富裕起来的人们不忘一丝一缕之艰辛。

郑月巴剪纸作品《十二生肖十二吉祥中国吉祥》于8月6日《光明日报》“讲文明树新风”公益广告专版刊出；9月7日，其孙女郑平剪纸作品《中国梦中国喜》又在《人民日报》“讲文明树新风”公益广告专版刊出；9月14日《人民日报》“讲文明树新风”公益广告专版再次刊登郑月巴创作的剪纸作品《千辛万苦一袭衣》。郑月巴剪纸作品在“讲文明树新风”公益广告专版刊出后，将和其他“讲文明树新风”公益广告一样，陆续在全国各级报刊刊出，传播中国精神，树立中国形象，弘扬中国文化。（冯晓东）

【“手艺山西，美好三晋”漆艺文化精品展】 11月16日在山西省图书馆开展。山西省工艺美术馆与山西省图书馆联合举办山西工艺美术精品系列专题展，定期推出漆器、陶瓷、雕塑、刺绣、剪纸、堆锦等山西特色手工技艺的展览活动。

首期推出山西漆艺文化精品展。漆器是山西传统工艺美术行业中的一个品类，主要产地和品种有平遥推光漆器、新绛云雕漆器和稷山螺钿漆器，制作上述三种漆器的技艺分别被列入国家级和省级非物质文化遗产项目名录，在国内外享有盛誉。此次展览会上，平遥推光漆器、新绛云雕漆器和稷山螺钿漆器等山西传统漆器的三大品牌150余件代表作品亮相。其中有国家级工艺美术大师薛生金的《猫戏图》《唐宫伎乐图》，国家级工艺美术大师梁中秀的《九龙桌屏》，新绛县大唐云雕漆艺厂梁高虎的《云雕大鼓墩》，山西省工艺美术大师何俊明的《云雕大漆盘》等大作品。还有精美的漆画、首饰盒、家具等作品。

（冯晓东）

12月18日，平定刻花瓷文化传习园项目在阳泉市开发区开工奠基（冯晓东提供）

【32项传统手工技艺列入省级“非遗”名录】 12月3日，山西省第四批省级非物质文化遗产（简述“非遗”）代表性项目名录91项（晋政函〔2013〕123号）正式公布，其中山西省传统手工技艺入选项目共有32项。分别是玉雕（太原玉和堂）；内画（广灵内画）；平遥彩塑；河津转花灯；泥皮画；古建筑模型制作技艺；并州刀剪制作技艺；戏剧头盔制作技艺；八义红绿彩瓷制作技艺；襄垣金工铸造技艺；潞绸手工织造技艺；陵川纸龙制作技艺；陶瓷制作技艺（怀仁陶瓷制作技艺）；定襄古代戏装制作技艺；木雕、石雕、砖雕制作技艺；传统乐器制作技艺；平阳印染布艺；剪纸（阳泉盘和、祁县剪纸、河津剪纸）；面花（阳泉彩色面塑、大阳面塑、乡宁花食）；布艺（潞城布艺、传统民俗服饰制作技艺）；民间绣活（交口刺绣）；灯彩（平遥古灯艺）；荫城冶铁铸造技艺；砂器制作技艺（浑源砂器制作技艺、南安阳砂锅制作技艺）；云香制作技艺；传统棉纺织技艺（新田手工粗布制作技艺、土布制作技艺）；青铜铸造技艺；麻纸制作技艺（沁源手工麻纸制作技艺、平阳麻笺制作技艺）；锣鼓制作技艺；山西珐花器制作技艺；手工制鞋技艺（凤头鞋制作技艺、传统戏剧鞋帽制作技艺）；陶器制作技艺。（冯晓东）

【首家“非遗”艺术基地落户太原】 11月16日，山西省首家非物质文化遗产艺术基地落户省城黎氏阁。郭梅花等山西省10位非物质文化遗产传承人现场展示雕刻、版画、刺绣、印染、营造和泥塑等“非遗”项目，制作创意家居饰品。

设置“非遗”艺术基地，吸纳省内非物质文化遗产著名专家、学者、企业家和社会知名人士联袂建立非物质文化遗产的研究中心、资料信息中心，集中展示、研发、展销非物质文化遗产项目和产品。（冯晓东）

转型综改试验区　开发区

The Comprehensive Reform Experimental Zone of the Transformation

转型综改试验区

【概述】 2013年，山西省全面推进转型综改试验区建设。年初，省委、省政府在系列专题调研座谈基础上，确定“总体方案——实施方案——年度行动计划”的推进模式和“重大改革、重大事项、重大项目、重大课题”的推进思路，编制出台《山西省国家资源型经济转型综合配套改革试验实施方案（2013~2015年）》（简称《实施方案》）和《山西省国家资源型经济转型综合配套改革试验2013年行动计划》（简称《行动计划》）。4月22日，省委、省政府召开全省转型综改试验区建设大会，推进转型综改工作。加大与国家部委的沟通合作力度，加强与各大银行、央企的合作，推动山西综改区建设。6月，国家能源局授权山西核准“十二五”期间1920万千瓦低热值煤发电项目；8月，国家发改委同意山西在局部地区开展煤层气矿业权部省两级审批试点，并同意中国（太原）煤炭交易中心开展动力煤期货交易前期工作。三项重大改革授权对于山西省资源型经济转型具有重要意义。“低热值煤发电”和“煤层气分级审批”两项重大审批权的下放，在共和国历史上尚属首次。

1.产业转型。出台《进一步促进全省煤炭经济转变发展方式实现可持续增长措施》（简称“煤炭经济措施20条”），制定中长期措施，通过体制机制创新，转变发展方式、促进煤炭经济可持续发展。出台《山西省低热值煤发电项目核准实施方案》（简称“低热值煤发电20条”），突出优选科学化、门槛标准化、程序透明化、监督全程化。出台《关于加快推进煤层气产业发展的若干意见》（简称“煤层气20条”），从促进煤层气上、中、下游产业协调发展以及财政、金融、税收、价格、矿权改革等方面提出一揽子政策措施。

推进煤电一体化改革，煤电关系由“背对背”走向“肩并肩”。2013年，全省34户主力火电企业有26户实现煤电联营。推动煤电双方签订与中国（太原）煤炭交易中心交易价格指数相挂钩的长协合同；34户主力火电企业有18户发电企业与煤炭企业签订电煤供应长协合同。

2.财税体制。推行营业税改征增值税。营改增试点有助于给企业减负，推动产业结构调整，加快服务业发展，打造服务型经济。试点以来，全省新增文化创意服务企业1363户、鉴证咨询企业915户、交通运输企业775户，分别占新增试点纳税人的30.16%、20.25%和17.15%。深化预算管理体制改革，推进预算制度全面规范、公开透明。省政府印发《关于全面推进山西省预算绩效管理的指导意见》，初步建立编制有目标、执行有监控、完成有评价、结果有反馈、反馈结果有应用的全过程预算绩效管理机制。

3.土地管理。推进四项土地改革试点，保障转型项目用地。增减挂钩城乡建设用地，国土部给山西省下达11万亩周转指标，累计下达107个县9.8万亩；整合利用矿业存量土地，全省批复实施方案45个，涉及煤矿592个，新增建设用地4.8万亩；改革露天采矿用地，全省13座露天矿山开展试点，涉及土地22.88万亩；复垦利用工矿废弃地，试点范围为晋城、长治、临汾、朔州4市14县，完成复垦2万亩。近两年全省建设用地供地面积均超过30万亩，比国家下达的建设用地指标增加1倍以上，2013年全年拓展建设用地空间37万亩。

4.科技创新。省政府安排100亿元资金推进山西科技创新城2013~2014年建设，打造科技新平台。山西科技创新城是综改区建设的头号工程，以打造国际性低碳技术创新高地、国家煤基产业科技中心为目标，规划面积约515平方千米。突出科技对转型的引领和支撑作用，深化科技体制改革，全省范围内构建8个专业技术创新平台，成立3个产业技术创新战略联盟。

5.资源能源节约。为解决采煤过程中大量煤矸石、粉煤灰等固体废弃物滞留的问题，强化法制政策保障。省政府发布《山西省“十二五”煤矸石综合利用实施方案》，提出一系列鼓励支持措施。省煤炭可持续发展基金每年安排约2.5亿元用于资源综合利用项目。朔州市固废综合利用基地作为全国首批12个工业固废综合利用示范基地之一，建成后成为全国最大的粉煤灰综合利用产业集聚区。

推进“气化山西”建设，加大煤层气资源的勘探开发、市场开拓和项目建设力度。2013年地面煤层气抽采量达30亿立方米、利用量25亿立方米；煤矿瓦斯抽采量达46亿立方米、利用量15亿立方米；全省气化覆盖人口达到1210万，占全省人口的1/3。

6.城乡统筹。一是思路创新，以工业化理念发展农业，大型企业以万亩为基本单位进行市场化运作、项目化带动。二是方式创新，组织方式上实施公司化、股份化运作，实施方式上进行产业规模化开发、土地集约化利用。三是机制创新，变政府主导、农民主体的扶贫开发机制为政府、企业、农民三方联动新机制。四是政策创新，省委、省政府出台实施百企千村产业扶贫开发工程的指导意见，提出10个方面的支持政策。截至2013年底，实施和开工建设的项目达209个，总投资690.8亿元。

2013年9月，省政府印发《关于积极稳妥推进户籍管理制度改革的通知》，铺开户籍制度改革，放宽中小城市和小城镇落户条件，推进户籍管理制度改革。

7.社会体制。为推动形成合理有序的收入分配格局，制定《深化收入分配制度改革实施意见》。落实提高最低工资标准、完善企业工资指导线、提高企业退休人员养老金标准、调整高温津贴标准、职工带薪休假制度等政策措施。

深化医药卫生体制改革，开展以县级医院综合改革为重点的公立医院改革。在首批34个县级公立医院改革基础上，2013年新增49个试点县，改革县数占全省总县数的70%。

推进文化体制机制创新，制订实施《关于深化文化体制改革的实施意见》，578家经营性文化单位完成企业改革，山西出版传媒、山西广电网络等6大骨干企业相继成立，广电系统局台分离，省直出版系统实现“三分开”。

8.行政管理。加快政府职能转变、创新行政管理方式，年初取消、下放143项行政审批项目。自9月开始，分两批进一步取消、下放和调整减少120项行政审批项目等事项。

12月1日，在32个县开展公司注册资本登记制度改革试点，将注册资本实缴登记制度向认缴登记制转变，实缴变认缴、一址可多企、年检变年报，放宽公司注册资本登记条件和市场主体住所登记条件，实现“零门槛”创办公司。（石　峥）

【转型综改工作专家座谈会】 2月21日，省长李小鹏主持召开。座谈会听取国务院研究室、国家发改委、省委政研室、省政府发展研究中心、省政府研究室、省社科院、山西大学有关专家，以及部分十八大党代表、人大代表及政协委员对加快推进山西省转型综改试验区建设的意见和建议。针对下一步转型综改工作，李小鹏提出三点要求：一是提高对转型综改重要性的认识，充分认识转型综改试验区建设对山西省转型跨越发展、对国家资源型地区转型发展，特别是对提高全省人民群众福祉的重要意义。二是深化对加快综改区建设紧迫性的认识，在中国特色社会主义的大旗下实现新山西又好又快发展。三是解放思想、转变观念，紧紧抓住资源型地区转型任务，按照中国特色社会主义“五位一体”总布局，突出重点、统筹推进各项转型综合改革。

（石　峥）

【全省转型综改试验区建设大会】 4月22日，省委、省政府召开。省委副书记、省长李小鹏主持，省委书记、省人大常委会主任袁纯清讲话。省发改委、晋中市、晋煤集团、朔州市平鲁区负责同志作表态发言。袁纯清强调：山西省转型综改试验区建设进入全面铺开、深入推进的关键时期，各级各部门要以坚强的领导、务实的举措、创新的方法落实《山西省国家资源型经济转型综合配套改革试验实施方案(2013~2015年)》和《山西省国家资源型经济转型综合配套改革试验2013年行动计划》，做到认识有新提高、改革有新突破、项目有新成果、落实有新举措，加快转型综改试验区建设。要求实现以下几个方面重要内容：一是推进重大项目建设，按照引领性、标志性、带动性的要求，建设好一批重大标杆项目、标杆工程、标杆园区、标杆企业；坚持围绕产业转型引进项目，扩大对外开放的深度和广度，创新招商引资方式，加快产业承接，推进产业结构优化升级；强化项目推进的全过程跟踪服务，把抓项目放在第一位，建立“项目推进年”常态化机制，强化项目全过程服务，形成省市县齐抓项目的工作格局。二是各级各部门特别是主要领导要把转型综改试验作为头号工程，列入重要议事日程，明确责任单位和责任人，确保层层有目标、人人有责任，深入一线，研究解决问题。三是优先保证重大工程和重点项目的生产要素供给，把更多水平较高、素质过硬的干部和人才选拔到转型综改试验的关键岗位。四是加大舆论宣传力度，营造人人关心、支持、参与综改的浓厚氛围。五是完善机制，建立重大工程和重点项目申报、登记、论证、评估、推进一体化领导机制和工作机制，健全政策激励机制，加快落实山西省签署的各项省部合作协议。（石　峥）

【转型综改《实施方案》与《行动计划》公布】 4月20日，山西省人民政府正式印发《山西省国家资源型经济转型综合配套改革试验实施方案(2013~2015年)》，省政府办公厅正式印发《山西省国家资源型经济转型综合配套改革试验2013年行动计划》。《实施方案》与《行动计划》相辅相成，要求各级领导各部门以解决山西转型综改试验区建设存在的问题为导向，以政策引导和体制机制创新为内容，以具体化和操作性的方法为重点，破解重点领域、关键环节体制机制改革难题，通过部省合作向国家争取一批重大政策，力争使山西省转型综改试验区建设在重大改革、重大事项、重大项目、重大课题上取得新突破，在产业转型、生态修复、城乡统筹、民生改善等转型发展方面取得新进展。（石　峥）

【各市、省级试点县转型综改办主任座谈会】 5月15日召开。各市、省级试点县转型综改办主任简要汇报近期转型综改试验区进展情况及存在的困难和问题，并就推进下一步工作提出要求和建议。会议要求：一是组织市县有关部门继续深化对省级《实施方案》《行动计划》的学习培训,提高思想认识;二是确保落实各项工作任务;三是制定切合市县实际的可操作性强的市、县级《实施方案》和《行动计划》;四是各市抓重点工程,指导所属县及企业开展工作,发挥县及企业转型综改试验主战场作用;五是各级各部门加强组织领导,建立和完善工作机制,形成推动转型综改试验区建设的强大合力。（石　峥）

【首家民间借贷登记服务中心成立】 5月22日,山西省首家民间借贷登记服务中心——晋中市民间借贷登记服务中心挂牌成立。晋中市是省政府确定的民间融资管理试点市,中心是由晋中市政府金融办公室成立的为晋中市民间借贷提供服务的一家机构。主要功能是:为民间借贷行为提供登记备案服务,为民间借贷搭建无偿的融资服务平台,建立并定期发布民间借贷价格指数。中心的成立,有助于引导规范晋中市民间借贷市场,营造规范有序的融资环境,拓展投资渠道,引导民间资金合法有序进入实体经济、小微企业创业之中,遏制社会资金体制外无序循环,减少非法融资现象,防范和化解民间金融风险,促进民间资本有序、健康流动。（石　峥）

【中国(太原)煤炭交易中心公路煤炭交易及价格指数】 5月23日,中国(太原)煤炭交易中心公路煤炭交易正式上线运行,中国太原煤炭交易价格指数正式发布。公路煤炭交易上线,标志着山西煤炭全部告别传统交易,今后所有煤炭交易都必须通过中国(太原)煤炭交易中心进行"网签"。实现四个"上线",即公路煤炭交易合同网上签订、票据上线、调度上线、货款结算上线。全年公路煤炭上线交易量达3亿吨。"上线交易"作为中国煤炭行业出现的一种新兴市场模式,建立在现代网络信息技术基础上,利用数字签名技术打造电子交易平台,为煤炭产运需企业提供安全、及时、便捷的场内和场外交易、交收、结算及信息服务,并实时发布煤炭供求信息和价格信息。煤炭交易价格指数包含一个综合价格指数、四个分煤种交易价格指数和六个代表规格品加权平均价,有利于及时、客观、全面地反映以山西为代表的主产地煤炭价格水平和变化情况,帮助煤炭供需企业及时了解煤炭价格变化趋势,引导供需企业合理定价、公平交易,提高中国煤炭贸易影响力和话语权。（石　峥）

【晋能有限责任公司成立】 5月25日,在太原成立。公司由山西煤炭运销集团有限公司与山西国际电力集团有限公司合并重组而成,标志着山西省推进煤电一体化发展、构建和谐煤电关系迈出重要步伐。公司作为现代综合能源集团,以煤炭生产、电力、贸易物流、新能源、燃气等产业为一体,打造山西综合能源基地的企业航母。按照"板块化运营、专业化管理、市场化服务"原则,公司以煤电和新能源产业为基础,以煤炭贸易物流为支撑,通过战略主导、资本运作和风险管控,依托上市公司,做实企业优良资产,做优集团融资平台,培育企业核心竞争力,力争国内、国际一流。"十二五"末,可实现煤炭产量超1亿吨、煤炭贸易量超3亿吨、发电装机超1000万千瓦、新能源发电装机超200万千瓦,营业收入超2500亿元、利税超200亿元、利润超100亿元。（石　峥）

【省级转型综改试点市(区)纳入扩权强县工作试点】 7月4日,潞城市、太原市尖草坪区、朔州市平鲁区、阳泉市郊区、运城市盐湖区等5个省级转型综改试点市(区)纳入扩权强县工作试点范围,省级转型综改试点县与扩权强县试点实现政策互享。潞城市实施第一批扩大县级经济社会管理权限的全部85项扩权事项,尖草坪区等4个市辖区实施第一批扩大县级经济社会管理权限的43项扩权事项。其中投资项目审批管理类18项,土地管理、资源开发及地质环境保护类6项,环境保护项目审批管理类4项,人力资源审批管理类13项,财政管理类1项,工商登记类1项。（石　峥）

【山西股权交易中心挂牌运营】 8月29日,正式挂牌运营。来自能源、机械装备制造、生物制药、高新技术、新材料、物流、文化、旅游等众多行业领域的首批挂牌企业达到866家。中心用于完善山西省资本市场体系,拓宽中小微企业融资渠道,激活民间资本,支持科技创新企业发展,是山西省政府批准设立的公司制、市场化运作的区域性交易市场,主要具有六大功能,即中小企业及私募产品的挂牌展示、投资、融资、股权交易、托管和拟上市公司培育。中心作为现有沪深交易所和商业银行体系之外的场外市场,具有门槛低、零成本、不强制公开披露信息、无交易所上市阻隔、市场自治等特色。

企业存续期满一年以上,且满足"3211"标准之一,即可申请在山西股权交易中心挂牌展示。"3211"标准指:盈利指标,上一年度或最近12个月的净利润累计不少于300万元;营业收入+成长指标,上一年度或最近12个月的营业收入累计不少于2000万元,或最近24个月的营业收入累计不少于2000万元,且增长率不少于30%;净资产+营业收入指标,净资产不少于1000万元,且上一年度或最近12个月的营业收入不少于500万元;金融机构增信指标,上一年度或最近12个月银行贷款达100万元以上或投资机构股权投资达100万元以上。

当天,山西股权交易中心还与中国银行、晋商银行、兴业银行、浦发银行、民生银行、山西证券、银河证券、海通证券、大同证券、国泰君安证券等一批银行、证券机构签署合作协议。山西中小企业创业投资基金与30多家挂牌企业形成合作意向,并与6家挂牌企业代表签署合作意向书。（石　峥）

【"山西媒体综改行"活动】 10月17~25日,由省委宣传部、省转型综改办组织中央和省内13家媒体新闻记者参加。采访团一行深入到太原、晋城、长治、晋中、阳泉5市和省发改委、经信委、水利厅、引黄局、中国(太原)煤炭交易中心等省直有关部门,实地采访近30个点和项目,集中报道各市、各有关部门综改工作的经验做法和亮点典型,反映山西省各市县、各行业、各部门在转型综改中的新经验、新做法，充分展示山西省推进综改试验区建设的改革创新和取得的阶段性成果，营造全社会了解、支持、参与转型综改试验区建设的良好氛围。 （石 峥）

开发区

·太原高新技术产业开发区·

【概述】 太原高新技术产业开发区（简称“太原高新区”）成立于1991年7月，1992年11月经国务院批准成为国家高新区，是山西省惟一的国家级高新区。园区现分为两大部分，学府园区总规划面积8平方千米，位于省城太原高等院校密集、科研力量雄厚、基础设施良好的学府区域，发展高新技术产业具有得天独厚的优势；汾东园区地处太原市重点发展的南部新区——汾东商务区内，是太原高新区为解决学府园区发展空间严重不足的矛盾而重点打造的产城一体化新区。 （赵 媛）

【经济发展】 2013年，太原高新区实现科工贸总收入1604.8亿元，同比增长8.9%；实现工业总产值1380.3亿元，同比增长9.0%；实现地区生产总值389亿元，同比增长3.7%；实现利税78.4亿元，同比增长6.4%；实现区级财政收入16.87亿元，同比增长4.4%；实现出口创汇2.86亿美元，同比下降25.5%。

太原高新区科工贸总收入上千万元企业349家，较上年增加63家。其中，总收入上亿元企业76家，较上年增加5家。太原高新区对区域经济的辐射和带动作用日益增强，2013年，全区入区企业地区生产总值占太原市GDP总量16.1%。 （赵 媛）

【投资环境】 汾东园区按照“高起点规划、高标准建设”要求，推进新区规划建设工作。完成园区规划设计方案、部分单体方案设计、市政道路方案设计、市政管线综合方案，并呈报市政府。完成97.6公顷新区收储土地转用指标规划及土地申报工作和新区范围内的实地踏勘工作。加快新区路网、电网等基础设施建设，完成园区大运西路、六号线、六号线南街、八号线北街、八号线、真武东路六条路的道路方案、综合管线方案设计。大运西路、八号线已开工建设。落实汾东22万千伏变电站建设运营及直供电相关事宜，满足园区企业供电需求。百万平方米孵化器、加速器建设推进。

龙城大街两侧规划用地已安排入驻军威集团技术创新中心、清华同方知网数字出版产业园、生物基因芯片诊断技术中心、大邦蓝天国家环境保护技术工程中心、虹安科技矿山救护技术创新基地等项目，规划、土地等相关手续已基本办理完毕，正在进入基础建设阶段。

2013年，全年全区累计完成固定资产投资54.22亿元，同比增长33.34%。其中：工业及其他项目投资完成40.44亿元，同比增长30.18%；房地产项目完成13.78亿元，同比增长43.56%。

太原高新区构建多层次金融服务平台，成立规模为4亿元的信息安全产业专项基金，重点扶持信息安全产业领域的企业；设立研发专项基金，鼓励区内企业与国家级科研院所开展合作；与建行等银行合作开展“助保金贷款”业务，解决小微企业融资难问题，促进小微企业快速发展。推进高新区直属金融企业拓展业务，太原高新区科技基金公司已对六家企业完成股权投资2400万元；太原高新区创新高科技小额贷款股份有限公司累计发放贷款2.1亿元；太原高新区中小企业融资担保公司共有7家合作银行，新增19笔担保业务，完成新增担保金额1.5亿元。（赵 媛）

【科技创新】 太原高新区先后聚集一批创新创业服务机构，形成从技术研发、技术转移、企业孵化到产业化基地、产业集聚的一整套技术创新和产业孵育体系，支撑高科技企业的自主创新活动。截至年底，太原高新区共有各类孵化器及科技园25家（国家级孵化器4家），成立技术转移机构2家，律师事务所13家，会计师事务所8家，金融机构8家，人才服务机构2家，生产力促进中心1家。

产学研合作方面，太原高新区引进建立IBM智慧城市联合创新中心、仿真技术应用国家工程研究中心；与山西大学、太原理工大学、太原科技大学等科研院所开展产学研合作；与中科院过程所联合建设“新型节能环保技术联合实验室”；与清华大学化工学院、清华科创、中科院理化所、中科院半导体所等院所开展项目合作；成立山西省产业技术研究院有限责任公司，搭建全方位的科技攻关和成果转化平台。

2013年，太原高新区共落实省、市科技计划项目70项，落实无偿资助资金6302.59万元；办理技术合同登记51份，合同成交总金额达1.6亿元，其中技术交易额1.5亿元。

（赵 媛）

【人才建设】 2013年，太原高新区加强人才服务平台建设。加快院士工作站和博士后工作站建设，成立3家院士工作站，8家企业博士后科研工作站。支持海外高层次人才创业发展，全区共有4人入选国家“千人计划”，15人入选省“百人计划”，引进8名“千人计划”人才到园区创业；太原留学人员创业园被科技部批准授予“国家国际科技合作基地”，吸引来自美国、英国、德国等国家和地区的留学人员208人，创办企业144家。

开展招才引智，吸引国内外高层次人才、海外留学人员、国家“千人计划”和省“百人计划”入选者到高新区创新创业。截至2013年底，引进和扶持国家“千人计划”和山西省“百人计划”企业等一流水平项目共16个。重点项目有：“千人计划”专家陈旭远教授为首席科学家的山西傲维光视光电科技有限公司，“千人计划”专家张中标博士创办并担任首席科学家的天津砚津科技有限公司，“千人计划”专家石忠民博士创办的山西智索信息科技有限公司，“百人计划”专家龚如宾博士创办的山西三恒自动化有限公司。

截至年底，太原高新区入区企业

年末从业人员数117835人。全区拥有大专以上学历人员57560人,占全区从业人员总数48.7%。其中,博士310人,比上年增加37人;硕士3346人,比上年增加611人。全区中级以上职称人员22261人,比上年增加130人。 (赵 媛)

【招商引资】 2013年,太原高新区进行项目提前招商、先行储备工作。全年共引进入区企业473家,注册资金总额41.47亿元。围绕高新区重点发展的战略性新兴产业,进行产业规划招商、选商,注重项目技术性,产业带动性,围绕特色产业集群和产业链展开招商引资工作,储备一批优质招商项目。重点围绕信息安全产业园、物联网产业园、电子商务产业园进行招商。信息安全产业园有上海众人网络安全科技有限公司、北京天行网安信息技术有限责任公司入驻;物联网园区已筛选首批入园企业50多家,并与企业签订合作意向书,定制开发协议。电子商务产业园区引进山西贡天下商贸有限公司、山西百事帮科技股份有限公司、山西同城商务有限公司等一批B2B、B2C电子商务应用示范企业,构建包括电子商务应用、第三方电子商务交易平台、电子商务支撑项目在内的产业集群。(赵 媛)

【特色产业】 2013年,高新区特色产业集群壮大,一批重点项目启动,信息产业集群建设提升。以上海众人、北京天行网安为龙头的信息安全产业初具规模,将打造信息安全产业高地;以激光投影仪、全固态激光器、红外成像系统项目为核心的光电产业集群初步形成;以基因芯片、干细胞基因工程项目为核心的生命科技产业开始起步;以蓝宝石中试基地、钕铁硼、太阳能为核心的新材料与环保节能产业集群发展壮大;以清华同方知网、问天网游、创影动画为龙头的文化创意产业发展,被授予"国家文化产业示范基地""国家文化和科技融合示范基地"称号。 (赵 媛)

【社会事业】 推进"城乡清洁工程",建设现代宜居园区。加大投入,加强园区公用基础设施建设,启动总投资5477万元的学府园区供电设施建设工程,完善城市服务功能;实施片区整治改造,开展星级单元、街景整治示范街创建工作。

创新社会治理。提高居民自治水平,完成中环社区换届选举工作;构建全方位、全天候、立体化社会治安防控体系,提高社会治安防控能力,群众安全感提升;建立健全社会矛盾调解机制,化解各类矛盾和不安定因素,维护全区的社会稳定。

开展各类安全生产专项整治活动,加大监督检查力度,狠抓各类事故隐患的治理和整改,促进企业主体责任和各级监管责任落实,全区安全生产工作总体形势稳定。

开展各类宣传思想文化和宣传道德模范活动、文明单位创建活动,提升园区精神文明创建水平。全年举办道德讲堂5期,选评树立区级文明单位30家,6家被评为市级文明单位。

(赵 媛)

·长治高新技术开发区·

【概述】 长治高新区贯彻落实党的十八届三中全会和习近平总书记一系列重要讲话精神,贯彻执行省委、市委决策部署,克服国内外经济下行特别是潞安环能经济大幅度下滑等因素,推进"一二三五五"发展战略。区内主要指标平稳增长。不包含潞安环能,全区完成科工贸总收入57.3亿元,增长10.2%;生产总值23.5亿元,增长11.9%;工业总产值33亿元,增长10%;工业增加值12亿元,增长15%;财政总收入5.7亿元,增长33%;一般预算收入1.5亿元,增长15.4%。

(李立平)

【升级扩区】 市政府和管委会领导多次赴省进京汇报工作,科技部两次派出调研组到高新区考察调研。科技部领导和专家认为,长治高新区建区20多年来,在"发展高科技、实现产业化"方面得到突破性发展和实质性提升,在长治乃至全省起到示范、引领和带头作用,长治高新区具备升级为国家高新区条件。省国土厅、科技厅、发改委、商务厅、住建厅对长治高新区扩区报告进行联合会审,高新区和郊区联合对晋城开发区扩区托管情况进行考察,并向市委市政府递交考察报告。 (李立平)

【招商引资】 2013年签约项目13个,总投资43.43亿元,增长44.8%,完成市政府任务155.1%;招商引资到位资金10.67亿元,增长20.4%,完成市政府任务133%,完成率全市第三。签约引进投资20亿元的北京中海大地投资有限公司云计算数据产业园、投资7.1亿元的清华同方科技孵化园、投资5亿元的中国科技开发院高新技术孵化及产业化基地等11个亿元以上孵化经济、研发经济、总部经济、楼宇经济项目。

全年重点推进项目42个,总投资119亿元,新上项目7个,完成投资35亿元。居然之家、移动枢纽楼、金威超市等项目投入运营,为加快转型跨越创造新的增长点。 (李立平)

【科技创新】 完成科技三项费用651万元、科技支出4651万元。在建康宝基因工程疫苗、德国西门子大型特种电机、玉华再制造、中信高科软件园等高新技术项目加快推进产学研一体化。投资1.2亿元新建孵化面积2.7万平方米科技孵化园,10月投入使用,成为区域科技孵化和自主创新高地。

(李立平)

【科技新城建设】 坚持产业功能和城市功能相融合,推进"零村庄"改造。三年完成拆迁433户,拆迁15.2万平方米;完成投资9.64亿元,建成53.6万平方米安置房。启动连接郊区漳泽工业园经二路、纬五路工程。开展"三项治理"百日行动。完成市政府下达7.23万平方米城市主干道征迁任务,在史家庄村集中拆迁105户共计4.25万平方米,按时间拆完全市面积最大、密度最大、难度最大的连片居民区。管委会提前完成机关整体搬迁,为打通延安北路创造条件。

(李立平)

【社会事业和社会管理】 长治高新区辖区四个村经济收入3.54亿元,增长12.5%;村民人均收入1.69万元,增长 10.5%。教育支出 1693 万元，义务教育入学率 100%、巩固率 98%，启动市政府重点工程容海幼儿园建设工程；新增就业 2340 人，增长 41.8%；医疗卫生支出 405 万元，新农合参保人数增长 2.2%，启动中心医院改扩建工程；征缴各类社会保险基金 750 万元，增长 9%。社会保障和就业支出 851 万元，增长 34.65%；全年为低保户、困难户发放各类补助金 193.4 万元；人口出生率控制在 10‰以内，自增率控制在 6‰以内。安全生产实现“零事故”目标，没有发生大规模赴省进京上访事件、极端恶性事件、重大群体性事件。（李立平）

·晋中经济技术开发区·

【概述】 晋中经济技术开发区(简称晋中开发区)是 1996 年 1 月经山西省人民政府批准设立的省级开发区，2012 年 3 月经国务院批准升级为国家级经济技术开发区。开发区党工委、管委会是晋中市委、市政府的派出机构，与开发区投资建设公司三块牌子、一套人马，对开发区实行统一领导、统一规划、统一建设、统一管理。管辖面积 55.8 平方千米，规划面积 5.2 平方千米，区内有 17 个村庄，常住人口 8.4 万。位于晋中市西北城乡结合部，毗邻省城太原市，是大太原经济圈发展的黄金地段，区内地势平坦，水、电、路、气、暖等基础设施配套完善。截至 2013 年底，入区企业共 1494 个，其中，规模以上工业企业 30 户，限额以上商贸流通企业 40 户，世界 500 强投资企业 7 个，2013 年新注册企业 267 个。

（杨成祥　赵新政　李　茂）

【经济运行】 2013 年，晋中开发区生产总值 31.9 亿元，比上年增长 45.8%；规模以上工业增加值 12.72 亿元，比上年增长 25.5%；财政总收入 8.5 亿元，比上年增长 16.59%；社会消费品零售总额 61.6 亿元，比上年增长 22.6%；固定资产投资 43.7 亿元，比上年增长 22.1%；进出口总额 2031.91 万美元，比上年增长 32.4%；工业总产值 58 亿元，比上年增长 48%；农村经济总量 37.45 亿元，比上年增长 11%；农民人均纯收入 13100 元，比上年增长 14.2%。

（杨成祥　赵新政　李　茂）

【主导产业与重点企业】 2013 年，晋中开发区规模以上工业产值完成 35.11 亿元，比上年增长 19.76%，实现销售产值 30.59 亿元，比上年增长 19.06%，产销率 87.10%。其中，医药食品企业完成产值 10.16 亿元，增长 20.04%；装备制造企业完成产值 15.2 亿元，增长 18.51%；限额以上商贸企业实现销售总额 105.2 亿元，增长 20.68%。

形成“4+1”产业发展框架。即以山西振东安特生物制药有限公司、德元堂药业有限公司、“中华老字号”山西双合成工贸有限公司为代表的医药食品加工业；以中航美运兰田装备制造有限公司、山西鸿基科技股份有限公司为代表的装备制造业；以北方自动控制研究所、山西物联谷科技有限公司为代表的电子信息产业；以山西晋能艾斯特空冷设备制造有限公司、山西亚乐士环保设备有限公司为代表的节能环保产业，以三晋国际物流城和汽贸园为支撑的现代物流产业。

另外，晋中开发区逐步形成以生产家具、羊绒衫为代表的生活消费品产业，代表企业有福润家具、孟氏家具、日神羊绒衫等。

（杨成祥　赵新政　李　茂）

【招商引资】 2013 年共签约项目 9 项，总投资 184.5 亿元，为晋中市任务的 141.9%，任务完成率排第三。9 个项目计划占地 1579 亩，平均投资 1168.5 万元/亩。5 个项目实现当年落地并办理相关手续，其余 4 个推进中。2013 年共储备项目 36 项，总投资 2405 亿元。代表性的有世界 500 强企业西田奥莱商业综合体项目、绿地集团科技创新园项目、中海油集团催化剂项目，国内 500 强苏宁电器山西地区管理总部及配送中心、红星美凯龙仓储物流项目，均签订入区协议。

（杨成祥　赵新政　李　茂）

【重点项目推进】 2013 年，全区安排建设项目(包括国家、省、市工程)103 个，总投资 306 亿元，总占地 8621 亩。其中，产业类项目 53 项，基础设施类重点工程 43 项，其他类项目 7 项。这批项目中，开工建设 69 项，实际完成投资 56 亿元；其余 34 项均完成前期工作，相关要素基本到位，为 2014 年开工建设做好基础。列入市考核重点工程共 7 类 38 项，总投资 179.8 亿元，2013 年计划投资 45.1 亿元，当年全部开工建设，并完成投资 48.7 亿元，投资完成率 108.1%。其中省级重点工程完成投资 7.75 亿元，为年度目标任务 7 亿元的 110.71%。

（杨成祥　赵新政　李　茂）

【科技创新及品牌创建】 2013 年新认定山西德元堂药业公司、山西德润翔电力科技有限公司、山西华纳机械有限公司等 3 户高新技术企业，总户数已达到 7 户，约占晋中市 30%。申报国家、省、市各类科技项目 11 项，申报专利 65 项，出台《科技引领人才支撑创新发展的实施意见》，配套下发《专利申请资助专项资金管理办法》和《关于做好支撑科技人员服务企业及组织实施重点科技企业和规模以上企业科技特派员工作通知》等系列科技创新的政策文件。并调整科技行政管理部门，成立科技办，设立高新技术创业服务中心。2013 年财政下拨科技发展资金 1000 万元，重点资助安特制药、鸿基实业、贝斯特、福润家具、晋能艾斯特等 11 个企业的 15 个科技研发项目。

（杨成祥　赵新政　李　茂）

【投资环境】 2013 年，重点铺开 42 项市政重点工程建设，总投资 40 亿元，当年投资 13 亿元；加快产城一体化建设，同时启动“城中村”改造，龙田新区已启动，南北六堡、使赵、鸣李、韩村、秋村新区开始规划。晋中开发区整个 55.8 平方千米内 17 个村将以 6 个新社区全部覆盖，改造完成后可提供存量建设用地近 8000 亩。加大现有企业水污染治理力度，创建优良环境，打造绿色生态区，重点以“三园七线”(三个公园、七条主干线路园林，包括机关、企业、新社区)生态绿化工程，全部铺开，着力打造生态型产城一体化发展环境。

（杨成祥　赵新政　李　茂）

【民生工程】 2013 年晋中市政府承诺改善民生实事中涉及晋中开发区

的7项任务全部完成。在年初确定的11项惠民实事,其中6项完成,其余5项正在推进。2013年开发区城乡社会保障力度加大,17个村60周岁以上村民全部纳入新农保范畴,实现全覆盖,基础养老金从2013年1月起在原标准基础上再提高10元,为晋中市最高。针对失地农民、失业人员,积极开展技能培训和创业培训,全年新增城镇就业2097人,创业带动就业257人,失业人员再就业407人,困难人员就业176人,转移农村劳动力2037人。2013年,以龙田"城中村"改造为示范,全力推进新社区建设。龙田"城中村"改造项目一期工程顺利开工。2013年11月,龙田村转制后首批符合条件的居民领到城镇职工养老金。南北六堡、使赵、鸣李、韩村、秋村等5个新型社区的规划编制工作同步完成。

(杨成祥　赵新政　李　茂)

·临汾经济技术开发区·

【概述】 临汾经济技术开发区(简称临汾开发区)是1997年经山西省人民政府批准成立的省级开发区,1998年10月18日正式挂牌运行。位于临汾市新城区中心区域,行政管辖面积9.867平方千米,城市规划面积7.8平方千米。规划功能、定位是:商贸启动、工业兴区,工业及市政用地率达到70%以上。管委会作为临汾市政府派出机构,行使部分省级经济管理权限、部分市级行政管理权限和市级综合经济管理职能。为了寻求新的工业发展空间和经济增长极,临汾开发区于2010年8月与洪洞县合作共建临汾开发区(洪洞·甘亭)新型工业园。

(梁　青　段云龙)

【经济发展】 2013年,临汾开发区财政总收入完成66885万元,同比增长14%;其中,税收收入完成32816万元,同比增长12%;一般预算收入完成14036万元,同比增长13%。区内生产总值完成58.7亿元,同比增长66%;工业总产值完成21亿元,同比增长16%;工业增加值完成6.3亿元,同比增长14%;企业主营业务收入完成256亿元,同比增长13%;招商引资合同资金完成117.5亿元,同比增长76%;土地出让金入库额3.2亿元,同比增长19%;固定资产投资完成27.91亿元,同比增长11%;进出口总额完成5239万美元,同比减少2%;重点项目投资完成32.36亿元,同比增长6.06%;重点项目落地完成73.62亿元,同比增长177.81%;重点项目签约完成117.5亿元,同比增长75.64%;重点项目储备完成800亿元,同比增长45.45%。　(梁　青　段云龙)

【投资环境】 2013年,临汾开发区加大项目建设步伐,实施建设河汾四路(中大街—滨河路)、工业路(廉租房—建设北路)、坂下街续建、滨河东路北延、中大街南段等基础设施建设工程,完成年度投资13143万元;实施完成绿化、防汛排污、市政设施维护等工程,使全区的配套工程建设进一步完善。加强作风建设,完善服务功能,全力改善软环境,着力推进三级联动便民平台建设和三级联动利民网络体系,推进行政审批制度改革,规范审批环境和流程,提高政务服务效率。在作风建设上,实施"夯实基础管理、落实工作责任"集中教育整顿,开展"力戒空谈、从我做起"活动和安全稳定、社会管理环境综合整治"夏季百日行动",将集中教育整顿活动引深和具体化,全区工作作风得到转变,工作效能得到提升。

(梁　青　段云龙)

【招商引资】 2013年,临汾开发区签订入区合同及协议4项,合同及协议资金共计117.5亿元,完成市下达任务100亿元的118%,超额完成全年招商引资任务。引进投资百亿元的江苏鸿典新材料、投资32亿元的玉柴新能源汽车产业园等一批重量级项目。

梅亿新能源电动汽车项目总投资150亿元,年产50万辆,需占地500~1000亩,就业1000~10000人。其中一期投资20亿元,年产5万~10万辆,计划2014年开工建设并投产。碳纤维项目由山西华正煤化有限公司和中国和平北京兴业投资有限公司合作建设,属高科技项目,总投资60亿元。新材料产业园区项目(江苏鸿典),拟在工业园建设全球膜材料高新技术示范园,规划占地1500亩,总投资100亿元,五年内计划引进30家高科技新型材料知名生产企业、40家各类配套生产性服务企业及10家综合性服务企业。

(梁　青　段云龙)

【项目建设】 编制出台《临汾开发区2013年度发展规划》《临汾开发区加强重点项目落地和建设工作制度》《临汾开发区项目包联情况月度项目投资进展排名表》《临汾开发区转型综改试验实施方案2013~2015》等一系列规章制度和措施,并采取项目跟

3月4日,临汾开发区2013年经济工作会议召开　(梁　青提供)

临汾开发区工业园区飞虹微纳米LED新材料项目　（梁　青提供）

踪服务、现场协调办公、搭建银企平台、组织业务技能培训等方式，帮助企业解决制约发展的各类问题，为项目的稳健发展提供有力保障。（梁　青　段云龙）

【科技创新】 2013年，临汾开发区区内企业实施科技创新项目5个，总投资7441万元。分别为：奇林药业股份有限公司、海兰实业有限公司、汾能电气有限公司、桂莆红木实业有限公司、佛山塑料科技集团临汾经纬分公司。同时，临汾开发区向上级有关部门申请扶持资金，累计1120万元。2013年完成专利申报6件，其中，发明专利2件，专利著作权4件。2013年区内入区企业研究与实验发展经费支出计2508万元，占GDP0.43%，管委会支持科技发展支出459万元。临汾开发区万福麟科技创新园对区内现有科学技术信息及服务资源进行整合和合作。招商引资吸引一批高新技术项目，比如广西玉柴物流、年产10万吨新型分离材料、年产10万吨果汁项目等，标准化厂房开始建设。同时，编制完成临汾开发区循环化改造申报方案（草案），启动循环化改造试点申报工作和工业园整合升级申请工作。（梁　青　段云龙）

【行政效能】 严格落实《八项规定》和《厉行节约反对浪费条例》，引深行政审批制度改革，应用移动互联技术和新型服务终端，推进三级联动便民平台。开展民主评议政风行风和商务、工商、质监、土地各类活动，全年审查各类项目88个，核减金额1108.6万元，核减率10.8%。完成采购项目47个，节省资金25.2万元，资金节省率8.8%。（梁　青　段云龙）

·侯马经济开发区·

【概述】 侯马开发区位于侯马市区东部，面积8.16平方千米。2013年，全区GDP完成38.6亿元，同比增长31%；财政总收入完成2.87亿元，同比增长22.3%；一般预算收入完成1.12亿元，同比增长12.3%；企业主营业务收入完成186.9亿元，同比增长46%；工业总产值完成23.9亿元，同比增长44%；固定资产投资完成32.97亿元，同比增长31%；进出口总额完成3.66亿美元，同比增长37%；实际引进到位资金20.1亿元，同比增长57.5%。截至年底，开发区入区企业总计763家。其中，工业企业49家，电子商务、现代金融类企业35家，总部经济、商贸物流类企业670余家。（林广源）

【重点项目】 在重点项目推进方面，按照省、市"项目推进年"部署，落实"六位一体"工作机制，年初确定的"3个10"项目工程目标稳步推进。一是包联帮扶10个投产达效项目，志盛太阳能电池组件、鹏诚飞模塑电子等6个工业项目全部建成投产，恒威新生IDC数据处理中心、中国网库"电商谷"等4个电商项目上线。二是包联帮扶10个在建竣工项目，聚鑫源针织、高新产业孵化中心、园区职工公寓等10个项目主体工程完工，部分投产或投入使用。三是重点推进10个落地开工项目，铃木电梯、阀门集成工业园、园区物流配送中心等10个项目全部落地。（林广源）

【投资环境】 基础设施建设方面，2013年，累计投资千万元，完成CBD商务办公园区和承接产业转移示范园区步行街与东站南路等道路的续建、修缮工程，以及供电专线改建、绿化亮化美化建设工程，新建、修缮道路总面积1.8万平方米；新增道路、庭院绿化面积4.8万平方米。

品牌服务建设方面，开发区持续创新服务举措，完善服务内涵。探索实行并联式审批，清理、合并行政审批项目6项，保留行政审批和行政服务事项35项。推行立体服务，细化服务措施，帮助解决企业用人问题，引进海外高层次人才13名，输送实用型人才和技术工人800多名；及时解决企业融资问题，多形式拓宽融资渠道，先后帮助企业融资7000万元；解决承接产业园区职工上下班公共交通问题，协调开通公交专线。"平安开发区"建设方面，开展专项整治活动，夯实基础，加大投入，提高安全生产管理水平。抓好矛盾源头预防，解决好群众反响强烈的民生问题。全年没有发生一起安全生产事故和越级上访事件。（林广源）

【招商引资】 借助保税物流中心、加工贸易梯度转移重点承接地、中国现代物流产业基地和国家电子商务示范基地四个国家级平台带来的磁场效应，探索以平台招商、园区招商和产业链招商为特色的立体招商格局。全年共引进各类项目129个，其中，铃木电梯、盛海供热设备、金曙光压力容器等工业项目12个；电子商务、金融机构、商贸物流、总部经济类项目117个。特别是在推进国家电子商务示范基地建设方面，完善硬件配备，协调畅通支付系统，启动商务秘书个性化服务，弥补电商企业在内陆地区的发展短板。举办多场电子商务外贸实务培训，承办"晋商网上行"和"山西网购狂欢节"等活动，为电商企业在开发区加速集聚营造氛围。截至年底，黄河金三角、敦煌网、中国网库、恒威新生网络科技等24家国内知名电商和单品交易网成功上线，初步形成大宗商品交易、外贸服务、内贸服务和电商配套四大类型，形成以

大宗商品为主,多种业态兼顾的发展模式,服务实体企业会员3000多家,产生交易额近10亿元。（林广源）

【重点企业】 2013年,侯马开发区依托四个国家级发展平台,重点发展现代物流、电子商务、电子信息、装备制造、医疗器械等产业。较具代表性的企业有九个:(1)铃木电梯生产项目。是山西省惟一一家集产品开发、市场拓展及售后服务为一体的整机专业电梯生产企业。一期投资5亿元,年生产各类电梯3000台,年产值可达6亿元。(2)志盛新能源项目。主要生产太阳能光伏组件。建成太阳能组件主体车间和配套混合车间,正在建设光伏建筑一体化示范车间。全部建成后,可生产太阳能光伏组件150兆瓦、硅片25兆瓦,年产值可达10亿元。(3)鹏诚飞精密模塑项目。主要为园区电子企业配套生产模具和注塑产品。一期工程建成投产。项目全部建成后,年产值可达2亿元。(4)好利阀生产项目。主要生产全系列阀门产品。年产值可达10亿元。(5)晋航重工齿轮生产项目。主要为北方奔驰配套生产精密齿轮。已建成投产,年产值1亿元。(6)山西恒威新生网络科技有限公司项目。主要是搭建面向电子商务企业、传统企业,开展IDC数据服务、电商应用孵化、第四方物流的电子商务配套服务平台,形成完善的电子商务支撑体系。(7)山西敦煌禾光信息技术有限公司“敦煌网山西外贸电商服务平台”项目。6月上线运营,主要功能是推动山西企业与国际市场接轨并开展国际间线上交易服务。(8)山西网库互通信息技术有限公司“山西电商谷”服务平台项目。主要功能是搭建依托山西优势商品的多个单品行业联盟,打造贯穿单品产业链的交易集群,形成山西省规模以上实体企业的电子商务应用洼地。(9)山西黄河工业品交易中心有限公司“黄河工业品交易网”平台项目。主要功能是依托钢铁龙头企业的优势产品,开展钢材、焦炭、铸件等初级工业产品的线上交易,形成区域内信息流、资金流、物流的有效汇聚,从而提高企业竞争力、降低流通成本。核心会员企业达200多个。（林广源）

【科技创新】 侯马开发区注重科技创新,努力促成区内企业与高校和科研院所建立产学研合作关系。截至年底,全区有山西卓锋钛业有限公司、山西旺龙药业有限公司2个高新技术企业和侯马开发区志盛新能源有限公司企业技术中心、山西好利阀机械制造有限公司企业技术中心等5个研发机构先后获得省市有关部门认定;共有9个企业获得专利授权40件。2013年开发区各类企业研究与试验发展经费支出2793万元,开发区财政支持科技发展支出389万元,从事技术研发人员103名,新认定高新技术企业1家、技术中心2家,新申请专利27项;建有1个科技企业孵化器,在孵企业5家。（林广源）

【环境保护】 2005年在全省开发区中率先通过ISO14001环境管理体系认证,从城市规划、项目入区、文明服务、节能降耗和依法行政等多方面进行规范化管理,提升开发区的环境管理水平。开发区严把项目入区关口,对不符合环保要求的实行一票否决,绝不引进。区内企业排放的废弃物均达到国家规定的排放标准和污染物排放总量控制指标。（林广源）

【管理与服务】 创新管理体制。为加快侯马开发区国家电子商务示范基地建设,成立电子商务示范基地管理委员会,管委会下设一个办公室和若干务实工作机构。为做好中小微企业服务工作,探索符合开发区实际的企业入区模式,成立中小微企业服务中心,实行公司化运作。通过提供集中办公、实行并联审批等综合配套服务,把零门槛入区服务、注册住所挂靠托管服务和其他配套商务秘书服务落实好,做到降低经营成本、便于行业监管、纳税渠道多样。（林广源）

【社会事业】 侯马开发区履行社会责任,实现区域经济、社会和谐发展。一是解决好失地农民利益问题。结合新农村建设,开发区列支专项经费,为所在地乡村修路、打井、建学校,改善农村生活环境;帮助农民成立运输装卸队,建设商业步行街、自营市场、供水站等项目,解决村民的致富问题;侯马开发区出资与侯马职业中专合作,免费培训区内劳动者,在区内优先安排农村剩余劳动力就业。二是抓好安全生产。开发区实行安全监管责任三落实,制定企业法人安全生产承诺制度,全面落实政府监管责任和企业主体责任。在此基础上,开展隐患排查、专项整治等活动,对查出的安全隐患及时整改。三是坚持抓好信访稳定,推进“一线工作法”,解决好群众反响强烈的民生问题,抓好信访矛盾源头预防,全年没有发生一起越级上访事件。（林广源）

·运城空港经济开发区·

【概述】 运城空港经济开发区位于运城市区东郊,距市中心11千米。同蒲铁路穿越其间,大运(大同至运城)、运三(运城至三门峡)、运风(运城至风陵渡)三条高速绕区而过,具有空运、公路、铁路立体交通优势。北至机场,南至中条山,西至运三高速,东至209国道。总规划面积30平方千米,建成区面积13平方千米,五纵五横80米宽的10条主大街全部完工,横跨南同蒲铁路的三座立交桥建成两座,面积为3200亩的东花园成形,水电通讯、供热供气、学校医院、商住酒店、绿化亮化等基础设施和服务功能齐全,初步形成汽车制造、轻工食品、现代物流三大主导产业。2012年被省商务厅确定为全省开发区综合配套改革试验区试点单位,被省政府确定为全省综改试验“一市两园”享受优惠政策单位。2012年1月12日,省人民政府晋政函〔2012〕2号文件批复,同意设立运城空港经济开发区。（杨建国）

【经济发展】 运城空港经济开发区2013年主营业务收入170.21亿元,同比增长16.99%;完成区内生产总值51.25亿元,同比增长25%;完成工业总产值58.63亿元,同比增长24.14%;完成工业增加值11.54亿元,同比增长26.81%;其中规模以上工业总产值完成39.1亿元,同比增长66.39%;规模以上工业增加值完成3.65亿元，同比增长126.71%；完成两税收入1.76亿元，同比增长10.3%；财政收入完成5.1亿元，同比增长37.84%；固定资产投资完成39亿元，同比增长39.29%；外贸进出口总额完成1515万美元，同比增长27.2%。（杨建国）

【工商企业】 截至年底，运城空港经济开发区注册登记的各类工商企业629家，其中2013年新增注册企业162家；注册工业企业115家，其中规模以上工业企业13家。在入园企业中，有外商投资企业3家，分别是运城顶津饮品有限公司、华润雪花啤酒（运城）有限公司、山西力天世纪刀具有限公司；有高新技术企业4家，分别是山西大运汽车制造有限公司、山西卓里集团有限公司、山西建华化工有限公司、山西巨安电子技术有限公司；有世界500强企业2家，分别是华润雪花啤酒（运城）有限公司、际华3534运城工业物流园有限公司，投资方分别是中国华润总公司和新兴际华集团。有进出口企业9家，分别是山西大运汽车制造有限公司、山西力天世纪刀具有限公司、山西省运城市晋港进出口有限公司、运城市东龙包装材料有限公司、运城市鑫开商贸有限公司、山西科盛新型金属材料有限公司、运城市空港华雄纺织有限公司、际华3534运城工业物流园有限公司、山西澳兴果业有限公司。（杨建国）

【体制建设】 10月22日，运城市委、市人民政府下发《关于理顺运城、空港、风陵渡、绛县四个省级开发区管理体制的意见》。（1）明确开发区享有市级政府的经济管理权限，由开发区管委会全权管理辖区内乡、镇、办事处及村的政治、经济、文化、社会、生态等建设。（2）明确开发区管委会使用全额事业编制和自收自支事业编制，经费由开发区财政负担。开发区各部门负责人及工作人员可实行聘任、聘用制。（3）明确空港经济开发区的规划范围是，北至运城关公机场、南至中条山、西至运三高速、东至209国道，面积30平方千米。具体管辖范

12月29日，中国运城·深圳家居产业园项目开发建设协议签署仪式在空港度假村举行（杨建国提供）

围，涉及盐湖区安邑办事处14个村、陶村镇3个村、东郭镇1个村，夏县裴介镇10个村、庙前镇5个村，共计33个村。分别是盐湖区陶村镇张孝村、大村、苦池，安邑办事处徐家庄、上王村、柏园村、冯家卓村、三家庄村、黄家卓村、湾子村、房子村、郭家卓村、东杨家卓村、西里庄村、埝尾头、汤里村、新庄，东郭镇下段村；夏县裴介镇吉家庄村、辕村、南卫村、裴介庄、师村、北卫、双庙、樊韩王、陈乔、兴郎庄，庙前镇付村、杨村、南上晁、北上晁、王峪口。同时，开发区对盐湖区安邑办事处东王村、辛卓村、东街社区、南街社区、任村、芦子沟村、丁家卓村7个村（社区）运三高速路以东和夏县裴介镇裴介村、庙前镇薛庄2个村209国道以西部分土地具有开发权。（4）明确开发区建立一级财政、一级金库，报表单列，金库单设，实行独立的财政预、决算体制。区内企业税收归空港经济开发区，在盐湖区、夏县土地上实现的财力，在1.5亿元（含1.5亿元）以内，与盐湖区、夏县按7:3分成；1.5亿元至2亿元间（含2亿元）的增加财力与盐湖区、夏县按8:2分成；2亿元至2.5亿元间（含2.5亿元）的增加财力与盐湖区、夏县按9:1分成；2.5亿元以上的增加财力与盐湖区、夏县按9.5:0.5分成。夏县政府招商引资的润恒农副产品冷链物流园等三个项目和空港经济开发区管辖夏县15个村现有企业的税收和财力归夏县。（杨建国）

【路网框架】 1月，空港经济开发区开始建设“四纵三横一桥”路网工程，总投资5亿多元，全长21.9千米，覆盖11平方千米，年底全部建成，并完成绿化、亮化工程。“四纵三横”道路是：纵一路（通达南路），长1.848千米，宽153米，双向6车道；纵三路（创新路），长1.984千米，宽57米，双向4车道；纵四路（雪花南路），长3.4千米，宽109米，双向6车道；纵五路，长1.984千米，宽57米，双向4车道；横一主干道（河东街空港段），长3.2千米，宽110米，双向10车道；横一次干道（铺安街空港段），长3.2千米，宽54米，双向4车道；横四路（汤王街），长1.984千米，宽84米，双向6车道。穿越运（运城）三（三门峡）高速公路连接市区河东街的立交桥由省交通科研院设计，桥长90米，桥宽60米，为三孔双向18车道下穿式立交桥，总投资3000万元，于11月15日破土动工。（杨建国）

【中国运城·深圳家居产业园】 项目由深圳家具行业协会和山西安民集团合作开发建设，总投资600亿元，占地22500亩，是一个集家具制造、物流仓储、商贸流通、园区社会于一体的转型家具产业集群基地，全部投产后，可实现年产值1200亿元，利税108亿元，财政收入30亿元，带动20

万人就业。12月29日,运城市政府、空港经济开发区管委会和深圳家具协会、山西安民集团在空港度假村西花厅举行入驻空港签约仪式。市长王清宪代表市政府和深圳家具协会会长黄华坤、山西安民集团董事长薛安民签约,开发区管委会主任李明造、深圳家具协会执行会长侯克鹏参加。(杨建国)

·风陵渡经济开发区·

【概述】 风陵渡经济开发区是1992年经省政府批准成立的首批省级开发区。地处山西综改试验区、晋陕豫黄河金三角承接产业转移示范区和中原经济区三大国家级规划区的核心地带,政策叠加效应明显。开发区下辖11个行政村,面积43平方千米,人口2.4万,其中农业人口17767人,城镇人口3820人。(姚洪涛)

【经济发展】 2013年,开发区国内生产总值实现15.65亿元,同比增长19.02%;工业总产值实现47.28亿元,同比增长22.71%;规模以上企业工业增加值实现11.39亿元,同比增长15.77%;企业主营业务收入实现60.18亿元,同比增长15.07%;固定资产投资实现13.64亿元,同比增长42.86%;进出口总额实现699万美元,同比增长15.53%;财政总收入实现2.43亿元,同比增长31%。(姚洪涛)

【基础设施】 1.坚持规划先行。委托省城乡规划设计研究院对《风陵渡经济开发区总体规划(2003~2020)》进行修编调整,道路网络调整为"三横五纵加一环"的结构形式。

2.全面筹资建设。按照轻重缓急的原则,从群众反映最强烈、要求最迫切的问题着手,多渠道、多层次、多元化筹集建设资金,包括土地置换筹一点、向上争取借一点、跑市进省要一点、施工单位支持一点、干部职工借资一点等办法,累计筹资1.3亿元,实施11项城建重点工程,截至年底完成投资1.1262亿元。其中5项道路工程全部完成:一是黄河南路改造工程,二是黄河北路改造工程,三是风陵东街非机动车道及人行道改造工程,四是工业南大道改造工程,五是西南外环路东段路面铺装工程。两项管网工程全部接通:一是西南外环路雨污管网接通工程,二是商业街至外环路污水管网接通工程。实施两项生态建设工程:一是运风高速通道绿化工程,拆迁工程完成80%工程量;二是中心广场改造工程已初步完成,环道围栏、道路硬化等工程进入收尾阶段。两项公用设施工程投入使用:一是集中供热工程,二是天然气利用工程。

3.开展专项整治。一是加强环境卫生整治,营造清洁卫生的城市环境。开展以整顿占道经营、车辆秩序、治理"脏乱差"为重点的环境卫生集中整治活动。二是严格整治建筑市场,营造规范有序的施工环境。对29项违法违规建设工程进行分类处理,追缴规费350多万元,收缴罚款200多万元。三是加强划行归市工作,营造公平有序的经营环境。根据开发区总体规划和行业特点,启动划行归市工作,逐步规范市场经营秩序。

4.启动土地储备。2013年,将土地储备作为开发建设的一项重要工作,由主要领导挂帅,分管领导牵头,土地部门主抓,相关部门配合,推进土地储备工作。在开发建设资金严重短缺情况下,多方筹集资金,确保土地附着物一次赔付到位,保证征地工作顺利进行。2013年共投入2000余万元储备土地2097.1亩,其中:行政综合区797.1亩,工业区1300亩,为开发区城市建设与项目建设提供土地支撑。(姚洪涛)

【项目建设与招商引资】 1.围绕基础工作,做好招商准备。制作开发区宣传专题片,编印开发区投资指南,组建五支招商小分队,修编招商引资优惠政策。按照全市经济一盘棋的发展规划和工业产业集群化发展思路,在分析产业现状、行业优势和发展趋势基础上,确定精细化工产业为主攻产业,设计医药化工、食品添加剂、材料化工、造纸化工等四条产业链,对接上游原料企业15家,下游产品企业20家,联系科研院所、行业协会5家,委托中国化学赛鼎工程有限公司(原化学工业第二设计院)编制精细化工产业规划。

2.围绕主攻产业,加快集群化招商步伐。2013年精细化工产业园共入驻项目4个,总投资11亿元,达产达效后可新增产值16.3亿元,新增利税2.6亿元。一是嘉生药化二期扩建项目,二是升佳化工四氯苯胺等产品项目,三是银莹顺化工脱墨剂项目,四是亚宝药业抗流感中药新药忍冬感冒颗粒项目和消肿止疼贴项目。

3.夯实产业基础,提高招商引资整体水平。抓好主攻产业招商引资,促进其他产业项目建设,夯实产业基础。开展亿泽运输物流园项目、生资化肥仓储项目、中心医院康复中心项目及焦芦福利院等项目建设。推进斯达宏商贸物流园项目、压缩天然气加注站项目拆迁和征地工作。编制完成推进大唐电厂总投资75亿元的2×100万千瓦机组扩建项目预可研性报告,加紧对接强伟纸业总投资40亿元的石膏板护面纸项目。

4.围绕项目落实,做好督查考核工作。建立重点项目包联责任制,研究解决项目推进中的各种困难和问题。实行"一月一汇报,一季一督查,半年一汇总,年终总考核"的督查机制,落实推动各项工作。(姚洪涛)

【社会管理】 1.加强安全生产工作。严格落实安全生产责任制,坚持开展节假日和重点行业专项整治活动,逐步建立隐患治理体系,形成排查治理长效机制,全年实现安全生产"零"事故。

2.加强环境保护工作。实施节能减排工程,狠抓污染源头管理,严格执行"环境影响评价制度"和"三同时"制度,开展环境专项整治行动,打击违法排污行为。省市环保部门推进多年未能解决的污水处理工程建设,管网全部接通,待投入运行。

3.加强信访维稳工作。建立机构,健全机制,探索和建立信访工作机制,化解社会矛盾。全年受理群众来信来访7起,排查矛盾隐患8个,做到赴省进京"零"上访,确保辖区社会和谐稳定。(姚洪涛)

农业经济

Agricultural Economy

种植业

【种植业措施】 1.指导服务到位。为确保2013年全省种植业特别是粮食生产目标任务的完成，在不同农时季节，通过召开会议、检查督导等措施，强化对农业生产的组织指导。2月，组织召开全省春季田管暨春耕备耕工作视频会议，对全省春季农业生产进行安排部署。3月14日，下发《关于切实做好"一抗两保"工作的通知》，部署抗旱工作。4月，针对两次强降温降雪天气，连续下发《关于做好寒潮天气应对工作的紧急通知》《关于切实做好当前农业生产工作的紧急通知》和《关于进一步做好应对降雪降温工作的紧急通知》，对防灾减灾工作进行部署和指导。组织召开全省小麦"一喷三防"工作会议。5月，针对北部地区严重春旱，组织技术人员对抗旱春播工作开展指导和服务。7月30日，召开地膜覆盖及粮食高产创建现场会，推动高产创建工作。制订小麦"一喷三防"、粮食高产创建、地膜覆盖考评办法，组织有关人员对项目县进行工作考评。

2.落实惠农政策。2013年，中央和省共安排粮食直补、生产资料综合补贴资金34.5亿元，补贴标准为小麦每亩85元，玉米及马铃薯每亩60元，小杂粮每亩80元，在春耕前全部兑付到农户手中。中央财政安排良种补贴资金3.8亿元，继续对玉米、小麦、棉花、水稻四种作物实施全覆盖，补贴资金全部兑现。在落实好惠农补贴政策的同时，争取资金，扶持农业新型经营主体，对种粮大户实行奖补。2013年省财政安排1亿元专项资金，对5823户种粮面积在100亩以上的种粮大户开展农田基础设施、仓储晾晒设施建设等给予奖补。强农惠农政策的落实，调动广大农民种粮积极性，全省粮食播种面积连续多年增加，其中玉米面积超过2500万亩，占到粮食总面积50%以上。

3.落实抗旱减灾措施。针对2013年春季严重干旱，重点抓浇水、地膜覆盖等旱作节水技术推广。一是扩大春浇面积。开动各类灌溉设施，上水春浇，扩大春浇面积。二是推广地膜覆盖技术。利用中央现代农业资金和旱作农业技术推广项目资金共1.35亿元，对450万亩以玉米为主的粮食作物地膜覆盖技术进行补助，比上年增加100万亩，每亩补助30元。制定地膜回收补助办法，在8个县开展地膜回收试点。三是实施以秋补夏。采取有效措施，组织南部地区扩大复播玉米面积50万亩。四是开展"一喷三防"。2013年中央财政安排山西省专项资金5165万元，对全省冬小麦开展"一喷三防"施用的杀虫剂、杀菌剂、叶面肥等给予补助。全省8个市的65个县(市、区)实施"一喷三防"补助政策。

4.开展高产创建活动。2013年，山西省利用中央财政专项资金，在全省11个市的77个县建设245个部级粮棉万亩高产创建示范片，其中粮食作物235个(玉米131个、小麦80个、马铃薯10个、杂粮8个、大豆6个)，棉花10个。在1个县、12个乡(镇)开展整建制推进试点。每个万亩高产创建示范片中央财政安排资金16万元，主要用于大面积推广区域化、标准化成熟技术的物化投入和推广服务补助。争取省财政粮棉油高产创建资金2000万元，建立省级粮食作物万亩、千亩高产示范片60个，部、省级万亩和千亩粮食高产创建示范片达305个，落实面积299.99万亩，增产粮食316059.6吨，皮棉2705.1吨。

5.落实防灾减灾措施。春播期间，全省降水量持续偏少，旱情较重，对春播工作造成严重影响。面对灾情，采取应对措施抗灾减灾，先后在春播、"三夏"等农业生产关键时节下发通知，对做好防灾减灾工作进行安排部署。在暴雨灾害发生后，组织人员深入灾区查灾核灾，了解和评估灾害对农业生产造成的危害和损失并及时上报。组织广大农业干部和技术人员指导农民因地、因苗、因灾，采取灾后追肥、中耕等措施，并尽可能补种生育期短的作物，最大限度减少损失。针对极端天气条件对农业生产造成的影响，与气象部门配合及时发布灾害天气信息和防范措施，与保险部门配合及时开展查灾理赔工作，与生产资料、种子部门配合，积极调运种子、化肥等生产资料，确保改种、补种需要。针对病虫害发生较重的情况，加大病虫监测力度，开展绿色防控和统防统治,病虫害得到有效控制。

6.加快脱毒种薯繁育推广。2013年,把脱毒种薯推广应用作为提高马铃薯产量的突破口。据初步统计,全省共生产合格原种3950万粒,落实原种基地1.6万亩,生产合格原种1.92万吨,落实一级种薯基地11.2万亩,生产一级种薯15.68万吨。全省脱毒种薯供种量3000吨以上的企业(合作社)达到23家,全省脱毒种薯覆盖率接近40%,创造历史最高水平。组织开展马铃薯高产创建活动,在阳高、天镇、岚县等地建立10个马铃薯万亩高产创建示范片,集成推广马铃薯关键技术,示范带动马铃薯单产水平提高,经项目县自测与省市有关专家联合复测,示范片平均亩产2116.9公斤,较上年增产82.5公斤。

(孙跃武　秦建华)

【实现农民多渠道增收】 2013年,全省农村居民人均纯收入达到7153.5元,比上年增加796.9元,增长12.5%。

1.工资性收入对农民增收的贡献最大,占比提高。2013年,全省农民人均纯收入中,工资性收入3724.9元,比上年增加549.4元,增长17.3%,对纯收入增长贡献率68.9%;其占农民人均纯收入比重由上年50%提高到52.1%,提高2.1个百分点。

2.家庭经营收入仍是农民增收的重要来源,但占比有所下降。2013年,全省农民人均纯收入中,家庭经营纯收入2503.6元,比上年增加169.2元,增长7.2%,对纯收入增长贡献率21.2%;其占农民人均纯收入比重由上年36.7%下降到35.0%,下降1.7个百分点。

3. 财产性和转移性收入稳步增长。2013年,全省农民人均财产性纯收入154.9元,比上年增加14.1元,增长10.0%,对纯收入增长贡献率1.8%;其占农民人均纯收入比重2.2%,与上年持平。农民人均转移性收入770.1元,比上年增加64.2元,增长9.1%,对纯收入贡献率8.1%;其占农民人均纯收入比重10.8%,比上年下降0.3个百分点。

4.低收入群体收入增速快于全省平均水平,收入高低差距有所缩小。据抽样调查资料显示:按农村居民纯收入五等份分组,全省20%低收入组人均纯收入2283元,比上年增长15.6%,高于全省平均12.5%增长速度。最高20%收入组人均纯收入13798元。高收入组和低收入组人均纯收入之比由上年的6.6:1变为6.04:1。

(周　敏)

【农村土地承包经营权流转】 2013年,在完善农村基本经营制度,转变农业发展方式,推进农业现代化发展过程中,全省各地坚持依法、自愿、有偿的原则,因地制宜,分类指导,有序推进农村土地经营权流转,促进农业适度规模经营发展。截至年底,全省家庭承包耕地流转总面积达到684万亩,比2012年底(609万亩)增长12%;占家庭承包经营耕地面积的14%。耕地流转形式以转包和出租为主,转包(353万亩)、出租(168万亩)、互换(91万亩)、股份合作(21万亩)、转让(14万亩),流转比重分别为52%、25%、13%、3%和2%;另有5%(37万亩)的耕地通过临时代耕等其他方式实现流转。全省农户流转出的承包耕地中,用于种植粮食作物面积为329万亩,占流转总面积48%,比上年增加9%。土地流转机制向市场化发展。在流转过程中,转出方原来以交粮纳税、给点口粮为流转代价的代耕代种、转包、互换等流转方式,越来越多地被出租、股份合作的形式取代,亲友之间也从"不好意思谈钱"转变为光明正大"谈值论价"。流转双方根据土地流转后经营产业经济效益,协商土地流转价格,既实现土地等农业生产要素的优化配置,又增加流转双方收入,土地流转机制逐步向市场化发展。

农村土地流转推动现代农业的发展。一是新型经营主体有新发展。专业大户、家庭农场通过土地流转建立起集中连片的农产品生产基地,实行统一种植经营。合作社通过租赁、入股、委托流转等方式流转农户土地,由合作社实行统一种植经营管理。二是专业化程度提高。企业以租赁、委托流转等方式流转农户承包地实现土地规模经营。山西仁核山谷农林开发有限公司在临猗、闻喜租赁农户2万多亩土地统一栽植核桃。山西京奥农业科技有限公司通过租赁、委托流转方式,流转左云县三屯乡和管家堡乡农户承包地5000多亩,建成全省马铃薯繁育基地。新绛县以蔬菜产业为主导产业,通过土地流转发展设施蔬菜种植面积13万亩。全县农民年人均收入6900多元,60%来自蔬菜产业。交城县洪相乡安定村,推行设施蔬菜产业化经营,通过委托流转方式将土地流转给山西原禾源经济发展有限公司、山西坤润现代农业发展有限公司、山西建丰农牧专业合作社,集中打造形成占地2000余亩的设施蔬菜示范基地现代农业园区。三是土地经营效益提高。通过土地流转等方式实现土地规模经营后,土地经营效益提高。锦地有限公司在阳曲县黄寨镇柏井村租赁土地320亩,建成100余座日光温室蔬菜大棚,由公司统一经营,每亩收入由分散经营680元提高到8000元。泽州县金村镇霍秀村农民田义成在流入土地上推广小麦超高产技术,增产40%。新绛县来福蔬菜生产专业合作社通过流转土地2700亩,建成438个日光温室大棚的设施蔬菜示范园区,主要以种植西红柿为主,每个大棚年收入超过3万元,辐射带动周边三个村年人均增收3000元以上。(王国丽)

【蔬菜产业发展】 1.设施蔬菜上规模、增效益。2013年,相继出台一系列促进蔬菜生产和稳定价格的政策和措施,加强蔬菜生产能力和支撑体系建设,提高蔬菜自给能力,确保供应品种丰富多样,蔬菜产品质量安全和价格基本稳定,蔬菜产业呈现出健康发展态势。全省全年蔬菜播种面积在660万亩左右,比上年增加5万亩,增幅0.7%;总产量2100万吨左右,较上年同期增加85万吨,增幅4.2%;总产值380亿元,比上年同期增加80亿元,增幅26%;蔬菜单价1.85元/公斤,比上年同期提升0.12元/公斤,涨幅6.9%;农民人均蔬菜收入达到1000元,比上年增加140元。自2010年启动实施"设施蔬菜百万棚行动计划"以来,设施蔬菜发展取得显著效果,近三年全省每年新增设施蔬菜20万亩以上。2013年,全省新增设施蔬菜

28万亩，设施蔬菜面积达到168.7万亩。全省冬春蔬菜自给率由“十一五”期末35%提高到50%以上。

2. 蔬菜标准园建设推进。在推进设施蔬菜百万棚行动计划中，全省以蔬菜标准园建设工作为重点，通过集成技术、集约项目和集中力量，推动蔬菜生产方式转变和经营方式创新，逐步实现规模化种植、标准化生产、商品化处理、品牌化销售和产业化经营。在标准园中建立完善投入品管理、生产档案、产品检测、产品准出和质量追溯五项全程质量管理制度，实行统一品种、统一购药、统一标准、统一检测、统一标识、统一销售“六统一”管理服务，制定主栽作物无公害标准化技术操作规程，在标准园区全面推广防雾滴棚膜、膜下滴灌、防虫网、黏虫板、杀虫灯等10项生态栽培技术。通过标准园创建，加强蔬菜技术培训和推广，打造一批设施蔬菜新品种、新技术、新材料创新示范基地，辐射和带动全省设施蔬菜产业提档升级。全省创建部省级蔬菜标准园210个，创建面积14.37万亩，标准园年生产无公害优质蔬菜74.6万吨，产值44.8亿元。通过标准化生态栽培技术推广应用和全程质量安全管理长效机制的建立，全省蔬菜产品合格率稳定在96%以上。

3. 集约化育苗水平提高。2013年安排1亿元用于蔬菜规模连片小区建设和标准园创建。省农业厅与中国农科院蔬菜花卉研究所共同完成《蔬菜安全高效工厂化育苗技术研究开发与示范推广》项目，经省科技厅组织专家鉴定，成果达到国际先进水平。重点在22个蔬菜集约化育苗场示范推广后，提高蔬菜集约化育苗水平。2013年，全省设施蔬菜集约化育苗供苗率由上年25%达35%左右。

4. 强化服务，科技贡献率提升。一是抓好新品种、新技术的引进示范。在推广新品种、集约化育苗、防雾滴棚膜、高垄覆膜、膜下滴灌、防虫网、黏虫板等实用新技术的同时，每年在20个设施蔬菜奖补大县安排专项经费搞好新品种、新技术、新材料试验示范工作。二是搞好技术培训。通过以会代训、专题培训、外出学习、相互交流、下乡指导等形式，从设施建造、标准化生产、品种选择、茬口安排、关键技术等方面入手，对管理干部、技术人员、农民开展有针对性培训。从内、外两方面学习，切实提高全省蔬菜从业人员素质。三是制定无公害生产技术规程。省农业厅颁布黄瓜、番茄等10个蔬菜生产技术规程，11个市制定22个蔬菜设施建造规范。

5.搭建平台，促进信息交流。一是发起成立山西蔬菜产业协会。通过协会，将物资经销商、蔬菜经纪人、加工商及菜农等方面有机结合，使全省蔬菜工作无论从对外开拓业务、省际间横向交流，还是省、市、县对口管理等方面都得到提高。二是开通山西蔬菜网。筹建开通山西蔬菜网，设立产业信息、市场动态、疑难解答、园区介绍、农资展台等板块，每天可收录各市、县蔬菜产业信息30条左右，方便全省蔬菜产业从业人员互相交流。三是开展蔬菜生产信息检测预警。利用农业部蔬菜生产信息检测预警平台，在全省选择9个蔬菜生产大县，在每旬、每月、每季分别报送20种蔬菜的生产、销售价格等信息，掌握各基点县蔬菜生产动态，以此作为分析预测全省蔬菜生产情况的依据。

（张晓鹏）

【实施土壤有机质提升项目】 2013年，全省在冬小麦—夏玉米一年两熟区的永济、稷山、盐湖、夏县、襄汾、尧都、洪洞、曲沃等8个县（市、区）实施夏玉米秸秆粉碎还田腐熟技术补贴项目。共计80万亩。项目区每亩补贴15元用于购置秸秆腐熟剂，由中央财政进行补贴，共计1200万元。

（杜文波）

【测土配方施肥】 2013年，山西省共有115个县（市、区）开展测土配方施肥，在玉米、小麦、棉花、果树、蔬菜、小杂粮等作物上共推广测土配方施肥4710万亩，免费为640多万户农民提供测土配方施肥技术服务。全省共采集测试土壤样品7.17万个。设立田间肥效试验1269个，配方校正试验1194个。省级和项目县制定发布主要作物的施肥指导方案。全省建设百亩示范方7226个，千亩示范方587个，万亩示范方235个。发放测土配方施肥建议卡606万份，在村民集中活动场所和肥料销售网点张贴测土配方信息、施肥指导方案17118张。

通过实施测土配方施肥，作物单产水平提高明显，为保障粮食安全和农民增收做出应有贡献。据调查统计，小麦应用测土配方施肥技术亩均增产4%左右；玉米应用测土配方施肥技术亩均增产4.5%左右；棉花亩均增产4.8%左右；马铃薯亩均增产5%左右；果树、蔬菜亩均增产6%左右。

（赵建民　康　宇）

【农业种子产销监管】 2013年，围绕加快推进现代种业发展总体目标，监管工作突出种子产业和马铃薯产业两条主线，培育壮大种子企业，加强种业全程监管，加快新品种试验示范推广，落实种业强农惠农富农政策，完成年初工作责任制目标和工作承诺。

截至年底，全省共有种子企业151个，其中达到育繁推一体化、农业部发证企业2个，即山西诚信种业有限公司和山西强盛种业有限公司；省级发证企业64个，市级发证企业85个。全省500万元以上种子企业优化为74家，新增尧山种业、新科农种业、三联现代种业、晋沃种业等4家3000万元种子企业；新增五台山种苗、平陆鑫源种业、闻喜晋闻种业等5家500万元种子企业。在农业部公布的2013年中国种业信用骨干企业中，山西省诚信种业、强盛种业、潞玉种业3家企业入围。

1.加强种业信息服务，指导种业健康发展。加强种子生产和市场信息工作，组织开展种子生产形势调查统计，重点对全省杂交玉米、棉花、小麦、大豆四种主要农作物的生产、库存、产量、商品种子需求量等内容进行统计分析，指导种子企业合理安排种子生产。

玉米种子。2013年全省杂交玉米制种面积6.85万亩，制种产量2065万公斤，6月末种子库存量约2270万公斤。山西省种子企业在省外制种面积约15万亩，制种产量约6000万公斤。玉米种子供大于求，而且品种数量多，购种选择余地大。

冬小麦种子。6月，全省冬小麦种

子收获面积 29.76 万亩，实际收获麦种 8167.7 万公斤，比正常年份减产约 15%。2 月末商品种子库存量约 311 万公斤。秋季繁种面积 30.6 万亩。本年度冬小麦品种多样，可满足不同种植区域需求，种子销售过程中，旱地麦种比较紧俏。

棉花种子。全省棉花种子生产面积 0.8 万亩，均为常规棉。共生产棉种约 100 万公斤。截至 6 月底，棉花商品种子无库存。

大豆种子。山西省大豆种子繁种面积 1.6 万亩，共生产种子 356 万公斤。截至6 月底无库存。

2.加强种子市场监管，创优种业发展环境。根据农业部办公厅《关于开展农作物种子打假护权专项行动的通知》精神，山西省印发《山西省万户千店百企种子市场整治行动方案》(晋农办种子发〔2013〕46 号)，组织开展市场整治行动，全省各级种子管理部门全面加强种子市场监管，打击未审先推、无证生产、抢购套购、套牌侵权和制售假劣种子等违法行为，严格“三关”管理，维护种子市场秩序。

3.强化种子质量管理，确保农业用种安全。一是加大种子质量抽查力度。突出重点作物、重点区域、重点对象和重点时期，增加质量抽查频次，提高抽查覆盖率，全面加强种子质量监管。冬季企业监督抽查中，对全省注册资金 500 万元以上种子企业生产经营的杂交玉米种子进行质量监督抽查，共抽查 23 家企业玉米种子 30 个，样品合格率 96.7%。春季种子市场质量抽查中，共抽查玉米、瓜菜种子 262 个，玉米种子合格率 95.7%，瓜菜种子合格率 84.3%。二是加强种子检验能力建设。全省现有检验机构全部通过农业部能力验证，新增襄汾、阳泉、孝义 3 家区域性检验机构。先后分地区集中培训检验人员 230 余人，指导 500 余名检验人员完成继续教育学习，填补武乡、怀仁等 5 个无检验员空白县。

4.严格品种管理，加快新品种推广步伐。一是严格品种审(认)定。根据《中华人民共和国种子法》《山西省农作物种子条例》有关规定，2013 年，山西省农作物品种审定委员会召开六届一次品种审定会议，对完成试验程序品种进行审(认)定，共审(认)定通过 28 种作物 81 个品种。其中，审定通过玉米、小麦、大豆、棉花、马铃薯、向日葵、西瓜 7 种主要农作物品种 40 个，认定通过谷子、高粱、莜麦、糜子、青椒、番茄等 21 种作物品种 41 个。审议通过外省已审定，申请在山西省引种的玉米品种 14 个。二是加大新品种推广力度。首先，制定全省主要农作物主导品种意见，推荐大丰 26 号、强盛 51 号、并单 6 号等 23 个玉米主导品种；推荐临汾 8050、运旱 20410 等 17 个小麦主导品种。其次，在全省 11 个市 21 个粮棉油主产县(市、区)建立农作物新品种展示示范田，通过新品种田间展示、现场观摩、考察交流、宣传培训，搭建良种推广可视化平台，加快新品种推广速度，促进全省品种更新换代步伐。

5.落实种业惠农政策，促进农业增产增收。一是落实良种补贴政策。玉米、小麦、棉花、水稻四种作物全覆盖良种补贴是国家强农惠农富农重要政策之一。为保证政策落实到位，监督站制订下达《山西省 2013 年国家农作物良种补贴项目实施方案》，明确国家良种补贴范围、补贴对象和标准，提出工作内容、工作要求和保障措施。二是组织实施小麦新品种良种繁育基地补贴项目。省财政安排 600 万元专项资金，用于建设 20 万亩小麦良繁基地。监督站制定下发《关于申报 2013 年小麦良种繁育基地补贴项目的通知》，明确补贴对象、繁种单位条件、繁种单位和繁育品种确定程序，择优选择确定 25 家单位承担 20 万亩小麦良繁基地建设任务。

6.加快脱毒种薯繁育推广，带动马铃薯产业发展。在国家和省财政项目“山西省马铃薯良种繁育补贴项目”的连续扶持下，全省马铃薯脱毒种薯繁育队伍发展壮大，种薯生产能力显著增强，初步形成全省稳定的三级种薯繁育体系队伍和技术力量。脱毒种薯推广带动马铃薯产业发展，同时也带动包衣、高垄栽培和机械化耕种收等马铃薯高产技术大面积推广应用。

2013 年，全省共落实马铃薯脱毒种薯三级种薯繁育基地 16.05 万亩，生产种薯 22.26 万吨。其中，原种基地 464 亩，生产脱毒苗 1900 万株，繁育 4100 万粒微型薯；原种基地 1.75 万亩，生产原种 2.52 万吨；一级种薯基地 14.25 万亩，生产一级种薯 19.74 万吨。

2013 年，全省马铃薯种植面积达到 360 万亩，平均亩产 910 千克，总产量达到 327 万吨，其中脱毒种薯种植面积 147 万亩，种薯覆盖率达到 41%。种植品种主要有克新 1 号、晋薯 7 号、冀张薯 8 号、津引薯 8 号、青薯 9 号、晋薯 16 号等 20 余个品种。

(王亚平　贾秀锦　郑戈文)

【农作物病虫害防治】 2013 年，山西省农作物病虫总体偏重发生。全省农作物病虫草鼠共发生面积 1.71 亿亩次。小麦病虫总体偏轻发生，发生面积 2154.8 万亩次。玉米病虫总体偏重发生，发生面积 6123.1 万亩次。其中二代黏虫发生面积 572 万亩，波及区域广，危害作物多，受害程度重，为近 20 年少有。其中忻州、长治、吕梁、朔州、大同等 5 市发生最重。各地均以玉米受害面积最大，危害损失最重。马铃薯病虫总体中等偏重发生，发生面积 636.7 万亩次。其中马铃薯晚疫病主要在大同、忻州、朔州、吕梁、太原 5 市 20 多个县区发生，全省发生面积 209.08 万亩，占到播种面积 58.1%。果树病虫总体中等发生，全省发生面积 1813.65 万亩次。蔬菜病虫整体呈中等发生，发生面积 1229 万亩次。农区鼠害整体为中等偏轻，局部中等至偏重发生。发生面积 1580 万亩；农户发生鼠害 285 万户。农田草害中等偏重发生，发生面积 4055 余万亩次。

2013 年，全省共防控农作物病虫害 1.41 亿亩次，防除农田杂草 3120 万亩次，农田灭鼠 750 万亩，农户灭鼠 185 万户。专业化统防统治面积 2989.2 万亩次，达防治面积 21.2%。通过防控，挽回粮食损失 15.65 亿公斤，棉花 29 万担，蔬菜 14.3 亿公斤，水果 15.24 亿公斤，油料 1853 万公斤，总经济效益 50.93 亿元。

面对农作物病虫危害，全省各级领导高度重视，采取有力措施。

1.抓组织领导，强责任落实。二代黏虫暴发和马铃薯晚疫病流行期间，省长李小鹏高度重视，及时召集有关部门领导召开专题会议，对全省大秋作物病虫防控目标和措施进行安排部署；重大病虫防控指挥部总指挥、副省长郭迎光分别在小麦红蜘蛛、二代粘虫以及大秋作物后期病虫重发期间，多次深入防控一线指导防控工作，各市均由市政府组织召开专题会议，落实防控责任。病虫发生重点县、乡主要领导和相关部门层层签订责任状，有关领导干部广泛深入基层，分片包干，带任务蹲点。

2. 抓监测预警，强信息报送。2013年，全省各级植保部门严格按照测报调查规范进行调查，做到"看好灯、守好田、底数清、情况明"。在重大病虫发生期，启动重大病虫发生防治信息周报、特殊情况随时上报制度以及24小时值班制度。各级植保部门及时发布病虫预报、预警，通过当地电台、手机报、黑板报等手段及时将病虫预报信息传递到群众手中，促进防控工作及时开展。

3. 抓技术指导，强宣传培训。在重大病虫发生期间，省植保站及时制定印发《2013年农作物有害生物防控预案》《2013年山西省重大病虫害防控技术方案》《2013年山西省马铃薯晚疫病防治技术方案》《2013年山西省大秋作物后期病虫防控技术方案》《2013年山西省小麦秋播拌种及秋苗期病虫防治意见》等一系列针对性强、可操作性强的技术方案。在关键时期，各级植保科技人员深入田间地头，包乡抓村开展技术培训和防控指导。各级植保站共召开农作物病虫害专业化统防统治、绿色防控、农区统一灭鼠、安全用药等技术培训200余场次，利用电视、广播举办病虫防控技术讲座92场次，受训群众达到30余万人次，发放明白纸和技术资料90余万份，

4. 抓物资投入，强统防统治。2013年，各级财政都加大病虫防控投入力度。2013年中央财政共下达山西省小麦、蝗虫、三代黏虫等重大病虫防控经费1750万元，省财政投入玉米病虫、二代黏虫、马铃薯晚疫病等防控经费1245万元，各市县财政共投入防控经费3178万元。其中，大同市仅马铃薯晚疫病防治投入500万元购买防控物资；晋城市投入120万元，用于支持专业化防治队建设、病虫监测预警和重大病虫灾害防控的物资补贴，吕梁市投入100万元，购买重大病虫灾害防控物资。在防控资金、物资保证下，出动植保专业防治队伍458支次，防治队员2.56万人次，出动大型植保机械68台次，中型269台次，小型植保机械2.1万余台次。

5.抓示范区建设，强技术创新。全省各级植保部门开展统防统治示范区、绿色防控示范区建设。建设各种示范区335个，示范区核心示范面积105.4万亩，辐射带动面积达到2318.8万亩。同时开展性信息素迷向、白僵菌封垛、BT白僵菌灌心、人工释放赤眼蜂、食诱剂、生物农药等一系列新技术、新产品试验示范工作。

6.抓植物检疫，强行政执法。3月，开展以"普及植物检疫知识，强化疫情监管措施，严防疫情扩散危害，保障农业生产安全"为主题的植物检疫宣传周活动。各级植保站在电视台宣传31次，电台宣传23次，报刊宣传19篇，张贴悬挂标语570条，举办培训班12期，设现场咨询点86个，巡回宣传活动43次，发放宣传资料4万余份，在种子、农贸、水果蔬菜批发市场等地张贴挂图1.5万张。4月，在全省开展为期8个月的检疫执法大检查。全省共检查364个生产和经销种子苗木及其他繁殖材料的单位及个人。组织全省植物检疫人员进行黄瓜绿斑驳花叶病毒病等检疫性有害生物的专项调查。检疫防控稻水象甲7500亩次，向日葵列当1400亩次，防效均达85%以上。全年共实施调运检疫6394批次，货物5927.3万公斤，实施种子苗木产地检疫24.5万亩。

（方　果）

农　垦

【概述】 山西农垦系统现有企业29个，分布在全省9个市、26个县（区）境内，其中，省属企业8个，市属企业10个，县属企业11个。垦区总人口28248人，土地总面积25104公顷，其中：耕地6767公顷。截至年底，以农牧业为主的企业26个，工业企业1个，商业企业2个。全省垦区总资产97005.28万元，比上年增长24.6%，总负债83929.99万元，比上年增长7.5%，所有者权益13075.29万元，比上年减少13.38%，资产负债率86.52%。

2013年，全省垦区实现国民生产总值5.84亿元，比上年增长26.6%。垦区粮食生产再创历史新高，总产达到3.2万吨，增长4.06%；奶牛存栏1.26万头，比上年减少5.26%；职工人均纯收入15505元，比上年增长17.73%。（许云麒　阎维平）

【现代农业建设】 2013年，农业部农垦局提出"两个率先"发展目标，即率先实现农业现代化、率先全面建成小康社会。结合农场实际，创建以"一场一品"为主题、具有农垦特色的现代农业示范园区。一是打造现代畜牧养殖示范园区。山阴农牧场以发展奶牛养殖为主导产业，建设四个标准化千头牧场，并建成万亩优质饲草基地和股份制饲料厂；二是打造万亩优质蔬菜示范园区。忻定农牧场以发展蔬菜和玉米种植为主导产业，列入全国100个农垦现代农业示范园区，建成日光温室蔬菜大棚50座，拟再建150座；三是打造休闲观光农业示范园区。大同云城乳业利用城郊优势，建成200个果蔬日光温室；四是打造现代农业科技示范园区。朔州红旗牧场实施1万亩膜下滴灌示范工程，建成300栋蔬菜温室大棚，4个现代化奶牛示范场。长治果树场开发建设1000亩现代农业示范园区，占地250亩的62个标准日光大棚已产生可观效益。（许云麒　阎维平）

【危房改造项目管理和建设】 2013年是实施危房改造项目的建设年、关键年。在22个农场、4760户的危房改造及配套基础设施建设项目中，主体工程完工3369户，完工率70.78%；累计完成投资43764万元，

投资完成率约56.4%。为22个农场共争取落实危房改造及配套基础设施建设项目资金6766万元。从开始实施农垦危房改造项目，共为农场争取到危房改造及配套基础设施建设资金1.74亿元。

（许云麒　阎维平）

【社会事业】 2013年，为农场争取到扶贫开发资金620万元，国有农场办社会职能改革资金335万元、税费改革资金524万元、“一事一议”奖补30万元、特困企业医疗补助118万元、民政救灾补助60万元、公路建设500万元，困难职工补助等各类政策性资金2400多万元。同时，开展土地确权和维权工作。从省国土资源厅为忻定农牧场争取到基本农田整理项目，总投资1488.84万元，批准整理土地409.18公顷，其中新增耕地14.4公顷。（许云麒　阎维平）

【质量安全管理】 加强农产品质量安全管理。以被农业部批准为农产品质量追溯创建单位的大同市云城有机蔬菜种植有限公司为核心，示范带动其他农场、地方农业企业、农民专业合作社开展追溯系统建设，推动农垦农产品质量安全水平提升。此外，多层次、多渠道、多形式开展农场职工培训，提高生产技能，重点对农业节水灌溉、蔬菜大棚高产、奶牛养殖高产等农业实用技术进行专题培训。

（许云麒　阎维平）

【安全生产】 在节假日提前下发关于加强安全生产工作的各项通知，加大宣传力度，各企业组织开展安全生产自查和隐患排查治理，预防事故发生。向全省农垦企业下发“安全生产宣传月”实施方案，要求开展“安全生产月”活动，确保垦区生产安全和社会稳定。“安全生产月”和防火特险期间，局领导多次深入农场，重点对农场森林草地防火、防汛抗旱、矿山安全和农牧业生产安全等进行监督检查，举办山西农垦系统安全生产培训。各农场开展安全生产自查和隐患排查治理，强化防范和责任意识，突出专项整治，预防事故发生。

（许云麒　阎维平）

畜牧业

【概述】 2013年，全省存栏生猪1079万头、禽15120万只、肉牛147万头、肉羊1478万只、奶牛42万头，分别比上年同期增长5.6%、6%、6.5%、11%和0.2%；出栏生猪1651万头、禽21928万只、肉牛91.4万头、肉羊1282万只，分别比上年同期增长11%、24%、2%、22%。肉、蛋、奶的总产量分别达到195万吨、113万吨、122万吨，分别比上年同期增长14%、7%和2%。

1.畜产品市场。(1)生猪。2013年，生猪市场行情总体呈现先低后高态势。据15个定点调查县监测数据(下同)显示，活猪和猪肉价格总体为先下行(2~5月)、再反弹(6~8月)、后趋稳(9~12月)，符合季节性波动规律。全年活猪、猪肉平均每公斤价格分别为14.87元、23.77元，较上年同期分别下跌2.1%和上涨0.9%。生猪养殖效益回升到一般利润状态，猪粮比价全年平均为6.73:1，较上年高0.05%，出售头猪可盈利约86~175元。(2)奶业。生鲜乳收购价前三季度保持高位平稳，四季度迅速攀升。全年鲜奶收购价格平均每公斤3.72元，较上年同期上涨13.6%；年末鲜奶每公斤均价达到4.5元，创历史新高。进口乳制品下降，对行业形成利好。据对山西古城乳业调研，8月开始原料奶市场紧张，企业收奶价格从年初每公斤3.5元涨到4.5元。奶产品涨15%左右，涨幅低于原料奶价，但奶制品消费刚需和乳制品进口量下降加大本地企业市场空间，产品销量增加，成本摊销低，整体效益提高，养殖户效益增长。据调查，日产奶20公斤以上的奶牛，头均可盈利约4000元，养牛势头转旺。一头成母牛售价达1.6~1.8万元。(3)家禽。2013年，鸡蛋价格呈先跌后涨再回落态势，全年鸡蛋平均每公斤8.60元，同比上涨2.4%。蛋鸡受人感染H7N9相对较小，价格平稳，养殖盈利。肉鸡市场受人感染H7N9病毒影响，出现阶段性亏损。活鸡全年平均每公斤价格10.48元，较上年同期低10%。肉鸡生产主要为“公司+农户”的规模化订单生产模式，农户出售一只鸡可赚2~3元；企业要维持有序订单生产，全年受需求低迷影响处于维持或微亏状态。(4)肉牛肉羊。2013年，平均每公斤牛肉价格49.85元，同比上涨27.9%；羊肉价格57元，同比上涨15.8%，牛、羊肉价格涨势强劲。据各市调查，出售一头肉牛可获利2000~3000元，架子羊经过三个月育肥可获利150元以上，饲养生产母羊户只均收益300余元。

2.政策调控。2013年新增3000万元资金对人工种草、良种繁育进行补贴，整合1亿元资金对30个牛羊大县实行“四补一贴”，争取1500万元资金对受H7N9禽流感影响的父母代种鸡场和大型龙头加工企业进行补贴。省财政安排4200万元项目建设资金支持雁门关区5市36县，建设完成66个家庭牧场和养殖园区。落实省政府强农惠农富农补贴政策，在全省15个肉羊县和9个肉牛县，共安排中央现代农业生产发展资金5000万元，对肉羊肉牛良种繁育及标准化生产建设进行补贴。争取国家政策扶持，风沙源治理县由上年13个增加到23个，项目资金达到9000多万元。右玉县作为全省唯一的国家草原生态保护奖补县，在农业部考核中名列前茅，并获得奖励资金2100万元。

3.现代畜牧业推进。通过开展招商引资活动，推动畜牧产业和企业加快转型升级，加大业内外资本投资和兼并整合。2013年，招商引资项目92个，引资额高达238亿元，新西兰恒天然、天津宝迪、广东温氏等知名企业入驻山西省。在散户加快退出的同时，大型一体化龙头企业的发展带动一大批养殖企业、家庭牧场、专业合作社等相关产业向规模化、集约化方向发展。全年新建扩建标准化规模养殖小区725个。

4.畜牧技术攻关。在良繁体系建设上，自主培育的“晋汾白猪”新品种，通过国家畜禽遗传资源委员会审定；右玉边鸡被列为国家级畜禽遗传资源保护范围；新建10个肉牛种牛场，肉牛冻精改良实现全覆盖；首次在全省推广奶牛性控冻精2万份；新建30个种羊场，推广神池县母羊多胎繁育技术。在饲草饲料生产上，开展区域性重点草种生产试验，规范牧草生产技术；编定的《紫花苜蓿栽培技术规程》和《无芒雀麦栽培技术规程》，通过省质量技术监督局审查；全年推广利用秸秆等粗饲料650万吨，比上年增长5%。在养殖单位进行畜禽养殖关键技术试验示范，开展畜牧业科技提升和推广工作，主要包括山西特色高档优质肉牛生产关键技术集成与示范、富硒苜蓿草粉和赛乐硒对蛋鸡生产性能、蛋中硒沉淀影响试验、中药成分复方干预早期断奶仔猪应激及共新制剂示范与推广、奶牛日粮营养与甲烷排放关系试验、苜蓿混合青贮与利用技术试验与示范、雁门关绒山羊绒毛生长周期观察与增绒添加剂推广等。

5.责任制度落实。全年未发生区域性重大动物疫情和畜产品安全事件。在重大疫病防控上，出台《山西省中长期动物疫病防控规划》。全面强化以强制免疫为主的综合防控措施，组织春秋集中免疫，确保口蹄疫、禽流感、猪瘟、猪蓝耳病的免疫密度和免疫效果。安排部署H7N9禽流感监测和排查，扩大对抗体和抗原的监测比例，及时组织消毒灭源工作。落实防控责任制和责任追究制，完善应急处置预案。落实农业部动物检疫执法"六条禁令"，依法规范动检人员执法行为，加强对养殖、流通、屠宰环节的监督管理。在畜产品安全监管上，开展以瘦肉精、生鲜乳、兽药抗生素为主要内容的专项整治行动，规范生产经营行为，按照层级监管、责任到人原则，明确各级主体资格责任。全年饲料产品抽检合格率98.6%，鲜奶和畜产品兽药残留合格率均达100%。

（郑晓静　侯晋兰）

【畜禽繁育改良】 2013年，全省共改良绵羊344.77万只，改良山羊286.44万只，推广三元优种猪787.46万头，推广蛋鸡标准化养殖716.84万只。培育出"晋汾白猪"新品种，并于11月16~17日在运城通过国家畜禽遗传资源委员会办公室组织的现场审定。地方良种资源得到保护，晋南牛存栏215头，广灵驴存栏70头，边鸡2600套。国家级边鸡保种场申报完成，通过国家级畜禽遗传资源保种场验收，马身猪、广灵驴、晋南牛、边鸡四个国家保护品种都建立保护场。推广蜜蜂标准化养殖技术，蜂蜜单箱产量由项目实施前30千克增加到40千克，箱均提高10千克；蜂王浆产量由每箱0.5千克提高到0.8千克，王浆酸含量全部合格。蜂产品质量全部达到国家无公害产品质量标准。种畜禽生产经营管理规范，2013年种畜禽生产经营许可申报材料一次性合格率达97%以上，比上年提高10个百分点。种畜禽二级扩繁场和父母代种畜禽场行政审批权下放到设区市级畜牧行政主管部门。

2013年，省畜牧遗传育种中心共生产冻精100万剂，其中奶牛55万剂，肉牛45万剂。省内推广奶(肉)冻精约90万剂，其中奶牛冻精40万剂，肉牛冻精50万剂。省外推广奶牛冻精24.3万剂，肉牛冻精13.3万剂。进行优质后备牛培育，连续两年从美国引进高育种值奶牛胚胎99枚，移植63枚，生产荷斯坦胚胎公牛6头；从澳大利亚引进13头后备公牛，其中夏洛莱5头，安格斯4头，荷斯坦4头；在省内选育晋南牛4头，扩大种公牛群体。对14696头奶牛进行生产性能测定（DHI），共测定96737头次；发放冻精2663剂，对19个DHI测定牛场进行后裔测定。

（郑晓静　侯晋兰）

【草地建设】 2013年，全省完成人工种草153万亩，草地改良230万亩，草原鼠虫害防治311万亩，建设标准化养殖小区335个。京津风沙源草地治理工程完成一期工程建设，二期工程全面启动，国家草原生态保护补助奖励机制政策实施项目在右玉县实施。全年未发生草原火灾，连续两年保持全省草原火灾"零火警"。

（郑晓静　侯晋兰）

【畜产品质量安全保障】 1. 饲料、兽药和畜产品监测检验。2013年，进行饲料、兽药、畜产品残留监测共5760批次。畜产品兽药残留例行监测3190批次，抽检合格率100%。其中抽检猪肝198批、牛羊肉194批、猪尿1277批、牛羊尿760批，检测盐酸克伦特罗、莱克多巴胺、沙丁胺醇残留；抽检鸡肉357批，检测氟喹诺酮类残留；抽检牛奶404批，检测三聚氰胺。从监测环节分类，屠宰场865批，养殖场1470批，超市148批，批发市场81批，农贸市场222批，奶站和运输车404批。从监测药物分类看，违禁添加物均未检出，限用药物磺胺类残留检出5批，检出率3.7%，但均未超标。饲料产品抽检共628批次，抽检合格率98.6%，同比提高1.5个百分点。其中饲料产品质量安全监测203批次，合格率95.6%；养殖环节饲料中违禁添加物监测172批次，合格率100%；蛋白饲料原料中三聚氰胺监测65批次，合格率100%；反刍动物饲料中牛羊源性成分例行监测188批次，合格率100%。兽药监督抽检共402批(假兽药32批，不计入不合格产品)，抽检合格率96.5%，同比提高2个百分点。其中完成国家抽检201批，辖区抽检201批。动物产品兽药残留监控抽检共643批，抽检合格率100%。其中鸡肉组织中检测磺胺类残留61批；鸡肝组织中检测地美硝唑/甲硝唑残留100批；鸡肉硝基呋喃类52批；猪肉磺胺类残留50批；猪肉组织中检测四环素类残留101批；羊肉中检测盐酸克伦特罗、莱克多巴胺、沙丁胺醇残留55批；牛奶检测β-内酰胺类、氟喹诺酮类残留、林可胺类和大环内酯类残留162批；猪尿检测β-受体激动剂62批。生鲜乳质量安全监测807批，检测项目为三聚氰胺、硫氰酸等，监测合格率100%。农业部食品质量监督检验测试中心(佳木斯)对太原、大同、朔州三市实施的畜产品例行监测，抽取样品400份。国家饲料质量监督检验中心，对太原、晋中2市饲料及饲料添加剂例行监测及调查抽样，共抽取样品84批。实施兽药生物制品批签发制度，完成全省14个品种、159批共568万瓶的生物制品批签发，确保重大动物疫病疫苗生产安全。

2.兽药专项整治。加强专项整治工作，打击生产、经营和使用环节中的不法行为。制订《2013年全省兽药质量安全专项整治工作方案》，对全省88家兽药生产企业进行监督检查，全面检查兽药生产企业执行GMP情况，落实兽药生产质量监管责任。开展养殖环节抗菌药专项整治，打击超范围、超剂量、不遵守停药期使用抗生素等违规行为。江西海联在兽药中非法添加“瘦肉精”事件发生后，在全省范围内组织开展对兽药生产企业、兽药市场、兽药使用单位执法大检查。组织全省水产用兽药生产企业专项检查。全省累计出动执法人员17039人次，检查兽药生产、经营、使用单位8218个，整顿重点区域85个，查获假劣兽药产品3360公斤，涉案金额13.23万元，取缔无证生产、经营企业19个，进一步加强全省兽药生产、经营及使用监管，规范兽药市场秩序。

3.检测技术培训。2013年，共派出检测人员到省外学习培训20余人次，参加饲料违禁药物检测、生鲜乳违禁药物检测、兽药残留检测、全国省级实验室比对试验4次。承担《中国兽药典》2015年版编制工作，完成喹乙醇等28批化药产品和10个制剂、6个药材中兽药产品标准复核及修订工作。（郑晓静　侯晋兰）

【动物疫病防控】 2013年，全省牲畜口蹄疫共免疫家畜4551.65万头，其中：猪O型口蹄疫免疫1732.02万头；牛O型-亚洲I型口蹄疫免疫292.47万头；羊O型-亚洲I型口蹄疫免疫2439.36万只；牛A型口蹄疫免疫79.73万头；其他动物口蹄疫免疫8.07万头。全省高致病性禽流感共免疫家禽21275.35万羽，高致病性猪蓝耳病免疫猪1756.76万头，猪瘟免疫猪1743.44万头。全省重大动物疫病强制免疫应免密度达到100%。一是疫苗供应充足。全省共组织供应牛羊O型-亚洲I型口蹄疫二价灭活苗3692万毫升、A型口蹄疫灭活疫苗240万毫升、猪用O型口蹄疫灭活疫苗(进口佐剂-206)4000万毫升、猪用O型口蹄疫合成肽疫苗（双抗原)348.5万毫升；重组禽流感病毒H5亚型二价灭活疫苗(H5N1,Re-5株+Re-4株)18500万毫升、禽流感新城疫重组二联活疫苗6000万羽份、高致病性猪蓝耳病灭活疫苗800万毫升、高致病性猪蓝耳病活疫苗1460万头份、猪瘟脾淋疫苗4000万头份。二是监测工作到位。全省H5亚型高致病性禽流感累计监测112279份血清，免疫抗体合格107255份，合格率95.53%；H7亚型高致病性禽流感累计监测2732份血清，监测结果全部为阴性。牲畜口蹄疫共检测样品总数74223份，合格血清66453份，合格率89.53%；新城疫监测84862份，合格81157份，合格率95.63%；猪瘟监测样品27748份，合格25343份，合格率91.33%；高致病性猪蓝耳病监测样品3359份，合格3015份，合格率89.76%。病原学监测52096份，对监测出的阳性畜全部进行无害化处理。三是应急物资储备齐全。省级储备疫苗、消毒药品、防护用品、扑杀器械等价值100万元的储备物质，各市、县共储备消毒药品319.75吨、防护服63105套、喷雾器4779台、手套178124双等防疫物资。

为加强防控责任体系建设，省政府出台《山西省中长期动物疫病防治规划(2013~2020年)》，对全省动物防疫工作进行科学规划。与此同时，加强部门组织监管。制订2013年全省强制免疫、监测和流调计划、强制免疫工作方案。各级畜牧部门落实定点联系制度和分片包干，在县一级实行局长包乡、中心站人员包村、村级防疫人员包场户责任制。落实规模养殖场、养殖户的防疫主体责任，与养殖者签订承诺书或责任状，下发强制免疫预免告知书、回执单、补免通知书，监督养殖场户落实强制免疫、病死畜禽无害化处理等。

1. 畜禽强制免疫。对畜禽养殖实行强制免疫，统一防疫档案，实行“三案一报告”制度。对规模养殖场免疫实行分片包干责任制，采取“严审核、查档案、测抗体和进场监管”的方式，使规模场按程序免疫。对散养户采取防疫小分队集中会战、驻村防疫员分村推进等形式，逐村逐户开展集中免疫。推进兽医实验室规范化、标准化建设，共有6个市91个县级兽医实验室通过考核验收。强化疫病监测，全省监测34.5万份血清，免疫抗体合格率总体达到85%以上，全部达到免疫合格标准。建立全省动物流感疫情排查日报告和零报告制度。

2. 动物疫情应急管理。制订《重大动物疫病应急工作手册》，规范应急预备队应急管理操作；编印《应急演练操作手册》，科学指导各地开展应急演练；执行24小时值班制度，坚持疫情举报“一查三报”制度，坚持日报告、零报告和现场核查制度。

3. H7N9禽流感防控。通过对全省范围内进行H7N9禽流感疫情排查，共排查1.5万余家禽养殖场和6.9万余养殖户，排查家禽1.2亿羽，未发现H7N9禽流感疫情。省农业厅印发《山西省动物H7N9禽流感紧急监测方案》，重点对全省9个活禽交易市场、2个家禽屠宰场、111个规模场(村)和5个野鸟栖息地、17个生猪屠宰场采样3888份样品进行检测，检测结果全部为阴性。举办“全省H7N9禽流感防控培训班”，加强H7N9禽流感防控技术指导。

4. 人畜共患病和常见病防控。在全省48个重点县推进布病防治攻坚计划，采取压缩重度流行区，控制轻度流行区，逐步扩大稳定控制区的防控策略，综合运用“检、免、杀、消”等防治措施，使用布病疫苗1100余万头份，畜间布病等人畜共患病得到有效控制。

5. 基层动物防疫体系建设。加强乡村两级动物防疫体系建设，解决乡镇站办公场所、设备装备等问题，改善人民工资待遇。全省乡镇畜牧兽医站均建有固定办公场所，配备两台以上冰箱(柜)，村级防疫员每人配备冷藏包。全省115个县中，乡镇兽医人员工资得到全额落实的县从2005年46个增加到111个；为全省22243名村级防疫员解决补助待遇，其中56个县每人每月提高到200元以上。

6. 防控工作规范化管理。通过推进防控责任制规范化管理，落实兽医挂牌公示制度，在全省413616养殖场户，对行政和技术双包人员的姓名、联系方式挂牌公示。推进疫苗管理和使用制度规范化管理。出台《山西省重大动物疫病强制免疫疫苗管理暂行办法》《山西省重大动物疫病注苗应激死亡管理办法》和《重大动物疫病疫苗使用培训管理办法》。推进经费保障规范化管理。省财政在预算内列入3200万元疫苗补助经费，改变以往在年底追加方式，使强制免疫工作更有保障。在应急物资储备上，省政府明确要求，省、市、县三级分别达到价值100万元、30万元、10万元以上物资储备；在扑杀补助标准上，提高地方财政对扑杀布病羊补助标准，由原来每只300元，提高到肉羊每只800元、种羊每只1600元。

（郑晓静　侯晋兰）

【动物卫生监督管理】 1. 检疫管理。加强产地检疫和屠宰检疫，全省规模养殖场（户）产地检疫率达到100%，屠宰动物受检率达到100%。生猪、牛、羊、家禽和其他动物检疫数量分别为438.42万头、42.76万头、298.74万只、6473.86万只和9.94万头（只）。共检出病畜禽6.22万头（只），病畜禽总检出率0.086%。对检出的病死畜禽全部进行无害化处理。屠宰检疫共检疫畜禽4396.37万头（只），共检出病畜禽8.43万头（只），病畜禽总检出率0.19%。对检出的病畜禽全部进行无害化处理。

2. 监管执法。对流通环节、动物防疫条件审查、跨省引进种用、乳用动物等进行专项整治。开展生猪屠宰环节“瘦肉精”监管专项整治；加强省界动物卫生监督检查站的监管；完善省际间联防联控机制；强化活畜禽跨省调运监督管理，建立健全跨区域案件联防联动机制、检打联动机制以及部门间执法协调协作机制；防止流通环节重大动物疫情的跨区域传播。

3. 体系建设。选定示范县、示范区，与中国人保财险山西分公司联合开展能繁母猪政策性养殖保险业务，构建新型生猪产业保障体系，探索出具有山西特色的动物及动物产品安全追溯新模式。完成全省11个市级动物卫生监督执法体系建设，为各市配备交通、通信、取证、办公等设施设备。对重点省界公路动物防疫监督检查站投资100万元进行建设，完善基础设施，配备交通、通信、取证、办公等设备，保证省界公路动物防疫监督检查站工作正常开展。起草《关于进一步加强病死动物及动物产品无害化处理的意见》，促进无害化处理体系建设，维护公共卫生安全。

（郑晓静　侯晋兰）

农业机械化

【概述】 全省农机总动力3183.3万千瓦，比上年增加127.2万千瓦，增幅4.16%。其中，大中型拖拉机保有量10.7万台，玉米联合收割机1.44万台，分别比上年增加9345台和3887台，增幅分别为9.6%和37%。同时，畜牧、设施农业、林果及农产品加工机械均快速发展。全省机耕、机播、机收面积分别完成260万公顷、252万公顷、170万公顷，分别达到71.3%、64.7%、43.8%，与上年相比分别提高1.5个百分点、2个百分点和4.9个百分点。全省主要作物机械化综合水平达到61.07%，比上年提高2.7个百分点，超出全国平均水平2个百分点。农机化经营效益持续增加。全省农机化经营总收入达到121.9亿元，比上年增加6.81亿元，增幅5.92%。其中，农机户经营纯收入58.13亿元，比上年增加1.15亿元，增幅2%。农机安全生产形势稳中向好。全省共发生17起一般性农机事故，千台重伤率0.052，未发生一次死亡3人以上事故。事故起数、伤亡人数和每千台重伤率均低于省政府下达的农机安全生产考核指标，分别比上年下降6%、25%和13%。　（秦永红　秦建华）

【农机购置补贴政策】 全省共落实农机购置补贴资金7.262亿元，其中中央补贴资金7亿元，比上年增加3000万元，省财政投入2620万元，共补贴8.24万户农民购买各类机具12.08万台，带动全省农机经销企业销售额达到24亿余元。在全省推行“全价购机、资金到县、直补到卡”补贴方式，保证资金安全，保护群众利益；落实“主要领导负总责、分管领导负全责、工作人员直接负责”和“谁办理、谁负责，谁核实、谁负责”的责任制度，做到目标到岗、责任到人；构建农机购置补贴互动平台，适时公开农机补贴信息，广泛接受社会各界监督。省农机局被农业部评为2012年度农机购置补贴政策延伸绩效考核试点工作优秀单位。　（秦永红）

【农时季节机械化生产】 春耕春播期间，全省投入各类机具45.3万台件，完成机械化耕整地187万公顷、机械播种154万公顷。在春季干旱、土壤失墒影响严重，大部分市县5天就完成春耕生产。“三夏”期间，投入各类作业机具43万台件，其中联合收割机1.2万台，完成小麦机收面积66万公顷，机收水平达到98%，比上年提高2.9%；秋粮机械复播面积41万公顷，比上年增加3.2万公顷，机械复播率达到92%，创历史新高。“三秋”期间，投入各类农业机械31.8万台件，安排玉米机收、马铃薯机收和机械化柠条平茬等作业补贴资金1.03亿元，完成玉米机收面积85.8万公顷，机收水平达到50.5%，比上年提高13.3%，超出全国平均水平1.5%；完成薯类机收面积11.5万公顷，机收水平达到43%，较上年提高7%；完成柠条机械化平茬面积1万公顷。

（秦永红）

【机械化保护性耕作】 全省新增保护性耕作面积12.6万公顷，累计实施面积99.3万公顷，受益农民近1100万人，增产粮食7.4亿公斤，节约生产成本4.4亿元，总节本增效20.68亿元。在没有专项补贴资金情况下，全省完成农机深松整地面积18.5万公顷。制订《2013年山西省保护性耕作项目实施方案》，举办保护性耕作工程建设项目管理专题培训班，培育保护性耕作适度规模经营典型。截至年底，全省保护性耕作适度规模经营农场达到60个，累计实施面积0.6万公顷，占经营土地面积96%；增产粮食455万公斤，节约生产成本413万元。同时，不断强化国家保护性耕作工程建设项目监管。　（秦永红）

【科研和技术推广】 围绕全省农业产业结构调整，推介实施玉米机收、马铃薯机收等20项技术，示范推广新装备8000余台（件），完成机具“三性”试验考核130余项;新建示范基地133个、省级现代农机化示范区4个,新建改建56个农村油坊磨坊、农产品加工示范点76个。举办第三届中国(山西)特色农产品交易博览会农机展,展示省内外80余个农机生产企业700多种农机产品,组织农机贸易项目签约、农机新技术新机具推介、农机化法律法规及有关政策知识竞答、农机化发展成就新闻发布等系列活动。各地普遍结合当地农业生产需求,开展农机化新技术新机具示范演示。2013年,全省共举办农机化新技术、新机具现场演示展示会300余场次、各类专题技术培训班150余次,培训农机推广人员和业务骨干8000余人次、农民10万余人次。在农机科研方面,“穴播式铺膜播种机的研究”等7项科技攻关项目通过结题验收;“废弃秸秆沼气集中供气工程机电一体化装备和控制技术研究”等4项农机科研成果通过省级科技成果鉴定,均达到国际先进水平。

(秦永红)

【社会化服务体系】 全省新发展农机合作社286个、农机大户1138个,分别达到1884个和5773个。与省总工会农林水工会联合开展全省农机化生产“三大作业”劳动竞赛。建设50个全国农机合作社示范社,其中榆次区康源农机合作社社长被评为全国20佳农机合作社理事长之一。制订《关于规范推进农机合作社发展的意见》和《山西省农机维修网点规范化建设标准》。培训农机专业合作社社长600人,核发维修工职业技能鉴定证书400个。指导信联集团和文水县刘胡兰村宝丰农机合作社联合共建“文水县刘胡兰村信联农机合作社”;为五征集团与农机合作社共建牵线搭桥,五征集团与大同、朔州部分县达成共建意向。在全国农机社会化服务体系现场会和农机维修管理工作会上,省农机局先后作了《政策先导 多措并举 全力推进农机社会化服务又好又快发展》和《实施“一坚持五加强”措施 推进农机维修业持续健康发展》的典型经验交流。 (秦永红)

【安全生产】 按照“全覆盖、零容忍、严执法、重实效”的总要求,集中开展农机安全生产隐患大排查、百日农机安全生产、农机安全执法检查和农机安全生产大检查等专项行动。全省新注册登记拖拉机、联合收割机2.14万台,检验机车9.03万台,新训新考驾驶员1.33万人;开展“平安农机”和“为民服务创先争优”示范窗口创建活动,襄汾等4县被农业部、国家安监总局评为全国“平安农机”示范县,襄垣等4县农机监理站与吴波等8名监理人员被评为全国示范窗口和示范岗位标兵。8月,省农机局被国务院安委办、中宣传部等七部委评为“2013年安全生产月”先进单位。组织开展“消费安全”3·15农机质量维权宣传活动,印发宣传资料23万余份,接受群众咨询2.5万人次;联合工商、质监等部门,查处伪劣农机具及配件4749件,受理农机质量投诉案件20起、结案18起,结案率90%,为农民挽回经济损失38万元;对19个企业、211台玉米收割机产品进行质量调查,对74家经销企业质量保障能力进行督导检查;完成省部级推广鉴定127项、各类监督检验425项;制订《山西省支持推广的农业机械产品目录》,向农业部推荐4家企业3类5个型号产品进入《2012~2014年国家支持推广的农业机械产品目录》。

(秦永红)

农业科技

【概述】 2013年,省农业科学院共开

2013年山西省获国家授权发明专利与研究机构名单

专利名称	完成单位
麦田轻便开沟追肥镇压覆土一体机	小麦研究所
麦田轻便地膜回收机	小麦研究所
留茬免耕夏播玉米田豁秆开沟追肥镇压一体机	小麦研究所
一种小米方便粥的加工方法	经济作物研究所
一种含有葵花籽浆的植物蛋白饮料及其制备方法	经济作物研究所
基于高效液相色谱指纹图谱的远志的质量检测方法	经济作物研究所
一种生产高品质猪肉的中草药超微粉剂饲料添加剂	畜牧兽医研究所
一种改善猪肉品质的复合饲料添加剂	畜牧兽医研究所
转基因棉花再生株赘芽嫁接技术	棉花研究所
一种SSR分子标记冗余性的生物信息学分析方法	棉花研究所
枣树抗坏血酸过氧化物酶基因及其在提高植物抗逆性中的应用	生物技术研究中心
枣树谷胱甘肽过氧化物酶基因	生物技术研究中心
毛樱桃夏播育苗方法	园艺研究所
麻核桃嫩枝扦插生根的方法	果树研究所
一种SH系苹果矮化砧木无性繁殖的方法	果树研究所
亚麻仁酱及加工方法	农产品加工研究所
微生物抗旱诱导剂及其制法	旱地农业研究中心
用土著传粉媒介产杂交大豆的方法	农作物品种资源研究所

2013年经山西省质监局批准发布的山西省农业地方标准一览表

名　称	起草单位	起草人
无公害苹果生产技术规程	植物保护研究所	范仁俊、庾　琴等
玉米螟综合防治技术规程	植物保护研究所	李　唐、连梅力等
梨小食心虫综合防治技术规程	植物保护研究所	封云涛、范仁俊等
胡萝卜品种抗黑腐病评价方法	植物保护研究所	周建波、殷　辉等
胡萝卜白粉病严重度分级及调查方法	植物保护研究所	殷　辉、周建波等
胡萝卜叶部黑腐病严重度分级及调查方法	植物保护研究所	赵晓军、周建波等
A级绿色燕麦旱地栽培技术规程	农作物品种资源研究所	崔　林、刘龙龙等
半无叶豌豆栽培技术规程	农作物品种资源研究所	畅建武、郝晓鹏等
旱地红芸豆栽培技术规程	农作物品种资源研究所	畅建武、王述民等
晋黍7号栽培技术规程	农作物品种资源研究所	乔治军、王　纶等
有机糜子栽培技术规程	农作物品种资源研究所	乔治军、陈　凌等
旱地糜子栽培技术规程	农作物品种资源研究所	乔治军、李　海等
水地小麦玉米一年两熟高产栽培技术规程	小麦研究所	杨　峰、张定一等
强筋小麦高产稳产栽培技术规程	小麦研究所	党建友、张定一等
旱地小麦高产稳产栽培技术规程	小麦研究所	裴雪霞、张定一等
山西省双低冬油菜优质高效栽培技术规程	棉花研究所	咸拴狮、杜春芳等
冷凉区旱地玉米垄膜播种保苗技术规程	旱地农业研究中心	黄学芳、王娟玲等
冷凉区旱地莱豆播种保苗技术规程	旱地农业研究中心	黄明镜、刘化涛等
旱地甘蓝纸筒育苗移栽技术规程	旱地农业研究中心	张　伟、张冬梅等
冷凉沙化区绿芦笋防风固沙栽培技术规程	蔬菜研究所	毛丽萍、马蓉丽等
玉米渗水地膜波浪形覆盖沟播技术规程	农业资源与经济研究所 三水中心	姚建民、杨瑞平等
丘陵区机播饲草玉米抗旱保苗技术规程	高寒区作物研究所	李荫藩、梁秀芝等

续表

名 称	起草单位	起草人
丘陵区机播红芸豆抗旱保苗技术规程	高寒区作物研究所	李荫藩、梁秀芝等
丘陵区机播豌豆抗旱保苗技术规程	高寒区作物研究所	李荫藩、梁秀芝等
大樱桃生产栽培技术规程	果树研究所	孙俊宝、刘 丽等
核桃采后机械处理技术规程	隰县农业试验站	支虎明、康桂萍等
葡萄冷链物流技术规程	农产品贮藏保鲜研究所	冯志宏、王春生等
苹果冷链物流技术规程	农产品贮藏保鲜研究所	冯志宏、王春生等
枣树桃小食心虫综合防治技术规程	果树研究所	周旭凌、李 捷等
梨木虱综合防治技术规程	果树研究所	周旭凌、李 捷等
苹果树腐烂病综合防治技术规程	果树研究所	李夏鸣、李庆亮等
苹果轮纹病综合防治技术规程	果树研究所	李夏鸣、李庆亮等
肉鸡配合饲料	现代农业研究中心	周 全、杨春雷等
苹果蜜蜂授粉技术规程	园艺研究所	郭 媛、邵有全等
山羊胚胎移植技术规程	畜牧兽医研究所	罗惠娣、毛杨毅等
羊人工授精技术规程	畜牧兽医研究所	毛杨毅、罗惠娣等
奶牛全混合日粮饲养技术规程	畜牧兽医研究所	靳 光、张元庆等
晋南牛	畜牧兽医研究所	王栋才、杨效民等
盐碱地玉米垄植膜下滴灌栽培技术规程	农业环境与资源研究所	张 强、李 磊等
盐碱地玉米全膜覆盖双垄沟种植技术规程	农业环境与资源研究所	李 磊、张 强等
脱硫石膏改良碱化土壤技术规程	农业环境与资源研究所	张 强、李 磊等
盐碱耕地测土配方施肥技术规程	农业环境与资源研究所	程 滨、张 强等
轻度盐碱地玉米高产栽培技术规程	农业环境与资源研究所	杨治平、张 强等
中度盐碱地玉米高产栽培技术规程	农业环境与资源研究所	杨治平、张 强等
盐碱地酿造高粱栽培技术规程	农业环境与资源研究所	丁玉川、焦晓燕等
核桃施肥技术规程	农业环境与资源研究所	赵瑞芬、程 滨等
日光温室越冬茬果菜类蔬菜水肥一体化技术规程	农业环境与资源研究所	焦晓燕、王立革等
毛叶苕子种子繁育技术规程	农业环境与资源研究所	郑普山、冯悦晨等

2013 年山西省科技创新团队一览表

名 称	依托单位	带头人
枣种质资源创新与利用山西省科技创新团队	果树研究所	李登科
果蔬病虫害综合防控山西省科技创新团队	植物保护研究所 山西科锋农业科技有限公司	范仁俊
生猪安全高效生产山西省科技创新团队	畜牧兽医研究所中国农业大学	贺东昌
小麦遗传与分子育种山西省科技创新团队	作物科学研究所谷子研究所	畅志坚

2013年通过国家审(鉴)定新品种目录表

名　称	选育单位	完成人
晋甜杂3号	高粱研究所	赵威军等
长生10号	谷子研究所	王节之等
晋谷55号	作物科学研究所	马建萍等
晋汾02	经济作物研究所	杨成元等
雁黍11号	高寒区作物研究所	李　海等

2013年通过山西省审(鉴)定新品种目录表

名　称	选育单位	完成人
并单39	作物科学研究所	段运平等
晋单85号	高寒区作物研究所	郭凤琴等
晋单84号	高粱研究所	田森林等
强盛388	玉米研究所、山西强盛种业有限公司	王文彦等
晋单86号	农业科技信息研究所	利进才等
锦绣206	玉米研究所	智建奇等
并单669	作物科学研究所	段运平等
晋单87号	隰县农业试验站	王建军等
大丰132	山西大丰种业有限公司	郭国亮等
强盛369	山西强盛种业有限公司	尚春树等
东润88	现代农业研究中心	任志强等
晋糜2号	右玉农业试验站	靳建刚等
大丰133	山西大丰种业有限公司	郭国亮等
白甜糯102	小麦研究所	王向东等
迪甜6号	高粱研究所	邵林生等
晋麦92号	小麦研究所	张定一等
晋太182	作物科学研究所	温辉芹等
长4853	谷子研究所	孙美荣等
晋豆45号	高寒区作物研究所	冯　高等
品架1号	农作物品种资源研究所	畅建武等
晋棉56号	棉花研究所	刘惠民等
大同里外黄	高寒区作物研究所	杜　珍等
晋西瓜7号	园艺研究所	苗如意等
晋西瓜8号	园艺研究所	苗如意等
长农41号	谷子研究所	郭二虎等
晋谷56号	谷子研究所	王玉文等

续表

名　称	选育单位	完成人
晋谷57号	经济作物研究所	史关燕等
晋杂29号	高粱研究所	程庆军等
晋杂31号	高粱研究所	平俊爱等
晋杂32号	高粱研究所	柳青山等
晋杂33号	高粱研究所	张福耀等
晋杂34号	高粱研究所	平俊爱等
晋杂35号	高粱研究所	程庆军等
晋燕16号	五寨农业试验站	王建雄等
京农8号	高寒区作物研究所	刘支平等
晋小豆6号	高寒区作物研究所	刘支平等
晋亚12号	高寒区作物研究所	杨建春等
晋番茄9号	蔬菜研究所	王永珍等
合玉青	蔬菜研究所	武峻新等
东葫8号	棉花研究所	雷逢进等
晋青椒5号	园艺研究所	苗如意等
晋椒501	蔬菜研究所	马蓉丽等
惠丰8号	蔬菜研究所	武永慧等
晋耐	蔬菜研究所	赵　俊等
晋秀	蔬菜研究所	赵　俊等
墨玉宝	作物科学研究所、山西腾达种业有限公司	王创云等
Y-1(苹果)	果树研究所	杨廷桢等
锦玉	果树研究所	陈双建等
临杏一号	小麦研究所	焦连成等
夏红	现代农业研究中心	牛自勉等
晚黑宝	果树研究所	陈俊、唐晓萍等
晶红宝	果树研究所	唐晓萍等
忻黄单156	玉米研究所	王富荣等

2013 年获国家授权实用新型专利一览表

专利名称	完成单位
可调便携式试验田划行器	棉花研究所
高效可调农田开沟机	棉花研究所
甘薯起垄覆膜单行一体机	棉花研究所
调距、定量播种覆膜机	棉花研究所
甘薯起垄覆膜多行一体机	棉花研究所
日光温室防堵浅表地下微灌设备	棉花研究所
块茎农作物播种机	棉花研究所
高地隙多功能农田管理机	棉花研究所
农作物秸秆根茬收获机	棉花研究所
箱式农田幼苗围土机	棉花研究所
小麦精量撒播机	棉花研究所
以农作物废弃秸秆为能源的炊暖两用家庭型锅炉	棉花研究所
用于凯氏定氮仪蒸馏单元的进排水装置	棉花研究所
液压自走式棉田高隙喷药车	棉花研究所
坡地用间孔式地膜	棉花研究所
移动式低温蘑菇催蕾装置	试验研究中心
一种可伸缩气动树木园艺剪	试验研究中心
遥控折叠式育苗棚	试验研究中心
一种园艺高枝锯	试验研究中心
一种晾晒架	经济作物研究所
一种禽类动物的阉割装置	经济作物研究所
一种禽类动物的阉割扩张器	经济作物研究所
一种用于阉割禽类动物的保定架	经济作物研究所
一种果蔬预冷保鲜库节能型降温系统	农产品贮藏保鲜研究所
实现果蔬冰温储藏小温差精确控制的系统	农产品贮藏保鲜研究所
双功能型水果保鲜纸	农产品贮藏保鲜研究所
果树花期简易防霜棚	园艺研究所
一种甲口隔离扣	园艺研究所
一种土壤表层板结破碎器	作物科学研究所

展科研课题 992 项,其中国家级课题 135 项，省级课题 378 项，院级课题 434 项。新开各级各类课题 387 项,其中国家级课题 80 项,主要包括:国家自然基金课题 4 项,国家支撑计划课题 5 项,国家农业科技成果转化资金课题 7 项,国家星火课题 3 项,科技部科技基础性工作专项课题 1 项,农业部公益性行业专项课题 5 项,农业部 948 项目 1 项，农业部产业体系岗位专家 11 个,农业部产业体系综合试验站 26 个，其他课题 17 项;省级课题 182 项,院级课题 101 项,横向协作课题 24 项。全院鉴定科研新成果 17 项,其中 4 项达到国际领先水平,6 项达到国际先进水平。获国家科技进步二等奖 1 项(协作),获中华农业科技奖科学研究成果二等奖 1 项(协作)、三等奖 2 项(协作)，农业部丰收计划三等奖 1 项。3 个农作物新品种通过国家级审(鉴）定,53 个农作物新品种通过省级审（认）定。获国家授权专利 69 件,其中:发明专利 18 件,实用新型专利 47 件,外观设计专利 4 件。发表学术论文 378 篇，其中 SCI 收录论文 13 篇，国家级论文 119 篇,出版专著 26 部。经山西省质量技术监督局批准发布山西省农业地方标准 48 项,占 2013 年度全省发布农业地方标准 57.8%。 (杨光宗)

【获奖成果】 国家科技进步二等奖:省农业科学院参与完成的“旱作农业关键技术与集成应用”。

中华农业科技奖科学研究成果二等奖:省农业科学院果树研究所参与完成的“汤山酥梨配套新品种选育与规范化高效栽培关键技术研究与应用”。

中华农业科技奖科学研究成果三等奖:(1) 省农业科学院生物技术研究中心参与完成的“盐碱地枣产业优质高效配套技术体系研究与示范”;(2)省农业科学院作物科学研究所参与完成的“优质高产谷子新品种选育与应用”。

农业部丰收计划三等奖:省农业科学院蔬菜研究所、省农业科学院食

续表

专利名称	完成单位
玉米播种机的播种机构	作物科学研究所腾达种业
玉米播种机的播种器	作物科学研究所腾达种业
玉米播种机的施肥机构	作物科学研究所腾达种业
玉米播种机的压膜装置	作物科学研究所腾达种业
玉米播种机的种子分配器	作物科学研究所腾达种业
玉米播种机的穿膜器	作物科学研究所腾达种业
玉米播种机的间距调整器	作物科学研究所腾达种业
马铃薯旋耕起垄播种机	旱地农业研究中心
甘蓝起垄打坑栽植机	旱地农业研究中心
土壤板结破除装置	玉米研究所
一种植物病毒接种器	玉米研究所
一种植物病毒快速接种器	玉米研究所
一种高寒区 SF 型日光温室	蔬菜研究所
便携式配制农药的量筒	植物保护研究所
恒温导热油电炒锅	农产品加工研究所
旋转蒸发器溶剂二次回收装置	农产品加工研究所
电加热炒籽及提升装置	农产品加工研究所
钵体秧苗移栽机	现代农业研究中心(第二)

用菌研究所参与完成的“抗病丰产晋西葫芦 8 号高效集成栽培技术推广”。

山西省科学技术奖自然科学类一等奖:省农业科学院旱地农业研究中心参与完成的“植物抗旱机理的新发现及相关重要基因发掘”。

山西省科学技术奖科技进步类一等奖:(1)省农业科学院小麦研究所参与完成的“小麦产量品质同步提高抗逆栽培技术体系”;(2)省农业科学院畜牧兽医研究所参与完成的“奶牛健康养殖技术集成与示范”。

山西省科学技术奖科技进步类二等奖:(1)省农业科学院蔬菜研究所完成的“优质丰产抗逆西葫芦新品种春葫一号、寒丽的选育与应用”;(2)省农业科学院作物科学研究所完成的“国鉴优质高产谷子新品种晋谷 42 号选育与应用”;(3)省农业科学院植物保护研究所完成的“山西省生态环境恢复区鼠、兔成灾规律及综合调控技术研究”;(4)省农业科学院农作物品种资源研究所完成的“抗旱、优质燕麦新品种‘品燕 1 号’的选育及推广应用”;(5)省农业科学院农业资源与经济研究所完成的“基于土壤养分供应强度和配比的施肥理论方法的研究”;(6)省农药重点实验室(省农业科学院农产品质量安全与检测研究所)完成的“生物农药与芦笋无公害生产技术研究”;(7)省农业科学院高寒区作物研究所完成的“国审黍子新品种晋黍 8 号选育与应用”;(8)省农业科学院棉花研究所完成的“抗虫棉‘运棉 3539’选育及应用”;(9)红高粱种业有限公司完成的“高粱高淀粉杂交种扩繁与推广”;(10)省农业科学院高粱研究所完成的“甜糯玉米新品种‘迪糯 278’的选育与推广”;(11)科锋农业科技有限公司、山西省农业科学院植物保护研究所完成的“农药水基化制剂新技术的研究创制及应用”;(12)省农业科学院棉花研究所参与完成的“芦笋木蠹蛾绿色高效防控技术的创新与应用”。

山西省科学技术奖科技进步类三等奖:(1)省农业科学院农业环境与资源研究所完成的“设施土壤生态活性调理剂的研制与应用”;(2)省农业科学院果树研究所完成的“核桃新品种‘金薄香 6 号’选育及推广应用”;(3)山西腾达种业有限公司、省农业科学院作物科学研究所完成的“玉米抗旱、增产、节本精播栽培技术开发”;(4)省农业科学院园艺研究所完成的“北方日光温室观赏凤梨开花调节及产业化关键技术研究”;(5)省农业科学院农业资源与经济研究所参与完成的“食用菌液体菌种制种工艺研究及应用”。

(杨光宗)

【农业技术推广示范行动】 连续三年(2011~2013 年)被省政府列入重点工作目标责任和十大强农惠农富农政策。2013 年,全院 550 名科技人员在全省 60 个县实施 52 个农技推广项目,推广新品种 235 个,集成 260 项先进适用技术,配套 32 项高产高效技术模式,累计示范 9.3 万亩,推广 260 万亩,粮、油、瓜、果、菜、畜牧、食用菌、药材、贮藏保鲜等示范推广累计增加社会经济效益 12.5 亿元。开展各类培训 1429 次,培训骨干农民技术员 8.3 万余名,培训农民 90.5 万人次,发放技术资料 85.11 万份。

(杨光宗)

林　业

【吕梁山生态脆弱区林业生态建设工程】 4 月 13 日,省政府在吕梁市岚县启动吕梁山生态脆弱区林业生态建设工程。按照规划,8 年内,在忻州、吕梁、临汾 3 市 23 县和 4 个省直林区全面铺开规模达 736 万亩的造林绿化和林业产业富民工程,从根本上改善吕梁山生态环境状况。省委副书记、省长李小鹏就工程建设作出重要指示，副省长郭迎光深入岚县检查指导工程建设，并提出具体要求。

（冀瑞平）

【党政军民义务植树】 4月15日，省委书记袁纯清，省长李小鹏，省政协主席薛延忠等省党政军领导和太原市干部群众、少先队员，在太原市万柏林区参加义务植树活动。参加义务植树劳动的省领导和驻并部队领导还有：胡苏平、高建民、汤涛、李兆前、王建明等。（冀瑞平）

【全省低产低效干果经济林改造技术示范现场培训会】 6月14日，全省低产低效干果经济林改造技术示范现场培训会在中阳县召开。长治、临汾、运城、大同、阳泉、晋中、吕梁7个市林业局分管局长、林业站长或经济林站长、推广站长，17个项目示范县林业局长和技术负责人，厅机关有关处室及驻并有关单位负责人以及部分核桃专家约70多人参加。厅党组成员、总工程师刘虎山出席并讲话。会议确定，将用两年左右的时间，在省、市两级建成干果经济林专家指导组和服务组，每个县至少建成100人以上的干果经济林技术服务队；在新确定的17个核桃低产林改造示范县中，每县至少建立5处以上示范片区，率先建成省级示范样板，并推出一批乡村示范园区；学习借鉴中阳经验，出台相关扶持政策，调动企业、农民等投入的积极性，多渠道、多元化筹集资金，大力度开展技术服务，确保技术应用到位，管理管护到位。

（冀瑞平）

【造林绿化现场会】 9月12~13日，全省造林绿化现场会在太原召开。省长李小鹏和与会代表一起考察太原造林绿化工程，并在西山万亩生态园工程现场和与会人员进行座谈。副省长郭迎光出席，各市分管副市长、林业局局长参加。与会代表实地考察307国道劣质地类治理示范点、东山山庄头生态园、国家三北防护林店头示范点、晋峰城郊森林公园、康培城郊森林公园等造林绿化工程。

（冀瑞平）

【造林绿化先进集体】 9月24日，省政府印发《关于表彰全省造林绿化先进集体的决定》（晋政发〔2013〕34号），授予太原市“全省造林绿化先进市”称号，奖励100万元；授予娄烦县、朔州市朔城区、柳林县、晋中市榆次区、沁县、高平市、翼城县、平陆县等8个县“山西省林业生态县”称号，各奖励30万元。（冀瑞平）

【表彰“绿化山西、生态兴省”优秀县委书记、县长】 9月5日，省绿化委员会、省林业厅印发《关于表彰“绿化山西、生态兴省”优秀县委书记、县长的决定》（晋绿字〔2013〕3号），决定授予魏民（太原市杏花岭区区委书记）、张齐山（太原市万柏林区区委书记）、张磊（娄烦县县长）、姚振华（天镇县县委书记）、王凤瑞（大同县县委书记）、王智杰（怀仁县县委书记）、王源（偏关县县委书记）、李德新（静乐县县委书记）、张建国（临县县委书记）、李志安（交城县县委书记）、郝向明（太谷县县委书记）、丁雪钦（昔阳县县委书记）、张玉斌（盂县县委书记）、唐立浩（潞城市市委书记）、吴小华（平顺县县委书记）、张利峰（晋城市城区区委书记）、王天朗（隰县县委书记）、梁秀娟（浮山县县长）、郭宏（平陆县县委书记）、陈杰（永济市市委书记）等20人“绿化山西、生态兴省”优秀县（市、区）委书记、县（市、区）长”称号。

（冀瑞平）

【《关于加强林木种苗工作的意见》】 6月24日，省政府办公厅印发《关于加强林木种苗工作的意见》（下称《意见》）。《意见》指出，加强林木种苗工作是林业生态建设的基础保障，要实现到2015年全省森林覆盖率达到23%，到2020年达到26%的目标，今后每年必须完成营造林400万亩以上，造林任务还相当艰巨，苗木需求还相当巨大。林木种苗作为林业生产的基础资料，其品种是否对路，结构是否合理，质量是否优良，将直接影响着林业发展的质量和效益。必须进一步加强林木种苗工作，把发展林业种苗与增加农民收入有机结合起来，在满足林业生态建设的同时，促进农民林业收入稳步增长。《意见》提出，坚持统筹兼顾、优化区域布局的原则，逐步在全省建立三大林木种苗生产区：以临汾市、运城市、晋城市和中条林局、吕梁林局为重点，建立南部暖温带半湿润区种苗生产区；以长治市、晋中市、阳泉市、太原市、吕梁市和太岳林局、太行林局、关帝林局、黑茶林局为重点，建立中部暖温带半干旱半湿润区种苗生产区；以忻州市、朔州市、大同市和五台林局、管涔林局、杨树林局为重点，建立北部中温带半干旱重半干旱区种苗生产区；形成南部以阔叶树种为主、北部以针叶树种为主的苗木生产格局。《意见》明确全省林木种苗八项重点工作即一是加快推进林木种苗良种化进程；二是加强苗木生产管理；三是完善市场化服务体系；四是强化科技支撑；五是严格林木种苗执法监管；六是落实林木良种补贴政策；七是建立健全保障性苗圃管理机制；八是落实林木种子贮备制度。《意见》要求，地方各级人民政府要切实把林木种苗工作作为林业生态建设的基础性任务来抓，并把林木种苗发展纳入市、县林业目标责任制重要内容进行考核。各级发展改革、科技、财政、农业、林业、工商、税务、金融等部门，要各司其职、各负其责，加强协作配合，在林木种苗项目立项、资金投入、土地流转、税费减免、信贷融资等方面给予政策扶持，形成加快林木种苗发展的强大合力。同时，各市、县人民政府要重视林木种苗管理机构和队伍建设。（冀瑞平）

水　利

·水　政·

【行政执法】 6月起，省水利厅取消办理“水利工程开工审批”和“水文监测资料使用审查”两项行政审批事项。截至年底，由省水利厅负责实施行政许可项目15项。省水利厅组织全省各市县开展对河湖执法情况进行专项检查活动，各地共查处各类河湖违法案件170余次，限期整改80余起。各市、县共对180余起违法采砂行为进行集中打击和清理,取缔违法采砂点16家,拆除洗砂设施6处。执法检查活动取得成效,净化河道采砂环境,同时对河维费的征收起到促进作用。8月,省水利厅配合省人大常委会赴大同、忻州、吕梁等市进行“一法一例”(《中华人民共和国防洪法》《抗旱条例》)专项检查。（王秀芳）

【法规宣传】 2013年,结合“世界水日”“中国水周”“12·4全国法制宣传日”采用悬挂横幅、制作宣传片、通过“政风行风热线”与群众对话水问题等多种方式开展水法规宣传活动。

（王秀芳）

·水利规划·

【专项改革】 1.确立用水总量控制红线。按照水利部水量分配工作方案,加快全省用水总量控制指标分解工作,组织技术支撑单位初步完成“全省用水总量控制指标地市分解方案”编制工作。组织各市完成全省地下水和岩溶大泉的水资源调查评价和开发利用现状调查,提出全省地下水和19个岩溶泉用水水量控制指标方案。根据《中华人民共和国水法》有关规定,结合新时期治水思路,起草山西省《关于推进水权制度建设的指导意见》。全面实施取水许可制度和水资源有偿使用制度。将取水许可发证和换证作为加强水资源权属管理的重要环节来抓,并加强取水许可监督管理工作,基本上在全省范围内建立计划用水、节约用水和水资源管理统计等取水许可管理制度。

2.水生态系统保护与修复试点工作。根据水利部批准山西省为全国首个水生态系统保护与修复试点省份的文件精神,开展主要河流地表水、地下水和岩溶水的水生态保护与修复工作。对全省19处岩溶大泉进行全面系统调查,分泉源、水量、水质重点区域对岩溶泉域保护区范围重新提出划定方案,明确泉域保护的主要目标。重点组织开展晋祠、神头泉等岩溶泉综合治理工程,晋祠凤峪沟店头村—龙泉寺段2千米堤防修复、河岸绿化等水生态修复工程完工;朔州市神头泉东西海泉组和小泊泉组水源地保护治理工程施工正在进行,东西海泉组治理工程共完成泉域清淤5万立方米、浆砌石0.1万立方米。根据《中共中央、国务院关于加快水利改革发展的决定》文件精神,在地表水源覆盖的太原、大同、朔州、忻州、晋城、运城等区域,专题研究并开展关井压采工作,通过行政手段,运用地表水源置换包括岩溶水在内的地下水源,实现地下水采补平衡。（王秀芳）

【《开展大同十里河等10条河流生态环境治理修复与环境保护工程》技术审查】 组织专家完成出台7个意见:《阳泉市桃河流域白南铁路桥至阳五高速公路桥段河道治理工程初步设计报告的审查意见》(晋水规计〔2013〕185号);《潇河干流（大沟桥—北合流旧桥段）综合治理工程可行性研究报告的审查意见》(晋水规计〔2013〕225号);《涅河沁县段河道治理工程可行性研究报告的审查意见》(晋水规计〔2013〕251号);《运城市2013年涑水河上游红沙河河道治理工程可行性研究报告的审查意见》(晋水规计〔2013〕258号);《晋中市潇河城区段河道治理工程（东郝桥—西郝桥、汇通桥—108桥段）初步设计报告的审查意见》(晋水规计〔2013〕294号);《临汾市尧都区涝洰河生态建设河道治理工程初步设计报告的审查意见》(晋水规计〔2013〕368号);《长子县雍河河道治理工程初步设计报告的审查意见》(晋水规计〔2013〕482号)。

（王秀芳）

·基本建设·

【大水网建设】 截至12月,四大骨干工程共有183个隧洞施工作业面,累计完成隧洞开挖101千米,占本年度建设目标101%;完成投资41.2亿元,占年度投资目标102%。其中中部引黄工程54千米,完成投资18.6亿元;东山供水工程22.4千米,完成投资8.2亿元;小浪底引黄工程15.9千米,完成投资7.6亿元;辛安泉供水工程8.4千米,完成投资6.8亿元。溯头水电站工程于11月29日大坝封顶,小浪底引黄板涧河水库工程于10月30日大坝截流。截至年底,四大骨干工程完成隧洞开挖105千米,完成投资42.4亿元。

大水网四大骨干工程隧洞已招标的48个标段共涉及168个施工点291个作业面,其中有183个作业面进洞施工。全年共完成隧洞开挖105千米。

截至12月,中部引黄工程有111个施工作业面进洞施工,年度完成隧洞开挖进尺54千米,占年度建设目标98%,年底完成隧洞开挖56.9千米;东山供水工程有45个施工作业面进洞施工,年度完成隧洞开挖进尺22.4千米,占年度建设目标102%,年底完成隧洞开挖23.1千米;小浪底引黄工程有16个施工作业面进洞施工,年度完成隧洞开挖进尺15.9千米,占年度建设目标106%,年底完成隧洞开挖16.2千米。板涧河水库工程于10月30日大坝截流;辛安泉供水隧洞工程有11个施工作业面进洞施工,年度完成隧洞开挖进尺8.4千米,占年度建设目标105%,年底完成隧洞开挖8.8千米。溯头水电站工程于11月29日大坝封顶。（王秀芳）

【病险水库除险加固和中小河流治理】 50座重点小(2)型水库主体工程全部完工。并超额完成13座水库主体工程建设,工程完成率126%;35座一般小(2)型水库主体工程全部完工,工程完成率100%;16个项目全部完工并验收,工程完成率100%。

（王秀芳）

【工程管理】 1.大水网工程。在2012年制定17个大水网工程建设管理办法基础上,2013年针对大水网工程建设管理中的薄弱环节,又先后制定5个大水网工程建设管理制度,分别为:(1)《大水网工程年度投资计划管理暂行办法》,明确要求将年度投资计划与工程建设具体任务相一致;(2)《大水网工程项目贷款管理办法》,规范了项目贷款的申请、审批、资金使用、还贷等工作程序;(3)《关于规范大水网工程施工地质资料的指导意见》,规范大水网工程施工地质资料整编工作,进一步明确隧洞围岩类别的鉴定工作程序;(4)《关于加强水利工程评标工作的意见》《山西省水利厅水利工程评标专家抽取办法(试行)》,对参与评标的招标人、评标专家、行政监督、招标代理等工作人员提出明确责任要求,确保招标工作公平、公正。实行大水网建设进度日报制,要求每个标段、每个施工点、每个隧洞作业面每日报送施工进度,出现异常及时研究协调解决。实施大水网工程绩效管理考核,采取日常考核和年终考核相结合,自查和现场考核相结合方式,通过工程建设日报、月报,及时跟踪了解工程建设进度;通过监督检查,复核工程进度;月底和年终对照建设目标进行评分考核。加强施工现场的监督检查,全年组织8次专项检查。通过检查反馈会、工程实体检测、下发整改意见书等方式,对检查出的问题提出整改要求,督促其限期整改,促进大水网工程建设质量、安全和进度。同时组织省内外技术专家召开大水网工程设计、施工、地质等专题会议,及时研究解决工程建设技术问题及不良地质洞段施工中出现的突泥、涌水、冒顶等问题的处理方案。

2.水库和河道管理。按照水利部要求,全省已经建立完善以地方政府行政首长负责制为核心的责任制,通过签订责任书、落实责任人,实行终身负责制和责任追究制。加大对病险水库除险加固和中小河流治理项目的监督检查力度,全面落实“三项制度”,严格资金使用,规范财务管理。强化质量与安全意识,建立健全质量与安全管理体系,全面加快工程进度,提高建设管理水平。把病险水库和中小河流治理项目监督检查工作作为下个阶段的工作重点。对进度滞后、管理违规、整改不力的市县,将视情况在省内进行通报或削减项目投资。完善旬报月报制和情况通报制,强化考核按期完工。制定验收工作计划,及时组织验收。在9月组织的各市科长工作汇报会上,对水库除险加固和中小河流治理工程验收工作进行安排。进一步转变“重建轻管”的思想,加强项目领导和监督,以水库、河道工程改造促体制改革。彻底理顺水库、河道管理体制,建立长效、良性运行机制,保证水库、河道安全隐患消除后的良性、安全运行。 (王秀芳)

·防汛抗旱·

【防汛】 1.汛情灾情。6月28日晚至29日凌晨,10小时内忻州市代县接连出现两次强降雨过程。最大降雨区域出现在代县雁门关乡太和岑口村,降雨116.4毫米和磨坊乡红泥湾村降雨101.6毫米,达到暴雨或大暴雨级别。无人员伤亡。

7月3日晚,绛县普降大到暴雨,横水镇坡底村安全转移80余人,安峪镇下柏村安全转移300余人,么里镇炭园河村安全转移80余人,全县无人员伤亡,有效确保人民生命财产安全。

7月,漳河上游的漳泽、关河、后湾三座大型水库雨前预留防洪库容,汛期与河道洪水错峰调度,把漳河干流洪水流量控制在200立方米/秒左右的安全泄量范围。大同孤山水库在上游流量达到480立方米/秒的情况下,通过科学调度,使御河洪水通过大同市区时流量控制在200立方米/秒以下。据统计分析,全省各大中型水库均不同程度地削减洪峰流量,大大减少下游防洪压力。特别是太岳、中条山区300多座水库汛前全部腾空,参与缓洪削峰,使得全省大部中小河流洪水得以缓滞,保证全省洪水可控,行洪安全。

2.防汛工作。从2月开始,省防汛指挥部和省水利厅在全省组织开展水库蓄水安全大检查,启动实施110座水库的应急专项除险加固和41座功能基本丧失水库的报废处理,要求110座存在安全隐患的水库汛期全部空库度汛。同时安排500万元资金专项用于小水库和骨干淤地坝汛期巡查补助,确保巡查到位。针对部分河流河道淤积、人为设障严重的问题,从4月份开始,在全省开展为期两个月的“百县百河”河道清淤、清障疏浚整治。

6月24日,全省组织开展乡村防汛大演练,有1094个乡镇、17021个村、500多万人次参加。据统计,全省因主动转移,避免危窑危房倒塌造成人员伤亡事件达543起,受益群众近5000人。

全年开展45个县山洪灾害防治非工程措施建设,项目主要包括:监测系统、预警系统、县级监测预警平台以及群测群防体系建设。共新建自动雨量站658个,简易雨量站3879个,自动水位站131个,简易水位站158个,自动雨量水位站62个;乡级预警站点473个,村级预警点4089个。监测范围覆盖777条山洪沟道,山洪灾害危险区面积41433千平方米,涉及471个乡镇、4832个村、283万人。截至11月底,45个县山洪灾害防治非工程措施项目全部建设完成并通过初步验收,在当年发挥重要的减灾效益。汛前115个县(市、区)以“九个一”(每个行政村有1个简易雨量监测报警站、明确1名报警员、配备1套简易报警设备、编制1个村级应急撤避预案、确定1处避灾安置点、制作1个宣传告示栏、每户发放1张明白卡、每年进行一次培训、每年举行1次演练)为标准的群测群防体系基本建立,2013年全省已建成的山洪灾害体系共发布预警信息上万条,全省安全转移受山洪地质灾害威胁群众6万人。 (王秀芳)

【旱情旱灾】 1.旱情灾情。2012年冬至2013年春,全省遭受50年一遇的大旱,为1989年以来的第三个少雨年。冬麦区旱灾程度达50年一遇。在冬小麦蓄水越冬、返青、拔节的关键生长期,冬麦区降雨量严重不足,造成全省夏粮减产一成。同时由于墒情太差,全省春播工作困难严重。1~3月累计平均降雨量仅7.9毫米,比历年同期偏少70%。据水文部门3月底测墒数据表明,全省仅有吕梁、朔州、长治土壤墒情达到12%以上,运城市仅为8%,对该市冬小麦返青、拔节和春播工作都造成很大影响。4月上旬,全省受旱面积高达177万公顷。4月中旬,全省平均降水量13.0毫米。但长期干旱的大同、朔州仍无有效降雨，全省抗旱工作也由全省转向北部。在北部播种的关键时期迎来降雨。

2.抗旱工作。2013年春，山西省遭受50年一遇的大旱，夏粮产量减产一成。4月1日，省委书记袁纯清批示“尽最大可能，能浇则浇，力保今年粮食生产能不受损失”。3月22日，省长李小鹏带领省财政、水利、农业、气象等省厅局主要领导，对全省受旱最严重的冬麦区运城市进行调研，深入盐湖区、临猗县，现场解决保麦和春耕生产中存在的问题。副省长郭迎光春节过后多次对春浇、春播工作进行安排部署，并前往受旱严重的运城、临汾等冬小麦主要种植区，深入基层开展调研，指导抗旱工作。

2013年抗旱期间，全省投入抗旱人数64万人，投入各类水利设施4.1万眼(处)，出动拉运水车辆和流动灌溉设备9000台套，全年完成浇地面积3435万亩次。全省115支抗旱服务队共新建维修小型水利工程设施1200眼(处)，维修各类设备6000台套，出动各类抗旱设备1.8万台次，扩浇旱地48万亩，浇灌果树380万株，通过拉运水方式解决人饮水困难22万人，挽回粮食损失1250万公斤，挽回经济损失3880万元，抗旱减灾成绩显著。

抗旱期间，省防指及时下达中央特大抗旱补助资金5000万元和省级抗旱专项资金2000万元，用于全省抗旱应急工程设施的维修配套、应急水源工程建设补助，抗旱服务队开展抗旱扩浇和应急送水油价电价补贴等。各市县累计投入抗旱资金1560万元，群众自筹近3.1亿元。全省继续执行高扬程灌溉电价水价补贴政策，沿黄高扬程泵站灌溉水价每立方米控制在0.25元以下，调动群众抗旱浇地积极性。同时对旱地扩浇面积按照每亩30元补贴标准，确保抗旱服务队和群众春浇的油、电等费用开支。

(王秀芳)

·水土保持·

【预防监督管理】 2013年，山西省加大监督执法力度，提高执法效果，贯彻新《中华人民共和国水土保持法》，水保方案编报率、实施率大幅提高，特别是针对高速公路人为水土流失突出的问题，省市县水行政主管部门对全省境内20条高速公路建设项目水土保持方案落实情况开展水土保持联合监督执法行动，对上一年发现的问题进行回头看，对新造成的人为水土流失问题进行督查和限期整改，取得显著执法效果。此外，还配合水利部海河水利委员会等流域机构，对43个部批水土保持方案的生产建设项目进行监督检查。全年共开展水土保持执法检查2300多次，检查项目1300多个，省市县三级审批生产建设项目水土保持方案400多个，核定防治责任范围7万公顷，征收水土保持补偿费2亿多元。

(王秀芳)

【“四荒”治理】 “四荒”治理开发是产业扶贫开发工程的重要组成部分，省水利厅多次推动，各市县落实签约项目，制定鼓励扶持政策，大型企业参与“四荒”治理开发工作取得很大进展。经过推动，全省共有71家大企业达成“四荒”治理开发初步意向，有17个治理开发项目完成签约，涉及“四荒”地近18万亩。临汾市所辖17个县以及长治市沁县共18个县由县政府出台“四荒”治理开发鼓励扶持政策。7月18日，省委、省政府出台《关于实施百企千村产业扶贫开发工程的指导意见》(晋办发〔2013〕13号)，明确提出要利用全省丰富的“四荒”资源，采取多种方式，实施开发性农业建设。

(王秀芳)

【淤地坝运用】 全省淤地坝建设数量大、分布广，淤地坝安全度汛成为水土保持工作的一项重要内容。为加强全省淤地坝防汛工作，强化淤地坝除险加固和维修养护工作，2013年，全省共落实防汛维修经费522万元，落实管护经费415万元(其中省级管护经费300万元、县级管护经费115万元)，并用1300万元资金对一批病险淤地坝进行除险加固。在此基础上，组织对全省1800多座大中型淤地坝开展全方位防汛安全检查，对发现的安全隐患现场制定除险加固预案，及时消除安全隐患，确保淤地坝安全度汛，保障人民生命财产安全。临汾市在全市范围内组织开展淤地坝防汛抢险应急实战演练。太原市娄烦县为全县淤地坝管护人派发管护责任卡，建档信息，细化责任，省水利厅对这一创新做法在全省范围内进行推广。

(王秀芳)

·城乡供水·

【农村饮水安全】 2013年，全省新建和改建农村饮水工程2881处，解决3017个村、114.5万农村人口和10.05万学校师生的饮水问题。全年共批复总投资100万元以上农村饮水工程设计近30个。建成县级水质检测中心12个，全省累计达到45个。

(王秀芳)

【农村饮水水价补贴】 2011年以来，省政府将农村饮水水价补贴列为强农惠农政策之一，每年列支5000万元财政资金专项用于农村饮水水价补贴。省财政厅、水利厅对井深大于400米或总扬程超过200米的农村饮水工程给予水价补贴，其中国家及省定贫困县的农村饮水工程每立方米水补贴0.5元，非贫困县农村饮水工程每立方米水补贴0.3元。(王秀芳)

·农村水利·

【概述】 2013年，全省共完成农田实灌面积2008.7万亩，继续保持继2008年以来全省平均每年新增100万亩农田实灌面积的良好势头，成为全省粮食安全和经济社会发展的重要保障。

1. 大中型灌区、泵站改造项目。截至年底，2012年下达的8处灌区节水改造任务中，桑干河、汾河、汾西、潇河和文峪河5个灌区主体工程建设任务基本完成；夹马口、禹门口、大禹渡、尊村、汾南、西范等6处大型泵站更新改造任务完成投资85%。

2. 小型农田水利重点县建设。2013年山西省争取到小型农田水利重点县名额13个，累计达到57个，占到全省农业县近半数，覆盖全省所有产粮大县和农业大县。全省第一批11个重点县三年总体验收工作顺利结束，第二批建设任务全部完成，其中：祁县、河津、曲沃3个项目县近期还接受水利部组织的专项稽查，稽查组对全省小农水重点县建设特色、取得成绩进行充分肯定，并给予“山西在小农水项目工程建设与管理上，整体部署、责任落实、措施有力、进展顺利、成效明显”的总体评价。

3. 落实灌区电价水价补贴政策。加大补贴范围，公布第四批享受泵站电价水价补贴政策的名单，全省享受补贴政策的泵站达到74处；严格计费水量测算，在各县市申报基础上，组织人员到各灌溉泵站进行计量水量核实工作，确保各泵站灌区上水量与补贴水量相符，并于7月和11月分两批下达水价补贴资金3000万元。

4.落实末级渠系补贴政策。2013年共安排末级渠系建设补贴省级补助资金20000万元，下达末级渠系配套建设任务5010千米。各市县出台配套政策、多方筹措资金用于解决制约农田水利工程效益发挥的“最后一公里”问题，截至年底，建设任务全面完成。（王秀芳）

·地方水电·

【农村电气化】“十二五”水电新农村电气化项目，新建泽州县三姑泉二级水电站、技改平顺县赤壁水电站，总装机2490千瓦。截至年底，平顺县赤壁水电站建设任务全部完成。三姑泉二级水电站完成4千米进站道路、1千米施工道路。（王秀芳）

【小水电代燃料项目建设】在建的小水电代燃料项目共4个，分别为：左权县苏公项目二级站、灵丘县上沿河项目、灵丘县北泉项目、交城县沓旯项目，总装机6460千瓦，发展代燃料户5227户。（王秀芳）

【绿色小水电评价试点工作】2013年，全省积极推动绿色小水电评价试点工作，对省汾河二库水电站、晋城市东焦河水电站等10个电站的典型材料已复核。（王秀芳）

·渔业建设·

【渔业经济】2013年，全省水产品总产量45621吨，较上年增长10.6%，养殖产量44499吨，增长10.9%，捕捞产量1122吨，与上年持平；养殖产量中池塘产量29921吨，增长16.5%，湖泊水库产量14287吨，增长1.15%；水产养殖总面积15462公顷，增长2.76%；渔业经济总产值7.34亿元，增长9.88%；其中：渔业产值5.28亿元，增长10.7%，渔业流通和服务业产值1.85亿元，增长8.19%；渔民人均纯收入7015元，较上年增长16.2%。（王秀芳）

【水产健康养殖】向农业部推荐申报5家养殖单位为农业部第八批水产健康养殖示范场创建单位，经考核验收，有4家创建单位获得农业部水产健康养殖示范场称号；遴选26家养殖单位为2012年省级水产健康养殖示范场创建单位，经考核验收，有22家创建单位获得省级水产健康养殖示范场称号。全面实施池塘标准化改造建设工程，全年改造老旧池塘3552亩，新建标准化池塘2880亩。池塘养殖面积达到2820公顷，较上年增长15.8%。中央财政扶持“菜篮子”水产品生产项目深入推进。山西省择优选择11家养殖规模大、生产基础条件好、管理能力强并在增加水产品产量、提高水产品质量、促进渔农增收等方面示范带动作用明显的省部级水产健康养殖示范场为项目申报单位，最终有7家渔民专业合作社和1家渔业企业通过验收考核。通过实施“菜篮子”项目，年新增优质水产品5000吨，产品质量100%符合水产品质量安全国家和行业标准，新增渔业产值6800万元，增加渔民人均纯收入1500元以上。（王秀芳）

【水产品质量安全】2013年，全省水产品质量安全抽检范围和抽检数量进一步扩大，省、市、县三级累计抽检水产品1057个样，水产良（苗）种场、水产健康养殖示范场、无公害水产品产地“三类基地”抽检覆盖率100%。产地水产苗种和市场水产品药残抽检合格率继续保持100%，产地水产品药残抽检合格率98.9%，较上年下降0.6个百分点，但稳定保持在97%以上。农业部对山西省产地水产品质量安全监督抽查合格率100%，比上年提高3.3个百分点；市场水产品质量安全例行监测合格率95.6%，较上年提高5.6个百分点。全年新认定无公害水产品产地25个，认定面积236公顷，新认证无公害水产品39个，认证产量3500吨。临猗县黄河甲鱼养殖专业合作社养殖的吴王渡牌黄河鳖率先荣获农业部颁发的地理标志水产品登记保护证书，实现全省地理标志水产品零突破。圣母湖河蟹通过有机食品认证，并注册“圣母湖”商标。（王秀芳）

【水产种业建设】2013年，再次从中国水产科学研究院淡水渔业研究中心引进530万尾福瑞鲤夏花，在全省26家鲤鱼养殖单位开展鲤鱼品种更新换代研究与示范，累计示范面积2948亩，占到全省鲤鱼养殖面积19.2%，引进6000尾福瑞鲤后备亲本在永济、沁县、原平3家省级水产良种场进行保种选育。开展全国和全省现代渔业种业示范场创建活动，按时完成国家级临猗县黄河甲鱼良种场建设项目竣工验收任务。按照《山西省水产原良种场认定和管理办法》规定，全省水产育种养殖科学实验中心所属清徐实验场、朔州实验场和永济市兴茂养鱼专业合作社3家省级水产原良种场申请单位通过山西省水产苗种审定委员会组织的现场考评验收，被省水利厅批准为省级水产良种场。为理清现代水产种业发展思路，加快现代水产种业建设进程，组织开展《山西省水产苗种发展规划》《山西省水产苗种补贴办法》编制工作。（王秀芳）

【水生动物防疫】2013年，对全省10个市、25个县、31个测报点、5种养殖方式的9种病害发生情况进行测报,总面积15868亩。启动实施草鱼无规定疫病区试点建设,试点面积3000亩,发病率下降10%左右。

(王秀芳)

【休闲渔业】 开展全国休闲渔业示范基地和省级休闲渔业示范园区创建活动。有5家单位被农业部评为“全国休闲渔业示范基地”,12家单位获得2013年(第三批)省级休闲渔业示范园区称号。全省休闲渔业产值达到3421.14万元,较上年增长19.4%。

(王秀芳)

【渔业资源和环境保护】 2013年,在9个市的水生生物增殖放流活动中,共放流各种经济鱼类1384万尾。对沁河特有鱼类,国家级水产种质资源保护区移殖的乌苏里拟鲿、唇䱻、鲶鱼、雅罗鱼野生亲本,进行人工暂养驯化、保种和亲本培育。启动“山西省渔业资源信息管理平台”建设,完成“鱼类遗传与分子生物学实验室”“渔业环境模拟与控制实验室建设”项目的验收,完成省环境规划院委托的《汾河水库水生生物多样性调查报告(2011年)》,并组织开展《山西渔业资源》编纂出版工作。 (王秀芳)

【渔政执法】 全年共出动执法人员1195人次,检查水产养殖生产单位509家。依法查处阳泉市平定县娘子关镇鑫盛养鱼场鲟鱼监督抽查孔雀石绿残留超标和吕梁市汾阳县文湖旅游开发有限公司鲶鱼硝基呋喃类代谢物残留超标事件,涉及金额4000元,阳性样品查处率100%。在违规渔具专项清理行动中,共出动宣传车46辆次,人员335人次,发放宣传资料850余份,向渔船船主发送手机短信200多条,检查船艇57艘次,检查渔船109艘,没收违规渔具63套,教育违法违规人员15人次。 (王秀芳)

【渔船管理】 2013年,全省共检验3家船用产品生产企业的各类设备共计809台,累计检验各类渔业船舶192艘,受检率超过90%。共有5人赴部船检局参加培训,其中选派2名技术骨干到上海海洋大学参加长训班学习。全年各类船员安全生产、应急操作等组织培训共5期,受训船员200余人。 (王秀芳)

·水利科技·

【科研计划项目执行情况及成果】 全年围绕大水网建设、河道治理与水工建筑物、水资源水生态保护及修复、高效节水灌溉及土壤改良、水土保持、农村供水与排水、水产养殖等7大类技术需求,共安排35个科研项目,按预期目标顺利完成。省引黄办完成的“万家寨引黄入晋工程南干线水源区水之保护综合技术研究”项目获得省科技进步二等奖;省水保科学研究所承担的“晋北水蚀风蚀交错区沟道拦沙工程技术体系研究”项目获得水利部大禹奖三等奖;省水利科学研究院完成的“非充分广水条件下灌溉预报研究”项目获得国家农业节水科技奖二等奖。另有6个项目通过省科技厅鉴定。其中:省水资源研究所完成的“汾河下游及入黄口水环境模拟与污染物总量控制研究”项目和省水土保持科学研究所完成的“小流域水土保持措施对淤地坝拦沙效应的影响”项目鉴定结论为达到国际领先水平;省水利科学研究院完成的“民爆物品实时安全监控系统研究及应用”等项目达到国际先进水平;省水产科学研究所完成的“渔业环境模拟与控制实验室” 和“鱼类遗传育种与分子生物学实验室”通过省科技厅验收;省水利科学研究院完成的“太原市城市生活饮用水源地——汾河水库水质趋势分析及保护对策研究”向省科技厅提交验收申请;山西省中部引黄工程建设管理局承担的“中部引黄工程长距离输水洞水力计算、模型试验及施工支洞的仿真分析与优化”、“中部引黄工程水价体系研究”、“中部引黄工程隧洞结构纤维混凝土支护技术研究”三个项目取得阶段性成果。 (王秀芳)

【地下水位监测网建设】 全年完成太原、长治、运城、忻州4市、22县328套监测设备加装太阳能供电设施改造工作,监测井在线率达到80%。

(王秀芳)

【水利信息化建设】 完成办公自动化系统建设方案编制工作。委托航天科工集团仿真技术有限责任公司开展山西大水网远程监控与调度系统工程可行性研究报告编制与工程设计,《大水网远程监控与调度系统工程可行性研究报告》初稿编制完成。完成全省水利系统重要信息系统和网站安全专项检查摸底及检查工作。 (王秀芳)

中小(乡镇)企业

【概述】 2013年,全省乡镇企业(法人单位)13.59万户,比上年同期净增1.8万户;从业人数389万人,比上年同期净增23万人;完成营业收入15033亿元,同比增长11.62%;上缴税金844亿元,同比增长5.5%,占全省税收收入76.55%,比上年提高0.9个百分点。

从全年发展走势来看,1~12月,全省乡镇企业营业收入同比增长11.62%,增幅与上年同期相比降低6.52个百分点;与前11个月相比,环比下降2.14个百分点。从季度走势来看,1季度增长17.67%,2季度增长15.03%,3季度增长16.15%,4季度增长11.62%,全年呈现前高后底,波动下滑走势。

分地市看,1~12月,营业收入增速高于全省平均速度的有6个市。其中:长治市增长18.51%,晋城市增长17.16%,忻州市增长15.46%,运城市增长15.32%,忻州市增长15.21%,朔州市增长13.93%。其他5个地市增速低于全省。 (边 疆)

【政策环境建设】 2013年是全省中小微企业发展史上重要一年。省政府把“大力扶持中小微企业发展”确定为全年一项重点工作;先后两次研究出台财政“15条”、金融“12条”专项政策措施,针对性强、含金量高。各级各部门先后出台一系列配套政策,在推进技术创新、改善融资服务、开展人才培训、加强品牌建设等各个方面,都有具体、实实在在的扶持措施。省级中小企业扶持资金增加2.35亿元,市县两级各类扶持资金增加近3亿元。政策支持力度之大、企业受惠面之广前所未有。

落实税费优惠政策，减轻企业负担。全年免征5万户小微企业增值税、营业税近2亿元；“营改增”试点惠及中小微企业2.79万户；对主营业务收入首次达到2000万元以上的工业企业，按当年新增增值税省级留成部分50%给予奖励；中小企业研发费用所得税前加计扣除，技术转让、软件企业所得税减免等优惠政策得到进一步落实；暂免征收小微企业行政事业性收费26项，减轻企业负担近5000万元。

为帮助广大中小微企业用足用好政策，开展全方位、高强度集中宣传报道和多形式、多角度政策宣讲解读。省级主要新闻媒体共刊发、播报新闻、评论、专访、专稿等1100余条。新华社、《人民日报》等中央媒体共刊发新闻、通讯等57条。9月15日，《人民日报》在头版以《山西中小企业乘势转型》为题，对山西省促进中小微企业发展的新经验、新成效进行深度报道；人民网山西频道开设“山西转型跨越新引擎—全力助推山西中小微企业发展”专栏，进行网络专题报道。全省中小企业系统以“扶持小微、助力成长”为主题，累计开展“三送活动”百余场次，受益企业近万家。社会各界对中小微企业扶持政策的知晓率进一步提高。（边　疆）

【生产经营】2013年1~12月，全省乡镇工业企业营业收入增长8.67%，与上年同期相比下降5.9个百分点，与前11个月相比，环比下降5.3个百分点。

从产销情况来看，1~12月全省乡镇企业规模工业产销率94.16%，比上年同期上升0.66个百分点，比前11个月上升0.1个百分点。

从主要工业产品产量看，1~12月，在重点监测的民营工业44种产品产量中，22种产品产量同比呈现增长之势，22种产品产量同比下降。传统产业生产的产品，如洗精煤、铁矿石、铁精矿粉、成品钢材、粗钢增长较快；罐头食品、乳制品、白酒、饮料、电石、生铝矾土、硅铁等产品降幅较大，成品中药产量下降，西药制品产量增长。

监测的1306家重点企业中，工业企业占全部监测企业75.57%，其中，制造业占65.32%。

工业总产值同比增长9.54%。1~12月，1306家重点监测企业完成总产值1320.99亿元（不包括第三产业），同比增长9.54%，12月份完成总产值136.21亿元。其中，小型企业1~12月完成总产值436.61亿元（不包括第三产业），同比增长7.02%，12月完成总产值47.85亿元；中型企业1~12月完成总产值874.97亿元（不包括第三产业），同比增长10.93%，12月完成总产值87.45亿元。

实现利润总额同比增长10.99%。1~12月，987家工业企业实现利润总额31.08亿元，较上年28.00亿元利润总额同比增长约10.99%。

1~12月，全省重点监测的十大行业中，计算机、通信和其他电子设备制造业完成营业收入14.91亿元，较上年同期13.23亿元，同比增长12.74%；实现利润1.31亿元，同比减少22.56%；完成总产值15.95亿元，同比增长5.57%。农副食品加工完成营业收入125.41亿元，较上年同期110.05亿元同比增长13.96%；实现利润5.22亿元，同比增长9.96%；完成总产值125.48亿元，同比增长15.33%。医药制造业完成营业收入46.34亿元，较上年同期40.92亿元同比增长13.25%；实现利润5.99亿元，同比增长1.70%；完成总产值54.97亿元，同比增长9.31%。非金属矿物制品业完成营业收入82.64亿元，较上年同期88.20亿元下降6.30%；实现利润4.20万元，增长19.56%；完成总产值91.85亿元，下降7.24%。设备制造业完成营业收入82.66亿元，较上年同期90.89亿元下降9.06%；实现利润2.81亿元，减少41.78%；完成产值91.19亿元，增长3.93%。

2013年，全省重点监测的20个产业集群，涉及企业2144户。其中，12月开工生产企业1563户，综合开工率72.9%。

开工率在80%以上的产业集群14个，分别是万荣水泥添加剂、清徐醋业、原平皮带、屯留农副产品加工、稷山纸包装、交城铸造、闻喜金属镁、大同医药、怀仁陶瓷、侯马装备制造、榆次液压、太谷玛钢、榆次纺机、大同活性炭；开工率在60%~80%的产业集群2个，分别是太原不锈钢和阳泉耐火材料；开工率不足60%的产业集群4个，分别是祁县玻璃器皿、定襄法兰、山阴乳业和阳城陶瓷。

在重点监测的20个产业集群中，全年营业收入同比增长速度达到两位数的产业集群6个，分别是万荣水泥添加剂、祁县玻璃器皿、原平皮带、定襄法兰、大同医药、榆次液压；营业收入同比下降的产业集群2个，分别为太原不锈钢和阳城陶瓷；其余12个产业集群营业收入同比增长在0.7%~7.8%之间。

20个产业集群中，屯留农副产品加工、山阴乳品加工、稷山纸包装、太原不锈钢、阳城陶瓷产品产量同比下降，其余产业集群产品产量同比增长，其中万荣水泥添加剂增幅达到两位数。

2013年，随着省委、省政府扶持小微企业政策的落实到位，全省创业热情进一步激发，为推动全省乡镇企业快速发展注入新活力。全省新增规模以上工业企业256户，规模以上乡镇工业企业总数达到3240户。在规模以上工业中，山西海鑫钢铁集团有限公司营业收入达159亿元，山西沁新能源集团股份有限公司上缴税金8.9亿元，山西新大洋销售有限公司从业人员3253人。2013年全省亿元以上乡镇企业净增140个，总数达到1072个；10亿元以上企业113个；50亿元以上企业15个；100亿元以上企业3个，分别是山西海鑫钢铁集团公司、山西立恒钢铁股份有限公司、山西安泰控股集团有限公司，分别完成营业收入159亿元、146亿元和123亿元。（边　疆）

【转型升级】2013年，省中小企业局等各部门加强对以乡镇企业为主的中小企业转型发展的分类指导，支持改造升级和科技创新，引导新兴产业发展，实施技术改造，开展节能降耗，淘汰落后产能,退出传统行业,进入装备制造、精细化工、高新技术、新型材料、特色食品、现代服务业等新兴产业领域,推动以乡镇企业为主的中小企业转型升级步伐进一步加快。中小微企业中采掘业企业数量占比下降到3%以下。

新兴产业发展迅速,计算机、通信和其他电子设备制造业、医药、农副产品加工等行业营业收入同比分别增长12.74%、13.25%、13.96%,规模和效益持续提升。受国际国内经济形势影响,非金属矿物制品业较上年下降6.30%;设备制造业较上年同期下降9.06%;全省形成120个左右产业特色鲜明的中小企业集聚区,成为县域经济发展的重要增长极。其中,太原不锈钢制品、清徐食醋加工、汾阳白酒酿造、代县黄酒酿造、原平皮带加工、榆次改装车制造、阳泉耐火材料、定襄法兰等产业集群,比较优势突出,在全国具有一定影响力。

(边　疆)

【企业成长工程】 实施"星火"培育工程。简化工商登记,降低创业门槛,进一步掀起创业兴业热潮。全省累计培训创业者3万人次以上,新创办小微企业3.57万户,超额完成1万户的年度任务,创出山西省历史上年创办小微企业数量之最,为全省经济发展注入新活力。

实施"小升规"成长工程。支持小微企业专营一个领域、专攻一门技术、专注一个产品,走"专精特新"发展之路。全省有217户小微企业进入规模以上工业企业行列,成为全省工业经济发展新骨干。

实施"小巨人"提升工程。加强规划引导,制定梯队培育计划,完善定点帮扶机制。全省新培育销售收入超亿元非煤工业企业"小巨人"120户,超额完成100户年度任务。全省"小巨人"企业总户数突破900户,成为全省中小微企业发展新龙头。

(边　疆)

【资金投入】 2013年,全省乡镇企业完成投资1782亿元,同比增长6.07%,比上年增幅回落近13个百分点。其中施工项目2866个,同比增长8.68%;新开工项目1706个,同比增长11.87%;投产项目1206个,同比增长10.24%。在完成投资总额中,金融机构贷款253.3亿元,同比增长2.87%,占投资总额13.20%;引进资金128.4亿元,同比减少31.30%,占投资总额7.21%;自有资金1270亿元,同比增长23.64%,占投资总额71.27%。

(边　疆)

【外经外贸】 2013年,全省乡镇企业开展招商引资,组织200多家中小微企业参加"百度·翔"计划,通过互联网免费进行产品推广,拓宽企业发展空间。先后组织175家中小微企业参加第十届中博会、上海中小企业精品展、苏州铸造博览会等大型展会,累计签订合同、协议30余项,资金总额48亿元。

2013年,全省乡镇企业完成出口交货值143亿元,同比减少0.69%,比上年同期增幅回落近1个百分点。全年来看,全省乡镇企业出口呈触底回升势态,自4月由负转正后,增幅在4.2%~7.9%之间波动,后半年发展形势趋稳。

全年煤炭出口企业7家,出口21万吨,实现交货值82130万元;金属镁出口企业12家,出口9160吨,实现交货值17971万元;活性炭出口企业5家,出口13713吨,实现交货值10320万元;铁合金出口企业4家,出口9600吨,实现交货值14920万元;玛钢件出口企业17家,出口41000吨,实现交货值46510万元;铸铁件出口企业28家,出口112854吨,实现交货值133143万元;汽车配件出口企业5家,出口10652吨,实现交货值16800万元;法兰出口企业52家,实现交货值133916万元;玻璃器皿出口企业43家,出口120943万件,实现交货值191819万元;陶瓷制品出口企业4家,出口3648万件,实现交货值11733万元;芦笋出口企业7家,出口4150吨,实现交货值6240万元;药品出口企业9家,出口13599万片(粒/支),实现交货值58024万元。

(边　疆)

【服务体系建设】 2013年,山西省以乡镇企业为主的中小企业社会化服务体系建设进一步加强。

1.推动平台网络建设。全省中小企业公共服务平台网络建设有序推进,省级综合枢纽平台基本完工,8个窗口平台与省平台实现互联互通,16个专业应用平台全面上线测试。

2.推进示范平台建设。省级中小企业公共服务示范平台,2013年认定21个,全省"国家中小企业公共服务示范平台"达到6个。

3.拓展服务领域。组建中小企业服务联盟。首批筛选500余家专业性服务机构,组建山西省中小企业服务联盟。通过政府购买服务方式,引导服务机构为中小微企业提供全方位专业性服务。

4.建设小微企业服务站。整合现有资源,新建小微企业服务站120个,为各类创业人群提供创业辅导、

2013年山西省乡镇工业企业主要经济指标情况

单位:亿元

指　标	1~12月	上年同期	同比增长	上月同比增长
工业总产值	1320.99	1205.97	9.54%	4.71%
出口交货值	33.23	37.89	-12.29%	5.26%
营业收入	1212.76	1130.35	7.29%	5.77%
营业成本	1057.51	982.28	7.66%	2.99%
利润总额	31.08	28.00	10.99%	2%
用电量	7174310159	7147179071	0.38%	-0.76%
产成品	133.84	119.91	11.62%	-13.36%

政策咨询、策划指导等一站式、面对面免费服务，为广大小微企业提供人才、技术、项目、管理、信息等专业性公益服务。

5.建设小微企业创业基地。在晋源区开工建设占地面积3300亩的山西省中小企业创业示范基地。新认定省级中小企业创业基地26个，省级中小企业创业基地达55个，厂房面积1730万平方米，带动投资32.8亿元，入驻企业2000多户，吸纳就业近2万人。全省建设和完善小微企业创业基地80多个。

与山西财经大学联合组建山西省中小企业发展研究院，完成《山西中小微企业发展与城镇化建设研究》《山西中小微企业用工问题研究》《山西省中小微企业服务需求调查数据分析报告》等5个课题的研究。

6.加强经济运行监测。2013年，应对经济下行压力，不断完善覆盖13个行业、21个特色产业集群、1500户重点企业的中小微企业运行监测制度，了解发展动态，掌握运行情况，强化预测预警分析，为各级各部门指导中小微企业发展提供决策依据。

7.完善重点企业生产经营运行监测平台。重点监测企业由1200户扩大到1500余户，实行每月数据网上直报，及时了解企业生产经营动态，协调解决企业生产经营中遇到的困难和问题，经济运行监测工作走在全国前列。

8.缓解融资困难。针对中小微企业融资难、融资贵这一普遍性、规律性问题，坚持多措并举，创新融资服务工作机制，全省村镇银行新增10家、达40家，小额贷款公司新增20家、达542家，担保公司新增8家、达219家，典当行新增24家、达211家，多元化小微企业金融服务体系逐步完善。中小微企业融资难问题得到一定程度缓解。

9.融资服务务实有效。联合建行山西分行，建立“助保贷”融资平台，全省有10个市、45个县(区)设立“助保资金池”50个，为335户中小微企业提供贷款14.87亿元；联合国家开发银行山西分行，建立中小微企业统贷平台，获得授信额度3亿元。累计向金融机构推荐中小微企业2800多户，帮助落实贷款195亿元。

10.创办省级中小企业创业投资基金。设立总规模20亿元、全国首家省级中小企业创业投资基金。省财政首批注资1亿元，吸收社会资本3亿元，扶持小微企业800余家。为开展中小微企业担保业务，业绩突出的10家担保公司，申请国家风险补偿资金4100万元；免征3家担保机构营业税；筹措5000万元，支持14家担保机构扩大对中小微企业的融资业务。

11.为中小微企业提供股权挂牌和融资服务。发挥山西省股权交易中心作用，推荐876家中小微企业进行挂牌展示；联合晋中市政府设立天津股权交易所山西运营中心，为全省中小微企业提供股权挂牌和融资服务。行业金融机构全部设立中小企业专营机构，针对资金需求特点，推出200余种金融产品和服务。截至年底，全省小微企业贷款余额3323.49亿元，较年初增加793.72亿元，增长31.38%，增速高于全省银行业各项贷款平均增速17.63%。小微企业贷款占全部贷款22.11%，较年初上升2.97%。实现“两个不低于的目标”。

12.推进协作配套。以铸造行业为重点，搭建协作配套服务平台，累计为200户左右中小微企业发布产品供需信息，帮助100余户中小微企业与省内外大企业建立稳定的协作关系。

（边　疆）

【企业管理创新】 开展“最具社会责任中小企业”评价活动，2013年又有109户中小企业入选“山西最具社会责任中小企业”；发挥管理咨询机构的专业优势，开展管理咨询服务。在装备制造、特色食品等中小微企业相对集中的行业中，树立管理标杆企业30个，开展对标示范。（边　疆）

【培训工作】 筹措1500万元，实施“3个1”经营者素质提升工程。分两批组织100名优秀小微企业家，在清华大学举办两期管理创新高级研修班；分三批组织1000名有发展潜力的小微企业家，参加创业能力提升培训；分地域组织10000名小微企业管理人员，参加专题培训。全省累计组织415名企业家参加各类高端培训，1350名企业经营管理人员参加“银河培训”，4.12万人次参加各类专业技术培训，10.5万人次参加企业自主培训。据不完全统计，全省中小企业全年开展的自主培训，累计达20万人次以上。全省多层次、广覆盖的中小微企业公益性人才培训体系基本形成。（边　疆）

【技术创新】 新认定省级中小企业技术中心41个。69个省级中小企业技术中心拥有全国领先技术33项、发明专利35项、实用新型专利38项、外观设计专利21项。开展产学研合作，签订校企合作项目47个，投资额4.58亿元，技术交易额1.08亿元。全省科技型中小微企业1232户，拥有院士工作站1个、博士工作站10多个，与清华、北大等高校共建产学研基地20余个。（边　疆）

【品牌发展战略】 筹措2000万元，首次对全省中小微企业中159件新认定和201件重新认定的山西省著名商标进行奖励，对企业在省级以上主流媒体开展的品牌推广活动进行

住房和城乡建设 环境保护

Housing Urban and Rural Construction Environment Protection

住房和城乡建设

【城镇化水平提升】 2013年，按照"一核一圈三群"城镇化总体布局，全省以城乡规划为引领，以城镇基础设施、公共服务设施和产业园区建设为抓手，以体制机制创新为动力，实施城镇旧区改造、新区建设等扩容提质工程，城镇组群、中心城市、大县城和百镇建设协调推进，城镇化取得新进展，拉动全省经济社会发展。2013年全省城镇化率达到52.76%，比上年提高1.5个百分点。

（李国红　米玉婷）

【规划编制与实施】 围绕城镇化发展战略，城镇群、城镇组群、市县域城镇体系、城镇总体规划、城镇控制性详规和各类专项规划等6大类规划编制不断加快，太原都市区、孝汾平介灵城镇组群、太原晋中同城化建设规划和吕梁、忻州、侯马城市总体规划等300余项规划编制完成，实现"一核一圈三群"和城市总体规划全覆盖，设区城市控规覆盖率达50%。

（李国红　米玉婷）

【太原都市圈建设】 支持太原率先发展，指导完善城市规划，加快重大项目建设，实施棚户区和城中村改造，进一步提升省城人居环境水平；支持山西科技创新城建设，科学编制规划；加快推进太原晋中同城化，在规划、道路、公交、通信同城等方面率先突破，共同构建辐射带动能力强的省域中心。（李国红　米玉婷）

5月7日，国务院棚户区改造督察工作山西汇报会在太原召开

（李国红提供）

【城镇组群发展】 指导编制大同都市区、朔州东部新区、临汾百里汾河城镇带、运城盐临夏城镇组群、长治上党城镇群、晋城"一城两翼"等城镇组群规划，18项区域基础设施建设项目实施。长治上党城镇群以城际快速路网建设为切入点，配套出台有利于人口自由流动的政策措施，初步形成以主城区为中心、以周边6个县城为支撑的一体化发展格局。临汾市集聚优势资源，以重点城镇、产业园区和文化旅游景区建设为载体，"四化一体"统筹推进，百里汾河城镇带建设势头强劲。（李国红　米玉婷）

【大县城和重点镇建设】 按照省考核办关于创新性指标要求，以项目化管理办法集中推进大县城建设，制订《大县城建设实施方案》和《11个大县城建成小城市推进方案》，按照小城市标准规划建设大县城，确保大县城建设推进，涌现出一批好典型。孝义市实施全域城镇化战略，集中力量，搞好一流主城区建设，县城集聚全市约76%的城镇人口。长治县推进"一轴两区"建设，通过园区带动和撤村建区扩大城市区规模，通过小城镇建设和以企带村发展城镇区，创造就地城镇化新模式。怀仁县规划建设6个现代化产业园区，统筹谋划园区建设

和城镇发展，把产业园区建成新型城区，促进县城做大做强。推进百镇建设，100个重点镇以县城标准规划建设，完善功能，改善环境，共开工建设基础设施类项目334项、居住社区类项目93项、公共服务类项目159项，完成投资22亿元，镇容镇貌和集聚带动能力进一步提升。

（李国红 米玉婷）

【历史文化名城名镇名村保护】 在推进城镇化中，高度重视历史文化名城名镇名村保护，传承历史文脉，彰显城镇特色。泽州县周村镇为新增中国历史文化名镇，长治市长治县荫城镇为省历史文化名镇；襄汾县新城镇丁村、沁水县嘉峰镇郭壁村、高平市马村镇大周村、泽州县晋庙铺镇拦车村、泽州县南村镇冶底村、平顺县阳高乡奥治村、祁县贾令镇谷恋村、高平市寺庄镇伯方村、阳城县润城镇屯城村等9个为新增中国历史文化名村，阳泉市平定县娘子关镇上董寨村、晋城市泽州县大箕镇秋木洼村等23个为省历史文化名村。重点加大云冈石窟、平遥古城等世界文化遗产景区改造提升力度。指导云冈石窟实施五华洞保护性窟檐修建和岩体抢救性加固保护工程，平遥古城实施环境整治、旅游通道两侧破损院落和传统民居修缮工程，提升古城形象。（李国红 米玉婷）

【城镇基础设施建设】 围绕"四化山西"，加快城镇燃气、供热、污水和垃圾处理等市政基础设施建设，全省市政公用设施运营能力提升。2013年完成城市（含县城）市政公用设施建设投资410亿元，同比增长5.3%。一是燃气管网建设。新建城镇燃气管网900千米，总长度达到1.55万千米，城镇燃气普及率达到84.78%，同比提高0.21%。二是供热管网建设。新建供热管网600千米，总长度达到1.18万千米，新建换热站350座，城镇集中供热面积达到52383万平方米，较上个采暖季新增3800万平方米，城镇集中供热普及率达到81.5%，同比提高2.4%。三是污水配套管网建设。新敷设污水配套管网748千米，总长度达到4600千米。全年可处理污水8.3亿立方米，城镇污水处理率达到84%，同比提高0.1%；削减COD（化学需氧量）24.1万吨，削减氨氮2.1万吨。四是垃圾处理设施建设。新建成10座生活垃圾处理厂，总数达到80个。全年可处理生活垃圾470万吨，城镇生活垃圾处理率达到65%，同比提高7.45%。五是加强城市园林绿化建设。全省城市建成区绿化覆盖率达到37.1%、绿地率达到31.67%、人均公园绿地面积达到10.7平方米，同比分别提高0.63%、0.13%、0.18平方米。推进园林城市（县城）创建，大同、朔州、黎城、洪洞、古县、阳城、长子、灵石等8个市县接受住建部国家园林城市的综合评审。（李国红 米玉婷）

10月21日，省城乡建设厅政风行风评议对话会召开

（李国红提供）

【城镇保障性住房建设】 为了加快改善城镇低收入家庭住房条件，拉动固定资产投资增长，各级政府及其住建等有关部门采取签订目标责任书细化任务，逐月调度考核排名，加大监督检查力度，帮助解决项目手续办理、土地落实、资金筹措中存在的困难问题，开工、建成和投资三项任务均提前超额完成年度目标任务。2013年，全省新开工城镇保障性住房24.2万套，为国家下达任务134.5%，为山西省自定任务105.2%；基本建成22.1万套，为国定下达任务130%，为山西省自定任务105.2%；完成投资542.85亿元，为年度投资任务138.5%。（李国红 米玉婷）

【棚户区改造】 落实国务院常务会议、全国棚户区改造会议精神和省政府工作报告关于改造集中连片棚户区的部署，把棚户区改造作为保障性住房建设重点，组织对棚户区（含城中村）进行调查摸底，起草制订《关于加快棚户区改造工作的实施意见》，推进棚户区改造。2013年新开工城市棚户区改造10.53万户、工矿棚户区改造1.99万套。截至年底，全省累计开工建设城市棚户区安置房38.42万套、工矿棚户区安置房7.69万套，分别为"十二五"规划目标任务152.9%和123.2%。

（李国红 米玉婷）

【保障性住房管理】 在加大建设力度同时，规范保障性住房分配和运营管理，指导各市执行保障性住房建设、分配、运营等"六个办法"，出台实施细则；推进公共租赁住房和廉租住房并轨运行，起草指导意见；加强保障性住房物业管理，起草《山西省保障性住房物业管理办法》；推进住房保障立法工作，《山西省城镇住房保障条例》报省人大审议；在全国率先开展全省城乡住房全面调查，编制完成《山西省住房发展规划》，山西省的住房调查经验在全国建设工作会议上进行交流。（李国红 米玉婷）

【重点工程建设】 按照省政府“六位一体、统筹推进”工作部署,围绕开展“项目推进年”活动,坚持和完善“月调度、月考核、月排名”推进机制,建立省市县三级领导联系重点工程、领导组成员单位包干联系推进省重点工程项目和央企投资重点工程24小时直通车等工作制度,开展“进工地,解难题”活动,重点抓好计划新开工项目和30亿元以上重大项目,协调解决项目建设的困难和问题,“六位一体”各项工作不断推进。2013年,全省项目储备投资额227095.69亿元,完成年度计划224.10%;签约项目投资额26342.70亿元,完成年度计划175.06%;落地项目投资额16173.94亿元,完成年度计划107.83%;开工项目投资额11929.43亿元,完成年度计划119.29%;省市重点工程建设投资额11281.29亿元,完成年度计划112.77%,其中,省重点工程建设投资额4870.36亿元,完成年度计划110.01%;投产项目投资额10801.24亿元,完成年度计划108.01%,发挥重点工程促进产业结构调整、拉动投资增长的火车头、主力军和排头兵作用。大西客运专线、中南部大通道和五台山、临汾机场建设加快推进,四个项目均完成年度投资计划,工程形象进度达到建设工期要求。

(李国红　米玉婷)

【乡村清洁工程】 按照省政府“五年投资50亿元,实施乡村清洁工程全覆盖”的部署,调研摸底,制定出台指导意见、实施方案和考核管理办法,建立完善工作推进机制,开展专项督促检查,省政府先后四次召开专题会议和调度会议研究解决存在问题,确保乡村清洁工程实施。2013年,全省所有行政村乡村清洁工程全部启动,共落实省级补助资金34618万元、市县配套资金81099万元;配备清扫保洁人员72256名、垃圾收运车辆35974台,初步建立起较为完备的乡村清洁工程工作体系。

(李国红　米玉婷)

【农村困难家庭危房改造】 全省各地重点开展对象认定、建设管理、质量安全、信息录入等方面工作,合理安排进度,加强监督检查。2013年,计划的10万户农村危房改造全部竣工,完成投资31.95亿元。启动农村住房抗震改建试点,通过印发实施意见、制定建设技术指南、召开现场观摩会等,推动改造工作,1万户抗震改建试点全部竣工。

(李国红　米玉婷)

【建筑业】 加强建筑业发展指导,强化统计分析研究,对行业运行进行跟踪监测指导;扶持培育建筑业企业做大做强,发挥骨干企业的带动引领作用,提升245项企业资质等级,培育38家骨干建筑业企业,山西省建筑业队伍更趋壮大;加强市场监管,开展招投标专项检查和建筑市场监督执法督查,严肃查处违法违规行为,对650家企业进行处罚,建筑市场秩序进一步规范。2013年,完成建筑业产值2893.18亿元,同比增长11.8%;实现建筑业增加值759.7亿元,同比增长7.3%,占国内生产总值比重达到6%,继续发挥支柱产业作用。

(李国红　米玉婷)

【房地产业】 加强房地产业发展指导,建立房地产业分析调度制度;加强对5亿元以上项目跟踪调度,协调解决项目推进中的困难和问题;集中开展房地产市场检查和商品房预售专项检查,查处255项违法违规行为,房地产市场秩序进一步规范。开展创建活动,分别创建4项国家康居示范工程、7个国家级物业示范项目,发挥示范效应,住房品质和物业管理水平进一步提升。2013年,完成房地产开发投资1308.6亿元,在全国排第23位,比上年上升1位,在周边五省(区)中排第5位。房地产开发投资同比增长29.5%,比全国平均水平(19.8%)高9.7个百分点,增幅在全国排第9位,在周边五省(区)中排第1位。做好控制房价各项工作,11个设区城市新建商品住房价格同比涨幅控制在10%以内。(李国红　米玉婷)

8月6日,省住房城乡建设厅党的群众路线教育实践活动动员大会召开　(李国红提供)

【建筑安全生产】 全省建筑工程安全生产实行责任制,各级住建部门安全生产职责明确到每一名领导、每一个处科室和每一名人员,安全生产组织体系进一步加强。加快建设覆盖全省建筑工地远程视频监控系统,长治、晋中、晋城、吕梁、临汾市15个县区27个工地94个视频监控信息点接入省平台。在全省范围内开展“两会”期间、春季复工、在建保障房项目、建筑施工企业、全系统安全生产大检查等多次检查,累计排查建筑工程一般隐患约19000项,全部进行整改。强化对全省城市供水、供气、供热、污水和垃圾处理企业的安全运营监管,重点开展燃气行业安全专项检查,保障市政设施安全运营。

(李国红　米玉婷)

【建筑节能】 贯彻落实国家"绿色建筑行动方案"，抓好新建建筑节能监管、既有建筑节能改造、可再生能源推广应用等工作。城镇新建居住建筑65%节能标准执行率96.8%，超目标1.8个百分点，新建公共建筑全面执行50%节能标准；全省既有居住建筑改造797.41万平方米，完成率106%；新增可再生能源建筑应用面积1271万平方米，超全年任务量71万平方米，应用比例约为35.3%；新增绿色建筑171万平方米，完成率171%，其中10项二星项目113万平方米、7项一星项目58万平方米。阳泉、晋城、大同城区、怀仁县成功申报住建部国家智慧城市建设试点，4个市县获批。

（李国红　米玉婷）

【转型综改试验工作】 按照转型综改试验2013年行动计划，围绕承担的工作任务，分别制定专项实施方案，建立工作月报制度，定期召开会议协调推进，加强指导和督促检查，确保各项工作任务推进。太原晋中同城化规划编制完成，道路、公交、通信同城化有序推进；太原轨道交通2号线一期工程开工建设。

（李国红　米玉婷）

【住房公积金】 2013年，全省新增缴存职工26.66万人；新增缴存额210亿元，同比增长5.23%，提取77.07亿元，同比增长18.28%；发放个人住房贷款76.73亿元，同比增长41.75%；实现增值收益15.55亿元，同比增长40.7%。太原、朔州、晋中、运城四市开展利用住房公积金贷款支持保障性住房建设试点，发放和回收贷款额做到应发尽发、应收尽收。

（李国红　米玉婷）

【第七届中等职业学校建筑工程技术技能大赛】 5月15日上午在山西省城乡建设学校举行。此次大赛由省教育厅、省人力资源和社会保障厅、省总工会、省住房和城乡建设厅主办，山西城乡建设学校和相关学会协会承办。大赛设有学生组和教师组。学生组项目有：楼宇智能化系统安装与调试、建筑装饰技能、建筑CAD和工程制图4个项目；教师组项目有建筑CAD项目。大赛共有11所中职学校102名选手参赛，共决出一等奖12名，二等奖18名，三等奖28名。

（李国红　米玉婷）

【行政审批制度改革】 省住建厅减少审批事项，行政审批事项由13项缩减为10项。缩短审批时限，企业资质受理周期由两个月改为一个月，企业入晋备案和人员执业资格出省变更注册等改为随时受理。完善工作规程，通过电子监察系统对行政审批各个环节工作进行监督，实现行政审批规范化、标准化、精细化管理。做好扩权强县工作，受理试点县审批事项158项，守时率和办结率均达到100%，为激活县域经济社会发展活力提供高效优质政务服务。

（李国红　米玉婷）

重点工程

【概述】 2013年是省委、省政府确定的"项目推进年"，全年共确定省市重点工程项目5689项，年度投资计划10004亿元。完成投资11281.29亿元，完成年计划112.77%。全省重点工程建设继2012年之后再超万亿元，重点工程再创佳绩。

1.省重点工程。2013年确定省重点工程651项，年度投资计划4427亿元，完成投资4870.36亿元，同比增加971.47亿元，同比增长24.92%，完成年度计划110.01%，计划完成率高于上年2.51个百分点。九大类省重点工程中，保障性安居工程项目领跑全省重点工程，完成率151.26%，位居榜首；产业结构调整项目成绩突出，完成投资占全年实际完成数38.90%，产业结构调整效果明显；文教卫生机场类（完成率107.04%）、煤炭能源类（完成率105.49%）、节能减排和生态建设类（完成率102.6%）、电力类（完成率102.14%）、水利基础设施类（完成率101.59%）、铁路项目类（完成率100.68%）等均超额完成全年任务，省重点工程充分发挥引领带动作用。

2.市重点工程。2013年各市确定市重点工程5038项，年度投资计划5577亿元。据各市重点办统计上报，全年完成投资6410.93亿元，完成年度投资计划114.95%。市重点工程为全省重点工程完成投资再超万亿元做出重要贡献。

3.大型企业。中央企业和省国资委管理的大型企业投资省重点工程项目168个，年度投资计划1562.89亿元，占省重点工程35.30%。全年完成投资1872.83亿元，同比增长18.31%，投资完成率119.83%，同比提高3.85个百分点。其中，11家中央企业投资省重点工程项目54个，年度投资计划598.74亿元，全年完成投资658.54亿元，投资完成率110.30%；省国资委管理的11家大型企业投资的省重点工程项目114个，年度投资计划964.15

5月15日，山西省第七届中等职业学校建筑工程技术技能大赛举行

（李国红提供）

亿元，全年完成投资1214.29亿元，同比增长61.29%，投资完成率125.94%，同比提高6.14个百分点，对省重点工程完成投资形成强力支撑，突显大型企业骨干作用，成为山西省转型跨越中坚力量。

4.竣工投产项目。全年省重点工程项目竣工投产47项，其中，全省保障性住房在完成年初计划基础上，还超额完成省政府追加50亿元的投资计划，全年开工建设23万套，建筑面积2309万平方米，解决一大批城市中低收入困难家庭住房问题；吕梁机场建成试飞，五台山、临汾机场进展顺利，山西省民用航空事业迈上新台阶；朔州神头发电公司平鲁“上大压小”工程、太原诚达右玉牛家堡风电、顺发生物发电项目等一批电力项目投产，新增发电装机容量182.4万千瓦；同煤集团东周窑煤矿、中煤平朔东露天煤矿等一批千万吨级矿井建成投产，新增煤炭产能4300万吨/年；“气化山西”工程进展顺利，覆盖全省的天然气、煤层气长输管网基本建成；山西高校新校区工程也基本建成，2013年有9所高校8万余学生顺利入住。产业结构调整项目成绩突出，年内建成同煤集团60万吨甲醇项目、山西兴县80万吨氧化铝项目、华能及太原武宿综合保税区项目等一大批调产项目，为山西省转型跨越发展注入强劲动力。

（张运宁　杜晓宇）

【全省项目推进年动员大会】 2月17日，省委、省政府召开全省项目推进年动员大会。省委书记袁纯清出席并讲话，省长李小鹏主持，并向11个市颁发2013年度项目建设“六位一体”目标责任状。会议通报2012年度重点工程考核排名情况，下达2013年度重点项目“六位一体”目标任务。省委、省人大、省政府、省政协负责同志，省军区、省武警部队负责人，省法检两长在主会场出席。省直各部门以及各市主要负责人参加。

会上，太原市、大同市、长治市、省发改委、省国土厅、省住建厅、省金融办、大西铁路客运专线有限公司、太钢集团先后作表态发言。会议对2013年度完成重点工程任务的市和大企业进行表彰奖励。（张运宁　杜晓宇）

2013年全省重点工程分类完成情况统计表

单位：亿元

类别	年度投资计划	累计完成投资	完成额排名	计划完成率	完成率排名
产业结构调整类	1663.76	1894.52	1	113.87%	2
保障性安居工程类	380	574.78	2	151.26%	1
煤炭能源类	524.48	553.28	3	105.49%	4
铁路项目类	510.27	513.73	4	100.68%	8
文教卫生机场类	409.57	438.39	5	107.04%	3
电力类	399.88	408.45	6	102.14%	6
公路项目类	263.15	205.54	7	78.11%	9
节能减排和生态建设类	137.29	140.86	8	102.60%	5
水利基础设施类	138.6	140.81	9	101.59%	7
合计	4427	4870.36	–	110.01%	–

【“六位一体，统筹推进”工作新机制】 2013年，省重点工程领导组为落实“项目推进年”总体部署，在过去“四位一体”工作机制基础上，增加开工、投产环节，构建项目储备、签约、落地、开工、建设、投产“六位一体，统筹推进”工作新机制，形成上下接续、环环相扣的项目推进新格局。“六位一体”工作机制推动各级各部门分工负责，紧密配合，握指成拳，形成合力，整体推动，重点工程工作取得新突破，为实现全省重点工程战略目标发挥显著效应。（张运宁　杜晓宇）

【领导联系重点工程项目制度】 2013年，省市县三级领导联系推进重点工程工作机制发挥重要作用。在省领导联系的18项省重点工程项目中，18位省领导专程深入联系重点工程现场30余次，召集省有关部门和市县会议研究解决重大问题35个，取得良好效果。期间，省委书记袁纯清赴大西高铁现场调研，指导工作；省长李小鹏赴中南铁路隧道工地调研指导，解决问题；其他省领导也都多次到各自联系项目现场调研工作。省领导率先垂范，市县领导积极跟进。据不完全统计，全省有2269个市县领导联系指导重点工程4591项，现场调研15056次，召开协调会9022次，协调解决问题8244个。领导联系重点工程制度的建立与落实，成为助推重点工程强大动力，得到项目单位充分认可，加快项目进展。

（张运宁　杜晓宇）

【工作推进机制】 2013年省重点工程领导组建立一整套科学合理的工作推进机制。一是坚持每月一次调度会，不定期召开的专题会、协调会、现场推进会成为协调解决重点工程重大问题的主战场；二是坚持强化过程管理，组织开展对统计数据质量、项目落地质量、计划开竣工项目、重大基础设施项目等专项督查，确保重点工程在受控状态下顺利推进；三是月度信息及时反馈，点对点每月将各市重点工程工作推进情况反馈书记、市长，确保各市主要领导掌握本市情况，针对性的推进工作；四是建立央企在晋投资重点项目24小时直通车制度，优化投资环境，提升项目推进速度；五是坚持考核排名制度，每月对各市、各大企业重点工程“六位一体”任务完成情况进行排名，并在“两台一报”公布，有效调动各方面的积极性。

（张运宁　杜晓宇）

【开展“进工地、解难题”活动】 2013年，省重点工程领导组在全省重点工程开展“进工地、解难题”活动，建立领导组成员单位包干联系推进省重点工程项目制度，将651项省重点工程分配至24个成员单位负责推进。24个成员单位共有500余名处级以上领导干部参与，分别在4~5月和8~9月两次共有1500余人/次（其中厅级干部230余人次）对所包干项目进行联系检查。据统计，两次活动共发现上报问题1160个，涉及地方政府的问题860个，涉及省有关部门的问题300个，在工程现场协调解决问题102个，反馈各市和有关部门后协调解决170个。同时建立“一事一表、跟进协调”工作制度，使解决问题更具针对性。初步形成重点工程项目单位——包干联系人——成员单位——省重点办——省有关部门（各市）——省重点办——重点工程项目单位闭合的解决问题工作流程。“进工地、解难题”活动作用突出，成效明显，重点工程建设进度明显加快。

（张运宁　杜晓宇）

【各市重点工程推进】 为加强对重点工程工作的领导，各市成立由市委或政府主要领导任组长、分管领导任副组长，有关职能部门为成员的领导组，建立“一个项目、一位领导、一套班子、一抓到底”的工作机制。太原市建立政法机关上门跟踪服务重点项目制度、重点项目涉法突出问题集中会商制度，为重点项目保驾护航；大同市创新例会制度，强化数据分析，基础工作得到进一步夯实；朔州市对市重点工程开展“进工地、解难题”活动，取得明显成效；忻州市建立重大项目议事制度，定期研究解决项目推进中的问题；吕梁市强化问责问效，严格奖惩兑现，着力加快项目进度；晋中市强化要素保障，为重点项目在融资、土地供给、排污权交易等方面提供服务；阳泉市出台政策，创新发展“飞地经济”模式，解决重点项目用地难的问题；长治市开展重点项目“审批日”“办结月”活动，切实加快项目审批进度；晋城市坚持创优环境“一把手”工程，建立“三重工作”机制，为重点项目提供优质服务；临汾市加强制度建设，建立完善九项工作制度，为重点工程顺利推进提供制度保障；运城市加大考核力度，重点工程考核赋分占到总分16.5%，充分调动工作积极性。　（张运宁　杜晓宇）

【省直部门为重点工程提供有力保障】 2013年，山西省直有关部门将重点工程推进工作摆上重要议事日程，把涉及重点工程事项作为重中之重，重点落实。省发改委认真搜集、筛选项目，加大库存容量，优化项目结构，项目储备实现突破；与此同时进一步转变职能，建立项目并联审批机制，有效加快项目前期工作；省经信委对重点技改项目重点推进，省级资金优先支持，搭建银企平台，助力融资500亿元以上；省国土厅对重点工程用地逐项排查，着力解决项目用地紧张问题；省环保厅特事特办，开辟绿色通道，建立限时办结制度，有效缩短审批时间；省监察厅加强项目跟踪服务，坚持发现问题在一线，解决问题在一线，为重点工程排忧解难；省金融办主动服务，为重点项目搭建信息平台，帮助解决融资难问题；省司法厅实施“牵手工程”，与省重点办联合印发《关于律师为重点工程项目提供法律服务的意见》，建立律师服务重点工程长效机制；省住建厅优化审批流程，为重点项目选址规划审批提供便捷服务；省总工会坚持重点工程“七比一创”劳动竞赛活动，激发各级各部门工作积极性；省投促局加强签约项目会审工作，变会前审查为一月一审，提高签约项目质量；省财政厅、省林业厅、省水利厅等厅局按照部门职能，在项目资金保障、林地占用、水保方案审批等方面发挥作用，加快重点工程建设步伐。

（张运宁　杜晓宇）

【重点工程管理水平提升】 重点办是重点工程领导组的日常办事机构，工作涉及面广，任务繁重，在管理机构体系不完善条件下，各级重点办克服困难，完成全年各项任务。省重点办抓好三项工作。一是从强化内部管理上见实效。持续开展“夯基础、强管理、立规章、上水平”活动，全办人员精神面貌明显转变，服务能力和工作效率明显提高；二是在完善管理制度上下功夫。先后印发《全省“项目推进年”工作实施方案》《重点工程“六位一体”综合考评办法》《山西省项目直通车制度实施办法》《山西省重点工程统计工作规定》《山西省重点工程统计工作要点》《关于进一步加强全省重点工程与固定资产投资统计工作协调配合的通知》《重点工程‘六位一体’工作内涵和边界情况说明》等文件，推动重点工程管理向制度化、标准化、精细化深入迈进；三是在加强协调服务上持续发力。坚持深入一线了解掌握第一手情况，现场研究解决问题。特别是对影响工程建设进度的问题不拖、不等、不靠，积极主动协调解决。先后召开协调推进会议200余次，协调解决问题300余个。针对大西客专、中南通道、朔州安普电动汽车等重大项目，重点解决征地拆迁、压覆矿产、供水供电、排水排污、阻工挡工等一系列推进中存在的问题，确保省重点工程顺利推进。

各市重点办采取措施，挖掘潜力，激发动力，管理水平明显提升。晋城市建立重点工程项目管理台账制度，做到一个项目一套台账，使重点项目管理更具针对性；晋中市建立重点工程电子信息平台，重点工程“挂图作业”模式在全省得到推广；太原市加强机构建设，落实人员编制，管理力量得到充实；朔州市开展统计专项培训，夯实重点项目动态基础数据管理工作；忻州市加强制度建设，建立项目档案制度、情况通报制度、效能监察员制度，有力加强重点工程管理工作。　（张运宁　杜晓宇）

万家寨引黄入晋工程

【概述】 2013年，省引黄局围绕“扩大供水、加强管理、提高效益”,一手抓安全稳定供水,一手抓配套项目建设,各项工作取得新进展新成效。在全省转型跨越发展新形势下,引黄工程由过去建设为主转向建设和运营并重新阶段。经调研论证,引黄局制订“十二五”期间供水能力和供水量“双翻番”目标。在此基础上,规划一批支线配套项目,并提出在引黄工程供水区通过不同供水管线实施“分质供水、原水直供”的新思路。

2013年,全年供水总量为2.85亿立方米,其中,生态供水1.54亿立方米;生活和工业供水1.31亿立方米,供水水质符合国家标准。通过强化成本管理,优化运行调度方式,加大节能改造力度,工程经济运行水平提高。通过开展“百日会战”,首次实现五座泵站三机联合运行,创造三机运行63天、安全稳定输水1亿立方米的历史纪录。 (闫淑铮)

【队伍建设】 出台《改进工作作风、搞好调查研究、精简会议活动和文件简报的十二条实施细则》和《厉行勤俭节约、反对铺张浪费实施办法》,开展调查研究、学习教育、征求意见、查摆问题一系列活动。撰写对照检查材料。集中清理164项管理制度和规范性文件,出台《制度建设管理办法》,规范制度的起草、审查、颁布、修订和废止工作。加强精神文明建设,创新社会管理综合治理,改善职工工作和生活环境。全局上下风清气正,和谐稳定,被全国总工会、国家安监总局授予“全国‘安康杯’竞赛活动优胜单位奖”,连续八年获“省级文明和谐单位”、连续十一年获“省直文明单位标兵”称号。

(闫淑铮)

【大同黄河原水直供—配水支线工程】 1月4日,省发改委以晋发改农经发〔2013〕5号文批复大同黄河原水直供—配水支线工程可研报告,同意省引黄局组织实施。工程规模为:设计供水规模5万立方米/天, 年供水量1825万立方米;建设规模为原水进水管道1条及配水支管4条,总长50.5千米。资金来源全部为水资源补偿费。该项目主要为大同大唐电厂、塔山电厂等用水大户原水直供。

4月25日,省发展改革委以晋发改设计发〔2013〕785号文批复大同黄河原水直供—配水支线工程初步设计,同意中国市政工程华北设计研究总院编制的初步设计。工程于8月11日正式开工。 (闫淑铮)

【总公司荣获“山西十大优秀环保企业”称号】 1月10日,由省环境与资源保护协会组织的“山西十大优秀环保企业”评选活动揭晓,省万家寨引黄工程总公司被评为“山西十大优秀环保企业”。 (闫淑铮)

【参股山西水务水文化传播有限公司】 5月21日,省引黄局办公会同意省引黄总公司参股山西水务水文化传播有限公司有关事宜。由局纪委书记崔富春负责,与山西水务投资集团有限公司对接联系,按照《中华人民共和国公司法》推进重组事宜,所需资金从水费收入中列支,并按有关规定办理。

5月16日,省引黄总公司与山西水务投资集团有限公司召开山西水务水文化传播有限公司重组座谈会,达成初步意向:通过增资扩股形式,重组山西水务水文化传播有限公司,按双方各占50%股权重新注册。

(闫淑铮)

【同阳煤集团太化公司签订供用水框架协议】 7月22日,省引黄总公司与阳煤集团太化公司签订供用水框架协议,为引黄工程南干线第一个原水直供工程开工建设奠定基础。

省引黄总公司将建设原水直供工程,向清徐阳煤集团太原化工新材料园区供水。工程建成投产后,可为太原化工新材料园区年供水2600万立方米以上。 (闫淑铮)

【引黄一期工程竣工移民安置验收通过复核】 7月,水利部办公厅以办移民〔2013〕142号文《关于印发〈万家寨引黄一期工程竣工移民安置验收复核意见〉的通知》,批复引黄一期工程竣工移民安置验收通过复核。

(闫淑铮)

【李小鹏调研引黄工程】 8月28日,省长李小鹏、副省长郭迎光调研引黄工程。李小鹏对引黄工程所取得的成绩给予充分肯定。他强调,引黄入晋是山西人的千年梦想,早在汉武帝时就提出引黄设想,经过几代人艰辛努力,引黄工程得以建成并投入运营,为山西经济社会可持续发展做出巨大贡献。引黄工程引水线路长、技术含量高,要高度重视安全生产,提高运营管理水平,更好地发挥综合效益。

(闫淑铮)

【引黄工程首次实现5座泵站三机联合运行】 10月11日~12月13日引黄工程首次实现三机联合运行,创造三机运行63天、安全稳定输水1亿立方米的历史纪录。

10月10日,引黄工程2013年度第二阶段输水工作正式开始。10月11日,三机联合运行取得成功。三机

8月28日,省长李小鹏、副省长郭迎光调研引黄工程(闫淑铮提供)

12 月 11~13 日,引黄工程首次实现三机联合运行 (闫淑铮提供)

联合运行即总干线一、二、三级泵站和南干线一、二级泵站共 15 台机组满负荷运行,这在引黄工程输水运行10余年尚属首次。 (闫淑铮)

【《山西省万家寨引黄工程管理局(总公司)制度建设管理办法》】 10 月 21 日,省引黄管理局(总公司)第 12 次办公会议研究通过《山西省万家寨引黄工程管理局(总公司)制度建设管理办法》,规范制度建设程序。 (闫淑铮)

【引黄工程全线自动化工程配套完善项目可研报告批复】 11 月 28 日,省发改委以晋发改农经发〔2013〕2257 号文批复引黄工程全线自动化工程配套完善项目可研报告,同意省引黄局组织实施。工程建设内容为在全线自动化一期、二期工程基础上配套完善视频监控系统、大屏幕显示系统及弱电配套改造系统、自动化空调系统和信息管理系统。资金来源为水资源补偿费。 (闫淑铮)

环境保护

【环境监测】 2013 年,对 679 家国控废气重点源、340 家废水重点源、502 家集中式污水处理厂、36 家国控重金属企业实施监督性监测,对 120 个国、省控污染源进行现场比对抽测。开展城市环境空气、地表水、地下水、集中式饮用水源地、酸雨、噪声、农村、土壤、生态等环境质量监测,收集环境监测数据近 63 万个。与省气象局联合下发《山西省重污染天气监测预报预警方案(试行)》,编制完成重污染天气预报预警系统建设方案,实行环境空气质量日报制度。指导企业开展废水、废气、噪声和企业周边环境质量全指标自行监测。完成全省重点生态功能区县域生态环境质量考核。对 10 个市、17 个县(市)环境监测站进行标准化建设达标验收。完成 7 起突发性环境污染事故的应急监测工作。对长治县、屯留县环境空气监测点位进行报停、变更,对运城市、晋中市环境空气监测点位变更进行现场勘查。考核太原、大同、朔州、运城四市环境监测站人员,颁发山西省环境监测人员上岗证。 (石振龙)

【污染防治】 2013 年,推进山西省污染防治工作,改善环境质量。完成国务院重点流域"十二五"水污染防治规划中期考核任务。划定 840 个乡镇集中式饮用水水源地并取得省政府批复,完成全省地级以上、地级以下城市集中式饮用水水源环境状况评估工作。完善地表水跨界断面水质考核生态补偿机制,增加 22 个扩权县出入境断面,对全省 45 条河流及沟渠的 88 个断面进行监测考核,细化扣缴奖励机制,全年共扣缴 21900 万元,奖励 3890 万元;结合国家有关技术规范,建立全省噪声功能区划定与调整工作评估体系。结合国家自主研发的天地图系统,率先利用遥感技术真实反映城镇建设。在全省开展噪声环境功能区划定与调整工作。推进安静小区创建工作;制订重金属"十二五"规划 2013 年度实施方案,开展废气重金属污染物排放量摸底调查、对重金属项目的治理进度进行督办。建立重金属项目总量置换、会签会商、考核、会议和协调制度。依据《清洁生产促进法》有关规定,对各市上报名单进行汇总审定,印发 2013 年应实施清洁生产审核的 125 家企业名单,推动全省企业开展清洁生产审核工作;对忻州市创建国家环保模范城的申报和规划工作进行指导推荐;对清徐县、蒲县创建省级环保模范城工作进行指导审查。 (石振龙)

【雾霾治理】 省政府印发《山西省落实大气污染防治行动计划实施方案》《山西省大气污染防治 2013 年行动计划》和《山西省大气污染防治省直有关部门重点任务分解》(等文件),与各市政府签订《大气污染防治目标责任书》。11 个市编制重污染天气应急预案并发布。修编《山西省机动车环保检验机构"十二五"规划》,全省 11 个市环保局均设立专人负责机动车监督管理工作。省政府与省公安厅签订"十二五"主要污染物总量消减目标责任状,明确机动车氮氧化物减排工作职责;印发《山西省油气污染治理工作方案》,推进储油库、加油站和油罐车油气污染治理;对物料、堆场抑尘剂喷洒站建设及运营、公路扬尘控制进行治理;建立和完善秸秆禁烧工作目标管理责任制,印发《关于加强秸秆燃烧对空气中颗粒物污染影响分析的通知》,量化分析秸秆焚烧对细颗粒物的贡献量。印发《关于开展环境空气中 PM2.5 源解析工作的通知》《大气颗粒物来源解析技术指南(试行)》,推动和规范省辖市 PM2.5 源解析工作。

开展省城环境质量改善攻坚行动,印发《全面改善省城环境质量实施方案》,确定五大工程和五项整治。截至年底，太原市集中供热扩网面积2148万平方米，完成替代分散采暖锅炉543台；燃气等清洁能源替代常年运行燃煤锅炉228台；拆除城中村和棚户区649万平方米，拔掉黑烟囱11663根；关停污染企业232个。（石振龙）

【辐射安全监管】 2013年，出动执法人员280余人次对全省重点核技术利用单位和41起群众投诉进行执法检查。下达限期整改28份。对58家130枚闲置废源进行收贮。审批放射性同位素转让64家，放射源283枚。备案放射性同位素异地使用58家，放射源739枚。7月，召开全省辐射安全监管工作座谈会。全年举办辐射工作人员上岗资质培训6期。907人考核领取“辐射安全培训合格证”。截至年底，全省共有核技术利用单位2145家，其中涉源单位496家，放射源3923枚。射线装置使用单位1649家，射线装置3925台。（石振龙）

【危险废物安全监管】 2013年，加强危险废物规范化管理。对全省319家危险废物产生单位及经营单位进行规范化管理考核，对15家考核不达标企业进行网上公示；对11家申报或更换危险废物经营许可证的单位进行审核办理。对80家申请跨省转移处置危险废物的单位及时批复，共向申请转移企业、转移途径省市和接受地省市发函130余份；加强危险废物处置能力建设，鼓励各市在现有基础上，高标准建设水泥窑处置危险废物设施，鼓励企业自有危险废物利用处置设施提供对外经营服务，鼓励危险废物经营企业通过提升改造，拓展经营范围，提高处置能力；组织对炼焦、金属冶炼等七大重点行业的危险废物产生规律进行研究，形成技术报告；完成历史遗留铬渣无害化处置的验收督察；推动省级固体废物管理信息系统运行。（石振龙）

【环境监察与排污收费】 开展整治违法排污企业保障群众健康环保专项行动，对群众反映强烈的大气、废水污染企业以及医药制造、涉重金属排放等重点行业开展专项执法检查，检查工业企业2.3万余家，查处环境违法案件68起。6~9月，开展全省环境安全大检查活动，累计检查企业1640户，尾矿库253座，整改环境安全隐患359个。3~12月，在全省范围内开展扬尘污染专项执法检查，累计排查扬尘污染源2000多个，集中查处一批典型环境违法案件。7月中旬至8月，开展集中式饮用水源地、跨省界河流环境安全专项检查，检查企业157户，排查隐患225处。对自然保护区、风景名胜区等环境敏感区域和矿山开采项目进行巡查，取缔关闭一批违法建设的金属非金属矿山开采项目。对全省焦化企业进行排查，对文峪河流域污染排放企业开展专项执法检查。对环保部通报的同煤集团等9户企业和新闻媒体曝光的黎城太行钢铁有限公司等7家企业典型环境违法案件进行查处。对全省发生的突发环境事件13起进行有效处置。对全省10个市、21个县（市、区）环保局的248个工业污染源现场环境监察档案、107份环境行政处罚案卷开展稽查，下达《环境监察稽查意见书》31份。对2011年115个省级建设项目验收整改、污染减排重点项目落实减排措施及污染防治设施运行、112家省级建设项目居民搬迁和3起环保部2012年后督察环境违法案件落实整改情况开展后督察。

征收排污费14.98亿元，一般排污费10.63亿元、焦炭生产排污费4.35亿元。推进排污费征收全程信息化系统建设，除忻州、大同、晋中外，其他9个市均完成升级。按照环保部要求，对11个市的水泥制造业排污费征收情况进行稽查，及时将国投安平电厂、兆丰铝业自备电厂、同煤塔山热电厂纳入省级排污费征收范围。（石振龙）

【环境宣传教育】 开展环境保护宣传教育工作，提高环境新闻舆论宣传引导能力和水平，广泛动员公众参与环保，创新环境宣教手段方式，大力传播生态环境文化，加强基层宣教能力建设。“6·5”世界环境日，启动山西青少年环保公益行动，策划拍摄“环境保护，我们在行动”公益宣传广告，在山西卫视、山西日报、街头LED电子显示屏等进行宣传。编辑出版《应对PM2.5，我们共同行动》宣传手册。开展“生态三晋美丽山西”环保公益摄影展，激发人们保护环境、爱护家园的意识。宣传省政府大气污染防治实施方案，接待省内外新闻媒体采访。加强环境新闻发布工作，增加新闻发言人，完善新闻发言人机制，畅通信息发布渠道。在中国环境报发表《美丽山西离不开美丽乡村》《PM2.5有望成为约束性指标》《用硬措施改善省城环境》《山西转型发展的聚力模式》《把环境保护作为政治责任》《山西形成全省通盘治气大格局》等环境报道，形成新的社会影响。由中国环境出版社出版的研究报告《山西之变》，系统总结“十一五”期间全省环境工作的经验与成就。推进绿色创建工作，举办以“节能环保低碳畅行”为主题的征文活动，命名大同富乔垃圾焚烧发电有限公司为“山西省中小学环境教育社会实践基地”，并推荐荣获“全国环境教育社会实践基地”称号。开展全省第九批“绿色学校”考核工作，组织环境小记者项目太原行动。（石振龙）

交通运输

Traffic and Transportation

公　路

【全省交通运输工作会议】 1月16日在太原召开。会议提出力争再用五年左右时间,基本建成适度超前的交通运输基础设施网络,行业转型发展取得重大进展,管理水平和公共服务能力显著提高,交通运输对全面建成小康社会的支撑保障能力显著增强。会上宣读关于对2012年度完成工作目标责任优秀单位和先进单位的表彰决定。2008年至2012年,5年全省公路建设完成投资2630亿元,是2003年至2007年3.1倍,约占同期全省固定资产总投资1/10。新增公路通车里程1.79万千米,达到13.8万千米;百平方千米国土面积公路密度由2007年76.5千米提高到87.9千米;新增二级以上高等级公路6161千米,达到21947千米,占总里程16%。2012年全省营业性道路运输车辆达到43.4万辆,完成客运量3.37亿人、旅客周转量230.6亿人千米,完成货运量7.3亿吨、货物周转量1202亿吨千米,同口径分别比2007年增长12.9%、0.1%、15.4%、14.8%;水路运输完成客运量117万人、货运量30万吨,分别比2007年增长128%、14%。交通运输服务保障能力明显提高,基本适应经济社会发展要求。会议要求围绕2013年公路建设完成投资300亿元、续建新建公路2185千米等发展目标,重点抓好九项主要工作。即集中力量抓好路网规划调整和重点项目建设;全力攻克资金与土地难题;切实加强公路养护管理和治理超限超载工作;大力推动运输产业结构调整与转型发展;深化交通运输管理体制改革;加强和改进交通运输行业管理;深入开展“平安交通”创建活动;深入推进行业科技进步和节能减排;继续加强党风廉政建设和行业文明建设。(师国梁)

【全国交通运输法制工作座谈会】 2月28日,交通运输部法规司在太原组织召开,对《关于全面建设交通运输法治政府部门的若干意见》和《交通运输行政执法人员培训考试大纲》征求部分省份意见,座谈研讨涉及执法体制机制等深层次问题的改革措施。山西、河北、河南、辽宁、湖北、湖南六省交通运输厅相关负责人参会并发言。

(师国梁)

【春运工作】 春运从1月26日开始至3月6日,为期40天。春运期间,全省累计发送客运班车522178辆次,发送包车439辆次、加班车5437辆次,发送旅客1967.5万人次,同比增长2%。城市公共客运部门日均投入公交车9713.1标台、出租车39406辆,共运送旅客2.8亿人次。未发生旅客滞留和道路旅客运输事故。统筹兼顾货物运输,有效保障电煤、成品油等重点物资和鲜活农产品等应市商品运输。全省水路运送旅客1.1万人

4月8日,左权至黎城高速公路工程建设推进会在黎城县召开

(师国梁提供)

12 月 5 日,大同至呼和浩特高速全线通车　(师国梁提供)

次,未发生任何水上交通事故和旅客滞留投诉事件。　(师国梁)

【全省重点公路工程建设调度会议】 2013 年,省交通运输厅先后召开 3 次全省重点公路工程建设调度会议。

第一次调度会议。3 月 21 日召开。会议向 2013 年 6 个续建项目、4 个新建项目及 3 个 BOT、BT 项目服务监管处下达 2013 年度全省重点公路工程建设工作目标责任状;听取 2012 年 14 个收尾项目和全年续建、新建项目单位工程建设进展情况及存在问题汇报;厅重点办详细汇报各工程项目建设进展情况;厅财务处、厅审计处和省交通质监局分别就在建高速公路计量计价检查情况、2012 年部分建设项目审计情况及在建高速公路质量安全检查情况进行通报。

第二次调度会议。4 月 26 日召开。会议听取 2013 年续建、新建项目单位工程建设进展情况汇报;省交通质监局通报 2013 年以来特别是三四月份在建高速公路质量安全检查情况;厅重点办汇报全省重点公路工程建设整体情况;厅规划处、财务处、建管处等有关处室分别就相关问题作了通报。

第三次调度会议。7 月 1 日召开。厅重点办汇报上半年全省重点公路工程建设整体情况;厅财务处汇报高速公路收费手续办理情况;2013 年续建及新建项目单位分别汇报工程建设进展情况;省交通质监局通报上半年在建高速公路质量安全检查情况。会议对全省重点工程建设进行安排部署。　(师国梁)

【交通运输部“十二五”发展规划中期评估专题调研座谈会】 4 月 2 日在太原召开。会议总结研究“十二五”交通发展规划实施以来进展情况、实施过程中面临的主要问题与影响因素,对后三年规划实施的对策及时调整进行探讨。会议要求各省要以持续发展、协调发展、创新发展、绿色发展、安全发展为原则,以构建“便捷、安全、经济、高效”的综合运输体系为战略目标,开展“十二五”时期各项交通运输发展工作,努力提高安全监管和应急保障能力。　(师国梁)

【戴东昌到晋调研】 4 月 18 日,交通运输部总规划师戴东昌带领综合规划司、部规划研究院等相关部门负责人到晋,对山西省现代物流业发展建设情况调研。戴东昌还主持召开交通运输行业促进现代物流发展战略与政策调研座谈会,省交通运输厅、省经信委、省煤炭工业厅、省发展和改革委、太原铁路局、省运管局、太原市交通运输局等 7 个相关部门负责人参加。　(师国梁)

【李小鹏到天镇县调研】 4 月 25 日,省委副书记、省长李小鹏在天镇县省交通运输厅扶贫点调研,提出 4 点要求。即把 700 亩旱地变为水浇地,2013 冬要把地全部推平;打上几口井,全部实现水利化;给三十里铺乡建蔬菜交易市场,解决农民卖菜难问题;给村民建 1 个老年活动中心。　(师国梁)

【全省治超工作电视电话会议】 5 月 30 日召开。会议要求各级各部门强化源头治理和路面管控,重点加强货车司机管理和货源企业监管,不留任何死角和空白,推动全省治超工作不断取得新成效。会议向太原市政府颁发目标责任书,宣读 2012 年度治超工作优秀(先进)单位和个人名单。　(师国梁)

【高速公路公共服务水平提高动员电视电话会议】 6 月 21 日在省交通运输厅召开。会议动员全省高管系统广大干部职工,围绕“道路更加安全畅通、通行更加便民节能、清障更加快速有力、环境更加整洁优美、信息更加及时有效、服务更加利民务实”的目标,狠抓工作落实,到年底基本构建起更安全、更畅通、更绿色、更高效的高速公路公共服务体系,为全省经济社会发展和人民群众安全便捷出行营造良好通行环境。会议印发《省交通运输厅“提高高速公路公共服务水平”专项改革任务细化实施方案》。　(师国梁)

【《山西省高速公路网规划调整方案》确定】 7 月 31 日,省政府常务会议审议通过。调整后,全省高速公路网规划总规模增加到 7258 千米,新增高速公路 938 千米。路网布局调整为“三纵十二横十二环”,由 3 条纵线、12 条横线、12 条环线及部分连接线组成。此次规划调整,主要是新增 10 条高速公路 938 千米,分别是太原二环、朔州东北环、昔阳龙坡至榆次东阳、祁县城赵至离石、阳城至运城、应县至繁峙、静乐丰润至兴县黑峪口、汾阳至石楼、洪洞至大宁、古县至翼城高速公路。根据规划,到 2015 年末,全省高速公路将建成 6320 千米,高速公路网基本形成,高速出省口建成 31 个;到 2020 年,高速公路总里程达到7258千米,路网密度达到4.6千米/百平方千米,33个高速出省通道全部建成,规划目标全部实现。全省所有县(市、区)全部通高速公路,进入高速公路半小时覆盖范围。 (师国梁)

【全国交通运输安全生产检查】 8月26~27日,以交通运输部党组副书记、副部长翁孟勇为组长的部安全生产第二督察组到晋进行检查。要求认真贯彻落实中央领导批示和国务院文件精神,坚决绷紧安全生产这根弦,采取坚决有效措施,遏制交通运输重特大事故多发、频发势头;要切实落实两个主体责任,特别是企业安全生产主体责任,打牢安全生产基础,推动交通运输安全生产形势持续稳定好转。 (师国梁)

【领导干部大会】 9月30日上午,在省交通运输厅召开。宣布省委、省人大、省政府关于省交通运输厅主要领导任职决定。省委组织部副部长陈跃钢宣布省委、省人大、省政府关于省厅主要领导任职决定:李正印同志任省交通运输厅党组书记、厅长。李正印发表任职讲话。李正印在讲话中,提出七个方面意见和要求。即加强班子建设,班子要强起来;加强队伍建设,队伍要稳下来;加强项目建设,工作要推起来;加强制度建设,规矩要立起来;加强改革创新,改革要抓起来;加强作风建设,作风要硬起来;加强党风廉政建设,形象要树起来。他特别强调,从现在开始,全系统广大干部职工一定要警醒起来,绝不允许再发生违法、违纪、违规的事情;要像爱护自己的眼睛一样、爱护自己的生命一样,爱护全省交通运输系统的形象和声誉。 (师国梁)

【王庄堡至繁峙高速公路通车运营】 11月9日上午剪彩。路线全长58.7千米,双向六车道,时速100千米,概算投资50.42亿元。2011年5月开工建设。是山西路桥集团首个BOT项目,实现省内路桥企业自主投资建设经营高速公路零的突破。 (师国梁)

【广源高速公路通车运营】 11月18日上午11时举办通车仪式。路线全长77.27千米,双向4车道,时速100千米,概算投资48.19亿元。2010年8月开工建设,属于省投市建项目。 (师国梁)

【李小鹏听取省交通运输厅汇报】 12月3日,省长李小鹏听取省交通运输厅党组书记、厅长李正印关于全省交通运输工作的汇报。李小鹏指出,交通运输工作很重要,当前形势下改革发展稳定各项任务更加繁重,希望全省交通运输系统再接再厉,继续把工作做好。一要在思想观念、发展方式上有一个大的变化。要从大包大揽转为调动各方面的积极性;从高速扩张转为科学发展;从粗放管理转为精细化管理;从高成本运行转为严格控制成本。要主动探索建设综合交通运输体系,希望省交通运输厅能起到牵头和引领作用。二要着力推进体制改革、债务重组、管理加强、队伍建设工作。这些工作要特别重视,认真做好,对交通运输科学发展将起到十分重要的作用。要精心谋划,提前部署,抓好落实。三要认真贯彻党的十八届三中全会精神,推进交通运输改革和发展。有关公司、企业改革要符合交通行业实际,紧密结合山西实际,积极探索,平稳推进。要防止国有资产流失,维护社会稳定。 (师国梁)

【呼和浩特至杀虎口高速公路通车运营】 12月5日,大同至右卫段西口收费站正式运营。至此,大同至呼和浩特高速全线通车。12月5~20日先通行7座以下小客车,12月20日以后,7座以上客车和货车全部通行。路线全长197千米,其中山西境内大同至右卫段103千米。2009年1月开工建设,2010年12月26日通车运营。 (师国梁)

【杨传堂听取省交通运输厅汇报】 12月6日,省交通运输厅党组书记、厅长李正印向交通运输部党组书记、部长杨传堂汇报近期山西交通运输工作情况。杨传堂指出,交通运输部对当前山西交通运输工作是肯定的,尤其是在基础设施、治超工作、基础工作等方面走在全国前列,为山西经济发展、民生改善、区域经济发展作出应有的贡献。下一步,交通运输部对山西交通运输发展的支持力度不减,工作上会给予更多关注,对面临的困难会给予更多的倾斜和关心。厅党组要重点抓好"四个交通"建设,改进提升交通运输绿色、低碳、循环发展等长远的工作,积极稳妥推进行业管理体制改革,在省委、省政府的正确领导下,努力推动山西交通运输事业科学发展。 (师国梁)

【五省ETC联网开通视频连接新闻发布会】 12月31日召开,京津冀晋鲁区域高速公路电子不停车收费(ETC)正式联网运行,5省市ETC客

7月20日,太佳高速黄河大桥工程胜利合龙　　(师国梁提供)

车用户可在北京市、天津市、河北省、山东省和山西省内任意高速公路实现专用通道快速通行支付高速公路通行费。截至2013年底,全省高速公路共开通254个收费站2318条收费车道。其中在107个收费站开通ETC专用车道220条,ETC覆盖率达到42%;开通刷卡缴费功能的MTC车道2098条,全部支持京、津、冀、晋、鲁ETC卡的非现金支付。

(师国梁)

【《山西省高速公路管理条例》新闻发布会】 12月31日上午由省人大财经委和省交通运输厅联合举行。新《条例》共9章55条,分别对高速公路养护管理、经营与服务、服务区、路政、超限运输、应急与救援、违反条例的法律责任等方面进行规范。

(师国梁)

铁 路

【概述】 太原铁路局是全路18个铁路局中货运量最大、重载技术最先进的铁路局,也是全路唯一运输主业整体改制上市的铁路局。路网纵贯三晋南北,横跨晋冀京津两省两市,主要担负着山西省客货运输和京、津、冀、蒙、陕等省市区的部分货运任务,用户群辐射全国26个省市自治区、15个国家和地区。2013年路局管辖南同蒲、北同蒲、大秦、侯月、石太、太中银等多条普速线路和25.433千米客运专线,隧道311座,道岔9409组,线路总延长8639.793千米,营业里程3225.044千米;配属机车1086台,客车1999辆,CRH5型动车组6组。与4个铁路局交界:京包线K225+000处(郭磊庄站)、京原线K234+000处(灵丘站)、石太线K117+000处(赛鱼站)、石太客专线K222+400处(太原东)分别与北京铁路局分界;南同蒲线K849+500处(风陵渡站)、侯西线K76+650处(禹门口站)、太中线K1173+650处(吴堡站)分别与西安铁路局分界;太焦线K190+700处(夏店站)、侯月线K147+273处(嘉峰站)分别与郑州铁路局分界;北端京包线K380+500处(古店站)与呼和浩特铁路局分界。

(孙淑环)

【安全生产】 2013年,太原铁路局坚持"三个重中之重",强化"三点共识",把高铁、客车安全放在首位,深化安全风险管理,确保安全生产有序可控,实现第六个安全年。一是加大安全投入,运输设备基础明显改善。集中人力、物力、财力,开展设备大修和更新改造。全局主要干线客车通道基本消灭木枕道岔,主要干线Ⅲ型轨枕比例提升20.7%;微机连锁、自动闭塞和电气化覆盖率分别达到80.6%、96.6%和82.3%,光缆主干通道实现全覆盖;消灭超大修期接触网295条千米,电力设备载荷增加41%;空调客车占比提升21%。二是加强安全科技监测体系建设,强化安全关键环节控制。基本建成机务四大、车辆五大检修基地,工务四大、电务三大生产调度指挥中心,三个区域性行车(客运)调度指挥中心及全覆盖视频监控网络、集成化信息网络;机车6A、车辆5T、供电6C、车务防错办等科技安全监测技术装备投入运用。全局基本建成集调度集中、网络覆盖、过程卡控、安全防护等于一体的安全检测监测体系,形成人机结合、主要依靠机控的主动式安全控制新模式。三是深化企业文化建设,促进干部职工养成良好行为习惯。推进安全、作业、设备管理标准化建设,开展"三标共创",强推"6S"现场管理。按照"问题在现场、原因在管理、根子在干部"的思路,对所有问题件件分析管理原因、倒查干部责任,开展管理"打假",强化干部履职能力和职工落标意识。把加强安全管理、遵守规章制度上升到企业文化建设的高度来认识,从15个方面抓具体、抓落实。持续加大正面激励,全年安全奖励11.5亿元、同比增加3.5亿元,促进广大干部职工立足岗位、尽职尽责,全年防止事故161起。

(孙淑环)

【运输经营】 一是运输任务高产高效。立足市场,不断优化运输组织,科学编制运输方案,提高6条干支线牵引重量,拉通南北同蒲机车交路20对,枢纽通过能力得到充分释放。全局主要运输指标逆势而上,装车、卸空车、货物发送量、大秦运量、运输总收入等5项指标先后20次刷新历史纪录。特别是大秦线单日运量最高达到134.2万吨、全局单日运输总收入最高达2.49亿元,提前9天完成全年662.82亿元的运输任务指标。二是实施运输组织改革。树立"人民铁路为人民"宗旨,开展"旅客满意、货主满意"主题实践活动,推进实名制售票和网络、电话订票等业务。调图优化客运产品24次,新增自动取票机35台,培育客运服务"十大品牌",太原站连续27年荣获全路"文明车站",13对旅客列车荣获全路"红旗列车",12306客服电话接通率连续5个月排名全路第一。推进货运组织改革,以实货制运输为核心,打造"前店"货运办理平台,改进"后厂"运输组织方式,推行"一口价"收费。与61个大宗客户签订战略互保协议,与2394个客户建立营销服务关系,率先开行管内沿零列车,受到社会各界一致好评。三是非运输业开启二次创业新篇章。推进多元化经营战略,货改后第一批17个重点项目全部实施。宁岢线岢岚基地竣工,吴城基地开工建设,完成太原南站商业广告开发的主体工程和招商引资,餐饮业一举实现全行业扭亏为盈。全局非运输业完成营业收入191.55亿元,实现利润3.63亿元。2013年,全局完成盈亏总额156.8亿元,超总公司考核目标8.8亿元,名列全路第一。

(孙淑环)

【设备基础建设】 一是以高效数字化管理为主攻方向,集成整合,扩充网络,信息化水平实现由低到高的明显提升。推进集成化信息网络建设,建成集通信传输网络、TDMS、CTC/TDCS、GSM-R网络、调度通信系统等铁路核心技术为一体的路局信息管理中心,构建大容量、快速化、高可靠性的干线信息通道网络,推进全局所有信息系统和各单位、车间、班组数字化联网,远程教学、在线考试、视频会议及完备的信息通道,为服务生产、确保安全、提升效率奠定坚实基础。二是以适应运输发展需求为主攻方向,新建基地,强化工装,设备检修能力实现由小到大的快速扩充。一大批检修基地陆续建成投产，全部采用自动化、智能化、数控化、现代化、流水化检修工艺，形成年检修和谐型机车200台，中修电力机车315台、内燃机车225台，段修C80、C70货车4.1万辆、客车1000辆，检修大型养路机械100台、自轮运转设备200台，钢轨焊接120千米，满足动车组一、二级检修库停的自主检修能力，有效改变工装落后、能力不足的被动局面。三是以生产现场全方位监控为主攻方向，统筹资源，全面覆盖，视频监控系统实现由散到全的规模发展。按照“统一规划、全面覆盖、集中管理、资源共享”的思路，将全局视频监控资源进行统筹运用，4178个摄像头覆盖车务、客运、货运、机务、工务、电务、车辆等系统所有关键区域，实现对安全、服务、作业等全方位实时监控，形成远程化的现场监控新模式，给安全管理安上“千里眼”。

（孙淑环）

【机制和人才建设】 优化创新经营管理机制，推动安全、运输和管理工作高效运转。在适应货运改革方面，组建三级货运营销机构，整建制移交职工3702名；健全“前店”货运营销体系，畅通受理渠道，优化业务流程，做到物资运输敞开受理、随到随办；健全“后厂”组织保障体系，强化结合部管理，做到“前店”“后厂”无缝衔接。在适应新线开通、高铁发展方面，新成立2个站段，相关站段和处室增设高铁管理机构。在内部分配和正激励方面，全面推行计件工资，建立货运营销人员上不封顶的工资分配新模式，分配导向更加明显；围绕中心工作，坚持重奖快奖，充分发挥工资杠杆作用，激发职工完成任务、确保安全稳定的内在动力。在劳动用工管理方面，科学配置劳动力资源，既满足运输生产需要，又实现职工总量控制目标；以制定岗位作业指导书，实施“一岗一卡”管理为标志，作业标准化体系更加完善；实施主要工种积分考核和非在岗“一人一档”管理，建立高铁和施工防护人员准入制度，主要工种建设更加规范；完成储备人员培养，新线开通所需人员全部到位；优化工务班组设置，实施专业化、集约化和检、修分开的大工区管理新模式；整肃劳动纪律，开展非在岗、非本职和临时用工专项整顿，劳资安全风险管理有效卡控。在人才队伍建设方面，打破技师、高级技师“一聘定终身”，实施动态“双考核”；发挥典型引领作用，创建省部级“技能大师工作室”；拓宽成才渠道，在路局机关实行行政级别和技术职务“双轨制”；增强企业吸引力，对国家和省级技能人才实施万元重奖，提升高校毕业生待遇，大学生接收首次突破“百硕千主”。

（孙淑环）

【科技创新】 持续加大科教投入，促进技术装备水平和职工队伍素质双提升。立足运输效率提升，先后组织16次牵引试验，提高5个区段牵引定数2815吨；组织太原南站及津秦客专并线区段联调联试，运行136趟，累计1280千米。建成三大TFDS集中检测中心，为93台客运机车加装LAIS设备，24个多方向站场进行TDCS3.0系统升级。给予中、高级专业技术人员一次性重奖136.8万元，建成太原职工培训基地、忻州高铁供电实训基地。完成科研攻关及成果推广100项，同比增长33%，7项成果获国家、省部级奖励。编制32项企业标准，93项质量管理成果获国家及省部级奖励。表彰301项路局科技进步及合理化建议奖，奖励2060人次。全局形成学技术、练硬功、比技能的浓厚氛围。

（孙淑环）

【工程建设】 2013年，太原铁路局在建大中型基本建设项目12个，其中新开工项目1个，开通项目3个，开通双线电气化铁路146.8千米，全年完成基建投资363.8亿元。一是开通项目高标兑现。太原南站石太场安全按期开通，太中银线同步引入太原南站。北同蒲韩家岭至应县增建四线和应县至原平新建取直线竣工(运营线名合称为“韩原线”)，动检车平均上行1.63分、下行1.24分，全线消灭2级分，线路质量达到高铁标准。二是在建项目强力推进。黄韩侯铁路完成西贺村至禹门口7站改造，百底、稷山、河津站在一个天窗点内同步开通，5个天窗拆铺道岔144组，创下一个建设单位、一个施工单位同一时间、同步开通3站及单位天窗拆铺道岔最多纪录；太原南动车所、大西客专太原站以南代建任务全部完成；太原至兴县铁路完成西张、镇城底站改造，柳林河一号大桥合龙，隧道贯通48座；太原枢纽新建西南环线Ⅱ标段340孔梁全部架完；吕梁至临县铁路11.818千米极高风险车赶隧道贯通；完成榆次Ⅱ场增加到发线，恢复太焦线路家庄、阳乐、聂村3站，坡头站信号改造等更新改造任务，累计完成31个站改任务。三是质量安全稳定可控。全年共实施3861项既有线和邻近既有线施工，细化落实框构顶进、接触网施工、隧道开挖支护、高墩架梁、光电缆及管网改移等风险防控措施，实施隧道、路基、起重机械、脚手架、既有线及邻近既有线施工专项整治，杜绝“黑施工”和铁路交通一般C类及以上事故，工程质量稳定。

（孙淑环）

【职工生活】 2013年，太原铁路局整治生产生活设施359处、33.5万平方米，集中联片供热改造30万平方米。“路地”合作对怀仁260户棚户区进行改造，开工和续建保障房项目17个、17892户，其中榆次花园路小区等3个项目3184户竣工向职工发放钥匙。全局干部职工两年一体检，主要行车工种人员一年一体检，五大疗养基地年接待达到1.5万人次，实现职工一年四季“候鸟式”疗养。全年安排14870名职工进行健康休养、65096名职工进行体检。新增定点医院8家、定点药店7家，全局开设的定点医院、药店累计分别达到25家、30家，局管内地市级一流医院纳入服务。实施高温津贴政策，补助职工年金2.3亿元。通过择优调剂，927名远离家居地职工调到“家门口上班”。全年助困1993户次，助医11478人次，助学407人。职工的企业归属感显著增强。

（孙淑环）

民用航空

【安全生产】 公司坚持“持续安全”和“没有安全，一切归零”理念，贯彻国家、省、民航安全生产工作部署，狠抓制度建设，落实安全责任，将安全大检查、岗位标准化作业、安全生产专项整治、安全生产月、百日安全大检查、安全大督查活动与全年工作相结合，贯穿于整个安全生产全过程。2013年，省内4个运营机场未发生机场责任原因造成航空严重差错以上不安全事件，实现全年安全目标。

1.明确责任划分，严格安全管控。根据管控模式调整情况，形成“横向到边、纵向到底”安全责任体系；针对全年季节特点和不同时期安全工作特殊要求，下发各类指导性文件，对机场防汛、防雷击、夏季航空安全、秋冬季防火、危险品运输、空防安全和贯彻落实省政府、民航局各类安全生产电视电话会议和安全生产文件，提出具体要求；加强机场净空保护工作，2013年受理净空审核申请54项；针对“7·5”敏感期、“7·20”首都机场爆炸案事件和“11·6”山西省委连环爆炸案，启动二级响应措施，加强机场人身和旅客安全检查，在候机楼出入口增加防爆检测，加大候机楼巡视检查力度；加强机场空防安全管理，借鉴大型机场安保质量控制经验，制订《山西民航机场航空安保测试规范》，定期组织安保测试，查找机场安保设备、安保措施中薄弱环节，结合危险源管控，制定措施并持续监控。

2.完善应急程序，提升处置能力。制订《应急管理体系建设实施意见》，理顺和完善应急管理体制机制；下发《突发事件信息管理办法》，完善突发事件信息接报及处置程序，落实24小时值班制度，实现公司与省内各机场安全信息无缝对接；强化和规范机场空防安全应急突发事件处置工作，完成“5·18”MU5836(太原~昆明)和“8·5”MF8161（福州~太原)2次非法干扰事件处置工作；组织“安全武宿-2013”非法干扰应急处置、“驰救-2013”航空器应急救援、“飓风行动”防爆反恐演练，达到检验应急预案、锻炼队伍、磨合机制目的。

（市场规划发展部）

【开拓市场】 2013年，公司加强航空市场开发力度，针对国家政策调整、经济增长放缓和高铁冲击加剧等负面影响，航空市场开发立足于国内干线航空市场，通过优化干线网络布局，扩大省内机场航线辐射范围，完善地区及国际航线，加快航空口岸建设步伐。加强对外合作，与省旅游局开展“美丽山西休闲游”大型旅游惠民活动，拉动省内航空市场发展；加入“东北腹地及环渤海区域相关机场航空市场战略联盟”，共享区域性市场优势。

1.以干带支，优化网络布局。2013年，全省机场依托国内干线航班业务量提升，带动整体客运量增长，太原机场新增拉萨、海拉尔、丽江、常州、宁波等29条国内航班，加密太原至杭州、昆明、南京、乌鲁木齐、西安、成都、福州和运城等航线，实现与除石家庄外全部省会城市通航，改善太原机场“东密西疏，南强北弱”航线结构，航线网络布局日趋合理；长治、大同、运城机场均新增多条航线。

2.挖掘市场潜力，完善地区及国际航线。新增太原-高雄航线，地区航线达到每周19班；新开太原-暹粒国际航线，加密太原-仁川与太原-海口-新加坡航线，太原至仁川、曼谷和新加坡航线基本实现全年不断航；国庆期间执行太原-岘港临时客运包机；大同机场临时航空口岸开放，并于9月11日开通大同-香港航线。

3.开拓货运市场。新增候机楼急件货物收运、货物配送、国内门到门货物运输等经营项目，提升货运量和货运收入；形成省内机场间货物中转运营网络，实现省内各机场间航线网络与货物资源共享。

2013年，全省民用机场保障运输起降9.7万架次，完成旅客吞吐量974.7万人次，货邮吞吐量5.0万吨，分别同比增长11.2%、14.4%、3.3%。其中，太原机场通航航线110条，通航城市60个，保障运输起降7.5万架次，旅客吞吐量780万人次，货邮吞吐量4.4万吨，分别同比增长13.0%、14.5%、5.0%；长治机场通航航线9条，通航城市11个，保障运输起降0.72万架次，完成旅客吞吐量57.4万人次，货邮吞吐量1617.2吨，分别同比增长11.9%、14.4%、-43.1%；大同机场开通国内航线14条，通航城市17个，保障运输起降0.47万架次，旅客吞吐量35.9万人次，货邮吞吐量1965.1吨，分别同比增长10.3%、27.1%、-7.9%；运城机场开通国内航线18条，通航城市21个，保障运输起降0.95万架次，旅客吞吐量101.0万人次，货邮吞吐量2430.2吨，分别同比增长-1.4%、9.4%、16.0%。

（市场规划发展部）

山西省民航机场集团公司举办安全宣传活动

（山西民航机场集团提供）

【资源整合】 1.加强经营管控，提升经营水平。一是理顺财务机制。完善机构调整后各公司财务核算体系建设，明确集团公司与各公司之间业务和资产划界；二是开源节流，争取地方政府、民航局对航线开发、房产税减免、基础建设、贷款贴息、信息化建设和节能减排等方面资金支持；三是加强经营考核和管理，出台与集团公司新管控模式相适应的《年度目标责任考核办法》，促进经济效益和管理水平提高；四是加强资产管理，开展清产核资工作，促进资产科学管理和高效利用；五是采取公开招标形式，对T1航站楼商铺进行招商，挖掘T1航站楼商业价值；六是加大节能减排考核力度，推进能源设施技术改造，降低能源消耗；七是与财税部门协调，完成营改增工作。

2.激励非航发展，推进项目落地。建立招商引资奖励机制，激发广大干部员工吸引外部投资发展非航业务积极性和主动性；扶持新组建非航公司发展，帮助新公司业务启动；推进非航业务对外合作项目落地，与省农业资产经营有限责任公司共同合资组建山西龙腾空港进出口贸易有限公司，扩大业务范围，拓宽销售渠道；与山西压缩天然气集团有限公司合资成立天然气公司，完成气站建设前期工作；与山西神飞公务机有限公司就共同建设公务机楼和合作组建公务机地面服务公司签订战略协议；与中国航油集团山西石油有限公司就太原机场飞行区新建车辆加油设施签订协议，并进入建设阶段；与顺丰速运集团就建立分拨转运中心等达成初步合作意向。

（市场规划发展部）

【管理模式优化】 1. 着眼长远规划，明确发展思路。在副省长王一新带领下，赴民航华北地区管理局，就推进山西民航快速发展、太原机场定位等问题进行探讨，明确未来发展思路；编制完成《山西省民航发展规划》初稿；对全省各地市通用航空机场及通用航空企业等情况进行调研，草拟完成《山西省关于加快通用航空发展若干意见》初稿；会同航科院专家赴省内各市及省直有关部门，实地调研，听取对全省通用航空发展意见及建议，编制完成《山西省通用航空发展规划》初稿。

2.加快一体化进程，提升专业化水平。7月17日，与吕梁市人民政府签署吕梁机场托管协议，组建吕梁机场工作组，对机场开航前各项筹备工作进行指导；会同吕梁市政府赴华北局就吕梁机场开航各项事宜进行协商，寻求民航上级部门支持；推动吕梁机场完成校飞、试飞、开航等工作。11月17日，与忻州市政府签署《五台山机场委托管理意向和人员托管协议》，标志着全省民航机场一体化管理工作迈出坚实一步。

吕梁机场首航仪式　（山西民航机场集团提供）

3. 完善制度体系，加强行政管理。根据公司管控模式变化，重新修订质量/环境/职业健康安全管理体系相关手册，将民航局SMS、SEMS建设要求融入到三体系文件中，实现多体系融合；按照民航局要求并对标国内外一流机场，结合实际，制定《山西省民航机场山西省民航机场集团公司服务质量标准》，建立健全服务质量管控体系，实现服务水平规范化、人文化、差异化；规范和加强政务信息公开工作，加大信息公开力度。

4. 推进培训工作，提升人员素质。注重将提升综合素质和提高专业能力相结合，坚持培训工作动态化和全覆盖；开展2013年新员工入职培训，使新员工认识企业文化，了解企业规章制度。与美国心脏协会国际培训中心合作建立山西省首家、民航业内规模最大“美国心脏协会(AHA)心血管急救(ECC)培训中心”，为省内机场急救人员进行专业技能培训奠定基础。

（市场规划发展部）

【基础建设】 1.省内机场建设。太原机场改扩建收尾工程完工，省政府同民航局就调整概算事宜达成共识。长治机场航站区改扩建工程包括航站楼改造、停车场及相关配套设施开工建设，总投资约3884万元；大同机场航空口岸临时开放改造工程完成，通过评审并获得国家口岸办批复，预计投资3395万元；吕梁机场新建工程总概算9.47亿元，2009年10月开工建设，全部完工并完成校飞、试飞工作，2014年1月26日通航并投入使用；五台山机场改扩建工程预计总投资6.38亿元，可研报告、总规及初设均批复，开工建设；临汾机场复航改造工程及航站区扩建工程总投资约12.75亿元，可研报告、总体规划及初步设计均批复，开工建设。

2.内部建设。2013年，完成续建飞行区保障用房及室外管网建设、新建警体训练馆及配套设施设备、视频会议系统建设、生产运营系统改造、航站楼门禁及监控系统改造、1号航站楼启用项目、自助值机、除冰雪等各类生产保障设施设备购置项目，启动物流仓库、公务机候机楼等4个大型项目前期工作。协调太原市公交公司，申请市政府公益基金300余万元，在太原机场区域设立10个公共自行车服务站点，共投放317辆自行车，缓解机场范围内出行距离较远、场区道路狭窄、停车资源不足、上下班高峰道路交通拥堵等问题。

（市场规划发展部）

邮政　电信

Post　Telecom

邮　政

·邮政管理·

【概述】 2013年，全省邮政管理系统按照全国邮政管理工作会议和全省经济工作会议的安排部署，落实邮政业发展“十二五”规划，转换政府职能，夯实管理基础，强化普遍服务，加强市场监管，全行业保持平稳较快发展态势。

2013年，全省邮政行业业务总量累计完成34.11亿元，同比增长12.01%；业务收入累计完成34.22亿元，同比增长14.45%。快递业务量累计完成8868.97万件，同比增长261.15%；快递业务收入累计完成6.87亿元，同比增长26.6%。（石亚萍）

【行业发展环境】 一是加强与地方政府沟通。省邮政管理局主动向省政府分管领导汇报工作，指导各市局向地方政府汇报沟通，扩大邮政管理部门的知名度和影响力。二是争取地方政府及相关部门支持和协作。协调省政府及相关部门，就省级以下机构的办公用房、快递车辆进城、信报箱建设等问题争取支持。与省交通运输厅联合出台《关于加强交通运输与邮政行业合作促进共同发展的意见》，整合有利资源，提高运行效率。多数地市从不同角度将邮政普遍服务工作纳入地方规划。各市局先后与住建、国安、公安等部门协调，在信报箱建设和安全生产方面探索建立联合执法机制，形成多元共治、齐抓共管的执法局面。三是与媒体沟通联系。尊重民众知情权，特别是在快递业务高峰期，主动接受媒体采访，公布快递业务运行情况，借助社会力量，形成监管合力，规范市场秩序，创造舆论氛围。（石亚萍）

【普遍服务监督】 将邮政普遍服务保障作为市管局开局工作突破口，在全省开展邮政网点普查，熟悉掌握全省邮政普遍服务基本情况。按照国家局安排部署，先后在全省范围内开展法定普遍服务业务开办和乡镇补建邮政局所检查、信报箱检查、机要通信检查、报刊监督检查、寄递时限监测、邮票销售专项检查等。全年全省共监督检查市县301个，监督检查网点1318个，口头交换意见339次，下发《邮政普遍服务意见书》22份。全年全省邮政特邀监督员共开展社会监督活动1983人次，反馈监督报告1987份，走访用户3471人，监督邮政服务网点1631个，提出建议和意见402条，反馈各类问题415个，其中涉及邮政普遍服务问题357个。加强与省发改委、省邮政公司沟通联系，及时掌握空白乡镇局所补建工作进度，做好协调工作。截至年底，全省开工建设局所398处，占计划数97.31%；工程完工局所364处，占计划数89%；完成竣工验收局所223处，占计划数54.52%；接收局所63处，占计划数15.4%；运营局所33处，占计划数8.07%。省政府将信报箱建设列为督办事项，年内全省有6个地市以市政府名义，或由邮政管理部门和住建部门联合，出台信报箱建设规范性文件，信报箱建设取得实质性突破。省局和各市局按照职责分工，协调推进西部和农村邮政基础设施建设工作有序开展。全年全省局所整修计划下达111个，竣工48个；网点翻建计划下达34个，竣工19个；危旧县局房改造计划下达2个，正在改造中。对普查中发现的停限办法定业务违规行为，行政约谈省邮政公司负责人，通报违规问题，要求企业及时整改；对邮政企业私自撤销营业网点违规行为，及时制止并做出行政处罚决定。省局建立普遍服务监管季度总结通报制度，汇编特殊服务监管制度印发市局，指导各市局根据情况出台行政执法考核实施细则，使普遍服务监管工作逐步步入制度化、常态化轨道。（石亚萍）

【快递市场监管】 以“促发展、惠民生”为根本出发点，发挥一线监管作用，规范快递市场秩序，提高快递服务质量。一是加大服务力度，规范行业市场。坚持“优质、高效、规范、廉洁”原则，做好企业申请许可审核工作。全年全省共许可备案企业428家，其中，许可13家，备案415家。截至年底，全省许可备案企业共计756家。其中，许可150家，备案606家。二是加大执法力度，履行监管职责。开展规范快递业务经营许可专项整治活动。制订整治方案,重点对未办理许可或分支机构未备案的行为进行整治。一季度全省许可备案企业365家,全年756家。开展执法检查。全省全年累计检查快递企业300余家,出动执法人员1000余人次,及时查处24家企业违规作业行为,并进行处罚。开展落实收寄验视制度专项整治活动。落实国家局《关于开展落实收寄验视制度专项整治活动的通知》精神,吸取教训,召开专题会议,研究活动方案,下发通知部署,抽调人员组成两个督导组,分赴全省进行抽查和督导,要求企业加盖"收寄验视章",拦截隐患。做好邮政业消费者申诉受理工作,全年全省"12305"有效申诉2664件,其中邮政70件,占2.6%;快递2594件,占97.4%,为用户挽回经济损失约156893元,消费者对申诉处理满意率达94.1%。（石亚萍）

【行业安全生产】 将安全生产作为行业发展生命线。一是落实安全生产责任制。省局与市局、市局与辖区内快递企业分别签订安全生产责任书,责任到人、到岗,层层抓好落实。二是修订《山西省邮政行业突发事件应急预案》。督导各市局建立应急预案并做好应急管理工作。三是开展全省邮政行业安全生产大检查。全省检查企业分拨中心和营业场所367处,发现安全隐患47处,下发整改通知书31份,将安全隐患降到最低限度。四是开展专项整治活动。打击泄露用户信息行为,确保企业和用户个人信息安全,与各地扫黄打非办联合开展寄递渠道"扫黄打非"专项检查,9月,省扫黄打非办公室对太原市部分快递企业抽查中,邮政管理工作得到检查组一致好评。五是加强重大活动和节日安全监管。在重大节日期间,开展安全检查,做好重要会议和重大活动期间寄递渠道安保工作。2013年,省局安全生产工作受到省政府表彰,被评为全省安全管理先进单位。（石亚萍）

·邮政业务·

【概述】 2013年,省邮政公司围绕全省转型跨越发展和综改区建设,开辟服务经济社会和民生发展新领域,推进企业转型发展,取得社会效益和经济效益双丰收。

邮政业务发展。2013年,全省邮政业务总收入实现27.38亿元,同比增长7.83%。其中:函件收入增长1.66%、报刊收入增长8.42%、集邮收入增长31.98%、电子商务收入增长28.72%、分销收入增长77.65%、代理邮储收入增长7.13%、代理保险收入下降13.48%。全年新增代理邮储余额68亿元,余额总规模达1182.77亿元;代理保险新增保费38.26亿元,市场占有率位列各大金融机构之首。

能力建设推进。2013年,装修改造标准化邮政服务网点244处,更新各类电子化营业终端设备2700余台(套)、新增ATM和CRS120台、叫号机129台,邮政窗口形象和服务能力提升,为用户创造良好用邮环境。依靠中央和省财政普遍服务、机要通信基础设施项目投资和"三农"配套资金,改造55处机要场地,建设17处仓储中心。加大便民(三农)服务站建设力度,新建开办业务站点2424个,总数达4072个,为城乡居民就近使用邮政业务、缴纳各类费用提供便利。推进空白乡镇局所补建运营工作,完工364个、接收63个、运营33个,为做好邮政普遍服务提供支撑。提升投递能力,配备投递汽车70辆、三轮电动车258辆、摩托车160辆、图形终端282台、手持终端424台。更新和新增邮运车辆26辆,新配一批网运自动化处理设备,邮件运输处理能力提升。加大信息技术与传统邮政融合,自主开发并上线运行一批信息系统,提升邮政科技含量。

企业管理加强。推进人力资源优化工作,企业人工效能提升。构建以利润为导向财务管理体系,引导各级邮政企业树立效益意识,转变发展方式,提升企业经营效果。实施普邮全程时限集中管控,推行限时分拣作业,推进散件外走处理,改革封装运输方式,强化分拣到段功能,延伸市网管控范围,开展分拣品质提升和缺报短刊治理,提高邮政网络运行效率和效益。加强安全生产,落实责任制,夯实基础。获2013年度山西省安全生产优秀单位称号。推行集中审计,加大"小金库"治理力度,开展效能监察,堵塞管理漏洞,规范企业经营行为。

服务质量提高。推进服务质量检查方式转型,实现由产品检查向履职检查、一般检查向重点检查、程序检查向效果检查转变,提升邮政服务质量。开展"服务质量三晋行"明察暗访活动,以县(区、分)局为重点,从"两岗"履职、营投、邮储窗口服务质量、邮件安全等方面,对11个市局、49个县(市)局、97个营投窗口进行检查,提高基层单位通信服务质量。加强邮件时限管控,提高全程时限达标率,公布承诺服务内容,接受社会监督。参加省电台"政风行风热线"节目,答复客户意见,解决服务问题。开展11185客户回访活动,发展监督信息员1782人,进行用户满意度电话回访1.44万人次,收集意见和建议3000余条。处理客户投诉,改进服务水平,2013年全省邮政用户满意度91.4分,在全省公共服务行业中名列前茅。

和谐企业建设推进。实施人才强邮战略,提升队伍素质。围绕提升领导力,组织企业高管人员进行高层次培训,提升推动邮政转型创新发展能力。培养省级内训师、市级内训师,评聘高级经济师、高中级工程师,组织6581名员工参加职业技能鉴定,推进高技能人才队伍建设。截至年底,全省邮政生产人员持证率达85%以上,邮政通信特有职业持证率达90%以上。推进"职工小家""城市投递员之家""网运职工之家"建设,基层员工生产生活条件改善。开展"送温暖"活动和帮扶济困活动,累计发放各类慰问救助款280余万元,受益员工2000余人次。

作风建设改善。贯彻执行中央八项规定,开展党的群众路线教育实践活动,聚焦"四风"问题,在调查研究、征求意见基础上,查摆突出问题,制定出台改进文风会风、改进调查研究、强化责任提升执行力、规范各类检查活动等一系列长效机制,从厉行勤俭节约、反对铺张浪费入手,明确公务活动和到基层调研一律从简安排的有关纪律,全省邮政作风转变。

社会形象提升。将邮政发展融入党和政府工作大局,整合行业资源,助力山西转型跨越发展,得到省委书记、省人大常委会主任袁纯清,省委副书记、省长李小鹏等领导肯定。与省交通厅、商务厅、电力等部门开展合作;服务中博会、农博会和“山西品牌中华行”等重大会展项目,服务地方经济社会发展,受到各部门好评。开展文明单位创建活动,晋中市邮政局获“全国文明单位”称号,太原车站邮政支局获全国交通运输行业“文明示范窗口”称号,长治英雄路邮政支局等10个基层单位获国家级“青年文明号”称号,灵石县邮政局等3个单位获省级“文明单位”称号。大同市天镇县邮政局西门外邮政营业所主任白永红当选第十二届全国人民代表大会代表。（孙久臣）

【邮票发行】 2013年,省邮政公司挖掘山西历史文化资源,寻找邮票发行与山西文化契合点,争取多套邮票在山西首发,助推山西文化建设。全省举办《桃花》《感恩母亲》《中国古镇》《金铜佛造像》《琴棋书画》《毛泽东诞生120周年》等6套邮票首发活动。3月16日,《桃花》纪念邮票发行仪式在太原、阳泉两地举行。省邮政公司策划开发纪念封、极限片、《桃花》专题邮册等文化产品,结合长治、临汾、运城等地“桃花节”文化活动,开展集邮文化主题活动。5月11日,《感恩母亲》特种邮票首发活动与“中华母亲节推动大会·太谷孟母文化节”同步举行。省邮政公司推出《感恩母亲》纪念封、极限片、《孟母故事》专题册等系列邮品。5月19日,《中国古镇(一)》特种邮票发行,山西灵石静升镇位列其中。《静升古镇》特种邮票首发式在灵石县王家大院东门广场举办。6月16日,《金铜佛造像》特种邮票首发仪式在五台山和玄中寺举办。省邮政公司开发封、片、折、册等相关文化邮品。7月13日,《琴棋书画》特种邮票发行活动被纳入第二届中国(晋城)太行山国际文化旅游节活动内容。山西邮政开发封、片、折、册等多种邮品,启用“文体宫临时邮局”邮戳、刻制纪念戳供集邮爱好者和观展者加盖。11月16日,《毛泽东同志诞生一百二十周年》纪念邮票首发活动在山西长治市工人文化宫举行,山西省集邮巡回展暨长治市第八届集邮展览于同日开幕。（孙久臣）

【省交通运输厅与邮政行业合作】 9月26日,省交通运输厅与省邮政管理局联合下发《关于加强交通运输与邮政行业合作促进共同发展的意见》。意见指出,全省交通运输行业和邮政业要本着有偿互惠原则,在邮件运输、代办邮政业务、票务、数据库营销解决方案、形象宣传、金融业务、速递物流业务、农村物流以及“自邮一族”会员等方面开展业务合作,以服务社会、服务民生、服务经济建设。要出台相应优惠政策,支持交通运输行业和邮政业快速、健康发展,内容包括支持邮政企业加入交通运输相关企业联盟,运邮车辆享受联盟企业优惠待遇,支持邮政车辆使用高速公路ETC电子收费卡,在国家政策允许范围内给予最大幅度优惠;对邮政企业承担普遍服务和拉运党报党刊及机要邮件且长期行驶固定路线车辆,在行经有关收费站时,可根据省交通运输厅、省财政厅和省物价局批复该收费站优惠包缴规定,享受包缴优惠,并由收费站给予优先通行便利;对喷有快递专用标识小型车辆给予通行便利;支持邮政企业根据国家相关规定对使用邮政产品和服务、代理经营邮政业务交通运输企业给予最大优惠。（孙久臣）

【打造邮政综合便民服务平台】 是邮政企业发挥网络资源优势,以邮政电子商务信息系统为基础运行平台,在做好普遍服务和特殊服务基础上,积极叠加社会公共服务,打造“覆盖城乡、功能齐全、惠及民生、政府满意、多方共赢”综合服务平台。平台定位为服务广大城乡居民社区便利店,主要经营缴费类、票务类、代理销售类、商旅服务类和部分邮政基础业务等五大类业务。2010年9月,平台建设在全省范围内正式启动。截至2013年底,全省累计建成以代收费、代售票、代销农资和快消品为主要功能的邮政便民(三农)服务站7000余个,叠加代收电费、话费、机票火车票彩票等业务,方便人民群众生产生活。2013年代收费总额达16304万元、销售化肥2万吨、快消品分销额达8000余万元。（孙久臣）

【白永红当选第十二届全国人大代表】 2月27日,十一届全国人大常委会第三十一次会议通过十二届全国人大代表资格审查报告,并公布2987名代表名单。大同市天镇县邮政局西门外邮政营业所主任白永红名列其中,当选山西省出席第十二届全国人民代表大会代表,成为邮电分营以来,首位当选为全国人大代表的山西邮政员工。

白永红,女,1975年3月出生,1998年9月参加工作,高中学历,职业技能中级,先后担任邮政储蓄营业员、复核员、支局长。她曾多次被评为省邮政公司、大同市邮政局先进工作者、服务明星、“三八”红旗手,2012年获山西省“五一劳动奖章”,同年10月被山西省邮政公司转聘为A类合同用工。（孙久臣）

电 信

·无线电管理·

【概述】 2013年,全省无线电管理紧紧围绕“四个体系”建设和“三管理、三服务、一保障”指导方针,认真履行《中华人民共和国无线电管理条例》赋予的职责,按照“抓业务、定制度、带队伍、用干部”的总体思路,推进全省无线电管理工作健康发展。截至年底,全省有各类无线电台站70254个。其中:广播电视台站362个,短波电台61个,超短波电台22868个,集群移动通信系统基站60个,蜂窝移动通信系统基站36748个,固定无线接入系统中心站10个，无线市话基站8679个，无线数据电台68个，卫星地球站65个，微波接力站177个，业余电台1093个，其他台站63个。全年受理并排查民航通信导航、卫星电视接收等无线电干扰22起，干扰排查率100%，为设台用户提供电磁环境测试服务24次。　（孔　鹏）

【无线电台站规范化管理专项活动】 根据国家统一部署，深入全省各设台单位进行调查研究，研究制定《山西省无线电频率台站管理规定》和《山西省无线电台站规范化管理示范单位认定和考核办法》。全省共修改技术资料表4000份，新填报技术资料表800余份，核查单位200余个，人机见面2000余部，出动人员1500多人次、车辆400余辆次，组织业务技术培训21次，参训人员600余人次，开展行政执法26次，细致扎实开展无线电台站规范化管理专项活动。山西省B库原有设台单位154个，台站63104个，其中WLAN、ETC、PHS基站和公安、铁路部门的对讲机等占到61585个，按照分类清理相关政策规定，不属登记范围，予以注销。有1319个台站在按有关规定完善审批手续和技术资料后，转入A库。经过清理，B库中剩余台站数量200个，清理率99.68%，省气象局等8个单位被认定为台站规范化管理建设示范单位，韩虹等12人被评为先进个人。　（孔　鹏）

【专用频率保护】 保障铁路、民航、气象、公众移动通信、广播电视等重要无线电业务安全，开展专用频率保护工作，探索重要业务专用频率保护长效机制，强化部门间联系协调。完成大西铁路客运专线和北同蒲取直线、增四线新建的136个GSM-R基站的电磁环境测试工作，测试线路全长1000余千米，清理占用铁路专用频段的移动通信基站1483座。　（孔　鹏）

【维护空中电波秩序】 全省各级无线电管理机构开展无线电监测工作，及时掌握电磁频谱状况和发展演变态势，充实完善监测数据库，编写上报频谱监测统计月报。全省共开展日常无线电监测23936小时，实施24小时监测值班11708小时。加大对非法设台行为的打击力度，全省共查处非法设台案件46起，其中私设调频广播电台16起、卫星电视干扰器6起、伪基站16起，其他台站8起。　（孔　鹏）

【防范和打击各类考试无线电作弊】 2013年，省市无线电管理机关参加全国研究生统考、高考、成人考试、各级公务员录用考试及司法、医师、会计师、建造师资格考试等26次无线电安全保障工作，出动人员1797人次、车辆491车次、设备869台次，发现涉嫌作弊信号237个，现场查处93个，技术阻断96个，查获涉嫌作弊人员86人，收缴作弊器材101台(套)，维护各类考试公平正义，赢得相关部门、广大考生和社会各界的高度赞誉。　（孔　鹏）

【安全保障工作】 保障党和国家重大活动、重要节日期间的无线电安全，开展“两节”“两会”“十八届三中全会”等重要时期24小时无线电监测值班工作，保证重要无线电业务安全畅通。先后完成太原国际马拉松邀请赛、第四届世界大学生龙舟锦标赛和大同国际太阳能“十项全能”大赛等大型活动的无线电安全保障工作。　（孔　鹏）

【无线电管理法规体系建设】 强化依法行政，制订《山西省无线电频率台站管理规定》《山西省无线电台站规范化管理示范单位认定和考核办法》及考试无线电安全保障、无线电干扰排查、电磁环境测试、无线电设备检测等4个管理办法，经省政府法制办审核后印发执行。《山西省业余无线电台管理规定》经省政府法制办审查通过，报省政府以规范性文件印发。《山西省无线电管理条例》(草案)的起草工作完成，正式列入山西省“十二五”立法规划。为深化行政审批制度改革，简化程序，精简项目，提高行政效能，按照省行政审批制度改革领导组办公室要求，无线电管理行政审批事项由原来的2项合并为1项。　（孔　鹏）

【无线电管理宣传】 “普及无线电知识、播撒无线电火种”，开展无线电管理宣传月活动，省、市无线电管理机构采取“进校园”和“开放日”等宣传形式，深入14所大、中、小学，开展无线电科普宣传，邀请相关部门领导和媒体记者参观无线电管理技术手段和工作成果展示。通过移动通信网络发送宣传短信3000余万条。对省无线电管理局门户网站进行改版升级，调整栏目设置，丰富网站内容，网站改版以来，共发布各类信息1673条，点击率突破10万人次，提高社会认

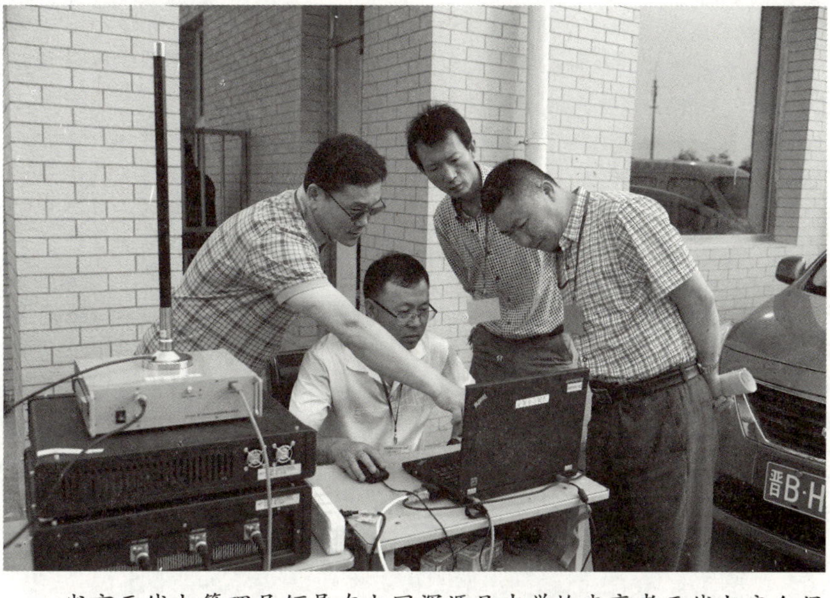

省市无线电管理局领导在大同浑源县中学检查高考无线电安全保障工作　（孔　鹏提供）

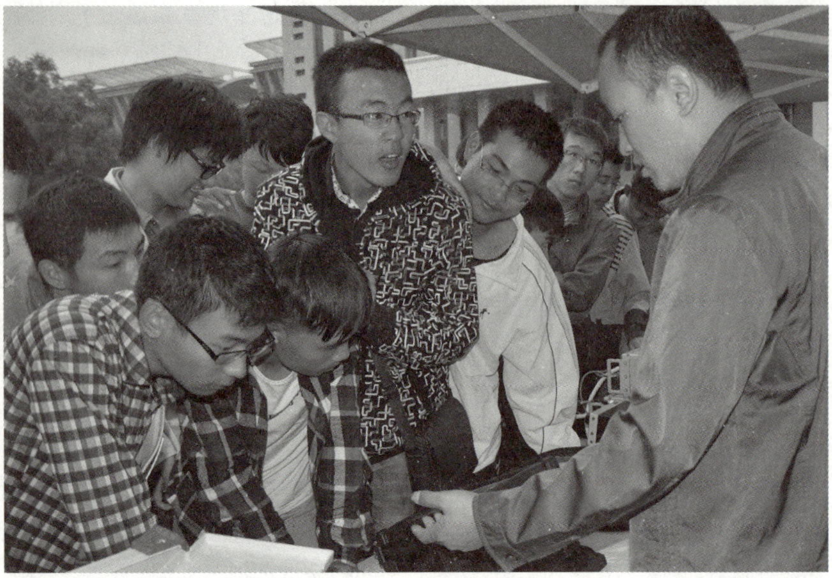

开展无线电进校园活动 （孔 鹏提供）

知度和影响力。 （孔 鹏）

【电磁频谱管理军民融合】 贯彻落实2012年省委议军会议精神，按照"军民融合、平战结合、优势互补、共建共享"原则，结合无线电管理"十二五"建设规划，完成朔州洪涛山、运城孤峰山两个军民共用高山无线电监测站建设任务。根据省国动委安排，全省无线电管理机构完成全省电磁频谱资源国防动员潜力调查及数据上报工作。忻州市、临汾市、运城市、长治市管理处为当地驻军提供无线电干扰排查服务4次，保证部队用频装备正常运行。从4月中旬至10月中旬，省军事电磁频谱管理大队部分官兵参加北京军区举行的预备役部队和人武部建设现场会，先后出动队员60多人次、监测车辆26车次，参加现场会的训练、预演、装备展示和首长检阅等活动，充分展示山西省军区军民融合发展成果与山西省军事电磁频谱管理大队的装备技术水平。 （孔 鹏）

【业余无线电管理】 引导业余无线电健康发展，整合利用业余无线电爱好者资源，研究制订《山西省业余无线电管理规定》。11月26日，召开全省业余无线电工作座谈会，来自全省十多个业余无线电爱好者组织的40多名代表参加。会议对全省业余无线电爱好者提出"努力成为无线电安全的保障者、无线电应急通信的志愿者、无线电法律法规的宣传者、无线电科普知识的播种者、无线电新技术新应用的探索者，共同开创山西省业余无线电工作的新局面"的倡导。12月上旬，省无线电协会被省民政厅批准成立，协会专门设立业余无线电工作部，为业余无线电爱好者提供交流、服务和联系平台。 （孔 鹏）

【基础设施和技术设施建设】 按照国家统一安排，对"十二五"规划前期主要工作成绩与存在问题进行全面回顾总结，对规划提出的建设目标、主要任务、重大工程、保障措施等24项主要指标的实现情况进行客观评估，研究制订《山西省无线电管理基础设施建设指导意见》和《山西省无线电管理技术设施建设指导意见》。通过"十二五"前期建设，省无线电技术管理手段得到加强，高山无线电监测站、小型站及各类便携式无线电监、检测设备的配备，进一步完善监测网覆盖，提升干扰查处和无线电安全保障工作能力。在全国无线电管理工作会议上，工信部无线电管理局局长谢飞波对山西省的两个"指导意见"给予肯定。 （孔 鹏）

·电信发展与监管·

【概述】 2013年，全省电信业务总量累计完成325.83亿元，同比增长5.45%；电信业务收入累计完成270.43亿元，同比增长6.02%，位列全国第18名。固定资产投资完成87.38亿元，同比减少7.27%。全省电话用户总数达3689.92万户，比上年末净增240.14万户。其中固定电话用户584.42万户，移动电话用户3105.5万户(3G用户952.02万户)；固定电话普及率、移动电话普及率分别为16部/百人和86部/百人，固定互联网宽带接入用户数521.3万户，普及率16.5%。

（闫佳男）

【宽带山西2013专项行动】 2013年确立以宽带城市建设为先导，光纤到户示范为标杆，宽带网络校校通为突破的工作机制，推进光纤到户建设步伐，扩大光纤覆盖范围，用户宽带普及提速取得实效。截至年底，全省新增光纤到户覆盖家庭532万户，固定宽带接入用户数累计597万户。其中4M以上用户占71%，比上年同期提高17个百分点。WLAN公共运营接入点数达到43万个，名列中部省份第一。"宽带网络校校通"工程进展顺利，完成1000所贫困地区农村学校通宽带任务，超出工信部下达任务400所。与工信部电信研究院合作建立全省宽带网络测速系统，在忻州等3个市对612个用户进行宽带指标测速，提升用户上网体验。 （闫佳男）

【太原晋中通信同城化】 会同省物价局采取灵活政策，率先实现在晋中高校新校区和太原之间资费同城化。按照省政府要求，成立通信同城化工作组，召开2次专题会。开展太原、晋中两个本地网升位并网课题研究，组织有关单位赴辽宁、广西实地考察。向工信部专题汇报升位并网筹备工作。

（闫佳男）

【电信基础设施建设】 会同省物价局重新修订管道、光缆、杆路等资源出租资费标准。组织电信企业共同制订《基站电源维护管理办法》。大西高铁、山西省高校新校区等重点工程实现共建共享，电信基础设施共建共享引向深入，开展管道、杆路及其他资源违规占用的集中清查活动。截至

山西举办"5·17"世界电信和信息社会日庆祝活动 （闫佳男提供）

2013年底，全省铁塔、杆路、基站、管道、室内分布共享率达94%以上，共建率达98%以上，当年节约建设资金8.16亿元。 （闫佳男）

【电信网络安全监管】 完善各电信运营企业网络安全、互联互通及安全生产报告制度，组织编印《电信网络安全资料汇编》。完成春节及"两会"期间通信网络运行安全保障工作。作为全国第一批监测系统升级改造试点省份之一，配合工信部完成监测系统的搬迁升级改造。开展电信业安全生产隐患彻查整治工作，对运城、忻州等7个地市进行实地抽查，对28个地市企业、32个枢纽楼、160余个机房进行安全检查。对大同、运城联通公司两起事故进行现场调查、事故认定，并进行全省通报。工信部巡查组在太原、大同进行电信业安全生产工作巡查后，对全省电信网络安全生产工作表示肯定。 （闫佳男）

【网络信息安全管控】 率先在全国开展电信企业网络安全自评估能力培训，指导和帮助电信企业建立网络安全自评估队伍，组织电信企业首次完成全省网络单元符合性评测、安全风险自评估工作。率先在全国开展新技术新业务风险评估监管研究，组织企业完成8个新业务自评估工作，研究制订评估指南和管理办法。网站备案实现实时监管，全年网站备案率持续达99.95%以上，信息准确率达86%，处理空壳类备案数据12611个，IP地址报备出错率持续压缩至0.01%以下。配合有关部门依法查处、关闭违法违规网站。全年组织对电信企业进行3次网络安全、3次信息安全现场检查，并分别进行通报。电话用户实名制管理扎实开展，深入市级各电信运营企业开展2次暗访和明察，分别进行通报，暗访营业网点157个。开展垃圾短信治理，建立企业间垃圾短信关键字共享机制和用户白名单管理机制，全年依法关闭短信端口约140个，拦截点对点短信1.8亿条，拦截号码150万个。 （闫佳男）

【电信市场经营秩序】 指导电信企业签订《山西省电信市场自律公约》。对联通公司网内网外差别定价进行调查处理，对山西长城宽带网络服务有限公司违规经营行为予以处罚。出台山西高校新区电信资费优惠政策。健全完善电信资费水平监测指标，资费套餐种类和数量得到管控，全省在售电信资费套餐比上年下降10.81%，用户满意度达80%。全省电信资费综合水平比上年下降5.1%。服务监管工作扎实开展，在全国率先下发《电信服务用户流量消费提醒规定》，制作《养成良好的上网习惯 管好您的流量》公益宣传片。2013年，全省电信行业电信用户综合满意度87.74分，完成质量强省和"十二五"规划85分的目标值。电信用户申诉得到妥善处理，全年省电信用户申诉受理中心受理用户申诉、咨询2664件，立案处理12件，用户申诉率18人次/百万用户。全年核发省内电信业务经营许可16家，受理267家跨省经营增值业务企业的备案申请。截至年底，具备省内电信业务经营许可的企业有240家，跨省经营企业1713家。 （闫佳男）

【行业监督管理】 开展筹备成立市通信管理办公室工作。完善行政处罚程序、规范法律文书格式体例。《山西省电信设施建设与保护条例》立法工作启动，列入2014年省人大常委会立法项目计划的预备项目。建立健全

山西省电信市场自律公约签字仪式 （闫佳男提供）

通信行业安全生产组织领导机构，制定完善7项安全生产管理制度，开展监督检查和专项整治活动，完成省政府年度安全生产考核目标。码号资源管理审批更趋规范。《山西省志·电信志》年度编纂任务基本完成，征集意见文稿形成。 (闫佳男)

【战备应急通信保障】 重新修订应急预案操作手册，建立应急指挥中心运维管理工作流程，举办“协同2013”军地联合应急通信演练，全年完成15次森林火灾、溃坝事故的应急通信保障工作。推动实施完成短信应急平台建设，实现应急短信6小时覆盖全省用户。继续保持对盗窃破坏电信设施违法犯罪活动严打严防的高压态势，发案率比上年同期下降20%以上。

(闫佳男)

•中国电信山西分公司•

【概述】 2013年，中国电信山西分公司实现业务收入22.89亿元，比上年增长16.31%；公司总资产达到56亿元；用户总数达到320万户。 (赵 苇)

【发挥综合信息服务】 2013年，分公司发挥综合信息服务优势，落实与省政府签订的“信息化建设”和“智慧城市”两个战略协议，围绕“以煤为基、多元发展”核心任务，聚焦党政、产业、民生三个领域，服务推进转型综改试验区建设，助力转型发展和服务型政府建设。

在“电子政务”党政服务应用方面，持续提升省委党务内网办公系统服务，向80余个委办厅局提供信息报送通道接入和应用服务；完善省政府应急移动办公系统建设，向省委、省政府领导及应急成员单位提供应急专报、值班要情、应急预案、应急通讯录等服务。服务“三位一体”社会管理创新，实现长治市网格化社会管理服务创新，涉及组织、纪检、宣传、信访、民政、卫生、人口、水电煤等综合管理职能，网格信息员联动所在区域党政部门、企事业单位，强化政府服务职能，矛盾化解在源头。

在智慧行业方面，建设环保治理平台，实现环保信息采集、分析、监控、预警，实现环保信息公众实时发布和环保现场执法；服务矿山安全生产，提供煤矿一体化通信与安全监控，立足省内406个煤矿，服务2.5万名煤矿工作人员。

在“信息惠农”方面，推进农村信息化提升。与省农业厅合作开展农技推广，整合专家和信息，利用“农技宝”提供农技信息和发布渠道；与省团委合作实施“点亮村小”工程，建设乡镇中小学宽带网络，关爱留守儿童，让信息化惠及下一代；与省科协合作开展科普惠农工作，丰富科普内容，拓展惠农渠道；进行县乡通信网络和服务网络(农村支局)重点建设，助力全省强县改革。

在推进智慧民生建设方面，建立妇女儿童保护与法律援助平台、为半边天提供网站支撑和服务；在太原地区推进面向老年人居家养老的健康老人手机，使3.1万余名社区老人享受到中国电信居家养老服务带来的便捷和健康；建立远程心电监控707个卫生点。 (赵 苇)

【服务质量提升】 为提升服务质量，改善客户感知，分公司开展全业务服务标准贯标、触点服务能力提升、实名制、用户信息安全、投申诉管控、降低宽带业务故障投诉、维系体系建设、星级客户维系等工作，全年服务工作平稳，没有出现群体性服务事件、没有出现三强事件，全业务投诉量、越级申诉率均符合企业管控要求。在省通信管理局2013年客户满意度测评中，分公司综合满意度位于第二，比第一名低0.1分，省通信管理局测评的四项业务中，宽带业务和短信业务的满意度位于全省第一。 (赵 苇)

【网络建设】 分公司发挥公共电信设施基础性作用，持续加强3G网络及光纤宽带网络建设工作，为打造山西移动互联网和宽带“光网城市”，加快山西信息化进程做出贡献。

做好无线网络建设，提升差异化网络品质。无线网建设突出3G，提升热点区域体验，打造差异化网络覆盖优势。覆盖率高速公路99.85%，郊农89.2%，重要旅游景区100%。开展针对重点区域的网络建设和优化工作，全省C网网络质量提升，在语音质量和3G业务速率方面继续保持优势。持续提升光纤覆盖范围，推进FTTH光纤覆盖建设，做好覆盖率提升，提升全省11个地市中心城区及一、二类县域中心城区楼宇覆盖率，为全省经济发展和人民群众提供高速率、大带宽的宽带业务服务。开展网络优化，提升网络性能。开展旅游景区、农村、校园、边界覆盖、交通干线等专项优化工作，网络质量改善。加快省网及城域网出口带宽扩容，消除宽带业务流量瓶颈。优化装维支撑手段，推进掌上装维建设和应用，提升装维服务能力，修障工作效率提升6.71%；装机工作效率提升28.04%。进行各类应急通信保障任务，支撑临汾霍州省政府重要活动、临汾壶口省政府重要活动、忻州公安大客户等重要通信保障，为全省社会信息服务提供良好的网络覆盖和支撑服务。 (赵 苇)

【创新驱动】 1.推进企业向销售服务型公司转型。以一线导向、触点提升为目标，推进直销客户经理、渠道服务经理、店面销售经理、VIP客户维系经理、装维服务经理和10000客服代表6支队伍建设，6支队伍占比提升11个百分点。对一线营销服务人员实施定岗定编，明确岗位，责任到人；压缩生产单位非生产人员，提升触点能力；鼓励岗位创新创收，多贡献、多受益。

2.优化提升人力资源管理和效率。建立业绩导向、一线导向的干部选拔机制，使多名来自市场经营一线的员工通过公开竞聘走上公司管理岗位；建立科学有效的评价体系与激励机制，突出对市分公司经营班子任期考核，实现目标引领、绩效推进；适应发展需求，整合市场前端机构，提升运营效率和效能；推进社会优秀人才招聘工作，招聘人员全部用于前端销售岗位、装维服务岗位和业务支撑岗位；优化员工岗级应用，重点激励前端营销、渠道服务、装移维护等一线岗位；实施优秀高校毕业生百人计划，为企业发

8 月 13 日，集团督导组赴山西召开教育实践活动民主评议会

（赵 苇提供）

展储备优秀人才；面向全省劳务派遣与业务外包人员实施“优培生千人计划”人才战略。推行总量控制，实施减员增效，精简人员 300 余人；增收与减员并举，劳动生产率提升 19%。

3.推进市场化运作，激发内部活力。开展划小核算单元工作。成立划小项目工作团队，确定公司年度划小工作重点，制订工作计划和具体实施方案，启动营销单元划小、营业厅划小及投资划小工作，完成所有县域公司承包工作。创新资源配置方式，发挥资源的时间效益和区域效应，推行资源抢盘机制；开展县域市场经营承包，公开竞聘，承包县新增 37 个，实现 100%县域承包，经济效益得到初步提升；实施县分公司分级管理，激励加速发展。（赵 苇）

【改进服务】 持续推动优化客户服务接触点，提升自助查询便捷性，开展服务触点前置，控制低值话务涌入人工服务。通过对网厅、掌厅、短信厅、营业厅等渠道触点开展穿越测试，促进 10001、网掌厅、短信厅查询界面优化升级，力求简洁清晰易懂。通过对 10000 号人工话务分析，开展控源头，抓关键点，明确“三升一降”的具体工作。坚持“话务数据看问题”，通过客户拨打信息，发现企业存在的服务短板，聚焦基础服务顽症，提升基础服务水平。

提升投诉处理及时率，加强投诉管控机制。采取有效机制，管控服务风险。每月以服务建议单、服务分析会等模式，牵头组织各部门召开投诉服务专题分析会。持续进行热点、难点问题盘点整理，定期将问题分类，制定处理方案或解释口径，并抓好落实。制订投诉处理应急机制，对突发投诉实施应急预案，及时、有效对突发投诉案件进行处理。

深化“党的群众路线教育实践活动”，常态化进行客户声音倾听。以全生命周期客户体验感知为主导，围绕服务标准，聚焦重点业务，通过覆盖渠道、网络、装维、产品、账务、关怀、信息、投诉八大触点服务环节的客户感知，每天坚持进行客户声音倾听，并组织主管人员开展问题汇聚及讨论，查找服务薄弱环节，推进服务后端前移，形成服务提升机制。（赵 苇）

【服务基层】 2013 年，分公司组织开展服务基层、关爱员工系列主题活动。

1.面对面、心贴心、实打实服务职工在基层。2013 年，山西电信工会在推进“面对面、心贴心、实打实服务职工在基层”活动的同时，在全省范围内开展员工关怀活动，深入 11 个市公司和部分县公司开展以“四小建设”为重点内容的调研工作，为右玉县、长治县、大同县、襄垣县、高平市等县分公司送去慰问品，支持“四小建设”。经过四年努力，在全省共建成小食堂、小活动室 129 家，小浴室 78 家，小卫生间全部解决，覆盖省、市、县三级经营机构 7000 余名职工。

2.开展员工岗位创新。先后印发《关于印发〈中国电信山西分公司群众性经济技术活动激励办法〉的通知》（中国电信晋〔2013〕58 号）、《关于深入开展员工岗位创新活动的通知》（中国电信晋〔2013〕68 号）和《关于开展集团级创新成果复制推广工作的通知》（中国电信晋工会〔2013〕12 号），明确岗位创新活动的评比标准和奖励办法，组织一线员工和班组投身于岗位创新工作中。优选 9 项集团级创新成果作为复制推广重点，在全省范围内推广，提高工作效率。全省共申报创新成果 37 项，9 项集团级创新成果复制推广工作收益明显。

3.关心关爱员工。坚持开展“冬送温暖、夏送清凉”“五必访、五必贺”“困难员工救助”等活动。2013 年全省送温暖活动共慰问员工 190 人，发放慰问金 12.96 万元，慰问困难员工 15 人，慰问劳动模范、先进个人 42 人，慰问一线员工 158 人，大病救助员工 3 人。

4.丰富员工业余文化生活。先后在全省开展纪念“三八”国际妇女节活动、在全省女员工中开展“快乐工作幸福生活”主题征文活动、“天翼景象”员工摄影大赛、山西电信员工气排球比赛等主题文体活动。（赵 苇）

·中国联通山西分公司·

【概述】 山西省联通分公司（以下简称山西联通）下辖 11 个市分公司、97 个县分公司。2013 年，公司以规模效益发展、提升市场份额为主线，实施以业务收入为主线的网格承包经营制，完善以网格内小区名单制为中心的前后台资源配置一体化体系，建立以客户感知指标为中心的运维考核体系，建立以本部管理岗考核为重点的可量化考核体系，转机制、重考核、抓短板、强达标，全面完成“管理能力提升年”的各项目标，3G、2G、宽带、融合业务及各项增值业务全面发展,W网、G网和高速宽带网络能力和质量快速提升,企业生产经营及管理流程更加顺畅,市场营销能力、网络稳定运行和资源高效配置能力、精确化管理能力明显提升。全年主营收入累计完成87.78亿元,同比增长6.26%。其中,移动业务收入同比增长10.75%,固网业务收入同比增长1.51%,宽带业务收入同比增长11.72%,集团客户业务收入同比增长13.34%,创新型业务收入同比增长7.1%,信息导航业务收入同比增长18.8%。收入市场份额达到32.50%,较上年提升0.10个百分点。其中,新增收入市场份额达到34.13%。利润总额累计完成1.67亿元;收入利润率累计达到1.91%。

(黄云霞)

【支撑能力提高】 2013年,山西联通完善以网格内小区名单制为中心的前后台资源配置一体化体系,实施规划指导下的建设项目投资滚动下达,将投资效益贯穿网络建设全过程,提高建设精准性和投资有效性,促进公司的支撑能力不断提高。3G基站新增1985个,达到11830个;室内分布系统新增覆盖楼宇554栋,达到5797栋。结合"宽带山西2013专项行动",宽带接入新建82.92万线,老旧设备退网21.02万线,总能力达到624.98万线,其中FTTB/H占比53%。4M以上宽带用户占比71.8%,较2012年底提升25.1%。结合传送网目标架构,UTN核心汇聚层完成11个地市、45个县城覆盖,接入3874个3G基站,市区基站覆盖率达到76%。

同时以"两个服务承诺"为抓手,开展"网络提质、服务提升"竞赛、"短板指标改善帮扶督导"等活动,提升网络运行质量和服务水平。专项优化与基站断站整治相结合,基本实现移动网络"保良争优"目标,为经营发展、提高客户感知奠定扎实基础。

(黄云霞)

【基础管理工作加强】 一是全面实施企业"管理创新"。以信息化手段为支撑,进行市场营销管控、网络管控等8个专业体系优化及信息化支撑项目开发建设,建立扁平、闭环的管理考核体系。

二是提升宽带资源配置效率明显。FTTH实占率达到51.92%,较上年底提升8.76个百分点。

三是落实集团公司关于投资管理体制改革精神,初步建立投资效益评价、名单制项目管理、前评估管理、后评价和投资责任体系,实现项目全生命周期闭环管理。

四是物资采购效率及响应速度进一步提高;库存物资资金月均占用额同比下降26.67%。持续开展安全生产检查,优化完善安全生产千分量化考评标准,通过自查自纠、地市互查、暗查暗访,有效排查整改各类安全隐患,机房环境明显改善。大力推行合同标准文本,加强合同审核规范管理;妥善处理各类法律纠纷,取得公司所涉房屋租赁案件的终审胜诉,避免2000多万元损失,得到集团公司通报表扬,诉讼案件数量和涉案金额均为北十省最低。推进2013版内控规范落地实施,开展资本性支出流程梳理和客户信用管理专项风险评估,年内未发生重大风险事项。强化网间结算管理。建立审计问题整改责任制,强化本地网、各专业部门整改责任落实。建立存续企业经营业绩考核体系。

五是落实党风廉政建设责任制,进一步完善"三重一大"决策制度,开展效能监察。

六是组织开展党的群众路线教育实践活动。梳理"四风"方面存在的问题、意见和建议211条,明确整改措施、责任单位、责任人和完成时限。

七是按照"面对面、心贴心、实打实服务职工在基层"活动要求,开展员工心理帮助计划(EAP项目)、总经理在线、职工之家建设工作。组织900名员工疗休养,帮扶困难员工614名。

(黄云霞)

【山西乐语上线销售】 2013年初,山西联通采用"六统一"管理模式,即统一管理、统一签约、统一结算、统一佣金、统一库管、统一稽核,建立全省统一的电子渠道专有管理运营机制,经过紧张签约、资源协调、系统支撑等工作,全省第一个互联网社会渠道——山西乐语上线销售,这是全省第一家互联网社会渠道代理销售商,与京东、拍拍、小米等互联网合作商洽谈,上半年陆续上线。

(黄云霞)

【开展宽带风暴行动】 2013年4~9月,山西联通全面组织开展宽带风暴行动。成立行动领导组,围绕"双提升"工作展开,即对内提升发展效益,对外提升客户感知。对内提升发展效益,是通过"六个提升"措施,即提升用户发展速度、提升有效发展率、提升光纤小区实占率、提升包年用户续费率、提升IPTV业务发展水平、提升宽带收入增幅,以此促进宽带用户量稳步增长,实现宽带用户净增总数保证57万户,力争60万户;有效发展率达到60%以上;宽带包年到期用户平均续费率达到80%以上;宽带收入增幅达到北十省平均水平的具体目标。对外提升客户感知,是通过在全省承诺区域内推行宽带"480,网络覆盖无盲区"服务、"点亮光小区"工程实施、宽带无条件(预)受理工作推进,以及宽带受理渠道能力拓展等具体内容开展,全面提升客户感知,重塑宽带服务品牌。

(黄云霞)

【开展"5·17"世界电信日营销活动】 一是举办第二届"沃3G"智能手机节活动。将集团主推的14个品牌16款21M智能手机进行布展、演示,整合终端厂家、渠道、自有媒体等资源在"5·17"电信日集中开展主题营销活动,集中引爆"21M智能手机"宣传,以终端促进3G业务规模发展。二是为尽快扭转宽带经营面临的被动局面,全面提升客户感知和发展效益,全省从"5·17"开始,重点推进宽带风暴行动。三是通过集中曝光、栏目植入等方式开展宣传推广工作。与新浪山西合作,通过专题报道、微博互动等方式进行业务宣传,组织开展"丢掉2G用3G""全民3G赛网速""极速好网络智能新生活"等微话题和微活动。四是省线路维护中心针对太原地区适逢大规模城市道路施工建设,严重威胁干线光缆安全情况,对道路施工沿线开展军民联合护线宣传活动,活动期间,直接参与此活动的用户超过2万户,覆盖人数超过700万人，取得明显效果。

（黄云霞）

【山西省三网融合IPTV业务合作协议签订】 7月9日，山西联通与山西广播电视传媒集团、中国网络电视台共同签订山西省三网融合IPTV业务合作协议。为进一步推进三网融合工作，加快业务转型，公司先后建设“新农村综合信息化平台”和“魅力山西”平台，2012年又与省政府签订“三网融合”工作推进协议，把三网融合作为重点项目纳入“十二五”规划。“十二五”期间，将投资150亿元，从网络建设、技术创新、业务发展、应用推广等方面入手，为用户提供普遍高速宽带以至超高速宽带服务。本次三网融合IPTV业务三方协议的签订，是公司充分发挥自身资源和技术优势，集成上游内容和应用，更好地为山西各行各业提供信息服务的具体举措。（黄云霞）

【“联通万家、千万用户大走访”专项行动】 11~12月，山西联通开展的专项行动效果明显。此次活动共走访用户16.7万户，带动3G发展12.2万户、宽带发展4.4万户，挖掘集团客户商机127条，首批310个应急项目已付诸实施。初步建立包括网上营业厅、自助终端营业厅、MINI终端营业厅、短信营业厅、手机营业厅、微信营业厅、支付宝钱包营业厅、集团客户电子沃店等电子销售服务渠道。电子商务营业额累计完成20.5亿元，同比增长36%。网上商城发展3G用户72314户，其中终端合约用户占比51%。全省实现网上预受理宽带业务，完成网上宽带受理7908笔。电子渠道服务量占比达到38.76%，ECS业务定制量完成146万户，手机营业厅渗透率达到22.7%。（黄云霞）

·中国移动山西分公司·

【概述】 2013年，中国移动通信集团山西有限公司（以下简称山西移动）围绕地方经济发展大局及转型跨越发展战略，按照“转型突破、深入推进、全面提升”的“十二五”发展思路，以“移动改变生活”为愿景，加大通信及信息基础设施投资力度，推进TD-LTE(4G)建设、宽带山西建设及数字山西建设，提升对个人客户的生活服务份额，对行业客户的信息化服务份额。

1.市场经营。截至年底，公司所服务的客户总数超过2500万户，其中，3G用户数超过500万户。公司狠抓服务质量不放松，持续推进营业网点建设，打造融实体、片区、电子为一体的全方位立体化营业服务体系，三万多个营业网点遍布三晋大地，方便城乡用户。

2.网络建设。截至年底，山西移动基站总数达4.4万个，同比增长29.4%，其中，TD-LTE基站达到4003个，WLAN AP达31.5万个，网络规模排名全国前列，网络覆盖遍及全省100%乡镇、100%行政村、99.5%以上道路和99%以上铁路，光纤传输网络总长度达38万皮长千米，通达100%乡镇和90%行政村。

3.企业管理。公司深化改革、创新管理，向精细化管理要效益，企业运营规范有序，经营效率稳步提升。推行量化薪酬，探索实施片区运营，开展班组建设，组织员工培训，倡导标杆复制，持续促进管理提升，企业管理红利开始显现：公司市场经营综合能力排名集团第五，集客市场综合竞争力排名集团第一。在省通信管理局组织开展的客户满意度调查中，山西移动客户满意度在三大通信运营商中位居第一，继续保持在本地市场的领先地位。2013年，山西移动荣获中国移动TD-LTE知识竞赛三等奖；6个单位和集体分别荣获“全国五一劳动奖状”“全国工人先锋号”等称号，5名员工分别荣获“山西省劳动模范”称号；此外，还有3个单位、4个集体，12名员工分别荣获山西省信息系统五一劳动奖状、工人先锋号和五一劳动奖章。

4. 社会责任。全年缴纳税金18亿元，公司成立后累计缴纳税金近140亿元，其中，“十一五”期间缴纳税金80多亿元；直接及间接向社会提供就业岗位10万余个；实施村村通工程，在偏远农村建设基站1379个，铺设光缆2.4万千米，使全省4087个偏远农村通上电话；在贫困地区，出资捐建20余所希望小学；连续三年与共青团中央联合举办MM百万青年创业计划大赛；参与“5·12”汶川大地震、南方雨雪冰冻灾害、玉树地震等抢险救灾工作，被授予“山西铁军”荣誉称号。

2013年，山西移动利用信息化服务城市环保和社会民生，“龙城单车”项目得到社会广泛认可；启动中国移动“爱‘心’行动——贫困先心病儿童救助计划山西项目”；提升应急通信保障能力，开展“协同2013”(中国移动大区)军地联合应急演练，累计完成大型及各类应急通信保障106次。

2008~2013年，连续六年荣获国家颁发的“全国电信客户满意企业”荣誉称号；2005~2013年，连续九年获“山西省消费维权先进单位”称号；2005~2013年，连续九年在省通信管理局组织的满意度测评中获第一名。

（纪红兵）

【网络建设】 2013年，山西移动累计投资超过65亿元用于通信网络建设，新建2G、3G网络基站7200余个。

推进TD-LTE(4G)网络建设运营，2013年新建4003个，于2014年元旦期间在全省11个地市推出，为广大用户提供高速、顺畅的4G网络体验。加强传输网及宽带接入网建设，2013年新增光纤长度5万余皮长千米。提升CMNET网络数据业务带宽能力，构建综合业务接入区，CMNET出口带宽达400G。推进信息服务网络建设，面向全业务运营，加大对业务网、支撑网的投资力度，强化系统支撑能力，新增局房面积3万余平方米，业务接入半径缩小至1千米内，接入能力改善。

山西移动推进四网协同，实施GSM、TD、TD-LTE及WLAN网络的协同优化，开展室内覆盖竞赛、“工兵行动”、WLAN优化整治等活动，排查解决各类问题，促进网络质量提升。在中国移动集团公司开展的网络评估中，山西移动TD网络健康度名列全国第一，分流健康度名列全国第二，WLAN发展健康度名列全国第六,三网流量发展健康度名列全国第四。2013年,山西移动持续提升IDC运营服务能力,在中国移动集团公司举行的运营质量测评中,成为除北上广之外,唯一拥有五星级IDC机房的省公司。(纪红兵)

【大众信息化】 1.推动宽带山西建设。山西移动在全省范围内加快宽带网络布局,构建高速无线网络覆盖,WLAN网络热点总数达到3.1万个,AP总数达到31.5万个,网络规模排名全国前列,实现对机场、车站、高校、宾馆、大型会展中心、商场等主要数据业务热点区域的网络覆盖,优化网络结构,提升WLAN网络质量,为全省用户提供无线上网的飞速体验。

2.推进IDC(互联网数据中心)基础设施建设。2013年,山西移动加快实施通宽带工程,累计完成400余所农村中小学的宽带建设任务,为吕梁、阳泉等地市的贫困中小学通宽带做出贡献。山西移动开展宽带普及提速工作,截至2013年底,4兆以上带宽客户超过50万户。

3.推动数字山西建设,实施无线城市建设运营。以民生、政务类应用为重点,丰富内容应用,截至年底,共上线便民、政务、医疗、交通、旅游等九大类1300余项应用,全年访问次数达到7300万人次,较上年增长两倍多。推广手机视频、手机电视、手机阅读、手机支付、移动应用商场等3G、4G业务,满足广大客户的个性化服务需求。2013年,山西移动手机上网用户达到近1800万户。(纪红兵)

【行业信息化】 2013年,先后在高校信息化、环保执法、污染源监控、煤炭票据中心、E矿山、物流信息平台、高速交警卡口、新农合项目、智慧旅游、文物局安防监控、移动办公等信息化建设中取得重要进展,先后建成大学城信息化项目、社保信息服务平台、公安交警数字集群系统及忻州交警卡口项目、运城教育局三通两平台等一批有较大影响力的信息化项目,助力政企客户提升信息化水平。山西移动共为全省8.8万家集团及政企客户提供信息化服务,并扩展服务内容,提升服务质量。

推进物联网发展,在电力、交通、环保等行业实现规模应用,电力抄表、车辆定位、环保监测等终端用户超过30万户,并持续探索物联网技术在煤炭开采、煤炭物流、节能减排、气象监测、水文监测、林业防火监控、旅游信息、金融POS和消防监控等方面的应用。(纪红兵)

【企业管理】 1.从流程制度入手,提升企业标准化、规范化、集中化管理水平。以客户及市场需求为导向,加强流程制度常态化管理,梳理生产运营中的重点管理内容168项,并持续推动改进提升。山西移动创新管理模式,成立流量经营、四网协同等六个虚拟项目组,纵贯上下、横跨部门的协同作用得到良好发挥,支撑公司战略落地。通过开展"管理提升"活动,优化关键运营领域的98项重点内容、165条流程和46项制度,建立流程监控平台,提升OA运转效率。完善集团专线快速通道等流程,客户需求得到更快响应。

2.加强创新管理,设立专项创新资金,建立创新孵化模式。全年投入创新费用1500万元,累计实施9个技术创新项目、131个创新孵化项目。1218人次参与公司各类创新活动,获得专利8项、申报中国移动集团公司创新成果32项。"基于用户需求的多网协同运营体系"项目被省科技厅鉴定为国际先进水平;"面向全业务的基础资源网络全景规划"被评为中国移动集团公司最佳实践。

3.山西移动以推进"管理提升"为主线,提升企业管理水平,以人为本、注重激励的集中化人力资源管理体系日趋完善。优化人力资源管理制度,先后出台职位、薪酬、绩效、培训、招聘等多项制度办法并认真落实。加强经理人员及专家人才队伍建设,建立大H员工职业生涯发展通道。注重员工能力素质提升,2013年先后举办各类培训超过1000期,培训员工超过4万人次。

4.培养适应新形势的人才队伍。全年累计选拔片区经理145名、业务能手128名、网络技术人员29名,并向社会公开招聘网络技术人员53名。加大竞争性选人用人力度,开展全省三级经理竞聘,实现干部"能上能下""能进能出",77人通过竞聘走上三级经理岗位,干部队伍结构进一步优化。

5.不断加强作风建设。在群众路线教育实践活动开展过程中,公司提出"改进作风二十四要",从文风会风改起,从小事小节抓起,文件数量同比下降14%,会议次数同比下降15.6%。严格执行八项规定,行政管理费用同比下降19.4%。

6.构建和谐企业,开展精神文明创建活动。多形式宣贯落实"晋善"文化,持续开展EAP计划,增强企业活力,缓解员工压力。加强党风廉政建设,落实中央领导重要批示,处理来信来访举报,查办违纪违规案件,营造风清气正氛围。开展"走听转""阳光走基层"活动,为基层员工解难事、办实事。实施文化领航、倾心服务等六大举措。(纪红兵)

【社会责任】 2013年,为社会提供应急通信保障,先后完成森林火灾、防汛抢险等重大活动及事件的大型应急通信保障106次,出动应急车498车次,应急通信人员4376人次。实施基础通信设施共建共享,提高社会资源使用效率。先后建设15个大学生就业见习基地,为超过万名学生提供就业见习机会。加大实施手机淫秽色情专项整治及垃圾短信治理,保障客户权益。落实定点扶贫工作,支援贫困地区经济建设发展。(纪红兵)

财政 税务

Finance Tax

财 政

【经济转型发展】 1.实施积极的财政政策稳增长。落实资源型经济转型综合改革试验2013年行动计划，累计筹措资金403亿元，支持铁路、公路、民航、水利等基础设施和转型标杆项目建设，发挥重点项目投资对经济增长的拉动作用。争取中央代理发行地方政府债券资金91亿元，比上年增加26亿元，增长40%，省级留用38亿元，转贷市县53亿元，大部分用于基础性公益性项目建设。减轻企业税费负担。落实支持煤炭企业发展“20条”，暂停收取煤炭企业矿山环境恢复治理保证金和煤矿转产发展资金等，减轻煤炭企业负担56亿元，发挥财政逆周期调节作用，帮助煤炭企业渡过难关。加强行政事业性收费管理，累计取消和免征74项行政事业性收费。落实结构性减税政策，对不达起征点的13.5万户小微企业免征营业税。推进营业税改增值税改革，“营改增”试点惠及企业2.79万户，促进文化创意、鉴证咨询、技术开发等服务业发展。

2.支持实体经济发展。制订并以省政府名义出台实施支持中小微企业发展财政“15条”，从企业融资、鼓励出口、科技创新、节能减排、增加就业、提升素质、做大做强、发展品牌等八个方面发力，使全省支持中小微企业的资金达到10亿元以上，全年新增小微企业3.57万户。全省各市加大帮扶力度，太原市的“助保贷”政策撬动银行资本12亿元投向中小微企业，忻州、晋中、运城、晋城等地通过加强融资担保体系建设等措施，推动中小微企业发展。创新支持方式。注重运用股权投资基金方式支持企业，打造全省中小微企业发展基金群；统筹中央和省级资金9100万元，对担保公司低费率业务给予补贴，提高中小企业增信融资能力，帮助中小企业缓解融资难、融资贵问题；推动财企银融合，建立省级贷款风险补偿机制，鼓励省内银行提高对中小微企业的贷款比重；对全省276户外贸企业的14.5亿美元出口投保出口信用保险保费给予补助，对38户外贸企业的出口信用保险保单融资贷款10.2亿元给予贴息补助，提振企业走出去参与国际竞争的信心。

3.均衡省以下财力分配。完善省以下财政体制，巩固省直管县改革试点成果，构建促进县域经济加快发展的财政体制。完善促进县域经济发展和扩权强县改革试点的增收奖励政策，将潞城市、太原市尖草坪区、朔州市平鲁区、阳泉市郊区、运城市盐湖区等5个省级转型综改试点县区纳入扩权强县财政奖励政策范围。从2013年起对大同县、潞城市实施省直管县财政管理改革，实施省直管县财政改革的县扩大到74个。完善对市县财政均衡性转移支付方案，加大对市县转移支付力度，下达对市县均衡性转移支付资金216.6亿元，增加41.8亿元，增长23.9%。完善县级基本财力保障机制，2013年县级基本财力保障奖补资金51.3亿元，增长31.2%。加大对县级生态转移支付力度，下达省对县级生态转移支付资金2.02亿元，增长32%，补助范围由18个县扩大到30个县。

4.支持科技创新。落实支持科技创新的财税优惠政策、产业发展政策、人才引进政策及金融服务政策，全省科学技术支出62.1亿元，为年度预算97.5%，比上年增长86.5%，增支28.8亿元。筹措资金24亿元用于山西科技创新城建设。支持科技成果转化重点项目72个，带动银行投资近50亿元。安排科技专项资金4.4亿元，支持科技重大专项、成果推广计划、基础研究计划、攻关计划、星火计划等科研项目800多项。继续实施科普惠农计划，全年下达专项资金1400万元，同时还争取中央基层科普行动计划专项资金1680万元。

5.支持生态文明建设。落实资源节约利用和循环经济发展的财税政策，支持各项节能工作，促进资源综合利用和循环经济发展，支持全省重点流域水污染防治和乡村清洁工程，全省节能环保支出98.2亿元，为年度预算75.8%，增长11.3%，增支10亿元。加强重点流域水污染防治，拨付中央三河三湖专项资金1.7亿元，重点用于支持50个水源地保护、畜禽养殖污染防治、区域水环境综合整治项目建设，对2011~2012年跨界断面水质明显改善，对实现考核目标的大同、长治等 4 个市奖励资金 3290 万元。支持太原市环境综合治理工程，省财政筹措资金 4 亿元，重点支持太原市新增清洁供热扩网、城中村整村拆除、污染企业关停淘汰搬迁等重点工程项目建设。推进农村环境连片整治示范，省财政及补助资金 4.2 亿元。开展乡村清洁工程，拨付全省乡村清洁工程清扫保洁人员工资补助资金 3.3 亿元。支持节能、淘汰落后产能及新能源项目建设，下达省煤炭可持续发展资金 10.95 亿元，支持资源综合利用、循环经济和新型产业发展；下达 2013 年省级淘汰落后产能资金 1.5 亿元，支持水泥、电力、焦炭、钢铁、铁合金等行业共 81 个项目淘汰落后产能；下达资金 2.29 亿元，支持山西省社会领域节能。（张小三）

【强农惠农富农】 加大财政支农投入，支持现代农业发展，加强农业基础设施建设，促进粮食稳产增产。全省农林水事务支出 339.7 亿元，为年度预算 89%，增长 9.7%，增支 30.1 亿元。支持新实施 10 项强农惠农富农政策，新增补贴资金 10 亿元，确保农民务农种粮有效益。支持山西大水网建设，安排大水网及重大水利工程建设 20.46 亿元。支持启动百座小型水库更新建设，支持中低标准农田建设和盐碱地治理，夯实农业发展基础。落实良种补贴、农机具购置补贴等政策，兑现产粮（油）大县奖励政策，促进粮食稳产高产。支持“一村一品”“一县一业”、设施蔬菜、水果业基地、中药材基地等特色农业项目发展，支持现代农业示范区、雁门关生态畜牧经济区建设，提高全省现代农业发展水平。支持农业科技成果转化、农业技术推广和农业社会化服务体系建设，扩大农业保险保费补贴范围，保障抗旱、应对冰雪灾害等经费需要，促进农业可持续发展。支持吕梁山、太行山集中连片特困扶贫开发试点，全省又有 47 万贫困人口脱贫。

（张小三）

【民生保障】 1.加强社会保障体系建设。加强城乡社会保障体系建设，提高城乡弱势群体保障标准和优抚对象补助标准，提高企业退休人员基本养老金及实施更加积极的就业政策，全省社会保障和就业支出 419.0 亿元，为年度预算 95.6%，增长 18.2%，增支 64.4 亿元。支持全省城镇职工养老、医疗、失业、生育保险，参保率达到 95%以上；下拨城乡居民养老保险 24.21 亿元，将全省城乡居民养老保险基础养老金提高 10 元，达到 65 元，惠及全省 365 万城乡老年人；做好企业退休人员基本养老待遇调整工作，下拨养老保险财政补助资金 92.35 亿元，将企业退休人员养老金提高 10%，使全省 162 万企业退休人员及时足额领取到养老金；将城乡低保标准每人每月分别由 308 元、148 元提高到 351 元、181 元，失业保险金和工伤保险待遇标准提高 15%。拨付资金 10.2 亿元，支持落实职业培训、职业介绍、社会保险、公益性岗位各项就业政策，对自主就业退役士兵给予一次性经济补助，对城乡低保家庭应届毕业生每人给予 1000 元一次性求职补贴，按每人每年 1 万元标准支持大学生从事农技推广工作，全年城镇新增就业 51.5 万人。

2.推动教育优先发展。完善义务教育保障机制，加大学前教育和高等教育投入，全省教育支出 542.4 亿元，为年度预算 94.8%，比上年下降 2.8%，减支 15.6 亿元。完善义务教育保障机制，提高农村中小学公用经费标准，从 2013 年起，农村中小学公用经费提高 105 元，下达农村中小学公用经费 19.91 亿元。家庭经济困难学生资助体系实现各类教育家庭经济困难学生全覆盖，下达普通本科高校、高等职业学校、中等职业学校、普通高中、幼儿园各类奖助学金和资助经费 8.85 亿元。支持高校强校工程及重点学科、教学实验平台、科研平台和专业能力实践基地、公共服务体系、人才培养和创新团队建设。支持中职教育免学费和职业教育实训基地建设，提升职业教育服务经济发展能力。2013 年共计安排骨干校、示范校、实训基地建设和免学费资金 10.06 亿元，支持 2 所国家级骨干高职院校、4 所省级示范性高职院校、11 所国家级示范中职学校建设，扶持 87 所学校的实训基地项目建设，支持省政府承诺为人民办的五件实事，全年完工 546 所幼儿园，新增学位 7.4 万个。

3.支持医疗卫生事业发展。提高基本医疗和大病保障水平，提高新农合和城镇居民医疗保障补助标准，扩大公立医院改革试点范围，支持开展城乡医疗救助，减轻贫困人口医疗费用负担，全省医疗卫生支出 201.6 亿元，为年度预算 94.1%，增长 11.8%，增支 21.3 亿元。其中，公立医院支出 30.9 亿元，基层医疗卫生机构支出 20.6 亿元，公共卫生支出 30.7 亿元，医疗保障支出 108.4 亿元。推进医药卫生一体化综合改革，支持药品实行“零差率”销售；支持县级公立医院改革和村卫生室建设，公立医院改革试点县从 34 个扩大到 68 个；支持开展城乡医疗救助，减轻贫困人口医疗费用负担；扩大城乡医疗救助试点范围，重大疾病救助病种扩大到 20 个；确定在电力企业和运城、阳泉两市开展城乡居民大病医疗保险试点。完善城乡居民医疗保险制度，提高新农合和城居保财政补助标准 40 元，达到每人每年 280 元。将基本公共卫生服务项目财政补助标准提高到人均 30 元。

4.支持保障性住房建设。推进城镇保障性住房和棚户区改造住房建设，全省住房保障支出 95.6 亿元，为年度预算 79.1%，增长 11.7%，增支 10 亿元。其中，廉租住房保障资金 20.9 亿元，棚户区改造资金 24.5 亿元，农村危房改造资金 8.8 亿元，公共租赁住房资金 12.8 亿元。全年新开工城镇保障性住房 24.2 万套，基本建成 22.1 万套；在大同、朔州、忻州启动实施农村住房抗震改建试点；采取集中与分散相结合、新建与修缮相结合等多种方式，推进农村危房改造。

5.推动文化事业发展。加强图书馆、博物馆、文化馆等群众重点文化场馆等基础设施建设，提高和改善群众文体娱乐活动条件和质量，全省文化体育与传媒支出 66.7 亿元，为年度预算 94.6%，增长 10.8%，增支 6.5 亿元。推进农村基本公共服务体系建设，2013 年下达农村文化建设专项资金 2.52 亿元，用于文化信息共享工程村基层服务点宽带接入、运行维护及开展文化宣传讲座,农家书屋书报更新、日常运行及举办读书活动,农村文艺演出活动补助,农村体育活动补助和农村电影放映活动补助。下达1.25亿元用于支持公共博物馆、纪念馆、爱国主义教育基地、公共图书馆、美术馆、文化馆(站)等公共文化设施全部免费开放。争取中央补助地方文化体育与传媒事业发展专项资金1.05亿元,重点支持公益文化单位设备购置和日常维修改造。 (张小三)

【加强财政管理】 加强预算绩效管理,印发《山西省财政厅预算绩效管理内部工作规程》,以省政府名义出台全面推进预算绩效管理的指导意见。坚持厉行节约反对铺张浪费,压缩省级公共预算安排“三公”经费5%、会议费20%、省级预算部门一般性支出10%,共减省直部门三公经费3.49亿元。规范预算管理行为,拟定《关于加强财政支出管理硬化预算约束的意见》,对省级预算从编制执行到追加调整等作出制度约束;出台《省级财政专户资金管理办法》,对财政专户设置、开户行选择决定等作程序规范。加强政府采购管理,将政府采购预算与部门预算统一布置、统一编报、统一审核汇总,全省采购规模180亿元,同比增长20%左右。在事业单位分类改革中严格把关,确保财政供养人员只减不增,严控经费自理编制转为财政补助事业编制。严格投资评审,省级评审机构评审项目214个,审减资金31.2亿元,审减率达到10.3%。加强财政科研工作,开展亚行技援项目《促进资源型地区转型发展的财税机制》的研究。做好会计专业资格考试工作,首次组织全省初级资格无纸化考试。 (张小三)

税　务

·国家税务·

【税收收入】 2013年,全省国税收入完成1158.1亿元,完成总局调整计划100%,同比下降12%,减收158.6亿元。其中:地方级完成299.4亿元,完成省政府确定目标100.1%。分税种看:增值税完成841.57亿元,同比下降13.65%,减收133.06亿元,占税收收入总额比重72.67%;企业所得税完成206.72亿元,同比下降12.91%,减收30.65亿元,占税收收入总额比重17.85%;消费税完成43.47亿元,同比增长0.3%,增收1298万元,占税收收入总额比重3.75%;储蓄存款利息个人所得税完成1160万元,同比下降52.85%,减收1300万元,占税收收入总额比重0.01%;车辆购置税完成66.24亿元,同比增长8.31%,增收5.08亿元,占税收收入总额比重5.72%。 (董其文)

【税收收入特点】 2013年,全省国税收入主要有五个特点:一是税收总量有所回落,年度增幅出现负增长。二是月度收入低位运行,全年月度平均收入规模96.51亿元,较上年月均减少13.22亿元。三是主导行业减收严重,煤炭生产及运销行业占国税收入比重由上年54.1%降至45.65%,减收183.53亿元。四是市域收入普遍下降,仅运城、太原有所增长。五是纳税大户数量减少,纳税5000万元以上企业351户,较上年减少65户,入库税款减少175.24亿元。

2013年全省国税收入出现下降,主要是受主导行业煤炭价格持续走低,企业利润大幅下滑以及非即期收入减少等因素共同影响。一是受市场需求下降、产能集中释放、进口煤大量增加等因素影响,煤炭市场结构性矛盾凸显,价格进入深度下行通道,因价格下跌导致煤炭生产行业增值税减少约118亿元。二是高端消费受阻,消费税持续减收,同比下降14%,减收1.86亿元。三是煤炭行业实现利润大幅下滑,企业所得税减收明显,同比下降28.81%,减收25.47亿元。因跨省合资铁路企业所得税征缴入库办法调整,交通运输业所得税同比下降42.47%,减收13.17亿元。四是非即期税款大幅减少,2013年入库上年结转批缓和延期申报税款15.17亿元,同比下降78%,减少53.79亿元。 (董其文)

【税收法治】 一是全面清理现行税务行政审批项目,取消11项税务行政审批项目。将纳税人依申请事项由138项压缩为125项。二是制定规范税务行政处罚裁量权实施办法,在1个市局、4个县区局开展规范税务行政处罚裁量权试点工作。三是开展依法行政考核,落实税收执法责任制,实施税收执法预警监控,防范税收执法风险。四是开展重大税务案件审理、税务行政复议工作,维护纳税人合法权益。五是制定全省国税系统依法行政示范单位创建实施办法,评选出11个县区局为“全省国税系统依法行政示范单位”,1个市局和3个县区局分别被省委依法治省领导组评为“省级依法治理标兵单位”和“省级依法治理示范单位”。 (董其文)

【税种管理】 一是做好“营改增”试点,确保8月1日试点顺利转换,全省纳入营改增试点的“1+7”行业共2.78万户,其中:一般纳税人4336户,小规模2.2万户,入库税款9.01亿元,共计减税5.6亿元,89%的试点纳税人税负下降。二是开展车辆购置税专项检查,对全省2010~2012年度的车辆购置税业务进行一次大梳理,推行车辆购置税自助办税,方便纳税人,推广应用车辆合格证电子信息系统,防范执法风险。三是全面落实企业所得税政策,全省享受企业所得税优惠的企业9339户,减免企业所得税38亿元;加强所得税税前审核,调减应纳税所得额14.82亿元;强化总分支机构监管,理顺管理机制,保证总分机构税务机关间信息共享。四是开展生产企业出口货物退(免)税专项检查,实现查补税款4111.89万元;落实海关进口增值税专用缴款书“先比对后抵扣”管理办法,堵塞税收征管漏洞;强化预警分析与函调,严防出口骗税案件发生,全年办理出口货物退(免)税31.61亿元。 (董其文)

【纳税服务】 一是开展税法宣传咨询,利用纳税服务网、“12366”服务热线、办税服务厅等平台,宣传税收政策。二是减轻纳税人负担,对涉税信息实行“一次性”采集、“一户式”管理,统筹安排纳税评估、税收调查、税务稽查,防止多头检查、重复进户。三是推进服务平台建设,147个办税服务厅全部实现标准化,“一窗通办”窗口达293个,建立起全省统一的“12366”服务热线和纳税服务网,开通“12366”短信服务。四是提升服务质效,90%的一般纳税人通过网上申报纳税,50%的办税服务厅安装使用自助办税终端。五是维护纳税人权益,开展纳税人权益保护工作,建立纳税人涉税风险提示制度,组织开展纳税人需求调查375次,参与调查的纳税人7.6万户次,办理“局长信箱”纳税人来信41件。(董其文)

【税收征管】 一是推进金税三期工程上线,编制53个初始化采集模板,完成351种业务岗位、485项工作流程、70类业务代码和参数设置,采集和维护初始化记录57万条,完成系统初始化;比对代码41087项,核实历史数据1.2亿条,人工清理错误数据55万余条,成功迁移数据表261张,完成数据迁移;对网上申报、机打票系统等9个本地特色软件的关联关系分析、升级改造、接口程序开发、内部测试、实验室联调和双轨测试,完成外围软件衔接;完成单轨割接,实现综合征管软件向核心征管系统过渡。10月8日,金税三期正式上线平稳运行。二是深化税收征管改革,出台全省改革指导意见,开展税收征管试点工作,建立59个税收风险分析指标。三是做好税收风险管理,规范内外部涉税信息采集和交换,完善风险分析指标体系,明确省市两级风险分析监控机制。四是做好“营改增”征管工作,明确试点纳税人接收确认、信息录入、发票使用等工作步骤和详细内容。五是加强风险推送和纳税评估工作,全年共评估18873户次,实现评估入库税款27.58亿元。六是规范普通发票管理,完善发票真伪查询系统功能,全年共印制普通发票3.94亿份。七是强化税收征管质量考核,制定管户流失率、非正常户变动率、发票使用率、涉税信息采集率、风险应对贡献率、滞纳金加收率、欠税增减率、处罚率等八个税收征管质量考核评价指标。(董其文)

【大企业税收服务与管理】 一是探索大企业税收专业化管理改革,建立省、市两级大企业税收专业化管理体制和工作机制,完善大企业税收专业化管理相关业务体系和建立大企业涉税事项协调会议制度,开展大企业税务审计。二是大企业税收管理信息系统正式上线,实现总局、省局二级部署模式。三是开展对石油石化、烟草、银行、电信和电力等五个行业总局定点联系大企业,进行税收风险测评,建立全行业税收风险特征库;对中国烟草、工商银行和大唐电力企业集团驻晋51家企业,开展全流程风险管理。(董其文)

【国际税收管理】 一是加强国际税收管理,建立非居民企业股权转让信息交换机制,开展全省非居民企业股权转让清理核查,清理核查入库非居民企业所得税160万元。二是加大反避税工作力度,立案调查全国最大一起境外股权转让反避税案,税额达2亿元。(董其文)

【税务稽查】 全省国税系统各级稽查部门共检查纳税人4711户,查补税款16.74亿元。一是推进“市级一级稽查”体制改革。“案源统一管理,检查统一实施,审理统一组织,人员统一调配,资源优化配置”的“全市稽查一体化”新型稽查工作模式全面运行。二是开展各项税收检查。对成品油批发零售企业、办理电子家具服装类产品等出口退(免)税企业、证券基金公司、经销钢材水泥及其水泥制品的建材经销企业税收专项检查,检查企业1632户,查补总额7.98亿元;对部分煤炭生产运销行业、农产品加工企业、矿产品(包括煤炭)采选经销企业及走逃、注销企业等虚开发票易发、多发行业开展区域税收专项整治,检查企业180户,查补税款5127万元;对重点税源企业税收检查,检查168户,查补收入2.34亿元,调减企业亏损1.14亿元;全面开展打击发票违法犯罪活动整治工作,检查企业5916户,查处违法企业3630户,查处非法发票38995份,查补收入4.82亿元,协助配合公安机关立案189件,抓获犯罪嫌疑人117人,移送起诉案件22起,捣毁发票犯罪窝点6个,打掉团伙1个,缴获作案机器6台,缴获发票份数1619817份,涉税案值金额23亿元。(董其文)

【电子税务管理】 一是全力保障金税三期工程上线,在设备安全、系统部署、软件测试、系统联调、数据迁移、双轨运行、单轨运行、系统维护等方面,做好试点技术支撑。二是做好“营改增”试点技术保障,实现8月1日第一张“营改增”税票开具和第一户“营改增”纳税人申报。三是全力保障综合办公信息系统,于11月25日零时在全省国税系统顺利上线。四是做好综合征管系统、防伪税控等应用系统运行维护和管理,开展信息系统健康检查,加强电子税收数据质量管理,推广使用信息化管理平台。五是推进信息安全评测,构筑安全可靠的信息安全防护体系。(董其文)

【政务管理】 一是做好各类综合文字材料起草、综合性会议和总局、省委省政府等领导重要活动的服务保障工作。二是加大新闻信息宣传力度,有2篇信息被总局领导批示,被省政府办公厅授予年度“全省政务信息工作先进单位”。三是做好中央驻晋单位促进地方发展综合评价首批试点,制定省局服务经济发展综合评价指标体系。四是做好“税务综合办公信息系统”上线运行的各项工作,确保系统按时上线并平稳运行。五是对全省国税系统举办各类庆典、论坛、展会进行摸底普查和清理规范。六是加强保密工作,开展保密普查,完成“六五”保密法制宣传教育中期自查工作。七是组织开展安全大检查,落实信访、舆情、应急管理“三位一体”工作机制。(董其文)

【财务管理】 一是规范公务用车使用管理,制订《山西省国家税务局系统公务用车使用管理实施办法(试行)》。二是加大经费向基层、征管和贫困地区倾斜力度,下拨4421万元专项资金用于人员经费、离退休人员补助和困难补助。三是控制“三公”经费，加强公务接待管理和审批把关，防止超标准、超范围接待。四是开展“三清”工作，清理检查停建项目48个，办公用房腾退面积25126.97平方米，领导干部办公用房腾退面积6526.28平方米。（董其文）

【内部督审】 一是严格税收执法责任制考核。实施过错责任追究3599人次，经济惩戒金额9.7万元。二是加大税收执法督察力度。全年对241个单位开展执法督察，查出9个方面62项2502个违规问题和行为，涉及税款滞纳金1.52亿元，整改入库税额1.49亿元。三是做好财务审计。安排部署“三审”专项整治，全年对64个单位财务审计，涉及违规资金4039.6万元。四是推进经济责任审计。全年对32名领导干部进行离任经济责任审计和任中经济责任审计。（董其文）

【税收科研】 一是开展税收科研，完成省局重点研究课题9个，税务总局、中国国际税收研究会和中国税务学会课题3个。二是连续八年编辑出版税收科研论文集，实现研究成果转化。三是研究成果取得新进展，《税收风险管理探析》《对我国开征教育税的若干思考改进》等报告在国家税务总局刊物发表。四是办好《山西国税》杂志，服务中心工作。五是编纂《山西省志·税务志》，完成1978年至2003年的初审稿样书。（董其文）

·地方税务·

【概述】 2013年，全系统贯彻党的十八大和十八届三中全会精神，落实“十二五”时期“1436”工作思路，围绕“落实一个工作主题，服务山西两件大事”总体要求，坚持求真务实，改革创新，各项工作取得新进展，得到省委、省政府和总局肯定。（徐 鸿）

【税收规模首次突破千亿大关】 2013年，全系统累计完成各项收入1381.21亿元，增长10.41%，增收130.24亿元。其中，各项税收完成1065亿元，增长12.83%，增收121.12亿元；煤炭可持续发展基金完成193.62亿元，增长1.76%，增收3.35亿元；其他规费收入完成122.59亿元，增长4.94%，增收5.77亿元。地税部门组织地方公共财政收入累计完成824.92亿元，增长17.1%，增收120.43亿元，完成年度目标100.23%。全年税收收入规模首次突破千亿大关。（徐 鸿）

【金税三期核心业务在全国率先上线】 作为全国金税三期首批试点单位，经过系统上下长达9个月攻关，10月8日核心业务上线，标志着试点工作实现重大突破。金税三期上线，得益于多年来省委、省政府和国家税务总局支持；标志着山西省地税进入“大数据”时代，不仅大幅提高征管质量、规范执法行为，而且有利于优化纳税服务、降低税收成本，对山西省地税长远发展带来深刻影响，为全国税务系统信息化建设提供经验、树立样板，总局局长王军专门作出批示，给予肯定。（徐 鸿）

【税收管理】 重点税源监控体系完善，数据分析决策应用平台试点推进，风险管理工作模式形成。财产行为税税源监控平台应用深化，监控比对成效明显。营业税征管加强，车船税管理经验在全国推广，土地增值税征管清算强化，城镇土地使用税“以地控税”试点推进。跨境税源管理跟进，国际税收管理加强。企业所得税分行业分事项管理深化，汇算清缴成效明显。金税三期个人所得税管理系统上线，年所得12万元以上自行纳税申报人数增长，为132万人开具完税证明。契耕“两税”及房地产税收一体化管理加强，统一规范执法标准、完善巩固评估机制、深化拓展项目管理、清理市场违规行为、化解社会纠纷矛盾取得新进展。规范简并规费票据，实施税费信息比对，规费管理成效明显。煤炭可持续发展基金管理加强，查验补征监管力度加大。征管状况监控分析、税源专业化管理、纳税评估、大企业税收管理等重点工作推进。网上申报和财税库银横向联网电子缴税完善，POS机刷卡缴税开通，机打发票覆盖面扩大。信息安全与运维体系建设加强，广域网络改造推进，数据中心建成。（徐 鸿）

【纳税服务体系】 跟进转型综改试验区建设，开展税收科研和税收政策研究，落实地税专项行动方案，争取有利于山西省税收政策。推进“营改增”试点工作，确认试点纳税人2.28万户。降低娱乐业营业税税率，落实税收优惠政策，全年为纳税人减免税收116.89亿元。按照要求取消部分税务发票工本费，减轻纳税人负担6717万元。开展纳税人涉税需求征集分析响应，出台优化纳税服务实施意见，制定分解细化具体措施。加强办税窗口建设和办税服务工作，开展办税服务厅标准化建设督查验收，实施办税服务厅绩效和星级管理。推进12366服务热线升级改造，开通应用热线短信平台，完善网站功能。建立税法宣传咨询常态化机制，第22个税收宣传月和“公益微税收”宣传活动取得成效。“两个操作示范”修订完善工作启动。（徐 鸿）

【依法行政】 加强法制宣传教育，强化规范性文件管理，开展执法督察和优惠政策执行情况检查，推进行政复议规范化建设，健全法律顾问制度。加强涉税政策把关审核，192条意见建议被省政府及有关部门采纳。稽查体制完善，稽查质效提高，全年查补收入11亿元，查处百万元以上案件24件，查处违法受票企业1144户，查处非法发票9981份。完善目标责任考核体系，在全省目标责任考核中连续三年被评为优秀单位，省局班子连续被评为“好”等次。开展政务基础工作检查，加强政务管理制度建设，公文运转、安全保密、信访工作强化。量入为出、勤俭节约、科学理财，经费收支、基本建设、固定资产管理和政府采购规范，后勤管理服务保障能力提升。（徐 鸿）

金 融

Finance

金融监管

·中国人民银行太原中心支行·

【金融运行情况】 1. 存款增速下滑，存款分流现象凸显。2013年，全省金融机构本外币各项存款余额26269亿元，同比增长7.15%，季度环比增速分别回落3.6个百分点、1.4个百分点和4.3个百分点。贷款平稳增长，信贷结构继续优化。全省金融机构本外币各项贷款余额15025.5亿元，同比增长13.73%，低于上年同期3.54个百分点。中长期贷款和地方法人金融机构贷款余额增长较快，分别占到各项贷款增量48.07%和28.79%。

2. 信贷投向重点突出。一是支持山西省国家资源型转型综合配套改革试验区建设。截至年底，全省银行机构投入转型综改“四大领域、十二大项目”的贷款余额达到9476.1亿元，同比增长15.70%，占到各项贷款余额63.09%。二是支持重点行业和薄弱领域发展。截至年底，全省涉农贷款、小微企业贷款同比增长率分别达到22.5%、29.3%，均高于各项贷款增幅。三是满足保障房建设、下岗人员再就业和大学生“村官”创业等民生领域的资金需求。截至年底，累计发放保障性安居工程贷款99亿元，下岗失业人员贷款7754万元，大学生“村官”创业贷款1711.7万元。（张 杰）

【银行间市场发展】 全年全省进入全国银行间同业拆借市场、债券市场的金融机构分别为29家、65家。全年累计成交额分别为166.48亿元和56138.49亿元。商业汇票业务增长迅速，全省金融机构累计签发银行承兑汇票7802.27亿元，同比增加4257.74亿元。累计办理贴现6865.2亿元，同比增加3060亿元。融资结构继续改善，全年共有41家企业发行短期融资券、中期票据、非公开定向债务融资工具和资产支持票据，募集资金884.4亿元，其中，短期融资券新增234.4亿元，中期票据新增101亿元，非公开定向融资工具新增544亿元。发行短期融资券和中期票据的企业以能源类企业为主，分布在煤炭、冶金、焦化、制版、化工、交通运输、电力、重工、投资、酒类等10个行业。全省票据市场迅速发展，对银行信贷渠道形成有力补充。（张 杰）

【外汇市场】 全年全省进出口总值158亿美元，同比增长5.1%，其中，出口80亿美元，同比增长13.96%；进口78亿美元，同比下降2.7%；贸易顺差2亿美元。全省跨境外汇收支总额315.1亿美元，同比增加43.8%，其中，跨境外汇收入154.7亿美元，增长55.1%，支出160.4亿美元，增长34.5%；资金净流出5.6亿美元，减少71.1%。银行结售汇总额164.9亿美元，同比增长21.2%，其中，结汇收入72.8亿美元，增长38.9%，售汇支出92.1亿美元，增长10%，逆差19.3亿美元，减少38.8%。从全年数据来看，年度结汇增长率明显高于售汇增长率，银行结售汇增幅偏弱而逆差较大。（张 杰）

【证券市场】 截至2013年底，全省共有A股上市公司34家，与上年持平，其中主板29家，中小板3家，创业板2家；总股本526.87亿股，流通股本492.68亿股，总市值3633.64亿元，流通市值3321.48亿元；全年全省上市公司直接融资236.58亿元，其中，股票定向增发94.58亿元，公司债57亿元，短期融资券75亿元，非公开定向债务融资工具10亿元。

（张 杰）

【保险市场】 截至2013年底，全省共有保险法人机构1家，保险公司省级分公司43家，新增1家。全省保险公司总资产达到997.69亿元，较年初增长9.48%，累计实现原保险保费收入412.38亿元，同比增长7.21%。

（张 杰）

【金融服务与创新】 信贷政策导向作用逐步凸显。太原中心支行以支持转型综改试验区建设为主线，以深化“十项重点推进”工作为抓手，综合运用窗口指导、存款准备金、再贷款、再贴现等货币政策工具，科学调控信贷总量与结构，加强和改善流动性管理，促进货币信贷和社会融资规模平稳适度增长，支持全省经济转型发展。先后出台《关于金融支持山西省重点工程项目建设指导意见》《关于山西省进一步借助银行间市场加快债务融资工具发展的指导意见》，引导金融机构加强对重大项目、转型项目、“三农”和小微企业的支持力度。发展直接融资，与省政府、中国银行间交易商协会签署推进债券融资业务发展《三方合作备忘录》，支持企业通过发行短期融资券、中期票据、资产支持票据等融资工具进行融资。跨境人民币结算实现全省覆盖，累计办理跨境贸易人民币结算金额达142.65亿元，同比增长1.75倍。

（张 杰）

【金融稳定】 “两管理、两综合”工作进一步深化。加强新设金融机构开业申报管理，落实新设机构首次会谈制度，促进申报工作进一步规范。全年共接收88家新设金融机构的开业申报，累计申报事项438项，开展对邮政储蓄银行、农村信用联社的综合执法检查，完成对26家银行业金融机构的综合评价工作。创新金融风险监测方式，开发完成涉及6大类23个监测项目的山西省金融风险监测系统，将银证保、准金融机构、金融市场、表外业务、融资平台、民间融资等纳入风险监测范围。（张 杰）

【支付系统结算环境改善】 2013年，完成第二代支付系统阶段性上线工作和支付管理信息系统上线工作；全省178家银行业金融机构加入现代化支付系统，73家银行机构加入账户管理系统，43家机构加入电子商业汇票系统，44家机构加入同城票据交换。全省各类支付系统共处理业务49828.25万笔，金额522523.12亿元，同比分别增长24.71%、12.7%。非现金支付工具投放和使用量持续上升，新型支付工具在农村地区推广取得新进展。截至年底，全省共有发卡机构22家，银行卡发卡量达10619.21万张。农村地区发放惠农卡、福农卡、邮政绿卡、社保卡等银行卡，新增765.46万张，同比增长15.7%；各行政村平均布设助农银行卡终端机具2.25台，覆盖率达100%；发展手机支付用户784户，累计交易8329笔、金额1230.8万元；开展支付服务市场整顿监管工作，22家拟退市的支付机构中，16家完成退市工作，6家停止新增发卡；继续开展支付业务准入许可初审工作，4家获得《支付业务许可证》；合规开展行政许可事项，办理银行账户开立160350户、撤销93460户、变更42305户；受理并上报总行联网核查社会公众投诉73笔，协助人民法院查询结算账户5021户；完成个人银行账户信息真实性核实工作，各地方性金融机构及外资银行需核实的存量个人人民币银行存款账户6662893户，核实进度100%。

（张 杰）

【经理国库水平提升】 制定国库会计数据集中系统业务处理办法和操作指南等规章制度，提升国库会计核算质量。深化国库直补工作，创新开展国库拥军直补，全年累计支付各类政府补助资金453万笔，金额28.6亿元，《求是》杂志理论网刊登山西省经验做法。制定实施《山西省国债业务维权管理办法》，开展国债维权、国债催兑和国债知识宣传。（张 杰）

【反洗钱监管】 贯彻风险为本的监管理念，开展对90家金融机构的反洗钱现场检查、对142家金融机构的反洗钱监管评估和对18家新设立金融机构的现场核验、对7家财务公司和5家村镇银行走访摸底和8家金融机构进行后续跟踪检查。落实法人监管制度，出台《关于进一步做好地方法人机构反洗钱工作的指导意见》。开展“5C评估标准”试点和金融机构编码申请工作。推进山西证券可疑交易报告综合试点工作。开展反洗钱调查和协查工作，甄别移送重点可疑交易线索58份。加强反洗钱合作，与山西省税务部门签署反洗钱《合作备忘录》。（张 杰）

【反假货币工作】 2013年，全省人民银行继续推进银行业金融机构对外误付假币专项治理工作，开展反假货币宣传，加大反假货币知识培训力度，加强对银行业金融机构的监督检查，全面深化和规范反假货币管理，配合公安部门严厉打击和防范假币犯罪活动，为全省金融稳定健康发展奠定较好基础。全年收缴假人民币1058.33万元、119236张，同比分别增长16.10%、18.96%，其中：公安机关没收假人民币8.68万元、903张，同比分别减少89.01%、88.96%；金融机构收缴假人民币1044.32万元、117532张，同比分别增长26.52%、29.61%。

（张 杰）

【金融生态环境改善】 推动中小企业和农村信用体系建设，为5.46万户中小企业和381万农户建立信用信息档案，其中有5046户中小企业累计获得银行贷款3078亿元，208万户农户累计获得贷款707亿元；推动农村青年信用示范户工程，累计投放贷款32.17亿元，支持4.4万名农村青年创业。信用评级和机构信用代码工作健康平稳运行。全省全年推荐参加主体资信评级共1154户，同比增长55.82%。截至年底，全省共完成44.7万户机构的信息采集和代码证发放工作。征信系统运行平稳，防范信贷风险和社会服务功能日趋完善。截至年底，全省企业和个人征信系统共为22万户企业和1460.3万自然人建立信用档案，全年查询企业系统50.9万次、个人系统183万次，累计受理公检法、审计、保险、海关等部门查询537次。金融机构通过查询征信系统拒绝有潜在风险的贷款188.8亿元。

（张 杰）

【金融科技发展】 继续加强金融信息化建设，完成银行业金融机构代码证发放、金融领域安全IC卡与移动支付等试点任务，推广小微金融机构专用接入平台应用，推动金融IC卡应用，做好技术标准符合性和系统安全性审核，指导晋中市金融IC卡在公交行业率先应用，完成金融IC卡电子现金跨行圈存推广工作。

（张 杰）

【金融创新】 太原中心支行推进金融创新，召开全省创新融资模式服务实体经济推进会，鼓励金融机构创新金融产品和服务，在一定程度上解决贷款同质化问题。华夏银行太原分行利用债务融资工具承销业务、信托融资工具及资金监管业务、中期票据等新兴工具，通过推广国内信用证、出口双保理、内保外贷等产品全力满足客户融资需求。民生银行太原分行创新小微业务商业模式，通过推行评审革新、售后前移,整合前中后台业务流程,成立小微综合金融服务设计工作室,提供全过程综合服务。招商银行太原分行推进担保方式创新,结合山西本地市场实际开发区域性标准化贷款产品,在平衡收益和风险基础上实现小微企业贷款的最佳业务结构。中信银行太原分行围绕“一链两圈三集群”模式,通过“抵押贷、联保贷、租权贷、循环贷、物流贷”和“商户通、市场通、园区通、商会通、贸易通”特色品牌,利用小企业集合票据、集合债券及股权私募融资等直接融资和结构化融资方式,为企业搭建融资平台,满足成长型小企业金融需求。（张　杰）

【金融法制环境】 金融业运行的法制基础进一步夯实。《中华人民共和国证券法》《中华人民共和国公司法》《中华人民共和国消费者权益保护法》《中华人民共和国商标法》等法律修订,为金融业持续、健康发展创造更为公平的市场环境,也为金融创新提供法律支持。采取多种形式面向社会开展反洗钱、征信知识、金融消费权益保护等方面的金融法制宣传活动,社会公众办理金融业务时遵守金融法律的自觉性和依法维权意识明显提高。2013 年,人民银行山西辖内各级分支机构共作出行政处罚决定 200 件,共计处以罚款 242.59 万元,维护辖区金融秩序,确保辖区金融市场稳健运行。（张　杰）

【金融消费权益保护】 2013 年,太原中心支行单独设立法律事务处(金融消费权益保护处),完善基层人民银行金融消费权益保护工作组织架构和工作体系,为金融消费权益保护工作规范高效开展提供新平台。全年受理金融消费者投诉 273 件,办结 273 件,消费者满意度 100%;受理金融消费者咨询 1895 件。（张　杰）

·银监局·

【概述】 2013 年,山西银监局秉持“审慎、科学、务实、清廉”的工作理念,改进金融服务,防控重点风险,深化体制改革,加强能力建设。在经济下行压力加大、银行各项存款同比少增 1046 亿元的情况下,银行业各项贷款净增 1807 亿元,保持 13.8%的高增长,当年新增存贷比达 86%。银监局荣获山西省政府“支持山西经济发展贡献奖”。（蔡长新）

【支持实体经济】 1.调整信贷结构,支持转型综改试验区建设。出台推进银行业支持转型综改试验区建设及支持实体经济发展促进经济结构调整和转型升级实施意见,建立银行业机构支持转型综改区建设情况定期通报制度,加大主导行业信贷投入,推动经济结构调整和产业升级。年末,全省银行业支持转型综改试验区建设贷款余额 7665 亿元,比年初增加 866 亿元,占全部新增贷款 47.9%,增长 13.9%,高于各项贷款平均增速 0.1 个百分点。确保在建续建重点工程信贷需求,固定资产贷款余额 4315 亿元,比年初增加 479 亿元。推动发展绿色信贷,支持化解过剩产能,绿色信贷增加 289 亿元,压降限制、淘汰钢铁贷款 53 亿元。

2.加强监管引领,强化“三农”金融服务。贯彻中央 1 号文件,出台加强和改进农村金融服务工作实施意见,协调落实税收减免和财政奖补 3 亿元。建立季度考核通报制度,督促实施“三大工程”,支持农业产业化龙头企业等重点领域。截至年底,全省银行业涉农贷款余额 6535 亿元,比年初增加 1243 亿元,增长 23.5%,高于各项贷款平均增速 9.7 个百分点。

3.完善扶持政策,改进小微企业金融服务。开展小微企业金融服务宣传月活动,多次召开推进会和座谈会,宣讲政策,推动落实。配合省政府出台两批 27 项支持中小微企业的政策措施,与省财政厅、中小企业局共同研究制定贷款风险补偿办法,并组织做好申报工作。允许符合条件的银行业机构一次筹建多家小微专营支行,新设小微企业专营支行 16 家,拓宽金融服务覆盖面。截至年底,全省小微企业贷款余额 3323 亿元,比年初增加 794 亿元,增长 31.4%,高于各项贷款平均增速 17.6 个百分点。

4.加强民生领域信贷支持。引导银行业金融机构积极满足居民新型消费品及文化、教育、旅游等服务消费领域的合理信贷需求。2013 年,新增文教、卫生、娱乐、社会保障及居民服务业贷款 74 亿元,新增居民消费贷款 224 亿元、个人住房按揭贷款 158 亿元。

5.完善金融服务体系。支持大型银行、农发行、股份制银行和城商行在太原市以外的市县设立分支机构,全年新设县域分支机构 29 个,提升金融覆盖面。引进渣打银行。推动成

9 月 17 日,山西省小微企业金融服务工作推进会召开

（蔡长新提供）

立同煤集团、太钢集团财务公司。

（蔡长新）

【防控重点风险】 1.缓释平台贷款风险。全面监控政府融资平台信贷和非信贷融资情况及风险，督促相关机构压降平台贷款规模。建立平台贷款到期及偿还情况台账，加强月度监测，督促制订还款方案。开展融资平台“退出类”贷款大户和新增贷款最大客户检查，促进平台贷款规范管理。截至年底，全省地方政府融资平台全口径统计182家，贷款余额2224亿元，比年初增加127亿元，未出现违约案例。

2.防控重点行业信贷风险。一是完善工作机制。建立十大行业及集团客户信贷风险监测通报制度，制订重大信贷风险应急处置预案，完善最大债权行牵头负责制，解决多头授信情况下的银行债权维护和风险应对问题。二是做好分析研判。开展煤焦钢铁、钢贸、焦化等行业产能过剩信贷风险及全省主导行业20大企业集团信贷融资情况调研，研究采取对策，应对产能过剩行业贷款风险。三是加强应对处置。针对个别企业资金链紧张事件，第一时间摸清情况并报告省政府、银监会。提请省政府高度关注可能引发的社会稳定、连锁违约问题，成立风险处置工作机制，帮助企业引进战略投资；推动债权银行形成战略联盟，统一应对行动，既维护银行债权，又避免银行抽贷对企业的不利影响。

3.突出表外业务风险防范。一是建立统计制度。建立理财业务和银信、银证、银保合作等8类业务统计监测制度，按月监测分析，及早提示风险，及时跟进监管。二是加强督促检查。督促法人机构认真落实银监会8号文各项要求，清理规范理财“资产池”，各法人机构理财资金投资“非标”资产比例9月底达标。三是开展风险排查。开展银信合作业务现场检查和信托业务全面风险排查，逐笔制订关注类信托项目风险处置预案。四是协调处置风险。与省保监局建立联动监管机制，联合印发应急处置指导预案。3次召开会议指导分局和银行邮政机构细化应对流程，严防代销寿险业务满期给付和集中退保风险，未发生群体性上访事件。

9月1日，“2013金融知识进万家”活动启动　　（蔡长新提供）

4.布控操作风险。一是狠抓问题整改。制订实施《山西银行业案件问题分析整改指导意见》，指导银行业金融机构深入剖析案发原因，全面整改案件问题。二是强化行为监督。开展“两打一防”和“高管谈案防”活动，全省银行业机构排查员工11万余人，排查面达92%，查处违法违规行为及责任人，对异常行为人员给予纪律处分或重点关注。全年全省银行业堵截各类风险事件301起，避免损失9546万元。三是严格责任追究。督促涉案机构严肃处理4起案件62名案件责任人，迅速处置7起风险事件。

5.管控其他重点风险。一是应对流动性风险。召集辖内29家主要银行业金融机构召开专题会议，分析形势，及时印发加强银行业流动性管理通知，提出监管要求，督促开展压力测试，制订应急预案。二是高度重视声誉风险管理。制订实施网络舆情工作管理办法，加强舆情监测与应对，建立微信群和按季通报制度，组织应对辖内银行业负面舆情，防范声誉风险。三是加强信息科技风险防控。快速巡查商业银行分支机构信息科技情况，专题调研法人银行机构信息科技外包风险，防范信息科技风险。四是关注房地产贷款风险。按月跟踪监测房地产开发贷款偿还情况及个人住房和商用房贷款逾期情况，开展房地产贷款压力测试，实施房地产贷款质量真实性现场检查，防范调控政策从紧可能导致的信贷风险。　（蔡长新）

【推进银行业改制改革】 1.引导民间资本进入银行业。贯彻银监会鼓励和引导民间资本进入银行业实施意见，支持、引导符合条件的民营资本参与城商行和农信社的重组改制，支持自然人和民营企业参与村镇银行发起设立或增资扩股。全省自然人和民营企业等民间资本进入地方法人机构累计达229亿元，持股比例达84.5%。

2.推进农信社改制改革。督促省联社规范行业管理，强化服务职能。指导开发上线新版信贷管理系统，夯实贷款质量分类基础。实施高风险社处置与机构自身绩效考核、监管部门市场准入及相关高管履职效果“三挂钩”，促使高风险社主动改制。改制农商行6家，启动太原农商行筹建，另有10家高风险社重组改制工作有序推进。指导省联社制定农商行差别化行业管理办法，促进农商行科学发展。建立实施标杆银行制度，推动提升农村合作金融机构整体发展水平、核心竞争力和社会形象。

3.加快推进城商行风险处置和转型发展。推动大同商行、晋中银行完成风险处置，退出重点关注行名单；指导阳泉商行加快增资扩股，推进风险处置。全年城商行化解历史包袱和不良资产9.2亿元。督促指导城商行选聘、增配董(监)事会和管理层人员,完善公司治理结构。支持晋中、长治商业银行更名,提升品牌形象和竞争优势。指导各城商行加强特色化建设,加快差异化发展,提高核心竞争力。

4.支持村镇银行稳健发展。严禁发起行直接介入村镇银行内部管理,控制村镇银行与发起行之间各种关联交易。注重与村镇银行主发起行及其属地监管部门联动,提升村镇银行风险管理能力。鼓励和支持符合监管要求的村镇银行适度增资扩股,增强资本实力和运营能力。全年批复开业和筹建村镇银行11家。 (蔡长新)

【提升监管效能】 1. 实施监管规划。制订实施提高银行业监管有效性中长期规划2013年工作要点和行动计划,确定组织架构、质量评价机制、专业化风险监管支持团队、违规问题持续纠改等10项工作内容,细化30项具体工作,全面加强监管有效性建设。开展年中评估,统领并推动全局重点工作有序推进,持续提升监管有效性和银行业机构防控风险的内生动力。

2.优化监管机制。调整监管处室设置,设立信息科技监管处。制订实施加强监管联动提升监管综合效能的指导意见,开展专题研讨和实施效果后评估,发挥协同效应,提高监管质效。成立跨部门工作、行政许可、现场检查、非现场监管、资本监管等专门工作小组,协调与统筹相关专项工作,提升综合监管和重大专项工作攻关能力。明确金融消费者权益保护工作职责,建立消保工作机制。将处置非法集资领导组办公室职能正式移交地方政府。

3.提升监管质效。一是讲究准入工作科学性。改进机构设立规划监管,强化新设机构风险控制与服务状况后评价。规范行政许可委员会会议,审议行政许可事项551件。强化机构监管与功能监管部门之间协作,实行准入"四挂钩",持续监管行政许可事项。二是注重非现场监管前瞻性。加强统计数据分析应用,强化风险识别预警,提高非现场监测分析水平。完善农村中小金融机构上下联动监管台账信息系统,统一各级监管部门工作步调。建立政策解读和执行辅导制度,确保监管标准和执行口径一致。三是增强现场检查实效性。加强统筹协调,围绕方案制定、过程控制、问题整改三个重点环节,提升现场检查质量。统筹人力资源,集中骨干力量攻坚重点项目。坚持查中沟通交流,增强突破能力。加强事后总结,做好现场检查项目评估。

4.改进监管服务。与省高级人民法院联合召开公布失信被执行人名单信息若干规定新闻发布会,推进信用体系建设。引导银行业加强与司法机关的配合与协作,加快司法网络平台建设和积案清理。改造金融专网,建设覆盖全省170多家基层机构的电子公文传输系统,半数分局已建成运行。组织全省银行业金融机构开展"金融知识进万家"宣传活动。

(蔡长新)

【增强服务能力】 1.开展党的群众路线教育实践活动。广泛听取意见,班子成员发放征求意见表45份,召开座谈会35次、715人参加,走访18个基层网点,收集意见建议389条,归纳梳理出7大类68条。深入查摆问题,班子成员之间、与分管部门之间普遍开展谈心,指出问题,提出建议。召开高质量专题民主生活会,开展批评与自我批评。坚持问题导向,及时制定整改任务书,立即整改37条、近期整改30条、中期整改1条。制订"两方案一计划",以健全制度推动问题源头治理,修订29项制度、废止9项制度、新建立12项制度。

2.加强干部队伍建设。邀请有关专家举办专题辅导报告,加强思想政治建设。加强领导干部调查研究工作,围绕民间资本进入银行业等重点调研,形成115篇优质文章。加大干部交流力度,省局机关内部、与分局之间累计交流29名处级干部。组织两期处级干部学习贯彻党的十八大精神轮训班及第四期处级干部党校培训班,全年自主培训31期1500人次,创建学习型银监局。

3.改进内部管理。修订工作规则,出台公文处理办法,改进文风,精简会议,减少文件。完善政务督办及考核机制,建立和优化发布、汇报、交流、通报、考核等平台。改进新闻信息舆情工作,按季召开新闻通气会,建立新闻宣传协作机制。推广新OA至辖内10个分局、96个监管办,全面实现无纸化办公。上线运行新版门户网站。加强财务预算管理,推进节能减排,增强后勤保障能力,建设节约型机关。指导完成省银行业协会换届。推进省金融工会恢复建立。

4.加强廉政建设。出台贯彻落实改进工作作风密切联系群众八项规定的实施意见。落实党风廉政建设责任制,编印廉政风险防控手册,全面推进廉政风险防控工作。统筹运用巡视、执法监察、效能监察等方式,加强对党委重大决策贯彻落实和日常监管的监督检查。组织参加"政风行风热线"直播节目,自觉接受监管对象和社会公众监督。 (蔡长新)

·保监局·

【概述】 2013年,山西保险业全年累计实现原保险保费收入412.38亿元,同比增长7.21%。财产保险市场继续保持较快增势,保费收入149.63亿元,同比增长13.55%。人身保险市场企稳回升,保费收入262.75亿元,同比增长3.91%。截至年底,行业有效保单承保保额6.62万亿元,同比增长25.08%。财产保险保额4.82万亿元,同比增长27.54%。人身保险新增保额1.59万亿元,同比增长20.27%。全省保险密度1142.08元/人,上年为1070.92元/人。全省保险深度3.27%,上年为3.17%。

2013年,全省累计发生赔付支出169.32亿元,同比增长41.9%,增幅较上年同期提高26.66个百分点。在一系列重大灾害事故中,保险业较好履行抗灾救灾、保险理赔等责任。如长治苯胺泄漏事故,责任保险单笔赔付405万元;祁县、太谷等地发生冰雹、风灾,农业保险赔付1952余万元。

2013年，保险资金新增在晋投资194亿元,是以往年度投资总和的1.2倍。

2013年底,全省共有保险公司总公司1家,省级分公司43家,其中财产保险省级分公司24家，人身保险省级分公司19家，保险公司分支机构合计2257家。全省共有保险专业中介法人机构68家。（刘 蓉）

【财险市场业务】 2013年,财产保险市场集中度继续降低,市场份额位居前五位的公司市场份额之和为82.21%,较上年同期下降3.1个百分点。

2013年,车险业务实现保费收入120.54亿元,同比增长13.52%。其中,交强险实现保费收入38.76亿元,同比增长9.41%，交强险在车险保费中占比32.16%。非车险业务实现保费收入29.09亿元,同比增长13.66%。

农业保险原有品种覆盖面拓宽,地方特色险种有序推进。2013年,农业保险实现保费收入4.73亿元,较上年同期增长21%。参保数量412.3万户次,提供风险保障80.9亿元。全年农业保险赔款支出2.9亿元，同比增长110.4%。出口信用保险对小微企业的支持保障作用进一步发挥。2013年,短期出口贸易信用保险为出口企业提供风险保障13.95亿美元，同比增长12.2%；支持企业融资1.76亿美元,同比增长27.19%。重点领域责任保险业务继续保持稳步增长。2013年，责任保险实现保费收入6.49亿元,同比增长30.16%。其中,煤矿安全责任服务保险实现保费收入1.55亿元,赔款支出1290.8万元;环境污染责任保险签单334笔,实现签单保费4,774.31万元,赔款支出496万元;承运人责任险实现保费收入1.2亿元,同比增长71.11%;医疗责任险实现保费收入5,468.25万元，同比增长43.42%；火灾责任险实现保费收入1,087.76万元,同比增长23.47%。保证保险累计实现保费收入5,637.34万元,同比增长240.2%,增速位居全国第1位。

车险理赔服务质量改善。2013年,车险赔款支出72.88亿元,同比增长25.04%,；车险综合赔付率63.8%,较上年同期提高1.89个百分点;车险已决赔案件数173.28万件,件数结案率91.69%,较上年同期提高2.79个百分点;车险已决赔款68.22亿元,金额结案率65.63%，较上年同期降低0.6个百分点。

全省财产保险市场综合赔付率61.6%，较上年同期提高2.24个百分点。全年累计发生赔款支出85.48亿元,同比增长27.56%。（刘 蓉）

【人身保险】 2013年,保费收入规模位居人身保险市场前5位的公司市场份额合计为85.53%,较上年同期下降0.21个百分点。

2013年，全省寿险业务实现续期保费收入143.85亿元，同比增长9.76%，续期占比由上年同期55.98%升至60.01%。新单保费收入95.85亿元,同比下滑6.98%。保险保障度高、保障期和交费期长的业务发展较快。普通寿险新单保费同比增长近10倍，在寿险公司总保费的占比达到19%,比上年提高6.34个百分点。人身保险公司渠道结构不断调整。银行邮政代理渠道实现保费收入82.03亿元，同比下滑12.48%，占比降至31.22%,较上年同期降低5.84个百分点。个人代理渠道实现保费收入150.41亿元,同比增长12.95%,占比57.24%,较上年同期提高4.58个百分点。直销渠道实现保费收入26.86亿元,同比增长15.45%。直销渠道中,新渠道业务发展较快,电话营销业务实现保费收入2.35亿元,网络营销业务实现保费收入101.23万元。

大病保险试点工作稳步推进。在阳泉、运城两市试点,覆盖504万城乡居民，在基本医保基础之上为每位参保人提供40万元的大病医疗保障。

2013年，全省人身保险公司累计发生赔款与给付支出83.84亿元，同比增长60.26%。其中，赔款支出4.39亿元，死伤医疗给付5.41亿元，满期给付67.16亿元，年金给付6.89亿元。（刘 蓉）

【消费者利益保护】 一是加大车险理赔难综合治理力度。落实“四机制一标准”,加强理赔服务质量测评和信息通报,督促公司清理未决赔案,与省交管局联合推进快速理赔中心建设,促进车险理赔服务质量的提高。

二是持续整治寿险销售误导。督促公司落实关键信息强制录入、自动校验及投保风险短信提示等制度,推动人身保险公司建立投保单信息审核责任人制度、客户资料真实性自查自纠机制和销售误导行为责任认定及追究办法,开展销售误导定期评价。

三是做好信访投诉办理和诉调对接工作。信访投诉方面,重点加强对保险公司信访投诉件办理质量和效率的监督考核。2013年,山西保监局受理的有效信访投诉量同比减少11.7%,办结率达100%,全年未发生信访投诉人复查、复议及群访群诉等问题。诉调对接方面,在完善省级对接机制基础上,指导晋中、长治、大同与当地法院建立“诉调对接”机制。全年共受理保险纠纷案件380件,成功调解324件，涉案金额1530.8万元,同比增长40%。

四是推进提升服务质量工作。推动保险行业协会出台服务承诺监测检查制度,发挥保险业社会监督员作用,参与行风政风热线节目,促使行业更广泛地接受社会监督。召开提升服务质量总结表彰会，推广经验,发挥典型示范作用。（刘 蓉）

【市场监管】 一是加强市场准入退出管理。科学调控保险机构准入节奏,全年新增各级保险机构98家,比2012年少增7家。依法清理298家保险兼业代理机构，推动16家兼业代理机构向专业代理机构转型。

二是加大现场检查力度。重点对车险市场非理性竞争、寿险销售误导、保险机构内部管控以及保险中介业务等进行专项检查，共派出53个检查组163人次，对53家机构进行现场检查，依法对9家保险机构、10名责任人实施行政处罚,取缔非法保险代理机构1家,并首次对银行保险代理机构实施处罚。

三是推进基层市场监管巡查。在对119个县(区)实行巡查全覆盖基础上，逐步将巡查工作向乡镇延伸,调查掌握基层市场存在的问题,同时抓好相关问题的解决落实。

四是开展保险反欺诈工作。与省公安厅联合建立保险反欺诈工作基本框架。借助现代科技手段,排查保险欺诈线索,并将发现的案件线索移送公安机关。（刘　蓉）

【风险防范化解】 落实风险排查报告制度,加强对基层市场重点业务、重点环节和重点机构风险隐患的排查与化解。针对满期给付、非正常退保,制定应急预案,建立旬报监测、年报预判体系。与山西银监局等部门建立风险防范合作机制。针对信息安全风险,开展专项检查,从技术、制度和管理上查找风险隐患。为增强行业突发事件应急能力,联合省政府金融办、应急办、省委宣传部、省公安厅等8个部门,开展突发事件应急演练,提高联合应对和处置保险风险能力。完善制度机制,狠抓落实,及时果断处置苗头性事件,确保行业安全稳定。（刘　蓉）

【发展环境优化】 协调省政府有关部门出台《加快发展"三农"保险的指导意见》《关于推行煤矿安全责任服务保险的指导意见》《关于在我省大力推行科技保险工作的通知》《山西省森林保险保费补贴试点实施方案》等政策文件。在全行业开展党的十八大精神宣讲活动,引导基层保险机构增强科学发展理念。通过联合政府有关部门召开新闻发布会,制作宣传专题片、走进电视专栏等形式,营造有利于行业发展的舆论环境。围绕"保险让生活更美好",开展保险公众宣传日活动,普及保险知识。（刘　蓉）

·证监局·

【概述】 2013年,在省委、省政府和证监会党委的正确领导下,山西证监局围绕"求创新、强监管、促发展"三条主线,按照年初确定的工作计划,加强一线监管,推进改革创新,深入基层调查研究,强化服务推动发展,改善辖区资本市场环境,资本市场监管和服务山西经济转型跨越发展工作取得显著成效。

2013年,全省资本市场继续保持平稳健康发展态势。资本市场改革创新工作力度加大,直接融资手段丰富,规模和比重显著扩大;上市公司资本运作能力进一步提升,盈利能力继续增长,对资源和产业整合的带动作用显著提升;证券期货业务品种进一步丰富,风险控制能力明显增强,分支机构显著增加,布局趋于合理;投资者数量稳定增加,投资者利益得到较好保护,市场秩序良好。（张　军）

【资本市场直接融资】 2013年,面对IPO暂停等不利形势,多渠道丰富融资手段,推动山西资本市场直接融资。截至年底,辖区资本市场直接融资获批691.28亿元,实现555.3亿元,同比增长59.49%。其中股票非公开发行再融资129.77亿元,私募股权基金48亿元,创投基金30亿元,公司债融资57亿元,企业债融资186亿元,城投债15.5亿元,中小企业私募债融资0.5亿元,资产支持证券5亿元,其他83.53亿元。（张　军）

【上市公司】 截至年底,全省共有A股上市公司34家,其中主板29家,中小板3家,创业板2家;总股本526.87亿股,流通股本492.68亿股;总市值3633.64亿元,流通市值3321.48亿元,总市值在全国排第14位,在中部六省排名第5位。

上市公司所属行业由煤炭开采业以及炼焦业为主,发展为兼有金融、医药、零售、化工等非煤行业。通过股份制改造上市、股权分置改革、专项治理等活动,一批"产权清晰、责权明确、政企分开、管理科学"、具有现代企业制度的上市公司脱颖而出。（张　军）

【证券经营机构】 截至年底,山西辖区有2家证券公司,19家证券分公司和139家证券营业部(其中15家筹建中)。其中,辖内证券公司营业部73家,辖外证券公司营业部66家,比上年末新增15家证券分公司和18家证券营业部,另有2家证券营业部正在撤销中。

截至年底,2家证券公司注册资本30.19亿元,总资产158.22亿元,同比增长10.71%;净资产76.80亿元,同比增长15.11%;净资本45.69亿元,同比下降6.57%。1~12月,2家证券公司累计营业收入12.37亿元,同比增长32.67%;累计实现净利润3.63亿元,同比增长55.56%。

截至年底,辖区证券投资者开立资金账户164.69万户,同比增长0.59%;客户交易结算资金余额71.08亿元,同比下降18.24%;1~12月,辖区证券市场交易量累计10646.18亿元,同比增长41.40%;辖区证券营业部营业收入12.63亿元,同比增长34.30%;净利润4.69亿元,同比增长100.38%。（张　军）

【期货经营机构】 截至年底,辖区共有4家期货公司(山西三立期货、和合期货、中辉期货、晟鑫期货)和30家期货营业部,其中外阜营业部共24家,5家期货交割库和47家IB证券营业部,比上年新增2家期货营业部、2家期货交割库。

截至年底,辖区4家期货公司注册资本金2.17亿元,净资本2.78亿元。公司资产总额15.17亿元,同比增长8.20%;净资产总额达到2.60亿元,同比增长10.95%;期货投资者开户数5.12万户,同比增长54.29%;客户保证金余额11.85亿元,同比增长6.88%。

1~12月,辖区4家期货公司代理交易量5695.80万手,同比增长21.25%;代理交易额43443.91亿元,同比增长26.18%;累计营业收入19974.85万元,同比增长0.12%;累计净利润95.27万元,同比下降86.73%。（张　军）

【基金行业发展】 2013年,辖区基金行业运行平稳,公募基金销售机构规范展业,私募基金产业蓬勃发展,行业队伍进一步扩大。

公募基金销售方面,2013年8月1日晋商银行股份有限公司顺利获批开放式基金销售资格,成为山西省首家具备基金销售资格的法人银行。另外,有多家具备基金销售资格的银行及独立销售机构在山西省设立分支机构,其中北京恒天明泽、渣打银行等机构完成设立的相关工作。山西省尚无公募基金管理机构,山西证券股份有限公司申请公募基金管理业务资格的工作推进。

2013年，山西省私募基金产业呈现出快速发展势头。截至年底，全省注册登记的创投基金70家、股权投资企业37家，其中80%以上的机构均为2011年之后挂牌成立。另据第三方机构统计，全省各类基金募集资金累计实现97亿元，主要为近两年来实现的增量(来源清科私募通)。

（张 军）

【上市公司再融资】 一是山西焦化、晋西车轴、太工天成、漳泽电力、关铝股份、山西证券等6家公司通过定向增发方式实现再融资94.58亿元。二是永泰能源、山西证券通过发行公司债实现融资57亿元(获批67亿元)。三是太钢不锈、太原重工发行短期融资券实现融资75亿元，引导山煤国际通过非公开定向债务融资工具实现融资10亿元（另漳泽电力获批短期融资券20亿元、大同煤业获批中期票据12亿元)。2013年,全省上市公司直接融资获批278.58亿元,实现236.58亿元。（张 军）

【并购重组】 2013年,辖区上市公司并购重组实现新突破,对资源和产业整合带动作用明显。一是漳泽电力与同煤集团完成重组,在有效化解漳泽电力暂停上市风险的同时,开创全国煤电一体化先河。二是推动美锦能源并购重组,重组金额118亿元,创省属企业并购规模纪录,此举开创上市公司煤焦化一体化经营模式,企业竞争力和带动转型发展能力大大提升。三是国新能源成功借壳重组*ST联华,实现立足资本市场平台,通过资本运作和产业整合,加快“气化山西”步伐。四是山西证券收购格林期货,公司业务布局更加全面。五是拓展煤电一体化示范效应,推动通宝能源和晋能集团重组。（张 军）

【化解退市风险】 全年辖区绩差上市公司重整激活效果良好,有效化解风险改善经营状况。一是关铝股份和太工天成完成重大资产重组,有效化解关铝股份退市风险和太工天成的暂停上市风险。二是*ST生化解决资金占用,优化股改承诺,消除公司恢复上市的实质性障碍,成功化解公司退市风险。三是*ST天龙大股东通过债务豁免、现金捐赠等方式解决公司净资产连续两年为负的问题,化解公司暂停上市风险,并推动公司筹划重大资产重组,重塑主营业务,恢复盈利能力。公司暂停上市风险基本化解,重大资产重组积极推进。此外,协调地方政府，将*ST生化和*ST天龙风险处置工作纳入地方政府维稳工作体系,确保年内零涉稳事件。

（张 军）

【证券期货机构创新发展】 推动证券期货经营机构向多元化模式转型，提升服务能力。一是鼓励山西证券多方位筹措资金弥补经营活动中的资金不足问题，公司申请公开发行20亿元公司债申请已经获得证监会核准,一期发行10亿元资金顺利到位。鼓励大同证券增资扩股提升市场竞争能力,首次拟增资至5亿元。二是推动山西证券新业务和新产品发展，公司创新业务收入占全部收入比重由2012年2%提高到2013年15%；公司开展约定购回式证券交易、股票质押式回购交易及质押式报价回购交易业务;公司从年初投资者覆盖面961人增加到1.4万人，融资融券授信额度从年初9亿元增加到65亿元，融资融券余额从年初1.9亿元增加到12.5亿元;公司客户资产管理规模由年初5亿元增加到27亿元,具备开展公募基金业务条件;公司在行业内率先取得柜台交易业务试点资格,8月设立柜台市场,发行2只柜台交易产品,融资额1.3亿元;公司注资山西股权交易中心,首日推荐挂牌企业866家;由直投子公司设立中小企业直投基金,初期募集1亿元。大同证券获批融资融券业务和代销金融产品资格。全省证券经营机构通过股票增发、并购重组、定向资管、约定购回、股票质押、城投债、中小企业私募债、企业债等融资手段,累计为企业融资136亿元。三是为适应监管要求,督促三立期货和晟鑫期货公司增资。指导期货经营机构与期货交易所、山西省期货业协会合作，开展国债期货、动力煤期货等培训。（张 军）

【辖区资本市场监管】 按照证监会“两维护、一促进”核心职责,加强和改进日常监管,确保证券期货市场安全稳定。一是推动上市公司完善自我规范内生机制,强化上市公司现场检查,加强中介机构监管,强化上市公司规范运作培训特别是“一对一”上门培训。二是实行上市公司分类监管,对天龙集团、振兴生化等高风险和次高风险类公司前移监管关口。督促4家具有退市和暂停上市风险公司及其控股股东(实际控制人)采取有效措施,推动振兴生化和关铝股份顺利恢复上市,推动漳泽电力和太工天成成功解除暂停上市风险警示。三是进一步建立健全证券公司全面风险管理机制和期货公司风险防控机制,指导证券公司进一步完善信息隔离墙制度,督促期货公司完善法人治理和内控制度建设,推动辖区证券期货经营机构提升合规管理能力;提高证券期货市场信息系统安全运行能力；进一步完善现场检查工作机制,改进非现场检查手段;先后开展辖区证券公司、证券营业部分类评价,完成辖区期货公司分类评价。四是依法做好证券期货经营机构行政许可审核,并做到全过程公开。核准晋商银行基金代销资格,使其成为山西省首家取得该项资格的城商行。五是有序开展基金监管工作,同时做好私募基金监管准备工作。六是做好信访投诉处理和投资者保护工作,维护中小投资者合法权益。七是严厉查处证券市场违法违规行为,构建辖区内幕交易综合防控体系,有效遏制辖区非法证券活动,扎实做好安全维稳工作。八是完成行政处罚权下放准备工作。

（张 军）

【资本市场改革】 2013年,全省资本市场改革创新举措层出不穷,辖区资本市场创新发展步伐加快。一是推动山西中小企业私募债试点。山西省于9月分别与深交所、上交所签订合作备忘录,正式成为中小企业私募债试点地区。11月1日,山西金虎便利企业成功发行山西省第一单中小企业私募债3000万元。二是推动山西证券、银河证券、信达证券参与资产证券化业务。三是利用金融创新支持县域经济发展。选择灵石、武乡、襄垣3个试点县设立规模25亿元的城镇化建设基金,投向产业化、城镇化、三农等重点项目近4亿元,受到省委省政府领导充分肯定,《人民日报》、新华社予以关注并进行专题采访和报道。四是推动组建山西股权交易中心。首批挂牌企业达到866家,创投基金与30多家挂牌企业形成合作意向,并与6家挂牌企业代表签署合作协议。五是推动新三板挂牌融资工作。协助中介机构推动山西省高新技术企业改组改制,组织政府相关部门、企业参加相关业务培训,有3家企业提交挂牌融资申请。六是指导推动长治市、朔州市"五位一体"综合融资服务平台试点建设取得进展。七是指导山西焦煤、安泰集团、山西焦化等企业探索利用期货市场套期保值功能对冲现货市场风险,部分焦炭类企业与期货交易所合作建立期货交割仓库;指导朔州市山西天鹏农牧有限公司运用农业财政补贴参与期货套期保值。八是开展调研活动,牵头承担或支持科技金融体系、资本市场发展、城镇化建设基金和中国(太原)煤炭交易中心开展煤炭现代交易市场体系建设等省内四个课题研究工作。九是推进山西省私募基金产业发展。规划山西省私募基金产业发展方案,与省属相关部门合力培育科技发展基金、农业风投基金、旅游文化发展基金、医疗卫生产业基金和中小企业发展基金。十是实施"资本市场双千人工程",接受三批52名地方干部挂职,完成200余名在校学生系统培训,对全省119个县分管财政金融副县长和金融办、发改委主任举办三期"山西省资本运营服务县域经济发展专题研讨班",为3个县金融办选派挂职干部,指导部分市县金融创新工作。十一是加强资本市场宣传引导工作。

(张　军)

【投资者保护工作】 做好辖区投资者保护工作,督促上市公司健全投资者关系管理长效机制,举办上市公司业绩网上集体说明会,加强舆情监控。督导证券期货经营机构落实各业务环节投资者保护要求,与上交所共同召开山西辖区中小投资者和专业投资机构座谈会,与中金所、山西省期货业协会联合开展"国债期货山西行"培训活动13场,培训人数3000人,编写《国债期货实务手册》下发。完善"特约咨询员"制度,畅通与投资者沟通渠道。辖区共聘请370名特约咨询员,投资者代表直接向监管部门提出各类意见和建议217条,发表相关文章10篇。

(张　军)

【依法打击查处证券市场违法违规行为】 严厉查处证券市场违法违规行为,加大稽查工作力度,依法完成协查案件11起。总结上市公司和拟上市公司违法违规问题,强化对机构的警示。加强宣传教育,编印打非宣传挂图,组织开展大规模打非和防控内幕交易专项宣传活动,举办2期内幕交易培训班,培训人数500人。推进依法监管,提高依法行政水平,维护资本市场正常秩序。

(张　军)

【维护辖区资本市场稳定发展】 一是完善与地方政府及部门建立的"打击与整治非法证券活动协作机制",有效打击非法证券活动。二是开展并引导辖区市场主体开展投资者教育活动。组织各类投资者教育培训班、报告会50场,利用"山西资本网"、证监局门户网站、《资本》杂志、《信息专刊》上传投资者教育宣传材料5万字,编发投资者教育手册5000册,制作投资者教育与服务产品7件。引导市场机构开展四次投资者保护宣传月活动。三是组织开展投资者保护检查和调查工作。四是完善投资者信访处理机制,做好信访工作。全年接待投资者信访投诉电话261个、来访9人次、来信12件,处理办结率100%。

(张　军)

【规范政务信息公开】 加大监管信息公开力度,自觉接受社会监督。不断完善审核监管信息公开规章制度,制定行政许可公示办法,行政许可审核透明度和公信力显著增强。截至年底,全局累计主动公开监管信息1042条,其中新发布信息133条。收到1件依法申请公开监管信息申请,按照相关规定依法向其出具《答复告知书》;全年未出现因监管信息公开申请行政复议、提起行政诉讼的情况。

(张　军)

银　行

·中国工商银行股份有限公司山西省分行·

【概述】 2013年,工商银行山西分行按照总行战略部署及分行新三年规划目标要求,以"科学发展观"为指导,树立"争先进位"理念,推动经营结构优化调整,实施"三项工程",纵深推进全方位精细化管理,持续推进主营业务快速发展,主要业务指标保持平稳增长,经营管理各项工作不断向前。继续保持盈利增长,全年实现拨备前利润74.23亿元,同比增加7.44亿元,增幅11.15%;净利润52.23亿元,同比增加5.48亿元,增幅11.72%,完成总行计划100.9%;实现经济增加值(EVA)27.59亿元,同比增加3.19亿元,增幅13.09%。截至年底,本外币各项贷款较年初增加222亿元,增幅12.72%,较系统平均水平高2个百分点,增量四大行占比37.76%,排第1位,较第二位建行高12.3个百分点。推进信贷结构调整,抓好"新兴领域拓展、小贷业务突破和融资产品创新",坚持贷款多元化发展方向,构建信贷业务均衡发展局面。2013年末,"四大新市场"贷款较年初增加197.98亿元,增幅31.57%;个人贷款和信用卡贷款分别较年初净增40.07亿元和14.66亿元,增幅分别达到32.77%和31.43%,增速分别高于系统内平均水平14.18个百分点和5.23个百分点。截至年底,人民币全部存款(含同业)时点较年初增加113.59亿元,四大行占比为26%,日均增加195.49亿元。其中,储蓄存款时点增加170.59亿元,四大行占比35.7%,排第1位,日均增加122.26亿元;对公存款日均增加29.63亿元。

(马慕刚)

【争先进位】 落实总行2013年工作会议精神,准确对接总行发展战略意图和经营取向，形成《省分行党委关于贯彻落实总行2013年工作会议精神加快推进转型发展的指导意见》，确立"一个理念引领、三个结构调整、三项工程实施、四项精细化管理"的"1334"工作主线，形成推进转型发展的行动纲领，促使各层级、各条线形成更具针对性、更切合实际的工作措施和战术动作。在全行持续推行"按月滚动落实、按季考核通报"的工作机制，从目标分解和责任落实两方面入手，通过实行滚动落实工作机制，督促各层面以阶段工作目标为单位，层层分解任务。在省分行层面建立对二级分行的季度滚动排序通报工作机制，加大省分行专业条线的垂直指导和推动力度，促进各专业目标任务按时保质完成，形成各专业均衡推进、各层级层层推动、各领域多点开花的工作格局。明确经营目标和考核导向，修订完善经营绩效考评机制，挖掘MOVA系统功能，通过高点目标引领、强化考核激励、借鉴先进模式等方式，激发各级行同业领先、各专业前移考评位次的潜在动能，推动全行各项工作争先进位。（马慕刚）

【信贷业务】 契合"综改区"建设步伐，围绕"两个纵深"挖掘市场潜力，依托"两个提前"抢抓窗口机遇，通过转换思路应对行业限额管理，坚持存量转化和增量拓展双线并进，继续巩固煤炭、冶金、电力、公路、铁路等传统行业战略地位，推进"双千百亿"工程，做大贷款规模和客户总量，全年贷款投放再创新高，稳居省内信贷市场主导地位。开办太钢岚县矿业链融资业务，并复制启动重点钢铁企业上游和煤炭行业下游链融资业务推进工作，为链融资业务承接对重点企业的融资支持打开新局面，全年共建成省级以上供应链5条，融资102亿元。拓展非信贷融资途径和信贷产品创新，多渠道满足大型集团客户融资需求，全年实现创新融资416亿元，同比增加217亿元，增幅近110%。

（马慕刚）

【存款业务】 分行推进"竞争力提升工程"，依托"大宣传、大走访、大营销"活动，挖掘和准确对接客户需求，通过综合化服务优势，拉动存款均衡增长。按照"拓户增存"发展思路，加大账户拓展和客户营销力度，通过考核激励促进拓户工作放量提质，新增有效账户1.36万户，同比增长40%，新增账户增加存款99.57亿元，为存款业务夯实增长基础。分析原因和研究应对策略，从"守住大户资金、竞争同业客户、拓展新增客户"三个维度入手，运用系统监测、专业督导、工作问责等多种手段，努力增加公司存款。通过跟进省级财政集中支付、抢抓社保基金归行、创新医保资金结算模式等工作举措，聚力打造"财政、社保、公积金"三大核心板块，竞标成为全资格省级财政国库集中支付代理行，同步拓展军队、教育、同业等多领域业务合作，挖掘民生金融市场潜力，保持机构存款持续向好发展。构建专业联动、产品带动、精准营销、层层督导等工作机制，开展个人金融资产专项营销活动，关注市场动态，掌控关键时点，加大中高端客户拓展力度，带动个人金融资产和储蓄存款稳健增长，储蓄存款存量和增量始终保持四大行第一的位置。（马慕刚）

【"双擎两翼"工程】 围绕中间业务"二次起飞"，推进"双擎两翼"工程，力推重点业务和重点项目，坚持传统业务和新兴产品同步发展，突破中间业务收入增长瓶颈，全行实现中间业务收入20.12亿元（含银行卡还原收入），增幅4.05%，四大行占比为36.36%，排第1位。通过构建"双向梳理""滚动开发"的工作机制，对投行业务进行地毯式市场梳理，加快重点投行项目的落地转化进程，创新业务运作模式，提升项目运作效率，推动品牌类投行项目取得明显成效，全年实现投行收入2.8亿元，其中完成品牌类投行项目21个，实现融资118亿元，是2012年的6.5倍。按照重点产品发展视图，加大金融资产服务业务拓展力度，推动债券投资、养老金、贵金属、私人银行、资产托管、国际业务等多点开花，同比分别增长32%、35%、13%、26%、24%和12%，提升金融资产服务板块的收入贡献，支撑中间业务收入持续增长。以电子银行和银行卡业务大发展为抓手带动交易类业务规模增长，做大客户群和交易量。开展存量客户"二次营销"和"回头扫地"，深化"五进活动"，借鉴"东营模式"，推动电子银行量质并举。截至年底柜面业务可分流率29.5%，较年初下降7.4个百分点；交易离柜率在80%以上的活跃客户占比33.49%，较年初上升7.7个百分点，高于系统内平均水平4.5个百分点。依托项目带动和产品创新继续做大发卡规模，加快牡丹连晋旅卡、公积金联名卡、ETC一站式等项目推广步伐，推出小微商

3月19日，中国工商银行山西省分行在全省11个地市同步启动电子银行系列营销宣传活动（马慕刚提供）

6月27日，中国工商银行山西省分行与山西汽车运输集团有限公司举行“牡丹连晋旅”联名卡首发仪式 （马慕刚提供）

户逸贷公司卡业务，打造特色收单工程，推动信用卡业务持续健康发展，全年新增发卡33.4万张，实现中间业务收入4.25亿元，同比增长31.17%，继续保持同业第1位。 （马慕刚）

【内控案防工作】 在全行范围内开展“合规文化建设工程”，围绕集中学习、风险排查、强化教育三项重点，以“重塑合规文化、根植合规理念”为目标，分专业、分板块有序推进。引深运营风险管理，强化重点环节风险防控，加强网点现场管理、远程授权、对账、柜员等四类人员履职管理，内部风险暴露水平为万分之6.63，较年初下降36%。开展营业机构核算印章综合改革试点，分批完成143个网点柜面用印机推广，实现印章管理由传统实物向电子化、信息化管理转变，在加强用印风险管控、提高用印效率方面走在全国前列。把握“看住人”和“看住贷后”两条主线，创新实施一级包一级的员工行为动态排查模式，加强警示教育。强化贷后投后管理，创新组建特约检查员队伍，探索“三级联动+换手管理”贷后管理新模式，开展大规模的贷后投后风险排查，严把贷后管理风险关口。以“两打一防”“案件风险百日专项排查”等活动为抓手，紧密结合省分行“6+3”重要风险点，开展对机构、网点、业务三纬度的100%风险排查，保持案防工作的高压态势。按照“四个一批”工作思路加大不良资产清收处置力度，各级行领导亲自挂帅清收，加强重点行帮扶督导，全年累计清收处置不良贷款7.03亿元，完成总行全年计划110%，其中现金清收1.78亿元。加强被诉案件源头治理，通过排查梳理和矛盾化解等手段，大幅压降被诉案件数量和金额，构建全方位法律风险防控体系。落实安全责任，提升安全管理水平，强化外部风险防控，开展覆盖全机构的安全大检查，维护安全稳定的经营环境。 （马慕刚）

【年度大事纪要】 1月9日，行长周玮陪同总行董事长姜建清出席在京召开的山西省与国家大银行座谈会。

1月11~12日，省分行召开二级分行工作会议暨劳动竞赛动员会议，周玮作题为《努力争先进位加快经营转型全面推动科学发展》的主题报告。

4月18~19日，总行副行长罗熹一行在山西分行工作调研，并与中国银行业监督管理委员会副主席蔡鄂生共同会见副省长王一新。

5月15日，总行私人银行部总经理马健、副总经理徐卫东，省分行行长周玮、副行长于晋萍出席私人银行部太原分部经营转制暨山西省分行私人银行中心成立大会并为中心揭牌。

7月25~26日，总行监事会王炽曦、监事董娟一行到分行调研。

11月6日，周玮、于晋萍等参加山西行与工银瑞信基金管理有限公司《合作备忘录》签约仪式。

11月21日，总行副行长谷澍、运行管理部总经理牛刚在省分行行长周玮、副行长贾建强陪同下赴省分行营业部五一路支行，就营业机构核算印章综合改革试点情况进行调研并召开座谈会。

12月16日，山西分行召开转型发展研讨会。会议分析当前进一步加快转型发展面临的新形势和新任务，查找制约转型发展的旧矛盾和新问题，围绕一些重大课题和各二级分行对转型发展的前瞻性思考进行专题研究与热烈讨论，统一思想，达成共识，提出2014年全行转型发展的思路和工作方向。 （马慕刚）

·中国农业银行山西省分行·

【概述】 2013年，中国农业银行山西省分行党委围绕“建设区域主流银行”的战略目标，制订并实施“四个三”的工作举措，即在业务发展上，实施“主体提升、转型突破、双轮发力”三大工程，提高竞争力和可持续发展能力；在风险管理上，抓好“流程改造、信用风险管理、基层基础管理”三大重点，提高风险防控能力；在机制建设上，完善“经营约束、绩效考核、资源配置”三项机制，调动发展积极性；在队伍建设上，加强“干部队伍、员工队伍、工作作风”三大建设。

2013年，山西农行各项业务持续、稳定、健康发展，不良贷款和不良率实现“双降”。全年共有13个单位获得总行级以上先进集体，32名个人获总行级以上先进个人称号；省分行任鹏荣获“全国金融系统五一劳动奖章”荣誉称号，晋城高平支行行长邢勇灵荣获农总行“十大杰出青年”荣誉称号，晋城凤城支行客户经理刘璐被授予“全国十大金融青年岗位标兵”，运城稷山支行王良翠被全国总工会授予“全国五一巾帼标兵”称号。

截至年底，各项存款达到2767亿元，日均增量180亿元；各项贷款突破千亿元，达到1037亿元，比年初增加120亿元；办理债券融资、理财融资188亿元，直接融资余额达到536亿元，继续保持同业现金水平；不良率下降0.69%，降至2%以内，达到1.93%。全行综合绩效考评系统内上升2位，绩效等级由2012年的D+上升到B−−。（康 宁）

【实体经济转型】 2013年，与省委、省政府确定的“项目推进年”和相应投资规划相衔接，重点支持全省在建续建重大基础设施项目和煤矿技术改造、循环经济项目。继续支持同煤、晋煤、阳煤、省煤运、省煤炭等省属大型煤企，集中支持全省煤炭、电力、公路、铁路等支柱产业和重点民生项目。在优势行业、重点领域中筛选具有良好发展潜力的中小客户，加紧培育优质小微企业客户群，解决一批中小企业融资困扰。拓宽融资渠道。针对企业资金需求与信贷规模紧张的矛盾，创新融资手段，发展直接融资，解决企业资金需求难题。累计为省煤运、潞安集团等办理债券融资、理财融资188亿元，直接融资余额达到536亿元，继续保持同业先进水平。利用系统优势，组织跨省联合贷款。在该行规模不足的情况下，联系有规模没项目的省农行给山西企业投放贷款，支持山西企业发展。2013年，山西农行连续四年荣获山西省政府“2013年支持山西经济发展贡献奖”。

（康 宁）

【支持“三农”和县域经济】 2013年，共发放涉农贷款余额314亿元，较年初增加63亿元，增速25%，重点支持汾酒集团、忠民集团、水塔老陈醋有限公司、山西大象农牧集团有限公司等一大批“513”国家级和省级农业产业化龙头企业扩大生产，带动农村经济发展。

山西农行制订产业链金融服务名单，明确客户营销、资金结算量和带动农户数任务。针对当地县域产业特点，按照“一县一特色”“一行一路径”和“一企一对策”的原则，制订营销方案，确保产业链金融服务工作进度，资金结算总量达16万笔、382亿元，带动农户50万户。（康 宁）

【“惠农通”工程】 2013年，以“金穗惠农通”工程深化建设为抓手，加快县域电子渠道建设，加大代理业务营销力度，拓展公共事业代缴费业务，加强客户经理队伍建设，增强县域支行营销能力和竞争活力，促进县支行整体业务发展。与省商务厅和省移动公司合作推进商务部“万村千乡市场工程”信息化建设；将“金穗惠农通”与农业产业链对接，为产业链上企业、专业合作社、经纪人、农户布放机具，方便产业链上各类资金结算，支持优质客户加快发展。2013年，全省共布放“金穗惠农通”转账电话4万部，覆盖符合装机条件村数的86%，新增有效转账电话3312部；发放惠农卡650万张，覆盖符合发卡条件农户99%，全年新增70万张；农户贷款余额6.4亿元，其中农户小额贷款余额5.2亿元，农村个人生产经营贷款余额1.2亿元。共有98个县支行代理新农合业务，覆盖率85%，累计发放资金120亿元；共有56个县支行代理新农保业务，覆盖率49%，累计发放资金21亿元；共有64个县支行代理各项涉农补贴共计182项，较上年增加26个支行、72个项目，累计发放资金12亿元。（康 宁）

【内控及风险管理】 着力防控信用风险，加大不良贷款清收力度，加强贷款行业和客户准入管理，从源头上防范风险。推进流程改造，在个贷集中作业基础上，上收法人贷款授信审批各项职能，在系统内率先实现信贷全品种集中作业，提高贷款管理的制度化、规范化、程序化水平。加快推进柜台流程再造，完成262个营业网点的高低柜分流，实现柜面全远程集中授权，集中作业品种扩大到21项，减轻网点负担，提高柜面处理效率。加强运营风险防控，探索分级负责的运营风险防控新体系。省分行重点通过集中授权、集中监控，强化远程在线监督；二级分行重点通过现场检查，强化对重点部位、重点环节的监督；网点则充分发挥运营主管作用，强化账账、账实核对管理，有效预防风险。强化案件风险防控，开展不良资产处置、农户贷款等专项治理，打击各级行营业机构、机关及员工参与民间融资，打击员工倒买倒卖银行承兑汇票的“两打一防”活动，防范外部风险传染渗透。（康 宁）

·中国银行山西省分行·

【概述】 2013年，中国银行山西省分行围绕“担当社会责任，做最好银行”的宏伟愿景，坚持防风险和促发展并重，夯基础与提绩效并重，突出经营重点，持续改进管理，完善机制体制，强化队伍建设，各项工作有序推进，经营管理成效显著。截至年底，全行实现净利润22.47亿元，较2012年底增长25.65%，创年度盈利最高水平。人民币各项存款余额增长5.31%，人民币各项贷款余额增长9.89%。中间业务收入同比增长25.83%，增幅快于全国系统内增长水平。单位人民币结算账户增长率5.17%，个人有效客户数较年初增长14.65%。资产质量持续改善，不良贷款、不良率实现“双降”。荣获省人民政府“支持山西经济发展贡献奖”，人民银行太原中心支行“支持地方经济发展先进单位”，连续八年被评为“山西金融行业首选品牌”，连续两年获得“政风行风”建设先进单位、“省直文明单位”。（罗工滨）

【支持山西综改区建设】 2013年，发挥自身集团化经营优势，深化落实与省政府签订的战略合作协议，向总行申请授信规模，争取授信管理、利率审批等政策倾斜，不断优化信贷资源配置，支持全省综改试验区重点工程、产业转型项目建设。继续支持煤炭资源整合。调整煤炭行业授信准入标准，分层次为全省煤炭行业可持续发展创造良好条件，全年累计提供授信支持174.28亿元。继续加大铁路、公路等基础设施支持力度。累计投放贷款32.45亿元，重点支持太原铁路枢纽西南环线、吕临铁路、侯禹铁路等大型客户和项目。加大对产业转型、社会事业、民生类项目的关注程

中国银行融资251亿元支持太钢集团转型跨越发展(罗工滨提供)

度,争取捕捉新一代信息技术、节能环保、新能源、生物和高科技、战略性新兴产业以及重点文化企业和重大文化项目等方面的业务机会。

注重发挥在外汇业务方面的品牌优势、传统优势以及全球网络优势,通过外汇业务创新和海内外联动,支持山西省外向型企业发展。全年累计为省内企业办理国际贸易结算业务95.71亿美元,同比增长30.34亿美元,叙做跨境人民币结算业务54.6亿元,同比增长34.75亿元。

(罗工滨)

【融资服务】 在继续加大贷款投放力度的同时,该行结合地方经济特色,主动加强对债券、资本、货币三大市场研究,发挥中国银行多元化服务平台优势,加大金融创新力度,利用投行理财、资本市场融资工具等多种新产品,对接企业资金需求,帮助大型重点客户优化融资方案,为省内主流行业提供各种针对性强的特色服务。全年通过叙做委托贷款发售中银集富理财产品,为省内大型企业募集资金59.95亿元;全线铺开短期融资券、私募债券等业务,成功为山西焦煤集团、太钢集团以及山西汾酒集团等企业直接融资79亿元,帮助企业在信贷规模紧张的形势下拓宽融资渠道,有效解决融资难题。

贯彻落实中央关于支持中小企业发展的金融政策,继续加快中小企业"信贷工厂"先进服务模式在全辖的推广应用。安排专项信贷规模,优先满足中小企业融资需求。围绕核心企业,发展供应链融资业务,将资金注入处于相对弱势的产业链上下游配套中小企业,并与中银保险联动为企业提供企贷保业务,一揽子多产品金融服务方案,满足中小企业融资需求,节约财务成本。加大与担保公司合作,扩大合作范围,开展联保联贷业务,有效解决中小企业因质押担保不足、信息不对称、抗风险能力弱而引发的融资难问题。全年为小微企业提供授信支持12.24亿元,同比增长7.23亿元。 (罗工滨)

【民生服务】 通过分析全省个人金融服务需求的多样化、多层次特征,丰富产品内涵,发展住房、个人投资经营、商铺抵质押循环、个人营运汽车、益农贷等贷款业务,为全省需要购房、购车、经商、旅游、医疗、教育、务农的群众提供满意的金融消费服务。全年累计发放个人贷款35.7亿元,同比增长19.5亿元。继续加大社保卡发放力度,拓展社会保障服务,支持社会保障事业发展。全年累计发放社保卡240万张。

通过整合渠道资源,提升电子渠道金融交易迁移率。加强数据分析与应用,指导网点找准柜台业务迁移的薄弱交易类型,通过业务竞赛等形式,引导网点加快小额存取款、转账汇款业务向电子渠道的迁移。开展"自助刷卡有礼""享自助终端便捷交易,赢结售汇、转账汇款交易积分"等系列营销活动,为客户提供增值服务。开展网银及自助终端业务培训,指引大堂经理深度掌握电子渠道服务功能及引导话术,为客户提供便捷高效服务。 (罗工滨)

【网点转型】 加强专业队伍建设,全面提升营销能力。实施专业队伍名单式管理,建立大堂经理、理财经理、个人综合客户经理量化积分考核机制,提升销售队伍维护客户、销售产品、服务社会的能力。组织专职大堂经理任职资格培训,通过培训讲解及案例演练,提高岗位技能和产品熟知程度,履职能力得到加强。实施"先配置,再培养"的队伍建设策略,推进客户经理队伍建设工作,通过理财经理、个贷经理、综合客户经理职能融合,以及网点中后台人员的压降,打造全功能产品销售队伍,提高集约化发展能力和综合服务能力。

改进业务操作流程,继续提高客户体验。为提高业务办理效率,改善客户体验,针对客户普遍反映的系统切换多、复核控制多、客户体验差、流程繁琐的柜台业务进行调研和梳理,重点对开户、个人客户信息/服务查询与修改、存款证明、旅行支票等10项业务的填单流程、业务流程进行简化和优化,规范操作流程模板。针对存款人重病、行动不便等特殊情况,研究制定借记卡密码挂失等6项个人特殊业务操作流程,有效改善客户体验,提高服务效率。 (罗工滨)

【风险管控】 1.建立大风险管理模式,制定信用风险管理实施方案,完成全辖组织架构搭建。完善中型客户授信管理,制定《促进中型及小型企业授信业务发展若干补充意见》和2013年中型企业授信业务指引。完善盘存管理,建立"八纵两横"的盘存方式,全面覆盖信贷业务产品。改进押品评估工作,完善授信档案管理,使授信业务保持质和量的协调均衡发展,授信风险得到有效控制。开展操作风险与控制评估，做好日常反洗钱监测与分析。建立健全"重点可疑交易层级上报机制"，成功投产G–MAP系统，结合监控录像查看、凭证影像查询、电子报表检索等手段，提高专项调查和常规核查质效，构建"流程+系统+现场"的管控模式。

2.强化员工日常案防教育，开展"晨会案防一分钟"、非法集资宣传教育及新版"双十禁"学习宣讲活动，不断增强全员的风险意识和防范意识。组织开展专项排查，重点关注理财经理及员工参与非法融资、"飞单""私售"等违规行为，杜绝案件风险隐患。2013年，该行成功堵截各类案件135起，涉及金额3101.74万元。

3.出台声誉风险管理办法和应急预案，坚持属地管理，强化条线负责，从源头上把控风险，把风险隐患消灭在萌芽状态，声誉风险管理从被动应付转向主动应对。严格防控风险传播渠道，重点关注报刊、微博、微信、网络等传播渠道。加强正面宣传，引导舆论走向。《中行职工》《金融时报》《山西日报》等主流报刊刊登宣传稿件267条，多层次、多媒介、全方位的宣传平台初步搭建；宣传效果初显成效。（罗工滨）

【"管理升级达标年"活动】 解决"一个提升和八个改进"的问题。一个提升即解决最基础最基本的管理问题，八个改进即解决队伍管理、网点管理、绩效管理、营销管理、流程管理、风险管理、信息传导和工作作风建设的问题。通过管理升级达标活动，全行逐渐树立起"讲规矩、守纪律，讲流程、重执行，讲服务、比贡献"的管理文化，逐步构建起科学化、制度化、精细化、标准化、常态化的管理体系和管理机制。（罗工滨）

【营销管理】 激发基层营销人员活力，提高其在市场上的竞争力，是网点转型必须破解的难题。依照"简单清晰、直接有效"的思路，在上年量化积分考核办法的基础上，该行主要业务条线、信息科技、人力资源等部门通力协作，启动量化积分考核系统研发工作，就立项思路、系统定位、主要功能、数据采集、试点行选取等内容反复讨论，对系统落地实施时间表、路线图精密推演，几经测试、修订，系统功能日趋完善。为保证应用效果，组织开展量化积分考核宣讲，为系统在全辖顺利投产做好舆论准备。

（罗工滨）

【培训管理】 针对经营管理职位，搭建党校培训平台。全年举办四期中层管理党校专题研讨班，开办两期基层网点负责人任职能力提升培训班。针对全员，搭建网络培训平台。把全行性培训工作纳入"在线培训"系统管理，依托网络课堂，共享培训资源，克服时空局限，随时随地学习。针对专业队伍，搭建以岗代训平台。配合产品下沉工作，有计划、有重点地安排基层专业队伍到省行条线部门跟班学习，掌握产品特性，熟悉业务流程。针对精英骨干，搭建内训师平台。经过公开竞聘，145名优秀员工被聘为省行级内训师，成为行内各类培训的中坚力量。（罗工滨）

中国银行融资292亿元支持山西交通事业发展（罗工滨提供）

·中国建设银行股份有限公司山西省分行·

【概述】 2013年，建行山西省分行落实全省金融工作部署，应对经济下行的市场变化，推进山西省综改区建设，敢为人先、敢于超越，深入践行核心理念，以打造"好银行"为目标，以稳固二类行为重点，严管理、抓落实、重细节，同心协力，锐意进取，各项工作持续向好，业务发展扎实稳健。主要业务指标保持应有市场位置，完成各项任务指标。（赵建伟）

【支持地方经济】 2013年，在全省煤炭等主要工业持续处于下行通道背景下，建行山西省分行落实与省政府签订的综改区战略合作协议，履行大银行应有的社会责任，通过拓展多种信贷融资渠道，支持服务地方主体经济，重点支持全省煤炭、铁路、电力、制造等行业发展。截至年底，人民币贷款新增151亿元，同比多增17亿元，一般性存款新增154亿元，在存款同比少增212亿元情况下，新增存贷比达到98%。同时，通过投行业务为客户提供信贷融资206亿元，同比多增40亿元。加大对全省重点产业支持力度，其中煤炭行业累计投放249亿元，新增投放44亿元。

（赵建伟）

【业务发展】 2013年，在全行系统内"稳固二类行"，等级行排名第23位，KPI考核第16位；并连续两年进入全行系统内控评价二类行行列。经营效益大幅提升。主营业务收入84亿元，同比多增10亿元；实现考核利润43亿元，同比多增7亿元。存款业务实现预期目标。全口径存款余额2620亿元，新增135亿元，位居四行第一

8 月 13 日，建行山西省分行与山西医科大学签署战略合作协议

（赵建伟提供）

位。一般性存款余额 2594 亿元，新增 154 亿元，四行占比 29.37%，位居第一。其中：企业存款余额 1182 亿元，由 2012 年的四行第三位升至第二位；新增 37 亿元，四行占比 83.42%，位居第一。个人存款余额 1411 亿元，新增 117 亿元，四行占比 24.36%，位居四行第二。信贷投放创出历史新高。各项贷款余额（含信用卡透支）1248 亿元，新增 144 亿元。人民币贷款新增 151 亿元，增速 13.8%，首次超过存款增速 4.3 个百分点；加上投行业务融资 206 亿元，全年信贷类资产新增达到 357 亿元，创出历史新高。其中：对公类贷款余额 1094 亿元，新增 96 亿元，四行第二；个人类贷款余额 150 亿元，新增 44 亿元，四行第一。中间业务市场份额稳步提升。实现净收入 16.5 亿元，同比增幅 14.06%，占主营业务收入 20.5%；毛收入 16.9 亿元，市场占比 30.43%，比上年末提升 0.03 个百分点，继续保持四行第二。同比增量四行第一，同比增幅四行第三。不良贷款实现持续双降。不良连续八年实现“双降”。不良贷款额 8.04 亿元，比年初减少 1.11 亿元；不良贷款率 0.65%，比年初下降 0.18 个百分点。（赵建伟）

【打造“好银行”目标】 2013 年，建行山西省分行明确提出打造“好银行”目标，即“员工爱岗敬业，运营有效安全，服务品质最好，形象内外俱佳；系统排名居前，同业份额占优，资产质量过硬，创新创效一流”。要求全行树立“五种意识”，即危机意识，要求全行认清激烈竞争形势，不能有松懈思想；责任意识，要求党员领导干部起到先锋模范作用，广大员工爱岗敬业，珍惜现有岗位；学习意识，养成“读书的习惯，建设书香人生”；沟通意识，加强上下、内外、各个方面沟通交流；服务意识，要求省分行部门在为客户服务、为基层服务方面，多动脑筋，多下基层。提出“严管理、抓落实、重细节”要求：“严管理”方面，要求党员干部率先垂范，既要严格管理好自己，也要管理好团队，一级管一级；要求各部门严格执行规章制度，通过严格管理，消除在工作中出现的人浮于事、苦乐不均现象。“抓落实”方面，要求全面落实制度，调动员工积极性，变成大部分人想干、在干、会干；坚持“抓住不落实的事，追究不落实的人”，以强烈的使命感和责任感，爱岗敬业，用心工作，激情工作。“重细节”方面，要求从细节入手，主动开展自查，找出开展工作的动力。尤其在改进工作作风方面，提倡贴近基层，联系群众；调研和检查工作食宿要从简。提出“主动工作、用心工作”，要求全行干部员工把工作当作事业、当作追求，创造高效、快乐的氛围；推着工作往前走，不要被工作推着走。提出“感动基层，感动客户”，提倡大服务理念，要求上级为下级服务，感动基层；全员为客户服务，感动客户，以此促动发展。（赵建伟）

【发展投行业务】 发展财务顾问业务、债券承销业务、信托类理财业务、股权融资业务、股权收益权融资业务、资产收益权融资业务、委托并购业务、项目投资业务等投行产品。先后与七大煤业、大型国企、地方民企等 33 家企业开展深度合作，根据企业要求设计服务方案，想方设法满足企业需求。截至年底，通过投行业务为客户融资 206 亿元，同比多增 40 亿元，加上 151 亿元人民币贷款投放，共投放信贷类资产 357 亿元，创出信贷投放历史新高。（赵建伟）

【银政合作】 适应全省经济转型，调整信贷结构，扶持与民生息息相关的行业。先后与太原、临汾、朔州市政府，省文化厅、太原市自来水公司、山西医科大学、中医学院、太原师范学院等签订战略合作协议。对太原理工大学、太原科技大学、中北大学、山西财经大学等省内 20 多家本科院校给予信贷支持，重点支持高校园区建设，与全省所有全日制本科院校均建立起业务合作关系，高校园区中 10 所高校有 9 所与建行合作；与全省 17 家医院开展业务合作。2013 年，机构类贷款新增 12.5 亿元，较上年多增 5.35 亿元。（赵建伟）

【助推中小企业发展】 为解决中小企业融资难问题，在继续推广“速贷通”“成长之路”等传统产品和业务基础上，建行山西省分行加大创新力度，推出“助保贷”“信用贷”“善融贷”“供应贷”“网银循环贷”等产品。其中“助保贷”这一批量化产品在太原、晋城、阳泉等 10 个地市推开，与 49 个县级政府签订合作协议，组建助保金池 54 个，为 200 多家民营企业提供信贷资金 15 亿元。同时，先后与省中小企业局签订“创新小微企业金融服务战略合作”协议，与太原市政府签

订“助保金贷款业务战略合作”协议。2013年，小企业贷款92亿元，新增45亿元，增幅96%，几近翻番，增幅排名连续两年保持系统第一。（赵建伟）

【民生建设】　一是加大人力、物力投入，支持省人社厅社保一卡通工程和新农保工作的推进。成立社保联名卡工作团队，在全省11个地市取得6个地市的城镇人口发卡资格和新农保发卡资格，社保卡发卡业务占到全省市场份额40%，居同业绝对优势。2013年，社保卡累计发卡量768万张，新增发卡量384万张，累计发卡和新增发卡均居同业和系统第一。二是完善服务机制，提升服务效率，加快个人住房贷款投放。完善个人贷款中心服务模式，在经营机制、业务操作流程、客户服务规范等方面建立标准运作模式。同时，让利于民，给予部分楼盘项目小幅让价还量政策支持，对优质项目执行贷款利率85折优惠。截至年底，个人贷款共投放2.7万笔47亿元，比上年多投23亿元。实现新增44亿元，同比多增16亿元，位居四行第一。三是加快服务创新，延伸金融服务进社区。社区金融是建行山西省分行个人网点营销模式创新的典范和样板。借鉴成功经验，2013年继续在全省推广社区金融创新模式。在太铁社区和太重社区等多家社区推行社区金融，并在太重社区首次实现电子银行代缴电费业务创新。通过介入物业代收费系统平台，增加自助设备缴费圈存功能，实现其他缴费项目向电子渠道迁移；在金融社区建立多功能“自助银行超市”。

（赵建伟）

【业务转型】　在经济下行期，以资源型经济为主体的山西产能过剩矛盾尤为突出，全省煤炭等主要工业产品价格指数持续处于下行通道。由于涉煤贷款比重较大，经营影响较大。针对这一情况，分行改变“一煤独大”观念，下大力气抓非煤产业。一方面及时收紧煤炭行业的信贷投入政策，信贷资源尽可能向机构类客户、个人类贷款、信用卡透支倾斜，在风险可控前提下，适时、适度加快小企业贷款增速；另一方面，关注行业走势，监测客户经营情况，始终保持市场变化的敏感性，提高反应速度，及早化解风险，控制新增不良资产；同时，加大存量不良资产的化解与处置，加强对关注类贷款的管理，尽可能实现向上迁移，确保减值准备与不良指标控制在目标之内。2013年，非信贷不良资产处置取得重大突破，债转股处置4.2亿元，回收现金5.77亿元，实现溢价收入1.98亿元；抵债资产处置4836万元，实现溢价收入2139万元。不良贷款、不良贷款率实现双降，成功控制在总行下达的计划之内。（赵建伟）

【发展国际业务】　以丰富的产品配置和优质贴切服务，建行山西省分行在业务流程和行业限额管理上给予贸易融资业务一定优惠政策，支持进出口量居全省第一的太钢集团、首钢长钢等大型国有企业、具有山西省区域特点的大型煤、焦、钢铁等民营企业及优质中小客户的进出口业务。截至年底，累计完成国际结算量38.6亿美元，完成结售汇量23.6亿美元，进出口贸易融资余额42亿元，累计办理跨境人民币结算业务24亿元。

（赵建伟）

【建立创新激励机制】　出台《产品创新奖励办法》，规范产品管理与创新流程，在省分行网站开通专栏，搭建信息资源共享平台。先后对五台山金、五台山龙卡、小企业“商会通”、金融服务进社区等项目进行表彰；开展金点子活动收集100余条，有4条参与总行评选并获奖。全年完成14个产品创新项目，23项知识产权获奖，并获得总行“知识产权管理奖”。截至年底，五台山卡销售170万张，五台山金销售340公斤。打造“自助超市服务”新模式，在传统自助银行功能和服务基础上，新增客户服务与拓展、产品营销与互动、创新客户自助服务产品等多种功能的自助银行。

（赵建伟）

【风险防控】　2013年确定为“内控合规年”，开展为期一年的内控合规专项治理活动。将各项规章制度和典型案例编辑成“内控合规U盘”下发到全行每一位员工；组织全行员工参加企业内部控制知识竞赛活动；对各条线192名“合规模范”和50名“合规标兵”进行表彰；组织“合规模范”和“合规标兵”代表组成巡回演讲团，分赴各二级行开展“合规伴我行”演讲活动。同时，组织重点部位、关键岗位干部员工、客户经理前往监狱开展警示教育活动，参观教育改造场所，听取服刑人员现身说法，并向全省系统客户经理发出“合规守纪、廉洁自律、诚信经营”倡议，号召全行员工向先进学习，向优秀看齐。针对内部审计检查发现的违规违纪问题，对106名责任人员进行从严处理，特别是对5名中层干部在以前年度的违规违纪

12月20日，建行山西省分行举办交通龙卡发卡揭牌仪式

（赵建伟提供）

事件中所应承担的责任,分别处以警告、扣减绩效的责任追究,起到积极警示、教育作用。全行连续四年无案件发生。（赵建伟）

【其他业务】 机构业务社保存款余额246亿元,新增47亿元。其中6家发卡行社保存款余额110亿元,占全行社保存款45%;新增29亿元,占比63%。同时,与19家客户达成“一卡通”合作协议与意向。代理信托计划业务收入3473万元,计划完成率110%。鑫存管存量签约客户28万户,新增2.4万户,同业第一。投资托管业务总规模达85亿元。其中:企业年金托管规模37.5亿元,新增6亿元。投行业务发行理财类、债券类产品49笔207亿元。其中,财务顾问业务收入9244万元,理财业务收入27851万元,债券承销收入5229万元。资金渠道拓宽,通过个金、财私、电子银行等渠道销售67亿元。房金业务个人贷款投放2.7万笔65亿元,余额150亿元;新增44亿元,增速41%。其中,个人住房贷款新增39亿元,个人消费经营类贷款新增4.48亿元,均居四行第一。住房资金存款余额216亿元,四行第一;新增26亿元,占对公存款新增84%。住房公积金贷款余额91.7亿元,新增26亿元,均为四行第一。小企业业务贷款余额92亿元,新增45亿元,增幅95%。其中,非贴贷款余额84亿元,新增45.7亿元。信用卡业务累计发卡102万张,同业排名第二;新增发卡36万张,同业排名第一。消费交易额272亿元,同业排名第二。信用卡分期贷款余额8.5亿元,新增4亿元,增幅90%。实现信用卡分期交易额13.96亿元。电子银行业务客户总量1240万户,新增315.5万户。个人网银活跃客户、手机银行活跃客户、短信银行分别新增29.4万户、20万户、78万户。电子银行账务性交易量比44.5%。学生惠签约总量30万户,新增签约17万户;悦生活年度交易量76.7笔;E动终端网日均签约量11.1笔。票据业务累计办理贴现业务307亿元,累计办理电子银行承兑汇票贴现20亿元。（赵建伟）

·中国邮政储蓄银行山西省分行·

【概述】 2013年,中国邮政储蓄银行山西省分行坚持“加快转型、强化基础、稳健发展”战略定位,明确“调整业务结构、转变增长方式”主旨,以市场为导向、客户为中心,加速推进业务发展,依托覆盖城乡的网络优势,坚持服务“三农”、服务社区、服务中小企业的市场定位,自觉承担“普之城乡,惠之于民”的社会责任。

2013年5月,获省总工会金融工委颁发的“银行卡受理市场建设三等奖”;8月,在全省银行系统柜面业务职工技能大赛中,被省劳动竞赛委员会荣记集体三等功一次;获省总工会金融工委、人行太原中心支行“山西省银行系统柜面业务职工技能大赛团体第五名”。（许 超）

【普惠金融】 一是服务“三农”发展。通过深化机构改革、创新涉农产品、开展第三方合作等举措,进一步延伸服务广度和深度。2013年发放小额贷款32.19亿元,使近4.6万小额贷款者从中受益。二是助推小微企业成长。从组织机构调整、创新金融产品、升级服务模式、搭建服务平台等维度,助推小微企业成长。全年为29495户小微企业提供57.65亿元的资金支持。三是服务社区居民。依托遍布城乡的线上线下网络优势,代缴代发养老金891.7万笔、销售个人理财52亿元、发放个人消费贷款10.02亿元、信用卡7.3万张。四是重点项目支持。根据山西省转型综改试验区建设要求,坚持服务“以煤为基、多元发展”战略,加大对煤炭、公路、电力等行业的支持力度,与山西省47家优质企业进行接洽;受理并进行贷前调查山西煤炭运销集团有限公司等26户企业;授信客户额度达127.64亿元,累计放款22.264亿元。参加银团贷款,支持省内重点项目、重点客户7笔,总额39亿元。优化债券授信政策,拓宽准入标准和授信额度,投资同煤集团债券3.5亿元。（许 超）

【经营模式优化】 一是完成机构改革。实现前中后台分离制衡,本部设5个高级管理委员会、19个职能部门、1个临时机构和1个直属支行;辖内共11个二级分行、96个一级支行。全省共有金融网点1218个,其中自营网点269个。二是利润中心初见成效。非标债权资管计划项目落地;与华夏大连分行合作开创全国同业主动负债先例;同业融资余额创历史新高;首开电票交易,业务种类进一步丰富。成立临汾、晋城、大同3个票据中心,全省累计直贴、转贴金额创历史新高。探索推进省直属支行产品发端行和资金结算行建设,全年发端项目4个。三是差异经营挖潜优势。县域着眼三农,出台一级支行增效晋级考核办法,增强县域机构发展活力;城市着眼批发,主打公司、资金等业务,在大同试点打造“城市零售信贷工厂”,升级改造运营模式。（许 超）

【风险防控强化】 一是开展合规活动。组织两次大讨论,明确高职高管合规决策和员工合规操作两个重点;开展“春雷百日清收活动”和“资产保全专项行动”,有效降旧控新。二是加强风险监测。健全资产质量监控指标体系,实时监测重点业务区域风险。三是梳理制度流程。查找经营管理环节漏洞,出台各类制度42个,修订、完善、细化制度15个,涵盖财务审批、风险管控、员工管理等。四是注重风控审计。明确各单位“一把手”主管风险,提升各专业风险管理委员会作用;重点围绕零售信贷业务,开展专项审计11次;成功堵截风险事件5起。（许 超）

【能力建设】 一是物理平台优化。新增56个县域为一级支行;装修改造网点24个,其中迁址混业网点4个;向邮政移交乡镇网点18个。省行本部大楼、晋中、吕梁、运城市分行及襄汾、高平县支行获批建设。二是电子平台拓展。起步离行式自助银行和离行式单机ATM建设,实践合作运营模式,分别完成选址20处和64处,新布放ATM13台、CRS34台、电子银行体验机347台。三是科技能力提升。配合总行完成7个统建重点项目，100个自营网点接入省中心机房，实施本部金融生产、管理、办公“三网”改造，自主开发网点损益核算、ATM生产、网点大额交易信息发布系统，完成业务数据分析需求105个。

（许　超）

·中国农业发展银行山西省分行·

【概述】2013年，中国农业发展银行山西省分行围绕省委、省政府的战略部署，履行农业政策性银行职能，保证粮棉油收储资金供应，支持农业产业化经营和农村流通体系建设，加大对全省城乡发展一体化支持力度，促进全省“三农”工作发展。全年累放各类贷款114.4亿元。各项贷款余额343亿元，较年初增加6亿元；各项存款余额86.4亿元；实现账面利润5亿元，完成总行下达利润计划的128%。

（史俊丽）

【信贷支农】1.争取政策，为支持全省“三农”工作创造有利条件。一是争取总行政策支持。为加大对城乡发展一体化的支持力度，省分行主要领导先后3次向总行行长郑晖及分管行领导进行专题汇报，争取总行对山西的政策支持。总行表示对山西省政府重点项目在贷款受理、评审和信贷资金规模安排上予以倾斜，对资金需求急切的重点项目，可申请特别授权，特别允许山西分行结合当地实际，对“扩权强县”、太原市城中村改造、省内采煤区治理农民整村搬迁和农村人居环境改造等项目的办贷模式进行创新支持。在2013年银行业信贷规模整体偏紧情况下，总行对山西省信贷规模和资金需求足额供应；对国有粮棉购销企业历史原因形成的不良贷款，总行在呆账核销政策上给予倾斜，全年核销呆账1.5亿元；支持省分行对包括商业性贷款在内的各项贷款全面执行基准利率，为全省信贷支农提供低成本资金。二是服务地方经济发展大局。省分行与地方党政和有关部门保持密切联系，主动汇报，加强沟通，积极作为。针对总行新出台的关于支持中央及省级政府投资项目的优惠政策，在第一时间向省政府进行汇报，提出相应的措施和建议，落实省长李小鹏和有关副省长的批示精神，主动协调省有关涉农部门开展项目对接。三是推动项目落实进度。省分行与省金融办、省财政厅及有关涉农厅局等12个部门负责人，共召开4次项目融资对接会。

2.上下联动，加大信贷投入力度。一是加大重点项目支持力度。全行上下联动，抢抓机遇，及时跟进，重点支持晋中市土地收购储备中心九个村农村土地收储项目、大同市御东新区农民集中住房改造工程等新农村建设项目、长治市主城区环城水系综合治理截污项目，以及农村生态综合治理、文化教育和卫生设施等城乡配套公共服务项目。全年累计发放农村基础设施类中长期贷款32亿元，支持续建项目22个、新建项目15个。年末累计支持项目135个，其中省级4个，市级24个，县级107个。二是保证粮棉收储资金供应。围绕保证全省粮食安全、稳定物价和保护农民利益等政策目标，支持全省粮棉油的储备和流通。全年累计发放粮棉油购销储贷款43.3亿元，其中：发放储备和调控贷款20.9亿元，比上年增加13.9亿元，确保各级粮食储备体系建设和粮食市场调控资金需求；发放粮油购销贷款21.4亿元，满足各类购销企业收购资金需求。三是支持农业产业化经营。围绕省政府提出的“513工程”，支持全省农产品、畜产品精深加工、特色高效农业等领域的产业化龙头企业做大做强。全年累计投放贷款51.6亿元，重点支持山西粟海集团有限公司、长治市金泽生物工程有限公司、山西华晋纺织印染有限公司、山西振东制药股份有限公司等粮棉油和农林牧副渔产业化龙头企业发展。四是支持农村流通体系建设。围绕省政府提出的“菜篮子”“米袋子”重点项目建设，全年累计发放农村流通体系建设贷款8.5亿元，重点支持化肥、糖、猪肉和烟叶等储备项目。为保证“两节”市场供应，重点支持太原市河西农产品、太原市清徐县美特好等农产品批发和现代物流项目。

3.强化职能，提升信贷支农作用和社会效益。持续投入信贷支农贷款，发挥政策性信贷支农作用，提升社会效益。一是在城镇化和新农村建设等方面。支持续建项目23个、新建项目14个。支持病险水库除险加固，增加蓄水3.2万立方米，改善灌溉面积55.7万亩，缓解7万农民饮水问题，修缮疏浚河道沟渠110千米，治理水土流失3360亩。收储整理土地3.1万亩，整治村庄22个，新增农民住房12.5万平方米，改善1万多户农民住房问题，新建和改建农村道路1289千米。二是在粮棉油收储方面。除支持各级储备企业政策性收购粮食外，支持企业市场性收购粮食155.5万吨、皮棉15.7万担。通过支持战略性优质客户和产业化龙头企业开展市场化收购，使其年加工转化能力达到20亿公斤以上，占全省年商品粮总量40%，成为农民增收的重要依托。三是在产业化经营方面。年粮食加工转化能力在10万吨以上的大型企业达到11家，长治金泽生物工程公司成为全国排名前五位的淀粉加工企业。在农发行支持农业产业化龙头企业中，有国家级8户、省级21户、地市级70户左右，农发行逐步成为推动山西“513工程”的重要支撑力量。四是在农村流通体系建设等方面。支持企业购进113万吨蔬菜、水果等农副产品，支持家电配送10万件，保证居民的菜篮子工程和农民对家电需要。支持企业储备尿素、钾肥等20多万吨，储备猪肉3350吨、食用糖3977吨，购进农地膜9246吨以及农用柴油、农用机具等。配合政府平抑农资和重要农产品的市场价格，保证农业生产和居民生活需要。

（史俊丽）

【基础管理】1.加强信贷基础管理。一是完善制度建设。完善规范商业性贷款管理，先后下发《关于进一步加强商业性贷款管理的通知》《关于加强商业性贷款客户资金监督管理工作的意见》。规范信贷项目审查审议工作，制定《信贷事项主质询办法》，对审议的每个项目，均指定主质询人对项目调查、审查有关事项进行具体质询,提高项目审议的针对性和深入性。二是强化贷款管理。加强中储轮换管理,下发《地方储备粮贷款管理办法》,推进地方储备粮集中管理。规范粮油收购贷款报备管理和信贷审批项目报审报备工作。加强粮棉促销收贷,2012棉花年度收购贷款提前四个多月实现“双结零”,购销贸易企业粮食收购贷款实现“双结零”。加快落实已批未放中长期贷款的贷前条件,加强对项目资本金的审核,做足做实担保措施。提高商业性贷款调查质量,明确企业自有资金、存款、贷款回笼和贷款“四个比例”为调查、审查重要内容,对机器设备抵押的贷款逐步退出,确保商业性贷款准入达标、需求合理、风险可控。三是提高办贷效率。下发《关于明确贷款项目报送审批时限的通知》,对信贷项目在受理、推荐上报、调查、审查等各环节办理的时效进行明确,提高办贷效率。按照关于加强CM2006信贷管理系统建设工作的有关要求,推动无纸化办贷工作。

2.加强财会基础管理。一是夯实财会基础。组建财会检查辅导大队,开展财会辅导检查,防控操作风险。落实坐班主任待遇,提高坐班主任岗位系数,调动财会人员工作积极性。开展财会业务技能竞赛,参加全国财会人员业务知识考试,提升队伍专业素质。推广人民银行二代支付系统和综合业务系统改造模块上线工作,综合业务系统保持安全稳定高效运行。二是严格费用管理。修订《财务资源配置办法》,按照“统一标准、增加总量、一次亮底、激励发展、倾斜基层”的原则,合理测算分配财务费用指标,财务资源向业务量大、经营效益好的机构倾斜。落实中央“八项规定”以及《党政机关厉行节约反对浪费条例》《党政机关国内公务接待管理规定》,从严控制消费性支出,对以前年度发生费用挂账的基层行相关责任人进行严肃处理。

3.加强合规管理。一是细化合规管理要求。完善市县两级行信贷、财会专业合规管理达标标准,在市级分行和部分县级支行进行试点测试,严格达标考核。做好违规积分管理,对员工的违规行为进行积分登记。规范合同管理,统一《合同文本法律审查意见书》格式,对非格式合同文本,进一步明确合同审查流程及工作要求。二是强化发现问题整改。以改促管,针对人行、银监等部门的管理要求,专门召开会议,逐条明确责任部门,提出整改要求,并将外部监管评价纳入处室目标考核。组织对全省新发生信贷、财会业务进行跟进审计,对历年审计发现问题的整改进行后续审计,发挥审计监督作用。三是推广内部监督管理信息系统。制定系统上线的实施方案和步骤,组织内部监督管理信息系统推广应用培训,各处室分别修订相关制度和考核办法。确立晋中、吕梁市分行为内部监督管理信息系统应用试点,加强督导,积累经验,为在全系统的推广工作奠定基础。

4.加强案件防控。一是保持案防高压态势。制定《关于深入推进案件防控长效机制建设的意见》,教育员工正确处理好银企关系、上下级关系,转变作风,守牢廉政底线。二是落实案防工作措施。加强对重要岗位、重点部门的监督,建立常态化风险排查机制。推行廉洁从业承诺制,实行岗位廉政风险等级管理,编绘“重要工作职权流程图”“岗位职权目录”,开展警示教育、“两打一防”及“高管谈案防”活动。落实领导干部廉政谈话等三项制度和行务公开制度,加强防治商业贿赂长效机制建设,加大廉政执法监察力度,增强干部员工廉洁意识、风险意识。（史俊丽）

【经营核算】 1.加强存款营销。树立“存款兴行”的理念,推动全员营销,明确分工和职责,落实存款营销责任。各级行班子成员负责对财政性存款进行高端营销,各部门分工合作、各负其责,形成上下联动、各有侧重、持续推进的营销格局。完善激励机制,按月对基层行存款组织工作进行通报和督导,并出台《财务资源与存款组织挂钩激励办法》。拓宽营销渠道,采取延长贷款项目下游企业存款链条、提高承兑汇票保证金比例、吸收政府涉农资金存款等措施增加存款来源。在全国资金市场趋紧、营销难度大的情况下,确保存款相对稳定,遏制存款连续下降势头。

2.提高资金计划运用效率。按照“总量调控、分类管理、优化配置、动态调节”的原则,安排全行信贷计划,建立信贷计划协商机制,按月召开专题会议讨论计划需求,保障各项信贷计划的实施。落实资金流动性平台分级管理责任,加强对全省资金流动性监测和预警,满足全省系统业务办理现金流的正常需要。出台商业性贷款利率定价管理办法,根据客户信用等级评定情况,结合客户存款增长、中间业务和国际业务对分行贡献度确定利率上浮幅度,提高资金使用效益。

3.加强利息收回。加强与地方财政部门的沟通协调,第三次粮食政策性财务挂账贷款利息补贴当年应到1.72亿元,实际到位1.36亿元,到位率79.07%。吕梁市分行利用三年时间将历年的欠补利息资金全部拨补到位,晋中、朔州、阳泉、长治、营业部、晋城当年利息补贴全额到位。加大企业应付利息的收回,对农业农村基础设施建设贷款实行收贷收息日报管理,关注商业性贷款企业付息情况,出现问题及时预警,清收企业历年欠息。

（史俊丽）

·华夏银行股份有限公司太原分行·

【概述】 2013年,华夏银行太原分行围绕山西转型发展,积极调整经营结构,创新工作方法,坚持合规经营,强化内控和风险管理,在支持山西经济发展同时,实现各项业务稳健发展。有同城机构11家,异地机构5家,员工总数691人,资产总额620亿元。

（韩　雪）

【业务发展】 1.客户开发持续推进。在公司、个人、国际、中小四个条线持续开展客户倍增计划,建立客户延伸台账,确定目标客户,加快客户开发与有效户提升,推动客户质、量双增。对公客户总数7321户,个人贵宾客户数17321户,个贷客户数5272户,国际结算客户数340户,新增小微企业结算客户934户。

2.产品运用和服务能力增强。围绕主流经济和重点客户，以传统业务为依托，运用新业务手段，利用债务融资工具、中期票据、委托贷款、票据池、同业代理等产品，满足客户融资需求，共发放委托贷款50亿元，发行非公开定向债务融资工具33亿元，协助企业发行企业债13亿元；围绕“龙盈理财”品牌推广，累计销售理财产品303.4亿元，理财余额54.1亿元，较年初增长48%；通过推广国内信用证、出口双保理、内保外贷等产品发展国际结算业务，国际结算量完成14.1亿美元。

3.信贷投放稳健审慎。在总体信贷规模紧张情况下，合理调整贷款结构，积极退出低效客户，不断优化新增贷款规模和风险资产配置，新增贷款绝大多数投向电力热力、交通运输、煤炭等重点行业，全年人民币对公贷款新增24亿元，年末纯贷款余额328亿元，在支持基础和重点项目建设的同时，适度加大能源资源、综合运输、涉农贷款投放。同时以质量和效益为核心，调整信贷结构，逐步提升贷款定价水平和能力。

4.电子银行业务发展加快。加快推进电子银行的应用，新增POS特约商户537家，激活低效POS特约商户128户，特约商户余额突破千户，新增TPOS1320台；个人网银客户新增23160户，个人电子银行动账交易笔数113万笔；企业网银客户新增748户，交易27万笔；签约煤炭交易中心交易商客户406户，新增网银跨行互联归集261户。电子银行在提升营销、服务和效益等方面发挥积极作用。（韩 雪）

【基础管理】 1.内控建设深入推进。把内控建设、合规管理与案件防控相结合，强化制度精细管理，从制度源头提高风险防控和操作能力，夯实内控建设基础。开展服务收费自律检查和“不规范经营专项治理回头看”活动，连续16年实现全行“零案件”。2013年在山西银监局监管评级中继续保持一级行，在人民银行“两综合、两管理”工作中继续被评为A类行，连续2年被总行评为内控合规先进分行。

2.科技保障管理加强。出台《华夏银行太原分行科技管理委员会工作规则》，创新科管会工作职能，引入科学的决策机制，优化资源配置，提升全行IT管理水平；利用建设同城灾备中心之机，“科技搭桥、营销助力”，同移动公司签订全面战略合作协议，为业务营销创造条件。

3.机构服务能力提升。大同分行、平阳路支行、襄垣支行3个机构相继开业，完成滴汾街、亲贤街两个小微支行筹建并试营业，进一步提高网点服务能力。桃南支行被中国银行业协会评为“全国百佳服务示范单位”。

（韩 雪）

·民生银行股份有限公司太原分行·

【概述】 截至2013年底，中国民生银行太原分行在吕梁、大同设有2家二级分行，开业34家同城支行，其他各形态机构网点176家（包括105家小区便民店，16家小微企业俱乐部，47家自助银行，8家离行单机自助银亭）。截至年底，分行总资产达到850.2亿元，在太原当地13家商业银行排名第二位，仅次于工行；在所有股份制银行中排名首位。各项存款余额775.1亿元，在太原当地13家商业银行排名第五位，仅低于工、农、中、建行，在所有股份制银行中排名首位。各项贷款余额703.2亿元，在太原当地13家商业银行排名第二位，仅次于工行；在所有股份制银行中排名首位，在太原市当地13家商业银行、所有股份制银行的份额占比分别为13.9%和27.0%。

2013年，分行实现全口径报表税前利润35.9亿元，排名太原当地13家商业银行第一，占到其他7家股份制银行利润总额47.8%。

（王 晶）

【与省人力资源与社会保障厅战略签约】 2月1日，分行与省人力资源与社会保障厅在太原共同举行社会保障“一卡通”建设战略签约仪式，正式成为社会保障“一卡通”项目服务金融机构。分行在所属营业网点为社保卡持卡人提供办卡、电话银行、网上银行等综合化金融服务并积极保障社保一卡通持卡人享受银行相关优惠政策。（王 晶）

【获评“中国城市金口碑服务银行”】 4月27日，分行凭借优良监管指标和优质金融服务，被中国金融（专家）年会组织委员会、全国省级金融办联席会议中心、中国金融研究院、中国金融网及中国金融业民意调查中心评为“2012中国城市金口碑服务银行”，标志着太原分行从基础规范服务向特色服务迈开创新步伐。（王 晶）

【小微贷款余额突破100亿元】 4月28日，分行小微贷款余额突破百亿元大关，达到101.23亿元，较年初新增近20亿元，贷款新增额在太原市的市场份额占到48%，小微贷款存量与增量均居太原市金融系统首位，树立分行小微业务发展里程碑。

（王 晶）

【“小微企业成长计划”启动】 全年分8批组织促进会会长单位、商圈管理方、小区物业管理方、城市商业合作社社长等客户参加为期10天的定制化专业课程培训，覆盖全省67个重点商圈近300名客户。培训内容涵盖金融助推产业升级的相关课程，加深客户之间以及与民生银行间的互动交流和情感积聚，也为下阶段整合商圈、整合市场、整合行业打下坚实基础。（王 晶）

【获评第五届银行业“经营管理十佳分行”】 7月6日，由《当代金融家》杂志举办的“2013（第五届）中国银行业分行长论坛暨好分行评选颁奖典礼”在京举行。分行荣获这次“好分行”评选最高奖项——“经营管理十佳分行”，并作为特邀嘉宾出席活动，围绕“银行的转型提升”这一主题做重点发言。（王 晶）

【储蓄存款余额突破300亿元】 8月19日，分行储蓄存款余额突破300亿元大关，较年初新增64亿元，创储蓄存款较年初新增历史最高纪录，实现零售业务里程碑式突破。（王 晶）

【"民生银行杯"小区居民才艺达人秀海选活动】 2013年10月中旬至11月中旬，分行联手太原广播电视台文体频道，利用双休日先后在漪汾公园、富力城小区、太钢小区、老军营小区、体育南路锦绣园小区、清徐支行醋都广场、太原西海子公园、小店世誉音乐广场、亲贤佳地花园小区、南宫广场连续举行十场"民生银行杯"小区居民才艺达人秀海选活动，近4000名文艺爱好者登台演出，演出节目共计726个，在龙城太原迅速掀起"民生达人秀"风潮。太原分行用"全民娱乐"的阵仗，通过雅俗共赏、喜闻乐见、群众参与度较高的大众才艺比赛，塑造民生银行"亲民、惠民、便民"形象，提升影响力和美誉度。 （王　晶）

【山西省小微企业金融服务促进会年会】 12月23日，分行举行山西省小微企业金融服务促进会年会，近500位小微企业成员单位代表参加。大会还举行城市商业合作社餐饮产业联盟仪式、小区物业俱乐部成立仪式、新加坡南洋理工大学民生校友会揭牌仪式等活动。 （王　晶）

·晋商银行·

【概述】 截至2013年底，晋商银行全行资产总额达1315.13亿元，各项存款余额887.26亿元，各项贷款余额403.06亿元，当年实现经营利润20.84亿元、净利润13.49亿元；全行共设营业网点65家，除在太原地区设有54家经营机构外，还在大同、朔州、吕梁、临汾、运城、长治、忻州设有7家分行及孝义、河津、洪洞、柳林4家县域支行，金融服务辐射范围得到延伸。

晋商银行在持续支持全省经济转型发展的同时，积极调整信贷投向，着力提升小微客户、个人贷款客户的贷款比例，加大对节能环保、循环经济项目的信贷支持力度。2013年，全行累计向各类企业提供一般贷款370.69亿元，其中113.33亿元贷款投放到小微企业。

晋商银行不断拓展客户群体，拓宽服务范围。8月5日，取得证监会基金代销资格牌照，在向资产管理与财富管理领域迈出重要一步；10月25日，基金代销业务成功上线并试运行；11月1日，基金代销业务发布会暨签约仪式召开，基金代销业务正式开启。8月20日，晋商银行与腾讯公司合作推出"晋商银行腾讯生活圈联名借记卡"，此款联名卡依托双方庞大的客户群体，以打造"便民、利民、惠民"生活圈子为主题，将线上和线下的增值服务整合到一个平台上来，共同为全省人民提供"一站式在线生活服务"，实现山西市场银行卡产品与腾讯微博生活服务的全面融合。9月13日，晋商银行牵头成功注册发行第一笔债务融资工具，是晋商银行发展结构性融资、满足优质客户多元融资需求的又一实际举措。此外，还推出"卡易贷"循环贷款业务、手机银行业务等新型业务。

7月4日，全国政协副主席、民革中央常务副主席齐续春带领民革中央调研组在晋商银行调研 （张　晶提供）

晋商银行对人才培养给予高度重视。2013年3月，组织全行64名青年骨干赴清华大学进行为期一周的集中培训，旨在提高青年人才的综合素质和履行能力。10月，晋商银行博士后科研工作站申请正式获得人力资源和社会保障部、全国博士后管理委员会批准。

晋商银行良好发展态势吸引有关领导关注。7月4日，全国政协副主席、民革中央常务副主席齐续春带领民革中央调研组到晋商银行，就深化金融体制改革进行专题调研。3月22日，省委常委、常务副省长高建民、省政府副秘书长韩和平一行到晋商银行调研指导工作。 （张　晶）

·山西省农村信用社联合社·

【概述】 2013年，山西省农村信用社联合社围绕建设"现代金融企业集群"这一主题，抓改革、促转型，严管理、控风险，强服务、惠三农，实现各项工作稳中有进、稳中有为。借助党的群众路线教育实践活动，结合农信系统实际，开展"比学习促整改、比作风促经营、比业绩促转型"主题竞赛活动，统一思想抓改革，齐心协力促转型，集中精力谋发展，转变作风聚合力，推动改革发展取得新进展、新突破、新业绩。 （聂宏伟　雷鹏锋）

【业务发展】 省农信社正确处理规模、质量、效益的关系，提质增效，推动业务发展，实现各项主营业务快速稳定增长，提高收入水平和经营效益。2013年，资产总额接近8000亿元，总额达到7957亿元，较年初增加1484亿元，同比增长23%。各项存款突破5000亿元，余额5015.24亿元，比年初净增695.6亿元，增长16.11%，同比多增78.24亿元。各项贷款突破3000亿元，余额3134.99亿元，比年初净增468.9亿元，比年初提高0.79个百分点。涉农贷款余额2621亿元，同比增加371亿元，增速17%，高于各项贷款平均增速1.02个百分点。不良贷款有效夯实。借助信贷管理系统全面上线之机，基本调实不良贷款形态，夯实信贷资产质量。在此基础上，全年累计清收不良贷款108亿元。经营效益提升。实现各项收入同比增长16%；经营利润同比增长12%。

（聂宏伟　雷鹏锋）

【支持地方经济】 2013年，开展“山西信合强农兴社金融服务工程”，实施阳光信贷、富民惠农金融创新、金融服务进村入社区“三大工程”，提升服务“三农”、服务客户、服务群众、服务地方经济的能力和水平，更加积极、主动地融入到全省转型跨越发展大局当中。

1.加大服务“三农”力度。启动实施“强农兴社金融服务工程”，加大对农业龙头企业、农民合作社、家庭农场、专业大户、联户经营等新型经营主体支持力度。截至年底，全省信用村总数达6804个，信用农户总数达290万户，巩固和扩大支持农业龙头企业1206个，支持“513”农产品加工企业221个、农民合作社1861个；设施蔬菜产业贷款余额达42.82亿元，新增7.59亿元；支持大同、晋中、运城等市县的684个特色优势种（养）基地（园区），扶持辖内部分区域形成“一村一品”“一县一业”的生产格局；投放贷款32.17亿元，支持44188名农村青年创业。累计发行信合通卡1549.82万张，建设自助网点1271个，安装取款机1145台，存取一体机493台，多媒体终端54台，布放POS机具28120台，发展特约商户25401户，拓展银行卡助农取款服务点15991个，91个县级机构开通网银业务，为400余万农户提供金融服务。

2.支持小微企业发展。依托省金融办“山西金融服务平台”，支持已发布重点项目，成功对接679户，签订合同并总融资意向为108.26亿元，投放贷款56.53亿元。同时，构建小微贷款绿色通道，探索创建小微企业金融服务专营机构，推出“小微贷”“土地经营权抵押贷款”“存货质押贷款”“林权抵押贷款”等专属产品。截至年底，农信社支持的小微企业达7.6万户，较上年增加1.4万户，贷款余额达到1442亿元，较年初净增324亿元。

省联社与省人社厅、省国资委、省商业厅等签订战略合作协议，支持全省经济社会发展　（聂宏伟提供）

3.对接全省重点工程。根据省委、省政府“百企千村产业扶贫开发工程”安排，与省国资委签订战略合作协议，主动融入，快速跟进；先后与省商务厅、省人社厅、汾酒集团、省农机局、中国出口信用保险公司山西分公司、省煤炭资源交易中心等签订战略合作协议，加快建设全省农村商贸流通体系，解决全省中小企业融资担保难问题，支持发展原粮基地、饲料加工以及肉食品深加工产业发展；根据省政府下发的2013年全省重点工程项目，将信贷资源优先向有政策支持、有产业优势、信用良好的企业（项目）倾斜配置。支持兰花集团、煤销集团、同煤集团、天然气集团、春天时尚家居广场等省内大型优质企业，推动地方经济转型跨越发展。

（聂宏伟　雷鹏锋）

【促进合规稳健经营】 省联社从提升全系统管理水平入手，加强制度建设，强化内控管理，增强规范化、系统化、科技化管理能力，推动全省农信社合规稳健经营。

1.加强内控制度建设。增强内控制度的适应性和覆盖面，全年订立24项，修订38项，废止规范性文件10项。省联社现行有效的制度为297项，基本形成覆盖各项业务、各个环节的制度体系。

2.加强信贷管理。研发上线新一代信贷管理系统，年底已有8个市上线；开发完成个人和企业征信管理系统，动态监测大额贷款风险，试行办事处（市联社）权限内咨询贷款报备审核制度，推进阳光信贷，支持实体经济发展，调整信贷结构，拓展新型农业主体，加快小微企业专营服务进程，提升金融服务水平。

3.加强财务管理。全面实行新的监管标准，加快《商业银行资本管理办法》实施步伐，强化资本约束机制；推进远程授权、事后监督及风险预警管理三大系统上线运行；开展代保管抵（质）押品、存款风险、服务收费自律制度执行情况等多项检查，提升财务管理和会计营运水平。

4.加强风险资产管理。建立健全不良贷款听证问责制度，细化不良贷款激励机制，清理已诉讼贷款，加大表外不良贷款以及抵债资产的清收力度，借助信贷管理系统上线之机，摸清不良贷款底数，提高信贷资产质量。

5.加强人力资源管理。省联社坚持“重品行、重业绩、重民意、重程序”的“四重”原则，选拔任用干部，引进高级管理、科技、营销等方面专业人才，培养后备人才梯队，发挥好考核“指挥棒”和“风向标”作用，采取多种形式强化员工培训，全年累计培训达到23万人次，提高全员综合素质。（聂宏伟　雷鹏锋）

【提升核心竞争力】 省联社成立科技信息系统建设工作组、人才招聘工作组，负责综合业务系统升级改造和数据中心、灾备中心建设、科技信息人才招聘等工作，引进科技信息专业人才6人，招聘科技信息人才12人。

截至年底，省、市、县三级视频会议系统启用，办公自动化系统试运行；人行二代支付系统、农信银二代支付清算系统、反洗钱信息系统等应用系统建设进度加快，IC卡系统上线试运行，信贷管理系统上线8个市，远程授权、事后监督及风险预警管理系统上线8个市；完成集中财税库银、全省非税业务系统、银企直连、外汇及保险代理业务系统及多项地市特色业务系统建设工作。

（聂宏伟　雷鹏锋）

【风险管理机制】 全省各级农信社牢记案件防控第一责任，树立全面、全员、全程防控风险理念，采取动态、差别、立体式防控风险办法，坚持人防与机防、内防与外防、全面防与重点防相结合，强化责任落实、检查整改和责任追究。发挥各级、各条线、各部门职能作用，借助政府、社会、司法等多方面力量，建立起上下联动、纵横交错、内外互动的风险防控体系，加大稽核检查及业务条线检查力度，加大对查出问题、监管意见的督导整改力度，加大对直接和间接责任人的处罚和处理力度，解决屡查屡犯、查而不改、重查轻处等问题，最大限度地发现风险苗头、堵塞隐患漏洞，确保全系统安全稳健经营。

2013年，全省农村信用社持续推动风险管理机制建设，开展代保管抵(质)押品、存款操作、已核销贷款、银行卡、债券业务以及理财、信托和贵金属业务大检查；开展突发事件应急处置预案演练；开展“两打一防”专项活动，做到社社不漏、人人过关；出台《员工违规行为处罚办法》，并组织全员培训，增强全员遵规守纪意识、合规操作意识和安全经营意识；推动案防长效机制建设，运用序时稽核、突击稽核、专项稽核、接管稽核、非现稽核、集中稽核“六种手段”，引深开展内控评价、管理评价、整改评价“三个评价”，统筹提升队伍履职、信息沟通、落实执行、作风建设、组织领导“五种能力”；强化安保工作，推进标准化建设，提升管理水平；开展廉政文化建设，加大案件查办力度，做好信访维稳工作，为全省农村信用社转型跨越发展创造良好环境。

（聂宏伟　雷鹏锋）

【现代金融企业集群建设】 省联社针对农商行改制进度较慢问题，确立“抓标杆社、抓高风险社、带中间社；大带小、好帮差、强扶弱”的原则，加快工作进度，深入推进。截至年底，全省110家县级法人机构，向省联社提出改制58家，省联社批复同意51家，挂牌成立开业或召开创立大会的20家。

1.推进改制工作。转变观念，调整思路，加快推进农商行改制步伐，特别是对改制中的“老、大、难”问题，多策并举，稳步推进。对已改制的农商行，树立标杆，示范引领，帮扶带动；对同业竞争激烈、具有金融辐射周边效应的市辖城区联社，加快推进改制进程；对经济发展潜力大、二三产业占比高、城镇化建设快的县市联社，抢抓机遇，尽快启动；对已批复重组改制的高风险联社，市县两级合力攻坚，力求成功。2013年，运城、清徐、长子、黎城等4家农商行挂牌开业，忻府区、平遥联社召开创立大会，太原农信社改制经省政府批复同意，朔州等市城区机构积极筹备启动组建农商行程序。

2. 处置高风险社。实行省联社领导包片负责制，督促推进高风险社化解处置工作。省联社争取相关政策，指导监督高风险社相关风险指标进度情况，协调推进并购重组工作。坚持“自救式化险和市场化重组”两个轮子一齐转的思路，按照监管引领、政府主导、自身努力、行管支持、多方参与的“五位一体”工作模式，采取引进战略投资、政府扶持、增资扩股、股东购买不良资产等措施，内化外促尽快化解处置高风险机构。截至年底，共有26家高风险社提出筹建农商行申请，获省联社筹建批复24家，其中挂牌开业4家，长治潞城农商行成为全国同行业化解高风险社的典型。

3.完善法人治理机制。按照《山西省农村信用社县级联社理(董)事会尽职指引》三个管理办法，指导县级联社完善法人治理结构，建立健全法人治理管理制度，促进县级联社逐步形成形神兼备的现代金融企业的法人治理体系，为实现转型跨越发展提供组织保障。（聂宏伟　雷鹏锋）

农信社“流动服务车”现场办公　　（聂宏伟提供）

保　险

·中国人民财产保险股份有限公司山西省分公司·

【概述】 2013年,人保财险山西省分公司以“共同愿景、精品目标、同心家园”三位一体精品战略为指引,加快以客户为中心转型,将履职尽责和作风转变贯穿工作始终,战略定力增强,对标市场进取,与时俱进转型,真抓实干攻坚,业务发展逆势而上,经营效益保持良好。全年实现保费收入62.58亿元,同比增长3.34%,实收保费62.39亿元,同比增长3.35%,双双突破62亿元;市场份额42.53%,保持区域市场引领地位;新型渠道保费突破10亿元;健康险专项保费跨越1亿元。在大幅增提未决赔款准备金基础上,持续保持承保盈利,4个市分公司综合成本率控制在95%以内。

（茹哲峰）

【服务品质提升】 车险万元以下案件理赔周期11.53天,同比提速23.7%,排名系统前列;亿元保费投诉量同比减少23.56%。（茹哲峰）

【品牌价值彰显】 累计承担各类保险责任金额1.88万亿元,超过同期山西GDP总额,尤其是农险、大病保险、各类责任险、工程险保障金额达6708.52亿元,服务社会民生和在大格局中谋发展能力提高;处理各类赔案77.66万件,累计支付赔款42.86亿元,同比增长32.47%;上缴税金4.52亿元。获省委、省政府“支持山西经济发展贡献奖”,是全省唯一获奖的财险公司,也是唯一连续三年获该荣誉称号的财险公司。（茹哲峰）

【精品建设】 立足总公司新时期发展战略,以“三位一体”精品创建为转型发展引擎,强化大格局理念和价值创造思维,推进精品战略、对标市场、效益导向、品质提升“四个不动摇”,全省建成37个精品区县窗口,涵盖城区、县支、理赔中心和出单中心,辐射带动,精品意识成为行动自觉。

（茹哲峰）

【发展格局优化】 实施“以增量调存量,以车险促转型,以非车险增价值”策略,车险结构优化,启动“一把手”工程,突出家自车发展,加强优质客户获取,车险保费46.61亿元,家自车同比增长13.46%,第一客户群扩大。重大项目巩固,推广市场地图,落实重要客户服务区域责任制,新增中小企业客户500个,省属重点企业主导地位巩固,工程险市场份额同比提升7个百分点。蓝海拓展显效,参与社会管理,省级政府合作领域达12个,启动食品安全生产责任险战略合作,环境污染责任险试点企业开拓,非煤矿山安全生产责任险保费翻番,晋中、阳泉实现大病保险市级统保。农网产能释放,以三农综合保险全覆盖为目标,推广“龙岩模式”,自主开发10个区域性农险产品,政策性和地方特色险种达16个,涉农险种达29个。开展电销“三进入”、网销“人人有单、全员体验”活动,新型渠道保费突破10亿元,保持区域第一品牌,手机远程销售终端市级全覆盖。（茹哲峰）

【成本管控】 坚持效益第一,推进低成本战略,强化承保风险识别,推广ARC定报价系统,车险折扣率同比下降1.69个百分点;完善理赔稽查机制,推行人伤案件诉调对接,挤水分,降案均,综合赔付率改善;完善销售费用差异化配置,对接市场,分类管理,优质业务占比提升;实施费用预算管理,厉行节约,全省会议费、招待费同比减少1200万元。（茹哲峰）

【丰富客户体验】 以客户需求为原点,推进客户服务标准化、差异化建设,健全服务质量闭环管理体系。开展“优化客户体验、争创一流服务”大讨论和“后台体验前台、前台体验客户”活动,推行服务标准话术和平台限时服务承诺,客户响应能力提升;创新小额案件快处机制,一日结案率超过50%;完善客户俱乐部建设,新增增值服务21项;健全投诉问责机制。

（茹哲峰）

【完善内控机制】 风险防范体系健全。开展“合规文化宣导月”活动,全员主动合规意识增强;前置风险管控,实现流程评估、内控评价、风险排查常态化管理;落实“正风肃纪”专项治理,集中清理会员卡,上报“个人会员卡零持有报告”。全省坚守合规经营底线,全年无重大行政处罚案件发生。（茹哲峰）

【年度获奖】 2013年,公司被省直文明委命名为“省直文明和谐单位标兵”;临汾市开发区支公司获共青团中央“青年文明号”,晋中市分公司营业一部、吕梁临县支公司获共青团山西省委“青年文明号”,晋城市分公司被省金融工委授予“山西省金融系统五一劳动奖状”,阳泉市分公司副总经理韩伟被省金融工委授予“山西省金融系统五一劳动奖章”,运城河东支公司被省金融工委授予“先进基层”,长治市分公司张晋平被省金融工委授予“优秀工会工作者”。（茹哲峰）

·中国人寿保险股份有限公司山西省分公司·

【概述】 2013年,中国人寿山西省分公司实施创新驱动总战略,以深化改革为动力,稳中求进,攻坚克难,奋力拓展,各项工作取得成绩。

1. 预算执行状况较好。首年标保、新单保费、首年期交、首年10年期和短期险,分别完成全年预算79.1%、73.9%、90.6%、99.3%和102.3%。其中,个险首年期交、首年5年期、首年10年期,分别完成预算96.4%、96.3%和95.5%。团体短期险、意外险分别完成预算110%和114.6%。

2. 业务转型势头强劲。业务发展呈现“一稳一调五增长”态势。“一稳”,就是总体业务稳增长。总保费收入95.97亿元,基本与上年相当。“一调”,就是首年3年期交深度调整,保费收入0.99亿元,同比回调37.08%。“五增长”,就是五项价值业务较快增长:首年期交保费收入11.81亿元,增长25.6%;首年5年期保费收入3.76亿元,增长19.8%;首年10年期保费收入6.3亿元,增长59.6%;短期险3.38

亿元，增长15.3%，首年标保5.75亿元,增长30.5%。五项价值业务增长率均居于全国系统领先位次。

3.市场控制能力增强。总保费市场份额36.5%,变动率处于可控范围。个险首年期交、银保首年期交和团体短期险等价值业务的市场份额,分别达到34.6%、30.2%和38.9%,分别较上年提升4.8%、7.6%和3.2%。公司获得阳泉市城镇居民大病保险、运城市7县区新农合和6县区城镇居民大病保险、吕梁孝义市新农合大病保险和忻州市城镇居民大病保险的承办权。完成代理产险业务1.73亿元,代理企业年金1.28亿元。

4.经营效益提升。新单费用同比增长37%，净增8700万元。与此同时,费用预算控制率87.6%,业务推动预算执行率70%，重点行政办公预算执行率72%,会议费、招待费同比分别下降37%和31%。特别是落实“变花的为发的”的经营思想,员工薪酬创历史新高，达到3.3亿元；人均薪酬增长14%,人均工资增长12.3%。死亡重疾给付控制率、续期收费率、退保率等利润指标执行情况良好，考核得分处于全国系统靠前位次。

5.满期高峰平稳度过。全年累计处理满期业务19.84万件，实付满期金49.82亿元;办理退保业务10.74万件,给付退保金18.03亿元。累计处理相关纠纷8394件。 (刘建珍)

【提升预算】 一是调整经营管理着力点和指挥棒。宣导预算指标是衡量业绩的准确标尺,淡化全国排位规模位次,对接经营指标和职能指标。注重发挥预算指标的调控作用,追求市场控制、价值提升、经营效益等多目标平衡,特别是主动调整新单和3年期交保费，提升发展质量和效益,实现规模与价值协调发展。二是推进销售组织方式创新。个险精心搭建“黄金风暴产说会”“客户升级办理会”等创新销售平台,银保学习借鉴“我爱3300”“精品网沙”“HPC”等创新销售项目,团险创新拓展“政保业务”“对公寿险”“计生保险” 等新型业务,提高渠道预算的对标刻度和业绩平台。三是严格执行公司治理标准,加强绩效考核结果运用。对完不成预算的行为坚决实行“零容忍”。坚持“用制度管事,按规则行事,以指标评事”。省公司根据绩效考核及排名结果，对3名市级公司经营班子领导降级使用。

(刘建珍)

【渠道专业化】 一是落实垂直管理职能,增强渠道专业经营能力。个险新单创费同比增长49.95%；同时,获得总公司制度成本8100万元，其中基本法支出5780万元。团险增量增效成效明显，业务总量由上年2.2亿元提高到2.7亿元；短期险赔付率37.11%,较上年下降8个百分点;实现新单创费7725万元，同比增长42.15%。二是把握制度经营杠杆,加强基础管理工作。个险开展高管、主管、营销员三个层面的基本法路演,建立与基本法配套的职场、会议、品质等管理办法,构建起多层次的“周经营、月分析、季辅导”工作模式;银保初步构建以统一的保险规划师基本法为核心的七项基础管理制度;团险完善代理制人员管理,实现销售人员管理系统上线。三是遵循队伍发展规律,构建长效机制。个险在三季度建立以“1020”工程为载体的长效举绩机制,在四季度启动以“龙腾”为主题的人力发展三年规划,完善“新人生产线”和“代资考”训练;全年月均举绩人力9021人,月均增员率1.4%,季均晋组率2.45%。银保于四季度制订实施在销售、底薪、培训、项目运作等方面,全方位支持销售队伍的保障方案。团险按照“围绕业务发展、增员管理并重、集中常态结合”的新策略,于四季度启动“抱团打天下”增员工作。

(刘建珍)

【倾斜基层实施】 一是加大专项投入。省公司在“个险队伍建设”“银保队伍定期保障”“销售队伍培训支持”和“农村网点建设”等方面投入高达2100万元。二是优化资源配置。统一制订区县公司开门费、综合费用最低标准,实行定额加提成的费用配置方式。全省系统非人员经营管理费用支出,市县公司占比高达92.25%,省本部占比仅为7.75%。员工薪酬和职工工资总额增量全部倾斜基层。各市公司投入销售条线的资源明显高于行政运营部门,机动资源也由原来“事后补予”变为“事前分配”,公司系统机动调剂资源降到历史最低水平。三是推进首年新单与个人收入直接挂钩的激励机制。 (刘建珍)

【运营服务效能提升】 一是加快推进展管实质分离，优化运营条线省级集中管理。优化岗位配置和职能设置，实现条线绩效省级直接考核和薪酬省级集中发放；制订实施涵盖全体客服人员的绩效考核办法，从工作量、工作质量、服务满意度、执行力等多个维度实施考核；健全客服条线的考试考核与排队排名制度,开展阶梯式、制式化培训,提升客服人员专业技能。二是推行运营集约化项目。实施电话核保、打印外包等,推行日清日结制度,搭建起理赔统一作业平台；契约端对端时效由11.71天优化到7.36天,保全给付转账率由70%上升到95%以上,五日内结案率从93.12%提升到97.61%；新开通电话通知服务24项，续期缴费提醒短信发送成功率67.73%，95519电话服务好评率99.66%;信息技术平均工单处理时效从8.8小时降低到1.9小时。三是开展形式多样的服务活动。开展农村客户集中服务创新活动,服务农村网点166个，服务农村客户31000人次;开展“颗粒归仓”保单复效专项活动,公司系统共计复效保单23459件，复效保费9060万元;开展保单借款催还活动，借款超长展期率由60%下降至43%;组织开展“信息学习季”“信息安全季”“信息服务季”系列活动。

(刘建珍)

【风险管控能力增强】 一是继续开展销售误导综合治理工作,营销员违规案件同比减少46.2%，新单和犹豫期电话回访成功率分别高达99.02%和95.8%,处于全国系统领先位次。二是加强监督检查。针对关键岗位人员实施现场检查267人次,配合区域审计中心等单位开展内审14批次,开展7份审计意见书的整改工作。开展集资诈骗案件专项治理工作，开展专项检查80余次，发现并整改23处不规范问题。三是严防媒体危机。持续加强媒体舆情监测，应对并果断处理负面舆情35次。（刘建珍）

【高管队伍建设】 一是发挥政治优势。在省公司开展党的群众路线教育实践活动，延展教育实践活动界面，组织市级党委增开一次以“反思八大问题，转变领导作风，提升班子合力，确保预算达标”为主题的民主生活会，各级领导干部作风改进，主动为基层和群众排忧解难；在全系统开展“2014年首季开门红思想、方法、行动大讨论活动”。二是加强高管能力培养。以绩效辅导为抓手，建立季初和季末集中辅导制度，省公司对市公司集中辅导7次；以培养职业经理人为目标，建立三级高管人员大培训制度，集中举办大型培训8期，提高队伍素质。三是构建人才梯队。从全辖选拔县级后备干部85名，综合采用实践锻炼、集中培育等措施，省公司直接集中培训30天。（刘建珍）

·中国太平洋财产保险股份有限公司山西分公司·

【概述】 2013年，山西分公司转变增长方式，优化业务结构，推进“以客户需求为导向”战略转型，提升核心竞争能力和客户服务能力。全年实现保费收入13.4亿元，同比增长15.3%。其中，机车险保费收入11.06亿元，同比增长19.17%，非车险保费收入2.35亿元，与上年持平。赔款支出7.09亿元，简单赔付率52.91%，同比增长3.73个百分点。截至年底，辖内共设10家地市中心支公司，57家县级支公司。3月，公司获“支持山西转型跨越发展突出贡献奖”称号。全年山西分公司业务平均增速20.8%，业务规模占比70.96%。截至年底，县级机构业务规模超过两千万的有1家，超过一千万的有11家，超过500万元的达到20家。县级机构完成保费收入3.72亿元，占地市机构业务总规模39%，成为地市机构业务增长生力军。（周苗为）

【车险相关业务】 增强销售能力，强化业务数据分析应用和业务督导，提升车险精细化管理水平。合理运用核保政策，提高车险产品市场竞争能力。

发展非车险业务。加强竞赛督导，激发销售动力。创建有效机制，强化续保管理。发展分散型业务，为非车险注入活力。强化重点险种培训，提升销售能力。提高服务水平，促成大项目达成。针对部分地市机构非车险业务发展滞后的现状，组织相关人员到基层进行现场调研和业务宣导，查找和解决非车险发展存在的问题。（周苗为）

【渠道业务】 完善渠道架构，发挥渠道优势，实现转型发展。

1. 车商渠道。开展车商业务销售推动活动。梳理公司各级机构的车商管理人员及专员，完善车商渠道专业化管理工作流程，提升条线执行能力。车商渠道管理系统上线，提高数据分析能力。发挥公司品牌优势，拓展与新品牌车商的战略合作。对车商销售专员持续管理和培育，提高团队销售能力。全年车商渠道实现保费收入2.63亿元，同比增长21.8%，完成全年计划的103%。

2. 银保渠道。制定下发相关制度，对银保渠道及专员的责、权、利等方面予以明确。加强对各地市机构银保渠道业务发展进行过程管控。通过大量拜访及有效沟通，稳固与国开行、农行、农发行等有合作历史的客户关系，搭建较好的省对省合作平台。与光大银行和浦发银行签署合作协议，为全面合作进行前期沟通和准备工作，催生新的业务增长点。制定银保渠道业务单渠道费用政策，给予银保渠道非车险业务追加费用的支持政策。开展上半年和下半年竞赛活动，推动银保业务发展。全年银保渠道实现保费收入3602万元，同比增长23.1%，完成全年计划的100%，银保渠道业务发展达到历史最高水平。

3. 代理人渠道。对全年系统垃圾数据进行清理，加快代理业务结算效率，提高机构渠道数据真实性。根据集团公司审计发现的问题，强化渠道基础管理，严格系统审核。开展渠道合规检查工作，对分公司渠道相关规章制度的贯彻落实情况进行检查。出台《渠道部费用管理办法》，集中各渠道费用结算工作，建立跟踪监督制度，防范费用风险。强化手续费预算管理，提高手续费比例的准确性。提高兼业机构及营销员换证通过率。全年申报、延期兼业代理机构35家、申报B2B远程出单点25家，营销员换证929名、报名考试375名。

4. 经纪人渠道。发挥公司品牌优势，主动拜访，积极沟通，巩固与经纪

运城中支组织员工开展为雅安加油、祈福活动并义务献血

（周苗为提供）

人公司合作关系。整合资源,精心准备,参与河北电力财产险等重大项目招标活动。全年经纪人渠道实现保费收入526万元,完成年度任务指标。

5. 交叉渠道。建立垂直化交叉销售管理体系,打造过硬的交叉销售专员队伍。优化手续费结算流程,保障寿险营销员权益。发挥制度牵引作用,促进交叉销售业务发展。持续加强续保管理,巩固交叉销售业务基础。截至年底,交叉销售寿代产保费收入9476万元,完成年计划114.7%,同比增长44.4%,高于总公司系统平均增幅23.5个百分点,取得优良的经营业绩。

6. 电销渠道。开展电销数据提取及分析和呼出数据收集工作。合理匹配电销礼品投放和费用政策倾斜,引导基层公司发展A类业务,提升电销业务价值。组织电销条线相关人员两次赴山东进行业务学习和交流。全年电销业务保费收入1.12亿元,同比增长29.3%,完成年计划102%。

(周苗为)

【服务工作】 推进"以客户需求为导向"的战略转型,挖掘客户价值,实施细分战略,提升服务品牌。

1. 强化客户服务。深化窗口规范化服务,提升服务形象。规范临柜人员着装仪表、行为举止和接洽谈吐等内容,跟进服务督导检查,提升整体服务形象。开展"增值服务"工作,设立"增值服务专员",推进"增值服务"及优享汇会员收集及管理工作,提升公司客户数量及客户满意度。参与全国保险公众宣传活动,拉进与消费者之间距离。参加7月8日全国保险公众宣传日活动。邀请部分"优享汇"会员客户参观公司3G移动视频理赔查勘后台和95500呼叫中心,加深客户对公司专业服务的信任和认可。健全客户投诉管理体系,保护消费者权益。建立投诉处理的闭环管理体系,即事前预防、事中控制和事后弥补。对于公司制度、流程、内部管理原因引起的客户投诉,提出整改方案,避免再次发生此类投诉。实施投诉案件100%回访,降低客户的二次投诉率。全年投诉一次解决率达到98.96%,同比提升5.83%。加强95500坐席人员业务技能培训,规范服务行为,落实绩效考核,提升工作效率和服务质量。苗顺、王倩倩和穆荣三人荣获总公司优秀服务明星称号。

2.深化理赔服务。抓住推进3G移动、智能理算和省级集中三项重点工作,提高公司理赔条线的信息化、智能化和集约化水平,确保考核指标达成。完善小额案件快赔机制,提高"3G移动视频案件覆盖率"和"24小时财务支付案件"占比,加强诉讼案件和人伤案件的"一对一服务",落实纠纷调处机制,提升客户服务体验。控制理赔成本,制定科学赔款预算,采取适当措施和方法,堵塞理赔漏洞,规避理赔风险,抑制理赔成本过快增长。摸底检查所辖10家中支理赔工作,发现问题及时整改,提高公司理赔条线标准化和执行力。发挥风险查勘和及时预警作用,制定防范灾害工作计划和预案,开展防灾防损工作。清理理赔人员操作权限,控制潜在风险。

(周苗为)

【经营管控】 坚持依法合规经营,防范化解风险,维护市场秩序。一是以三级机构为重点,加强内控风险自查,构建内控制度体系,全年内控优化整改完成率达到95%以上。二是坚持风险管控前移,开展合规风险系统监测,强化事前、事中预防管控和考核问责约束,确保行政处罚指标优于行业平均水平。三是开展反洗钱、反保险欺诈、反非法集资等为主题的合规宣导、培训和内控自评工作,提升全员合规和风险意识。四是落实中央八项规定,开展以反对"四风"为重点的纪检监察和廉政工作。公司与各机构主要负责人签订党风廉政建设责任书,组织召开民主生活会,确保党风廉政建设工作落到实处。

(周苗为)

【社会公益】 开展各类公益活动,履行企业公民职责。3月1日,临汾中支组织员工给洪洞县甘亭镇羊獬村小学的孩子们捐助书包、文具盒等学习用品600余件,课外读物166本,文体用品20余件。5月,阳泉中支在木来洼村小学开展献爱心活动,募捐书籍224本、文具若干种、竖笛等教学用品数个,篮球、跳绳等体育用品数个。5月份,四川雅安芦山县发生7.0级地震,运城中支组织公司员工开展为雅安加油、祈福活动并义务献血9000毫升。11月7日,大同中支发动全体工作人员为灵丘县上寨镇的2名贫困孤儿献爱心,捐出棉衣、毛衣、裤子等各种御寒衣物100多件,书籍100多本。

(周苗为)

·中国太平洋人寿保险股份有限公司山西分公司·

【概述】 2013年,山西分公司实现原保险保费收入45.2亿元,以同比增长9.14%的成绩继续保持稳固的市场地位,总体规模保费在全省保险市场位居第二名。在全省11个地市均开设有地市机构,并开设100余家县区机构。

截至年底,共处理各类理赔案件9692件,累计给付理赔金11453.95万元。其中身故及残疾理赔案件1883件,理赔金6574.58万元;重大疾病理赔案件1688件,理赔金3621.91万元;医疗及医疗补贴理赔案件6121件,理赔金1257.46万元。(刘志平)

【条线业务发展】 1.开展个险条线营销。落实"聚焦产能提升、聚焦人力增长"的经营思路,以专业化推动为手段创新"双轮驱动",坚持有效新增,推进基础管理动作落实;以差异化投入为保证实现"城区突破"和机构优化;建立标准化评估体系,落实条线化经营,持续优化投产比。全年达成标保308792万元,达成率102.2%,同比增长16.6%。

2.壮大职工队伍。推动有效增员,聚焦健康达标,提升存量队伍留存,以业务室季度有效增员为抓手,建立每月第三周为增员周的常态化增员工作模式,以基本法优化为契机深入普法,发挥基本法机制效用,强化主管队伍自主经营,体现责、权、利对等,将储备主管养成推动体系与"13481"工程体系有机结合,加速组织架构健康发展。全年实现新增员工9239人。

3.银行保险条线。累计实现标保

50652 万元，达成率 103.6%，同比增长 23.1%，标保平台逐年上升。通过持续推动网点经营、客户经营和新渠道经营业务协调发展，客户经营模式占比逐年提升，新渠道经营发展呈上升态势。截至年底，全辖 11 家中心支公司有 10 家机构入围全国百强中支，其中省会太原位列全国第八位。

4.团体直销条线。完成团险条线各项关键指标。截至年底，团险条线达成标准保费 15532.95 万元，达成年度目标 108.46%，同比增长 9.55%。意外险保费收入 7946.09 万元，达成年度目标 100.38%，同比增长 24.17%，意外险支柱业务"安贷宝"实现保费收入 4842.15 万元，达成年度目标 113.67%，实现同比增长 33.01%。全年职团开拓累计实现标准保费 2026.14 万元，达成年度目标 122.8%，占标准保费份额 13.04%，个团交叉业务累计实现保费 581.21 万元。　（刘志平）

【技术助推转型】 优化业务流程模式，修订出台《山西分公司个人新契约业务承保品质考核管理办法》等制度文件 11 个，下发各类规范性通知 15 个，组织核保、理赔、保全等专业条线人员集中培训 5 次，各类专项性视频培训实现日常化，各项营运工作规范有序推进，在总公司 50 指数月度考核中排名提升，连续三个月全国第一。

应用新技术，促进公司转型发展持续领先。移动销售终端"神行太保"作为公司重要转型项目，其推广应用对营销模式转型、队伍素质提高、销售人员从业信心增强和作业成本降低发挥着巨大推动作用。山西分公司成立"神行太保"专项工作小组，制订《山西分公司"神行太保"应用推广方案》，会同个险营销条线组织"百台'神行太保'抢夺赛"活动，在营运条线开展"神行太保 1+3+3 联系活动"，组织各层级宣导培训 40 余场。2013 年，全辖配置设备 4325 台，个险条线健康人力配置率 95%；服务营销、顾问营销配置率 40%左右；银邮客经条线配置率 54%，银邮网经条线配置率 25%。为培养业务人员自主经营意识，山西分公司推动和鼓励业务人员自购设备，2013 年自购率60.7%。

年内，山西分公司移动销售终端"神行太保"中的高级定制、电子签名、电子回执等十九项功能全部上线。截至年底，电子签名占比 64.86%，电子回执占比 41.88%，设备举绩率最高时达 100%，移动保全、移动理赔等客户服务功能得到推广，推动公司业务、管理及服务水平再上一个新平台。

年内，太平洋寿险官方微信平台"中国太保"正式面世，"中国太保"微信成为公司全新营销工具和服务模式。山西分公司对于"中国太保"官微实现关注客户 7827 人次，关注推介指数 46.19%；累计绑定 3459 人次，绑定推介指数20.66%。

9 月 19 日，"太平洋寿险山西分公司"微信公众账号（微信号：cpi-clifesx）正式开通、投入运营，作为山西分公司品牌宣传及业务推广的平台，年内关注用户超过 3000 人。

（刘志平）

【提升客户体验】 坚持推进"以客户需求为导向"的战略转型，创新商业模式，优化营运流程，推动"承保理赔透明化""神行太保"、移动保全 GPS 等多个项目，并于年内先后推出"理赔自动化""移动理赔"等多项理赔服务举措。全年处理各类赔案 9692 件，累计给付理赔金 1.15 亿元。

6 月，太平洋寿险华北首家坐享服务门店——太原客户体验中心投入运行，开创山西省金融行业高品质服务先河。中心将传统柜台式服务改变为面对面坐享式服务模式，依托公司专有的移动保全 GPS 系统和 AMS 门店容量管理系统，为客户提供"便捷、坐享、自助"的优质服务。在省总工会和省保险行业协会联合开展的"2013 年度山西省人身险公司星级柜面"评选活动中，获评最高等级的 5A 星级柜面，并获得省金融工委颁发的"五一劳动奖状"。　（刘志平）

【完善财务管理】 在预算管理上实行以条为主，条块结合的预算管理模式，在固定费用标准化管理、机构差异化投入以及经营指标追踪、评价及考核方面做大量工作，提升资源配置效率。

财务预算管理工作主要亮点：（1）实行条线化、差异化管理和投入。业务资源由业务条线占主导地位进行匹配，并实行机构和险种结构差异化投入，合理配置资源，优化投入产出。（2）推进预算核算一体化。将费用报销终审由会计岗位调整至预算岗位，将费用管控更为有效，流程更加合理。（3）推进预算标准化、流程化、制度化。建立和完善《山西分公司费用预算管理实施细则》《山西分公司预算管理日常工作手册》等 11 项制度和办法，制订和细化各项费用管控标准，完善各项费用审批流程和指标分析体系。（4）引入全成本核算和投入产出比考核指标。将全成本核算概念、单位费用产出标保和百元标保人力成本引入考核指标，使公司各条线、各层级更加关注成本和投产比效果。

财务会计核算、资金管理方面主要亮点：（1）完善修订各项财务管理制度及操作流程，夯实财务管理基础。先后制订、修订、完善《山西分公司资金管理实施细则》《山西分公司财务印鉴管理流程及实务标准》等 13 个管理办法和流程，提升会计工作规范化、流程化和风险防范能力。（2）开展会计达标活动。自 6 月开始，财务条线全司上下开展"战鼓擂，争 AAA"会计达标活动，对会计工作进行全面自查、整改。（3）完成长险预缴退税工作。2013 年公司新增免税产品 59 个，应退（抵）税款金额 1.79 亿元，涉及金额大、退抵手续繁琐、各级税务部门协调难度大，公司经多方多次协调，按时完成任务。（4）以服务发展为本，拓宽省级集中收付费渠道。完成农、工、建、邮的总公司集中收付费工作，同时新增加 2 个省级集中收付费渠道，共 14 条收付费渠道，拓宽服务渠道，提高工作效率。（5）深化用人用工制度政策，开展竞聘和双向选择工作。对分公司财务部七等员工进行岗位竞聘，其他员工进行双向选择。

（刘志平）

【合规经营防范风险】 在加强内控建设、防范化解风险、强化合规经营、推进反洗钱工作、法务集约化管理以及队伍文化建设方面均取得成绩。

主要工作有：（1）制订《2013 年山西分公司合规与风险管理检查工作

规划》。分公司计划三年时间覆盖所有三四级分支机构、所有条线。从检查方式、检查对象侧重点、现场检查方法做相应改进，严肃责任追究，增加合规执行评估，将评估结果运用到绩效考核，为总经理室经营决策提供参考依据。(2)建立合规条线督导制度。明确对分支机构的督导责任人，机构督导责任人负责该机构日常合规事项追踪、合规问题咨询解答等，并实行分支机构合规事项与督导责任人挂钩制。(3)反洗钱工作获殊荣。山西分公司获得总公司《反洗钱宣传成果征集暨宣传活动优秀组织奖》。阳泉获得“反洗钱优胜单位称号”，大同连续三年被评为“反洗钱A级单位”称号。(4)建立合规考核体系。对分公司专职合规人员、中支合规专员、中支总经理、业务条线分管总经理、部门经理、分公司部门经理等分条线分别设置合规考核指标，合规考核结果实行季度考核通报，年终与绩效挂钩。(5)反腐倡廉优秀调研成果展示活动荣获表彰。山西分公司参与“上海金融系统反腐倡廉优秀调研成果评选活动”，紧密结合工作实际，围绕“联动加融入”的工作机制，“制度加科技”的工作方法，“廉洁加合规”的企业文化，开展反腐倡廉实践和理论研究，被总公司授予“优秀组织三等奖”。 (刘志平)

【提升品牌形象】 1月18日，山西分公司在省金融工委“2012年度优质服务竞赛”表彰大会上获得多项荣誉。在金融系统2012年度“当好主力军、建功十二五”劳动竞赛中，大同、晋中中支客户服务中心荣获“五一劳动奖状”和山西省人身保险公司“4A级服务标兵”称号；晋城、运城客户服务中心荣获“3A级服务标兵”称号；晋中中心支公司荣获该次竞赛“先进基层”奖。3月1~15日，山西分公司在全辖开展“关注销售误导维护客户权益”“3·15”专题活动，各中支机构通过设立展台、发放宣传材料、悬挂条幅、总经理接待日活动、慰问客户等形式开展宣传活动。3月，山西分公司获评山西保险行业协会“2012年度信息报送工作先进单位”，通讯员被评为“2012年度优秀通讯员”。3月，临汾中支在中国人民银行临汾支行“全市金融机构2012年度反洗钱工作评估情况通报”中获评A类机构。4月，阳泉中支荣获中国人民银行阳泉支行颁发的“2012年度反洗钱工作优胜单位”荣誉称号。5月，大同中支在中国人民银行大同中心支行2012年反洗钱评估工作中，以保险机构排名第一、全市金融机构排名第二的优异成绩，连续三年荣获“大同市反洗钱A级单位”。5月28日，山西分公司与山西健康教育中心合作项目正式启动，长治中支近百名客户及员工应邀参加这次启动会。7月8日，山西分公司举办“倾听由心互动你我”全国保险公众宣传日系列宣传活动，设立宣传咨询台、邀请媒体参观客户体验中心、通过客服短信平台向全省客户手机发布公众宣传日公益广告等形式多样的系列宣传活动。7月，山西分公司荣获总公司“2012年上海金融系统反腐倡廉优秀调研成果评选活动”优秀组织奖三等奖。8月31日，山西分公司营运部总经理刘春平应邀参加山西综合广播(FM90.4)组织的“政风行风”热线直播节目。11月，在省总工会金融工委和省保险行业协会联合开展的“2013年度山西省人身险公司星级柜面”评选活动中，太原客户体验中心获评最高等级“5A”柜面，晋中介休支公司、临汾、吕梁、阳泉、忻州中支柜面获评“3A”级柜面。11月，山西分公司在集团公司“品牌管理年度大会”上，在全国78家产、寿险分公司中名列前茅，荣获年度“品牌建设优秀奖二等奖”。12月，在《山西晚报》推出“2013阳光榜样企业(品牌)”年度评选活动中，山西分公司荣获“2013年度中国金融业(山西)年度保险行业领袖”奖，太原客户体验中心荣获“2013年度中国金融业(山西)年度保险行业最佳商业模式”奖，山西分公司总经理周晓红获得“2013年度中国金融业(山西)保险行业年度人物”称号。 (刘志平)

【社会公益】 2月，山西分公司举办2013年度春节帮困送温暖活动，6名员工分别获得2000~5000元不等救助，所在机构总经理、工会负责人在春节前夕向其送去慰问品及帮困救助金。5月28日，太平洋产、寿险山西分公司联合举办“绿色环保行，少开一天车”中国太平洋保险青年环保大接力活动(山西站)。产、寿险山西分公司本部及所辖21家中心支公司共计1122名员工参加。10月6日，山西分公司服务营销条线开展“责任照亮未来——纸飞机爱心捐赠活动”。分公司服务营销条线32名中支部门经理及客户服务室经理赴忻州繁峙县大木瓜村的大木瓜小学，向孩子们捐赠电脑、体育器材、文具用品及300余册书籍，并送上2000元“温暖基金”。10月16日，朔州中支组织广大干部员工走进市社会福利院，为老人儿童送去关怀与温暖。11月，晋城中支在城区、阳城及高平等地举办“爱·责任·使命”慈善义演，公司现场为多户困难家庭送上爱心捐款共计6.5万余元。12月4日，晋中中支开展扶贫帮困活动。 (刘志平)

·中国平安人寿保险股份有限公司山西分公司·

【概述】 2013年，中国平安人寿山西分公司以全省保险业“十二五”规划发展蓝图为指引，把握“稳中求进，进中求好”总基调，坚守保险行业“守信用、担风险、重服务、合规范”的核心价值理念，秉承总公司“合规经营，专业价值”的经营理念，夯实基础，强化管理，深化服务，追求效益，推动各项业务朝着持续、稳健、健康方向迈进。

山西分公司率先转变业务经营模式，由初期单纯追求保费规模的粗放式经营向重视利润和品质的集约化经营道路转型，缴费结构日趋健康合理。全年个人代理业务累计实现保费收入165403.75万元。截至年底，营销员人数12151人，持证率100%。

年内，分公司的十家三级机构立足于开拓本地业务，参与市场竞争，转变机制，调整经营方式，创建高品质、高绩效、高市场青睐度的专业化寿险公司；各三级机构在保证指标优良情况下，利用各种营销资源，提升保费规模。年内三级机构累计实现保费收入

8549356 万元，同比增长 2033%。

开展分支机构建设。截至年底，山西分公司机构总数达到 60 个，其中省级分公司 1 个，中心支公司（二级分公司）10 个，支公司 27 个，营销服务部 22 个。因整体业务发展平缓，对职工需求保持稳定，期末职工人数 766 人，较上年同期 749 人增加 17 人。截至年底，营销员较上年同期相比增长 1253%。

升级经营模式。山西分公司拥有个险、银保、电销三大销售渠道，产品体系清晰完整，涵盖从传统的储蓄型、保障型产品，到非传统的分红型、投资型产品，为客户提供"一个账户、多个产品、一站式"服务，让广大群众感受中国平安综合金融带来的便捷和专业。秉承总公司提出的"专业让生活更简单"服务理念，从队伍销售模式、销售渠道、销售方法等方面进行探索和创新，重点结合日常的周单元经营，狠抓基础管理与培训体系的搭建，提升内外勤员工专业能力。

（张 倩）

【理赔服务】 重点从服务时效和服务品质两方面入手做好理赔服务。自 2009 年提出"信守合约，为您寻找理赔的理由"和 2011 年 3 月提出"标准案件，资料齐全，三天赔付"的服务承诺后，2013 年再次提出 2 项服务承诺，包括"标准案件，资料齐全，两天赔付"、"足不出户，上门理赔服务"，不断提升对客户的服务质量。

截至年底，分公司赔款（给付）累计金额 2475850 万元，其中赔款支出 71598 万元，满期给付 1479726 万元，死伤医疗给付 762898 万元，年金给付 161627 万元。赔款支出方面，其中意外险 31642 万元，短期健康险 39956 万元。短期健康险简单赔付率 35.87%。

2013 年，山西分公司践行服务承诺，提升理赔服务。首先，分公司梳理理赔全流程，理顺各个环节工作职责及服务时效，在各个环节层层把关，恪守时效承诺。其次，依托后援集中运营平台，实现案件集中作业。客户提交理赔资料齐全后，24 小时内完成资料受理、扫描工作，由后援运营作业人员在后台进行集中审核操作，标准统一，时效快。对理赔金额低、责任明确的赔案，实现系统自动化审核，进一步加快理赔时效。第三，专人进行案件时效追踪，每日对案件处理进行通报，并追踪到经办人员，对临超案件与后援作业中心沟通，开通绿色通道，优先处理。服务承诺落实效果。全年，标准案件共结案 10319 件，占整体案件量 80% 以上，件均时效 0.8 天，2 日结案率 96.5%，兑现对广大客户承诺，进一步提升理赔服务水平。 （张 倩）

【风险防范与合规经营】 2013 年，分公司合规工作以内控评估项目和制度执行管理活动为契机，以建立合规经营文化，有效落实合规经营，实现永续发展为目标，推动全员树立合规操作、合规管理、合规经营意识，全面防范风险，提升制度执行力和合规管理水平。

为提高风险防范及内控管理水平，按照集团及总公司统一安排，全面开展内控自评项目，覆盖各业务条线和工作流程。通过内控状况自我评估，对合规经营状况进行全面检视和完善，提升合规经营水平。

为进一步推动制度化建设、巩固执行管理工作成果，于 5~10 月开展制度执行管理工作。通过一把手亲自牵头开展制度执行文化宣导工作及各部门全员参与的制度执行管理自查工作，在全省范围打造良好制度执行文化。

为在公司员工中树立合规经营、尽职免责理念，分公司除注重搭建日常合规管理体系外，还在全年围绕"合规范"，全面实施"合规伴我行"文化宣导活动，重点开展法律法规、行业规则规范和内部管理制度学习，提倡优秀职业道德标准，营造"全员合规、合规人人有责"氛围，促进合规内控理念和文化深入人心。 （张 倩）

【践行社会责任】 2013 年，围绕"执善心、筑大业"主题开展凤凰计划系列活动，旨在打造平安人的慈善信仰，传播爱心，善行客户。分公司成立志愿者协会，开展一系列关注社会、奉献爱心的慈善活动，提升行业形象。

4 月，分公司组织内外勤在蒙山景区开展世界地球日环保徒步捡垃圾活动，以实际行动为地球健康、美丽做出一份努力；5 月，组织内外勤员工在上兰村漫云山开展"为您的爱车种下一棵低碳树"活动，推动绿色公益，为创建城市低碳环境做出一份努力；6 月，与太原理工大学联合启动励志计划活动，加强与高校之间联系，扩大公司在全省高校知名度；8 月，组织开展"放飞，平安梦"——平安希望小学爱心图书捐赠活动，共募集爱心图书 2000 余册并送往学校；9 月，组织开展为期一月的左权县羊角乡羊角村平安希望小学支教行动。在雅安地震发生后，组织捐助活动，共募捐 92322 元善款，并向灾区进行捐助。分公司组织义卖及捐赠活动，将义卖款 2569.5 元换购成米面油捐往儿童福利院，用实际行动传播爱心。分公司还推广保险核心价值理念，行业形象广告宣传推广、理念宣导学习及微语录征集活动，广泛开展宣传，积极践行落实，引导员工和队伍树立正确价值观，不断提升服务质量和水平。分公司开展一小时低碳活动，通过徒步行、植树、励志计划、客服节、低碳摄影大赛等活动向员工及市民宣导低碳理念，并在公司内部倡导低碳百项举措及电子化服务推广。组织业务队伍参与世界大学生龙舟赛，在宣传物品中插入平安品牌元素，在世界级赛事中宣传公司品牌形象。 （张 倩）

商　贸

【电子商务发展】 侯马建成国家级电子商务示范基地，1万平方米的电子商务集聚区入驻24家电子商务企业，全年B2B平台服务性收入2000余万元，网络零售额1200余万元，大宗商品B2B平台线上线下交易额10亿余元。推动山西企业与大型电商开展合作，淘宝"特色中国·山西馆"开馆，成为全国第7个开设特色馆的省份，首批入驻267户商家。唐久便利与京东商城联合开设网上大卖场，形成"网上卖场+实体店+物流配送网"的全渠道架构，重新定义O2O服务规则和模式，完成京东商城在太原市的"一公里生活服务圈"全覆盖。山西籍电商企业贡天下特产网将总部迁回山西，成为"特色中国山西馆"指定运营商，年销售额由上年的7200万元提升到2013年的2亿元。

（徐晨星）

【三大促消费活动】 开展"山西品牌中华行""晋人晋菜晋味道"和"幸福暖家"三项消费促进活动。"山西品牌中华行"从5月份开始，在北京、上海、广州等城市共举办7场活动，现场销售1100万元，签订供货合同突破10亿元，设立山西（北京）名优特商品展销中心，参展的200余个品牌产品进入华联集团、易初莲花等70余家大型连锁企业供应链。在北京设立1000平方米的山西名优特商品展销中心。"晋人晋菜晋味道"以"告别奢华、回归大众"为主题，全省3万家餐饮企业参加"千企万店让利百姓"活动，34家餐饮企业开展"晋菜美食进社区"活动，19家连锁企业开展"中央厨房开放日"活动，评出100道晋菜、100名晋菜名厨、100个晋菜名店，并将推出10道最具特色的晋菜名品。"幸福暖家"活动从7月份开始，在全省范围内开展为期3个月的活动，全省50家品牌家具建材生产企业和84家家具销售企业参与活动，对全省保障性住房家庭购买家具、建材产品，在上年平均实际成交价的基础上，由协会组织企业再优惠5%，共为全省1万余户保障房家庭和低保户让利4000多万元，还向20多户保障性住房家庭和低保户家庭进行爱心捐赠。

（徐晨星）

【城乡一体流通体系建设】 在实现农家店行政村全覆盖的基础上，建设118个县域配送中心，重点扶持县域配送中心、乡镇商贸中心升级改造和农家店信息化改造，实现农家店、县域配送中心和乡镇商贸中心的信息联网。在全省建成30个"15分钟便民商圈"，全国社区商业工作现场会在山西召开，并推广太原市桃南二社区和太重社区的"我优我舍"服务平台，居民可通过手机查看一公里范围内商业网点设施信息，实现网上消费。

（徐晨星）

【单用途商业预付卡发卡服务行为规范】 对全省327家发卡企业进行规范整治，推广晋中市单用途商业预付卡管理"1081"模式。

（徐晨星）

【"飞地经济"试点】 运城、晋城、阳泉三市作为全省"飞地经济"试点，与长三角、珠三角地区通过合作共建、托管建设、BOT等合作模式，打造"飞地经济"园区，摸索出一条"政府主导、市场运作、互利共赢、组合发展"的飞地经济发展路子，作为9项转型综改试验成功经验向全省推广。全省转型综改重大项目富士康晋城科技工业园A区项目完成全年30亿元投资，并全面投产。运城空港经济开发区与深圳包装联合会合作建设"中国国际印刷包装城"项目，一期占地1万亩、投资200亿元、引进304家企业，计划在2015年上半年建成。运城空港经济开发区与深圳家具行业协会共同建设"中国运城—深圳家具产业园"项目，投资580亿元，占地1334公顷，入驻企业300家（其中家具行业百强企业20家）。运城空港经济开发区与浙江义乌小商品城集团联合打造"运城义乌国际商贸工业园"项目，投资185亿元，占地243.46公顷，总建筑面积290万平方米，可提供就业岗位5万个。晋城高平市新能源科技创新园和上海市嘉定工业区建设山西（高平）国际汽车城项目，总投资26亿元，由上海嘉定工业区投资，完成项目选址的实地考察，落实土地53.36公顷。阳泉市山西天元绿环科技有限公司与浙江慈溪5家主要家电制造龙头企业合作建设天元浙晋绿色家电循环经济产业园区项目，总占地面积66.7公顷，投资21.5亿元，建成后将形成年产“白色家电”1500万台，填补山西家电制造的空白。（徐晨星）

【机电产品和高新技术产品出口】 全省机电产品出口46.48亿美元，同比增长35.2%，占全省出口额的比重为58.12%，比上年同期提高9.11个百分点。高新技术产品出口32.28亿美元，同比增长68%，占全省出口额的比重为40.37%，比上年同期提高12.98个百分点。（徐晨星）

【企业“走出去”发展优势产业】 2013年核准境外投资企业30家，红海玻璃在纽约成立玻璃器皿美国公司，太钢在美国的匹兹堡成立销售公司，东辉在澳大利亚投资1.6亿美元全资收购艾好公司项目，天硕投资1.8亿美元全资收购加拿大迈瑞丁铝美汽车配件公司，太钢在土耳其投资3.2亿美元开发铬矿，太重煤机在澳大利亚投资1.2亿澳元收购当地煤机装备制造企业，趟出开拓国际市场的新路子。合理调整毛里求斯晋非合作区规划，启动重点企业入区招商工作，项目定位基本确认。（徐晨星）

【世界500强企业落户山西】 推动美国福特、IBM集团、新西兰恒天然集团在晋投资项目。在山西省落户的世界500强企业达到29个，共计46个投资项目。IBM集团与山西炎黄智杰科技有限公司共同投资建设的“IBM-炎黄智杰智慧城市合作创新中心”项目投入运行，主要从事集云计算、智慧城市运营、应急指挥、软件研发、智慧城市功能展示于一体的中国城市智慧化建设，总投资1.8亿元人民币。（徐晨星）

【招商引资与区域合作】 利用中博会、津洽会、投洽会、兰洽会和西博会等展会平台，加强与中西部地区、环渤海地区、长三角、珠三角地区的合作互动，开展定点式、跟进式、持续式精细化招商引资活动。以晋京协议为创新模式，推进山西省与上海、浙江、天津等8个省(区、市)框架合作协议的落实，在项目对接、能源供应、金融支持、开发区合作、人才培养、文化交流等方面广泛开展交流合作。全年签约招商引资项目2302个，总投资额2.6万亿元，大幅度超额完成全年1.5万亿元的目标，实际到位资金7028亿元，同比增长34.3%。（徐晨星）

【商务机构建设】 各市商务局争取各方支持，全省119个县区，商务局单独设立、挂牌以及名称中含“商务”二字的达到114个。朔州市实现县级商务机构单独设立全覆盖。忻州市在各县经信局加挂商务局牌子，并将经信局长任命为商务局长，招商职能统一划归到商务局。晋中市专门出台文件，各县经济和商务粮食局统一加挂商务局牌子，局长兼任商务局局长。长治市新增8个县级商务机构。（徐晨星）

【商务部门协作机制建设】 省商务厅牵头建立23个部门组成的内贸流通、15个部门组成的外经贸厅际联席会议制度，以及鲜活农产品、电子商务等12个专项厅际联席会议制度，与工商、物价、公安等部门建立协调联动推进机制，与相关单位签订14个战略合作协议。（徐晨星）

【扩大消费长效机制培训】 11月6日，由省委组织部和商务厅共同组织的“扩大消费长效机制培训班”开班动员会在省委党校举行。邀请国内，省内高等学校和科研院所的知名专家、学者、教授，主要围绕扩大消费的政策措施、面临形势、关键环节、理论研究、企业实践等方面进行专题授课。山西省各市分管市长、各市商务局长、省级综改试点和扩权强县试点县(市、区)分管县(市、区)长、全省119个县(市、区)商务主管部门主要负责人、省相关单位分管领导、全省30个大型流通企业负责人和省相关协会负责人等共计200余人参加此次培训。（徐晨星）

【开放型经济培训】 7月15~17日，省委组织部与省商务厅共同举办为期三天的全省开放型经济专题培训班，省直相关部门，各市及重点县人民政府，各市及重点县商务主管部门共计120人参加此次培训。邀请省内外开放型经济研究领域知名的专家学者，对当前我国面临的经济形势与宏观政策走向、扩大国际市场与稳定增长、山西省开放型经济发展分析等方面的专题内容进行重点业务培训。（徐晨星）

【商务政策促进机制】 省政府出台《山西省商贸流通业发展“十二五”规划》《深化流通体制改革加快流通产业发展的实施意见》《大力推进鲜活农产品流通体系建设的意见》以及《加快推进放心早餐工程的意见》等5个专项意见。省商务厅会同省发改委、财政厅、经信委、住建厅等19个部门分别提出《加强商业网点规划工作的指导意见》《实施骨干流通企业“515”工程的意见》《促进城市夜经济发展的指导意见》等10个专项政策，制订《山西省鲜活农产品流通发展规划》以及家政服务、餐饮业等10个重点行业指导意见。商贸流通业规划首次上升为省级专项规划。（徐晨星）

粮　食

【概述】 2013年，山西省粮食工作紧紧围绕全面落实粮食省长负责制和全省粮食流通工作“十二五”主要工作任务，着力抓好粮食保供稳价工作，启动实施“粮安工程”建设，加快行业转型发展步伐，维护粮食市场稳定，确保粮食安全。

2013年，山西农作物种植面积389.83万公顷，比上年增加7400公顷。其中，粮食种植面积327.43万公顷，减少1.72万公顷；油料种植面积14.03万公顷，减少5500公顷；棉花种植面积2.34万公顷，减少1.39万公顷。在粮食种植面积中，玉米种植面积167万公顷，增加1100公顷；小麦种植面积67.75万公顷，减少1.15万公顷。2013年全省粮食总产量1312.8万吨，比上年增加38.7万吨，增产3.0%。其中，夏粮总产231.7万吨，减产11.3%;秋粮总产1081.1万吨,增产6.7%。其中玉米产量955.5万吨,比上年增长5.7%;小麦产量230.7万吨,比上年减少11%;谷子产量36.8万吨,增长17.8%。年消费粮食一般在1380万吨左右,小麦缺口250万吨,稻谷缺口100万吨,全部靠调入,玉米需销往省外380万吨。总体上看,总量不足,结构不平衡,产粗吃细,小麦不足,玉米有余。

2013年,全省各类粮食企业收购粮食777万吨,比上年增加47万吨,增长6.4%。其中,国有粮食经营企业收购155.4万吨,占总收购量的20%。全年销售粮食852.9万吨,比上年增长6.2%。其中,国有粮食经营企业销售190万吨,占总销售量的22.28%。

截至2013年底,全省共有国有粮食企业600户,在册职工20791人。其中,国有粮食购销企业263户,在册职工14176人。山西国有粮食企业总仓容780万吨,符合储粮要求的仓房容量541.3万吨。 (祝志光)

【粮食市场宏观调控】 1. 组织粮食收购。省、市、县及时调研安排夏、秋两季粮食收购工作,适时分别召开全省夏粮收购工作会议和秋粮收购工作会议,帮助基层落实好收购资金,发布市场信息服务收储企业和农户。督促基层粮食企业严格执行国家粮食局"五要五不准"收购守则,确保国家粮食收购政策落实。按照"积好粮"的要求,把好粮食收购质量关,确保入库粮食质量合格,储存安全。按照"积好粮"的要求,提前做好仓容、检化验仪器、人员培训等各项准备,保证收储能力。全年收购粮食777万吨,比上年增加47万吨,增长6.4%。

2.适时投放储备粮源。发挥市场的决定性作用,同时成立保供稳价领导组,加强对市场动态的监测预警,适时调控,通过山西省粮油交易中心公开竞价,向市场投放政策性粮食24万吨,增加市场有效供给。全省粮食市场呈现开放有序、繁荣稳定的好形势。省粮食局对重要节日粮油市场供应工作作出安排部署,太原、晋城、运城、阳泉等市安排市级成品粮油储备1.17万吨,以低于市场5%左右的价格投放市场,稳定和丰富节日市场供应。

3. 引深省际产销合作。针对山西省粮食产需品种结构严重失衡的特点,省粮食部门加强省际间粮食产销对接,保障粮食供需平衡。全年省际间产销衔接调入粮食完成206.5万吨,保障省内粮食供给。2013年10月下旬由中国粮食行业协会、山西省粮食局主办的"2013山西粮食(玉米、小杂粮)产销衔接会"在山西省忻州市召开,山西11个市62个县及120家企业展示730种小杂粮产品,共达成粮食产销合作协议253份,签约总量926万吨,其中,调出玉米、小杂粮530万吨,调入小麦323万吨,大米10.5万吨,面粉29万吨。

4.加快构建应急体系。2013年,山西省将省级粮油价格监测直报点由47个增加到80个,实行价格周报制度。建立粮食应急供应网点1517个,覆盖全省11个市119个县的所有乡镇(社区)。建立粮食应急配送中心140个,确定粮食应急加工企业107个。投资1763万元,在全省实施4个粮油应急加工提升改造项目,提升面粉日处理能力380吨、大米日处理能力400吨、小包装食油日罐装能力230吨。充实应急成品粮油储备,市级应急成品粮油储备分别保持在6万吨和1.132万吨以上。充实粮油储备库存。协调有关部门,落实新增省级食油储备800万公斤。向国家粮食局争取省外移库中央储备粮50万吨,完成37万吨。

5.提升军粮供应水平。加强军粮应急储备管理。一是加强军粮质量管理,建立军粮供应厂家军粮质量档案,从源头上把好质量关。二是做好节日期间的调供工作,在节日期间为驻晋部队官兵调剂粮油品种。三是开展优质服务,坚持军粮送货上门。

(祝志光)

【粮食流通监督检查】 1.开展粮食库存监督检查工作。2013年,山西省作为全国粮食库存检查的6个重点省份之一,省粮食局下发《山西省粮食局2013年粮食库存检查工作方案》,周密安排部署,并进行实地演练。先后完成企业自查、市级普查、省级复查、国家抽查四个阶段的工作,国家联合抽查组对山西省的检查工作给予充分肯定。对检查发现的问题,省粮食局分别向各市粮食局、省粮油集团公司、中储粮山西分公司下达整改通知,责成完成整改。

2.抓好粮食收购市场专项检查和收购企业核查。开展夏秋两季粮食收购市场专项监督检查。2013年6月和10月,省粮食局分别下发《山西省粮食局关于开展2013年夏粮收购专项检查工作的通知》和《关于做好2013年秋粮收购检查工作的通知》,对所有从事秋粮收购的经营主体的收购活动进行全程监督,重点检查质价执行情况、粮款结算情况、制度规定执行情况和政策性粮食购销情况。对粮食收购资格、收购政策、储备粮轮换、统计制度执行情况等环节进行专项检查。全年全省共检查从事粮食收购活动的经营者和收购主体4375个,累计出动检查人员8225人次,查处违规案件553起。

3. 开展政策性粮食销售出库检查。重点是对中央政策性粮油和省、市储备粮油购销活动进行监督检查。解决企业出入库合同、交割方面出现的争议,督促企业履行协议,承担职责,确保国家和各级政策粮食宏观调控政策的顺利实施。

4. 推进监督检查体系建设。2013年4月,山西省粮食局份制订《山西省粮食流通监督检查示范单位创建活动方案》,6月印发《省级粮油库存检查人才库管理办法》,7月出台《关于创建粮食收购资格行政审批电子监察平台的实施意见》和《山西省粮食行政审批电子监察绩效量化考核办法》,并起草和印发《山西省省级政策性粮食出库管理暂行办法》,明确出库监管的职责分工、出库管理、纠纷处理和罚则,填补省级政策性粮食出库监管空白,解决省局监管面广、人力不足的矛盾,强化升级粮食宏观调控和监督实施。省局在库存检查中,主动将纪检监察人员纳入检查组,对检查纪律进行监督,邀请人大代表和政协委员92人次全程参与监督,增强监督检查透明度。 (祝志光)

【仓储设施建设】 2013年,省级安排仓储设施提升改造和维修改造资金总额7150万元,比上年增长90.3%;农户科学储粮专项安排3440万元。重点推进四个方面的项目建设:一是仓储技术现代化项目。在全国率先整体推进地方储备粮绿色储粮新技术,在建的4个绿色充氮气调储粮技术改造试点项目和48个无线数字式粮情检测项目,全部竣工并投入使用,仓储设施提升改造项目运行效果达到预期目的。当年安排的10个储备库实施绿色充氮气调储粮技术和2个储备库实施墙体外保温隔热项目试点,完成招标进入实施阶段。二是简易建筑费和建仓贴息资金项目,共安排资金2158万元为全省81个企业的仓库进行维修改造和设备购置。三是"危仓老库"提升和维修改造共安排59个项目,涉及仓容45万吨,以国家启动"粮安工程"为契机,从2013年起,计划5年内完成全省"危仓老库"改造。四是农户科学储粮项目。在2010~2012年累计为全省10.5万户农户配置标准化储粮装具的基础上,2013年实施建设的8万套科学储粮标准化储粮装具建设任务全部完成。其中,中央投资补助1040万元,省级配套资金1334万元,农户自筹1066万元,专项计划涉及10个市55个县。计划到"十二五"末,完成全省40万户任务,每年可为全省农民减少1200万公斤粮食产后损失,帮助农民减损增收近3000万元。

(祝志光)

【粮食质量安全监管】 一是省粮食局2013年3月下发《关于做好2013年度收获粮食质量安全监测工作的通知》,组织开展收获粮食的质量安全监测,全年完成小麦样品160个、玉米样品280个的检测任务。国家级计划监测样品共为110份,其中,小麦样品40份,玉米样品70份;省级质量安全监测与品质测报样品为330份,其中,小麦样品120份,玉米样品210份。监测范围是11个市57个县。二是开展储备粮质量抽查,全年共扦样检测82份。对轮换入库粮油全部由省质量监测中心进行质量检验,安全储粮省级抽查增加质量检验项目;对储存期间发生异常情况的粮食,进行跟踪检验。三是推进粮食质量监测体系建设。山西省粮食质量监测中心项目建设获得省发改委批准,建设面积4500平方米,总投资2300万元,其中发改委投资1800万元。三个市级质检站向国家粮食局申报纳入国家粮食质量体系。山西粮食质量监测中心和太原市粮食质监站新增250万元的先进检验设备。 (祝志光)

【国有粮食企业改革】 1. 推进国有粮食企业改革重组工作。2013年改革的重点是县级国有粮食企业按照"一县一企,一企多点"的模式进行重组改革。截至年底,超过40个县完成改革重组。

2.强化国有粮食企业经营。2013年初,省粮食局与各市粮食局、集团公司,各市粮食局、集团公司分别与各县粮食局、集团公司所属储备库层层签订扭亏增盈责任状,强化责任,明确目标。加强经营指导,及时跟踪了解,强化经营考核,分月对各市及集团扭亏增盈指标完成情况进行通报。在上年全省国有粮食企业实现粮食市场放开8年来首次统算盈利的基础上,2013年全省国有粮食企业统算实现利润1669.32万元,保持良好发展势头。

3. 推进粮食部门招商引资工作。2013年落地项目9个,新签订合同协议项目11个。 (祝志光)

供销合作

【概述】 2013年,全省供销社围绕"改造自我、服务农民"的基本要求,开展党的群众路线教育实践活动,深化社有企业和基层社改革,推动经营创新和产业转型升级,各项工作取得较好成绩。省委书记袁纯清专门对全省供销社的工作作出批示:"2013年工作任务均超额完成,值得肯定。供销社系统在农村包括城镇大有作为,还需大力开拓,以适应'一村一品''一县一业'新的形势。" (司昌平)

【利润总额】 2013年,全省供销社企业汇总实现利润16059万元,同比增加3309万元,增长25.95%。其中省直企业实现利润6104万元,同比增加1257万元,增长25.93%;市县级企业实现利润7718万元,同比增加1430万元,增长22.74%;基层社实现利润2237万元,同比增加622万元,增长38.51%。 (司昌平)

【营业收入】 2013年,全省供销社完成营业收入1860146万元,比上年同期增加252436万元,增长15.70%。其中,省直企业完成营业收入436494万元,同比增加39032万元,增长9.82%;市县级企业完成营业收入920953万元,同比增加117726万元,增长14.66%;基层社完成营业收入502699万元,同比增加95678万元,增长23.51%。 (司昌平)

【资产结构】 2013年,全系统资产总额118.24亿元,同比增加5.07亿元,增长4.48%;负债总额91.82亿元,同比增加1.75亿元,增长1.94%;所有者权益26.42亿元,同比增加3.33亿元,增长14.38%;全系统资产负债率77.66%,同比下降1.93个百分点;全系统资产收益率5.65%,同比增加0.86个百分点。 (司昌平)

【社企改革】 全省供销社按照抓大放小的思路,适应市场经济发展要求,深化社有企业改革,坚持市场化运作,做大做强龙头企业。使一批体制全新、机制灵活、管理先进、竞争有力的龙头企业,在为"三农"服务中发挥核心带动作用。特别是省直盐业、农资、棉麻三大企业,充分发挥全省供销社的骨干支柱作用。 (司昌平)

【基层社经营状况】 随着"新网工程"的推进和农村便民店在三晋大地的全面覆盖,全系统形成新一轮基层基础建设高潮。各级供销社加大基层社改革发展力度,发展新型经营业态,基层社发展的质量和效益提升。基层社实现利润连续多年高于全省供销社平均增幅。2013年全省基层供销社汇总实现利润2237万元,同比增加622万元,增长幅度为38.51%。

(司昌平)

【经济总量和经济效益】 2013年,全系统购进总额完成325.9亿元,同比增长24%;销售总额完成353.49亿元,同比增长24.6%;汇总实现利润1.6亿元,同比增长25.95%。在全国总社综合业绩考核中荣获一等奖,排名17位,比上年前移4位。完成省委、省政府下达给全省供销社的年度目标责任考核任务。具体指标是:规范提升农村便民连锁商店任务200个,完成324个,完成率为162%;改造基层供销社任务50个,完成63个,完成率为126%;创办农村综合服务社(创新指标)任务10个,完成14个,完成率为140%;建设改造农资配送中心任务25个,完成33个,完成率为132%;建设改造开展开库直销和测土配方施肥的农资配送中心(创新指标)任务8个,完成率为100%;建设改造日用消费品配送中心任务38个,完成48个,完成率为126%;碘盐覆盖率、合格碘盐食用率分别达到99.2%和98.34%,分别超任务要求4.2%和8.34%。

(司昌平)

【基层建设】 全省供销社多措并举,狠抓落实,加强基层组织建设。一是加快兼并、重组、加盟步伐,进行基层社改造重组和资源整合。运城盐湖区供销社投资1600万元对王范、东郭等4个基层社进行改造;晋中榆社县组建北寨、河峪、潭村3个基层社,带动当地和周边乡镇106个便民店和35个合作社的发展,填补基层社的空白。二是加快综合服务社基础设施建设。太原尖草坪、晋城泽州、长治襄垣、大同灵丘等县(区)的乡级综合服务社随着农资购销、日用品销售、烟花爆竹、家电维修、移动信息等基础建设项目的建成投用,为农民提供"全方位、多样化、一站式"的便捷高效服务。三是加快专业合作社和各类行业协会建设步伐。新增108个专业合作社、36个各类行业协会、17个市县级农村合作组织联合会。(司昌平)

【"新网工程"建设】 全省供销社加强联合合作,推进"新网工程"建设。一是按照"政府引导、企业承办、市场运作"的原则不断完善农资配送中心建设。吕梁市社争取市政府政策和资金扶持,建立覆盖全市的县、乡、村三级农资配送销售网络;长治壶关、运城闻喜等县社加大农资便民店建设力度,商品配送率达到85%,配送覆盖率达到90%。二是各县供销社采取控股、参股、入股等多种合作形式加快日用消费品配送中心建设。忻州、朔州、阳泉、临汾等市的县级配送网络完善,连锁配送功能提升,有的成为集采购、储运、销售、服务为一体的连锁配送企业。三是推进农产品综合物流园区、批发交易市场和配送中心建设。运城黄河国际农产品综合物流中心建成农资标准仓库2.1万平方米,可储备农资2万余吨;长治金鑫瓜果批发市场投资1200余万元改建3700平方米整车交易区、4300平方米时令水果交易区,2013年市场交易额达3.2亿元。

(司昌平)

【社有企业提质增效活动】 2013年,全系统社有企业营业收入达186亿元,同比增长15.7%;实现净利润1.4亿元,同比增长34.64%。一是紧抓山西省综改试验区建设契机,向土地综合开发、车用加气站、废旧汽电回收拆解、农副产品网络购销等领域延伸。山西锦源房地产公司的2个地产项目完成规划方案等前期工作。省盐业公司完成5个加气站的前期手续并取得"四气"从业资格。长治市社在"淘宝网"开设"好实惠商城山西特产店"。二是做强做大传统主营业务,服务功能增强。山西农资集团销售玉米种子17.5吨,销售粮食4.3万吨,销售收入9091万元;销售各类水肥、种肥1万多吨,销售收入3000余万元。

(司昌平)

烟草专卖

【概述】 截至2013年底,山西省烟草专卖局拥有总资产149.5亿元,固定资产25.44亿元、流动资产116.11亿元,资产负债率为6.37%,从业人员7682人。全省烟草商业系统实现卷烟销售收入300.89亿元,同比增长3.73%。实现利税70亿元,同比增长3.34%,其中利润37.95亿元,同比增长2.29%。三项费用率为6.67%。

(赵 钰)

【专卖管理】 1.卷烟打假打私。全年全省查处假烟案件2960起,其中案值5万元以上的80起。查获假冒卷烟3379万支,案值2003万元。查处符合国家局标准的网络案件22起。长治市局查处的"9·12"销售假烟网络案件被国家局、公安部列为督办案件,晋城市局查处的"1·9"制售假烟网络案件被公安部列为集群战役的发起案件。向公安机关移送涉烟违法案件119起。公安、司法机关依法拘留65人、逮捕37人、判刑56人。

2.市场监管。以"APCD"工作法为指引,在全省推广市场监管"136"工作法,即一个工具(市场监管移动终端机)、三类任务(指令、系统和自订任务)、六个步骤(接收任务、对比分析、制定计划、市场签到、执行监管、数据录入)。

3.突出市场监管员对卷烟市场的分析,通过分析提前发现异常线索和问题。用信息化手段推进市场监管方式的转变,升级完善移动平台功能。各级专卖管理部门与工商行政管理部门加强协作,共同建立烟草市场监管协作机制并联合开展日常监管,加大对无证经营的取缔力度。在全省开展雪茄烟市场治理专项行动,保持对非法售烟网站、店铺的监管。

4.内部专卖管理监督。落实专卖内管委派制,探索运用非现场监管模式提高监管效能。出台《治理卷烟非法流通奖惩制度》《卷烟非法流通案件一案双查工作制度》,加大治理卷烟非法流通力度。实行责任追究12起,并撤职处分1人。

5.零售许可证管理。推进行政许可政务大厅建设和管理,统一政务大厅应当公示的内容。加强行政许可后续事项监管,解决许可证到期后零售客户不主动申请延续,停业、歇业不及时办理相关手续的问题。通过移动平台实时实地传输零售许可证办理中的相关资料,确保实地核查的真实性。统一上传附件的标准,严格执行

"5+7"办证承诺。（赵 钰）

【经营销售】1. 卷烟销售。全省烟草商业系统销售卷烟737.82亿支(147.56万箱),同比下降1.65%。销售一类烟107.21亿支（21.44万箱）、二类烟27.19亿支(5.43万箱)、三类烟358.37亿支（71.67万箱）、四类烟156.66亿支（31.33万箱）、五类烟88.39亿支(17.68万箱)。本地区销量居前三位的品牌为"云烟""红河""红塔山",销量分别为132.59亿支(26.52万箱)、65.07亿支（13.01万箱)、61.14亿支(12.23万箱)。

2. 重点品牌培育。实施品牌联合会诊,采取省、市、县"两级会诊、三级联动"、工商零销"四位一体"的方式实行"五步诊断",先后组织对"七匹狼""苏烟""双喜""贵烟""娇子"品牌的会诊。全行业28个重点品牌在全省销售598亿支(119.6万箱),同比增长1.27%,占总销量比重的81%,同比提高2.34个百分点。

3. 现代零售终端建设。发展现代零售终端客户7688户，占全省客户总数的5.9%。以稳定客户盈利、实现客户满意为宗旨,开展标准化、个性化、亲情式和增值性服务,落实事件营销、网上营销、跨行结算、资金借贷、弱势帮扶、应急用烟绿色通道等服务措施。网上订货比例达93.1%,平均电子结算率为99.1%，零售客户综合满意度保持在95%以上。

4. 现代物流建设。加强物流配送中心建设。吕梁新物流配送中心投入运营;完成大同物流中心改造;长治选址、运城改造项目通过技术论证;推进晋中改造项目、忻州五寨中转站新建项目建设。推进"科技物流、精益物流、人本物流"建设和"两标一评"工作。实施配送中心非法人实体化运作,完成国家局"卷烟配送中心非法人实体化运作管理规范"课题研究任务,在行业物流现场会上省公司进行专题经验交流。启动卷烟包装箱循环利用工作，全省包装箱回收完成率达82.64%。（赵 钰）

国家烟草专卖局局长凌成兴、副局长杨培森一行在山西烟草公司调研（赵 钰提供）

【烟叶生产】1. 烟叶生产与收购。签订烟叶种植收购合同1483份，同比下降11%。烟叶移栽面积为4.6万亩,与上年持平。实际收购烤烟0.73万吨(14.6万担),其中上等烟叶0.26万吨(5.26万担),占36%;中等烟叶0.46万吨(9.20万担),占63%。烟叶收购均价为21.17元/千克，同比提高2.28元/千克。

2. 清洁型烟叶开发。根据《合作共建山西清洁型烟叶基地战略框架协议》要求,建立清洁烟叶生产技术体系，实现山西烟叶外观质量良好,主要化学成分协调，年际间相对稳定,风格突出,吸味良好;砷、汞、铅、铬等重金属指标和有机磷、有机氯类、菊酯类、抑芽剂类及除草剂类等农残指标低于国家标准的目标，辐射、带动清洁烟叶进行规范化、标准化生产。在平陆县确定4个试验项目、4个示范项目和5个科技示范园。在长子县将500亩示范园分为A、B区,投入50多万元,修建机耕5条,建育苗大棚24座，配套农业机械服务实验示范工作。以清洁型烟草农业开发为统领,以清洁原料带动卷烟减害降焦为契机,以河南农业大学烟草学院为技术支撑,建立平陆县清洁烟叶生产技术体系,辐射、带动全县清洁型烟叶生产标准化、管理科学化、产品特色化、质量安全化,实现满足"长白山"品牌减害降焦对清洁烟叶原料需求的目标。

3. 现代烟草农业建设。投入补贴资金260万元,建设密集型烤房851座,修建育苗设施33个。专业化育苗面积38721亩，湿润育苗19725亩,占总面积的43.4%。机械化作业面积增幅较大,机耕4.3万亩、起垄3.7万亩、移栽0.46万亩、覆膜3.1万亩、中耕培土2.9万亩、施肥3.6万亩。（赵 钰）

【财务审计】落实中央"八项规定",压缩各项重点费用。行业重点费用支出下降26%,业务招待费、办公费、会议费分别下降60%、26%、69%。加强财务制度建设,省公司制订《国有资产管理办法》《资金管理办法》《部分费用性项目预算定额标准》《物流费用核算管理实施细则》等。

完成审计项目1260项，取得直接经济效益5397.91万元，发现问题1391个,采纳建议1367条。整改系统问题710个,整改比例为84.73%。（赵 钰）

【项目运作】全省系统工程投资、物资采购和服务采购（含宣传促销)实施公开招标项目占比50.6%，金额占比87.7%。规范工程投资管理,开展项目前置性论证和初步设计审查,加强项目责任制管理和全过程跟踪监管,对部分项目超规模、超投资、超标准建设问题进行整改。全年27个在建项目完成投资2亿元,计划执行率达

80%以上。（赵　钰）

【基层创优】 以体系建设为主线，完善9项工作机制，构建和运行“六统一”(统一文件管理模式、统一目标管理模式、统一运行维护模式、统一持续改进模式、统一人员培养模式、统一信息化管理模式)管理模式。建立全省行业统一的75项专业对标指标体系，并延伸至县级烟草专卖局(营销部)层面。开展技术创新活动，临汾市公司QC成果在全国烟草行业第二十四届优秀质量管理小组成果发布会上被总公司评为三等奖。以太原为试点导入精益管理，省局在行业企业管理现场会上作经验介绍。（赵　钰）

石油供销

【概述】 截至2013年底，共有在用油库14座，在营加油站1347座，加气站1座，非油品便利店808座，资产总额72.8亿元。

2013年，山西石油分公司共销售成品油482.67万吨，天然气375万立方。实现非油品营业额4.63亿元。营业收入374亿元，上缴利税10.3亿元。新发展加油站8座，加气站4座。全省系统油库、加油(气)站安全经营无事故。（刘丽婷）

【经营销售】 2013年，山西石油分公司在零售方面，以完善考核奖惩机制，调动全员销售热情为突破口，强化市场走访调研、贴近市场定对策。通过灵活开展营销活动，推动小额配送，提升服务水平、加大客户回馈力度，激发市场活力、挖掘增量空间，最大限度遏制零售销量的持续下滑。直分销方面，坚持“抓大不放小”，开展市场走访，发掘市场盲点，推动汽油直销，扩展直销增量渠道。坚持以客户为中心，突出质量优势、服务优势，综合运用价格营销、情感营销，全力维老拓新、保市增量。年内，共实现零售359.85万吨，同比下降5.86%，完成年计划的93%。实现直分销122.82万吨，其中，直销104.82万吨，与上年同比增长16.7%，完成年计划的112.7%。（刘丽婷）

【突出重点强化非油品销售】 2013年，山西石油分公司围绕“拓市增量、扩网增速、转型增利、管理增效”四个重点，推动非油品业务持续发展。一是突出重点商品销售、适时策划促销活动、推动客户资源共享，坚持店内零售、店外团购两手抓，拓展市场、增加销售；二是推进便利店改造提升、打造精品便利店、推动省级中央仓建设，坚持门店建设、中央仓建设两不误，继续抢滩布点、完善物流；三是调整便利店网点布局、优化便利店商品结构、加强专业化队伍建设，坚持一店一策，改善单店运营水平；四是开展“双学双创”，完善管理制度、严肃经营纪律，严把商品进、销、存关，严格管理、精打细算，提升非油品线条创效能力。年内，共实现非油品营业额4.63亿元。（刘丽婷）

山西石油分公司延伸服务触角，秋收之际，组织员工走进田间地头，助力金秋庆丰收（刘丽婷提供）

【多措并举保安全】 2013年，山西石油分公司一方面落实安全生产责任制、组织开展安全文化建设活动、加强员工技能培训及应急预案演练，加强全体干部职工的安全意识、责任意识和安全技能、应急水平，实现本质安全；另一方面，创新方式强化督导检查、加强承运商和承包商安全监管、加大隐患治理和设备管理力度，及时发现隐患、整改落实，实现安全隐患零容忍。青岛“11·22”事故发生后，山西石油分公司加强应急值班，开展安全大检查，狠抓隐患整改，严处违规责任人，从思想认识、制度执行到隐患排查与整改、违规问责等各个方面强化安全工作，保持安全经营无事故。2013年，山西石油分公司荣获中国石化集团公司安全生产先进单位。（刘丽婷）

【加油站经营管理水平提升】 2013年，山西石油分公司以“打造人民满意企业”为目标，结合公司加油站整体形象落后、基础管理薄弱的问题，将改善加油站服务环境、提升加油站服务水平作为着力点，在全省范围内组织开展加快提升加油站经营管理水平工作。通过加强组织领导、强化责任落实，制订方案、推动实施，实时掌控进度、定期检查验收等方式，上下联动、全员协作，完成867座加油站的提升改造。（刘丽婷）

【完成汽油置换升级】 2013年，山西石油分公司顺应“绿色环保、低碳清洁”的时代发展要求，组织开展汽油置换升级，以国家要求置换终止时间为限，统筹规划汽油升级时间表和路线图，按照先零售后直批、先城市后乡村、先高速后低速、先国省道后乡村道的原则，协调联动、积极配合，合理摆布库存、优化资源衔接，稳步推

10月28日，石太输油管道晋中—太原段正式投油 （刘丽婷提供）

进汽油置换升级，加大油品监测力度、密切关注油品质量；宣传推介、引导客户消费，防控质量风险，争得客户支持，确保汽油置换升级的保时保质完成。（刘丽婷）

【整治成品油市场秩序】 2013年，为加强成品油市场监管、规范成品油市场秩序，山西省人民政府决定在全省范围内开展成品油市场秩序专项整治活动，由省商务厅牵头，联合省委宣传部、省监察厅、省公安厅等九个部门，对非法违规建设、危害人民安全、侵犯消费者权益的黑加油站、黑加油点及黑油罐车进行严厉打击。山西石油分公司建立与属地政府“双打”办的联络机制，发挥熟悉当地成品油市场的行业优势，开展市场摸底排查工作，及时向当地整治工作协调小组提供本地区非法建设运营的“三黑”情况，为整治行动提供目标指引，推进落实全省成品油市场秩序专项整治工作。通过协助政府部门整治成品油市场秩序，承担国有企业的行业责任，促进省内成品油市场的规范有序运行。（刘丽婷）

【石太输油管道全线贯通】 2013年10月28日，石家庄—太原成品油管道输送项目晋中—太原段建设完工并成功投油。至此，全长316千米的石太输油管道全线贯通。该管道石家庄—晋中段2007年正式开通以来，成品油入晋难大为缓解。（刘丽婷）

物 流

【概述】 截至2013年底，山西省物资产业集团有限责任公司（简称集团公司）实现营业收入84.77亿元，同比增长13.85%，完成年度考核任务的108.59%；实现利润7220万元，同比增长22.21%，完成年度考核任务的107.76%；实现增加值22171万元，同比增长9.32%，完成年度考核任务的110.86%，超额完成能投上级下达的目标任务。（张 博）

【贸易类企业规模扩大】 进出口公司针对煤炭市场持续疲软、价格大幅下跌的严峻现实，一方面集中精力加大与上游大型客户的合作，主动调整经营结构，在巩固原有客户的同时，开发新品种、新客户，先后与天津军粮城电厂等企业建立电煤销售业务，新开发鞍钢喷吹煤市场，与陕西子长县永兴洗煤公司、临汾钢铁集团签订气煤供应协议，开创公司气煤经营的先河。另一方面对公司客户进行系统评价和梳理，采取扶持一批、稳定一批、淘汰一批的策略，清收预付账款和应收账款，减少资金沉淀，确保经营资金流转不断链，实现经营规模的持续增长。全年完成营业收入62.1亿元，同比增长5.67%。民丰化工公司根据产品不同特点，采取不同的购销策略：针对工业萘和纯苯价格波动幅度较小的特点，充分利用山焦、神华等大型焦化企业的固定供货资源优势，实施薄利多销、以销定进、送货上门、全程服务以及从网上竞拍取得低价货源等措施，扩大销售；在塑料经营方面，以准确研判出产品价格轮番上涨市场走势为基础，采取批量购进、滚动销售的策略，通过实行无休息日提货、送货上门、直达到厂、短件破损包赔等服务承诺，扩大市场占有率；加强与润华公司合作，代理销售北欧化工特种塑料1.8万余吨。民丰化工公司全年营业收入首次突破10亿元大关，达到10.29亿元。物产金属公司面对钢材市场的持续疲软，采取“走出去”的战略，加大与战略客户的合作，新增供应四川川威钢厂钢坯业务和为能投公司两个集运站建设供应钢材业务，全年钢材销售量同比增长87.95%，销售收入达到8.45亿元。物产再生公司紧抓报废汽车回收主营业务，拓展大宗业务，保持全省所有部队报废退役设备独家回收的格局；调查研究和对上下游企业充分考证，扩大氧化铝购销业务，全年营业收入首次突破亿元大关，达到1.56亿元。（张 博）

【新基地建设推进】 现代物流公司推进集散中心项目建设，完成新基地原租赁户搬迁以及生产生活用水管道接入铺设、变压器过户更名、项目土地内道路加高、垃圾清运、草坪绿化等基础工作，节约资金140万元；先后邀请具有甲级资质设计院设计多套概念规划方案，初步规划建设一个建筑面积10万平方米、地下一层、地上两层轻钢结构为主的公共仓，客户以原有客户为主，新增医药行业客户，完成设计招标工作。克服太原南站施工和周边路网建设带来的困难，争取拆迁补偿，落实拆迁补偿资金800万元；开拓以海尔仓储和质押监管为重点的主营业务，全年实现仓储物流收入1371万元，同比增长21.1%，质押监管业务规模累计达81.8亿元，同比增长22.5%。同时对现址进行规划,计划建设省内领先、国内一流的“总部商贸物流基地”。现代物流公司被中国物流与采购联合会评为3A级物流企业。

长风物流公司开展城市物流中心项目前期工作,办理土地证过户手续,走访太原市经济技术开发区了解入驻要求,探讨新型物流项目的可行性,完善项目可研报告;利用项目闲置土地,扩大商品车物流代理,全年储存、配送车辆20801台,实现收入218万元。 (张 博)

【房地产企业谋变】 宝佳房地产公司各个项目的进展:

1. 龙城大街项目于2013年8月15日拿到土地证,1月21日取得用地许可证,修建性详规审批和建设工程规划许可证办理中;委托同济大学建筑设计研究院(集团)有限公司重新编制规划方案,完成在省发改委立项工作;拆迁和地块接收工作进展顺利,围墙砌筑和场地内平整年底完成。

2. 胜利街宝佳胜景花园项目取得建设用地规划许可证和建设工程规划许可证,项目基础工程开工建设。

3. 做好已交付项目后续工作。提出建设并州路小区活动中心及地下两层车库方案,完成设计及支护开挖方案,并确定支护施工、土方施工、工程监理,造价咨询等合作单位;协调业主、房地局、银行及税务等部门开通“办证直通车”,现场办理宝佳丽景综合楼业主产权证,以现场公开摇号的方式销售宝佳丽景综合楼地下车库车位,共销售车位143个,销售率达65.27%,实现销售收入2142万元。

4. 集团公司与万科合作开发的万科紫台楼盘销售势头良好,项目一期决算投资分红收益达7882万元。

(张 博)

【企业改革推进】 1. 转制搞活类企业稳中求进。财务公司一方面继续履行担保职责,发挥“稳压器”的作用,另一方面利用欧美酒业平台,安置下岗人员就业;旧车交易中心以确保集团公司利益为前提,提前收回上缴全年租赁经营费38万元;木材公司利用有限资金,解决较为急迫的民生问题;物业公司围绕并州路改造和三营盘宿舍区微循环路建设,在三营盘宿舍区供水和配电设施更换、污水管道改造以及排水设施完善等方面,节约资金约150万元。

2. 破产企业关闭工作推进。为符合提前退休条件的126名人员办理提前退休审批手续;由集团破产企业离退休人员管理中心接管没有存续企业的退休人员431人,先后为358名职工支付安置费,办理解除劳动合同及相关手续;协助220名职工办理失业保险。第二批四户破产企业应分流558人,分流安置502人,占到应分流人员的90%。 (张 博)

【内控管理加强】 集团公司对7户发展类企业和4户转制搞活类企业的基本经营管理情况进行调研,针对存在的问题,先后制订出台《2013年度发展类企业负责人经营业绩考核方案(试行)》《房屋土地出租管理暂行办法》《“五险一金”管理办法》等十多个制度规定,从内容到审批流程进行细化和规范。宝佳公司学习和借鉴万科成功的管理经验,相继出台24项管理制度,逐一理顺各项管理流程,在实际工作中节省费用,仅龙城大街项目节约配套费3739.25万元、耕地占用税76.92万元。

压缩应收账款和预付账款,严防资金风险。集团公司先后出台《关于积极清收欠款盘活存量资产加速资金周转的通知》和《关于认真贯彻落实山西能源交通投资有限公司〈关于加强应收账款及预付账款管理的意见〉的通知》,明确压缩目标,实行企业主要领导负责制。各企业采取行之有效的措施,建立重点客户约谈机制,对久清未果的货款采取法律手段清收等。截至2013年底,共压缩应收账款及预付账款6.2亿元。

强化内部审计监督作用。集团公司成立纪监法审部,对集团7户发展类企业全部资产情况进行核查摸底,对核查出的问题逐笔进行梳理。全年协助相关部门进行专项审计5次,对存在的问题进行督促整改。

运用信息化手段,提升管理质量和效率。2013年集团公司完成财务信息化管控平台和集团公司本部OA办公平台建设。 (张 博)

【安全生产】 围绕“夯实双基管理,严查安全隐患,健全监控机制”主题,集团公司完成应急预案编制工作,健全完善《安全生产管理办法》和《安全生产责任制》,开展安全生产大检查及专项整治工作,对排查出的安全隐患下达限期整改通知书,并跟踪落实整改情况,直到消除安全隐患,全年约谈企业2次,排查出安全隐患45处,整改32处,整改中13处,全集团实现安全生产“零事故”的好成绩。

(张 博)

【民生工作】 2013年发展类企业职工平均增资10%;春节、中秋两节分别向189名和502名困难职工、老党员、老干部、军转干部,发放慰问金共计31.56万元;为破产企业离退休人员、军转干部及遗属178人发放冬季取暖补差共计12.5万元;组织集团125名军转干部及离休老干部进行体检;解决破产企业留守人员及大病人员33人的“五险一金”问题;组织参加省总工会金秋助学活动,发放金秋助学资金3万元;投入30万余元为破产企业机电公司住宅小区进行维修和实施集中供热工程,对困难企业补贴取暖费60余万元;民丰公司对河西小区住宅楼的地下管网进行维修改造,确保职工安全过冬;筹措资金26万元,帮扶庙湾乡圪塔上村养殖场实施种羊繁殖扩建项目。

2013年,到集团公司上访的有38批次、387人次,其中集体上访29批次376人次。 (张 博)

会 展

·山西省展览馆·

【概述】 2013年,山西省展览馆举办的会展有:山西苗木及绿化资材博览会、2013第七届华北(太原)旅游交易会、2013中国(山西)食品工业博览会、飞向太空——中国航天文化科普展览、应县精品陶瓷展销会、2013中国山西国际天然气煤层气汽车加气站设备展览会、中国太原国际煤炭工业博览会、第三届山西省节能减排博览会等重点展会。（原文浩）

【山西苗木及绿化资材博览会】 3月9~10日举办。由山西省林木种苗协会主办，是山西省规模最大、档次最高、参会人数最多的大型专业化种苗行业展会。来自全省11个市、9大国有林局和辽宁、河北、江苏、河南、上海等21个省区的240多家参展商参加。国家林业局场圃总站副总站长张周忙、中国花卉报社社长周金田、建设部园林专家张佐双教授出席并致辞。共接待专业观众1.8万余人，达成交易意向2.3亿元，销售苗木36万多株、绿化资材30多吨。在博览会苗木发展研讨培训会上，清华大学景观系教授李树华等针对苗木发展的新技术、新标准和新趋势作相关报告。

博览会是山西首次以林业种苗主管部门搭台、种苗协会主办、社会企业承办的大型展会，展览面积近8000平方米，展位320个，展览内容包括苗木、林木花卉种子、园林机械、肥料、植保药品等绿化资材。博览会致力于为山西省苗木生产单位搭建市场交易平台，扩大林木种苗行业技术交流合作，服务全省春季造林绿化，为建设美丽山西提供苗木保障。

（原文浩）

【第七届华北（太原）旅游交易会】 3月30~31日举办。交易会邀请河北、北京、天津、辽宁、山西、山东、河南、安徽、浙江、广东、广西等近20个省份和地区的旅游局和旅游企业，参展单位80余家，展位设置100多个，涉及旅游景区、旅游开发公司、旅行社、旅游批发商、旅游饭店等众多行业，展会期间举办旅游推介会。

华北旅游交易会参展地域广，组织严密，形式灵活，促进华北地区旅游业和全国各地旅游业的深入交流与友好合作，为国内外旅游客商展示实力、塑造形象、开拓市场、扩大销售提供平台和载体。（原文浩）

【中国（山西）食品工业博览会】 6月20~22日举办。展会为山西食品工业办公室主办的全国大型的食品博览盛会，邀请全国20多个省市食品工业办公室及相关业务协会参加。省内11个地市食品工业协会组织企业参加展会。展会分为7个大型展区，设有200个国际标准展位，其中包括酒类及饮料乳品展区、餐饮调味品展区、特色农副产品展区、方便休闲食品展区等。（原文浩）

【飞向太空——中国航天文化科普展览】 7月6~14日举办。由中国高科技产业化研究会和国家国防科工局新闻宣传中心联合主办，内容汇集神舟飞船返回舱试验舱、火箭逃逸塔、火箭箭体、火箭残骸、箭上仪器设备、搭载国旗、太空食品、神舟飞船发射指挥控制中心、天宫一号、风云二号等百余件实物与模型展品，实物展品占展品总量的30%。另有大量的宇航员航天服、航天食品，航天员睡袋、太空托盘、饮水装置等实物原件。除实物模型之外，还包括大型图文展墙37组，内容组划分为认识宇宙、开发和利用宇宙、中国载人航天工程、未来航天科技的发展、航天科技军事运用等部分。观众近距离观赏到各种航天科技产品，了解中国和世界航天科技发展的历史与未来。（原文浩）

【应县精品陶瓷展销会】 7月20~25日举办。由应县陶瓷协会主办，致力于弘扬应县悠久的陶瓷历史文化，提高应县陶瓷产品的知名度和影响力，增强应县陶瓷产业整体竞争力。省、市、县相关领导及全国各地的经销商、科研院所等单位300多人出席。应县县委副书记、县长边润文致开幕词。参展企业十多家，设展位60个，主要展示高档日用瓷、工艺瓷和大师作品。推动陶瓷产品订货签约，与清华大学美术学院签约，在应县设立研究生陶瓷社会实践基地。（原文浩）

【中国山西国际天然气煤层气汽车加气站设备展览会】 9月12~14日举办。由山西省煤层气行业协会主办，展位总数216余个，总展出面积16600平方米。展区划分为天然气汽车展区、天然气改装技术配套展区、加气站设备展区、天然气处理加工展区等。来自全国各地127家知名品牌企业及配套厂商参展。（原文浩）

【中国太原国际煤炭工业博览会】 10月16~18日举办。由中国煤炭城市发展联合促进会、中国设备管理协会、太原市贸促会、太原市会展办主办，来自国内外200多家涉煤企业参展，以“绿色矿山、安全矿山、科技矿山、可持续发展”为主题。内容涉及煤矿采掘机械及配套设备、支护装备、提升运输、露天采矿机械、井下避险避难、通信监控系统与设备、环境安全监测监控仪器与装备、电气设备、井下防爆等相关技术与装备。博览会通过展览展示、论坛、技术交流会、产品推介会等专题活动，集中展示煤炭矿山技术装备、技术创新、科技兴矿等新技术、新设备。（原文浩）

【第三届山西省节能减排博览会】 11月1~3日举办。由山西省政协经济委员会、省发改委、省科技厅、省环保厅、省住建厅、省交通厅、省煤炭厅、省国资委、省机关事务管理局联合主办。山西省政协第十届委员会常务副主席郭良孝，山西省政协原副主席赵凤翔、吴锦文，以及山西省政协经委、省发改委、省科技厅、省环保厅、省住建厅、省煤炭厅、省国资委、省机关事务管理局的领导出席。中煤集团、晋能集团、聚力环保、华豹涂料以及大同、长治、晋城、朔州相关地市有关部门主管领导、专家学者、专业团体、企业界相关人士参加。博览会以“绿色、环保、循环、低碳”为主题，设置节能减排与循环经济发展成果展区，节能环保新技术新产品展区，新能源展区和建筑节能展区。展品主要包括新能源、清洁能源、环保建材、工业减排以及民用节能技术等，参展产品丰富新颖，紧扣展会主题和最新技术。“加强矿山生态环境修复治理、推动美丽山西发展”高峰论坛会议同期召开。省内外参展企业150余家，签约金额约5000万元，达

成签约意向约1.2亿元。（原文浩）

·中国煤炭博物馆·

【概述】 2013年，中国煤炭博物馆（以下简称煤博馆）被评为全国煤炭行业科普工作先进单位，承办首届“全国煤炭博物馆、展览馆、纪念馆学术研讨会”，申报2个科研项目，出版四期《煤炭博览》，完成《煤炭之最》初稿编写，完成约30万字的国家一级博物馆运行评估《申报书》。通过多种渠道，征集回文物、标本和文献资料191件，启用藏品保管“博物馆藏品综合管理信息系统”，基本完成馆藏文物标本382件、化石标本1026件、书画485件的整体录入工作及书画、化石标本等藏品档案的文字材料及部分图像资料。在古生物化石收藏单位定级与评比工作中，被省级专家组评审为甲级，报送国家化石委员会终审。（张红霞）

【捐赠“煤铁混合物”】 3月6日，同煤集团退休职工张世业，向煤博馆捐赠一块“煤铁混合物”。该物直径约30厘米，初步鉴定符合简陋条件下炼铁融化不完全的渣铁残留特征。这件“煤铁混合物”是1958年全国、全民赶英超美大炼钢铁运动中，大同矿务局救护大队土炼铁窑所生产的废铁疙瘩之一，是共和国特殊历史阶段的一件历史见证物。（张红霞）

【捐赠文史资料】 孙越崎先生的女儿孙淑涵、女婿朱丕荣向煤博馆捐赠《孙越崎传》《长忆白龄翁——孙越崎纪念文集》《越崎》等书籍资料，这些资料对研究孙越崎先生在近、现代煤炭领域所做贡献等方面有重要意义。

（张红霞）

【捐赠矿用物品】 张五货向煤博馆捐赠其岳父高子文生前使用过的矿用电石灯、藤编矿工帽、专用胶壳矿工帽等矿用物品。高子文在20世纪六七十年代在山西寿阳段王煤矿工作，该矿是1955年经过公私合营改造的煤矿，这些矿用物品对研究新中国成立初始煤矿设施、生产条件等方面有重要意义。（张红霞）

【捐赠“薄煤层采煤机”】 5月29日，四川嘉阳集团向煤博馆捐赠“薄煤层采煤机”成套设备。（张红霞）

【收藏全国百名优秀青年矿工签名旗帜】 5月28日上午，全国煤炭工业第二届“百名优秀青年矿工”评选发布仪式在人民大会堂举行。该活动由全国煤炭行业共青团工作指导和推进委员会、中国煤炭工业传媒联盟、《中国煤炭工业》杂志社主办。应主办单位邀请，煤博馆党委委员、副馆长胡高伟参加本次活动。发布仪式上，从全国煤炭系统推选出的一百名优秀青年矿工在旗帜上签名，全国煤炭行业共青团工作指导和推进委员会书记王慧凌将签名旗帜捐赠中国煤炭博物馆，作为永久收藏。（张红霞）

副省长王一新到煤博馆参观（张红霞提供）

【全国煤炭博物馆展览馆纪念馆专业委员会成立大会】 5月28~30日，“全国博物馆展览馆纪念馆专业委员会成立大会”暨首届“全国煤炭博物馆展览馆纪念馆工作研讨会”召开，此次会议由中国煤炭博物馆、开滦博物馆、神华集团博物馆、中国煤炭科技博物馆、淄博煤矿展览馆、大同煤矿万人坑纪念馆共同主办，煤博馆承办。来自全国煤炭博物馆展览馆纪念馆的52位专家学者参加会议。中国煤炭学会煤炭史志工作委员会主任委员、煤炭工业文献工作委员会副主任委员、中国煤炭工业尘肺病防治基金会常务副理事长吴晓煜代表中国煤炭工业协会王显政向大会表示祝贺，并就专委会的工作提出希望。煤博馆党委书记、馆长李希海代表中国煤炭博物馆致欢迎辞。李希海被选举为全国煤炭博物馆展览馆纪念馆专委会主任委员，煤博馆党委委员、副馆长胡高伟等6人被选举为副主任委员。研讨会上，来自神华集团、开滦集团、中国煤炭科技博物馆、大同煤矿万人坑纪念馆、淄博煤矿、四川嘉阳集团、中国矿业大学煤矿历史研究所的7位专家进行交流发言。（张红霞）

【陕西自然博物馆一行到煤博馆参观考察】 6月15日，陕西自然博物馆馆长李占岐一行12人到煤博馆参观考察。先后参观煤博馆的煤炭精品馆、煤炭生成馆、煤炭与人类馆、模拟矿井和古代壁画馆，观看四维动感《煤的形成》影片。参观结束后，双方就自然科技类博物馆的陈列理论和艺术，博物馆办馆理念和思路等问题进行交流。（张红霞）

【香港特区政府高级公务员代表团到煤博馆考察】 9月24日，香港特区政府高级公务员代表团一行22人到

煤博馆参观考察。代表团一行参观“煤海探秘”基本陈列，下到模拟矿井，实地感受矿井环境。（张红霞）

【中国水利博物馆一行到煤博馆参观考察】 11月9日，中国水利博物馆馆长张志荣一行7人到煤博馆参观考察，对煤博馆基本陈列的科学性与艺术性给予高度赞赏。（张红霞）

【第四届科技场馆展品与技术设施国际展览会】 7月18~20日，煤博馆参加由中国科学技术协会在北京主办的“第四届科技场馆展品与技术设施国际展览会”。该展览会是集展示、交流、合作于一体的大型综合性行业会议，是将科普事业的成就和进展面向社会展示的一个平台。中国煤炭博物馆、中国矿业大学煤炭科技博物馆、开滦集团国家矿山公园、河南理工大学地球科学馆、兖矿集团济三矿5家全国科普教育基地，代表煤炭行业参加由中国煤炭学会组织的展览。展览通过“煤炭，国民经济的支柱”“煤炭，沉淀了悠久的历史”“煤炭，洁净环保的现代化工业”“煤炭，与我们的生活息息相关”四大主题，集中展示我国煤炭工业发展的光辉历程与科技进步。展会期间，煤博馆派出以专业讲解员组成的参展团队，通过展览图板、音像资料、宣传手册、煤精工艺雕刻和煤炭学会主办的《当代矿工》杂志，详细介绍煤博馆的基本概况、陈列展览和科普基地建设等情况。煤博馆展出的煤精工艺雕刻，吸引大批参观者。中国煤炭工业协会副会长、中国煤炭学会副理事长田会参观煤博馆展位。（张红霞）

【煤博馆四川嘉阳馆揭牌】 3月19日，“中国煤炭博物馆四川嘉阳馆”在嘉阳国家矿山公园博物馆正式揭牌。双方在煤炭历史研究、煤炭博物馆建设、双方旅游景区开发和经济效益提升等方面展开全面合作。（张红霞）

【中国自然科学博物馆协会第六次全国会员代表大会】 8月23日，煤博馆党委委员、副馆长胡高伟，征集陈列处处长孟庆学，代表煤博馆参加中国自然科学博物馆协会在北京召开的第六次全国会员代表大会。大会选举产生新一届理事会，中国科协副主席、党组副书记、书记处书记程东红当选为第六届理事会理事长，煤博馆党委书记、馆长李希海被选举为第六届理事会理事。大会表彰2006至2013年全国自然科学博物馆建设发展先进个人50名，其中“十佳特殊贡献奖”“十佳馆长”“十佳服务标兵”“十佳设计师”“十佳科技辅导员”各10名。胡高伟被授予“全国自然博物馆2006至2013年建设发展十佳特殊贡献奖”。（张红霞）

7月9日，“走进中国煤炭博物馆暑期夏令营活动”在煤博馆举行（张红霞提供）

【山西省2013年“全国科普日”暨第十届“科普三晋”主题宣传活动】 9月15日，煤博馆科普志愿者团队参加山西省2013年“全国科普日”暨第十届“科普三晋”主题宣传活动。活动围绕“保护生态环境，建设美丽中国”的主题，开展群众性科普宣传活动。省领导周然、张复明等参加活动。第二届中国科普摄影大展在迎泽公园展出，以煤博馆为主题的两组摄影作品“煤炭的奥秘”“一切为了安全”分别荣获大赛二、三等奖。（张红霞）

【博物馆理论与实践研讨会】 10月22~26日，煤博馆派人参加由山西省文物局主办的在大同召开的晋、陕、豫、冀博物馆理论与实践研讨会。来自山西、陕西、河南、河北博物馆界的150余名博物馆专家学者参加交流研讨。中国煤炭博物馆的《行业博物馆文化创意产业园的前景分析》及《互联网时代博物馆面临的挑战和对策》两篇论文入选《论文集》，并进行书面交流。（张红霞）

【山西第七届老年健康产业博览会暨离退休干部文体展演活动】 9月5~8日在煤博馆举行。博览会由山西省委老干部局主办，煤博馆及山西省离退休咨询服务中心等单位具体承办。开幕式上，近千名省城老干部进行健身舞、柔力球、太极拳等文体展演。展会设标准展位150个，展览面积5000平方米，参展企业122家，参展产品数量4000余种，涉及老年人吃、住、行以及家庭护理服务、健康休养等多项内容。展会期间，第四届省城老干部合唱节、第四届“我眼中的老年博览会”摄影比赛以及老年产品技术交流项目合作等活动同时举行。（张红霞）

【学生风采大赛】 3月30日，煤博馆承办的太原市第五届学生风采大赛“爱家乡”主题活动在煤博馆和太原市29中同时开幕。来自全市73所大中小学校的82支代表队900

4月17日,煤博馆向太原市尖草坪区西高庄中心校捐赠“爱心图书”
(张红霞提供)

余名师生参加活动。太原市学生风采大赛,以“会认知、会做事、会共处、会生存”为比赛宗旨,旨在让广大学生在活动中拓宽学习领域,强化团队合作意识,丰富实践手段,提升创新能力,展现当代中小学生的风采和综合素质。(张红霞)

【爱心图书捐赠】 4月17日,煤博馆携手iRadio102.6太原音乐广播“爱的小桔灯·儿童关爱行动”栏目组,到太原市尖草坪区西堰乡西高村西高庄中心校开展爱心捐赠活动。此次捐赠课外读物、辅导教材、文体用品2000余件。西高庄中心校校长赵秀萍代表校方向煤博馆赠送“情系教育热心公益”的锦旗,并对捐赠活动表示衷心的感谢。iRadio102.6太原音乐广播电台第一时间对捐赠活动现场进行报道。(张红霞)

【旅游日免费接待】 煤博馆在5月19日“中国旅游日”和9月27日“世界旅游日”,分别对所有游客实行头道门票免费优惠,并在5月19日创下煤博馆自开馆以来单日接待人数最高纪录。(张红霞)

【“走进中国煤炭博物馆夏令营暨志愿者活动”】 7月9日,由太原市教育局和煤博馆共同举办的“2013年度走进中国煤炭博物馆暑期夏令营暨志愿者活动”在煤博馆举行。来自太原市19所学校的近百名师生参加活动。太原市教育局党委副书记、副局长刘富海向参加活动的师生致欢迎词,煤博馆党委书记、馆长李希海宣布夏令营开营。活动共分七个单元,一是举办开营仪式,二是参观“煤海探秘景区”,三是聆听“煤炭与未来”知识讲座,四是书写感悟、分享体会,五是互动游戏,六是闭营仪式,七是志愿者活动。活动结束后,同学们在营旗上签名留念,营旗被中国煤炭博物馆永久收藏。7月11~18日,煤博馆对288名志愿者进行为期一周的培训、考核并颁发志愿者证书,志愿者将持上岗证定期到煤博馆服务。(张红霞)

【“送温暖 献爱心”捐助活动】 煤博馆职工为遭受冰雪、洪涝、地震等自然灾害的地区进行募捐,为困难职工家庭进行捐款,在元旦、春节期间,馆、处两级领导带慰问金上门看望困难职工。(张红霞)

【汉字听写大赛】 11月25~28日,煤博馆举办汉字听写大赛,全馆17支代表队的51名选手参加比赛,经过比赛,有六支代表队分获一、二、三等奖,四名选手获得汉字能手奖。(张红霞)

【“校讯通杯”中国梦——爱我山西“乌金”之旅系列活动】 为传播煤炭文化,发挥博物馆的教育资源优势,煤博馆与山西省教育厅、中国移动通信集团山西公司合作,面向全省中、小学生开展“校讯通杯”中国梦——爱我山西“乌金”之旅系列活动。此次活动分为三部分:一是煤炭科普知识网络答题竞赛;二是中国梦——爱我山西“乌金”之旅征文比赛;三是关注“中国煤炭博物馆”微信公众账号,参与抽奖活动。活动得到各级教育行政部门支持,广大初中生、小学生热烈响应,有12465人参加在线答题,收到各学校精选推荐的征文1100篇,煤博馆微信关注人数大量增加。(张红霞)

【“品鉴山西”文化旅游联盟2013年工作会议】 12月21日,在煤博馆召开。14家成员单位负责人参加会议。煤博馆党委书记、馆长李希海,煤博“煤海探秘景区”总经理、联盟秘书长郭海胜出席会议。会议对2013年联盟工作进行系统总结,并确定2014年联盟工作的思路。(张红霞)

文物　旅游

Cultural Relics　Tourism

文　物

【概述】 2013年，山西省文物局认真履责，转变作风，狠抓落实，各项工作取得新成绩。先后荣获山西省直机关第九套广播体操比赛金奖、山西省高速公路建设模范单位、山西省直单位文明和谐单位标兵、首届山西文化产业博览交易会优秀展示奖、山西省直机关模范单位、驻平顺先进扶贫工作队等荣誉。直属的山西博物院荣获"全国最具创新力博物馆"称号，与八路军太行纪念馆双双荣获"全省文化体制改革工作先进单位"称号。在2013年度全省目标责任考核中，山西省文物局被评为良好等次。（王振华）

【第七批国保单位】 3月5日，国务院核定公布第七批全国重点文物保护单位共1943处。山西省申报430处，约占全国申报总量5573处的1/13；最终入选181处，约占全国入选总量1943处的9.3%，为此批国保单位入选数量最多的省份。新入选国保单位的类型分布为：古遗址16处、古墓葬7处、古建筑144处、石窟寺及石刻4处、近现代重要史迹及代表性建筑9处、其他1处。至此，加上前六批的271处，山西省国保单位总数为452处，占全国省国保单位总量4295处的10.5%，位居全国第一。（王振华）

【世界文化遗产地保护】 五台山菩萨顶等4处寺庙的维修设计方案编制和维修工程招投标工作完成，菩萨顶碑亭等12项子工程完工。云冈石窟五华洞第11~13窟岩体加固工程完工，窟檐建设木构件加工完成90%，彩塑壁画抢险保护方案获批复，第9~10窟加固方案上报国家文物局审批。平遥古城6段内墙抢险修缮方案审批中，3段墙体抢险维修工程组织实施，城墙岩土监测开始试运行。双林寺、镇国寺等文物保护规划、修缮设计方案报国家文物局审批。（王振华）

【文物保护重点工程】 山西南部早期建筑保护又有16处项目保护规划编制完成，16处项目维修方案获批复，20处项目开工，11处完工项目进行验收。南部工程105处项目有56处完工，38处在建，整体进展顺利。太原西山文化带文物保护有关晋阳古城考古遗址公园建设全力推进。窦大夫祠、净因寺、多福寺、晋祠舍利生生塔等维修工程完工，实施晋祠堡墙、唐叔虞祠大殿维修工程。天龙山石窟抢险加固保护工程设计方案、龙山石窟周边环境整治方案及保护加固维修工程设计方案编制完成。濒危木构古建筑及古村落保护完成100余处濒危文物建筑的抢险保护工作。湘峪村列入国家文物局古村落保护利用综合试点，试点工作实施方案上报。彩塑壁画保护有6处修缮方案完成编制、4处数字化项目顺利立项、2处完成招投标。长城与大遗址保护有关

第八个中国文化遗产日山西省主会场　（王振华提供）

省委书记袁纯清视察张壁古堡　　（王振华提供）

明长城偏关寺沟段、繁峙平型关段保护工程开始施工。蒲津渡与蒲州故城遗址列入第二批国家考古遗址公园项目。陶寺遗址保护规划经省政府批准公布。　　（王振华）

【考古发掘】　九原岗北朝壁画墓位于忻州市忻府区兰村乡下社村东北约600米。6月，经国家文物局批准，由山西省考古研究所与忻州市文物管理处组成联合考古队对其进行抢救性发掘。经发掘，该墓坐北朝南，由墓道、甬道、墓室等三部分组成，南北总长约40米。墓道长31米，从地表向下逐渐延伸，底部深约6米，墓道两壁呈阶梯状，由上至下分为四层，每层均绘有壁画。壁画第一层绘有龙鹤仙人、雷公风伯等，展示北朝人丰富的精神世界。壁画第二层为狩猎图，几十位猎人骑着骏马在山林间驰骋，追逐围猎虎、熊、鹿、野羊等动物，场面激烈逼真，再现北朝马上民族以围猎练兵的历史。壁画第三、四层的出行图，规模宏大，笔法精湛，兵士身材高大，穿着虎豹皮服，佩刀挎弓，壁画中绘有胡人武士，反映出北朝时期民族融合团结的社会风貌。墓道北壁绘一座规模宏大的木结构建筑，古建筑为庑殿顶，房屋的一砖一瓦都描绘的非常形象逼真，房屋的双柱式斗拱在我国是首次发现。该墓葬的发掘对研究北朝社会生活、绘画艺术以及我国古代建筑史都具有非常重要的意义。

6月，在太原晋源区开化墓群陆续发现汉、北齐、明清时期墓葬。其中，发现的汉墓规模之宏大、结构之复杂，在山西实属罕见。3座北齐墓共出土有135件色泽鲜艳的釉彩陶俑。12月，太原龙山童子寺佛阁遗址考古取得重大成果，新发现北齐佛龛和中原地区保存年代最早的唐代寺院壁画，揭示佛阁布局。童子寺是现存中国最早的佛阁实例。其佛阁遗址内精美的北齐佛像、多个大佛头顶螺残件，以及从崖壁崩塌下来的大型佛龛造像，对于复原大佛及佛龛壁面具有重要意义。

2013年山西省文物局配合全省重点工程建设项目受理文物保护事项14项，考古勘探面积280余万平方米，考古发掘面积23025平方米，发掘清理古墓葬367座，出土各类器物1400余件(套)。　　（王振华）

【可移动文物普查】　4月，国务院安排部署在全国范围内开展国有可移动文物普查工作。普查范围包括我国境内各级党政机关、企事业单位和国有控股企业等各类国有单位收藏保管的可移动文物。时间界限是1949年以前的具有历史、艺术、科学价值的代表性实物。普查时间从2013年1月开始，到2016年12月结束。按照国务院安排部署和国家文物局工作要求，山西省成立第一次可移动文物普查领导小组及办公室，印发实施方案，组建普查专家队伍，落实普查经费。4月18日，召开山西省第一次全国可移动文物普查电视电话会议。经过举办培训班、摸清全省普查单位情况并与重点收藏单位座谈后，先期在文物系统收藏单位开展普查工作。截至到2013年底登录文物4万余件套。11月8日，国家文物局普查办对山西省的普查工作思路、做法和工作进展给予充分肯定，认为山西省走在全国各省前列，为全国普查工作提供许多经验和启发。　　（王振华）

【博物馆展览与交流】　山西省文物局举办首届全省文博系统书画摄影作品展。山西博物院策划举办“傅抱石画展”“文明的足迹——中国社会科学院考古研究所优秀成果展”“江山入画——钱松喦画展”“蛇国探奇春节特展”“溢彩流光——贵州少数民族服饰艺术展”“沧海观澜——刘海粟画展”“美洲原住民摄影作品展”“金陵画派书画展”“陇右遗珍——甘肃汉晋木雕艺术展”“关山月书画展”“光辉典范——抗战时期中国共产党党风廉政建设展”“中国梦·大美临汾——百名画家画汾河作品展”“永乐宫元代壁画临摹作品展”“京津画派书画展”“海南华光礁一号沉船特展”等15个大型展览，对外策划“晋国遗珍——山西出土两周文物精华展”在广东、海南展出；“山西金代戏曲砖雕艺术展”在内蒙古博物院展出；“丝绸之路——虞弘墓石椁展”在澳大利亚国立新南威尔士艺术博物馆展出。山西省民俗博物馆推出民间刺绣、木板年画、民间老油灯等8个民俗系列专题展。山西省艺术博物馆举办13个富有特色的专题展览。2013年全省各级博物馆共举办各类展览400余个，接待观众约2300余万人次。　　（王振华）

【博物馆宣传教育与公共服务】　2013年全省各级各类博物馆本着服务社会大众的理念，开展多元化、多形式、多渠道的博物馆教育活动。山西博物院全年共开展动手体验活动、讲座、文化社区宣讲、小讲解员培训等各类社教活动501次,受众人数达51900余人次。全年共接待观众100余万人次,提供讲解服务5098批次,完成中央及省部级领导参观接待任务。山西省民俗博物馆开办国学大讲堂、文庙道德讲堂,为市民讲授国学和精神文明道德规范等方面内容。八路军太行纪念馆被授予首批"山西省党史教育基地"和全国文化系统"廉政文化教育基地"。侯马晋国古都博物馆、盐湖区博物馆和马邑博物馆晋级为国家三级博物馆。 (王振华)

【文物安全监管】 2013年,山西省文物局贯彻落实国务院《关于进一步做好旅游等开发建设活动中文物保护工作的意见》,联合山西省旅游局成立联合检查工作领导小组,组建联合检查工作组,通过约见当地政府负责人、听取汇报和实地检查相结合的方式,对全省9个市18个县区的16个国保单位、9个省保单位、2个历史文化名镇名村进行检查,并针对检查中发现的问题提出整改意见,要求当地政府拿出整改措施,有效履行文物安全监管职责。一年来,山西省文物局配合公安机关查处文物犯罪案件6起,进行司法鉴定41起,涉案文物2550件,有效打击文物犯罪行为。

(王振华)

【文物保护立法】 山西现存古建筑28027处,被列入国保、省保单位的古建筑有490处,仅占现存古建筑总量的0.02%,其余是大量的市保、县保单位和尚未核定公布为文物保护单位的古建筑,保护任务重、难度大。为加快社会力量参与文物保护法制化进程,山西省人大常委会与山西省文物局结合山西省社会力量参与文物保护实际,在前期调研、考察的基础上,《山西省社会力量参与古建筑保护利用条例》于2013年列入全省五年立法规划项目。此次立法拟解决的主要问题是:在政府投资、全力保护国保、省保单位古建筑精华的基础上,采取自愿投资保护、减免税收和开发利用等优惠政策,鼓励、吸引社会资金进入文物保护领域,解决市、县级文物保护单位和尚未核定公布为文物保护单位的古建筑的保护利用问题,探索建立政府主导、社会参与的文物保护新体制。《山西省文物建筑构件保护管理办法》印发实施。《北方地区文物保护工程预算定额》等行业标准编制完成。 (王振华)

【参加首届山西省文化产业博览会】 为做好首届山西省文化产业博览会博物馆衍生品展区的组展、招展工作,山西省文物局选定本土文创产品的优秀代表山西博物院、云冈石窟研究院、山西晋之源文化公司和山西新今鼎文化发展有限公司作为基础单位,引进上海博物馆、首都博物馆等国内一流博物馆文创企业,共同打造山西博物馆的文创板块。展区以"唐风晋韵"为参展主题,形式设计以"菊之语"作为设计理念,中心以花蕊为公共服务区,周边六瓣叶片分置参展商。参展商以不同的文创项目烘托主题,阐释博物馆与生活的精神内涵,共同搭建博物馆文创品牌。博物馆衍生品展区荣获7个优秀展示奖、1个优秀组织奖、4个优秀个人奖。(参见第407页) (王振华)

·博物馆·

【蛇国探奇】 2月11日在山西博物院开展。展期为一个月。这是一个充满童趣的新春特展,以科普展示的形式带观众认识生肖"蛇",并了解与蛇有关的文物知识。与展览同时开展的还有"新春嘉年华之'梦圆金蛇'2013年文化主题系列活动",包含"宫灯喜迎春""彩蛇纳万福""蛇年春联大派送""年味灯笼DIY""幸运转盘转转转"、新春明信片等活动,营造出欢乐祥和的传统佳节氛围。

(陈汾霞 田若微)

【江山入画——钱松喦山水画展】 3月15日至5月5日在山西博物院开展。展览由山西博物院与无锡博物院联合举办,展览共展出无锡博物院藏的80件钱松喦创作的山水画作品,展示钱松喦艺术成就。参展作品中,钱松喦1962年创作的革命圣地作品《延安颂图》是其代表名作,也是这次展览的一大亮点。展览期间,博物院邀请书画专家为观众举办书画解读活动,从更专业的角度引领观众领略钱松喦的绘画艺术。

(陈汾霞 田若微)

【溢彩流光——贵州少数民族服饰艺术展】 4月27日在山西博物院开展。展览由山西博物院、贵州省博物馆联合举办,展期两个月。展览分为"无字史书""针尖巧工""似雪银花"三部分,共展出贵州少数民族服装、银饰等198件(套),展示贵州以苗族为主的多姿多彩少数民族文化。其中,精美的雷山县西江苗族女盛装、黄平县谷陇苗族姑娘盛装、榕江县兴华苗族男子在牯脏节所穿的"百鸟衣",独具民族特色的"蝴蝶妈妈"刺绣袖片等都是此次展览的亮点。展览期间,山西博物院从贵州邀请人员在展馆进行少数民族非物质文化遗产表演,内容包括歌舞、蜡染、刺绣等。 (陈汾霞 田若微)

【沧海观澜——刘海粟画展】 5月17日至7月7日在山西博物院开展。展览由山西博物院与刘海粟美术馆联合举办,共展出82件组幅刘海粟的作品,展示刘海粟的艺术成就。开展当天,来自上海刘海粟美术馆的研究员、一级美术师沈虎在博物院会议中心为公众举办题为"刘海粟绘画风格演变之研究"的公益讲座。展览期间,博物院邀请书画专家为观众举办书画解读活动。 (陈汾霞 田若微)

【晋国遗珍——山西出土周代文物精华展】 6月5日在广东省博物馆展出。展览由广东省博物馆、山西博物院、山西省考古研究所联合举办,是"山西出土两周时期文物精华展"巡展的第九站。展期至8月7日。展览分为青铜礼器、礼玉之邦两部分,共展出山西地区出土的两周时期青铜器、玉器等104件组,这些展品来自山西曲沃晋侯墓地、绛县横水墓地、侯马晋国遗址、太原赵卿墓等重大考古发现,展示两周时期800年辉煌灿烂的晋文化。(陈汾霞 田若微)

【美洲原住民：玛雅、印加和北美土著——杰夫·佛可思摄影作品展】 7月6日在山西博物院开展。展览由山西博物院与美国激扬美术学会联合举办，展期至8月11日。展览分为“玛雅”“印加”和“北美土著”三个部分，共展出民族摄影家杰夫·佛可思的作品200件，通过摄影作品的形式带领观众走近美洲原住民的生活，走近神秘而真实的美洲文化。开幕式当天，杰夫·佛可思本人亲临开幕仪式，从美国邀请的印第安人 Scholfield/Douglas Alvin 为观众带来印第安歌舞表演，与观众互动。

（陈汾霞 田若微）

【生死同乐——山西金代戏曲砖雕艺术展】 7月10日在内蒙古博物院展出，展期为3个月。展览由内蒙古博物院、山西博物院联合举办。共展出山西出土的宋金砖雕文物100件组，全方位、多视角再现宋金时期山西地区戏曲艺术的繁荣景象。最引人注目的是稷山县化肥厂出土的一座完整复原的金代砖雕墓葬，结构完整，砖雕精美。（陈汾霞 田若微）

【金陵画派作品展】 7月18日在山西博物院开展。展览由山西博物院与南京博物院联合举办，展期至9月1日。共展出南京博物院珍藏的89件金陵画派的书画藏品，涵盖金陵画派先驱、中坚及传承的30余位画家的重要创作。展览期间，博物院邀请书画专家为观众举办书画解读活动，引领观众领略金陵画派的书画艺术。

（陈汾霞 田若微）

【丝路传奇——虞弘墓石椁展】 8月22日在澳大利亚国立新南威尔士艺术博物馆展出，展期至11月10日。展览由澳大利亚国立新南威尔士艺术博物馆、山西博物院联合举办。此展是继2012年《生死同乐——山西山西金代戏曲砖雕艺术展》赴美国纽约展出后，山西博物院推出又一个独立外展项目。展览以山西太原虞弘墓出土的石椁为主体，辅以北齐、隋两代部分出土文物精品，共展文物29件/组，艺术地再现1000多年前的晋阳(今山西太原)发达的经济政治面貌以及繁荣的文化交流盛况。

（陈汾霞 田若微）

【陇右遗珍——甘肃汉晋木雕艺术展】 8月30日在山西博物院开展。展览由山西博物院、甘肃省博物馆、武威市博物馆、高台县博物馆联合举办，展期至12月1日。展览共分为“生活用品”“人物俑”“动物俑”和“木板画”四部分，展出甘肃省博物馆、武威市博物馆、高台县博物馆收藏的汉晋木雕艺术品127件(组)，其中一级文物有28件(组)，这些作品以简洁的造型、大巧若拙的艺术手法以及丰富的色彩，呈现汉晋木雕的艺术特点。展览期间，博物院还走进太原各高中、大中专院校、社区举办《时光雕刻的历史》知识讲座，走进各中小学举办《说故事的民歌手》趣味讲座，并在博物院开展《木雕里的秘密》趣味折页及系列动手体验活动。

（陈汾霞 田若微）

8月22日，丝路传奇——虞弘墓石椁展在澳大利亚开展

（陈汾霞提供）

【关山月书画展】 9月13日在山西博物院开展。展览由山西博物院与关山月美术馆联合举办，展期至12月8日。共展出来自关山月美术馆的73件关山月书画艺术品和相关文献。展览中最大的亮点是长达15.265米的《山村跃进图》，是关山月根据1957年鄂北山区社会主义建设的所见、所感构思而成。开幕式当天，画家、美术评论家、策展人、关山月美术馆陈俊宇在博物院会议中心为观众举办一场题为“江山如此多娇——关山月生平及艺术历程研究”的公益讲座，展览期间，博物院邀请书画专家为观众举办书画解读活动。

（陈汾霞 田若微）

【光辉典范——抗战时期中国共产党党风廉政建设展】 10月16日在山西博物院开展。展览由省委宣传部、省纪律检查委员会、省文物局主办，山西博物院、中国人民抗日战争纪念馆承办。展期至11月10日。展出图片280多幅，分3个单元构成，以党风、廉政建设为主线，通过大量翔实而珍贵的历史图片、文物文献史料，重点展现与回顾抗战时期中国共产党党风廉政建设的光辉成就，系统总结抗战时期中国共产党党风廉政建设的光辉成就，是党员干部接受廉政文化教育、开展党的群众路线教育实践活动的一部生动教材，社会反响强烈。（陈汾霞 田若微）

【中国梦·大美临汾——百位画家画汾河】 11月14日在山西博物院开展。由中国文联和山西省委宣传部主办。展期一周。展览共展出由国内百余名知名画家创作的122幅国画精品，展示一个工业新型化、农业现代化、市域城镇化、城乡生态化的新临汾形象。临汾市历时3个月邀请来自全国各地的110位知名画家，亲临临汾实地采风写生，创作大量艺术精品，展示临汾人民积极向上的精神追

12 月 17 日，华光礁一号沉船特展在山西博物院开展（陈汾霞提供）

求和对美好未来的憧憬向往。

（陈汾霞　田若微）

【晋国霸业——山西出土两周时期文物精华展】 11 月 15 日在海南省博物馆展出。展览由海南省博物馆、山西博物院、山西省考古研究所联合举办，是“山西出土两周时期文物精华展”巡展的第十站。展期为一个月。展览分为青铜礼器、礼玉之邦两部分，共展出山西地区出土的两周时期青铜器、玉器等 104 件组，展品来自山西曲沃晋侯墓地、绛县横水墓地、侯马晋国遗址、太原赵卿墓等重大考古发现，展示两周时期 800 年辉煌灿烂的晋文化。

（陈汾霞　田若微）

【永乐宫元代壁画临摹作品展】 11 月 20 日在山西博物院开展。展览由中共运城市委、运城市人民政府、山西省文物局主办，运城市文物局、永乐宫文物保管所、山西博物院承办，展期至 2014 年 2 月 23 日。展览共展出临摹壁画 37 幅、石刻拓片 6 件、泥坯画 13 件，共计 56 件，再现中国古代寺观壁画艺术的博大精深，有助于观众深入了解中国传统道教文化。为增加展览的趣味性和互动性，展览期间博物院推出展览教育手册、滑块拼图、“仿古拓碑”现场展示等活动。

（陈汾霞　田若微）

【京津画派书画展】 12 月 20 日在山西博物院开展。展览由山西博物院和天津博物馆联合举办，展期至 2014 年 3 月 2 日。展出展览选取天津博物馆藏京津画派金城、陈师曾等 35 位画家的 89 件组书画精品到晋，其中不少名作为首次展出，集中展示京津画派的艺术成就。展览期间，博物院邀请书画专家为观众举办书画解读活动，引领观众赏析京津画派的书画艺术。（陈汾霞　田若微）

【华光礁一号沉船特展】 12 月 27 日在山西博物院开展。展览由山西博物院、海南省博物馆联合举办，展期至 2014 年 3 月 2 日。展览共展出文物 254 件组，并通过大量场景、模型等辅助形式以及水下考古装备的展示，向公众讲述南海的瑰丽神奇、海南的魅力无限，同时对神秘的水下考古进行趣味性的科普展示，是山西博物院首次举办水下考古成果的展览。展览期间，博物院举办“寻找历史的碎片”定向体验活动、寒假小小讲解员、趣味折页等活动。（陈汾霞　田若微）

旅　游

【概述】 2013 年，全省共接待旅游者 2.48 亿人次，同比增长 26.47%，实现旅游总收入 2305.44 亿元，同比增长 27.16%，完成年度目标的 105.97%。新增旅游直接从业人员 5.8 万人，新增间接从业人员 14.5 万人。截至 2013 年底，全省旅游直接从业人员 43.9 万人，间接从业人员 188 万人。全省新增乡村旅游点 50 余个，总额达到 200 多个。全省乡村旅游接待游客 2400 余万人次，旅游收入近 130 亿元。

（王海叶）

【旅游重大决策】 省政府出台《关于推动“美丽山西休闲游”的若干措施》，贯彻落实《中华人民共和国旅游法》《国民旅游休闲纲要（2013—2020 年）》。全省旅游系统召开“美丽山西休闲游”新闻发布会，启动在平遥古城“美丽山西休闲游”活动，组织国内外近百家主流媒体进行集中宣传报道。省旅游局组织 7 省区市和香港推介会宣传“美丽山西休闲游”扩大优惠政策知名度。

东方国旅在台湾高铁、站台、公交、机场等公共场合进行宣传营销，组织百架包机、万名台胞入晋旅游；宝华国旅重新整合并推出八条山西旅游精品线路，开通太原直飞越南岘港、印尼巴厘岛、美国塞班岛、关岛等国际旅游包机，众多海外游客通过直飞包机航班形式到山西旅游；山西康辉国旅组织全国“百家康辉进山西”活动。省旅游局会同省政府协调领导小组成员单位，及时跟踪《若干措施》执行情况，联合财政厅出台《“美丽山西休闲游”奖励办法》，兑现奖励 600 余万元。（王海叶）

【旅游宣传促销】 采取省、市联动的办法，在中央电视台等主流媒体，在纽约时代广场、太原公交电视、北京至太原动车、北京西客站、国内主要城市机场等公共场合和宣传平台，高强度宣传山西旅游整体形象。与新浪网合作，策划“晋善晋美·风云三晋旅行侠微任务集结令”专题宣传推广活动。与旅游时代杂志社合办《旅游时代·山西旅游》，向国内和港澳地区定期公开发行，宣传山西旅游资源和旅游线路产品。与《山西晚报》合作，开展山西旅游纪念品创意设计大赛和“山西三宝”评选活动。与好运达传媒公司合作，组织“美丽山西休闲游·我为家乡做贡献”首都山西籍大学生大型社会公益宣传活动，首都 21 所高校、2035 名学生参与，累计发放宣传册10万册，宣传范围遍及首都高校周边地区、交通枢纽、社区、各大公园、景点、旅行社、酒店等场所,受到首都市民及外地游客的好评。与全国大学生广告艺术大赛合作,共参加省外高校活动10场,省内19场,面向大专院校师生,宣传和推广“晋善晋美”品牌。与省农业厅共同开展“最美乡村”评选。

7月,省旅游局组织各市旅游局、各景区、旅行社、媒体先后奔赴北京、天津、河北、河南、陕西、内蒙古周边6省区市和香港、广东进行宣传推介,共有7省区和香港的900家旅行社参加、对接、签约,450家主流媒体和新媒体作集中报道,向7省区和香港地区近4亿人集中宣传山西旅游形象、景区景点。各市、各县到外市、外省和国外进行自主推介,扩大宣传促销力度。市、县自主组团到省外进行宣传促销达114次，促销地点含韩国、中国台湾等国家和地区,以及北京、上海、广州、南京、呼和浩特、包头、杭州、洛阳等城市。“晋善晋美”被《环球时报》评为全国10个最受欢迎的旅游主题宣传口号之一。（王海叶)

【资源型企业转型旅游业】 215家资源型企业投资开发旅游景区、星级饭店、休闲度假区和娱乐设施,总投资320亿元。超过5亿元的项目14个,超过10亿元的项目9个。

全年9处国家A级旅游景区创建、完成12家省级休闲旅游度假区的评定工作,全省共有省级休闲旅游度假区25家。平遥作为全国旅游标准化10个试点县之一，通过终期评估验收初审。（王海叶)

【贯彻落实《旅游法》】 举办省、市、县三级局长集中培训班,召开全省贯彻落实《中华人民共和国旅游法》专题电视电话会议,会同省工商局、省物价局下发《关于开展旅游市场联合检查的通知》,建立健全综合协调机制、联合执法机制和旅游投诉、受理、转办机制。省旅游局组织11个市旅游局行管、质监部门进行交叉检查,检查企业105家，发现39件涉嫌违规违法问题线索,进行调查取证和督办整改,规范旅游市场秩序。委托有关大学进行游客满意度调查,引导和督促全省各地改进和提升服务质量。举办“乌金山杯”山西省导游员大赛,推进行政审批制度改革,下放旅行社审批权限。（王海叶)

【行业监管】 落实“一岗双责”、企业安全生产责任和行业监管责任,开展重要时节、重点环节的安全整治和“安全生产活动月”活动,重点对旅行社、导游、租用旅游客用车辆资质情况进行检查,对黑社、黑导、黑车进行查处。全年全省各级旅游行政管理部门开展旅游安全检查2142次，出动检查人员7585人次，对166家存在安全隐患的旅游企业发出书面整改意见并跟进督促,整改率达到100%。全省没有发生旅游安全事故,省旅游局连续10年被省政府评为安全生产先进单位。（王海叶)

【《又见平遥》情景体验剧】 《又见平遥》大型旅游情景演艺项目。是印象系列演艺在中国北方地区的第一个项目，是中国第一部室内情景体验剧。实现该项目文化与旅游水乳交融、高端嫁接和协同发展,成为山西省文化旅游产品中的知名品牌,同时取得良好的经济和社会效益。《又见平遥》旅游演艺节目共吸纳演职人员320人,85%在当地消化,带动周边居民上千人从事相关旅游服务。

（王海叶)

【旅游产业机制体制改革】 以太行山大峡谷景区资源整合为标志,促进山西省旅游产业体制机制改革。长治市对壶关太行山大峡谷景区进行资源整合和体制机制改革创新。由长治市旅游发展有限公司、壶关县旅游发展有限公司、山西常平集团联合组建太行山旅游发展有限公司,注册资金1亿元。公司组建后,整合太行山大峡谷范围内过去由10个主体（包括民营企业和个人)经营的10家景区,实现统一规划、统一管理、统一开发、统一品牌、统一经营,形成“一个品牌、一个公司、一张门票”的发展模式。4月,公司与西安曲江集团托管团队签约，由曲江集团派出10人管理团队对景区进行经营管理,公司每年给管理团队300万元。从5月1日至12月底,太行山大峡谷景区累计接待游客超过30万人次,同比增长40%,同期门票收入由上年的1200万元提高到2013年2100多万元，同比增长75%,实现门票收入超过5000万元。

（王海叶)

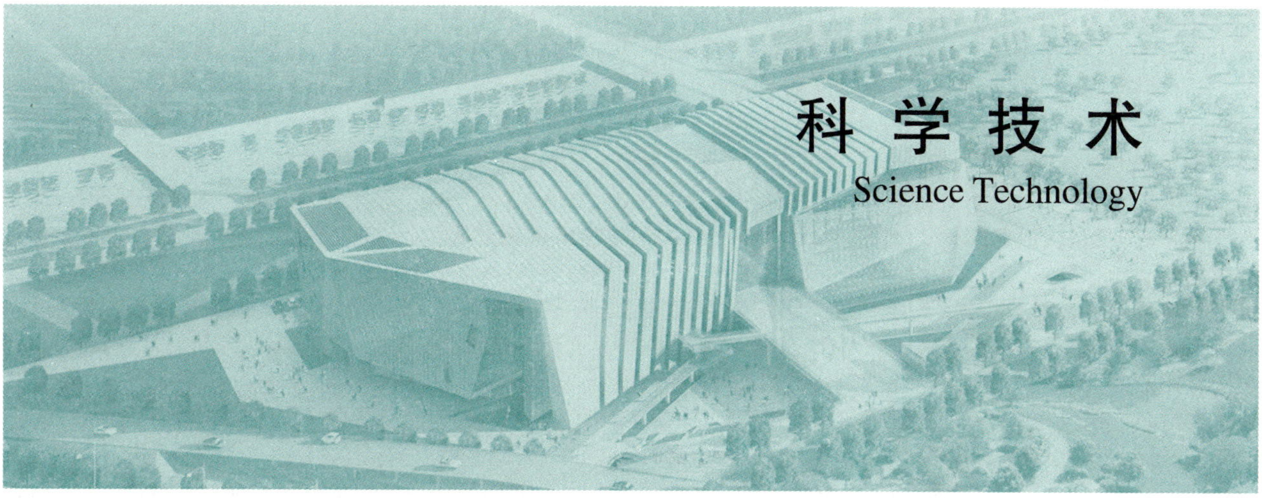

科学技术

Science Technology

科 技

【科技活动周】 5月18日，2013年山西省科技活动周在太原市龙潭公园开幕。山西省科技活动周自2001年起举办十二届，成为山西省展示科技创新成果的宣传窗口，成为集中普及科学知识和弘扬科学精神的阵地，成为技术交流与合作共享的信息平台，成为规模宏大的群众性科技活动盛会。2013年山西省科技活动周以“科技改变生活·创新驱动发展”为主题，凸显科技支撑发展、科技惠及民生的重要作用，在开幕式现场，省直部门、高等院校、科研院所、企业将自己的创新产品和成果荟萃一堂，以科普图片、实物展和发放宣传资料相结合的形式，通过生动的文字、鲜活的图片、绚丽的色彩开展节能、环保、旅游、医学、农业、食品安全等科普宣传活动，让市民一睹科技的真面目；省城各大医院在活动现场举办义诊活动，吸引群众前来就诊；省科技厅编印系列科普读物，推广公共安全低碳生活科技知识，开展科技产品、科普图书、科普动漫、食品安全等方面的现场宣传、展示和咨询服务活动。科技活动周（5月18~24日）期间，全省各地各部门围绕活动主题，举办专题讲座、组织开展科技人员服务企业、专家小分队进村入户送科技、省级科普教育基地、重点实验室开放日等丰富多彩、各具特色的科技活动，给各地群众带来一场内容丰富、形式新颖的科普盛宴。 （陈红科）

【高新技术企业】 2013年，省科技厅会同省财政厅、省国税局、省地税局围绕省委省政府提出的“一企一策”工作原则，有重点、分步骤的开展一系列工作。通过“全年受理，集中评审，分批认定”的全新认定方式，调动企业申报高新技术企业的积极性。2013年共向科技部备案90家拟认定高新技术企业，为历年最高，其中上半年新认定企业41家，复审通过企业46家；下半年评审通过49家，山西省高新技术企业数量达到372家，同比增长28.2%。 （陈红科）

【创新型企业】 2013年7月，省科技厅领导带队赴阳泉对省级创新型试点企业进行抽查调研。同时，要求各市科技管理部门对所有试点企业进行督查调研。截至2013年底，省科技厅会同省国资委、总工会出台文件，对符合要求的107家试点企业正式授予山西省创新型企业称号。

（陈红科）

【科研中试基地建设】 2013年，山西省科研中试基地建设共投入专项资金1700余万元，共安排项目14项，其中省属转制科研院所中试基地建设项目12项，省属公益科研院所中试开发项目2项。建设项目领域涉及化工、建材、冶金、机电、陶瓷、电子、食品加工、生物技术、中医药等领域，行业门类覆盖山西省主要支柱产业。 （陈红科）

【“百校百企”科技合作与项目对接活动】 2013年，省科技厅联合太原市科技局等单位，面向全国高校和全省企业，开展科技合作与项目对接，征集遴选科技成果2000余项，形成合作意向企业132家、高校39所（其中省外31所），落实签约项目44个。

（陈红科）

【科技基础条件平台建设】 2013年，全省科技系统在强化科技条件建设和提高科技基础条件平台服务功能上下功夫，从资源导向向需求导向转变，从注重建设向建设与运行服务并举转变，从服务科技创新向全面服务科技、经济和社会发展转变。重点围绕新能源、信息技术、生物制药、节能环保、现代煤化工、装备制造、新型材料等高新技术领域和优势产业领域，现代物流、文化旅游和现代农业等新兴产业领域，按照产业发展方向与实现路径，以产学研结合为基本形式，以装备实验条件为主要手段，建设一批具有示范影响作用的专业技术创新平台。 （陈红科）

【产业技术创新战略联盟】 2013年，山西省科技厅批复成立3家产业技术创新战略联盟（试点），分别是由太重煤机有限公司牵头成立的山西省煤机装备产业技术创新战略联盟（试点）、由高平唐一新能源科技有限公司牵头成立的山西省新能源锂电产业技术创新战略联盟（试点）、由山西康禾农业有限责任公司牵头成立的山西桑产业技术创新战略联盟(试点)。联盟试点以山西省优势支柱产业的技术创新需求为导向,以提升企业持续创新能力和形成产业核心竞争力为目标,以企业为主体,围绕产业技术持续创新链,运用市场机制集聚创新资源,促进企业、大学和科研机构等在战略层面有效结合,共同突破制约山西省重点行业、重点产业发展的技术瓶颈,促进重大科技成果产业化,带动产业技术进步和产业结构优化升级,提升产业整体竞争力。 (陈红科)

【"百千万"科技强农富民工程】 围绕省政府"一县一业""一村一品"战略,以科技致富为目标,以"百千万"工程、富民强县行动和成果转化资金为支撑,针对农村专业合作社、职业农民大户、乡土科技能人,依托科技特派员和服务平台组织实施,提升科技致富能力,提高农村科技普及率。2013年实施100项标杆项目,累计推广50项实用技术,建设1+100个县域信息化服务平台,调动省市县三结合的科技特派员1000人,培育科技型农村专业合作社1000个,科技示范户10000个,乡土科技人才10000人,实现示范户人均年收入达10000元。 (陈红科)

【农村信息化建设工程】 开展农村农业信息化建设工程,以技术传播、信息服务为目标,实现山西省农村农业信息化基础设施、信息化资源、信息化应用、信息化服务、信息化人才等方面的全面提升。以气象频道、星火科技"12396"服务热线、互联网检索平台等为窗口,实现三网融合,加快建立生产、加工、储运、销售等全过程的农业信息综合技术服务平台。重点建设农业科技信息全文检索平台;"百千万"科技富民强农信息服务系统;农业技术移动电话服务示范系统;搭建农业园区技术视频诊断系统;利用农业气象卫星建立农业经济作物主要气象灾害预警服务示范系统等。覆盖全省100个县的农业主导产业,服务农业示范户100万户。 (陈红科)

【国际科技合作基地建设】 2013年,共有16家单位申报省级国际科技合作基地,通过初评、现场考察、专家评议,其中5家通过认定,5家重点培育,无论是申报数量,还是认定数量较往年增加50%以上。2013年山西省推荐两家省级基地申报国家级基地,获得批准,山西中医学院被科技部认定为"分子中医药学国际联合研究中心",太原高新区留学生创业园被科技部国际合作司认定为"太原国际技术转移中心"。截至2013年底,山西省有10家基地单位入选"国际科技合作基地"。 (陈红科)

【农业科技技术创新】 5月20日,国家科技支撑计划"F型三系杂交小麦研究与应用"项目工作启动推进会在运城召开。此项研究受到党中央国务院及国家科研职能部门的高度重视,袁隆平院士莅临山西考察指导F型杂交小麦研究工作。袁隆平经过田间考察和会议交流,对F型杂交小麦阶段性研究成果表示首肯,并针对F型杂交小麦研究中的技术难点、存在问题以及下一步工作方向,提出三点建议。一是要充分认识三系杂交小麦研究的技术难度。二是F型杂交小麦研究要尽快突破强优势组合选配和杂交种繁制种技术这两项瓶颈问题。三是要尽快建立和优化杂交小麦技术经济指标体系。 (陈红科)

【农业科技园区建设】 截至2013年,全省共有3个国家农业科技园区,14个省级农业科技园区,并成立山西省农业科技园区专家工作组。由科技部牵头组织的全国26家在建园区的中期评估中,晋中农业科技园区名列第8,同时还被科技部列为"国家科技特派员农村科技创业基地",入驻企业13家,实现总产值11.2亿元,为县区提供6000多个就业岗位。运城国家农业科技园区入驻农业高科技龙头企业20家,总投资38亿元。其中农产品加工企业销售收入达10亿元,全区农产品加工业与农业产值比达30%。吕梁国家农业科技园区被科技部批准为第五批国家科技园区。按照"一区两核"的发展思路,园区柳林核心区建设形成以依托大型民营企业,通过整合土地,由柳林县槐树沟土地专业合作社土地作价入股40%、山西联盛能源集团用现金出资60%组建山西联盛农业开发有限公司的管理模式,推动区域内农业现代化和城镇化同步发展。14个省级农业科技园区入驻企业100余家,产值过亿元,带动农户5000余户。 (陈红科)

测绘地理信息

【概述】 2013年,全省测绘地理信息系统干部职工紧紧围绕保障全省转型跨越发展,科学谋划,严格管理,开拓创新,主动服务,各项工作取得明显成效。6月20日,省政府与国家测绘地理信息局签订《关于加强山西省国家资源型经济转型综合配套改革试验区测绘地理信息服务合作协议》。全年推进基础测绘工作。开展地理国情普查。加强三大平台建设,启动"智慧太原时空信息云平台建设",在全国率先开始数字城市向智慧城市的转型升级。山西省公共地理信息服务平台新增交通、国土等10余个部门的应用系统。完成"航空与航天影像快速获取与处理系统"等3个重点测绘项目。组织测绘应急保障演练。为省重大项目山西科技创新城选址方案提供专业、快速的技术支持。与中国工程院李建成院士团队合作成立"山西省测绘地理信息院士工作站",投入研发资金1115万元。考察遴选7位科技带头人,全年资助科技项目10项。12项科研成果获得省部级科技奖励,"山西省地理信息公共服务平台"项目获得省"科技进步奖"一等奖。与省人社厅、总工会联合举办第一届全省测绘地理信息行业职业技能竞赛。继续完善测绘地理信息市场信用体系建设,完成首次全省测绘资质单位信用等级评价和发布。加强测量标志管理和维护。开展版图教育,自主编制并赠送太原、朔州、晋城和临汾四市《版图教育知识读本》计18.5万册。 (任玉荣)

【重点项目】 "全省及区域地籍测量

控制及服务体系建立”项目，完成项目建设全部任务，并于10月23日通过专家验收。“山西省高程测量现代化建设”项目完成年度生产任务。“航空与航天影像快速获取与处理系统建设”项目完成全部工作，并于12月19日通过山西省测绘地理信息局、山西省财政厅组织的专家评审验收。“全景影像数据库建设”项目，完成全部DLG、DOM数据整理、运城、晋中城市全景影像数据获取以及运城市辖区300余千米高速公路全景影像数据采集。

《山西省汾河主河道流域生态地理环境影像信息系统建设》项目进行科技项目成果鉴定。该项目设计建立数字航空摄影测量生产体系，完成汾河流域航空影像获取和正射影像生产，开发建立汾河流域影像数据管理系统和汾河流域三维电子沙盘系统，整体达到国际先进水平，在机载GPS/IMU数据处理实现无地面控制数字航空摄影测量应用方面达到国际领先水平。 （任玉荣）

【地理信息公共服务平台】 完成对“天地图·山西”门户网站全面升级。集成交通、旅游、统计、气象、环保等专题信息，不仅提供地图浏览、搜索、驾车、API频道、应用示范展示等基本地理信息服务功能，还提供统计年鉴数据展示、历史影像、矢量影像联动显示、街景等特色功能。年内两次对天地图·山西的省级节点数据进行更新，包括：电子地图、地理实体、遥感影像、地名、POI数据及专业厅局各类专题数据。基于模块化搭建的软件开发思路，完成环保噪声应用专题地图、旅游专题应用、山西省高考服务系统、山西省环保空气质量日报GIS发布系统、基于Web的信息采集系统、基于天地图Web制图平台等10个专题的应用开发。在国家测绘地理信息局举办的以“共舞天地图，畅想中国梦”为主题的第一届天地图应用开发大赛中，山西省综合地理信息中心的参赛作品“天地图·万里茶路”荣获大赛二等奖。（任玉荣）

【智慧城市试点】 太原市智慧城市研发中心编制完成《太原市智慧城市总体规划》并通过专家评审，推进“智慧太原时空信息云平台建设试点”项目。8月29日，国家测绘地理信息局、山西省测绘地理信息局、太原市共同启动“智慧太原时空信息云平台建设试点”项目。“智慧太原智能公交方案”获第三届巴塞罗那国际智慧城市博览会“智慧城市大奖决赛奖”。

（任玉荣）

8月29日，国家测绘地理信息局与山西省人民政府联合在太原举办测绘法宣传日主场活动 （任玉荣提供）

【地理国情普查】 1. 完成普查工作机构建设。4月15日，省政府印发《山西省人民政府关于开展第一次全国地理国情普查的通知》。5月17日，省政府印发《山西省人民政府办公厅关于成立山西省第一次全国地理国情普查领导小组的通知》，组长为省委常委、常务副省长高建民，成员单位包括省发改委、省经信委、省财政厅、省国土资源厅、省统计局、省测绘地理信息局等20个部门。8月7日，测绘地理信息局组建山西省第一次全国地理国情普查领导小组办公室，明确机构、成员和工作职责。

2. 实施普查试点项目。4月25日，陵川县试点项目启动暨技术培训会在晋城市举行，正式启动试点项目。在为期两个月的试点普查工作中，按时完成1700平方千米的普查试点任务。6月21日，向国家测绘地理信息局上交试点县普查成果数据。10月28日，又选取朔州市作为试生产区域，下达试生产任务。

3. 编制普查实施方案。4月初，开始山西省地理国情普查实施方案的编制工作。9月30日，常务副省长高建民主持召开第一次全国地理国情普查领导小组会议，审议通过《第一次全国地理国情普查山西省实施方案》。方案涵盖普查目标、任务与时点、普查范围、对象与内容、普查技术方法等内容。在落实国家要求和标准的基础上，结合山西省的省情特点，增加或扩展城市发展变迁动态监测、地质灾害隐患点、重点矿区采煤塌陷区、主体功能区、文化和旅游产业发展、大水网建设等相关信息的普查内容，既与国家级普查内容保持体系一致，又符合山西转型跨越发展的实际需求，还突出山西资源大省、文化大省的特色，具有较强的针对性。

4. 进行普查宣传动员。8月19日国务院电视电话会议结束后，省政府召开全省第一次地理国情普查动员部署会，领导小组组长、省委常委、常务副省长高建民在会上明确要求山西省建立“全省统一领导、部门分工协作、各方共同参与”机制，精心组织，密切配合，确保优质高效地完成普查任务。在测绘法宣传日活动期间，围绕“依法普查地理国情，测绘服务美丽中国”活动主题，宣传地理国情普查工作的重要意义和作用，提高公众对地理国情普查的参与意识，形成良好的普查工作氛围。

培训普查人员队伍。开展一期地理国情普查试点技术培训和三期地理国情普查技术专题培训,全省符合持证上岗的普查各类专业人员达到500余人,组织卫片解译、内业数据编辑等专项培训。 (任玉荣)

【测绘立法】 向省人大城建环保工委报送省十二届人大及其常委会五年立法规划建议项目、2014年立法计划建议项目;《山西省测绘管理条例》被列入省十二届人大及其常委会五年立法规划二类项目。组织起草《山西省地理空间数据交换和共享管理办法(草案)》(送审稿)、《山西省测绘地理信息市场管理办法(草案)》(送审稿),经局务会议讨论通过,上报省政府法制办。起草《山西省测绘地理信息局测绘资质巡查办法》,上报省政府法制办审查备案后印发。

(任玉荣)

【测绘普法】 8月29日,山西省人民政府、国家测绘地理信息局在太原联合主办2013年全国测绘法宣传主场宣传活动,活动由山西省测绘地理信息局承办。此次"8·29"全国测绘法宣传的主题是"依法普查地理国情,测绘服务美丽中国"。在山西省举办的全国主场宣传活动主要分为三大板块:一是在太原市南宫广场举行公众宣传活动,宣传测绘法和第一次全国地理国情普查工作的重要意义;二是在太原市第三十七中学举行国家版图意识宣传教育进校园活动,向太原、晋城、临汾、朔州四市赠送《版图知识教育读本》;三是举行"智慧太原时空信息云平台建设"启动仪式。

(任玉荣)

【依法行政】 安排部署2013年测绘行政执法证注册及新领证工作。此次注册及新领证工作采取"限制范围、工作必需"的原则进行,全省共注册测绘行政执法证172人;新申请领取测绘行政执法证242人。深化局行政审批制度改革工作,印发《山西省测绘地理信息局行政审批办事指南》。按照省行政审批制度改革工作领导组办公室的要求,开展局依法实施的行政审批项目的清理,建议2项行政许可项目改为日常服务性工作,2项日常服务性工作下放市级测绘地理信息行政主管部门。年底,将测绘作业证件审核发放、距离永久性测量标志400米范围内新建大功率无线电发射设施审批两项日常服务性工作下放市级测绘地理信息行政主管部门。启用升级后的省行政审批电子监察平台。

山西省测绘地理信息局政务服务大厅2013年共接收各项行政许可申请489件。其中测绘资质申请54件,测绘作业证申请53件,地图审核申请39件,基础测绘成果提供使用申请329件,测绘项目登记申请8件,永久性测量标志拆迁审批5件,建立相对独立平面坐标系统审批1件,全部办结。 (任玉荣)

6月20日,山西省人民政府与国家测绘地理信息局在北京中国测绘创新基地签订《关于加强山西省国家资源型经济转型综合配套改革试验区测绘地理信息服务合作协议》 (任玉荣提供)

【测绘执法】 开展2013年测绘地理信息行政执法检查工作,对《中华人民共和国测绘法》《山西省测绘管理条例》贯彻实施情况进行检查;11月初,对11个市的行政执法检查情况进行了监督检查。组织市级测绘地理信息行政主管部门开展2013年度测绘资质巡查工作。对太原航空摄影有限公司、山西航遥地理信息勘测中心和太原并测科技有限公司等单位涉嫌违法测绘的举报事宜进行调查核实,并就上述其中两家单位未取得测绘资质证书从事地名要素征集活动的情况进行全省通报。 (任玉荣)

【市场信用体系建设】 完善测绘地理信息市场信用体系建设,开展全省测绘资质单位测绘地理信息市场不良信用信息征集。完成首次全省乙、丙、丁级测绘资质单位信用等级评价和发布工作。依据《测绘地理信息市场信用信息管理暂行办法》有关规定,在测绘地理信息市场信用信息平台上发布2012~2013年度全省乙、丙、丁级测绘资质单位信用评价结果,460家测绘资质单位中,信用等级评价为B级的453家,信用等级评价为C级的7家,无不合格单位。

(任玉荣)

【国家版图意识宣传教育】 以进学校为重点,开展国家版图意识宣传教育"进学校、进社区、进媒体"活动。制定"投资300万元,以进学校为重点,以初中生为对象,用三年时间对全省初中学生进行一次版图教育全覆盖"的规划。自主编制完成太原、朔州、晋城、临汾四个市的《版图教育知识读本》计18.5万册。8月,与省教育厅联合在太原市三十七中学开展版图教育进学校和赠书活动,向太原、朔州、晋城和临汾四个市17.3万中学生免费赠送国家版图意识教育读本,并赠送团省委、省教育厅和相关市、县教育局。

出台《2013年全省地图市场重点监管内容及工作方案》，对全省互联网地图、地图导航定位产品中的违法违规行为，不符合现行公开地图内容表示规定、损害国家主权的有关地图的监督管理检查工作做统一安排部署。全省全年开展地图市场检查185次，收缴违法违规地图产品690件。（任玉荣）

【测绘资质管理】 按时完成2013年全省“测绘资质证书”的年度注册工作，全省应参加注册的单位498家，通过注册的单位450家，缓期注册42家，注销测绘资质单位6家。依法开展测绘作业证件审核发放，自6月起，测绘作业证件审核发放转变为日常管理事项。

截至年底，全省共有测绘资质单位540家，甲级21家，乙级59家，丙级155家，丁级305家。（任玉荣）

【省级基础测绘】 山西省级财政投入基础测绘经费3136万元。运城、晋城测区833幅1:10000基础地理信息采集项目的DLG成果（478幅）通过验收；汾河流域、左权测区1089幅1:100000基础地理信息数据采集项目的项目外业调绘工作全部完成。编制完成《山西省1:10000基础地理信息数据库整合升级实施方案》，并组织专家评审。（任玉荣）

【数字城市建设】 数字古交、数字昔阳、数字朔州、数字介休和数字孝义项目建设工作相继完成并通过验收。启动数字怀仁、数字高平及数字原平项目。年底完成数字忻州、数字运城数字城市项目建设。“数字太原”成果应用方面落实项目经费500万元，开展林业、园林、民政、卫生、体育等12个部门应用系统的建设，年底投入使用。对已建的应用部门系统进行运行维护，开展技术培训和服务80余次。截至年底全市共建成部门应用系统33个。（任玉荣）

【质量管理】 4月16日，全省测绘地理信息质量管理年活动电视电话会议召开，正式启动2013年全省测绘地理信息质量管理年活动。此次质量管理年活动以“加强质量管理、提高质量意识”为活动主题，省、市、县三级联动，通过组织质量管理大调研、成果质量大检查、质量检验技术培训、优秀工程评选四大活动，使省局质量检验员考核持证上岗制度、基础测绘成果统一委托验收两项制度得到落实。制订《山西省测绘地理信息局省级基础测绘质量管理实施办法》。建立山西省测绘地理信息质量检验专家库。（任玉荣）

8月29日，智慧太原时空信息云平台建设试点项目正式启动（任玉荣提供）

【地图编制审查】 完成《山西省交通图》《山西省县域经济发展图集》数字朔州等普通地图、地图册及网络地图审查共32项。（任玉荣）

【大型地图集编制项目】 完成朔州、阳泉、晋城、太原4个市的《山西省县域经济发展地图集》编制工作。启动大同、晋中、忻州3个市分卷的编制工作。该图集以市、县域为单位，用地图语言进行系统展现与梳理，客观反映不同县域的经济发展状况、制约发展的相关因素以及未来发展规划。

《山西省非物质文化遗产地图集》编制方面，召开图集的选题论证会，实施图集的总体设计及部分资料的分析整理工作。该图集由总图、非物质文化遗产的分布和内容、传承与保护、创新与发展、非遗与现代文明几部分组成。

《山西省行政区划历史沿革地图集》开展资料收集、分析、整理和样本、样图试制工作。图集内容主要分为历史图组，现代图组，行政区划沿革统计（1949年10月1日至2013年12月31日）三大部分。（任玉荣）

【服务政府决策】 为中央和国家领导人赴晋视察和省领导日常公务提供工作用图570余幅。山西省地图院编制完成反映全省及各市政区、交通、旅游综合情况的《山西省地图册》（16开本），赠送省人大、省政协1900册。

完成《2013版省领导工作用图》编制工作。完成《长治县实用工作图册》以及《朔州市领导工作用图网络版》的研发工作。全年为全省11个地市和108个县区免费制作城区影像图和县域地势交通图。为各级领导决策提供及时、快捷的地图服务保障。（任玉荣）

【服务突发事件】 在长治市天脊化工厂苯胺泄漏事故、临汾市曲亭水库溃坝事故和吕梁市交口县“11·27”山体滑坡事件发生后，山西省测绘地理信息局启动应急预案，及时提供事发地高分辨率卫星影像图和矢量地图，以及基于政务内网的在线应急服务。“2·18 襄汾县地税局家属楼爆炸案”和汾西“8·24”恶性伤害儿童案发生后，及时为省公安厅提供地形图、影像图,为案件的侦破提供技术支援。

(任玉荣)

【服务经济建设】“山西省煤层自燃遥感调查”项目通过验收。该项目在全省首次运用航空航天遥感、地理信息等先进技术,对全省6大煤田、5个煤产地煤层自燃的火区范围、灾害现状进行调查,查清全省煤层自燃的区域面积、火点数量及其特征,为煤层自燃火区治理和生态环境恢复工程的实施提供科学的决策依据。

“山西省重点城市建设用地遥感监测系统”建设项目通过验收。项目对全省11个重点城市2500平方千米范围内的建设用地现状进行调查及监测,系统投入运行后,对打击土地违法占用行为,建立土地利用动态监测机制,确保土地利用的可持续发展具有重要的意义。该项目建设过程中,山西省遥感中心完全自主开发基于平板电脑的外业核查系统软件。该软件不仅可以高效地完成土地利用现状外业核查工作,还可满足地理国情普查乃至更大范围的外业核查工作需要。

(任玉荣)

【社会服务】山西省测绘地理信息局向52家用户提供1:10000基础地理信息数据1551幅，数据量达45GB;向12家用户提供1:50000基础地理信息数据44幅，数据量近1GB。向有关部门无偿提供基础地理信息数据1078幅,数据量达4GB;提供各种比例尺地形图约4200张,各种控制点约640余个。

开发完成“山西省地理信息空间数据库快速更新发布系统”，实现公共服务平台数据更新的业务化运行,并通过由国家测绘地理信息局组织的成果鉴定。

“山西省森林资源信息管理系统”在省林业厅稳定运行,该系统的县级版本在全省119个县、11个省直林局、400多个林场得到推广。完成“山西省集体林权管理数据库”项目的建设任务。山西省综合地理信息中心派专人长期为林业系统提供现场技术服务，并为国家公益林一张图的数据采集汇总工作提供相关技术支持。

(任玉荣)

【涉密测绘成果管理】制订《山西省涉密测绘成果跟踪检查工作方案》,对全省48家测绘成果领用单位组织自查和抽查。11月,按照国家测绘地理信息局、国土资源部、国家安全部和国家保密局联合下发的《关于开展全国地勘行业涉密测绘成果和地质资料使用与管理专项检查的通知》(国测成发〔2013〕11号)要求,开展一次为期一个半月，覆盖全省地勘行业114家地勘资质单位的涉密测绘成果和地质资料使用与管理专项检查,并在全省11个地级市选定太原、晋中、阳泉、大同、忻州、晋城、长治、临汾、运城等9个市的12家单位作为重点检查单位,对发现的涉嫌泄密或严重违规问题,当场取证,依法查扣涉案成果资料和计算机、存储介质等涉案设备。

组织忻州、晋中、晋城、阳泉等市的测绘成果管理人员和测绘资质单位相关人员共计300余人参加涉密测绘成果管理人员岗位培训。

(任玉荣)

【科技创新】与中国工程院李建成院士团队合作成立“山西省测绘地理信息院士工作站”，投入研发资金1000余万元，落实5个科研支撑项目。考察遴选7位科技带头人,全年资助科技项目10项,资助总额250余万元。

山西省测绘地理信息局有12项科研成果获得省部级科技奖励,“山西省地理信息公共服务平台”项目获得山西省“科技进步奖”一等奖。“利用卫星定位系统建立与维持高精度坐标框架的关键技术及推广应用”项目获得国家测绘地理信息局、中国测绘学会“测绘科技进步奖”一等奖。

(任玉荣)

煤炭地质

【概述】2013年,山西省煤炭地质局以服务转型综改试验区建设为统领,以实施“1558”发展战略为基点,把煤炭地质事业发展与全省经济发展相结合，保持全局经济平稳健康运行。全年对外创收14.26亿元，同比增长2.08%;从业人员人均收入6.11万元,同比增长0.39%;民生投入2239.65万元,同比增长38.77%。以破解“保障发展和保护资源两难命题”为课题,坚持勘查与治理同步，开发与保护同步,生态效益、经济效益和社会效益同步,服务煤矿产前、产中、产后同步,构建地质勘查管理新体系,促进区域经济建设与生态文明建设和谐、有序发展。提出“一业为主、多元发展”思路,在做精做强煤勘主业的同时,在非煤矿山勘查及煤层气、页岩气、地热等新能源领域取得突破,在地质灾害治理、矿山生态恢复治理等方面延伸链条,在新材料、建筑业、机加工、服务业等方面加快发展,促进产业结构多元化,逐步构建起资源勘查体系、环境治理体系、科技研发体系、安全救援体系、多种经营体系,走出一条富有山西特色的地勘转型发展新路子。

2013年,下属114院、水勘院跻身首届中国百强地质队行列；下属148院荣获“山西省五一劳动奖状”;局老龄工作委员会办公室获得山西省老龄工作先进单位荣誉称号;下属汇镏公司被太原市委、市政府授予“模范集体”荣誉称号。

(张素贞)

【煤层气勘查】完成《山西省煤层气资源勘探及储量规划》，首次评价全省煤层气资源量10.39万亿立方米,占全国的1/3,成果为全省高等院校、科研单位、政府各级部门广泛应用。先后与国内的蓝焰、中联、中石油、中石化及国外的安然公司、亚美公司、格瑞克能源公司、奥瑞安能源国际有限公司等进行合作,累计完成煤层气孔（煤层气参数井及生产试验井）2000余口，钻探总进尺120万米,约占全省竣工煤层气孔的20%。

(张素贞)

【页岩气勘查】以国家页岩气“十二五”规划确定的山西省沁源和寿阳两

9月25日，山西省煤炭地质局举办第五届中西部煤田(炭)地质经济可持续发展研讨会 (张素贞提供)

个区域为重点，展开省内页岩气资源调查评价工作。由煤炭地质局牵头、国新能源和蓝焰煤层气协作的《山西省页岩气地质调查及评价项目》正式实施。承担的全省第一口页岩气井在隰县开钻，该井设计孔深1600米，是为解决此区域页岩气资源评价而设计的调查井，对摸清周边页岩气资源储量，推进全省页岩气调查评价，建立商业化勘探开发基础数据资料将起到重要作用。年底完成钻探工作量近2/3。 (张素贞)

【大口径施工】 下属金地煤层气公司承担的潞安集团瓦斯抽排孔最大孔径达1.6米，孔径之大，在全省瓦斯抽排孔施工领域尚属首例。下属144院施工的"王家岭煤矿永久避难硐室逃生井钻探工程"，逃生井设计口径1.2米，完工后可实现地面与井下永久避难硐室的有效连通，内置多个仓位，四周滑轮固定，在发生事故时可实现人员快速、安全撤离。(张素贞)

【服务生态修复】 完成《山西省煤层自燃地质勘查与治理方法研究》项目，摸清全省煤层自燃火区的范围、灾害现状，为全省煤田火区综合治理和生态环境恢复工程的全面实施提供基础资料。全局开展地质灾害治理及矿山生态环境恢复等业务，承担水土保持、土地规划、土地复垦、土地预审、土地确权等新业务。 (张素贞)

【科技创新】 下属汇镪磁材公司企业技术中心通过省级企业技术中心认定的专家评审，获得11项国家专利，并被科学技术部火炬高技术产业开发中心评为国家火炬计划太原钕铁硼材料产业基地骨干企业。《山西省沁水煤田高平市山西高平科兴云泉煤业有限公司煤炭资源储量核实报告》获中国煤炭工业协会优质专业地质报告一等奖。下属研究院国家实验室认可(CNAS)工作完成预定目标，提交申报资料。下属水勘院筹建钻探技术中心、煤矿水害防治中心，面向全省煤矿企业提供水文勘察、水害治理、水资源开发利用等多方位技术服务，在全省打造"水害防治"品牌。下属114院开展工艺领先，小口径绳索取芯工艺在沁水煤田马壁勘察区价款项目、隰县页岩气井项目成功应用，取芯月平均钻效达600米，不仅取芯质量和钻探效率高，而且劳动强度低、成孔质量好。应用"地震散射成像法"，对长治"6+1"路建工程进行工程勘察。"地震散射成像法"具有分辨率高、抗干扰性强、利用敲击产生振动、安全性高等特点，是该院转型发展的一个新方向。 (张素贞)

【民生建设】 重新修订《安全生产工作目标考核奖励办法》，兑现安全生产先进单位、达标钻机奖励100余万元。执行《安全生产费用提取和使用办法》，全年累计投入安全技术措施费近400万元。由重点抽查转向全面检查，开展安全生产大检查。创新安全生产监管措施，为全局钻机安装远程视频监控系统，实现局、院、处、钻机现场四级联网实时管理。完成全局法人安全任职资格培训及年度复训任务，开展钻机机班长专题培训、涉爆特种作业人员专业培训和新上岗职工岗前培训。参加介休安益煤业井下注浆灭火工程、兴旺煤矿透水事故抢险救援工作。完成省政府下达的四项安全生产控制指标、安全生产工作目标，在2012年度省政府安委会检查中被评为优秀。

重视扶贫开发工作，推进产业扶贫、科技扶贫、爱心扶贫，定点扶贫工作受到省委干部下乡领导组的充分肯定，煤炭地质局被评为先进单位。

(张素贞)

水文水资源勘测

【雨情】 2013年，山西省各县(市、区)年均降水量介于328.8(芮城县)~718.9毫米(永和县)之间，全省年均降水量为538.4毫米，比多年平均473.5毫米多64.9毫米，属于正常年；比上年476.1毫米多62.3毫米；排2000年以来第三位(第一位2003年696.3毫米，第二位2011年576.9毫米，2007年与2013年相同排第三位)。全省各月降水量与多年平均比较，7月异常偏多(排2000年以来第一位)，6月偏多，4、5、9月正常，10月偏少，1、2、11月显著偏少，3、12月则异常偏少。

2013年，全省各市年均降水量与多年平均值比较，大同市和朔州市偏多，晋城市偏少，其余各市都正常。具体比较结果如下：大同市489.7毫米，多112.3毫米；朔州市506.5毫米，多160.1毫米；忻州市543.1毫米，多62.7毫米；太原市467.5毫米，少9.8毫米；晋中市559.8毫米，多95.0毫米;阳泉市586.9毫米,多54.5毫米;吕梁市586.1毫米,多70.8毫米;临汾市603.0毫米,多65.6毫米;运城市455.9毫米,少66.5毫米;长治市602.4毫米,多17.0毫米;晋城市453.0毫米,少152.3毫米。

2013年,山西省汛前、汛期和汛后降水量分别占年降水总量的12%、84%和4%。

汛前全省平均降水量64.0毫米,属正常年份,为2000年以来同期偏少排第三位;汛期全省平均降水量451.0毫米,属偏多年份,排2000年以来同期第二位(第一位为2003年498.3毫米);汛后全省平均降水量23.3毫米,属偏少年份,为2000年以来同期偏少排第二位(2010年22.4毫米)。

2013年,山西省在6~8月期间,部分地区暴雨频繁发生,同时还出现近年来十分罕见的大暴雨和特大暴雨,全省较大范围的强降雨主要发生在6月6~10日、19~22日、28日;6月30日~7月4日、7月8~16日、22~23日、31日;8月2日、7日、11日和27日等。

(一)汛前降水

汛前(1~5月),山西全省平均降水量64.0毫米,占年降水总量的12%,比多年同期平均值少20.0毫米,属正常年份,比上年同期少9.9毫米,为2000年以来同期偏少的第三位(2000年55.3毫米、2001年57.9毫米),各县(市、区)降水量介于17.5(繁峙县)~146.5毫米(垣曲县)之间。汛前各市降水量距平百分率评价为:运城、临汾和晋城降水属正常,长治、吕梁、晋中、阳泉和太原降水偏少,大同、朔州和忻州降水显著偏少。

汛前各市平均降水量与多年同期平均值比较:大同市27.3毫米,少40.7毫米;朔州市24.6毫米,少39.8毫米;忻州市30.5毫米,少54.6毫米;太原市45.3毫米,少35.6毫米;晋中市55.3毫米,少24.8毫米;阳泉市65.0毫米,少32.5毫米;吕梁市50.4毫米,少36.6毫米;临汾市90.9毫米,少6.1毫米;运城市117.5毫米,多10.3毫米;长治市79.4毫米,少28.8毫米;晋城市96.6毫米,少23.7毫米。

1月份,全省降水量显著偏少,中部部分地区略偏多,北部及南部地区偏少。各县(市、区)降水量介于0.2(五寨县)~6.1毫米(阳泉郊区)之间,全省平均降水量2.4毫米,与历年同期相比少1.4毫米;比上年同期少0.4毫米。月内主要降水过程分布在19~20日。全省普降小到中雪,局部地区降大雪,次平均降水量为1.7毫米;各县(市、区)降水量在0~6.1毫米(阳泉市郊区)之间;降水量大于5毫米的站有27处,排在前5位的是:五台县五台山7.3毫米、盂县拦掌7.2毫米、阳泉市郊区吴家掌7.1毫米、平定县南阳胜7.0毫米、万柏林区化客头6.9毫米。

2月份,全省降水量显著偏少,各县(市、区)降水量介于0~15.7毫米(安泽县)之间,全省平均降水量3.6毫米,与历年同期平均值相比少2.4毫米;比上年同期多3.1毫米。月内主要降水过程有3次,分别发生在2~5日、11日和19日。2~5日,全省普降小到大雨雪,南部局部降大到暴雪,各县(市、区)次平均降水量在0~11.1毫米(安泽县)之间,全省平均降水量为2.1毫米。11日,全省部分地区降小雨雪,局部降中雨雪,各县(市、区)次平均降水量在0~4.1毫米(交口县)之间,全省平均降水量为0.5毫米。19日,长治、晋城和吕梁部分地区降小雪,局部降中雪,各县(市、区)平均降水量在0~1.5毫米(长治县)之间,全省平均降水量为0.1毫米。

3月份,全省降水量异常偏少,各县(市、区)降水量介于0~9.7毫米(蒲县)之间,全省平均降水量2.1毫米,与历年同期平均值相比少13.1毫米,比上年同期少11.6毫米,为2000年以来同期偏少排第一位(2006年2.3毫米)。月内降水过程有3次,分别发生在11日、25日和31日。11日,全省大部分地区降小雨,各县(市、区)日平均降水量在0~9.1毫米(大同市南郊区)之间,全省平均降水量为0.6毫米。单站日降水量排在前5位的是:天镇县天镇9.8毫米、大同市南郊区9.1毫米、河曲县沙河6.7毫米、大同市观音堂6.3毫米、天镇县米薪关5.2毫米。25日,运城、临汾及吕梁局部地区降小雨,各县(市、区)日平均降水量在0~5.6毫米(汾西县)之间,全省平均降水量为0.3毫米。31日,临汾、长治、晋城及吕梁部分地区降小雨,各县(市、区)日平均降水量在0~5.4毫米(蒲县)之间,全省平均降水量为0.4毫米。

4月份,全省降水量正常,中部、西部偏多,南部、北部偏少,各县(市、区)降水量介于0.5(右玉县)~15.7毫米(阳泉城区)之间,全省平均降水量17.5毫米,与历年同期相比少8.3毫米,比上年同期少6.1毫米。月内,全省降水过程有3次,分别发生在4日、18~19日和27日。4日,全省普降小雨,局部降中雨,各县(市、区)日平均降水量在0.3~16.8毫米(夏县)之间,全省平均降水量为4.4毫米。18~19日,全省普降中到大雪,各县(市、区)次平均降水量在0.4~32.5毫米(太原市尖草坪区)之间,全省次平均降水量为9.8毫米。各市次平均降水量大于10毫米的有:太原市20.9毫米、吕梁市17.5毫米、阳泉市15.6毫米、临汾市10.9毫米。27日,中、西部普降小雨,局部降中雨,各县(市、区)日平均降水量在0~10.6毫米(交城县)之间,全省平均降水量为1.8毫米。

5月份,全省降水量正常,南部偏多,北部、中部和西部偏少,各县(市、区)降水量介于5.8(尖草坪区)~119.5毫米(垣曲县)之间,全省平均降水量38.6毫米,与历年同期相比少0.2毫米;比上年同期多5.4毫米。月内,全省主要降水过程有3次,分别发生在7~8日、18日和22~28日。7~8日,全省普降小雨,各县(市、区)次平均降水量在0~3.6毫米(长治城区)之间,平均降水量为1.0毫米。18日,中南部降小雨,各县(市、区)平均降水量在0~8.5毫米(永济市)之间,全省平均降水量为1.4毫米。22~28日,全省普降小雨,南部降中到大雨,局部降暴雨,各县(市、区)平均降水量在1.2~110.1毫米(垣曲县)之间,全省平均降水量为33.8毫米。大于50毫米的县(市、区)有35个,排在前5位的是:垣曲县110.1毫米、长子县98.7毫米、夏县96.8毫米、永济市89.9毫米、临猗县88.3毫米。单站降水量大于50毫米的雨量观测站有392处，大于100毫米的雨量观测站有47处，排在前5位的是：临猗县北井137.2毫米，阳城县固隆136.8毫米，夏县王家村136.4毫米、架桑134.2毫米，长子县阳鲁130.0毫米。

（二）汛期降水

2013年汛期（6~9月），山西省平均降水量451.0毫米，占年降水总量的84%，比多年同期平均值多104.0毫米，属偏多年份，比上年同期多81.8毫米，排2000年以来同期第二位（第一位为2003年498.3毫米），各县（市、区）降水量介于206.7毫米（夏县）~633.8（永和县）之间。汛期各市降水量距平百分率评价为：朔州属于异常偏多，大同属于显著偏多，忻州、晋中和吕梁属于偏多，其余各地降水属于正常。

汛期各市平均降水量与多年同期平均值比较：大同市456.2毫米，多179.1毫米；朔州市475.8毫米，多222.4毫米；忻州市500.9毫米，多143.4毫米；太原市402.1毫米，多46.2毫米；晋中市479.1毫米，多137.4毫米；阳泉市492.2毫米，多93.3毫米；吕梁市512.8毫米，多136.9毫米；临汾市474.8毫米，多92.4毫米；运城市303.5毫米，少44.6毫米；长治市488.9毫米，多63.2毫米；晋城市331.9毫米，少98.7毫米。

6月份，全省降水量偏多，北部、中部偏多，南部偏少。各县（市、区）降水量介于15.7（乡宁县）~164.0毫米（静乐县）之间，全省平均降水量81.0毫米，与历年同期值相比较多20.9毫米；比上年同期多18.0毫米。月内主要降水过程有4次，分别发生在6~10日、19~22日、28日和30日。6~10日，全省普降小到中雨，大同、朔州、忻州、晋中部分地区降大到暴雨，全省平均降水量为28.6毫米。次平均降雨量大于25毫米的县有39个，排在前5位的是：太谷县68.9毫米、平遥县48.9毫米、黎城县45.9毫米、祁县43.8毫米、长治市郊区40.3毫米。单站累计雨量大于50毫米的站有104处，排在前5位的是：太谷县庞庄112.3毫米、太谷县阳邑104.8毫米、太谷县郭堡98.4毫米、平遥县段村96.2毫米、和顺县京上95.2毫米。19~22日，全省发生入汛以来第一次大范围、强降雨过程，全省普降小到中雨，中北部地区降大到暴雨，忻州局部降大暴雨，各县（市、区）次平均降水量在0.7~125.4毫米（静乐县）之间，全省平均降水量为29.6毫米。次平均降雨量大于100毫米的县有5个：静乐县125.4毫米、定襄县122.8毫米、忻州市忻府区113.2毫米、岢岚县108.4毫米、兴县102.2毫米。单站累计降雨量大于100.0毫米的雨量观测站有112处，排在前5位的是：保德县冯家沟222.0毫米、忻府区上寺178.2毫米、忻府区上社174.4毫米、忻府区安社161.6毫米、静乐县堡子会160.6毫米。28日，大同、朔州、忻州降小到中雨，局部降大到暴雨。各县（市、区）平均降雨量在0~35.4毫米（代县）之间。降中雨的市有2个：朔州市15.2毫米，大同市12.6毫米；降暴雨的雨量观测站有12处，排在前5位的是：代县雁门关101.4毫米、灵丘县下关91.0毫米、代县龙门68.6毫米、繁峙县曹辛庄62.8毫米、代县峨口61.4毫米。30日，北部降中到大雨，部分地区降暴雨，各县（市、区）平均降雨量在0~52.4毫米（大同市矿区）之间，全省平均降雨量3.4毫米。降中雨的市有2个：大同市29.8毫米、朔州市10.4毫米。降暴雨的雨量观测站有25处，排在前5位的是：大同市新荣区镇川口92.6毫米、大同市新荣区凤咀梁88.6毫米、左云县杜家沟83.6毫米、左云县马道头73.6毫米和阳高县北唐窑66.8毫米。

7月份，全省降水量异常偏多，各县（市、区）降水量介于126.0（芮城县）~463.1毫米（永和县）之间，全省平均降雨量237.3毫米，排2000年以来同期第一位（第二位为上年174.0毫米），与历年同期相比较多115.4毫米，比上年同期多63.3毫米。中南部大部分地区降水量在200毫米以上，局部地区大于400毫米，北部大部分地区降水量在150~200毫米之间。月内，山西省主要降水过程有4次，分别发生在6月30日~7月4日、8~16日、22~23日、31日。6月30日~7月4日，全省普降小到中雨，局部降大到暴雨，是2013年入汛以来全省性的强降水过程。次平均降雨量大于50毫米的市有4个：晋城市71.9毫米、临汾市68.2毫米、大同市59.4毫米、长治市51.0毫米；次平均降雨量大于50毫米的县有46个，排在前5位的是：翼城县118.4毫米、绛县107.8毫米、闻喜县93.0毫米、大同市矿区90.4毫米、垣曲县90.4毫米；单站累计雨量大于100毫米的雨量观测站有64处，排在前5位的是：乡宁县下川227.0毫米、阳城县董封189.0毫米、绛县西沟184.2毫米、阳城县董封173.7毫米、安泽县小李171.4毫米。8~16日，全省普降小到中雨，中部、南部出现持续性的强降水过程，全省平均降雨量105.8毫米，各县（市、区）平均降雨量在23.5~241.3毫米（潞城市）之间。次平均降雨量大于100毫米的市有4个：长治市183.8毫米、吕梁市130.1毫米、临汾市122.9毫米、晋中市107.3毫米；次平均降雨量大于100毫米的县有59个，排在前5位的是：潞城市241.3毫米、永和县218.0毫米、黎城县211.5毫米、隰县210.4毫米、交口县204.9毫米。单站累计雨量大于250毫米的雨量观测站有15处，排在前5位的是：榆社县郭郊348.2毫米、榆社县郝北315.4毫米、长子县东壁307.0毫米、潞城市石梁297.8毫米、交口县上益千290.8毫米。22~23日，全省普降小到中雨，局部降大到暴雨，全省平均降雨量16.7毫米，各县（市、区）平均降雨量在0~52.7毫米（沁源县）之间。单站累计雨量大于50毫米的站有110处，排在前5位的是：武乡县马牧81.0毫米、榆社县郝北78.2毫米、榆社县下石拐77.8毫米、和顺县京上77.6毫米、昔阳县碧霞观77.0毫米。31日，全省普降小到中雨，南部降大到暴雨，各县（市、区）平均降雨量在0~58.2毫米（永济市）之间。平均降雨量大于50毫米的县有3个：永济市58.2毫米、平陆县57.8毫米、运城市盐湖区51.8毫米。单站累计雨量大于50毫米的雨量观测站有34处，排在前5位的是：盐湖区解州106.8毫米、永济市张营92.4毫米、平陆县东祁88.8毫米、盐湖区沙窝88.2毫米、平陆县郑沟

84.2 毫米。

8 月份,全省降水偏少,北部正常,中南部除吕梁和阳泉偏少外,其余各地显著偏少。各县(市、区)降水量介于 11.9(晋城城区)~162.1 毫米(岢岚县)之间,全省平均降水量 62.6 毫米,与历年同期相比较少 47.0 毫米,比上年同期少 4.3 毫米;为 2000 年以来同期偏少排第一位(2012 年 66.9 毫米)。月内主要降水过程有 4 次,分别发生在 2 日、7 日、11 日和 27 日。2 日,除运城市和晋城市外,全省普降小到中雨,北部局部降大到暴雨,全省平均降水量为 6.0 毫米。单站雨量大于 50 毫米的站有 13 处,排在前 5 位的是:浑源县石咀 73.2 毫米、广灵县南坪 66.8 毫米、广灵县南村 66.4 毫米、广灵县荆家窑 65.8 毫米、广灵县南土岭 60.4 毫米。7 日,全省普降小到中雨,部分地区降大到暴雨,全省平均降雨量 10.0 毫米。平均降雨量大于 25 毫米的县有 6 个:阳泉市城区 36.6 毫米、临汾市尧都区 27.9 毫米、阳泉市郊区 27.2 毫米、定襄县 27.1 毫米、武乡县 26.3 毫米、盂县 25.9 毫米。单站雨量大于 50 毫米的站有 11 处,排在前 5 位的是:定襄县南庄 97.0 毫米、盂县上社 81.4 毫米、武乡县关河水库 68.7 毫米、武乡县富庄 65.6 毫米、榆社县郭郊 59.6 毫米。11 日,全省普降小到中雨,局部降大到暴雨,全省平均降雨量 14.0 毫米。单站雨量大于 50 毫米的站有 54 处,排在前 5 位的是:中阳县刘家坪 130.4 毫米、临县清凉寺 100.6 毫米、临汾市尧都区靳家川 94.8 毫米、五台县东峪口 87.4 毫米、方山县偏家岔 85.0 毫米。27 日,全省普降小到中雨,局部降大到暴雨,全省平均降雨量 6.8 毫米。平均降雨量大于 10 毫米的市有 3 个:吕梁市 11.9 毫米、临汾市 11.3 毫米、大同市 11.0 毫米。平均降雨量大于 10 毫米的县有 35 个,排在前 5 位的是:万荣县 24.2 毫米、大宁县 22.3 毫米、大同市新荣区 22.0 毫米、河津市 21.4 毫米、吉县 20.3 毫米。单站累计雨量大于 25 毫米的雨量观测站有 34 处,排在前 5 位的是:万荣县裴庄 58.8 毫米、万荣县东畅 43.2 毫米、韩城市龙门 41.4 毫米、吕梁市离石区西华镇 37.0 毫米、霍州市杨家庄 36.2 毫米。

9 月份,全省降水正常,北部、中部偏多,南部偏少,各县(市、区)降水量介于 6.5(芮城县)~135.1 毫米(保德县)之间,全省平均降水量 70.2 毫米,与历年同期相比多 8.5 毫米;比上年同期多 3.3 毫米。月内主要降水过程有 2 次,分别发生在 15~17 日和 20~23 日。15~17 日,全省平均降水量 13.1 毫米。平均降水量大于 10 毫米的市有 6 个:忻州市 34.2 毫米、太原市 33.1 毫米、朔州市 21.5 毫米、吕梁市 20.4 毫米、阳泉市 16.4 毫米、大同市 11.3 毫米。平均降水量大于 25 毫米的县有 27 个,排在前 5 位的是:保德县 74.1 毫米、河曲县 53.0 毫米、五寨县 50.2 毫米、岢岚县 45.2 毫米、神池县 44.8 毫米。单站累计雨量大于 50 毫米的雨量观测站有 98 处,排在前 5 位的是:保德县东局 100.2 毫米、保德县羊路河 96.6 毫米、保德县桥头 96.2 毫米、保德县窑圪台 87.8 毫米、保德县可王家里 83.8 毫米。20~23 日,全省平均降水量 33.4 毫米。各市降水量为:晋中市 75.3 毫米、吕梁市 52.9 毫米、临汾市 44.9 毫米、太原市 41.0 毫米、忻州市 27.5 毫米、阳泉市 25.6 毫米、长治市 24.8 毫米、运城市 17.6 毫米、朔州市 17.1 毫米、大同市 9.6 毫米、晋城市 3.0 毫米。平均降水量大于 50 毫米的县(市、区)有 32 个,排在前 5 位的是:榆社县 93.2 毫米、和顺县 86.7 毫米、祁县 84.9 毫米、介休市 81.7 毫米、平遥县 79.8 毫米。单站累计降雨量大于 100 毫米的站有 44 处,排在前 5 位的是:寿阳县华泉 149.8 毫米、和顺县京上 149.0 毫米、寿阳县白云 143.4 毫米、太谷县庞庄 128.8 毫米、和顺县西马泉 126.8 毫米。

(三)汛后降水

汛后(10~12 月),山西省平均降水量 23.3 毫米,占年降水量的 4%,比多年同期平均值少 19.1 毫米,属偏少年份,比上年同期少 9.6 毫米,为 2000 年以来同期偏少排第二位(2010 年 22.4 毫米),各县(市、区)降水量介于 1.1 毫米(大同矿区)~57.9 毫米(翼城县)之间。汛期各市降水量距平百分率评价为:大同异常偏少,朔州、忻州、太原和吕梁显著偏少,阳泉正常,其余各市都偏少。

汛后各市平均降水量与多年同期平均值比较:大同市 6.2 毫米,少 26.1 毫米;朔州市 6.1 毫米,少 22.5 毫米;忻州市 11.7 毫米,少 26.1 毫米;太原市 20.1 毫米,少 20.4 毫米;晋中市 25.4 毫米,少 17.6 毫米;阳泉市 29.7 毫米,少 6.2 毫米;吕梁市 22.9 毫米,少 29.5 毫米;临汾市 37.3 毫米,少 20.7 毫米;运城市 34.9 毫米,少 32.1 毫米;长治市 34.1 毫米,少 17.4 毫米;晋城市 24.5 毫米,少 29.9 毫米。

10 月份,全省降水偏少,阳泉、临汾正常,北部显著偏少,中南部偏少。各县(市、区)降水量介于 0.6(大同矿区)~45.1 毫米(长治郊区)之间,全省平均降水量 18.5 毫米,与历年同期平均值相比较少 13.7 毫米;比上年同期偏多 2.2 毫米。月内主要降水过程发生在 12~15 日。全省普降小到中雨,局部地区降大雨,各县(市、区)平均降水量在 0~25.7 毫米(洪洞县)之间,全省平均降水量 11.3 毫米。平均降水量大于 10 毫米的市有 6 个:临汾市 19.7 毫米、晋中市 18.2 毫米、长治市 16.1 毫米、运城市 13.0 毫米、阳泉市 12.0 毫米、吕梁市 10.1 毫米。平均降水量大于 10 毫米的县有 70 个,排在前 5 位的是:洪洞县 25.7 毫米、绛县 24.7 毫米、浮山县 24.1 毫米、吉县 22.4 毫米、平遥县 21.9 毫米。单站累计降水量大于 25 毫米的站有 89 处,排在前 5 位的是:寿阳县华泉 45.0 毫米、洪洞县曲亭水库 42.0 毫米、洪洞县兴旺峪 42.0 毫米、洪洞县兴唐寺 41.8 毫米、和顺县京上 41.2 毫米。

11 月份,全省降水量显著偏少,各县(市、区)降水量介于 0~26.0 毫米(翼城县)之间,全省平均降水量 4.7 毫米,比历年同期少 9.0 毫米,比上年同期偏少 8.6 毫米。月内主要降水过程有 2 次,分别发生在 1 日和 23 日。1 日,全省普降小雨,各县(市、区)平均降雨量在 0~3.9 毫米(神池县)之间,全省平均降水量为 0.6 毫米。单站降水量排在前 5 位的是:神池县小井沟 9.8 毫米、兴县大井上 9.2 毫米、陵川县黄松背 8.6 毫米、岢岚县中寨 8.0 毫米、兴县店子上 7.2 毫米。23 日,全省南部大部分地区降小雨，局部降中雨。各县(市、区)平均降水量在0~9.6毫米(翼城县)之间，全省平均降水量为0.9毫米。单站降水量大于10毫米的站有25处，排在前10位的是：夏县大庙22.3毫米、平陆县张郭21.4毫米、平陆县顶村20.8毫米、夏县柴家坪20.4毫米、平陆县西坡17.4毫米、永济市黄家窑17.4毫米、夏县唐回17.4毫米、永济市张留庄17.1毫米、翼城县西闫15.0毫米、夏县七腰耙14.2毫米。

12月份，全省大部分地区无降水，属异常偏少年份，各县(市、区)降水量介于0~1.4毫米(长治县)，全省平均降水量0.1毫米，与历年同期相比较少3.3毫米，比上年同期值少3.2毫米，为2000年以来同期偏少第一位(2010年0.3毫米)。

(四)暴雨

2013年，山西省在6~8月期间，部分地区暴雨频繁发生，同时出现近年来十分罕见的大暴雨和特大暴雨，全省较大范围的强降雨主要发生在6月6~10日、19~22日、28日；6月30日~7月4日、7月8~16日、22~23日、31日；8月2日、7日、11日和27日等。根据24小时降雨量统计：在7月8~16日的一场雨中，单站累计雨量大于250毫米的站有15处，排在前5位的是：榆社县郭郊348.2毫米、榆社县郝北315.4毫米、长子县东壁307.0毫米、潞城市石梁297.8毫米、交口县上益千290.8毫米，单站日降雨量大于100毫米的站有58处，仅7月9日就达49处。

(五)雹情

据雹情监测资料显示，2013年全省有8个县(市)遭受不同程度冰雹袭击，各县(市、区)雹情详见下表。

(梁述杰)

【河道水情】 2013年，山西省各河流水势总体平稳。汛前，滹沱河、松溪河、桃河、汾河干流、潇河等河流来水量偏多，其余河流来水量偏少。汛期，受局部暴雨影响，部分河道发生较大洪水，续鲁峪绛县大交水文站7月13日21:10时洪峰流量140立方米每秒，列在建站以来第二位；涧河娄烦县娄烦水文站7月26日8:54时洪峰流量76立方米每秒，列1993年建站以来第五位。汛后，受持续少雨影响，桑干河新桥水文站(怀仁)、壶流河广灵水文站、滹沱河上永兴水文站(繁峙)、偏关河偏关水文站、冶峪沟河董茹水文站（太原晋源)、洪安涧河东庄水文站(古县)，均出现河道断流现象。

(一)全年河道水情

2013年山西省各水文站年平均流量与多年均值相比较，除南洋河天镇，滹沱河界河铺(原平)、济胜桥(五台)，清水河五台山，龙华河会里(盂县)，浊漳河石梁(潞城)，榆社河榆社，绛河北张店（屯留)(以上属海河流域)，晋西沿黄北川河圪洞(方山)、南川河万年饱(中阳)，汾河宁化堡()宁武、静乐、河岔(娄烦)、寨山(古交)、汾河二坝(清徐)、义棠(介休)、赵城(洪洞)、柴庄(襄汾)，涧河娄烦，静升河灵石，洪安涧河东庄(古县)，续鲁峪大交（绛县)(以上属黄河流域)23个站偏多以外，其余水文站点均偏少。

各主要河道水文站年平均流量与多年平均值相比较(单位均为立方米每秒，下文略)：桑干河固定桥水文站(大同)2.19，比多年均值4.59立方米每秒少2.40；唐河南水芦水文站(灵丘)0.620，比多年均值1.21少0.590；滹沱河界河铺水文站（原平)5.63，比多年均值4.85多0.778；南庄水文站(定襄)11.4，比多年均值15.1少3.70；松溪河泉口水文站（昔阳)1.55，比多年均值1.56少0.010；桃河阳泉水文站0.546，比多年均值1.20少0.654；浊漳河石梁水文站(潞城)14.8，比多年均值13.6多1.20立方米每秒；偏关河偏关水文站0.086，比多年均值0.987少0.901；鄂河乡宁水文站0.136，比多年均值0.161少0.025；汾河静乐水文站16.3，比多年均值7.07多9.23；兰村水文站(太原北郊)10.0，比多年均值12.7少2.70；义棠水文站(介休)25.6，比多年均值14.5多11.1；柴庄水文站(襄汾)31.1，比多年均值28.1多3.00；潇河芦家庄水文站(寿阳)1.87，比多年均值3.44少1.57；沁河飞岭水文站(安泽)4.96，比多年均值6.24少1.28。

(二)汛前河道水情

2013年各水文站汛前平均流量与多年同期平均值相比较，除滹沱河

2013年山西省各县(市)雹情统计表

县(市)	站名	时间			冰雹粒径(毫米)	降雹历时(分钟)
		月	日	时:分		
潞城市	石梁	6	2	18:55	5	9
稷山县	翟店	6	10	17:00	10	5
襄垣县	后湾水库	6	25	15:55	8	10
沁县故	故县	6	26	14:55	7	10
屯留县	西河北	6	26	16:20	8	5
洪洞县	赵城	8	3	22:30	7	4
长治市	长治	8	11	14:00	10	3
运城市	运城	8	11	15:00	12	10
稷山县	翟店	8	11	16:58	10	12

界河铺(原平),龙华河会里(盂县),松溪河泉口(昔阳),桃河阳泉,绛河屯留北张店(以上属海河流域),北川河圪洞(方山),南川河万年饱(中阳),白沙河大庙(夏县),汾河宁化堡(宁武)、静乐、河岔(娄烦)、义棠(介休)、赵城(洪洞)、柴庄(襄汾),岚河上静游(娄烦),涧河娄烦,潇河寿阳芦家庄(以上属黄河流域)17处水文站偏多以外,其余水文站来水量均偏少。部分水文站点出现河道断流现象,如壶流河广灵、御河孤山(大同)、壶流河广灵、滹沱河上永兴(繁峙)、冶峪沟河董茹(太原晋源)、静升河灵石、洪安涧河东庄(古县)共7处水文站。

2013年汛前各主要河道水文站平均流量与多年同期平均值比较:桑干河固定桥水文站(大同)1.05,比多年同期平均值少2.04;唐河南水芦水文站(灵丘)0.641,比多年同期平均值少0.519;滹沱河界河铺水文站(原平)3.06,比多年同期平均值多0.720;南庄水文站(定襄)8.07,比多年同期平均值少0.860;松溪河泉口水文站(昔阳)0.708,比多年同期平均值多0.035;浊漳河石梁水文站(潞城)4.54,比多年同期平均值少1.08;偏关河偏关水文站0.003,比多年同期平均值少0.383;汾河静乐水文站10.9,比多年同期平均值多7.31;兰村水文站(太原北郊)7.02,比多年同期平均值少4.38;义棠水文站10.3,比多年同期平均值多4.84;柴庄水文站(襄汾)16.0,比多年同期平均值多1.10;潇河芦家庄水文站(寿阳)1.65,比多年同期平均值多0.350;沁河飞岭水文站(安泽)0.090,比多年同期平均值少2.33。

(三)汛期河道水情

1. 汛期各主要河流控制站来水量。山西省各主要河流控制水文站的流域总面积为93768平方千米,其中:海河流域面积40443平方千米,占总控制面积的43.1%;黄河流域面积53325平方千米,占总控制面积的56.9%。2013年汛期,全省各控制水文站径流总量159595万立方米;海河流域各控制水文站汛期径流量

2013年汛期各主要河流控制站逐月实测来水量情况

序号	流域	河名	站名	流域面积(平方千米)	月平均流量(立方米每秒)				汛期累计水量(万立方米)
					6月	7月	8月	9月	
1		桑干河	固定桥	15803	0.961	6.94	2.9	6.87	4665
2		滹沱河	南庄	11936	12	22.50	24	11	18416
3		龙华	会里	475	0.470	1.16	1.31	0.91	1019
4	海河	松溪河	泉口	1627	0.931	6.33	3.29	1.49	3204
5		桃河	阳泉	490	0.370	1.46	0.68	0.68	845
6		浊漳河	石梁	9652	10.2	80.6	25.8	9.4	33578
7		清漳东支	蔡家庄	460	0.168	3.89	0.874	0.798	1526
海河流域累计水量(万立方米)					6506	32912	15763	8074	63255
1		偏关河	偏关	1896	0	0.096	0.803	0.026	248
2		东川河	岢岚	476	0.395	0.481		1.230	550
3	黄河	三川河	后大成	4075	5.49	41.1	14.7	9.71	18885
4		汾河	河津	38650	19.3	98.4	68	46.1	61520
5		涑水河	张留庄	5545	0.558	0.862	0.83	0.862	821
6		沁河	飞岭	2683	0	32.3	15.40	5.94	14316
黄河流域累计水量(万立方米)					6673	46400	26712	16555	96340
全省合计					13179	79313	42476	24628	159595

63255万立方米，占汛期径流总量的39.6%；黄河流域各控制水文站汛期径流量96340万立方米，占汛期径流总量的60.4%。汛期各主要河流控制站逐月实测来水量情况见前表。

2. 汛期各主要河道水文站平均流量。2013年各水文站汛期平均流量与多年同期平均值相比较，除桑干河朔州东榆林水库（坝下），南洋河天镇，御河孤山（大同），滹沱河界河铺（原平）、济胜桥（五台），清水河五台山，浊漳河石梁（潞城），绛河北张店（屯留），榆社河榆社，北川河圪洞（方山），南川河万年饱（中阳），汾河宁化堡（宁武）、静乐、河岔（娄烦）、汾河二坝（清徐）、义棠（介休）、赵城（洪洞）、柴庄（襄汾），涧河娄烦，静升河灵石，洪安涧河东庄（古县），续鲁峪大交（绛县）和沁河飞岭（安泽）23处水文站偏多外，其余水文站点均偏少。壶流河广灵和汾河冶峪沟河董茹（太原晋源）出现河流断流的现象。

汛期各主要河道水文站平均流量与多年同期平均值比较：桑干河固定桥水文站（大同）4.42，比多年同期平均值少3.71；唐河南水芦水文站（灵丘）0.619，比多年同期平均值少0.711；滹沱河界河铺水文站（原平）9.13，比多年同期平均值少0.130；南庄水文站（定襄）17.4，比多年同期平均值少7.70；松溪河泉口水文站（昔阳）3.01，比多年同期平均值少0.170；桃河阳泉水文站0.798，比多年同期平均值少2.16；浊漳河石梁水文站（潞城）31.5，比多年同期平均值多5.80；偏关河偏关水文站0.231，比多年同期平均值少1.94；鄂河乡宁水文站0.337，比多年同期平均值少0.061；汾河静乐水文站19.5，比多年同期平

2013年汛期部分河流洪峰流量统计表

序号	站　名	地　址	河　名	时　间	洪峰流量（立方米每秒）	历史排位
1	北张店	屯留县	绛河	2013-07-13 12:00	130	18
2	大交(续)	绛　县	续鲁峪	2013-07-13 21:10	140	2
3	大　宁	大宁县	昕水河	2013-07-25 16:28	430	30
4	东　庄	古　县	洪安涧河	2013-07-13 06:00	210	31
5	汾河二坝(二)	清徐县	汾　河	2013-09-16 14:00	85.7	31
6	孤　山	南郊区	御　河	2013-07-08 03:00	210	24
7	观音堂	矿　区	十里河	2013-07-18 18:00	52.1	47
8	河　津	河津市	汾　河	2013-07-21 03:06	228	35
9	后大成	柳林县	三川河	2013-07-18 03:48	730	22
10	静　乐	静乐县	汾　河	2013-07-18 08:00	78.7	56
11	兰　村	尖草坪区	汾　河	2013-06-10 00:00	129	42
12	林家坪	临　县	湫水河	2013-08-05 23:30	260	47
13	龙　门	韩城市	黄　河	2013-07-25 16:30	3400	58
14	娄　烦	娄烦县	涧　河	2013-07-26 08:54	76	5
15	裴　沟	石楼县	屈产河	2013-07-25 14:36	335	27
16	偏　关	偏关县	偏关河	2013-08-11 21:36	60	51
17	石　梁	潞城市	浊漳河	2013-07-13 18:00	269	41
18	万年饱	中阳县	南川河	2013-08-11 16:42	50	16
19	杨家坡	临　县	清凉寺沟	2013-08-11 16:46	410	12
20	义　棠	介休市	汾　河	2013-07-12 12:00	140	32
21	油　房	沁水县	沁水河	2013-07-04 11:00	146	17
22	榆　社	榆社县	榆社河	2013-07-18 16:00	66.1	50
23	赵　城	洪洞县	汾　河	2013-07-12 18:00	160	49

均值多6.90;兰村水文站(太原北郊)11.8,比多年同期平均值少7.40;义棠水文站(介休)45.6,比多年同期平均值多16.5;柴庄水文站(襄汾)55.8,比多年同期平均值多9.40;潇河芦家庄水文站(寿阳)2.51,比多年同期平均值少4.68;沁河飞岭水文站(安泽)13.4,比多年同期平均值多2.00。

3. 洪水。由于受局部暴雨和极端气候的影响,山西省续鲁峪、涧河、清凉寺沟、沁水河、绛河、三川河等河流2013年汛期发生较大洪水。

6月份受局部暴雨影响,汾河太原市尖草坪区兰村水文站10日0:00时洪峰流量129,列民国32年(1943年)建站以来第42位。

7月份受局部暴雨影响,13日多处水文站相继发生较大洪水,续鲁峪绛县大交(续)水文站21:10时洪峰流量140,列1983年建站以来第2位。绛河屯留县北张店水文站12:00时洪峰流量130立方米每秒,列1959年建站以来第18位。浊漳河潞城市石梁水文站18:00时洪峰流量269,列1952年建站以来第41位。25日,屈产河石楼县裴沟水文站14:36时洪峰流量335。

8月份受局部暴雨影响,湫水河临县林家坪水文站5日23:30时洪峰流量260,清凉寺沟临县杨家坡水文站11日16:46时洪峰流量410。

9月份受局部暴雨影响,汾河清徐县汾河二坝水文站16日14:00时洪峰流量85.7。

(四)汛后河道水情

2013年汛后,各水文站平均流量与多年同期平均值相比较,除十里河观音堂(大同),滹沱河界河铺(原平)、济胜桥(五台),清水河五台山,龙华河会里(盂县),松溪河泉口(昔阳),桃河旧街(阳泉),榆社河榆社,东川河岢岚,南川河万年饱(中阳),鄂河乡宁,汾河宁化堡(宁武)、静乐、河岔(娄烦)、寨上(古交)、兰村(太原北郊)、汾河二坝(清徐)、义棠(介休)、赵城(洪洞),岚河上静游(娄烦)及涧河娄烦站21处水文站偏多外,其余水文站均偏少。其中部分水文站出现河道断流的现象:桑干河新桥(怀仁)、壶流河广灵、滹沱河上永兴(繁峙)、偏关河偏关、冶峪沟河董茹(太原晋源)、洪安涧河东庄(古县),共6站。

汛后各主要河道水文站平均流量与多年同期平均值比较:桑干河固定桥水文站(大同)1.13,比多年同期平均值少1.21;唐河南水芦水文站(灵丘)0.588,比多年同期平均值少0.562;滹沱河界河铺水文站(原平)5.05,比多年同期平均值多1.58;南庄水文站(定襄)8.93,比多年同期平均值少2.87;松溪河泉口水文站(昔阳)0.990,比多年同期平均值多0.104;桃河阳泉水文站0.131,比多年同期平均值少0.327;浊漳河石梁水文站(潞城)9.45,比多年同期平均值少1.15;偏关河偏关水文站河干;鄂河乡宁水文站0.086,比多年同期平均值多0.034;汾河静乐水文站23.6,比多年同期平均值多18.2;兰村水文站(太原北郊)12.6,比多年同期平均值多6.11;义棠水文站(介休)24.4,比多年同期平均值多14.3;柴庄水文站(襄汾)23.6,比多年同期平均值少1.80;潇河芦家庄水文站(寿阳)1.42,比多年同期平均值少0.765;沁河飞岭水文站(安泽)0.963,比多年同期平均值少0.540。 (梁述杰)

【大中型水库蓄水】 全省大中型水库蓄水情况分汛初(2013年6月1日)、汛末(2013年10月1日)和年末(2014年1月1日)3个时段进行统计分析。

(一)汛初大中型水库蓄水情况

1. 全省59座大中型水库。

据全省59座大中型水库汛初蓄水量统计,2013年汛初(2013年6月1日)蓄水总量为9.43亿立方米(下为同单位略),比2013年年初(1月1日)少蓄1.61,比上年同期少蓄1.27,比多年同期平均值多蓄4.63。

2. 全省8座大型水库。

统计全省8座大型水库汛初蓄水量,2013年汛初(6月1日)蓄水总量为7.36,占所有大中型水库蓄水总量的75.6%;比2013年年初(1月1日)少蓄0.47,比上年同期少蓄0.25。

(二)汛末大中型水库蓄水情况

1.全省59座大中型水库。

统计全省59座大中型水库汛初蓄水量,2013年汛末(2013年10月1日)蓄水总量为11.02,比2013年汛初(1月1日)多蓄1.59,比2012年同期少蓄0.03,比多年同期平均值多蓄4.75。

2. 全省8座大型水库。

统计全省8座大型水库汛初蓄水量,2013年汛末(10月1日)蓄水总量为8.36,占所有大中型水库蓄水总量的75.9%;比2013年汛初(6月1日)多蓄1,比上年同期多蓄0.23。

(三)年末大中型水库蓄水情况

1. 全省59座大中型水库。

据全省59座大中型水库汛初蓄水量统计,2013年年末(2014年1月1日)蓄水总量为11.60,比2013年汛末(10月1日)多蓄0.58,比上年同期多蓄0.56,比多年同期平均值多蓄4.88。

2. 全省8座大型水库。

据全省8座大型水库年末蓄水量统计,2013年年末(2014年1月1日)蓄水总量为8.60,占所有大中型水库蓄水总量的74.1%;比2013年汛末(10月1日)多蓄0.24,比2012年同期多蓄0.77。 (梁述杰)

【土壤墒情】 山西省2013年共有墒情观测站点71个,站点稀少,代表性不是很好,墒情站点观测的土壤含水量只能代表该点的土墒状况,很难从土壤含水量的角度分析各市土壤墒情情况,所以仅从降水量和降水量距平来进行土壤墒情的时段干旱分析。

(一)春季干旱分析

1. 降水量。

2013年1月全省降水量较多年同期显著偏少,全省平均降水量2.4毫米,比多年均值的5.2毫米少53.8%;2月份的降水量较多年同期显著偏少,全省平均降水量3.6毫米,比多年均值的7.60毫米少52.6%;3月份降水量较多年同期仍显著偏少,全省平均降水量2.1毫米,较多年均值的10.4毫米少79.8%;总体来看,1月至3月全省及各市的降水量均较多年同期偏少。

2. 降水量距平计算。

按照降水量距平计算法,计算1月、2月、3月降水量距平百分比,再根据降水量距平百分比旱情等级划分标准,从月尺度看,1月份全省降水量偏少,除大同、朔州、阳泉和晋中市没有旱情外,太原、吕梁、临汾市出现轻度干旱,忻州、运城、长治、晋城市中度干旱;2月份降水量持续偏少,太原、忻州、大同市严重干旱,朔州市特大干旱,其他市轻度干旱或没有旱情;3月份降水量仍然偏少,全省都有不同程度的旱情,其中朔州、阳泉、晋中、吕梁、运城和晋城市严重干旱,太原、忻州市特大干旱。

(二)秋季干旱分析

1. 降水量。

2013年8至9月份,全省降水量较多年同期平均值偏少29.8%,8月份全省降水量62.6毫米,比多年平均值的106.8毫米少41.4%;9月份全省降水量70.2毫米,比多年平均值的82.4毫米少14.8%。

2. 降水量距平计算。

按照降水量距平分析计算得到8至9月份的降水量距平百分比。根据降水量距平百分比旱情等级划分标准:8月份太原、临汾和运城3市轻度干旱,长治和晋城2市中度干旱;9月份长治市轻度干旱,运城和晋2市中度干旱;除此之外,其他各市8月份和9月份均没有旱情,土壤较为适宜。（梁述杰）

【浊漳河污染应急监测】 1月5日,浊漳河发生水污染事件,省水文水资源勘测局接省水利厅通知后立即启动应急预案,指令长治水文分局即时开展前期工作。省水文局成立由省局、长治分局领导参与的指挥、技术、外业、水质分析、后勤保障5个小组。局长宋晋华连夜赶赴事故现场,指挥应急监测。6日,省局5人赶赴增援。此次水质应急监测在污染源下游的黄牛蹄水库、实会、北耽车、侯壁、红旗渠、王家庄等地布设12处监测断面,持续13天对苯胺、挥发酚、PH值等进行连续监测,直至排放达标。共采集分析水样近百批次,形成检测数据500余组,实测流量36份。同时配合省水利厅完成浊漳河沿岸20余处农村集中供水水源水质监测、水文及水文地质资料勘察收集等工作。（梁述杰）

【曲亭水库应急测报】 2月15日凌晨4:00,省水文水资源勘测局接省水利厅通知,位于洪洞县的曲亭水库出现险情,准备进行水文应急监测。局长宋晋华即刻赶赴现场,并在第一时间进行部署。16日早7:00时,水库灌溉输水洞洞顶垮塌过水。省水文局在曲亭河曲亭水库坝址、霍侯公路桥、入汾河口、汾河屯里桥、柴庄水文站、新绛大桥布设临时应急监测断面6处,每间隔20分钟测一次流量,准确、及时向上级及相关部门报出河道实时流量情况。至16日18:20时左右,水库接近死水位状态,不再出流。此次应急监测共测水位212次、流量37份,对水库下泄水量及进入汾河与黄河的泄流水量进行全程监测,及时计算分析,完成整个洪水过程的水文测报任务。（梁述杰）

【省水文资料整编技术和质量受到水利部表彰】 3月6日,水利部黄河水利委员会水文局在2012年流域水文资料汇编时,为山西省水文水资源勘测局参编《中华人民共和国水文年鉴》人员颁发荣誉证书,以表彰2010年4卷3册、2011年4卷4册在全国终审中的零错误佳绩。黄委水文局为此发出的通报说,在2012年9月12~15日召开的水文年鉴全国终审会议、2013年1月23~25日召开的全国水文年鉴验收暨工作总结会议上,中华人民共和国水文年鉴2011年4卷(黄河流域)1~8册通过验收,其中以山西省为主的4册(汾河流域)、山西省参加的6册(沁河流域)为零错误,为此,予以通报表彰。根据《水文年鉴汇编刊印规范》《水文年鉴质量评定办法》,错误率允许值为万分之一。水文年鉴的数据来源是水文资料整编成果。以汾河流域为主要内容的《中华人民共和国水文年鉴》4卷4册和山西省参加的4卷6册零错误率,证明山西省水文资料整编的业务技术水平,反映山西省在日常水文测验工作中对规范的准确理解和严格执行。12月12日,水利部水文局发出通报,2012年《中华人民共和国水文年鉴》终审结束,以汾河流域为主要内容的4卷4册和山西省参加的4卷6册仍然是零错误率,受到赞扬。（梁述杰）

【获"省直文明和谐单位标兵"荣誉称号】 3月28日,山西省直属机关精神文明建设委员会发出《关于命名表彰2012年度省直文明和谐单位标兵、文明和谐单位、省直机关第一届道德模范、第六批"十佳文明窗口""十佳文明公民"、省直机关优秀志愿服务组织、优秀志愿者和文明和谐创建先进工作者的决定》,省水文水资源勘测局自2006年以来,连续七年荣获省直文明和谐单位标兵单位称号。（梁述杰）

【《倾听水文:全国水文文学作品集》出版】 3月,《倾听水文:全国水文文学作品集》由中国水利水电出版社出版,山西省水文水资源勘测局18件作品入选。该书是新中国成立以来的第一本全国水文人自己的文学作品集,水利部副部长刘宁作序,水利部水文局局长邓坚任主编。全书作品400件,其中100件是20世纪五六十年代的,所以实际上近期作品只有300件,山西省水文水资源勘测局被采用作品18件,大大高于全国平均数。（梁述杰）

【完成国家地下水监测工程前置手续批复】 6月4日,省环保厅批复省水文局申报的《国家地下水监测工程环评登记表》。至此,山西省水文水资源勘测局承担的国家地下水监测工程项目(山西部分)可研报告审批所需的4项前置手续全部完成。国家地下水监测工程项目在山西省的实施内容主要是,以现有的省级监测中心和9个市级信息站为依托,在全省设立504处国家级地下水监测站点(其中:新建280处,改建224处);工程总投资5315.86万元,全部由国家投资。（梁述杰）

【与水利部黄委会签订共建共管实验室合作协议书】 7月3日,水利部黄河水利委员会黄河流域水资源保护局与省水利厅在迎泽宾馆就水环境监测共建共管实验室建设进行会谈。水利部黄河水利委员会副主任廖义伟、省水利厅副巡视员李文银出席。双方选定山西省水环境监测中心临汾、吕梁分中心为共建共管实验室，将选定的实验室建成为配置标准、管理规范、质量可靠、数据可信、区域先进的水环境监测实验室。会谈后，双方签订协议书，协议书有效期5年。（梁述杰）

【首次启动水文防汛测报应急响应】7月13日晚，省水文水资源勘测局召开紧急会议，针对山西省出现1954年以来最强降雨天气，决定从当晚20:00时启动Ⅲ级应急响应。要求各市水文分局领导靠前指挥，24小时在岗带班，水情值班加派人员，密切监视天气变化和雨水情发展趋势，及时分析，准确报送。省水文局相关部门迅速备战，严肃纪律，关注汛情，加强协调，搞好沟通，保障后勤，做好一切准备，整装待发随时准备支援分局、测站，打好防汛测报硬仗，确保安全度汛。此次响应于7月23日结束。省水文水资源勘测局在2013年汛前即制定水文应急监测预案，并责成负责部门。2013年，发布12期《水文月报》、66期《水情简报》、99期《汛情报告》、333期《雨情快报》、数万条雨水情短信；接收各类雨水情信息600余万份，发送500余万份。（梁述杰）

【《水功能区纳污控制方案》通过评审】7月25日，由省水文水资源勘测局承担完成的《山西省水功能区纳污能力核定和分阶段限制排污总量控制方案》(以下简称《控制方案》)通过省水利厅技术委员会的技术审查。《控制方案》的制定，是实行最严格水资源管理三条红线中确定纳污红线的重要基础性工作，《控制方案》是在山西省水功能区水质监测评价、入河排污口调查评价以及汾河、沁河、桑干河、浊漳河、滹沱河5条主要河流纳污能力核定和分阶段限排方案的基础上进一步补充、修订、完善而成的，将作为各级政府开展水污染防治与污染减排的重要依据，对促进水资源保护和水污染防治、实现水资源可持续利用具有重要意义。（梁述杰）

【山西省调查洪水研究、山西清泉水分析研究成果鉴定会】8月3日，“山西省调查洪水研究、山西省清泉水分析研究成果鉴定会”在太原召开。会议的专家委员会包括防汛、抗旱、水工程建设、规划设计、水资源管理等学科。专家听取由省水文水资源勘测局独立承担完成的《山西省调查洪水研究》《山西省清泉水分析研究》项目完成、课题创新等情况汇报，审阅技术文档资料，就技术路线、方法路径、实际应用等进行质询和答疑。《山西省清泉水分析研究》是国内首个开展省域范围多个干旱年份枯水期清泉水资源调查的研究项目，填补此类研究的空白；首次应用地理信息系统和大比例尺电子地图，建立山西省分行政区域、流域水系的清泉水资源分布信息系统。（梁述杰）

【水质监测实验室荣获“全国水利系统水质监测质量与安全管理优良实验室”称号】11月12日，水利部公布全国水利系统水质监测质量与安全管理优良实验室考评结果，省水文系统所属的省水环境监测中心、运城分中心、长治分中心、太原分中心、大同分中心、临汾分中心、吕梁分中心荣获“全国水利系统水质监测质量与安全管理优良实验室”称号。（梁述杰）

【水利部稽查山西省中小河流水文监测系统建设项目】11月19日至12月7日，水利部稽查组对山西省中小河流水文监测系统建设项目进行专项稽查。省水利厅纪检组长奥雨迎、副厅长解放庆会见稽查组。稽查组听取山西省中小河流水文监测系统建设情况汇报，深入了解前期设计、招标、施工、监理等环节和进度，并到7处水文站、4处水位站、13处雨量站进行现场稽查。（梁述杰）

【无线遥控雷达测流系统】12月1日，第一届国际水文监测仪器设备推介会上，由长治水文分局与北京美科华仪科技有限公司联合研制的缆道测流机器人展示——无线遥控雷达波数字化测流系统该系统在实际应用中凸显出先进优势：一是精确高效，该仪器采用电脑控制、无线遥控、自动测流，避免人工测流在读数、记录、计算等方面人为出错的可能；测流时间仅占人工传统测流时间的1/5或更短，在数秒内即可计算、打印出流量成果；二是性能稳定，通过在不同施测断面、不同流速与流量、不同天气情况下的施测对比，可以满足《河道流量测验规范》要求；三是节省人力，由于该仪器体积小、操作简便，可大大节省人力，减轻劳动强度，一般情况下一人即可完成流量施测。（梁述杰）

气 象

【气候事件】全省主要气象灾害及气候事件有暴雨、干旱、冰雹、寒潮、低温冷冻等。

1.暴雨。7月，全省连续出现强降水天气过程。全省平均雨日数为16.6天，较常年偏多4.6天。其中雨日最少的灵丘为11天，最多的平遥达22天。

降水较强的时期主要集中在7月上中旬。7月8~15日连续8天全省日均雨量在6毫米以上；7月18日最强，达31.3毫米，有23站达暴雨级别。有37站月降水突破历史同期极值。全省月平均降水量为243.9毫米，较常年偏多1.3倍，为历史同期第一位。全省7月平均暴雨站次为1.0次，居历史第一位。寿阳县7月8日夜间开始出现全年最强降水天气过程。截至7月16日08时，部分乡镇降水超过200毫米。灾情涉及11个乡镇，累计受灾口为6021人；受灾面积为472.2公顷，倒塌房屋129间，毁损房屋315间。直接经济损失约320万元，平舒乡平舒村的大成利源洗煤厂发生滑坡事故，板房坍塌造成12人死亡。

盂县7月8日降雨量达149.3毫米，为气象记录历史极值，致使全县形成洪涝灾害。共有43400余人受灾；农作物受灾面积2900公顷，成灾面积1240公顷，绝收340公顷；冲毁耕地80公顷；房屋倒损599户1723间(其中倒塌房屋120户，316间)；各乡镇都存在堤坝、桥梁、道路、涵洞等基础设施毁损。直接经济损失3380

万元，其中农业经济损失1480万元，家庭财产损失1100万元，基础设施损失800万元。

离石7月9日出现暴雨，10日至14日连续出现中到大雨天气，降水总量达到100毫米~180毫米，全区所有乡镇全部出现灾情。房屋倒塌损毁1234间，转移安置人数1102人；全区农作物受灾642公顷。直接经济损失1234万元。莲花街道办徐家沟发生黄土崩塌，两人死亡。

沁源7月份有四次较大的降水过程，均达到暴雨级别。据统计，受灾人口达30765人；受灾面积共达2517公顷，绝收面积454.6公顷；倒塌房屋396间，损失419.25万元；家庭财产损失为177.82万元，紧急转移安置人口2080人；农业经济损失1928.3万元，畜牧业损失30.59万元，工矿业损失510万元，基础设施损失641.3万元，直接经济损失4400余万元。

长治市7月8~23日出现三次暴雨天气过程，据统计，全市受灾人口329614人，因灾死亡4人，紧急转移安置人口42415人。农作物受灾面积23238.6公顷，农作物绝收面积2685.31公顷；倒塌房屋8319间，损坏房屋42306间。灾情直接经济损失61295.25万元。

潞城市7月8日18时至13日19时出现强降水过程，15日17时至21时、22日至23日出现分布不均的雷阵雨天气，三次过程降水量累计达279.8毫米。54819人受灾，2257户计4748间房屋倒塌，2965户计7261间房屋被严重损坏，4620户计12071间房屋损坏，房屋损失18016.7万元；农作物受灾面积达3456.1公顷，成灾面积达1232.2公顷，绝收面积189.3公顷，损坏耕地面积95.8公顷，经济损失达4021.4万元，道路损失10135.3万元。灾情造成直接经济损失共计34440.57万元以上。

长子县7月8~13日连续6天出现持续强降水天气。降雨量为200.2毫米，全县14个乡镇中有3个乡镇降雨总量超过200毫米，据初步统计：受灾人口11857人，转移人口1134人；农作物受灾面积为1400公顷，成灾面积为250.7公顷，绝收面积为73.2公顷；大棚不同程度损害171个，牲畜405头，倒塌房屋135间，损坏房屋534间，进水房屋594间，桥梁损坏15座，公路损坏长度4600米，涵洞4个。经济损失约1033.2万元，其中农业损失673.2万元，基础设施损失150万元，家庭财产损失210万元。

2. 干旱。春季，降水少、气温偏高，中、南部的吕梁市、晋城市和运城市以及北部的大同市发生不同程度的阶段性干旱。3月，全省降水异常偏少、气温偏高，全省大部分地区发生中度及以上气象干旱。全省上旬、中旬和下旬的平均降水量分别为0.1毫米、1.4毫米和0.6毫米，较常年同期平均降水量明显偏少，而旬平均气温分别较常年偏高5.0℃、3.3℃和2.1℃。截至3月底，全省大部均发生中度以上等级气象干旱。晋城市有30多万亩麦田受旱，是播种面积的1/3。吕梁大部分县市出现干旱。岚县从2月上旬至3月31日降水量为1.6毫米，降水较历年同期偏少4~5成，大部农田、林地出现旱象。2012年10月份至2013年3月31日，运城市累计降水量46.0毫米，比历年同期偏少58.9毫米，比上年同期偏少114.8毫米，是自1970年以来第3个同期降水量最少年份，尤其是自1月中旬，气温迅速回升，平均气温持续偏高4℃左右。3月8日，盐湖、平陆、夏县、芮城、闻喜、稷山、新绛等县最高气温超过30℃，夏县最高气温达到32.1℃，打破近40年来的历史纪录。持续的温高少雨天气造成运城市干旱严重，据统计，全市小麦受旱面积16.5万公顷，绝收0.5万公顷，因旱造成47200人饮水困难，经济损失11802.5万元。

3. 冰雹。全省共出现冰雹81站次，低于常年均值124.5站次，从时间分布看，冰雹主要出现在夏季的6月和8月。

6月3日下午，晋城市的沁水、高平、陵川出现冰雹，其中沁水站冰雹的最大直径为5毫米，高平站冰雹的最大直径为11毫米，陵川站冰雹的最大直径为7毫米。

6月10日15:45至17:20，运城市的万荣县皇甫、汉薛、解店三乡镇遭受冰雹袭击。冰雹最大直径达20毫米，持续时间达95分钟。受灾最严重的为皇甫乡的马家村、东杜村、袁家村、西杨李、乌苏、东埝、西杜、新庄、漫峪口等9个村，桃果果面被严重打伤，涉及农户1200余户，150.74公顷桃、286.81公顷苹果、362.45公顷经济作物受灾，直接经济损失达2895万元。7月9日20时，神池县八角镇出现冰雹，持续约10分钟，并伴有大风。八角镇16个村庄受冰雹、大风影响，农作物有不同程度受损，受灾面

9月23日，"风云三号"03星在太原卫星发射中心成功发射，山西气象部门提供了准确的天气预报 （李国英提供）

9月24日，山西省第二届人工影响天气岗位技能竞赛在太原举行
（李国英提供）

积445公顷、受灾人口4250人，农业直接经济损失353.4万元。7月31日，广灵出现短时大风冰雹、雷雨天气，4520.0人受灾，农作物受灾面积480.0公顷，绝收170.0公顷，直接经济损失190.0万元。7月31日15时~16时，娄烦杜交曲镇银洞咀、陈家岭、杜交曲、罗家曲、强家庄等村庄发生冰雹天气过程。冰雹最大直径为40毫米左右。造成银洞咀、陈家岭大约80公顷庄稼绝收。

4.寒潮。全省较大范围的寒潮天气有11次，主要出现在2~3月。范围最大的一次寒潮天气出现在2月17~19日，先后有54个县市出现寒潮天气，其中，静乐24小时降温幅度最大，达13.2℃，右玉48小时降温最大，为14.3℃。年内降温幅度最大的寒潮天气出现在1月20~22日，右玉48小时降温达17.5℃，日最低气温为−23.7℃（1月22日）。

5.低温冷冻害。4月18~19日，全省出现大范围明显雨（雪）低温冷冻害天气，气温骤降。明显降水缓解山西省前期旱情，有利于冬小麦的生长发育，对春耕春播工作也较为有利，但强降温造成部分地区的冬小麦、果树受冻。太原市的尖草坪、清徐县、娄烦县、阳曲县、小店区和古交市的大田作物、设施农业、经济果蔬经济损失约40662.88万元。晋城市20日早上气温降至零下，全市出现低温冻害天气，果树受灾面积290.1万公顷，设施蔬菜受灾15.45万公顷，露地蔬菜受灾146.25万公顷，小麦受灾418.65万公顷。阳城县约75000余公顷桑园严重受损，桑树叶片萎黄焦枯，刚萌发的桑芽全部受冻坏死，预计蚕农收入减少约1000余万元。4月4~6日，运城市出现降温天气。除盐湖区外其余12个县（市、区）均出现霜冻，地面最低温度在−0.5℃~−3.0℃之间。临猗、夏县等地小麦、苹果、葡萄、豆角等林果和经济作物受灾面积5226公顷，成灾3348公顷，绝收390公顷，经济损失3200万元。河津市9~10日部分地区出现霜冻，农作物受灾面积2161.1公顷，绝收53.4公顷，经济损失达2000万元。4月9~11日平陆县出现霜冻，农作物受灾面积8478公顷，成灾2335公顷，绝收80公顷，经济损失达6800万元。（李国英）

【气候影响评价】 1.气候对农作物影响。2013年主要影响山西农作物生长的气象灾害有暴雨、冰雹、干旱、寒潮、霜冻等，其中暴雨、冰雹等给农业生产造成的影响较为严重。年度全省冬小麦生育期内积温大部较常年偏多，降水和日照大部偏少。期间光、温、水分条件在关键生育期匹配较差，产量形成关键期持续性干旱、拔节抽穗期低温冻害及收获期出现的局地强对流天气过程，造成有效穗数、穗粒数及千粒重均低于上年同期水平。2013年秋播期间降水充沛，冬小麦足墒播种，顺利出苗；但因冬前受干旱及积温偏少等因素影响，冬小麦群体偏小；越冬期麦区雨雪天气过程多，冬小麦安全越冬。返青期气温偏高，墒情大部适宜，冬小麦春生分蘖增多；拔节期气温异常偏高，降水显著偏少，麦区大部旱象露头，不利于小穗分化。总体上看全年冬小麦生育期间农业气象条件对其生长发育及产量形成的影响是弊大于利，产量低于上年。

玉米生育期内光、温、水分条件匹配良好。产量形成关键期基本未受干旱、连阴雨等影响，气象条件总体好于上年，有利于玉米产量增加。春播期墒情大部适宜，玉米大部足墒播种；苗期表层土壤出现阶段性干旱，但底墒较好，利于根系下扎；拔节到抽雄吐丝期降水充沛，春（夏）玉米顺利拔节和抽雄；灌浆乳熟期土壤墒情适宜，气温正常，玉米灌浆充分；成熟收获期天气晴好，收晒顺利。

2.气候与水资源。全省降水资源量约为882.1亿立方米，较累年值偏多152.1亿立方米，较2012年偏多142.5亿立方米。根据以上降水资源及丰枯标准，全年降水资源总量属丰水年份。全省11个地市中有3个市属异常丰水，5个地市为丰水，3个为正常。与上年同期相比，各地市降水资源均较上年增加。其中，长治市增加最多，为34.6亿立方米。（李国英）

【气象防灾减灾体系】《气象灾害应急预案》省市县三级全部出台；《乡镇应急预案》42个县组织编制完成；《本级气象灾害防御规划》7个市、103个县编制完成，乡镇（社区）气象灾害应急准备认证工作95个县（市、区）陆续开展；4个市、29个县将气象防灾减灾工作纳入政府绩效考评内容。针对全省出现的20多次重大天气过程，均做到准确监测、及时预警、快速发布，发布各类预警信号3246次，气象预警短信受众达9900万人次。全年共启动气象灾害应急响应5次。建成1062个乡镇气象工作站，覆盖90%以上乡镇；建成6325个村级气象信息服务站，覆盖25%的行政村；建成农村电子显示屏1451块，覆盖95%的乡镇；建成农村大喇叭广播系统10962套，覆盖30%的行政村；气象信息员队伍30518人，实现乡村全覆盖。“专业化直通式”农业气象服务已覆盖873个种粮大户、318个涉农企业、3972个农业生产合作社、937个乡镇政府。人工影响天气工作，全年增雨总量30.33亿立方米。风云三号C星发射等多次重大活动气象保障工作全部完成。（李国英）

【新型气象业务】 升级改造乡镇和城市社区自动气象监测站128个，新建中小河流和山洪地质灾害自动雨量站248个，新建PM1.0、PM2.5、PM10气溶胶质量浓度环境监测站2个，新建高速公路8要素交通气象观测站10个；10个旅游景区观测系统的项目建设方案完成，乡镇、城市社区山洪自动气象站1632个建成。五台山中台国家级无人气象站建设完成投入运行，吕梁新一代天气雷达和五台山风廓线雷达基础设施建设完成。气象灾害数值模拟实验室成立；24小时内逐6小时大城市精细化气象要素预报、雨强预报、空气污染气象条件预报、城市空气质量预报等业务全部开展。（李国英）

地　震

【概述】 2013年，山西地区发生M≥1.0级地震159次，其中1.0–1.9级地震110次，2.0–2.9级地震42次，3.0–3.9级地震7次，最大地震是2013年2月22日大同3.6级地震。其中3级以上地震大同盆地2次，临汾盆地2次，东部山区2次，西部山区1次。2013年全年共召开会商会80次，年度地震趋势会商会1次，年中会商会1次，周、月会商会53次，临时、紧急、加密、应急会商会25次。

地震活动具有以下特点：一是小震活动保持较高水平。从山西地区地震年频度统计结果分析，2013年度M≥1.0级地震次数与2012年度（777次）相比略有增多；M≥3.0级地震2013年度发生7次，较上年增多，与2010、2011年度持平。二是3级地震空间分布较为集中。M≥3.0地震集中在大同盆地、忻定盆地，临汾盆地有零星分布。（车海兵）

【震情会商】 召开年度地震趋势会商会1次，年中会商会1次，周、月会商会53次，临时、紧急、加密、应急会商会25次，现场核实异常12次。（车海兵）

【台网运行管理】 全省测震台网运行台站32个，全年的平均实时运行率为97.22%，全年的平均数据完整率为97.05%；前兆台网运行仪器83台套，共计237个测项，平均运行率达到99.10%，连续率99.07%，完整率99.10%；信息服务网络运行信息节点18个，区域中心局域网运行率为99.969%，区域中心到国家中心骨干网运行率为99.969%，市县运行率为98.571%，台站信息节点运行率为99.827%。（车海兵）

【监测预报管理】 牵头组织晋冀蒙三省联防工作，启动山西、内蒙古、河北三省（区），中国地震局地球物理研究所，北京大学“三省一校”合作的专项跟踪工作。优化人员及管理模式，对各学科技术管理组成员和“山西省地震预测预报意见评审委员会”成员进行调整，对镇川井等7个流体台站的管理模式进行调整。修订、完善一系列规章制度，研究制订《山西省地震速报技术管理规定（2013年修订版）》《山西省自动地震速报实施细则》《长治地震灾害备份中心职责》《中国大陆构造环境监测网络山西省GNSS基准站运行维护管理办法》。加强市县监测预报工作的指导，出台市县前兆手段建设指南，开展市县数据共享项目，举办3个培训班，加强市县专业技术人员的培训学习。（车海兵）

【项目建设】 完成临汾龙祠地震台优化改造、省财政市县骨干台站优化改造项目；完成中国地震局背景场项目、钻孔应变组网观测试验与应变实时监视系统项目、仪器升级改造项目、极低频项目的年度建设任务。（车海兵）

【观测环境保护】 太原基准地震台搬迁进入新址勘选环节，推进大同中心地震台和离石中心地震台迁建工作；临汾中心地震台应急道路建设进入征地环节。（车海兵）

【科研工作】 局属科研项目批准下达32项，共计9万元。与中国地震局地球物理研究所、中国地震台网中心、中国地震局地质研究所签署科技合作交流共建框架性协议。争取到省部级科研项目9项，共计39.28万元。选择5个科研项目开展地震科技成果推广应用。局防震减灾优秀成果奖励评审工作完成，评出获奖项目13项，其中一等奖1项、二等奖3项、三等奖9项。评选出2012年度《山西地

2013年山西省M≥3.0级地震目录

序号	发震时间	纬度(°)	经度(°)	震级(M)	深度(千米)	地点
1	2013-02-22	39.89	113.83	3.6	8	大同市
2	2013-04-04	35.34	111.62	3.5	14	垣曲县
3	2013-06-29	39.03	113.37	3.0	5	繁峙县
4	2013-07-09	38.63	113.02	3.0	9	定襄县
5	2013-10-22	37.91	112.53	3.0	22	太原市
6	2013-11-09	39.28	112.42	3.3	15	朔州市
7	2013-11-12	39.28	112.42	3.4	14	朔州市

震》优秀论文19篇，其中一等奖1篇、二等奖6篇、三等奖12篇。邀请国内外地震学专家4人次做学术报告,安排省地震局科技人员2人次做学术报告。（车海兵）

【有感地震应对处置】 山西地区共发生3.0级以上有感地震7次，根据《山西省地震局地震应急预案》要求，省地震局全年共启动1次Ⅳ级地震应急响应和6次Ⅴ级地震应急响应，对突发地震事件进行妥善处置。（车海兵）

【地震应急预案体系建设】 9月,印发新修订的《山西省地震应急预案》,新预案与原预案相比调整应急响应判别依据、建立指挥部成员AB角负责制、地震谣传等地震事件的应对机制，并借鉴芦山地震经验与启示,充实应急处置内容、将应急联动机制的建立纳入牵头部门职责、完善应急保障内容、调整省抗震救灾指挥机构的组成与职责等,科学性和可操作性得到明显提高。（车海兵）

【地震应急演练】 “5·12”全国防灾减灾日期间，省地震局组织由25个成员单位80余人参加的省抗震救灾指挥部地震应急桌面推演。省委常委、常务副省长高建民亲自参加演练。整个演练组织周密,协调有序,历时100分钟,有效地检验《山西省地震应急预案》的可操作性、各成员单位的履职和协调配合情况。据不完全统计，全年全省共在机关、学校、企业等组织各类应急演3000余次。（车海兵）

【地震应急队伍建设】 建立救援队管理人员联络册;完成省地震救援二队年度120万元政府装备采购;组建由安监、住建、国土、卫生部门组成的救援专家组,并举办专家组成员研讨会;制定《专家组管理办法》《专家组应急行动方案》。与山西蓝天救援队开展协调交流会议,建立应急联络机制,确保震后能够为车辆、通信、救援等提供保障。（车海兵）

【地震应急保障】 经省发改委审核评审，启动国家发改委4个新建应急避难场所建设项目，除太原迎泽公园因城市建设原因外，其他3处应急避难场所基本建成。年内申报国家发改委5个Ⅰ类新建应急避难场所建设项目，获中央预算投资2400万元，地方配套3561万元，拟投资5961万元。

为建立全省震情、灾情等地震信息快速、高效、统一的发布机制,提高灾情速报时限,为全省11个市地震局建设地震短信服务平台。震后,自动将地震定位结果和最终测定的地震参数发送至各市地震短信服务平台，实现省、市地震速报信息的同步发布。为市地震局提供日常工作短信服务。

建立全省武警地震灾情速报员网络。截至2013年底,6个市71个县投资141万元配置92部铱星电话。（车海兵）

6月7日，中国地震局局长陈建民、副局长阴朝民在山西省地震局调研防震减灾工作（车海兵提供）

【应急指挥技术系统建设】 编制并反复修改震情、灾情、辅助决策建议报告模板(WORD和PPT),完善震情背景(震型分区、构造、断裂)、灾情(山西历史、近代3次大阳地震等)、地震案例（全国)、各类各级应急预案、山西基本信息(人口经济地理行政危险源等)、应急专题图集、防震减灾三大体系等方面的资料。

编制国家地震社会服务工程前方指挥子系统操作说明书、现场通信信息管理系统操作手册、地震快速触发响应系统笔记本虚拟机登录界面、基于公里格网的地震应急辅助决策系统笔记本单机版软件使用手册等。（车海兵）

【抗震设防要求管理】 推进各市开展抗震设防要求管理工作，太原、大同、阳泉、吕梁、忻州、晋城、临汾将抗震设防要求监管纳入基本建设管理程序。全年全省完成抗震设防要求审批1062项,地震安全性评价635项。吕梁市小区划工作完成并验收,朔州市小区划进入送审阶段,阳泉市小区划进行初可研评审,推进晋中市震害预测项目。（车海兵）

【地震安全示范社区创建】 推进全省地震安全示范社区创建活动。推进省级防震减灾科普示范学校和示范社区创建工作,2013年共评定57个示范社区(总计119个),54个示范学校(总计1345所),被中国地震局评定2个国家级示范社区。（车海兵）

【农村民居地震安全工作】 全省各市开展农村民居地震安全示范工程创建工作,共创建441个农村地震安全示范工程。由省住建厅牵头,省地震局配合,在大同、朔州、忻州三市9县开展农村住房抗震改建试点工作,通过原址加固、异地新建等方式完成9545户农村住房抗震改建任务。（车海兵）

【防震减灾宣传教育】 2013年年初,

印发《关于印发2013年防震减灾社会宣教工作要点的通知》，安排部署全年防震减灾宣传工作。在“5·12”汶川特大地震5周年纪念日,开展2013年抗震救灾指挥部地震应急桌面推演,“7·28”期间,部分市开展桌面推演。

在全省范围内开展“平安中国”千城大行动系列公益活动，通过图书、电影、展览、讨论、抗震知识竞答等方式宣传防震减灾知识,增强群众防御自然灾害的意识。太原、晋中、朔州、晋城、临汾、大同、运城、吕梁、阳泉组织9个县(市区)参加活动。

山西省首次面向全国开展防震减灾科普知识有奖答题活动,共收到全国各地有效答卷38458份,满分答卷38284份；参与者上至83岁高龄老者,下至8岁的小学生。

与省科技馆联合制作防震减灾科普展板70块。省、市地震局组成宣讲团分赴机关、企业、学校等进行宣讲。全省累计共开展讲座800余场,受众近20万人次。

全省在“5·12”国家防灾减灾日和“7·28”唐山地震纪念日,通过展板、发放科普宣传资料、设立防震减灾知识咨询点等形式开展防震减灾宣传教育,共计展出展板1200余块,条幅800余条,发放各种资料近400万份(含书籍、宣传页、宣传单、光碟、挂图、手册等)。

(车海兵)

【全国人大调研组到晋调研】 5月27~31日,全国人大常委会委员、教科文卫委员会副主任委员姚建年,全国人大教科文卫委员会委员胡浩,全国人大代表柳树林,中国地震局党组成员、副局长牛之俊等一行到山西,就山西省贯彻实施《中华人民共和国防震减灾法》情况进行专题调研。在晋期间,调研组先后听取省人民政府、太原市人民政府、临汾市人民政府和运城市人民政府关于《中华人民共和国防震减灾法》贯彻实施情况和防震减灾其他工作情况的汇报。

(车海兵)

5月27日,全国人大调研组在山西调研《中华人民共和国防震减灾法》贯彻落实情况　(车海兵提供)

【国家社会服务工程】 社会服务工程震害防御项目完成分区域村镇场地评价系统、oracle数据库、中间件软件以及安全认证系统等设备采购;对万荣县、娄烦县、清徐县提交的数据进行检查；参加项目牵头单位中国地震局地球物理研究所组织的数据检查，并根据检查结果对数据进行完善；社会服务工程应急项目完成“国家热线平台”“地震应急专家协同和行业服务平台集成项目”“指挥部成员单位专用服务信息处理子系统硬件设备”“国家地震应急联动接入子系统硬件设备”“国家救援队联络网络硬件设备”“灾区场景与分析系统”“省级灾情处理平台集成”项目的招标、采购。完成“地震应急联动数据库”的数据整理、检查与入库,完成“前方指挥平台”通信车的初步验收。　(车海兵)

【省防震减灾领导组会议】 2月26日下午召开,省委常委、常务副省长高建民出席会议，并代表省人民政府与各市人民政府签订2013年防震减灾目标责任书。会议由省政府副秘书长韩和平主持。会上,省地震局局长、省防震减灾领导组副组长樊琦传达副总理回良玉在2013年国务院防震减灾联席会议上的讲话精神,总结山西省2012年防震减灾工作,提出2013年防震减灾工作建议。省地震局预报中心主任通报山西省震情形势。各市分管市长、省防震减灾领导组部分成员单位分管领导参加会议。　(车海兵)

【省局合作协议签署】 6月6日下午,山西省省长李小鹏在太原会见中国地震局局长陈建民一行,并共同签署《中国地震局山西省人民政府共同加强山西防震减灾能力建设合作协议》。《合作协议》的签署是中国地震局和山西省人民政府为贯彻落实《国务院关于进一步加强防震减灾工作的意见》和《国务院关于山西省国家资源型经济转型综合配套改革试验总体方案的批复》，实施国家和山西省防震减灾规划,率先实现国家防震减灾2020年目标，以最大限度减轻地震灾害损失为根本宗旨,强化社会管理,拓展公共服务,全面提升山西防震减灾综合能力,促进防震减灾和经济社会融合发展,为山西全面实现转型跨越创造良好条件。　(车海兵)

社 会 科 学

Social Science

社科活动

·山西省政府发展研究中心·

【概述】 2013年,山西省人民政府发展研究中心(以下简称“中心”)深入学习和贯彻落实党的十八大和十八届二中、三中全会精神,按照中央和省委统一部署,开展党的群众路线教育实践活动,党员干部经历了一场深刻的思想政治洗礼。学习和实践习近平总书记关于建设中国特色新型智库的重要批示精神,围绕省委、省政府中心工作,开展事关全省经济和社会发展的重大问题研究,多项研究成果荣获中国发展研究奖、省社科研究优秀成果奖、省社科研究“百部(篇)工程”奖等。向高质量地方政府智库建设目标迈出坚实步伐,在全省2013年度目标责任考核中,荣获优秀单位奖励;在全省精神文明创建中,荣获“省直文明单位标兵”称号。

(陈文莉)

【决策咨询】 1.“完善科学民主决策机制,提高决策科学化民主化水平”。“中心”围绕省政府拟出台的重大部署和重要政策,举办一系列专家论证和决策咨询活动。对2014年《山西省政府工作报告》分两次征求省内外专家意见,组织召开转型综改座谈会、资源型经济转型战略目标研讨会、十八届三中全会与综改座谈会等咨询会议。根据与会专家意见,形成决策咨询建议报送省委、省政府,得到省主要领导批示和肯定。

2.“建立完善重大决策社会稳定风险评估机制”。这是由“中心”牵头的一项省政府重点工作任务,同时是目标责任考核创新性指标。“中心”开展研究,在系统性总结国内外、省内外成功经验和改革措施基础上,完整地提出风险评估制度框架,有针对性地提出决策程序改进意见,最终形成30万字的研究报告及政策建议,并报送省政府。

3. 参与转型综改试验相关工作。在转型综改《实施方案》(2013—2015)和2013年《行动计划》等文件起草过程中,参与意见征求,在媒体上进行政策解读。参加“一市一板块”“十二五”规划执行情况中期评估等专家讨论会,提出“中心”的观点和建议。完成《全国综改试验区主要政策分析》《晋中“108综合发展廊带”发展规划》《晋城开发区“竞逐中原”战略研究》等研究报告,为山西省综改试验提供理论和智力支持。

4.其他工作。“中心”领导在省管正厅职干部学习研讨班、省人大、省政协、省高院、省委党校等单位就结构调整和综改区建设进行5次专题讲座。“中心”多位专家解读中央和省委、省政府重大政策,回答干部群众的关切,产生良好的社会反响。在德国鲁尔地区举办图片展,宣传山西转型,展品被鲁尔波鸿大学永久收藏。

(陈文莉)

【课题研究】 组织开展省政府重大决策咨询课题研究及评审工作,在创新驱动、民生改善、资源型经济转型、生态文明建设、产业升级、全面建成小康社会、新型城镇化、煤炭资源就地转化、服务型政府建设、重大决策社会风险评估共10个方面开展重大专题研究,形成专著,并结集出版。这些课题系统地分析山西省经济社会发展领域重大问题,提出相应建议,为深化改革提供前瞻性理论支持。

(陈文莉)

【专题调研】 开展专题调研,为领导提供决策参考建议。全年组织调研活动30批112人次,比上年增加60%。《省长专阅》是省内为数较少的直报省长内刊,政策建议针对性、时效性、务实性比较强,在许多领域为省领导提供决策参考。2013年,提供《省长专阅》30期,省领导批示12件次。刊出《调查研究报告》77期,省领导批示12件次,为全省经济社会发展提供有价值的咨询建议。 (陈文莉)

【文稿撰写】 承担省委、省政府文件、背景材料、领导讲话和文稿撰写工作。全年共完成省领导交办重大事项8项,文件起草9项,文稿起草与修改16项。省领导交办重大事项,主要有:LED产业发展情况调研、扶贫攻坚调研、访知解系列调研、民营经济发展调研、晋城开发区建设调研、地方政府智库建设初步意见等。省领导批示11件次,其中LED调研省领导批示7件次,指示省经信委落实出台指导意见。参与《省委关于贯彻落实党的十八大精神，加快推进转型跨越发展的指导意见》《进一步促进全省煤炭经济转变发展方式实现可持续增长的措施》《落实大气污染物防治行动计划实施方案》等文件起草。（陈文莉）

【队伍建设】 2013年，“中心”编制72人。其中，博士2名、博士在读3名、硕士研究生31名；高级职称13名，其中正高4名，副高9名；享受国务院政府特殊津贴专家6人；新世纪百千万人才工程国家级人选1人；国家社科基金经济学科评审组专家1人；中共山西省委联系的高级专家2名；山西省政府参事1人。（陈文莉）

【智库建设】 明确把建设“高质量地方政府智库”作为“中心”的发展目标，探索中国特色新型智库组织形式和管理方式。以重大课题为载体，推动职能部门、研究机构和高等院校联合研究，尝试学科知识与政府课题相结合的矩阵研究体制。主动加强与国内外政策咨询机构交流合作。以调研报告为抓手锻炼研究队伍，在挂职锻炼、科研项目、经费安排等方面，对中青年学者给予支持。“中心”与国务院发展研究中心建立全国政策咨询信息交流与协作工作机制，成为《中国经济时报》首家协办单位。（陈文莉）

·山西省地方志办公室·

【概述】 1. 为推进省志编纂工作，一方面组织发动，提前介入、全程服务，对已启动的承编单位进行业务培训和指导，帮助框架设计等，对已编纂出的志稿进行编辑加工；另一方面对部分工作进展缓慢单位以省政府名义进行督促检查。8月30日召开有省经信委等24个部门负责人参加的督办会议，省地方志办公室主任李茂盛作《关于〈山西省志〉编纂工作进度的情况通报》的讲话，省政府督查室主任王增信讲话。截至年底，编纂完成《山西省志·劳动和社会保障志》《山西省志·气象志》《山西省志·古建筑志》《山西省志·发展改革志》《山西省志·财政志》《山西省志·纺织工业志》6部省志，由中华书局出版。

2. 加强对市县地方志工作的发动、组织、督促、指导。全年先后评审《长治市志》《阳泉矿区志》《左权县志》《繁峙县志》《阳泉市郊区志》《霍州市志》《芮城县志》《昔阳县志》8部市县志。审核《临汾市志》《宁武县志》《新绛县志》《蒲县志》《榆社县志》《夏县志》《阳城县志》《原平市志》8部市县志。指导出版《乡宁县志》《交城县志》《宁武县志》《临汾市志》4部市县志。

3. 推进古志整理和抢救工作。2013年完成清康熙版《山西通志》点校送审稿。

4. 专志编纂工作。为记述山西省近年来重点工程建设，省地方志启动一年一册重点工程大事志，在连续三年编撰出版三册基础上，《2012山西重点工程大事志》12月由山西人民出版社出版发行。

由专志处与教育厅、交通厅、水利厅、卫生厅、广电局5个承编单位完成《山西省“五个全覆盖”工程志》，12月由方志出版社出版发行。

5.《山西年鉴》(2013)于11月由方志出版社正式出版。《山西年鉴》(2012)荣获第七届全国年鉴编校质量检查评比特等奖。（高文宏）

【创新性研究】 2013年，省地方志启动“山西‘综改区’建设与社会管理体制创新研究”，既是探索创新资政工作的一种尝试，也是方志工作的一项创新。课题组运用多学科研究方法，广泛征集资料，对“综改区”建设条件下山西社会管理体制创新问题进行深入系统的分析研究，从顶层设计高度，完成“山西‘综改区’建设与社会管理体制创新研究”报告，为省委、省政府和有关部门科学决策提供有价值的参考。（高文宏）

【省情(方志)馆建设】 省地方志多次召开专家论证会，聘请建筑设计院作可行性报告等，推动山西省省情(方志)馆建设工作。山西省省情(方志)馆建设项目列入省发改委计划。（高文宏）

【《山西省地方志工作条例》执法检查】 1月8~10日，省人大常委会《山西省地方志工作条例》执行情况检查组赴晋城市，检查指导《山西省地方志工作条例》宣传落实情况及二轮修志工作情况。

2月中下旬，修改完善《关于全省贯彻实施〈山西省地方志工作条例〉情况的执法检查报告》和《2012年全省市、县(市、区)地方志机构存在和运行情况的调查分析报告》；拟定《关于全省贯彻实施〈山西省地方志工作条例〉的执法检查报告》，以省地方志办公室文件形式于2月24日将《执法检查报告》和《调查分析报告》报送省人大教科文卫委。（高文宏）

【《山西通史》(多卷本)编纂启动会】 3月30日，《山西通史》(多卷本)编纂启动会召开。省地方志办主任李茂盛主持会议，省出版集团、省社科院、省委党史办、省文物局、山西师范大学历史学院、省志办等11人参加会议。（高文宏）

【周然到省地方志调研】 4月18日，山西省人大常委会副主任周然率教科文卫委员会一行16人到地方志办进行专题调研。省人大常委会教科文卫委员会主任杨波，副主任郭贵春、袁升德、宋新柱、张明亮、安志辉随同调研。（高文宏）

【党员干部党性教育培训】 7月5~9日，省地方志办公室组织处级以上党员干部赴中国井冈山干部学院进行党性教育专题培训。（高文宏）

【廉毅敏到地方志调研】 7月12日，省政府秘书长廉毅敏到地方志调研，党组书记、主任李茂盛主持会议，廉毅敏对座谈会情况做总结讲话。（高文宏）

·山西省社会科学院·

【社科专业技术职务评审】 12月5日，经山西省社会科学研究系列高级职务评审委员会评审通过，报山西省人力资源和社会保障厅批准，山西省社科研究系列有杨文秀、尚

连山2人取得研究员任职资格，马军等7人取得副研究员任职资格。（霍春英）

【专项课题研究】 山西省社会科学院2013年度获准立项和组织开展各类课题有：(1)国家社科基金项目1项；(2)人力资源和社会保障部留学回国人员科技活动项目1项；(3)山西省经济社会发展重大研究课题10项；(4)山西省哲学社会科学"十二五"规划2013年度课题15项；(5)山西省软科学课题10项；(6)山西省社科联2013~2014年度课题3项；(7)山西省法学会法学研究课题1项；(8)山西省经济社会统计科研课题2项；(9)山西省社科院2013年度规划课题30项、后期资助课题12项、青年课题6项。

山西省社科院对2013年度科研精品进行奖励。计有CSSCI来源期刊论文10篇；报纸论文(人民日报理论版、山西日报理论版)13篇；获省级奖励成果(山西省"五个一工程"优秀作品奖)2项；省领导批示研究成果4项，总共29项。其中省领导批示的有省委书记袁纯清分别于2013年1月18日《关于巩固提升拓展十个全覆盖工程推进城乡统筹发展的几个建议》、2013年3月20日《关于以红色经典案例为读本，进一步加强新时期党员领导干部培训与研修的建议》、2013年4月23日《关于构建五台山学的思考》等肯定性批示；省委组织部部长汤涛于2013年1月11日《关于提高党管干部科学化水平的思考》肯定性批示。（霍春英）

【《山西经济社会蓝皮书(2013)》出版】 山西经济社会发展2013年度重大研究课题暨《山西经济社会蓝皮书(2013)》新闻发布会1月16日在太原举行。山西省委宣传部副部长尹天五，山西省人大常委会副秘书长、研究室主任何涛以及山西省政协部分领导出席发布会。会议由山西省社会科学院党组书记、院长李中元主持，尹天五宣读省委常委、宣传部部长胡苏平重要讲话。中央驻晋和山西省城各大媒体记者参加发布会。（霍春英）

【中国乡村文明2013春季研讨会】 由中国公共经济研究会乡村文明研究中心、山西省社会科学院、中国社科院社会政策研究中心、中国人民大学乡村建设中心等单位联合主办的"中国乡村文明2013春季研讨会"于3月26日在山西省永济市寨子村举行。来自全国各地专家学者、村庄自治代表、民间组织及企业代表、文化界代表等近200人参加会议。以"永济蒲韩社区自组织模式的解读与探讨"为主题的研讨会，伴随着"祭春仪式"拉开帷幕。长期跟踪调研蒲韩社区发展的与会专家就蒲韩社区发展模式、其他同类社区自组织经验、如何处理民间组织与政府之间关系、自组织在乡村建设中的作用等问题进行研讨和交流。与会专家一致认为，积十余年默默探索积累的永济蒲韩社区自组织模式虽然不可能成为一个普适模式，但它是最接地气的中国农民自发的幸福选择，是在城市化进程中保护和复兴乡村一种农民自主的创新，是山西传统农耕文明中农民自愿结合的综合农民组织，极具学术研究价值和实践指导意义。（霍春英）

4月12日，寻找好声腔与非物质文化遗产保护研讨会在太原召开（霍春英提供）

【《寻找好声腔》与非物质文化保护研讨会】 4月12日，由山西省社科院国际学术交流中心和山西省非物质文化保护促进会联合举办。来自省委宣传部、省文化厅、省广播电视台、省社科院、省戏剧职业学院等方面领导、专家，热爱文化事业企业家和戏剧爱好者，对《寻找好声腔》作深入研讨。大家认为，《寻找好声腔》的成功，就在于它在继承传统基础上锐意创新的文化定位，既接地气，又力求专业，做到雅俗共赏，《寻找好声腔》是立足山西文化资源，利用现代传播手段，专家创意、专业制作，传承山西非物质文化遗产成功尝试，是弘扬山西精神、传递正能量的好节目。专家们希望各方配合，做好《寻找好声腔》后续，把它打造成为山西优秀文化品牌。

春节期间，《寻找好声腔》在山西卫视黄金档分8期试播，收视率节节攀升，连续数周收视率排山西卫视第一，引起轰动。国家新闻出版广电监管中心《监听监看》以"专题点评"对《寻找好声腔》作充分肯定。（霍春英）

【第四届全国汉语语汇学学术研讨会】 8月23~25日，由内蒙古大学、山西社会科学院、商务印书馆、上海辞书出版社、人民教育出版社主办，内蒙古大学文学与新闻传播学院承办的"第四届全国汉语语汇学学术研讨会"在内蒙古大学召开。来自全国各高校、科研院所以及出版单位的80

12 月 24 日，山西省社科院召开纪念建院 30 周年座谈会

（霍春英提供）

余位代表出席此次研讨会。山西省社科院党组书记、院长李中元出席会议并介绍山西省社会科学院和汉语语汇学有关情况。

山西省社科院语言研究所终身研究员温端政、澳门理工大学教授周荐、中国社科学院语言研究所研究员程荣、《辞书研究》编辑部主任杨蓉蓉分别做主题发言。与会代表就汉语语汇学理论方法、教学科研、辞书编撰、方言语汇等问题分组展开广泛探讨和深入交流。（霍春英）

【省社科院北京科研信息中心挂牌】 12 月 18 日，山西省社会科学院北京科研信息中心在中国社会科学院郭沫若纪念馆院内挂牌成立。李中元和郭沫若纪念馆馆长崔民选、国务院机关事务管理局副司长原江华出席挂牌仪式。北京科研信息中心将担负起山西省社科院与中国社会科学院、北京大学以及国家行政学院等科研机构的沟通与联系，以便及时掌握国内科研动态，推动省社科院科研水平向更高层次发展。（霍春英）

【县域改革发展座谈会】 12 月 20 日由山西省社会科学院主办，孝义市人民政府、县域发展研究院承办。座谈会由李中元主持。会议主题为“贯彻落实党的十八届三中全会精神，结合山西综改区建设，探讨新形势下县域改革转型及区域一体化发展”。来自全省社科界的 30 余位专家学者从县域微观角度，把脉山西省城镇化建设和区域经济社会发展状况，共同研讨县域发展现状及新趋势、县域发展现代管理、资源型再生型城市创新发展、县域金融体系发展、县域四化同步发展等县域发展方面现实问题。（霍春英）

【纪念建院 30 周年座谈会】 12 月 24 日，山西省社会科学院召开建院 30 周年座谈会，省委常委、宣传部部长胡苏平，省委宣传部常务副部长、省社科联主席李高山，省委宣传部副部长尹天五等领导出席座谈会并讲话。会议由李中元主持。

胡苏平高度评价社科院 30 年来所取得成就，对社科院为政府、为社会、为人民所做的奉献予以赞扬，对社科研究贴近经济社会发展实际、贴近省委省政府工作实际、贴近广大人民群众期盼实际，对地方经济社会做出贡献给予肯定，就新形势下进一步做好社科研究工作提出四点要求。

为纪念建院 30 周年，山西省社科院组织编印系列学术资料，主要有：《山西省社会科学院院史》（1983—2003），《纪念建院 30 周年征文——我与山西省社会科学院》，《山西经济社会发展重大研究课题选编》等。（霍春英）

·山西省社会科学界联合会·

【课题研究】 2013 年，围绕山西省经济社会发展战略，组织社科专家开展重点课题研究，发挥好思想库作用，完成 118 项重点课题。这些课题就山西节能减排、转型综改先行先试、资源转型路径探索、农村城镇化发展、工业新型化的对策等方面问题进行深入研究，提出有效对策，有的被省委省政府或有关部门采纳。组织带领社科专家进行“走转改”，分别到大同、朔州、应县等地进行现场调研，掌握第一手资料，一改过去坐在家里搞研讨的问题，注重理论研究为实践服务。

（王纪山　杜伟琴）

【社科宣传教育】 全年完成 6 期《学术论丛》和 6 期《山西社科联》编辑工作。资助出版 120 万字的《山西社科研究与普及书系》5 册，分别是康玉庆主编《太原历史文化》，许淑贤著《中国特色社会主义理论与实践的探索》，高春平主编《晋商与明清山西城镇化研究》，王志超著《山西地域文化散论》和张喜梅著《馆里馆外——文化名人与中国近代图书馆的创建和理论探索》。其中《太原历史文化》成为太原学院等高校教材；《中国特色社会主义理论与实践的探索》在党校系统作为教辅材料；《明清晋商与城镇化》为推进城镇化改革提供历史经验；《山西地域文化散论》对山西历史文化资源进行探究和深层次揭示，对重铸山西文化，建设文化强省具有现实意义；《馆里馆外——文化名人与中国近代图书馆的创建和理论探索》则从历史角度，把文化名人与图书馆有机结合起来，全面探索研究中国近代图书馆建立、成长和发展历程，是一部视角独特的创新之作。山西社科网为广大社科工作者提供方便快捷服务，强化舆论引导，用“中国梦”凝聚社科界力量，传播党的思想理论。通过讲坛、论坛、讲堂等形式，宣传社会主义先进文化，发挥学会、研究会主办的 43 种报纸杂志主阵地作用，弘扬正能量，唱响主旋律。

（王纪山　杜伟琴）

【学会活动】 2013 年，完成对省属 132 个学会组织建设、学术活动、课题研究、财务收支以及遵纪守法等方面情况审查年检及管理工作。加强对优势特色学会引导和培养，探索新形势下社会组织发挥作用的新途径、新模式，发挥学会在凝聚人才、学术交流、文化建设、服务社会等方面功能。省企业文化研究会在“中国企业文化 25 年创新论坛”荣获“2013 全国企业文化建设六大特殊贡献组织奖”；省思想政治工作研究会研究成果《海外项目党建思想政治工作的实践与探索》获得中国思想政治工作研究会课题研究成果一等奖；省国际税收研究会获中国国际税收研究会第六次国际税收优秀科研成果集体奖；省学前教育学会在中国学前教育研究会开展的“坚持儿童为本，创新发展模式，提升教育质量”论文评选活动中，共有 197 篇论文获奖，在全国名列第二；省监狱学会《中华优秀传统在改造罪犯中的运用》在中国监狱工作协会“监狱文化建设理论研讨会”获二等奖。

各学会研究会围绕中心并根据各自学科特点，开展各种类型并具有特色的学术活动。

1.把研究成果推广应用于实践，为山西省转型跨越发展建言献策。省农村财政研究会就山西农村土地流转发展适度规模经营问题组织课题组进行专项调研；省思想政治工作研究会围绕深化国有及国有控股企业思想政治工作开展调查研究；省企业文化研究会组织“学习贯彻十八大精神、促进企业转型跨越发展”论文征集评选活动；省经济法研究会举办“全国第八届经济法制论坛”；省金融学会组织开展“金融支持山西转型综改试验区建设”征文活动。省市场学会撰写《山西能源、节能与转型发展研究》、省政策科学研究会撰写《关于在我省推广利用谷期电能发展自限温蓄能地面集中供暖的建议》、省预算会计研究会撰写《山西省煤炭产业占全省结构的调研》、省国际税收研究会撰写《煤炭增值税转型对山西煤炭企业及税收收入的影响》、省政治学会撰写《省直管县体制机制研究——以清徐县为例》，省数量经济学会参与课题《山西省加快信息产业发展的现状分析与对策研究》荣获山西省科技进步二等奖，这些成果为省委省政府和相关部门科学决策提供理论依据和参考。

2.挖掘山西历史文化，促进文化繁荣发展。当代山西研究会出版《山西省革命遗址通览·吕梁市》（总第 5 卷第 6 册），并与山西电视台等为纪念毛泽东同志诞辰 120 周年活动联合拍摄《毛泽东在山西》电视文献片；省黄河文化经济发展研究会制作山西旅游形象片《晋风晋韵》；省文艺理论学会编写《太原市文化发展蓝皮书》；省职业经理研究会编写《关羽及关公文化大略概要》等。

3.关注民生，在创新社会管理方面探索新路。省保险学会与中国人寿集团公司合作，举办“圆梦地震孤儿”公益行动图片展；省模特学会组织大学生进行免费模特培训；省青少年犯罪研究会开展“红领巾相约中国梦”系列活动。

4. 在学科建设和发展上有所建树。省陶行知研究会承办“中国陶行知研究会 2013 年会暨农村教育高端论坛”，省诗词学会举办“鹳雀楼”杯全国诗词大赛、晋城杯诗词大赛和太原榆次同城梦诗词大赛，组织祁隽藻诗词理论研讨会，召开全国新田园诗创作座谈会，出版《新田园诗三百首评论集》；山西近代矿史研究会出版发行《山西保矿运动专家论文集》、省行政管理学会编写《首届山西省公共管理领域优秀科研成果汇编》、当代山西研究会撰写《抗日战争时期山西省人口伤亡和财产损失调研成果》（运城卷）和（忻州卷），为学科建设做出贡献。 （王纪山　杜伟琴）

省社科联 2013 年“百部（篇）工程”评审工作会　　（王纪山提供）

【“百部（篇）工程”评奖】 2013 年，完成 2012 年度“百部（篇）工程”评奖工作。共评出获奖成果 159 项。其中：荣誉奖 1 项，一等奖 24 项，二等奖 52 项，三等奖 82 项，同时评出组织奖 11 个。与社科大评奖相比，“百部篇工程”评奖更突出群众性学术活动特点，促进学术繁荣和人才成长。

（王纪山　杜伟琴）

·三晋文化研究会·

【第六届理事会暨成立二十五周年纪念大会】 8 月 16 日在太原三晋国际饭店召开。中共中央党史研究室原主任孙英，省级老领导李立功、郭裕怀、刘泽民、李玉明、李蓼源、光敏、李玉臻、王雅安、张正明、阎爱英及著名书法家、省政协原副主席姚奠中先生，省委宣传部原副部长刘江，省委宣传部副部长杜学文等有关部门负责人与相关人员共 200 余人出席会议。

大会审议通过关于修改章程和

财务工作报告，选举产生第六届理事会和领导班子。李玉明当选第六届理事会会长，王雅安当选常务会长，罗广德当选常务副会长。会议推举许嘉璐、任建新、李立功、郭裕怀、刘泽民等老领导担任名誉会长和顾问。大会后，接着召开六届一次会议。

（王　岳）

【三大系列丛书编撰出版】 《三晋文化研究丛书》2013年出版10余种，有《华夏文明起河东》《晋史新考》《清代山西巡抚》《山西考古学文化与古代文明》《山西外事记忆》《禹后治水又一人》《山西古建筑文化综论》等。累计该丛书出版148种，共计印数32万余册，总字数达9322.9万字。

《山西历史文化丛书》2013年出版1辑共10册，累计该丛书出版38辑、430种，总印数64万册，总字数12688万字。

《三晋石刻大全》至2013年底，有48个县（市、区）完成初稿编纂工作，正式出版37卷，其中2013年出版4卷。累计印数3.7万余册，总字数1799.2万字。 （王　岳）

【学术研讨会】 由《生活晨报》《山西商报》和襄汾县委宣传部主办的“大家学堂·晋都故绛忠义三公文化沙龙”8月23~24日在襄汾县举行，副会长罗广德等参加此次活动。通过这次活动，对“赵氏孤儿”有了全新感知和认识。

5月1日，《中华霍氏文化·霍州研讨会》在霍州市举行，副会长罗广德等应邀参加。通过霍氏宗亲实现招商引资，促进霍州经济发展。

7月27日，《傅幻石探秘殷商图腾文字文化研讨会》在太原召开，三晋文化研究会相关领导和人员出席。名誉会长李立功、会长李玉明等相关领导出席。

9月1日，《共铸中华魂·山西论坛》在太原举行，三晋文化研究会作为协办单位参加此次活动。

11月30日，三晋文化研究会召开郭建华创作的电影文学剧本《蒙山大佛》作品研讨会。省人大常委会原副主任、三晋文化研究会会长李玉明，省委宣传部副部长、省作协主席杜学文，省政府原副秘书长、三晋文化研究会常务副会长罗广德，省委宣传部原副部长、著名书画家、作家、96岁高龄的刘江，省文联原主席、三晋文化研究会副会长李才旺等有关方面负责人及专家共80余人参加。

（王　岳）

【各市、区三晋文化研究会成立及换届】 5月28日，太原市迎泽区三晋文化研究会成立；12月20日，太原市万柏林区三晋文化研究会成立；12月18日，晋中市三晋文化研究会召开换届会暨第四届理事大会。 （王　岳）

社科研究

【十八大精神的学习研究】 李中元《面向世界 引导未来 凝聚民族精神的兴国之魂》（《前进》2013年第2期），认为党的十八大报告把核心价值体系上升到“兴国之魂”高度，明确提出层次有序、简明凝练、内涵丰富的24字核心价值观。这是中国共产党有史以来第一次对社会主义核心价值观和核心价值体系做出完整表述，是党最重要的思想、理论成果之一，也是最重要的文化贡献和价值贡献。它是对当代中国核心价值和公共价值的反映和建构，是对中国特色社会主义建设实践的理论总结和概括。李中元《社会主义核心价值观的理论旨趣、内在逻辑与践行原则》（《新疆师范大学学报》2013年第5期）指出，党的十八大报告以“三个倡导”提出的社会主义核心价值观是面向世界、引导未来、凝聚民族精神的兴国之魂、立国之本、强国之基。它明确了“富强、民主、文明、和谐”的民族复兴目标，明确了“自由、平等、公正、法治”的社会发展根基，明确了“爱国、敬业、诚信、友善”的公民道德准则。刘景钊《转型期如何摆脱价值危机——兼论价值整合与价值共同体的建构》（《探索与争鸣》2013年第1期），认为现代国家本质上是一个价值共同体，然而转型时期的中国价值观混乱与迷失使得危机凸显。摆脱价值危机，走出价值困境的可行路径是进行价值整合。只有汇聚东西方人类智慧，顺应时代潮流和大众意愿的核心价值观才具有价值整合力。党的十八大提出的民主、和谐、自由、法治、公正、诚信等就是价值整合的结果，同时也构成价值共同体建构的基本要素。杨茂林《在深化改革中推进国家治理体系和治理能力现代化》（《前进》2013年第12期），认为十八届三中全会《决定》指出，全面深化改革的总目标是完善中国特色社会主义制度，推进国家治理体系和治理能力现代化。这是在党的决定这样的高层次上首次提出的重大论断，为完善社会主义制度总目标明确定位。推进国家治理体系和治理能力现代化，本身就内含强烈的服务导向、绩效导向、法治导向、顾客导向、责任导向等价值取向。韩克勇《关于提高居民收入水平的若干思考》（《兰州商学院学报》2013年第4期），认为党的十八大报告提出2020年城乡居民人均收入比2010年翻一番，强调千方百计增加居民收入，指出实现两个同步，提高两个比重，促进农民增收，规范收入分配秩序，坚持走共同富裕道路等重要论断，是我国经济快速发展的必然要求，是贯彻落实科学发展观的重要体现，是转变经济发展方式的必然选择，是实现全面建成小康社会宏伟目标的重要内容，是对重大社会关切的应有回应。

（霍春英）

【转型跨越发展研究】 李中元主编《孝义发展报告》（上下卷）（山西人民出版社2013年），该书按照“五位一体”总布局，立足于我国转变发展方式特别是山西转型发展大背景，借鉴国内外改革发展经验和成果，运用区域经济学、数量经济学、产业经济学、政治学、社会学、生态学等多学科理论与方法，就经济建设、政治建设、文化建设、社会建设、生态文明建设对孝义市进行调查，并就相关问题展开研究。王云、李连济《转型期产能过剩问题及防治机制》（《山西日报·理论版》2013年2月5日）指出，20世纪90年代后期以来，随着中国经济逐步进入“高增长平台”，也同时出现部分行业的产能过剩现象，投资过度、产能过剩给经济社会发展带来诸多负面影响，特别是受国际金融危机的影响,后经济危机时代我国投资明显加快,但受消费动力不足影响,导致产能扩张速度远远超过需求扩张速度,表现出投资增长与消费增长严重失衡。因此,必须建立健全我国产能过剩的评估指标体系及预警制度,构建防治产能过剩的长效机制。郭卫东《转型跨越拓新路——我说中国梦(6)》(《山西日报·理论版》2013年6月18日),认为转型跨越要走出一条改革创新之路。改革创新是转型跨越梦想实现的源动力,而解放思想则是改革创新的思维基础。转型跨越要走出一条科学发展之路。转型跨越是赶超型发展战略,不仅要在发展速度上实现快速发展,而且要在发展质量上实现全面、协调、可持续的科学发展。转型跨越要走出一条全面开放之路。开放是实现转型跨越的必经之路。潘云、张文雅、栗挺《山西转型发展的进展、成效和启示》(《前进》2013年第8期)指出,2010年7月29日,山西省委书记袁纯清代表省委在全省领导干部大会上提出转型发展、跨越发展、再造一个新山西的发展思路,这一发展思路站在时代的高度,从中国与世界、历史与未来、理论与实践相结合的角度,打开山西发展新视野,开辟山西发展的新境界,提升山西发展新高度。转型跨越不仅是科学发展观在山西的具体运用,更是山西走出困境、走向新生的历史选择。王云珠、黄桦《区域经济发展新格局与山西转型跨越发展》(《科技创新与生产力》2013年第8期),分析了"十二五"时期我国经济格局和区域发展的新变化,提出山西转型跨越发展方向和对策。庞丽峰《承图强精神 促转型跨越》(《山西日报·理论版》2013年5月14日),图强承载三晋文化的厚重积淀,彰显当代核心价值的生命力,凝聚转型跨越的强大动力。在推进山西转型发展、深度发展的进程中,需要不断强调和进一步弘扬山西人励志奋进、奔竞不息的"图强"精神。潘晔、黄翰林、王云《综改区背景下山西合同能源管理的政策研究及发展建议》(《经济问题》2013年第9期),认为在山西建设国家综合配套改革试验区的进程中,若能提高对合同能源管理的重视和促进这种富有效率的专业化节能服务机制发展,将对解决山西资源型经济转型中工业新型化、城乡一体化、资源合理开发利用、生态环境治理等一系列问题发挥作用,为山西经济发展方式的转变特别是资源型地区的可持续发展提供重要制度支持。刘晔《资源型经济转型策略探析——以山西为例》(《资源开发与市场》2013年第5期),运用资源型经济的形成机制理论及相关理论方法剖析山西省资源型经济的主要症状,运用资源型经济的规避和转型机制理论提出山西省资源型经济转型的策略和实现途径,为资源型经济地区加快转型发展提供参考与借鉴。荣庶民、李永清、张福生《转型发展阶段的现代农业建设》(《高等财经教育研究》2013年S1期),指出在山西资源型经济转型建设的进程中,传统农业转型建设的取向选择是,改善和提升生态环境的承载能力与生态服务功能,推进资源组合利用方式的调整变革,创造资源型经济转型产业布局、结构调整、要素重组的实现条件,构建黄土高原现代农业的产业体系。刘晔《加快转变工业经济发展方式 科学破解资源型城市转型难题——孝义市工业转型调研报告》(《现代工业经济和信息化》2013年Z2期),回顾孝义工业转型发展历程,总结工业转型经验,为资源型城市工业转型提供可供借鉴的思路与方法。王云珠《中小企业要在创新与转型上谋发展》(《山西日报·理论版》2013年8月6日),近年来,针对中小企业经营面临的困难,国家和山西省各级政府都出台一系列支持中小企业发展的政策,加大对中小企业技术创新、融资、创业就业、人才等方面的扶持。面对新形势,国家要进一步为中小企业创造公平竞争的环境,解决中小企业在市场竞争中处于"强位弱势"状态。但同样重要的是,作为中小企业来说,要增强自身的机遇意识、忧患意识、创新意识,要按照党的十八大报告提出的加快经济发展方式转变的要求,主动调整战略,加快转型步伐,才有持续发展的可能。 (霍春英)

【哲学研究】 薛勇民、杨珺《马克思自然观的新现代性意蕴》(《江西社会科学》2013年第11期),认为尽管马克思的自然观念产生于现代性典型呈现的时代,但是正是在批判现代性的过程中预见到超越现代性思潮的出场,马克思的自然观念既评判当时的资本主义发展,更科学地建构了人类发展的生态愿景,呈现出鲜明而丰富的新现代性价值取向。杨珺《生态共生的伦理规制——基于马克思自然观的分析》(《中共中央党校学报》2013年第4期)指出,马克思的自然观把人作为人本身,给予人更多的伦理规范和约束,在对人类社会可持续发展的健康模式的探索中体现着对于生态共生的伦理规制:人与自然的辩证统一是生态共生的伦理内核;人与自然间不断进行的物质变换是生态共生的伦理实践;实现人与自然并整个生态——社会整体的可持续共在是生态共生的伦理至善。杨根龙《企业价值构成的哲学分析》(《马克思主义哲学研究》2013年10月),认为马克思主义价值哲学的研究不能仅仅停留在基础理论的层面上,更应走向现实的生活,具体地、深入地研究企业价值。企业价值主要包括企业社会价值和企业自我价值两个方面。企业的社会价值和自我价值是辩证统一的。刘景钊《价值整合与价值共同体建构》、马燕萍《法治何以成为当代中国核心价值观》、李玉萍《后现代视野下的价值观解构与重建》(均收入《价值与文化:第23届全国社会科学院哲学年会论文集》上海社会科学院出版社2013年);杨珺《生态共生的伦理规约》、薛平《文化强国的哲学意蕴》(均收入《文化自觉与中国道路:第24届全国哲学大会论文集》2013年)。耿振东《朱熹〈管子〉研究的历史考察》(《新疆大学学报》2013年第2期),为国家社科基金青年项目"《管子》学史"研究的阶段性成果。文章认为《管子》研究中,唐尹知章、明刘绩等人的相关成果已得到应有的关注,但从《管子》学史的角度看,还有一批学者的研究成果亟待挖掘。以朱熹而论,他对《管子·弟子职》的注解和对《管子》的辨伪便显示其在《管子》史学研究中的地位和价值。耿振东《论语三归考释》(收入《诸子学刊》2013年总第八辑，上海古籍出版社2013年)和《论民国期刊对〈管子〉经济思想的研究》(收入《齐鲁文化研究》专辑，泰山出版社2013年)。刘景钊《当代中国哲学何以成为“自由的学校”》(《东岳论丛》2013年第4期)指出，“自由的学校”是联合国教科文组织对哲学重要功能的比喻。创建一所跨学科、重问题、共话语和自觉沟通与配置哲学与人文社会科学各学科资源的“自由的学校”是当代中国哲学应对挑战走向创新的战略性选择。在某种意义上说，建构“自由的学校”也就是建构当代中国哲学新形态的话语系统。吴晓峰《试论关公文化演进中的政府行为及现实意义》(《华东师范大学学报》2013年第2期)指出，关公文化所倡导的“忠、义、仁、智、信、勇”，不仅涵盖东方儒家哲学所追求的道德理念，也与缘自古罗马的西方哲学中的“好、善、美、公平、正义、自由”等价值理念相交互。在关公文化演进的过程中，统治阶层出于其自身利益的考虑，发挥了重要的作用。徐宏伟《相似性：创造性思维的中介》(《经济师》2013年第6期)，文章从相似性是实现创造性思维的前提的基础，创造性思维中的原理，创造性思维中的作用三个方面论述任何发明创造都是在有所继承的“同”的基础上加以“变异”的产物。这种同与变异的相似性运动还广泛存在于自然、社会和思维诸领域。实证相似性是实现创造性思维的中介并采用思维科学的方法对结果进行分析。 (霍春英)

【经济学研究】 由李中元任主编，潘云任执行主编的《山西经济社会蓝皮书(2014)》(山西经济出版社2013年出版)，是山西省社科院编撰出版的第13本“蓝皮书”。全书27万字，在研究内容上与时俱进，不断创新，具有综合性、前瞻性、权威性。刘吟霄、韩克勇《马克思的经济危机理论及其对当代中国的启示》(《福建论坛》2013年第1期)，认为马克思对经济危机产生的根源、实质、周期性以及经济危机的后果和意义都做过精辟的论述，并指出经济危机并非资本主义特有的经济现象。应该以马克思的经济危机理论为指导，提高政府宏观调控水平，促进经济又好又快发展；推进收入分配制度改革，提高居民消费能力；加强对金融体系的监管，合理促进虚拟经济的健康发展；扩大内需，把对外依存度控制在合理的范围，对于预防经济危机有着十分重大的意义。武小惠《经济学视野下的山西精神》(《山西日报·理论版》2013年7月9日)指出，“山西精神”表述为“信义、坚韧、创新、图强”，如何用经济学的思维来阐释山西精神，就成为一个值得深入思考的问题。社会主义市场经济是信用经济、法制经济，践行信义精神需要全方位的道德体系和制度建设；坚韧，从经济学分析的前提看，是一种稀缺资源；创新，作为经济发展和社会进步的持续动力和不二法门，已经成为全体社会成员的普遍共识，更是山西精神的最佳表述；图强，所追求的更多的是国家强盛，家庭和谐，是人民幸福地活着，自由地呼吸，更是有尊严的存在和灵性的舒展。景世民、郭卫东《山西参与泛首都经济圈产业合作机制研究》(《经济问题》2013年第3期)指出，首都经济圈已经上升为国家战略，在未来将成为我国重要的经济增长极，山西应该充分发挥自身参与首都经济圈的比较优势，积极融入首都经济圈，成为泛首都经济圈中的重要组成部分，为转型综改试验区的发展提供开放的发展平台，在产业发展方面实现合作共赢，走出一条符合山西特点的转型综改之路。张文丽、孙秀玲、潘晔《山西经济周期性波动的特点及成因分析》(《经济问题》2013年第7期)，文章用直接法和趋势分解法分析改革开放以来山西经济波动周期及其与全国经济周期的相关性，分析山西经济周期性波动原因，既有经济周期性运动的规律性调整，又有国际环境的影响。认识山西经济运行规律，对制定山西经济社会中长期发展战略有着重要的指导意义。刘晔《山西发展实体经济的问题及对策研究》(《科技创新与生产力》2013年第3期)，文章明晰实体经济的内涵，剖析实体经济发展的机遇与挑战，客观把握山西实体经济发展的现状和问题，提出促进实体经济发展的对策措施。黄桦《促进山西实体经济发展的对策建议》(《科技创新与生产力》2013年第4期)，文章在深刻认识到发展实体经济是山西省经济持续发展的重要保证的基础上，通过从金融服务、产业转型、企业发展、创新驱动、项目园区和体制机制等方面入手，分析山西省发展实体经济的具体对策，以期为加快山西省实体经济又好又快发展，增强其综合实力和竞争力提供强有力的理论依据。张梅、韩身智《财务风险、会计师事务所变更与低价揽客——来自上市公司的经验证据》(《经济问题》2013年第7期)，文章以2001~2010年沪深两市上市公司数据为样本，检验公司财务风险与会计师事务所变更的相关性以及变更导致的会计师事务所在审计市场的行为。实证研究表明：(1)财务风险与会计师事务所变更显著正相关，上市公司财务风险越高，会计师事务所发生变更的概率越大；(2)在会计师事务所发生变更后，会计师事务所的审计费用明显降低，表明会计师事务所普遍采取低价揽客的方式争取客户，同时研究也发现会计师事务所对审计费用的收取并没有明显地考虑财务风险因素；(3)在新的会计师事务所接受客户的聘任后，其审计质量并没有因为审计费用的降低而降低，变更后的会计师事务所审计质量具有明显的提高。王云珠、武小惠《加快推进体制改革 促进农民工市民》(《科技创新与生产力》2013年第7期)，为2012年山西省软科学研究课题、2011年山西经济社会发展重大课题的阶段性研究成果。文章认为要促进越来越多的农民成为稳定就业的产业工人和稳定居住的城镇居民，应当推进制度改革与创新，消除农民转移就业和融入城市在户籍制度、就业制度、社会保障、土地制度、住房和子女就学等方面的制度性壁垒和政策限制，积极稳妥地推进农民工融入城市社会的进程。孙秀玲、赵旭强、潘晔《太原市城乡居民收入差距实证研究》(《山西经济管理干部学院学报》2013年第3

期)，文章基于1978~2010年的时间序列数据实证分析太原市城乡居民收入差距现状，然后从定量和定性两个视角对太原市城乡收入差距与经济增长之间的关系进行分析。吴晓峰《创新直接融资模式促进中小企业发展》(《山西日报·理论版》2013年10月8日)，认为在世界范围内，中小企业是数量最大、新陈代谢率最高的企业群体，同时中小企业融资难也在各个经济体内普遍存在，甚至成为诸多经济体无法健康可持续发展的一大困扰。直接融资能更好地满足中小企业多样化融资需求，是解决中小企业资金瓶颈的有效途径。戎爱萍《贷款对农户收入影响分析》(《经济问题》2013年第11期)，文章运用协整理论和VAR模型，对农村居民户均贷款与户均纯收入的关系进行实证分析。研究证明，在短期内贷款与农户收入之间不存在格兰杰因果关系。而通过脉冲响应函数和方差分解进一步描述农户生产性贷款与生活性贷款对收入的影响，结果表明生产性贷款对收入的促进作用是生活性贷款的3倍，但从整体上来看，两种贷款对收入的影响作用很有限。陈新凤《山西工业经济周期性波动与对策研究》(《经济问题》2013年第5期)，为山西经济社会发展2012年度重大课题“山西经济周期性波动及其对策研究”的阶段性研究成果。陈新凤《经济周期波动对山西工业结构变动影响因素评析》(《经济师》2013年第10期)，为2012年度山西省经济社会发展重大课题的阶段性研究成果。文章认为工业结构变动是工业经济周期性扩张或收缩的结果。投资、价格与工业结构的形成有显著相关性，表现为主导产业的转换和变迁。山西应抓住世界性经济危机和全球产业结构重新“洗牌”的机遇，调结构、转方式，摆脱“比较优势陷阱”和“资源诅咒”。打破传统路径依赖，增强产业结构“软化”特征，促进工业经济由“大起大落”向“微波化”增长型周期转变，实现产业结构高级化和经济周期微波化。武小惠《山西财政支出绩效评价分析》(《山西财税》2013年第4期)，认为财政支出是以结果为导向的公共支出管理活动，不仅需要公开透明，还要实现支出的效果，注重支出的经济性、效率性和效益性。黄蕙、韩克勇《商业银行资本缓冲水平的决定因素——基于我国上市银行的实证分析》(《商业经济与管理》2013年第4期)，文章使用动态面板数据对我国13家上市银行2000年至2010年间持有的资本缓冲水平与经济周期、资本收益率、资产风险水平和资产规模之间的关系进行实证分析。结果表明我国上市银行的资本缓冲水平与经济周期和银行规模之间存在显著的正相关关系，此外资本缓冲水平还受到资本调整成本、资本收益率和资产质量的显著影响。最后在实证分析的基础上为我国银行监管部门如何落实《巴塞尔协议Ⅲ》的资本缓冲要求提出政策建议。韩克勇、王劲松《股票价格对投资的影响——资产负债表效应分析》(《财经理论与实践》2013年第5期)指出，资产负债表效应是股票价格影响投资的重要渠道。股票价格的波动除了会通过影响托宾Q值而影响上市企业的融资成本，进而影响上市企业的投资外，还会通过影响企业的净值进而影响企业从银行获得贷款的能力而影响企业的投资。而投资是总需求的重要组成部分，也是股票价格影响物价水平的重要方面。因此，研究股票价格对投资的影响，即对资产负债表效应的研究，对于研究股票价格对物价稳定的影响具有重要的理论意义和实践价值。

潘云、张文丽、李小伟、黄桦《“四化”同步推进——发展县域经济的创新与实践》获山西省委宣传部2013年度全省宣传思想文化工作调研成果特别奖；王云《基于转变经济发展方式党的“十二五”中部地区发展模式研究》和武小惠《城乡一体化进程中农村公共产品供给机制与政策研究》均获山西省人社厅2013年度山西省首届公共管理领域优秀成果一等奖；武小惠《试论“同心”思想与统一战线坚持中国特色社会主义政治发展道路的关系》获中共山西省委统战部2013年度全省统战理论研究创新成果二等奖。（霍春英）

【能源经济研究】 李中元任主编、韩东娥任执行主编的《山西城乡生态化建设研究》(山西经济出版社2013年)，是山西经济社会发展重大研究课题“山西城乡生态化建设研究”和山西省软科学研究项目“山西城乡生态化路径选择和政策措施研究”的最终研究成果。该书系统阐述了城乡生态化建设的理论和实践问题，创新型地构建评价指标体系，提出建设思路和框架，丰富建设内容和体系。张复明、曹海霞《我国矿产资源产权残缺与租值耗散问题研究》(《经济学动态》2013年第6期)，文章从矿产资源产权残缺属性入手，研究资源开发中存在的产权公共域和租值耗散问题，尝试建立“产权残缺——公共领域租值耗散”的理论范式，并以此解析我国矿产资源产权制度的变迁，即从产权残缺到产权逐步完整，产权公共域不断缩小、租值耗散程度持续下降。刘晔《生态乡村建设模式与途径分析》(《经济问题》2013年第6期)，剖析生态乡村的层次内涵及建设体系，明确生态乡村类型和模式，提出推进生态乡村建设的具体途径，为切实提高生态乡村建设水平提供参考。刘晔《山西城乡生态一体化制度建设路径研究》(《中共山西省直机关党校学报》2013年第5期)，文章以构建城乡生态一体化的管理运作模式、补偿机制和支撑体系为切入点，探讨加快推进山西城乡生态一体化制度建设的路径，为提高全省城乡生态文明水平提供制度保障。王云珠《山西生物质能开发利用现状及发展对策》(《科技创新与生产力》2013年第2期)，对山西省生物质能资源状况及其开发利用现状进行阐述，指出山西省生物质能开发利用存在的问题，分析山西发展生物质能的战略意义，提出促进山西省生物质开发利用的重点方向和对策建议。刘晔《当前焦化产业发展形势及对策分析》(《山西冶金》2013年第5期)，从政策和产业层面全面剖析焦化产业发展环境，总结焦化产业发展形势及面临的挑战，据此有针对性地提出加快推进焦化产业发展方式转变的对策。

刘晔《生态乡村建设模式与途径分析》、王文亮《加拿大煤炭资源环境保护制度及启示》和郭永伟《完善煤炭资源开发的生态补偿制度》（均收入《中国环境科学学会学术年会2013论文集》2013年）。

刘晔《山西省属煤炭企业社会职能分离相关问题探析》获山西省人社厅2013年度山西省首届公共管理领域优秀科研成果三等奖。 （霍春英）

【旅游经济研究】 李永宠《论旅游服务业》（《经济问题》2013年第12期），认为将旅游业界定为旅游服务业，淡化旅游业的产业属性或者去产业化，强化旅游业的服务属性和功能，就能够从理论上澄清和明确旅游业的性质、作用和特点，从而理顺旅游业与关联带动产业的关系。这样就能够解决一直以来由于包罗万象的旅游产业概念造成的“你中有我”“我中有你”的产业界限不清的问题，也能够消除由于旅游统计与其他关联产业效益的重复计算，从而导致政府和社会对旅游业统计数据的疑问。郅润明《关于加快太行山和晋西北革命老区旅游开发的思考》（《经济问题》2013年第12期），通过深入分析山西太行山、晋西北革命老区旅游开发的现状及存在的问题，提出加快发展当地旅游产业的七大政策与项目建议，对促进当地经济发展和改善人民群众的生产生活条件，将发挥积极作用。郅润明《旅游产业强省的战略思考》（《山西日报·理论版》2013年12月10日）指出，山西是旅游资源大省。旅游资源大省为何难成旅游产业大省和旅游经济强省？这是一个非常值得认真思考和研究的问题。如何大力发展山西旅游业，就要按照国务院《关于加快发展旅游业的意见》的精神，转变观念，统一思想，把旅游业明确确定为战略性支柱产业和人民群众更加满意的现代服务业的发展目标，深入分析制约山西旅游业发展的主要问题，在全省综合配套改革试验中实施旅游强省的发展战略，把山西打造成名副其实的旅游产业大省和旅游经济强省。郭永伟《跨区域文化旅游资源整合初探——以晋、陕、蒙文化旅游资源整合为例》（《经济师》2013年第3期），文章从晋、陕、蒙三省的文化旅游资源现状入手，分析三省现有旅游产品的基本情况，对三省文化旅游资源进行整合的可行性进行了探讨。李永宠《山西文化旅游业迎来跨越发展新机遇》，2013年获山西省第十届精神文明建设“五个一工程”优秀作品奖。 （霍春英）

【社会学研究】 秦谱德、崔晋生、蒲丽萍著《生态社会学》（社会科学文献出版社2013年），该书为《现代社会学文库》第二辑，共33.8万字。全书提出了生态社会学的主要理论和理论架构，介绍它的方法论和研究方法体系，建立生态社会学研究的架构体系和指标体系，从而初步构建生态社会学学科的知识体系，开启社会学研究的生态化转向。构建比较完整的生态文明科学知识体系，突破以往理论界以生产力状况划分社会形态的理论框架，揭示出人与自然生态的关系是决定社会变迁的终极原因和因素，以与大自然生态的关系状况划分社会形态，明确提出把生态文明社会作为社会文明形态的第四个形态进行研究，从而继承和发展辩证唯物论和历史唯物论。李中元著《高危时代与人类文明转型》（中国社会科学出版社2013年），从现代危机入手，分析其类型、特征以及发展趋势，全面认识现代各类危机之间的内在联系以及对人类的严重影响和危害；从工业文明的内在层次、内在逻辑深入分析造成现代危机的原因，对工业文明进行反思。在对现代危机认识和工业文明反思的基础上，对文明转型的关键性问题进行研究，探寻现代危机的治理和人类文明出路，通过对人类文明发展的横向和纵向研究，来全方位认识和理解文明转型和可持续发展，提出超越工业文明的新文明形态。陈红爱《社会学视野下的山西精神》（《山西日报·理论版》2013年8月27日），认为山西精神是地缘性群体规范的组成部分，是社会凝聚力的重要源泉，是社会良性运行的非制度化控制力量，是正向社会变迁的能量之魂。山西精神的提炼和弘扬是一种文化行为，也是一种社会活动。孙月蓉、李永清《我国农地征收中的农地产权研究》（《经济问题》2013年第1期）指出，农地产权制度不仅影响土地资源配置及其效率，而且影响农村社会稳定和社会公平正义。我国土地征收冲突的频繁发生，究其原因在于土地征收过程中征收权的扩张和农地产权的缺位。

安培培《山西省农民工外出务工劳动保障问题研究》（《经济与社会》2013年第12期），李文清《新型城镇化背景下户籍制度改革问题研究》（《经济问题》2013年增刊），李中元的《创新社会管理服务百姓民生——关于孝义市社区管理实践与创新模式的调研报告》获山西省人社厅2013年度山西省首届公共管理领域优秀成果一等奖；社会学所课题组《关于巩固提升拓展十个全覆盖工程推进城乡统筹发展的几个建议》2013年1月18日获省委书记袁纯清肯定性批示；何静《山西省青年就业状况分析研究》获共青团山西省委2013年度研究课题一等奖。 （霍春英）

【人口学研究】 谭克俭《城镇化进程中农村老人的两难选择与破解对策》（《中共山西省委党校学报》2013年第1期），指出城镇化进程中大量青壮年人口通过务工或上学流迁城镇，而农村留守老人却处于两难境地，进城或留守都将面临诸多生活难题，生存质量普遍降低。农村老人困境的形成是个渐变的过程，也是城镇化和现代化的必然。破解这个难题需要政府、家庭和老年人以积极的态度对待，做出正确的抉择。顾宝昌、王涤、周长洪、谭克俭、陈友华《基层计划生育工作者对现行生育政策的认识——来自江浙沪粤的调查》（《人口学刊》2013年第6期）指出，中国计划生育已经走过了30多年的历程，当前处在一个新经济背景下的转型社会，计划生育政策的调整已成为社会与学界共同关注的热点问题。该研究根据对江浙沪粤三省一市人口和计划生育基层干部的调查，通过他们的视角与他们在工作实践中遇到的现实问题，对现行人口和计划生育政策调整的迫切性与重要性提出自己的观点。郭明敏《山西流动人口管理创新研究》(《经济师》2013年第10期)指出,加强和创新流动人口管理是山西省转型跨越发展和综改区建设中亟须解决的突出问题。当前山西的流动人口管理面临着管理理念落后、政策法规滞后、管理体制机制不健全等问题,需要从管理理念、体制机制、政策法规、管理手段等方面创新管理模式。郅润明《山西流动人口管理的发展演变分析》(《晋阳学刊》2013年增刊)和《以人为本服务为先——山西流动人口服务管理创新的思考》,后文于2013年获山西省第十届精神文明建设"五个一工程"优秀作品奖。

(霍春英)

【政治、法学研究】 艾斐《拿出"纳谏"的诚意来——坚持党的群众路线系列谈之十》(《人民日报·理论版》2013年9月3日),认为开展党的群众路线教育实践活动的一个重要环节,就是对群众提出的意见和建议虚心接受、认真分析,积极采纳、真正落实。这个过程在一定意义上可以类比为我国历史上传为美谈的进谏与纳谏。从这个角度看,要做到虚心听取群众的意见和建议,就要拿出"纳谏"的诚意来。郅润明《浅论党的群众路线思想理论体系的形成发展与实践创新》(《经济师》2013年第12期)指出,毛泽东是中国共产党的群众路线的创造者、推进者和实践者。毛泽东把辩证唯物主义、历史唯物主义与中国革命的实际相结合创造性地,提出了群众路线,为中国革命的成功和社会主义事业的建设提供了强大思想理论武器和实践工作方法。经过长期革命和建设的实践,使党的群众路线形成发展为思想理论体系,历届中央领导集体继承和发扬了党的群众路线的思想理论体系,并在实践的基础上不断进行创新和发展,把党的群众路线的思想理论推向了一个崭新的发展阶段。郭秀兰《大学生村官与农村经济发展的正相关分析——以山西省为例》(《经济问题》2013年第4期)和《大学生村官两委主干培养工程探微——以山西省为例》(《经济师》2013年第4期),前文认为大学生村官与农村经济发展之间存在一种正相关关系。高校毕业生到村任职促进了农村经济的发展,农村也为他们提供了更广阔的舞台。在全面总结和分析二者关系的同时,指出在具体实践过程中仍存在一些不容忽视的问题。在此基础之上提出了有针对性的对策建议。后文为山西省软科学研究计划课题"进一步完善选聘高校毕业生到村任职工作长效机制的研究"阶段性成果。沈莹、张爱英《基于需求层次论的大学生劳动供给决策模型研究》(《经济问题》2013年第9期),以马斯洛的需求层次论为出发点,运用规范分析方法,通过对建立大学生劳动供给决策模型的研究,为扩大大学生就业提供理论支撑。马志敏、吴朝阳《城乡统筹视阈下我国农村公共产品供给的路径探讨》(《经济师》2013年第5期),认为农村公共产品供给是建设社会主义新农村的重要内容和有力保障。我国农村公共产品供给存在诸多问题,如总量不足、结构失衡、效率低下,不仅影响了农村居民对农村公共产品的有效需求,而且严重制约农村经济社会的和谐发展。产生这些问题的根源在于新中国成立之初重工业优先发展战略的选择、城乡二元结构和城乡利益的分化。因此,重构农村公共产品供给机制需要切实统筹城乡发展,缩小城乡差距,建立健全相关法律制度,进一步转变政府职能。李中元《乡村文明的传承、保护与转型》(《行政管理改革》2013年第7期),文章以山西为例对我国乡村文明面临的困境进行分析,并就乡村文明的传承、保护与转型,提出了走"特色城镇与生态乡村有机结合、城市文明与乡村文明共存共生"的城乡一体化发展之路。智效民《文采消失的背后是触目惊心的学术腐败》(《文化学刊》2013年第5期)指出,近20年来学术论文普遍没有文采。学者们写出来的文章毫无文采可言是一件可悲的事情。其实文采消失的根本原因就是学术的腐败。对真理的漠视,对权利的依附,对学习兴趣的无视,以及与官员的勾结,所有这些都是学术腐败的直接原因。李中元《坚持科学发展 继续解放思想》(《品牌》〔下半月〕2013年Z1期),认为继续解放思想,必须着眼于马克思主义中国化对中国特色社会主义的理论指导,必须着眼于不断创新中国特色社会主义理论体系,必须着眼于不断创新中国特色社会主义制度体系,必须着眼于中国特色社会主义道路的实践创新。程淑兰《以优秀成果推动形成实现"中国梦"的强大精神力量》获山西省直机关开展精神文明建设工作30周年征文理论类成果一等奖。贾桂梓《关于提高党管干部科学化水平的思考》2013年1月11日获省委常委、组织部部长汤涛肯定性批示。常瑞《简政放权"两面观"》(《山西日报·理论版》2013年7月9日),认为建立科学合理的权力配置机制是现代民主政治理念的基本要求。随着社会主义市场经济的不断发展,原有的上层建筑也不断进行自我改革,以实现能动地适应和促进经济基础的发展。庞丽峰《山西妇女对身心健康的感性认知》(《山西日报·理论版》2013年1月29日),认为"妇女健康是通向全民健康的必由之路"。近年来,山西省在推进社会经济可持续发展的同时,不断把妇女身心健康提上议事日程,出台相关政策、组织各种活动,在关注民生、保障民生、改善民生等方面,正在有规划有规模地进行一系列具有重要意义的妇女健康工程。孟艾芳著《点评红色山西》(党建读物出版社2013年),该书以红色经典案例为正文,以分析点评为特色,将山西红色文化资源所凝结的典型事例、著名战例、杰出人物、精神风范等用案例形式呈现给广大读者,既保持个案中概括抽象出来的具有启迪性的思考与教益,又具备较为深刻的哲理色彩。孟艾芳《关于以红色经典案例为读本,进一步加强新时期党员领导干部培训与研修的建议》,2013年3月20日获省委书记袁纯清肯定性批示,孟艾芳主编的《中国红色经典案例》获山西省党建研究会2013年度优秀著作奖。秦永雄《山西煤矿兼并重组后构建和谐矿地关系长效机制研究》(《山西高等学校社会科学学报》2013年10期),认为煤矿兼并重组是利益格局的调整。但山西煤矿兼并重组后，能不能处理好煤矿企业与当地政府及农村农民的利益关系，关系到兼并重组的成败和矿地关系的和谐稳定。政府能否发挥引导和扶持作用，煤矿企业能否在自身发展和承担当地社会责任方面发挥主导作用，矿区农村能否全力支持企业发展，是构建长效和谐矿地关系体制的关键。王宏纲《征地中的土地承包经营权独立补偿》(《中共山西省委党校学报》2013 年第 6 期)指出，土地承包经营权能否得到独立补偿已经成为土地征收补偿中的焦点问题，但是在征收实践中土地承包经营权的独立地位并未得到充分关注。依照法律规定的土地征收制度，土地承包经营权人有权基于其用益物权请求征地补偿。在具体操作中，应将土地承包经营权和集体土地所有权一并补偿给集体经济组织的方式转变为参照土地所有权的补偿标准对土地承包经营权单独予以确定并补偿给土地承包经营权人。

（霍春英）

【图书馆学、教育学研究】 霍春英、赵国良《论学科建设与社科图书馆创新服务》[收入《图书馆·情报与文献学研究的新视野：中国社科情报学会 2012 年学术年会论文集》(6)，中国书籍出版社 2013 年]，文章从社科图书馆与学科建设的关系、社科图书馆在学科建设中的地位与作用、社科图书馆为学科建设服务的对策等三方面论述如何围绕学科建设开展创新服务。郭江涛《关于对图书馆网络管理的思考》(《硅谷》2013 第 6 期)，从网络系统与运行环境、网络安全、系统应用及发展趋势等方面描述对图书馆网络管理的思考。郭江涛《浅谈社科院网站建设若干问题研究》(《科技与企业》2013 年第 11 期)，认为社科院网站是一个重要的理论阵地和传播知识文化的窗口，当前的各地社科院网站在更新、功能完善、安全防御上普遍存在着缺陷，需要在报送机制、获取信息、搜索引擎和安全方面等进行改进，从而使社科院网站更好地为科研服务。智效民《民国时期的大学校长与大学教育》(《民主与科学》2013 年第 1 期)指出，近年来，在研究中国现代知识分子的时候，接触到许多大学校长的材料。比如北京大学的蔡元培、蒋梦麟、胡适，清华大学的罗家伦、梅贻琦，南开大学的张伯苓，浙江大学的竺可桢，四川大学的任鸿隽，中正大学的胡先骕。这些大学校长是中国现代教育的奠基人。可惜由于历史的原因，他们的思想理念、行为方式和人格风范，曾经被我们淡忘。这不仅使中国现代教育传统被人为地中断，而且还让我们的教育在很长时间里迷失了方向，从而走了很大的弯路。因此，让更多的人认识、了解这些大学校长的人生经历、教育思想和人格风范，很有必要。

李玉萍《“中国梦”与中国教育改革及发展趋势》(《山西青年管理干部学院学报》2013 年第 4 期)和《给梦想一次绽放的机会》2013 年获中国教育报刊社“中国梦·教育梦”征文三等奖；张雪莲主持的《山西高校创业教育的理论与实践研究》获共青团山西省委“2012~2013 年度青少年和青少年工作研究课题”二等奖。（霍春英）

【语言学研究】 安志伟、高艳《新时期汉语新语汇的确认》(《河北大学学报》2013 年第 4 期)，提出新时期新语汇指改革开放以来语言生活中出现的新成语、谚语、惯用语和歇后语等。从现代汉语的发展观和语词分立观看，新语汇的研究工作还没有受到重视。研究新语汇，搜集整理是基础工作。在对新语汇的范围作出界定的基础上，对新语汇产生的途径做出理论阐释，并分析新语汇与相关语言现象的关系。温朔彬《论〈新华语典〉的原创性》(《辞书研究》2013 年第 4 期)，认为《新华语典》是一部同《新华字典》《新华词典》相配套的原创性辞书，文章着重从立目、释义、设例三个方面论述其原创性。刘艳平、安志伟《建设文化强国背景下我国辞书的品牌策略》(《出版发行研究》2013 年第 8 期)，认为辞书作为文化的浓缩和体现，在文化强国建设中具有重要地位。创建辞书品牌是推动辞书事业不断发展的必由之路。我国的辞书品牌建设必须以现有品牌辞书为基础不断扩大其辐射力和影响力，以名社带动辞书的品牌建设，利用现代技术和网络手段更新编纂手段，提高编纂效率。（霍春英）

【文学研究】 艾斐《文艺评论的作用及其实现方式》(《创作与评论》2013 年第 2 期)，认为文艺评论作为文艺创作的一种评鉴机制和驱动力量，自有其不可替代的特殊功能与巨大作用。而文艺评论的效能凸显和价值实现，则又唯在于它所秉具的理论品格、精神内蕴、时代韵律和科学素质。因此，我们在倡扬和提振文艺评论的同时，也必须赋予其足以担当时代重任的粹质与能力，这就要求文艺评论在行使自己历史使命的过程中一定要以清淳、敏睿、明达、深邃的品格和

8 月 23～25 日，由山西省社科院、内蒙古大学等单位承办的第四届全国汉语语汇学学术研讨会在内蒙古召开 （霍春英提供）

衔史、应时、务实、求真的资质走完全程,并不断地有所提升,有所发展,有所开拓,有所创新。周萍《华文文学创作特征异同考察——以东南亚华文文学与美华文学为例》(《华文文学》2013年第4期),认为把格雷马斯为叙事语义学创立的意义系统建立在华文文学文化背景与个性特征的宏观考察,来揭示不同区域华文文学的内部演变规律以及潜在的叙事结构规则,对于作家不同的思维方式和意识形态认知,厘清作品产生环境对于审美价值取向的影响并建构华文文学不同文本研究的个性化、多元化路径,佐证意义生成的可能性与产生条件互为制约的规律性,不失为华文文学理论研究方法的又一种补充。艾斐《博文写作的文学探寻——评老杜博文传C卷》(《南方文坛》2013年第1期),认为在信息时代,写作博文是一种最常见的社会文化现象。它方便、快捷、自由、活泼,不择时空、不拘形式、有感便发、有话即说。《老杜博文选》C卷微言大义,举实诉理;由近及远,自浅入深。触发热点,针砭时弊;钩稽世相,布达经纬。陈平《回顾与总结》(收入《山西文学批评家自述》,三晋出版社2013年)和《向着大地的回归——李骏虎中短篇小说创作论》(收入《2012年山西文学评论卷》,三晋出版社2013年),赵树婷《留住村落的根和魂——山西古民居现状调查》(《光明日报》2013年5月24日)。周萍《三维空间驰骋的"向心"之作——新移民华文作家潘郁琦创作研究》(《海南师范大学学报》2013年第10期),认为无论是诗、散文,还是儿童诗歌,潘郁琦都驾驭得游刃有余。揭示潘郁琦创作的不同面向,不仅是对于海外华文创作传承中华文化、坚守人文情怀"向心"气息的再度把握,更是对于当代文学价值、审美思维方式在人性异化和物欲压力下能否矫正、改变的再度拷问。

(霍春英)

【历史学研究】 董永刚《民间传说与商汤地域文化的开发利用与价值》(收入《全国首届商汤文化学术研讨会论文集》中国社会科学出版社2013年),郭永琴《〈禹贡〉中"贡"与"赋"的关系》(《山西师大学报》2013年第1期)指出,《禹贡》是最早记录我国先秦时期山川地理和经济、政治制度的一部重要文献,也是研究我国古代田赋贡纳制度的一把钥匙。其中贡和赋之间的关系是认识当时田赋贡纳制度的关键。高春平《张居正与山西官商家族》和《张居正与万历山西清丈探究》(均收入《张居正国际学术研讨会论文集》,湖北人民出版社2013年)与《明朝监察体制研究》(收入《第十四届明史国际学术会论文集》,云南人民出版社2013年)。陕劲松《庚子事变前后的山西政要》和《传承礼仪的山西婚俗》(均载《山西画报》2013年第2期)。《慈禧流亡山西》(《山西画报》2013年第3期),陕劲松《岑春煊与近代山西》(《长治学院学报》2013年12月)。李卫民《反映人际矛盾是口述历史的一大特点:口述历史性质探研之一》(《晋阳学刊》2013年第3期),认为反映人际矛盾,是口述历史的重要特点。无论是政界人物的口述历史,还是文艺界、教育界人士的口述历史,都在展示出这一特点。这种现象,是由人的记忆特点所决定,而且也是由口述历史的独特视角所决定的。口述历史的这个特点,可以促使历史真相越辩越明,也对口述历史的执笔者提出较高要求。侯晓斌《山西传统婚俗的历史演变及其特点》(《经济师》2013年第9期),认为山西文化渊源久远,以婚俗为重要方面的礼俗文化内容特别丰富。对山西婚俗的产生、发展、特点、现实意义等进行研究分析,必将对山西的礼俗文化研究、民间文化建设、社会发展等发挥切实有效的作用。刘晓丽、郭永琴《1950年代初期中国政界高层女性群体研究》(《山西师大学报》2013年第6期)。李书琴主编《谱牒学论丛》(第六辑)(三晋出版社2013年),全书近18万字,收录谱牒学相关论文近30篇,为港、澳、台同胞及海外侨胞"寻根访祖"提供了方便。(霍春英)

【晋商研究】 高春平主编《国外珍藏晋商资料汇编(第一辑)》(商务印书馆出版2013年),该书收录散落在欧美、俄罗斯、蒙古、日本等国的晋商文献、碑刻资料和票号书简等原始材料40万字和珍贵历史图片50余幅,是晋商研究资料收集整理的一重大成果,具有较高的史料价值。高春平主编《晋商与明清山西城镇化研究》(三晋出版社2013年),为山西社科研究与普及书系之三。该书从人口学、经济学、生态学、社会学角度,探讨晋商与城镇发展演变的本质特征,中小商贸城镇发展壮大过程中的户籍管理与改革,从而对明清时期城镇的兴衰根源,移民对城镇发展的作用与影响得出有益的借鉴。乔俊海、高春平、杨晓青主编《明清晋商人物·祁县帮》(出处同上),张正明、张舒《明清晋商与关公》(《关帝庙》2013年第1期),张舒《明清时期的山西潞绸业》(收入《遗大投艰集》论文集,广东人民出版社2013年),高春平《晋商人物齐梦彪》和陕劲松《晋商与慈禧西逃》(均载《山西画报》2013年第1期),赵俊明《晋商研究最新成果》(《发展导报》2013年11月29日)等,均为研究晋商的佳作。

(霍春英)

【五台山研究】 周祝英《窥基法师的五重唯识观(《五台山研究》2013年第3期)指出,窥基法师是唯识宗的实际创始人,五重唯识观是窥基对唯识学说的重要贡献。唯识宗为了确立宇宙万法都是"唯识所变"的宗旨,提出观想"唯识"之理的遣虚存实识、舍滥留纯识、摄末归本识、隐劣显胜识、遣相证性识等五个层次或五种观点。唯识五重观之第一观是总观,其余则是别观。崔正森《毛泽东主席与五台山的历史情结》(《五台山研究》2013年第1、2期),认为山西历来是"兵家必争之地"。其得天独厚的地理形势,为山地游击战争提供战略上的优势,丰富的物产为军事活动提供物质基础和经济实力。在抗日战争中,党中央和毛主席把山西作为重要的战略基地,尤其是五台山,还被毛主席树立成全国敌后抗日根据地的典型。民国37年(1948年)毛主席率领中央机关撤离延安,前往西柏坡,路经五台山时住在塔院寺,并考察五台山的寺庙、文物,还作了保护好文化遗产的重要指示。特别是在1952年,毛主席从保护名山古迹的角度出发，特命山西省文教厅组织五台山寺庙补修委员会，对文物进行保护、管理，从而使这一珍贵的佛教文化遗产留存至今，且放射出异彩光芒。崔正森《茶禅一味》（《宝鸡文理学院学报》2013 年第 1 期）指出，“茶禅一味”是宋代临济宗杨岐派圜悟克勤禅师书写的一幅墨宝，后经临济宗黄龙派虚庵怀敞禅师传给其弟子日本明庵荣西禅师；荣西又传给其第 47 世一休宗纯及其弟子村田朱光禅师。这幅墨宝现在还保存在日本大德寺酬恩庵。他们体悟到了“茶禅一味”的理趣，并充分发挥它的茶道精神。崔玉卿《关于构建五台山学的思考》2013 年 4 月 23 日获省委书记袁纯清肯定性批示。（霍春英）

【其他学科研究】 晔枫、杨必仪《对“经济效率主义”的剖析——从权变论管理学生态化跃升视域说起》（《兰州商学院学报》2013 年第 1 期），认为在管理学上，权变论研究者主张以“普遍价值”为基础，并借“超 y 理论”方式研究“管理效率”问题。但是，即使“雷丁领导效率三因素模型”这样最具有代表性的权变论学说，在其与“普遍价值”的关联方面也存在着极大的不完备性，因为，它仅仅以“经济人”及“经济——社会人”假设前提研究管理问题，并不涉及与外部生态环境保护关联的效率内涵。很清楚，这既使其科学性大打折扣，也使之对“普遍价值”追求归于事实上的弱化。另外，权变论虽然以“超 y 理论”方式讨论“管理效率”，但却又出现十分严重的“效率主义逻辑悖谬”，因为，在理论上它不具备与外部生态环境保护相关的“生态逻辑”结构。这种情况，客观上也成了其最突出的理论短板，它使之最终既难实现“普遍价值”追求，也不符合可持续发展战略时代管理的现实需要。故此，有必要探讨权变论管理生态化跃升的理论问题。张建武等《关于山西文化产业集群发展的思考》（《山西日报·理论版》2013 年 11 月 5 日），认为推进文化产业集聚发展，是国内外先进地区加快文化产业发展的重要经验，是加快文化产业发展的必由之路，也是山西省文化产业发展的必然要求。艾斐《全球化背景下的文化安全防范》（《湖南城市学院学报》2013 年第 1 期），认为文化不仅是民族的精神基因和人们的心灵密码，而且也是社会进步的动力和时代变革的徽志。文化在综合国力的竞争中具有十分重要的地位和作用。在全球化的背景下，文化安全的缺失将可能造成国内人们生活方式的变异和价值观念的颠覆。维护国家文化安全是增强国家软实力与中华文化国际影响力的迫切要求。在继承弘扬传统文化的基础上，努力开拓创新，是最有力的文化安全防范。王青峰《对文化旨要的时代解读》（《中国文化报》2013 年 8 月 26 日），赵树婷《文化走出去正当时》（《山西日报》2013 年 7 月 3 日）。刘艳、朱伊文《我国非物质文化遗产保护的新举措分析》（《兰台世界》2013 年第 26 期）指出，近年来，中国政府越来越重视非物质文化遗产的保护和开发工作。在实践中总结出抢救性保护、生产性保护、创意非遗产业以及成立非物质文化遗产园等等举措。可以说，我国的非物质文化遗产保护和开发已经进入到一个新的阶段。（霍春英）

著作选介

【《非公有制企业劳资合作研究》】（专著）作者邸敏学，中国社会科学出版社 2012 年 5 月出版。《非公有制企业劳资合作研究》一书以毛泽东的劳资两利、邓小平的共同富裕思想为理论依据，以非公有制企业劳动关系为研究对象，以规范研究和实证研究相结合的方法，着力探索中国现阶段非公有制企业劳资合作问题。其基本思路是，现阶段非公有制企业能不能实行劳资合作，要不要实行劳资合作，有没有条件实行劳资合作，如何实行劳资合作。在基本架构上，该书共分四篇，第一篇是理论篇，主要是运用马克思主义中国化两大理论成果，回答什么是劳资合作，在社会主义初级阶段的非公有制企业实行劳资合作的可能性。第二篇是现实篇，主要是从实证的角度，分析了劳动者和企业主在国家、企业的现实地位和实际拥有的权力，中国劳资关系的基本态势，说明实行劳资合作的必要性。第三篇是分析篇，主要是从非公有制企业劳资关系所处的文化、制度和世界环境的视角，论证劳资合作的现实性。第四篇是操作篇，主要研究了国内外经验借鉴和劳资关系主体的愿望和行动等主客观条件，认为初步具备这些条件，就可以在自愿的基础上，选择劳资合作的试点，逐步推行劳资合作。

该书荣获山西省 2012 年度“百部(篇)工程”一等奖。（王纪山）

【《电煤市场法律问题研究》】（专著）作者王继军、赵大为，法律出版社 2012 年 4 月出版。该书从现实入手，以独特的法律视角，按照“发现问题——分析问题——解决问题”的思路，发现中国电煤市场中存在的问题，找到其法律原因，最终提出破解难题的法律方法。按照这样的思路本书分为五个部分：电煤市场存在的问题、电煤市场存在问题的法律原因、电煤市场法理分析、国外法律对电煤市场的调控及对中国的启示、走出电煤市场困境的法律途径。本书认为“市场煤”和“计划电”之间的矛盾表现在法律层面上，是市场规制法的软弱和宏观调控法的缺失。无论是煤炭行业还是电力行业，单纯的市场化和计划化都是错误的，合理的市场经济应当是有计划的市场经济，应当是民商法发挥主导作用的基础上经济法积极调控的市场经济。解决问题的方法则要以产业结构调整作为核心思路，用市场规制法解决煤炭行业过度竞争的局面，用宏观调控法解决电力产业限制竞争的状况。

该书荣获山西省 2012 年度“百部(篇)工程”一等奖。（王纪山）

【《资源型经济转型：山西省发展的根本路径》】（专著）主编贾明建、申长平，经济科学出版社 2012 年 11 月出版。山西省作为中国重要的资源和能源基地，长期以来为国家的能源安全、经济发展做出了巨大贡献。得天独厚的煤炭及其他矿产资源优势和地处中部的地理位置,形成了山西省煤炭工业的比较经济优势。但是,随着经济格局和经济社会发展方式的深刻变革,这种深受计划经济影响的产业结构,不可避免地暴露出其明显的弱点,使得山西省经济的整体功能和结构效益低下,经济实力和发展水平在全国的地位日渐落后。同时,经济发展中长期形成的结构性、体制性、资源枯竭和生态环境恶化等矛盾和问题日渐突出。单一的产业结构、过度依赖煤炭产能扩张的增长方式,使山西省经济发展的脆弱性凸现,大起大落成为难以摆脱的痼疾,特别是国际金融危机使山西省经济发展遭受"重创"。立足于世情:转型发展是世界经济发展的趋势;立足于国情:转型发展是中国经济发展的方向;立足于省情:转型发展是山西经济发展的出路;现实选择表明,跨越式发展是山西省经济发展的目标。转型发展的重点是:结构是经济发展的现实支撑;产业结构转型是山西省经济跨越发展的重点;着眼长远,准确定位,系统规划,强力促进产业结构转型。转型发展的关键是:加快城镇化进程,统筹城乡协调发展;推进新农村建设,统筹城乡经济发展;着力改善民生,发展社会事业建设。转型发展的前提是:解放思想,创新社会管理理念;深化认识,创新政府管理职能;服务转型,助推体制改革创新。从生态环境的理论依据、现状研究、问题研究、战略研究等分析,生态环境保护是转型发展的基础。财税金融支持是转型发展的保障,一要建立转型发展的新机制;二要提供财税支持;三要金融支持;四要教育科技支持;五要投资政策和制度支持。著作分析了德国鲁尔地区、法国洛林地区、美国休斯敦地区以及国内转型发展的成功经验,为山西资源型转型发展提供借鉴和启示。

该书荣获山西省2012年度"百部(篇)工程"一等奖。 (王纪山)

【《20世纪30年代中国"商资归农"问题研究》】 (专著)作者许永峰,中国社会科学出版社2012年5月出版。《20世纪30年代中国"商资归农"问题研究》一书对20世纪30年代中国一批都市商业银行依托当时农村合作运动所进行的农贷活动进行研究。一方面反映其在民国农村合作制度和农村合作金融制度变迁中的作用,一方面折射其历史命运并进行多方位透视。全书共分5编。第一编考察民国19年(1930年)以前的中国农村合作运动、20世纪30年代初农村危机的深化及当时农村合作运动发展的新趋向。第二编考察"商资归农"的具体原因、实践过程、实践特点与绩效。第三编考察时人对"商资归农"问题的讨论,内容包括如何认识"商资归农"问题、如何统制商业银行农贷及怎样解决农村合作金融问题。第四编考察"商资归农"活动的终结和国民政府农村合作金融系统的建立。第五编综合运用历史学和金融学、经济学、社会学等理论方法探讨"商资归农"两难与短命命运的成因。

该书荣获山西省2012年度"百部(篇)工程"一等奖。 (王纪山)

【《阅档读史:北方农村的集体化时代》】 (专著)作者行龙、马维强、常利兵,北京大学出版社2011年10月出版。集体化时代是中国农村有史以来资料保存最完整、最系统的阶段,而山西在集体化时代又具有独特地位和典型意义,抢救性地保存这些档案是一项功在当下、利在千秋的大事。著者早在2003年时即已着手开始此项工作,至今已搜集到山西由南而北近200余个村庄数千万件原始资料,并以数量巨大、内容丰富、类型多样而成为学界独树一帜的集体化时代乡村研究资料库中心,其影响甚至已经远播海外。在此基础上,著者在学界率先开辟了集体划时代乡村社会研究领域。该作者认为这一领域是中国社会史切入当代史及当代问题的一大创举,前景广阔,是社会史走向深入的新的学术增长点。《阅档读史》是著者近十年来收集研究农村基层档案文献的成果总结,以浓缩精华的形式选取典型资料予以呈现,书写了集体化时代的北方农村从互助组、初级社、高级社到人民公社的变迁历程,左图右史,图文并茂,生动展示了这一特殊时期的北方农村生活画面。此书的创作,综合运用官方文件、公告与农村基层文书、账册,既考虑到了政治史发展的宏观脉络,又充分关注微观的乡村场景,而且是用农民的语言原汁原味地再现农村的生产和生活,并予以学理意义的解读阐释,呈现出集体化时代国家对农民生活的改造和乡村社会的历史变迁面貌。

该书荣获山西省2012年度"百部(篇)工程"一等奖。 (王纪山)

【《动悟——青少年网络成瘾的体育干预》】 (专著)作者刘映海,北京体育大学出版社2012年4月出版。体育所具有改善体质、提高素质、疏导情绪、释放压力、展显活力、促进社会化等功能在一定程度上能满足青少年的归属、成就和社会认同等心理需求,而这些心理需求的缺失被研究者认为是青少年网络成瘾的主要成因。体育同时还具备为青少年提供一种相对开放的沟通交往环境,并且体育运动本身也契合青春期青少年的发育特征,这些又使以体育为主导的干预方法能更容易地为网络成瘾青少年所接受并愿意尝试改变。该研究采用文献研究法、实验法、行动研究法等,对网络成瘾青少年实施了三个实验研究,取得了良好的效果,为网络成瘾青少年的预防和干预研究提供了新思路。

该书荣获山西省2012年度"百部(篇)工程"一等奖。 (王纪山)

【《五四时期教育目标研究》】 (专著)作者孙杰,中国社会科学出版社2012年5月出版。五四时期的个性解放就是要打倒孔家店,批判传统伦理道德对于人们的束缚,进而使人们成为自主自由的个人。培养"健全人格"之人是五四时期教育目标,是"新青年"形象在教育领域的生动写照。此书试图通过对五四时期教育目标的研究,探讨五四时期国人对于人个性发展的教育探索,试图以教育目标的近代演变为基点,对五四时期围绕实现"健全人格"的共和国民的教育思想和教育实践进行梳理，以期对当今的教育发展有所启迪——创建以“能力依赖”为核心的能力社会、构建以“个性发展”为核心的育人模式，是现代社会实现人的个性发展的重要途径。

该书荣获山西省2012年度“百部(篇)工程”一等奖。（王纪山）

【《职业教育的逻辑》】（专著）作者南海，山西人民出版社2012年5月出版。该书既对职业教育的属性、目的、价值和课程的逻辑进行了深层次的揭示，又对职业教育的课程改革、理论研究、地方特色、教师专业发展、生涯与生涯规划以及终身教育与职业教育的关系进行了富有独创性的阐释。其研究方法论特征在于逻辑学、价值学和文化学方法的合理运用。该著作将价值学的研究方法创造性地移植到教育研究领域。价值学的追问方式以应然为特征，其宗旨在于批判世界，该著作自始至终贯穿着“应然—实然—偏差—对策”这样的研究逻辑。根据研究的需要，该著作的研究还辅之以文化学的研究方法，为此，作者对文化概念下了一个具有较强解释力的普适性的定义，在此基础上提出课程是一种简约、集成、理论化和系统化的文化。该著作尽管从整体上说属于基础理论研究，但是其实践性也是非常明显的，比如在“职业教育地方特色培育”“农民工的定义与职业培训”“职业教育的课程改革”等方面都具有很强的实践操作性。

该书荣获山西省2012年度“百部(篇)工程”一等奖。（王纪山）

【《基于信息技术的房地产评价方法与应用研究》】（专著）作者赵华平，经济管理出版社2012年3月出版。该著作以研究基于信息技术的房地产评价方法及应用为目标，以房地产价格评估、房地产业信息化发展评价、房地产业可持续发展评价为主要内容，以房地产价格影响因素分析、房地产信息化建设内容分析、房地产业可持续发展评价体系分析为解决途径，以构建城镇数字化地产评估系统、房地产价格动态评估系统和评价山西房地产业信息化发展现状、山西房地产业可持续发展现状等为应用价值，形成了全书的七章内容。主要观点：1.在信息化平台上，数字化城市和数字化房地产技术可以使得房地产评估由人工经验的室外勘测大部分转变为简捷的室内图上作业，可以实现历史数据的数据库存储管理、规划预期的数字化模拟、城市建设信息的动态及时更新，为房地产静态评估转变为动态预期评估提供技术支持。2.居民对收入的异质预期对住房价格有明显的正向影响，即居民对收入的异质预期越大，住房价格越高。3.在居民存在异质预期的条件下，住房市场存在类似于股市的短期动量和长期反转现象。4.住房价格的上涨，在短期内对地方经济产生负面影响，但长期来说，房地产市场的发展与地方经济的发展呈正相关关系。5.房地产业信息化是一个系统工程，既包括房地产产品的信息化，如“智能化小区”的建设，又包括房地产业务的信息化，如房地产投资决策、开发建设、经营管理、中介服务等环节的信息化建设，还包括房地产行政管理的信息化。6.山西房地产业的经济子系统与社会子系统、环境子系统间是协调发展的，但经济子系统与资源子系统的发展是不协调的，说明山西房地产业资源的增加有助于促进经济的发展，但按照目前的开发模式，房地产业经济的发展会造成土地资源利用率房屋销售率的低下，影响房地产资源的可持续发展。因此，必须改变传统的房地产开发模式，以用户需求为主导确定房地产的开发规模。

该书荣获山西省2012年度“百部(篇)工程”一等奖。（王纪山）

【《产品内分工下的加工贸易价值链提升研究》】（专著）作者丁蕾，经济科学出版社2012年6月出版。该书是作者主持的国家自然科学基金青年项目“全球价值链中我国企业的升级路径——基于GVC治理和集群治理交互作用的考察(71103113)”的阶段性研究成果，是对产品内分工下价值链提升的理论和实证的深入研究。该书的跨国实证研究发现，发展中国家加工贸易价值链提升的主要影响因素是自身的制造业基础和研发投入。另外，过低的制度环境质量会阻碍一国加工贸易价值链提升，但达到平均水平后，制度环境质量继续提升对加工贸易价值链提升促进作用的发挥就必须以制造业基础或研发投入的扩大为前提。中国近年来加工贸易价值链提升水平在样本国家中处于较高的位置，这源于我国在制造业基础和研发投入方面具有的优势作用的发挥。该书对中国劳动密集、资本密集和技术密集型加工贸易价值链提升的实证研究发现：中国劳动密集型加工贸易价值链提升的主要影响因素是人力资本和外商直接投资；中国资本密集型加工贸易价值链提升的主要影响因素是研发投入、参与产品内分工、制造业基础和人力资本；中国技术密集型加工贸易的价值链提升的主要影响因素则是人力资本和制造业基础。此外，实证研究还发现2005年后的人民币升值因素对劳动密集和资本密集型加工贸易的价值链提升有正向作用，对技术密集型加工贸易的价值链提升作用不明显。

该书荣获山西省2012年度“百部(篇)工程”一等奖。（王纪山）

【《山西革命根据地作家类型生成研究》】（专著）作者徐慧琴，山西人民出版社2012年2月出版。深入贯彻落实科学发展观的今天，是能够相对从容地审视历史的时候。专著从史料学角度进行山西革命根据地作家的类型生成研究正得其时，其意义表现在这样几方面：一是开拓了20世纪40年代现代作家与山西革命根据地的关系研究的新课题，并且具有抢救濒危史料与还原历史场景的意义。随着岁月的推移，山西革命根据地时期的作家大多作古，活着的也到了耄耋之年，不是身体不好就是记忆欠佳，若不抓紧进行抢救性的实证研究工作，将是历史的遗憾，损失将永远无法弥补。二是研究山西革命根据地作家的类型生成，对于研究中国现代文学的转型，还原历史真相具有非常深刻的意义。三是对于研究我国当代文艺组织化、工具化路径以及为“体制”服务方式，也具有十分重要的意义。

专著的主要内容:首先,山西革命根据地作家类型生成的历史成因。包括:山西革命根据地地域文化因缘、山西革命根据地政治历史语境、山西革命根据地文学思潮演进和山西革命根据地文学创作实绩。其次,山西革命根据地作家类型生成的形态构成。包括:以革命者的名义进入根据地的作家类型生成的形态、对革命的向往而进入根据地的作家类型生成的形态、在根据地短期逗留的"游客"作家类型生成的形态和根据地培养成长起来的作家类型生成的形态。第三,山西革命根据地作家类型生成的文学范式。包括:意识形态与经典制作、题材取向与表现对象、话语方式与叙事张力和风格范式与审美抉择。第四,山西革命根据地作家类型生成的历史影响。包括:根据地作家类型影响共和国作家的身份意识、文化性格、文艺观念;根据地作家类型创作影响共和国文学的文类发展路向和兴衰消长。

该书荣获山西省2012年度"百部(篇)工程"一等奖。 (王纪山)

【《金代人物传记资料索引》】(专著)作者牛贵琥、杨镰,三晋出版社2012年3月出版。金代是中国古代少数民族建立的政权,在中国民族、文化、文学等等研究领域都有重要的地位。也正因为这样,近三十年来金代文史的研究迅速成为学术上新的增长点。然而金代文献既分散又零碎,资料建设的空缺一直制约着研究的进展。除了《金史人名索引》外,唯一的有关金代人物的综合人物索引是民国时期哈佛燕京学社引得编纂处编印的《辽金元传记三十种综合引得》,其中金代所收只有七种文献。该书是唐、宋、元、明、清各代人名索引之后填补空白的大型人物传记资料索引,工作量十分之大。《金代人物传记资料索引》为高校古委会项目(批准号为教古字0417)。该索引力求尽可能全面搜集金代的人物资料,以为研究、查阅、了解金代的社会、历史、民俗、文化、文学,提供一部数据翔实的工具书。全书共收入金代各类人物9455人。所采用之数据,计有总集、别集、史书14部;地方志553种。共计567种。全书85万字。几乎将金代人物的资料全部收入。每一人名下列出所有文献的卷数和页码,还在综合分析考证的基础上为该人物写一小传,述其生卒年月、字号、籍贯、功名、事迹。籍贯注出现今地名。这无疑增加了本书的学术性。本索引前有"采用书目",详细列出作者和版本。又附有"首字拼音索引""首字笔画索引"。便于读者选择使用。

该书荣获山西省2012年度"百部(篇)工程"一等奖。 (王纪山)

【《汉语常用动词历时与共时研究》】(专著)作者白云,中国社会科学出版社2012年5月出版。用词是词汇系统的主要部分,古今差异、南北分歧大,它们的发展变化牵连到整个词汇系统的发展变化。其重要性不言而喻。该书抽取了表动作行为概念的五类常用词——即"吃类词""打类词""看类词""听类词""走类词"等为研究对象,对它们各自的同义聚合系统及主导词的词义系统进行了古今南北全面的比较研究。首先以义位为单位,详细梳理了五类常用动词的同义聚合系统在不同历史时期的演变情况和现代汉语不同方言的共时分布状况,比较了古今演变与南北差异之间的关系;然后以主导词为单位,考察了它们的词义系统的历时演变与共时的方言分布,同时对纵向演变与横向分布之间的关系进行了对比分析。从词根、词形、词义上来看,每一类词内部成员的古今变化、南北差异的情况不尽相同。从纵向发展与横向分布之间的关系来看,主要表现为这样几个特点:(1)常用动词在方言中的共时分布既是历时演变的结果,又是演变的一个过程;(2)反映了词语的义域、义值、义位古今南北的不同;(3)词汇(包括词义)的历时演变过程渗透了通语词与方言词之间的竞争;(4)反映了汉语由综合型向分析型转变的历史轨迹。该书对常用词动态发展过程中的一些理论问题,包括常用词演变的方式与动因、常用词词义演变类型及原因、实词虚化及其等级与梯度问题、常用词的稳定性与变异性的关系及原因等进行了深入思考,同时根据抽样调查的研究结果对汉语词汇史的分期问题及现代汉语方言的分区问题提出了自己的看法。该文所采用的古今南北综合比较的研究方法是常用词研究工作中的首次尝试。

该书荣获山西省2012年度"百部(篇)工程"一等奖。 (王纪山)

【《花鸟画和题画诗的意象研究》】(专著)作者史宏云,中国社会科学出版社2012年7月出版。此书以花鸟画和题画诗为研究载体,从意象角度研究花鸟画和题画诗及其关系。研究成果主要体现在以下几个方面:(1)在中国诗画"意象"的发展历程中,以刘勰的"意象说"为起点,南北朝时期古代绘画"意象"理论也开始起步,唐代王昌龄、皎然、刘禹锡等人提出诗的"意象"理论,但是与中国绘画"意象"理论相比,诗歌"意象"理论更具系统性。绘画虽然没有明确提出"意象",但在唐宋绘画理论中并没有间断对艺术形象思维的讨论,其中也不乏精辟的见解。到明清时期,诗画"意象"理论的广泛运用,使诗画"意象"理论步入到集成期。(2)在对花鸟画与题画诗的意象营构的传统性认识上,通过古代诗画的分析,早在《诗经》、《离骚》及《龙凤人物图》等先秦诗歌及绘画中,古代诗人、画家已经运用赋比兴艺术手法和类比思维模式来表达意象,同时其"比物以德"的审美观及"物化"论也是在先秦哲学思想影响下形成的。(3)结合古代花鸟画作品及画论来论述花鸟画和题画诗的意象。(4)依据"意"与"象"结合的方式,对花鸟画和题画诗意象进行归类分析,并对花鸟画题画诗的意象功能及意象组合方式进行分析,花鸟画意象分为描述型、象征型、比拟型、托物型。题画诗意象分为描述型、象征型、比喻型、比拟型、寄托型。(5)题画诗和花鸟画意象的创造,是诗人、画家在艺术形象思维的创造活动中,运用赋比兴手法,将自己的感情、悟出的哲理寓于某一物象,言在此而意在彼,给人以思想的启迪。

该书荣获山西省2012年度"百部(篇)工程"一等奖。 (王纪山)

2012年度"百部(篇)工程"获奖成果及先进组织单位

荣誉奖(1项)

序号	题　目	成果形式	作　者
1	密切联系职工群众 坚定不移地走中国特色社会主义工会发展道路	论文	郭海亮

一等奖(23项)

序号	题　目	成果形式	作　者
1	基于信息技术的房地产评价方法与应用研究	专著	赵华平
2	产品内分工下的加工贸易价值链提升研究	专著	丁　蕾
3	我国生物医学领域科技创新合作网络分析——以肿瘤学为例	论文	于　琦　邵红芳　段志光
4	动悟——青少年网络成瘾的体育干预	专著	刘映海
5	五四时期教育目标研究	专著	孙　杰
6	班级规模:一种不容忽视的课堂环境因素	论文	王爱玲
7	职业教育的逻辑	专著	南　海
8	非公有制企业劳资合作研究	专著	邸敏学
9	明清中国水利社会史研究的理论视野	论文	张俊峰
10	20世纪30年代中国"商资归农"问题研究	专著	许永峰
11	"否定之否定":社会史与政治史关系探究	论文	李忠人
12	阅档读史:北方农村的集体化时代	专著	行　龙　马维强　常利兵
13	量子力学多世界解释的哲学审视	论文	贺天平
14	社会秩序规则二元观与新能源立法的制度性设计——以英国《2010年能源法》为例	论文	吕　江
15	电煤市场法律问题研究	专著	王继军　赵大为
16	花鸟画和题画诗的意象研究	专著	史宏云
17	私人资本对经济增长影响的区域比较分析：基于股票市场发展的视角	论文	刘维奇　申秋兰　张信东
18	我国商业银行效率研究——基于储蓄新视角下的网络DEA方法	论文	芦　锋　史金凤
19	资源型经济转型:山西省发展的根本路径	编著	贾明建　申长平
20	山西革命根据地作家类型生成研究	专著	徐慧琴
21	论晚明小品赋的发展变化	论文	李新宇
22	金代人物传记资料索引	专著	牛贵琥　杨　镰
23	汉语常用动词历时与共时研究	专著	白　云

二等奖(53项)

序号	题　目	成果形式	作　者
1	遗址公园:文化遗产体验旅游开发的新业态	论文	张建忠　孙根年
2	景观生态视角下周边环境与旅游景区协调规划研究——以平遥古城为例	论文	胡炜霞
3	基于模糊理论的制造过程质量控制	专著	侯世旺
4	政府内部控制研究	专著	范文萍
5	海洋公共管理中的政府行为	论文	罗自刚
6	应对方式在工作压力与心理健康之间的中介作用机制	论文	王卫平　薛朝霞　王　冰　牛　利
7	大学生职业期望、应对方式和就业焦虑的关系研究	论文	梁晓燕　梁栋青
8	传统人际关系对晚清晋商票号发展的制约作用	论文	王福兰　刘荣明
9	道德推脱对大学生攻击行为的影响:道德认同的调节作用	论文	王兴超　杨继平
10	高校公共安全教育与管理研究	专著	张　晓
11	大学生职业生涯规划与就业创业指导	编著	郝勇东　杨喜红　张潮等
12	构建地方理工院校“区域特色型”教学体系的探索	论文	韩保清
13	社会实存与社会科学	专著	李文管
14	邓小平“南方谈话”的价值内涵与深刻启迪	论文	张志芳
15	文学的育人功能及实现途径	论文	刘晓哲
16	梁遇春翻译研究	专著	荆素蓉
17	语性理论与文学翻译	专著	秦建华
18	河湖变迁与健康评价:以汾河中游为例	专著	孟万忠
19	试论古代埃及阿玛纳宗教产生的主要原因	论文	李　模
20	关公信仰与地方社会生活——以山西解州为中心个案研究	专著	闫爱萍
21	民国时期皖南永佃制实证研究	专著	张　明
22	流亡日志——慈禧在山西的53天	专著	孙丽萍　陕劲松
23	失衡的依赖:美国对中东石油外交的国际政治经济学解读(1945—1975)	专著	李若晶

续表

序号	题　目	成果形式	作　者
24	马邑文化系列丛书	编著	熊国章
25	寻找基础,方法转向:科研伦理审查的本土化启示	论文	邓　蕊
26	生物学哲学的两种理论维度	论文	赵斌,郭贵春
27	马克思"自由时间"的哲学内涵及现实启示	论文	任爱玲
28	经验约束下能够通达实体吗——对建构的结构实在论的反思和辩护	论文	卫郭敏
29	论社会舆论传播载体的规制	论文	张晓永
30	政府质量管理的基本理论与方法	论文	朱丽君
31	制定"新型农村合作医疗管理条例"的建议	研究报告	孙淑云
32	当代社会化语境下矿业权法律属性考辨	论文	郗伟明
33	河东民间美术考试	专著	张淮水
34	中国历史文化名村	专著	张　宏　秦喜明
35	晋军曾崛起 辉煌待续章——赵益超、张明堂艺术引议	论文	刘维东　张慧兵
36	上市房地产企业各生命周期阶段资本结构研究	论文	陈增寿　陈　湘
37	转型期山西经济发展问题研究	编著	张改枝　刘淑清　齐利平
38	建立扩大农村消费需求的长效机制	论文	郭宝贵　刘兆征
39	转型时期政府间转移支付的完善与创新——以山西省对市县财政转移支付为切入口	论文	张　婷
40	山西资源型经济转型发展报告(2012)	研究报告	李志强　容和平　梁红岩　常　涛
41	中国农户贫困脆弱性的测度研究	专著	郇秀军　李树茁
42	"中国制造"镜像:基于风险社会视角的考察	专著	李彩霞
43	金代南渡诗坛研究	专著	刘福燕
44	节日的视觉盛宴——中国贺岁电影研究	专著	张明芳
45	米歇尔的"图像转向"理论解析	论文	郑二利
46	"支微入鱼"的演变模式及其在晋方言中的表现	论文	王为民
47	我国区域知识竞争力研究	专著	相丽玲
48	谈话分析的社会研究方法论意义	论文	范宏雅
49	借鉴社会评价理念与方法完善我国社会稳定风险评估机制	论文	陈红爱
50	退而更化:历史传统的重建——试论国学复兴应以"读史"为中心	论文	徐艳霞　宋　军
51	自由、平等与社会公正	专著	张二芳
52	价值理论重构与市场规律探析——市场化改革与建设研究	专著	原玉廷
53	法律的移植与排异 清末民初地方自治运动研究	专著	郭相宏

三等奖(82项)

序号	题目	成果形式	作者
1	省域尺度经济可持续发展的投影寻踪聚类研究——基于内地30个省市自治区1998–2009年数据的实证分析	论文	闫绪娴　苗敬毅
2	基于CVaR的第三方回收闭环供应链优化与协调	论文	高文军　陈菊红
3	多维视角下城市群体网络化发展绩效评价模型及实证研究	论文	吉迎东　卞　坤
4	基于熵权法的战略性新兴产业识别选择研究——基于LED、IPV6、太阳能电池的实证研究	论文	卢文光　杨赛明　黄鲁成
5	旅游干扰对五台山植被景观区植物多样性的影响	论文	程占红　赵　蒙
6	会计电算化	编著	陈立新　张　霞　高建英
7	合作意愿在集群企业获取竞争优势中的作用研究	论文	闫　莹　赵公民
8	起点即终点:武术发展的知识向度	论文	张江华　刘定一
9	爱我朔州	编著	李　尧　高海　苗连顺
10	ETS iSkills TM 测验的标准设定及其对NTET的启示	论文	汪存友
11	临床运动心理学研究:现状、问题与建议	论文	刘　丽　石　岩
12	农业协同创新:地方农业高校的发展契机与时代使命	论文	何云峰
13	论仁爱思想与中小学生道德培养	论文	裴余庆　李金霞
14	论作业与教学关系的重建	论文	郭红霞
15	朗读的魅力	专著	赵介平
16	警仕论道	专著	田书建
17	学校心理健康教育 理论与实务	编著	刘小英　赵俊萍
18	中学教师职业倦怠与完美主义关系的研究	论文	王　莉　王俊刚
19	论标准化视野下的教师教育课程框架设计	论文	林　钧
20	中国社会主义社会建设理论研究	专著	张永光
21	网络政治沟通及其效能提升	论文	曹　妍
22	以色列的宗教社会主义运动研究	论文	李　勇
23	匈牙利社会党发展演变探析	论文	申云兰　王志连
24	新形势下的思想政治教育创新探索	论文	赵跃先
25	需要、欲望和自我——唯物论和辩证观的需要理论	专著	张檀琴　李　敏
26	智库的历史演进、基本特征及走向	论文	刘　宁
27	世界历史文库之《希腊史》	译著	屈闻明　杨林秀

续表

序号	题　目	成果形式	作　者
28	全球化视域下文化创造力研究	专著	杜　刚
29	上党文化分期研究	专著	张　利
30	山西抗日根据地救灾研究	专著	段建荣
31	对大学音乐教材编写的几点建议	论文	邬　江
32	抗日战争时期妇女纺织运动及其意义	论文	许淑贤
33	关系千万重:明代以降吕梁山东麓三城的洪水灾害与城市水环境	论文	李　嘎
34	晋商文化研究资料(第七辑 榆次专辑)	编著	李新文　石建兰　杨美红
35	中古黄河中下游环境、经济与社会变动	专著	李文涛
36	山西省志·供销合作社志	编著	齐润阁　司昌平 韩景洲　郝守文
37	乱世礼法——和你一起读《荀子》	专著	路　强
38	绿树成荫工业村	专著	李美峰　康　惠
39	晚明时期中西伦理美学思想的邂逅与交融	论文	李翔德
40	农村宅基地使用权制度研究	专著	任中秀
41	中国农产品地理标志法律保护研究	专著	赵小平
42	从阿玛蒂亚森的可行能力说看我国农村环保法治	论文	马存利
43	中国农村基层民主与治理研究	专著	董江爱
44	网络民主意蕴下政治参与秩序的构建	论文	白　毅
45	近代中国所有权制度的形成——以民初大理院的民事判例为中心(1912–1927)	专著	周子良
46	包夹:集体化时代乡村阶级斗争的运作机制	论文	邓宏琴
47	被害预防:减少犯罪的重要途径	论文	段　丽
48	植根本土的歌曲创作与研究——常士继作品谈	专著	常晓菲
49	故画论评王维绘画地位之辨析	论文	胡建锋
50	统一在价值观基础上的传统文化与现代艺术典范——《云南映象》与《黄河三部曲》艺术魅力探析	论文	乔　欣
51	汉末魏晋南北朝楷书的发生及其流变考论	论文	冉令江
52	提升艺术设计应用型人才培养质量的路径	论文	魏卞梅
53	时代唱响"民族风"——论少数民族的流行音乐	论文	孙桂芸
54	基于 Panel Date 的中部农村居民消费结构实证分析——以山西省为例	论文	王艳萍　张　瑜

续表

序号	题　目	成果形式	作　者
55	我国产业结构与经济增长间动态关系的实证分析	论文	冯江茹　范新英
56	低碳生态城市发展的理论与实证研究	专著	关海玲
57	马克思主义农业生态思想视域下的农业剩余劳动力研究	论文	李繁荣
58	对山西煤电企业协调发展的若干政策建议	论文	郭　勇
59	给力雷人经济学	专著	刘泰来
60	山西农村扶贫开发实践及提高扶贫质量的思考	研究报告	山西省扶贫办 山西省财政厅 山西省农村财政研究会课题组
61	健全覆盖城乡的社会保障体系研究	论文	闫爱青　邵　勇
62	英国温室气体排放:因素分解与减排路径研究	论文	张　波　庞舒雅
63	谣言传播的心理学研究	专著	石慧敏
64	抵抗异化:索尔·贝娄小说研究	专著	白爱宏
65	民俗语境下的《西厢记》之情理表达	论文	彭栓红
66	底层文学该如何写作——以赵树理小说创作为参照	论文	白春香
67	傅山近体诗用韵研究	论文	李小平　曹瑞芳
68	中国鼓词文学发展史	专著	李雪梅　于　红　霍耀中等
69	宋代蓝田四吕及其著述研究	专著	李如冰
70	陕北晋语语音研究	专著	李建校
71	周恩来新闻实践研究(1914-1949)	专著	贾临清
72	Author bibliographic coupling analysis:A test based on a Chinese academic database	论文	马瑞敏
73	社会网络与职业获得研究现状探析及未来展望	论文	任利成　鲁锦涛
74	基于物联网的智能“云图书馆”架构与思考	论文	王　红
75	为建设一流的省会城市铸魂聚力——开展太原城市核心价值观学习实践活动的做法与启示	论文	吴国荣　马竣敏　边素庭 严志宏
76	罂粟种植与清末山西农民生计问题——以“文交事件”为中心的区域经济社会考察	论文	郭夏云　苏泽龙
77	中小学体育活动风险管理	专著	石　岩　高　进 王　苗　胡　毅
78	成年人逐级递增负荷试验中血管机能评价指标的变化与应用研究	专著	陈乐琴
79	实用写作指要	专著	郝全梅　苏　炜　李　鑫
80	论老有所为	论文	彭世先
81	从互动性最强、市民最盼望、企业最受益、成效最明显、最容易办到的事入手——关于加快太榆同城化的思考与建议	研究报告	白汉文
82	略论领导力发展与工作场所学习	论文	刘翠兰　许淑贤　柴建芳

教 育

Education

基础教育

【学前教育】 2013年全省新(改、扩)建城镇公办标准化幼儿园216所，完成建筑面积45万平方米，新增学位近5万个，学前三年毛入园率达80.4%。投入资金3亿元，在全省改扩建546所农村幼儿园，完成建筑面积37.75万平方米，增设学位7.4万个。学前教育三年行动计划任务完成。贯彻落实《3—6岁儿童学习与发展指南》，坚持科学保教，为儿童创设丰富多彩的教育环境，防止和纠正幼儿园教育“小学化”倾向。组织“实施学前教育三年行动计划先进县(市、区)、先进单位及先进个人”的评选活动，授予太原市娄烦县等31个县（市、区）“山西省实施学前教育三年行动计划先进县(市、区)”称号、古交市教育局等100个单位“山西省实施学前教育三年行动计划先进单位”称号、弓威凤等204人“山西省实施学前教育三年行动计划先进个人”称号。

（薛　敏）

【义务教育法执法检查】 9月4~8日，全国人大常委会副委员长兼秘书长王晨率领全国人大常委会执法检查组，在山西省就义务教育法贯彻落实情况进行检查。9月5日，检查组一行听取省政府及其相关部门的汇报，省委书记、省人大常委会主任袁纯清出席汇报会并讲话。检查组一行先后深入大同、晋中、临汾、运城等地的乡村城镇中小学校，实地检查义务教育法执行情况，并和当地政府及相关部门负责人、学校校长、教师和家长代表进行座谈。执法检查结束后，检查组对山西省贯彻执行义务教育法总体情况给予肯定。省领导李政文、周然、张复明等先后参加检查或汇报会。（薛　敏）

【义务教育】 加快实施农村义务教育薄弱学校改造计划，2013年有35个县完成农村义务教育薄弱学校改造任务。全年共投入5.59亿元，其中中央专项资金2.24亿元，省专项资金1.24亿元，项目县配套资金2.11亿元，集中为3070所中小学校配备标准化教学实验仪器、音体美卫器材、图书资料等，并实现多媒体教学设备“班班通”。推进义务教育学校标准化建设工程，下发《山西省推进义务教育学校标准化建设工作实施方案》，修订《山西省义务教育学校办学基本标准（试行）》，39个县通过义务教育学校标准化建设省级检查验收，太原市迎泽区通过国家“全国义务教育发展基本均衡县(市、区)”认定。推进义务教育办学模式和中考招生改革，推广盟区制和联盟校等办学模式，各市优质高中招生指标分配比例达到60%以上。推进义务教育学校校长、教师交流，开展交流工作的县(市、区)达到87个，交流人数8500余人。组织制定山西省中小学信息基本标准，落实“三通两平台”任务，先后在寿阳和芮城召开全省教研信息化现场会和班班通应用现场会，在教育部召开的全国信息化工作会议上，山西省交

开展中小学生素质教育　　（薛　敏提供）

流在信息化配置和使用方面的经验。6月24日，教育部在晋中市召开全国义务教育均衡发展现场经验交流和工作推进会，教育部副部长刘利民出席会议并作讲话。（薛　敏）

【中小学德育工作】 推进社会主义核心价值体系建设，把社会主义核心价值体系融入中小学教育全过程。推进“爱学习爱劳动爱祖国”教育活动。开展第二届美德少年评选活动，共评选60名美德少年。组织开展优秀童谣征集活动，加强中小学幼儿园节约教育，开展“爱粮食”征文活动。加强学校心理健康教育工作，组织全省中小学心理健康教育和家校共育调研工作，支持建设11所高中心理健康教育示范校。推进青少年校外教育工作，实施青少年校外活动场所能力建设项目申报工作，争取省财政3247万元的支持资金；开展航海航天模型优秀项目评选活动；举办新建校外活动场所主任培训班；分别召开青少年校外教育太原、晋中、吕梁片区工作会和大同、朔州、忻州片区工作会。（薛　敏）

【普通高中教育】 成立山西省普通高中工作专家指导组，召开学科特色高中学校座谈会，初步形成山西省在多样化发展方面的工作思路。12月底召开全省示范高中校长会议暨2013年普通高中课堂教学改革学校校长论坛。组织全省26.9万名高二年级学生参加全省普通高中学业水平考试。全省高中阶段毛入学率达到91%。（薛　敏）

【特殊教育】 对山西省特殊教育基本情况进行全面调研摸底，起草《山西省特殊教育发展情况报告》。选派特教教师参加多个国家级特教培训班，举办全省特殊教育学校康复教学与心理干预培训班，在国培计划中安排对特殊教育骨干教师的培训项目。（薛　敏）

职业教育和成人教育

【招生规模】 完善招生政策，加大宣传力度，规范招生行为，扩大中职招生规模，全省中职学校招生164653人，其中职业高中70984人，普通中专48846人，成人中专4098人，技工学校招生21710人，其他机构、附设中职班招生19015人。（薛　敏）

6月1日，2013年全国职业院校技能大赛高职组会计技能赛项在山西财政税务专科学校举行（薛　敏提供）

【职业教育基础能力建设】 加强骨干示范性职业学校建设，完成第一批8所中职示范校的省级验收工作；组织第二批11所国家级中职示范校进行中期现场交流汇报；第三批11所国家级中职示范校申报学校全部获教育部批准，共获得中央专项资金14907.7万元。组织对山西煤炭职业技术学院国家骨干高职建设工作进行省级验收，验收结果获国家验收良好等次。加强实习实训基地建设，制定《职业教育实训基地建设管理暂行规定》，27所中高职学校获得教育部、财政部批准立项建设职业教育实训基地，中央财政支持专项建设款4690万元。组织完成2013年中职省级实训基地评审工作，2013年共有60个实训基地获得省财政支持建设，争取到省财政支持专项建设资金9500万元。推动县级职教中心建设，3个县级职教中心通过省级督导评估验收。（薛　敏）

【中职学校管理】 加强学校内部管理，完成第二轮中职学校管理星级评估认定工作，14所学校被评估认定为管理五星级学校，103所学校被评估认定为管理四星级学校，134所学校被评估认定为管理三星级学校，70所学校被评估认定为管理二星级学校，27所学校被评估认定为管理一星级学校。加强中职学生学籍管理，组织各市教育局和402所中职学校开展专业管理系统和学籍管理系统培训。（薛　敏）

【职业院校学生技能大赛】 举办山西省第七届职业技能大赛，并组织由35所中职学校、16所高职学院共240名参赛选手组成的山西代表团参加全国职业院校技能大赛，取得历史最好成绩，其中获得9个一等奖、19个二等奖、43个三等奖，获一等奖学生的指导教师获得指导教师奖。在全国职业院校学生技能作品展洽会上，山西团获得1个一等奖、1个二等奖，山西财政税务专科学校被教育部授予分赛区优秀组织奖。举办中等职业学校“中国梦，我的梦”学生作文大赛，选出120篇优秀作品结集出版。组织教师参加2013年全国职业院校信息化教学大赛，获得1个二等奖、3个三等奖。组织参加全国第十届中等职业学校文明风采竞赛，参赛学生获得1个一等奖、3个二等奖、4个三等奖，3位教师获得杰出指导教师奖，8位教师获得优秀指导教师奖，4所学校获得卓越组织奖，9所学校获得优秀组织奖。（薛　敏）

【人才培养工作】 加快建设现代职

业教育体系，促进中高职衔接。扩大“五年制”中高职衔接的职业教育人才培养工作试点范围，招生人数由上年的6000人增加到2013年的16000人。开展“三二分段”人才培养方案研制工作，调整修订原有人才培养方案。开展中职学校对口升学“知识+技能”考试制度改革相关调研工作，初步形成试点方案。开展高职院校精品课程评审，评选出省级精品课程59门，推荐国家级精品共享课程4门。组织开展第七届高职高专“双师型”教学名师和优秀教师评选，评出教学名师22人，优秀教师66人。完成2013年高等职业院校人才培养工作状态数据采集报送工作。完成对40所高等职业学校提升专业服务产业发展能力75个项目省级验收工作。优化职业院校专业设置。调整公布2013年中专学校招生专业；组织专家组对高职院校专业进行评审，撤销71个与产业相关度不高、就业率低的专业点，增加41个产业发展急需专业点。对全省涉煤高职院校的6个煤炭主体专业的人才培养方案进行全面评审，并进行优化和完善。（薛 敏）

【成人高等教育】 加强成人高等教育学籍管理工作，2013级成人高等学历教育新生学籍注册66855人，注册率为93.63%。推动全省成人高等学历教育网络辅助教学试点工作，网络辅助教学学习平台为师生提供16门课程446个在线课件，平台注册学生用户达6.6万人，平台访问次数超311万人次。完成成人高等学校新增招生专业备案工作，2013年全省12所高校、成人高校共申报新增专业53个专业，对太原师范学院计算机科学与技术等28个专业予以备案。

（薛 敏）

【民办教育】 严格民办学校行政审批制度，对民办学校行政审批项目进行规范和简化，2013年共受理有关民办学校审批、变更等行政审批项目19个，其中审批通过17个，驳回2个，办理有关民办学校虚假宣传的行政处罚项目1件。严格民办学校广告备案制度，2013年共有24所在晋招生的民办学校进行招生简章（广告）备案，其中省内学校14所，省外学校10所。加强对民办学校的年度检查，对省属民办学校进行2012年度年检，确定年检合格学校为47所，并配合省民政部门完成2012年度民办非企业单位年检工作。依法对省属民办学校中名称不规范的12所学校名称进行统一规范。启动成人教育培训服务等三项国家标准试点工作，确定山西中日友好学院等8所省属民办学校为三项标准试点单位。（薛 敏）

【全民终身学习周】 开展全民终身学习活动，全省有太原、长治、晋城、晋中、临汾等5个市、18个县（市、区）举办“全民终身学习活动周”，全省举办活动周的城市比率达到18%。山西省获得全民终身学习活动周工作小组、中国成人教育协会授予的“全民终身学习活动周协调组织奖”，太原市获得“2013年全民终身学习活动周优秀组织奖”和“2013年全民终身学习活动周宣传贡献奖”，晋城市、长治市、临汾市及太原市万柏林区等10县（市、区）获得“2013年全民终身学习活动周成功组织奖”。（薛 敏）

【职工教育岗位培训】 大同煤炭职业技术学院、阳泉职业技术学院、山西煤炭管理干部学院、长治职业技术学院、潞安职业技术学院等5所设有涉煤专业的院校开展煤炭产业科研人员、技术人员、管理人员培训工作，累计开设专业45个，全年共完成21392人次的培训任务。在山西大学、太原理工大学开设金属非金属矿山、危险化学品行业重点岗位大专专业证书教育。（薛 敏）

高等教育

【大学生思想政治教育】 启动大学生思想政治教育工作测评体系自测工作。深化高校思想政治理论课教学改革工作。在湖南大学、上海大学建立高校思想政治教育师资培训基地，举办全省高校思政部主任论坛暨能力提升高级研修班、《中国近现代史纲要》教师高级研修班。完成2013年度高校思想政治理论课教学改革项目评审工作，共评选重点项目4项、一般项目12项。完成山西省普通高等学校思想政治理论课教师队伍培养实施方案（2013~2017年）。会同有关部门在全省建立65个青年师生社会志愿服务基地。举办首届辅导员职业能力大赛。成立高校辅导员工作委员会，建立全省高校辅导员培训基地，制订2013~2017年辅导员全员培训计划。加强大学生心理健康教育，创建山西省学生心理健康教育网站，聘请10名专家开展网上心理咨询辅导活动。开展第七届全国高校校园文化优秀成果评选活动。开展首届大学生“创业梦大学梦中国梦”微电影大赛活动。建立高校大学生思想状况观测机制，确定20个观测单位。

（薛 敏）

【高校新校区建设】 省委、省政府高度重视高校新校区建设工作，省委书记袁纯清、省长李小鹏多次到高校新校区检查指导，并专门成立山西省高校新校区建设推进领导组，定期召开会议解决高校新校区建设过程中出现的问题。全年竣工单体264个，面积240万平方米，累计完成投资额96.46亿元，占总投资的91.49%。2013年秋季学期开学，近7万名师生入驻高校新校区，整体运行平稳。（薛 敏）

【高校布局调整】 高等教育布局结构不断优化，新增山西传媒学院、太原学院2所本科院校，新增吕梁职业技术学院1所高职院校。中北大学朔州校区、太原科技大学晋城校区2013年开始招生，实现全省11个设区市本科教育资源全覆盖。太原电力高等专科学校经教育部批准并入山西大学。筹建山西能源学院。（薛 敏）

【高等教育质量工程】 实施高等教育质量和水平提升工程，推进教学质量和教学改革项目建设，投入1200万元，重点建设38个特色专业，252项教学改革项目，414项大学生创新创业训练项目。新获批15个国家本科专业综合改革试点专业，确定太原理工大学、山西大同大学、吕梁学院、太原理工大学阳泉学院4所高校的采矿工程等6个专业为服务转型综改试验区专项特色专业建设项目。加强本科高校教学评估,配合教育部完成对长治学院合格院校评估和运城学院合格院校评估验收工作。新增太原师范学院为硕士学位授予单位、长治医学院为培养专业硕士试点单位。制定《山西省普通高等学校本科专业设置管理实施细则》,规范山西省普通高校本科专业的设置与管理,在山西师范大学等已有学士学位授予权的8所高校新增13个学士学位授予专业,在山西大学商务学院等5所独立学院批准9个专业具有暂行学士学位授予权。将拟新增的56个专业,拟调整学位授予门类的2个专业和拟撤销的1个专业报教育部备案。推进校企合作、协同育人的人才培养模式改革,山西省共遴选建设14个国家级大学生校外实践教育基地。开展大学生创新平台建设,利用政府债券3000万元,依托并整合高校现有的国家级、省级实验教学示范中心,重点建设20个大学生创新平台,每个项目支持经费150万元。推进优质教学资源共享工作,共有6门课程被评为2013年国家级精品资源共享课立项项目。

(薛　敏)

【高层次人才队伍建设】 遴选出2013山西省高等学校优秀创新团队3个、中青年拔尖创新人才6人、优秀青年学术带头人34人。推荐67位百人计划候选人。组织有关高校申报海外高层次人才引进计划,有1人入选"长江学者"计划。加大高层次人才培养力度,13人进入2013年度享受政府特殊津贴人选。评选出2013年山西省学术技术带头人40人、2013年山西省新兴产业领军人才8人,申报2013年度"留学人员科技活动项目择优资助经费申报"项目83项,组织完成山西省选派60人参加"高等学校青年骨干教师国内访问学者项目"申报工作。实施"三晋学者"计划,评选出3名2013年度"三晋学者"。组织山西省高校首届"微课"教学比赛暨全国大赛,共评审省级一等奖21项、二等奖42项、三等奖21项,获得全国二等奖1项、三等奖3项和优秀组织奖。

(薛　敏)

【高校科技创新】 建设培育20个高校创新基地。遴选出太原科技大学"太原重型机械装备协同创新中心"和太原理工大学"山西煤炭资源开发利用协同创新中心"参加国家2014年度国家2011协同创新中心的评审。制定《高等学校重点实验室建设与管理暂行办法》,2013年共有6个实验室成为山西省重点实验室。出台《山西省高等学校人文社会科学重点研究基地评估标准》,新增2个山西省高校人文社科重点研究基地。山西农业大学新农村发展研究院经过科技部、教育部立项评审,成为第二批全国高等学校新农村发展研究院。全省高校共承担2013年度国家自然科学基金项目276项,项目经费1.33亿元,占全省项目总数的92%。共承担2013年度国家社科基金46项,占全省项目总数的92%。承担教育部人文社会科学研究项目35项。组织遴选2013年山西省高等学校科技创新项目和哲学社会科学研究项目,立项支持85项科技创新项目(投入专项经费200万元)、41项人文社科重点研究基地项目(投入专项经费205万元)和89项哲学社会科学研究一般项目(投入专项经费125万元)。

(薛　敏)

【重大成果奖励】 2013年,全省教育系统获得重大成果奖励的有:中北大学刘有智教授获得何梁何利基金"科学与技术创新奖"。获得教育部高等学校科学研究优秀成果奖(人文社会科学)4项。获得教育部高等学校科学研究优秀成果奖(科学技术)2项。全省高校共有4项成果获得2012年度山西省科学技术一等奖,占全省的3成左右。评选出山西省高等学校科学研究优秀成果奖(科学技术)46项,其中一等奖31项,并向省科技厅推荐参加2013年度省科学技术奖的评选。

(薛　敏)

【高等教育信息化建设】 指导CERNET主干网太原核心节点建设,教育网主节点线路带宽升级为10Gbps,提高核心节点的性能,并完善可靠的网络运行管理和安全保障系统;实现高校新校区与主节点裸光纤开通,具备信息共享的基本条件,为新校区入驻高校大数据共享、网络资源合作提供平台基础;太原理工大学、山西大学、太原科技大学、中北大学等高校通过不同运营建设模式建成覆盖全校主要教学科研区域的无线校园网;数字化校园建设取得新进展,构建起统一数据库平台、统一数据门户、统一身份认证平台的数字化校园信息标准;召开山西省教育科研计算机网建设和高校信息化工作会议。(薛　敏)

【研究生教育】 新建12个省级校企合作研究生教育创新中心,对21个研究生教育创新中心进行年度考核。加强研究生教育创新中心管理。支持重点学科服务地方经济建设,支持24个山西省高校重点学科大型仪器设备建设项目,经费合计3025万元。评选出研究生教育改革课题52项(其中重点项目15项)、研究生创新项目114项(其中重点项目42项)、重点学科支持项目20项。组织评选出2012学年度山西省优秀博士论文30篇,优秀硕士论文73篇。(薛　敏)

新闻出版 广播影视

Press and Publication Radio and Movies TV

新闻出版

【概述】 2013年，全省新闻出版系统、贯彻落实中央和省委省政府重大决策部署，强化导向引领、深化改革发展、创新公共服务、严格依法行政、转变工作作风。

市、县两级政府机关使用正版软件工作全部完成。11个市的市级政府机关、127个县（含开发区）的县级政府机关共投入6000多万元采购各类软件许可数11万余个，个别县超额完成乡镇级政府机关使用正版软件任务。各抽检市县实现软件安装、制度建设、工作落实“三到位”。（潘 焱）

【“十二五”发展规划中期评估】 评估结果显示：山西省共有图书出版社8家（其中复牌社1家），音像（电子）出版社3家，报纸出版单位77家，期刊出版单位200家，获得互联网出版资质单位12家；印刷复制单位3975家（外商投资印刷企业7家）；印刷物资供销单位2家；出版物发行网点2945个；出版物进出口单位2家；从业人员6.97万人。年全省新闻出版业实现总产值174.1亿元，总资产175.18亿元，主营业务收入165.48亿元，同比“十一五”末分别增长69.11%、46.07%、69.64%，基本实现时间过半、任务过半的工作目标。（潘 焱）

【“新闻出版精彩跨越”主题展】 首届山西文博会上，山西省新闻出版行业共设置“新闻出版精彩跨越”主题展区以及山西日报报业集团、山西出版传媒集团两大集团展区，总面积达1500平方米，集中展示数字出版、绿色印刷、创意设计、3D打印等行业发展新动态；21个产业发展项目参加现场招商和推介签约，现场签约金额达4.5亿元。山西省新闻出版局在展场内专门设立版权服务台，为参展人员提供版权法律咨询以及版权登记服务，共发放版权宣传专刊3000余份，为87件参展作品进行版权登记，解答群众版权咨询200余人次。经组委会评定，山西省新闻出版局获优秀展示奖，山西科技新闻出版传媒集团等单位和个人获得表彰奖励。（潘 焱）

【主题出版宣传和发行】 《中国共产党文风建设论》《我在春天等你》两种选题入选全国深入学习宣传贯彻党的十八大精神主题出版重点选题；开展党的十八大精神、中国梦、宣传思想工作会议精神等农家书屋主题宣讲活动。山西省新闻出版局为全省28339个农家书屋配送党的十八大辅导读物4种计113356册，为省内8000个行政村书屋配送十八届三中全会读本4种计3.2万册。（潘 焱）

【出版物选题和审读】 全年重点审读报纸44种、期刊43种，编发《审读快报》48期，《专项审读报告》2期；核发书号2900余个，审批图书选题5600余种，批复备案音像电子选题320种，审核备案游戏产品1款；确定年度重点选题84种，发布优秀晋版图书书目共4期336种。（潘 焱）

【晋版精品战略】 电视剧《八路军》荣获第四届中华优秀出版物（电子出版物）奖，《林毅夫自选集》《襄垣鼓书》等5种出版物获得相应类别的提名奖；《中国教育文化研究丛书（4册）》等3种图书入选第四届“三个一百”原创图书出版工程；《山西日报》《新型炭材料》《日用化学品科学》3种报刊被评为全国“百强报刊”；《讲给孩子的中国科学》《流动的花朵》《儿童安全自救早知道》等优秀出版物成功入选多项国家级重点出版物推荐名单。组织推荐59种出版项目、3家单位和4名个人参评第三届中国出版政府奖。（潘 焱）

【非时政类报刊体制改革】 全省非时政类报刊出版单位核销事业编制、注销事业单位法人工作基本完成，社会保险关系接续的基础性工作初步完成。围绕转企改制6条标准，开展全省非时政类报刊改革情况督查调研。（潘 焱）

【重大项目战略】 年内共有6个项目入选全国新闻出版改革发展项目库，其中山西今鼎公司的“绿色印刷水墨新材料与印刷复制新技术开发应用”、山西科技新闻出版传媒集团的“基于三网融合的山西省农村数字

2013年晋版出版物获国家奖项情况统计表

<table>
<tr><th>奖项名称</th><th>获奖时间</th><th>出版物名称</th><th>出版单位</th><th>备注</th></tr>
<tr><td rowspan="3">第四届中华优秀出版物奖
图书提名奖</td><td rowspan="3">2013年2月</td><td>《林毅夫自选集》</td><td>山西经济出版社</td><td></td></tr>
<tr><td>《物联网——开启全新生活的智能时代》</td><td>山西人民出版社</td><td></td></tr>
<tr><td>《中国戏曲文物通论》</td><td>山西教育出版社
三晋出版社</td><td></td></tr>
<tr><td>2012年度“大众喜爱的50种图书”</td><td>2013年2月</td><td>《讲给孩子的中国科学》</td><td>希望出版社</td><td></td></tr>
<tr><td rowspan="3">第四届中华优秀出版物奖</td><td rowspan="3">2012年3月</td><td>《八路军》</td><td rowspan="3">山西春秋电子音像出版社</td><td>电子出版物奖</td></tr>
<tr><td>《襄垣鼓书》</td><td rowspan="2">音像出版物提名奖</td></tr>
<tr><td>《襄垣秧歌》</td></tr>
<tr><td rowspan="4">2013年度国家出版基金资助项目</td><td rowspan="4">2013年2月
至4月</td><td>《二十世纪之中国:乡村与城市社会的历史变迁》</td><td>山西经济出版社</td><td></td></tr>
<tr><td>《晚清民国书法善本集成》</td><td>山西人民出版社</td><td></td></tr>
<tr><td>《中国古代制瓷工程技术史》</td><td>山西教育出版社</td><td></td></tr>
<tr><td>《中华佛教史(11册)》</td><td>山西教育出版社</td><td></td></tr>
<tr><td>2013年向全国青少年推荐百种优秀图书</td><td>2013年5月</td><td>《儿童安全自救早知道》</td><td>希望出版社</td><td></td></tr>
<tr><td rowspan="2">"深入学习宣传贯彻党的十八大精神主题出版重点选题"</td><td rowspan="2">2013年5月</td><td>《中国共产党文风建设论》</td><td>山西教育出版社</td><td></td></tr>
<tr><td>《我在春天等你》</td><td>希望出版社</td><td></td></tr>
<tr><td rowspan="5">2013年中小学图书馆(室)
推荐书目</td><td rowspan="5">2013年5月</td><td>《牵着蜗牛慢慢走》</td><td rowspan="5">希望出版社</td><td></td></tr>
<tr><td>《小城故事》</td><td></td></tr>
<tr><td>《乍放的玫瑰》</td><td></td></tr>
<tr><td>《世界科技五千年(上)》</td><td></td></tr>
<tr><td>《世界科技五千年(下)》</td><td></td></tr>
<tr><td rowspan="3">百强报刊</td><td rowspan="3">2013年7月</td><td>《山西日报》</td><td rowspan="3"></td><td></td></tr>
<tr><td>《日用化学品科学》</td><td></td></tr>
<tr><td>《新型炭材料》</td><td></td></tr>
<tr><td rowspan="2">全国“向青少年推荐100种优秀图书和100部优秀影视片”展销展映展播活动</td><td rowspan="2">2013年7月</td><td>《讲给孩子的中国地理》</td><td>希望出版社</td><td></td></tr>
<tr><td>《流动的花朵》</td><td>希望出版社</td><td></td></tr>
</table>

续表

奖项名称	获奖时间	出版物名称	出版单位	备注
2013 年首届向全国青少年推荐 50 种优秀音像电子出版物	2013 年 7 月	《八路军》	山西春秋电子音像出版社	
2012 年度输出版优秀图书奖	2013 年 8 月	《中国思想地图:老子》	山西人民出版社	
		《再见》	希望出版社	
		《大医脉神》	山西科学技术出版社	
第四届"三个一百"原创图书出版工程	2013 年 10 月	《中国教育文化研究丛书(4 册)》	山西教育出版社	
		《红色账簿:1921–1927》	北岳文艺出版社	
		《讲给孩子的世界科学(3 册)》	希望出版社	
		《中国古代手工业工程技术史(上下册)》	希望出版社	
第三届中国出版政府奖	2013 年 12 月	《八路军》	山西春秋电子音像出版社	电子出版物奖
		《山西文化资源地图》	山西教育出版社 山西科学技术出版社	装帧设计奖提名奖
		《画说平遥古城》	山西人民印刷有限责任公司	印刷复制奖提名奖

出版公共服务体系建设"、山西新华印业有限公司"扩大绿色印刷产能"3 个项目获得中央文化产业发展专项资金支持 1900 万元;23 个项目入选"十二五"国家重点图书出版物规划项目;《语文报》社有限责任公司、《新课程》杂志社有限责任公司入选全国首批"数字出版转型示范单位"。争取国家出版基金支持,《中华佛教史》等 6 个项目获得 2013 年国家出版基金项目资助资金 500 余万元,组织《五台山佛教文化遗产档案》等 17 个项目申报 2014 年国家出版基金项目。全省共有 6 家出版物印刷企业通过绿色印刷认证。（潘　焱）

【山西出版"走出去"】 组织省内 8 个出版社的 6000 余种图书参加第二十三届全国图书交易博览会,其中新版图书达 1000 余种。组织省内 77 种报纸、200 种期刊参加中国(武汉)期刊交易博览会,山西省新闻出版局获得刊博会优秀组织奖称号。完成第八届北京国际印刷技术展览会、上海国际印刷周、中国·稷山第二届包装印刷洽谈会等参展工作。推进版权输出,在第二十届北京国际图书博览会上,共签订版权输出协议 22 项,达成版权输出意向 53 项、引进版权意向 15 项,连续 7 年实现版贸顺差;《中国思想地图:老子》等 3 种图书入选"第十二届输出版优秀图书"。（潘　焱）

【全民阅读活动】 以山西省第三届"全民阅读月"活动为龙头,开展主题阅读活动。以"服务群众、优惠售书"为主题,举办历时 9 天的全省性大型图书展销活动,省内所有出版社和太原市新华书店均设立全民阅读活动优惠售书专柜专架。开展"我最喜爱的 10 本好书"评选活动,发布推荐书目 100 种,经省内读者推荐,《正能量》《邓小平时代》《百年孤独》等 10 本图书入选。开展"文化年货带回家"活动,共发放报纸、期刊 2000 余册(份),图书 4900 余册,音像电子出版物 150 余盘。省内 30 个家庭入选全国"书香之家"。（潘　焱）

【农家书屋建设】 探索农家书屋管理和使用的长效机制,制订下发《关于加强农家书屋管理实现长效可持续发展的意见》,完善《山西省农家书屋管理办法》,主要从资金管理、日常活动、维护更新、制度建设等几方面入手,保证农家书屋的正常运行。开展全省农家书屋"回头看"验收工作,对吕梁、晋中等地农家书屋进行实地抽查,看反馈情况,全省农家书屋总体运转良好。省市县乡村各级读书活动兴起,多地进行社区"流动书库"、公益捐书、"读书之星"评选等有益尝试。完成卫星数字农家书屋项目建设的专题调研。依托已建书屋开展“送书下乡”工作,为省内828个优秀农家书屋配送更新价值10000余元的图书和电子音像制品,包括图书696种714册、音像制品55张,共计636732册(张)843万元。（潘　焱）

【公共服务】与共青团山西省委联合开展向全省青少年推荐优秀图书活动,《乍放的玫瑰》《流动的花朵》等54种图书入选推荐书目,并在全省各大新华书店设立专柜专架予以展示展销。加强公益广告宣传工作,组织34家省内主流报刊围绕“讲文明树新风”等主题开展公益广告宣传。基本实现2013年秋季教材绿色印刷全覆盖。（潘　焱）

【新闻出版行政管理】新调整保留9项行政审批事项(主动取消2项、下放1项、合并2项,承接新闻出版广电总局下放4项)。开展全省新闻出版行政审批专项检查,做好行政审批项目下放调整后的后续监管、落实和衔接工作,确保相关工作平稳过渡。完成少儿图书专项质量抽查、第十八轮图书编校质量检查、报刊违法虚假广告专项治理、“3·15”中小学教科书绿色印刷、月饼包装装潢印刷品质量监督检查等专项行动。（潘　焱）

【版权执法和监管】以“实施知识产权战略,支撑创新驱动发展”为主题,开展“4·26知识产权宣传周”活动,全省发放各类宣传资料约17万余件,销毁各类侵权盗版制品60余万件,活动直接受众达到23万余人。开展“双打”“剑网”等活动,加强版权行政执法和市场监管,年内主动监管网站100余个,查办各类侵权盗版案件97起,重点查办“YY456音乐网”侵犯著作权等案件。做好企业软件正版化工作,基本完成全年100家企业实现软件正版化的工作目标。（潘　焱）

【“扫黄打非”】以查堵政治性非法出版物、扫除淫秽色情等文化垃圾、打击侵权盗版行为重点,开展“净网”“清源”“秋风”等专项行动。查办各类“扫黄打非”案件185起,收缴非法出版物62万件,删除、屏蔽网络有害信息2500多条。（潘　焱）

·山西日报报业集团·

【新闻宣传呈现新亮色】集团落实全国、全省宣传思想工作会议精神和省委书记袁纯清关于宣传思想工作要“硬起来、强起来、亮起来、实起来”要求,强化“意识形态意识”,提升舆论引导水平,发挥党报集团新闻宣传主阵地作用。

1.在“精新闻、强言论、大通讯、重特色”上取得一定成绩。新闻方面,《山西日报》打造“每日一闻、新闻调查、新闻时报”等栏目和专版,突出事件报道、即时新闻。言论方面,通过增设栏目、增加力量、拓宽选题领域等方式,强化言论思想性、针对性、战斗力。通讯方面,《山西日报》在头版设置“三晋观察”“再造一个新山西·范式与走势”“共筑中国梦·建功在三晋——山西追梦人”三个通讯专栏,刊发《山西综改当前须过八道坎》等报道。所报道的汾酒集团高工赵迎路、获联合国“节水管理奖”的运城夹马口引黄局局长张学会等人物典型受到省委书记袁纯清批示表扬。特色方面,主要是强化报刊定位,在做足本土新闻、讲好山西故事方面加大力度。

2.实施“集团军”作战,共同唱响主旋律。强化《山西日报》姓党、子报子刊也姓党的理念,共同强化主旋律宣传。《山西日报》围绕中心工作,完成全省和全国“两会”、转型综改试验区建设大会、文博会、首批群众路线教育实践活动、十八届三中全会等重大报道。《山西晚报》推出“弘扬山西精神系列评论”“党的群众路线教育实践活动特刊——镜鉴”受到省领导高度评价;“最美村官”评选活动推出村官段爱平荣膺全国十大“最美村官”,入选“感动中国”十大人物。《三晋都市报》多篇重点报道受到袁纯清等省领导批示和肯定。《山西经济日报》发挥经济报道专长,对项目推进年、扶持中小微企业、3个涉煤20条进行报道。

3.在提升采编水平、创新宣传手段上下功夫。《山西日报》开展“提升业务内功年、新闻报道精品年”新闻业务活动,抓“提内功”6个项目和“创精品”9个实务环节;成立《山西日报》新媒体部,在报网融合发展方面迈出新步伐。（孙　峰　丁　婕）

【经营发展】1.经营收入急剧下滑势头得到遏制。2013年集团合并经营性收入3.9亿元,其中广告收入1.44亿元,报刊发行收入1亿元,印刷收入1亿元。

2.报刊发行总体稳定。通过省委下达指标和财政购买赠阅党报党刊等办法,集团2013年报刊发行总份数达120万份,确保发行收入稳定和新闻宣传有效覆盖。其中《山西日报》发行量达19万份,《山西农民报》《山西经济日报》列入党报发行范围,并实现发行稳中有升。

3.对《山西晚报》实行“三位一体”运作模式。缩小作战单元,形成责任权利更加明晰的经营模式,效果初显。

4.山西日报传媒(集团)有限责任公司运作得到实质性推进。理顺报业集团与传媒集团产权关系,扫清体制机制障碍,推动传媒集团运作步入正轨。（孙　峰　丁　婕）

【获奖表彰】全国“百强报刊”评选活动结果7月18日揭晓,《山西日报》以“舆论导向正确,区域影响力大,经营能力较强,出版规范”,入选“全国百强报纸”。这是山西省唯一上榜报纸。

1月27日,第十届中国报刊广告推介年会暨2012中国报刊广告金鼎奖颁奖典礼在北京举行。《三晋都市报》获“2012中国报刊广告金鼎奖年度媒体奖”,集团副社长、三晋都市报社社长李蜀昌获得“2012中国报刊广告金鼎奖功勋人物奖”。8月24日,第三届中国媒体品牌峰会暨2013中国市民喜爱的媒体品牌颁奖盛典在内蒙古呼和浩特举行,《三晋都市报》荣膺“最具公信力品牌”奖,集团副社长、三晋都市报社社长李蜀昌获“卓越人物奖”。

3月15日,广告总公司2012年

策划、组织“分享古今大宅书画传世家风——星河湾书画名家山西大院行暨作品联展”大型活动被中广协报刊委员会评为中国报刊广告“金推手奖”经典案例奖。这次获奖是广告总公司继2010年后第三次获得中国报刊广告经典案例奖。5月15日，经中国广告协会严格评审，集团广告总公司获“2012年度广告行业诚信经营创建单位”称号，是山西省唯一获此殊荣媒体单位。广告总公司连续十二次受到中国广告协会表彰。

4月10~11日，中国报协在京召开第四届四次理事大会暨中国报协成立25周年纪念大会。集团副社长、省报业协会常务副主席张宁获“中国报业杰出报人奖”。山西经济日报社获“中国报业经营管理奖”。侯忠泉、张秀、庞彪、郭兆平、关启、段永刚等6人获“中国报业经营管理先进个人奖”。

4月14日，全国报纸自办发行年会在安徽合肥召开，晋万家发行公司获“2012年度自办发行先进集体”，侯百管获自办发行先进个人。7月8日，在宁夏银川召开第20届全国省级党报发行协作会议，发行总公司被评为全国省级党报发行先进集体，李彤、吕志霞获全国省级党报发行先进个人。

5月13日，由山西省新闻工作者协会主办第二十二届（2012年度）山西新闻奖评选揭晓，评出获奖作品454件。《山西日报》等11家集团所属媒体95件作品获奖。其中：《山西日报》32件作品获奖；《山西晚报》22件作品获奖；《三晋都市报》10件作品获奖；《山西经济日报》12件作品获奖；《山西农民报》4件作品获奖；《山西法制报》3件作品获奖；《山西市场导报》1件作品获奖；《人民摄影报》1件作品获奖；《发展导报》2件作品获奖；《民间对联故事》1件作品获奖；山西新闻网7件作品获奖。

6月30日，《山西日报》记者薛锁明和通讯员肖继盛发表于2006年9月12日《山西日报》上一则消息《生前他为二十五位老人送终身后一千多人为他送行》，被编入《高中语文读本·新闻（选修）》第四单元“感彻人事，摄心动魄——描摹百态人生”首篇。这是《山西日报》新闻作品首次入编教辅类书籍。这件新闻作品曾获第十七届中国新闻奖二等奖。

8月20日，《山西日报》农村部记者赵建军《14家国企争当产业扶贫排头兵》报道，省委书记袁纯清对该报道作出批示：“国资委抓产业扶贫抓得实，抓得紧，路子也对头，一定要遵循市场原则，抓住产业这个关键，实现企业和农民双赢，做大企业转型、农业发展这篇文章。”

10月7日，《山西日报》A1版头条刊登朔州分社记者袁兆辉与通讯员王涛、王小花合写消息《右玉：乡镇党委会进村开》，10月8日，省委书记袁纯清批示：“乡镇党委会进村开是务实之举，是走群众路线的工作创新，可派员调查。”省委常委、组织部部长汤涛要求迅速组成专题调研组深入右玉县进行专项调研。

10月11日，A1版头条首开专栏“山西追梦人”，推出由特别报道部记者范非采写的近8000字人物通讯《老赵工的汾酒梦》，省委书记袁纯清立即作出批示，省委常委、宣传部部长胡苏平两次作出批示。由省委宣传部、省委组织部、省文明办、省国资委组成联合调查组专赴汾酒集团，就赵迎路生前事迹进行调研。

10月21日，A1版头条“再造一个新山西范式与走势”专栏刊登晋中分社社长苗武军和通讯员四新、晓文采写的通讯《左权“大调解”》，并加编者按。11月1日，省委书记袁纯清对该稿批示：张璞同志，左权“大调解”的做法很好，有实效，希望能坚持下去，不断总结，在体制机制上形成“范式”。

第21届全国省级党报总编辑会议在兰州落幕。会上进行2012年度全国省、区、市党报好新闻奖评选，《山西日报》10件作品获奖。

10月26~28日，由中国广告协会等主办第二十届中国国际广告节在南京国际博览中心举办。《山西日报》等22家媒体荣膺“中国地标大报——2013中国最具品牌价值报媒”称号。《山西日报》凭借其传媒社会影响力，经营业绩赢得传媒业专家学者认可，成为山西省唯一获此殊荣媒体。

11月11日，《三晋都市报》商标被认定为山西省著名商标。著名商标申请人为山西日报报业集团，申请认定商标是《三晋都市报》报头。

11月16日，《环球人物》2013年第30期以《定力　活力　创新力》为题，用两个版面专题介绍《三晋都市报》积极践行马克思主义新闻观所秉持新闻理念和采访报道情况；12月，省委宣传部主办《宣传工作》第25期以《定力、活力、创新力——〈三晋都市报〉积极践行马克思主义新闻观》予以介绍。（孙　峰　丁　婕）

·山西出版传媒集团·

【概述】 2013年，山西出版传媒集团确立正确处理“六个关系”的总体发展思路，增强发展的责任感、紧迫感，推进集团由规模数量型向质量效益型转变，建立健全充满活力、富有效率的体制机制，取得一批制度创新成果，推进全年各项任务完成，为实现“十二五”目标奠定坚实基础。

在《2013年新闻出版产业分析报告》中，山西出版传媒集团经济效益排名全国第9位，首次跻身前十强。集团16家成员单位中，荣获省（部）级文明和谐单位称号有3家，省直文明和谐单位标兵称号6家，省直文明和谐单位称号8家。（张　琨）

【社会经济效益】 完成营业总收入106亿元，比上年增长13亿元，实现利润总额4.6亿元，比上年增长2000多万元，提前两年完成“十二五”规划的各项发展目标。

30余种图书获得省部级以上奖励。山西春秋电子音像出版社的《八路军》《襄垣鼓书 襄垣秧歌》，山西人民出版社的《物联网》，山西教育出版社和三晋出版社联合出版的《中国戏曲文物通论》，山西经济出版社的《林毅夫自选集》等6件作品获得第四届中华优秀出版物奖；山西春秋电子音像出版社的《八路军》、山西教育出版社的《山西文化资源地图》等3件作品获得中国出版政府奖。山西教育出版社的《中国教育文化研究丛书》《中国古代手工业工程技术史》、希望出版社的《讲给孩子的世界科学》、北岳文艺出版社的《红色账簿》4种图书入选第四届“三个一百”原创出版工程，山西教育出版社连续四届获奖。在报刊评奖评级方面，《编辑之友》的学术影响力提升，被评为北大、南大、中国社科院三核心期刊，全年有21篇文章被《新华文摘》、人大报刊复印资料等全文转载，转载率比上年增长40%。在人物评奖方面，薛海斌获得中国出版政府奖优秀出版人物奖，田文生、苏亚勇荣获山西省五一劳动奖章，姚军、刘立平、苏亚勇、孟绍勇入选全省宣传文化系统“四个一批”人才。在第四届“韬奋杯”全国出版社青年编校大赛上，解瑞、霍艳分别获编辑优秀奖和校对优秀奖；在首届全国汉字输入大赛中，学习报社荣获团体冠军。（张　琨）

【品牌建设】　20余种图书40余次登上全国各类图书畅销排行榜。山西人民出版社《从红墙翻译到外交官》《蒋介石：一个力行者的思想资源》等10余种图书上榜；山西科学技术出版社的《医学衷中参西录》《薛颠武学录》等多本中医类、武术类图书长期位列当当网同类图书前20名。

20余个项目入选各类出版规划或获得资助。山西人民出版社的《历代书法珍本集成·清代民国卷》《20世纪之中国：乡村与城市社会的历史变迁》、山西教育出版社的《中华佛教史》《中国古代制瓷工程技术史》4种图书入选2013年国家出版基金，获资助总额达500万元。《历代书法珍本集成·清代民国卷》获资助280万元，创造集团单品获助金额新高。山西人民出版社推出兼具历史厚重与艺术品位的“大部头”图书，申请多项出版基金资助。希望出版社的《“中国风”儿童文学名作绘本书系》获得“经典中国国际出版工程”资助150万元。山西出版传媒网获全国出版业最具创新力网站。三晋传媒网上线。（张　琨）

【经营管理】　提升集团管理水平，针对管理中存在的漏洞和短板研究制定一系列管理制度。在出版管理方面，针对编辑工作中“三审制度”执行不到位的问题，制订《三审责任制度管理办法》，完善集团出版物的编发流程和审稿制度。在经营管理方面，针对日常经营和财务管控中的风险问题，制订《成员单位经营风险和财务风险防范制度》，强化对成员单位项目投资、经营运作等方面的监督管理。在人力管理方面，针对一些成员单位存在的机构设置随意、编制管理松懈，职数配备超标等问题，制订《关于成员单位内设机构设置及中层干部聘用管理办法》，推动集团干部人事管理科学化、制度化和规范化。（张　琨）

广播影视

【概述】　2013年，山西省共有广播电视播出机构117座(电台1座、电视台3座、广播电视台113座)，开办229套广播电视节目(广播111套，电视118套)。其中：省级广播播出7套节目；省级电视国内播出9套节目；市地级广播电台1座，播出23套节目；市地级电视台3座，播出30套节目；县级广播开办81套节目，县级电视开办79套节目。

全省广播每天播出时间为1092小时，其中，省级广播机构每天播出158小时，市地级广播机构每天播出391小时，县级广播机构每天播出543小时。全省每周电视播出时间为9188小时，省级电视机构每周播出时间1055小时，市地级电视机构每周播出时间3780小时，县级电视机构每周播出时间4353小时。

全省广播综合覆盖人数达3493.78万人，综合覆盖率为96.76%。电视综合覆盖人口数达3554.81万人，覆盖率为98.45%。全省有线网络总长100678千米，有线广播电视用户498.90万户。

全省广播电视从业人员21688人，省级广播电视从业人员3951人，市级广播电视从业人员7369人，县级广播电视从业人员10368人。全省广播电视从业人员中大专以上学历14744人；研究生及以上学历231人；专业技术人员10673人，高级781人，中级3821人。截至2013年底，山西广播电视系统资产总额为78.515亿元，省级广电26.09亿元。

（王　斑　杨松吟）

【新闻宣传】　围绕省委、省政府的中心工作和重点任务，推出《转型综改进行时》《“反对‘四风’服务群众”》《三中全会精神在山西》等专栏，完成全省转型综改试验区建设、党的群众路线教育实践活动、道德建设、党的十八届三中全会、全国和省“两会”、首届文博会等重大主题和重大活动的宣传报道。全国“两会”期间央视上稿总量连续9年位列全国省级台前列，受到省领导表扬；两件作品荣获第23届中国新闻奖三等奖，五件作品荣获提名奖。（王　斑　杨松吟）

【公共服务体系建设】　放映农村公益电影339720场，超额完成1332场，实现“一村一月放映一场电影”的目标。根据全省文化强省建设规划要求，推进城市数字影院建设。新增影院25家(总数达到85家)，银幕新增89块(总数达到351块)，票房收入达到2.88亿元，同比增长36%，超过全国29%的平均水平。

全年共建设完成5451个自然村，比原定目标任务超额2276个村，超额71.7%，使近100万的农民群众看上高品质的51套数字电视、4套图文电视。加强村村通运维体系建设，开展“回头看”验收活动，落实维护经费643万元，确保村村通、优质通、长期通。

推进无线覆盖高山发射台站的基础设施改造，制订《2013年山西省广播电视高山无线发射台站基础设施建设实施方案》，确定“十二五”期间中央投资6750万元，省级财政配套3850万元，分三批对53个高山艰苦发射台站的基础设施进行改造。

村村通广播电视建设、农村公益电影放映受到中宣部、文化部和国家新闻出版广电总局的表彰，被评为“第五届全国服务农民、服务基层文化建设先进集体”。

（王　珽　杨松吟）

【影视剧创作生产】 拍摄电影24部、电视剧7部、专题片5部、电视动画片1部28集。《粉墨春秋》在央视3D频道播出，《来电不善》在央视影视频道播出，《幸福生活万年长》在央视8套电视剧频道播出。共荣获国际奖2项、国家级奖4项、省“五个一工程奖”11项。影视剧的创作拍摄数量、在央视的播出数量同比均有较大幅度增长。（王　珽　杨松吟）

【安全播出】 完成元旦、春节、“五一”“十一”“两会”“十八届三中全会”等各个重要保障期的安全播出。该项工作受到国家新闻出版广电总局的通报表彰，有4个单位荣获全国广播电视安全播出先进集体称号，4名同志荣获全国广播电视安全播出先进个人称号，1名同志荣获全国广播电视技术能手称号一等奖并受到人事部表彰。（王　珽　杨松吟）

【专项治理】 净化荧屏声屏，为广大群众提供绿色收听收看环境，开展四项专项行动。

1.抵制低俗之风，查处整改太原广播电视台的《私家车娱乐秀》、省台的《老梁故事会》等7个存在违规问题的栏目。

2.打击违法违规网站，关闭金哈哈影院、乐看影视、多多影院等7家违法视听网站。被省表彰为“扫黄打非”工作先进集体。

3.整顿广播电视广告播出秩序，查处虚假违法广告3045条次，涉及合同金额达4亿多元；实施广播影视“公益广告全覆盖工程”，加大公益广告的播出，仅在太原地区就播出6万次、1550小时。副省长张复明作出重要批示给予充分肯定。

4.境外卫星传播秩序，收缴非法卫星地面接收设施7000套件，查处并拆除非法设置的卫星接收设施2.5万座，取缔非法销售安装点726个。专项治理成果在全国各省名列前茅，受到国家新闻出版广电总局的表扬。

（王　珽　杨松吟）

【效能建设】 推进机关绩效管理，清理整顿非常设议事机构和领导组，推进行政审批效能电子监察系统建设，与省电子监察系统实现终端连接，提升行政审批效率、办事效率和服务水平。

完善网络公众咨询投诉办理流程，在局门户网站开设监督举报通道，及时转办回复60件咨询和投诉。

开展政风行风工作，通过聘请监督员、参加行风热线、召开听证对话会等措施，解决群众反映的30多件突出问题。

推进信息公开和政务公开，主动公开各类文件128件，业务类信息1000余条。被国家新闻出版广电总局和省政府表彰为信息工作先进单位。

推进行政审批制度改革，将原有的9项行政审批项目减为7项，审批时间比国家规定下降20%，即办事项的即办率达到100%，承诺事项的办结率达到100%。（王　珽　杨松吟）

【全省城市影院经营管理经验交流会】 1月6日在太原召开，全省60余家城市影院经理及售票系统负责人参加会议。省广电局党组成员、副局长李光明出席会议并讲话。

（王　珽　杨松吟）

【全省电影创作工作座谈会】 1月11日在太原召开，由省广电局和省电影家协会共同组办。山西省著名编剧、导演、影评专家以及各电影制作单位的负责人、制片、导演共50多人参加。（王　珽　杨松吟）

【优秀新闻节目获奖】 1月15日，山西广播电视台电视作品《山西新闻联播——我们的故事》和广播作品《针尖尖连着心尖尖》在国家广播电影电视总局组织的“党的十八大广播电视宣传优秀新闻节目评选”中被评为“优秀新闻节目”。

（王　珽　杨松吟）

文 化

Culture

文化建设

【全省文化广电新闻出版工作会议】 1月18日,全省文化、广播、新闻出版工作会议在太原召开。会议总结上年工作,部署2013年工作,对文化、广电、新闻出版系统的先进集体和先进个人进行表彰。省委宣传部常务副部长李高山出席会议,全省11个市文广新局局长,省直文化、广电、新闻出版系统的领导干部和新闻媒体记者300余人参加会议。（陈燕萍）

【全国文化厅局长座谈会】 7月1~2日,全国文化厅局长座谈会在太原召开。会议贯彻落实党的十八大精神,研究解决制约文化改革发展的深层次矛盾和问题。文化部党组书记、部长蔡武,党组成员、副部长、国家文物局局长励小捷,党组成员、副部长项兆伦、董伟出席会议,省委常委、宣传部部长胡苏平出席会议并代表省委、省政府致辞。蔡武在会上作题为《抓住机遇、勇担重任,为实现"中国梦"贡献文化力量》的讲话。全国各省(区、市)文化厅(局)、新疆生产建设兵团文化广电局、各计划单列市文化部门、文化部机关各司局和直属单位负责人100余人出席会议。会后,蔡武及会议代表赴省图书馆新馆、山西大剧院、清徐县文体中心和首届山西文化产业博览交易会考察调研。(陈燕萍)

【文化部与山西省政府签署战略合作协议】 6月30日,文化部和山西省政府签署《关于共同推进文化建设战略合作框架协议》。文化部部长蔡武、省委书记袁纯清、省长李小鹏、宣传部部长胡苏平等领导出席签字仪式。根据协议,文化部与山西省政府从共同拟定山西转型综改试验区文化改革创新方案;共同探索公共文化服务体系投入、建设、运行的新办法、新机制;共同促进文化艺术繁荣发展;共同推动文化产业转型升级8个方面开展共建。（陈燕萍）

【省文化厅集中配送文化惠民设施设备】 10月31日,省文化厅开展全省文化惠民设施设备集中配送活动,共向基层配送流动舞台车80辆、流动文化服务车140余辆、文化活动器材136套,覆盖全省11个市、119个县(市、区),在全国率先实现专业艺术院团流动舞台车和县级图书馆、文化馆流动文化服务车全覆盖。

（陈燕萍）

【公益文化设施建设】 2013年,山西省"省市县三级公益文化设施建设达标率"提高6.32%。截至2013年底,山西省"省市县三级公益文化设施建设达标率"完成69.06%,比上年增长6.32百分点,其中:省本级66.06%,比上年增长10个百分点;市本级为59.33%,比上年增长5.21个百分点;县本级76.1%,比上年度增长5.51个百分点。（陈燕萍）

文学艺术

·文 学·

【"2010—2012年度赵树理文学奖"评奖】 省作协对3年一届的"赵树理文学奖"的评奖机制和程序进行改革,坚持公开、公平、公正的原则,成立评奖纪律监督组,设立评奖意见箱和专用邮箱,并在《山西日报》、山西作家网等媒体公示每一轮评奖结果,将整个评奖过程完全置于全社会的监督之下,确保评奖工作的风清气正。经过3个多月的努力工作,最终评选出具有深刻思想内涵和丰厚审美意蕴的10类24篇优秀作品,2名文学新人,3名优秀编辑,有效地发挥评奖引导和激励创作的重要作用。

（吕轶芳）

【重点作品扶持项目签约】 山西省作协重点作品扶持工作,是以出精品、出人才为目标,以服务、扶持、鼓励作家创作为宗旨,为推动全省文学事业的繁荣发展而设立的一项重要文学工程,也是多年来省作协在促进文学精品创作和人才培养方面积极探索,逐步形成的一项重要工作机制。2013年首次举行重点作品扶持项目签约活动,今后将每年签约一次。

2013年12月,经过两个多月的论证和评选,山西省作协重点作品扶持项目在太原签约。此次重点作品扶

持签约的作家共9位：郭俊明、关海山、黄风、张行健、王春林、杨东杰、毕星星、孙频、孙峰。（吕轶芳）

【山西“双百”出版工程】 为落实党中央关于促进社会主义文化大繁荣大发展的部署和要求，建设文化强省，打造山西文化名片，山西省委宣传部、山西省作家协会、山西出版传媒集团共同打造的“三晋百位历史文化名人传记”和“三晋百部长篇小说”出版工程于2013年下半年正式启动。

“三晋百位历史文化名人传记”出版工程计划从2013年下半年开始，用3~5年左右的时间，为百位山西历史文化名人撰写传记。“三晋百部长篇小说”出版工程计划从2013年开始，用3~5年左右的时间，对山西省长篇小说经典力作和原创作品进行大规模、系统化的出版。

（吕轶芳）

【《2012山西文学年度报告》】 为总结山西文学的成功经验，及时对山西文学创作情况进行梳理和总结，使文学精品保存下来流传下去，将文学活动记录下来传承下去，为山西文学保存一份珍贵的年度档案，推动山西文学事业的大发展、大繁荣。山西省作家协会于2013年编辑出版《2012山西文学年度报告》。《2012山西文学年度报告》的具体内容包括山西省2012年度长篇小说、中短篇小说、散文、诗歌、报告文学、文学评论、影视文学等七大文学门类的年度报告，对各门类文学的整体创作情况进行梳理总结，并对其作出客观中肯的宏观评价。（吕轶芳）

【《2012山西文学年度作品选》】 为集中展示山西省作家2012年度创作的中短篇小说、散文、诗歌、报告文学等各类优秀文学作品，2013省作协编辑出版5卷本的《2012山西文学年度作品选》，每卷20万~30万字。这套书的出版是对年度创作成果的一次汇总，也是一种史料性积累，是对一年来山西文学的创作进行回顾和总结，明确今后努力的方向。省作协将年度作品选的编纂作为一种制度，今后每年都编纂出版5卷本的《山西文学年度作品选》。（吕轶芳）

【《山西批评家自述》】 《山西批评家自述》一书于2013年10月由三晋出版社出版。该书总结60多年来山西几代批评家的写作成果、经验与教训，兼具史料性、学术性和可读性。“自述”列入的26位文学批评家，都是在当代文学批评上具有一定建树，在全省乃至全国有较大影响的。其中的5位已故批评家聘请专人撰写，作为“评述”放在后半部分。已经调离的批评家，不列入此书。批评家的排列以年龄长幼为序。“自述”的出版，将对山西文学的发展、山西文学批评事业的进步起到一定的积极作用。

（吕轶芳）

【杨占平率中国作家代表团访问波兰和保加利亚】 9月4~11日，山西省作协党组副书记、副主席杨占平率领中国作家代表团，赴波兰和保加利亚进行文化交流访问。这是经中央有关部门批准由中国作家协会组织的外事活动。代表团一共4个人，杨占平任团长。

中国作家代表团在波兰和保加利亚期间，主要访问华沙、克拉科夫、索菲亚、普罗夫迪夫等地，与波兰文学家协会、保加利亚作家协会、克拉科夫文学协会、普罗夫迪夫作家协会等文学团体的数十位波兰和保加利亚作家，以座谈会、对话会、朗诵会等形式，进行广泛的交流，双方作家就各自的文学写作、作品出版、网络文学创作、作家生存状况、青年作家培养、文学作品的社会影响等课题，展开全面而深入的研讨，发表真知灼见，互相赠送作品和相关文学期刊，进一步促进中国作家与东欧作家的密切联系。（吕轶芳）

【“山西作家看朔州”“援疆采风”等主题采风活动】 省作协探索深入生活与创作需要紧密对接的有效途径，重点组织“山西作家看朔州”“援疆采风”“山西公路治超专访”“签约作家长治行”等主题采访采风活动。山西省30几位老中青作家分赴朔州、山西对口支援的新疆昌吉回族自治州进行深入细致的采访，推出《“山西作家看朔州”采风活动作品〈黄河〉专辑》和《山西文学·援疆号》；3位作家走遍全省各个治超点进行采访，创作长篇报告文学《大国难题》，10位签约作家多次到长治市郊区进行定点采风，创作完成《长治市郊区·山水文丛》10卷本，进入编辑出版程序。（吕轶芳）

【葛水平深入生活座谈会暨《河水带走两岸》研讨会】 7月4日，中国作协、山西省作协在沁水县联合举办葛水平定点沁水深入生活现场座谈会暨《河水带走两岸》研讨会。中国作协副主席高洪波、书记处书记白庚胜、创联部主任孙德全，省作协党组书记、常务副主席张明旺，党组副书记、副主席杨占平，陕西作协副主席叶广芩，著名评论家雷达、胡平、傅书华、王春林，长治市政协副主席郭健福，沁水县委宣传部部长梁云辉及来自全国各地的近40位作家、评论家、出版界人士、作者的采访对象等参加座谈会。

散文集《河水带走两岸》，是葛水平2011年10月开始参加中国作协定点深入生活，行走沁河两岸之后的倾心之作，这本书凭着作者的田野调查和乡村记忆，构建农业时代沁河流域的乡村文化博物馆。从最早发表《甩鞭》《地气》《喊山》开始，再到长篇《裸地》，凭着在农村题材创作上的极大成就，葛水平获得鲁迅文学奖、赵树理文学奖等大奖。也正因她在这一题材上的执著，葛水平被广泛视作“山药蛋派”的传承者。（吕轶芳）

【纪念《小二黑结婚》发表七十周年座谈会】 2013年是赵树理经典名作《小二黑结婚》发表七十周年，为缅怀时代经典，传承“山药蛋派”的文化传统，10月26日上午，在晋城“赵树理文学馆”召开纪念《小二黑结婚》发表七十周年座谈会。此次会议由山西省作家协会和中国赵树理研究会共同主办。省作协党组副书记、副主席杨占平主持会议，中国赵树理研究会会长赵魁元做主题发言。参加此次会议的有山西省作家协会、中国赵树理研究会、晋城市和长治市有关赵树理研究的专家学者、作家、评论家共60余人。与会人员回顾赵树理当年创作《小二黑结婚》的过程、作品发表70来年的影响和研究情况,充分肯定这部作品在中国现代文学史上的地位,并对新时期赵树理研究展开多层面、多角度的研讨,梳理赵树理研究的成果,交流研究心得。（吕轶芳）

【多部作品获国家级、省级大奖】 山西省作家继续保持旺盛的创作势头,勤奋笔耕,成果突出。一年来,创作出版《卡夫卡的谜题》《礼失求诸野》《衣食亦有禅》《野人山淘金记》《太行山记忆》《河水带走两岸》《南华杂俎》等优秀文学作品,完成大型电视纪录片《下南洋》《互联网时代》等影视作品的剧本创作。《寻找巴金的黛莉》出版英文版,在海内外发行;长篇散文《鼎力南极》被中宣部、共青团中央、出版总署列为向全国青少年推介的100部读物之一,并在中央电视台读书频道作专题介绍。长篇小说《歌太平——萨都剌》入选国家民委、国家新闻出版广电总局“向全国推荐的百种优秀民族图书。”中篇小说《朗霞的西街》《月煞》入选中国小说学会2013年度中国小说排行榜。长篇小说《三体——死神永生》荣获第九届全国优秀儿童文学奖,短篇小说《雁门关》、中篇小说《月煞》荣获第十届《上海文学》奖,中篇小说《醉长安》荣获《小说月报》第十五届百花奖,纪实小说《李林传》荣获第四届中国传记文学优秀作品奖,组诗《远去的古城》荣获第三届《中国作家》郭沫若诗歌奖,散文《豆蔻年华的微笑》荣获2013年度华文最佳散文奖,电影评论《湘江波涛涌,南湖行红船》荣获“钟惦棐电影评论奖”一等奖,大型电视连续剧《晋文公》《忽必烈》剧本荣获国家新闻出版广电总局2013年度全国优秀电视剧剧本奖。（吕轶芳）

【影视作品制作及获奖】 山西作家影视公司完成30集电视连续剧《斥候之剑》的前期筹备及摄制工作。完成电影《激情炎岭》《玉堂春》的制作工作。《战争和人》《大爱执着》等多部影片取得发行许可证。重点项目《徐向前三战阎锡山》通过央视电影频道审查。山西省塑造文化品牌数字电影工程持续推进,完成《伏击》的拍摄工作,推进《山西省塑造文化品牌数字电影工程》丛书的编辑出版。电影《血战午城》在2013年中国农村院线全年累计播出十万余场,在同期数千部上线电影中排名第一。电影《浴血雁门关》等4部电影和26集电视连续剧获得山西省第十届精神文明建设“五个一工程”优秀作品奖。（吕轶芳）

·艺 术·

【山西“两节”期间文化惠民活动】 2月14日至3月27日(农历正月初五至二月十六),由山西省委宣传部、山西省文化厅、山西演艺集团、山西省工务局共同举办,在山西大剧院举行。在一个多月时间里,推出18场惠民演出,包括新创优秀话剧《立春》、入选国家舞台艺术精品工程的说唱剧《解放》《晋情晋韵——晋剧名家演唱会》、山西经典民歌交响音乐会《歌从黄河来》、左权花戏歌舞剧《太行奶娘》等。展演活动一律采取20至50元的惠民票价。每场演出还安排部分演出门票直接赠送给社区、厂矿、学校等基层观众和高速、武警、交警、医护、环卫等“两节”期间坚守在一线的工作人员,并组织多种形式慰问专场,3万余名群众走进山西大剧院,共享文化强省建设的最新成果。（陈燕萍）

【晋剧音乐剧《杏花酒翁》全国巡演】 2月19日,由山西省吕梁市青年晋剧院创排,在省演艺中心,启动拉开全国500场巡演的序幕。随后,该剧将赴全国主要大中城市和汾酒销售覆盖地区,沿着当年晋商的足迹,踏上全国500场巡回演出征程,把汾酒文化、晋商文化和晋剧文化传播到全国各地。（陈燕萍）

【《歌从黄河来——山西经典民歌交响音乐会》】 3月18日,由山西演艺集团歌舞剧院有限公司创作演出,在山西大剧院首演。音乐会由序篇《什么人留下这一首首歌》《山河赋》《儿女情》《英雄传》《欢乐颂》以及尾声《黄河水长流》六个篇章组成。来自太原市交警支队、环卫局、公共交通总公司、热力公司、公安消防支队及山西医科大学第一医院等单位千余名一线普通劳动者观看演出。省委书记袁纯清,宣传部部长胡苏平等一同观看。（陈燕萍）

【“山西精神”海内外三晋儿女书画摄影展】 4月18日,由山西省委宣传部、山西省文学艺术界联合会主办,在山西美术馆举行。参展作品主要来自海内外山西籍人士、书画摄影家及爱好者,预计展出作品360余件,其中书画230余件,摄影剪纸120余件。（陈燕萍）

【“三晋之春”合唱比赛】 5月23~26日,由省文化厅、省教育厅、省总工会联合主办,山西广播电视台公共频道、省合唱协会承办,省文化旅游投资促进会协办,在太原举办,活动的主题是“合唱中国梦、放歌新山西”,9个地市、来自农村、工矿、机关、社区、学校等各级基层组织的107支合唱团队参加比赛。（陈燕萍）

【全省艺术创作会议】 9月10~11日,在运城市芮城县召开。省文化厅党组成员、各市文广新局领导、艺术科科长、重点院团长,省艺术创作中心特聘创作员共120余人参加会议。会议要求全省艺术创作人员奋力开创全省艺术创作和生产新局面,讲好中国故事,传播好中国声音,挖掘山西深厚的文化底蕴,用艺术手段表现山西精神,用群众喜闻乐见的艺术形式、艺术语言诠释表现时代和人民心声。会议对省文化厅创作室、太原市实验晋剧院等27个艺术创作先进集体和张秀芳等52名艺术创作先进个人予以表彰,为40名特聘创作员颁发聘书,山西演艺集团总经理崔明光、省话剧院院长梁军等14名代表进行大会交流发言。会议期间,与会代表实地考察芮城县公共文化设施建设情况,参观芮城会展中心和芮城文博馆,观看由该县青年蒲剧团创作演出的蒲剧《“憨”局长还债》

《生命》。（陈燕萍）

【太原美术馆开放】 7月5日开放。“星云大师一笔字书法展”“华夏文明看山西历史人物画展”“袁旭临书画展”同时与观众见面。作为省、市重点文化标志性工程的太原美术馆的建成，结束太原市乃至山西省没有大型专业美术馆的历史。（陈燕萍）

【山西省两演员获“梅花奖”】 8月，在运城市蒲剧青年实验团团长景雪变以蒲剧《山村母亲》再次获得第26届中国戏剧梅花奖，运城市蒲剧团青年演员贾菊兰凭借蒲剧《青丝恨》摘得“梅花奖”。（陈燕萍）

【送戏送书送文化设备到武乡县砖壁村】 9月4~5日，省文化厅领导班子成员、机关干部和厅属单位主要负责人赴武乡县八路军总部砖壁村学习调研，与当地干部群众进行座谈，向砖壁村文化活动室赠送图书、电脑和音响设备。并送去上党梆子《打金枝》和《一撇一捺》两台戏。（陈燕萍）

【第十届中国艺术节获奖】 10月11~26日，第十届中国艺术节在山东省济南、青岛、淄博、烟台、潍坊等地同时举办，山西省组织各市文化部门和有关单位负责人以及山西艺术创作中心特聘创作员、艺术院团专业人员进行观摩学习和讲座。山西省参演的舞剧《粉墨春秋》获“文华大奖”，“文华编导奖”“文华音乐创作奖”“文华舞台美术奖”。说唱剧《解放》获“文华优秀剧目奖”“文华编导奖”和“文华音乐创作奖”。晋剧《刘胡兰》获“文华剧目奖”。晋剧演员史佳花、李莉芳，舞蹈演员任中杰、李艳超获“文华表演奖”。14个节目获文化部“群星奖”，凤台小戏《县长遛牛》、眉户小戏《带着妈妈上大学》、碗碗腔小戏《影戏缘》、长子鼓书《常回家看看》、钢板鼓书《退钱》、河东道情《借亲妈》、潞安鼓书《好婆婆》、器乐《闻喜鼓车》、音乐《丁陶鼍鼓》、晋城市群艺馆太行风合唱团的合唱、舞蹈《回娘家》《矿工情》《海英和她的妈妈们》和《我们的城里老师》获“群星奖”。山西省图书馆系统服务总分馆建设、山西省农村流动书库工程获“公共文化服务项目奖”；山西省群艺馆副馆长刘宇宁、太原市群艺馆研究馆员乔俊宝、稷山县安福艺校校长孙安福获“群文之星”称号。

山西画院王学辉的国画《峡谷清泉》入选艺术节全国美术优秀作品展。孙海清、任晓军、郝向煊、徐晋平四位画家的作品入选由山东省委宣传部和山东省文化厅组织的中国当代美术名家中国画作品展。

（陈燕萍）

【山西省花鸟画展暨第四届山西省花鸟画展】 10月10日，由山西省美术家协会主办，山西省花鸟画艺委会承办，在山西美术馆开展，展出全省各地书画名家力作274件，并出版发行作品集。（陈燕萍）

【第三届中国大城市专业画院学术年会暨联展】 10月29日，由太原市委宣传部、太原市文广新局主办，太原画院、太原美术馆承办，在太原美术馆开展，展出自全国20家专业画院的400余件作品亮相并州并印制出版画册和论文集。同时举办“专业画院学术之方向”学术论坛。（陈燕萍）

【山西省第六届油画作品展】 11月9日，在山西大学美术学院美术馆开展。150余件优秀作品展出。

（陈燕萍）

【晋剧《巴尔思御史》《上马街》获奖】 11月25日，在第十三届中国戏剧节获优秀剧目奖，主要演员李建清、牛建伟获戏剧节优秀表演奖。（陈燕萍）

【杨毅剪纸作品获奖】 11月，杨毅剪纸作品《晋南古民间风俗图》等6件作品分获《美丽中国——第五届“神州风韵”全国剪纸大赛剪纸作品》金、银、铜奖。（陈燕萍）

·文化产业·

【山西文化旅游产业投资促进会】 4月6日，在太原成立。促进会以国有资本为主，带动社会资本，推动民营合作，引领民营企业和民营资本及资源企业投入山西文化旅游产业。该会由山西省文化厅主管，是由有志于发展文化旅游产业建设事业的投资团体、企业和支持文化旅游事业发展的党政机关，企事业单位等各界人士自愿结成的非盈利社会组织，有180个会员单位。山西省投资集团董事长郑富核任会长、山西省人大常委会原副主任杨安和任名誉会长。（陈燕萍）

【首届山西文化产业博览交易会】 6月29日至7月3日，在中国(太原)煤炭交易中心举办。文博会以“文化三晋、美丽山西”为主题，由省委宣传部会同省文化厅、省商务厅等相关部门共同主办，设6个独立展区、1个中心展区、1500余个标准展位，吸引来自25个省市、港台地区和14个国家近千余家展商。有文化产业博览、交易、洽谈、合作活动项目招商项目360项、涉及金额1705亿元。(参见第168页、345页)

（陈燕萍）

【全省文化产业工作会议】 8月27日，在太原召开。参加会议的代表有11市文广新局分管文化产业工作的副局长、产业科科长以及厅直属有关单位工作人员，共计30余人。会议回顾总结全省上年文化产业工作，分析全省发展文化产业面临的重大机遇，安排部署将要开展的重点工作，提出做好当前文化产业工作的五点要求。会上，各市汇报文化产业工作进展。（陈燕萍）

【省文化厅与建行山西省分行签署战略合作协议】 8月27日，省文化厅与建设银行山西省分行共同签署《支持文化产业发展战略合作框架协议》。《协议》在演艺、动漫、文化娱乐、游戏、文化会展、文化旅游、艺术品和工艺美术、艺术创意和设计、网络文化、文化产品数字制作与相关服务等领域重点支持文化企业发展。签约仪式上，省建行分支机构与5个优质文化企业签订信贷合作协议。副省长张复明出席签约仪式。省文化厅与省建行还联合举办“文化金融大讲堂”，全省文化产业经营管理人员共70余人参加培训。（陈燕萍）

·文化科教·

【中国戏曲学院晋剧本科班山西教学基地汇报演出】 7月14~15日，在山西戏剧职业学院华夏剧场举行。晋剧本科班是山西地方戏艺术人才培养的一个创举，其学生来源于山西各大院团的演员、戏曲专业的老师和学生，代表着晋剧的中坚力量。经过两年的基础学习和一年的教学实践基地学习，学员们初步展现出扎实的功底、日益进步的演技和较高的综合素质。在汇报演出中，晋剧班学生表演本戏《打金枝》以及《戏叔》等五个折子戏。 (陈燕萍)

【全省艺术院校舞蹈教师培训班】 8月2~8日，省文化厅举办"山西省艺术院校舞蹈教师培训班"，对全省109名舞蹈教师进行为期一周的系统培训。培训聘请北京舞蹈学院的著名舞蹈教授授课，开设古典舞基础训练、民族民间舞、现代舞教学法、舞蹈基础理论、舞蹈作品分析、舞蹈结构编排等课程。针对学员在教学中存在的问题，就教学教法、教材分析等进行专题讲座。 (陈燕萍)

【山西戏剧职业学院与山西省晋剧院举行校企合作签字仪式】 8月7日，山西戏剧职业学院与山西省晋剧院校企合作签字仪式暨山西戏剧职业学院教学实践基地与山西省晋剧院人才培养基地揭牌仪式在山西省晋剧院举行。根据合作协议，山西戏剧职业学院和山西省晋剧院互建教学实践基地和人才培养基地。双方结合晋剧发展、传承实际，充分发挥各自优势，在社会需求调研和课程设置、人才培养方案设计与实施、质量考核与控制、学生专业标准拟定与考核、就业服务与指导、毕业生跟踪调查、项目开发与成果推广等多个领域展开合作。 (陈燕萍)

【山西省小选手在全国小梅花比赛中获奖】 8月8~12日，在第十七届中国少儿戏曲小梅花比赛中，临汾艺校贾真真，运城艺校卢薇，省戏剧职业学院康乃方、贾宇心，运城艺校陈洋洁，晋中艺校张欢6位同学以优异的表现摘得地方戏组的金奖并获"十佳"称号。 (陈燕萍)

第四批省级非物质文化遗产代表性项目名录
(共50项,52个保护单位)

一、民间文学(共6项,6个保护单位)

序号	编码	项目名称	申报地区或单位	总序号
1	Ⅰ-49	晋城"九头十八匠"的传说	晋城市城区文化馆	1
2	Ⅰ-50	汾州民间传说	汾阳市汾州文化研究会	2
3	Ⅰ-51	石勒传说(榆社)	榆社县文化馆	3
4	Ⅰ-52	"王通王绩王勃"的传说	万荣县三王研究学会	4
5	Ⅰ-53	蒲津渡铁牛传说	永济市文化馆	5
6	Ⅰ-54	晋商茶路上的故事	山西晋贾茶文化有限公司	6

二、传统音乐(共9项,10个保护单位)

序号	编码	项目名称	申报地区或单位	总序号
1	Ⅱ-31	太原民歌	小店区文化馆	7
2	Ⅱ-32	晋中吹打	晋源区文化馆	8
		晋中吹打	祁县西六支乡人民政府	9
3	Ⅱ-33	大同五音联弹会	大同市群众艺术馆	10
4	Ⅱ-34	文水马西铙	文水县马西铙艺术研究会	11
5	Ⅱ-35	碛口号子	临县碛口民间演艺有限公司	12
6	Ⅱ-36	吕梁民歌	吕梁市群众艺术馆	13
7	Ⅱ-37	汾阳围铙	汾阳市戏曲歌友协会	14
8	Ⅱ-38	襄汾民歌	襄汾县人民文化馆	15
9	Ⅱ-39	凌云八音会	古县文化馆	16

三、传统舞蹈(共 3 项,3 个保护单位)

序号	编码	项目名称	申报地区或单位	总序号
1	Ⅲ-43	东蒲舞龙	小店区文化馆	17
2	Ⅲ-44	侯村花船	运城市盐湖区侯丰农作物种植专业合作社	18
3	Ⅲ-45	定襄大马社火	定襄县宏道镇北社西村委会	19

四、传统戏剧(共 1 项,1 个保护单位)

序号	编码	项目名称	申报地区或单位	总序号
1	Ⅳ-28	扬高戏	芮城县文化馆	20

五、曲艺(共 1 项,1 个保护单位)

序号	编码	项目名称	申报地区或单位	总序号
1	Ⅳ-17	河津干板腔	河津市文化馆	21

六、传统体育、游艺与杂技(共 2 项,2 个保护单位)

序号	编码	项目名称	申报地区或单位	总序号
1	Ⅵ-20	鞭杆	盛甫武术研究院	22
2	Ⅵ-21	铁礼花	长治县民间文艺家协会	23

七、传统美术(共 5 项,5 个保护单位)

序号	编码	项目名称	申报地区或单位	总序号
1	Ⅶ-22	玉雕(太原玉和堂)	玉和堂玉雕工作室	24
2	Ⅶ-23	内画(广灵内画)	广灵县文化馆	25
3	Ⅶ-24	平遥彩塑	平遥县琢凡彩塑制作中心	26
4	Ⅶ-25	河津转花灯	河津市楼里转花灯制作中心	27
5	Ⅶ-26	泥皮画	芮城县三月三文化发展中心	28

八、传统技艺(共18项,18个保护单位)

序号	编码	项目名称	申报地区或单位	总序号
1	Ⅷ-84	乾和祥茶庄茉莉花茶拼配加工、包装技艺	太原市果品茶叶副食总公司乾和祥茶庄	28
2	Ⅷ-85	古建筑烫样制作技艺	山西古典艺术研究院	29
3	Ⅷ-86	并州刀剪制作技艺	太原晋府店刀剪社	30
4	Ⅷ-87	戏剧头盔制作技艺	山西省晋剧院	31
5	Ⅷ-88	高家笙、管制作技艺	大同阳高县文化馆	32
6	Ⅷ-89	黄瓜干制作技艺	平定县后沟村	33
7	Ⅷ-90	八义红绿彩	长治县民间文艺家协会	34
8	Ⅷ-91	襄垣金工铸造技艺	襄垣县丰通工艺铸造有限公司	35
9	Ⅷ-92	潞绸手工织造技艺	山西吉利尔潞绸集团织造股份有限公司	36
10	Ⅷ-93	陵川纸龙制作技艺	陵川县文化馆	37
11	Ⅷ-94	陶瓷制作技艺(怀仁陶瓷制作技艺)	怀仁恒源瓷业有限公司	38
12	Ⅷ-95	定襄古代戏装制作	定襄县文化馆	39
13	Ⅷ-96	木梁压榨小麻油工艺	榆社天禾绿色食品有限公司	40
14	Ⅷ-97	“鱼羊包”烹饪技艺	榆次区文化馆	41
15	Ⅷ-98	三雕艺术	山西省灵石县王家大院资寿寺管理中心	42
16	Ⅷ-99	熏肘传统制作工艺	平遥县延虎肉制品有限公司	43
17	Ⅷ-100	传统乐器制作技艺	太谷县渊方乐器厂	44
18	Ⅷ-100	平阳印染布艺	临汾市非物质文化遗产保护协会	45

九、传统医药(共2项,3个保护单位)

序号	编码	项目名称	申报地区或单位	总序号
1	Ⅸ-14	中医烧伤疗法(杨氏中医烧伤疗法)	平遥县杨复兴诊所	45
		中医烧伤疗法(冯氏中医皮肤烧伤疗法)	万荣皮肤烧伤研究所	46
2	Ⅸ-15	中药炼制技艺(传统丹药炼制技艺)	稷山县清河镇秦家庄卫生所	47

十、民俗(共3项,3个保护单位)

序号	编码	项目名称	申报地区或单位	总序号
1	Ⅹ-55	绵上天齐庙习俗	山西通洲集团灵宝旅游有限公司	48
2	Ⅹ-56	阳城桑蚕习俗	阳城县孙文龙纪念馆	49
3	Ⅹ-57	后稷祭祀	稷山县民间文艺家协会	50

扩展项目
(共41项,68个保护单位)

一、传统音乐(共3项,4个保护单位)

序号	编码	项目名称	申报地区或单位	总序号
1	Ⅱ-8	丁樊锣鼓	万荣县丁樊神韵鼓乐艺术团	51
2	Ⅱ-9	晋北鼓吹	山阴县民间艺术团	52
		晋北鼓吹	岚县文化馆	53
3	Ⅱ-10	道教音乐(长子)	长子县文化馆	54

二、传统舞蹈(共4项,8个保护单位)

序号	编码	项目名称	申报地区或单位	总序号
1	Ⅲ-2	高跷(定襄高跷)	定襄民间高跷秧歌协会	55
		高跷(垣曲武高跷)	垣曲县文化馆	56
2	Ⅲ-4	秧歌(挑高秧歌)	襄垣县非遗协会挑高秧歌传习所	57
		秧歌(花伞秧歌)	隰县文化馆	58
3	Ⅲ-6	踢鼓子秧歌(浑源耍故事)	浑源县文化馆	59
		踢鼓秧歌(五寨八大角秧歌)	五寨县文化馆	60
		踢鼓秧歌(神池硬架子秧歌)	神池县窑子上村	61
4	Ⅲ-11	抬阁(襄汾抬阁)	襄汾县汾城镇总工会	62

三、传统戏剧(共4项,5个保护单位)

序号	编码	项目名称	申报地区或单位	总序号
1	Ⅳ−1	晋剧	大同市晋剧院	63
2	Ⅳ−7	秧歌戏(土滩秧歌)	榆社县文化馆	64
		秧歌戏(翼城秧歌)	翼城县人民文化馆	65
3	Ⅳ−9	二人台	山西省曲艺团	66
4	Ⅳ−16	芮城木偶戏	芮城县文化馆	67

四、曲艺(共1项,1个保护单位)

序号	编码	项目名称	申报地区或单位	总序号
1	Ⅳ−13	钢板书(长子钢板书)	长子县文化馆	68

五、传统美术(共5项,11个保护单位)

序号	编码	项目名称	申报地区或单位	总序号
1	Ⅶ−1	剪纸(阳泉盘合)	阳泉市矿区文化馆	69
		剪纸(祁县剪纸)	祁县城赵镇人民政府	70
		剪纸(河津剪纸)	河津市尚义轩剪纸艺术中心	71
		剪纸	山西剪纸协会	72
2	Ⅶ−3	面花(阳泉彩色面塑)	阳泉市城区文化馆	73
		面花(大阳面塑)	泽州县文化馆	74
		面花(乡宁花食)	临汾市非物质文化遗产保护协会	75
3	Ⅶ−5	布艺(潞城布艺)	潞城市福禄工艺品有限公司	76
		布艺(传统民俗服饰制作技艺)	万荣县亲蛋蛋婴幼儿民俗用品有限公司	77
4	Ⅶ−8	民间绣活(交口刺绣)	交口县雅汇刺绣专业合作社	78
5	Ⅶ−21	灯彩(平遥古灯艺)	平遥古灯艺研究所	79

六、传统技艺(共15项,22个保护单位)

序号	编码	项目名称	申报地区或单位	总序号
1	Ⅷ—1	荫城冶铁铸造技艺	长治县民间文艺家协会	80
2	Ⅷ—14	羊羔酒传统酿造技艺	山西羊羔酒股份有限公司(孝义)	81
		和川蔺泉酿酒技艺	安泽县和川蔺泉酿酒有限公司	82
3	Ⅷ—30	砂器制作技艺(浑源砂器制作技艺)	大同浑源下韩砂器厂	83
		砂器制作技艺(南安阳砂锅)	晋城阳城县文化馆	84
4	Ⅷ—32	云香制作技艺	交城县宏泽制香有限公司	85
5	Ⅷ—36	胡麻油传统手工压榨技艺	山西兴香缘粮油有限公司	86
6	Ⅷ—38	传统宴席制作(洪洞重八席)	洪洞县重八席大酒店餐饮有限公司	87
7	Ⅷ—53	传统棉纺织技艺(新田手工粗布制作技艺)	侯马市晋商纯棉手工老粗布厂	88
		传统棉纺织技艺(土布制作技艺)	运城市石榴花家纺装饰有限公司	89
8	Ⅷ—55	青铜铸造技艺	曲沃县晋华隆艺术品有限公司	90
9	Ⅷ—56	麻纸制作技艺(沁源手工麻纸)	沁源县中峪乡人民政府	91
		平阳麻笺	临汾襄汾县邓庄丁陶麻笺社	92
10	Ⅷ—57	锣鼓制作技艺	襄汾县徐记锣鼓制作有限公司	93
11	Ⅷ—72	山西珐花器制作技艺	阳泉市郊区大龙珐花器制作中心	94
12	Ⅷ—78	凤头鞋	翼城县巨彩文化发展有限公司	95
		传统鞋帽制作技艺(戏剧鞋帽)	稷山县传统鞋帽制作中心	96
		手工制鞋技艺	山西永杰民间布鞋有限公司	97
		手工制鞋技艺	闻喜县老谭家布艺加工坊	98
13	Ⅷ—80	米醋制作技艺(张营小米醋酿造技艺)	永济市张营小米醋专业合作社	99
14	Ⅷ—81	陶器制作技艺	新绛县龙兴镇文红陶器工艺厂	100
15	Ⅷ—83	酱菜制作技艺(代县酱菜制作)	代县旭源土特产加工厂	101

七、传统医药(共4项,11个保护单位)

序号	编码	项目名称	申报地区或单位	总序号
1	Ⅸ-1	中医养生(沙袋□经拍打疗法)	太原市御生堂文化养生服务有限公司	102
		中医养生	芮城县吕洞宾中医养生文化研究会	103
2	Ⅸ-3	中医传统制剂方法(乾德堂小儿止泻散制作技艺)	平遥乾德堂邓兆泉中医内科诊所	104
		中医传统制剂方法(楼氏中医史家胃灵散制作技艺)	洪洞县乐善堂商贸有限责任公司	105
		中医传统制剂方法(贾氏乌金散制作技艺)	洪洞县贾氏乌金散中医研究所	106
		中医传统制剂方法(襄汾关梁氏膏药)	襄汾温泉医院	107
3	Ⅸ-9	韩式正骨术	陵川县西河底镇卫生院	108
		摸骨正脊术	晋中市灵石县	109
		赵氏正骨	河津堡子沟中医骨伤专科医院	110
4	Ⅸ-10	中医诊疗法(吴氏妇科)	太谷县康福药店	111
		中医诊疗法(武氏中医脾胃派疗法)	运城武氏中医院	112

八、民俗(共5项,6个保护单位)

序号	编码	项目名称	申报地区或单位	总序号
1	Ⅹ-11	庙会(海潮禅寺庙会)	河曲县文化体育发展中心	113
2	Ⅹ-13	盂县河灯节	阳泉市盂县梁家寨乡大崔家庄村	114
3	Ⅹ-23	春节(娘子关跑马排春节习俗)	下董寨村民委员会	115
4	Ⅹ-30	马拉鼓车	闻喜县文化馆	116
5	Ⅹ-39	九曲黄河阵	河曲县文化体育发展中心	117
		九曲黄河阵	偏关县文化馆	118

【中国戏曲学院晋剧本科班座谈会】 8月26日，中国戏曲学院晋剧本科班学习交流座谈会在省文化厅召开，省文化厅厅长张瑞鹏，副厅长李歆、赵银邦，省戏剧职业学院院长李培勇、书记杨小平、名誉院长王爱爱及晋剧本科班的30名学员参加座谈会。在听取晋剧本科班班主任和学生代表的发言后，与会的各位厅领导和专家对学员们提出殷切希望。（陈燕萍）

【山西省纪念梅花奖创办30周年暨人才建设座谈会】 9月4日，在太原召开。省委常委、宣传部部长胡苏平出席并讲话。（陈燕萍）

【《"梅花"访谈录·山西卷》首发】 5月16日，由山西省戏剧研究所编纂、中国戏剧出版社出版的《"梅花"访谈录·山西卷》首发式在太原举行。该书以山西获得"中国戏剧梅花奖"的艺术家群体作为研究对象，通过纪实访谈等方式获得第一手资料，全方位展示梅花奖获得者成长与奋斗经历程。（陈燕萍）

·非物质文化遗产保护·

【全省非物质文化遗产保护工作会议】 3月28日，在文化厅召开，各市文广新局分管局长、社文（非遗）科长、保护中心负责人40余人参加，会议全面总结2012年全省非遗保护工作，安排部署2013年工作。（陈燕萍）

【文化遗产日】 6月8~10日，在中国第八个"文化遗产日"之际，以"人人都是文化遗产的主人"为主题，省文化厅在山西省演艺中心举办文化遗产日系列活动。活动期间举行第四批国家级非物质文化遗产项目代表性传承人授牌仪式、非物质文化遗产传承进校园活动（孝义木偶戏《孙悟空三打白骨精》）、非物质文化遗产传统剧目复排汇报演出（晋剧《下河东》）、新编非物质文化遗产剧种古装剧（新编大型太谷秧歌剧《孟母三迁》）和非物质文化遗产节目专场演出（《寻找好声腔》非物质文化遗产综艺晚会）等活动。（陈燕萍）

【山西省非物质文化遗产保护促进会】 6月9日，第一次会员代表大会在交通大厦会议中心迎泽厅举办。大会通过章程、选举产生领导机构，9月，省民政厅下发社会组织登记证书，山西省非物质文化遗产保护促进会正式成立。（陈燕萍）

【山西省非物质文化遗产精品展】 6月20日至7月31日，为庆祝山西省图书馆新馆对外开放，由文化厅主办、山西省图书馆承办的山西省非物质文化遗产精品展在山西省图书馆新馆举办。来自大同市、阳泉市、晋中市、长治市、晋城市、临汾市、吕梁市、运城市、朔州市和忻州市的28个非遗项目的经典作品参加展览。（陈燕萍）

【"文化生态保护区建设中非物质文化遗产的保护与利用"高级研修班】 7月，省文化厅和人社厅在太原举办"文化生态保护区建设中非物质文化遗产的保护与利用"高级研修班的培训，晋中文化生态保护区工作所涉及的3个市19各县的相关管理或专业技术人员参加培训。（陈燕萍）

【山西省第四批省级非物质文化遗产代表性项目名录】 12月3日，经山西省人民政府批准，第四批省级非物质文化遗产代表性项目名录（共计50项）和省级非物质文化遗产扩展项目名录（共计41项）公布。（陈燕萍）

·文化交流·

【春节习俗展在澳门展出】 2月1日至3月12日，山西省春节习俗展在澳门展出。春节习俗展由澳门民政总署主办，文化部港澳台办特别支持，文化部民族民间文艺发展中心、山西省文化厅、中联办文化教育部协办。澳门民政总署管委会主席谭伟文，文化部民族民间文艺发展中心主任李松，山西省文化厅厅长张明亮及社会各界群众参加开幕仪式。展览共展出山西省极具地方特色的展品共计500余件，图片近千张，山西民俗录像资料在展厅巡回播放。举办山西春节习俗展讲座，展示闻喜花馍制作、山西民间布艺和山西剪纸的技艺，向澳门同胞展示山西省独特的民俗风情和深厚的文化底蕴，加深与内地文化交流和互动，使澳门民众感受山西民间艺术的精湛技艺，树立文化感知。（陈燕萍）

【非遗展在蒙古展出】 6月4~7日，山西非物质文化遗产展览在蒙古乌兰巴托中国文化中心开展，中国驻乌兰巴托大使馆文化处负责人常万龙先生，蒙古华侨妇幼联合会，蒙古画家雕塑协会代表，文化厅巡视员李春荣出席开幕式。展览展出闻喜面塑、锦绣坊布老虎、剪纸、堆锦、葫芦等独具山西特色的民间工艺品。展出期间，面塑工艺师董巧兰、布老虎工艺师高艳青在开幕式上为百余名蒙古学生讲授山西布老虎的文化内涵和制作技巧。（陈燕萍）

【山西书画展在蒙古乌兰巴托展出】 7月23日，由山西省文化厅和蒙古乌兰巴托中国文化中心共同举办的山西书画展在乌兰巴托中国文化中心开展。期间，还举办中蒙书画家交流笔会，山西书画家观摩蒙古画苑、画廊等活动。（陈燕萍）

【蒙古国摄影代表团到晋采访采风】 8月12~18日，蒙古国摄影代表团一行8人，到山西开展文化交流并进行采风活动。蒙古摄影代表团由该国对外关系部信息部部长恩赫太平先生率领，由来自蒙古国家新闻社、蒙古电视台等媒体的摄影家组成。在太原、晋中、忻州、大同等地进行为期一周的采风创作。（陈燕萍）

【山西"晋韵流芳"访蒙交流】 9月25~26日，由蒙古乌兰巴托中国文化中心与山西省文化厅共同组织的"晋韵流芳"访蒙交流演出在乌兰巴托少年宫举行，蒙古国对外关系部、文化体育旅游部、教育科技部等国家机构官员，文化艺术界专家、艺人，大中小学校师生和各界群众，中国驻蒙使馆参赞、官员，华人华侨社团、中资企业代表等1500多人观看演出。（陈燕萍）

山西省图书馆

【概述】 2013年,山西省图书馆完成各项工作任务,并在多个领域取得历史性突破。编制、机构、经费、馆舍面积大幅增加:2013年新增编制151人,新增副处机构4个,一年财政下拨经费1600万元,新馆占地60亩,建筑面积5万平方米,在老馆的基础上增加2.2倍。百年老馆实现大搬迁:83天完成12个方面上百项具体工作,实现长风新馆全面、高质量对外开放。接待读者数量再创新高:全年累计接待读者150余万人次,新办读者证39832个,图书借阅1072577人次,最多一日接待读者达3万人次,最多一天办理读者证700多个,少儿阅览室最多一天接待小读者4100多名,接待参观考察团体52批2400余人次。制定"保安全、保运行、保秩序、保服务"新馆运行战略,实行信息日报制度和重点工作周报制度,重要领域和重点工作取得突破性进展:完成第五次公共图书馆评估定级工作,山西省图书馆晋升为一级图书馆;2011年地方特色数字资源建设项目获文化部优秀自建项目;业务总分馆覆盖全省,属全国首创;全国首家开展石刻文献保护工程,成果丰硕。各种公益活动丰富多彩:举办"文源讲坛"系列讲座140期,公益电影10期,公益展览13期,少儿系列活动10余次。多项工作获省部级荣誉:文化志愿服务活动获文化部"文化志愿者基层服务年"示范项目称号;"山西省系统业务总分馆""山西省农村流动书库工程"荣获文化部授予的第十届中国艺术节"群星奖"项目奖;舆情信息工作受到山西省委宣传部表彰。

(李德胜)

【完成两会服务】 1月22~28日,山西省人大十二届一次会议及政协十一届一次会议召开,山西省图书馆坚持为两会提供信息咨询服务。两会期间,山西省图书馆精心编制"两会"资料电子版,便于代表及委员携带;共发放"两会"资料700多套,约3500册;为代表委员整理资料、打印提案100余份;推送电子邮件及新闻稿件50余份。同时,填写咨询单,与代表委员们建立联系;听取意见和建议,解答相关咨询,并现场演示山西省数字图书馆的登录及使用方法。(李德胜)

【2013文化冬令营系列少儿活动】 春节期间,山西省图书馆举办2013文化冬令营系列少儿活动。内容有剪纸、捏面人、写对联等年俗活动,还有温馨的亲子阅读活动、热闹的庆新春游艺会和竞技感十足的棋艺大比拼活动。冬令营系列少儿活动丰富小朋友们的假期文化生活。 (李德胜)

【"文源讲坛"山西省领导干部讲座】 4月25日,由中共山西省委组织部、省委宣传部、省直工委、省文化厅主办,山西省图书馆承办的"文源讲坛·山西省领导干部讲座"在省委大楼一层会议厅举行。讲座由北京大学肖东发教授主讲"中国梦与全民阅读——学习十八大文件的几点体会"。

(李德胜)

【部队官兵搬运图书文献】 5月11日、12日,山西省图书馆66016部队分馆得知省馆搬迁消息后,派几十名官兵协助图书馆人员并肩搬运图书文献,将旧馆打包装箱的首批图书运往新馆,仅仅两日运送图书389060册、报刊57840册件、地方文献15276册件。

(李德胜)

【"印象新书房"系列活动】 6月1日上午,山西省图书馆新馆迎来第一批小读者,参观刚刚上架的几万册崭新的图书,体验自助借还书系统、触摸屏电子阅读系统以及新书上架、顺架程序。当日,2012—2013年度的优秀小读者受到表彰。山西省图书馆馆长魏存庆为小读者们送上节日祝福并给优秀小读者颁发荣誉证书和奖品。6月2日下午,"印象新书房"山西省图书馆第七届少儿粉笔画大赛在新馆主入口处的广场举行,100多名小读者参与活动。 (李德胜)

【省图新馆对外开放】 7月1日上午,太原市长风商务区文化岛上,山西省图书馆新馆作为五大文化建筑之一率先如期全面对外开放。文化部原副部长、国家图书馆馆长周和平,省委常委、宣传部部长胡苏平,省人大常委会副主任周然,副省长张复明,省政协副主席李悦娥等领导,省国学大师姚奠中和参与省图书馆建设的建筑工人代表、机关干部、学生、部队官兵等省图书馆新老读者代表,以及省图书馆职工代表、分馆代表等200余人共同见证山西省图书馆长风新馆的"开门红"。 (李德胜)

【省图新馆举办展览】 7月1日,在山西省图书馆新馆正式对外开放之际,占地近2000平方米、展线300多米长的"善积行远 三晋文源——山西省图书馆新馆开馆纪念展"和"山西省非物质文化遗产精品展"在新馆开展。开馆

山西省图书馆2013年少儿文化冬令营活动 (李德胜提供)

7月，山西省图书馆新馆正式对外开放　　（李德胜提供）

纪念展包括四大部分：馆史展、馆藏珍品展、古籍成果展、数字资源展，记录着山西省图书馆百年征程，展示着山西省图书馆丰富而珍贵的馆藏资源和方便、快捷、专业的文献服务；精品展以“巧夺天工·手艺山西”为主题，分雕塑，堆锦，刺绣、布艺，剪纸，漆器，陶瓷，银器、铜器，晋作家具，砚台和其他九个板块，共展出10个国家级项目、17个省级项目242件（套）展品。

（李德胜）

【山西省图书馆晋升为一级图书馆】 2013年，文化部开展第五次全国县级以上公共图书馆的评估定级。依据国家第五次公共图书馆评估标准和定级必备条件，经审查和公示，确定全国2230个图书馆达到三级以上图书馆标准。山西省上等级公共图书馆达84家。其中，一级图书馆14家，二级图书馆16家，三级图书馆54家。山西省共有公共图书馆126个，104个图书馆参加本次评估，上等级图书馆占参评馆的80.8%。山西省图书馆晋升为全国省级馆中的一级图书馆，实现历史性突破。　　（李德胜）

【省图召开志愿者座谈会】 9月17日下午，山西省图书馆召开志愿者座谈会。山西省图书馆馆长魏存庆与志愿者们进行交流。“文源志愿者”是山西省图书馆致力打造的新的文化服务品牌。2013年“传递书香　见证成长——山西省图书馆文化志愿服务活动”项目被文化部评为“文化志愿者基层服务年”示范项目。山西省图书馆拓宽志愿者招募渠道，建立志愿者资源库，打造“志愿者之家”。　　（李德胜）

【山西省古籍普查保护工作座谈会】 10月9日，“山西省古籍普查保护工作座谈会”在山西省图书馆召开。全省公共图书馆、部分高校图书馆、山西博物院图书馆的馆长、文广新局社文科的负责人及从事古籍保护工作的业务骨干参会。　　（李德胜）

【蒙古文化团到山西省图书馆参观交流】 11月12日上午，来自蒙古文化部、乌兰巴托市政府、蒙古国立民族歌舞剧院的蒙古文化团一行4人来到山西省图书馆长风馆参观。山西省图书馆副馆长王开学接待文化团成员。

（李德胜）

【山西省图书馆“山西风雅颂”多媒体资源库续建项目被文化部评为优秀项目】 12月19日，全国文化共享工程2011年度地方资源项目验收会在江苏省常州市召开。会上，文化部全国公共文化发展中心组织专家对各省建设完成的81个地方资源项目进行验收，79个项目通过验收。山西省图书馆申报的《“山西风雅颂”多媒体资源库续建项目（地方特色部分）》和《“山西风雅颂”多媒体资源库续建项目（红色部分）》2个项目通过验收。其中，《“山西风雅颂”多媒体资源库续建项目（地方特色部分）》被文化部评为优秀项目。　　（李德胜）

档　案

【档案资源体系】 1.抓好国家档案局8号令、9号令的贯彻落实。2013年，全省各市、县按照8号令的要求，审批8325家单位的文件材料归档范围及保管期限表，其中，市直单位905家，县直单位7420家；各市、县总共指导完成机关、企事业单位达到省三级以上和A级以上档案室共1068家。为贯彻落实国家档案局9号令，省档案局选取晋城市作为9号令宣贯试点，指导晋城市编制出市、县两级《档案馆收集档案范围实施细则》《档案馆接收档案单位名单》（第一批）和《档案馆贯彻国家档案局第9号令全宗管理名册》，并以市委、市政府两办名义下发。9月，省档案局在晋城召开全省档案馆工作暨贯彻国家档案局9号令推进会，交流贯彻9号令的经验和做法。各市档案局（馆）基本完成本级《机关文件材料归档范围和文书档案保管期限表》的编制审批任务和应接收进馆范围实施细则的编制工作，全面展开档案馆（室）档案的接收工作。全年各市均恢复开展档案目标化管理，全省共有1068个单位实现标准化管理。长治5个机关单位达到省级示范档案室，158个机关单位达到省三级以上标准，41个企事业单位达到A级以上标准，全市国税系统18个单位全部达省一级标准；忻州完成机关、企事业单位235个省三级、A级及以上档案室的创建、复检工作；吕梁达标满5年的机关、企事业单位进行重新认定，完成180个机关及企事业单位省三级、A级及以上档案室的创建、复检工作。

2.开展10号令宣贯和落实工作。省档案局与省国资委联合下发《关于深入学习贯彻国家档案局10号令的通知》，对全省国有企业10号令的宣贯工作进行安排部署，19家省属国企全面开展《文件材料归档范围和档案保管期限表》的编制和报审工作。朔州指导大唐神头电厂、华茂煤业等8个企业，晋城指导兰花集团、兰花科创所属6个企业完成《企业档案保管期限表》的编制工作。

3.开展农村档案规范化建设。省档案局选取长治县、潞城市、孝义市作为试点，并出台《山西省（国家）农村土地承包经营权登记档案管理办法》。太原实现100个农村、社区建档,11个农村、社区实现档案工作规范化管理。运城借助农廉网,启动农村、社区档案规范化建设,并以此加强民生档案管理工作。阳泉对平定县开展农村土地承包档案进行重点指导,开展档案规范化整理,实现全部进馆。

4. 全省社会主义新农村档案工作示范县创建活动取得新成绩。在完成霍州市通过国家档案局社会主义新农村档案工作示范县验收的基础上,省档案局继续帮助柳林县规划并实施社会主义新农村档案工作示范县创建工作,并通过国家验收。副省长郭迎光对此作出"要大力推广霍州、柳林经验,加大宣传力度"的重要批示。晋城市共完成22个示范乡镇、73个示范村的创建工作。

5. 加强对全省重大建设项目档案工作的监管力度。省档案局下发《关于报送重大建设项目档案工作情况的通知》,全面加强对全省重大建设项目档案工作的监管。省直单位中山西省财政厅、山西省水利厅等,省属企业中山西省国控集团公司、太原钢铁集团公司等,各市档案局对所属重大建设项目档案工作情况按要求进行报送。省档案局完成18个省级重大建设项目档案专项验收工作,各市共完成32个重大建设项目档案专项验收工作。

6. 全省各级档案馆加大力度丰富馆藏。2013年,省档案局共计接收10个单位13424卷1893件档案进馆,接收政府公开信息8866件进馆,各市总共累计增加纸质档案25.5万卷(件)、照片档案1.07万张、视频档案550小时/663盘的进馆量。晋中市收集进馆6.48万卷(件);太原市接收社保中心、公证、名人及非遗档案2.9万卷,其中包括市医疗保险管理中心的3565卷纸质档案及全文数字化的电子档案,民生档案一项达到8.3万卷的馆藏量;朔州市档案馆收集日报社、纪检委清房档案、民政局勘界照片、市委常委会录音带、《尉迟恭传》等民间作品书籍等档案资料2.8万件。

7.抓好重大活动档案整理接收进馆。省档案局接收第六届中博会、能博会形成的档案进馆。大同市档案局介入国际太阳能十项全能竞赛档案资料收集工作,确保该项重大活动档案资料的齐全完整。吕梁市档案局参与全市重大活动、重点工程项目、重要会议的现场拍摄,安装《新闻联播》《山西新闻》《吕梁新闻》实时自动采集系统,及时完整地收集重要活动的视频资料。

8.加强全省档案法制建设。省档案局与省监察厅、省人社厅联合印发《关于学习宣传贯彻〈档案管理违法违纪行为处分规定〉的通知》,促进《档案管理违法违纪行为处分规定》真正落到实处。省档案局联合省人大常委会教科文卫委、省政府法制办对太原市、晋城市和长治市开展档案法律法规执行情况调研。 (王 斌)

【档案安全体系】 1.新馆建设取得阶段性成果。省档案馆新馆筹建工作快速推进,《山西省档案馆新馆项目建议书》编制完成,并通过省发改委批准。规划中的新馆占地为65亩,设计规模近8万平方米,初步预算投资为4亿元,将满足未来50年馆藏增长的需求,预计2017年投入使用。太原、朔州、忻州、临汾、晋城5个市级档案馆项目开工建设,其中4个市完成主体建设。省档案局解决各地建馆资金不足的问题,局领导多次到省发改委主动沟通协调配套资金的相关事宜,省发改委追加1000万元投入,达到3000万元,解决各建馆单位的资金困难,39个县级综合档案馆项目开工建设,24个县主体完工。运城市的6个项目主体工程全部完工。阳泉市郊区档案馆是山西省第一批中西部档案馆中央资金资助的项目,第一个立项、第一个开工、第一个建成投入使用。12月26日,阳泉市郊区档案馆以95.5分的优异成绩通过国家一级档案馆的验收。实现市、县两级国家一级档案馆零的突破。

2.完成档案馆安全专项督查。省档案局对盂县、阳泉郊区、孝义等21个县级国家综合档案馆进行安全专项督查,就督查中发现的问题提出整改意见,并向各市、县(市、区)人民政府发出《山西省档案局关于档案馆安全专项督查情况的通报》。忻州、临汾对市直单位贯彻执行《中华人民共和国档案法》情况进行执法大检查。晋城对全市煤炭整合矿档案工作进行执法检查。大同、吕梁、阳泉等市对各县区档案工作进行执法检查。通过检查,对存在问题的单位提出整改意见,并督促其限期规范整理。

3.注重档案实体的安全防护和修复保管。2013年,省档案馆共缩微、装订档案15000页,修裱破损档案2000余件,并完成馆藏破损地契档案的修复、复制工作。各市县总计完成1.43万幅档案缩微、1.45万件档案修裱、1774件档案仿真复制。太原市清查鉴定20世纪三、四十年代太原市都市规划图、崇善寺重修的建设图以及新中国成立初期汾河水库建设图等珍贵档案1665件,按照濒危优先的原则,完成A4幅1231张破损档案的修裱。临汾市完成4764幅档案缩微工作,晋中市完成4200件档案修裱工作。

4.注重档案划控工作。省档案馆制定《档案划控办法》,编制《档案划控工作原始记录表》等表格,对参与划控工作人员建立工作记录档案,确保工作质量。临汾、忻州、阳泉等市开展档案划控鉴定工作。吕梁市馆完成馆藏档案100%鉴定划控工作。

(王 斌)

【档案利用体系】 1.做好接待查阅利用工作。全省各级档案馆共接待涉及民生等问题查档上万人次,利用档案4万余卷(件),为解决群众的切身利益问题提供原始凭证。

2.开发档案信息资源。省档案局开发档案资源,编纂档案文化产品,宣传党的历史,宣传社会经济发展史。(1)启动《山西省志·档案志》编纂工作;(2)与《新晋商》杂志合作策划制作"大太原"蓝图专栏;(3)制作出版《山西省历届劳模会议简介》;(4)自7月1日开始,与《山西晚报》联合出版17期《档案揭秘》专刊,利用馆藏珍贵革命历史档案向读者揭开历史隐藏的真相。太原市档案局与北京电视台联合摄制档案专题片《"山西王"阎锡山逃离山西始末》,在北京卫视《档案》栏目播出。忻州、晋城、晋中、阳泉等市档案局利用馆藏完成40余种档案编研成果。

3.开展“国际档案日”宣传工作。6月9日是我国第一个全国性的档案部门集中活动日，省档案局围绕“档案在你身边”这一主题，开展图片展览、知识讲座、赠阅书籍等一系列内容丰富、形式多样的宣传活动。晋城、长治、晋中、临汾、忻州、运城等市围绕主题进行系列宣传活动，并利用媒体，多渠道、多层次向人民群众宣传档案工作和档案法律法规。

4. 推进档案信息化和数字化建设。省档案局在档案信息数字化硬件、软件建设双管齐下，完成山西省档案馆中心机房建设和门户网站项目技术需求的编制工作；《面向移动终端发布的档案编研平台的研究与应用》列入国家档案局2013年国家档案科技计划任务；筹备建立档案数字化加工中心，计划用5年左右时间完成馆藏重要档案的数字化工作，初步改变山西省数字化建设的落后局面，实现档案资源社会共享，满足人民群众“在家看档案”的需要。吕梁市完成全部目录数据库90万余条，实现全部馆藏档案计算机目录检索。馆藏档案完成全文扫描300万余幅。临汾市完成馆藏全部6.92万条案卷级目录、118.2万条文件目录的录入，并对利用率高的16.72万幅档案进行全文扫描。大同市档案文件级条目数据库建立，共录入140多个全宗，6万多卷案卷，150多万条目录。阳泉市档案局建立馆藏民生档案数据库，包含11个全宗1265卷的民生档案案卷级档案，完成文件级数据库录入9个全宗，人名目录66511条。（王　斌）

【太原市档案馆接收全文数字化医保档案】 太原市档案局（馆）注重民生档案接收工作的常态化，不断加大对涉民单位民生档案全文数字化建设的指导和接收征集力度，首次接收市医疗保险管理中心3565卷纸质档案及全文数字化的电子档案，内容包括职工医疗、工伤、生育保险档案、居民参保档案、医疗缴费稽核档案、待遇领取档案等。（王　斌）

【《太原老字号》出版】 一部全景式展现近代山西太原商业文化发展历程和精神内涵的《太原老字号》由山西出版传媒集团、山西人民出版社出版发行。该书系太原市档案局（馆）站在建设文化强市的高度，以记录城市历史、传承时代文明、推进公益服务、造福社会大众为原则倾力打造。全书36万字，录入老字号名录1084家，采用图片1300幅（图片900余张、图表116幅、烟片52幅、烟标46幅、商标广告189幅），从经理姓名、开张日期、商铺地址、经营种类等方面进行详细记载。（王　斌）

【太原市档案局建立非物质文化遗产名录数据库】 太原市档案局在全省率先建立非物质文化遗产名录数据库，将太原市涉及民间文学、传统手工技艺、传统医药、民间舞蹈、曲艺、民俗等10大类99项的非物质文化遗产名录进行系统收集并建立档案数据库。太原市的非物质文化遗产具有形式多样、地域色彩浓厚等特点，其中具有代表性的有“益源庆”宁化府陈醋的制作工艺、太原锣鼓、晋商诚信文化、傅山拳法等。（王　斌）

【“国际档案日”系列宣传活动】 6月9日，太原市档案系统“档案在你身边”主题系列宣传活动在太原市档案局启动。

1.举办“美丽太原·幸福之路”爱国主义教育展览暨中国历代名人书画品鉴，展览利用馆藏档案及资料组成二十五部分展示太原在5000年华夏文明史中的独特地位，在2500年城市发展史中的鲜明性格以及近百年来在太原革命史中展现出的民族精神，每周二、四接待群众免费参观，为市民品读太原史，进行历史文化教育与传统文化熏陶提供学习场所。市档案局在《太原日报》等媒体刊出档案文化专栏，展示档案独有的历史真实性，满足社会对档案文化的需求。

2.举办“珍档述说历史”巡回展览，把档案文化传进千家万户。市档案馆、县（市、区）档案馆、城建和公安等专业档案馆及全市机关、企事业单位等50余家单位将馆（室）藏珍贵档案制作成40余块展板，向社会宣传展示。

3.启动互联网“档案在线查阅利用服务”，用现代化管理技术在全市率先实现远程便捷式档案利用服务。从6月9日开始，档案在线查阅利用服务在网上开通，远在外地和不方便现场查档的群众，通过登陆太原市档案局网站，轻松实现远程档案查阅利用。（王　斌）

【“档案史料与历史研究”专题讲座】 11月7日，太原市档案局特邀浙江大学人文学院历史系教授方新德为全市档案系统近300人作“档案史料与历史研究”专题讲座。方新德生动讲述在蒋介石日记方面的研究成果，讲析蒋介石日记中的阎锡山，并以“蒋介石日记”的研究为例讲解如何从历史研究的角度去掌握和利用档案史料，去甄别和判断档案史料的价值，同时以在国外档案馆的工作经历和亲身见闻，介绍国外档案工作的发展水平和管理模式。（王　斌）

【汾阳市档案馆接收第七届世界核桃大会档案资料】 7月20~23日，第七届世界核桃大会在汾阳市召开。为全面收集、整理此次世界级盛会的重大活动资料，汾阳市档案局主动介入，派业务人员现场指导各小组人员整理归档，全部档案均按照重大活动档案整理要求进行规范，组委会办公室将整理好的档案全部移交汾阳市档案馆，共计有文书档案18卷、实物档案167件，不仅丰富馆藏，而且为全省乃至全国核桃产业发展提供有效的科学资料。（王　斌）

【霍州市档案馆推进城市记忆工程】 为记录城市面貌的发展变化过程，霍州市档案馆以署前文化产业园区旧城拆迁改造工程为契机，启动“城市记忆工程”档案资料库建设工作，抽调专人对署前广场拆迁改造项目进行跟踪拍摄，全方位记录城市拆迁改造的进程，并对文化遗存的历史渊源、沿革管理等进行考证，形成相关文字，1000余张照片全部整理归档。（王　斌）

卫生　体育
Health Sports

卫　生

【国家卫生城镇创建活动】 1.创建国家卫生城镇工作有新突破。截至2013年底，山西省有国家卫生城市3个(长治市、晋城市、潞城市)；国家卫生县城10个(黎城县、壶关县、武乡县、平顺县、古县、襄垣县、长治县、长子县、屯留县、繁峙县)；国家卫生镇1个(古县北平镇)。各地组织开展国家卫生城镇活动。2013年，全国爱卫会同意受理3个城市(运城市、介休市、汾阳市)、4个县城(五台县、保德县、宁武县、左权县)、1个镇(定襄县河边镇)申报国家卫生城市、县城(镇)材料。截至2013年底，孝义市、介休市和原平市3个城市通过国家爱卫办的暗访，孝义市通过国家的技术评估；11个县城及6个乡镇(洪洞县、定襄县、怀仁县、岚县、灵石县、五台县、保德县、宁武县、河曲县、左权县、沁源县和定襄县河边镇、忻府区奇村镇、宁武县东寨镇、古县石壁乡、五台县台怀镇、繁峙县砂河镇)获得国家卫生县城(乡镇)的称号；壶关县通过国家再次复审，成功卫冕。山西省创建国家卫生县城(乡、镇)工作再次实现新的突破。

2.创建省级卫生城镇工作有新进展。2013年6~9月，省爱卫办抽调成员单位的专业人员组成卫生检查团，按照检查标准，采取听汇报、查资料、走访群众、随机抽查、明察与暗查相结合的方法，共对20个城市、80个县城、15个旅游景区的创建工作、城乡清洁工作进行全面综合检查，完成省政府确定的2/3城市、1/2县城达到省级卫生城市、县城标准的目标责任指标。 (刘　翔)

【妇幼保健与社区卫生】 2013年妇幼卫生工作以"一法两纲"为核心，以实施医改妇幼重大公共卫生项目为重点，社区卫生工作以加强能力建设，完善运行机制为重点，全省孕产妇住院分娩率提高到99.86%。孕产妇死亡率、婴儿死亡率分别下降到15.97/10万、7.57‰，明显低于全国平均水平。出生缺陷率和神经管畸形率分别下降到114.38/‱和10.87/‱，呈现出大幅度下降趋势。全省城市社区卫生服务机构累计建档764.6万份，其中电子建档714.6万份，电子建档率达75.2%。 (刘　翔)

【社区卫生人才队伍建设】 实施医改重大专项社区卫生人员培训项目，采取省级集中理论培训与市级培训基地实践培训相结合的方式，完成培训3317人，其中业务人员2545人，管理人员772人。为确保实践培训质量，举办为期8天的社区卫生人员实践培训基地师资培训班，为各市社区卫生实践培训师资64名。落实山西—北京社区卫生对口帮扶工作，通过牵线搭桥，北京市10所社区卫生服务中心与山西省10所社区卫生服务中心建立一对一对口帮扶关系，2013年免费为山西省培训业务及管理人员26人。开展社区卫生健康教育技能等培训。 (刘　翔)

【基本公共卫生服务均等化】 晋中市榆次区为所有社区卫生服务机构配备产后访视包；阳泉市开展社区卫生慢性病俱乐部试点工作，辖区义井社区卫生服务中心开通QQ咨询服务和热线电话，保证24小时便民服务；长治市社区重点人群健康管理执行蟠龙模式，在体检时用数码相机拍下个人照片，打印并贴在健康体检表封面，坚决杜绝虚假档案。截至2013年底，全省城市社区卫生服务机构累计建档764.6万份，其中电子建档714.6万份，电子建档率达75.2%。全省开展家庭签约服务的社区卫生服务机构数达637所(中心161所，站476所)，共签约居民106.5万人。 (刘　翔)

【医改重点任务完成情况】 2013年争取中央和省级财政卫生投入78.79亿元，较上年增加6.3亿元，增长8.7%。新农合参合率达99.33%，人均筹资标准达340元(其中各级政府补助280元，参合农民个人出资60元)，住院最高支付限额达到15万元的标准。基本药物制度覆盖所有政府办基层医疗卫生机构和村卫生室，并扩展到实施县级公立医院改革的县级医院和部分非政府办基层机构。

1.推进城市公立医院内涵建设。探索建立公立医院绩效考核评价机制，对原来单纯追求经济总量的考核评价体系进行改革，从预算管理、财务风险、患者次均费用、医院运行成本、发展能力五个方面，选取能够反映医院经济运行状况的五个关键指标，组成新的考核评价指标体系，对省直医院进行定期评价考核，并予以通报对比，引导医院提升医疗服务质量，增加患者满意度，减少患者费用，促进医院经济运行良性发展。

2.县级公立医院改革取得进展。确立以医疗服务价格体系调整为基础，以政府财政投入为保障，破除“以药补医”、重构补偿机制的县级公立医院综合改革思路。在总结改革经验的基础上，2013年全省新增49个改革试点县(市、区)，改革县数达到83个，占全省总县数的70%，截至2013年底，所有83个改革县的129所试点医院全部取消药品加成。对首批县级公立医院综合改革试点医院运行情况进行摸底调研，针对医疗服务价格调整补偿不到位的问题，提出山西省《县级公立医院综合改革价格补偿调整方案》，在考虑县级医院工作量和业务收入合理的增长因素的基础上，提出对治疗费、护理费、手术费三类价格进行调整的测算方案，并建议将调整价格的权限下放县级人民政府，实现动态、灵活的价格调整机制。（刘　翔）

【“两山”扶贫开发】 编制完成吕梁山、燕山—太行山两大片区卫生扶贫项目建设规划。拟定“两山”建设项目7大类4285个，项目资金需求12.91亿元，资金来源主要由中央国债和省级财政资金共同解决。争取项目建设经费，重点提升片区卫技人员能力，协调省直三甲医院(中医院)、省市级妇社、疾控、监督等机构以开展人员培训、巡回医疗、远程会诊等方式加大对吕梁山片区的对口支援工作力度。8月，国家卫计委主任李斌对吕梁山片区扶贫工作进行实地调研，对山西省卫生扶贫工作的开展、配套政策的制定、重点项目的实施给予肯定。（刘　翔）

【传染病防治】 2013年，全省共报告法定传染病16.40万例，发病率约454/10万，无鼠疫、霍乱等甲类传染病病例报告。

1. 结核病防治。以贯彻落实山西省结核病防治“十二五”规划为重点，实行规划目标任务进展季度通报制。邀请国家级专家开展结核病防治管理办法等业务培训，在2市3县区调研观摩结核病“三位一体”防治服务模式。联合教育部门进一步规范学校结核病防治工作，开展学校结核病防治工作专项检查，处置汾阳医学院、平鲁区李林中学结核病聚集性疫情，制订《全省农村寄宿学生免费结核病筛查实施方案》。截至年底，共筛查可疑肺结核病患者65342例，发现肺结核患者18924例，均规范治疗，新涂阳肺结核患者治愈率达96.8%。

2.艾滋病防治。落实“五扩大、六加强”综合防治措施。暗娼干预16143人，男男同性恋干预3128人，高危人群检测比例，暗娼检测完成97.5%，男男同性恋检测完成104%，性病病人检测完成92.3%。自愿咨询50425人次，检测49647人次。监管场所新入所人群检测37248人。新增抗病毒治疗464人。艾滋病检测实验室能力验证成绩网络反馈2次优秀。截至年底，全省累计报告HIV/AIDS5624例，其中艾滋病病人2659例，死亡1552例。疫情分布在11个市117个县。累计治疗2468例病人，其中死亡320例，正在治疗2015例。

3. 鼠疫防治。保持鼠间鼠疫零报告，人间鼠疫零发生。对4市12个鼠疫监测县专业人员进行鼠疫防治培训，按照《山西省鼠疫监测方案》要求，在12个监测县开展鼠疫监测，完成鼠疫信息系统维护。完成全省鼠疫防控工作“十二五”中期评估报告。

4.布病防治。完成38157人的职业人群流行病学调查和25085人高危人群筛查；对2111例病例进行流行病学个案调查；布病防治知识知晓率从原来的69%提高到91%，布病防护行为知晓率由63%提高到89%。在天镇、沁源、平遥、垣曲4个布病国家监测县开展监测工作。截至年底，共报告布病患者7082例，较上年同期上升12%，覆盖全省各市县，其中大同市病例最多，占全省病例的25.97%。全年未报告布病暴发疫情。

5.流感等重点呼吸道传染病防控。处置太原市某看守所甲流疫情和太原理工大学麻疹疫情；完善应对人感染H7N9禽流感疫情组织机构和预案，省、市级流感实验室具备H7N9禽流感病毒检测能力。开展野生鸟类H7N9禽流感病毒检测工作，共检测鸟类粪便标本1697份，未分离出H7N9禽流感病毒。调整甲型H1N1流感、人感染高致病性禽流感和人感染H7N9禽流感等法定传染病管理工作。全年未报告人感染H7N9禽流感病例。转发《中东呼吸综合征疫情防控方案（第一版）》，疾控机构开展相应培训。

6.丙肝防治。实施全省丙肝防控暨医师培训工作，在运城市开展大众健康教育，对太原市200例丙肝病例进行重复性调查，并组织县级以上医疗卫生机构专业人员开展第二轮医师培训。

7.消除疟疾。制订印发《全省消除疟疾考核评估实施细则》和《加强消除疟疾工作的通知》，对全省消除疟疾考核工作进行细化，加强医疗卫生机构疟疾病例确认、报告、流调、血检等工作。参加国家消除疟疾知识竞赛，山西代表队获得集体组织奖和个人二等奖的成绩。（刘　翔）

【慢性病防治】 创建慢性病综合防控示范区。2013年，创建16个省级慢性病综合防控示范区，超额完成年度目标任务。完成慢性病防治项目任务。筛查15160人，发现上消化道癌早期患者168例，癌症患者75例，手术治疗190例。肠镜筛查533人，发现早期大肠癌患者6例，癌症患者1例，手术治疗5例。筛查7022例癫痫患者，管理5788例。筛查脑卒中高危人群72171人。登记肿瘤新发患者7521例，死亡3212例。接受窝沟封闭的儿童3.37万名，封闭牙齿12.28万颗，窝沟封闭完好率为86.5%。启动中国农村地区糖尿病综合防控项目，完成年度基线调查工作。农村伤害监测病例2318例；营养与健康监测儿童及乳母分别为50人、200人；农村营养改善计划、营养健康状况监测学生4.86万名；死因监测病例2.25万例。加强重性精神疾病管理。制定《2013年加强易肇事肇祸精神障碍患者服务管理行动计划》和《2013—2017年全省易肇事肇祸精神障碍患者服务管理工作实施方案》，与公安部门建立严重精神障碍患者信息共享及管理服务联动机制。督导考评44个基层医疗机构。截至2013年12月底，全省共检出重性精神疾病患者9.1万人。 (刘 翔)

【地方病防治】 开展地方病各项监测任务：碘盐覆盖率99.02%，居民合格碘盐食用率96.79%，碘盐监测上报率及有效监测率均为100%。对高碘地区监测居民食用盐1680份，无碘食盐率85.2%。对6700余名7~12岁儿童进行大骨节病临床检查和X线拍片，未发现临床阳性病例，平均X线阳性检出率低于3%。开展克山病防治、饮水型砷中毒等监测工作。完成燃煤污染型地方性氟中毒试点验收工作，以村为单位8~12岁儿童氟斑牙患病率≤30%，两个县95%以上病区村的各项指标基本达到国家燃煤型氟中毒控制标准要求，病区居民炉灶正常使用率累计达到98.98%。 (刘 翔)

【健康教育与促进工程】 启动2013年度全省健康素养促进行动项目，增加健康促进医院创建内容，并对健康素养和烟草流行监测进行调整。制定印发项目管理方案，承办项目国家级培训班。开展健康素养和烟草流行监测现场调查工作。制订印发《山西省全民健康生活方式行动实施方案(2013—2015)》，并以市级自评、省级抽查的方式进行考核。提升全省医疗卫生系统控烟工作，省级暗访295家医疗卫生单位，结果显示较上年有明显提高；国家暗访结果显示，山西省综合排名全国第10位，较上年度前进12名。利用3·24世界结核病日，省、市卫生、教育部门联合在山西大学商务学院开展大型现场系列宣传，启动防治结核病“百校万人签名”活动；利用4·25预防接种日、5·15碘缺乏病日、5·31世界无烟日、10·10精神卫生日以及高血压、糖尿病等主题卫生日，组织省、市开展形式多样的宣传，普及防病知识。 (刘 翔)

【农村基层医疗卫生机构综合改革】 1.推进乡村医疗卫生服务模式转变。召开全省乡镇卫生院转变服务模式现场会，引导乡镇卫生院从被动服务转向主动服务，促进国家基本公共卫生服务项目落实，释放农村居民的健康需求。在全省11个市各选择1或2个县先行开展乡村医生签约服务试点，强化乡村医生服务“网格化”管理，确保农村基本医疗卫生服务可及性。10月份，国家卫计委基层司在晋中市开展乡村医生签约服务调研，给予肯定。太原市晋源区被确定为全国乡村医生签约服务重点联系县。

2.推进乡村医生养老和运行机制建立。从省级层面进一步破解乡村医生队伍建设难题。争取相关部门支持，在落实在岗乡村医生政府新农保缴费补助的基础上，建立对年满60周岁且离岗的村医生活补贴政策，在全国率先建立在岗和退岗乡村医生养老的“双轨”补助政策。加大村卫生室运行服务补助力度，省级财政落实村卫生室300元/年信息系统运维省级支持性补助。截至2013年12月底，太原、晋中、长治、晋城、吕梁五市以市为单位，先后出台老年乡村医生退岗补助和村卫生室日常运行补助政策。太原市通过政府补助的方式建立乡村医生医疗责任保险制度，降低乡村医生执业风险。国务院副总理刘延东对太原市建立完善乡村医生进退流转机制的做法给予充分肯定，并作出重要批示。

3.开展村卫生室全覆盖“回头看”工作。组织各地开展“村卫生室全覆盖”工程“回头看”，督促引导各地从业务用房条件改善、建设内涵提升、人才队伍稳定等方面稳步推进长效机制建立，对村卫生室服务实行转型升级，巩固农村医疗卫生服务“网底”。开展村卫生室规范化建设，印发《关于进一步加强村卫生室规范化建设的通知》，从监管职责、制度完善、预防接种、用药安全和一体化管理等方面，对村卫生室服务普遍开展自查和整改，推进村卫生室管理制度完善和规范，保障村卫生室的医疗安全和服务质量。 (刘 翔)

【新型农村合作医疗制度】 新农合参合率稳中有升，筹资水平继续提高，保障水平逐年增强。推进重大疾病提高医疗保障水平工作，参合患大病农民医药负担有效缓解。推进新农合支付方式改革工作，加大医药费用控制和定点医疗机构监管力度。

1.新农合保障水平提高。2013年，全省共有2202万农村居民参加新农合，参合率达到99.33%，所有统筹地区参合率均达到95%以上。115个统筹地区筹资标准全部达到340元(各级财政补助280元，个人缴费60元)。所有统筹地区住院最高支付限额不低于15万元，超过国家最高支付限额不低于8万元的要求。

2.推进重大疾病提高医疗保障工作。在所有统筹地区推开终末期肾病、肺癌等20类重大疾病保障工作，部分地区还将儿童苯丙酮尿症、尿道下裂2种疾病纳入保障范围，重大疾病新农合补偿比例达到70%，累计救治2.17万人次，补偿金额2.29亿元。与省财政厅、民政厅联合印发《山西省新增农村居民重大疾病提高医疗保障水平实施方案(试行)》，儿童“两病”、重型精神病、宫颈癌、乳腺癌、终末期肾病以及新增的14个病种民政救助分别扩大到84、56和12个县，报销比例达到90%。

3.开展重特大疾病新农合购买商业保险试点工作。2013年，选择阳泉、运城市作为城乡居民大病保险工作试点市，探索完善城乡居民医疗保障制度。2月份，省发改委、卫生厅、财政厅、人社厅、民政厅、保监会山西监管局联合印发《山西省建立和完善城乡居民大病保险工作实施方案》；4月份，省发改委、人社厅、卫生厅联合印发《山西省城乡居民大病保险招投标管理办法》，指导试点市开展城乡居民大病保险工作。

4.加大费用控制和定点监管力度。开展全省新农合制度建设“回头看”活动，采取自查和重点抽查的方式，对新农合基金管理使用、管理和经办机构监管、定点医疗机构诊疗行为等进行重点检查。完善新农合经办机构与医疗机构的谈判机制和购买服务的付费机制，推行协议化管理；规范定点医疗机构医药费用通报和警示告诫制度，强化定点医疗机构自我控费意识，推进定点医疗机构精细化、科学化管理，确保新农合基金规范使用、安全运行。

5.新农合支付方式改革取得实效。推进新农合支付方式改革工作，先后举办六期支付方式改革专题培训和两期研讨会，全面提高统筹地区新农合支付方式改革水平。2013年，在实现乡、村两级门诊总额付费全覆盖及102个县(市、区)开展住院支付方式改革基础上，115个县(市、区)全面开展住院费用按病种、按床日、总额预算、按人次付费等支付方式改革，住院费用支付方式改革实现统筹地区全覆盖。

2013年，全省新农合筹集基金76.02亿元，补偿支出73.98亿元，受益人次达4103.42万。其中：住院补偿59.48亿元，受益196.21万人次；正常分娩补偿0.61亿元，受益12.94万人次；门诊补偿9.78亿元，受益3745.04万人次；慢病补偿2.51亿元，受益103.58万人次。政策范围内住院补偿比例达到78%。　（刘　翔）

【食品安全风险监测】　省卫生厅召开全省食品安全风险监测工作会议，对2013年监测工作进行部署，并印发全省食品安全风险监测方案。组织对全省食品安全风险监测工作的督导检查，督促各地按时完成全年监测任务。按照机构改革的精神，市县卫生部门依法履职，突出卫生部门承担的食品安全风险监测评估、食品安全标准制定等职能，全面承担起组织开展风险监测的相关法律责任，为全省食品安全监管工作提供有力的技术支撑。

2013年，山西省的食品安全风险监测工作成效明显。构建省、市、县、乡四级食源性疾病监测网络。食源性疾病监测工作覆盖全省所有的县(市、区)，并建立以31个县(市、区)的35所医疗机构为骨干的疑似食源性异常病例/异常健康事件监测报告网络，在6个市的10所医院开展食源性疾病主动监测工作。建成北(大同)、中(太原)、南(运城)、东(阳泉)、东南(晋城)地区的“大”字形食品中污染物和有害因素监测网络，监测范围覆盖全省119个县中的74个县，覆盖率62.18%，超过国家50%以上的要求。通过分片划区解决部分地区检验检测能力不足的问题。在省、市、县三级成立食品安全事故调查队伍，增强食品安全事故的调查处理能力。组建“山西省食品安全专家委员会”，为食品安全风险监测工作提供技术咨询和指导。各级行政部门加强督导检查，档案管理制度、定期报告制度和督查制度等食品安全风险监测工作制度在基层得到有效落实。强化食品安全培训。举办全省培训班，邀请国家卫计委食品安全标准与监测评估司、国家食品安全风险评估中心的领导和专家学者讲授，培训全省市、县两级卫生局局长和疾病预防控制中心主任以及相关业务科室负责人等约300人。完成食品安全风险监测各项任务，为国家制定食品安全标准以及食品监管政策，提供准确的监测数据。完成98%的食品中化学污染物和有害因素监测采样量。按照国家要求的4729份，已采集样品4634份，完成98%的任务量，检验数据上报国家评估中心审核。完成96%的食品微生物及其致病因子监测采样量。按照国家要求的3120份，采集样品3011份，完成96%的任务量，上报的2710份检验数据通过国家评估中心审核，完成国家监测任务量87%。食源性疾病主动监测采集1279份样品，检出阳性样品54份，阳性率4.22%。全省疑似食源性异常病例/异常健康事件35家监测医院，未发现疑似食源性异常病例/异常健康事件。全省119县开展食源性疾病（包括食物中毒)事件监测工作，完成山西省省委省政府“食源性疾病(包括食物中毒)事件监测覆盖95%以上的县，食物中毒以县为单位报告率达80%”的考核目标。全省上报食源性疾病（包括食物中毒)事件36起，涉及465人。检出猪头肉、辣椒面等食品中含罗丹明B和碱性橙Ⅱ等非食用物质，通报有关部门后，相关食品得到及时处置，违法行为得到查处。　（刘　翔）

【卫生监督】　2013年，以加强卫生监督体系和执法能力建设为基础，以整顿和规范医疗秩序、职业病防治、学校卫生、饮用水卫生安全为重点，以保障人民群众健康权益为目标，召开会议，安排部署，加强培训，提高效率。截至年底，全省应监督单位66068户，实际监督户数65777户，监督覆盖率99.56%；实际监督157656户次，户均2.4次。查处案件3643件，罚款506万元，移送案件34件。国家卫生监督中心(2013)304号卫生监督信息报告工作通报和年终报告数据显示，山西省卫生监督覆盖率前半年和全年均名列全国第一，案件查处数名列全国第五，罚款数名列全国第八。山西省整顿和规范医疗市场秩序工作得到国家卫生计生委和省政府领导的肯定。　（刘　翔）

【整顿医疗秩序成效显著】　省卫生厅厅长卫小春在全国进一步整顿医疗秩序打击非法行医专项行动电视电话会议上作典型发言。副省长张建欣多次表扬卫生部门，敢出拳、敢碰硬、敢担当，整顿医疗秩序工作有声有色。国家卫生计生委副主任陈啸宏在全国进一步整顿医疗秩序打击非法行医专项行动集中整治阶段总结电视电话会议上两次肯定山西的做法。　（刘　翔）

【卫生行政审批】　行政审批制度改革名列山西省前茅。压缩行政审批项目达70%；办理行政审批7299件，实现“零差错、零投诉、零红牌”；党的群众路线教育实践活动中央督导组，省领导李兆前、张建欣，省监察厅效能办、省第四联组对省卫生厅行政审批工作都给予肯定，各项工作走在全省前列、名列全省前茅。　（刘　翔）

【卫生应急综合示范(县、市)区创建】　支持和指导国家卫生应急综合示范县(市、区)创建工作，9月11~13日，晋中市寿阳县通过国家卫生应急综合示范县现场复核评估专家组的复核验收,成为山西省第二个国家级卫生应急综合示范县。督导各市、县创建省级卫生应急综合示范县(市、区),提升基层卫生应急管理水平。2013年度,经县级自评、市级初评,全省11个市共推荐14个县(市、区)申报省级卫生应急综合示范县(市、区)。11月8~18日,山西省卫生厅调派20名专家组成4个省级复评工作专家组,采取查阅资料、现场复核、答卷、走访等形式,对14个县(市、区)的卫生行政部门、疾病预防控制机构、卫生监督执法机构、县级医疗机构、乡镇卫生院、学校、社区等进行复核,均达到省级卫生应急综合示范县(市、区)创建标准,被命名为“山西省第三批省级卫生应急综合示范县(市、区)”。基层卫生应急综合能力显著提升,为山西省探索形成基层卫生应急管理模式奠定基础。 (刘 翔)

【《山西省基本药物补充品种目录》(2013年版)】 7月份,启动省级基本药物增补工作。在新版国家基本药物目录基础上,按照“重点满足基层常见病、多发病、慢性病及患者双向转诊用药需求,兼顾重大公共卫生项目、重大疾病保障”的遴选原则,制定增补工作方案及纠风纪检全程参与的廉政风险防控工作机制,明确遴选原则、增补目录来源、增补的程序,采取自下而上和自上而下两次推荐的备选品种的方式,组织咨询专家组和评审专家组对备选药物品种进行遴选和评审,形成补充目录送审稿,经山西省医改领导组审核后,报山西省政府批准后于9月25日正式发布。2013年版《山西省基本药物补充品种目录》包括化学药品和生物制品、中成药2部分。共198个品种,其中化学药品123个,中成药75个,是山西省各级医疗卫生机构配备使用基本药物的依据。 (刘 翔)

【公立医院改革】 2013年,按照山西省委、省政府和省卫生厅的安排部署,山西省新增49个公立医院综合改革试点县,改革覆盖面扩大到全省119个县(市、区)的70%,试点县医院全面取消“以药补医”,实现药品零差率销售。

1.推进县级公立医院综合改革扩点工作。在各市推荐的基础上,省医改办和省卫生厅联合印发《关于确定2013年县级公立医院综合改革试点县的通知》,确定49个新增试点县(市、区),并就进一步深化推进县级公立医院改革做出安排。山西省有83个县(市、区)推行以“取消以药补医”为关键环节的县级公立医院综合改革,改革覆盖面扩大到全省119个县(市、区)的70%。

2.取消“以药补医”工作全面实施。各新增试点县成立由主要领导任组长的综合改革领导机构,制定出台综合改革实施方案和调整医疗服务价格体系,加大政府财政投入政策,改革基本医保支付方式。10月份,召开部分县级公立医院综合改革工作汇报会议,督促尚未启动改革的5个试点县(市、区)抓紧落实工作。截至2013年12月,49个试点县全部出台医药价格改革方案,全面取消“以药补医”,实现药品零差率销售。

3.落实综合改革对口帮扶制度。安排30所城市三级医院对口帮扶新增49所县级公立医院改革试点,实现全省83个改革试点对口帮扶全覆盖。对口帮扶倡导模式创新,突出管理帮扶,强化专科建设,确保改革持续取得实效。

4.加强县级公立医院综合改革临床重点专科建设。印发《县级公立医院综合改革专科建设工作方案》,启动综合改革试点县级医院临床重点专科建设和评估工作,各试点县按照本辖区专科发展规划内容,制定专科建设计划,有针对性地分步骤开展工作,带动县域学科发展和管理创新。山西省83个综合改革试点县确定200余个重点建设专科。

5.健全激励约束机制。公立医院改革工作列入2013年省委、省政府目标责任考核内容以及山西省转型综改专项改革任务,由省政府对各市考核评估。(1)印发《2013年转型综改专项任务工作方案》和《2013年转型综改专项改革任务分解》,对改革的目标任务、细化指标、推进举措、进度安排、保障机制、部门责任等进行明确。(2)在6月份召开的全省公立医院改革暨转型综改专项改革推进培训会议上,省卫生厅与各市卫生局签订《转型综改目标责任书》,落实目标责任制和问责制。(3)召开全省县级公立医院综合改革现场会和座谈会,汇报工作成绩、交流工作亮点、总结改革成果,并对下一步工作进行安排。(4)加强公立医院改革工作督导,做到医改任务月报和月通报,推进县级公立医院改革工作。(5)推进城市公立医院改革步伐,制定城市大型公立医院改革试点方案,通过多次调研,确定山西省人民医院、山西省眼科医院和长治市第二人民医院作为城市公立医院改革试点。

6.开展公立医院院长培训工作。建立公立医院院长职业化、专业化培训长效机制,将此项培训作为院长任职资格和任期考核的重要依据。2013年共举办3期,二级以上公立医院院长共750余人次参加培训班。 (刘 翔)

【中药资源普查】 中药资源普查外业调查基本完成。40个试点县完成标本采集15667种、74491份,样方调查7262套,样品采集3992种,种子、种苗采集2180种,种植调查1565种,中药材市场调查1543户,中医药传统知识调查3980条。建立中药材国家地理信息模型系统1套、中药电子标本模板1部,编辑《中药图谱》画册1部、《又尝百草》诗集1部,出版《清代药性剧》图书1部。举办第二届现代中药农业发展论坛暨中药资源普查工作阶段性成果展。组织省内3个国家基本药物中药原料资源动态监测和信息服务站与中国中医科学院签订共建协议。 (刘 翔)

【《山西省发展中医药条例》出台】 9月29日,《山西省发展中医药条例》由山西省第十二届人民代表大会常务委员会第五次会议审议通过,自2013年10月11日起施行,原条例同时废止。该条例共七章四十三条,针对医疗机构与从业人员、中药与中药产业、教育与科研、保障与促进等事项作出规定，明确发展中医药事业应当贯彻中西医并重的方针，坚持继承和创新相结合的原则，保持、发挥山西省中医药特色和优势，运用现代科学技术，丰富、发展中医药理论和实践，促进中医药医疗、保健、科研、教育、产业、文化全面协调发展，建设中医药强省。该条例遵循中医药发展自身规律，强调发展中医药政府责任，并针对中医从业人员执业范围等问题作出明确规定。（刘　翔）

体　育

【概述】 2013年是全省体育工作迎难而上、改革创新，跨越发展取得可喜成果的一年。一年来，局党组带领全省体育工作者，团结奋斗，攻坚克难，完成各项工作任务，取得山西体育事业全面进步。

1.公共体育服务体系完善。开展全民健身活动，丰富群众文化生活。自元旦起，各级各类社会体育组织紧贴百姓生活组织开展全民健身大拜年、第27届奥林匹克日长跑、8·8全民健身日、第四届世界大学生龙舟锦标赛、省直机关干部健步行和第九套广播体操比赛等全民健身活动，对促进社会和谐发挥积极作用。

推进体育场地建设，改善群众健身条件。在全省实现行政村体育场所全覆盖的基础上，新建乡镇全民健身广场441个，申报和推进国家援建"雪炭工程""全民健身中心"等建设项目；提升全民健身服务科学化水平，将全省"一村一品"活动开展情况、群众体育队伍骨干情况纳入农民体育健身工程电子档案之中，形成覆盖村－乡（镇）－县－市的电子档案网络化管理模式。太原市依托汾河景区建设总长度近百公里的汾河体育健身长廊，临汾市将十大体育健身板块纳入汾河公园建设规划，为丰富群众文化生活创造良好条件。

完善群众体育组织，保障健身事业发展。全省11个市、76个县成立体育总会；推进社会体育指导员队伍建设，培训各级社会体育指导员5324名，全省注册社会体育指导员总数达到4.4万名；起草《山西省全民健身站点管理办法》，为基层群众开展全民健身活动提供保证。

落实《全民健身条例》，保障群众体育权益。进一步推进"三纳入"工作，落实全民健身人均事业经费；扶持长治市创建"国家全民健身示范城市"，并将此项工作列为省体育局年度目标责任考核"创新指标"；山西体育职业学院、太原体校、大同体校、阳泉体校等四所学校被国家体育总局命名为国家高水平体育后备人才基地（2013–2016年）；阳光体育活动和校园足球活动得到广泛开展，承办全国青少年户外体育活动和全国阳光体育校园行山西站活动，举办一系列全省青少年比赛和大中小学生比赛。

2.竞技体育竞争实力增强。全运会取得重大突破。227名运动员获得第十二届全运会决赛资格，参加16个大项、116个小项的比赛，取得10枚金牌、8枚银牌、6枚铜牌、7个第四名、8个第五名、9个第六名、10个第七名、5个第八名、3个集体项目第12名和总分557分。射击、游泳、乒乓球、拳击、击剑等项目实现重大突破，取得历史最好成绩。山西代表团在全国38个代表团中排名第15位，并被组委会授予体育道德风尚奖，取得运动成绩和精神文明双丰收。山西代表团在全运会上出色表现被评为2013年山西十大新闻事件，获得两枚全运会游泳金牌的山西省运动员曹玥入选"感动山西"十大新闻人物。

高水平赛事精彩纷呈。承办全国男子武术套路预赛、全国小轮车锦标赛。山西兴瑞篮球俱乐部夺得2012~2013赛季全国女子篮球甲级联赛冠军，这是山西省在三大球项目上获得的第一个全国冠军，山西兴瑞女篮获2013"感动山西"特别大奖；大同雁北宾馆乒乓球俱乐部和吕梁大土河乒乓球俱乐部并列中国女子乒超联赛第三名；太原国际马拉松赛被评为"金牌赛事"。

赛风赛纪和反兴奋剂工作严抓不懈。落实国家体育总局反兴奋剂教育资格准入制度，加大对第十二届全运会参赛运动员及辅助人员培训力度，组织开展反兴奋剂考试、承诺、宣誓，层层签订责任书，确保山西省在第十二届全运会上未出现一例违规事件；加强第十四届省运会资格赛赛风赛纪和反兴奋剂监督检查，制定严格的管理办法，加大查处力度，实施责任追究，严把每个环节，确保不出问题。

运动员文化教育和保障工作加强。落实省政府《关于进一步加强运动员文化教育和运动员保障工作的实施意见》，与省教育厅联合制订《山西省优秀运动员文化教育联席会议制度》，对加强运动员文化教育具有重要意义；山西省体育人才职业转换中心挂牌成立，承办全国体育系统职

山西射击队夺得第十二届全运会首枚金牌　（王宏德提供）

7月10日，阳光体育全国青少年户外体育活动营地展示大会在晋城举行 （王宏德提供）

业指导师高级研修班，举办2013年山西省退役运动员计算机技能培训班，为运动员生涯规划、职业培训、就业指导等发挥作用。

3.体育产业和体育场馆建设推进。体育产业集团获准成立。落实省政府办公厅《关于加快发展体育产业的实施意见》和省政府2013年116次常务会议精神，完成组建山西省体育产业集团前期各项准备工作。

山西体育中心运行良好。山西体育中心承办一系列赛事和群众体育活动，节假日期间对公众免费开放；省局所属8个运动项目管理中心搬迁入驻，各运动队训练、生活、医疗保障条件得到改善；同时，山西体育中心吸引包括国际奥委会主席罗格在内的众多国内外嘉宾前来参观指导。山西体育中心举办赛事活动、促进全民健身、专业运动训练、体育产业开发、旅游景点观瞻、应急避险场所的六大主体功能基本得到体现。

体育彩票销量提升。理顺管理体制，完善激励机制，加强网点建设，丰富产品结构，全省体育彩票销售额实现15.6亿元，较上年增长53.8%，超额完成省政府下达的10亿元目标考核任务。

航空体育产业壮大。在抓好航空体育项目的同时，开展飞播造林、防火灭虫、人工增雨等通航服务，不断扩大服务领域和范围，创造良好的经济和社会效益。 （王宏德）

【群众体育】 2013年，山西省群众体育工作研究探索公共体育服务的实现方式和途径，逐步建立符合省情的公共体育服务体系，突出以贯彻落实《全民健身条例》和山西省《全民健身实施计划（2011—2015年）》为主线，着眼于围绕“三边工程”、覆盖“五个百万”和“两个关爱”人群、抓住“一支骨干队伍”（社会体育指导员），依法行政、贴近基层，不断强化各级政府履行公共体育服务职能，满足广大群众的体育健身需求，为构建和完善具有地方特色的全民健身服务体系、推进“十二五”体育事业发展发挥重要作用。

1.发挥各级政府公共体育服务职能，依法推进全民健身工作。全省11市、119个县(区、市)制定《全民健身实施计划》。长治市推进“全民健身示范城市”试点创建工作扎实有效。各市、县着力于形成“政府主导、部门协同、全社会共同参与的全民健身工作机制”，各级政府依法履行公共体育服务职能。

2.满足群众多元化健身需求，公共体育设施建设成效提高。“建、管”并举，做好农村体育设施“全覆盖”工程“回头看”。省、市、县体育行政部门全部建立农村公共体育设施“电子档案”。新建乡镇型全民健身活动广场441个。2013年，体育总局援建中小型“全民健身活动中心”11个（原平市、静乐县、文水县、芮城县、垣曲县、永济市、寿阳县、壶关县、平定县、洪洞县、尧都区）；命名资助全民健身活动中心3个（潞城市、武乡县、侯马市）、全民健身户外活动基地3个（怀仁县、应县、临汾市九龙山庄）、县级体育场4个，共计扶持资金4400万元。

3.提升广大群众的身体素质，全民健身系列活动丰富多彩。按照“亲民、便民、利民”的原则，围绕“四个重点”，贴近基层群众，以新年、春节、“全民健身日”“第十二届全运会”等重要节点和重大活动为主要抓手，百万农民、职工、青少年、老年人、妇女、残疾人、少数民族等人群的健身活动丰富多彩、亮点频闪。第十二届全运会期间，组织山西省群体“双先”代表参加全国表彰活动，受到习近平总书记接见。有75个先进单位、65个先进个人受到表彰。全年省、市举办的全民健身活动300多项。

4.群众体育组织体系建设加强，群众体育组织和骨干队伍壮大。全年培训各级社会体育指导员5324名，全省注册登记社会体育指导员达4.4万余名。11个市，76个县成立体育总会，4个市11个县成立社会体育指导员协会，市、县两级单项体育协会1199个，建立城乡基层全民健身站点10646个。

5.提升全民健身理念和意识，全民健身宣传力度加大。利用报刊、广播、电视、网站等载体，围绕重点广泛宣传、注重实效。

6.指导广大群众科学健身，群众体育科研工作加强。进一步完善第三次国民体质监测，对第三次国民体质监测的47000个样本进行分析、整理，完成第三次国民体质监测报告出版前的审定、校对。 （王宏德）

【2013年山西体育十大新闻】 1.全运会取得重大突破。在8月31日至9

月12日举行的第十二届全运会上，山西省227名运动员参加16个大项、116个小项的比赛，取得包括本届全运会首枚金牌在内的10枚金牌、8枚银牌、6枚铜牌，总分557分，在全国38个代表团中排名第15位，参赛人数、金牌数、全国排位均超过上届全运会。射击、游泳、乒乓球、拳击、击剑等项目创历史最好成绩，实现重大突破。同时，山西代表团被授予“体育道德风尚奖”，取得运动成绩和精神文明双丰收，该新闻被评为2013年山西十大新闻。

2. 职业体育成绩喜人。2月5日，山西兴瑞女篮首夺WCBA总冠军，实现中国职业篮坛的“凯泽斯劳滕神话”，成为WCBA历史上第五支总冠军队伍，并荣获“2013年感动山西”团队特别奖；3月，山西东方红胡晓苓队在全国围棋女子团体锦标赛上获得第五名，获得首届全国女子围棋甲级联赛的参赛资格，成为山西省继男女篮、女子乒乓球之后，第五支参加全国顶级职业联赛的队伍；11月，大同雁北宾馆乒乓球俱乐部和山西大土河乒乓球俱乐部并列中国女子乒超联赛第三名。

3. 王智伟成为山西射击项目首个世界冠军。4月，世界杯韩国站，射击运动员王智伟以192.1环的总成绩获男子手枪慢射冠军。11月，王智伟又摘得国际射联世界杯总决赛50米手枪慢射金牌，成为山西射击项目第一个世界冠军。

4. 武杨荣获山西首个乒乓球女子世界冠军，当选2013年十大新闻人物。3月31日，中国女队在乒乓球世界杯团体赛中夺冠，其中，山西乒乓球选手武杨以主力身份参赛。武杨在成为国乒第104位世界冠军的同时也成为山西历史上首个乒乓球女子世界冠军。9月23日，武杨再次摘得女乒世界杯单打亚军。年末，被山西日报年终特刊评为2013年十大新闻人物。

5. 汾酒集团成功收购中宇俱乐部全部股权。11月，山西汾酒集团全资收购山西中宇职业篮球俱乐部。历时半年多，经省体育局及社会各界多方努力，终于将一支深受山西球迷喜爱的中国顶级职业篮球队留在山西。

6月28日，省直机关第九套广播体操比赛在山西体育中心举行

（王宏德提供）

6.太原国际马拉松赛被授予“金牌赛事”称号。9月28日，2013太原国际马拉松赛在山西煤炭交易中心鸣枪开跑，包括49名外籍运动员在内的13个国家和地区及国内20多个省（市区）、行业体协的3万多名运动员参加，参赛人数再创新高。12月20日，以“清凉太原城，激情马拉松”为主题的2013太原国际马拉松赛被中国田径协会授予“金牌赛事”称号，太原国际马拉松赛首次跻身金牌赛事行列。

7. 体育彩票销售和中奖两创新高。2013年，全省体彩销售双喜盈门。全年销量达到15.6亿元，继上年突破10亿大关后，销售额再创历史新高，增幅53.8%，完成省政府下达的目标任务。体彩公益金为体育事业的发展提供支撑。高平彩民中得“大乐透”2545万元巨奖，刷新山西省体彩开售以来大奖最高纪录。

8. 全运“双冠王”曹玥荣获“2013年感动山西十大人物”称号。12月28日，备受关注的“中国黄金杯”2013年感动山西十大人物评选结果揭晓。夺得第十二届全国运动会女子400米和200米自由泳两枚金牌，实现山西游泳“零的突破”的游泳运动员曹玥荣获“2013年感动山西十大人物”称号。

9. 全民健身日涌动健身潮，公共体育服务体系完善。8月7日，山西省社会体育指导员技能交流展示大会在山西体育中心举行，全省11市300多名社会体育指导员展示健身精品项目。8月8日，“全民健身日”全国棋牌项目万人同赛山西分会场活动举行。全年，山西省在体育系统政府转变职能过程中，不断拓展政府公共体育服务的形式和内容，逐步完善全民健身公共服务体系。节假日、“全民健身日”期间，以“天天健身，天天快乐”为主题，在举行丰富多彩的全民健身活动同时，公共体育场馆免费开放，为群众提供优质、健康、时尚的运动场所。

10. 山西运动员扬威国际体坛。7月，蹦床选手董栋/涂潇、张雒在第九届世界运动会上分别赢得蹦床男子双人同步与男子单跳金牌。10月，袁运子摘得第二届世界青少年女子拳击锦标赛青年组54公斤级金牌，成为山西拳击项目首位夺得世界级大赛金牌的选手。10月6日至15日，8名山西运动员参加第六届东亚运动会，取得4金1银2铜，这是历届东亚运动会山西省参赛人数最多、成绩最好的一次。（王宏德）

【山西省城群众健身活动迎新年】 1月1日，山西省城群众迎新年健身行活动在山西体育中心举行。副省长张平与5000多群众参加。队伍从吉庆广场出发,沿游泳馆、主体育馆、自行车馆、雕塑群,绕主体育场步行一周,到达东门广场,全程约4千米。（王宏德）

【全省体育工作会议】 1月8日,全省体育工作会议在太原召开。会议主要任务是：深入学习贯彻党的十八大精神和全国体育局长会议精神,回顾总结2012年工作,安排部署2013年重点任务,研究探索下一步工作思路,统一思想,振奋精神,奋力推进全省体育事业不断实现新跨越。2013年全省体育工作总体思路是：深入贯彻落实党的十八大精神,以科学发展观为统领,以满足人民群众不断增长的体育需求为根本,以保障和改善民生为宗旨,以加快职能转变为重点,以统筹协调发展为基调,全面推进公共体育事业进步,努力发挥体育的综合功能,为全面建成小康社会做出积极贡献。主要目标是：研究探索公共体育服务的实现方式和途径,逐步建立符合全省实际的公共体育服务体系；全力打好第十二届全运会,力争取得优异成绩；进一步发挥体育行政部门对体育市场的监管和服务职能,力争体育产业集团初步发挥规模效益。（王宏德）

【《关于加强老年人体育工作的意见》】 2月21日,中共山西省委办公厅、山西省人民政府办公厅发出（晋办发〔2013〕4号）通知,转发省体育局拟定的《关于加强老年人体育工作的意见》(以下简称《意见》)。（王宏德）

【山西健康老人评选揭晓】 2月26日,第八届山西省健康老人表彰大会在太原举行。大会公布第八届山西省健康老人评选结果,全省共有108人当选,其中有3位是第七届全国健康老人,男性90人,女性18人,平均年龄90岁。（王宏德）

【永济五老峰登山节】 4月25日,全国群众登山健身大会暨永济五老峰登山节开幕。3000余人展演广场健身舞、太极拳、大型广播体操等文体节目。全国700余名登山爱好者参加竞速挑战赛,贵州李永远问鼎男子组冠军并打破纪录,女子组冠军由北京华北电力大学干雪摘得。本届登山节成为全国群众登山健身大会的一个站点,主题是“美丽中国、健康你我”,有全民健身活动展演、登山竞速挑战赛、黄河风情文化展示、“蒲坂之春”诗歌与摄影大采风、登山环保行,持续到5月25日。（王宏德）

【山西全民健身委员会工作会议】 5月3日召开。会议主要任务是总结2012年全省全民健身各项工作,安排和部署下一阶段工作。副省长张复明出席会议并讲话。会议要求以科学发展观为指导,深入学习贯彻党的十八大精神,以构建全民健身公共服务体系为核心,形成和完善政府主导、部门协同、全社会共同参与的全民健身工作机制,完成《实施计划》阶段性目标任务,推动政府履责,形成全民健身齐抓共管的工作格局;拓展建设范围,提升基本公共体育服务均等化水平,强化组织建设,推动基层组织的社会化发展,挖掘特色,广泛组织开展全民健身活动,加强基础工作建设,完善法规制度。（王宏德）

【全运会武术套路预赛】 5月13~15日,第十二届全国运动会武术套路预赛(男子赛区)在山西体育中心举行。全国26支代表队的112名运动员参赛。比赛设长拳、刀术、棍术全能,南拳、南刀、南棍全能,太极拳、太极剑全能三大项,每个项目前12名选手进军在沈阳举行的全运会武术套路决赛。（王宏德）

【沁县第五届端午民俗文化节】 6月10日,沁县第五届端午民俗文化节暨龙舟邀请赛开幕。省委常委、宣传部部长胡苏平宣布开幕,为参赛龙舟点睛。“我们的节日·端午”是中央文明办在全国开展的主题系列文化活动之一。本届端文化节以弘扬清廉文化,建设美丽水城为主题,展示水城沁州优美的生态环境和以中国曲艺之乡为代表厚重的非遗文化魅力。文化节3天,活动期间有民间工艺品展览、民间七十二行技艺表演、文化巡游、龙舟大赛等传统项目。（王宏德）

【第四届世界大学生龙舟锦标赛】 6月12日在太原开幕。该届赛事由国际大学生龙舟联合会、中国大学生体育协会、山西省体育局、教育厅、太原市人民政府主办,中国大学生体育协会赛艇与龙舟分会、太原市体育局、体育总会承办,在汾河水域龙城大桥至跻汾桥段进行。来自美国、韩国、加拿大、俄罗斯、巴基斯坦、肯尼亚、刚果、新西兰22个国家和地区42所大学的62支队伍870余名选手参加。（王宏德）

【全国柔力球推广万里行晋中启动】 (参见429页)6月18日,全国柔力球大篷车公益推广万里行活动在柔力

6月12日,第四届世界大学生龙舟赛在太原举行（王宏德提供）

球发源地晋中启动。晋中是万里行首站，从6月2日开始，延续一个月。每县(市、区)柔力球公益活动为期两天，包括柔力球公益培训和柔力球进农村、进景区、进企业、进学校、进社区、进机关“六进”推广活动。（王宏德）

【省直机关第九套广播体操比赛】 6月28日，省直机关第九套广播体操比赛在山西体育中心闭幕。省委书记、省人大常委会主任袁纯清，省人大常委会副主任安焕晓，副省长张复明，省政协副主席李悦娥等出席闭幕式并颁奖。64个单位的近3000名职工经过两天比拼，17个单位夺得金奖，省文物局以93.56分的最高分夺得第一，省供销社以93.5分排第二，中国人民银行太原中心支行以93.24分列第三。（王宏德）

【阳光体育全国青少年户外体育活动营地展示大会】 7月9~11日在太行山青少年户外体育活动营地举行。大会主题是热爱体育、拥抱阳光、体验快乐，主要包括活动展示、竞赛、体验和论坛四方面内容。展示以墙报形式图文并茂地介绍各地参会营地近年来的建设成果。竞赛活动有旱地龙舟、狭路相逢、森林拍火、车轮滚滚、珏山吐月、携手并进、移花接木、定向越野8个项目。23个省(市、自治区)199名青少年参加。（王宏德）

【中国(晋城)棋子山国际围棋文化节】 7月17日，第四届中国(晋城)棋子山国际围棋文化节开赛，来自中国、韩国、中国台北的围棋高手一决高下。该届国际围棋文化节包括中国（晋城）国际围棋职业混双邀请赛、第二届中国(晋城)“棋源杯”全国业余围棋大赛、全国职业围棋乙级联赛和“棋源寻踪”——世界围棋发源地棋子山系列文化活动。（王宏德）

【山西社会体育指导员技能展示】 8月7日，庆“全民健身日”山西省社会体育指导员技能交流展示大会在山西体育中心举行。11市300多名社会体育指导员交流技艺，展示风采。经过比试，大同市健身气功、太原市逍遥掌、阳泉市集体花毽获得一等奖。（王宏德）

9月28日，太原国际马拉松赛开赛（王宏德提供）

【全国棋牌万人赛山西分会场活动】 8月8日，体育彩票公益金2013年“全民健身日”全国棋牌项目万人同赛“山西大学商务学院杯”山西分会场活动举行。400盘棋同时对弈。40名专业棋手与400名身着红、黄、蓝、粉色汗衫、分别代表围棋、象棋、国际象棋、国际跳棋的棋手，进行一对十车轮战。（王宏德）

【全国柔力球大赛】 (参见428页)8月18日，第二届全国柔力球大赛在晋中开幕。12省市以及6所高校31支代表队参赛。（王宏德）

【2013太原国际马拉松赛】 9月28日，2013太原国际马拉松赛在中国(太原)煤炭交易中心正式鸣枪开跑。13个国家和地区、国内20多个省(市区)和行业体协的3万余名运动员参赛。该届马拉松赛设男女全程马拉松、男女半程马拉松、迷你马拉松5个项目。埃塞俄比亚沃尔德、肯尼亚穆泰和瓦尔姆，肯尼亚选手艾丽斯、埃塞俄比亚罗巴和范图吉玛获得男女全程前三名。（王宏德）

【全国“篮球城市”交流活动】 10月21日，第十一届全国“篮球城市”交流活动在太原开幕。江苏省常熟市、辽宁省阜新市和丹东市、上海市徐汇区、吉林省长春市、广东省东莞市和深圳市龙岗区、河南省济源市、福建省莆田市、河北省保定市、河南省焦作市及东道主山西省太原市，近300名代表参加。获得一等奖的是吉林长春、江苏丹阳、山西太原代表队。（王宏德）

【中国体育文化博览会山西获奖】 11月1~3日，中国体育文化·体育旅游博览会在安徽芜湖举行。山西省体育局获得优秀组织奖、最佳展示奖；山西体育商务国际旅行社获得最佳设计奖；山西省体育局、山西师范大学获得参展贡献奖；太原国际马拉松赛、山西晋中中国柔力球大赛被评为体育旅游精品赛事；巍山国际体育园——山西屯留、山西三晋通用航空运动基地被评为体育旅游精品线路；晋中石膏山旅游景区、山西晋城棋子山旅游景区被评为体育旅游精品景区；忻州挠羊赛入选非物质文化遗产推广与保护项目。（王宏德）

第十二届全运会山西代表团成绩(前3名)

项目	小项	成绩	名次	运动员
射击	男子10米气手枪团体	–	1	于　炜　王智伟　刘　毅
射击	男子10米气手枪	–	1	刘　毅
射击	男子50米手枪	–	1	王智伟
游泳	女子200米自由泳	–	1	曹　玥
游泳	女子100米蛙泳	–	1	赵　瑾
游泳	女子400米自由泳	–	1	曹　玥
蹦床	男子网上个人	61.685分	1	董　栋
蹦床	男子网上个人	伦敦奥运会带入	1	董　栋
摔跤	男子古典式66公斤级	–	1	闫鹏飞
	男子自由式120公斤级	–	1	梁　磊
射箭	女子团体(伦敦奥运会带入)	–	2	方玉婷
乒乓球	女子团体	–	2	李晓丹　武　杨　杨飞飞 靳亚楠　刘　颖
游泳	女子200米蛙泳	–	2	赵　瑾
蹦床	男子网上团体	215.540分	2	董　栋　涂　潇　符　冰 张　雒　徐　智　穆　童
拳击	女子48–51公斤级	–	2	陈　莹
武术套路	女子长拳剑术枪术全能	–	2	赵　诗
自行车	男子BMX越野赛	32.096分	2	赵志阳
摔跤	男子自由式60公斤级	与解放军双计分	2	陈　亮
射击	男子伦敦奥运会带入2枚	–	3	王智伟
射箭	女子团体奥林匹克淘汰赛	–	3	祝珊珊　方玉婷　于少卿
击剑	女子重剑个人	–	3	郝佳露
跆拳道	男子+80公斤级	–	3	郑　义
自行车	男子BMX越野赛	32.371分	3	王宝玉

2013 太原国际马拉松赛成绩
男子全程

名次	参赛号码	姓　名	国家或居住地	成　绩
1	0007	WOLDE BOTORU TSEGAYE	埃塞俄比亚	2:11:27
2	0004	MUTAI MIKE KIPROTICH	肯尼亚	2:11:36
3	0003	WAHOME JULIUS MURIUKI	肯尼亚	2:11:45
4	0005	MASAI GILBERT	肯尼亚	2:12:22
5	0011	NASEF AHMED	摩洛哥	2:12:57
6	0013	Kyui John Kyalo	肯尼亚	2:13:09
7	0006	ASFAW GASHAW MELESE	埃塞俄比亚	2:14:08
8	0231	CHELIMO ELIAS KEMBOI	肯尼亚	2:17:13
9	0014	Habtom Abraham Kidane	厄立特里亚	2:21:27
10	0009	DEBESAY TSIGE BAHLBI	厄立特里亚	2:21:31
11	0888	宝宏宇	中国	2:28:45
12	1061	杨宇晨	中国	2:30:22
13	0217	赵勇行	中国	2:30:33
14	0884	敖振鑫	中国	2:30:39
15	1057	张擎宇	中国	2:32:37
16	0209	李亚文	中国	2:32:56
17	0376	刘炎亮	中国	2:33:54
18	1058	王光宇	中国	2:36:31
19	1059	栾　宁	中国	2:39:02
20	1060	于鹏舜	中国	2:41:00
21	1056	张鑫东	中国	2:41:22
22	0125	杨浩东	中国	2:43:43
23	0959	黄向宏	中国	2:48:47
24	1007	王凯辰	中国	2:49:12
25	0908	代光臣	中国	2:50:15
26	0106	王成芳	中国	2:51:03
27	0969	荆海峰	中国	2:51:15
28	0672	张　琼	中国	2:51:47
29	0995	谢　强	中国	2:52:26
30	0785	赵宇轩	中国	2:53:03
31	0310	梁　晶	中国	2:53:10
32	0885	宋起程	中国	2:53:20

女子全程

名次	参赛号码	姓　名	国家或居住地	成　绩
1	0003	NGERECGI ALICE CHELANG AT	肯尼亚	2:30:40
2	0002	ROBA RADIYA ADLO	埃塞俄比亚	2:31:50
3	0005	JIMMA FANTU ETCHA	埃塞俄比亚	2:32:54
4	0113	EDNAH KIMAIYO	肯尼亚	2:34:25
5	0004	DERGO FATUMA SADO	埃塞俄比亚	2:36:30
6	0112	张景霞	中国	2:38:22
7	0114	杜佳琦	中国	2:39:34
8	0285	周思羽	中国	2:40:50
9	0196	白雪梅	中国	2:53:20
10	0237	杨佳文	中国	2:54:38
11	0109	郝双燕	中国	3:17:04
12	0158	石砚秀	中国	3:18:46
13	0235	夏玉芬	中国	3:24:55
14	0152	马庆娟	中国	3:24:59
15	0279	滕淑凤	中国	3:34:46
16	0238	杨利荣	中国	3:42:31
17	0189	田常娥	中国	3:46:50
18	0205	冯秀平	中国	3:48:10
19	0203	王玉花	中国	3:50:04
20	0169	毛润卿	中国	3:50:32
21	0129	许红霞	中国	3:52:02
22	0209	程燕英	中国	3:55:55
23	0160	郭士玲	中国	3:55:56
24	0166	王　瑾	中国	3:56:05
25	0144	钱　燕	中国	3:57:09
26	0246	崔云香	中国	3:57:09
27	0123	朱红利	中国	3:58:29
28	0101	李满娣	中国	3:59:56
29	0199	吴文健	中国	4:00:42
30	0159	梁冬梅	中国	4:02:07
31	0229	韩丽茹	中国	4:05:54
32	0167	郑丽娟	中国	4:07:42

男子半程

名次	参赛号码	姓　名	国家或居住地	成　绩
1	0049	刘　涛	山西省太原市	1:10:08.46
2	1272	薛　峰	北京市	1:10:54.10
3	1213	刘雨升	北京市	1:11:09.30
4	0050	贾俊峰	山西省太原市	1:12:40.72
5	1408	马正通	山西省晋城市	1:13:02.22
6	0486	王全义	陕西省西安市	1:15:10.62
7	1188	王　平	北京市	1:15:29.55
8	0333	刘世柏	辽宁省阜新市	1:16:32.57

女子半程

名次	参赛号码	姓　名	国家或居住地	成　绩
1	0339	高　萌	山西省晋城市	1:24:43.84
2	0278	郑化英	北京市	1:30:56.57
3	0196	龙俊荣	山西省太原市	1:32:23.87
4	0267	王小俊	北京市	1:36:06.20
5	0051	张晓琴	山西省晋中市	1:37:01.21
6	0192	崔梦舍	山西省太原市	1:38:37.68
7	0423	刘　倩	山西省太原市	1:41:44.80
8	0269	吴巧红	北京市	1:43:29.61

2013 年山西省运动员参加世界比赛录取名次(前 3 名)

比赛名称	姓名	性别	项目	成绩	名次	时间	地点
澳大利亚体育节蹦床年龄组比赛	刘昌鑫	男	网上个人	–	1	1 月	澳大利亚
澳大利亚体育节蹦床年龄组比赛	贾宇洁	女	网上个人	–	1	1 月	澳大利亚
蹦床世界杯丹麦站	董　栋	男	网上个人	–	1	10.2	丹麦
蹦床世界杯丹麦站	董　栋 涂　潇	男	双人同步	–	1	10.2	丹麦
第 29 届世界蹦床锦标赛	董　栋 涂　潇	男	网上团体	–	1	11 月	保加利亚
第 29 届世界蹦床锦标赛	董　栋	男	网上个人	–	1	11 月	保加利亚
乒乓球团体世界杯比赛	武　杨	女	女团	–	1	3 月	广州
世界蹦床锦标赛年龄组比赛	刘昌鑫	男	网上 15–16 岁	–	1	11 月	保加利亚
澳大利亚体育节蹦床年龄组比赛	刘昌鑫	男	网上个人	–	1	1 月	澳大利亚
澳大利亚体育节蹦床年龄组比赛	贾宇洁	女	网上个人	–	1	1 月	澳大利亚
世界蹦床锦标赛年龄组比赛	贾宇洁	女	网上 15–16 岁	–	1	1 月	保加利亚
世界蹦床锦标赛年龄组比赛	许晴晴	女	网上 13–14 岁	–	1	11 月	保加利亚
世界运动会蹦床比赛	张　雒	男	单跳个人	–	1	7 月	哥伦比亚
世界运动会蹦床比赛	董　栋 涂　潇	男	双人同步	–	1	7 月	哥伦比亚
东亚运动会射击比赛	王智伟	男	10 米气手枪团体	1756 环	1	10.5	天津
国际射联世界杯系列赛韩国站	王智伟	男	50 米手枪	557/192.1 环	1	4.4	韩国
国际射联世界杯总决赛	王智伟	男	50 米手枪	194.3	1	11.11	德国
亚洲射击锦标赛	刘　毅	男	10 米气手枪团体	1734 环	1	10.26	伊朗
亚洲射击锦标赛	王智伟	男	10 米气手枪团体	1734 环	1	10.26	伊朗
亚洲射击锦标赛	王智伟	男	50 米手枪团体	1672 环	1	10.26	伊朗
亚洲射击锦标赛	裴蕊娇	女	步枪三姿(青年组)团体	1742 环	1	10.26	伊朗
亚洲射击锦标赛	裴蕊娇	女	步枪三姿(青年组)	458.7 环	1	10.26	伊朗
亚洲射击锦标赛	裴蕊娇	女	步枪卧射(青年组)团体	1769 环	1	10.26	伊朗
亚洲射击锦标赛	胡　杨	男	10 米气步枪团体(少年组)	1850.4 环	1	10.26	伊朗

续表

比　赛　名　称	姓　名	性别	项　目	成绩	名次	时间	地　点
第九届世界运动会武术散打比赛	周勇山	男	56 公斤级	–	1	7.25~8.4	哥伦比亚
第七届亚洲青少年武术锦标赛	王旭光	男	56 公斤级	–	1	8.8~12	菲律宾
艺术体操亚洲锦标赛	张豆豆	女	集体全能	–	1	6 月	乌兹别克
艺术体操亚洲锦标赛	张豆豆	女	3 球 2 带	–	1	6 月	乌兹别克
东亚空手道锦标赛	刘　哲	男	–84 公斤级	–	1	6.6	武汉
东亚空手道锦标赛	孙敬超	男	55 公斤级	–	1	6.6	武汉
东亚空手道锦标赛	刘　哲	男	团体	–	1	6.6	武汉
东亚运动会空手道比赛	孙敬超	男	55 公斤级	–	1	10.6	天津
国际空手道公开赛	董明明	男	67 公斤级	–	1	4.11	澳大利亚
蹦床世界杯丹麦站	涂　潇	男	网上个人	–	2	10.2	丹麦
第 29 届世界蹦床锦标赛	涂　潇	男	网上个人	–	2	11 月	保加利亚
第 29 届世界蹦床锦标赛	张　雒	男	单跳团体	–	2	11 月	保加利亚
女子乒乓球世界杯	武　杨	女	女单	–	2	9 月	日本神户
乒乓球亚洲杯	武　杨	女	女单	–	2	4 月	香港
世界杯艺术体操比赛	张豆豆	女	集体全能	–	2	4 月	葡萄牙
世界杯艺术体操比赛	张豆豆	女	3 球 2 带	–	2	4 月	葡萄牙
世界杯艺术体操比赛	张豆豆	女	5 棒	–	2	4 月	葡萄牙
世界蹦床锦标赛年龄组比赛	胡译乘	女	网上 15–16 岁	–	2	11 月	保加利亚
国际射联世界杯系列赛韩国站	王智伟	男	10 米气手枪	583/200.1 环	2	4.3	韩国
国际射联世界杯总决赛	王智伟	男	10 米气手枪	582/200.2 环	2	11.11	德国
亚洲射击锦标赛	王智伟	男	10 米气手枪	200.8 环	2	10.26	伊朗
亚洲射击锦标赛	裴蕊娇	女	10 米气步枪(青年组)团体	1234.5 环	2	10.26	伊朗
亚洲射击锦标赛	陈　妍	女	10 米气手枪(少年组)团体	1107 环	2	10.26	伊朗
亚洲举重锦标赛	张盛国	男	94 公斤级	370 公斤	2	9.17	哈萨克斯坦

续表

比赛名称	姓名	性别	项目	成绩	名次	时间	地点
艺术体操法国世界杯大奖赛	张豆豆	女	3球2带	–	2	3月	法国
艺术体操亚洲锦标赛	张豆豆	女	5棒	–	2	6月	乌兹别克
国际空手道公开赛	孙敬超	男	55公斤级	–	2	4.11	澳大利亚
亚洲空手道冠军赛	孙敬超	男	55公斤级	–	2	12.10	哈萨克
世界少年田径锦标赛	白佳旭	男	跳高	2.18米	2	7.13	乌克兰
蹦床世界杯西班牙站	涂潇	男	网上个人	–	3	9月	西班牙
东亚运动会	王智伟	男	10米气手枪	591/180.7环	3	10.05	天津
亚洲射击锦标赛	陈妍	女	10米气手枪（少年组）	176.7环	3	10.26	伊朗
亚洲摔跤锦标赛	王路敏	男	60公斤级	–	3	4.15~23	印度
艺术体操法国世界杯大奖赛	张豆豆	女	集体全能	–	3	3月	法国
东亚运动会举重锦标赛	张倩	女	75公斤级	218公斤	3	10.8	天津
亚洲杯举重比赛	邓亚威	男	56公斤级	251公斤	3	9月	朝鲜
亚洲举重锦标赛	余莹	女	69公斤级	228公斤	3	6月	哈萨克斯坦
亚洲空手道锦标赛	孙敬超	男	55公斤级	–	3	11.28	阿联酋迪拜
亚洲空手道锦标赛	董明明	男	67公斤级	–	3	12.28	阿联酋迪拜

2013年山西运动员参加全国锦标赛和冠军赛录取名次（前3名）

比赛名称	姓名	性别	项目	成绩	名次	时间	地点
全国蹦床冠军赛	董栋	男	网上个人	61.605分	1	8.5~10	安吉
全国蹦床冠军赛	张雒	男	单跳个人	71.2分	1	8.5~10	安吉
全国蹦床冠军赛	刘昌鑫 王鹏军	男	网上同步	47.7分	1	8.5~10	安吉
全国武术散打冠军赛	陈红兴	男	65公斤级	–	1	11.22~28	大同
全国武术散打冠军赛	刘玉春	男	85公斤级	–	1	11.22~28	大同
全国艺术体操锦标赛暨第十二届全运会测试赛	赵雅婷	女	少年个人球操	13.55分	1	4.13~17	辽宁

续表

比 赛 名 称	姓 名	性别	项 目	成绩	名次	时间	地点
全国艺术体操锦标赛暨第十二届全运会测试赛	赵雅婷	女	少年个人全能	62.95 分	1	4.13~17	辽宁
全国艺术体操锦标赛暨第十二届全运会测试赛	赵雅婷	女	少年个人棒操	14.15 分	1	4.13	辽宁
全国艺术体操锦标赛暨第十二届全运会测试赛	赵雅婷	女	少年个人绳操	13.55 分	1	4.13	辽宁
全国艺术体操锦标赛暨第十二届全运会测试赛	张豆豆	女	成年集体全能	34.75 分	1	4.13	辽宁
全国艺术体操锦标赛暨第十二届全运会测试赛	张豆豆	女	成年 3 球 2 带	17.7 分	1	4.13	辽宁
全国艺术体操锦标赛暨第十二届全运会测试赛	张豆豆	女	成年 10 棒	16.15 分	1	4.13	辽宁
全国古典式摔跤锦标赛暨第十二届全运会预赛	闫鹏飞		66 公斤级	–	1	6.1~3	淄博
全国射击锦标赛	于 炜 刘 毅 王志伟	男	10 米气手枪团体	1744 环	1	4.23	南昌
第十二届全运会武术散打比赛第一次预赛	陈红兴	男	60 公斤级	–	1	4.22~28	南阳
第十二届全运会艺术体操预赛暨全国艺术体操冠军赛	赵雅婷	女	少年个人球操	13.7 分	1	5.23~30	上海
第十二届全运会艺术体操预赛暨全国艺术体操冠军赛	赵雅婷	女	少年个人圈操	14.55 分	1	5.23	上海
第十二届全运会艺术体操预赛暨全国艺术体操冠军赛	张豆豆	女	10 棒	17.3 分	1	5.23	上海
第十二届全运会艺术体操预赛暨全国艺术体操冠军赛	张豆豆	女	集体全能	34.85 分	1	5.23	上海
全国 BMX 自行车冠军赛第二站	赵志阳	男	个人赛	–	1	4.10	宿迁
全国 BMX 自行车冠军赛第二站	王宝玉 郜文彬 赵志阳	男	团体赛	–	1	4.10	宿迁
全国 BMX 自行车冠军赛第三站	王宝玉 郜文彬 赵志阳	男	团体赛	–	1	4.11	宿迁

续表

比　赛　名　称	姓　名	性别	项　目	成绩	名次	时间	地点
全国BMX自行车冠军赛第四站	赵志阳	男	个人赛	–	1	5.1	太原
全国BMX自行车冠军赛第四站	赵志阳 郜文彬 韦江斌	男	团体赛	–	1	5.1	太原
全国BMX自行车冠军赛第五站	王宝玉 郜文彬 赵志阳	男	团体赛	–	1	5.2	太原
全国BMX自行车锦标赛暨青年锦标赛	赵志阳	男	个人赛	–	1	5.3	太原
全国BMX自行车锦标赛暨青年锦标赛	王宝玉 郜文彬 赵志阳	男	团体赛	–	1	5.3	太原
全国场地自行车冠军赛第二站	杨　娟	女	记分赛	–	1	4.25~28	长兴
全国道馆俱乐部男女柔道锦标赛	张　雯	女	–63公斤级	–	1	9.26~28	忻州
全国女子柔道锦标赛	张　雯	女	–63公斤级	–	1	4.4~6	沈阳
全国青年拳击锦标赛	晋敦顺	男	49公斤级	–	1	12.18~21	迁安
全国青年拳击锦标赛	车相男	男	64公斤级	–	1	12.18~21	迁安
全国射箭奥林匹克项目锦标赛	方玉婷 于少卿 祝珊珊	女	团体淘汰赛	217环	1	6.30	德清
全国射箭冠军赛	方玉婷	女	70米排名	323环	1	4.15	莆田
全国室外射箭锦标赛暨十二届全运会预赛	祝珊珊	女	个人单轮60米	337环	1	5.11	沈阳
中国跆拳道锦标赛	佀　慧	女	62公斤级	–	1	3.14	淄博
全国武术套路冠军赛	高晓彬	男	棍术	–	1	9.25~29	常熟
全国武术套路冠军赛(传统项目)	郭泽儒	男	朴刀	–	1	3.5~8	新余
全国武术套路冠军赛(传统项目)	王武剑	男	形意拳	–	1	3.5~8	新余
全国蹦床锦标赛暨第十二届全运会预赛	董　栋 涂　潇 符　冰 穆　童 张　雒 徐　智 金仁泽 (候补)	男	团体	212.975分	1	5.13~19	广州

续表

比　赛　名　称	姓　名	性别	项　目	成绩	名次	时间	地点
全国蹦床锦标赛暨第十二届全运会预赛	董　栋	男	网上单人	60.56 分	1	5.13~19	广州
全国室内田径锦标赛	刘　青	女	1500 米	04:17.47	1	3.29	北京
全国田径大奖赛第二站	丛琳琳	女	1500 米	04:20.48	1	5.11	济南
全国田径冠军赛暨大奖总决赛	刘　青	女	1500 米	04:21.34	1	6.16	沈阳
全国中国式摔跤冠军赛	郭海燕	女	75 公斤级	–	1	8.6~9	武汉体院
全国中国式摔跤冠军赛	杜佳佳	女	70 公斤级	–	1	8.6~9	武汉体院
全国中国式摔跤冠军赛	王银凤	女	60 公斤级	–	1	8.6~9	武汉体院
全国室内田径锦标赛	刘　青	女	800 米	02:06.28	2	3.29	北京
全国田径锦标赛暨第十二届全运会预赛	荣云蕾	男	撑竿跳高	5.15 米	2	5.29	江苏
全国田径冠军赛暨大奖总决赛	刘　青	女	800 米	02:05.53	2	6.16	沈阳
全国举重锦标赛暨第十二届全运会预赛	张盛国	男	94 公斤级	370 公斤	2	3.26	淄博
全国蹦床冠军赛	符　冰 穆　童	男	网上同步	43.6 分	2	8.5~10	安吉
全国蹦床冠军赛	涂　潇	男	网上个人	61.365 分	2	8.5~10	安吉
全国艺术体操锦标赛暨第十二届全运会测试赛	赵雅婷	女	少年个人圈操	12.4 分	2	4.13~17	辽宁
全国艺术体操锦标赛暨第十二届全运会测试赛	赵雅婷	女	少年个人带操	12.6 分	2	4.13~17	辽宁
全国射击锦标赛	王智伟	男	10 米气手枪	198.9 环	2	4.23	南昌
全国蹦床锦标赛暨第十二届全运会预赛	张　雒	男	单跳个人	71.2 分	2	5.13~19	广州
第十二届全运会武术套路预赛（女子赛区）	赵　诗	女	长拳+剑术+枪术	–	2	4 月	浙江
第十二届全运会女子拳击第一次预赛	陈　莹	女	51 公斤级	–	2	4.4~10	锦州
第十二届全运会艺术体操预赛暨全国艺术体操冠军赛	赵雅婷	女	少年个人全能	65.4 分	2	5.23~30	上海
第十二届全运会艺术体操预赛暨全国艺术体操冠军赛	赵雅婷	女	少年个人棒操	14.15 分	2	5.23~30	上海

续表

比赛名称	姓名	性别	项目	成绩	名次	时间	地点
第十二届全运会艺术体操预赛暨全国艺术体操冠军赛	张豆豆	女	3圈2带	15.6分	2	5.23~30	上海
全国BMX自行车冠军赛第五站	郝雯丽 荆　静 马　越	女	团体赛	–	2	5.2	太原
全国BMX自行车冠军赛第一站	王宝玉 郜文彬 赵志阳	男	团体赛	–	2	4.9	宿迁
全国道馆俱乐部男女柔道锦标赛	张荣芳	女	–48公斤级	–	2	9.26~28	忻州
全国道馆俱乐部男女柔道锦标赛	任晓磊	男	–81公斤级	–	2	9.26~28	忻州
全国沙滩排球巡回赛	王　露 胡安娜	女	沙　排	–	2	7.24~27	广州
全国山地自行车锦标赛暨青年锦标赛	刘洪利	男	个人计时	0:23:12.35	2	5.14~15	成都
全国室外射箭锦标赛暨第十二届全运会预赛	祝珊珊	女	个人单轮全能	1312环	2	5.11	沈阳
全国室外射箭锦标赛暨第十二届全运会预赛	方玉婷	女	个人单轮50米	322环	2	5.11	沈阳
全国室外射箭锦标赛暨第十二届全运会预赛	方玉婷	女	个人单轮30米	348环	2	5.11	沈阳
全国体操冠军赛	魏　鑫	男	自由体操	14.8分	2	10.29~11.5	仙桃
全国武术套路冠军赛	高晓彬	男	长拳	–	2	9.25~29	常熟
全国武术套路冠军赛	高晓彬	男	刀术	–	2	9.25~29	常熟
全国武术套路冠军赛	姚　洋	女	长拳	–	2	9.25~29	常熟
全国武术套路冠军赛(传统项目)	赵　诗	女	华拳	–	2	3.5~8	新余
全国武术套路冠军赛(传统项目)	崔碧晖	男	42式太极拳	–	2	3.5~8	新余
全国蹦床冠军赛	涂　潇 穆　童 符　冰 董　栋	男	网上团体	172.69分	3	8.5~10	安吉
全国古典式摔跤锦标赛暨第十二届全运会预赛	王路敏	男	55公斤级	–	3	6.1~3	淄博

续表

比　赛　名　称	姓　名	性别	项　目	成绩	名次	时间	地点
全国射击团体锦标赛	刘　毅 张　鑫 沈　超	男	50 米手枪团体	1662 环	3	4.23	南昌
全国跳伞冠军赛	孟　彤	男	个人定点	0.05 米	3	10.27~31	郑州
全国游泳冠军赛	薛瑞鹏	男	200 米蛙泳	02:13.2	3	4.1~8	郑州
全国游泳锦标赛	陈紫怡	女	400 混合泳	04.52:48	3	10.25~29	黄山
第十二届全运会男子拳击第一次预赛	史昊天	男	69 公斤级	–	3	4.18~25	佛山
第十二届全运会艺术体操预赛暨全国艺术体操冠军赛	赵雅婷	女	少年个人带操	12.5 分	3	5.23~30	上海
全国 BMX 自行车冠军赛第四站	郜文彬	男	个人赛	–	3	5.1	太原
全国 BMX 自行车冠军赛第四站	荆　静 马　越 郝雯丽	女	团体赛	–	3	5.1	太原
全国 BMX 自行车锦标赛暨青年锦标赛	荆　静	女	个人赛	–	3	5.3	太原
全国场地自行车冠军赛第二站	贾伟伟	男	个人计时	01:04.6	3	4.25~28	长兴
全国场地自行车冠军赛第三站	芦耀辉	男	记分赛	–	3	5.26~29	芦城
全国场地自行车冠军赛第三站	贾伟伟	男	个人计时	1.04.756	3	5.26~29	芦城
全国场地自行车冠军赛第三站	杨　娟 金　地 李余利	女	团体赛	03:37.4	3	5.26~29	芦城
全国道馆俱乐部男女柔道锦标赛	张咏梅	女	–63 公斤级	–	3	9.26~28	忻州
全国道馆俱乐部男女柔道锦标赛	赵宇轩	男	+60 公斤级	–	3	9.26~28	忻州
全国道馆俱乐部男女柔道锦标赛	赵宇轩	男	–60 公斤级	–	3	9.26~28	忻州
全国公路自行车锦标暨青年锦标赛	常　智 张　涛 芦耀辉 郭晓鹏 杜　洋 马全宽 赵　煊 杨琦峰 刘　博	男	团 体	17:42.4	3	7.6~9	内蒙古

续表

比赛名称	姓名	性别	项目	成绩	名次	时间	地点
全国航空航天模型锦标赛	栗　毅	男	线操纵空战（F2D）	+2–	3	9.21~24	青岛
全国滑翔锦标赛	吴向荣	男	升高	–	3	5月	大同
全国滑翔锦标赛	吴向荣	男	留空	–	3	5月	大同
全国女子柔道锦标赛	薛　源	女	无差别级	–	3	4.4~6	沈阳
全国沙滩排球巡回赛	陈春霞 魏兆辰	女	沙　排	–	3	6.27~30	文登
全国沙滩排球巡回赛	王　露 胡安娜	女	沙　排	–	3	7.11~14	银川
全国沙滩排球巡回赛	陈春霞 魏兆辰	女	沙　排	–	3	7.17~20	银川
全国山地自行车锦标赛暨青年锦标赛	白　月	女	越野赛	17:42.2	3	5.14~15	成都
全国室外射箭锦标赛暨第十二届全运会预赛	方玉婷	女	个人单轮全能	1311 环	3	5.11	沈阳
全国室外射箭锦标赛暨第十二届全运会预赛	于少卿	女	个人淘汰赛	6分	3	5.11	沈阳
全国跆拳道冠军赛	赵瑞祥	男	63 公斤级	–	3	11.10	涪陵
全国跆拳道锦标赛	李保辉	男	74 公斤级	–	3	3.14	淄博
全国跆拳道锦标赛	谷　跃	女	+73 公斤级	–	3	3.14	淄博
全国跆拳道精英赛	赵鑫博	男	80 公斤级	–	3	12.9	宝鸡
全国武术套路冠军赛	王武剑	男	南棍	–	3	9.25~29	常熟
全国蹦床锦标赛暨第十二届全运会预赛	涂　潇	男	网上单人	60.145 分	3	5.13~19	广州
全国室内田径锦标赛	庾石锁	男	跳高 2.20 米	2.20 米	3	3.6	南京
全国田径大奖赛第二站	庾石锁	男	跳高 2.15 米	2.15 米	3	5.11	济南
全国田径大奖赛第二站	刘　青	女	800 米	02:07.49	3	5.11	济南
全国田径锦标赛暨第十二届全运会预赛	丛琳琳	女	1500 米	04:18.17	3	5.29	江苏
全国中国式摔跤冠军赛	续嘉坤	男	100 公斤级	–	3	10.28~30	西安

2013年山西运动员参加全国协作区青少年比赛录取名次

比赛名称	姓名	性别	项目	成绩	名次	时间	地点
全国蹦床青少年锦标赛	杨颜苇	男	甲组网上个人	54.9分	1	9.22~28	济南
全国蹦床青少年锦标赛	王　毅	男	甲组单跳个人	32.9分	1	9.22~28	济南
全国蹦床青少年锦标赛	张慧荣 许晴晴 杨宇诗	女	乙组网上团体	102.6分	1	9.22~28	济南
全国蹦床青少年锦标赛	许晴晴	女	乙组网上个人	35.5分	1	9.22~28	济南
全国蹦床青少年锦标赛	张欣欣 王欣懿	女	丙组双人同步	42.9分	1	9.22~28	济南
全国少年体操比赛	杜宇良	男	乙组跳马	14.033分	1	7.5~11	淄博
全国少年体操比赛	杜宇良	男	乙组单杠	13.8分	1	7.5~11	淄博
全国少年体操比赛	邹　杰	男	甲组自由操	13.867分	1	7.5~11	淄博
全国少年体操比赛总决赛	杜宇良	男	乙组跳马	14分	1	7.29~8.5	佛山
全国蹦床年龄组比赛	王　毅	男	甲组单跳	32.9分	1	4.22~29	北京
全国蹦床年龄组比赛	许晴晴	女	乙组网上	35.1分	1	4.22~29	北京
全国蹦床年龄组比赛	杨颜苇	男	甲组网上	53.55分	1	4.22~29	北京
全国青少年武术套路锦标赛	李国朋	男	B组长拳		1	5.26~29	广州
全国少年田径锦标赛	白佳旭	男	跳高	2.16米	1	4.12	潍坊
全国少年田径锦标赛	殷德文	男	标枪	71.65米	1	4.12	潍坊
全国中国式摔跤青年锦标赛	聂恺文	男	52公斤级		1	5.28~30	和林格尔
全国蹦床青少年锦标赛	崔一豪 苏飞奥	男	丙组单跳团体	52分	2	9.22~28	济南
全国蹦床青少年锦标赛	崔一豪 苏飞奥	男	丙组双人同步	38.8分	2	9.22~28	济南
全国蹦床青少年锦标赛	夏琳娜 董玮洁	女	乙组单跳团体	53.9分	2	9.22~28	济南
全国蹦床青少年锦标赛	张欣欣 王欣懿	女	丙组单跳团体	52分	2	9.22~28	济南
全国蹦床青少年锦标赛	夏琳娜	女	乙组单跳个人	28.9分	2	9.22~28	济南

续表

比　赛　名　称	姓　名	性别	项　目	成绩	名次	时间	地点
全国少年体操比赛	邓龙妍	女	甲组平衡木	12.7 分	2	7.5~11	淄博
全国少年体操比赛	杨泽宇	女	甲组高低杠	12 分	2	7.5~11	淄博
全国少年体操比赛总决赛	杜宇良	男	男子乙组鞍马	13.675 分	2	7.29~8.5	佛山
全国少年体操比赛	杜宇良	男	乙组鞍马	14 分	2	7.5~11	淄博
全国场地自行车锦标赛暨青年锦标赛	曹　震 尚天星 伏　晋	男	竞速赛	48.153	2	6.22~25	老山
全国青少年武术套路锦标赛	梁龙飞	男	B 组棍术	–	2	5.26~29	广州
全国青少年武术套路锦标赛	黄诗语	女	B 组枪术	–	2	5.26~29	广州
全国少年田径锦标赛	辛雅茹	女	链球 56.58 米	–	2	4.12	潍坊
全国蹦床青少年锦标赛	郭家伦 王志涛 周子龙 彭　银	男	乙组网上团体	76 分	3	9.22~28	济南
全国少年体操比赛	邹　杰	男	甲组单杠	13.8 分	3	7.5~11	淄博
全国少年体操比赛	秦月娟	女	乙组跳马	13.3 分	3	7.5~11	淄博
全国少年体操比赛	邓龙妍	女	甲组自由体操	13.5 分	3	7.5~11	淄博
全国少年体操比赛	关思雪	女	甲组全能	55.883 分	3	7.5~11	淄博
全国少年体操比赛	关思雪	女	甲组跳马	12.3 分	3	7.5~11	淄博
全国少年体操比赛	关思雪	女	甲组高低杠	10 分	3	7.5~11	淄博
全国少年体操比赛	关思雪	女	甲组平衡木	11 分	3	7.5~11	淄博
全国少年体操比赛	关思雪	女	甲组自由体操	11.85 分	3	7.5~11	淄博
全国少年体操比赛总决赛	邹　杰 龙俊贤 吴承澴 亓义鹏	男	男子甲组团体	237.7 分	3	7.29~8.5	佛山
全国少年体操比赛	邹　杰 龙俊贤 吴承澴 亓义鹏	男	男子甲组团体	267.6 分	3	7.5~11	淄博

续表

比赛名称	姓名	性别	项目	成绩	名次	时间	地点
全国少年体操比赛	杜宇良	男	乙组自由体操	13.533 分	3	7.5~11	淄博
全国蹦床年龄组比赛	梁曦文 彭佳琪 胡译乘 余正文	女	甲组网上团体	107.07 分	3	4.22~29	北京
全国蹦床年龄组比赛	夏琳娜 董玮洁	女	乙组单跳团体	52.6 分	3	4.22~29	北京
全国蹦床年龄组比赛	夏琳娜	女	乙组单跳	57.3 分	3	4.22~29	北京
全国青少年武术套路锦标赛	李国朋	男	B 组枪术	–	3	5.26~29	广州
全国跆拳道青年锦标赛	赵鑫博	男	+78 公斤级	–	3	7.27	温岭
全国跆拳道青年锦标赛	李保辉	男	78 公斤级	–	3	7.27	温岭
全国中国式摔跤青年锦标赛	魏子涛	男	–52 公斤级	–	3	10.28~30	西安
全国中国式摔跤青年锦标赛	苏子钧	男	–70 公斤级	–	3	5.28~30	和林格尔
全国中国式摔跤青年锦标赛	张靖怡	女	–52 公斤级	–	3	5.28~30	和林格尔
全国中国式摔跤青年锦标赛	马　杰	男	–60 公斤级	–	3	10.28~30	西安
全国中国式摔跤青年锦标赛	徐恺璐	女	–65 公斤级	–	3	10.28~30	西安

社 会 生 活

Social Life

人口　计划生育

【人口和计划生育目标管理考核结果及表彰】 山西省政府对完成2013年人口计生各项工作目标成绩突出的市、县(市、区)予以通报表彰:(1)阳泉市、长治市、太原市(以上3市为A类市),朔州市、忻州市、临汾市人民政府(以上3市为B类市)获2013年人口和计划生育工作目标责任制考核综合先进奖。(2)晋中市、晋城市、运城市、大同市、吕梁市人民政府获2013年人口和计划生育工作目标责任制考核先进奖。(3)太原市万柏林区、灵丘县、朔州市朔城区、忻州市忻府区、汾阳市、灵石县、阳泉城区、长治县、晋城市城区、翼城县、夏县人民政府为全省2013年人口和计划生育工作目标管理责任制考核先进县(市、区)。(4)娄烦县、左云县、五寨县、定襄县、保德县、五台县、交口县、武乡县、壶关县、襄汾县、大宁县、洪洞县、汾西县、闻喜县、垣曲县、绛县、新绛县为全省计划生育优质服务先进单位。　　(张晋军)

【人口信息化建设】 完善“四网一库”为架构、九大应用系统为支撑的人口信息化体系。加强人口数据质量建设,全员人口信息库汇集全省3650.8317万常住人口的个案信息,实现集中管理、动态更新;常住人口入库率达99.13%,身份证号码准确率达99.53%。加强人口数据分析运用,编发《山西人口动态》和《人口发展研究资讯》。推进以全员人口信息库为基础的人口管理服务信息系统建设,试点县从上年的21个扩大到全省119个县(市、区),建立基层人口综合管理服务新模式。该信息平台既为人口计生工作服务,更成为全省基层社会服务管理信息平台,被中央综治委充分肯定和推广。

推进“三晋康家”工程,增强计生家庭民生福祉。实施《“三晋康家”工程2013年推进计划》,在长治召开工作推进会。开展“幸福家庭”创建活动,2255户计生家庭被推选为“幸福家庭”。落实“4+2”奖励扶助政策,全省发放奖励扶助资金63982.35万元,惠及计生群众979268人(户);发放特别扶助金2336.95万元,扶助4625人。全省有144678户计生家庭在集体林权改革、扶贫移民搬迁、集体收益分配中,多领到1人份补助;349088户计生家庭在新农合和新农保中享受优先优惠;12835名农村独生子女中考加分被录取。开展生育关怀行动,各级计生协投入740余万元,救助和慰问基层计生工作者和困难群众7491人,筹资748万元为24.9万户计生家庭办理意外伤害保险。　　(张晋军)

【表彰2013年度落实计划生育国策好书记、好县(区)长】 山西省人口与计划生育工作领导小组决定,对2013年人口计生工作目标管理责任制考核中成绩突出13个县(市、区)书记、县(区)长进行表彰。授予:古交市市委书记常青、大同城区区委书记祁学峰、平鲁区区委书记吴晓斌、临县县委书记张建国、榆次区区委书记贡琦、阳泉郊区区委书记苏秀瑞、乡宁县县委书记杨安虎、平陆县县委书记郭宏落实计划生育国策好书记称号;授予娄烦县县长张磊、五台县县长武新亮、长治郊区区长金所军、沁水县县长范兆森、安泽县县长毛根云落实计划生育国策好县长称号。　　(张晋军)

【全省人口和计划生育工作会议】 2月28日召开。会议传达学习全国人口和计划生育工作会议精神,表彰2012年度人口计生目标责任制考核先进集体、计划生育优质服务先进单位、落实计划生育基本国策的好书记、好县长。副省长张建欣出席并代表省政府与各市分管副市长及省人口计生工作领导小组成员单位代表签订2013年人口和计划生育工作目标管理责任书。各市、县(市、区)分管人口计生工作的副市长、副县长,人口计生委主任、局长,省人口计生工作领导小组32个成员单位负责人、省人口计生委副处以上干部参加会议。　　(张晋军)

【省人口计生工作领导小组(扩大)会议】 6月19日召开。会议通报上半年全省人口计生目标责任制进展情况,对下半年工作安排部署。副省长张建欣出席并讲话,省政府副秘书长巨宪华主持会议。省人口计生工作领导小组成员单位负责人，各市人口计生工作分管领导、人口计生委主任，省人口计生委副处以上干部和直属单位负责人参加会议。（张晋军）

【全省方便群众办证工作视频会议】 9月23日在太原召开。会议由省人口计生委副主任梅志强主持，副主任王祥瑞讲话。各市、县（市、区）人口计生委主任（局长）、分管领导、政法科科长、流动人口机构的人员参加会议。（张晋军）

【山西省卫生和计划生育委员会成立】 12月30日，经山西省委、省政府研究决定，将山西省卫生厅、山西省人口和计划生育委员会合并组建山西省卫生和计划生育委员会，为省政府组成部门，正厅级建制（晋办发〔2013〕31号）。（张晋军）

婚姻　家庭

【婚姻登记】 2013年全省共有婚姻登记机构137个。全省婚姻登记信息系统网络平台运行平稳。年内全省登记结婚384006对，离婚41952对；办理中国公民和外国公民结婚115对，离婚8对。（王文广）

【家庭】 据统计，截至年底，全省共有1313.25万户，常住人口3629.8万人。（省统计局）

妇女　儿童

【"女性文化学堂"建设】 8月28日，省妇联"女性文化学堂"项目启动暨首期开班仪式在太原举行。女性文化学堂坚持用社会主义核心价值体系引导妇女，组织讲座，激励广大妇女树立"四自"精神、践行山西精神，为综改试验区建设贡献智慧和力量。省、市、县妇联普遍设立女性文化学堂，省妇联带专家赴各地市和县区组织专场讲座26场。（李　敏）

【山西省妇女儿童发展基金会成立】 11月28日，在太原举行。这是山西省

小手拉大手，绿色健康安全促和谐（张　瑜提供）

第一个致力于妇女儿童慈善事业公募基金会。基金会筹集款物将用于扶贫济困、帮孤助残等社会公益慈善事业，为妇女儿童发展创造良好环境，搭建社会爱心企业和人士关爱帮扶妇女儿童慈善公益平台。山西省杰出妇女代表申纪兰、郭凤莲到大会为基金会揭牌。（李　敏）

【"红领巾相约中国梦"】 1. 4月17日，"融入中国梦，实现我的梦"少先队主题活动在太原市迎泽区滨河小学举行，拉开全省"红领巾相约中国梦"序幕。全省万余所学校少先队行动，多形式引导少年儿童知晓和感知中国梦。

2. 5月31日，"红领巾相约中国梦"山西省少年儿童庆"六一"梦想欢乐汇在太原青年路小学举行；全省小学校在"六一"期间围绕"中国梦"开展系列主题教育和实践体验活动，邀请不同年代代表人物和少年儿童、家长代表一起参加"讲述中国和山西故事"分享会、"漫游中国和山西未来"梦想秀，参观"体验中国和山西发展"图片展，了解家乡变化，感受祖国经济社会发展，组织学生到博物馆、展览馆、科技馆、规划馆等地实践体验，开展小发明小制作比赛，去职业体验场所，以角色扮演方式进行职业体验。

3. 在暑期将亲子实践活动与"中国梦"相结合进行集中性活动。

4. 10月11日，全省各级少先队组织以"红领巾相约中国梦"为主题，开展庆祝中国少年先锋队建队64周年暨"红领巾梦想园"启动活动。通过在全省11189所中小学中统一创建"红领巾梦想园"、开展建队纪念日主题队日活动等方式，引导全省400万少年儿童从小在心中种下美丽梦想，用中国梦激发孩子们理想梦、科学梦、创造梦、报国梦，全省参加少年儿童达2936126人次。（张　瑜）

青　年

【服务青年学生】 1. 与省内有关部门会签下发《关于开展2013年全省大中专学生志愿暑期文化科技卫生"三下乡"社会实践活动的通知》，向团中央报送22支暑期社会实践团队参加全国重点团队选拔，筹办以"践行山西精神、寻访我的中国梦"为主题的2013年全省大中专学生志愿暑期文化科技卫生"三下乡"社会实践活动，全省累计参与者达39820人。

2. 在推进大学生就业直通车基础上，加强与学校就业指导中心联动，发布就业供需信息，促进校企联动、校地合作，为大学生提供就业信息渠道。全年全省有35所高校共青团组织参与基地建设，建成见习基地668

个,提供见习岗位3545个,上岗见习学生人数为8166人。

3.推进全国MM(Mobile Market)百万青年创业计划工作,联合山西移动在全省高校开展"山西MM校园手机应用开发大赛",组织24所高校、1000余名开发者参与为期6个多月大赛,收到参赛作品323件,挖掘优秀开发团队200余个,最终评审出25件获奖作品及38件优秀作品;结合本省高校专业特色,建立MM创业孵化基地14所。(张　瑜)

【增强青年凝聚力】 1.落实对口支援民族地区工作。在与新疆建设兵团农六师五家渠市团委沟通的基础上,细化所涉各部门分工及责任,确定各项任务落实时间;举办"山西共青团支援新疆地区工作青年创业就业培训班",来自新疆农六师五家渠市一线青年企业家、农业合作社负责人及私营企业经理等30人参加为期五天的学习培训;举办"山西省市、县两级团干部暨新疆建设兵团团干部培训班",新疆农六师五家渠市团委书记、团工委书记25人参加培训。

2.组织青联委员"走进青年"活动。省青联各界别和各地市青联开展各类送温暖、爱心捐赠、圆梦拍卖等活动,筹集价值60余万元物资扶贫助困;探索运用微博等新媒体关注、服务青年,组织青联委员为临汾白血病女孩韩丹丹捐款186145.2元,为支援雅安捐款84000元,为山西汾西县被挖双眼男孩捐款62400元。

(张　瑜)

老年人

【"十二五"规划实施】 按照全国老龄办部署,省老龄办组织各市对《山西省老龄事业发展"十二五"规划》(以下简称《规划》)中期执行情况进行检查评估。

1.完善老年社会保障体系。2013年底,全省城镇职工基本养老、医疗等5项保险制度实现全覆盖,"三无"、"五保"老人全部实现应保尽保、按标施保,9个市、65个县(市、区)设立老年特困救助资金,6个市、52个县(市、区)建立高龄老人生活补贴制度,全省参加意外伤害保险的老年人达39.8万。

2.发展社会养老服务。2013年底,全省建成农村老年人日间照料中心1217个。晋城市在全市所有乡(镇)、村建立为老服务中心(站),阳城县推行居家养老社会化、社会养老居家化服务模式,临县刘家会镇开展农村"空巢老人"帮扶活动。

3.推进老年宜居环境建设。"老年友好城市、老年宜居社区、老年温馨家庭"创建工作在26个县(市、区)开展试点。省老龄办与省住建厅等四部门建立无障碍工作协调机制,各市、县(市、区)加强新建和已建设施的无障碍建设和改造。

4.丰富老年人精神文化生活。省老龄办会同省委组织部等5个部门联合下发《关于进一步加强老年文化建设的意见》,老年文化建设不断发展。2013年底,全省共有老年大学(学校)2486所,在校老年人38.9万。

(闫　鹏)

【权益保障】 全省各级老龄部门以贯彻《中华人民共和国老年人权益保障法》(以下简称《老年法》)为基础,以完善制度、健全机制为重点,以维护老年人合法权益为职责,推动老年维权工作深入开展。一是加强宣传,普及老年法律知识。新修订的《老年法》一经颁布,各地老龄办翻印《老年法》小册子近50万册,并发放宣传单,出动宣传车,悬挂宣传标语,发送宣传短信,举办广场宣传咨询活动等,使《老年法》进机关、进社区、进农村、进学校、进企业。二是开展老年法律知识培训。5月中旬,省老龄办举办"全省老龄干部《老年法》培训班"。太原、晋城、晋中、朔州等市,寿阳、和顺、灵石等多数县(市、区)举办《老年法》培训班或专题讲座。三是举办老年法律知识竞赛。6月至9月,省老龄办举办全省老年法律与保健知识大赛。四是健全维权机制,落实老年优待政策。各级老龄办和涉老部门完善老年维权工作制度、老年人来信来访制度、老年人法律援助制度、涉老案件(纠纷)优先处理制度、回访制度等,保障老年人的合法权益,促进老年优待政策的落实。据统计,全省旅游景点554个,对老年人实行优待的532个,占96%。县级以上医院495个,对老年人实行优待的486个,占98%。全省712条城市公交线路,有629条对老年人实行免费,占88.4%,全年享受免费服务的老年人1415万人次,仅2013年,各级政府老年人乘车补贴936万元。(闫　鹏)

【基层工作】 截至年底,全省城市社区和农村老年协会组织覆盖率分别达到85%和75%。省老龄办在全省树立26个老龄工作示范县(市、区),11

5月13～14日,全省老龄干部老年人权益保障法培训班在太原举办
(闫　鹏提供)

个市老龄办树立242个老龄工作示范乡(镇)、1608个示范村。全国老龄办资助83万元、省民政厅配套资金100万元,资助全省220个规范化基层老年协会,每个协会赠送一台电视机和一部音箱,促进基层老年协会的建设和发展。（闫　鹏）

【“敬老文明号”创建】 2013年,全省各级老龄部门、涉老单位、公共服务窗口行业和基层为老服务组织开展“敬老文明号”创建活动。

1. 加强宣传引导。省老龄办创编6幅“敬老文明号”宣传画,印发10万张,分发到各市、县(市、区)。10月,全省45个单位荣获全国第一届“敬老文明号”集体,晋城、临猗、寿阳、静乐等市县制作“敬老文明号”专题片。

2. 加强规范引导。省老龄办先后下发《关于规范引深“敬老文明号”创建活动的意见》,召开引深“敬老文明号”创建活动研讨会,建立健全逐级申报制度、考核机制和表彰制度,统一思想,明确程序,形成机制。

3. 加强检查指导。11~12月,省老龄办组织各市老龄办分成4个检查考核组分赴省直和11个市对申报的第二批“敬老文明号”单位进行验收。晋中、晋城等市对挂牌的单位进行复查,对新申报的进行检查。（闫　鹏）

【“敬老月”活动】 2013年10月是全国第三届“敬老月”。省老龄办、省老年体协、省体育局联合组队参加全国老年人体育健身大会并取得好成绩。省老龄办举办“‘金秋风韵’文艺展演”和全省老年人摄影大赛,协助盐湖区举办“中国·运城舜帝德孝文化节”。太原、晋城、晋中、朔州、忻州、临汾、寿阳、孝义等市县举办老年文艺汇演、老年运动会、老年书画展、老年模特比赛等,形式多样,精彩纷呈。全省各地广泛开展慰问高龄老人、救助困难老人活动,各地党政领导深入百岁老人家中进行走访慰问。省直单位和太原、晋城、晋中、大同、忻州、长治、吕梁等市及所辖县(市、区)开展救助困难老人活动,共发放救助金950万元,救助困难老人3万余人。临汾市组织老年志愿服务队5427名队员,赴社区、敬老院慰问表演。忻州市老年艺术团到各县巡回演出。（闫　鹏）

【“银龄行动”】 各级老龄组织协同老龄人才资源开发协会和老科协,围绕转型跨越发展和全面建成小康社会的工作中心,组织广大老年人在全省社会主义建设的各个方面发挥作用。一是建言献策,服务发展。二是发挥专长,服务社会。三是宣传革命传统,弘扬时代主旋律。四是传承先进文化,丰富精神文化生活。五是根据需求,服务群众。老年志愿服务涉及治安维稳、环境保护、社区共建、卫生绿化、农业商牧、城市规划、关心教育下一代等社会生活的各个方面。省老龄办连续七年组织省城医疗专家146名先后赴16县12乡（镇)47个村开展医疗服务。2013年组织医疗专家赴临猗、闻喜、平陆等县开展义诊服务,组织老年艺术团赴和顺县开展义演活动。（闫　鹏）

【调查研究】 5月,省老龄办下发《关于进一步加强调查研究工作的意见》,并在全省开展“农村老年人生活状况”的调研活动。开展“深入基层老年协会,深入贫困老年人家庭,深入空巢老年人家庭”的“三深入”活动,撰写《深入农村了解老年人生活状况和需求,不断推进农村老年人日间照料服务建设》《认真学习党的十八大精神,进一步加强老年文化建设》《打造“敬老文明号”创建活动升级版——关于引深创建活动的思考》等调研报告,在全国老龄政策调研优秀成果评选工作中,一篇获得二等奖,两篇获优秀奖。（闫　鹏）

民族　宗教

【概述】 全省民族宗教工作保持团结稳定良好局面。

1. 夯实基层基础。重点强化民族宗教工作“三支队伍”培训。组织全省干部学习党的十八大、十八届二中、三中全会和习近平总书记系列重要讲话精神。完善机关学习制度和省级宗教团体双月政治学习例会制度,与中国社科院合作举办民族宗教知识系列讲座10期。全年举办各类培训班30余期,培训近3万人次。

2. 强化依法行政。对五台山宗教环境和秩序进行综合整治工作。配合各级人大对《山西省清真食品监督管理条例》实施情况进行执法调研。严格宗教活动场所新建、改建和扩建审批程序,依法审批大型宗教活动,依法开展清真食品生产经营单位审核换证工作。

3. 抓改善民生。引深民族团结进步创建活动,召开全省民族团结进步创建活动经验交流会。推动发展少数民族经济,投入专项发展资金1030万元帮助29个少数民族贫困村、5个少数民族特色村寨解决基础设施建设。落实全省29家民族特需用品定点生产企业享受流动资金国家优惠利率贴息6900万元。协调省物价局出台宗教团体和宗教活动场所用水、用热、用气价格执行居民生活价格政策。

4. 突破重点难点工作。协调解决天主教、基督教、伊斯兰教领域重点难点问题,围绕工作重点,采取措施,维护全省民族宗教领域和谐稳定。在开展基础理论研究、强化政治引导教育、加强宗教文化建设等方面取得成绩。（王　静）

【袁纯清与五台山佛教界代表人士座谈】 春节前夕,省委书记袁纯清前往五台山看望佛教界代表人士并进行座谈。座谈会上,围绕佛教界贯彻落实党的十八大关于宗教工作论述和贯彻落实袁纯清提出的“五个五台山”要求,以配合做好山西综改试验区五台山改造提升工程为主题,各位法师踊跃发言,提出意见和建议。袁纯清肯定五台山佛教界贯彻党的十八大精神、爱国守法、服务社会等方面工作和做法,对五台山佛教工作提出明确要求和殷切期望。（王　静）

【山西大学附中庆祝藏历水蛇新年】 2月11日山西大学附中西藏班学生们庆祝藏历水蛇新年。省政协副主席张友君以及省委统战部、省民委、省教育厅、省发改委、省财政厅、山西大学、太原市教育局等相关部门负责人出席庆祝活动。张友君向同学们表达节日祝贺和慰问，勉励西藏班学生努力学习，争当民族团结进步模范。（王　静）

【山西省宗教界为雅安地震灾区祈福献爱心活动】 4月20日，四川雅安市芦山县发生7.0级地震后，山西宗教界和信教群众开展为灾区祈福献爱心活动。省佛教协会、省道教协会、省伊斯兰教协会、省天主教"两会"和省基督教"两会"以及五台山佛教协会等宗教团体以各种方式祈福、捐款、捐物。天主教太原教区举行主题弥撒活动，为在地震中罹难同胞祈福。太原市基督教会组织教徒为灾区献上祷告。五台山佛教协会、临汾市佛协呼吁各寺院举办法会向雅安灾区民众祈福、度亡、捐款。太原崇善寺、盂县永清寺举办祈福法会，动员信教群众捐款支援灾区群众。（王　静）

【九峰山纯阳上宫复建】 5月3日，芮城九峰山纯阳上宫举行纯阳殿、三清殿上梁仪式，标志着纯阳上宫复建工作取得重要进展。国家宗教局副局长蒋坚永，中国道教协会副会长张继禹、黄信阳及来自全国各地道教界、学术界代表等1000余人参加仪式。芮城是吕祖诞生地和全真祖庭永乐宫、纯阳上宫、祖山九峰山所在地，道教文化积淀深厚。（王　静）

【国家五部门联合督查调研组到山西调研】 5月3~6日，以国家宗教局副局长蒋坚永为组长的国家宗教局、中央统战部、住房和城乡建设部、国家旅游局、国家文物局五部门联合督查调研组在太原、大同、忻州和运城就贯彻落实国家十部门《关于佛教寺庙、道教宫观管理有关问题的意见》（国宗发41号）落实情况进行督查调研。蒋坚永对山西贯彻落实41号文件的做法予以肯定，同时也指出在调研中发现的问题，希望省宗教局及相关部门紧密合作，在新形势下发挥政府职能，把工作做细做实，促进山西宗教工作全面和谐发展。（王　静）

【太原清真古寺被确定为国家重点文物保护单位】 5月，在全国第七次文物普查中，经国家文物局审核研究并报全国人大常委会批准，太原清真古寺被确定为全国重点文物保护单位。经考古文物专家鉴定太原清真古寺现存建筑，为元末明初中国古典建筑。大殿虽系砖混结构，但内不见砖，外不见木，内部装饰和贴金《古兰经》体现中国、阿拉伯建筑传统风格。该寺1983年确定为市级文物保护单位，2004年确定为省级文物保护单位。太原清真古寺被批准确定为全国重点文物保护单位，给省会城市文化内涵增添亮点，受到广大穆斯林群众拥护。（王　静）

5月3~6日，国家宗教局等五部门联合督查调研组到山西省督查调研（王　静提供）

【宗教界代表出席第十届"联合国卫塞节"国际佛教大会】 第十届"联合国卫塞节"国际佛教大会于5月20~23日在泰国曼谷联合国会议中心举行。会议主题为"教育与全球公民身份·佛教的视角"。经国家宗教事务局批准，中国佛教协会组团，中国佛教协会副会长、山西省佛教协会副会长、五台山尼众佛学院院长如瑞法师应邀出席并作主题演讲。如瑞法师为第一位应邀出席和发言的比丘尼。她的精彩演讲，得到出席大会的世界各地政界、学界以及教界人士的好评。（王　静）

【民族特需商品定点生产企业政策培训班】 5月30日，全省民族特需商品定点生产企业政策培训班在太原举办。全省民族特需商品定点生产企业主要负责人及财务管理人员，企业所在地民族工作部门分管领导，有关市财政局业务科长共100多人参加培训。会议主要就"十二五"民族特需商品定点生产政策进行专题讲解。全省"十二五"时期民族特需商品定点生产企业由"十一五"21家增加到29家，这29家企业分布在8个市、21个县，涉及清真食品、少数民族针纺织、少数民族兽药、少数民族工具、少数民族日杂、少数民族服装等6类。注册资金5000万元以上的有15家，其中有6家企业注册资金上亿元。2012年年产值过亿的22家。（王　静）

【北岳恒山恢复道教活动】 6月，经政府宗教工作部门批准，北岳恒山岳门湾庙宇恢复为道教活动场所。在前期工作中，国家宗教局副局长蒋坚永率国家五部门组成联合督查调研组赴北岳恒山，依据相关宗教政策对落实恢复北岳恒山道教活动场所工作进行指导。（王　静）

【任法融调研山西道教工作】 7月2日，全国政协常委、中国宗教界和平委员会副主席、全国政协民族宗教委员会副主任、中国道教协会会长任法融一行到山西考察调研，实地考察全省道教宫观，调研指导道教界开展以"教风年"为主题和谐寺观教堂创建活动。（王 静）

【宗教团体和宗教活动场所用水、用热、用气价格执行居民生活价格】 宗教团体和宗教活动场所用水、用热、用电价格一直是宗教工作部门和宗教界关注和反映的主要问题。经省宗教局与省物价局多次协商，省宗教局转发《省物价局关于对全省五大宗教团体和宗教活动场所用水、用热、用气价格有关问题的通知》（晋价商字〔2013〕76号），明确规定："对我省范围内依法批准的佛教、道教、伊斯兰教、天主教、基督教五大宗教团体和宗教活动场所用水、用热、用气价格按照居民生活用水、用热、用气价格执行。五大宗教团体和宗教活动场所从事经营活动的，不执行该政策。"省级五大宗教团体和宗教活动场所用水、用热、用电价格问题落实解决，受到全省广大信教群众欢迎。（王 静）

【"善行山西·点亮心灯"新闻发布会暨启动仪式】 7月21日，由中国道教协会、山西省宗教局主办，太原爱尔眼科医院承办"善行山西·点亮心灯"新闻发布会暨启动仪式在太原举行。中国道教协会捐助山西100万元人民币，为贫困家庭患有视力障碍及病变儿童给予救助和治疗。这是道教界学习贯彻党的十八大精神，落实国家宗教局等五部门联合下发《关于鼓励和规范宗教界从事公益慈善活动的意见》的具体行动。（王 静）

【穆斯林群众欢度"开斋节"】 8月8日（伊斯兰教历10月1日）是伊斯兰教民族节日——开斋节。全省各地穆斯林群众齐聚清真寺欢度节日。省、市、区统战、宗教、政协等相关部门负责人到宗教活动场所看望穆斯林群众，并向他们表示节日的祝贺。长治市人大、政协、市委统战部及城区部分领导深入到潞泽清真寺、清真北寺、清真南寺、清真中寺与穆斯林群众共度佳节。（王 静）

10月17日，省委统战部、省宗教局（省民委）在太原举办世界民族宗教形势报告会（王 静提供）

【日本佛教"真宗大谷派日中友好访华团"到晋访问】 8月，以日本真宗大谷派前任宗务总长熊谷宗惠长老为团长的"真宗大谷派日中友好访华团"一行18人到山西进行友好访问。在晋期间，日本真宗大谷派一行拜访山西省佛教协会，并进行座谈交流。双方回顾几十年来中日友好交往历史，表示要继承和发扬老一辈遗志，致力于中日佛教界友好交往。日本真宗大谷派一行还参拜祖庭玄中寺。（王 静）

【2013年少数民族发展资金项目评审会】 9月10日，省民委、省财政厅组织专家对各市上报的少数民族发展资金项目和少数民族特色村寨项目进行评审。2013年，国家民委和省级财政共下拨全省650万元少数民族发展资金，对全省39个少数民族聚居村项目进行扶持，主要涉及种植、养殖、基础设施建设、特色村寨、科技培训等方面。（王 静）

【全省宗教界讲经讲道交流活动】 9月至10月，省佛教协会和省基督教"两会"在太原举办讲经讲道交流活动，来自全省11个市佛教界30名法师和基督教界29名教职人员参加比赛。选手们围绕如何把教规教义中和谐理念转化为自觉的信仰实践，如何担当宗教徒社会责任和时代使命，如何为构建和谐社会、共圆"中国梦"发挥作用进行阐述。此次讲经讲道交流活动是局（委）年度目标责任制重点工作和省政府宗教工作创新项目内容之一。（王 静）

【世界民族宗教形势报告会】 10月17日，省委统战部、省宗教局（省民委）在太原举办世界民族宗教形势报告会，特邀全国人大常委、中国社科院世界宗教研究所所长卓新平作"世界民族宗教发展趋势及其对我国的影响"的报告。省委、省政府、省人大、省政协、省宗教工作协调领导组成员单位、省直工委、省高校工委、省国资委等22家相关单位负责人，省城统战、民族宗教工作系统干部和各市民宗局负责共200余人听取报告。卓新平在报告会上运用马克思主义民族观、宗教观阐述世界民族宗教现状及发展趋势，当代中国宗教与中国社会政治关系，全面分析世界宗教对中国影响和中国宗教未来发展态势。（王 静）

【全省2013年朝觐工作完成】 11月27日，山西省2013年穆斯林朝觐工作总结会议在并举行，省委统战部、

省宗教局向扶贫村捐赠图书　　（王　静提供）

省宗教局、省安全厅、省伊协相关人员及朝觐团副秘书长以上领导班子成员参加。2013年朝觐工作面临着沙特朝觐仪式地改扩建、沙特中东呼吸综合征疫情等影响境外朝觐团安全的各种威胁，对朝觐团组织服务工作尤其是朝觐群众政治安全、人身安全带来新挑战。在省委、省政府重视下，在相关部门配合下，经精心组织、周密工作，将山西省朝觐名额从102名压缩为66名，保证历经40余天赴沙特朝觐实现零伤亡、零感染、零零散朝觐。标志着全省朝觐工作顺利完成。（王　静）

社会保障

【人才队伍建设】 柔性引进院士15名，引进博士300名、外国专家700名。新建院士工作站14个，新设博士后科研工作站4个。实施"千人百县"高层次人才服务基层计划，1145名专家走向基层，为县域经济发展助力。7所高级技校晋升为技师学院，高技能人才培训基地和技能大师工作室建设有新发展。开展"引智工作三晋行"活动，入选"外专百人计划"9人，建立国家级、省级引智示范推广基地18个。2013年新增高层次专技人才8228名、高技能人才6.4万名。全省创业培训人数4.08万人，城镇失业人员再就业培训18.69万人，技能人才培养(技能鉴定)33.66万人，农村劳动力技能就业培训23.82万人，新成长劳动力培训12.68万人，新增高技能人才人数6.41万人。（张　琼）

【人事制度改革】 开展贫困地区基层公务员定向招录工作，推进公开遴选和聘用制公务员试点工作，公务员分类管理、考核奖励、教育培训等工作都取得新成效，3名个人、2个集体被授予全国"人民满意的公务员(集体)"称号。全面推行各级各类事业单位新进人员公开招聘制度，修订专业技术岗位结构比例控制标准，事业单位公开招聘、人员聘用、岗位管理、绩效工资等四项制度全面入轨，事业单位聘用合同签订率达维护劳动者合法权益3%。落实"四公开两统一一监督"办法，完成651名军转干部安置任务，安置工作公平公正。（张　琼）

【劳动关系调整】 劳动用工实现动态监管，劳务派遣用工管理加强，企业集体合同覆盖率、劳动合同签订率保持较高水平，全省企业劳动合同签订率达98.6%，企业集体合同签订率达94.7%。劳动保障监察"两网化"管理地级城市覆盖率达81.8%，"两网化"建设规范，治理欠薪工作机制健全，专项执法检查常态化，为劳动者追发工资、督缴社保费等7.6亿元，劳动保障监察投诉案件结案率达99.82%。开展矛盾排查，化解信访积案，劳动人事争议调解仲裁扎实有效，结案率达90.56%。（张　琼）

【自身建设】 转变工作作风，密切联系群众，开展治理吃喝不正之风、清理办公用房、清理违规用车、清理会员卡四项工作，坚持依法行政，规范权力运行监督。着力优化窗口服务，创新活动载体，在全系统部署开展"服务提升年"活动，突出"转作风、强服务、办实事、惠民生"特色主题，规范建设和服务标准，10类优质服务窗口创建活动开展，编印《应知应会600题》，分级培训人社干部，省社会保险

山西省2013年"公共就业人才服务校园行活动"　（张　琼提供）

局和省医疗保险管理服务中心启用电子叫号排队等候系统、自助查询服务和电子信息显示屏，实行综合柜员制。（张　琼）

【社保全覆盖】 推行五项社会保险费一票征缴、一站式服务，全年城镇职工基本养老、城镇基本医疗、失业、工伤、生育保险参保人数分别达667、1079、400、541、443万人，分别完成全年任务的100.1%、101.3%、100%、101.2%、100%，五项社会保险参保率分别为99%、98.1%、98.2%、96.2%、95.7%，全部超额完成目标任务。全省城镇基本养老保险、新型农村社会养老保险、城镇职工基本医疗保险、失业保险、工伤保险、生育保险基金征缴收入分别达到491.21、16.18、157.08、31.23、28.2、7.85亿元，总额比上年增长12%。推进新农保和城居保合并实施工作，46个市县实行统一的城乡居民养老保险制度。太原、大同、朔州、忻州、晋中、晋城、临汾、运城等8个市实现医保异地就医和即时结算。展开社保卡应用工作，省市两级数据中心和覆盖城乡的社保信息专网启动运行，制发社保卡达到2100万张，服务终端覆盖80%的县，晋城市实现城乡居民养老保险数字化管理，朔州市实现社保卡服务网点全覆盖。推行社保基金非现场监督，基金安全完整。（张　琼）

减灾救助

【社会救助】 城市和农村低保标准分别提高30元、24元，234.8万低保对象基本生活得到有效保障。省政府出台《关于切实加强和改进最低生活保障工作的意见》和《低收入家庭经济状况核对办法》《低收入家庭认定办法》。阳泉、大同等6个市开展收入核对试点工作。11个市全部建立临时救助制度。民政部、国务院两次对山西省城乡低保政策落实情况进行专项督查，均给予充分肯定。

1. 城乡低保。2013年，下拨城乡低保资金408979万元，其中城市低保资金232710万元（中央185850万元，省级46860万元），农村低保资金176269万元（中央125463万元，省级50806万元），保障城市低保对象42.1万户、85万人，人均月补助水平239元；农村低保对象118万户、149.8万人，人均月补助水平124元。

2. 农村五保。2013年，下拨农村五保供养补助资金23871万元，保障农村五保对象16.5万人，其中集中供养2.8万人、分散供养13.7万人，集中供养率为17%。分散供养和集中供养平均标准分别为每人每年2504元和3850元。

3. 城乡医疗救助。2013年，下拨城乡医疗救助资金46787万元，其中城市医疗救助资金21702万元（中央14980万元，省级6722万元），农村医疗救助资金25085万元(中央19945万元，省级5140万元)，对城乡困难群众进行226.5万人次不同形式的医疗救助，其中城市医疗救助72.6万人次(含资助62.8万名困难群众参加城镇居民基本医疗保险)，农村医疗救助153.9万人次（含资助136.9万名农村困难群众参加新型农村合作医疗）。（王文广）

【减灾防灾】 应对各种自然灾害，下拨资金3.84亿元，救助受灾群众345万人次。制定出台《山西省自然灾害生活救助资金管理使用办法》。开展“防灾减灾日”宣传和综合减灾示范社区创建工作，全省24个社区被命名为“全国综合减灾示范社区”，158个社区被命名为“山西省综合减灾示范社区”。推进省市县三级救灾物资储备库建设。（王文广）

【救灾工作】 7月8日以来，山西省出现强降雨天气过程，局地出现大暴雨。截至7月13日20时，暴雨洪涝灾害造成阳泉、运城、大同等11市65县(市、区)84万人受灾，因灾死亡4人，紧急转移安置2.8万人，倒塌和严重损坏房屋2.26万间，一般损坏房屋4.27万间。7月14日9时，国家减灾委、民政部针对山西、陕西省近期暴雨洪涝灾情紧急启动国家四级救灾应急响应，派出工作组赶赴灾区，查看灾情，指导开展救灾工作。山西省减灾委、省民政厅启动三级救灾应急响应，派出3个工作组赶赴长治、晋中、大同灾区，核查灾情，协助开展救灾工作，安排省级救灾应急资金500万元，调运救灾帐篷600顶。（王文广）

优抚　养老

【优抚安置】 落实资金1.87亿元，维修改造零散烈士墓21426座、烈士纪念设施1141座。大幅提高部分优抚对象抚恤补助等标准，下拨优抚经费10.92亿元，保障重点优抚对象20.8万人。优抚对象信息系统实现部、省、市、县四级联网。自主就业退役士兵职业教育和技能培训工作全面推进，5098名退役士兵入校参训，7000名符合条件退役士兵的工作岗位得到落实，扶持1100名退役士兵自谋职业，解决安置遗留问题取得突破性进展。第五批军队无军籍退休职工接收安置任务全部完成。以纪念延安双拥运动70周年为契机，开展双拥宣传教育和双拥共建活动，促进军民融合式发展。（王文广）

【社会福利】 创新农村养老服务模式，落实中央和省级建设资金7000万元，全省新建1217个农村老年人日间照料中心，农村社区老年人日间照料中心建设任务超额完成。开展个人和民办机构收留孤儿大排查，集中和散居孤儿每月1000元和600元的生活费标准全部落实。全省新建10个县级福利服务中心。全年发行福利彩票29.32亿元，比上年增长15.07%。（王文广）

基层政权和社区建设

【基层政权】 2013年，全省完善村务公开目录，开展“村务公开日”活动，村务监督委员会实现全覆盖。（王文广）

【社区建设】 推进社区“网格化”“三有一化”建设，网格划分、网格员配置服务落实到位。社区工作人员年均工资增长24%，服务设施达标的社区增长23%，省财政支持每个社区3万元的经费全部到位。指导完成124个新建住宅区、棚户区改造社区组建工作。启动社区“文化节”活动，举办6场全省农村社区观摩式现场推进会及专题培训，全年培训社区工作人员2000人次。4个县(市、区)被命名为全国农村社区实验“全覆盖”示范单位。

(王文广)

社会组织管理

【社会组织登记管理】 创新社会组织管理体制，制订出台《创新社会组织登记管理的意见》和《社区社会组织备案登记管理暂行办法》，加大政策宣传和人员培训力度，行业协会商会类、科技类、公益慈善类、城乡社区服务类四类社会组织直接登记和社区社会组织备案登记全面开展，全省直接登记社会组织176家，社区社会组织备案登记1332家，激发社会组织活力的成效初步显现。(王文广)

殡葬

【专项社会事务管理】 殡葬改革取得重要突破，全省火葬区由1984年划定的19个县(市、区)扩大为93个县(市、区)。9个市出台免除城乡困难群众基本殡葬服务费的惠民政策。组织完成清明祭扫工作和“行风建设月”活动。深入开展“流浪孩子回校园”专项行动，全年救助流浪乞讨人员7万多人次。全年办理婚姻登记约42万对、涉外婚姻登记123对、涉外送养登记158例。(王文广)

【全省火葬区重新划定】 全省火葬区的划定是依据1984年省委办公厅、省政府办公厅《转发省民政厅〈关于我省殡葬改革工作的情况和今后意见的报告〉的通知》中的有关规定划定的。这一划定已不适应当前山西省经济社会快速发展和殡葬改革的需要。2013年9月13日对各市重新划定火葬区的请示进行批复。这次新划定的火葬区同原火葬区相比，有三大特点：一是火葬区范围扩大，新划定火葬区从原19个市、县、区扩大到现在的93个市、县、区；二是火葬区界线更加明确，新划定的火葬区的界线有的具体到乡镇，有的具体到村，有的更具体到对象；三是具有改革的前瞻性，许多市政府在划定火葬区中都把城镇化、转型跨越发展、节约耕地、精神文明建设、改善环境等因素纳入其中，符合山西省经济社会发展的新形势和新要求。(王文广)

慈善

【概述】 2013年，山西省慈善总会共接收社会各界捐赠款物合计23041.66万元，用于各类救助支出款物总计22469万元。(武学亮)

【“天籁列车”驶入山西】 7月8日，旨在为听障群众免费发放助听器的大型慈善项目“天籁列车”正式驶入山西。项目启动仪式由太原市聋人学校主办，来自全省各地2000多名听障者在现场领取到助听器，发放价值共计500多万元。“天籁列车”由著名华人慈善家、澳大利亚杰出华商、澳洲ABC纸业总裁魏基成先生发起创办，是为帮助无力购买昂贵助听器的听障者能免费获得，2012年9月进入大陆，为全国六省市听障患者捐出数万只助听器。(武学亮)

【“4·20”雅安地震救灾】 4月20日，四川雅安地区发生7.0级地震。省总会第一时间召开会议，部署抗震救灾、募捐工作；及时公布捐赠渠道，为灾区募集款物；启动24小时值班制度，确保捐赠渠道畅通。截至10月底，省总会接收社会捐赠款物163.81万元，及时将款物拨往雅安灾区。

(武学亮)

【医药援助与助学】 2013年，省总会继续开展中华慈善总会微笑列车、格列卫、达希纳等10个医药援助项目，全年共对7403人次大病患者实行医药援助，价值总计17404.4万元。与其他单位合作开展“亲情工程”“心新工程”和“神华爱心行动”医疗救助项目，全年共救助贫困精神病患者和先心病患者1123人，减免医疗费或现金资助总计417.75万元。2013年，省总会与山西龙城医院共同创办“龙城慈善医疗救助基金”，为困难患者提供帮助，全年共救助患者652人，减免金额达182.05万元。

助学方面:2013年，共有12个“慈爱阳光班”“衣恋慈善阳光班”的贫困学生得到资助，资助金额达116.2万元。沁源冯村博爱学校是由海外华人陈海珠女士创办，2013年，陈海珠筹集助学款共计574.46万元，用于冯村博爱学校的发展。2013年，省总会与皇明太阳能工程技术学院合作，在全省招收70名“太阳生”，赴

7月8~10日，省慈善总会举办“天籁列车”助听器免费发放活动

(武学亮提供)

10月28日，省慈善总会成立十周年之际，山西省大众书画院捐赠《播种春天》大型国画祝贺　（武学亮提供）

皇明太阳能工程技术学院学习。（武学亮）

【全省三级慈善组织】 2013年，省总会联合各新闻媒体报道慈善活动；向《慈善》杂志社提供全省重要新闻稿件；《山西慈善》杂志全年出版6期，发放15000余册。截至2013年底，全省有10个市成立慈善总会，64个县（市、区）成立慈善组织，全省三级慈善网络初具规模。（武学亮）

【"爱心微基金"设立】 3月22日，山西省慈善总会"爱心微基金"管理办法颁布，"爱心微基金"正式成立。"爱心微基金"弘扬人人参与慈善，人人奉献爱心的慈善理念，为广大爱心人士搭建操作方便、公开透明的捐赠平台，汇集众多微小爱心力量，形成宏大的爱心洪流，资助社会上的弱势群体。2013年，"爱心微基金"筹集善款1.5万元，救助困难群众1人。（武学亮）

【星巴克向省总会捐款】 3月1日，全球最大的咖啡连锁企业星巴克咖啡太原首家门店正式开业，省慈善总会会长郭有勤应邀出席开业仪式，为新店剪彩并致辞。开业仪式上，星巴克咖啡负责人向省慈善总会现场捐赠8万元善款，用于开展慈善救助活动，郭有勤在致辞中对星巴克咖啡的善举表示赞赏和肯定，并为其发放捐赠证书和纪念品。（武学亮）

【为小斌斌献爱心】 小斌斌6岁，山西汾西县人。8月24日傍晚，小斌斌在外玩耍时，犯罪嫌疑人将小斌斌骗至野外，采取非常残忍手段挖出小斌斌的双眼，致使小斌斌永久性失明。事件发生后，引起社会人士愤慨，并对小斌斌遭遇表示同情。省慈善总会获悉后，25日，与山西省青少年维权中心联合发出倡议，呼吁全社会人士为小斌斌献爱心。9月3日下午，省慈善总会将山西天美新天地购物中心和山西天美名店购物中心两企业及其员工捐给被挖眼男童小斌斌的10万元善款，送到孩子家人手中。省慈善总会会长郭有勤表示，省慈善总会为小斌斌设立捐款专户，以便于爱心人士献上爱心，截至3日省慈善总会收到给小斌斌的定向捐款共三笔，总计10.05万元。（武学亮）

【首届山西省"十大乡村爱心人物"评选揭晓】 10月26日，在省城并州饭店举行"十大乡村爱心人物"颁奖晚会。活动由山西省慈善总会、山西省广播电视台、山西省农村文化促进会联合主办，山西新农村网、山西慈善网、山西广播电视、山西新农村传媒共同承办。首届山西省"感动百姓·寻找乡村爱心故事"活动，组委会收到各地爱心故事300多个，网民经过两轮投票，组委会收到选票35万余张，网上留言1万余条，最终10名爱心人物、15家单位获"最佳组织（推荐）奖"，两名热心网民获"最佳爱心故事推荐奖"。（武学亮）

【省慈善总会成立十周年】 10月28日，山西省慈善总会成立十周年，山西大众书画院向省慈善总会赠送大型国画《播种春天》一幅，对省慈善总会表示祝贺。十年里慈善总会共筹募善款善物7亿元，救助困难群众数十万人次。（武学亮）

【山西龙城医院被冠名慈善医院】 11月16日，山西省慈善总会在山西恒大体育中心，举行为山西龙城医院冠名"山西省慈善医院"授牌仪式，山西龙城医院成为山西省首家慈善医院。省慈善总会会长郭有勤出席活动并讲话。在授牌仪式上，国瑞集团等几家企业共捐款49万元。山西龙城医院是省卫生厅直管的非营利性医疗机构，2013年3月启动《慈善医疗救助活动》，为符合条件贫困患者在就医，基本医疗保险报销基础之上，个人承担部分外，可向省慈善总会申请最高5000元的慈善援助。八个多月，共救助贫困患者1281名，累计救助善款128万余元。（武学亮）

扶贫开发

【概述】 2013年，根据统计部门数据，全省58个县农民人均纯收入达5761.22元，增幅19%，36个国家扶贫开发工作重点县农民人均现金收入达4378.15元，较上年增长18.75%，21个连片特困地区县农民人均纯收入4275.16元，增幅18.5%，三项增幅均超过全省农民人均纯收入12.5%增长水平。新解决47万人口脱贫问题。（刘世锋）

【百企千村产业扶贫开发工程】 2013年，省委、省政府出台《关于实施百企千村产业扶贫开发工程的指导意见》（晋办〔2013〕13号文件）。7月19日，召开全省百企千村产业扶贫开发工程动员大会进行安排部署。各级各部门贯彻落实省委、省政府决策部署,精心谋划储备项目,制定出台优惠政策,搞好服务创优环境,支持引导企业参与产业扶贫开发,全省百企千村产业扶贫开发工程呈现良好态势。截至年底,58个贫困县实施和开工建设项目达209个,项目内容覆盖设施农业、规模养殖、特色农业、农产品加工流通、易地扶贫搬迁、开发性农业建设、生态旅游等领域,涉及总投资690.8亿元,可吸纳带动贫困村劳动力就业10万人以上。其中总投资亿元以上项目达119个,开发、流转土地或带动基地建设万亩以上项目达32个。 (刘世锋)

【特困地区扶贫攻坚启动】 省扶贫办组织21个连片特困地区扶贫攻坚县,在国家吕梁山、燕山-太行山片区开发总体规划基础上完成县级扶贫攻坚实施规划和产业扶贫规划。在对县级实施规划和产业扶贫规划项目进行筛选、分类基础上,结合省级层面完善有关内容,在吸收相关厅局审核补充修改意见基础上,完成省级扶贫攻坚实施规划和产业扶贫规划,并经省政府批复后上报国务院扶贫办和国家有关部委。推进2个连片特困地区内10个县扶贫攻坚试点项目。2013年安排财政扶贫资金2亿元,对2012年启动实施五台、天镇、岢岚、临县、大宁5个试点县和天镇-阳高-大同、大宁-吉县、临县-兴县-岚县-岢岚3个示范片试点项目扶持。项目涉及200余个贫困村,4万户14万人,其中贫困户2.6万户8.6万人。试点工作以特色优势产业开发为突破口,一个试点县重点规划一项主导产业,一个示范片重点规划2至3个主导产业,通过连续给以扶持,以试点示范效应,引领推进全省扶贫攻坚工程。 (刘世锋)

【易地扶贫搬迁】 2013年,投入省级财政扶贫资金5亿元,安排搬迁任务10万人,项目涉及11个市、82个农业县区。采取调查研究与督导检查相结合方式,通过召开"易地扶贫搬迁现场推进会"和学习借鉴省内外成功做法,完善政策措施,改革工作推进机制,以政策倾斜,指标优先,激励易地扶贫搬迁工作推进。全省搬迁开工94166人,开工率达94.2%;主体工程完工73696人,完工率达73.7%,超额完成两个60%年度目标任务。 (刘世锋)

【"一县一业"片区扶贫开发工程】 2013年,投入财政扶贫资金2.4亿元,以发展产业基地、建设农产品龙头企业和市场服务体系、实施培训工程等建设内容,新启动实施12个片区扶贫开发项目。发展核桃经济林1.8万公顷、有机玉米0.2万公顷、红山荞麦0.2万公顷、养羊4万只,覆盖12个县783个村22万农村人口,其中贫困人口13.2万人。 (刘世锋)

【"一村一品"整村推进扶贫工作】 2013年,分三批下达扶持410个贫困村整村推进扶持资金2.05亿元,其中新扶持整村推进项目村290个,有246个开工建设。此外按照《关于少数民族聚集村扶贫开发专题会议》决定精神,对4个县8个贫困民族村,按照村均省级财政扶贫资金50万元补助标准统筹安排到县,用于发展产业增收项目。 (刘世锋)

【扶贫龙头企业】 2013年,对177家扶贫龙头企业、172个支撑项目、161个其他项目企业以及贫困县主导产业进行全面摸底调查。对符合条件29.8亿元支撑项目贷款给予5547万元财政贴息。对32家国家扶贫龙头企业进行动态调整。在广灵、隰县、大宁、岢岚、五寨、临县、岚县等7个连片特困地区扶贫攻坚县开展无公害农产品、绿色食品、有机农产品"三品"认证绿色扶贫工作。对筛选认证16个企业(合作社),30个产品安排帮扶资金100万元。做好扶贫金融合作项目,在"山西省金融服务平台"上发布贫困县需要贷款企业名单,并向金融机构进行推介。 (刘世锋)

【亚行贷款山西河川流域农业综合开发项目】 2013年,完成年度投资2.23亿元,良种养殖产业基地建设完成投资11114万元,涉及1626户;特色高效优势农业产业基地建设,完成投资2864.99万元,建设0.63公顷经济林,涉及1872户;高效节水设施农业产业基地建设,完成总投资8310.36万元,涉及2853个受益户。示范小区基础设施配套工程,完成计划申报和方案编制,有6461农户受益。 (刘世锋)

【亚行赠款项目建设】 2013年,山西省实施亚行赠款项目"通过地下水管理适应气候变化"(项目名称),完成4个项目县示范工程建设及验收工作。培训13期,直接受益户达328户,996人,间接受益人达5500余人。亚行赠款"山西妇女经济赋权试点项目",组织4村完成两轮小额信贷110.8万元,完成提款5.4万美元,累计完成提款申请19.5万美元。完成外部监测评价报告及项目终期报告,召开项目交流总结会。 (刘世锋)

【机关单位定点扶贫】 省、市、县三级抽调31601名机关单位干部组成9410支农村工作队,对14849个行政村进行定点帮扶。全年帮助新上项目5954个,投入和引进资金10.62亿元,帮助引进人才1573人,资助贫困学生1.9万人。 (刘世锋)

【干部下乡住村领导干部包村增收活动】 结合省市县三级换届,领导干部调整变动较大的实际情况,对全省领导干部包村增收活动包扶6010个村情况进行摸底统计;对6个市、26个县243个包扶村进行调整。全年规划实施项目1.5万多个,年内新开工项目7848个。 (刘世锋)

【劳动力技能培训】 2013年,省级安排贫困地区劳动力转移培训5万人,依托129个"雨露计划"培训基地,通过实施外出就业技能、技能提升、劳动预备制和创业分类培训,促进扶贫对象稳定就业、增加收入;安排农业实用技术培训7万人次,瞄准在乡务农青壮年劳动力,集中抓好服务当地产业开发实用技术培训、科技项目示范和新技术推广,帮助扶贫对象提高产业开发能力。截至2013年底,完成

劳动力转移培训4.5万人、农业实用技术培训6.2万人次，分别占全年计划任务90%和88.6%。（刘世锋）

【教育扶贫】 2013年，实施教育扶贫“万人助学”工程。下达教育扶贫资金3000万元，扶持贫困大学生2542名、贫困中职生4645名、贫困高中生1万名，使教育扶贫当年受助生规模累计达17187人。（刘世锋）

【彩票公益金项目】 2013年，国家分配山西省8个项目县任务。5月，下发《关于做好申报2013年中央专项彩票公益金支持贫困革命老区整村推进项目入库工作的通知》（晋开发办〔2013〕88号）文件，启动项目入库工作。按照程序规定，经过评审最终选择和顺、平陆、右玉、中阳、武乡、宁武县、河曲县、保德县等8个革命老区县为山西省2013年中央专项彩票公益金项目县，下达县均1250万元，共计1亿元彩票公益项目资金。（刘世锋）

【贫困村村级互助资金】 山西省贫困村互助资金试点工作从2006年开始，截至2013年底，资金总规模达4663.286万元。其中：中央财政扶贫资金3097.846万元，省级财政扶贫资金1128.2万元，农户交纳互助金437.24万元。有15629户农户加入互助组织，其中贫困户11214户，占入户成员71.75%，累计借款人次12861人，累计发放借款5957.64万元（其中用于发展种植业2496.969万元，占36.87%，用于发展养殖业1995.241万元，占33.49%，用于发展商业及运输业674.73万元，占11.32%，用于发展加工业552.56万元，占9%，其他212.2万元，占3%，累计还款4740.244万元。（刘世锋）

残疾人

【残疾人康复】 2013年，康复工作围绕实现残疾人“人人享有基本康复服务”目标，近6万名残疾人得到康复救助。

1. 视力残疾康复。康复机构41个，完成白内障复明手术23612例，其中免费手术5012例；为103名低视力患者适配助视器，培训低视力儿童家长2390名；对6089名盲人进行定向行走训练。长治市、晋城市、临汾市被授予“全国白内障无障碍市”称号；定襄县等32个县（市、区）被授予“全国白内障无障碍县（市、区）”称号。

2. 听力语言残疾康复。康复机构47个。年度新收训聋儿435名，在训聋儿793名；聋儿家长学校共培训家长1218名；培训听力语言康复专业技术人员445人。

3. 肢体残疾康复。康复训练服务机构39个，其中省级2个，地市级、县级37个；培训康复工作人员240人次；对5579名肢体残疾人实施康复训练；资助570名脑瘫儿童进行机构康复训练、321名贫困肢体残疾儿童实施肢体矫治手术。

4. 智力残疾康复。康复训练服务机构37个，其中省级2个，地市级、县级35个；培训康复工作人员183人次；对2430名智力残疾人进行康复训练；资助260名智力残疾儿童进行机构康复训练，开展家长培训。

5. 精神病防治和孤独症儿童康复。按照“社会化、综合性、开放式”工作要求，64个县（市、区）开展精神病防治工作，对99112名重性精神病患者进行综合防治康复，监护率81.95%、显好率69.22%、社会参与率52.07%、肇事率0.05%，解除关锁261人，对5519名贫困精神病患者进行免费服药（住院）救助。2个省级孤独症儿童康复训练机构、12个地市级及以下的机构共对311名孤独症儿童进行康复训练。

6. 辅助器具供应服务。为残疾人减免费用供应辅助器具17967件，其中装配假肢395例、矫形器172例，验配助视器66件。

7. 儿童残疾筛查。87个县（市、区）的106个医疗卫生机构开展儿童残疾筛查工作，年度新诊断0~6岁残疾儿童1374人。11月12日，中国残联办公厅、国家卫生计生委办公厅联合印发《0~6岁儿童残疾筛查工作规范（试行）》。

8. 社区康复。23个市辖区和90个县（市）开展社区康复工作，5031个社区建立社区康复站，配备18153名社区康复协调员。

9. 康复人才培养。省内各级康复机构在岗人员共9095人。全年培训康复管理人员689人、业务人员1389人、社区康复协调员4533人。

（吕竞伟）

【残疾人教育】 省彩票公益金助学项目较上年增加180个资助名额，资助230名残疾大学生（5000元/人）、20名残疾研究生（6000元/人）、230名残疾人家庭子女大学生（3000元/人）。“通向明天——交通银行残疾青

9月6日，省政协原主席郭裕怀在省残联展台观看残疾人辅助器具展览（吕竞伟提供）

少年助学计划”资助180名残疾高中生(1000元/人)。中央财政拨款,“残疾人事业专项彩票公益金助学项目(学前教育)”资助260名在学前教育机构就读的家庭经济困难的残疾儿童,共78万元,每名残疾儿童最多可连续资助三年。截至2013年底,全省56所特殊教育学校在校生7146人(其中5.23%为盲生,不含有视力障碍的多重残疾学生)、专任教师1385人,其中高中阶段在校生为391人(盲生32人、聋生359人)。义务教育阶段适龄残疾儿童少年入学率75%左右。残疾人中等职业学校1所(山西省特殊教育中等专业学校,隶属于省民政厅),在校生286人,2013年毕业的67人全部获得职业资格证书。168名残疾学生被普通高等院校录取。截至2013年底,全省未入学适龄残疾儿童少年共2481人,其中视力残疾122人、听力残疾181人、言语残疾163人、智力残疾887人、肢体残疾761人、精神残疾62人、多重残疾305人。

(吕竞伟)

【残疾人劳动就业】 2013年,全省城镇新增就业残疾人7527人(集中就业2323人、按比例安置1050人、公益性岗位就业103人、个体就业及其他形式灵活就业3524人、辅助性就业527人),城镇就业残疾人达120803人;农村在业残疾人399808人,其中287751名残疾人从事农业生产劳动。省内开展残疾人职业培训的机构512个(残联兴办的282个、依托社会机构开展培训的230个),8422人次的城镇残疾人接受了职业技能培训。2013年,培训盲人保健按摩人员656名、盲人医疗按摩人员151名;全省盲人保健按摩机构383个,医疗按摩机构51个;分别有16、81名盲人医疗按摩人员通过中级和初级专业技术职务资格评审。2013年,全省98185名贫困残疾人得到扶持,其中41363名通过扶贫开发实际脱贫;接受实用技术培训的残疾人达到19990人次。康复扶贫贴息贷款扶持2635名农村残疾人,938个单位和6969名个人结对帮扶贫困残疾人。312个残疾人扶贫基地安置5019名残疾人就业,扶持带动6721名残疾人。(吕竞伟)

【残疾人社会保障】 1.城镇居民社会养老保险残疾人参保情况。截至2013年底,201346名残疾人参保,参保率81.30%,在60岁以下的参保残疾人中有23476名重度残疾人(93.04%、21842人得到政府缴费补贴),16304名中轻度残疾人享受全部或部分代缴参保费用的优惠政策。114585名残疾人领取养老金。

2. 新型农村社会养老保险残疾人参保情况。740756名残疾人参保,参保率76.86%。在60岁以下的参保残疾人中有116006名重度残疾人(95.61%、110910人得到政府缴费补贴),44911名中轻度残疾人享受全部或部分代缴参保费用的优惠政策。371684名残疾人领取养老金。

3. 其他。101500名城镇残疾职工参加社会保险,227074名残疾人参加城镇居民基本医疗保险,城乡分别有67034、237686名残疾人纳入最低生活保障范围;城镇集中供养残疾人和农村五保供养残疾人分别为1289人和25407人;10072名城乡残疾人得到生活补贴,14855名城乡残疾人得到护理补贴。64891名城乡残疾人得到了其他形式的救助救济。残联系统投入2069.03万元,对1805户2351名农村贫困残疾人实施危房改造。(吕竞伟)

【残疾人托养】 省内88个残疾人托养服务机构为1964名残疾人提供托养服务,其中:51个寄宿制托养服务机构托养593人,6个日间照料机构托养679人,31个综合性托养服务机构托养692人。14690名残疾人享受居家托养服务。(吕竞伟)

【残疾人维权】 2013年,两个地级市制订(修改)保障残疾人权益的规范性文件。县级及以上人大进行《中华人民共和国残疾人保障法》执法检查和专题调研42次;县级及以上政协视察和专题调研29次。开展普法宣传教育活动194次,43158人参加;举办法律培训班74个,4014人参加。截至2013年底,全省共有残疾人法律救助工作协调机构24个,建立残疾人法律救助工作站30个,办理案件205件;建立残疾人法律援助中心(工作站)120个,办理案件674件。各级残联协助人大代表、政协委员提出议案(建议、提案)101件,办理41件。9个市县出台无障碍建设与管理法规、规章;68个市县开展无障碍建设;全省开展无障碍建设检查45次,组织无障碍培训922人次;全年为1989个贫困残疾人家庭实施无障碍改造;为15934名残疾人发放残疾人机动轮椅车燃油补贴。各级残联共处理残疾人来信1408余件,接待残疾人来访16314人次,其中集体访43批1729人次。(吕竞伟)

【残疾人文化体育】 1.宣传文化。省级主要新闻媒体刊播稿件310件,出版报刊专版5个,开播残疾人专题广播节目1个、电视手语新闻栏目1个。地市级主要媒体刊播稿件1362件,出版报刊专版22个,开播残疾人专题广播节目12个、电视手语新闻栏目1个,建立地市级残疾人事业新闻宣传促进会3个。省级公共图书馆设立2个盲文及盲人有声读物阅览室,地市级公共图书馆设立13个。省级和地市级分别举办残疾人文化周活动1次和23次,举办残疾人文化艺术类比赛及展览2次和28次。

2.体育。组团参加全国第八届残疾人艺术汇演北京赛区比赛。举办省第四届特殊奥林匹克运动会,254名特奥运动员参加9个大项的比赛。省级组织残疾人体育健身活动4次,参加人数350人,建设残疾人体育示范点3个,培训残疾人体育健身指导员392人,组织残疾人体育比赛2次,参与的残疾人运动员294人次。地市级组织残疾人体育健身活动67次,参加人数1923人,建设残疾人体育示范点32个,培训残疾人体育健身指导员273人。(吕竞伟)

【残疾人服务设施建设】 截至2013年底,全省已竣工并投入使用的残疾人综合服务设施52个,总建设规模10.82万平方米,总投资28489.83万元;已竣工并投入使用的残疾人康复

《临汾市残疾人联合会志》 （吕竞伟提供）

设施32个，总建设规模7.19万平方米，总投资17293.35万元；已竣工并投入使用的残疾人托养服务设施1个，总建设规模0.20万平方米，总投资400万元。 （吕竞伟）

【《临汾市残疾人联合会志》出版】 由临汾市残联组织编纂，2009年4月启动相关工作，经组织筹备、收集整理、分工撰写、合纂修订、征求意见等阶段，并经临汾市地方志办公室审核，2012年12月完成第一个付印版本，开省内地级市残联修志之先河。2013年9月28日，临汾市残联再次召开《临汾市残疾人联合会志》评审会，市方志办、市政府法制办、市档案局、市保密局及专业方志工作者参加。

（吕竞伟）

移 民

【概述】 2013年是山西省水库移民工作落实《国务院关于完善大中型水库移民后期扶持政策的意见》(国发〔2006〕17号)和“十二五”大中型水库移民后期扶持规划及库区和移民安置区基础设施建设和经济发展规划的关键一年。在水利部水库移民开发局和山西省水利厅的领导下，围绕全省大水网建设，执行国家水库移民政策，以保障库区和移民安置区经济持续健康发展和社会稳定为总体目标，以党的群众路线教育实践活动为动力，在创新项目管理模式、规范移民安置程序、发挥监督管理作用、注重解决热点问题、提高机关干部能力素质上下功夫，健全制度，加强管理，探索创新。全年移民搬迁安置任务完成，移民直补资金兑现，库区重点问题取得进展，移民信访、移民干部培训、移民工作稽查、移民内部审计、移民信息系统建设等各项工作有进步。

（郭喜仁）

【移民搬迁安置】 1.完成张峰水库移民搬迁安置任务。张峰水库淹没影响3969人，其中沁水县2745人、安泽县1224人，全部入住移民新村；移民房屋及附属物等个人财产全部补偿兑付；库底清理工作，以及乡镇单位、公路、电力、广播、通信、文物等专项工程按规划完成；移民搬迁安置的人口核定工作结束后，移民及移民安置区均享受国家后期扶持政策。

2. 完成泽成西安水电站一期移民1340人的搬迁安置任务。泽城西安水电站淹没影响涉及晋中市左权县芹泉镇、粟城乡12个村2124人，移民工作分两期进行。一期移民搬迁安置1340人，移民全部入住县城移民新区；移民个人财产补偿兑付到户；库底清理工作完成。2013年完成移民搬迁安置任务，未发生任何信访事件，也未发生一起强制搬迁的事件。

（郭喜仁）

【移民搬迁安置新模式】 在张峰水库、泽城西安水电站移民搬迁安置过程中，省移民办明确“自主建房、和谐移民”思路，完善县政府直接领导、乡镇具体实施、部门协调配合、村民自主建房工作机制，探索并形成“理出一个清单、定好两个办法、坚持三个公开、确保四个到位”的“1234”工作模式：通过进村入户详细调查核实移民群众的户口、人口、房产、土地、林地、零星树木、苗圃、果园、桑园、附属物及其他设施等情况，详尽核实，登记造册，户主签字，人人认可；及时制订《安置办法》和《组织方案》，依据办法和方案及时调解处理矛盾纠纷，确保移民户自主顺利建房；在具体组织实施中坚持做到政策、办法、措施公开，资金、项目、标准公开，程序、步骤、过程公开的“三公开”原则，提高移民搬迁安置的质量和进度；通过开展思想工作到位、资金兑现到位、优惠政策到位、管理服务到位的“四到位”落实，推进移民搬迁安置工作的实施。 （郭喜仁）

【娄烦县汾河水库库区塌岸治理项目】 受水库库周地质环境影响，汾河水库库周不同程度出现塌岸、滑坡等地质灾害，有的已危及库周移民群众的生命财产安全。省移民办公室召开联席会，加快娄烦县汾河水库库区塌岸治理项目立项。 （郭喜仁）

【小浪底水库库周地质灾害影响处理工程】 为妥善解决山西省小浪底水库库周塌岸滑坡、浸没等问题，省移民办组织小浪底建管中心、黄河勘测规划设计有限公司陆续完成库区地质灾害影响问题的调查、勘察论证、分析及复核等工作。山西省地质灾害影响处理主要内容包括居民点影响范围内的搬迁安置和塌岸防护治理两部分，涉及库区居民669户2733人，房屋15.3万平方米，土地2324.92亩。在2013年12月，黄河勘测规划设计有限公司编制完成《黄河小浪底水库库周（山西省）地质灾害影响处理项目建议书》，经水利部水规总院审查后报送至水利部。 （郭喜仁）

【直补资金发放】 山西省纳入大中

张峰水库沁水县五柳庄移民新区　　（郭喜仁提供）

型水库农村移民后期扶持范围的人口指标为455633人。根据每年对直补人口的核定，具备领取直补资金条件的移民人数为401083人。由移民所在地县级财政、县移民管理机构、县级农村信用合作社共同负责移民资金的发放。按照一人一卡，开设“三晋惠农一卡通”活期储蓄存折，由农联社将直补资金打卡兑现到移民个人手中。截至2013年底，实际发放直补资金17519.65万元。（郭喜仁）

【大中型水库库区和移民安置区基础设施建设和经济发展规划实施情况】 在推进规划实施中，着重采取项目扶持的方式和办法，注重在项目扶持的重点和方向上进行调整和创新，从政策层面上加强项目的实施和管理。实行市权划分、重心下移、明确职责、地方负责的项目管理模式。在坚持好“五个转移”的基础上，即由移民区基础设施建设向扶持主导产业上转移；由普遍性项目扶持向重点性扶持上转移；由眼前见效项目扶持向长远受益项目上转移；由注重资金投入规模向做好项目建管上转移；由扩大项目扶持面向典型示范引路与面上整体推进相结合上转移，重点以生产开发项目为主，突出为移民群众创收、改善生态环境、完善新农村建设等亮点。从着眼于解决移民群众普惠问题，在增加50万元以上大项目扶持的同时，加强对项目实施方案的规范化管理，严格审批程序，保证项目实施的制度化和效益化。全年切块下达各市10000万元结余资金，由各市负责安排用于实施单项投资20万元以下的移民村基础设施建设、农田水利配套、基本口粮田项目；接着省级带项目计划下达资金12824万元，安排项目220个，侧重用于移民群众的生产生活条件改善、劳动技能和转移就业培训、人居环境治理，以及市场前景较好、移民呼声较高的养种植业项目投资。（郭喜仁）

【移民信息系统建设和移民统计工作】 根据移民信息系统建设的实际情况，编制完成《山西省水库移民信息化建设规划》，对《水库移民后期扶持管理系统省级分中心建设方案》进行优化，通过水利部水库移民开发局的技术审批。工作经费从中央拨付的2012年和2013年两年的后期扶持工作专项补助经费中安排，用于全省移民信息系统省级分中心建设。移民信息系统的投入使用，保障全省水库移民管理信息系统数据的日常维护和更新，实现上年度统计年报和2013年统计预测报任务目标的完成。（郭喜仁）

【信访工作】 2013年共接待来访群众60余人次，受理电话咨询78次，调查处理上级批转的信访事项12件。全年未发生重大群体性上访或越级上访问题，库区和移民安置区社会和谐稳定。（郭喜仁）

【移民工作稽查】 2013年共组织三个稽查工作组，对全省11市的12个县(区)的后期扶持工作进行稽查。通过听汇报、查资料、看现场等方式，了解各县(区)移民后期扶持资金的到位、拨付、使用及管理情况。稽查组在听取移民机构工作汇报后，通过查阅配套政策制定、规划计划执行、移民基本信息、项目前期工作和实施、财务制度、移民会议记录，以及项目实施现场和走访移民群众等。准确掌握各县移民后期扶持政策实施情况，及时发现存在问题，并提出整改意见和稽查建议，发挥稽查的监督功能。（郭喜仁）

【移民资金内部审计】 省移民办公室聘请社会中介机构对11市的12个县(市、区)，2011~2012年大中型水库移民后期扶持基金、大中型水库移民后期扶持结余资金使用管理情况、财经法律法规执行情况、内部控制制度建设情况、年度预算执行情况进行内部审计。采取进村入户、听取汇报、查看项目档案资料、深入现场实地查看项目等方式，及时发现在报账管理、资产移交和档案等方面存在的问题，并提出整改要求。（郭喜仁）

【稽查审计情况通报会】 12月21日，山西省移民办公室组织召开全省移民后期扶持政策实施稽查、审计情况通报会。会上对2013年稽查工作的开展、项目实施管理、问题整改方式和时限提出明确要求。同时对审计中发现的资金管理上存在的问题进行通报。组织各市、县(区)移民管理机构负责人进行座谈交流，对通报的问题和整改意见展开讨论，为进一步做好移民后期扶持工作、完成好稽查和内部审计任务奠定基础。会议要求各有关市、县(市、区)要对稽查和审计中发现的问题，深入剖析，举一反三，及时整改，以推进各项移民工作的全面落实。（郭喜仁）

人　物

Figures

劳模人物

2013年山西省五一劳动奖章获得者名单

吕　涛　山西太钢不锈钢股份有限公司炼钢二厂冶炼二作业区丙班运行作业长

杨久来　太原煤气化东河煤矿掘进一队班长

范联辉　中化二建集团电仪安装工程有限公司劳务队长

张桂萍(女)　太原公共交通控股(集团)有限公司第四汽车分公司四车队10路驾驶员

曹力缘(女)　太原市环境监测中心站高级工程师

林世武　太原市动物卫生监督所所长

李　飞　太原市公安局直属第二分局执法监督大队副大队长

黄瑞霞(女)　清徐县农村信用合作联社主任

徐二平　太原市粮食局直属储备库副主任

王有明　太原市晋源区姚村镇养猪专业户

王海霞(女)　太原市小店区第三中学校教师

任彩萍(女)　太原市迎泽区新西小学校校长

白　梅(女)　太原市人民医院功能检查科医师

张伟武　山西太报传媒有限公司广告分公司经理

杨海贵　太原钢铁(集团)有限公司党委书记

刘海斌　阳曲县农村信用合作联合社理事长

郭福忠　西山煤电(集团)有限责任公司副总经理

葛利红　同煤大唐塔山煤矿有限公司监控中心班组长

刘继军　大同市供水排水集团有限责任公司北城营业处处长

车　晋(女)　大同市邮政局迎宾分局营业员

张秀娥(女)　大同市永和食府凉盘组组长

曹贤庆　大同煤矿集团有限责任公司总法律顾问

刘学峰　大同市地税局经济技术开发区税政科科长

李　波　大同市公安局监所管理支队支队长

温淑琴(女)　浑源县驼峰乡梨园村村委主任

屈盛成　大同市南郊区平旺乡时庄村党支部书记

李东平(女)　大同煤矿集团有限责任公司第二中学校教师

赵晓宁　大同市环保局局长

郭胜清　中国北车集团大同电力机车有限责任公司董事长

刘伟鹏　大同市新伟鹏商贸有限责任公司副董事长

武望国　大同煤矿集团有限责任公司副总经理

李亚敏　北京铁路局阳泉站阳泉北站车间主任

石　晶　山西六建集团第十一分公司盂县项目部经理

古海忠　盂县路家村镇大黄沟村养殖大户

高晓峰(女)　阳泉市第一人民医院心内二科主任

荆红军　山西煤炭运销集团阳泉郊区有限公司经理

翟冠华　阳泉市城区地方税务局局长

王志斌　首钢长治钢铁(集团)炼钢厂行车车间天车工

王晓安　长治市住房保障和城乡建设管理局科长

桑小燕(女)　长治市市委宣传部网络宣传管理中心主任

张海花(女)　长治市人社局工伤保险管理服务中心主任

张庆宏　长治市教育局招生考试管理中心主任

秦世英(女)　壶关县粮食管理中心主任

宋志斌　长治医学院附属和平医院神经外科主任

郭晋昆　长治市嘉汇购物广场有限公司经理

郭守明　长治市国土资源局局长

韩玉明　山西潞安集团漳村煤矿矿长

桑长柱　山西煤销集团长治有限公司铁路销售分公司经理

常雪萍(女)　沁县人口和计划生育局局长

史高峰　沁源县人民检察院检察长

来红林　山西绿洲纺织有限责任公

司纺纱车间主任
赵中胜　兰花集团东峰煤矿有限公司调度室主任
曹国堂　沁水县郑庄镇河头村党总支书记
高让庆　晋城市泽州县柳口镇东南庄村农民
原学军　晋城市凤鸣中学校长
曹明辉　山西煤销集团晋城有限公司经理
董华艳（女）　山西省公路局朔州分局质量检测中心项目部经理
贾兴明　大同煤矿集团煤炭运销朔州矿业公司马邑煤炭集运站站长
张国宏　中煤平朔集团有限公司煤炭洗选中心安家岭选煤厂带班副厂长
李文平　山阴县益丰奶牛养殖专业合作社负责人
田文元　朔州市戏曲协会主席
张　伟　应县地方税务局局长
赵向忠　朔州市平鲁区中医院医师
庞祖维　经纬机械（集团）有限公司设备分公司车工
王文刚　太谷县蔬菜产业技术服务中心主任
吴卫江　晋中市人民检察院技术处司法鉴定中心负责人
褚玉新（女）　山西焦煤汾西矿业集团公司女工委主任
牛步光　太原重工榆次液压工业有限公司液压系统分公司经理
乔霞霞（女）　平遥县协和信农副产品总汇技术总监
魏书田　晋中市第一人民医院神经外科主任
张艳凤（女）　左权县第二中学校教师
张润喜　晋中师范高等专科学校院长
白爱江　和顺县第一中学校长
霍润宝　寿阳田益农业科技有限责任公司经理
杨晓峰　山西森特煤焦化工程集团有限公司运城分公司焦化车间主任
薛国强　运城市中心医院神经外科主任
王学敏　运城市纪委监察局党风廉政建设室主任
王万保　临猗县北辛乡卓逸村党支部书记
王云峰　河津市下化乡陈家岭村村委主任
支　红（女）　运城市人民路学校教师
赵运中　运城学院师范分院教师
李金龙　山西凯盛肥业有限公司总经理
张保安　运城市农村信用合作社联合社理事长
王晓红（女）　中国工商银行运城分行副行长
卢永红　河津市新华书店经理
张尚元　山西潞安集团潞宁煤业有限责任公司综采队队长
袁小波　忻州城区基础设施建设工程总指挥部办公室交通保障组组长
李　广　忻州华茂精密铸造有限公司工会主席
乔晓春　山西省保德公路管理段段长
王凤岗　忻州市雁门关风景区管理中心主任
张巨柱　河曲县文笔镇沙畔村党支部书记
班彦钦　山西日报报业集团忻州分社记者
苏云霞（女）　忻州市农村信用合作社联合社主任
于喜来　山西省电力公司忻州供电公司党委书记
席　云　山西焦化股份有限公司甲醇厂第二净化车间值班长
武　林　临汾供电公司市场及大客户服务技术组市场拓展及智能用电二班副班长
张锋亮　临汾市交警支队特勤大队中队长
高黎明（女）　临汾市园林局城市绿化一队技术员
畅义龙　曲沃县杨谈乡万户村党支部书记
杨建宏　临汾市妇幼保健院院长
卫爱民　临汾市委党校副校长
曹林峰　临汾市尧都区水利局局长
张吉平　山西经贸集团实业有限公司董事长
韩宏平　临汾广播电视台总编
杨培才　临汾市土地收购储备中心主任
马志贤　山西金辉煤焦化工有限公司会计
张红记　霍州煤电集团吕临能化综合项目部经理
李保明　文水县水利局水资办主任
乔建岗　吕梁市离石区交通运输管理所所长
周亚军　汾阳市信用合作社联合社业务主任
刘云云（女）　柳林县财政局财政支付中心主任
冯成虎　石楼县龙交乡麻庄村绿源苗木基地负责人
郝小平　吕梁市医疗废物集中处置中心办公室主任
王钦浩　山西焦煤霍州煤电集团吕梁山煤电有限公司店坪矿矿长
魏延岩（女）　太原航空仪表有限公司电子系统中心显示专业软件室主任
张朝辉　中国兵器工业集团第二〇七研究所科技管理部主任
刘占旗　中国辐射防护研究院放射医学与环境医学研究所所长
陈俊生　山西省广播电视局行政后勤服务中心变电室主任
朱玉雷　中科院山西煤炭化学研究所研究员
苏亚勇　山西省新闻出版纸张公司总经理
韩丽珍（女）　山西省妇联组织部部长
高云征　山西省卫生厅人事处处长
董建国　中共山西省纪委纪检监察三室副主任
李少英（女）　山西省商务厅人事处处长
李剑英（女）　山西省工商联经济部部长
朱成江　山西焦煤集团国际发展股份有限公司党委副书记
刘庆珍　山西省公路局忻州分局党委副书记
刘国垠　山西警官职业学院副院长
马铁华　中北大学教师
苑　静（女）　山西省卫生厅机关党委书记

乔全生 山西大学语言科学研究所所长
陈慧琴(女) 太原科技本科科学与工程学院教师
王 岩 山西省实验中学教师
郭晚盛 山西省康乐幼儿园园长
韩勇鸿 太原理工大学新校区建设领导组办公室主任
武 扬(女) 山西省球类运动管理中心乒乓球运动员
田文生 山西省新华书店集团董事长
周 芸(女) 山西省人民医院党委副书记
王 旭 山西中医学院学工部部长
刘慧琴(女) 山西广电信息网络集团市场营销部主任
赵 莉(女) 山西国瑞投资有限公司副总经理
武坚勇 山西省地方税务局办公室主任科员
徐晋甫 太原市国家税务局副局长
续澎涛 山西省孝义市地方税务局局长
陈志峰 山西省气象局财务核算中心主任助理
李彦旭 山西省电力公司供电工程承装公司送电第五分公司项目经理
闫小史 晋城市邮政速递物流公司投递员
苏宝合 中国联合网络通信有限公司山西省分公司总经理
牛武功 山西一建集团一分公司经理
丁永民 太原铁路局调度所主任
郑胜允 中铁十二局集团公司广州动车段项目部经理
杜嘉俊 中铁十七局集团公司总工程师
李建光 中铁三局集团有限公司运输工程分公司经理
石 林 山西焦煤煤炭销售总公司副总经理
张岗峰 山西省焦炭集团有限责任公司总经理
梁雁生 山西孝柳铁路有限责任公司总经理
赵 阳 中国工商银行股份有限公司太原并州支行副行长
王志斌 太钢不锈钢股份有限公司技术中心不锈钢研究室主任

2013 年全国五一劳动奖章获得者名单

孙 涛 国营第六一六厂 396 总装试验厂装配组组长
邱 娃 太原重型机械集团有限公司太原重工锻压分公司生产工部锤机组组长
南利军 中国北车集团大同电力机车有限责任公司备料车间切割组组长
郝海红 阳泉煤业(集团)有限责任公司一矿采煤工区主任
李 玉 山西省电力公司送变电工程公司一分公司项目经理
赵运建 运城供电公司变电检修工区油务班工人
赵俊峰 山西省邮政公司太原邮区中心局运转分局邮件押运员
王元林 静乐县双路乡卫生院防疫员
梁桂星(女) 吕梁市青年晋剧院有限公司领衔主演
闫慧芳(女) 临猗县眉户剧团演员
温学良 临汾市公共事业发展投资公司新医院项目部项目经理
范 益 山西省电力公司吕梁分公司孝义供电公司经理
闫长锁 山西煤炭运销集团有限公司长治市煤销公司长治县公司经理
岳 峰 长治市公安局交警支队一大队大队长
武旭升 大唐阳城发电有限责任公司发电部副经理
马义田 汾西矿业集团设备修造厂马义田焊接创新工作室主任
徐良桃(女) 朔州市朔城区城市市容市貌局环卫处工人
巩志义 山西斯普瑞机械制造股份有限公司车间副主任
柴卫国 西山煤电集团有限责任公司西曲矿工程二队班长
吕春祥 中国科学院山西煤炭化学研究所碳纤维制备技术国家工程实验室主任
魏荣珠 山西省地质勘查局地质调查院基础地质中心副主任
范妹锁 晋中市榆次区长凝镇东长凝寄宿制学校教师
常宝成 太原市第三实验中学校长
杨建业(满) 山西潞安矿业(集团)有限责任公司总医院院长
王跃平 大同市第五人民医院检验科主任
李树民 山西阳泉第一监狱监狱长
李潞斌 山西潞安集团潞安环保能源开发股份有限公司潞宁煤业公司经理
王 晖(女) 中信银行股份有限公司太原分行行长
薛道成 西山煤电集团公司党委书记
孙宏原 山西沁新煤焦(集团)股份有限公司董事长

2013 年全国三八红旗手名单

孟佩杰 高桃子 刘小梅 刘国英
武彩萍 上官永清 吴素慧 谢 涛

山西省优秀中国特色社会主义事业建设者名单

马长江 蒲县宏源煤业集团有限公司董事长
马国利 山西成功投资集团有限公司董事长
毛飞勇 山西鑫飞能源投资集团有限公司总经理
王天明 太原服装城集团有限公司董事长
王正升 山西正坤集团有限公司董事长
王志强 晋城市硕阳光电有限公司董事长
王迎新 山西葫芦堂煤业有限公司董事长
王新哲 山西志远建设集团有限公司董事长
史元魁 山西陆合投资管理有限公司董事长
任龙太 山西银光镁业(集团)有限公司董事长
伍永安 山西乐百利特有限公司董事长
朱文斌 高平泫式铸管有限公司董事长
朱建军 山西诺维兰集团有限公司

董事长
朱福连　山西路鑫能源集团有限公司董事长
许福贵　山西光宇半导体照明股份有限公司董事长
吴文冠　大同市东昌实业有限公司董事长
宋金峰　山西云基房地产有限公司董事长
张子玉　吕梁市泰化石油有限公司董事长
张文泉　山西戎子酒庄有限公司董事长
张来拴　山西教场坪能源集团有限公司董事长
张建华　宁武县华盛农贸有限公司总经理
张珍方　山西日盛达太阳能科技有限公司董事长
张益智　山西益智集团有限公司董事长
李　玮　罗克佳华工业有限公司董事长
李　强　晋城钢铁控股集团有限公司总裁
李兰宏　灵石存山实业有限公司董事长
李占刚　阳泉市长青石油压裂支撑剂有限公司总经理
李永奇　文水海威钢铁有限公司董事长
李振会　山西中森木业有限公司董事长
陈长水　汾西县洪昌养殖有限公司董事长
陈继国　同业煤化集团有限公司董事长
孟晓波　长治市晟龙实业有限公司董事长
武本有　山西盂县西小坪耐火材料有限公司董事长
武峥兴　山西水塔老陈醋股份有限公司董事长
郎凤娥　山西蓝天环保设备有限公司董事长
郑忠民　山西忠民集团有限公司董事长
昝宝石　大同华岳建设集团有限公司董事长
胡　勇　朔州市润臻新技术开发有限公司董事长
胡成伟　山西普德药业股份有限公司董事长
赵保明　山西易通环能科技集团有限公司董事长
郭　俊　山西古城乳业集团有限公司董事长
郭兴银　山西平遥煤化集团有限公司董事长
郭春平　山西全安新技术有限公司董事长
郭继忠　神池县富康达农牧合作社董事长
康　伟　太原康培集团有限公司董事长
阎继红　太原六味斋实业有限公司董事长
解万毅　山西胜源水泥有限公司董事长
薛泽科　山西星河房地产开发有限公司董事长

荣获“山西省民营经济发展突出贡献奖”称号名单

王长青　山西天星能源产业集团有限公司董事长
王国瑞　华通路桥集团有限公司董事长
任武贤　亚宝药业集团股份有限公司董事长
孙宏原　山西沁新能源集团股份有限公司董事长
朱苏海　山西粟海集团有限公司董事长
吴晓年　山西建邦集团有限公司董事长
李　猛　山西安泰集团股份有限公司总裁
李永红　山西东港工贸集团有限公司董事长
李安平　山西振东实业集团有限公司董事长
李建明　长治市南烨实业集团有限公司董事长
李德志　山西中联钢担保股份有限公司董事长
杜寅武　山西田森超市集团有限公司董事长
远勤山　山西大运汽车集团有限公司董事长
陈忠孝　山西潞安常平集团有限公司董事长
姚俊良　山西美锦能源集团有限公司董事长
赵　明　山西大禾集团有限公司董事长
袁玉珠　山西中阳钢铁有限公司董事长
高文变　山西太师冶金实业集团有限公司董事长
曹建军　山西汇丰兴业焦煤集团有限公司董事长
梁　伟　山西宏伟矿业有限公司董事长
梁俊明　山西明坤科工贸集团有限公司董事长
黄卫东　繁峙县矿产品有限公司董事长
韩长安　山西潞宝集团有限公司董事长
韩树平　代县白峪里矿山冶炼有限公司董事长　（冯学亮）

新闻人物

赵迎路　汾酒集团工程师，1964年进入杏花村汾酒厂工作，生前历任副总工程师、研究所所长、质量管理处处长、全面质量管理办公室主任、研究所总工程师。他一生致力于汾酒科研工作，将毕生心血和智慧奉献给汾酒的科研事业，为汾酒工艺的传承和创新做出突出贡献。2013年4月16日，因病医治无效，不幸逝世。

段爱平　襄垣县王桥镇返底村党支部书记兼村委会主任，获评全国十大“最美村官”，14年花光百万元家财为村民谋福利。1999年，段爱平被村民选为村委会主任。在职期间，舍小家为大家，给村里建起了学校、敬老院，修筑泄洪渠；自己身患食道癌，依然为村里无私奔波。10月13日，寻找“最美村官”颁奖晚会在中央电视台综合频道播出，作为全国十大“最美村官”之一，段爱平第二个登上舞台。

张学会　运城市夹马口引黄管理局局长，研发出黄河首座浮体泵站。他大学毕业到基层，从技术员做到高工，从科员干到局长。无论身份如何转变，31年始终扎根夹马口灌区。黄河浮体泵站工程高效运行14年，造福一方桑梓，成为水利史上经典之笔。他率先把企业化理念引入灌区，创立了现代农业用水管理体系。

孙秀兰 大同市城区环卫女工。30多年来，吃苦耐劳，成了环卫行业的标杆，入选《温暖中国》2013年度十大身边好人，并获得全国劳动模范等荣誉称号。全家以扫帚为"接力棒"、三代人扫了80多年的马路，孙秀兰的父亲孙占元84岁，干了一辈子环卫工。孙秀兰的女儿刘赛大学毕业也加入到环卫工的队伍中来，成了新一代有文化有理想的环卫工。

武 杨 山西省乒乓球运动员，山西首个女子乒乓球世界冠军。3月31日，2013年乒乓球世界杯团体赛在广州举行，中国队在女团决赛中卫冕。武杨作为主力队员参赛，成为山西历史上首个女子乒乓球世界冠军，也是中国乒乓球第104位世界冠军。

贾向东 中国能源建设集团山西省电力建设二公司焊工，全国职工职业技能大赛焊工冠军、全国劳模、全国技术能手。他用3年多的时间从身无一技的学徒工成长为业内最高水平的"焊工王"，是当之无愧的全国劳模、全国技术能手。

阳 军 原平消防中队原代理中队长，火场勇救战友牺牲，年仅28岁，入选央视"寻找最美消防员"公益活动"特别关注消防员"名单。3月9日上午9时，他带领5名战友在扑救原平小南章山一处明火时，火焰猛烈扑来，他猛力将身边最后一名来不及撤退的战友推出火海，自己却被卷入两米高的火焰中。5月17日，央视"寻找最美消防员"大型公益活动揭晓，阳军入选"特别关注消防员"名单。

夏占海 交城县北关村农民，自制的康复器材获国家专利。10年来一边照顾瘫痪在床的妻子，一边琢磨帮助妻子康复的办法，由他自制的康复器材不仅获得国家专利权，在器材的辅助锻炼下，妻子也逐步开始康复，被网民称为"最美丈夫"。

姚卫星 垣曲县南圪坂村退伍军人，30年默默守卫烈士陵园，陪伴着130位英烈，从没要过任何报酬。他说："只要身体能行，就要把陵园管护好。"

高文彬 太原市公安局交通警察支队协勤员，见义勇为身中六刀，被授予"见义勇为先进分子"荣誉称号。1989年出生，是太原市公安局交通警察支队协勤员。9月25日中午，他上班途中遇到两名骑乘一辆摩托车的男子抢夺他人财物，立即驾车一路紧追，将驾驶摩托车男子制服。搏斗中，被犯罪嫌疑人连刺六刀，后被群众送往医院救治，最终脱离生命危险。山西省见义勇为协会授予他"见义勇为先进分子"荣誉称号。

逝世人物

张健民 男，河北省正定县人。中国共产党党员，中共山西省委原常委、副省长，省委常委、政法委书记，省人大常委会副主任、党组副书记。

1920年12月出生于河北省正定县，1938年2月参加工作，同年4月加入中国共产党。参加工作后历任河北省武安县委宣传部长、组织部长，冀西地委宣传部教育科科长，赞皇县委组织部长，临城县委书记、县大队政委，沙河县委书记、独立营政委，太行区六地委秘书长、五地委宣传部长兼磁县县委书记，二野九纵队民运部长，豫陕鄂、豫西五地委副书记、五军分区副政委；1949年任河南省委党校党委书记、副校长；1952年任郑州地委书记；1954年任河南省委组织部部长；1956年6月任河南省委常委、组织部部长(1959年9月至1961年12月兼任新乡地委第一书记)；1965年3月任贵州省委书记、组织部部长；"文革"中受冲击、被关押；1971年5月任贵州省委常委、革委会副主任；1978年7月任山西省革委会副主任、副省长；1981年10月任山西省委常委、副省长(1982年10月当选十二届中央委员会候补委员)；1983年4月任山西省委常委、政法委书记；1985年5月任山西省人大常委会副主任、省委政法委书记；1991年1月任山西省人大常委会副主任、党组副书记；1995年12月中央批准离休；2004年3月中央批准享受省级医疗待遇。2013年7月28日8时35分在太原逝世。

路正西 男，河南省博爱县人。中国共产党党员，山西省政协原副主席、党组副书记。

1932年2月出生于河南省博爱县，1948年5月参加工作，1949年8月加入中国共产党。参加工作后历任太行实业公司华丰工厂团委书记，山西省长治市委工矿办、团地委青工部干事，共青团山西省委干事、副科长、科长、副部长、部长，山西省革委保卫组专案办、省委审干办副组长、组长；1977年任共青团山西省委书记；1983年任山西省阳泉市委副书记；1985年任山西省阳泉市委书记；1988年任山西省委统战部部长；1989年4月任山西省政协副主席、党组成员、省委统战部部长兼山西社会主义学院党委书记；1993年2月任山西省政协副主席、党组副书记；2000年5月中央批准离休。2013年9月15日22时40分在太原逝世。

革命烈士

高庆恒 男，1926年出生，山西省吕梁市交城县洪相乡广兴村人，1947年4月参加革命，系西北野战军第三纵队二旅五团三营七连战士，1947年8月在攻打陕西神木高家堡战斗中牺牲。2013年8月29日，追认其为革命烈士。

姚明达（德） 男，1915年12月7日出生，中共党员。晋中市平遥县南政乡王家庄村人。生前曾任王家庄村副村长。1947年10月14日被反动乡政府抓捕并杀害。2013年10月22日，追认其为革命烈士。

市县概览

Brief Introduction to Cities and Counties

太原市

中共市委书记　陈川平
副书记　廉毅敏*
耿彦波
荣　彤
市人大常委会主任　郭振中
副主任　郝小军
傅建荣
刘　剑（女）
王建勋
冯晋生
梁争平
李文清
市长　廉毅敏*　耿彦波
副市长　任在刚　陈河才*
王建生　薛忠晋
寿伟光　王爱琴（女）
毋青松
市政协主席　张贵元
副主席　任书文　张　政
陈远新　王爱萍（女）
张文旺　薛维梁
毛志鸣　冯　霞
任晓峰

【概述】 太原市北纬37°27′~38°25′，东经111°30′~113°09′，总面积1460平方千米，下辖6区3县，1个县级市。

全年全市地区生产总值完成2412.87亿元，增长8.1%。规模以上工业增加值770.94亿元，增长10.1%。固定资产投资1670.74亿元，增长26.5%。社会消费品零售总额1281.46亿元，增长13.5%。公共财政预算收入247.33亿元，增长14.7%。城镇居民人均可支配收入24000元，增长11%；农民人均纯收入11288元，增长12%。CPI平均上涨3.1%。

项目建设 省、市两级重点工程完成投资1765.43亿元。新兴接替产业投资和增加值双超传统产业，分别占到全市规模以上工业的53.2%和54.3%，其中亿元以上新兴接替产业项目105个、完成投资227.58亿元。服务业投资占全市投资的比重提高0.9个百分点，增加值占地区生产总值的54.8%。推进江铃重汽发动机、中天信安防科技、T800级高端碳纤维等重点项目建设。国内首个反映产地煤炭市场价格的“太原指数”正式上线。武宿综合保税区封关运行，扩大对外开放的格局。

农业 农林牧渔业总产值72.30亿元，比上年增长3.1%。农业产值43.39亿元，增长1.9%；林业产值7.27亿元，增长16.5%；畜牧业产值18.24亿元，增长0.8%；渔业产值0.33亿元，下降23.4%；农林牧渔服务业产值3.07亿元，增长10.0%。粮食总产量327786.02吨，增长2.6%；粮食平均单产271.52公斤/亩，增长4.2%。粮食播种面积80481.51公顷，比上年下降1.6%，其中夏收粮食播种面积348.47公顷，下降56.9%；产量2044.97吨，下降56.0%。秋粮播种面积80133.04公顷，下降1.0%；总产量325741.05吨，增长3.5%。

围绕“菜篮子”工程建设，开展设施蔬菜百万棚行动计划，推进蔬菜标准园建设，打造高标准集约化育苗基地。以清徐县和阳曲县为核心，小店区、晋源区、杏花岭区为重点，推进实施农业示范工程，发展高效设施农业。全年设施农业（温室、大棚、中小棚）个数28450个，实际利用设施占地面积2288公顷。其中设施蔬菜播种面积4167.9公顷，年产量24.22万吨，占太原市蔬菜总产量的19.0%，比上年提高0.2个百分点。

发展都市现代农业，打造产地特色、产业特色、产品特色明显的现代都市农业基地。发展花卉产业，晋源区梅芝园艺、康培集团，杏花岭区杨家峪、长沟，尖草坪区众成等花卉产业基地形成。培育阳曲县万寿菊、万柏林区芦荟、娄烦县黄芪、古交市狐爷茶等一批有地方特色的药材种植基地。

发展休闲观光农业。休闲观光农业园区发展到182家，经营面积19.8万亩，年营业收入3.97亿元，可接待游客5.4万人次/日，带动农户1.96万户，成为太原市农业和农村经济新的增长点。按照产业类型划分，现代农业示范园38家、休闲农业园区74家、农家乐型52家、休闲农庄16家、民俗村2家。其中国家级示范园3个：清徐县葡峰山庄、清徐县茂盛源农牧开发有限公司（中隐山）和华辰农耕园；省级示范园6个：清徐县通和农场、绿源生态农庄，杏花岭区采薇山庄、尖草坪区宇文山庄、小店区华辰农耕园、阳曲县青草坡休闲度假村。清徐县被列为农业部休闲农业示范县，尖草坪区为山西省示范县(区)。

发展现代畜牧业，实施健康养殖工程。优化“退户入园、出城进沟”的养殖业生产布局，推进10个标准化健康养殖园区建设，获得部级授牌的养殖园8个，省级养殖园达到7个。

城乡建设 推进交通干线建设。新建改造并州路、府东府西街等城市主次干道105条，轨道交通2号线试验段开工。中环快速交通主线全长48.46千米，全程架设高架桥20.29千米，下穿通道16座，上跨道路、河道桥梁17座，大型互通立交8座，跨汾河特大异型桥1座，总计建设里程104.61千米，标志着太原步入立体交通时代。推进智慧城市建设。加大生态太原建设力度，全年造林35.94万亩，城市绿化253万平方米，建成区绿化覆盖率、绿地率分别提高0.81和0.79个百分点。全省造林绿化现场会在太原市召开，“生态新政”经验得到推广。

环境建设 拆除分散燃煤锅炉543台，集中供热扩网2148万平方米。228台常年运行燃煤锅炉实施“煤改气”。完成11个城中村整村拆除，拔掉黑烟囱11663根。太化氯碱、晋阳选煤厂等232家污染企业实施关停、淘汰和搬迁。城南污水处理厂建成投运。汾河水库纳入国家重点支持江河湖泊动态名录，全市地下水位止降回升1.08米，集中式饮用水源地水质达标率保持100%。治理汽车尾气排放问题，淘汰3.6万辆老旧车辆。全年PM2.5达标率54.5%，优良天数162天。

民生建设 完成保障性住房投资89亿元，基本建成2.96万套，分别增长49.43%和214%。完成5000户农村危房改造任务，2.3万贫困人口脱贫。城镇登记失业率控制在3.35%，城镇新增就业10.7万人。出台破产改制国有企业职工安置政策，解决职工养老、医疗保险问题。提高教育、卫生保障水平。公共自行车服务点覆盖四分之三以上建成区。推进“一元菜”惠民活动。举办2013太原国际马拉松赛。推进平安省城建设，依法稳妥处置突发事件，严厉打击各类犯罪，提升群众安全感。加强食品药品市场整治。狠抓安全生产，严格落实“两个主体”责任，全年生产经营性事故起数下降3.81%，死亡人数下降6.61%。

政府建设 市人大常委会制定修订《太原市客运出租汽车服务管理条例》等7件地方性法规。坚持重大事项向民主党派通报和协商制度。194件人大代表建议和603件政协提案全部办复。贯彻落实中央“八项规定”，减少“三公”经费支出。开展“向人民汇报、请人民评议”等活动，推动政府作风转变。推进“两集中、两到位”行政审批制度改革。全省深化行政审批制度改革现场会在太原市召开。

(编辑部)

·小店区·

中共区委书记	张金旺*
	车建华
区人大常委会主任	陈其武
区长	杨继承
区政协主席	王 健

【简述】 小店区北纬37°36′~37°49′，东经112°24′~112°43′，总面积295平方千米，建成区50平方千米，下辖1镇2乡，7个街道办事处，92个社区，64个行政村。常住人口80万人，外来人口75万人。

全年全区地区生产总值完成311.8亿元，增长6.0%；规模以上工业增加值16.2亿元，增长8.4%；固定资产投资366.3亿元，增长28.5%；社会消费品零售总额388.7亿元，增长12.9%；财政总收入43.3亿元，增长22.5%；公共财政预算收入22.1亿元，增长21.4%；城镇居民人均可支配收入25207元，增长11.6%；农民人均纯收入15414元，增长12.8%。三次产业比例为2.5:27:70.5。固定资产投资额、社会消费品零售总额、财政总收入、公共财政预算收入等综合指标总量列全市各县(市、区)第一，再次跻身中国市辖区综合实力百强，荣获全国科技进步考核先进区等国家级荣誉30项、山西省县域经济市辖区考核评价第一等省级荣誉70项、依法行政示范区等市级荣誉31项。

农业 打造孙家寨等23个“一村一品”专业村，设施蔬菜播种面积达5333.3公顷，总产稳定在30万吨以上，占到全市总量的1/4。奶牛存栏增长1000头，达到1.1万头。青玉油脂等“513”农产品加工龙头企业实现年销售收入35亿元。各类农业园区发展到50余家。为36家中小企业提供“助保金”贷款1.7亿元。

项目建设 签约项目10个，总投资达226.5亿元，为市下达任务的1.5倍。全区入统项目实际引进资金85.3亿元，名列全市各县(市、区)第一。发展楼宇经济，入驻企业2900余家，注册资金500万元以上的企业达248家。16个省级重点工程、58个市级重点工程完成投资239亿元，完成额居全市第一。完成重点工程和基础设施建设征地575.3公顷，拆迁109万平方米。

城乡建设 投资1.7亿元自主改造建设电子街、富康街、人民路等3条市政道路和12条小街巷。投资1.9亿元完成公路建设里程54千米，在全省率先实现区乡公路路面铺装全覆盖，全区公路密度达324千米/百平方千米，位列全省第一。完成渠道清淤疏浚和末级渠系防渗改造工程163千米。服务龙城500千伏、铜厂220千伏等枢纽变电站开工建设，完成农村电网升级改造。集中供热扩网613.8万平方米，总面积达1660.7万平方米，完成2200万平方米区域供热保障工作。推进新庄、许东、龙堡3个整村拆除项目，拆除面积20.8万平方米。完成永康南路等8个老旧片区改造，综合整治45个村庄周边环境，创建三星级以上单元38个。取缔近百辆超期无证营运小巴。查处违法违规案件209宗。城乡清洁工程、数字化城管工作考核排名全市第一。

社会事业 区财政全年惠民资金投入占总支出的80%以上，同比增长13%。财政科技项目经费支出3153万元，同比增长15.8%，全国县(市、区)科技综合指标考核排名全省城区组第一。完成7所幼儿园新建、改造任务和三十八中等4所中小学校建设。公开招聘150名中小学教师和100名医疗卫生人员。新农合参合率达99.55%,财政补贴人均65元,全省第一。基本公共卫生服务经费标准提高到人均30元。全年救助困难群众4934人次,发放救助金982.8万元。完成市政府下达的保障性安居工程开工建设任务。建设平价菜店30家,惠及13万居民。实施35处农村饮水提质工程,完成12个村的太阳能路灯街道亮化。

环境建设 抓好东山"五龙城郊森林公园"建设,高标准绿化287公顷,栽植各类苗木100余万株,新修道路15.8千米,新建槐香园、百花园等6个景点,接受省、市造林现场会观摩。全年完成县乡公路、通道绿化120千米,实施208国道小店段提档增绿、重点村庄绿化等工程,改造升级6处小游园,完成道路、村庄绿化苗木栽植15.2万株。

拆除分散燃煤采暖锅炉202台,占全市任务的40%;实现常年运行燃煤锅炉清洁能源替代45台;拔掉城中村、棚户区黑烟囱1155根;完成未实施集中供热改造城中村清洁型燃煤替换8360吨;关停搬迁工业污染企业10家;取缔非法土小企业11家。建立区域大气污染防控机制,强化扬尘治理,整治秸秆焚烧。全年耗煤量减少33万吨,二氧化硫排放量减少1981.8吨,二氧化氮排放量减少660.6吨,烟尘排放量减少2972.7吨。

社会治理 制定实施《平安小店建设四年规划(2013~2016)》。完善区、街办(乡、镇)、社区(村)三级社会服务管理体系,实现基层社会服务管理全覆盖。全年未发生重大群体性事件、重大安全事故,社会治安综合治理考核全市第一。

区财政投入1亿元,多渠道、多形式推进社区300平方米以上办公场所达标建设,40个社区落实达标改造任务。完成75个社区换届工作。加强农村基层政权建设,推行"四议两公开"工作法和农村工作"九项制度",强化农村社会治理。

政府建设 执行中央"八项规定",整治"四风"问题。加强财政资金使用监管,强化审计监督,严格"三公"经费支出,公务接待费同比下降57%,公车购置运行经费同比下降17%。出台《小店区机关事业单位临时聘用人员管理办法》。推进工程建设等重点领域专项治理。

行政审批服务事项由173项减少到124项,减少28%。落实"两集中、两到位"制度,14家具备条件的单位全部成立审批科室。在全省率先启动工商登记注册改革。

坚持区级领导干部公开接访,落实领导包案制。执行重大节日和敏感时期24小时值班和"零报告"制度,率先在全省开通网上信访投诉平台,全区越级上访总量在全市排名后移两位。

开展领导干部"访民生、知民情、解民事"集中走访活动。加强舆情应对,全年累计办理网民留言、市长信箱、便民热线答复事项3565件。加强政府门户网站、信息公开、舆情处置等工作,入围2013年"中国县域网络形象排行榜暨县(市、区)级政府网络履职绩效排行榜"百强。

(吕少华　牛玉英)

·迎泽区·

中共区委书记	邹天敬*
	刘文华
区人大常委会主任	阴国平
区长	刘文华*
	冯原平
区政协主席	宋国庆

【简述】 迎泽区北纬37°48′~37°56′,东经112°31′~112°45′,总面积117平方千米,下辖1个镇,6个街道办事处。

全年全区地区生产总值完成454.06亿元,增长8.1%,总量继续保持全市第一;服务业增加值完成390.51亿元,增长7.4%;社会消费品零售总额完成307.52亿元,增长17.1%;规模以上工业增加值完成36.06亿元,增长11.3%;固定资产投资完成155.49亿元,增长50.8%;财政总收入完成28.97亿元,增长20.2%;公共财政预算收入完成14.99亿元,增长34.5%。

项目建设 实施商文旅一体发展,启动皇庙、书业诚、皇华馆等文物景点恢复性整治,完成食品街升级改造和西城、御都等大型商厦改扩建。发展楼宇总部经济,助推现代服务业发展,中海油山西能源公司、渣打银行等一批知名企业区域总部落户迎泽企业创新园。苏宁易购太原频道、服装城集团电子商务平台、琥珀数码社区服务电子平台建成投运。启动"兴农富民"十大工程,孟家井润东农业科技博览园成为全省样板,都市现代农业发展取得突破。签约招商项目8个,引资165.3亿元,64个省、市重点项目完成投资98.68亿元,促进产业转型增效。

城乡建设 完成太行路、并州路等7项重点道路工程房屋征收,启动青年东街、幸福巷等8个老旧房及棚户区7500余户改造,完成征收7000余户、53万平方米,实现500户以上棚户区改造全覆盖。推进城中村改造,郝庄等3个重点村拆除14.7万平方米,王家峰等5个村涉及重点工程的拆除任务完成,剩余部分拆除4.5万平方米,建设回迁安置房12.2万平方米。加大农村基础设施建设,改造维修5条县乡公路,完善东部路网;完成南沙河水库除险加固和南沙河截污收尾工程,河道安全隐患和污水横流现象消除;实施观家峪等3个村饮水安全工程,解决2000余人饮水安全问题。

环境建设 引深城乡清洁工程,综合整治3个老旧片区、10条小街巷、19个重点村庄和高速公路、铁路沿线等城乡结合部;建立城市管理视频实时监控系统,城管数字化水平提升;成立火车站、朝阳街管理委员会,建立统一调度、部门协同的综合治理长效机制。推进改善省城环境质量"五大工程"和"五项整治",完成污染企业关停搬迁,拆除分散燃煤采暖锅炉65台、常年运行燃煤锅炉35台,减少燃煤4.18万吨,取缔黑烟囱及土小燃煤设施3200余台。开展身边绿化工程,建成街头小游园3个,新增绿化面积1.84公顷;重点推进东山旅游观光通道绿化、东山生态恢复和小山沟城郊森林公园三大工程,新造林

887 公顷。

民生建设 投入 2.1 亿元，完成二十件惠民实事。坚持“大民生细服务”,保障救助提标扩面。在全省率先实现低保对象参加基本医保全免费，社会散居孤儿养育金标准达到全省最高,新农合补贴和高龄低保老人保健津贴标准达到全市最高;实行低保群体“一站式”医疗救助和高血压、糖尿病患者基本药物免费治疗,6000 余人受益;新增就业 2.2 万余人;开工建设保障性住房 3080 套；区财政全额补贴为在园幼儿办理校方责任险，1.46 万名幼儿受益;残疾人就业基地基本建成，无障碍设施改造和住房修缮惠及 249 户残疾人家庭，为 2055 名一、二级残疾人全额补贴办理大病补充医疗保险，开展扶残助学行动,44 名孩子圆求学梦。双提档升级 18 个社区,3 个街办实现社区居家养老服务全覆盖，海边街社区在全市率先开设老年餐桌；落实社区惠民项目资金 1840 万元，实施惠民项目 424 个;完成 7 所中小学、3 所公办标准化幼儿园新改扩建和 17 所标准化学校建设;探索家庭医生签约服务模式,区属 4 所公立医院实现药品“零差率”销售;开展人口计生惠民工作,流动人口计划生育均等化服务实现全覆盖,人口自然增长率控制在 6.17‰以内；更新安装全民健身路径 20 条，建成社区图书阅览室 30 个并实现与省、市图书馆通借通还;实施校园健康饮水工程,3.5 万名在校学生和在园幼儿喝上优质达标的放心水。4 月 8 日，迎泽区残疾人综合服务中心举行建成开放,为辖区内残疾人提供康复训练、职业技能培训、文化娱乐等服务。

社会管理 落实“枫桥经验”,抓实源头预防,健全八项机制,加强应急保障，完善基层社会服务管理体系，化解一批矛盾纠纷和信访积案。引深社区警务战略和动态治安防控体系建设，开展社会治安专项整治，打击处理等 5 项指标及综合排名位居六城区之首。把安全生产作为最大的民生工程，完成 3000 家单位安全生产责任制挂牌和 1000 家重点单位安全生产责任测评;深入开展打非治违和拉网式安全生产大检查,排查生产经营单位近 3 万家(次),关闭取缔 94 家,消除隐患 1.5 万余条,各项指标控制在市控指标之内。 （张国文）

·杏花岭区·

中共区委书记	魏　民
区人大常委会主任	李树结
区　　　长	李　浓(女)
区政协主席	(空缺)

【简述】 杏花岭区北纬 37°52′~37°59′,东经 112°38′~112°47′,下辖 10 个街道办事处,2 个乡,109 个社区居民委员会,38 个村民委员会。总面积 170.2 平方千米,建成区总面积 32.2 平方千米,农村面积 138 平方千米。总人口 595205 人，非农业人口 562037 人，未落常住户口人员 2958 人。

全年全区地区生产总值完成 419.75 亿元,比上年增长 10.2%;服务业增加值完成 327.33 亿元，增长 9.6%；固定资产投资完成 198.29 亿元,增长 29%;财政总收入完成 29.35 亿元，预算收入完成 16.23 亿元,增长 35%；城镇居民人均可支配收入 25207 元,增长 11.6%;农民人均纯收入 13335 元,增长 12.8%。人均国内生产总值 4197479 万元。第一产业实现增加值 6877 万元,比上年下降 3.2%；第二产业实现增加值 917266 万元，比上年增长 12.4%;第三产业实现增加值 3273336 万元,比上年增长 9.6%。三次产业的比重是 0.2:21.8:78.0。

项目建设 推进万达广场城市综合体、富力铂尔曼酒店等项目建设。发展现代物流业,基本建成丈子头特色农产品物流园一期工程;开工建设山西汽运冷链物流项目、华远现代物流园项目。促进文化旅游项目建设,支持采薇庄园、薰衣草生态园、东湖醋园等生态观光景点建设运营。推进工业转型升级,开工建设华能东山燃机热电项目。

“三农”工作 农林牧渔服务业总产值完成 14354 万元，同比增长 4.3%。全年粮食总产量 887 吨,蔬菜产量 2171 吨。畜牧业生产较上年有所减少。全年肉类总产量 1667 吨,比上年下降 4.8%；禽蛋产量为 431 吨，比上年下降 26.7%；牛奶产量为 31.6 吨，比上年下降 24.8%。农村用电量 4272 万千瓦小时,化肥施用量(折纯) 46 吨。农民人均纯收入 13335 元,同比增长 12.8%。花卉苗木“四大基地”新建高档智能温室 2.1 万平方米,标准化日光节能温室 1 万平方米。

工业建筑业 规模以上工业生产小幅下降,总产值 710243 万元,比上年下降 8.2%。增加值 185458 万元，比上年降低 6.8%。实现销售产值 703050 万元,比上年下降 7.2%,销售率为 98.9%，同比上升 1.0 个百分点。主要工业产品产量:发电量 14351 万千瓦时,饮料酒 2153 千升,耐火材料制品 49011 吨,钢材 25985 吨,塑料制品 2198 吨,粗钢 4361 吨。

建筑业完成总产值 4468973 万元,比上年增长 46.3%。

投资贸易 固定资产投资完成 1982897 万元,比上年增长 25.3%。城镇项目固定资产投资 1102086 万元，房地产企业开发项目完成投资 879793 万元。

社会消费品零售总额完成 139.71 亿元,增长 16.3%。批发零售贸易业商品销售总额完成 1268.28 亿元，比上年增长 37%，住宿餐饮业营业额完成 23.57 亿元,比上年下降 10%。

城乡建设 服务市重点工程建设,完成府东府西街、北中环街、太行路等 5 条道路工程房屋征收。推进东站货场、职工新村、晋东棚户区等 15 个棚户区改造项目建设。加快保障性住房建设,新开工 7919 套,完成目标任务的 185%。推进城中村改造,实施享堂、道场沟、小枣沟整村拆除。完成重点工程改造房屋征收 15000 余户、130 多万平方米。加大旧城改造建设力度,推进农村基础设施建设,开展东部路网工程,建成杨家峪至大窑头、长沟新村至丈子头、牛驼寨至道场沟 3 条 8.77 千米农村公路。开展城乡清洁工程，推行网络化、精细化管理，推进星级单元创建活动，全区星级单元达到 132 个。城区主干道全部实现机械化作业、小街小巷专人定期清扫清洗。打造6条一流示范街道和19条一流示范街巷，实现全天候保洁、垃圾上门收集。新建小窑头压缩式新型垃圾中转站，升级改造教场巷、马道坡垃圾中转站，新改建18座公厕。综合整治东仓巷、旱西关等5个片区、44条小街巷，惠及1.8万户居民、5.88万人。在全市城乡清洁工程四个季度综合考评中，杏花岭区取得一次排名第一、三次排名第二的成绩。

环境建设 坚持"治污"和"增绿"并举，推进城乡生态环境质量改善工作。实施改善环境"五大工程"和"五项整治"，替代改造分散采暖燃煤锅炉68台、常年运行燃煤锅炉56台，拔掉黑烟囱2348根，关停污染企业12家，减少冬季燃煤11.34万吨，占燃煤总量的三分之一。同步推进替代改造和保障供暖，确保居民温暖过冬。推进东山生态建设，重点打造牛驼、长沟、杨家峪、榆林坪"四大万亩片区"，高标准建成锦林、山庄头、长沟等5个生态观光园。完成绿化2.7万亩、栽植各类苗木212万株。加大建成区园林绿化力度，新建小游园12个，新增绿化面积37万平方米。

科教文卫 投入科技研发经费2890万元，比上年增长10.0%，发展科技事业，扶持科技发展项目16个，其中重点扶持社会发展计划项目。完成两年一度的国家科技进步考核工作，再次获得国家科技进步先进县区称号。

投入教育经费55298万元，比上年增长12.8%。加快推进教育重点工程，完成建设北路小学、柏杨树街小学、享堂南街小学教学楼和胜利东街幼儿园、卧虎山路小学附属幼儿园新改扩建项目，新增优质小学学位900个、幼儿学位450个。完成51所中小学义务教育标准化学校建设，优化办学环境。

区属卫生医疗机构8个，公共卫生服务机构3个，社区卫生服务中心9个，社区卫生站59个，行政村卫生所38个。在18个基层医疗卫生机构和38个村卫生所实行基本药物制度，药品零差率销售。完善农村卫生服务体系建设，区、乡、村三级医疗机构达标率98%，新型农村合作医疗参合率100%。推进社区公共卫生服务全覆盖，组建200个家庭医生服务团队。

社会保障 开展星级社区创建，提升社区整体服务水平。实施社区惠民项目524个，打造一批社区特色服务品牌。新增城镇就业人数21850人，困难群体再就业人数2181人。城镇登记失业率控制在3.36%以内。下发社会救济款58万元，抚恤事业费3479万元，救灾支出57万元。安排残疾人就业180人，残疾人职业技能培训150人次。发放各类社会保障资金6.55亿元。

社会治理 完成8955家单位安全生产责任制挂牌和229家重点单位安全生产责任测评。开展打非治违和安全生产大检查，排查生产经营单位3万家(次)，打击非法违法生产经营单位112家，关闭取缔61家，消除隐患1.7万余条。强化食品药品监管，打击制假售假行为，提升安全保障水平。

政府建设 接受人大法律监督、工作监督和政协民主监督，办理人大代表建议、政协提案156件，办复率100%。完成区政务服务中心改扩建工程，办公面积扩大为800平方米。推进"两集中、两到位"行政审批制度改革，全区29个部门105个审批服务事项集中进驻政务服务中心，审批时限由1524天压缩为1076天，缩减448天，审批环节由452个压缩为317个，缩减135个。受理各类审批服务事项7304件，承诺时限内办结率100%。开展"办实事、解难事"活动和窗口单位行业"贴近群众、服务群众"作风建设专项活动。建设完善区社会服务管理指导中心，构建"三级平台、四级管理"的社会网络化服务管理体系。杏花岭区荣获"山西省民主评议政风行风组织工作先进区"称号。 （刘彩秀）

·尖草坪区·

中共区委书记　郭建发
区人大常委会主任　王国卿
区　　长　李增贵
区政协主席　张银喜

【简述】尖草坪区北纬37°48′~38°06′，东经112°15′~112°46′，总面积285.6平方千米，下辖3乡2镇，9个街道办事处，90个行政村，53个社区。

全年全区地区生产总值完成261.1亿元，增长9.8%；固定资产投资完成192.54（含不锈钢园区24.03亿元，太钢113.4亿元）亿元，增长61.3%。服务业增加值完成48.16亿元，增长0.2%；财政总收入完成12.86亿元，增长7.5%；公共财政预算收入完成5.9亿元，增长18.5%；社会消费品零售总额完成63.26亿元，增长10.1%；城镇居民可支配收入2.51亿元，增长11%；农民人均纯收入1.08万元，增长12.2%。

项目建设 推动全区八大支柱产业发展壮大，落实转型综改各项工作。开工10个综改重大项目，推进省级两项重点改革任务。培育小额贷款公司，开展"助保贷"等工作，为中小企业解决融资难的问题。项目准入和退出机制、行政审批制度、生态修复投资主体多元化、土地管理体制、中小企业融资等五项机制体制有所创新。中国北车太原装备公司万辆货车造修基地项目，综合技术大楼封顶，厂房建筑物完成80%工程量。全年完成投资24.77亿元，发放中小企业贷款10亿元，通过助保贷发1600万元；土地累计流转9万亩，占农业总用地的38.2%；启动扩权强县工作，工业投资项目备案权限由3000万元提高到1亿元，6个项目办理备案手续；5类事项直报山西省发改委。

工业 规模以上工业增加值完成170.24亿元，增速达12.8%，高出太原市水平2.7个百分点，在太原市十县(市、区)中排名第三。为新建项目完成拆迁7万平方米。太钢集团循环流化床锅炉项目达到世界一流水平；晋西春雷的主导产品填补国内空白，改变同类产品主要依赖进口的格局；太钢5万吨无缝钢管项目成为国内同行业中的领军者。

不锈钢园区新签约项目7个，引入晋能、华润、国药、海尔4家世界

500强企业。为园区征地581亩,并在协调周边关系、化解各类矛盾、办理规划审批、推进道路建设等方面提供服务。截至2013年底,园区入驻企业达87家。

扶持民营企业“小巨人”,按照太原市“民营经济四十条”等政策法规,全区11家企业进入太原市“小巨人”培育名单,5个项目获得省级中小企业发展专项资金,共争取各类资金150万元。培育发展5家具有核心自主知识产权的创新型企业,发展3家高新技术企业。在警鹰、三关、恒山机电等15家中小企业派驻专利特派员,为企业提供专利发掘、申报、维权等服务。新增拥有专利的企业25个,累计达到67个,年均增长30%。建立太原冶金机械厂院士工作站和九牛牧业博士工作站,太原冶金机械厂的“电渣重熔结晶器”项目为国际首创。自主研发和转化的科技项目与科技成果计110项,8项列入国家级科技项目,24项列入省、市级科技项目,累计创造经济效益1.2亿元。晨层建材厂等3家企业被评为省级民营企业科技型企业。

农业 围绕“农业增效、农民增收”核心,以特色化、标准化、规模化推进农业的优质化进程。全年完成粮食播种面积7.08万亩,粮食产量达14018吨。完成蔬菜播种面积1.4万亩,蔬菜产量达69365吨。全年畜产品总产量2.2万吨,同比增长77%。肉类总产量4763吨,增长1.2%、禽蛋2047吨,增长5.5%、奶产量8828吨,增长87%。以宇文村为代表的绿色菜田面积达1.2万余亩。

扶持众成花卉种植基地发展到1780亩,举办春节花卉园艺博览会和秋季花展。引进培育美丽湾花卉栽培种植园项目。发展生态型养殖业,突出养牛、养猪两大重点,推进标准化建设,重点扶持九牛牧业。培树加工业品牌,扶持“宇文”黄粉虫鸡蛋、“金大豆”和“老智”食品等农业特色品牌做大做强。

第三产业 结合西山城郊森林公园建设,发掘发展文物旅游业,打造以历史文化、山水风光和都市农业为主的3条北线旅游精品线路。完善景区基础设施建设,修建崛围山多福寺到庄头村农家乐总长约380米的登山步行道。做好旅游宣传推广工作,开展“清凉太原”的主题宣传活动,发放主题宣传海报1500余份。开展文物保护维修工程,完成崛围山呼延村关帝庙二期维修保护工程和西墕乡赵家山村天王庙正殿的整体落架保护维修工作。出版《尖草坪区碑碣》,首印1000册,被授予“全省文物工作先进区”称号。全年各景区接待游客42万人(次),旅游创收4000万元,分别增长18.7%和29%。

城乡建设 推进基础设施建设,启动汾西路南段改造工程,完成征地拆迁61万平方米,保证北中环桥、北中环街、金桥北街、西渠路、千峰北路北段等“一桥四路”的工程建设。开展城乡清洁工程,新(改)建公厕10座,垃圾中转站5座,改进数字城管工作。开展农村面貌整治工程,重点对沿河沿路农村四堆、无证废品回收站点等集中清理整治,清运垃圾84万方,并纳入常态化管理。开展星级单元创建工程,实现21个单元达标。构建省城西北绿色屏障。服务西山六大城郊森林公园建设,完成投资3.5亿元,绿化2.5万亩,造景50多处。推进北山综合整治,完成绿化2100亩,通道绿化11.3千米。重点实施阳曲公园和千峰北路游园、新兰路和千峰北路“两园两路”的绿化建设。全区绿化覆盖率达47.35%,绿地率达40.6%,人均公共绿地面积达15.55平方米。以省城环境质量改善五大工程为抓手,关停16家污染企业,拆除61台燃煤锅炉,拔掉1461根土小烟囱,实现源头防治,尖草坪区空气质量排名太原市第一。推进“气化草坪”工作,完成阳曲等3村971户燃气管道6千米的铺设,郭家窑村102户村民全部使用上天然气。开展街道亮化工程,为35个村安装太阳能路灯700盏。投入社区惠民资金1060万元,完成惠民项目261项,惠及居民30余元。

社会事业 完善社会保障,初步建立涵盖基本养老、医疗、失业、工伤和生育保险在内的社会城乡保障体系。全年新增就业岗位1.1万个,各项社会保险参保人数达26.6万人次,领取各项社保金达到4.29万人次,发放社会各项保险金5.03亿元,发放社会保障卡8.3万张,新农合参保率继续保持100%。

完成4所“百校兴学”项目学校和6所公办(村级)幼儿园的建设任务,区职业中学教学楼主体完工。开展百名校长、千名班主任培训工程。引进优质教育资源,太原外国语学校和省实验中学令德国际学校落户办理选址规划意见书。创新教学改革,推进尖草坪区一中新课程改革试验,区一中被评为“全国教育改革创新先进示范校”,其“1+1”学案课堂教学改革荣获“太原市新课堂优秀成果一等奖”,并在《中国教育报》专题报道。

新农合参合农民人均筹资标准提高到51元,参保率达到100%并实现全覆盖。完成区属公立医院改革工作。加强三级医疗卫生机构建设力度,在实现村级卫生所全覆盖的基础上,用争取到的1300万元国债项目,建设向阳镇卫生院、尖草坪社区卫生服务中心等六个基层卫生服务机构。人口自然增长率控制在3.64%以内,低于太原市下达指标2.86个千分点。

健全三级公共文体服务体系,区图书馆、文化馆实现免费开放,完善乡(镇)、街道文化站设施,实现村级农家书屋、文化活动设备、体育健身器材全覆盖。完善4个社区文化中心,更新61个社区的体育路径,打造10个精品村级体育健身广场。送戏送电影下乡1200余场。还举办首届“傅山杯”全国传统武术邀请赛暨山西省第二十八届传统武术、散打擂台锦标赛。

政府建设 实施政务大厅搬迁提挡,全区27个单位的91个审批服务事项集中到政务大厅,行政和公共服务事项审批时限分别下降48%和44%。无纸化办公系统具备试行运行条件。

(王雪琴)

·万柏林区·

中共区委书记 张齐山
区人大常委会主任 侯 安
区 长 杨俊民

区政协主席　陈绍卿

【简述】 万柏林区北纬37°44′~37°55′，东经112°21′~112°31′，总面积3048平方千米，辖1个乡，14个街道办事处，49个行政村，104个社区。户籍人口567517人，非农业人口523788人。

全年全区地区生产总值完成336亿元，增长3.6%；规模以上工业增加值179亿元，增长2.8%；服务业增加值94亿元，增长3%；固定资产投资261.7亿元，增长32.6%；社会消费品零售总额193亿元，增长16%；公共财政预算收入10.6亿元，增长15.7%；农民人均纯收入15835元，增长11.8%。

项目建设　升级改造西山煤电、太重、晋机等传统产业，完成近20项重大技改项目。淘汰落后和过剩产能，关停污染企业31家。推进北车铁路装备制造基地等优质工业项目建设。华润置地、绿地集团落户万柏林区，开工建设公元时代城、迎泽世纪城、信达国际金融中心等商业综合项目，发展现代服务业。基本建成偏桥沟风情小镇、狮子崖等生态景区，构架起西山生态文化旅游业发展带。招商引资233.9亿元，54个重点工程项目完成投资210亿元，固定资产投资连续3年保持30%左右的高速增幅，拉动公共财政预算收入突破10亿元，较"十一五"末的5.4亿元翻一番。

城乡建设　推进前北屯、小王等10个重点推进村城中村改造，累计动迁2666户，拆除面积203万平方米。基本完成采煤沉陷区村民搬迁安置工作，加紧建设九院小区，一期、二期住房分配到位，推进三期工程收尾工作。服务城市道路重点工程建设，率先完成100余万平方米动迁任务，中环路等4条城市主干道路通车，改造西苑南路等6条小街巷，46千米长的西山生态旅游道路全线贯通，基本形成"九纵八横"城市路网，区域承载力提升。引深城乡清洁工程，健全基层城管队伍，加大环卫设施投入，实现主干道路机扫全覆盖。加大片区综合整治力度，多方筹措资金，打造和平南路等10个精品片区，整治渣土车辆、烧烤摊点等城市乱象，改善城乡面貌。

环境建设　以全省造林绿化现场会为契机，高标准实施4万余亩造林工程，精心打造观摩点，基本实现荒山林地绿化全覆盖，形成西山生态恢复循环圈，构筑太原西部绿色生态屏障。新建7处游园绿地，新增园林绿地面积39万平方米。完成和平公园征地和动迁工作。强化节能减排和环境保护，改善省城环境质量。推进"五大工程"和"五项整治"，完成污染企业关停、清洁能源替代、土小锅炉取缔等各项工作，涉煤污染行业基本退出主城区，"三河"河道综合治理长度新增8千米，空气质量排名全市领先。

民生建设　新建续建3所学校、5所学校操场投入使用，改善办学条件，提升教学质量。加大对公立医院补贴，实现药品无加价销售，完善三级卫生服务体系建设，3个社区卫生服务中心投入使用。人口计生工作被评为全省目标责任制考核先进区。繁荣文化事业，建成惠及全民的公益美术馆、壁画馆，书画展、摄影展和广场文体活动常态化，丰富群众精神文化生活。完成84个社区居委会换届选举工作。完成17个标准化社区建设。多渠道开发就业岗位，新增就业22332人。加强保障性住房建设，开工新建10399套。抓好社会保险政策"全覆盖"工程，城乡居民养老保险覆盖面达到99.8%以上。新农合区级筹资标准人均增加20元，率先引入大病商业保险。实现城乡低保标准一体化，统筹提高到每人每月430元。开展九院移民搬迁小区"结对帮扶送温暖"活动，帮扶575户困难家庭。开展为人民群众"办实事、解难事"活动，区级10件承诺事项全部兑现。开展双拥活动，加强国防后备力量建设。支持工青妇组织开展工作。

安全建设　树立"安全第一"的发展理念，开展安全生产"责任落实年"活动，突出抓好重点行业领域安全生产，办结群众举报重大安全隐患206件。开展"拉网式"安全生产大检查、隐患排查治理等专项行动，突出抓好护林防火、打击私挖滥采、消防安全、防汛、治超等工作，全区事故起数、死亡人数继续保持"双下降"，综合考核名列全市前茅。开展大接访活动，落实"枫桥经验"，完善基层基础，化解一批矛盾纠纷和信访积案。开展"六五"普法，法治县创建活动荣获全国先进。创新社会治理理念，推进平安创建工作，建成三级社会服务管理平台，健全应急保障体制，实施"五大场所"专项整治，严厉打击各类违法犯罪活动。

政府建设　加强民主法制建设，接受区人大及其常委会依法监督和区政协民主监督，办理人大代表建议181件、政协委员提案103件。深化"两集中、两到位"流程再造，完成"企业联合审批、固定资产联合审批、社会公共服务"三大平台建设，区级行政审批服务时限压缩37%以上。加强政府信息公开，规范行政权力运行。落实中央"八项规定"，加强政府系统廉政建设，大幅压缩"三公"经费，强化行政监察和审计监督，开展窗口单位行业"贴近群众、服务群众"作风建设等活动。　（武超龙）

【九院小区一期二期工程】　经过十年谋划、建设的万柏林区采煤沉陷区综合治理重要组成部分——西山脚下的九院小区一期和二期工程结束。小区占地面积572.93亩，规划总建筑面积63.46万平方米，总投资约10亿元，可安置居民6541户、2万余人。一期、二期工程建设共投入6.5亿元，相继建造66栋多层住宅楼，总建筑面积达49.83万平方米，安置居民5274户，并配套有教育、行政办公、医疗服务、商业、换热站、供水中心等公共建筑。8月，67路公交车正式开通九院小区与主城区互通线路。　（武超龙）

·晋源区·

中共区委书记　赵伟东*
　　　　　　　王立刚
区人大常委会主任　张连生
区　　　长　尤天拴
区政协主席　董云飞

【简述】　晋源区北纬37°36′~37°55′，

东经112°59′~112°46′,总面积287平方千米,下辖3个镇,3个街道,90个行政村,18个居委会。

全年全区地区生产总值完成46亿元,同比下降20.3%;规模以上工业增加值完成5.04亿元,同比下降57.3%;固定资产投资完成104亿元,同比增长33%;服务业增加值完成26.7亿元,同比增长0.5%,社会消费品零售总额完成24.4亿元,同比增长16.1%;财政总收入完成8.62亿元,同比增长26.1%;公共财政预算收入完成4.84亿元,同比增长25%;农民人均纯收入10488元,同比增长12%。

项目建设 落实工业项目53个,新兴工业产业投资完成12.2亿元,同比增长35.6%,占工业投资比重达55.5%。实现美佳矿业掘进机、北方重工开卷机二期扩建等项目投产,以康培现代农业科技产业园、梅芝园艺花卉产业园、北河下设施蔬菜标准园为龙头,推进七大农业产业项目建设,实现投资2亿元,带动农业投资完成4.2亿元。农林牧渔业总产值完成6.5亿元,农产品加工“513”工程销售收入5.2亿元。蒙山大佛景区全年接待游客60万人次,店头历史传统村落正式挂牌营业。第三产业占全区经济总量比重达58.1%。完成签约项目总投资195亿元。

民生建设 完成“百校兴学”工程。新(改、扩)建村级幼儿园8所。对全区“十佳教师”“十佳校长”“十佳班主任”记功表彰。8所义务教育学校通过标准化建设评估验收。“两通”学校达到100%。国家科技富民强县项目、国家科技进步考核通过验收。创建各类科技示范点40个。开展农民实用技术培训2万人次。建成农村文体活动广场20个。拓展延伸新农合制度,实施农民大病医保,新农合参合率达98.8%。对15个村卫生室进行提档升级,镇(街)村两级医疗机构100%达标。乡村医生签约服务被确定为全国15个联系点之一。

完成城镇职工基本养老、城镇居民基本医疗、工伤、生育、失业保险参保工作。新型农村养老保险累计参保7.6万人,城镇居民社会养老保险累计参保4630人。发放城市低保救助金971万元、农村低保救助金1159万元。全区城镇新增就业人员4007人,安置下岗失业人员2085人,城镇登记失业率控制在3.1%。为2166名农民工解决拖欠工资2500万元。完成4万余吨“爱心煤”发放工作。打造15分钟便民商圈2个。完成第5届社区居委会换届选举工作。

民生类支出达4.02亿元,同比增长15.5%,占财政总支出的80%。

城乡建设 完成9项省市重点工程保障任务,征拆1370处、130.6万平方米,中环道路征拆926处、84万平方米,西南环铁工程征拆8.6万平方米。明太原县城新农村建设征拆55处、9.4万平方米,完成窑神庙、财神庙等8处历史遗存修复,完成县城内职业中学、晋源印刷厂等企事业单位的搬迁拆除。

环境建设 推进五大工程,开展五项整治。关停污染企业74家,拔掉城中村黑烟囱2395根,拆除锅炉88台,集中供热扩网面积达198万平方米。鼓励、补贴、监管相结合开展秸秆禁烧工作。整治87家使用土小燃煤设施的餐饮企业。

完成造林任务2.4万亩。七大城郊森林公园完成投资21.4亿元,完成绿化面积2.3万亩,植树426万株,康培精品公园成为全市造林绿化典范。实施柳子沙河河道整治,完成店头水生态修复工程,治理水土流失面积4900亩,推进城乡清洁工程,创建星级单元13个。完成龙山、古城2个公园建设。

区林业局完成省级西山生态恢复治理工程整地1.32万亩,栽植0.1万亩;高标准造林、提档增绿全部完成栽植;一般造林工程完成整地0.23万亩;完成通道绿化2千米,投资4135万元;育苗完成0.88万亩。

(方慧敏)

【新公交线】 11月18日,太原市公交公司新开通301路、302路等14条公交线路,其中5条公交线路途经晋源区,分别是晋祠公园到小店的301路、晋祠公园到固驿的302路、长风商务区到五府营的310路、长风商务区到高家堡的311路、清徐到小店的908城际公交线路。(方慧敏)

【城中村改造】 邀请万科、万达、恒大等45家企业参加洽谈会。董茹村、棘针村、金胜村等13个城中村与15家房地产开发企业达成合作意向。这13个城中村均位于“晋阳新区”的核心区——晋阳湖片区。累计签订城中村宅院拆除协议2998份,拆除城中村宅院2732处、总计93.18万平方米,拆除公建595处、总计75.4万平方米。展开晋阳湖周边20个城中村改造,累计拆除宅院3172处、130万平方米。南阜、北阜、武家庄、义井、吴家堡完成整村拆除,确定棘针、木厂头等7个村的城改项目合作商。启动南阜、北阜、西寨村安置房建设。

打击“两违”“四抢”,维持高压态势,拆除违建118处、19万平方米。完成晋源新城供水、供热管网改造。完成万寿路中段新建工程和化肥五巷、小仁线、野庄退水桥改造工程。

(方慧敏)

·清徐县·

中共县委书记	车建华*
	韩良会
县人大常委会主任	张启亮
县长	王琳玉
县政协主席	张晋涛

【简述】 清徐县北纬37°28′~37°47′,东经112°10′~112°38′,总面积609平方千米,下辖4镇5乡。

全年全县地区生产总值完成113.2亿元,同比增长2.7%;服务业增加值完成31.1亿元,同比增长1.4%;规模以上工业增加值完成47.3亿元,同比增长4.8%;全社会固定资产投资完成70亿元,同比下降17.9%;社会消费品零售总额完成37.9亿元,同比增长14%;公共财政预算收入实际完成4.95亿元,完成调整后预算的103.5%;城镇居民人均可支配收入23903元,同比增长10.3%;农民人均纯收入13052元,同比增长12.2%。

项目建设 编制产业发展规划,拓展整合以开发区为核心的“一区三园一带”总体框架，形成支撑和引领县域经济发展的主体功能区。全年储备项目154项，落户生物质热电联产等一批以循环经济为代表的新兴产业，总投资意向近2500亿元。强化目标管理，项目储备、签约、落地、建设、开工、投产等6项指标均完成或超额完成市下达任务。80个重点项目实际投资占到全社会固定资产投资的116.2%。推进阳煤化工、三高能源等项目，投产六味斋、远扬钢结构等19项重点工程，推进赵家山、锦富、麦地掌等煤矿基建改造，提高焦化、铸造产业环保节能水平和集中度。

农业 编制完成《太原市现代农业示范区建设规划》。实施“一县一业”“一村一品”工程，农民专业合作社达到668个。累计流转土地8.1万亩，建成设施蔬菜1.3万亩，创建绿恒常、晋丰、西贾3个蔬菜标准园。开展蔬菜产业信息化平台建设，无公害认证品种达到25个。修建防渗渠道210千米，埋设输水管道40千米，改善灌溉面积10.4万亩，推广膜下滴灌试验，荣获全省农田水利基本建设先进县。狠抓农机装备提升、保护性耕作、机械化覆盖、安全监管和操作手培训等五项工程，成为全省率先实现农业机械化先行先试示范县。玉米参保面积18万亩，核定受灾面积10万亩、理赔900万元。实现基层农技推广服务体系建设全覆盖，全国农业厅(局)长会议推广清徐县代耕代种模式。

农产品加工企业发展到82个，销售收入39亿元，同比增长36%。融合发展现代农业与观光旅游业，建成农产品加工园、休闲观光农业园等50个现代农业示范园区，重点打造水塔醋文化产业园、清泉山庄玫瑰葡萄园、晋丰循环农业园等10个现代观光农业示范园，全县休闲观光旅游农业示范点达到45个。新命名著名商标9个，全县著名商标达到35个。启动“田园清徐，休闲旅游”活动，形成西边山、汾河沿岸、208国道沿线三条旅游线路。举办中国太原(清徐)国际醋文化节，全年接待游客120万人次，收入1.1亿元。

城乡建设 创建省级文明城市和省级园林县城，强化规划、建设、经营、管理等环节，推动“大县城、中心镇、中心村”融合连片发展。融入太原都市核心区，将县域市政路网、产业布局等纳入市区规划范围，制定全县产业发展、城乡建设规划，梳理县城、经济开发区、孟封食品工业园、王答产业园、县域主干路网以及潇河科技产业新区规划，推进新型城镇化。

推进307国道改线、太祁高速清徐南互通工程；完成仁义危桥改造、森泰大街一期、花园街等工程；集中整治春光路、南二街、菜市街。升级改造公路16条共28.8千米，总里程达到1315.6千米，公路密度216千米/百平方千米。实施增扩水源、供水供热管网改造和防洪泵站、北城污水系统建设等市政工程，完成0.42平方千米的老旧片区综合整治工程。保持打击“双违”高压态势，查处违法占地41起、650亩，查处违章建设67起，拆除面积7458平方米。推进徐沟、孟封“百镇建设”工程，完善基础设施和公共服务设施，完成116个行政村街巷亮化工程，创建西谷、王答两个新农村建设示范区和24个省级新农村重点村，新农村重点村达到131个。

环境建设 编制《清徐县林地保护利用规划(2010~2020年)》，推进葡峰森林公园、荒山造林绿化等工程，完成造林任务2.75万亩。加强节水型社会建设，完成潇河敦化大闸除险加固和5条河道治理工程，地下水位回升1.76米，万元工业增加值耗水量下降3.7%。实施环卫网格化管理，创建三星级单元11个、四星级单元2个，柳杜乡和东罗白村创建省级生态乡镇和生态村。

开展大气污染防控专项行动，重点整治工地扬尘、燃煤污染、机动车污染、工业企业排放、焚烧垃圾秸秆等，停产整治工业企业128户，对26户违法企业实施彻底断电，拆除7户铸铁企业主要生产设施，取缔配煤、洗砂等64户违法经营企业，拔掉黑烟囱110个。按照新的环境空气质量考核标准，全年二级以上天数达到202天。加强水源保护和水质监测，汾河出境断面化学需氧量和氨氮浓度值同比下降25.5%和18.5%。

社会事业 推进21所中小学标准化建设和7所幼儿园建设工程，金川小学、孟封小学按期投入使用。完善医疗卫生服务体系，创建全省慢性病综合防控示范区，县医院荣获全省综合医院中医药工作示范单位。投资1486万元，建成全县医疗数据中心机房和远程会诊中心，县二院住院楼、120急救中心投入运行，村卫生所星级评比达标率97.13%。完成县公立医院改革，取消药品加成，实行零差率销售。在全省率先为参合农民制作集门诊、住院、存储为一体的新型农村合作医疗就医卡，开展商业保险机构经办新农合大病补充保险试点工作。全县人口自然增长率4.87‰，实现免费孕前优生健康服务全覆盖。

清淤疏浚12条乡镇排退水渠，解决3个乡镇6个村共8000人的饮水安全问题。新开通3条县乡公交线路，农村客运线路与905、906路公交车实现对接。为3543名70周岁以上老年人办理免费乘车卡。完成清华苑三期及徐沟同济苑限价房分配工作，发放廉租房租赁补贴24.33万元。开工建设819套保障房，基本完成1121套保障房项目。推进“2131”农村电影放映工作，放映普及率100%。启动非物质文化遗产数据库建设。县图书馆达到全国县级一级馆标准，被命名为“全民阅读先进单位”；文化馆被评为第五届全国服务农民、服务基层文化建设先进集体，全国文化厅(局)长来县参观考察。民生支出占到财政支出的68.35%。

创新管理 组建公共资源交易平台，综合性政务服务中心投入运行，县级行政审批和公共服务保留事项全部纳入中心运行。县级农信社改制为农村商业银行，搭建政银企三方合作平台，发放“助保贷”4000万元。出台《申报项目库管理办法》，建立涵盖17类、216项的2014年度县内投资项目库，总投资达到336.9亿元。“三公”经费同比压缩43.02%，控制不合理开支1445万元，同比增长122.07%。民生支出同比增长16.37%。

开展集体建设用地和宅基地使用权确权登记，完成集体土地所有权确权登记发证。实施“数字清徐”地理空间框架建设项目,建立耕地保护和占补平衡数据库,推进城乡建设用地增减挂钩,实施北营工矿废弃地、武家崖等村的拆除复垦工作,基本完成北营、西木庄土地征收工作。全年争取土地指标6000亩,为重点工程建设提供支撑。完成县乡村网格四级信息平台硬件建设,荣获全国平安建设先进县称号。完成24个社区换届选举工作,荣获全国农村社区建设实验全覆盖示范单位。开展隐患排查、"打非治违"等专项行动,加强基层基础工作,事故总量同比下降20.86%,创建安全乡村(社区)76个。 (杨晓霆)

·阳曲县·

中共县委书记 吕 荣
县人大常委会主任 侯拴龙
县 长 刘晋萍
县政协主席 白海林

【简述】 阳曲县北纬37°56′~38°25′,东经112°12′~113°09′,总面积2070.67平方千米,下辖4镇6乡,4个社区居委会,123个村民委员会,359个自然村。

全年全县地区生产总值完成35.95亿元,增长11.6%;规模以上工业增加值23.01亿元,增长18.3%;社会消费品零售额8.65亿元,增长16.4%;财政总收入7.01亿元,增长22.05%;公共财政预算收入4.46亿元,增长29.15%;固定资产投资35.72亿元,增长61.3%;服务业增加值10.42亿元,增长2.2%;城镇居民人均可支配收入18024元,增长11.9%;农民人均纯收入5834元,增长12.7%。

园区建设 市委、市政府实施以"一城、两区、六园"为主的太原阳曲产业新区战略。按照"规划引领、产城一体、基础设施先行"的发展思路,转型发展产业园区和城东新区建设齐头并进。园区一期10.4平方千米实现"七通一平",管委会政务服务中心投入使用,建设总部经济大楼。108国道、314省道拓宽改造和宏兴路、隆辉北路、一号、二号支路如期建成。城东新区双阳路一期、二期及下穿北同蒲铁路工程竣工通车。连接园区、新城与旧城的环形框架道路基本形成。

项目建设 举行现代农业项目招商新闻发布会和转型发展产业园区招商会,利用新晋商联盟、中博会等平台对接招商,借助山西卫视等新闻媒体广告招商吸引客商外资。按照"六位一体"机制加以推进,新引进项目53个,总投资242亿元,开工在建26个,完成投资32亿元。太钢碳纤维试运行,推进太钢禄纬堡耐火材料工程建设,东山煤机待开工,东辉镁基等9个项目对接。重点打造东铝循环经济片区、隆辉北部高端装备制造及印刷产业片区、国防科技产业片区,入驻项目完成集约化布局;大盂食品工业园开工,投资50亿元的宝迪等15个项目落户园区。

现代农业 实施"万人脱贫大行动",通过"4+1"产业扶贫等措施,累计脱贫2.58万人。推进百企千村产业扶贫开发,15个入驻企业总投资56.3亿元,太钢生态农业园、双合成玫瑰园、盛禾农场当年建设、当年开园,惠然天颐初具规模。加快粮食、蔬菜、杂粮、经济林4个"10万亩"建设,粮食产量12万吨,新增设施蔬菜1万亩,蔬菜产量20.7万吨。发展养殖业,全县养牛1万头、猪10万头、羊30万只,进入全省养羊重点县行列。实施农业品牌战略,在太原市区设立6个农产品直营店,36辆蔬菜直通车开进省城100个社区。饮水安全提标工程覆盖71个村、11487人。全县"农家乐"建成26个。

民生建设 907公交直达泥屯镇,开通29条乡村公交线路,在全市率先实现县域公交全覆盖,实行山区教师免费、学生半价、老年人免费政策。开工保障性安居工程504套,补贴廉租房139户;改造农村危旧房1414户;投资1000万元用于县城24小时供水和第二水厂配套建设,保障居民用水安全;县级养老院、20个农村居家养老日间照料中心投用;县职教中心实训大楼、阳兴小学及幼儿园主体完工。加强社会养老、医疗、就业保障和慈善救助,农村低保提标新增受益群众3000余人,县乡村医疗机构药品零差率销售施行,医药卫生体制改革推进。改造中小学3所,新建幼儿园9所,寄宿制学校增建澡堂8个,县机关幼儿园改建项目投用,2348名教师享受免费体检。成功选聘县城3所中学校长。阳曲一中与北师大教育培训中心合作办学,高薪招聘教师10名。全县公开选聘事业人员95名、"三支一扶"人员20名。社区居委会增加到10个。

环境建设 在全市率先实施"六六创安"工程,确定10个体系和42项管理内容,社会管理网格化基本形成,成功创建全省平安先进县。综治工作社会调查满意度为98,安全感为92,分别排全市第一、第二名;全省公安系统测评中,群众安全感和满意度均排全市第一名;赴省、赴市越级上访量分别下降63%、34%。实施生态建设,高标准完成太佳通道绿化,全县营造林3020公顷,水土流失初治面积3687公顷,万元国内生产总值能耗下降3.5%,万元工业增加值耗水量下降2.63%,二氧化硫等6项空气质量及污染物减排指标符合国家标准。引深城乡清洁工程,创建星级单元19个,整治村庄环境39个。

政府建设 接受人大及其常委会监督,坚持重大事项向政协通报,办理议案、建议45件,提案125件,办复率均为100%。听取民主党派、工商联、无党派人士和人民团体的意见。推进"两集中、两到位"审批流程再造,县政务服务中心进驻部门23个,裁减行政审批事项128项,扁平化服务的基础奠定。开展"访民生、知民情、解民事"和为民"办实事、解难事"活动,解决实际问题482个。落实"五个不准"和"八条禁令",依法行政的意识、接受监督的意识和创优发展环境的意识增强。 (崔振刚)

·娄烦县·

中共县委书记 薛东晓
县人大常委会主任 段生贵
县 长 张 磊
县政协主席 康变兰

【简述】 娄烦县北纬37°51′~38°13′,

东经111°31′~112°02′,下辖3镇5乡,6个居委会,142个行政村。

全年全县地区生产总值完成17.1亿元,同比增长10.6%;规模以上工业增加值完成8.3亿元,增长16.6%;固定资产投资完成13.6亿元,增长108.4%;财政总收入11.1亿元,增长15.3%,其中公共财政预算收入完成6亿元,增长13.6%;社会消费品零售总额3.3亿元,增长15.6%;服务业增长值7亿元,同比增长1.2%;农民人均纯收入4602元,增长13%。其中固定资产投资、农民人均纯收入增速全市第一,地区生产总值、规模以上工业增长值增速全市第二。

项目建设 静静铁路、龙泉能源、煤运集团技改项目三项省重点工程完成投资14亿元。涧河人工湿地水质改善工程、龙泉能源铁路专用线两项市重点工程完成投资2.5亿元。60项重点工程完工49项,在建11项,完成投资49亿元。重点项目储备、签约、落地、开工完成率分别为339%、571.7%、224.5%、320.8%。四项指标全市排名第一;项目投产完成率为185.79%,全市排名第二;省市重点工程完成率138.55%,全市排名第四。

农业 全县农作物种植面积20.5万亩,粮食总产量1467.3万公斤,同比增长5.7%。农田灌溉面积完成2.57万亩,基本农田保护面积达到27.9万亩。8个乡镇农技服务推广站全部建成。测土配方施肥推广应用面积15万亩。全县马铃薯播种8万亩,总产量116000万公斤,总产值2.5亿元,直接拉动农民人均纯收入1700元,占农民人均纯收入的36.9%。推进"一县一业"产业建设,延伸马铃薯产业链,形成良种良法配套的马铃薯三级繁育体系。围绕小杂粮、干果经济体、生态养殖、有机绿色蔬菜等特色农业,新发展"一村一品"村16个,建成日光节能温室大棚261栋,蔬菜大棚394栋,种植露地蔬菜6100亩。12个品种2万亩农产品通过有机绿色认证。

工业 天池店、马家岩煤业完成投资5.7亿元。3个选矿企业技改通过省市验收。总投资100亿元的龙泉循环工业园完成投资33亿元,矿井和选煤厂联合试产。国能风电项目相关手续获得批复。振发光伏发电项目相关手续报省发改委审批。

城乡建设 投资1.8亿元,实施"一桥四路"工程,南大街道路东延、滨河北路拓宽改造和迎宾大道建成通车。推进童子崖桥及连接线工程、滨河南路西延建设。开工建设滨河北路瑞泽苑项目、国防动员指挥中心和民兵训练基地、垃圾无害化处理等一批市政基础设施。实施污水、供热、自来水扩网工程,新增管网2.5万米,县城供热覆盖率上升到86%。县城规划建设面积扩大一倍,城镇化率提高0.5个百分点。静游镇"百镇建设"完成规划审批,并启动"以矿建镇"工程。完成县城滨河北路拓宽工程、片区综合开发、滨河南路东延、天然气管网铺设、自来水检测化验等8项重点工程。完成部分片区供热管网、雨水污水管网、自来水管网扩容改造和卫生保洁、综合整治等工程项目。

完成公路建设投资9157万元,新建改建农村公路44.4千米,全县平均好路率达到78%,新建县城迎宾大道,改建云顶山旅游路线,完成北山植物园绿化通道工程。

旅游业 汾河水库国家级水利风景区基本建成。花果山风景区列入太原市重点旅游规划。基本形成东山生态园、石峡沟景区、北山采摘园和天池店生态园休闲旅游区。高君宇故居红色旅游景区建成。云顶山旅游公路建成通车。

教育 完成10所乡镇中心幼儿园和4所村级幼儿园的新建、改建和扩建,新建娄烦二中综合楼投入使用,28所学校通过标准化验收。高考二本B类以上达线151人。政府资助1072名幼儿接受学前教育,为720名贫困寄宿生补助生活费82万元,为2740名寄宿生发放交通费116万元,为555名生活困难高中生发放助学金58.6万元。

医疗卫生 6所标准化卫生院投入使用,新(改)建村级卫生室23所。新农合参合人数达到105143人,连续4年实现"筹资全免费,参合全覆盖",报销比例高出其他县区10%,全年累计受益人数达到178163人。儿童"五苗"全程接种合格率达98%。对110名住院孕产妇补助金额33万元。开展"计划生育家庭养老、三晋康家工程、城镇人口信息化管理服务"等靓点工作,人口自然增长率控制在4.4‰。完成已婚育龄妇女生殖健康普查26430人,为全县1513户独生子女家庭办理意外伤害保险,每年每人参保金额30元。为52名贫困计生家庭女孩每人扶助助学金300元,扶助考取大学本科的5名贫困计生家庭女孩每人扶助3000元。

文化体育 开展"两节"文化惠民活动、文化部扶贫慰问演出、协办"文化青年走基层"系列调研活动等。全县安装更新正版办公软件380套,建立软件管理制度。配备143名农村文化管理员、8名乡镇文化站文化志愿者。更新健身路径12套,完善配套县城文体活动中心,承办山西省青少年自行车比赛暨第14届省运会资格赛,太原市第10届运动会暨第5届全民健身节——"环汾河水库"公路自行车赛,举办全县篮球比赛。

环境建设 汾河水库纳入国家重点支持江河湖泊动态名录。全县完成营造林8万亩,通道绿化75千米,治理水土流失面积8.9万亩,森林覆盖率32%,绿化率55%。全国湖泊生态环境治理汾河水库试点项目顺利实施,19千米水源地防护网工程完工,危化品车辆监控工程投入使用,涧(监)河人工湿地水质改善工程基本竣工。万元国内生产总值能耗下降6.3%,万元工业增加值用水量降幅7.79%。地表水均达到三类水标准。县城二级以上天数达到365天。一级天数达到85天以上。治理水土流失面积7.79万亩,地下水位止降回升0.59米,年减少入库泥沙27万吨。

社会保障 开工建设保障性住房612套,完成农村危房改造1245户,移民二期工程全部交付使用。解决35个村1.2万人的安全饮水问题。发放各项涉农直补资金、城乡低保金、供暖补贴、城乡医疗救助金1.5亿元。对集中供热实施补贴,改造管网,提升热源,受益人群近4万人。对低收入农户冬季取暖用煤提前全部发放到户。全县975名五保老人全部集中供养，建成16所日间照料中心，妥善安置农村空巢老人。全县新增就业岗位2600个，城镇登记失业率为1.79%。全县新增就业岗位完成太原市下达目标任务的132%，再就业完成131％，劳动力输出转移完成127%。

安全生产 加大隐患举报奖励力度，受理举报73件，奖励举报人7万余元。所有生产经营单位纳入三网四级安全生产网络监管范围，所有高危行业企业实行县级领导挂牌监管制度，所有重点行业聘用县长安全顾问，提升安全生产监管的专业性和科学性。开展安全生产大检查6次，对监管的各类企业检查48家426批次，排查安全隐患1780个并整改。对全县煤矿、非煤矿山、尾矿车间、危险化学品、烟花爆竹等重点企业进行4次“坐诊式”全覆盖检查。

社会治安 开展“平安娄烦”建设与“十安联创”等活动，建成网络化管理三级服务平台，刑事警情降幅全市排名第一，治安警情降幅全市排名第二，95%以上的村庄社区实现“零发案”。开展“两抢一盗”专项斗争，全年破获侵财犯罪案件29起，涉案金额260余万元。紧抓追逃工作，全年共抓获逃犯32名。抓获涉毒犯罪嫌疑人56人，缴获毒品11.25克。

政府建设 全年会议数量、公务车购置及运行费、公务接待费同比下降30%、9.7%、52%。推行国库集中支付和招投标制度，缩减腐败源头。实行项目库备案、大项目财政预审、项目资金全程跟踪审计和项目大额资金集体审批等多项制度，把好事前、事中和事后三个关口。开展“两集中、两到位”和行政审批流程再造工作，减少审批单位8个，压缩办理时限147个工作日。4件人大代表建议和69件政协委员提案全部办结。 （李亮存）

·古交市·

中共市委书记　常　青
市人大常委会主任　阎亮娥（女）
市　　　　长　韩良会
　　　　　　　贾慕权（代）
市政协主席　褚宇平

【简述】古交市北纬37°40′~38°10′，东经111°43′~112°21′，总面积1551平方千米，下辖3镇12乡，4个街道办事处，43个居民委员会，201个村民委员会，393个自然村。总人口22.07万人。

全年全市地区生产总值完成27.5亿元，下降12.2%；规模以上工业增加值8.9亿元，下降35%；固定资产投资69.4亿元，增长31%；服务业增加值14.9亿元，增长0.6%；社会消费品零售总额38.5亿元，增长15.8%；财政总收入13.4亿元，增长6.1%；公共财政预算收入8.5亿元，增长10.6%；城镇居民人均可支配收入23262元，增长11.2%；农民人均纯收入11109元，增长12.1%。

工业 实施产业转型项目120余项，完成投资48.1亿元。改造提升传统产业，煤炭行业24座矿井中16座复工复产；焦化行业确立华润煤业、山西焦煤、古交煤焦三大整合重组主体，月明鑫、银焱等企业的兼并重组工作进入实质性操作阶段；基本完成建材行业西山华通粉煤灰水泥项目土建工程。培育新兴产业，西山蓝焰煤层气综合利用项目形成日产气量20万立方的能力，实现产值7000余万元；落户科技园区的13个项目建成8个，其中纳米聚晶金刚石、泡沫彩釉玻璃等6个实现试生产。在太原市搭建助保金融资平台，为16户中小微企业发放贷款1.23亿元，帮助融资8亿元。

农业 耕地面积42.11万亩。培植现代农业，打造10个省级“一村一品”专业村，建成4个现代农业园区，培植3个省级著名商标。全年农产品加工企业实现销售收入3亿元。发放粮食、农资、农机具各类补贴1566万元。

自然灾害 4月18日夜间至19日，全市出现低温、持续雨雪天气，降雪、冻雨和降雨三种降水形式共存，古交市区最低温度降到-2℃。此次过程市总降水量为27.5毫米，最大积雪深度达16厘米。强降雪及低温危害造成设施农业及果业受损严重。其中果树总受灾面积15000亩，直接经济损失4500万元。7月31日至8月3日，古交遭受大风、暴雨、冰雹等强对流天气袭击，全市农作物受灾面积24984亩，受灾人口约3万人，直接经济损失约1639万元，受灾程度以豆类、玉米、小杂粮较为严重，减产60%以上。

城乡建设 初步完成古交市城市总体规划修编，编制东部新城火山修建性详细规划、十大片区详细规划、“两乡三镇”总体规划和10个村的新农村规划。加强城市建设，实施凤凰苑、丽景花苑、优景美郡等旧城改造项目，实施东部新城火山片区回迁安置小区、御景华府、北苑小区等新城建设项目，全市新增住房面积20余万平方米；强化基础设施建设，无害化生活垃圾处理场第一填埋区投入运行，第二污水处理厂、汾河蓄水美化等工程前期工作基本完成。强化城市管理，整治4条小街小巷、2个老旧片区，创建省级清洁工程示范乡镇、村庄和街道各1个；启用数字城管信息系统，开通数字古交地理信息公共平台，验收通过“数字古交”地理空间框架建设项目。

社会事业 科技方面争取国家、省级科技资金1790万元，申请专利157件，授权8件；教育方面完成19所学校的标准化建设，新建5所幼儿园，改造8所学校的危房；卫生方面基本完成公立医院改革，改扩建3所卫生院，完成14个村级卫生所标准化建设，推行新农合“先住院后付费”政策，筹资标准由295元提高到346元；文化方面完成文化中心立项和设计招标，完善三级文化网络服务体系；计生方面建成人口文化主题公园，举办首届人口文化节，通过国家优质服务先进单位评比验收。扩大城镇医疗、养老、失业等五大保险参保范围，提高新农保、城居保、城镇居民医保补助标准，城乡低保标准分别提高到426元和276元。新增城镇就业岗位6960个。年初承诺的1345套保障性住房建设等10件实事全部兑现。为低收入农户供应冬季取暖用煤2.9万吨；为98个行政村安装1960盏太阳能路灯；为131个自然村1820

户居民安装广播电视卫星接收系统;新建改善42处饮水安全工程。

环境建设 完成造林8万亩,超太原市目标任务的15%,森林覆盖率由上年的17.9%提高到20.1%,城市绿化覆盖率由39.3%提高到39.8%,绿地面积新增8.2万平方米,人均公园绿地面积达8.8平方米,古交电厂等3个单位被评为省级园林绿化单位。投资1.3亿元改造提升兴能电厂、马兰矿、西曲矿等企业的污染治理设施;清理废旧场址8处,取缔非法企业176家;实施禁焚秸秆、建筑渣土整治、治理道路扬尘等措施,防治雾霾天气。空气2级优良天数332天,优良率91%。

政府建设 出台22条措施加强作风建设,解决"四风"问题。大型会议同比下降30%,下发文件同比下降25%,对市级领导的新闻报道量同比下降20%,公务接待支出同比下降39.8%,公务用车运行支出同比下降0.9%;集中清理和腾退机关办公用房8200多平方米;开展12次整治"四风"明察暗访,对纪律作风存在问题的5个单位10人进行通报批评;查处2起违规操办婚丧喜庆事宜行为,促进全市干部作风的转变。推进反腐倡廉建设,查处违纪人员49人。

(赵志英)

大同市

中共市委书记　丰立祥
副　书　记　李俊明
　　　　　　刘国庆
市人大常委会主任　梁凤书
副　主　任　董　斌
　　　　　　刘　美
　　　　　　邵　奎
　　　　　　张志伟
　　　　　　杨人毅
　　　　　　曹世平
　　　　　　张翠萍(女)
市　　　长　李俊明
副市长　李世杰(女)
　　　　王克建　操学诚
　　　　曹惠斌　靳瑞林
　　　　张　韬　刘振国
市政协主席　柴树彬
副主席　马维平　刘俊雍
　　　　陈昌辉　武保洲
　　　　程廷龙　许进娥(女)
　　　　郭俊岗　张小立
　　　　杨硕平

【概述】 大同市北纬39°02′~40°44′,东经112°34′~114°32′,总面积1.41万平方千米,下辖4区7县。常住人口为337.49万人,比上年增加1.77万人,出生人口3.66万人,人口出生率为10.9‰;死亡人口1.88万人,死亡率为5.6‰;自然增长率为5.3‰。

全年全市地区生产总值完成967.5亿元,比上年增长8.3%。第一产业增加值54.8亿元,增长4.9%;第二产业增加值455.6亿元,增长8.8%;第三产业增加值457.1亿元,增长8.1%。第一产业增加值占地区生产总值的比重为5.7%,第二产业增加值比重为47.1%,第三产业增加值比重为47.2%。第三产业增加值占比首次超过第二产业。人均地区生产总值28744元。公共财政预算收入完成94.57亿元,比上年增长17.8%。税收收入76.93亿元,增长20.7%,公共财政预算支出执行232.85亿元,比上年增长24.7%。城镇居民人均可支配收入21430元,比上年增长10.1%。农民人均纯收入6365元,比上年增长12.8%。

城镇新增就业人员5.63万人;下岗失业人员再就业2.52万人;困难群体就业0.73万人;转移农村劳动力3.06万人;创业带动就业1.33万人。城镇登记失业率为2.80%。

农业 农作物总播面积32.19万公顷。其中粮食作物播种面积27.95万公顷;油料作物种植面积1.57万公顷;蔬菜面积1.89万公顷;饲草作物种植面积0.19万公顷。粮食总产量102.55万吨,比上年增加7.65万吨。

畜禽产品生猪出栏92.45万头,其中牛出栏7.90万头;羊出栏117.40万只;家禽出栏305.17万只。肉类总产量13.10万吨,其中猪羊肉产量11.28万吨。牛奶产量21.36万吨;禽蛋产量3.96万吨。

农业机械总动力185.01万千瓦。机械耕地面积20.823万公顷;农村用电量3.39亿千瓦时;化肥施用量29.99万吨。

工业建筑业 规模以上工业企业增加值比上年增长10.0%。实现主营业务收入1712.5亿元。实现利税77.7亿元。建筑业增加值54.0亿元。具有建筑业资质等级的总承包和专业承包建筑业企业完成建筑业总产值121.1亿元。房屋建筑施工面积760.1万平方米;房屋竣工面积420.5万平方米。

能源 一次能源生产折标准煤0.77亿吨,比上年增长2.67%;二次能源生产折标准煤0.06亿吨,增长3.63%。原煤销售量8339万吨,比上年下降0.81%。外输电力228.61亿千瓦时,比上年增长1.54%。全社会用电量133.90亿千瓦时,比上年下降3.49%。

投资贸易 全社会固定资产投资完成1036.3亿元,比上年增长24.6%。国有经济单位投资完成466.8亿元,增长3.0%;民间投资完成569.5亿元,增长50.3%。在全社会固定资产投资中,非煤产业投资704.1亿元;房地产业开发投资完成265.0亿元。全年全市固定资产投资施工项目1058个,新开工827个,建成投产项目752个,新增固定资产723.3亿元。

实现社会消费品零售总额471.2亿元,比上年增长14.0%,其中城镇消费品零售额395.6亿元;乡村消费品零售额75.6亿元。限额以上批发零售贸易企业零售额中,服装鞋帽、针、纺织品类增长3.5%;石油及制品类增长8.9%;书报杂志类增长63.4%;汽车类增长2.9%。海关进出口总额完成47815万美元,出口完成21493万美元;进口完成26322万美元。

交通邮电 公路通车里程达到12537.7千米。高速公路550.5千米。公路密度88.9千米/百平方千米。民用汽车保有量40.99万辆,比上年增长36.0%。新注册汽车5.73万辆,增长12.4%;私人汽车36.77万辆,增长41.4%。载客小型车保有量25.10万辆,比上年增长18.3%。私人载客小型车达23.08万辆,增长20.6%。轿车总量17.22万辆,比上年增长19.3%,其中个人轿车15.96万辆,增长21.7%。

邮电业务总量完成 30.69 亿元，其中电信业务总量 28.19 亿元；邮政业务总量 2.50 亿元。固定及移动电话用户总数达到 393.83 万户，其中固定电话用户 49.37 万户；移动电话用户 344.46 万户。计算机互联网络用户达到 52.42 万户。3G 用户达到 86.58 万户。邮政局所 128 个，邮路总长度 3398 千米。订销报纸 4310 万份；订销杂志 207.2 万份额；国内函件 202.5 万件，包裹 5.18 万件。

旅游 接待国内外游客2355.83 万人次，比上年增长 22.8%，其中海外旅游接待 31.27 万人次；国内旅游接待 2324.56 万人次。全年全市旅游总收入 200.33 亿元，旅游外汇收入 1.18 亿美元；国内旅游收入 192.90 亿元。

金融保险 金融机构各项存款余额 2254.36 亿元，比年初增加 240.43 亿元，比上年同期增长 11.9%；各项贷款余额 950.82 亿元，比年初增加 180.30 亿元，比上年同期增长 23.4%。

注册保险机构 29 家。保费收入 37.2 亿元，比上年增长 9.0%。累计支付各类保险赔款及给付 17.22 亿元，同比增长 59.0%。

教育科技 中等职业教育招生 1.79 万人，在校生 5.57 万人。职业高中招生 3748 人，在校生 1.45 万人。基础教育招生 14.37 万人，在校生 45.88 万人。初中中学招生 3.58 万人，在校生 10.82 万人；普通高中招生 2.42 万人，在校生 7.34 万人。

申请专利 810 件，其中发明专利 231 件、实用新型专利 426 件、外观设计专利 153 件。签订各类技术合同 34 项，技术合同成交总额 3129 万元，新登记科技成果 35 项。高新技术企业达到 13 家。举办中国国际太阳能十项全能竞赛(简称“SD 中国”)。

文体卫生 群众文化艺术馆 11 个，艺术表演团体 10 个，文化馆 11 个，公共图书馆 12 个，博物馆 1 个，档案馆 13 个。广播电视台 10 座，电视发射、转播台 29 座，中波发射台 1 座，调频发射、转播台 14 座，微波站 14 座，有线电视网 14 个。广播人口覆盖率达 97.1%，电视人口覆盖率达 95.4%，有线电视用户 48.64 万户，数字电视用户 40.29 万户。中央、省、市三级公共文化服务投入 5240 万元。举办中国大同云冈文化旅游节、国际汽车文化节、国际雕塑双年展、首届帐篷音乐节、中国古都灯会和第三届春节文化庙会。开展“2013 金秋百场大戏、千场电影、万卷图书惠民行”活动。

卫生机构（含诊所、村卫生室）2976 个，床位 17617 张。其中医院 112 个，卫生院 146 个，床位 15879 张；社区卫生服务中心(站)112 个；疾病预防控制中心 13 个；妇幼保健机构 13 个；专科疾病防治机构 1 个。卫生技术人员 19453 人，其中执业医师和执业助理医师 8712 人，注册护士 6971 人；疾病预防中心卫生技术人员 404 人；妇幼保健卫生技术人员 265 人；农村乡镇卫生院卫生技术人员 1189 人。

在第十二届全运会上，全市共获得 3 枚金牌、5 枚银牌、1 枚铜牌。金牌数、奖牌数、总分数均位列全省第一。在山西省第十四届运动会资格赛 19 个大项的比赛中，共获得 115 枚金牌。开展体育大拜年、“全民健身日”等群众体育活动近 60 项。承办 2013 年全国武术散打冠军赛、中国乒乓球俱乐部超级联赛大同平型关·金地矿业俱乐部九个主场的比赛。

环境建设 全市二级以上良好天数达到 322 天，全省排名第二。细颗粒物 PM2.5 达标率 84.9%。主城区新增供热面积 500 万平方米，实际集中供热面积 4800 万平方米，燃煤锅炉集中供热面积 92 万平方米，城市集中供热率达 100%。燃气中低压管网 1580 千米，日供气能力 38 万立方米，天然气用户 56 万户，液化气用户 5 万户，城市气化率 98.6%。城市供水管网 842 千米，城市日供水能力 28 万立方米，城市供水普及率 99.6%，水质合格率 100%；市级污水处理厂处理生活污水 2578 万立方米，污水处理率 89.2%；中水回用 1560 万立方米，中水回用率 47.0%。市区日处理生活垃圾 990 吨，城市生活垃圾无害化处理率 90.4%。

建成区新增绿化面积 177 万平方米，绿化覆盖率、绿地率分别达到 43.3%、38.5%，人均公共绿地面积达 14.03 平方米/人。9 月，经国家住房与城乡建设部验收，大同市创建 2013 年度国家园林城市。

完成造林面积 2.158 万公顷。人工造林完成 1.7310 万公顷，飞播造林面积 1730 公顷。年末实有封山(沙)育林面积 2530 公顷。

安全生产 各类生产经营性事故 96 起，死亡 49 人，低于省控制目标；煤矿百万吨死亡率 17.7%。

社会保障 企业职工养老保险参保 35.1 万人，企基金征缴 21.6 亿元。新型农村养老保险参保 94.1 万人，基金征缴 9412 万元。城镇居民养老保险参保 11.4 万人，基金征缴 1022 万元。城镇基本医疗保险参保人数 132.3 万人，基金征缴 15.6 亿元。失业保险参保人数 44.8 万人，基金征缴 3.2 亿元。新型农村合作医疗参合农民 156.5 万人，参合率达到 98.7%。

纳入城市最低生活保障的居民 8.38 万户，共 19.10 万人，发放城市低保资金 5.75 亿元，比上年增加 0.59 亿元；纳入农村最低生活保障的居民 13.17 万户，共 16.08 万人，发放农村低保资金 2.75 亿元，比上年增加 0.53 亿元。

各类福利院床位数 10572 张，收养 7147 人。城镇建立各种社区服务设施 147 个。综合性社区服务中心 12 个。销售社会福利彩票 2.14 亿元，筹集社会福利资金 1980 万元，接收社会捐赠款 264.1 万元。（姚 斌）

【国际太阳能十项全能竞赛在同举办】 8 月 2 日~13 日，2013 国际太阳能十项全能竞赛(SD 中国)在大同市举办。这是有着“太阳能界奥运会”美名的 SD 首次落户亚洲，并且第一次出现在传统能源城市大同。13 个国家，35 所大学设计制作的太阳屋在文瀛湖边一展身姿。大赛期间有 20 余万参观者参观。参加太阳屋的建筑设计、太阳能应用、舒服程度、热水供应、家用电器、家庭娱乐以及能耗平衡等 7 个单项奖花落各家。（姚 斌）

【2013 古都灯会】 2 月 16~25 日举办，地址位于南门瓮城、关城和南城墙上，灯会期间开展系列迎春文化活动，各艺术团体、各非物质遗产项目

轮番进行演出与现场展示。灯会期间有20余万游客观灯。（姚　斌）

【名城复兴工程】 推进古城保护修复各项工程。四牌楼修复工程、魁星楼修复工程、纯阳宫广场修复工程已完工;加紧实施代王府修复一期主体工程、二期修复工程;西城墙修复工程部分土建工程完工;云冈石窟11-13窟的岩体加固工程完工,无名窟窟檐保护工程主体立架完成;博物馆主体工程完工，启动陈列布展装饰工程;东南部民居（含鼓楼东街)101个院修复工程基本完成，西南部民居8个院修复工程完成60%的工程量;北魏明堂遗址公园修复工程主体工程和西门、南门、西侧环水工程完工,东侧环水主体工程完成50%。晋华宫国家矿山公园全部竣工，实现开园运营。大同市平文化科技产业基地主体工程完成，园区项目设备安装完成85%，景观园林工程完成70%,6个主题项目具备开业条件。展览馆平移工程完成图书馆的平移和旋转。建设工业遗址文化创意产业园,完成有毒有害工艺管线设备清洗工程和室外天然气管道等基础工程。

城市道路建设年初纳入名城复兴工程共27条,除7条道路缓建外，其余20条道路于9月底全部竣工，竣工道路长度共计35.37千米。场馆建设年初纳入名城复兴工程共7项,其中太阳宫、地库完工,图书馆和博物馆幕墙和泛光工程完工,大剧院完成主体工程,幕墙和泛光工程基本完成,美术馆主体工程完工,体育中心主体工程完工。（姚　斌）

【首届大同道德模范评选活动】 3月至12月30日举办。由中共大同市委宣传部、市文明办、市总工会、共青团大同市委、市妇联、大同日报社、大同广播电视台联合开展。许生义、葛才贵、王宏伟、张明义、刘恒旺、孙秀兰、赵德清、李培斌、张玉清、曹德云10人荣获“首届大同道德模范”称号，刘忠利、郭才山、赵荣宽、王月文、冯冰、高争艳、郭二仁、宋金、李娥子、康永琴10人获得“首届大同道德模范提名奖”。（姚　斌）

•城　区•

中共区委书记	祁学峰
区人大常委会主任	马　力
区　　长	薛明耀
区政协主席	崔建中

【简述】 城区北纬40°00′~40°08′,东经113°00′~113°19′,总面积46.13平方千米，下辖15个街道办事处,136个社区居民委员会。常住人口72万，流动人口18万,无农业人口。

全年全区地区生产总值完成136.4亿元,同比增长8.1%;规模以上工业增加值完成18.9亿元,同比增长6.5%；公共财政预算收入完成4.1亿元,同比增长24%;固定资产投资完成217.2亿元,同比增长13.1%;社会消费品零售总额完成188.3亿元,同比增长14.5%；城镇居民人均可支配收入完成2.38万元，同比增长11%。万元地区生产总值综合能耗下降3.6%,规模以上万元工业增加值能耗下降3.9%，二氧化硫、氮氧化物等6项指标完成市下达任务。城镇登记失业率控制在4.2%,人口自然增长率控制在4.6‰。安全生产形势好转,未发生死亡事故。超额完成重点项目“六位一体”年度任务。招商引资共引进项目166个,总投资63亿元,实现税收8675万元。协税护税新增小微企业2895户。县域经济目标考核排名全市第三,年度目标责任考核综合排名全市第四,跨入优秀行列。

教育 全年教育投入2.73亿元。新建18中北都校区、23中大庆路校区。完成10中、47中教学楼建设。完成44中等10所学校校园绿化美化。为全区学校装备多媒体、视频监控设备。57名学校中层以上干部赴北京市海淀区和太原市杏花岭区优质校挂职锻炼。召开全市百校兴教工程现场促进会。对全区45岁以下2046名教师进行业务测评。举办首届教师文化周活动,内容包括29个大项、78个小项,参加人数达1.5万人次。成立教育督导和考核中心。强化校园安全,为学校和幼儿园配备专职校警或校园保安。

民生建设 提高社区干部生活补贴标准。为低保对象每人每月提标30元。发放低保金2.1亿元。医疗救助低保户1759人次455.4万元。城镇职工基本养老保险参保人数达到1.99万人,城镇居民社会养老保险参保人数达到2.47万人,城镇职工基本医疗保险参保人数达到1.82万人。全年城镇新增就业人数3403人。举办招聘会30场，提供就业岗位1.06万个。开展“一卡通”省内异地就医即时结算，实施11项基本和6项重大公共卫生服务项目。开展全区文物古迹普查,登记不可移动文物146处。

社会管理 全年城市管理投入2.43亿元。建成复合式垃圾压缩站32座,新增环卫车辆77辆、垃圾桶5800个。为146个无物业小区配备清洁员349名、三轮收集车230辆。为全区2880名环卫工每人每月发放早餐补助180元。垃圾处理率达到95%,清扫保洁率达到90%。数字城管立案率达到98%,结案率保持在90%以上。治理城管顽疾，限时办结两批共44个城管热点、难点问题。成立环境治理监督大队、城市管理督查考核中心。召开全市城乡清洁工程现场促进会。清洁工程年度考核位列全市第一。城区被列为国家智慧城市试点。

实施社会治理“1331”项目,投资300多万元建成“三级中心、四级网络”社会服务管理平台。开展“向人民承诺、创和谐社区”实践行动。接收社区办公用房13处，新增办公面积6230平方米。狠抓安全生产工作,开展百日安全生产专项整治及打非治违专项行动。整顿和规范医疗服务市场秩序。加强社会治安综合治理,打击“两抢一盗”、吸毒贩毒、黑恶势力等违法犯罪行为。深化信访维稳和矛盾调处工作，坚持领导干部接访,畅通群众诉求渠道。

房屋征收 坚持依法征收、阳光征收、和谐征收,全年征收房屋3405户、30多万平方米，其中住宅3343户、商铺45个、公建17处。完成安置2780户。为2.51万户家庭发放廉租补贴,实物配租281套。排查危旧平房,征收危房895户。实施35家涉征区属企业破产清理整顿。

政府建设 依法行政，接受人大法律监督和政协民主监督，办理人大代表建议44件、政协委员提案58件，办复率均为100%。清理规范33家职能部门的行政审批事项，行政审批项目精简率达54.7%，平均办理时限压缩率达65%。落实“八项规定”，反对“四风”，厉行节约，严控支出，百人以上会议同比减少5个，文件函件同比减少40.1%。加强财务管理，推行公务卡制度，完善政府集中采购制度。加强行政监察和审计监督工作。推行政务公开，接受群众监督。（徐雅丽）

·矿　区·

中共区委书记	门开发
区人大常委会主任	王宝林
区长	刘勇军
区政协主席	李钢

【简述】 矿区北纬39°55′~40°08′，东经112°53′~113°12′，总面积90平方千米，下辖24个街道办事处。总人口507515人，其中城镇常住人口人507515人，城镇化率100%。男性256443人，女性251072人。人口出生率10.11‰，人口死亡率5.57‰，人口自然增长率4.54‰。

全年全区地区生产总值完成212355万元，同比增长9.3%；社会消费品零售总额完成727347万元；公共财政收入完成14977万元。

工业 规模以上企业增加值完成7203万元。实施“百企强区”工程，发展壮大煤机制造业，总投资3500万元的富达昌刮板运输机项目、投资1000万元的百易通防爆组合开关项目投入运营，总投资4.76亿元的同煤防爆电机、同煤胶带运输机、同力三期改扩建等5个产业协作项目全部投入生产；煤机企业全年实现产值3.2亿元，上缴税收2000万元。

商贸 立足人口多、区位优势明显特点，发展大商贸，搞活大物流，加快构建以平旺为中心，恒安、口泉为“两翼”的服务业发展格局。投资2.2亿元的嘉禾众美商厦和恒安中央广场项目投入运营，平喜路商业中心特色凸显，全区商贸餐饮规模以上企业达到36家。

民营经济 实施“民营立区”和“环境创优”工程，出台《关于加快发展中小微企业和民营经济的实施细则》，区财政出资600万元用于扶持小微企业和民营企业发展。全年新发展私营企业和个体工商户1330户，新增从业人员4032人，新增注册资金1.56亿元，民营经济上缴税收2.2亿元。大同市百易通科技发展有限公司被授予“山西省中小企业技术中心”称号。

城乡建设 实施“城乡清洁”工程，城市清扫保洁覆盖率和垃圾处理率均达到100%，组建大同市城市管理综合执法支队矿区大队，新增环卫工人320名(城乡清洁人员达到1250人)，工程投入经费3730万元，完成市考核目标的3.1倍。实施“城镇提质”工程，数字城管建设投入426万元。实施“生态建设”工程，新增绿化面积40.02万平方米，完成大庆路、南环西延、绕城高速矿区段的绿化任务，二氧化硫排放量等各项约束性指标均控制在计划目标内。

民生建设 落实“收入倍增”工程，全年城镇新增就业3685人，城镇登记失业率控制在4.2%以内。完善社会保障体系，全年征缴各类保险金1.13亿元，支出2亿多元，城镇居民养老保险参保人数达3.4万人，城镇居民医疗保险参保人数达13万人。加大社会救助力度，共发放低保金17296万元，医疗救助金300万元，教育资助金26万元，优抚金290万元，27988户64006人享受最低生活保障待遇，实现应保尽保。持续提高职工待遇，全区干部职工增补的生活补贴、取暖补贴足额发放到位，社区干部待遇在上年翻一番的基础上，每人每月增加205元，办理、医疗、工伤保险。实施“城乡安居”工程，新建保障性住房2156套，完成投资1.107亿元。

教育 实施“百校兴教”工程，投资6436万元，完成建设1所示范高中、1所示范初中、1所示范小学、2所示范幼儿园和5所标准化幼儿园的目标任务。新建实验小学教学楼、恒安二中食堂，新建实验小学、恒安二中体育场，改扩建实验小学幼儿园。

卫生 24个社区卫生服务中心、19个社区卫生服务站覆盖全区，和顺社区卫生服务中心被命名为全国社区卫生示范中心，全区国家级卫生中心达到4个，省级示范单位达到9个。

社会管理 实施“平安创建”工程，出资300多万元，完成区、28个街道、106个社区、633个网格“四级”社会服务管理体系建设，受理各类纠纷2329件，调解成功率达到96%。全年受理各类刑事案件944起，同比下降10个百分点，破获755起，破案率为79.9%，同比提高13个百分点。捣毁传销授课点6处，遣散非法传销人员700余人次。（武新田）

【区商贸联合会暨商贸工会联合会成立】 7月31日成立，选举梅香春大酒店董事长刘宏滨担任会长，区物资总公司刘振红同志担任商贸工会联合会主席，区蔬菜公司经理张泉平同志担任秘书长，选举常务副会长、副会长、常务理事、理事单位以及工会联合会委员会委员。（武新田）

【《中国共产党大同市矿区历史(第一卷)》出版】 7月，中共大同市矿区区委党史研究室编撰的《中国共产党大同市矿区历史（第一卷)》(1933—1949)一书，由中共党史出版社正式出版，这是继《中国共产党大同矿区历史纪事》之后的又一部地方党史专著，在全市七县四区尚属首家。全书分3编9章，共23.6万余字，全面系统的反映新民主主义革命时期中国共产党大同矿区的历史。（武新田）

【医疗式社区老年公寓区】 9月，由同煤总医院出资将原水泥厂中学改建而成，实现老年公寓与社区卫生服务中心一体建设，养老与医疗一站式服务。老年公寓占地2万平方米，建筑面积3600平方米，每层设有娱乐室、健身室、图书室和电子阅览室等公共设施，为辖区内3万多居民提供高质量养老、卫生服务。（武新田）

【"千人万户大调研"活动】 9月,矿区组织全区区级领导、科级干部和社区两委班子成员共千余名干部,集中开展"千人万户大调研"活动。活动主要任务目标分四个部分。采取自下而上、分三批的形式开展。第一批为社区两委班子成员,活动时间为9月;第二批为全区科级干部,活动时间为10月;第三批为区级领导,活动时间为11月。整个活动从9月份开始到12月底结束。 (武新田)

【南风轩社区文化活动中心投入使用】 10月15日,由国务院南水北调办副主任、山西省原省长于幼军捐其著作《社会主义五百年(一至三卷)》所得稿费160万元兴建的区平盛路街道"南风轩社区文化活动中心"举行揭牌仪式,中国扶贫开发协会会长、山西省原省委书记胡富国等领导与1500名社区居民共同参加揭牌仪式。揭牌仪式后,胡富国、于幼军等参观南风轩社区文化活动中心,并与离退休矿工和矿工家属代表以及基层干部进行座谈。 (武新田)

·南郊区·

中共区委书记	杨勤荣
区人大常委会主任	李　杰
区　长	李广林
区政协主席	陈凤兰

【简述】 南郊区北纬39°53′~40°17′,东经112°53′~113°24′,总面积960平方千米,下辖3镇7乡,190个行政村。总人口41.35万人,城镇人口17.09万人,城镇化率41.34%。

全年全区地区生产总值完成419.7亿元,同比增长7.4%;规模以上工业增加值完成313亿元,同比增长8.7%;社会消费品零售总额完成82.8亿元,同比增长13.4%;固定资产投资完成159.5亿元,同比增长19.7%;公共财政预算收入完成8.35亿元,同比增长1.14%;城镇居民人均可支配收入19479元,同比增长10.1%;农民人均纯收入10476元,同比增长12.3%。

农业 农作物播种面积28.38万亩。粮食作物22.94万亩,谷物类19.73万亩,玉米15.81万亩,谷子1.06万亩,莜麦0.09万亩,荞麦0.01万亩,黍子2.38万亩,高粱0.38万亩,豆类1.95万亩,大豆0.44万亩,马铃薯1.26万亩;油料0.93万亩;蔬菜3.21万亩;瓜类0.28万亩;甜菜0.18万亩;其他作物0.84万亩。粮食产量5.8万吨,谷物类5.44万吨,玉米4.94万吨,谷子0.11万吨,莜麦0.1万吨,荞麦0.01万吨,黍子0.23万吨,高粱0.05万吨,豆类0.16万吨,大豆0.04万吨,马铃薯0.2万吨;油料0.04万吨;蔬菜14.42万吨;瓜类0.43万吨;甜菜0.6万吨。

实施"百园立农"工程,发展城郊现代特色农业。投资4.78亿元,新建、改扩建、提档升级各类农业园区86个,其中新建12个,改扩建30个,提档升级44个。新建日光温室大棚495栋,发展一期投资1.5亿元的玫瑰产业园,全区温棚总栋数达10458栋,设施农业总面积达1.82万亩。完成投资2.6亿元,其中市级考核7个重点园区完成投资2.1亿元,排名大同市第一。2万亩农田高效节水灌溉工程完成。

农业机械化综合水平达到70%,总动力达到35万千瓦,完成任务的101%;新增大中型拖拉机62台,超出任务数22台;新增玉米收获机48台,超出任务数15台,玉米机收面积6.2万亩,完成任务的155%;新增薯类收获机4台,薯类机收面积1.2万亩,完成任务的100%,机收水平达到80%。被评为全国平安农机示范县区。

牧业 扶持奶牛和肉羊养殖,全区奶牛存栏达2.4万头,羊饲养量达17万只,肉、蛋、奶产量分别达1.89万吨、1.53万吨、9.3万吨,农民人均畜牧业纯收入达1800元;华晟果蔬、夏进乳业等农业龙头企业实现扩容增效,全区农业龙头企业年销售收入20.3亿元,创利税7000万元,带动农户6万户,安排就业1.3万人,户均增收820元。

林业 果园面积7207亩,898.83吨,主要有苹果、梨、葡萄。国家级林业重点工程京津风沙源治理工程完成飞播造林1万亩,人工造林0.5万亩,封山育林1万亩。巩固退耕还林成果工程,完成农村能源薪炭林0.28万亩;省级六大造林绿化工程高速公路矿区沿线荒山绿化0.5万亩。现代农业示范园区干果经济林0.2万亩。中幼林抚育0.2万亩。矿区绿化完成0.1万亩。完成同左路南山、北山和亮马台隧道荒山造林1.7万亩。规划建设13万亩玫瑰种植生态建设工程总投资37亿元,总面积13万亩,选种国内外优质食用玫瑰7000万株,生产加工食用玫瑰6000万株,观赏玫瑰1000万株,间种中药材5万亩;红桃山万亩生态林修复工程,总投资6亿元。区级重点工程完成区乡村道路补植完善449.7千米,完成四旁植树70万株,其中义务植树30万株。

项目建设 实施"百企强区"工程,完成"六位一体"任务,储备任务1350亿元,完成2078.83亿元。签约任务275亿元,完成488.04亿元。落地任务281.89亿元,完成304.17亿元。开工任务345.11亿元,完成445.13亿元。建设任务148.23亿元,完成169.35亿元。投产任务108.78亿元,完成173.72亿元。全区新上、续建各类项目75项,完成投资189.38亿元,新上33项,续建42项;亿元以上59项。项目建设到位资金168.6亿元,排名全市第一、全省第三。建设总投资100亿元的亿丰世贸中心、总投资32亿元的和泰物流园区等一批转型项目。全区民营企业发展到1504家,个体工商户达2.25万户,民营经济上缴税收占全区财政收入的35%。

城乡建设 全区城镇化率达41.34%。建设口泉中心区,投资2.12亿元开工建设"四纵两横"6条道路共6.9千米,水、电、气、暖等配套工程全部与大同市管网连接;开工总建筑面积26万平方米的时庄棚户区安置工程、总建筑面积5500平方米的区民兵训练中心。实施"城乡安居"工程,推进采煤沉陷区治理搬迁,累计投资10亿元,建成峪欣家园、四方嘉苑、永同嘉苑、宁丰小区等9个采煤沉陷安置区,建筑面积约60万平方米,对25个受灾村、7252户、25384名受灾村民实施整体搬迁安置;西韩岭安置区，总投资约9亿元，总建筑面积为58万平方米，可安置6000户、15000名受灾村民。推进32个村的城市棚户区改造工程，完成云佛新村北侧廉租房主体工程，名城复兴工程，投资2000万元，完成五一街改造工程。完成土地房屋征收12425户、118.04万平方米。

环境建设 实施城乡清洁工程，区、乡、村三级累计投入资金近8700万元，购置设备，充实队伍，建立“以奖代补”机制，各乡镇均组建专业环卫队，新招环卫工人约1000名，全区共清运垃圾65.2万吨，清理农村四堆4.2万堆，清除野广告7.1万处，取缔露天烧烤261处、占道经营1274家、马路工厂382个。提升“三山”“五路”绿化成果，完成京津风沙源治理工程2.5万亩，绿化现代农业示范园区22个，提档升级村庄绿化样板村16个；实现节能降耗和环保减排目标，加大区域水环境治理力度，完成口泉河、甘河污水收集处理工程。

教育 实施“百校兴教”工程，完成投资1.6亿元的口泉一中项目立项、规划、土地报批等前期手续；总投资9700万元的西韩岭学校主体工程完工，建成投资850万元的中学部300米环形跑道及小学部200米环形跑道，配备420万元信息化设备，水、电、气、暖管网配套基本完成；新组建大同市实验小学分校、南郊区御东第一小学；为沉陷安置区配套新建的建筑面积各2400平方米的西韩岭和文湖两所标准化幼儿园，完成投资960万元；投资151万元为机关、云佛幼儿园配备保教设备，软化地面。改扩建5所村级幼儿园，7个小学增设幼儿园，改造实现农村小学幼儿园(附属)全覆盖的目标；投资3800万元，对4所学校、10个项目、12个单体进行改造，为73所中小学校更新配置教学设备。实施“名师培训”工程，对370位学科带头人和校长后备人选进行专项培训。

社会事业 实施“收入倍增”工程，落实事业单位工作人员绩效工资、带薪年休假制度，提高冬季取暖补贴标准，增加全区机关事业单位人员工资收入；全年创业带动就业510人，转移农村劳动力1200人，城镇新增就业人员3460人，城镇登记失业率控制在4.2%以下；养老、医疗、工伤、失业及新型农村社会养老保险应缴尽缴，社会发放率达100%；农村、城市低保实现应保尽保；巩固完善新型农合，参合率达99.1%。

安全生产 实施“平安创建”工程，按照“一岗双责”要求，落实安全生产责任制，加大打非治违力度，对辖区内煤矿、非煤矿山、危险化学品、消防、道路交通、食品药品等重点行业领域，以及宾馆、学校、医院、网吧等人员密集场所开展拉网式、地毯式安全生产隐患大排查。（石有团）

【王薇被评为山西省“美德少年”】 1月20日，在山西省文明委举办的全省首届“美德少年”评选活动中，南郊区云冈中学王薇被评为“助人为乐美德少年”。（周立娟）

【《大同地区天然牧草》出版】 由南郊区畜牧兽医局高级畜牧师高立成编写的《大同地区天然牧草》出版发行。全书共计10万字，收录大同地区天然牧草1149种或亚种，刷新大同市旧有记录数量达6倍之多。

该书为南郊区乃至大同市多年来第一部区域性天然牧草专著，作者收集民国和新中国建立以来的图书资料，吸收近十多年来全国、山西省、内蒙古自治区的最新成果，得到省权威畜牧业专家的指导，在南郊区鸦儿崖乡马林涧村、盘道村、老窑沟村等地进行常年考察，并向其他地区的牧民、农民讨教，获得大量一手材料。（周立娟）

【采煤沉陷区改造】 由于长期地下煤炭开采，南郊区累计形成至少250平方千米的采空区，导致5个乡镇71个村存在地质灾害和房屋倒塌的危险。南郊区投资5亿元，在西韩岭乡建成深陷区新家园。新家园占地1100余亩，一期工程完成160多栋崭新的楼群建设。在西韩岭、米庄、煤峪口等地建设安置区4个，陆续搬迁15个村4300多户山区群众。工程总投资25亿元，完全建成后可解决22313户的安置问题。（周立娟）

【首家残疾人辅助器具服务站】 7月，在新泉社区正式成立。服务站拥有辅助器具30余种，种类涵盖轮椅、拐杖、手杖等移动类辅助器具，放大镜、盲杖、门铃等听障和视障类用具，以及坐便器、助行器、洗澡椅等生活自助器具等。（周立娟）

·新荣区·

中共区委书记	董志刚
区人大常委会主任	刘　俊
区　　长	王东升*
	解廷师
区政协主席	李　成

【简述】 新荣区北纬39°54′~40°25′，东经112°53′~113°31′，总面积1013平方千米，下辖1镇6乡，140个村民委员会，173个自然村，5个居民委员会。总人口11万人，全年出生1123人，出生率10.23‰；死亡697人，死亡率6.35‰；人口自然增长率3.88‰。

全年全区地区生产总值完成254938万元，比上年增长9.5%；规模以上工业增加值完成94206万元；财政总收入完成50645万元；公共财政预算收入完成19713万元；社会消费品零售总额完成78149万元；全社会固定资产投资完成49.7亿元；农林牧渔业总产值完成66841.7万元；农林牧渔业增加值完成38769万元。城镇居民人均可支配收入17983元；农民人均纯收入6389元；万元国内生产总值综合能耗比上年下降4%。

农业 实现种植业生产“四连丰”。组织农资供应商和农户提前做好各项春耕物资储备工作，共储备籽种5749吨，地膜206吨，化肥6407吨。农作物种植面积368218亩，其中粮食播种面积313558亩，产量达到48万吨；油料播种面积40089亩，产量达到2891吨。提升农业补贴标准，全区粮食直补和农资综合补贴面积达到27.11万亩，补贴资金共计1963.22万元。金融部门累计发放春耕备耕小额贷款3332万元。发展农村经济，推进农业重点工作和精品工程建设,农民人均纯收入6389元。投资2.662亿元,完成3个园区建设任务。建成优质小杂粮、马铃薯繁育种植加工、食用油生产加工、无公害蔬菜、苗木培育和畜牧养殖6大基地,打造具有地理标志的道士窑羊肉、大窑山莜面、安乐庄有机蔬菜、畅家岭大葱、四道沟农副产品、荣康粮油、科蕾木耳、得胜韭菜和精德马铃薯淀粉9大品牌。落实建设10个农业项目。为西村乡畅家岭村、破鲁乡栗恒村等10个村申报"一村一品"专业村,并编制项目实施方案。示范、推广农科试验成果。推广玉米示范品种甜糯1号、2号、钻黄糯3个甜玉米品种;推广瓜类、胡萝卜示范优种甜蜜1号、龙甜1号、超甜瓜、真甜甜瓜、甜帅王4个甜瓜品种。

林业 投资6200万元,完成造林2万亩。完成高速公路沿线荒山绿化5800亩、"两山"造林1000亩、矿区绿化1000亩、区级造林6300亩。巩固退耕还林成果项目及补植补造7400亩。实现通道绿化19千米,栽植樟子松、花灌木等2.5万株,补植补种苗木2.61万株。绿化弥陀山生态旅游路9千米,栽植2米以上樟子松9900株、花灌木100株;提档升级绿化镇河堡至破鲁线10千米,栽植4厘米以上新疆杨1.5万株。村庄绿化补植3个,共栽植大规格樟子松、新疆杨、丁香等苗木2.61万株。全区四旁植树86万株,其中,义务植树37万株,其他植树49万株。中幼林抚育完成2000亩,育苗完成6500亩,新育苗2900亩。使全区森林覆盖率达到24.82%。

畜牧业 畜牧业总产值达3.46亿元;全区肉牛饲养量达到2.8万头,奶牛存栏0.4万头,猪饲养量7.9万头,羊饲养量26.5万只;肉类总产量1.1万吨,禽蛋产量0.37万吨,奶产量0.92万吨。完成年度京津风沙源草地治理工程棚圈建设任务21500平方米,包括6家市级畜牧精品工程。改扩建畜禽标准化养殖小区13个,京津风沙源治理项目肉羊养殖场6个,巩固退耕还林成果棚圈建设项目7个;规划建设以土地集中、资本集聚、技术集成、空间叠加为主要特征的现代畜牧业园区2个。在肉羊良种繁育上,推广特克赛尔、无角道赛特、白头杜泊等优良品种,引进长白猪、大白猪等优良品种。全年改良绵羊35000只、山羊15000只、肉牛1487头,推广三元优种猪15000头,推广无害化蛋鸡1.2万只。

水利 开展水源工程建设,完成京津风沙源水保水源工程65处、节水工程11处、小流域治理4500亩。建设淤泥河谢家场村至光明村段河道治理工程。推进拒门、马厂、施家洼和李花庄4座水库除险加固工程建设。

农业机械化 全区农机总动力发展达到19.8万千瓦,拖拉机拥有量3399台,大中型拖拉机3370台,小型拖拉机30台,与大中型拖拉机配套的农机具达4415台件,与小型拖拉机配套的农机具达46台,农用三轮汽车1021辆,农副产品加工机械达646台,畜牧业机械达545台,全区农机固定资产原值达11411万元。全区共计完成机耕27万亩,其中旋耕9.8万亩,完成机播17.42万亩,保护性耕作0.5万亩,机收10.5万亩。

工业 推进全区煤矿、煤炭洗选业、炭素产业集群、机械制造产业、石墨行业、新能源产业等六大类企业建设。全年生产原煤370万吨,实现产值12亿元。强化煤矿安全监管,强化全区5座煤矿,14座非煤矿山、6座尾矿库责任落实情况。精洗煤产量比上年增长近40%。非煤行业产值占工业总产值比重由上年的18%提高到29%。全区规模以上工业现价总产值完成226501万元。规模以上工业增加值完成94206万元。

主要工业产品产量:生产原煤323.07万吨;生产洗煤62.75万吨;生产水泥9.11万吨;生产砖3120万块;生产石墨及炭素制品4876吨;生产化学药品原药86.10吨。

民营经济 民营经济增加值完成36000万元;工业增加值完成26567万元;现价总产值完成117190万元;现价工业总产值完85340万元;营业收入完成105450万元;实现利润12600万元;税收完成6300万元。

交通 完成投资1448万元。农村公路完成投资346.18万元,危桥维修加固工程567.82万元,农村公路养护中小修工程完成投资534万元。完成畔沟——李大头窑路面改造工程。完成镇川大桥危桥改造项目,投资280万元,桥梁全长251.622米,完善公路标志和安全防护工程。

城乡建设 推进"城乡清洁、城镇提质、城乡安居"三大工程,其中城乡清洁工程累计投入资金2078万元。城市投入630万元,完成率126%;乡(镇)村投入1448万元,完成率144.8%。城镇提质工程完成2个规划编制目标任务,投资580万元,完成迎宾路、长城街"两条样板街"整治工作。投资3600万元,完成建设滨河南北路工程1.8千米。城乡安居工程,完成城镇保障性住房108套,完成率108%;完成投资566万元,完成率185.3%。改造农村困难家庭危房,完工1000户,完成率100%。年内开工建设商品房1880套,150098平方米,投资21228万元。

供销合作 全系统营业收入完成8013万元;完成2013年市供销社下达的规范提升便民店目标2个;完成2013年建设专业合作社示范社目标3个;成立1个农产品销售行业协会。加快专业合作社示范社建设。年内完成专业合作社示范社建设3个,并开展规范化管理、标准化生产、品牌化经营。升级改造便民店配送中心,扩大配送规模。改造120家老牌便民店,完成堡子湾乡胡家窑便民店和郭家窑便民店规范化工程。

教育 实施"百校兴教"工程,首期建设5所学校。新荣中学体育场建设投入使用;新荣二中体育场建设已竣工,完成投资850万元;新荣二小体育场建设投入使用,完成投资150万元;宿舍楼建设已完成,完成投资700万元,标准化塑胶跑道、校园网络、多媒体和校园硬化,艺术中心幼儿园综合楼已竣工,完成投资852万元,建筑3720平方米;前井幼儿园综合楼项目工程已完成。

文化体育 举办"龙腾盛世 欢度新春"街头文艺汇演、艺术灯展及节日彩灯装饰、大型元宵节晚会、戏曲演出等活动;在区址主要居民区举办电影展演;参加大同市第三届春节文化庙会、全市街头文艺表演等活动,开展为边远山区群众送戏曲、送图书、送电影活动。完善体育基础设施,修建400平方米小型健身广场,安装40多件体育健身器材和4个乒乓球台,整修门球场、体育场和礼堂广场,为参加健身活动的群众免费送电。做好社会体育指导员培训工作,重点培训55人。

卫生 对全区医疗机构144个单位开展监督检查,发现有无证行医18家,下达行政处罚决定书6份、当场行政处罚决定书14份,完成罚款1300元;对全区30家公共场所开展日常监督检查,监督覆盖率达100%;在全区26家中小学校园开展创建健康校园活动,完善健康档案,使学校卫生监督覆盖率达到96%,并把新荣三中作为区级健康校园示范单位;对全区的药店、超市、饭店等消毒工作进行专项检查,对不符合要求的单位提出监督意见,限期整改。

文物旅游 市文物监察大队对宁静寺、慧泉寺及宣宁故城、方山永固陵等文物保护重点单位进行3次安全检查;重新选聘9名文物保护员;对夏庄龙王庙、马庄龙王庙等5个濒危文物抢险单位进行项目申报,涉及经费137万元;开展《方山永固陵文物保护规划》和《得胜堡保护修复方案》编制工作;完成《北魏永固陵陵寝遗址考古工作计划》编制工作;查处长城保护范围内违建案件1起;在鲁家沟村扶持发展两家农家乐饭店。

社会事业 企业、机关事业、新型农村和城镇居民养老保险参保67219人,失业保险7000人,工伤保险4200人。全区城镇职工和居民医疗保险参保22143人,生育保险参保6836人。新农合补助标准由240元提高到280元,参合率达96.1%。落实计生家庭奖励扶助政策,奖励扶助2142人,奖励资金124.37万元。为98名农村计生家庭子女发放中小学住宿生活补助66500元,为3567名参加农村新型合作医疗中的计生家庭发放补助10.7万元。发放新农保养老金489.49万元,城居保养老金16.34万元,失业金2.6万元,工伤157.59万元,城市低保金545万元,农村低保金673万元,五保供养金180万元,孤儿救助金16.56万元,优抚对象抚恤补助金146.4万元。

年内受理各类案件345件,审(执)结327件,审限内结案率100%;受理刑事案件34件45人,全部审结;受理民商事案件311件,区检察院受理侦查机关提请逮捕案件18件28人,审查后批准逮捕16件24人,决定逮捕1件3人;区公安局立案65起,破获各类刑事案件23起。

(贺雨顺)

【《大同市新荣区志》编纂】 新荣建区四十三年未修区志。7月31日,成立《大同市新荣区志》编纂工作领导组。9月24日,组建区志编纂组开展修志工作。(贺雨顺)

·阳高县·

中共县委书记	解先文
县人大常委会主任	张　江
县　　　　长	邢　斌
县政协主席	王秀清

【简述】 阳高县北纬39°49′~40°31′,东经113°28′~114°6′,总面积1704.6平方千米,下辖7镇6乡,261个行政村,10个居委会。总人口289760人,其中农业人口237756人,非农业人口52004人。男性147585人,女性142175人,男女性别比为102:100。

全年全县地区生产总值完成25.65亿元,增长6.2%;规模以上工业增加值3.19亿元,增长7.9%;全社会固定资产投资57.66亿元,增长46.73%;社会消费品零售总额8.73亿元,增长14.3%;完成财政总收入18397万元;一般预算收入9422万元,增长8.77%;城镇居民人均可支配收入1.58万元,增长9.3%;农民人均纯收入5186元,增长13%。

农业 农林牧渔业总产值完成208858.3万元,比上年增加16175.9万元,增长8.4%。农村经济总收入为312251万元,比上年增加42731万元。农作物总播种面积58918公顷,比上年增加1046公顷。猪饲养量为568081头,羊饲养量为300494只,大牲畜年末存栏40650头。完成造林面积2786公顷,人工造林1920公顷,飞播造林400公顷,封山育林466公顷。果园面积3042公顷,增长7.17%。

农业机械总动力250700千瓦,比上年增加14800千瓦。农业机械原值43700万元,净值28400万元。农机化经营总收入13505万元,成本与费用6610万元,利润总额6895万元。农用化肥施用量76430吨,农村用电量3806万千瓦小时,农用塑料薄膜使用量1470吨。

水利 投资28601万元(其中国补投资6900万元),完成新打机井56眼,维修旧井20眼,利用旧井13眼,配套机泵88套,铺设输水管道189千米,架设变台20座,高、低压线路28千米,新增节水灌溉面积2.5万亩。投资2846万元,完成白登河王官屯段河道治理工程(一期工程),疏通河道6千米,堤防工程11.74千米。投资1030万元,完成3个行政村,面积0.9万亩的膜下滴灌示范工程。投资448万元,完成饮水安全工程7处,解决7个村庄1万人口1238头大牲畜的饮水安全问题。投资1060万元,完成小流域治理面积300,水源工程48处,节水工程27处,铺设节水管道101.2千米。投资1103万元,完成5座病险水库除险加固任务。投资456万元,实施巩固退耕还林水利建设项目工程。

工业 规模以上工业完成现价工业总产值156413.55万元,比上年增长13.7%,工业销售产值151558.94万元,比上年增长11.5%,产销率为96.9%。完成工业增加值31960万元,同比增长7.9%,工业增加值率为20.43%。

项目建设 签约项目42个,总投资额160.03亿元。在新签约的项目中有12个项目落地,全年到位资金达20.04亿元,到位资金任务完成率为100.2%。华润长城风电项目一、二期工程和大同御泉饮品公司矿泉水一期项目建成投产。推进驭龙药业、露露集团杏韵食品有限公司"杏果综合加工产业园"等项目建设。

投资5198万元,完成5个乡镇

21个贫困村211户715口人的和富移民产业园区一期工程。该工程占地505亩，实现每户1套房1个日光温室。另建培训室、交易市场、育苗中心各1处投资300万元，完成2012年第二、第三批整村推进项目后续建设工程。

商业贸易 新增私营企业25户,私营企业达380户。新增个体工商户200户,个体工商户达2695户。新增农民专业合作社146户,农民专业合作社达636户。完成社会消费品零售总额87321万元，比上年增加10924万元,增长14.3%。城镇消费品零售额66868万元，增长17.3%，乡村消费品零售额20453万元,增长5.6%。

金融 金融机构各项存款余额598284万元，较年初增加63223万元,增长11.8%;各项贷款余额293758万元,较年初增加102232万元,增长53.4%。城乡居民储蓄存款余额为432711万元，较年初增加71572万元,增长19.8%。全县人均储蓄存款余额为14933元,比上年增加2466元,增长19.8%。

城乡建设 硬化小街小巷295条8.1万平方米，维修公厕28座,新建公厕5座。投资5860万元,建设集中供热管网12千米,安装80吨锅炉2台。投资250万元,铺设集中供气中压管网3千米。完成农村危房改造2500户,农村住房抗震改建1000户。投资1.2亿元,完成保障性住房2011年6.5万平方米、2012年6万平方米主体建设，并开工2013年2万平方米保障性住房建设。

交通 完成18.44千米的百里生态旅游走廊路主线路基项目、25.711千米的旅游路支线项目、9.367千米的乡村道路改造工程。完成公路建设投资2900万元。全县公路通车总里程为1667.364千米,其中农村公路通车里程1527.936千米。公路密度为99.97千米/百平方千米。

教育 规划总投资9000多万元，重点铺开10个百校兴教工程项目。除完成“百校兴教”工程的规定项目外，还投资700多万元完成25所村级小学的改扩建工程;投资400多万元新建2所中学2个标准化学生餐厅;投资600多万元,为中小学校购置先进的教育技术设备；投资400多万元为5所中小学校解决集中供热入网问题;投资143万元,将7所农村小学的闲置校舍改建成附属幼儿园。

卫生 新农合参合人口达到21.52万人，参合率达到98.67%,年人均筹资提高到340元。为城乡居民建立健康档案20.29万份，建档率71.09%。

文化 “两堡一寺一馆”项目建设初见成效,云林寺本体修缮及云林寺周边环境规划项目国家文物局审批通过。安家皂古堡古民居保护修复及周边环境整治项目市文物局立项并批复。镇边堡古堡、堡门修复和明代一条街建设项目省文物局立项并批复,项目总投资1100万元。新建图书馆立项,计划总投资1500万元,建筑面积4500平方米。开展送文化下乡活动。2013年政府出资15万元,由县二人台剧团承办，在13个乡镇为农民演出节目30多场，放映电影达3000场。做好非物质文化遗产保护工作。申报高山屯村“高家笙、管制作技艺”为省级非物质文化遗产代表性项目。有省级非遗项目4个,在大同市名列第一。加大文化市场执法力度。销毁非法出版物800多册,黄色光碟200多张，对3家违反管理条例的娱乐场所和4家违反管理规定的网吧进行限期整改。

体育 春节、元宵节期间举办中国象棋、擢轮、乒乓球比赛;4月26~28日,举办迎“五一”职工趣味体育比赛,160多名运动员参加;5月11~12日组织县老体协空竹队参加在北京丰台区长辛店举行的第五届中国(北京)空竹艺术节,夺得集体花样空竹表演第一名;6月组织县老体协健身舞蹈队参加在大同市举办的第十七届老年人体育健身大会,获得健身秧歌比赛优胜奖，柔力球比赛优秀奖;10月15日，九九重阳节健身表演暨全民健身广场竣工。

社会保障 举办专项招聘会9场,收集提供就业岗位达9700个,现场办理求职登记2730人次。免费培训各类人员5668人。实现劳务输出8150人次,创业就业361人。新增城镇就业1288人，城镇登记失业率为2.2%。全县城镇基本养老保险、新农保、城镇基本医疗、失业、工伤、生育保险参保人数分别达28773人、161940人、39968人、8600人、12150人、14637人。全年监察用人单位1706户次,涉及劳动者19498人,受理投诉案件18起,结案18起,督促用人单位为3984名劳动者依法办理用工备案手续，补签劳动合同3984份、补缴社会保险费35.96万元,下达责令改正决定书72份，规范企业用工行为,维护劳动者合法权益。

民生事业 累计发放各项民政经费8500万元。城市低保3076户6609人,发放低保金2142万元;农村低保18472户21216人,发放低保金3577万元。累计救助城乡医疗对象1958人次,其中城镇376人次,农村1582人次,发放救助金277万元。为城市低保户办理城镇居民医疗保险2805人,垫缴保险金43.05万元。全县有农村五保户3330人,发放五保供养基金448万元,垫交合医费近21万元。投资230万元新建的鳌石乡敬老院正式投入使用，投资260万元的大泉山敬老院主体工程完工。全年累计救助生活无着落人员768人，救助资金22.8万元。救助大学生93人,救助金额18.6万元。投资100万元在3个乡镇建设12所农村留守老人日间照料中心。全年发放救灾款物745万元,救助灾民近6万多人次。为全县48名1~6级残疾军人、503名重点优扶对象统一缴纳新农合医保费3.5万元，为78名优抚对象缴纳城镇居民和职工医疗保险金3.24万元,103名优抚对象得到大病医疗救助金48万元。下拨抚恤事业费500万元。为118名现役军人发放优待金241.45万元。投资39万元,新建占地10亩的烈士陵园。为22名退役官兵发放自主就业金29.9165万元。 (张守武)

·天镇县·

中共县委书记 姚振华

县人大常委会主任　刘世清
县　　　　　长　刘川楠
县 政 协 主 席　原振武

【简述】 天镇县北纬 44°09′~40°44′，东经 113°53′~114°32′，总面积 1635 平方千米，下辖 5 镇 6 乡，221 个行政村。总人口 21.38 万人。

全年全县地区生产总值完成 18.9 亿元，同比增长 7.6%；规模以上工业增加值 3.24 亿元，增长 9%；固定资产投资 48.7 亿元，增长 54.5%；社会消费品零售总额 7.38 亿元，增长 13.3%；财政总收入 1.4 亿元，增长 16.7%；公共财政预算收入 7048 万元，增长 28%；城镇居民人均可支配收入 1.63 万元，增长 10.5%；农民人均纯收入 4735 元，增长 12.5%。全县户籍人口 217354 人，其中非农户 9646 人；户籍户数 98147 户，常住人口 209781 人，其中城镇常住人口 74807 人，乡村人口 134947 人，城镇化率 35.66%。

项目建设　利用山高、坡多等自然条件，引进华润、神华等项目，2013 年，华润大梁山二期 50 兆瓦风力发电和大唐 30 兆瓦光伏发电实现并网发电，装机总容量达到 230 兆瓦；华润神头山 100 兆瓦风力发电项目开工建设；北京国润天能沙屯堡 50 兆瓦光伏发电、神华国华吉地山 100 兆瓦风光互补和华能武家山 20 兆瓦光伏发电项目取得省发改委路条。对旧有工业传统企业进行技改升级。同乐化工完成 10 万吨合成氨技改一期工程。引进现代农业产业化基础项目，投资 7.2 亿元的中地良种奶牛科技园项目开工建设。

农业　引进同煤现代农业产业园区项目，土地流转等前期工作基本完成。新建各类蔬菜大棚 5100 栋，总数达到 2.35 万栋，设施总面积达到 2.2 万亩。投资 8000 万元的博诚公司年产 5000 吨脱水蔬菜生产线项目投产。实施优质玉米和马铃薯高产创建示范园 2 万亩。新建、改扩建规模养殖园区 14 个，总数达到 189 个，重点培育振翔等 3 个万只规模养羊园区。发展节水灌溉 3.43 万亩、膜下滴灌 7800 亩，新修水平梯田 1 万亩。北京东城区 17 家农副产品直营店，全年销售蔬菜 2.2 万吨，其他农副产品 8300 吨，营业额达 8100 万元。

城乡建设　投资 8216 万元统一规划实施旧城区西门外迎宾路、武宁街 1.79 千米供水、供热、供气、排水、网通、移动和广播电视管网以及道路改造工程，整治沿街广告牌匾和建筑立面。投资 3250 万元，完成迎宾大桥建设工程。投资 1160 万元，完成滨河南路 1.1 千米路基工程。投资 1.47 亿元，在谷前堡村东新建热源厂 1 座，铺设供热管网 13.16 千米，形成 160 万平方米的供热能力，年内实现集中供热 13 万平方米。投资 2500 万元，在大张公路与马走线交界东南处建华润天然气加气站 1 座，铺设输配管网，年内供气 4084 户。启用新城区法律服务中心、汽车客运站、档案大楼。开工建设 10 万平方米保障性住房。开工建设滨江花园等 7 个商品住宅小区，规划建筑面积 66.6 万平方米。县内第一个高层小区宜馨园竣工。投资 2000 万元，重点美化、绿化迎宾路、武宁街两条容貌示范街。旧城区新建垃圾填埋场 1 个，水冲公厕和旱厕各两所。县城主要街道新安装路灯 1400 盏，并加装节日 LED 灯；投资 72.55 万元，维修东门外长 1720 米，面积 1162 平方米的破损路面。修建 5 条旧街小巷 2234 米的排水管道。投资 24.6 万元，清理南门外二里半河淤泥 5 万立方米。164 个建制村安装太阳能路灯 2660 盏。新平镇省级重点镇建设完成石铺街巷、管网埋设等工程。完成农村危房改造 1000 户，完成 1300 户住房的抗震节能改造。解决 8 个村、8000 多人的安全饮水问题；实施 8 个村整村推进扶贫开发项目工程，移民 1600 人。

环境建设　制订 2013~2015 年全县林业生态建设规划。年度总投资 8000 多万元，绿化 6.8 万亩。投入 550 万元在京包铁路北侧、天大高速两侧即谷前堡镇和逯家湾镇实施 1.1 万亩仁用杏基地建设，栽植仁用杏 49.5 万株。投入 1400 万元，绿化天（镇）阳（高）交界处至谷前堡村、谷后堡村交界处以及水桶寺村互通连接线道路两侧荒地，面积为 575 亩。投入 873 万元，完善马走公路县城至赵家沟段补植补造工程。投入 790 万元绿化赵家沟、张西河、新平堡三个出省口，总面积 3880 亩。投入 2700 万元绿化县城段的南洋河两岸工程 1440 亩。投资 540 万元，在逯家湾镇黄蒿坪等村种植柠条 3 万亩。投资 240 万元，绿化大梁山沿长城段 8000 亩。投资 204 万元，实施平川区农田和道路林网绿化工程 1.3 万亩。投资 180 万元，实施唐八里、谷前堡、谷后堡、大桥和塔儿村的村庄绿化工程。投资 570 万元，在廿里铺和兰玉堡发展苗圃基地 160 亩。

民生建设　投资 631.1 万元，改扩建六中、九中学生食堂；投资 503 万元，建设 3115 平方米的教师周转宿舍；总投资 1107 万元，推进童乐、春晖、谷前堡镇、南河堡、张西河、三十里铺、孙家店、东沙河、逯家湾幼儿园标准化建设，建设面积为 6104 平方米。全县高考报名 2129 人，二本以上达线 449 人，当年提档人数 1459 人。新建 3 所农村敬老院，解决鳏寡农民养老问题，其中贾家屯、米薪关敬老院投入使用，新平堡敬老院主体工程完成。筹资 1066 万元，为 1937 名国有和集体企业退休职工，抵垫退休时个人上缴的部分养老金。

救灾帮扶　7 月，县南部山丘区遭遇特大雨涝灾害。土窑洞大部分致危或坍塌。全县抽调机关干部，组织 221 个工作队包村帮扶。利用搭建帐篷、投亲靠友或利用学校以及村级组织场所等方式，转移安置受灾群众 1.67 万人。整合各类资金 1.16 亿元，将受灾严重 4 个乡镇中的 17 个村，迁移合并到 8 个村居住，新建住房 4946 间，确保受灾群众安全越冬。

（高志英）

·广灵县·

中共县委书记　郭占宝
县人大常委会主任　李　满
县　　　　　长　李立平（女）
县 政 协 主 席　苑在雨

【简述】 广灵县北纬 39°38′~39°55′，东经 113°51′~114°24′，总面积 1283

平方千米，下辖2镇7乡，180个行政村。总人口18.4万人，农业人口15万人。人口自然增长率5.54‰。出生1393人，出生率7.55‰，落实长效节育手术1759例，征收社会抚养费577.7万元。

全年全县地区生产总值完成19.4亿元，社会固定资产投资完成48.8亿元，规模以上工业增加值完成4.1亿元，财政总收入完成1.7亿元，农民人均纯收入4982元，城镇居民人均可支配收入16311元。

项目建设 围绕招商项目抓协议、签约项目抓落地、开工项目抓进度和竣工项目抓效益，推动招商引资和项目建设工作，"十二五"以来先后引进华电风电、长青生物质热电、凯龙食用菌等重点建设项目60个，总投资额达到153.32亿元。推进环保工业园区、千栋日光温室园区、百工小镇、壶泉百味等产业支撑项目，其中生态项目文冠果育苗基地生态文明建设工程列入省级综改试验区示范基地项目。

农业 粮食总产量完成143222吨，耕地面积45万亩(其中水浇地20万亩)。在发展特色产业和推进园区建设方面，"一村一品"培育主导产业7大类12个，发展专业村总数达到54个，其中示范村14个。规模化发展食用菌产业，"公司+基地+农户"、农户联产承包的经营模式日渐成熟，实现产值2.3亿元。实施百园立农项目17个，申报现代农业示范园区建设项目15个，园区销售收入达到7.2亿元。培育壮大农产品加工"513"工程龙头企业14家，发展各类农民专业合作社451个，有机食品认证产品5个，绿色食品认证产品7个，无公害认证农产品4个，实现龙头企业销售收入10.05亿元，发展订单种养面积3133公顷。广灵画眉驴荣获农业部2013年地理标志认证。

工业 润广风力发电、华电甸顶山风力发电、华润月明山风力发电、国电南村镇风力发电、生物质能发电等总装机容量超过50万千瓦金隅水泥落地投产；乳化炸药年产能实现2.4万吨；整合县内煤炭资源，露天开采年产能达到60万吨，"六大"支柱产业占全县工业经济比重达98%。万元国内生产总值单位能耗同比下降3.5%，万元工业用水同比下降5.8%，地下水位止降回升1米以上，工业废弃物综合利用率达到71%。

城乡建设 以打造"晋北最宜居县城"为目标，实施"城镇提质"和"城乡安居"工程。推进润东新区开发改造工程建设，完成投资32.07亿元。至2013年，"一河两区"大县城框架和七纵六横的路网格局基本形成。廉租住房及秀水佳苑、东方丽都、舒惠佳园、盛世华庭、水乡·月亮湾等安居工程建成和在建保障性住房4989套，总面积达34.4万平方米。总投资7302万元的旧城区6条道路改造工程和投资42342万元的13条县城道路建设、绿化工程竣工，推进城中村改造。实施集中供热、燃气工程、自来水改造、规划馆建设等工程项目，用水普及率达到95%，燃气普及率达到10%，集中供热面积达到113万平方米，污水处理率由52%提高到73%。推进城乡清洁工程，投资2350.9万元，整治城市"五乱"、农村"四堆"，县城被评为2013年省级卫生县城。广灵剪纸农民工技能培训大楼、秧歌广场和三庄千栋片菌业园区建设工程如期竣工。全县城镇化率达到25.48%，高出年度目标任务1.31个百分点，增速2.4%。8月29日，大同市大县城建设现场会在广灵县召开，"大县城"建设经验及模式得到肯定和学习推广。

教育 推进"百校兴教"工程。在投资近3亿元实现"每个乡镇拥有一所高标准寄宿制学校"基础上，实施总投资5166万元的5所示范校和3所标准化公办幼儿园项目，整合广灵三中、四中，筹建壶泉小学。2013年高考二本达线320人。

社会保障 养老保险、医疗保险参保人数持续增加；新农合参合率达到99.67%，同比增长0.17%。发放低收入农户冬季取暖用煤59705户，补助环卫工人早餐费每人每天6元。五保户集中供养率达到21.25%，排在全市乃至全省前列。解决7000人、1060头大牲畜的吃水问题。建成19所农村康乐院，更多孤贫儿童和五保老人得到妥善供养。

环境建设 县城空气质量二级以上天数330天左右，饮用水水源地一、二级保护区的水质达标率达到100%。完成湿地保护区、文冠果基地、广源高速公路等绿化工程，造林4.46万亩，治理水土流失1.9万亩，森林覆盖率达到25%。

文化产业 定位2013年为"文化旅游年"，完成文化产业建设投资2660万元。广灵剪纸文化产业园区被列为2013~2014年度国家文化出口重点企业，文化产业增加值达到8130万元。在广灵县实地取景拍摄的励志影片《我的少女时代》在全国上映，荣获山西省第十届精神文明建设"五个一工程"优秀作品奖。

生态旅游 林地20万亩，湿地3万亩，绿化覆盖率达18.96%，聚居着陆栖野生动物278种，并有黑鹳、大天鹅等国家一、二级保护动物栖息。全县有自然景观25处，人文景观132处，旅游资源存量名列大同市第一，主要有国家重点文物保护单位"水神堂"、全国名泉之一"壶泉"、被誉为"小悬空寺"的圣泉寺、天然森林浴场圣佛寺、自然风光白羊峪、"天然氧吧"壶流河湿地、空中草原甸顶山以及汉白玉石林等。推进投资1000余万元的六棱山风景区、祥和谷四季度假区、白羊峪度假区等文化旅游项目，旅游产业总收入8.8亿元。(张治国)

【广灵县32幅作品参加平遥国际摄影展】 9月19日，32幅展示广灵城市形象、人文环境、休闲生活等丰富内容的"醉美广灵"优秀摄影作品，首次亮相第13届中国平遥国际摄影展，吸引国内外众多摄影师及游客的观赏。

(张治国)

【王晨一行检查义务教育执法】 9月5日下午，全国人大常委会副委员长兼秘书长王晨率全国人大常委会义务教育法执法检查组一行深入广灵县就义务教育法的贯彻落实情况进行执法检查。10月30日《人民日报》刊登题为《义务教育要转型跨越——全国人大常委会义务教育法执法检查组赴山西检查纪实》，对广灵教育给予高度评价。(张治国)

【广灵剪纸走进联合国】 7月2日，在瑞士日内瓦，联合国教科文组织总干事博科娃观看广灵剪纸第六代传承人、剪纸艺术家高青红赠给该组织的剪纸作品《清明上河图》全卷后，题词:“恭贺你!感谢你所创造的美丽。”

（张治国）

【广源高速公路通车】 11月18日，广源高速公路经过三年艰苦奋战，正式通车运营。广源高速公路于2010年8月开工建设，是山西省高速公路网规划“三纵十一横十一环”中第二横的重要组成部分，是省高速公路重点项目之一。线路起点位于广灵县蕉山乡与河北省蔚县暖泉镇交界处，终点位于浑源县南榆林乡，与同源高速公路、灵山高速公路相接。广源高速公路全长77.268千米，概算投资48.19亿元，采用四车道标准，路基宽度26米，设计时速100千米。

（张治国）

【郭才山入选“中国好人榜”】 9月初，由中央文明办主办、中国文明网承办的“我推荐、我评议身边好人”活动揭晓2013年8月“中国好人榜”名单，山西省有2人上榜，全部为大同市的身边好人，其中一位是广灵县作疃乡平城北堡村党支部书记郭才山，入选助人为乐好人。 （张治国）

·灵丘县·

中共县委书记	张　强
县人大常委会主任	张　枢
县　　长	赵亚雄*
	罗永山
县政协主席	冀连成

【简述】 灵丘县北纬39°03′~39°38′，东经113°53′~114°32′，下辖3镇9乡，254个行政村，12个社区居委会，总户数106124户，总人口246229人，其中农业人口204560人。人口自然增长率6.5‰。

全年全县地区生产总值完成31.5亿元，同比增长7.5%。规模以上工业增加值完成10.5亿元；固定资产投资完成69.8亿元；社会消费品零售总额达到22.9亿元；财政总收入完成5.1亿元；公共财政预算收入完成2.3亿元；城镇居民人均可支配收入19844元；农民人均纯收入5195元。城镇登记失业率控制在4.2%以内。

“三农”工作 农作物播种面积50.3万亩，粮食总产量达到7.6万吨，比上年增长2.7%。武灵镇等6个乡镇53个村发放地膜184.9吨，实现玉米地膜覆盖8万亩。完成落水河乡6个村1万亩玉米高产创建项目，平均亩产比上年增产62.6公斤。实施155个行政村街道亮化工程，安装太阳能路灯共3100盏。完成27个新农村建设重点推进村和35个“一村一品”专业村建设，筑护村护地坝2000多米，美化粉刷墙壁300米，栽植绿化风景树5000多株，栽植经济林500多亩，新建日光温室200多栋。全县农民专业合作社达到602家，入社社员达到13735人，带动农户34312户，建成省、市、县级示范社72家。推进农村环境综合整治工作。韩坊村、曲回寺村农村环境综合整治项目基本完成，武灵镇和东河南镇18个行政村的农村连片整治示范项目实施方案已获批复，成功申报李家庄等7个省级生态村。

畜牧业 建成荣昌种养专业合作社养鸡园区、佳农牧业有限责任公司肉牛养殖园区、鑫彭和占峰两个养殖专业合作社生猪标准化规模养殖场等7个标准化养殖小区。健全良种繁育体系，设黄牛改良人工授精点33个，改良本地黄牛、奶牛20121头，为群众增加经济收入1500余万元。加强饲草基地建设，完成草地建设任务28万亩。截至2013年底，牛、羊、猪、禽的饲养量分别达到8.9万头、77万只、12万头、100万只，存栏量分别达到5.8万头、43.5万只、5.5万头、58.5万只，肉、蛋、奶产量分别达到15350吨、5900吨和4940吨。

林业 平型关20万亩生态林工程完成荒山造林1万亩，成为上级领导观摩热点，高速公路绿化工程完成主林带0.18万亩、沿线荒山绿化1.42万亩。

工业 实施“百企强县”工程。以工业新型化为目标，发展循环产业和新兴产业。豪洋公司利用铁尾矿生产加气混凝土砌块项目全部完工，进行试生产；石工公司锰渣循环再生利用项目，一期工程建成投产，二期工程完工试运行；北泉水电站改扩建项目通过竣工验收并试运行发电；珍珠岩深加工等一批新兴产业项目取得重大进展。推进冶金产业园、新材料产业园和农业科技园建设，新材料产业园规划通过中期论证。实施重点工程48项，省级重点工程2项，市级重点工程46项，完成投资62.45亿元，占年任务的113.89%。

金融 建立政银企合作融资新机制(即“助保金”贷款)，以建设银行为试点，2013年共为8家小微企业发放“助保金”贷款3800万元。探索“银行+保险”商品融资新模式，以工商银行为试点，向中小企业发放贷款8500万元，累计发放贷款达6.2亿元。成立灵丘县经济建设投资有限公司(县政府注资3000万元）和灵丘县土地储备中心，依托水利建设项目和土地收储整治项目开展融资工作。完成第一批土地收储526亩，开展第二批土地收储460亩前期工作，县政府同市农发行签订10亿元的中长期信贷合作框架协议。

城乡建设 实施“城镇提质”工程。按照建设“山水特色城镇”的目标，完成新华街、新建路、振华街东中段、迎宾南路道路改造工程和祥和嘉园、锦绣旺府、唐河龙园、景阳家园等一批住宅小区工程。新建集中供热换热站3座，铺设管网7.469千米，新增供热面积51.4万平方米，县城集中供热覆盖率达到72%，供热面积近200万平方米。建成天然气城市中压管网5千米，新建天然气加气站一座，中压管网累计达36千米，形成县城区管网全覆盖，已开通居民用户3000户，发展工商业用户40户，燃气普及率达到40%。供水、污水等主要市政管网建设基本完成。完成东河南镇“五项建设”，编制上寨镇近期规划。

环境建设 印发《大气污染行动计划实施方案》，出台《关于开展冬季大气污染防治专项行动整治的通知》，启动机动车排放污染物检测项目，依法取缔拆除2家土法炼铅点、1个塑料加工点，关闭7家土法煤矸石窑。累计投入资金2819万元,开展以城市治“五乱”、农村治“四堆”为重点的大规模卫生集中整治和检查行动,出动人员5万余人次,动用大型车辆12万辆次,清理垃圾9万多吨。评选出环卫保洁示范街道和景观容貌示范街2条,示范乡2个,明星村5个,示范村24个,达标村140个。

交通 固城—驿马岭国防公路工程实现通车,唐生线“唐之洼—上野窝”段公路改造工程完成7千米路基工程。

教育 实施“百校兴教”工程。完成9所学校食堂建设工程和两所标准化幼儿园新建工程,完成城镇幼儿园主体工程。整治校园环境,共粉刷墙壁26万平方米,平整、硬化运动场地16万平方米,绿化面积1.2万平方米,制作文化牌匾3000余块。

卫生 完成卫生监督所建设工程、东河南镇和白崖台乡中心卫生院改扩建工程。推进公立医院改革,5月1日,县中医院全部药品实行零差率销售,通过二级甲等医院评审。新农合人均筹资标准提高到340元,参合人数18.82万人,参合率达到92%。

文体事业 举办361°中国乒超联赛—灵丘平型关赛区比赛和全县第一届自行车越野赛。根据全国模范法官何云霞的真实故事改编的大型罗罗腔现代戏《乡村法官》在全县巡回演出。完成农村电影放映2937场次,送戏下乡200场。

民生建设 新农保参保人数达到11.78万人,城镇居民养老保险参保人数达到1590人。扩大企业职工基本养老保险、失业保险、生育保险、工伤保险覆盖面,基本医疗保险达到应保尽保。城市低保和农村低保标准每月分别提高30元和24元,为城市低保对象5289人、农村低保对象16772人和五保分散供养对象3787人发放补助金5713万元,为3775人发放医疗救助、孤儿救助等资金618.8万元,为5134户城镇低收入家庭发放廉租住房补贴821.44万元。为低收入农户发放冬季取暖用煤82376吨,为环卫工人每天补助早餐费6元。

政府建设 办理人大代表建议113件,政协委员提案121件,办结率100%。全县涉及64个部门的三公经费实现政务公开全覆盖,54个部门的4686项政务服务、行政处罚和便民事项全部在网上公开透明运行,审批事项压缩40%。 (高晓彬 刘甫花)

·浑源县·

中共县委书记 张清河
县人大常委会主任 王维平
县长 赵亚雄
县政协主席 张振虎

【简述】 浑源县北纬39°27′~39°52′,东经113°23′~113°58′,总面积1966平方千米,下辖6镇12乡。

全年全县地区生产总值完成38.52亿元,同比增长7.7%;规模以上工业增加值完成13.43亿元,同比增长9.8%;社会固定资产投资完成80.37亿元,同比增长71.9%;社会消费品零售总额完成24.25亿元,同比增长14.1%;城镇居民人均可支配收入达到16617元,同比增长10.5%;农民人均纯收入达到5143元,比同增长13.1%。财政总收入37240万元,一般预算收入21957万元。

“三农”工作 农作物总播面积41333.33公顷,粮食产量达到15750吨,稳步实现“八连增”。新增黄芪规范化种植2333.33公顷、仁用杏等经济林866.67公顷;建成示范园区8个,新增设施农业80公顷,春润、神农、泰丰等特色园区成为大同市百园立农工程典型。“恒山黄芪”通过国家级认证。浑源县被列为全省30个牛羊养殖重点县之一,恒山畜产品列入大同市“小巨人”重点企业培育计划。“513”企业亮相山西省农展会和武汉国际农产品交易会,完成销售收入2亿元。对接“百企千村”产业扶贫。启动实施大仁庄乡净石移民新村建设工程,惠及10个行政村3500名群众。投资402万元,完成农村饮水安全工程7处,6个乡镇7个村近万人受益。投资2500万元,为18个乡镇的220个行政村安装路灯4400盏,实现农村街道亮化全覆盖。转移输出农村劳动力5023人,工资性收入成为农民致富的重要来源。全年发放农资综合直补和粮食直补3383.2万元,新增农业合作社113个,累计达431个,注册资金4.25亿元,全年实现农村经济总收入29.8亿元,农业总产值16.2亿元,农业增加值9.7亿元。

工业 规模以上工业总产值完成32.18亿元,增加值完成19.2亿元,上缴税金1.94亿元。实现外贸进出口总额19万美元。百川煤业正式投产,全年生产原煤722万吨,上缴税费1.39亿元。花岗岩产业,全年生产整形料1.1万立方米,上缴税费2909万元。培育黑色花岗岩接续产业,与厦门泉州商会成功签约。风电项目投产20万千瓦,在建15万千瓦;低热值煤发电、抽水蓄能电站项目推进,锦华能源废弃矿渣综合开发利用、大唐新能源风电检修,万众传媒等一批低耗高效项目落户园区,工业经济呈现出绿色、环保,可持续的新特点。发展非公有制经济,扶持小微企业,力促产业回归,资金回流、老板回县、人才回乡,全县民营企业总数达577户。

项目建设 实施百企强县工程,超额完成项目储备、签约、落地、开工、建设、投产“六位一体”年度目标任务。完成项目储备2080.74亿元、项目签约271.06亿元、项目落地117.53亿元、项目开工51.79亿元、项目建设60.25亿元、项目投产100.8亿元。推进转型综改十大标杆项目建设。围绕产业转型、生态修复、城乡统筹、民生改善四大领域,筛选布局10个重大项目,年计划投资23.42亿元,实际完成投资31.02亿元。

财政金融 完成公共财政预算收入21957万元。全县年底各项存款余款达72.86亿元,各项贷款金额达20.09亿元,存贷比为38.56%,同比增5.89个百分点。

旅游产业 实施历史文化街区消防水源工程、州衙院落硬化和土地祠修复工程、永安寺技防工程,完成恒山景区无线网络监控系统工程、森林防火监控工程,推进岳门湾古建、索道迁建等工程,名城、名镇、名村、名胜区完成投资4493万元。开展旅游对外合作与交流，握手中央电视台等主流媒体，恒山系列宣传片多次登陆央视重点栏目。恒山景区完成门票收入5503万元，接待游客90.3万人次，完成旅游总收入3.7亿元，开发特色旅游纪念品60余种。

第三产业 在旅游产业拉动下，住房、汽车等大宗商品消费增长，粮油、畜禽、果蔬等农副产品购销两旺，邮电、快递、通讯、金融、保险、家政服务等第三产业发展，完成社会消费品零售总额24.25亿元，同比增长14.1%；服务业增加值13.9亿元，占国内生产总值比重达36.2%。

城乡建设 《城市总体规划》送审报批，《历史文化名城保护规划》启动，《神溪湿地及凤凰山修复总体概念设计及启动区方案深化设计》推进，《新区3平方公里重点地段控制性详细规划》和《旧城区七个改造片区的修建性详细规划》编制完成，铺开新区建设，煤炭大楼、政务审批中心、武装部民兵训练基地项目主体竣工，推进云阁待、会府街、天峰路北延及地下管网工程建设。加快旧城改造，推进七大片区拆迁工作，开发城市建设用地。书院街、兴源街建成通行，翠屏路、天峰路改造拓宽，9条小街小巷完成硬化。构建路网体系，王繁、广源2条过境高速公路通车运营，全县高速公路通车里程达到125千米。北环路改线工程奠基开工，实施张庄至大磁窑旅游专线建设工程，县城外围新的交通环线初步形成。陈韩线、韩镇线2条县乡公路改线工程投资3000万元，5村17.25千米的建制村通水泥工程完成投资887万元。完成集中供热扩容工程，新增供热面积30万平方米，集中供热普及率达到34%。启动智慧城市建设工程，完善110智能指挥系统，交通应急指挥中心和“天眼”工程。城中村改造起步，西坊城中心集镇建设完成，全年完成市政建设投资6亿多元，城镇化率提高2个百分点，达36.12%。

环境建设 投资1亿元，完成高速公路通道绿化50.8千米，强化京津风沙源治理，巩固退耕还林成果，新增造林5.8千米，全县绿化覆盖率达26.69%。投资4000余万元，实施首都水资源保护项目、综合治理中小流域、水土保持工程取得良好生态效益。依法治理涉污企业6家，封堵填埋小土炉窑97座，清理临时储煤场3家，淘汰高耗能变压器2台，实施建筑节能改造2万平方米，圆满完成6项主要污染物减排考核任务，全年二级以上天气达327天。整治制砂采砂，县城所有河道禁采河砂。整治水环境，对浑河、唐河等流域进行综合污染防治。投资2300余万元，为全县平川连片村、城中村、乡镇驻地村、沿河沿路村、乡域中心村装备专业机械，配齐清扫人员，142个“五类村”率先实现村庄保洁常态化。县城新增保洁面积28万平方米，主次干街道全部实现全天保洁。

民生建设 民生支出8.19亿元，占县级公共财政预算支出的74.68%。投资近1.2亿元，实施校舍建设、标准化操场和信息化建设工程。浑源七中建成招生。就业创业培训任务完成，省级创业基地县试点工作铺开，新增城镇就业1355人，实现创业带动就业人数352人；全县城镇登记失业率控制在2.9%。基础养老金标准由55元增长为65元，新农合筹资标准由290元提高到340元，参合率99.3%。实施乡镇卫生院新建项目1个，乡镇卫生院周转宿舍项目5个，建成村级卫生室27个。推进县级公立医院改革，基本药物由516种增加到718种。新农合住院报销上限提高到15万元，全年补偿资金7899万元，城镇职工基本养老保险参保35506人，医疗保险参保54974人，工伤保险参保14811人，失业保险参保15136人。拨付城乡低保对象住院治疗救助资金436万元。发放离退休人员遗属取暖补贴、公职人员带薪休假补贴1654万元，城乡低保每人每月分别提高30元和24元，发放金额8472万元，为270名环卫工人每人每天补助早餐费6元，为全县农户兑现冬季用煤11.2万吨，新开工廉租房、公租房、安置房4368套26万平方米，完成首批472户廉租房实物配租工作，为3822户城市低收入家庭发放住房补贴662万元，投资5400万元，实施农村危房改造和抗震加固工程3400户。人口出生率控制为8.25‰，人口自然增长率控制为4.65‰，综合考核全市第一。（范颖莲）

【北岳恒山登陆CCTV10·地理中国】 1月3~4日，中央电视台十套科教频道《地理中国》播出解读北岳恒山的专题片，首播时间为3日17:30，重播时间为4日上午9:45。（范颖莲）

【“走进千佛岭”书画摄影展】 1月30日，浑源县“走进千佛岭”书画摄影展开展。自上年9月开展征集活动以来，省内外有80多位作者的220余幅书画和300余幅摄影作品参赛。此次展览精选60位作者290件书画、摄影作品参展，展览持续到元宵节后。（范颖莲）

【工信部调研组调研“燕山—太行山片区”扶贫开发工作】 5月20~21日，由国家工信部机关党委工会主席、扶贫办副主任姚小林、消费品工业司处长汪明燕带队的调研组，就“燕山——太行山片区”扶贫开发工作进行调研，调研组对浑源县片区扶贫开发工作给予肯定，希望浑源县抓住新阶段扶贫开发机遇，用好扶贫政策与外部支持力量，加速发展，摆脱贫困。（范颖莲）

【“恒山黄芪羊”注册商标】 7月30日，浑源县龙首山生态畜牧专业合作社法人李秋芳领回由国家商标局颁发的“恒山黄芪羊”注册商标证。（范颖莲）

·左云县·

中共县委书记	徐尚红(女)
县人大常委会主任	王　璞
县长	李广林*
	王东升
县政协主席	闫　荣

【简述】 左云县北纬39°44′~40°14′，东经112°32′~112°59′，总面积1307平方千米，下辖3镇6乡。总人口147626人，比上年下降0.96%。女性人口72634人。非农业人口42738人；农业人口104888人。人口出生率11.06‰，

死亡率为5.25‰,人口自然增长率为5.82‰。全县城镇化率为44.83%。

全年全县地区生产总值完成365249万元,比上年增长9.9%。第一产业增加值25341万元,增长5.1%;第二产业增加值158065万元,增长13.5%;第三产业增加值181843万元,增长7.2%。人均地区生产总值23030元。财政总收入103542万元,增长18.38%。城镇居民人均可支配收入19765元,增长10.8%;农村居民人均纯收入8413元,增长13.2%。公共财政预算收入48994万元,增长42.08%。税收收入25442万元,增长3.69%。其中增值税、营业税、企业所得税、个人所得税、资源税和城建税共计完成税收22333万元。公共财政预算支出109524万元,增长28.50%。农林水事务支出11990万元,社会保障和就业支出增长9543万元,医疗卫生支出7685万元。

农业 农作物种植面积27763公顷,其中粮食种植面积22304公顷,油料作物种植面积4097公顷,其他作物种植面积1362公顷。粮食总产量35207吨,增加2789吨;油料产量3087吨,减少302吨。猪牛羊肉总产量4430吨,增长4.3%。猪肉产量1580吨,增长3.2%;牛肉产量393吨,与上年持平;羊肉产量2320吨,增长14.5%。生猪存栏12080头,出栏15345头;羊存栏138233只,出栏147728头。牛奶产量6706吨,下降15.7%。禽蛋产量1241吨,增长2.6%。农业机械总动力11.9万千瓦,增长2.5%,使用化肥2264吨,地膜89吨。

全年造林面积667公顷,四旁植树65万株,中幼林抚育133公顷,育苗487公顷。

工业建筑业 规模以上工业企业5家,增加值增长14.6%。实现主营业务收入79485万元,增长13.92%。其中煤炭工业实现主营业务收入60245万元,增长15.90%;电力工业实现主营业务收入15908万元,增长9.18%;食品工业实现主营业务收入3332万元,增长3.48%。规模以上工业实现利税9317万元,增长62.97%。其中利润258万元。全社会原煤产量525万吨,增长50%。其中规模以上工业原煤产量227万吨,与上年持平。发电量29556万千瓦时,增长8.69%。

建筑业实现增加值12189万元,比上年增长5.0%,施工面积206675平方米。

投资贸易 固定资产投资1185796万元,增长25.0%。其中,第一产业投资275786万元,约为上年的二倍;第二产业投资561987万元,下降36.1%,全部为工业投资;第三产业投资348023万元,约为上年的三倍多。国有投资953147万元,非国有投资232649万元,民间控股投资232649万元。

在建固定资产投资项目107个,计划总投资3009884万元,累计完成投资2531965万元。全年新增固定资产568398万元。房地产开发投资1503万元,同比下降73.3%。

社会消费品零售总额180003万元,增长14.0%。按经营地统计,城镇消费品零售额108934万元,增长11.4%;乡村消费品零售额71069万元,增长18.2%。按消费形态统计,餐饮收入13826万元,增长7.4%;商品零售166177万元,增长14.6%。

交通邮电 铁路线3条,铁丰铁路运输能力达到500万吨。公路通车里程达1345千米,其中高速公路32.64千米,公路网密度达到110千米/百平方千米。

二级汽车站1座,四级乡镇客运站4座,客运企业3家,客车86辆,长途班线13条,通车行政村数为220个,全年客运量95万人次,旅客周转量4029万人千米;货运企业9家,货车2083辆,货运量309万吨,货物周转量50835万吨/千米。

完成邮电业务收入5177万元,下降37.4%。邮政业务收入805万元,增长2.3%;通信业务收入4372万元,较上年大幅下降。固定电话用户11300户,移动电话用户94300户。宽带接入用户11000户。

金融保险 金融机构各项存款余额876277万元,同比增加27787万元,同比增长3.2%;各项贷款余额192431万元,同比增加17306万元,增长9%。

农村金融合作机构(农村信用社、农村合作银行、农村商业银行)人民币贷款余额183387万元,比年初增加16309万元,增长9.8%;人民币存款余额296794万元,比年初增加54753万元,增长22.6%。

保险公司发展到10家,保费收入3495万元,支付各类赔款及给付2680万元。

科教文卫 科技方面组织申报省级农技承包2项,上报省科技厅。申报市级项目9项,争取资金300万元。完成市局下达专利任务25个。

普通中小学校32所,专任教师1777人,在校学生数16378人,其中,小学生7186人,初中生4669人,高中生4523人。幼儿园(不包括学前小学校)7所,在园幼儿4661人。

文化馆1个,综合公共体育场一处,公共图书馆1个,藏书11.4万册。报社1家,出版报纸5万份。有线电视用户6021户,电视综合覆盖率达90%以上。

卫生机构(含诊所、村卫生室)249个,妇幼保健院(所、站)1个,卫生技术人员538人。

社会生活 居民消费品价格比上年上涨4.3%。食品价格上涨1.3%,烟酒价格上涨1.1%,衣着价格下降2.9%,家庭设备用品及维修价格上涨13.2%,医疗保健和个人用品价格下降3.3%,交通和通信价格上涨9%,娱乐和文化服务价格上涨1.8%,居住价格上涨16.3%。

全年城镇新增就业1399人,城镇登记失业率为4%。参加城镇职工基本养老保险13972人;参加新型农村社会养老保险59030人;参加城镇基本医疗保险43499人;参加失业保险8520人;参加工伤保险19657人;参加生育保险11387人。城市最低生活保障对象3991人,发放低保金1319万元;农村最低生活保障对象10599人,发放低保金1387万元。福利中心入住五保户40名,孤儿23名,优抚对象5名。 (邵明仁)

·大同县·

中共县委书记 王凤瑞

县人大常委会主任　武　明
县　　　　长　周聚德
县政协主席　薛守清

【简述】 大同县北纬 39°43′~40°16′，东经 113°20′~113°55′，总面积 1503 平方千米，下辖 7 乡 3 镇，3 个街道办事处，175 个行政村。总人口 189256 人（含市经济技术开发区），男性 97553 人，女性 91703 人；农业人口 121011 人，非农业人口 68245 人。出生 2184 人，死亡 1031 人，出生率为 11.58‰，死亡率为 5.64‰，自然增长率为 6.12‰。

全年全县地区生产总值完成 226851 万元，比上年增长 7.5%。第一产业完成增加值 70197 万元；第二产业完成增加值 49998 万元，其中工业完成增加值 45221 万元；第三产业完成增加值 106656 万元。三次产业结构的比由上年的 30.6:24.3:45.1 变为 30.9:22.0:47.1。人均生产总值达 12831 元。城镇登记失业率控制在 4.2%以内，城镇比率为 36.06%(含市开发区)。城镇居民人均可支配收入 14883 元；农村居民人均纯收入 6364 元。在岗职工年平均工资 38152 元；城乡居民储蓄存款余额为 310687 万元。

农业　农林牧渔业总产值实现 130460 万元。农作物播种面积 43031 公顷，其中粮食作物播种面积 36706 公顷；经济作物播种面积 6325 公顷。在经济作物中，油料作物面积为 214 公顷；甜菜面积为 245 公顷；蔬菜面积为 4513 公顷；瓜果播种面积为 1302 公顷。粮食 88281 吨：玉米 74911 吨；谷子 1391 吨；黍类 4988 吨，豆类 3639 吨；薯类 3296 吨。油料 269 吨。蔬菜 138649 吨。瓜类 36050 吨。水果 1595 吨。奶类 30518 吨；羊毛 295 吨%；禽蛋 12524 吨。牛存栏 16093 头；出栏 15093 头；奶牛存栏 5012 头。猪存栏 35309 头；出栏 59517 头。羊存栏 111970 只；出栏 98399 只。家禽存栏 100.84 万只；出栏 115.43 万只。

农业机械总动力 210353 千瓦。农村用电量 5192 万千瓦时。农用化肥施用量(实物量)29157 吨。农用塑料薄膜使用量 1198 吨，地膜使用量 213 吨，地膜覆盖面积 14210 公顷。农用柴油使用量 1137 吨。农药使用量 52.6 吨。

林业　造林面积 2678 公顷，按造林方式分：人工造林 2345 公顷，无林地和疏林地新封造林 333 公顷。按经济成分分：国有造林 333 公顷，集体经济造林 1745 公顷，非公经济造林 600 公顷。按林种用途分：经济林 600 公顷，防护林 1704 公顷，薪炭林374 公顷。零星植树 87 万株，年末实有封山育林面积 11866 公顷，中、幼龄林抚育面积 133 公顷，年苗木产量 1200 万株，新增育苗面积 193 公顷，木材产量 537 立方米。

工业建筑业　规模以上工业企业 14 家，实现增加值 36181 万元；实现销售产值 118138 万元；实现销售收入 115284 万元；实现利税 7331 万元；实现利润 4285 万元；实现总产值 128665 万元；采矿业完成产值 6303 万元；药品制造业完成产值 5000 万元；水泥制品制造业完成产值 20791 万元；煤炭制品制造业完成产值 21000 万元；机械制造业实现产值 32006 万元；其他建材类产值 26066 万元。原煤产量 14.7 万吨；机红砖 15378 万块；活性炭 1.39 万吨；石墨电极 7.45 万吨；铝型材 3631 吨；铸石板 1.66 万吨。

具有资质以上建筑业企业 6 家，完成建筑业产值 7961 万元，比上年下降 9.2%；资质以上房地产开发企业 3 家，完成开发投资 46527 万元。

财政金融　财政总收入为 34343 万元，国税部门完成 12440 万元；地税部门完成 19427 万元；财政部门完成 2431 万元；公共财政预算收入完成 16095 万元，比上年增长 16.02%。公共财政支出累计执行 115436 万元，一般公共服务支出 11059 万元；公共安全支出 6034 万元；教育支出 24173 万元；文化体育与传媒支出 1157 万元；社会保障和就业支出 10677 万元，医疗卫生支出 9075 万元，节能环保支出 6062 万元；城乡社区事务支出 1628 万元；农林水事务支出 24953 万元；交通运输支出 3985 万元；国土资源气象等支出 6996 万元；住房保障支出 2987 万元。

金融机构各项存款余额 481740 万元，单位存款 135533 万元；个人储蓄存款 310687 万元；财政性存款 35255 万元。各项贷款余额为 143641 万元，其中短期贷款为 75863 万元，在短期贷款中个人贷款及透支 33249 万元，单位普通贷款(经营贷款)42614 万元；中长期贷款 63928 万元，在中长期贷款中，个人贷款 24699 万元，单位普通贷款（经营贷款）39229 万元。

投资贸易　完成固定资产投资 693095 万元，按建设性质为：建筑工程完成投资 408845 万元，安装工程完成投资 111587 万元，设备工器具购置投资 117705 万元，房地产开发与经营投资 46527 万元，其他投资 8431 万元。全年共有投资项目 76 个，房屋施工面积 46700 平方米，房屋竣工面积 40000 平方米，房屋竣工价值 5491 万元。

完成社会消费零售总额 124380 万元，比上年增长 13.5%，按销售区域分：城镇零售额 48938 万元；乡村的零售额 75442 万元。按消费形态分：餐饮业消费 9564 万元；商品零售 114816 万元。

交通电信　境内公路通车里程达 1558 千米，国道通车里程为 46 千米，省道 127 千米，县道 282 千米，乡道 735 千米，村道 368 千米，公路密度为 105.4 千米/百平方千米，十个乡镇 175 个行政村全部通水泥(油)路。大型货用车 4081 辆，吨位达到 117566 吨；中型车辆 171 辆，吨位 610 吨；小型车辆 1700 辆，吨位 2376 吨，牵引车 3188 辆，挂车 3437 辆，挂车吨位达 109873 吨。拥有大巴车 41 辆，小客车 66 辆，出租车 250 辆。固定电话用户 12130 户；手机用户 143112 户；互联网宽带用户 15726 户。

教育卫生　幼儿园 36 所（不含无证园)，小学 47 所，小学办学点 15 所，初中 14 所，高中 1 所。小学招生人数为 1672 人，在校学生为 9183 人，毕业生人数为 2566 人；初中招生人数为 1554 人，在校学生为 4951 人，毕业生人数为 2736 人；高中招生人数为 938 人，在校学生为 3092 人，毕业生人数为 1147 人。专任教师人数为:幼儿园79人(不含民办),小学959人,初中510人,高中202人。

县级医疗卫生机构6个,乡镇卫生院10个,卫生院分院6个,农村卫生室(点)159个,个体诊所11个。全县具有高级医疗卫生技术职称的人数为10人,全部为县级。具有中级医疗卫生技术职称人数为91人,县级83人,乡镇卫生院8人;具有初级医疗卫生技术职称人数293人,县级122人,乡镇卫生院171人。拥有床位390张,县级196张,乡镇卫生院194张;救护车13辆,县级3辆,乡镇卫生院10辆;大中型医疗设备(1万元以上)174台件,其中县级137台件,乡镇卫生院37台件。推进县医院改革和乡镇卫生院管理体制改革。实施国家基本药物制度,全县乡村两级采购基本药物647.65万元。巩固提高新农合保障水平,参合农民享受各类补偿4562万元。

环境建设 综合污染指数由上年的1.78下降到1.63,实际下降0.15,一级天气104天,二级天气218天,三级天气22天。二氧化硫排放量为2284吨,化学需氧量排放量2148吨;氨氮排放量137吨,;氮氧化物排放量568吨;烟尘排放量3280吨;工业粉尘排放量1345吨。万元工业增加值用水量为71.88吨;工业废弃物综合利用10万吨,;年内建成区新增绿化面积12.4万平方米;污水处理率达70%;新增集中供热面积13万平方米,农村饮水提标人数为12190人。投资1600万元完成两家活性炭企业活化炉节能改造工程2项,投资1137万元完成锅炉脱硫除尘、煤气发生炉改天然气炉、农业源污染减排工程3项。万元国内生产综合能耗为1.7084吨标准煤。

社会保障 新增城镇就业人员2000人,扶持创业带动就业900人,转移农村劳动力7000人,创业培训400人,城镇登记失业人员技能培训800人,农村转移劳动力培训3200人,技能人才培训1200人,高技能人才培训160人。光荣院、敬老院9所,床位450张,集中供养364人,政府为集中供养老人支付养老费用86万元,分散供养五保户1463人,支付养老费用190万元。为3074户6102人城镇低保对象支付低保金2334万元,为14064户15715人农村低保对象支付低保金2370万元,新型农村合作医疗参保人数为126153人,为农村参保患者报销医疗费4959万元。

城镇企业职工参加养老保险的人数为9821人,城镇居民参加养老保险的人数为1764人,农村居民参加养老保险的人数为67012人,事业单位参加养老保险的人数为237人,参加工伤保险人数为10596人,参加生育保险人数为14078人,参加城镇基本医疗保险人数为30074人,参加失业保险人数为7614人。(吉广仁)

阳泉市

中共市委书记 洪发科
副书记 李栋梁* 陈永奇 郭长青* 王旭明
市人大常委会主任 刘高官
副主任 王振国 刘兆林 吴丽萍(女) 孙金明 吕昌政 刘志强
市长 李栋梁* 陈永奇
副市长 王旭明* 李利生 刘星* 郝培亮 任衍钢 董仙桃(女) 赵峰 徐芃(挂职)
市政协主席 郃爱国
副主席 曹凯民 许文珍 赵永红(女) 李天祥 任美福 李顺宽 赵平有

【概述】 阳泉市北纬37°40′~38°31′,东经112°54′~114°04′,下辖城、矿、郊三区,平定、盂县两县,总面积4558.93平方千米,常住人口138.6万人,人口密度304人/平方千米。

全年全市地区生产总值完成611.8亿元,比上年增长7%。财政总收入111.3亿元,下降21.1%;公共财政收入47.9亿元,下降15.7%,税收收入35.8亿元,下降17.9%。全社会固定资产投资485.5亿元,增长24.1%。社会消费品零售总额246.7亿元,增长13.4%。城镇居民人均可支配收入23238元,比上年增长9.7%;农村居民人均纯收入9742元,增长12.2%。

工业 规模以上工业企业161家,比上年增加25家。全年规模以上工业增加值增长7.5%。实现主营业务收入830.1亿元,增长2.3%。煤炭、焦炭、冶金和电力工业分别实现主营业务收入563.3亿元、9.8亿元、64.9亿元和48.6亿元,煤炭工业增长3.8%,焦炭、冶金、电力工业分别下降2.1%、9.4%、0.2%;化学、建材工业分别实现主营业务收入20.7亿元、37.0亿元,分别下降24.0%、13.2%;装备制造、食品工业共实现主营业务收入90.0亿元,分别增长14.3%、8.8%。实现利税51.42亿元,下降28.9%;其中利润5.82亿元,下降68.5%。全社会原煤产量6456.9万吨,下降5.5%;发电量114.0亿千瓦小时,下降5.8%;焦炭产量42.5万吨,下降9.1%。

建筑业 全年全市建筑业实现增加值36.6亿元,按可比价计算,比上年增长11.5%。具有建筑业资质等级的总承包和专业承包建筑业企业实现利润4.6亿元,增长24.3%。

农业 农作物种植面积5.9万公顷,比上年增加0.02万公顷。粮食种植面积56857公顷,增加189公顷;油料种植面积166公顷,减少14公顷。粮食产量29.1万吨,比上年增加1.1万吨,增产3.7%。夏粮0.2万吨,增产8.5%;秋粮28.9万吨,增产3.7%。肉类总产量18865.6吨,增长17.7%。猪肉产量15237.5吨,增长13.7%;禽肉产量2680.2吨,增长49.4%。年末生猪存栏142087头,生猪出栏196522头。牛奶产量6563.3吨,增长1.7%。禽蛋产量25751.2吨,增长3.3%。水产品产量0.08万吨,增长11.0%。

农业机械总动力133.6万千瓦,增长2.5%。机械耕地面积4.4万公顷,增长2.3%;机械播种面积4.1万公顷,机械收获面积0.6万公顷,分别增长

2.5%和20.0%。农机化经营总收入7.4亿元,增长7.2%。

78家涉农企业、30个产品获得农产品质量证。绿色食品生产企业1家,绿色食品3个;无公害农产品生产企业13家,无公害农产品30个。建成标准化畜禽养殖场33家;蔬菜标准园10家,面积170公顷。全市农业产业化龙头企业55家,农民专业合作社1820家。全市(达省级)"一村一品"专业村总数达到145个。

完成造林7500公顷,下降8.9%。人工造林面积6700公顷,下降1.8%。木材产量2401立方米。

项目建设 改造提升矿井水平,减轻煤炭企业负担,实行驻矿稽查服务,提高洗选比例。出台电力项目建设考核办法,以奖代补调动电力企业建设积极性,并组织争取项目申报审批。河坡发电公司2×35万千瓦项目地面以下土建工程基本完工,中广核风电公司风力发电项目开工,盂县鑫磊2×35万千瓦和阳煤远盛电厂2×35万千瓦项目取得路条,山西国际能源裕光煤电2×100万千瓦项目有望取得路条,争取南煤集团西上庄2×60万千瓦项目。阳煤集团盂县"24·40"尿素项目试车成功,平定年产60万吨乙二醇项目加紧前期工作。兆丰铝业氧化铝二期70万吨项目投产,20万吨高精铝板带一期12.5万吨项目试运行。

梁家寨大米温泉度假景区酒店试运营,藏山风景区生态景观大道建成通车,加快娘子关、水神山等重点景区建设。推进装备制造业壮大发展、重组耐火材料产业。百度云计算中心主体完工,进入设备安装阶段,打造云计算产业基地。

城乡建设 推进阳五高速、西环高速、307复线等公路建设工程。启动道路畅通工程,实施洪城路拓宽和南大东街、桃南中街、南山南路大修等道路工程,保晋路、桃北东路、平坦立交桥续建等工程相继建成通车,在政府广场和新一中等一些道路的关键节点修建地下通道、过街天桥,撤并公交站点、优化线路、建设公交港湾,缓解交通拥堵状况。

建设"智慧阳泉",完成28个部门单位的信息化系统整合接入工作,市区和县城主要公共场所实现无线互联网免费全覆盖。完成城市总体规划、市域总体规划和生态新城控制性详规。成立生态新城建设管委会,搭建投融资平台,确定6大类35个新城建设项目,基本完成新城大道供热、供水管网等工程。推进大县城和中心镇建设,全市城镇化率达到64%。重启娘子关二期供水工程,谋划阳泉北站至大寨的城际铁路建设。

环境建设 全年万元国内生产总值综合能耗下降3.53%。全市空气质量二级以上天数达到329天,优良天数比例为90.1%,综合污染指数为2.49,空气质量稳定达到国家二级标准,地表水出境断面水质趋好。化学需氧量、氨氮、二氧化硫、氮氧化物、烟尘、粉尘分别下降0.67%、0.46%、4.86%、6.8%、7.62%、3.89%,均提前超额完成省下达的减排任务。年末全市有林地面积11.8万公顷,森林覆盖率25.9%。年内完成营造林14.14万亩,被评为"全国绿化模范城市"。

民生建设 全年民生支出占公共财政支出的比重达到76.5%。新增就业2.54万人,城镇登记失业率控制在3.08%。启动实施城乡居民医疗大病保险试点工作,全市社会保险综合覆盖率达到95%以上。制定实施稳定物价措施平抑物价。新建保障性住房7035套,基本建成10092套。落实高温津贴、带薪休假制度,提高取暖补贴、最低工资标准和企业工资基准线,促进居民增收。阳泉工程学院成功升本。

文化 5月15日,阳泉市作协会员李萍(寒月)的童谣《爱学习的好娃娃》在中央宣传部、中央文明办、教育部、共青团中央、全国妇联联合举办的第三届全国优秀童谣征集活动中获优秀奖。这是山西省文明办推荐的童谣中唯一获奖作品。

3月27~31日,由阳泉市广播电视台制作的纪录片《大米》,在央视纪录频道《人文地理》栏目播出。该片分《过年》《谷雨前后》《夏天的故事》《谷子黄了》《大雪小雪又一年》5集,全片150分钟。在第七届"纪录·中国"创优评析表彰活动中,该片获得人文自然类二等奖。在第十二届四川电视节"金熊猫"奖国际纪录片评选活动中,获得"金熊猫"奖——CCTV《活力中国》特别奖最佳社会人物类纪录片奖。

体育 阳泉籍运动员武杨在广州举行的2013年乒乓球世界杯团体赛中,以3:0战胜日本队员石川佳纯,为中国乒乓球女队获得世界杯团体冠军做出贡献。这是武杨第一次作为中国乒乓球女队主力队员参赛,也是山西历史上首位女子乒乓球世界冠军。

在哥伦比亚卡利举行的第九届世界运动会中,阳泉籍运动员在蹦床项目比赛中获得两枚金牌,其中涂潇与队友合作获得男子双人同步金牌,张雒获得男子单跳金牌。11月7~11日,在保加利亚举行的第29届世界蹦床锦标赛中,阳泉籍运动员涂潇获得男子网上团体第一名、网上个人第二名的优异成绩。

在2013年国际射联世界杯总决赛中,阳泉籍运动员王智伟获得男子50米手枪金牌,这是全省射击运动史上第一个世界冠军,也是阳泉市第一个个人项目世界冠军。

(任佟苏 杨 文)

【首批"智慧城市"试点市】 10月,阳泉市成为全国首批"智慧城市"试点市,开展由科技部和国家标准委员会共同推动的试点示范工作。此次试点全国有20个城市入选,山西省有阳泉市和太原市入选。

(任佟苏 杨 文)

【阳煤集团获"国家级示范企业"称号】 7月,在工业和信息化部首次开展的"国家级信息化和工业化深度融合示范企业"评选中,阳煤集团获"国家级示范企业"称号。

(任佟苏 杨 文)

【"青少年权益工作创新" 试点市】 2013年,中国共产主义青年团阳泉市委员会实施"青春·聚计划"工程,开展凝聚人心、助力创业、服务公益、维护权益、安全倡导、夯实组织、优化品牌的七项行动,被团中央确定为山西省唯一的全国"青少年权益工作创新"试点城市。 (任佟苏 杨 文)

【公安局禁毒支队被评为全国先进单位】 年内,阳泉市公安系统开展"扫毒害保平安"和"肃毒害创平安"专项行动,共破获毒品刑事案件90起。在省禁毒总队的直接参与和指挥下,成功破获一起特大运输贩卖毒品案,缴获冰毒5公斤,是山西省缴获冰毒数量最大的一起案件。由于成绩突出,阳泉市公安局禁毒支队被评为全国公安机关"扫毒害保平安"严打整治行动成绩突出先进单位,成为山西省唯一获此殊荣的先进集体。

(任佟苏　杨　文)

【东坪煤业黄土井下充填采煤技术试验成功】 10月,由盂县东坪煤业有限公司与中国矿业大学联合探索研制的黄土井下充填采煤技术试验成功,成为国内第二例、山西省首例。该技术以固体废弃物为充填材料,将固体废弃物通过投料井运送至井下综采工作面,借助自夯式充填综采液压支架、充填开采输送机等设备实现采空区充填,把"三下"(桥梁、村庄、河流下)压煤采尽,并确保地表建筑物完好无损。实施黄土井下充填采煤后,矿井服务年限将由3年延长至50年,成为变废为宝、生态环保、适合山西煤基转型的示范项目。

(任佟苏　杨　文)

·城　区·

中共区委书记	康晓剑
区人大常委会主任	李忠祥
区　　长	武　雪
区政协主席	杨柱英

【简述】 城区北纬37°50′~37°52′,东经113°30′~113°33′,总面积14.77平方千米,辖6个街道办事处,44个社区居民委员会。

全年全区地区生产总值完成140亿元,比上年增长6.2%。第二产业增加值24.4亿元,下降4.8%;第三产业增加值115.6亿元,增长8.5%。第三产业中,金融保险业增加值14.6亿元,增长4.2%;交通运输、仓储和邮政业增加值12.6亿元,增长7.4%;批发和零售业增加值31.9亿元,增长7.1%;房地产业增加值6.3亿元,增长9.4%。

医疗卫生　整合医疗资源,开展"医疗专家进社区"活动。一是开展现场诊疗活动。组织15名全市知名医疗专家赴德胜街、小阳泉南、太上街、河边街、新华东街、小北沟等10个社区,现场为辖区居民开展免费诊疗活动,使居民不出社区就享受到专家级的优质医疗卫生服务。二是举办健康知识讲座。组织专家在小阳泉南社区和德胜街社区开展养生保健、疾病预防、突发疾病急救等知识讲座,方便居民面对面咨询。三是组织老年人健康体检活动。在全区21个社区卫生服务中心(站)开展为1000名65岁以上老年人免费体检活动,建立健康档案,给予健康指导和治疗。四是开展全民健康生活方式宣传活动。在全区46个社区开展全民健康生活方式宣传活动日,设立宣传咨询点,发放宣传资料和健康行为用品,提高居民健康生活意识。

文化产业　加快现代文化产业发展步伐。一是互联网营业场所经营连锁化。将全区40家网吧划为5个片区管理,每个片区选择试点网吧成立连锁管理公司,统一标准,强化管理。二是娱乐场所规模化。以钱柜、快乐迪、糖果等歌舞娱乐场所为中心,辐射带动周边产业发展,打造全市的娱乐文化圈、文化消费区。三是印刷产业数字化。加快数字化、网络化等先进技术的运用,优化区内印刷复制品的结构,提高印刷复制业的技术装备水平,改善印刷复制品的质量,降低印刷复制业的成本,提升城区印刷复制业的整体竞争力。四是出版物市场集约化。发展规模大、经营方式灵活、营销手段多变的出版物销售企业,实现集约化经营。五是影视传媒产业高端化。鼓励3D影院提档升级,形成影院经济全方位、立体发展的"3D"空间;重视文化创意产业发展,发展微电影、网络视频文化等新兴文化创意载体。六是工艺美术品精品化。扶持兴办画廊画店、艺术品拍卖企业和经纪公司;支吃具有地方特色、艺术价值较高的工艺美术品种,鼓励艺人家庭传承技艺,引导工艺美术制造行业持续、健康发展;以红色文化为主题,开发生产旅游工艺品、纪念品和装饰品。七是文化传播行业规范化。加强对文艺演出、婚庆礼仪、乐器销售、艺术培训、文案策划等文化传播行业的监管与扶持,规范行业经营,避免恶性竞争。

(王世钧)

【"艳荣工作室"正式揭牌】 3月20日,以党的十八大代表杨艳荣同志命名的"艳荣工作室"在城区上站街道小阳泉南社区正式揭牌成立。工作室分面对面接待登记区、心连心谈心交流区、点对点网络工作区三个服务区,主要为居民群众提供政策宣传、养老助残、小区维护三项全天候服务,党员教育、文体健身、医疗保健、心理咨询四项限时服务。"艳荣工作室"热线电话为2012118,并开设网站和微博服务平台。

(王世钧)

【《城区梦大学堂》在清华大学开班】 为贯彻中央和省、市委关于加强干部教育培训工作的要求,充分利用知名高校雄厚师资力量和优良教学环境开展"走出去"培训的重要举措,9月23日,《城区梦大学堂》清华大学——阳泉市城区领导干部领导力提升研修班在清华大学开班。此次脱产培训为期五天,采取专题讲座和参观展览的形式进行。培训期间,清华大学教授、博士生导师韩廷春,国防大学战略研究所原所长、海军少将杨毅,中国社会科学院农村发展研究所教授、社会问题研究中心主任于建嵘等9位专家教授为学员讲授《当前宏观经济形势分析》《破解安全挑战,确保战略机遇期》《我国社会热点问题分析》等课程。

(王世钧)

·矿　区·

中共区委书记	刘德跃
区人大常委会主任	苏满晓
区　　长	刘乙佑
区政协主席	王贵平

【简述】 矿区北纬37°51′~37°55′,东经113°29′~113°33′,总面积19.15平方千米,下辖6个街道办事处,40个社区

居民委员会。总人口为246744人。

全年全区地区生产总值完成163.9亿元，增长4%；规模以上工业增加值完成135.6亿元，增长3.2%；固定资产投资完成93.8亿元，增长20%；公共财政预算收入完成3.2亿元，增长6.4%；社会消费品零售总额完成18.73亿元，增长10.9%；第三产业增加值完成20.8亿元，增长7.8%。财政总收入完成7.06亿元，增长13.76%。城镇居民人均可支配收入23950元，增长9.4%。

总部经济　从原材料处引进的原材料供应商、中间商达到67户，增长45.7%，围绕阳煤集团供应链自发成立的33户企业注册矿区，增长200%；原材料供应商实现税收近千万元，增长120%以上。出台《促进总部经济发展的实施意见》《扶持税域内企业发展的实施办法》，对50户重点纳税企业给予帮扶，区级财政出资300万元扶持税域内中小企业，"政、银、企"金融扶持平台帮助企业融资4200余万元，应付账款质押等金融创新模式开展。

项目建设　"六位一体"各项指标考核全部超额完成市下达的任务，其中项目储备完成111.7%、签约完成103.66%、落地完成115.26%、开工完成103.17%、省市重点工程完成105.63%、投产完成110.54%。包装项目67项，总投资488.24亿元，完成任务的139.5%；签约45项，协议利用外资124.45亿元，完成任务的103.71%；到位资金32.63亿元，完成任务的116.54%；签约和到位资金两项均排名全市第二。

区中小企业创业基地通过省级审查，争取省级发展资金385万元。继续加大科技支持力度，为25项科技项目配套687万元，对236项专利发放资助(奖励)15.1万元。推进"品牌兴区""质量兴区"等活动。全区民营经济总收入实现17.9亿元，增长12%。

城乡建设　"蔡洼新居"竣工入住，"城市春天"等项目按进度推进。委托代建的200套廉租房、公租房完成投资1406万元。馨泽园等7个便民市场进行更新，西河路人行道完成改造。协调阳煤集团投资7400余万元，实施洪城河路拓宽改造等一批市政建设工程。区政府投资完成440块门头牌匾的改造，对148家沿街商铺实行垃圾上门收集，对158处问题井盖建立联动处理长效机制。新建、改造绿地9.6万余平方米，增设花柱、挂盆2600余个（盆），完成矸山绿化5363亩。创建模范城市33项指标中涉及区25项指标全部达标。空气质量二级以上天数达到329天。

社会事业　28个学校改造完工，为30%的一线教师配备笔记本电脑，每所学校都建成一间配置较高的计算机教室；推进基层医疗卫生机构实施国家基本药物制度，区属公立医院全部实现药品零差价销售，辖区55家药品经营企业、大型医疗机构实行远程电子监管，药品安全示范县(区)创建工作通过省级验收；为5个街道办事处、25个社区配备385台(套)文化活动设备；4项民间传统工艺被确定为市级非遗项目，其中剪纸盘合被确定为省级非遗项目。

民生建设　全年民生投入1.89亿元，占财政支出30.93%。新增就业人员3156人，城镇居民社会养老保险参保1.78万人，城镇社会参保率达98%。规范落实30套廉租住房实物配租工作，完成28户贫困残疾人家庭无障碍改造。发放低保金等政策性惠民补助资金4144.6万元。在平潭步行街等5个公共场所实施免费无线网络覆盖。　（张　嘉）

【矿区总工会获两项全国荣誉】　1月，矿区总工会连获两项全国荣誉，分别被评为第二批全国工会职工法律援助维权服务示范单位和推进工资集体协商暨"建制扩面提质年"活动先进单位。两项评选中，均为阳泉市唯一入选的先进单位。在开展区域性工资集体协商工作中，签订40份区域性工资集体协议，覆盖企业1254家，职工13700人，25人以上的18家企业单签工资集体协议，覆盖1478人，工资集体协议在全区实现动态全覆盖。　（王宏英）

【新编《矿区志》评审会】　4月9日召开，山西省地方志办公室副主任刘益龄一行就新编《矿区志》送审稿进行评议。新编《矿区志》以1999年版《矿区志》为基础，客观记述全区环境、政治、经济、社会文化的历史和现状。送审稿设概述、专志、专记、大事记、附录等部分；其中专志是主体，共30编，117章，444节，全志约230万字。　（王宏英）

【第十二中学课改跻身全国"新九大范式"】　6月，在全国高效课堂"新九大范式"发布会上，经过全国范围内的层层筛选，阳泉市第十二中学"三段五环节"课堂教学模式入选为全国高效课堂"新九大范式"，这是山西省唯一入选的学校。　（王宏英）

【文化产品亮相首届山西文博会】　7月，代表矿区文化产业发展成果的剪纸、煤雕、版画、铝箔画、葫芦画等5大类百余件优秀文化产品参加为期5天的首届山西文化产业博览交易会，在阳泉展区亮相，成为客商及观展者关注的焦点。矿区此次参展首届山西文博会，集中展示近年来矿区文化产业发展的成果；矿区区委常委、区委宣传部部长高海明获活动先进个人；涂庆福、侯喜全创作的铝箔工艺画《孔雀》，张建维夫妇创作的旗袍葫芦《太平盛世》分别获得工艺美术神功奖铜奖；独具矿区特色的煤雕产品获得优秀展示奖。　（王宏英）

【试行"区直管社区"模式】　围绕"减少层级、下沉资源、提高效能、提升服务"的目标，试行"区直管社区"扁平化管理模式。在工作层面上撤销桥头街道办事处，在机构设置上将街道办事处和所辖的7个社区重新整合为5个新社区，并实行"一委一居一中心"的管理模式形成以社区党工委为核心、社区居委会为主体、社区服务管理中心及社会组织为支撑的"一核心一主体两支撑"组织构架，实现党务、居务、政务责权利的有机统一。　（王宏英）

·郊　区·

中共区委书记　王永珍*

	苏秀瑞
区人大常委会主任	王梦贺
区　　　　长	苏秀瑞*
	韩加政(代)
区政协主席	王如生

【简述】 郊区北纬37°47′~38°05′,东经113°19′~113°43′,总面积616.89平方千米(含开发区为625.62平方千米),下辖4乡4镇,184个村民委员会,2个居民委员会。

全年全区地区生产总值完成78.3亿元,增长11.2%;财政总收入完成9.98亿元,公共财政预算收入完成5.2亿元,增长1.9%;规模以上工业增加值完成27.1亿元,增长15.4%;固定资产投资完成70.7亿元,增长26%;社会消费品零售总额完成12.9亿元,增长10.3%;农民人均纯收入达10289元,增长11.8%;城镇居民人均可支配收入达19360元,增长10.3%。

招商引资 引进百万元以上经济技术合作项目66项,签约总金额280.7亿元,协议利用外资280.7亿元,完成市下达任务260亿元的108%。第一产业项目3项,总投资31080万元,其中亿元以上项目1项;第二产业项目24项,总投资212982万元,其中亿元以上项目5项;第三产业项目39项,实际到位资金75.8亿元,完成市下达任务73亿元的103.8%,总投资2562879万元,其中亿元以上项目18项;飞地经济项目5项。

项目建设 落实项目“六位一体”工作机制。全年实施项目100个,完工41个,完成投资45.8亿元;引进百万元以上经济技术合作项目66项,实际到位资金75.8亿元;启动东城科技创新园规划建设,打造307复线小微企业集聚区,形成平台3000亩;保安煤业150万吨项目投入生产,鸿泰煤业45万吨项目转产验收,推进旧街、神堂和坡头等标准化矿井项目建设;推进联合荣大与恒源耐火重组项目建设。

“三农”工作 启动全区184个行政村清洁工程,完成81个行政村街道亮化工作,新增的15个省级新农村建设重点推进村“四改四化”(改厨、改厕、改圈、改水;街巷硬化、村庄绿化、环境净化、路灯亮化)和“五个一”(每村有一个科技文化活动室、一个标准化卫生所、一个休闲健身活动场所、一个便民连锁店、一所标准化小学)工程完成;粮食产量达2800万公斤,生猪存栏54500头,蛋鸡存栏200万只,奶牛存栏1032头,新增温室大棚200亩、果园1300亩、养殖小区10个、省级“一村一品”专业村11个,三来食品等4家“513”龙头企业完成销售收入2.35亿元,增长5%;举办第十届桃花节、第四届关公文化旅游节和首届西南舁苹果采摘节。兴起辛庄红色游、龙泉沟生态游、咀子上怀旧游为代表的一批乡村旅游项目。

城乡建设 完成京昆高速通道绿化17.7千米,新增造林面积3万余亩,全区森林覆盖率达25.8%;环保“4+2”约束性指标完成,荫营城区二级以上天气达337天,荫营镇跨入“省级生态乡镇”行列;漾泉大道一期工程进入扫尾阶段,保晋路拆迁扫障如期完成,珍宝园建设、市检察院技侦中心大楼等工程推进。

社会事业 幼教资源优化配置和农村卫生医疗提质两件实事全部兑现:区财政出资175万元补助487名村办幼儿教师,桃林沟等5所标准化幼儿园投入使用;实现60岁以下村医养老保险全覆盖,81个村级卫生所配备血糖仪、制氧机等医疗设备,区急救中心和李家庄、杨家庄卫生院改造工程完成。区医院与北京301医院开通远程诊疗系统,实行新农合一卡通和参合农民住院免缴押金等惠民措施。全年新增城镇就业岗位4010个,转移农村剩余劳动力2812人;建成保障性住房808套,完成农村危房改造100户;荫营敬老院获第一届全国“敬老文明号”荣誉称号。全年申请专利240余件,10家企业成为省、市专利工作试点。郊区成为全省妇女儿童实施两纲两规示范县区;区档案馆在全省率先晋升为国家一级档案馆;河底镇被评为全省第二届文化先进乡镇,李家庄乡和文广局获全省农家书屋建设先进集体称号。二轮修志工作完成,《阳泉日报·郊区周刊》、阳泉电视台《直通县区·郊区新闻》栏目刊播。

全年全区开展安全大检查,各项安全指标控制在市政府下达指标之内,煤矿百万吨死亡率连续五年为零;关闭取缔非法采矿坑点185处,立案查处案件12起,行政拘留5人,刑事拘留18人,已判刑2人,处分党员干部9人;推进“平安郊区”和“法治郊区”的创建活动,桃林沟村获“全国民主法治示范村”称号。(陈益廉)

【《郊区新闻》在市台开播】 经过区委、区政府研究决定,由区委宣传部牵头,区广播电视台与市广电台协商,于9月3日在市广电台开设《直通县区·郊区新闻》专栏。通过这一专栏播出全区大事要闻、民计民生等内容,专栏节目每周二、四晚19点39分在阳泉新闻综合频道首播,并安排三次重播。从而在市台开启对外宣传郊区的重要窗口。(赵连珠)

【《阳泉市郊区志》通过省市专家评审】 10月10日,《阳泉市郊区志》评审会在郊区玉泉宾馆召开。山西省地方志办公室副主任刘益龄、山西省地方志办公室市县志处处长马正英、阳泉市地方志办公室主任任佟苏等12位专家、领导参与评审。编纂工作于2007年启动,志书编纂统一采用通志模式,对上轮志书记载的内容采取勘误、补充、修订的原则,重点叙述上轮志书下限到本志书下限的重要史实。在具体的篇目设计、框架构筑中,新志书由第一编建置至第二十八编附录,加概述、大事记、限外辑要总计200万字组成。(赵连珠)

【西南舁乡举办首届苹果采摘节】 10月15日,在北舁村举行。西南舁乡素有中国苹果之乡的美誉,从1995年开始发展果业特色农业以来,到上年底全乡果树达9000余亩,苹果产业成为当地农民增收的重要途径之一,成为晋东地区最大的无公害果品生产基地。作为中国优质苹果基地百强乡镇的西南舁乡,果树种植面积达到1万亩、挂果面积3000多亩。采摘节从10月1日起至11月15日,为期45天。苹果销量超过300万公斤、销售

收入突破1800万元。（赵连珠）

【郊区档案馆晋升为国家一级档案馆】 12月26日，国家档案局档案馆（室）司司长孙钢率队对郊区档案馆申报国家一级档案馆工作进行测评验收。郊区档案馆以95.5分的优异成绩成功晋升国家一级档案馆，成为国家支持中西部地区县级档案馆建设项目中首家跨入国家一级档案馆的县级档案馆和山西省首家国家一级档案馆。（赵连珠）

【王晋——郊区中医界获得发明专利第一人】 郊区人民医院的中医副主任医师王晋收到国家知识产权局颁发的两份专利发明证书，两项发明分别是一种治疗小儿腹泻的药物和一种治疗黄褐斑的药物。王晋因此成为郊区中医界获得发明专利第一人。（赵连珠）

·平定县·

中共县委书记	王银旺
县人大常委会主任	李建恩
县长	任晓华
县政协主席	赵珍珠

【简述】 平定县北纬37°39′~38°25′，东经113°25′~114°02′，总面积1395平方千米，下辖8镇2乡，318个村民委员会，17个社区居民委员会。常住人口339662人。

全年全县地区生产总值完成81.95亿元，同比增长11.53%。规模以上工业企业增加值完成32.03亿元，同比增长17.7%；全社会固定资产投资完成112.36亿元，同比增长26.11%；社会消费品零售总额完成28.53亿元，同比增长14.57%；公共财政预算收入完成4.7362亿元，占调减后任务的100.26%；城镇居民人均可支配收入完成21340元，同比增长9.9%；农民人均纯收入完成9240元，同比增长12.5%。

项目建设 开展“项目推进年”活动储备项目247个，总投资2699.44亿元；签约项目17个，总投资274.6亿元；项目落地23个，总投资212.76亿元；项目开工24个，总投资159.48亿元；项目建设投资118.33亿元；项目投产30个，总投资124.9亿元。

“三农”工作 三次产业比重优化调整为4.81:57.25:37.94。全年粮食总产量达到12.5万吨。新增核桃基地0.8万亩、设施蔬菜基地300亩，总面积分别达到9万亩、3300亩。福润禽业肉鸡加工项目投产运行，带动肉鸡养殖150万只，生猪、蛋鸡饲养量分别达到21.6万头、134.6万只。万和油脂鲜核桃原浆玻态冻干生产流水线投产，“513”农产品加工龙头企业实现销售收入4.33亿元，增长21.6%。

工业 加快煤矿提升改造，汇能煤业转入生产矿井，冠裕煤业、富鑫煤业进入联合试运转；煤炭产量完成247.87万吨，同比增长22.73%；实施“煤与非煤”联动发展战略，推进阳煤乙二醇、阳煤远盛热电、兆丰高精铝板带等煤电铝、煤化工项目。工业新兴产业投资增速达到35%。非煤产业增加值占规模以上工业增加值比重达到38.9%，非煤行业提供税收占财政总收入比重达到84.94%。落实省扶持中小微企业发展“财政15条”“金融12条”措施，实施“中小企业成长、转型升级、瓶颈突破、服务保障”四大工程，发放“助保贷”资金1亿元，解决中小企业融资困难。实施品牌兴县战略，莹玉牌骨质瓷被中国陶瓷工业协会授予“中国陶瓷行业品牌”产品；东安经济合作社“黄安”、张氏砂器陶艺坊“冠窑”、保康黄瓜干专业合作社“龙筋”被认定为省著名商标。打造王家庄产业园区、张庄新型工业园等“一带三园”工业园区发展平台。

城乡建设 基础设施投资突破2亿元。完成自强路（南关段）、评梅西街延伸段、新北大街等主体建设；推进县城东大街、南大街、评梅西街、城里街等县城主干道路面整修；县城“一街十巷”硬化、给排水、亮化改造工程完工；新增煤气用户4773户，达到3.8万户；新增集中供热用户2000余户，达到3.5万户，供热总面积410万平方米。完成交通投资14.2亿元，太旧高速公路平定出入口改造工程、烈士陵园路和七亘隧道、北冒岭隧道、杨树庄隧道、娘子关半山明洞改造工程竣工；阳左高速公路、国道307复线水峪至娘子关一级公路、冠山舍利文化园旅游专线等主体完工；推进王家庄产业园区路、阳五高速公路平定北互通连接线、药林寺旅游公路建设；阳泉汽车客运南站平定总站完成“三通一平”，具备开工条件。

环境建设 围绕“两路两河三圈”，实施太阳、阳五两条高速公路通道沿线荒山绿化、太行山绿化示范、桃河流域治理、退耕还林及巩固成果等造林工程。全年累计营造林2.637万亩，荣获“全省林业六大工程建设先进单位”称号。推进大气污染防治、娘子关饮用水源地污染企业关闭搬迁，实施区域环境综合整治。全年县级二级以上天气天数349天，环境空气质量稳定达到二级标准；地表水出境断面（南坪断面）达到四类水质标准；完成二氧化硫、氮氧化物、烟尘、工业粉尘、化学需氧量、氨氧六项污染物减排任务。发展循环经济，淘汰落后产能，加大重点耗能大户监管，开展节能技术改造。万元地区生产总值能耗下降4.7%，万元工业增加值用水量下降7%，工业固废利用率完成73%。

新增50名城管执法队员、100名环卫保洁人员，加大县城管理力度，改善县城街面经营秩序混乱、环境卫生脏乱和城中村、城周村卫生死角等问题；投资687万元，318个行政村配备保洁人员763名、建设村级垃圾池1878个、配置垃圾清运车辆319台，启动10座垃圾中转站选址建设，农村环境卫生得到改观，荣获省城乡清洁工程先进县称号。

民生建设 全年财政用于民生方面的支出达到9.4亿元，占到财政总支出的62%，同比增长14.63%。稳定扩大就业，转移农村剩余劳动力3200人，下岗失业人员再就业980人，劳动技能培训1729人，创业带动就业380人，新增就业4251人，城镇登记失业率控制在3.91%。完善社会保障体系，6000多名企业离退休职工养老金实现九连增，人均增资221.8元；城乡居民基础养老金标准每人每月提高10元，城乡低保标准每人每月分别提高30元、24元。发展医疗卫生事业、高标准建设100个村卫生室，新农合财政补助标准提高32元，总筹资标准达到每人每年342元，城乡居民基本医疗保险的财政补助标准由每人每年240元提高到280元。创建省级慢性病综合防控示范县，县中医医院和鹊山村被联合命名为省级中医药文化宣传教育基地。实施保障性住房工程，254户城镇低收入家庭喜迁嘉山一期廉租房，全县廉租房入住总户达到481户；改造农村危房200户，累计达到653户；改造贫困残疾人危房30户。推进城乡公交客运一体化，县城实现公交全覆盖，7个乡（镇）通达公交，309个行政村开通客车，通达率达到98%。全县70周岁以上老年人、现役军人、残疾人实现乘车免费。

科教卫生 发展教育、文化事业，继2007年免除农村小学寄宿生的学杂费、书费、住宿费，2013年免除作业本费并实施“营养早餐”工程，实现公交车集中免费接送义务教育阶段寄宿制学校寄宿学生。冠山书院、开河寺石窟、天宁寺双塔被国务院核定公布为第七批全国重点文物保护单位；西锁簧、瓦岭、娘子关、上董寨、下董寨被国家住房城乡建设部、文化部、财政部联合公布为第二批中国传统村落。实施体育场及文化宫改造工程，为30个村送戏下乡222场次，县城主要公共场所无线互联网免费全覆盖。广播电视综合覆盖率达到85%。免费为102907户低收入农户每户发放1吨爱心煤。出台稳定物价工作10条措施，利用价调基金设立1元以下惠民蔬菜专柜、完善农超对接、实行蔬菜直销等，在媒体公开菜价信息。 （梁玉珍 洪晓琴）

【刻花瓷文化传习园项目奠基】 12月8日，平定县刻花瓷文化传习园开工奠基。园区位于阳泉市开发区百度云计算（阳泉）中心旁，占地面积30余亩，一期工程建筑面积2–7万平方米，总投资5000万元。主要工程建筑包括技艺刻花瓷传习场所、历代平定陶瓷标本博物馆、生产车间、工作室以及培训与交流中心和陶瓷体验中心等基础设施。平定刻花瓷文化传习园主要致力于非物质文化遗产平定刻花瓷及其他艺术陶瓷的开发研究和传承推广，建成后可吸纳文化产业高技能人才近百名，其他专业岗位200余名，年产值可达1000万元，上缴利税200万元。 （梁玉珍 洪晓琴）

【《平定县妇女史》出版】 11月，《平定县妇女史》一书由平定县妇女编纂委员会编撰，由中国文史出版社正式出版发行。《平定县妇女史》总计60余万字，采用编年体和纪事本末体相结合的体例，按历史的进程分期设编，真实再现1911年到2012年各个历史时期，平定县妇女为争取自身解放，追寻自由平等以及在中国共产党的领导下进行革命、建设和改革的发展历程。 （梁玉珍 洪晓琴）

【阳煤集团年产2×20万吨乙二醇项目开工】 阳煤集团年产2×20万吨乙二醇项目是平定县推进转型跨越发展十大标杆项目之一。项目落地于王家庄工业园区，总投资57亿元，总挖方量825万立方米，总填方量556万立方米，厂区内挖方面积822亩，土方平衡占地面积2003亩，弃土场平台面积517亩，工程总造价1.82亿元。

（梁玉珍 洪晓琴）

·盂 县·

中共县委书记 张玉斌
县人大常委会主任 张存福
县长 杜平华
县政协主席 史和斌

【简述】 盂县北纬37°57′~38°31′，东经112°55′~113°49′，总面积2442平方千米，下辖8镇6乡，1个城镇办事处，453个村民委员会，6个居民委员会。总人口305346人。

全年全县地区生产总值完成137亿元，同比增长8.8%；财政总收入完成13.97亿元，公共财政收入完成6.92亿元，超额完成市下调整任务；规模以上企业工业增加值完成82.7亿元，比上年增长11.6%；全社会固定资产投资完成113.7亿元，同比增长27.6%；社会消费品零售总额完成41.26亿元，同比增长14.6%；农民人均纯收入9800元，同比增长12.2%；城镇居民人均可支配收入23105元，同比增长9.6%。

项目建设 盂县为本年度国家可持续发展实验区。新建、续建重点建设项目106项，完成投资118.1亿元。鑫磊60万吨冶金灰项目、跃进煤业120万吨技改项目、东坪煤业充填式采煤项目、鲁中耐材7万吨铝矾土均质料和3万吨高铝制品耐材项目、阳煤化工一期项目、昕亮木业红木家具和铝木复合门窗项目、山西大米温泉大酒店等项目相继建成投产或投入试运行。完成恒耀化工4A沸石项目、中节能扬德煤层气发电项目、中广核一期5万千瓦风电项目、辰通煤业和路家村煤业技改项目、藏山风情园项目、水神山景区项目、燕莎–鑫帝城购物广场等项目年度计划。

支持项目建设和企业发展的各项贷款余额达到92亿元，同比增长21.2%。出台《盂县中小企业助保金贷款业务暂行管理办法》，县财政安排专项资金2000万元，与县建行合作开展中小企业助保金贷款业务，助保金贷款总额达到2亿元。引进中广核风力发电、扬德煤层气发电、中煤与玉泉煤业合资、南社工业化蘑菇种植等多项投资和项目；鑫磊集团2×35万千瓦低热质煤发电项目列入“1920”规划。格盟国际2×100万千瓦盂县电厂项目列入北京大气污染治理规划。全年引进外资76亿元。

加快产业集聚区建设，以重点项目和优势企业为龙头、以主导产业为特色的牛村、南娄、西小坪、苌池、西烟等五大产业集聚区显雏形，涉及煤电化工、新型耐火、煤焦建材、装备制造等特色产业项目，形成全县经济发展新的增长点。全县中小企业全年完成产值81亿元，上缴税金5.8亿元。

现代农业 粮食生产在多灾之年实现十连增，总产量达到13.5万吨，并新建科学储粮小粮仓6000套。华北奕丰农业科技园项目、新布衣设施生态农业项目、金地苗圃基地等项目建成运行。康泰来生态农业产业项目建成厂房1.2万平方米,80个大棚设备安装到位。推进规模化种植、养殖,全年新增蔬菜大棚、日光温室500亩;全年新增2万亩核桃基地,新种植中药材10500亩、万寿菊5000亩;肉牛、肉羊、生猪、蛋鸡饲养量分别达到7000头、11.3万只、17万头、60万只。促进大寨核桃露、乌河小杂粮等农产品加工企业发展,"513"农产品加工销售达到8.8亿元。农村经济总收入达到112亿元。

城乡建设 完成高城山路二期建设工程、藏山景区旅游观光大道建设工程、盂上线道路拓宽改造一期工程、孙交线道路改造一期工程。启动太阳高速盂县南至水神山路建设工程、天然气公司至藏山游园外环公路建设工程、刘家村至鹿峪村运煤专线建设工程。县公交客运有限公司投入试运行,(投入1000万元,)新增天然气客车47辆,初步实现城乡公交一体化。县城二期供水工程完成4眼水源井及水源地1300米管网建设;仙人乡、梁家寨乡旱井水质净化工程和集中供水工程全部完工,解决10个村7000多人的安全饮水问题;对黄树岩水库和灯花水库进行除险加固;推进龙华口水库移民新村建设和移民搬迁安置。完成18个行政村低压供电线路改造和330个行政村街道亮化工程高标准,全省农村街道亮化现场会在盂县召开。

环境建设 完成太阳高速盂县段通道绿化工程,西部水源涵养林、东部生态旅游、北部干果经济林3个绿色生态循环圈建设和县境5个出入口景观绿化。完成各类造林7.06万亩,义务植树90万株。北下庄、下社、西潘3个乡成为省级生态乡,北村、枣园、南社、东苌池、东兴道、下鹤山6村成为省级生态村。全县森林覆盖率达到28.5%,城镇绿化率达到33.8%。开展环境整治,完成县城生活垃圾填埋场后续工程;启动农村清洁工程,对18个行政村进行环境连片集中整治;实施农村改厕1000个。完成县污水处理厂提标改造工程,取缔、关停世达建材、荣华耐材等污染企业5家,拆除违法排污点21家、竖窑88座。县城二级以上天数达到351天。

社会事业 新增就业人员4108人,城镇登记失业率控制在3.92%。企业退休人员、城乡低保和农村60岁以上老人养老金均按提标标准发放到位,社会保险覆盖率达到97.9%。新农合参合率和城镇医疗参保率分别达到99.8%、98%;县中医院门诊住院大楼完成主体工程;完成县食药局改革重组工作。新建第四中学、第四实验小学和孙家庄中学投入使用,完成7所中心幼儿园改扩建任务,县政府每年支出300万元用于盂县一中后勤运行,高考二本以上达线人数达901人。全年申请各项专利79件。为14个乡镇文化站和42个村文化室充实配备文体设施,定期免费为全县群众举办消夏晚会、公演戏剧。发展文化产业,6月29日,开工建设县文化中心,五集大型纪录片《大汖》在央视播出,获得CCTV"活力中国"特别奖;电视片《滹沱河畔》、电视剧《第一目标》、电影《钱在囧途》,微电影《枣花》在盂县拍摄;举办"大美盂县"书画楹联摄影大赛,编撰完成《盂县民俗》第三稿。新建完工824套廉租房和108套公租房,完成900户农村危房改造和60户农村残疾人危房改造。为全县敬老院、寄宿制学校实行冬季免费供煤,为每户农民发放的1吨煤和农村人口每人50元的冬季用煤补贴。全年承担国家、省、市科技发展计划项目83项,争取上级科技项目资金731万元。全年流转土地4.73万亩。行政审批项目由原来的289项减少到98项,20多个部门进驻县行政审批服务中心设立办事窗口,展开乡镇便民服务中心规范化建设和村便民服务代办站建设。 (赵平枝)

【《山西历史文化丛书·盂县卷》发行】 3月21日,县委宣传部主办、县三晋文化研究会承办的《山西历史文化丛书·盂县卷》由三晋出版社出版发行。该套书共10本30余万字。涵盖仇犹古国、古今名人、宗教文化、古代建筑、抗日英烈及村史村志等六个方面。 (赵平枝)

【楹联文化县创建】 6月3日,举行一系列创建中国楹联文化县活动。举办"大美盂县"楹联、书画、摄影全国征文大赛,建成标志工程楹联文化广场。县诗联学会为县城楹联文化广场、永清寺和藏山祠等标志性工程撰联并刊刻悬挂80多副;举办对联基础知识讲座6场,向学校和乡镇赠书200册。"联坛华章"首次纳入"三节"群众文化活动之中,开展赴大汖书春联送春联活动,成立梁家寨等楹联学会。 (赵平枝)

长治市

中共市委书记	田喜荣*
	马天荣
副书记	张　保*
	席小军
	董　岩
市人大常委会主任	李年善
副主任	申纪兰(女)
	李国峰
	张振芳
	李进军
	张书庆
	桂正平
	崔建泰
市长	张　保*
	席小军
副市长	王维卿*　潘贤掌
	董　岩　王玉圣
	王贵平　马四清
	陈鹏飞
市政协主席	王云亭
副主席	秦跃晋　闫建国
	魏　武(女)
	俞长生　赵　坚
	关小平　郭健福
	刘鹏飞

【概述】 长治市北纬35°49′~37°10′,东经111°55′~113°45′,总面积13955平方千米,辖1市10县,1个省级开发区(高新技术开发区),132个乡镇,14个街道(办事处),124个社区(居委会),3454个行政村。截至2013年底,全市总人口为338.78万人,比上年增加1.8万人。出生人口3.81万人,人口出生率为11.28‰;死

亡人口 2.01 万人，死亡率为 5.96‰；自然增长率为 5.32‰。男女性别比为 106:100。城镇人口比重 46.87%。

全年全市地区生产总值完成 1333.7 亿元，比上年增长 8.5%。第一产业增加值 56.6 亿元，增长 3.9%；第二产业增加值 867.1 亿元，增长 9.9%；第三产业增加值 410.0 亿元，增长 5.8%。第三产业中，金融保险业增加值 52.8 亿元，增长 13.6%；交通运输、仓储和邮政业增加值 85.3 亿元，增长 7.1%；批发和零售业增加值 90.1 亿元，增长 3.0%。人均生产总值 39474 元(按 2013 年平均汇率折算为 6374 美元)。财政总收入 297.9 亿元，比上年下降 1.4%。公共财政预算收入 148.7 亿元，增长 11.4%。税收收入 80.6 亿元，增长 6.5%，其中国内增值税、营业税、企业所得税、个人所得税、资源税和城建税共计完成税收 67.0 亿元，增长 1.0%。公共财政预算支出 245.7 亿元，增长 21.7%。其中农林水事务支出增长 18.6%，教育支出下降 8.4%，社会保障和就业支出增长 64.4%，医疗卫生支出增长 16.2%，文化体育与传媒支出增长 19.5%，公共安全支出增长 5.2%，节能环保支出增长 45.8%。全年居民消费价格比上年上涨 3.2%，其中，食品价格上涨 7.0%。商品零售价格上涨 2.1%。工业生产者出厂价格下降 8.4%；工业生产者购进价格下降 6.9%。全年全市城镇新增就业 5 万人。转移农村劳动力 5.1 万人。年末城镇登记失业率 1.65%。

农业 粮食种植面积 25.03 万公顷，减少 3600 公顷；油料种植面积 1500 公顷，与上年持平；棉花种植面积 40 公顷，减少 20 公顷。在粮食种植面积中，玉米种植面积 20.59 万公顷，增加 1400 公顷；小麦种植面积 1.15 万公顷，减少 2700 公顷。全年粮食产量 160.8 万吨，比上年增加 1.8 万吨。夏粮 3.7 万吨；秋粮 157.1 万吨。猪牛羊肉总产量 7.2 万吨，猪肉产量 6.3 万吨；牛肉产量 0.3 万吨；羊肉产量 0.5 万吨。年末生猪存栏 63.5 万头，生猪出栏 84.5 万头。牛奶产量 1.7 万吨。禽蛋产量 12.5 万吨。年末全市农业机械总动力 208.8 万千瓦，增长 5.2%。机械耕地面积 24.05 万公顷，下降 1.1%；机械播种面积 22.5 万公顷，机械收获面积 10.31 万公顷，分别增长 0.6%和 12.2%。全市农机化经营总收入 11.3 亿元，增长 6.9%。

工业建筑业 规模以上工业企业 357 家。规模以上工业增加值 843.7 亿元。主要工业产品产量中，全社会原煤产量 1.13 亿吨；焦炭产量 1431.7 万吨；发电量 343.3 亿千瓦时；钢材产量 610.7 万吨。实现主营业务收入 1752.7 亿元。煤炭、焦炭、冶金和电力工业分别实现主营业务收入 840.0 亿元、190.4 亿元、248.4 亿元和 102.8 亿元；化学、建材、装备制造、医药和食品工业分别实现主营业务收入 81.5 亿元、21.2 亿元、101.6 亿元、22.1 亿元和 83.9 亿元。实现利税 197.3 亿元；实现利润 101.8 亿元。建筑业增加值 36.9 亿元。城市建成区面积 5930 万平方米。

社会保障 农村居民人均纯收入 9119 元；城镇居民人均可支配收入 22803 元。参加基本养老保险 193.8 万人，其中企业职工 42.7 万人，参加新型农村社会养老保险 136.3 万人；参加城镇基本医疗保险 98.7 万人。参加城镇职工基本医疗保险 55.1 万人，参加城镇居民基本医疗保险 43.5 万人。参加失业保险 40.5 万人；参加工伤保险 50.6 万人，其中农民工 21.4 万人；参加生育保险 43.3 万人。全市纳入城市最低生活保障的居民 4.5 万人，发放城市低保资金 1.5 亿元；纳入农村最低生活保障的居民 12.2 万人，发放农村低保资金 1.9 亿元。全市各类福利院床位数 1.2 万张，收养 7365 人。城镇各种社区服务设施 271 个，其中综合性社区服务中心 17 个。全年销售社会福利彩票 2.0 亿元，筹集社会福利资金 1623.2 万元，接收社会捐赠款 269.7 万元。

固定资产投资 固定资产投资 1086.8 亿元，增长 25.4%。国有及国有控股投资 411.4 亿元。分产业看，第一产业投资 114.5 亿元；第二产业投资 546.3 亿元；第三产业投资 426.0 亿元。在第二产业中，工业投资 546.3 亿元，其中，煤炭工业投资 101.8 亿元。在建固定资产投资项目 1467 个。其中 5 亿元以上项目 108 个，计划总投资 1829.6 亿元，完成投资 397.8 亿元。房地产开发投资 94.2 亿元。住宅投资 67.7 亿元；办公楼投资 2.7 亿元；商业营业用房投资 16.1 亿元。

贸易 社会消费品零售总额 425.8 亿元。城镇消费品零售额 367.6 亿元；乡村消费品零售额 58.2 亿元。进出口总额 105457 万美元，其中，进口额 21716 万美元，出口额 83741 万美元。

交通运输 城市交通运营车辆 792 辆，其中市区公共汽车 454 辆。出租汽车 3110 辆，其中市区出租车 1801 辆。公路线路里程 11248.7 千米，其中高速公路 295.0 千米。民航客运量 57.5 万人，公路客运量 3487.3 万人，铁路旅客发送量 113 万人。民航货运量 0.29 万吨，公路货运量 7390.9 万吨，铁路货物发送量 4339.9 万吨。民用汽车保有量 34.2 万辆(包括三轮汽车和低速货车 1.4 万辆)，其中私人汽车 28.8 万辆。当年注册汽车 5.5 万辆。年末轿车保有量 19.2 万辆，其中私人轿车 17.2 万辆。

邮电通讯 完成邮电业务总量 26.6 亿元。邮政业务总量完成 1.8 亿元；电信业务总量完成 24.8 亿元。移动电话用户达到 287.7 万户。3G 移动电话用户达到 73.3 万户。互联网接入用户 50.0 万户。

旅游业 接待海外旅游者 14.5 万人次，接待国内旅游者 2148.6 万人次，分别增长 13.9%和 28.7%；旅游外汇收入 3547.9 万美元，国内旅游收入 209.4 亿元，旅游总收入 211.7 亿元，分别增长 18.3%、27.3%和 27.2%。

金融保险 金融机构本外币各项存款余额 1848.0 亿元，比年初增加 123.9 亿元；各项贷款余额 918.8 亿元，增加 77.4 亿元。全市保费收入 32.1 亿元。其中寿险业务保费收入 18.5 亿元；健康和意外险业务保费收入 2.1 亿元；财产险业务保费收入 2.1 亿元；车险业务保费收入 9.5 亿元。全年支付各类赔款及给付 13.6 亿元。其中寿险业务保费赔付 6.7 亿元；健康和意外险业务保费赔付 0.8 亿元；财产险业务保费赔付 0.9 亿元；车险业务保费赔付 5.3 亿元。

教育科技 普通高等学校 5 所，招收普通高等教育学生 10229 人，在校大学生 32376 人，毕业学生 8320 人。中等职业教育学校 45 所，招生 12409 人,在校学生 34559 人,毕业学生 12444 人。普通高中 46 所,全年招生 29166 人,在校学生 82736 人,毕业学生 27594 人。初中 175 所,全年招生 39172 人,在校学生 123482 人,毕业学生 50220 人。小学在校学生 214275 人，全年招生 36477 人，毕业学生 41038 人。特殊教育在校学生 492 人。幼儿园在园幼儿 89141 人。

全年专利申请量与授权量分别为 1646 件和 830 件。科学技术成果 112 项,其中有 54 项技术获得省部级以上科学技术成果奖，比上年增加 1 项。签订各类技术合同 76 项,技术合同成交总额 3.1 亿元。产品质量检验机构 3 个。全年对 58 户企业实施产品认证,对 10 种产品进行监督抽查。法定计量技术机构 12 个，全年完成强制检定计量器具 20.3 万台件。

文体卫生 艺术表演团体 27 个,文化馆 14 个,公共图书馆 14 个,公共图书馆藏书量 166 万册,档案馆 15 个,开放各类档案 3148 卷。广播电视台 12 座,广播、电视综合人口覆盖率分别达到 97.4%和 98.7%,有线电视用户 42.4 万户,其中接收数字信号用户 36 万户。全市运动员在各类体育比赛中获得世界冠军 4 个,全国冠军 9 个,全省冠军 76 个。

医疗卫生机构 5094 个，其中医院、卫生院 286 个,妇幼保健机构 14 个，疾病预防控制中心（防疫站)15 个，卫生监督机构 15 个。病床位 15301 张，其中医院、卫生院 14517 张。卫生技术人员 17513 人,其中执业医师和执业助理医师 7716 人,注册护士 7007 人,药剂人员 883 人。乡镇卫生院 140 个,床位 3020 张,卫生技术人员 2234 人。全市新型农村合作医疗覆盖率 100%。

环境建设 空气质量Ⅱ级以上天数达 264 天。全市达Ⅲ类水质标准的断面比例 64.7%。城市集中式饮用水源地辛安泉水质达标率达到 100%。大中型水库蓄水总量 2.6 亿立方米。全年总用水量 4.5 亿立方米,其中生活用水增长 1.05 亿立方米。市区供水总量 7663.4 万吨,人均日生活用水量 162.8 升。全年液化气供气总量 3774 吨,天然气供应量 3844.4 万立方米,其中生活用天然气 778.9 万立方米。燃气普及率 89%。市区集中供热面积 2730 万平方米，住宅供热面积 2063 万平方米。市区污水处理能力 17.5 万吨/日，全年污水处理量 5560 万吨。生活垃圾年清运量 19.0 万吨,无害化处理率达到 100%。

森林面积 42.96 万公顷，森林覆盖率 30.9%。检查验收合格造林面积 2.93 万公顷。全市有自然保护区 2 个,面积 4.69 万公顷,占全市总面积的 3.4%。

安全生产 亿元国内生产总值生产安全事故死亡率为 0.089。煤炭百万吨死亡率为 0.092。全年发生道路交通事故 296 起，造成 216 人死亡、231 人受伤。 （尚竹英）

【沁源县实验小学成为红军小学】 4 月5 日,沁源县实验小学接受全国红军小学建设工程理事会授牌，成为山西省首所红军小学，也是全国第 128 所。 （尚竹英）

【首届全民健身运动会】 9 月 7 日开幕,运动会设篮球、乒乓球、羽毛球、游泳 4 个大项、18 个小项。运动会分为县市区组、市直组和行业组 3 个组别，共产生 75 枚金牌，来自全市 36 个代表团、1271 名运动员参赛。 （尚竹英）

【长治市获“国家森林城市”称号】 9 月 24 日,在江苏南京召开的 2013 年中国城市森林建设座谈会上,长治市获得“国家森林城市”称号。成为山西首批获此殊荣的城市。 （尚竹英）

【长治县获“中国曲艺之乡”称号】 12 月,长治县被中国曲艺家协会正式命名为“中国曲艺之乡”。这是该县继获得中国书法之乡、中国民间文化艺术之乡等荣誉后,获得的又一项国字号殊荣。 （尚竹英）

·城　区·

中共区委书记　孙刘琳(女)
区人大常委会主任　杨黎峰
区　　长　胡　坚*
　　李国强(代)
区政协主席　杨栖莺(女)

【简述】 城区北纬 36°08′~36°12′,东经 113°04′~113°08′,总面积 55.6 平方千米,下辖 10 个办事处,28 个行政村。总户数 120852 户,人口 416401 万人,男性人口 206604 万人；女性人口 209797 万人,男女性别比 106:100。人口自然增长率 4.45‰,比上年下降 0.26 个千分点。

全年全区地区生产总值完成 164 亿元,比上年增长 7.0%。第一产业增加值 0.61 亿元，第二产业增加值 40.2 亿元,第三产业增加值 123.1 亿元。财政收入 24.6 亿元。一般预算支出 4.7 亿元。税收收入 4.4 亿元,增长 24.2%。

农业 农作物播种面积 510.5 公顷,比上年减少 24.4 公顷,同比下降 4.6%。粮食播种面积 228.5 公顷,减少 12 公顷，下降 5.0%；蔬菜播种面积 282 公顷,减少 12.5 公顷,下降 4.2%。粮食总产量 1765.2 吨,同比下降 3.7%。蔬菜产量 27405.8 吨,减少1187.3吨。生猪出栏 12289 头,下降9.6%,存栏 11094 头，增长9.2%。牛出栏 260 头，下降 24.6%;存栏 1569 头,增长4.6%。羊出栏 1453 只，下降 21.8%；存栏 2237 只,增长 5.4%。家禽出栏 16.7 万只,增长 19.3%，存栏 15.1 万只，增长 12.8%。肉类总产量 1285.5 吨,增长 0.8%，禽蛋产量 1420.8 吨，增长 38.3%；牛奶产量 2689.8 吨，增长 2.5%。果园面积 122 公顷,与上年持平;水果生产367.2吨,比上年下降 71.6%,苹果 333.8 吨,下降 20.2%。

工业 规模以上工业总产值 86.3 亿元，其中国有企业 18.1 亿元;股份制企业 64.6 亿元;外资及港澳台企业 3.6 亿元。按轻重工业分,轻工业 31.8 亿元;重工业 54.4 亿元。规模以上工业增加值 22.8 亿元。轻工业 14.6 亿元;重工业 8.2 亿元。规模以上工业产品销售率 92.1%。工业经济效益综合指数为 138.1%。主营业务收入 73.8 亿元。实现利税 7.1 亿元，其中利润 4.1 亿元;亏损企业 15 个,亏损额 2.0

亿元。全员劳动生产率96100元每人,综合能耗11.63万吨标准煤。规模以上工业万元增加值能耗0.51吨标准煤;电耗0.12万千瓦时。城市供水量4267万吨。

投资贸易 城镇以上固定资产投资134.5亿元,比上年增长24.6%,国有投资40.77亿元,下降15.2%,非国有投资93.73亿元,增长56.6%。分产业看,第一产业投资0.45亿元;第二产业投资20.1亿元,增长89.5%;第三产业投资113.9亿元,增长17.1%。房地产开发投资49亿元,增长7.4%。社会消费品零售总额245.8亿元,比上年增长14.2%。城区代表团参加第八届中博会,签约中央厨房等六个项目,总投资额128亿元。

城乡建设 长治市城区大学生村官创业项目时光便利店示范点正式开放。设置165个"十分钟便民服务圈"便民服务点。修车、配钥匙点56个,早、晚餐点12个,早、夜市16个,瓜果蔬菜(临时)便民销售点26个,蔬菜直销点10个,西瓜临时直销点27个,冷饮摊点18个。区供销社新建的首批"再生资源社区绿色回收亭"在城区八一社区、电力社区、中南花园社区、商务家属院等4个试点开始投入运行。南关村对村内9户2500平方米房屋建筑启动拆迁。年内城中村拆迁达到37000平方米。

教育科技 普通中小学32所,小学28所,普通中学4所。高中招生400人,在校学生1187人。初中招生2086人,在校学生5849人。小学招生4700余人,在校学生27000余人。幼儿园71所,在园幼儿13121人。申报专利497项,比上年增长36.9%。长治市城区青少年活动中心在教育部中国校外教育网组织的2012年度"精彩分享携手成长"网络社区活跃度评比暨第六届"优秀网络社区评选"活动中以第一名的成绩获得优秀网络社区的荣誉称号。

文体卫生 艺术表演团3个,文化馆1个,档案馆1个。广播、电视综合人口覆盖率皆达到100%。乡镇文化站2个,农民书屋28个。7月31日,长治市城区民族图书阅览室正式落户清真中寺、清真南寺,是全省成立的第一个民族图书阅览室。8月31日,国家文化部验收组公共文化示范区创建工作。人均体育场地面积1.4平方米。医疗卫生机构308个,医院、卫生院3个,妇幼保健院1个,疾病预防控制中心1个。床位1136张,卫生技术人员2482人。新型农村合作医疗覆盖率100%,参加人数58191人。

社会生活 农村居民人均纯收入10470元,比上年增长11.7%;城镇居民人均可支配收入24849元,比上年增长10.2%。在岗职工平均工资36755元,比上年增长1.6%。参加城镇基本养老保险5.37万人。参加职工基本医疗保险77292人。参加职工失业保险9278人。获得城镇最低生活保障7876人,城镇职工基本养老保险参保16942人,城镇居民社会养老保险36722人。 (张少蓉)

·郊　区·

中共区委书记　王辅刚
区人大常委会主任　陈世和
区　　长　金所军
区政协主席　崔子庆

【简述】 郊区北纬36°07′~36°26′,东经112°59′~113°12′,总面积290平方千米,下辖1乡5镇,2个办事处,1个开发区,122个行政村。总人口28.45万人,比上年增加0.14万人,男性人口14.76万人,女性人口13.64万人,男女性别比为107:100。人口出生率11.37‰,死亡率6.22‰,自然增长率5.15‰。城镇人口比重达到64.91%,比上年提高1.69个百分点。

全年全区地区生产总值完成182.1亿元,比上年增长13.1%。第一产业增加值3.09亿元,第二产业增加值135.20亿元,第三产业增加值43.81亿元。财政收入30.93亿元,比上年增长0.6%,增收0.17亿元。一般预算支出11.64亿元,比上年增长26.3%。金融机构各项存款余额93.71亿元,比年初增长19.4%;各项贷款余额53.28亿元,比年初增长6.7%。公共财政预算收入6.2亿元,同比增长5.2%。城镇居民人均可支配收入达到29045元,同比增长11.3%,农民人均纯收入达到12461元,同比增长12.5%。

农业 耕地1.08万公顷。农林牧渔业总产值完成5.27亿元,比上年增长0.5%。农业总产值完成2.57亿元,下降0.8%;林业总产值完成0.13亿元,增长14.7%;牧业总产值完成2.30亿元,增长0.5%;渔业总产值完成0.03亿元,增长9.4%;粮食种植面积8231.9公顷,比上年下降3.7%,蔬菜种植面积536.9公顷,下降9.86%。粮食总产量5403吨,比上年增长0.01%,平均亩产437.58千克。蔬菜总产量42390吨。畜牧业:肉类总产量5316吨,下降8.7%,其中猪牛羊肉4566吨;禽蛋产量11451吨;奶产量4408吨。

构建"龙头企业+基地(园区)+合作社+农户"的现代化农业经营模式。出台十项强农惠农富农政策,流转土地1.76万亩,建成具有高新技术含量和较好发展前景的农业园区10个。新建和扩建设施农业项目占地面积达到2500亩,发展干果经济林3000亩,中药材5500亩,苗木花卉6500亩,设施蔬菜12000亩。

工业 规模以上工业增加值142.97亿元,比上年增长16.1%,轻工业增加值下降30.8%,重工业增长16.4%,产品销售率98.7%。主要工业产品产量中,原煤比上年增长10.1%,发电量下降4.7%,生铁下降0.6%,焦炭下降8.7%,钢材增长4.9%。主营业务收入403.55亿元,比上年增长1.4%。实现利税27.75亿元,下降7.5%,其中利润14.26亿元,增长12.6%。

新兴产业实现产值59亿元,占工业总产值的16.8%,较上年提高4.55个百分点。全年纳税超过100万元的企业达到100家,其中新增纳税户38家,纳税10万元以上的纳税户新增198家,主要集中在第三产业、新兴产业。

建筑业 全社会建筑业实现增加值1.90亿元,比上年增长6.7%。具有资质等级总承包和专业承包的建筑企业17家,实现利润648万元,上缴税金0.1亿元。城市建成区面积637.7公顷,建成区绿化覆盖率28.76%。

投资贸易 全社会固定资产投资150.2亿元,比上年增长30.8%,国有投资138.26亿元，增长20.3%，非国有投资95.93亿元，增长14.2%。分产业看，第一产业投资28.88亿元，增长357.4%；第二产业投资55.67亿元，增长21.4%；第三产业投资65.70亿元，增长4.8%。房地产开发投资11.99亿元。社会消费品零售总额35.9亿元，比上年增长14.8%。参加山西省首届文博会，签约文化旅游项目3个，引进资金71.5亿元。

转型综改 出台转型综改实施方案（2013~2015年）和年度行动计划，实施行政审批、金融创新、用地管理、户籍改革和人才引进等5项重大改革，提升传统产业、推进以潞安光伏大棚、金威商贸物流等20个重大标杆项目为首的新兴产业发展。

召开政银企洽谈会，联合建设银行启动"助保贷"业务，帮助中小微企业解决融资难问题。推进用地管理改革，实施城乡建设用地增减挂钩，解决项目建设用地指标5000亩。深化户籍制度改革，对黄碾、马厂、堠北庄、老顶山4个镇8个行政村3610户、13724人进行农转非整体转户。创新人才引进机制，建立区级人才库，初步制定人才引进工作方案，启动高层次人才服务基层计划。

项目建设 开工建设重点项目206个，总投资678.51亿元。竣工投产项目95个，全年共签约各类项目73个，签约资金752亿元，引进资金688.8亿元，到位资金96.47亿元。形成煤化工循环经济、生物医药、先进装备制造、新能源新材料、煤电一体化、现代物流、文化旅游、现代农业等八大新型产业板块。

城乡建设 完成西外环、五针街、站前路、西一环北段、北一环西段和城西路北段等六条市政道路和长安高速、市区至襄垣两条连接线的征迁工作任务，涉及5镇18村，120户民房，49家企业单位，共征地1358亩，拆除建筑物28000平方米，漳泽新型工业城、老顶山旅游城完成规划，进入实施阶段。完善新钢城规划。大辛庄、堠北庄、马厂、黄碾等4个中心集镇规划初步完成。20个中心村有14个完成规划，12个村开工建设。完善水、电、气、暖和文化活动场所、公共医疗机构等基础设施。城镇化率达到68%，比上年提高4.78个百分点。

投入资金1.5亿元，引深生态文明建设百村竞赛活动，清运垃圾537万方，整治门店牌匾2.1万平方米，白化墙壁178.8万平方米，栽植各类乔木22万余株、花灌木30万余株，建设绿地2万平方米，开展打击"两违"和整顿规范建筑业房地产业市场专项行动，共拆除违法建筑67处、房屋328间、围墙3508米，清理"两违"占地面积303亩。

教育科技 小学招生2590人，在校学生15093人。幼儿园57所，在园幼儿7925人。实施"学前教育推进工程"，投资759万元新建马厂镇安阳村和故办王庄村2所幼儿园、改扩建12所幼儿园，提高学前三年普及率，毛入园率达到95%。坚持薄弱学校改造与义务教育标准化建设统一规划、统筹实施，落实农村寄宿制学校"一颗鸡蛋一两肉"工程，规范职业教育与民办教育。区申报专利196项，比上年增长46.3%。

文体卫生 艺术表演团1个，文化馆10个，博物馆1个，公共图书馆1个，公共图书馆藏书量64638万册，档案馆1个。全区广播电台1座，电视台1座，广播、电视综合人口覆盖率皆达到100%。

医疗卫生机构235个，其中医院、卫生院26个，妇幼保健院1个，疾病预防控制中心1个。床位1571张，卫生技术人员2000人。全区新型农村合作医疗覆盖率99.8%。总投资2.8亿元的新建郊区医院、乡镇卫生院改造以及卫生综合业务用房主体完工，新建一批高标准村级卫生所。启动公立医院改革，郊区医院晋升二级甲等行列。推行国家基本药物制度，全区卫生服务机构基本药物制度实施率达到100%。

社会生活 农村居民人均纯收入12461元，比上年增长12.5%；城镇居民人均可支配收入29045元，比上年增长11.3%。在岗职工平均工资39118元，比上年增长4.5%。

社会保障 城镇参加基本养老保险人数为7477人。参加城镇居民基本医疗保险职工人数为19805人。参加失业保险职工人数为4819人。全区各类收养性社会福利单位6所，床位438张。全年城镇最低生活保障人数4035人，农村最低生活保障人数1891人。

完成农村"五件实事"年度任务。总投资7400万元、建筑面积39310平方米的首批经济适用房和60套廉租房投入使用，解决540户中低收入家庭的住房困难。统筹推进养老、失业、医疗、工伤和生育保险。坚持应保尽保，城市低保每人每月提高30元，农村低保每人每月提高24元。落实就业政策，城镇新增就业岗位2600个，登记失业率控制在1%，转移农村劳动力3100人。 （姜正罡）

·长治县·

中共县委书记	裴少飞
县人大常委会主任	崔惠斌
县长	李文兵
县政协主席	杜玉岗

【简述】 长治县北纬35°51′~36°10′，东经112°57′~113°11′，总面积483平方千米，下辖6镇5乡2区，254个行政村，人口34万。常住人口346406人，总户数121342户，户籍人口346366人，非农业人口51215人，男性为171887人，女性为174479人。出生率为9.47‰，死亡率为5.13‰，人口自然增长率为4.34‰。

全年全县地区生产总值完成1670930万元，比上年增长4.2%。人均地区生产总值达到48374元，比上年同期增长3.7%，按2013年平均美元汇率折算，达到7811美元。第一产业增加值达到56746万元，下降1.9%；第二产业增加值达到1167658万元，增长6.8%；第三产业增加值达到446526万元，同比下降2.4%。三次产业比重分别为3.4%、69.9%和26.7%。财政总收入完成482619万元，下降15.7%，一般预算收入221271万元，增长10.47%。一般预算支出282496万元，增长14.64%。

农业 土地面积2.88万公顷，耕地2.5万公顷。农业总产值完成

102851.13 万元,同比下降 3.4%;实现农业增加值 56746 万元，同比下降 1.9%。粮食作物播种面积 19411 公顷，同比下降 1.1%。粮食总产量 132760 吨,下降 7%,其中夏粮产量达到 3004 吨,下降 17.5%,粮食亩产 456 千克,下降 6%; 油料作物总产量为 400 吨,增长 91%; 蔬菜总产量为 130663 吨,增长 1.3%。大牲畜(除牛外)年末存栏 223 头;猪、牛、羊的存栏头数分别为 164303 头、2250 头、32219 头。肉类总产量达到 25285.4 吨,增长 18%。

工业建筑业 规模以上工业总产值完成 1774660.4 万元，同比下降 8.16%。增加值完成 1075879 万元,增长 6.92%，其中煤炭开采和洗选业实现增加值 1039299 万元，同比增长 6.89%,工业增加值占地区生产总值的比重达 64.4%。

主要工业产品产量中,全社会原煤产量 2318.2 万吨，比上年增长 7.93%;洗精煤产量 473.3 万吨,比上年增长 46.44%; 中成药产量 124.12 吨,比上年增长 19.46%;水泥熟料产量 31.77 万吨,比上年下降 23.29%。主营业务收入 1582317.8 万元，同比下降 10.96%。实现利税 255574.7 万元,下降 40.02%,其中实现利润 236522.2 万元,下降 41.31%。亏损企业亏损额 31988.5 万元,比上年增长 64.57%。产品销售率达到 92.18%。

具有资质以上建筑企业实现建筑业总产值 30132.4 万元,增长 21%;全社会建筑业增加值实现 91779 万元,增长 5.4%。具有资质等级的总承包和专业承包建筑企业利润与上年持平。

项目建设 6 月 20 日,山西日盛达太阳能科技有限公司一期工程—500 吨超白压延项目点火投产。7 月 22 日，法国圣迪耶市市长皮埃雷·克里斯蒂安一行 10 人考察成功集团汽车生产基地。8 月 30 日,政银企项目融资对接签约,初步达成融资意向金额 45.08 亿元，现场签约 12 个项目，签约金额达 19.49 亿元。11 月 21 日，援助新疆阜康市“成功”汽车,汽车销售正式进入新疆市场。

投资贸易 固定资产投资完成 1085775 万元,比上年增长 30.2%。按产业分,第一产业投资 3250 万元,同比下降 81.7%: 第二产业投资 514392 万元，增长 3.9%; 第三产业投资 568133 万元,增长 76.8%。建安投资完成 890841 万元,同比增长 26.4%。批发零售贸易和住宿餐饮业实现增加值 144721 万元,比上年下降 7.91%。批发零售贸易业实现增加值 111830 万元,同比下降 12.7%;住宿餐饮业实现增加值 32891 万元,增长 9.6%。社会消费品零售总额216943.4 万元,比上年增长 14.6%;批发零售贸易企业实现商品销售总额 2267725.5 万元，比上年下降 21%; 住宿餐饮业营业额 80385.3 万元,比上年增长 21.1%。

金融保险 金融机构各项存款余额 1235632 万元，同比增长 5.2%。居民储蓄 803751 万元，同比增长 13.27%; 各项贷款余额 415013 万元.同比增长 5.6%; 金融保险业增加值 66666 万元,比上年下降 2%。

保险机构 11 家，保费收入达到 22683.19 万元,比上年下降 1%。财险公司保费收入 3874.12 万元，比上年下降 3.6%; 人保公司保费收入 7668.76 万元,比上年下降 4.6%。

城乡建设 房地产开发投资完成 7719 万元,比上年下降 31.6%,商品房销售面积 130425 平方米,增长 32.6%。实现增加值 19701 万元。增长 7.4%。

10 月 24 日,“1+6” 上党城镇群路网工程长治县连接线县城—荫城段快速通道工程胜利竣工通车,实现城际快速通道南北大贯通，形成城乡一体化“一轴两区”道路的主干框架结构。

交通邮电 交通运输和仓储业实现增加值 95413 万元,比上年增长 5.9%。公路营运汽车共 5666 辆。载货汽车 5615 辆,59321 吨位,其中大型载货车 3699 辆，中型货车 95 辆,小型货车 1821 辆; 载客汽车 51 辆，1513 客位,都属于中型载客汽车。邮电通信业务总量完成 27675.7 万元,比上年增长 26.1%。邮政业务量完成 1472.72 万元,同比增长 4.97%;移动公司完成 19893.09 万元，同比增长 2.4%;联通公司完成 5270 万元,同比增长 9.45%;电信公司完成 1039.97 万元,同比增长 26.98%。固定电话用户 23838 部,同比增长 7.6%。移动电话用户 249186 户,同比增长 8.1%,其中联通公司 65058 户，移动公司 170575 户,电信公司 13553 户。电话普及率达到 72.3 部/百人。互联网用户达到 30852 户,同比增长 1.1%。

教育 学校 207 所，普通中学 17 所,职业中学 1 所,小学 83 所,幼儿园 105 所,特殊教育学校 1 所。总招生数 14833 人，毕业学生 13747 人。在校学生 53610 人,其中女生 27046 人。普通中学在校学生 18415 人,职业中学在校学生 2055 人，小学在校学生 21906 人，幼儿园在校学生 11168 人，特殊教育在校学生 66 人。专任职教师 3860 人，具有研究生学历 6 人,本科学历 1608 人,大专学历 1836 人,高中及以下 410 人;在全部专任职教师中,具有高级教师职务的 145 人，中级教师职务的 1004 人,初级及以下 2711 人。

民生建设 实有城镇登记失业 411 人,城镇登记失业率 1.26%。新型农村合作医疗覆盖率达到 100%,城镇基本养老保险覆盖率达到 100%。农民人均纯收入达到 11782 元,同比增长 11.6%。城镇居民人均可支配收入达到 23380 元,增长 9.3%。

文化事业 6 月 4 日，与天津大学签约,实现战略合作。6 月 18 日,在天下都城隍景区举行长治市第四届中华祈福文化旅游节。同日晚,在南宋乡东掌村多功能厅举行中国曲协“送欢笑·走进长治县” 曲艺专场晚会。7 月 20~21 日,2013 年“金科杯”山西省毽球锦标赛在县体育服务中心举行。12 月中旬,被中国曲艺家协会正式命名为中国曲艺之乡。

(付小波　武俊英)

·襄垣县·

中共县委书记	田志明
县人大常委会主任	刘春雷
县长	张志刚
县政协主席	杨飞华

【简述】 襄垣县北纬 36°23′~36°44′,

东经 112°42′~113°14′，总面积 1178 平方千米，下辖 8 镇 3 乡，1 个园区，1 个县城区，8 个居委会，323 个行政村。总人口 27.4908 万人，男性人口 14.5764 万人，女性人口 12.9144 万人，男女性别比为 112.87，城镇人口 11.8186 万人，乡村人口 15.6722 万人，城镇人口比重达到 42.99%，比上年提高 1.7 个百分点。人口密度 233 人/方千米。年出生率 8.87‰，比上年上升 0.53 个千分点，死亡率 4.96‰，下降 0.47 个千分点，人口自然增长率 3.91‰。

全年全县地区生产总值完成 214.68 亿元，比上年增长 7.2%。第一产业增加值 6.44 亿元，第二产业增加值 166.71 亿元，第三产业增加值 41.54 亿元。财政总收入完成 41.2 亿元，比上年增长 2.5%。公共财政预算支出 28.6 亿元。金融机构各项存款余额 192.16 亿元，比年初增长 4.5%；各项贷款余额 134.23 亿元，比上年下降 4.1%。服务业产值 0.59148 亿元。

农业　农林牧渔业总产值完成 11.601181 亿元。农业产值 9.195705 亿元，林业产值 0.134265 亿元，牧业产值 1.645431 亿元，渔业产值 0.0343 亿元。农村经济总收入达到 76.8595 亿元。农林牧渔业收入 13.2437 亿元。农作物总播种面积 32677.16 公顷，其中粮食作物播种面积 30063.06 公顷，比上年下降 1%；油料作物播种面积 148.8 公顷，比上年下降 39.3%；蔬菜播种面积 2040.5 公顷，比上年下降 0.6%。粮食总产量 184004.79 吨，比上年增长 4.55%。蔬菜总产量 121238.8 吨，比上年下降 16.5%。设施蔬菜播种面积 11133 亩；产量达到 42329 吨。

大牲畜存栏 3442 头，牛存栏 2511 头，羊存栏 53103 头，生猪存栏 30998 头，家禽存栏 86.59 万只。大牲畜出栏 1835 头，牛出栏 1592 头，羊出栏 23799 头，生猪出栏 39780 头，家禽出栏 98.85 万只。肉类总产量 5016.54 吨；禽蛋产量 5030.6 吨；牛奶产量 93.1 吨。

工业　规模以上工业企业完成工业总产值 338.7 亿元，比上年下降 3.98%；工业产品销售率 91.59%。完成工业增加值 164.9 亿元，比上年增长 6.92%，煤炭开采和洗选行业 154.5 亿元，增长 6.38%；炼焦行业 0.8 亿元，增长 5.53%；化学制品制造业 1.6 亿元，增长 8.01%。主营业务收入 293.9 亿元，比上年下降 12.52%。实现利税 54.2 亿元，下降 10.21%，实现利润 32.1 亿元，下降 12.39%。第三产业收入 20.7255 亿元。

建筑业　建筑业收入 42.8895 亿元。具有资质等级总承包和专业承包的建筑企业 4 家，实现总产值 5656 万元，实现利税 249.5 万元。

项目建设　与北京市中冶设备研究设计总院有限公司、美钢联工程技术股份有限公司、沁县恒通煤化公司合作的年产 20 万吨高性能冷轧硅钢项目正式签约并开工奠基，总投资 43 亿元。襄矿集团瑞恒化工年产 180 万吨电石渣制水泥项目在富阳工业园区正式开工。项目概算总投资 4.05 亿元，是 60 万吨聚氯乙烯的配套项目，年可利用处理工业废弃物 330 万吨，实现年产值 4.5 亿元，利税 1.6 亿元。与清华大学电动汽车项目组签约合作开发电动汽车及成套技术项目。

环保建设　新完成绿化面积 51.94 万平方米，栽植各类苗木 5.1 万株，建成区绿化覆盖率达到 46.06%。城市供水总量 384 万立方米。集中供热面积 420 万平方米。煤气供气总量 2000 万立方米。处理污水 230 万立方米。县城建成区空气质量二级以上天数达到 339 天。

城乡建设　成立襄垣县与灵石、武乡三县城镇化建设基金及基金管理公司，首期募集资金 25 亿元，其中襄垣县募集资金 10 亿元。该项目是襄垣县，也是山西省首次尝试用“金融招商”方式支持城镇化建设。5 月 12 日，“和馨园”经济适用住房开始公开抽签配售，符合条件参加公开抽签家庭 1084 户。

与中惠信农业发展股份有限公司签署《襄垣县夏店、虒亭、上马新城镇暨环宝峰湖生态旅游区开发建设框架协议》。启动河东新区、新建襄江新区棚户区改造安置房工程、夏店镇集中安置区、古韩镇棚户区改造新建东北阳安置用房项目、西营镇东山片区下山出沟工程建设。

交通邮电　公路通车总里程达到 1053.2 千米。完成 74 个行政村，342.3 千米农村街巷硬化，其中街道 201.84 千米，巷户道 140.46 千米，覆盖率达到 100%。完成邮电业务总量 1.44397 亿元，其中邮政业务总量 0.1504 亿元；电信业务总量 1.29357 亿元。固定电话用户达到 27094 户，移动电话用户达到 199000 户，互联网用户为 29090 户。

投资贸易　全社会固定资产投资 151.38 亿元，比上年增长 44.1%，分产业看，第一产业投资 6.53 亿元，增长 57.7%；第二产业投资 116.61 亿元，增长 71.8%；第三产业投资 28.25 亿元，下降 14.5%。房地产开发投资完成 6.72 亿元，商品房销售面积 15.4 万平方米，销售额 4.6 亿元。社会消费品零售总额 20.1 亿元，比上年增长 13.9%。

组织“周王锦”多规格水晶粉条、“晋襄王”干果、“晋襄王”杂粮、“天下襄”手工挂面四大类 31 个品种的农产品参加第三届（中国）山西特色农博会。引进签约项目 12 个，引资额 104 亿元；完成产品签约项目 10 个，总签约金额 22.26 亿元。

教育科技　各类学校共 150 所，在校学生 37506 人，教职工 2297 人。在园幼儿 7690 人，入园率达 93.1%。中等职业教育全覆盖率 100%。申报国家级科技项目 1 项，申报并认定省级民营科技企业 1 家，申报省级科技项目 7 项。完成专利 161 件，发明专利达到 66 件，职务发明 122 件，企业发明 122 件。通过全国科技县进步考核。

文体卫生　图书馆 1 个，馆藏 7.1 万册，放映电影 50 余部，共 4000 场。广播、电视综合人口覆盖率均达到 100%。电视台自主播出固定栏目 8 个，播出时间 5840 小时。组织参加各类体育比赛 13 次，向市体校输送运动员 19 名，向省体工队输送运动员 2 人，向高等院校输送运动员 19 人。首次成立国民体质监测站 1 个。医疗卫生机构 459 个，其中医院 26 个，村卫生所 323 个，村卫生室 69 个，床位 1335 张。卫生技术人员 2057 人，其中医生 626 人。177676 名农民参加新农合，参合率为 99.38%。

社会生活　农村居民人均纯收入 10657 元，比上年增长 13.2%；城镇居民人均可支配收入25854元,比上年增长11.2%。企业职工参加城镇基本养老保险18158人。城镇职工和城镇居民参加城镇基本医疗保险52764人。参加职工失业保险14800人,参加工伤保险42778人,参加生育保险27136人。获得城镇最低生活保障人数2191人,农村最低生活保障人数7244人。

文化事业 新编历史剧《豫让与襄子》获全省第十届精神文明建设“五个一工程”奖,是长治市唯一在全省“五个一工程”获此殊荣的戏剧类节目,也是襄垣县第一次获此大奖。《俗腔雅韵》音像制品获得中华优秀出版物提名奖。永惠桥、南街昭泽王庙、北关五龙庙成为第七批全国重点文物保护单位。全国重点文物保护单位增至六处,另外三处分别是郭庄昭泽王庙、太平灵泽王庙和文庙大成殿。县非物质文化遗产体验馆开馆。

社会事业 启动全市第三次经济普查试点工作。启动由瀛公益基金会主办、中国青年创业促进会承办的“YBC创业公益行·长治站”活动。华夏银行股份有限公司成立华夏银行襄垣支行。县慈善分会召开第五届“孝星”表彰暨2013年度孤儿救助大会。李萍、李翠芬等10名敬老爱老典型被分别授予“孝星楷模”和“孝星”荣誉称号,范梓妍、郭钰彤、王华等31名孤儿获得救助。开通免费公交,20辆免费公交车投入运行。开通线路两条,设置公交站点104个。 (万瑞星)

【段爱平】 8月15日,襄垣县王桥镇返底村党支部书记兼村委会主任段爱平荣获2013山西最美村官称号。10月13日,入选中国十大最美村官。12月28日,入选中国“黄金杯”2013感动山西十大人物。 (万瑞星)

·屯留县·

中共县委书记	郭泽兵
县人大常委会主任	倪建中
县长	段树新
县政协主席	赵旭光

【简述】 屯留县北纬36°13′~36°30′,东经112°28′~113°03′,总面积1142平方千米,下辖7镇4乡,3个开发区,295个行政村。总人口26.8万人,比上年增加1342人,男性人口135781人,女性人口132496人。男女性别比为102:100。全年人口出生率11.54‰,死亡率6.56‰,自然增长率4.98‰。城镇人口比重达到34.65%。

全年全县地区生产总值完成118.9亿元,比上年增长12.6%。第一产业增加值6.3亿元,第二产业增加值95.7亿元,第三产业增加值16.9亿元。财政收入20亿元,比上年增长24.81%。一般预算支出13.9亿元,比上年增长29.34%。

农业 耕地4.6016万公顷。农作物种植面积34188.43公顷,夏粮种植面积1127.73公顷,减少19.63%;秋粮种植面积33060.7公顷。粮食总产量242777.93吨,比上年增加0.76%。畜牧业:肉类总产量5556吨,减少24.73%,其中猪肉4675吨,减少24.08%;牛肉产量285吨,减少77.98%;羊肉产量596吨,减少15.46%。生猪存栏54277头,生猪出栏80014头。禽蛋产量10749吨,增长10.37%。奶产量854吨,减少24.42%。

以“一乡一业”“一村一品”为抓手,实施产业扶持项目9个,完成投资1200余万元,推进助民、本源等10个农业特色生态园建设,金泽生物、屯玉种业等17家企业成为市级龙头企业。推进总投资1900万元农业综合开发屯绛灌区节水配套改造项目,中央财政资金1000万元,地方财政资金500万元(其中省财政470万元,市财政30万元),地方水利资金400万元(其中省水利300万元,市水利100万元)。

在“第三届中国(山西)农博会上特色农产品交易签约金额202532.75万元。金泽生物工程有限公司签约190630万元、亨德谊食品有限公司签约11102.75万元、胖妞食品有限公司签约800万元。

工业建筑业 规模以上工业增加值92.2亿元,比上年增长16.05%,其中轻工业增长15.76%,重工业增长16.16%。主要工业产品产量中,原煤产量976.86万吨,比上年增长30.13%,发电量13.89万千瓦时,增长29.33%,焦炭产量290.28万吨,增长9.38%;洗精煤产量605.86万吨,增长18.54%;水泥产量55.87万吨,下降15.55%。主营业务收入18.7亿元,比上年增长6.14%。实现利税9.7亿元,减少19.14%,实现利润1.95亿元,减少40.25%。实施工业新型化项目36个,总投资274.86亿元,完成投资48亿元。

全社会建筑业实现产值435949.8万元,比上年增长84.08%。具有建筑业资质等级的总承包和专业承包建筑业企业实现利润11837.2万元,增长71.01%。

项目建设 项目“六位一体”建设,储备项目总投资2761.5亿元,占目标任务的230.1%;签约项目总投资132.64亿元,占任务的132.6%;落地项目总投资92.6亿元,占目标任务的102.9%;新开工项目总投资133.6亿元,占任务的247.4%;重点建设项目完成投资117.6亿元,占任务的108.9%;投产项目总投资135.6亿元,占任务的101.9%。推进十大重点项目建设。金泽生物工程有限公司3万吨有机肥料项目投入试生产。该项目占地约12000平方米,建筑面积约3100平方米,设备总投资2650万元。

交通邮电 公路线路里程849.6千米,其中县级以下公路696.76千米。客运经营户数1户,营运客车59辆,客运从业人员173人,班线数10条;货运经营户数2751户,营运客车3114辆,总吨位15525吨,货运从业人员4450人。

邮电业务总量完成740万元,增长3.9%。邮政业务收入890万元,增长16.19%;邮政单程长度108千米,农村投递线路单程长度863千米。

投资贸易 全社会固定资产投资992216万元,比上年增长29.78%,国有投资448295万元,增长37.3%,非国有投资543921万元,增长24.2%。分产业看,第一产业投资94151万元,增长4.96%;第二产业投资518395万元,增长9.14%;第三产业投资379670万元,增长99.32%。房地产开发投资92678万元。社会消费品零售总额116368.1万元,比上年增长14.74%。

教育科技 中等职业学校1所，普通高中1所，普通初中13所，小学学校101所，学前教育学校81所。高中招生1763人，在校学生5532人。初中招生3423人，在校学生9500人。小学招生3000人，在校学生17380人。幼儿园招生2700人，在园幼儿8089人。完成32所义务教育薄弱校改造、8所农村闲置校舍改建、6所小学教学点增设附属幼儿园任务，新建县直启智幼儿园投入使用。公开招聘公益性岗位幼儿教师26人。

文体卫生 文化馆1个，博物馆1个，公共图书馆1个，档案馆1个，广播电视台1座，有线电视用户4100户。

农民体育健身工程覆盖率达到100%。8月6日，举行首届全民健身运动会。运动会举办7天，来自全县6个系统、14个乡镇（区）、1个企业、5个社会团体的1500多名干部、职工、群众、学生参加游泳、拔河、球类项目、趣味赛等13个比赛项目。

医疗卫生机构370个，妇幼保健机构1个。卫生技术人员628人。212854农民参加新农合。参合率从达到100%。

社会生活 农村居民人均纯收入10750元，比上年增长12.2%；城镇居民人均可支配收入19872元，比上年增长9.8%。城镇职工参加基本养老保险人数为10231人，参加新型农村社会养老保险151502人；参加城镇基本医疗保险36097人。参加失业保险职工人数为20655人。全年城镇最低生活保障人数12231人，农村最低生活保障人数19715人，6619人纳入农村五保供养。

城乡建设 开展56个市域城镇化项目，县城“七横七纵一环”道路框架基本形成。推进李高等5个小城镇和20个中心村建设，岭上、南浒庄、东兴旺等压煤村庄搬迁和王村、官庄等企业防护区内搬迁取得阶段成效，城镇化率达到37.3%。建设北路的金汇中央小区项目封顶。开工建设保障性住房1549套，二期、三期保障性住房主体完工。

环境建设 完成造林任务3.01万亩，森林覆盖率达到30%，实施“燃气入屯”，完成管道铺设30千米，入户安装1000户，污水处理厂升级改造工程、旧城生活污水提升工程完工，污水处理达到80%。

民生建设 推进“农村新的五件实事”，改造农村危房1300户，完成212个行政村街道亮化工程，安装太阳能灯4240盏；村级幼儿园计划新改扩建8所，6所投入使用；面对出现的倒春寒、玉米黏虫和洪涝灾害，下拨药品、帐篷、棉被等各类物资500余万元，转移安置受灾群众3000多人。城镇新增就业3730人，城镇登记失业率控制在1.27%，转移农村劳动力3243人。全县低收入农户领取冬季取暖用煤74479吨；新编历史剧《三更生死缘》，建设达标乡镇文化站11个，改造升级村文化室、农家书屋80个，荣获长治市创建国家公共文化服务体系示范区先进县。麟绛镇西莲村老年人日间照料中心投入使用。

（段蓓蓓）

·平顺县·

中共县委书记	吴小华
县人大常委会主任	苏和平
县长	吴小华*
	秦军
县政协主席	赵小平

【简述】 平顺县北纬35°56′~36°27′，东经113°11′~113°44′，总面积1550平方千米，下辖7乡5镇，262个行政村。总人口15.47万人，比上年增加51万人，其中男性7.92万人，女性7.55万人，男女性别比为105:100。人口自然增长率2.23‰。

全年全县地区生产总值完成21.96亿元，比上年增长8.8%。第一产业增加值2.65亿元，第二产业增加值10.82亿元，第三产业增加值8.49亿元。财政收入1.6亿元，比上年增长0.6%，增收90万元。一般预算支出9.96亿元，比上年增长21.79%。金融机构各项存款余额33.9亿元，比年初增长14.61%；各项贷款余额19.37亿元，比年初增长29.3%。

农业 耕地1.26万公顷，粮食总产量5.587万吨。农林牧渔业总产值4.62亿元，比上年下降5.94%，其中农业总产值238亿元，下降25%；林业总产值0.32亿元，增长27.8%；牧业总产值122亿元，增长16.6%；渔业总产值0.02亿元，增长10%。粮食种植面积10718.6公顷，比上年下降0.3%，油料种植面积35.6公顷，下降8.2%，蔬菜种植面积556.93公顷，下降0.1%。粮食总产量55867.45吨，比上年增长0.4%。肉类总产量3941.1吨，猪牛羊肉3309.28吨，增长15.4%；禽蛋产量3213.27吨，下降0.3%。全年实施测土配方施肥16万亩，实施万亩玉米高产创建1.08万亩，集中连片实施马铃薯高产创建1.06万亩，实施旱作农业技术推广玉米地膜覆盖6.2万亩，新建设施蔬菜1045亩，农产品加工龙头企业销售收入完成4.22亿元。推进振东集团50万亩中药材种植GAP基地和中药饮片加工项目建设，完成储存加工车间建设。大红袍公司农副产品配送中心及香菇丝系列产品加工扩建项目建成投产。37个“一村一品”产业扶持项目全部完成。

工业 规模以上工业企业增加值11.09亿元，比上年增长15.02%。总产值29.72亿元；实现工业销售产值27.17亿元，工业产品销售率91.42%，比上年增长3.37%；实现利税1.65亿元，下降28%。推进清华机械厂平顺航天工业园建设，一期工程建成投产，二期工程开工。新型工业园区完成总体规划，开展基础设施建设，入驻园区的3家企业中，文正卓越一期汽车新能源发电机、起动机生产线建成投产；弘泰化工4×4万千伏安环保电石炉项目一期200万方石料项目投产，二期项目进行前期准备；西沟龙鼎6万吨加固材料生产项目完成投资2000余万元，进行基础设施建设。源头水电站拦河闸坝、厂房、管理站办公楼建设接近尾声，推进光伏发电、水力发电、风力发电、LNG加气站等新能源项目建设，新兴产业投资同比增长70%，增速快于传统产业87.6个百分点。

旅游业 总投资5.2亿元的通天峡景区一期工程完工并对外开放。总投资18亿元的红色西沟、神龙湾、太行水乡景区整合开发项目总体规划通过专家评审。新增4处国家级文物保护单位,国保总数达到14处,居全市之首。奥治、虹霓入选中国传统村落名录。提升平顺旅游的品牌影响力,被评为“山西省休闲农业与乡村旅游示范县”。累计接待游客188万人次,实现旅游综合收入9.11亿元。完善配套设施,完工文化艺术中心、游客服务中心、文博馆、通天峡大酒店、滨河湾花苑小区等主体工程,开工建设太行新天地旅游风情小镇、彩凤度假山庄,投入使客都、利家两个大型购物超市。

建筑业 建筑业实现产值1.61亿元,比上年增长747%,重点建设项目有86个。具有资质等级总承包和专业承包的建筑企业1家,实现利润0.31亿元。城市建成区面积450万平方米,城市房屋建筑面积85.71万平方米,住宅建筑面积44.56万平方米。

环保建设 建成区绿化覆盖率45%,县城人均公共绿地面积为11.08平方米。公园2座,总面积75万平方米。城市供水总量79.51万吨。全中供热面积60万平方米。污水处理率为91.8%。生活垃圾无害化处理率为100%。空气质量二级以上天数为362天,比上年增加2天。

交通邮电 民用汽车保有量达到8641辆,比上年下降15.3%,私人汽车保有量8341辆,下降7.6%。民用轿车保有量730辆,增长27%,私人轿车520辆。完成邮电业务总量4500万元,其中邮政业务总量900万元,增长12.5%;电信业务总量3600万元,增长12%。固定电话用户达到16039户,移动电话用户达到42000户。电话普及率达到30部/百人;互联网用户累计达7322户。

投资贸易 固定资产投资26.95亿元,比上年增长31.4%,其中国有投资8.69亿元,下降9.97%,非国有投资18.26亿元。分产业看,第一产业投资7.40亿元;第二产业投资11.14亿元;第三产业投资8.41亿元。社会消费品零售总额6.54亿元。

教育科技 普通中小学157所,其中小学126所,普通高中1所,普通初中10所。高中招生831人,在校学生2403人。初中招生1268人,在校学生4340人。小学招生1055人,在校学生6527人。幼儿园14所,在园幼儿2469人。申报专利45项,比上年增长50%。

文体卫生 艺术表演团1个,文化馆1个,博物馆1个,公共图书馆1个,档案馆1个,电视台1座。有线电视用户达到5000户,数字信号用户4600户。乡镇文化站12个,农民书屋262个。医疗卫生机构289个,其中医院、卫生院14个,妇幼保健院1个,疾病预防控制中心1个。床位557张,卫生技术人员435人。新型农村合作医疗覆盖率99.87%。

社会生活 农村居民人均纯收入4155元,比上年增长13%;城镇居民人均可支配收入16954元,比上年增长9.5%。城镇居民人均住宅建筑面积达到28.38平方米。城镇参加基本养老保险人数为8334人。参加基本医疗保险职工人数为9178人。参加失业保险人数为7286人。全县各类收养性社会福利单位5所,床位100张。城镇最低生活保障人数2589人,农村最低生活保障人数7082人。全县20649名60岁以上的老人按月领取养老金。 (王建斌 张国梅)

·黎城县·

中共县委书记 郜双庆
县人大常委会主任 杨和贵
县长 郝献民
县政协主席 路小玲

【简述】 黎城县北纬36°23′~36°53′,东经113°15′~113°35′,总面积1101平方千米,下辖4乡5镇,5个居委会,250个行政村。人口16.05万人,比上年增加0.09万人,男性人口8.44万人,女性人口7.61万人,男女性别比为110:100。人口出生率11.97‰,死亡率6.42‰,自然增长率为5.55‰。城镇人口比重达到37.43%,比上年提高1.75个百分点。

全年全县地区生产总值完成32.75亿元,比上年增长10%。第一产业增加值2.84亿元,第二产业增加值16.6亿元,第三产业增加值13.3亿元。财政收入3.51亿元,比上年减少11.12%。一般预算支出8.63亿元,比上年增长20.6%。金融机构各项存款余额46.78亿元,比上年增长11.8%;各项贷款余额17.02亿元,比年初增长19.1%。

农业 耕地1.92万公顷。农林牧渔业总产值4.58亿元。农业总产值2.07亿元;林业总产值0.63亿元;牧业总产值1.76亿元;渔业总产值0.016亿元;农林牧渔服务业0.1亿元。粮食种植面积16207.26公顷,油料种植面积156.3公顷,蔬菜种植面积823.6公顷。粮食总产量80240.59吨,平均亩产330.1公斤。蔬菜总产量7470吨。肉类总产量6378.22吨,其中猪牛羊肉5886.3吨;禽蛋产量5044.8吨;奶产量877.7吨。

工业 规模以上工业企业增加值16.47亿元,比上年增长16%,轻工业增加值3089.1万元,增长56.2%,重工业增加值16.16亿元,增长16%,产品销售率98.2%。主要工业产品产量中,生铁增长57.1%,焦炭增长17.9%,钢材增长55.1%。工业经济效益综合指数为178.6,比上年增长95个百分点。主营业务收入86.62亿元,比上年增长17.5%。实现利税0.79亿元,下降30.7%,其中利润0.12亿元,下降18.1%。

建筑业 实现产值0.21亿元,比上年增长12.5%;重点建设项目83个。具有资质等级总承包和专业承包的建筑业企业1家,实现利润0.06亿元,上缴税150万元。城市建成区面积4.45平方千米,房屋建筑竣工面积6600平方米。

环保建设 建成区绿化覆盖率40.9%,县城人均公共绿地面积10.86平方米。建设城市公园2座。硬化改造背街小巷800条。城市供水总量59.64万立方米,年人均生活用水量13立方米。污水处理率为85%。生活垃圾无害化处理率为100%。空气质量二级以上天数为305天,比上年减少47天。

交通邮电 公路客运量190万人次;旅客周转量1960万人每千米;货运量350万吨。民用汽车保有量达到1.3万辆,私人汽车保有量1.1万辆。民用轿车保有量8000辆,私人轿车7600辆。完成邮电业务总量7673万元。邮政业务总量841万元;电信业务总量6832万元。固定电话用户达到23808户，移动电话用户达到127360户。电话普及率达到90部/百人,互联网用户累计达15369户。

投资贸易 全社会固定资产投资40.05亿元,城镇投资37.78亿元,农村非农户投资2.27亿元，减少27.3%。分产业看,第一产业投资5.24亿元;第二产业投资14.34亿元;第三产业投资20.47亿元,增长55.3%。房地产开发投资5.87亿元。社会消费品零售总额10.22亿元。

教育科技 普通中小学校79所,教学点36个,其中小学69所,普通高中1所,普通初中9所。高中招生1069人,在校学生2910人。初中招生2281人,在校学生6985人。职业高中1所,职中招生169人,在校学生553人。小学招生1937人,在校学生11778人。幼儿园24所,在园幼儿5035人。申报专利28项,比上年增长7.69%。

文体卫生 艺术表演团35个,文化馆1个,博物馆1个,公共图书馆1个，公共图书馆藏书量4万册,档案馆1个。广播电台1座,电视台1座,广播、电视综合人口覆盖率均达到100%。有线电视用户达到1.21万户,数字信号用户7300户。全县共建成农民文化广场250个，群众舞台250个，乡镇文化站9个，农民书屋250个。人均体育场地面积达到1.3平方米。医疗卫生机构378个,其中医院、卫生院17个，妇幼保健院1个,疾病预防控制中心1个。实有病床位649张。卫生技术人员547人,新型农村合作医疗覆盖率99.51%。

社会生活 农村居民人均纯收入6096元,比上年增长11.5%;城镇居民人均可支配收入13921.2元,比上年增长9.4%。全年全县在岗职工平均工资31347元，比上年增长17.6%。年末全县城镇居民人均住宅建筑面积达到32.5平方米，农村居民人均住宅面积达到34.26平方米。年末城镇参加基本养老保险人数为4481人。参加基本医疗保险职工人数为36102人。参加失业保险职工人数为12716人。年末全县各类收养性社会福利单位8所，床位1171张。全年城镇最低生活保障人数3105人，农村最低生活保障人数9740人。全县18935名60岁以上的老人按月领取养老金，农村17872人,城镇1063人。 （王利芳）

·壶关县·

中共县委书记	李全心
县人大常委会主任	张占雄
县长	崔江华
县政协主席	王明德

【简述】 壶关县北纬35°50′~36°12′,东经113°10′~113°40′,总面积1007.7平方千米,下辖5镇7乡,1个开发区,390个行政村。总人口29.49万人,比上年增加0.14万人，男性人口14.89万人,女性人口14.60万人,男女性别比为102:100。全年人口出生率11.54‰,死亡率6.89‰,自然增长率4.65‰。城镇人口比重达到26.39%,比上年提高1.95个百分点。

全年全县地区生产总值完成40.71亿元,比上年增长12.5%。第一产业增加值4.19亿元,第二产业增加值24.06亿元,第三产业增加值12.46亿元。财政收入4.66亿元,比上年增长13.7%,增收0.56亿元。一般预算收入完成2.1亿元,增长1.18%;一般预算支出13.47亿元,比上年增长14.4%。金融机构各项存款余额65.47亿元,比年初增长8.9%；各项贷款余额30.14亿元,比年初下降32.1%。社会消费品零售总额完成14亿元,增长15.3%;城镇居民人均可支配收入17180元,增长13%;农民人均纯收入4130元,增长17%,各项主要经济指标完成年度目标任务。财政收入4.64亿元。农村居民人均纯收入4005元,比上年增长13.5%;城镇居民人均可支配收入16720元,比上年增长10.0%。

农业 耕地2.75万公顷。农林牧渔业总产值7.76亿元，其中农业总产值4.75亿元；林业总产值0.23亿元；牧业总产值2.70亿元；渔业总产值0.01亿元。粮食种植面积16174.3公顷;油料种植面积42.4公顷;蔬菜种植面积944.8公顷。粮食总产量121833.1吨,蔬菜总产量63064.6吨,肉类总产量9213.2吨，其中猪牛羊肉8352.4吨;禽蛋产量10351.8吨;奶产量391.3吨。

发展“一县一业”“一村一品”特色农业,培育名、特、优农业品牌,促进现代农业和农业产业化的发展。紫团公司、郭氏食品入选全市十大旗舰型农业产业化龙头企业,占到全市的五分之一。紫团公司以食用菌产业为依托,辐射周边2市15县30个合作社。年内新增食用菌大棚1000座,带动农户1000户,一个农户一个棚,户均增收4万元；发展旱地西红柿种植,全县旱地西红柿种植覆盖5个乡镇,120余个村，总面积达到5万亩。举办首届旱地西红柿采摘节,旱地西红柿亩产1.5万斤，纯收入可达1万元。以大象集团和郭氏食品公司规模养殖为带动,发展标准化、规模化养鸡、养羊、养猪。

工业建筑业 规模以上工业增加值25亿元,比上年增长15.04%。主要工业产品产量中,原煤比上年增长2.5%,生铁下降9.7%,焦炭下降35.2%,钢材增长8.1%。主营业务收入88.88亿元，比上年增长1.4%。实现利税6.61亿元,增长24.28%,其中利润3.58亿元,增长62.0%。

建筑业产值实现0.75亿元,比上年增长12.0%。具有资质等级总承包和专业承包的建筑企业3家,实现利润1亿元。城市建成区面积1300万平方米。

项目建设 推进总投资180.65亿元、总数量112个的县、乡两级“双百”重点工程,85%的项目建成投产。引进世界500强华润燃气、潞安旱地西红柿加工和晋通公司钕铁硼、潞汇通仓储物流等11个项目，与北京大学等8所高校建立科技创新长期合作关系,引进北京大学博士赵大伟挂职县长助理,负责全县工业转型科技创新工作。开展邦仕得“克烧净”药业、30万吨矿渣纤维保温材料、常平集团265立方米烧结机、壶化集团80万千克起爆具、联合医疗器械、光纤接入网产品生产线等重点项目建设。

城乡建设 完成55个自然村，834户3004人的年度移民搬迁任务,三年内完成全部1.1万人移民搬迁任务。加强城乡基础设施,推进大县城、小城镇、中心村一体化进程,推进总投资33亿元的22项城建重点工程。玉壶广场、文体馆、常平凤凰城、壶化银座城、神山公园高旺阁、国防动员指挥中心、垃圾填埋场等10多项工程全部完工或主体完工。投资1亿元的天然气入户工程铺设管道。推进百尺镇、晋庄镇、店上镇、桥上乡、常平开发区5个示范小城镇和5个重点中心村、48个重点村、1个示范区建设。加快保障性住房建设,建成廉租房152套、公租房370套、经济适用房239套,完成农村困难家庭危房改造800户。投资3225万元完成涉及全县284个行政村5680盏太阳能路灯安装任务,成为全省首家完成行政村街道亮化工程的项目县。390个行政村启动乡村清洁工程。

交通邮电 公路通车里程达到1164.2千米,其中高等级公路168.5千米。公路密度每百平方千米达到115.5千米。邮政业务总量1078万元。接待海内外游客162.05万人次,比上年增长38.7%,其中国内游客160.69万人次,增长38.6%;海外游客1.36万人次,增长43.8%。旅游总收入22.23亿元,比上年增长35.1%,其中国内收入21.94亿元,增长40.0%;海外收入427.09万美元(合0.29亿元),增长50.6%。

投资贸易 全社会固定资产投资38.20亿元,比上年增长30.8%,其中国有控股10.30亿元,下降24.4%,私人控股27.90亿元,增长79.2%。分产业看,第一产业投资1.09亿元,增长72.9%;第二产业投资22.95亿元,增长17.6%;第三产业投资14.16亿元,增长56.6%。全年房地产开发投资4.27亿元。全县社会消费品零售总额13.91亿元,比上年增长14.5%。

教育科技 普通中小学138所,小学111所,普通高中3所,普通初中22所。普通高中在校学生5696人,初中在校学生10835人,小学在校学生15713人。幼儿园46所,在园幼儿6078人。申报专利60件。总投资3800万元的城南幼儿园和4所乡村幼儿园建设工程完工,具备入园条件。

文体卫生 艺术表演团3个,文化馆1个,博物馆1个,公共图书馆1个,藏书11.0万册。广播、电视综合人口覆盖率分别达到93%和98%。有线电视用户达到44506户,数字信号用户15000户。乡镇文化站13个,农民书屋390个。投资410余万元,为全县12个乡镇文化站配备相关设施,80%的村级文化活动室面积达到100平方米,为390个村文化活动室全部配送价值1万元的文化设施设备。医疗卫生机构17个,其中医院、卫生院15个,妇幼保健院1个,疾病预防控制中心1个。床位637张,卫生技术人员725人。新型农村合作医疗参合率为99.93%。推进公立医院改革,县级3个医疗机构实行药品零利润销售。投资2200万元的县医院病房大楼建成投入使用。20种重大疾病提高报销比例。

环境建设 建成区绿化覆盖率47.69%,比上年下降2.31%,县城人均公共绿地面积为41.33平方米。全年城市供水总量244万立方米,人均生活用水量74.16升。全县集中供热面积160万平方米。全县污水处理率为84%。空气质量二级以上天数为346天,占全年天数的94.79%。

社会保障 参加城镇基本养老保险17347人,参加职工基本医疗保险13785人,参加职工失业保险18671人,参加农村社会养老保险144944人。全县各类收养性社会福利单位8个,床位1154张。全年城镇最低生活保障3042人,农村最低生活保障17609人,农村五保供养1735人。筹资2200多万元,为全县近万名干部职工增发取暖费、公务员津贴补贴和事业人员绩效工资。

旅游综改 推进大峡谷旅游产业发展。投资4.1亿元协议买断10个景区的投资经营权,引进西安曲江文旅集团对大峡谷进行高水平托管经营,形成"统一规划、统一管理、统一开发、统一品牌、统一经营"的"五统一"旅游新格局,将原省道川荫线改为县道和旅游专用公路,开展长治人游大峡谷、七夕情人节、中秋联谊会等活动,举办由全国230余家大型旅行社参加的旅游推介会,出台门票优惠政策和奖励政策,在央视和山西卫视播出大峡谷广告宣传片。联合山西卫视举办全国首档实景山水闯关电视节目"冲关大峡谷",提高太行山大峡谷的知名度和影响力。实施总投资18亿元的大峡谷景区开发建设工程,年内共接待游客160万人次,门票收入突破2500万元,旅游总收入22.23亿元,同比分别增长38.6%、24.9%、35.1%,各项主要经济指标均创历史之最。太行山大峡谷被评为全国首批、山西唯一的中国最美地质公园。

输出劳动力8万人,人均收入2.5万元,一年挣回20亿元。旅游服务业重点抓"农家乐"客栈特色化改造,一个"农家乐"年均增收5万元。

(秦慧艳)

·长子县·

中共县委书记	张　圣
县人大常委会主任	花俊富
县　　长	卢展明*
	马先明
县政协主席	崔万英

【简述】 长子县北纬35°53′~36°15′,东经112°27′~113°00′,总面积1029平方千米,下辖5乡7镇,2个办事处,399个行政村。总人口357411人,增加1882人,增长1.36%。总户数12.90万户。男性人口183190人,增长1.49%;女性人口174221人,增长3.56%,男女性别比为103:100。全年人口出生率11.8‰,死亡率6.54‰,自然增长率5.26‰。城镇人口比重达到26.96%,比上年提高1.59个百分点。

全年全县地区生产总值完成1040634万元,比上年增长11.9%。人均生产总值29116元,同比增长6.6%。第一产业增加值106925万元,同比增长4.8%;第二产业增加值719286万元,同比增长15.3%;第三产业增加值214423万元,同比增长6.7%。财政总收入303671万元,绝对额增加828万元,同比增长0.27%。国税部门完成179533万元,减收40539万元,同比降低18.42%;地税部门完成100234万亿元,增收43093万元,同比增长75.42%;财政部门完成

23904万元，减收1726万元，同比降低6.73%。一般预算收入完成100792万元，同比增长15.18%；一般预算支出累计180780万元，同比增长14.8%。农村居民人均纯收入9752元，比上年增长12%；城镇居民人均可支配收入21122元，同比增长11%。892个名胜风景区和文物保护单位接待境内外游客87.8万人次，实现门票收入13.1万元。

农业 农林牧渔业总产值183924万元，比上年增长4.8%，其中农业总产值124346万元，增长6.7%；林业总产值2393.5万元，增长34.3%；牧业总产值54952.2万元，与上年基本持平；渔业总产值750.2万元，增长3.7%。农作物播种面积3.799万公顷，粮食种植面积3.054万公顷，比上年略有减少。玉米种植面积2.803万公顷，小麦种植面积1130公顷。经济作物播种面积7450公顷，蔬菜种植面积6690公顷。粮食总产量239344吨，同比增长1.33%。蔬菜总产量391894吨，增产3.6%。生猪存栏70000头，出栏112218头；牛存栏7727头，出栏3693头；羊存栏58438只，出栏51081只；家禽存栏258.3万只，出栏214.7万只。肉类总产量13196吨，禽蛋总产量39688吨。农用化肥施用量（折纯）19218吨，地膜使用量783吨，农村用电量7773万千瓦时，农用柴油使用量2171吨，农药使用量376吨。农业机械总动力242795千瓦，同比增长5.4%。农机化经营总收入12046万元，同比增长37.1%。

工业 规模以上工业增加值707507万元，比上年增长16.0%，其中轻工业增加值14614万元，下降4.4%；重工业增加值692893万元，增长17.1%。主营业务收入1054190万元，比上年下降0.5%。利润176792万元，增长10.6%。工业产品销售率87.2%，下降5.6%。主要工业产品产量中，原煤生产1935万吨，比上年增长7.9%。用电总量76647万千瓦时，减少1.39%。工业用电量61706万千瓦时，同比减少3.08%。

建筑业 实现增加值8779万元，比上年增长6.6%。全年全县在建固定资产投资项目109个，总投资294.9亿元，完成投资88.2亿元。亿元以上项目27个。具有资质等级总承包和专业承包的建筑企业28家，实现利润829.2万元，同比下降40%。全年房地产开发投资1252万元，增长93.8%。商品房销售面积59220平方米，同比增长24.31%，销售额24079万元，同比增长97.2%。

交通邮电 公路客运量190万人，旅客周转量6242万人千米，货运量456万吨，货物周转量33240万吨千米。民用汽车保有量达到12505辆（包括三轮汽车和低速货车1521辆），私人汽车保有量11527辆。轿车保有量6090辆，私人轿车4120辆。全年新注册汽车4097辆。邮电业务总量13649万元，比上年增长5.2%。邮政业务总量1474万元，增长4.3%；电信业务总量12175万元，增长5.3%。互联网用户29262户，增长24%。移动电话用户211345户，增长6.7%；3G移动电话用户7000户。

金融贸易 金融机构各项存款余额891288万元，比年初增长4.8%；各项贷款余额457663万元，比年初增长1.5%；城乡居民储蓄存款653027万元，比年初增长14.3%。固定资产投资883470万元，增长33.7%，国有及国有控股投资328273万元，下降1.0%。社会消费品零售总额136374.2万元，同比增长14.3%。城镇消费品零售额74512.8万元，增长16.5%；乡村消费品零售额61861.4万元，增长11.8%。批发零售业完成商品销售额500755.9万元，下降8.1%；住宿餐饮业完成营业额19078.3万元，增长15.2%。

教育科技 普通中学25所，小学85所，普通高中3所，普通初中21所。高中招生2758人，在校学生7135人。初中招生3284人，在校学生11015人。小学招生3186人，在校学生18200人。幼儿园107所，在园幼儿11060人。受理专利申请85项，同比增长13.3%，其中一项获省部级科学技术成果奖。

文体卫生 艺术表演团体2个，文化馆1个，博物馆1个，公共图书馆1个，公共图书馆藏书量127155册，档案馆1个。实现399个行政村农村书屋全覆盖。全县广播电台1座，广播、电视综合人口覆盖率分别达到98.2%和99.3%。接收数字信号用户达到75800户。成立乡镇体育工作站14个，各类体育协会12个，基层健身辅导站426个，各级社会体育指导员784人。医疗卫生机构591个，其中医院、卫生院17个，妇幼保健机构1个，疾病预防控制中心1个，卫生监督机构1个，病床位871张。卫生技术人员726人，执业医师和执业助理医师437人，注册护士159人，药剂人员33人。新型农村合作医疗人数295141人，参合率99.6%。

环境建设 建成区绿化覆盖面积350.8万平方米，绿化覆盖率47.9%，与上年持平。县城人均公共绿地面积为12.83平方米。公园4座，总面积122.6公顷。城市供水总量230万吨，人均生活用水量110升/日。集中供热面积199万平方米。污水处理能力为5000吨/日，污水处理量164.93万吨。生活垃圾年清运量5.48万吨，无害化处理率为100%。空气质量二级以上天数为365天，其中一级天数25天。

社会保障 城镇单位在岗职工平均工资64175元，同比增长5.9%。参加城镇基本养老保险21333人，参加城镇居民基本医疗保险职工11638人，参加新型农村社会养老保险192100人，参加失业保险职工26122人，参加工伤保险36101人。各类收养性社会福利单位18所，床位1213张，收养834人，接受社会捐赠款79.83万元。全年救助金支出300余万元。纳入城镇最低生活保障2574人，发放城市低保资金1015万元；纳入农村最低生活保障19955人，发放农村低保资金3314万元。40091名60岁以上的老人按月领取55元养老金。

灾害损失 6月7日，18点19分至18点40分，长子县城以及周边地区，包括丹朱镇、岚水乡南部、常张乡东南部、石哲镇东部、大堡头镇北部、宋村乡西部等地区，突然电闪雷鸣，风雨交加。偏东风风力瞬时高达10级以上，狂风暴雨夹着冰雹持续20多分钟，降水量达47.9毫米。粮食作物受灾面积95719.6亩，损害112户407间房屋，损伤3000余只牲畜，10573棵大中树木折损，受伤人数4名，死亡1名，各种经济损失达3亿元。（王卫星）

【县城免费公交车】1月7日开通。运营线路全长约20千米，分别始发于长途汽车站和长子县实验中学，两路对开，共设有50个站点，涉及县城东南西北各个方向。早上7:00运营，傍晚18:00结束，每15分钟一趟，共10辆公交车。（王卫星）

·武乡县·

中共县委书记	周　涛*
	胡　坚
县人大常委会主任	袁俊山
县　　长	阎新平
县政协主席	王建华

【简述】武乡县北纬36°39′~37°08′，东经112°26′~113°22′，总面积1610平方千米，下辖9乡5镇，1个开发区，377个行政村。总人口20.73万人，男女性别比为97:100。全年人口出生率8.25‰，死亡率5.74‰，自然增长率2.51‰。

全年全县地区生产总值完成68.9亿元，比上年增长9.9%。第一产业增加值3亿元，第二产业增加值47.0亿元，第三产业增加值18.8亿元。财政收入12.1亿元，比上年减收1.4亿元，下降10.4%。一般预算支出13.2亿元，比上年增长30.2%。金融机构各项存款余额64.7亿元，比年初增长5.5%；各项贷款余额39.8亿元，比年初增长1.8%。农村居民人均纯收入4476元；城镇居民人均可支配收入17299元。

农业 农林牧渔业总产值5.2亿元，比上年增长1.2%。农业总产值3.7亿元；林业总产值0.1亿元；牧业总产值1.1亿元；渔业总产值0.07亿元。耕地3.16万公顷，粮食种植面积27140公顷，油料种植面积332.37公顷，蔬菜种植面积1197.6公顷。粮食总产量113366吨，平均亩产283.2千克。蔬菜总产量25638.6吨。畜牧业：肉类总产量5252.78吨，下降28%，猪牛羊肉5214.5吨；禽蛋产量1120.08吨；奶产量524.9吨。

工业建筑业 规模以上工业增加值45.8亿元。重工业增长11.1%，产品销售率98.8%。主要工业产品产量中，原煤比上年下降7.3%，发电量下降9.6%，焦炭下降87.8%。主营业务收入70.8亿元。实现利税18.4亿元，其中利润14.2亿元。

建筑业实现产值3300万元，比上年下降58.1%，具有资质等级总承包和专业承包的建筑企业1家，实现利润600万元，上缴税金150万元。

环境建设 建成区绿化覆盖率43.4%，比上年提高1个百分点，县城人均公共绿地面积为17.3平方米。城市供水总量148万吨，人均生活用水量25.8吨。全县集中供热面积180万平方米，污水处理率为81%，生活垃圾无害化处理率为100%。

投资贸易 全社会固定资产投资20亿元，其中国有投资12亿元，非国有投资8亿元。分产业看，第一产业投资1.5亿元；第二产业投资7.9亿元；第三产业投资10.6亿元。房地产开发投资2.9亿元。社会消费品零售总额9.85亿元。

教育科技 普通中小学130所，小学114所，普通高中1所，普通初中15所。高中招生1202人，在校学生3388人。初中招生2251人，在校学生7303人。小学招生1993人，在校学生12163人。幼儿园32所，在园幼儿4313人。附设幼儿班1110人。特殊教育学校1所，在校学生38人。高考二本达线人数首次突破400人。

文体卫生 专业艺术团2个，民间音乐团70个，文化馆1个，公共图书馆1个，藏书10.5万册，档案馆1个，广播电台1座，电视台1座。数字有线信号用户达到10000户。乡镇文化站14个，农民书屋377个。

人均体育场地面积达到1.697平方米。在2013年全国残疾人田径锦标赛和世界轮椅和截肢者运动会的比赛中，武乡县特殊教育学校学生运动员均取得良好成绩。9月5日，举行“穿越红色武乡，追寻总部足迹”自行车越野活动。

医疗卫生机构412个，医院、卫生院19个，妇幼保健院1个，疾病预防控制中心1个，床位382张，卫生技术人员970人。全县新型农村合作医疗覆盖率99.5%。

社会保障 全年全县在岗职工平均工资42994元。参加城镇基本养老保险1786人，参加城镇基本医疗保险职工21354人，参加失业保险职工13273人。全年城镇最低生活保障3064人，农村最低生活保障12946人。启动年度慈善情暖万家活动。

56803户人搭上“财政惠民便民直通车”。县财政发放粮食直补、退耕还林补贴、农村低保金、新中国成立前老党员补贴等资金近20万元。

文化事业 在武乡八路军文化园举行电影《边区造》新闻发布会。举行第二届权店梅杏赏花节。深圳锦绣中华发展有限公司总经理苗壮在武乡就八路军文化园、体验园、大型实景剧项目进行洽谈。与北京八一电影制片厂合作建设太行山创意产业园座谈会。第三届八路军文化旅游节在八路军太行纪念馆开幕。举行第三届民间手工艺品暨旅游纪念品展销会，200余民间艺术人带290多种1300件作品参展。

城乡建设 红色旅游公路项目北社—王家峪—砖壁线开工，全长约20.7千米，概算投资2.4亿元，采用二级公路技术标准，为全幅式沥青混凝土路结构。山西焦煤集团与武乡县就农业产业扶贫开发与电厂项目进行对接。县城热电联供项目如期供暖，项目总投资107亿元，总长18.7千米。377个行政村实现路灯全覆盖，共投资3066万元，安装太阳能路灯5780盏。实施“一事一议”财政奖补项目165个，下拨奖补资金825万元，带动社会投资1400多万元，硬化村巷道33千米，建设安全饮水管道76个，建设村内排水渠18千米，建筑桥梁18座，机电井3眼，公共活动场所1.8万平方米。开展堰塘水窖31个等村级公益事业项目建设，受益群众9万余人。（魏春洲　曹小莉）

·沁　县·

中共县委书记	卢展明
县人大常委会主任	杜汉如
县　　长	张　斌*
	王现敏
县政协主席	王元英(女)

【简述】 沁县北纬36°26′~36°59′，东经112°28′~112°54′，总面积1319平方千米，下辖7乡6镇，306个行政村。总人口17.6万人，比上年增加1千人，男性人口9.3万人，女性人口8.3万人，男女性别比为112:100。人口出生率8.23‰，死亡率4.23‰，自然增长率4‰。城镇人口比重达到52.84%，比上年提高15.6个百分点。

全年全县地区生产总值完成16.2亿元，比上年增长8.1%。第一产业增加值4.1亿元，第二产业增加值2.4亿元，第三产业增加值9.7亿元。财政收入1.46亿元，增收0.1亿元，一般预算收入0.72亿元。金融机构各项存款余额35.5亿元，比年初增长12.34%；各项贷款余额14.4亿元，比年初增长9.3%。农村居民人均纯收入4325元；城镇居民人均可支配收入14118元。在岗职工平均工资42053元。

项目建设　开展招商引资，对接洽谈70多个项目，23个达成合作意向，拟引资总额84.92亿元；主动拜访大企业集团，与康师傅、汾酒集团争取项目合作。引进投资100亿元的保利协鑫电厂项目并报国家发改委审批，展开项目前期工作。投入4568万元，改造规划产业示范园区。16家企业21个项目落户沁州黄产业园区。以端午民俗文化节为平台，举办项目推介活动，签约项目16个，签约资金46亿元。汾酒原粮沁县晋汾高粱公司等14家企业和合作社申报的40408.98亩基地、129个区域生产的粮食、蔬菜、林产品、茶产品、酒产品5大类34个品种获得国家认证。

完成项目建设“六位一体”任务。项目储备金额5148.7亿元；项目签约129.4亿元，签约到位资金45亿元；项目落地金额75.3亿元；项目开工金额85.1亿元，累计完成投资59.8亿元；项目投产完成额90.9亿元。

总投资8亿元的130万吨焦炉二期、6.8万吨煤气制液化天然气、干熄焦余热发电三个项目的先期奠基开工。沁园春矿泉水有限公司引进德国克朗斯公司36000瓶/小时矿泉水生产线设备到位并验收启动。

农业　农林牧渔业总产值7.05亿元，比上年增长3.8%，其中农业总产值5.05亿元；林业总产值0.28亿元；牧业总产值1.47亿元；渔业总产值0.09亿元。耕地3.4万公顷。粮食种植面积25224.6公顷，比上年增长0.43%，油料种植面积8公顷，蔬菜种植面积748.3公顷。粮食总产量180558.1吨，平均亩产477.2千克。蔬菜总产量24629.6吨。肉类总产量3369吨，猪牛羊肉2263吨；禽蛋产量3616吨；奶产量82吨。

打造全国有机食品基地，扩大基地规模。新发展谷子2万亩、设施蔬菜6000亩、核桃2万亩、小杂粮1万亩、中药材5000亩，畜禽养殖达到589万多头(只)，粮食总产量达到18万吨。11月，潞宝金和生肉鸡屠宰加工项目投入试生产，万吨沁州黄小米老陈醋项目试生产，31个产品面市。推进协鑫光伏科技观光农业、振东集团中药材种植加工、汾酒集团肉牛养殖、丈河上农业园区、世杰有机农业示范园区等项目建设。山西桑产业科技联盟在沁县康禾农业有限责任公司成立。

工业建筑业　规模以上工业增加值1.60亿元，比上年增长15.07%，其中轻工业增加值减少5.56%，重工业增加值增长23.84%。主营业务收入8.13亿元。实现利税0.22亿元，其中利润0.28亿元。产品销售率121.11%。主要工业产品产量中，焦炭增长14.1%。襄矿华安拓展焦化产业链，提升改造原有65万吨产能，推进焦炉煤气和干熄焦的清洁综合利用，实现产品由焦炭向液化天然气、余热发电的转变。中石化208国道综合服务区项目一期工程完工。国新能源物流园区项目进行规划设计。协鑫和国新能源下属的4个加气站项目开工建设。引进投资220多亿元的协鑫潞安新店3×100万燃煤机组发电项目。

全社会建筑业实现产值0.87亿元，重点建设项目有20个。全县具有资质等级总承包和专业承包的建筑企业1家，实现利润162.6万元，上缴税金66.3万元。城市建成区面积591万平方米，城市房屋建筑面积208万平方米，住宅建筑面积176万平方米。

城乡建设　推进县城基础设施建设，铺开涉及城市街道、保障性住房、垃圾处理、集中供暖、供气、公共建筑等方面的11个重点城建项目。完成册村、故县等5个重点镇，郭村镇端村等20个中心村规划设计。完成1000户农村困难家庭危房改造。推进特困群众易地搬迁。涉及100人以下贫困村95户299人，推进移民住房新建、购置等各项工作。投资2387万元，为210个行政村安装太阳能路灯4200盏。

环境建设　建成区绿化覆盖率40.63%，比上年提高0.17个百分点，县城人均公共绿地面积为9.6平方米。交通运营车辆825辆，出租汽车113辆。公园6座，总面积55.05万平方米。硬化改造背街小巷45条。全年城市供水总量193万吨。集中供热面积168万平方米。污水处理率为83%。

推进造林绿化和水利治理。完成营造林合格面积5万亩，荒山造林3.6万亩，经济林1.4万亩，建成区绿化覆盖率达到40.6%。水土流失治理完成2.2万亩；申报西汤水库建设项目，完成浊漳河西源保护范围界定、白玉河治理和西湖水库除险加固工程。县城空气质量全年保持在二级以上，一级以上天数达到126天。

推进乡村清洁工程。县、乡两级成立环境卫生管理中心，村级成立环境卫生管理站。13个乡镇有管理员26名、道路保洁员80名、村庄保洁员449名、垃圾清运员343名。在306个行政村建设垃圾池798个、垃圾简易填埋场315个，配备各类垃圾清运车辆338辆。县财政每月安排乡村清洁工程补助经费15万元。建成样板乡镇1个（50%的村达标），其他乡镇10%以上的村建成样板村。

交通邮电　公路客运量168万人，同比增长10.5%；旅客周转量

11500万人每千米，增长8%；货运量520万吨，增长12%；货运周转量40500万吨千米，增长13.5%。民用汽车保有量达到4013辆，私人汽车保有量3676辆。民用轿车保有量1788辆，私人轿车1674辆。完成邮电业务总量0.88万元，其中邮政业务总量0.13万元；电信业务总量0.75万元。固定电话用户达到20300户，城市电话用户4000户，农村电话用户10000户，移动电话用户达到105590户。电话普及率达到71部/百人，互联网用户累计达11300户。

投资贸易 全社会固定资产投资38.9亿元，比上年增长32.8%。分产业看，第一产业投资17.2亿元，增长41.5%；第二产业投资13.7亿元，增长54.7%；第三产业投资7.9亿元，增长-3.5%。房地产开发投资2.87亿元。社会消费品零售总额7.5亿元，比上年增长13.8%。

教育科技 普通中小学119所，其中小学105所，普通高中3所，普通初中11所。高中招生1192人，在校学生3654人。初中招生2576人，在校学生8196人。小学招生1512人，在校学生9965人。幼儿园34所，在园幼儿3709人。完成8所村级幼儿园改扩建任务。实施92所薄弱学校改造项目。404名学生免费接受中等职业教育。投入66万元改善8所农村附属幼儿园办学条件。申报专利45项，比上年增长21.6%。

文体卫生 艺术表演团体1个，文化馆1个，博物馆1个。新建图书馆主体工程竣工，馆藏书量5.5万册，档案馆1个。广播电台1座，电视台1座，广播、电视综合人口覆盖率分别达到95%和98%。建成农民文化广场306个，群众舞台13个，乡镇文化站13个，农民书屋306个。农村数字电视整体转换工程完成入户安装2万户。免费为农民群众放映电影近3700场次。人均体育场地面积达到1.5平方米。有医疗卫生机构344个，医院、卫生院14个，妇幼保健院1个，疾病预防控制中心1个。床位449张，卫生技术人员542人。基本药物人均采购量、回款率达到全省平均水平；实施县医院外科大楼、卫生监督所、4所中心卫生院和4所计生服务站等基建项目建设；全民健康免费教育体检工作完成既定目标；新农合财政补助标准提高40元、达到280元，参合率达到99%。

社会保障 免费培训各类人员3240人，培养“一村一品”“一县一业”实用技术人才881人。新增就业人数1825人，新创办小微企业57个，创业带动就业650人，失业人员再就业400人，解决困难人员就业108人，转移农村剩余劳动力3280人。城乡居民社会养老保险每人每月提升15元；企业退休人员养老金提高10%；城乡低保每人每月分别提高30元、24元；农村五保供养户达到1784人，集中供养人数达到893人。

参加城镇基本养老保险8254人。参加职工基本医疗保险9942人。参加职工失业保险5967人。各类收养性社会福利单位12所，床位950张。城镇最低生活保障4737人，农村最低生活保障12027人。19723名60岁以上的老人按月领取养老金。

文物旅游 沁县城西南17千米的册村镇在省级文物单位阏与古城及墓地附近距地表以下1米深处的地层中，发现古代人类生活使用的绳纹陶器残片分布较为密集的层位，为阏与古城遗址的最新发现。

举办“北方水城、美丽沁州”2013端午民俗文化节，并举行山西省“潞矿华安”杯龙舟大赛。实施南湖文化园、漳河源头景区、小东岭红色旅游开发、南涅水佛塔景区、沁州民俗文化园等35个文化旅游项目，累计完成投资26亿多元。沁州三弦书《笑声飞出刘家坪》在第二届中国曲艺之乡·岳池论坛暨第二届“岳池杯”中国曲艺之乡曲艺大赛中荣获曲艺大赛金奖。

人才建设 建立沁县籍在外工作人才信息库，新建博士专家科研中心，康禾有机桑产业博士站首席博士成钟入选山西省第六批“百人计划”。

（王建宏 苗 壮）

·沁源县·

中共县委书记　李丁夫
县人大常委会主任　赵海军
县　　长　杨红旗
县政协主席　杜天云

【简述】 沁源县北纬39°22′~39°52′，东经113°23′~113°58′，总面积2548.8平方千米，下辖9个乡，5个镇，254个行政村。耕地229万公顷。总人口16.02万人，比上年增加0.09万人，男性人口8.7029万人，女性人口7.3220万人，男女性别比为119:100。人口出生率11.08‰，死亡率5.37‰，自然增长率5.71‰。城镇人口比重达39.23%，比上年提高1.81个百分点。人口密度为每平方千米62.87人。

全年全县地区生产总值完成101.6亿元，比上年增长10.1%。第一产业增加值2.49亿元，第二产业增加值75.33亿元，第三产业增加值23.78亿元。财政收入27.75亿元，比上年增长8.53%，增收2.18亿元。一般预算支出18.72亿元，比上年增长19.54%。金融机构各项存款余额60.15亿元，比年初增长4.2%，各项贷款余额27.04亿元，比年初增长5.85%。农村居民人均可支配收入9945元，同比增长15%，纯收入9677元，比上年增长11.9%；城镇居民人均可支配收入25008元，比上年增长10.8%。

农业 农林牧渔业总产值4.19亿元，比上年增长3.45%，其中农业总产值2.6亿元，增长14%；林业总产值5600万元，增长13%；牧业总产值5100万元，下降7%；渔业总产值120万元，增长800%。粮食种植面积14754.73公顷，比上年减少0.3%，油料种植面积461.07公顷，蔬菜种植面积787.6公顷。粮食总产量76298.72吨，比上年增长0.18%，平均亩产344.74千克。蔬菜总产量15727.9吨。肉类总产量2019.053吨，猪肉759.215吨；禽蛋产量673.9吨；奶产量1880吨。羊存栏17.11万只，年出栏在3万只以上，是全市养羊量最多的县。7月19日，山西省羊产业技术体系沁源专家工作站正式挂牌成立。推进“一村一品”“一县一业”建设，形成脱毒马铃薯生产区域、蔬菜生产区域、小杂粮生产区域、食用菌生产区域等九大产业带；发展特色庄园经济带动农民增收，为农民工创造就业岗位3000个，实现农民财产性收入和工资性收入的双增效应；依托全县700余个农民专业合作社，通过扶持龙头企业、引导农民参与专业合作社，实现农业产业化经营；加强农业产业化科技支撑体系建设。开展各项培训，确定培养50个农业科技示范户、200个农业科技带头人、100名优秀乡土人才。森林资源连续两年实现无火灾。

项目建设 铺开市级以上重点项目99个，完成投资106亿元。24个项目建成投产，竣工投产金额119亿元。总投资70亿元的国电太岳山风电厂投产运营。项目规划总装机容量75万千瓦，是华北地区和国电集团公司最大的单体风力发电项目。年内项目一期工程完成投资23亿元，安装发电机组66台，达到生产能力，具备上网条件。由国兴能源山西煤层气(天然气)集输有限公司承建的天然气供气管网贯通，上游来自该公司洪洞—安泽—长子输气管线的安泽—沁源支线；下游3个出口，分别为李元工业园、郭道工业园以及县城城市管网供气。

工业建筑业 规模以上工业增加值74.53亿元，比上年增长11.12%，产品销售率81.38%。主要工业产品产量中，原煤714.2930吨，比上年下降6.17%，发电量增长19.24%，焦炭下降1.64%。规模以上工业企业主营业务收入95.4亿元，比上年增长9.5%。实现利税106193亿元，下降26%，其中利润8.1亿元，下降0.45%。

全社会建筑业实现产值916万元，比上年增长34.13%，重点建设项目有1个。全县具有资质等级总承包和专业承包的建筑企业1家。

招商引资 在第三届中国(山西)特色农产品交易博览会上签约资金63.7亿元。完成招商引资签约项目任务50个，完成市级下达年度目标任务15个的333%；签约资金191亿元，完成市级下达年度目标任务152亿元的126%。

城乡建设 全县8个重点公路建设项目通车，完成里程63千米，总投资1.56亿元。实施人民路改造工程，总投资约7387万元，改造总长4.2千米。推进胜利路南段综合改造工程，全线道路施工总长度为1755.52米，总投资4000万元。硬化改造背街小巷17条。

环境建设 城市建成区面积5.11平方米，绿化覆盖率43.24%，县城人均公共绿地面积为23.28平方米。公园6座，总面积1050530平方米。全年城市供水总量1633万吨。全县集中供热面积200万平方米，污水处理率81%，生活垃圾无害化处理率80%。空气质量二级以上天数363天。

交通邮电 机动车保有量达到18884辆，比上年增长6%。公共车辆6辆，出租汽车85辆。邮政业务总量1214万元，增长6.3%；电信业务总量8621.2万元，增长2.5%。固定电话用户达到17760户，城市电话用户6029户，农村电话用户11731户，移动电话用户达到124000户。电话普及率达到78部/百人，互联网用户累计达14600户。

投资贸易 全社会固定资产投资77.15亿元，比上年增长32.28%，分产业看，第一产业投资11.71亿元，增长243.82%；第二产业投资52.64亿元，增长4.52%；第三产业投资12.81亿元，增长180.83%。社会消费品零售总额17.53亿元，比上年增长14.44%。

教育科技 普通中小学85所，小学75所，普通高中2所，普通初中8所。高中招生1189人，在校学生3417人。初中招生1360人，在校学生4608人。小学招生1913人，在校学生10030人。幼儿园21所，在园幼儿5362人。全县申报专利72项，比上年增长4.53%。高考二本B类以上达线人数347人，二本C类以上录取人数突破600人，专科以上录取人数突破1200人。中国工农红军山西沁源太岳红军小学在沁源县实验小学授旗授牌。这是在山西省建立的首所红军小学，也是全国第128所。

文体卫生 艺术表演团体2个，文化馆1个，公共图书馆1个，藏书12.2万册，档案馆1个。电视台1座，全县有线电视用户达到34869户，数字信号用户11722户。建成农民文化广场254个，群众舞台6个，乡镇文化站14个，农民书屋254个。县新闻中心对《沁源时讯》进行改版。由县委宣传部监制、市新久影视文化传媒有限公司出品，历时两年制作完成的《沁源秧歌五十首》光盘正式发行。

人均体育场地面积达到15平方米。启动山西通宇北莱沟国际滑雪场项目建设。一期工程计划投资9.87亿元，包括雪道17条、索道4条。

医疗卫生机构19个，其中医院、卫生院17个，妇幼保健院1个，疾病预防控制中心1个，床位619张，卫生技术人员1027人。新型农村合作医疗覆盖率100%。建立乡村医生进退机制。实行乡村医生后备力量储备制度。对取得助理医师以上资格或通过公开招聘的大专学历以上乡村医生逐步纳入乡镇卫生院编制管理。由县财政按取得乡村医生资格、乡镇助理医师资格、执业助理医师资格、执业医师资格的不同级别发放工资，为所有在岗乡村医生缴纳养老保险金，并按照工作年限每月发放养老补助。

社会保障 在岗职工平均工资38580元，比上年增长7.68%。参加城镇基本养老保险86778人。参加职工基本医疗保险21979人。参加职工失业保险19960人。全县各类收养性社会福利单位15所，床位1032张。全年享受城镇最低生活保障2686人，农村最低生活保障7491人。20497名60岁以上的老人按月领取养老金。6辆免费公交车正式在县城开通运行，标志着沁源县步入公共交通免费时代。

移民搬迁 完成128户428人的易地搬迁。部分移民房主体工程完工。实施产业扶贫开发工程，配套发展现代产业、基础设施、公共事业。由沁新公司注册成立农业开发公司，实施区域化、规模化产业扶贫开发，发展小杂粮、连翘等特色种植，辐射带动农民增收。年内完成投资0.5亿元以上，开发面积0.5万亩，为贫困群众提供就业岗位500个以上。山西厚德集团规划总投资10亿元，年内完成驴养殖基地示范园区等产业，以项目带动产业扶贫。推进永和水电站移民搬迁。永和水电站位于郭道镇永和村东河一级支流紫红河上，项目区所涉

222户694人的补偿协议全部签订完毕,位于闫家庄村南的移民新村安置区开工建设。　(宋江华　魏晓燕)

·潞城市·

中共市委书记	唐立浩
市人大常委会主任	王新政
市长	张　斌
市政协主席	张书平

【简述】 潞城市北纬36°14′~36°29′,东经112°59′~113°25′,总面积615平方千米,下辖3乡4镇,2个办事处,202个行政村。全市总人口231004人,比上年增加1304人。

全年全市地区生产总值完成89.3亿元,比上年增长14.3%。第一产业增加值42.1亿元,增长4.1%;第二产业增加值64.4亿元,增长1.2%;第三产业增加值20.1亿元,增长1.3%。财政收入10.0068亿元,增长25%。一般预算支出10.1亿元,比上年增长36.3%。金融机构各项存款余额76.8亿元,比年初增长10.6%;各项贷款余额32.8亿元,比年初下降3.5%。农民人均纯收入9600元,比上年增长12.5%。

农业　粮食种植面积17437公顷,玉米种植面积14885公顷,小麦种植面积1900公顷。全年粮食产量125437吨,增产1.3%,其中夏粮5605吨,减产22%;秋粮119832吨,增产2.7%。猪牛羊肉总产量8342吨,比上年增长15.7%,其中猪肉产量7086吨,增长20.7%,牛肉产量39吨,减少70.8%,羊肉产量478吨,增长21.2%。生猪存栏81840头,增长30.1%;生猪出栏92.52头,增长30.2%。牛奶产量1961吨,减少11.8%。禽蛋产量3641吨,减少5.8%。蔬菜产量62125吨,减少16.0%,水果872吨,减少66.5%。

工业建筑业　规模以上工业增加值63.5亿元,比上年增长0.2%;主营业务收入184.1亿元,比上年下降11.8%;实现利税3.4亿元,下降38.2%。主要产品产量中,原煤产量47.9万吨,增长78.1%;焦炭产量414.9万吨,增长33.5%;发电量74.7亿千瓦时,增长0.8%;钢材产量583万吨,增长4.6%。

具有资质等级总承包和专业承包的建筑企业4家。建筑业总产值1.52亿元,比上年下降6.7%。

项目建设　华润水泥日产4500吨新型干法水泥熟料生产线项目正式点火投产。该项目年产熟料155万吨,水泥236万吨,实现年销售收入6.5亿元,上缴利税6500万元,将成为长治地区最大的水泥生产企业及现代化环保型花园式工厂。

环境建设　城市建成区8平方千米,绿化覆盖率达40.66%,市区人均公共绿地面积9.1平方米。城市供水总量282万吨,人均日生活用水量133.39升。全市集中供热面积210万平方米。污水处理量346万吨,生活垃圾无害化处理率为100%。空气质量二级以上天数为316天。

交通邮电　全市公路通车总里程715千米。邮电业务总量10178万元,增长0.8%。邮政业务总量197万元增长16.0%;电信业务总量9981万元,增长6.7%。固定电话用户2.08万户,移动电话用户15.98万户,互联网用户2.97万户。

投资贸易　固定资产投资完成108.6亿元,增长34.0%。分产业看,第一产业投资3.6亿元,增长189.9%;第二产业投资72.7亿元,增长6.0%;第三产业投资32.3亿元,增长188.35%。全年房地产开发投资1530万元。全市社会消费品零售总额11.5亿元,增长14.3%。

科技教育　各级各类学校158所,幼儿园59所,小学84所,初中12所,高中2所,职高1所。高中生4639人,初中生7308人,小学生16051人,幼儿4162人。全年专利申请数120件,比上年增加6件。

文体卫生　文化事业机构5个,公共图书馆藏书量5.4万册。年末全市有线电视用户达到3.5万户,接受数字信号用户3.3万户。共有医疗卫生机构324个,其中医院、卫生院10个,妇幼保健机构1个,疾病预防控制中心1个;病床位664张,其中医院、卫生院443张;卫生技术人员713人,其中执业医师和执业助理医师306人,注册护士262人,药剂人员48人。全市新型农村合作医疗覆盖率99.6%。全市人均体育场地面积达到1.58平方米。

社会保障　全年全市在岗职工平均工资31976元,比上年增长5.7%。全市城镇居民人均住宅建筑面积达到33.9平方米,农村居民人均住宅面积达到27.1平方米。参加城镇基本养老保险33741人,参加职工基本医疗保险43553人,参加失业保险职工26280人。全年城镇最低生活保障1998人,农村最低生活保障6242人。

文化事业　1月,潞城市志办点校的《潞城县志》(天启版·康熙版·光绪版·民国版)出版发行。10月25日,第十届中国艺术节"群星奖"在山东威海揭晓,潞城市创作的群舞《海英和她的妈妈们》以唯美的表演和独特的风格荣膺"群星奖",并参加闭幕式演出。　(申俊良)

晋城市

中共市委书记	张九萍
副书记	王清宪*
	刘润民
	于若洁*
	李俊敏
市人大常委会主任	孟福贵
副主任	任建宏
	李章宏
	廖　军
	孔庆鹏
	李国继
	韩淑君
市长	王清宪*
	刘润民
副市长	冯　征*　王树新
	赵沂旸　焦光善
	王维平　茹栋梅
市政协主席	师建平
副主席	申　会*　郭一峰
	金德祥　马德和
	陈政玲　王克平
	郭跃峰　陈建国

【概述】 晋城市北纬35°11′~36°04′,东经111°55′~113°37′,总面积9490平方千米,下辖1区4县,1个县级市。全市常住人口为230.06万人,比

上年增加0.92万人。出生2.1万人，死亡1.25万人。人口出生率为9.14‰；死亡率为5.46‰；自然增长率为3.68‰。出生人口男女性别比为101:100。

全年全市地区生产总值完成1031.8亿元，比上年增长9.3%。第一产业增加值43.2亿元；第二产业增加值644.4亿元；第三产业增加值344.2亿元。第三产业中，金融保险业增加值44.1亿元；交通运输、仓储和邮政业增加值78.7亿元；批发和零售业增加值64.4亿元；住宿和餐饮业增加值28.4亿元；营利性服务业增加值36.6亿元。人均地区生产总值44940元，按2013年平均汇率计算为7256美元。

财政总收入223.3亿元。增值税完成79.6亿元；企业所得税65.8亿元；个人所得税11.4亿元；营业税19.5亿元；资源税2.9亿元。公共财政预算收入94.6亿元。税收收入68.9亿元。公共财政预算支出157.3亿元。科学技术支出增长12.7%，教育支出增长3.2%，农林水事务支出增长12.1%，社会保障和就业支出增长17.5%，文化体育与传媒支出增长15.4%，医疗卫生支出增长23.2%，节能环保支出增长88.3%。

居民消费价格比上年上涨3.4%。其中，食品价格上涨6.1%。商品零售价格上涨1.1%。工业生产者出厂价格下降7.5%，工业生产者购进价格下降4.9%。城镇居民人均可支配收入23250元；城镇居民人均消费性支出12141元。农村居民人均纯收入9026元；农村居民人均生活消费支出7115元。城镇占人口20%的低收入家庭人均可支配收入9738元；农村占人口20%的低收入者收入4848元。

农业 农作物种植面积20.9万公顷，其中粮食种植面积19.7万公顷；油料种植面积0.3万公顷；棉花种植面积0.03万公顷。在粮食种植面积中，玉米种植面积9.0万公顷；小麦种植面积5.9万公顷。粮食产量90.5万吨，比上年减少6.9万吨。夏粮17.7万吨；秋粮72.8万吨。肉类总产量14.0万吨。全年猪牛羊肉总产量13.9万吨，其中猪肉产量12.3万吨；牛肉产量1572.3吨；羊肉产量5245.2吨。年末生猪存栏95.9万头；生猪出栏165.4万头。牛奶产量1028.1吨；禽蛋产量7.3万吨；水产品产量1800吨。设施蔬菜产量12.1万吨；食用菌1.7万吨；蚕茧5689吨；蜂蜜2151吨；药材0.9万吨。

农业机械总动力244.9万千瓦。机械耕地面积15.3万公顷%；机械播种面积12.9万公顷；机械收获面积10.9万公顷。全市农机化经营总收入13.9亿元。

完成造林0.5万公顷。经济林面积0.07万公顷。全年木材产量4008立方米。

工业建筑业 规模以上工业企业246家，增加值比上年增长12.0%。全社会原煤产量8143万吨；规模以上工业发电232亿千瓦时；水泥236万吨；农用化肥(折纯)271万吨；焦炭93万吨；钢材产量273万吨；生铁346万吨。

具有资质等级的总承包和专业承包建筑业企业94家，完成总产值66.6亿元，增长16.0%；房屋施工面积380.0万平方米，增长31.8%；签订合同额为121.0亿元，增长25.3%。

能源 一次能源生产折标准煤6007.4万吨；二次能源生产折标准煤2713.4万吨。外运煤炭5179万吨，占原煤产量65.9%。外输电力179.2亿千瓦小时，占发电量77.2%。全社会用电总量170.8亿千瓦小时。第一产业用电1.3亿千瓦小时%；第二产业用电153.2亿千瓦小时，工业用电152.1亿千瓦小时；第三产业用电9.1亿千瓦小时；城乡居民生活用电7.2亿千瓦小时。

投资贸易 固定资产投资完成837.7亿元，增长27.9%。国有及国有控股投资347.2亿元，增长16.1%；港澳台及外商投资38.9亿元，增长69.8%；民间投资451.6亿元，增长35.6%。能源工业投资完成219.2亿元。煤炭工业投资142.3亿元，下降12.5%；石油和天然气开采业投资38.6亿元，下降17.8%；石油加工、炼焦及核燃料加工业投资4.3亿元，增长9.1倍；电力投资20.6亿元。

第一产业投资59.4亿元；第二产业投资391.4亿元；第三产业投资386.9亿元。在第二产业中，工业投资390.3亿元。煤炭工业投资142.3亿元；非煤产业投资248.0亿元。传统产业(煤炭、炼焦、冶金、电力)投资合计151.1亿元；新兴接替产业投资合计239.2亿元。在建固定资产施工项目1314个。其中5亿元以上项目92个，计划总投资1332.5亿元，完成投资248.8亿元，占全市固定资产投资的比重为29.7%。

全社会消费品零售总额297.1亿元，增长14.0%。按经营地统计，城镇消费品零售额280.1亿元；乡村消费品零售额17.0亿元。海关进出口总额9.19亿美元，下降25.6%。其中进口额6.60亿美元；出口额2.59亿美元。出口煤炭69万美元；出口钢材3243万美元；出口机电产品21911万美元；出口高新技术产品15358万美元；出口电器及电子产品17054万美元；出口计算机及通信技术产品13072万美元。进口铁矿砂47589万美元；进口机电产品16116万美元；进口集成电路6180万美元；进口机械设备2728万美元；进口电子技术产品7854万美元；进口计算机集成制造技术产品962万美元。实际使用外商直接投资金额28400万美元。

交通邮电 公路线路里程8881.3千米。其中高速公路318.6千米。民用汽车保有量26.6万辆(包括三轮汽车和低速货车2.0万辆)。私人汽车22.3万辆。新注册汽车4.3万辆。轿车保有量16.4万辆。私人轿车14.9万辆。

完成邮电业务总量19.5亿元，其中邮政业务总量1.3亿元；电信业务总量18.2亿元。新增移动电话用户39.1万户，达到224.1万户。全市宽带接入用户34.9万户。

旅游业 成规模旅游景区(点)43处，1个国家级5A级景区，6个国家级4A级景区，5个2A级景区，7个国家级工农业旅游示范点。星级饭店26家，五星级1家、四星级11家、三星级9家、二星级5家。接待海外旅游者10.8万人次，接待国内旅游者2166.3万人次；旅游外汇收入5385.9万美元，国内旅游收入195.3亿元，旅游总收入198.7亿元。

4月22日，王莽岭地质公园晋升国家级地质公园，同时启动中国陵川太行山国际旅游文化月活动。

金融保险 金融机构本外币各项存款余额1759.5亿元，增长1.7%。各项贷款余额864.8亿元，增长11.3%。农村金融合作机构(农村信用社、农村合作银行、农村商业银行)人民币各项贷款余额222亿元，增长13.7%;各项存款余额388亿元,增长15.4%。证券营业部3家,从业人员72人。累计资金开户数61570户,银证转入资金20亿元,增长1.8%,新增资产总额0.9亿元,下降37.8%。全年营业收入5022.8万元,增长37.2%,利润总额2924.1万元,增长58.5%。

保费收入31.9亿元，增长3.9%。寿险业务保费收入20.9亿元，增长0.5%；财产险业务保费收入11.0亿元,增长11.1%。

教育科技 普通高等学校1所,独立设置的成人高等学校1所。高中阶段毛入学率94.18%。

实施各类科技项目212项(其中国家级7项、省级69项、市级136项)。全年专利申请量1197件,发明专利申请量313件。完成省级科技成果鉴定4项,有2项新技术获得山西省科技进步二等奖,2项新技术获得山西省科技进步三等奖。新认定国家高新技术企业6家,省级创新企业11家,省级企业技术中心1家。

文体卫生 群众艺术馆1个,文化馆6个,博物馆1个。文化系统有艺术表演团体11个，新创作首演剧目1个;演出场次2648场,演出收入1171万元；全市有艺术表演场馆2个,群众艺术馆1个,文化馆6个,公共图书馆6个,总藏书46万册。

各级医疗卫生机构3043个,其中妇幼保健院(所、站)7个。医院和卫生院床位9200张，卫生专业技术人员1.3万人，每千人拥有病床4.2张,每千人拥有医生数2.5人。全市6县(市、区)全部开展新型农村合作医疗试点工作,新型农村合作医疗参合率98.5%。村卫生室覆盖率100%、县乡村三级医疗机构达标率(县乡级100%,村级92%)。全年各县(市、区)的儿童“五苗”全程接种率以乡镇为单位均达到90%以上。碘盐覆盖率达99.2%,合格碘盐食用率达96.2%，各种地方病得到控制。全市乡镇卫生监督站覆盖率达100%。

各级各类体育场馆4392个,体育锻炼标准达标人数达335533人。全年运动员在省级以上重大比赛中获金、银、铜牌分别为56枚、36枚和52枚(包括非奥运项目比赛)。全市销售中国体育彩票10390万元,比上年增长79.5%。

社会保障 参加城镇职工基本养老保险34.9万人;参加新型农村社会养老保险107.5万人；参加城镇基本医疗保险59.9万人;参加失业保险28.5万人；参加工伤保险48.2万人,其中农民工22.5万人;参加生育保险30.4万人。全市有151.6万农民参加合作医疗。城镇低保人数27396人；农村低保人数76440人;农村集中供养五保户1812人，户数1805户;民政部门资助参加合作医疗79472人。优抚对象15949人，享受定期抚恤1614人,享受定期补助11814人。全年发放最低保障资金2.5亿元。全市收养性单位62个,增加2个,床位数4194张,在院77.8万人天。全市社区服务站51个。全市福利企业31个,残疾职工571人。福利彩票发行单位1个,共销售福利彩票2.3亿元。全年直接接收捐赠款668.3万元，受益5256人次。

环境建设 自然保护区5个,自然保护区面积达15.6万公顷,占全市土地面积的16.6%；国家级生态示范区2个。市区环境空气质量二级以上天数达198天，其中一级天数3天,减少78天；空气综合污染指数为3.40,较上年上升1.68。城市污水处理率达87%;城市生活垃圾无害化处理率达98%;集中供热普及率达87%。

安全生产 发生各类生产安全事故921起;事故死亡230人。其中各类生产经营性事故165起;事故死亡73人。亿元国内生产总值生产安全事故死亡率0.071（省控指标0.075),工矿商贸就业人员10万人生产安全事故死亡率0.82（省控指标1.69),煤矿百万吨死亡率0.1983(省控指标0.2372)。 (牛晋军)

【《晋城市志》出版】 1月18日,《晋城市志》在阳光大酒店四楼会议室举行首发式。全书分上、中、下三册,计330万字,记述1985年至2008年全市经济、政治、军事、文化、社会、城市建设等方面的历史与现状以及取得的成就和变化。 (牛晋军)

【晋城客运东站运营】 5月16日,正式投入使用。东站位于市区东部,2008年12月开工建设,占地面积13.83公顷,总投资2.6亿元。 (牛晋军)

【太原科技大学晋城校区投入使用】 太原科技大学晋城校区正式开学。太原科技大学晋城校区位于泽州县金村镇府城村，规划总占地面积2000亩,总投资12亿元,设计在校生规模10000人。学院的学科及专业设置主要立足于晋城市区域经济的新兴产业、支柱产业,逐步开设能源、化工、环保、机械、材料、电力、电子、物流、信息、经济、管理、人文等学科专业。 (牛晋军)

·城　区·

中共区委书记	张玉宏*
	张利锋
区人大常委会主任	宋春生
区长	张利锋*
	王学忠
区政协主席	刘秋海

【简述】 城区北纬35°25′~35°35′,东经112°44′~112°55′，总面积149.6平方千米，下辖7个街道,1个镇,1个经济技术开发区。

全年全区地区生产总值完成215亿元,增长10.2%;固定资产投资完成226亿元,增长31.5%。财政总收入完成49.4亿元,增长12.8%;公共财政预算收入完成9.7亿元，增长38.3%；社会消费品零售总额完成155.9亿元,增长14.1%;城镇居民人均可支配收入24799元,增长9.9%;农民人均纯收入10174元,增长12.4%。

“三农”工作 实施一批适应城市发展需求的现代农业项目,加快摩登大地农庄、牛山现代农业园、汇江亨通花卉等项目建设。司徒现代都市农业园作为省重点观摩项目,受到省委书记袁纯清肯定,成为全省城郊型农业的发展范式。投入1100万元城乡统筹发展资金支持现代农业建设。建成"一村一品"专业村35个。发展城郊型现代农业,重点推进司徒、牛山、仕帝等十大农业园区建设,新培育省市级"一村一品"专业村18个;推进城乡公共服务均等化,公共财政更多向"三农"倾斜,全年累计投入达2.28亿元,为3个涉农镇(办)专列1100万元城乡统筹资金,增强镇(办)统筹城乡发展的能力。完善农村水电气暖、信息、市场等基础设施。

工业 规模以上工业增加值完成11.3亿元,增长15.2%。投入5500万元,通过贴息贷款、助保贷等方式,帮助智宇钢结构、华丰奥通等企业解决融资难问题。以晟皓光电LED、天煜煤层气为重点的新型工业发展壮大,科威工业园完成主体,推进北石店工业园区建设,康立生制药、恒光热点等5大技改项目完成,巩固提升传统产业。

第三产业 围绕打造区域性商贸物流中心目标,推进总投资193亿元的34个重点商贸物流项目建设,包括皇城相府城市综合体、汇邦现代城、红星美凯龙、人民广场改造等项目。全年服务业增加值完成125.3亿元,拉动经济增长4.9个百分点,对经济发展的贡献率达47.7%。

制订出台《住宿餐饮业发展扶持意见》,对20家受经济形势影响较大的企业进行扶持,凤台、凤鸣两个15分钟便民商圈初步建成。商贸物流主导产业加速集聚,国贸基斯顿大酒店、金广源购物广场、金马物流园等项目开业运营。

招商引资 组团参加第八届中博会、第二届中国(晋城)太行山国际文化旅游节、第四届中国(晋城)投资贸易洽谈会,签约国际会展中心等3个20亿元以上的项目。全年签约项目26个,引资216.18亿元,外来资金累计到位97.28亿元。

城乡建设 组织实施19个城中村改造项目,总开工楼座126栋,开工建筑面积121万平方米,完成房屋拆除面积近40万平方米,完成投资26.79亿元。推进城市既有建筑节能改造工作,完成节能改造15.6万平方米。解决畅安路沿线房屋拆迁补偿费、征地补偿费、土地出让金返还等遗留问题,为北石店新区加快建设扫清障碍。推进文博路北段延伸、207国道改线、崇实路、迎宾街改造等城建重点工程。

环境建设 实施通道绿化、村庄绿化、荒山绿化和景观绿化等生态绿化工程,完成投资4502万元,完成绿化面积407公顷。投资2000余万元开展城乡清洁工程,改造农村旱厕1000座,为所有村配备清扫保洁人员,建立农村环卫长效机制。启动低碳城市试点,节能减排任务完成,城乡环境面貌得到改善。吴王山生态区治理工程完成建筑物拆迁3万平方米,平整场地133.33公顷,种植各类风景树木5万余株,环山道路等配套设施完成;开展北石店河建设任务前期工作,苇匠生活垃圾填埋场封场整治工程开工建设。

社会事业 全年各项民生支出达9.2亿元,占公共财政预算支出62%。新增就业7380人,农村劳动力输出与转移2825人;加快覆盖城乡的社会保障体系建设,被评为全省城乡居民养老保险经办管理示范区,实现城乡居民基础养老金、企业离退休人员基本养老金九连增,城镇职工和城镇居民医疗保险最高支付限额居全省第一。

加大学前教育投入力度,投资2000万元对20所公、民办幼儿园进行改造提升,使33所民办幼儿园转为普惠性幼儿园。强化义务教育基础设施建设,投入1384.8万元对11所学校校舍和7所学校的供暖设施进行改造。新建北石店中学和西上庄中学完成选址、立项等前期工作,汇仟小学建成投入使用;召开全区教育工作会议,教师节前后,发动社会各界捐资助学2100万元。

劳动保障方面,新增就业7380人,农村劳动力输出与转移2825人,各项保险参保人数均圆满完成目标任务。开展政府购买养老服务试点,新建14家社区日间照料中心,提高养老服务水平。

市二院住院楼主体封顶,三个社区卫生服务中心建成,西街投入使用。提高新农合筹资标准,扩大覆盖面,参合农民达57949人,参合率99.03%。

启动文化中心项目,开工建设程颢书院。实施文化惠民工程,建成钟家庄、西上庄、北街三个文化站和10支文艺展示队伍,送戏下乡巡回演出近300场,公益电影放映实现全覆盖,满足城乡群众精神文化需求。

(赵同善　杨　盼)

·沁水县·

中共县委书记　秦建孝
县人大常委会主任　柴守瑛
县　　长　范兆森
县政协主席　张桂春

【简述】 沁水县北纬35°24′~35°04′,东经111°55′~112°47′,总面积2676.6平方千米,下辖7镇7乡,242个建制村,9个社区,常住人口214588人,城镇人口83324人,乡村人口131264人;户籍人口205400人,农业人口160418人,非农业人口44982人。

全年全县地区生产总值完成167.1亿元,同比增长11.7%,增幅全市第一;规模以上工业增加值完成66.3亿元,增长23%,增幅全市第一;财政总收入完成34.5亿元,增长5.9%,增幅全市第三;公共财政预算收入完成10.5亿元,增长15.5%,增幅全市第三;农民人均纯收入完成7932元,增长12.5%,增幅全市第二;城镇居民人均可支配收入完成20337元,增长10.7%,增幅全市第一;社会消费品零售总额完成17.2亿元,增长14%,增幅全市第二;固定资产投资总额完成109.5亿元,同比增长13.1%,增幅全市第五。

"三农"工作 "十二五"以来全县三农累计投入达33亿元,比"十一五"五年总投入多10亿元。壮大产业龙头,枫彩彩色苗木、博大灵芝北虫草建成投产,推进嘉沁食用菌、大象肉鸡、博大灵芝北虫草等项目建设。

截至2013年底，全县新建肉鸡养殖大棚63栋,新增设施蔬菜180公顷,新增苗木花卉1000公顷,三大集群、六大园区、六大基地为支撑的农业产业化体系基本形成。农民收入增加,全县农民人均纯收入比上年增加881元,增长12.5%。

项目建设 省市下达的“六位一体”任务完成。其中项目储备完成2261亿元,占年度任务100.7%;项目签约376.4亿元,占年度任务142.1%;项目落地189.4亿元，占年度任务111.4%;项目开工137.5亿元,占年度任务129.7%;省市重点工程投资86.5亿元,投资完成率169.6%;项目投产140.2亿元,占年度任务106.2%。招商引资三年签约项目58项，签约总额889亿元。

投入38亿元，集中实施十大以煤为基和十大工业转型项目,全年非煤产业完成增加值73.1亿元,占国内生产总值的比重比上年提高4.5个百分点,以煤炭、煤层气两大产业为支柱,新型建材、瓦斯发电、装备制造等产业为主导的新型工业体系搭建。以49%的股份与县煤运公司合作组建天燃能源公司;以39%的股份与晋煤集团宏圣公司组建煤炭物流贸易公司。以40%的股份与国新能源合作组建沁水国新能源公司,共同实施煤层气管道输送项目;以33.5%的股份与北京商络合作组建浩坤公司,共同实施煤层气液化项目。

城乡建设 截至2013年底,县财政累计投入10亿元，撬动社会资金、企业资金20亿元推进城市建设。完成端氏、嘉峰、郑村、中村等特色城镇规划并展开建设。推进城市综合展览馆、沁水大酒店、全民健身中心等一大批地标性建筑建设。

民生建设 安排5.4亿元,实施文、教、卫、吃、住、行、环、保、气、暖十大惠民工程，解决一批群众反映强烈的热点难点问题,实现四个率先:在全省率先实现“3+9+3”免费教育,提高老年人基础养老金发放标准,对农村患大病居民进行二次补偿，在全市率先对适龄妇女和60周岁以上老年人进行免费健康检查。推进住房、交安、环保、社保、气化、暖冬等各项惠民工程,开展安全生产和信访稳定工作。开展省级文明县城创建活动、“百姓文化大舞台”乡村文化展演和全民健身等群众性文体活动。

政府建设 接受县人大、县政协监督,组织办理人大代表建议和政协委员提案256件。各级干部走访群众，化解各类矛盾纠纷200多件,帮助群众解决各类生产生活问题550多件,送去帮扶资金700余万元。

(张丽霞)

·阳城县·

中共县委书记　冯志亮
县人大常委会主任　申永山
县　　长　王晋峰
县政协主席　张星社

【简述】 阳城县北纬35°12′~35°41′,东经112°01′~112°37′，下辖10镇7乡,1个办事处。总人口384705人,常住人口389870人，男性196970人,女性192900人，男女性别比例为102:100。城镇人口168890人,乡村人口220980人,城乡人口比重为43.32%。人口出生率8.87‰，人口死亡率6.27‰,人口自然增长率2.60‰。总户数174799户,非农业人口78576人。

全年全县地区生产总值完成1627222万元,比上年增长9.1%。第一产业实现增加值88174万元,增长5.2%；第二产业实现增加值997189万元,增长10.2%;第三产业实现增加值541860万元,增长6.9%。人均地区生产总值41798元，按2013年平均汇率计算,达到6749美元。

农业 耕地保有量3.52万公顷。农业增加值实现88174万元，增长5.2%。粮食面积39258公顷;油量面积488公顷;蔬菜面积866.2公顷;棉花面积66.8公顷。全年粮食总产量173567吨,减6.6%。夏粮37843吨,减35.7%;秋粮135724吨,增长6.9%。粮食单产每公顷4421千克,为历史第2位，总产为历史第4位。油量产量7329吨；蔬菜产量563326吨，增长1.3%;棉花产量427吨,增长32.8%;水果产量5245.9吨,增长2.5%;核桃产量988.1吨。

牛存栏3800头,猪存栏146608头，羊存栏79627只，鸡存栏271.1万只。全年肉类总产量21246吨,禽蛋产量26419吨。年内新增桑园735公顷，年末桑园面积7273公顷,增长11.2%。全年蚕茧产量3655吨,增长0.5%,蚕茧收入14968万元,增长14.4%。有效灌溉面积9095公顷。化肥施用量(实物量)44760吨。农用薄膜使用量5.8吨。农业机械总动力43.1万千瓦。全年机耕地面积29880公顷。

工业 总增加值完成951048万元。规模以上工业增加值1453591万元,下降9.4%。煤炭企业实现主营业务收入643247万元，实现利税251086万元,其中利润169307万元。电力企业主营业务收入612594万元,实现利税169748万元,其中利润121071万元。全年生产原煤1008万吨,洗煤504.7万吨,发电量183.5亿千瓦时,水泥90.5万吨;化学药品原药770.7吨;氮肥21.5万吨;煤层气9309.5万立方米;纱3762吨;布777万米;日用陶瓷9267万件。

建筑业 增加值完成46141万元。全县具有资质等级的总承包和专业承包建筑业企业15家，完成总产值29486万元；房屋建筑施工面积24.7万平方米。

投资贸易 固定资产投资完成1192421万元。按城乡分:城镇投资完成951185万元；农村非农户投资完成241236万元。按产业分:第一产业投资116537万元；第二产业投资657481万元；第三产业投资418403万元。在第二产业中，工业投资654522万元，其中煤炭工业投资177624万元，非煤产业投资476898万元;传统产业(煤炭、焦炭、冶金,电力)投资合计265262万元,非传统产业投资合计389260万元。

计划总投资500万元以上的在建施工项目234个。其中亿元以上项目63个,计划总投资2558289万元,完成投资679619万元。全年房地产开发投资13272万元,其中住宅投资10711万元。

批发零售贸易业实现增加值124507万元。住宿和餐饮业实现增加值47845万元。全县社会消费品零售总额34167万元。按地区划分,城镇的零售额259088万元。按行业划分,批发、零售贸易业零售额270288万元;住宿餐饮业零售额63879万元。全年外贸进出口总额1636万美元。进口额283万美元,进口额1353万美元。引进县外资金98.8亿元,涉及65个项目。

能源 一次能源生产折标准煤730.4万吨;二次能源生产折标准煤679.7万吨。全年全县销售煤炭629.7万吨。售给外省市116.9万吨。向省外输送电力179.2亿千瓦时。全年全社会用电总量35.8亿千瓦时。第一产业用电0.4亿千瓦时;第二产业用电32.5亿千瓦时,其中工业用电32.4亿千瓦时;第三产业用电1.7亿千瓦时。城乡居民生活用电1.3亿千瓦时。

财政 完成财政总收入328311万元,增长8.0%;完成公共财政预算收入100336万元。地方公共财政预算支出198327万元。科技支出增长15.2%,教育支出5.2%,农林水事务支出增长20.0%,文化体育与传媒支出增长105.6%,社会保障和就业支出增长28.4%,节能环保支出增长57.9%,住房保障支出增长349.3%。

金融 全年金融保险业实现增加值42284万元,增长6.6%。年末全县金融机构各项人民币存款余额1789675万元。单位存款余额667627万元;居民储蓄存款余额1049405万元。各项贷款金额708829万元,比年初增加69121万元。

保险 保费收入19163万元。财产险保费收入5122万元,人身险保费收入14041万元。全年支付各类赔款及给付10699万元,财产险赔款2611万元,人身险赔款及给付8088万元。

交通邮电 全年交通运输、仓储和邮政业实现增加值117369万元。全年完成公路货运量2011万吨。公路货物周转量76800万吨千米。公路客运量1230万人。公路旅客周转量43550万人千米。完成邮政业务总量2209万元,增长6.8%。订销报纸892万份,订销杂志24万份,收寄特快专递1.9万件,发送信件2.5万件。固定电话用户58393户。移动电话用户352382部,增加41064部。计算机互联网用户61947户,增加4128户。

旅游业 有成规模旅游景区(点)8处,其中,有3处国家级5A景区,1处国家级4A景区,1处国家级3A景区。有星级酒店5家,其中,四星级2个,三星级2个,两星级1个。全县全年接待游客599万人次,增长25.1%,实现直接门票收入20900万元,增长14.7%,实现旅游总收入38.9亿元,增长26.3%。

教育 普通中学26所,在校学生29038人,教职工2377人;职业高级中学3所,在校学生3392人,教职工189人;小学77所,在校学生21234人,教职工1957人;幼儿园168所,在园幼儿6927人,教职工613人;成人中等专业学校1所,教职工18人。6至11周岁适龄儿童入学率、巩固率保持100%。

科技 全县投入科学技术研究与开发专项资金1516万元。实施国家级科技计划项目2项、省级科技计划项目7项、市级科技计划项目11项、县级科技计划项目69项,全年申报各类专利1779项。

文化 文化馆1个,公共图书馆1个,文物博物馆1个,档案馆1个,电视台1座。全年新增图书资料4000册。完成戏剧演出420场。完成农村公益电影放映5616场。组织368名运动员和教练员参加晋城市第五届全民运动会,成绩优异。举办第五个"全民健身日"启动仪式、第二届职工运动会、各类大型体育赛等,推动体育事业发展,对广播电视模拟设备进行数字化置换,对网络未通的村庄进行卫星接收模拟设备向卫星直播设备的置换,全县广播电视覆盖率达96%以上。完成第四批省级和国家级非物质文化遗产保护项目的申报工作。

卫生 医疗卫生机构592个。卫生技术人员2487人,其中乡村医生793人,医师619人,助理医师145人,床位1810张。村级卫生所达标率99%。完善新型农村合作医疗制度,参合率为99.05%。

环保 二氧化硫排放量34890吨,比上年上升1.98%;化学需氧量(COD)排放量5377吨,比上年下降1.07%;氮氧化合物排放量58015吨,比上年下降11.03%;氨氮排放量636吨,下降1.09%;烟粉尘排放量23112万吨,下降1.64%。城市生活污水处理率98%,城市垃圾收集率75%。城市居民用户集中供热率60%,城市燃气普及率94%。

社会保障 非私营单位从业人员45827人,其中在岗职工44827人。城镇新增就业8511人,城镇登记失业率为0.7%。城镇单位在岗职工平均工资43610元,增长16.9%。农村居民人均纯收入9014元,增长12.0%。城镇居民人均可支配收入21245元,增长10.4%。城镇职工养老保险参保人数为31345人,机关事业单位养老保险参保人数为11418人,新型农村养老保险参保人数为211185人,城镇居民养老保险参保人数为6734人,城镇基本医疗保险参保人数为72798人,失业保险参保人数为23808人,工伤保险参保人数为57212人,生育保险参保人数为33370人。 (王家胜)

·陵川县·

中共县委书记 石云峰
县人大常委会主任 张江龙
县长 石云峰*
胡晓刚(代)
县政协主席 郎在陵

【简述】 陵川县北纬35°25′~35°53′,东经113°01′~113°37′,总面积1751平方千米,下辖7镇5乡,7个居民社区,371个行政村,1149个自然村。常住人233719人,增加881人。城镇人口86376人,乡村人口146983人。出生人口2233人,人口出生率为9.58‰;死亡人口1467人,死亡率为6.29‰;自然增长率为3.29‰。男女性别比为107:100。城镇居民人均可支配收入为14237元,增长9.7%;单位在岗职工平均工资

33799元,增长6.8%。

全年全县地区生产总值完成32.3亿元,增长8%。第一产业增加值4.5亿元,增长7.3%,占生产总值比重为13.9%;第二产业增加值10.9亿元,增长11.5%,占生产总值比重为33.8%;第三产业增加值16.9亿元,增长5.4%,占生产总值比重为52.3%。第三产业中,金融业增加值1.82亿元,增长6.6%;交通运输、仓储和邮政业增加值3.86亿元,增长6.7%;批发和零售业增加值1.64亿元,增长5.8%;住宿和餐饮业增加值0.76亿元,增长8.7%;其他营利性服务业增加值2.47亿元,增长7.2%。人均地区生产总值达到13863元。

财政总收入完成42245万元。增值税1410万元;企业所得税3194万元;个人所得税450万元;营业税3088万元;资源税731万元。公共财政预算收入完成17549万元。公共财政预算支出129466万元,农林水事务支出增长21.7%,教育支出增长19.1%,环境保护支出增长19.5%,科学技术支出增长73.6%,医疗卫生支出增长27.9%,文化体育与传媒支出增长29.5%,社会保障和就业支出增19.1%。

农业 农作物播种面积22534公顷,粮食种植面积20882公顷,减少310公顷。耕地保有量为45.66万亩。粮食总产量11.83万吨;全年油料产量1011吨;药材产量3289吨;水果产量2137吨;蔬菜产量31480吨。肉类总产11923吨。全年禽肉产量822吨。

农业机械总动力31.48万千瓦,增长2%。机械耕地面积15840公顷,增长0.57%;全县农机化经营总收入达到10920万元,增长7%。完成造林合格面积1.98万亩。

工业建筑业 规模以上工业企业15个,总产值完成117216.7万元,同比下降20.3%;增加值增长速度9.3%。实现主营业务收入127209万元,下降4.36%。实现利税6969.1万元,下降79.1%,其中利润-1252.9万元,下降105.7%;亏损企业亏损额6934.7万元,增长44.2%。乡镇及民营经济增加值22.42亿元,增长4%;总产值67.89亿元,增长4.2%;营业收入58.13亿元,增长3.7%。

建筑业实现增加值2.53亿元,增长29.2%。具有资质等级的总承包和专业承包建筑业企业2家,完成总产值9224.2万元,增长102.9%;竣工产值5569.3万元,增长60.9%。

投资贸易 全年固定资产投资29.98亿元,比上年增长31.2%。在建固定资产投资项目132个。其中亿元以上项目15个,完成投资10.1亿元。

全年社会消费品零售总额完成139682.3万元,增长13.4%。分地域看,城镇92962.8万元,增长13.6%;乡村46719.5万元,增长13.1%。在限额以上批发和零售业零售额中,粮油食品、饮料、烟酒类增长24.5%,服装鞋帽、针、纺织类增长12%,化妆品类零售额增长9.7%,日用品类增长22.9%,汽车类增长2.9%,石油及制品类下降8.7%,文化办公用品类下降57.2%,书报杂志类增长9.8%,机电产品及设备类下降16.2%,其他类增长22%。

能源 外运煤炭125.09万吨,下降10.4%,占原煤产量的比重为107.66%。全社会用电总量41410万千瓦时。

交通邮电 公路通车里程1582.5千米。交通运输、仓储和邮政业增加值3.86亿元。邮电业务总量11953.94万元;全县宽带接入用户达到27308户,增加5654户。

生态旅游 森林面积8.86万公顷,森林覆盖率达52.07%。旅游企业16个,接待旅游人数275万人次,增长173.2%,实现旅游总收入6.25亿元,增长46.4%。自然保护区面积21440公顷。

金融保险 全县金融机构各项存款余额693106万元,比年初增加19179万元。各项贷款余额261198万元,比年初减少2178万元。

保险费收入9190.28万元,增长26.3%。全年支付各类赔款1798.68万元,增长57.4%。

教育科技 各级各类学校188所。中学17所,小学127所,幼儿园和其他42所。在校学生人数35175人,全年高中招生数1936人,高中毕业生数1899人;初中招生数2826人,初中毕业生数3299人;职业高中招生数156人,职业高中毕业生数225人;小学招生数2166人,小学毕业生数3919人。在园幼儿5040人。年末全县教职工人数2977人,公办教师2564人;社会办学413人,小学学龄儿童入学率100%,小学升学率99.8%。

科技三项经费支出600万元。完成各类科技项目114项(国家和省级各1项,市级21项,县级91项)。

文体卫生 文化馆1个,公共图书馆1个,总藏书量3.2万册。博物馆1个。各级医疗卫生机构474个,床位652张,卫生专业技术人员1429人,每千人拥有病床2.8张,每千人拥有医生数6.1人。新型农村合作医疗参合率98.91%。村卫生室覆盖率100%,县、乡、村三级医疗机构达标率99%。全县的儿童"七苗"全程接种率以乡镇为单位均达到97%。碘盐覆盖率达到100%、合格碘盐食用率达到99.4%。

室内体育场馆1个,各级裁判员53人,举办各级运动会14次。

社会保障 参加企业养老保险10912人,参加城镇职工养老保险19053人,基金征收完成5315万元;参加城镇居民养老保险2727人,基金征收完成27万元;参加机关事业养老保险8134人,征收完成9212万元,为2209名机关事业离退休人员发放养老金9182万元。参加城镇职工医疗保险17576人,参加城镇居民医疗保险13905人,基金征收完成2954万元;参加失业保险9033人,基金征收完成330万元,为215名失业人员发放失业保险金60.47万元;参加工伤保险20499人,基金征收完成465万元,为90名工伤职工支付工伤保险待遇490万元;参加生育保险14014人,基金征收完成190万元,参加新型农村养老保险138442人,基金征收完成1406万元。

全县从业人员130301人,增长1630人。城镇新增就业岗位2640个,比上年增22.2%。城镇登记失业率控制在3%以内。享受城镇低保4260人,减少115人;享受农村低保16056人,增加89人。农村集中供养五保户348人。

各类收养性社会福利单位6个，床位344张。享受伤残抚恤金人数432人，享受定期补助人数1866人。优待优抚对象户数313户，优待总金额427.2万元，安置131个残疾人就业。本年接收捐赠款28.03万元。

环境建设 县区环境空气质量二级以上天数达到335天(包含一级天数33天)，大气环境综合污染指数1.99，化学需氧量控制在3571吨，下降比率1.54%。城市集中供热普及率达70%。建成区绿化覆盖率达40%。

安全生产 发生各类事故85起，比上年下降3.4%，死亡25人。全县发生道路交通事故72起，其中生产经营性事故7起，死亡7人。

（焦国锋）

·泽州县·

中共县委书记	崔守安
县人大常委会主任	陈晋勇
县长	常广智
县政协主席	樊秋宝

【简述】 泽州县北纬35°12′~35°42′，东经112°31′~113°14′，总面积2023平方千米，下辖14镇3乡，629个行政村，1088个自然村。总人口488208人，其中农业人口279714人，非农业人口208494人。

全年全县地区生产总值完成217.3亿元，同比增长9.1%；财政总收入达到33.8亿元，下降9.9%；公共财政预算收入完成13.3亿元，增长6.5%。社会消费品零售总额完成30.35亿元，增长13.6%。城镇居民人均可支配收入达到23838元，农民人均纯收入达到10129元。海关进出口总额48644万美元，增长17.7%。出口完成1055万美元，同比下降60.4%；进口完成47589万美元，增长23.1%。

农业 全县农作物种植面积69995.4公顷，比上年增加244.1公顷。粮食总产量22.8万吨，比上年减产4.2万吨，同比下降15.5%。棉花产量5吨，同比下降86.7%；油料产量2613.7吨，同比下降7.2%；药材产量1765.8吨，同比增长58.7%；蔬菜产量73092.4吨，同比下降1.5%；水果产量12464.1吨，同比下降36.6%。肉类总产量42772.5吨，同比增长4.9%。

林木绿化覆盖率达到49.2%，森林覆盖率达到36.0%。年末城镇绿化覆盖率达到32.3%，完成造林面积1027公顷，减少31.9%；经济林面积333公顷，增长1.8%。

农业机械总动力74.6万千瓦。机械耕地面积51190公顷，全县农机化经营总收入4.6亿元。

工业建筑业 规模以上工业企业60家，工业增加值147.1亿元，比上年增长10.3%(按属地统计口径计算)。实现主营业务收入226.4亿元，比上年下降15.6%；工业企业实现利润0.6亿元，比上年下降97.1%；实现利税10.5亿元，同比下降71.6%。

原煤产量539.7万吨，增长2.6%，化肥实物量105.1万吨，增长9.9%，生铁产量299.1万吨，增长0.1%，粗钢产量278.0万吨，增长1.4%，钢材产量273.4万吨，增长1.6%，水泥产量12.5万吨，下降3.9%，铸件产量157.9万吨，增长5.3%，发电量完成286573.3万度。

全社会建筑业实现增加值34844万元，增长15.3%。全县具有资质等级总承包和专业承包建筑业企业6家，完成总产值441740千元，同比增长8.2%。

项目建设 与山西农业大学签约，实行校县合作，共建农业综合试验示范推广基地。泽州二十八宿影视有限公司与浙江广电集团成功签订合作协议，投资总额11800万元，融资额2000万元。沃尔玛商业综合体项目落户泽州县，项目总投资40亿元，建设周期2年。与北京东方园林股份有限公司合作建设丹河龙门湿地公园项目。泽州县组织企业参加在厦门举行的第十七届中国国际贸易洽谈会，签约项目21个，签约总额达198.53亿元。

金融保险 金融机构各项存款余额172.3亿元，比年初增加22.4亿元，增长1.5%。各项贷款余额84.4亿元，比年初增加21.9亿元，增长35.0%。

保费收入16121.5万元，同比增长12.62%。其中寿险业务保费收入68995万元；意外险业务保费收入686.1万元，增长114.3%；财产险业务保费收入8043.7万元，增长27.1%；健康险业务保费收入492.3万元，增长230.2%。

教育科技 各级各类学校232所，比上年减少28所。在各类学校中，有高中学校2所，完中学校3所，高职中学2所，初中中学32所，九年一贯制学校3所，小学189所，教师进修学校1所。年末全县有各级各类在校学生人数50600人；毕业生数14186人，比上年减少3969人；年末全县教职工人数5096人。小学学龄儿童入学率100%；小学和初中升学率均达100%。

科技研发经费支出360万元。申报省级科技项目2项，申报市级科技发展计划项目133项。全年申请各类专利114件。

文化事业 艺术表演团体5个，新创作首演剧目1个，全年上演剧目30余个，演出场次1000余场，收入150余万元。公共文化馆1个，公共图书馆1个，乡镇文化站17个，村级农家书屋627个，藏书94万册。广播电台1座，电视台1座。年末全县有线电视用户达7万户，广播综合覆盖人口46.7万人，广播综合人口覆盖率96.4%；有线电视综合覆盖人口48.1万人，电视人口综合覆盖率达98.9%。有线电视入户率达到96.0%，其中接受数字信号用户22000户。

卫生 卫生机构（含诊所)742个，其中县医院1个、县妇幼保健院1个，疾病预防控制中心(防疫站)1个，卫生监督所1个，乡镇卫生院26个，村级卫生所632个，个体诊所80个。乡村三级医疗机构达标率为100%，新型农村合作医疗参合率达到99.5%。

交通邮电 公路线路里程2276千米，其中高速公路134千米。完成邮电业务总量2587万元。

旅游 全县有旅游景区（点)9处，有1个4A级景区，1个2A级景区。有星级饭店6家，农家乐56个。全年接待游客460.7万人次，实现旅游总收入38.4亿元。

社会保障 参加城镇基本养老

保险22619人，比上年末增加2168人；参加农村社会养老保险291700人，增加10000人；参加城镇医疗保险47802人，增加4554人。422341人参加新型农村合作医疗保险。全社会从业人员262082人，比上年末增加14504人。农村从业人员215784人，同比下降0.6%；城镇单位从业人员46298人，同比增长51.5%。其中在岗职工人数43860人，同比增长45%。城镇新增就业岗位5870人，下岗再就业人数达到773人，其中安置就业困难对象再就业220人。城镇登记失业率为1.0%。 （张 静）

·高平市·

中共市委书记	谢克敏*
	张玉宏
市人大常委会主任	张志刚
市长	杨晓波
市政协主席	梁沁高

【简述】 高平市北纬35°39′~35°59′，东经112°42′~113°09′，总面积946平方千米，下辖9镇4乡，3个街道。人口自然增长率为2.9‰。

全年全市地区生产总值完成233.5亿元，同比增长8.4%；公共财政预算收入12.6亿元，增长6.1%；固定资产投资138.2亿元，增长32%；社会消费品零售总额46.3亿元，增长13.8%；城镇居民人均可支配收入23499元，增长10.2%；农民人均纯收入9702元，增长12.2%。

项目建设 开展重点项目百日攻坚大会战，与晋煤集团签订西部煤电气化一体化项目合作协议，与上海嘉定签订发展“飞地经济”框架协议，与恒天集团达成年产100万吨精密铸件项目合作意向，与上海悦恒公司达成上海国际汽车城项目协议；组团参加中博会、农博会等招商活动，签约项目71个，签约资金297亿元。成立市政府金融办和非政府性融资平台长隆投资公司，新设晋信达等4家小额贷款公司和5家投资咨询公司。推进银企对接，缓解企业融资难问题；实施三项用地新机制，矿业存量土地整合利用1075亩，工矿废弃地复垦利用1250亩，全年上报省政府批复项目用地2385亩。

加快骨干矿井建设，5座矿井建成投产，5座矿井联合试运转，原煤产量达到1988万吨。先后到山东、江苏等地开拓市场，稳定煤炭销售。推进百万吨汽车零部件、百万吨精密铸件、百万吨球墨铸管“三大基地”建设，华润药业、科兴光电、安泰防护服等11个项目试生产，完成高平南变电站主体建设，米山、陈区变电站建成投运，建成一批中小项目。

城乡建设 按照“打造丹河景观、建设两条道路、提升四山绿化、构建大循环圈”的城市建设新思路，打响15项城建工程大会战。推进城市拆迁改造，出台城市房屋征收安置补偿办法和城中村改造实施细则，完成新北小区211户房屋拆迁，启动回迁安置工程。丹河市区中段河道治理继续推进，长平桥改造基本完工，神农路南延建成通车，锦华街东段基本建成。引进全国房地产前十强碧桂园集团。开工建设保障性住房3000套；南部热源厂完成主厂房基础工程，新增市区北部供热面积70万平方米、供气5100户。

环境建设 实施生态绿化，全年造林1.37万亩，绿化提升七佛山、西山、牛山、韩王山，基本完工市区南部人工湿地污水管网工程。

“三农”工作 落实强农惠农政策，全年市财政投入农业资金达3.9亿元。抓好粮食生产，克服50年不遇的特大旱灾和极端低温天气，粮食总产量达24.5万吨。发展现代农业，全年出栏生猪150万头，新发展设施蔬菜5080亩，创建省级“一村一品”专业村35个；举办第十一届中国兔肉节，特色养殖成为高平市农业的新亮点。加强农业基础设施建设，8座病险水库完成除险加固，张峰供水东延一期工程开工；提升改造18个村、11所学校的吃水工程，惠及群众2.3万人。投资4000余万元实施城乡环境卫生清洁工程，完成省政府下达的“五件实事”任务。启动“廉洁乡村、制度乡村、富裕乡村”建设工程，实施农村集体经济破零攻坚，推进一批产业扶贫项目。

社会事业 创建省级创业型城市，城镇新增就业岗位6071个；城乡居民基础养老金由每人每月65元提高至80元；投资1000余万元，实现市区公交车乘车全免费；完成7所幼儿园续建工程，对乡镇非在编幼儿教师进行岗位补助，全市高考二本以上达线人数1568人，8名考生被北京大学录取；完成1.2万户农户有线电视数字整转。申报科技专利271项，荣获“全国科技进步考核先进市”；基本建立基层医疗卫生机构新机制。启动炎帝陵修复保护工程，举办海峡两岸神农炎帝文化高层论坛。开展安全生产大检查，举办危化品事故和地震应急救援演练；加快三级社会管理服务中心建设，强化信访和矛盾排查处置。

政府建设 接受人大、政协和社会监督，全年办理人大代表建议184件，政协委员提案189件。开展“六五”普法。执行中央“八项规定”，落实《党政机关厉行节约反对浪费条例》，遏制公款吃喝，清理违规公务用车47辆，腾退超标办公用房3436平方米，停建楼堂馆所4个，“三公”经费支出压缩40%以上。加强政府系统廉政建设，开展政风行风测评活动。

（秦皓宇 袁路燕）

朔州市

中共市委书记	王茂设*
	王安庞
副书记	李正印*
	李海渊
	马彦平*
	郑 红
市人大常委会主任	李 彪
副主任	白俊禄 温日平
	李玉兰 刘海清
	张丁成 牛志忠
市长	李正印*
	李海渊(代)
副市长	韩忠荣 雷健坤
	李武章 侯新生
	王志刚 薄志平
市政协主席	高 厚

副主席　李　翠　谭建国
韩文让　闫美珍
支立新　左中伟

【概述】 朔州市北纬 39°05′~40°17′，东经 111°53′~113°34′，总面积 1.06 万平方千米，下辖 2 区 4 县。全市常住人口 174.4 万人。

全年全市地区生产总值完成 1026.4 亿元，比上年增长 9.0%。第一产业增加值 61.7 亿元，比上年增长 5.0%，比重占 6.0%；第二产业增加值 575.1 亿元，增长 11.0%，比重占 56.0%；第三产业增加值 389.6 亿元，增长 6.1%，比重占 38.0%。第三产业中，金融保险业增加值 28.1 亿元，增长 14.7%；批发和零售业增加值 88.0 亿元，增长 5.4%；房地产业增加值 21.2 亿元，增长 4.9%。服务业完成投资 365.3 亿元，增长 22.3%。第三产业投资额超过第二产业投资额。旅游总收入达到 84.1 亿元，增长 29.8%。产业结构发生变化，一二三产占地区生产总值比重调整为 6:56:38。

项目建设　开展“朔州企业家投资在朔州”和“项目推进年”活动，省市两级重点工程完成投资 905 亿元。推进转型综改试验区建设，制定实施“十二五”后三年实施方案和 2013 年行动计划，强化科技引领，新建企业技术研发中心 18 家，申报专利 1245 件，总量跃居全省第三，增幅居全省第一；推进土地管理制度改革，开展采矿用地、工矿废弃地复垦等试点工作，保障建设用地需求；推进金融创新，促进银企合作，加大招商引资力度，签约项目 169 个，到位资金 740.8 亿元，工业增加值完成 554.9 亿元，增长 11.5%；固定资产投资完成 774.7 亿元，增长 26.9%；社会消费品零售总额完成 218.8 亿元，增长 14.5%；公共财政预算收入完成 95.3 亿元，增长 13.1%；城镇居民人均可支配收入达到 24013 元，增长 9.9%；农民人均纯收入达到 9040 元，增长 13%；居民消费价格涨幅 2.9%。

工业　改造提升传统产业，推进煤电一体化、促进工业经济循环发展。建设现代化矿井，标准化矿井达到 35 座，原煤产量达到 2.2 亿吨。壮大电力产业，全市电力装机容量达到 754.95 万千瓦，发电量完成 278.7 亿度，风力发电、太阳能发电、生物质能发电等新能源电力装机规模达到 121.5 万千瓦，居全省第一。促进陶瓷产业提档升级，日用瓷产量达到 16.2 亿件，居全省第一。稳定发展乳品产业，乳制品产量完成 28.1 万吨，居全省第一。加快发展循环经济，扶持循环经济企业和高端项目，粉煤灰综合利用企业达到 50 家，年消化粉煤灰 330 万吨，居全省第一。亚洲粉煤灰协会年会在本市召开。培育新兴产业，铺开装备制造、新型材料、医药、化工、特色食品加工等新兴产业项目 99 项，总投资达 726.4 亿元，其中 22 个投资 5 亿元以上项目完成投资 118 亿元。非煤电工业完成投资 145.5 亿元，增长 56.3%。

“三农”工作　建设生态畜牧经济区。实施强农惠农富农政策，各级财政投入“三农”资金达 20 亿元。加强农田水利基本建设，农田实灌面积达到 198 万亩。粮食总产量达到 117 万吨，再创历史新高。加快发展特色农业，新增 110 个“一村一品”专业村，全市省级示范村达到 317 个，六县区全部进入全省 30 个牛羊产业重点县行列。农产品加工龙头企业销售收入达到 130 亿元。推进产业扶贫开发、干部包村增收和机关定点扶贫，1.6 万贫困人口实现脱贫。推进“五件实事”，改造农村困难家庭危房 14800 户，易地搬迁特困群众 1596 户，改扩建村级幼儿园 20 所，启动乡村清洁工程，行政村街道亮化任务在全省率先完成。为全市农户免费发放 43 万吨取暖煤；财政投资 7355 万元，集中解决 88 个农村的饮水困难。

城乡建设　深化“五城联创”，推进国家园林城市、国家卫生城市、国家环保模范城市、国家双拥模范城市、全国文明城市创建活动，荣获“国家园林城市”称号。加大中心市区建设力度，改扩建 7 条城市道路，新增绿地面积 21.56 万平方米，建成区绿化覆盖率达到 42.02%；拆除小锅炉 20 座，增加集中供热面积 3.04 万平方米；启动七里河综合治理工程。推进大县城和重点镇建设。全市城镇化率达到 51.09%，比上年提高 1.1 个百分点。加强公路建设，完成投资 24.35 亿元，通车里程突破 1 万千米。建成朔州环城高速西南段、荣乌高速公路山阴至平鲁段以及贯穿平川四县区的旅游生态观光路。持续推进植树造林，投入 12.8 亿元，营造林 33 万亩。推进节能减排，万元地区生产总值综合能耗下降 3.64%，完成主要污染物减排任务。

民生建设　市财政在民生领域投入 124.65 亿元，占一般预算支出的 80.7%。新改扩建 32 所公办幼儿园。高考二本以上达线率 34.61%，高出全省平均水平 9.87 个百分点。扩大中北大学朔州校区招生规模，朔州师专正式挂牌。深化医药卫生体制改革，推进县区公立医院改革。县乡村三级医疗卫生机构达标率达到 100%。计划生育工作排名同类市全省第一。实施送戏下乡等文化惠民工程，启动创建第二批国家公共文化服务体系示范区。

社会事业　实现竞技体育新突破，玉龙马术队代表山西参加第十二届全运会。新增城镇就业人数 2.4 万人，完成省下达任务的 111%。提高企业工资指导线、最低工资标准、机关事业单位人员津补贴和取暖补贴标准，落实带薪年休假制度。加强社会保障体系建设，提高城乡居民低保标准、新农合财政补助标准、企业退休人员基本养老金、城乡居民基础养老金以及 20 种重大疾病补偿比例，制定实施城乡居民临时救助办法和农村五保户供养办法。推进保障性安居工程建设，新开工城镇保障性住房 19125 套，完成农村住房抗震改建 3000 户。

安全生产　开展安全生产大检查和回头看活动，生产经营性事故死亡人数下降 36.5%，占省定控制指标的 69.64%，煤矿百万吨死亡率为零。开展“平安朔州”建设，健全社会治安防控体系，做好信访工作，排查化解社会矛盾，保持社会和谐稳定。

政府建设　接受人大和政协监督，全年办理人大代表建议和政协委员提案 181 件。推进“六五”普法。推进行政审批制度改革，市政府各部门取消行政审批事项 47 项，下放 12

项,99项审批项目进入政务服务中心,纳入电子监察系统。全市会议费下降49.97%,"三公"经费下降12.83%。

(元雷花)

·朔城区·

中共区委书记 郭连厚
区人大常委会主任 高富国
区　　长 刘　彪
区政协主席 齐翠英

【简述】 朔城区北纬39°37′~39°28′,东经112°00′~112°44′,总面积1793平方千米,下辖9乡2镇,4个街道办事处299个行政村,总人口51万人。

全年全区地区生产总值完成281.3亿元,增长10.5%;工业总产值完成244.1亿元,增长4.2%;固定资产投资完成217.7亿元,增长31%;社会消费品零售总额完成76.8亿元,增长14.4%;城镇居民人均可支配收入完成25074元,增长10.4%;农民人均现金收入完成10394元,增长13%;财政总收入完成28.57亿元,增长13.8%;一般预算收入完成13亿元,增长19.4%。

项目建设 发展循环经济和新兴产业,按照省、市项目建设"六位一体"的要求,加大招商引资力度,实施项目攻坚战略,提升煤炭产业循环率和新兴产业占比率。以富甲、东坡、固废等工业园区为依托,推进总投资134亿元的平朔粉煤灰综合利用、三元炭素、天朔电动汽车、朔芳亚麻、丰泰铝型材等17个新型项目,加快产业转型升级。兴元工业包装制品、三元炭素二期、丰泰铝型材、朔芳亚麻、煤泥利用5个项目投产,推进其他12个项目建设。以总部经济、现代物流和高端服务业为引领,发展现代服务业。推进总投资320多亿元的中煤企业总部基地、神华准池铁路总部基地及物流园区、北京电子城·朔州数码港、金沙国际大酒店、北京华联等16个高端地产和服务项目建设,优化产业结构,增强经济发展后劲。

农业 立足发展城郊农业的总体定位,实施"一县一业""一村一品"工程,加大科技推广,落实各项支农惠农政策。全年粮食产量达到31.5万吨,实现连续10年稳定增长,继续位列全国产粮大县行列。把设施蔬菜和规模养殖作为发展现代农业的重点,推进总投资5.8亿元、总面积7500多亩的新农苑二期、紫金山二期、金土地食用菌科技园、华源农业文化示范园、西山一号等10大农业科技园,新建日光温室大棚3200多栋、连栋智能温室4.3万平方米。以新农苑为中心,在周边发展设施农业,打造万亩高标准设施农业基地。建设新安庄建欣、一半村森华、金沙植物园二期、七里河剑明、紫金山科技园5大花卉育苗中心,总面积达到67公顷,各类花卉育苗达到5000万株。发展壮大晟源、天禄、金田园、柏林、马邑大华等10大专业合作社,为全区设施农业发展提供种苗、技术指导、销售服务,形成较为完善的设施农业发展产业链条,连续3年成为全省设施蔬菜生产先进区县20强。整合雁门关生态畜牧经济区建设、风沙源治理等项目资金,扶持建设35个标准化人畜分离养殖小区,提升规模养殖水平,全区大畜饲养量达到8.7万头,其中奶牛存栏达到3.5万头,猪11.1万头,羊47.2万只,鸡115万只。

城乡建设 按照全市城市总体规划,围绕"南延、西拓、中改、北提"战略,同步推进老城改造与新区建设,实施"五城联创"工程,推进城镇化进程。全年铺开城建类项目124项,总投资605亿元,开工92项,竣工项目67项,完成投资386亿元。投资5.6亿元,新修改造城市路桥20条(座),总长21千米,其中道路16条基本完工,4座桥梁按计划推进。铺开保障性住房建设项目30项,其中续建项目23项,新建项目7项,建成1.74万套,面积173万平米,17个小区建成交付使用,完成省定任务140%。老城改造竣工面积达到33.8万平方米,推进照什八庄、南泉村、雒儿庄、南张家河等6个城中村、城边村改造,拆迁面积12.2万平方米,新建建筑面积83.6万平方米。加快城市基础建设步伐,铺开供热、供水、供气工程项目21项。强化以绿化、净化、亮化、美化为重点的城市管理,完成古北街、怡东路、怡西路、建设北路、开发路等10条城市道路和怡家苑、厚德园、迎宾苑、家和苑、马邑花园、上地嘉园、新园等9个小区绿化达标任务,完成怡家苑广场、豪德广场两大游园广场建设和燕来广场、车站广场等15个广场改造提升工程,完成开发路南出口、张辽路南出口、平朔线朔城区段、富甲工业园区道路四大绿化景观提升工程,全区新增城市绿地面积72.6万平方米。完成总长21.4千米的14条街道人行道铺装改造,完成7条街道9.9千米强电、32.5千米弱电下地和980多家沿街门店牌匾整治,完成马邑南路、学院路、老城四大街、开发路南出口、张辽路南出口、八中路、西关大街、东鹏路等12条道路亮化工程,新增路灯1400座。

环境建设 围绕"一山两河一湖"的生态治理格局,坚持生态治理与景观建设相结合,通过连点成线、连线成面,形成生态大循环,提升生态文明建设。全年实施总投资38.5亿元的10大生态治理工程,重点推进8万亩的西山生态六期、93公顷的金沙植物园二期、12千米恢河治理六七期、10千米七里河综合治理等工程。推进七里河综合治理,及时成立工程项目部,完成河道现状图测绘、河道边界范围确定、河道排污调查,并对市区段10千米沿线2个乡镇14个村1100户、43万平方米各类建筑进行拆迁,征收土地320公顷,打通河道沿岸道路,并完善总体规划设计方案。全区生态治理面积达到18.6万公顷,林草覆盖率达到45%,城市绿化覆盖率达到43.8%,人均公共绿地面积达11.8平方米,空气湿度年均提高8~10个百分点。朔城区荣获国家园林城市和山西省林业生态区称号。

民生建设 坚持"民生至上"理念,统筹协调各方利益,加大公共财政投入力度,推进教育、卫生、文化、社保等各项社会事业。全年投资1亿元,新建、改扩建农村幼儿园14所,新建城镇幼儿园2所。在区新一中周边开工建设九中、职中、十一小,打造城南高标准教育园区。区一医院成功创建为"三级"医院,加强二医院"二甲"等级医院评审后的服务功能、服务能力，推进中医院复诊启动工作，完善区、乡、村三级医疗卫生体系，成为省级卫生应急综合示范区。启动老城文化产业园规划和塞北革命烈士纪念馆、崇福寺及崇福广场争创国家4A景区工作，马邑博物馆申报国家三级博物馆。文昌阁重建、文庙修复工程全部完工，成为全市文化新地标。推进各类社会保险扩面征缴工作，全区参保人数达到36.2万人，各项基金结余3.19亿元，各类保险实现应保尽保，弱势群体得到有效救助。

（常凤霞　王雄一）

·平鲁区·

中共区委书记　吴晓斌
区人大常委会主任　焦　文
区　　长　马占文
区政协主席　孟　占

【简述】 平鲁区北纬39°22′~39°58′，东经111°52′~112°41′，总面积2314.45平方千米，下辖11乡2镇，352个行政村。

全年全区地区生产总值完成257.6亿元，增长5.7%，城镇居民人均可支配收入达到18516元，增长10%，农民人均现金收入7010元，增长13%。

战略建设 推进“平鲁模式”战略建设，落实经济、政治、文化、社会、生态文明建设，五位一起布局，共同推进；坚持走中国特色新型工业化、信息化、城镇化和农业现代化道路；推进城乡统筹，资源共享。制订“两个70%”战略定位创新转型目标，细化城乡统筹发展指标。推进70%农民进城，70%的土地种草种树建设，优化环境，提升人民生活质量。“一矿一企”战略实施初见成效，煤炭资本投资或参股非煤产业经济总量超过100亿元，煤炭企业非煤产值超过30%。

农业 西北乡镇利用移民搬迁旧址，探索形成“买下一个村，移民一个村，办一个企业，绿化一片荒山”的生态畜牧发展模式。累计投资5亿元，建成肉羊养殖园区30个，肉牛养殖园区3个，牧草基地5.2万亩，养羊50万只，牛1.6万头。农作物播种86.8万亩，产量6.5万吨。

投资8000万元建成以小杂粮加工为主的农业综合开发产业园区，全年农副产品加工销售收入6.3亿元。

工业 调整产业结构，提高社会生产力。以煤为基，多元发展，依托境域煤炭资源整合中各大集团入驻的优势，发展循环经济，巩固完善北坪、东露矿两个工业园区建设。在全区建成的22座标准化矿井实施“一矿一企”对接战略，以地下促地上，拉动和推进全区各项事业的有序发展。巩固煤炭产业龙头地位，加快矿井标准化建设。全区建成标准化矿井22座，验收18座，待验收4座。全年原煤产量完成2004.7万吨。全区煤炭洗选能力达到1.4亿吨，当年入洗原煤1.17万吨，入洗率90%，煤炭就地转化680万吨。

建设煤电一体化基地。全区电力总装机容量240.5万千瓦。其中火电190万千瓦，分别是平朔矸石电厂70万千瓦，东露天园区中电朔头2×60万千瓦，风电50万千瓦，光电0.5万千瓦。在建电力项目337万千瓦，火电332万千瓦，分别是北坪园区2×66万千瓦，矸石电厂和东露矿中电神头二期2×100万千瓦电厂，在建风电45万千瓦。

打造全国工业固废综合利用示范基地。综合利用工业固废物2514万吨，煤矸石利用率达到61.7%，粉煤灰利用率达20%，以此拉动循环经济体系的链条发展。

文化事业 打造文化新坐标，开启从“挖煤”到“挖文化”的破冰之旅。围绕中国门神文化之乡、边塞军事旅游文化、历史文化等多元文化要素以及传统国学文化的挖掘创新，改革开放领航地。全新的历史文化研究、继承与现代产业文化、社会文化的创新发展形势喜人；《平鲁报》《平鲁文史》《平鲁文博》《平鲁文艺》以及“门神文化论坛”吹响弘扬社会主义主流文化的集结号，推陈出新的著述成果转化为人民日益高涨的精神文化需求。农村书屋、乡村文化网络工程、智慧平鲁建设为提升全民素质，彰显文化魅力。投资1000万元，实现城区有线电视、公交、机关党报党刊订阅全免费。

环境建设 完成乡镇“一乡一条路、一村一片林、一人一棵树”任务。推进蓝天碧水工程，开展节能减排、污染治理、矿山生态恢复活动。推进“把风沙挡在平鲁、把清风送往北京”的环境治理工程。

实施千里绿色长廊、二百万亩生态屏障建设，“一区两圃三座山，两点三园四条路”绿化造林工程全面铺开。全年完成大片造林8.6万亩，通道绿化100千米，四旁植树60万株，育苗4000亩，林地面积125万亩，森林覆盖率达28%。

社会事业 实施振兴平鲁教育三年行动计划。从小学到高中全面推行15年免费教育。全区农民参合率99.9%，人均筹资348元，比省均高8元。人均基本公共服务经费标准达30元。完善以城乡养老保险、下岗职工就业、失地农民安置为重点的社会保障。全年安置退役士兵105名。11月15日，成立华侨抗战女英雄李林研究会。第一届会员177人。

政府建设 实行扩权强乡强镇政策，下放人事管理、财政自主、行政审批、执法监督、项目知情权力，激活乡镇发展潜能。启动全区单位安全生产网络化监管，纳入一级网络监管的区直单位30个，纳入二级网络监管单位的乡镇、街道办、工业园区15个。

（郭文亮）

·山阴县·

中共县委书记　侯　元
县人大常委会主任　程育胜
县　　长　南志中
县政协主席　袁林生

【简述】 山阴县北纬39°11′~39°47′，东经112°25′~113°04′，总面积1657平方千米，下辖4镇10乡。

全年全县地区生产总值完成171亿元，同比增长9.6%；固定资产投资完成121.3亿元，同比增长27.6%；工业增加值增幅12.8%；社会消费品零售总额完成 28.1 亿元，同比增长 14.5%；城镇居民人均可支配收入 25046 元，同比增长 9.8%；农民人均纯收入 11374 元，同比增长 12.5%；财政总收入完成 28.3 亿元；公共财政收入完成 12.6 亿元，同比增长 18.6%。

农业 粮食总产量 25.5 万吨。荣获玉米高产创建县、2013 年度全省农机化生产大县、2013 年国家级保护性耕作示范区等荣誉称号。

发展设施农业。投入 3 亿多元，推进大棚建设，形成沿应广线的设施农业隆起带。全县日光温室示范园区新增和扩建到 68 处，占地面积 1.58 万亩，建成温室大棚 8200 座。实施薛圐圙奶牛现代化养殖基地项目建设，10 个奶牛标准化养殖园区基本建成，具备容纳 1 万头奶牛的载畜能力。全县规模标准化奶牛养殖小区达到 120 个，奶牛存栏 8.5 万头；生鲜奶产量 28 万吨；奶牛养殖产值达到 9.5 亿元，占到农业产值的 21.6%。肉牛存栏 5000 头；生猪存栏 12 万头；肉羊存栏 20 万只；鸡存栏 100 万只。生猪出栏 16 万头；肉羊出栏 10 万只。肉类总产量 1.6 万吨；禽蛋总产量 1.2 万吨。

推进半道地生态湿地农牧园区建设，引进和发展一批现代化高科技农业产业项目。以古城乳业集团为核心，集中整合优势农产品加工资源，规划建设古城农产品加工园区。古城集团销售收入突破 10 亿元大关。

水利 “小农水”重点县建设项目完成投资 2080 万元；农田灌溉末级渠系工程完成投资 278 万元；山洪灾害非工程措施建设工程完成投资 513.46 万元；京津风沙源治理水利水保配套工程完成总投资 1000 万元，投资 100 万元完成小流域治理 0.75 万亩，投资 1850 万元完成水源工程近 1300 处，投资 1790 万元完成节水灌溉工程近 1500 处，通过国家水利部对该项工程的年度核查工作；总投资 2150 多万元的南山引水二期项目启动，完成冬春农田灌溉 39 万亩。

工业 全年工业总产值完成 184.64 亿元，同比增长 0.96%；销售收入完成 162.77 亿元，同比增长 4.12%；实现利润 4.59 亿元。

推进矿井安全质量标准化建设，累计完成投资 58.07 亿元，完成总概算资金的 73.25%。全县兼并重组后保留矿井 21 座 7 座矿井建成投运，年内新增 6 座。完成原煤产量 2129.73 万吨，同比增长 6%。实施煤电一体化发展战略。矸石电厂正常发电，全年发电量 38.13 万千瓦。加快中煤金海洋煤矸石、粉煤灰综合利用的研发和建设进程。热电联产联供项目新增供热面积 3.5 万平方米，总供热面积达到 190 万平方米。进煤炭洗选、运输项目建设。打造新能源、钙化工园区、风电产业园三个非煤工业园区。

城乡建设 推进生态新区建设。民营投资 3000 万元建设的百鸟园主体框架工程和文魁塔、文殊寺主体工程基本完成。总投资 7326 万元全长 7.2 千米的河阳大道北延工程完成路基、桥涵部分；总投资 3062 万元全长 1.3 千米的河阳大道南延工程，完成路基部分。引进投资 100 多亿元，开展高档住宅小区建设，玉马小区基本完工；推进金海洋生活区、金玉花园小区、兰园村拆迁改造等项目建设。推进县城道路改造工程方面，投资 570 万元，完成马邑路改造、南大道改造、广场路改造、政府路沓铺等工程。推进城乡基础设施配套建设。投资 6.578 亿元实施 12 项保障性住房新开工和续建项目工程。解决乡村饮水问题。采取“一井一村”和“一井多村”相结合的模式，投资 5478 万元，新打 13 眼深井。投资 1500 多万元购回油电混合动力新能源公交车 22 部，开通县城免费公交。

环境建设 推进生态水系建设。投资 6 亿元实施“两山一河”百万亩生态治理和通道绿化工程，开展桑干河湿地修复治理、“一乡一条路、一村一片林”和“右玉精神在朔州”全民义务植树活动等。完成桑干河西接东榆林水库、东连应县的 36 千米生态修复治理及提档升级工程，造林 5.85 万亩，植树 800 万株。投资 1 个多亿的南山引水日供水量达 3 万立方米，用于补充桑干河湿地水面，成为县城居民生活用水的备用水源。推进二氧化硫、化学需氧量、氨氮、氮氧化物、烟尘、工业粉尘 6 项主要污染物减排，二氧化硫削减 278.78 吨，化学需氧量削减 555.46 吨，氨氮削减 25.96 吨，氮氧化物削减 40.98 吨，烟尘削减 348.49 吨，工业粉尘削减 18.2 吨。完成环境监测能力升级建设。实施 5 个乡镇 14 个村的农村环境连片整治，完成投资 1279 万元。

项目建设 加大招商引资力度，优化投资环境，拓展商贸业发展空间。项目签约投资 497.5 亿元，招商项目到位资金 114.4 亿元，签约项目 36 个，落地项目 15 个。引进华联集团，投资 1.5 亿元新建 6 万平方米的商贸综合体华联商厦投入使用。

旅游 完成旧广武村道路改造工程和广武明长城保护修复工程竣工验收工作，完成广武明长城景点停车场建设工程。全年旅游总收入达 11.132 亿元人民币，比上年同期增长 20.5%；海外旅游接待 10799 人次，海外旅游创汇 400.42 万美元；国内旅游接待 108.35 万人次，国内旅游收入 10.88 亿元。

金融 拓宽融资渠道。盘活土地存量，全年供应土地 35 宗，面积 1839.88 亩，收取土地出让金 3.86 亿元，收取新增建设用地有偿使用费 2720 万元。投资建设开发有限公司完成融资 10 多亿元。全县金融机构各项贷款余额 64.95 亿元，较年初增加 7.23 亿元，增长 12.53%；各项存款余额 136.81 亿元，较年初减少 12.42 亿元，降幅 8.32%。贷占存比例 47.47%，为全市最高。推进建行“助保贷”项目，县政府注入 700 万元风险保证金，撬动贷款 7000 万元拓宽小微企业融资渠道。

民生建设 发展教育事业。山阴五中完成投资 9000 多万元主体工程完工并投入使用；新建改扩建幼儿园 6 所，总建筑面积 1 万多平方米，完成雁杰、玉井矿小、八小、四中 4 所学校塑胶操场建设工程，建设总面积 18410 平方米；完成三小、二中操场场地平整和硬化，硬化面积 16593 平方米。安荣、北周庄小学教学楼加固改造 2455 平方米。全县高考二本以上达线 477 人。公开招录 180 名中小学和幼儿教师，三年累计招录教师 600 名。实施贫困学生助学活动，全年扶助学生 201 名，辅助款 30.8 万元。

发展医疗卫生事业。县直医院、乡镇卫生院和村卫生实现基本药物制度全覆盖；新农合参合人数154589人，参合率达98%；乡镇卫生院门诊人均费用降至22元，住院人均日费用降至52元。招录44名大中专医学院校毕业生充实医技人员队伍。住院补偿、门诊统筹补偿全年补偿122941人次，补偿基金4005万元，收益率为79.5%。加强医疗基础设施建设，投资1.6亿元新建的县人民医院，占地100亩，建筑面积6万平方米，容纳床位500张，年内完成门诊大楼及其他配套建筑的主体工程；北周庄、合盛堡乡镇卫生院建设完成主体工程。

发展文化体育事业。发现、选树、推广"彭云精神"，开展"学习彭云精神、争做彭云式干部"巡回报告、演讲比赛、事迹展览等系列主题活动，话剧《好支书彭云》先后在北京及省市演出。全县13个乡镇电子公共阅览室配备26万元的设施设备，257个行政村全部开通互联网，所有农家书屋新增补充图书3.3万册；组织各类文化体育活动。推进文化遗产保护工作，聘请山西考古研究所完成《广武汉墓群考古遗址公园建设考古工作计划》编制工作，聘请北京交通大学专家完成《山阴县旧广武村·历史文化名村申报书》编撰和上报工作，完成西双山村恒山庙、广武旧城和明长城广武段的抢险申报工作，开展境内第一次可移动文物普查。

社会保障 完成劳动力转移培训4期，共培训542人并全部实现就业。全县城镇新增就业人数1473人，失业人员实现再就业931人，就业困难人员就业人数373人，转移农村劳动力3320人，全县城镇登记失业率控制在2.1%以内，低于全省平均水平。企业养老保险参保人数15782人，征缴保费9648万元；机关事业单位养老保险参保人数1930人，征缴保费847万元；城镇居民医疗保险参保人数32368人，征缴保费168万元；城镇职工基本医疗保险参保人数17233人，征缴保费4065万元；新型农村社会养老保险参保人数116518人，征缴保费1569万元；城镇居民养老保险参保人数7984人，征缴保费97万元；失业保险参保人数20351人，征缴保费640万元；工伤保险参保人数29672人，征缴保费1123万元；生育保险参保人数21832人，征缴保费183万元。9项社会保险完成年度任务。发放各类社会救助、补助资金5726.62万元。对全县270名孤儿按照每人每月600元标准发放生活补助金。开展"访贫问寒送温暖"活动，发放慰问金32.1万元。落实优抚安置政策方面，对723名重点优抚对象发放抚恤金599万；安置86名城镇退役士兵。投资135万元的古城镇中心敬老院一期工程完工。

（侯志林　曹宝文）

·应　县·

中共县委书记　兰成国
县人大常委会主任　赵　杰
县　　　　长　边润文
县政协主席　宋天仁

【简述】 应县北纬39°20′~39°42′，东经112°58′~113°28′，总面积1708平方千米，下辖3镇9乡，298个行政村。总人口33万人。

全年全县地区生产总值完成58.1亿元，同比增10%；服务业增加值完成25.6亿元，同比增10.1%；规模以上工业增加值完成16.06亿元，同比增12.8%；固定资产投资完成48.2亿元，同比增34.3%；社会消费品零售总额完成22.09亿元，同比增14.5%；财政总收入完成3.4046亿元，同比增14.14%；公共财政预算收入完成1.7069亿元，同比增15.56%；城镇居民人均可支配收入18060元，同比增10%；农民人均纯收入7402元。

农业 耕地77372公顷，基本农田53360公顷。粮食总产量达30万吨，比上年增18.3%，荣获全省粮食生产先进县称号；蔬菜总产100万吨，总收入13亿元；羊饲养量120万只，奶牛存栏3.8万头；全县畜牧业产值达8亿元，同比增12.2%。农村经济总收入47.3亿元，比上年增19.2%。按照"以农载牧、以牧养菜、南菜北牧、循环发展"的模式，围绕"农民万元收入计划"目标，推进"南菜北牧"两大项目示范群建设。"南菜"板块现代农业项目示范群，推进南河种5万亩现代农业示范园区建设，完成和顺苗木二期、天喜农业园一期、乾宝黄芪园一期等一批设施农业项目。启动华联集团投资15亿元的"两大基地两大市场"项目；实施8个蔬菜病害防治试验基地，全县10万亩蔬菜基地通过2013年度中国质量认证中心"良好农业规范认证"。"北牧"板块现代养殖项目示范群，推进万亩现代养殖示范园区建设，两年累计投入资金2亿多元，完成园区基础设施建设。9个养殖小区建成投入使用，6个完成主体建设，年育肥、屠宰肉羊73万只，养殖"和牛"1500头。引进新西兰恒天然集团投资15亿元的3万头奶牛养殖项目。加强农业基础设施建设，完成总投资1.7亿元的八大水利工程和万亩综合开发工程，被评为"全省农田水利基本建设先进县"。新发展农民专业合作社481个，累计达1057个。

项目建设 依托朔州新型产业科技创新园区，招商引资，实施园区承载和项目带动战略，新型工业集聚效应显现。推进总投资340多亿元的31个工业项目，年内建成投产项目11个。规模以上工业企业达42家，以"三大基地"为主的新兴产业初具规模。推进新能源示范基地建设，重点涉及生物质能、风电、光伏发电、煤层气液化等16个新能源项目。推进山西银光热电联供、中北恒基煤层气液化、旭阳屋顶光伏电站3个项目前期工作；另外推进8个筹建项目。建设全国工艺化日用瓷生产基地，铺开13个新型高档陶瓷项目，全县陶瓷企业发展到17家24条生产线，全部投产后产能将达10亿件。应县被确定为全省外贸转型升级专业型示范基地，"应县陶瓷"成功申请中国地理标志。全省特色农产品加工基地，黄芪养生酒项目建成试产；黄芪饮片、华联羊肉深加工厂、乳饮料厂3个项目完成征地选址、开始设计，肠衣加工项目选址；中粮糖业、梨花春集团、雅士利乳业完成税收7527万元。推进赛特电梯、北方汽车产业园等一批新兴产业项目。

旅游业 建设文化旅游产业园，重点推进工艺美术城和乙斑古建一期两个项目；商贸物流产业园，开工建设总投资21.3亿元的天津港散货物流园、华联物流、金亿建材、汽配商贸城4个项目。木塔申遗取得新进展，重点推进木塔周边环境综合整治工程，完成木塔周边绿化、应元街改造等工程，推进总面积1200亩的塔北生态水系综合治理、遗址公园建设等工程；完成申遗文本和周边环境保护规划的编审，启动对木塔历史背景、文化价值、应县古城的历史脉络研究工作，国家文物局同意木塔维修加固方案，实施修缮工作。

城乡建设 推进大县城建设，按照“城北生态、城中文脉、城南新区”的发展布局和“两年改造、一年提升”的推进步骤，两年铺开49个项目，总投资116亿元，完工19个。其中政府投入16亿元，带动社会投资100亿元；推进小集镇、新农村建设，完成5个集镇和12个中心村建设工程；推进总投资16.23亿元的12项城乡道路改造建设工程，生态旅游观光线等4项工程完工，完成投资近3亿元。铺开总投资1.2亿元的6项基础设施建设工程。

环境建设 完成县城排水综合改造工程，推进塔北生态水系综合治理和两个生态森林公园建设工程、两条河道治理工程，启动桑干河湿地公园建设和北楼口水库改造工程；完成总投资2亿多元的城乡生态绿化工程，推进节能减排，二级以上天数达到350天。

社会事业 振兴教育事业，年度高考二本B类以上人数1152人，增加210人；完善县乡医疗卫生服务体系建设，总投资2亿元的县医院迁建、4所乡镇卫生院改扩建工程完成。开展社会保障和救助，全县发放各类社保资金1.84亿元，发放各类救助资金1.15亿元。发展科技文体事业，在全省首届文博会上获得19项大奖，清宁公园被评为全国全民健身优秀公园，祇园广场被评为全省优秀全民健身广场。 （胡　广）

·右玉县·

中共县委书记 苏连根
县人大常委会主任 李月明
县　　　长 苏斌如
县政协主席 李　峰

【简述】 右玉县北纬39°42′~40°28′，东经112°06′~112°36′，总面积1969平方千米，下辖4镇6乡，1个旅游区，321个行政村。总人口11.4万人。

全年全县地区生产总值完成52亿元，比上年增长10%；人均国内生产总值45771元；财政收入8.7亿元，比上年增长7%；剔除“两权”价款后，公共财政收入4.2亿元，比上年增长19%；农林牧渔业总产值10.62亿元，比上年增长5.76%；粮食总产量37236.04吨，比上年增长17.4%；固定资产投资73.9亿元，比上年增长25.7%；社会消费品零售总额11.73亿元，比上年增长14.33%；城镇居民人均可支配收入17252元，比上年增长10%；农民人均纯收入5212元，比上年增长13.3%。主要经济指标完成年度目标任务。

工业 规模以上工业增加值24.12亿元，比上年增长12.8%。地方监管的4座煤矿全部通过质量标准化验收。玉龙240万吨洗煤厂投入运营。全县风电装机容量新增10万千瓦，累计达50万千瓦。永昌LED产业园一期项目投产。铁峰科技工业园开工建设。惠洁粉煤灰综合利用项目具备试产条件。泉鑫公司单晶莫来石竖窑改造项目投产。西口洋洋公司1万吨羊肉加工项目主体完工。臣丰苦荞饮料、塞上绿洲沙棘饮料项目开始试产。图远脱水蔬菜生产线搬迁新址。

“三农”工作 全县总播面积64.6万亩，粮食总产达7.447万吨。种植燕麦6667公顷。打造19个“一村一品”示范村。新建标准化肉羊养殖小区6个，全县羊饲养量达75万只。山远生猪养殖基地投入生产。完成小流域综合治理7.5万亩、旱作高效农业建设3750亩，新增耕地978亩。落实草原生态保护补奖机制。加快苗木产业发展，新增面积1万多亩，育苗总面积达6万亩。加强生态资源管护，集体林权制度主体改革通过省市验收。

生态旅游 完成《全县旅游景区总体规划》和《杀虎口景区控制性详规》编制评审。与朔煤电合作的杀虎口景区开发项目开工。实施海子湾水库下游湿地公园和大南山显明寺、牛心孕璞等景点恢复性修建工程。举办第四届生态旅游文化节。全年接待游客117万多人次，实现旅游收入11.13亿元，分别比上年增长11.26%、11.65%。

城乡建设 推进实施拆迁改造、路网建设、住房安居、新区绿化和基础设施配套等18项重点工程。开工建设各类安居住房70多万平方米。虎山线县城段、玉羊街、梁威路等7条城市主干道路改扩建工程基本完工，正式通车。开工建设县城新水厂和天然气项目。完成新区绿化工程及人民公园改建工程。改善农村基础条件，实施10个扶贫整村推进项目，完成13个村的安全饮水工程、243个行政村的街道亮化工程，改造农村危房2200户。推进路网建设。完成准池铁路右玉段铺轨。通市路改建工程、大呼高速路连接线防护工程部分完工。投资3亿多元，实施以“三山六线五十五村”为重点的绿化造林工程，完成荒山大片造林6万亩，通道绿化216千米，村庄绿化55个，庭院绿化1980户。

社会事业 发展教育事业，投入2.66亿元，加大教育基础设施建设力度，新一中投入使用，上堡等4所幼儿园和雨露希望小学新教学楼完工；全县中小学通过义务教育学校标准化建设市级验收。发展文化事业，创作完成反映“右玉精神”的道情现代戏《绿色梦》。剪纸艺术馆建成布展，右玉展览馆成为全省爱国主义教育基地；市县广播节目实现全覆盖。推进医疗卫生计生工作，加速推进医改工作，县农村急救中心主体完工，完成2所乡镇卫生院改扩建工程，人口计生工作综合考核全市排名第一。发展科技事业，成立永昌LED等企业科研中心，宏宇牧业公司科普基地被表彰为全国基层科普行动计划先进单位。健全社会保障体系，扩大覆盖面，各项社会保险金按时足额发放。逐年上调民政救助对象的保障和供养标准并及时足额发放。完善社会救助体系。按照政策上调干部职工工资。落实低收入农户免费供应一吨煤政策。（李志国 杨健慧）

·怀仁县·

中共县委书记 王智杰
县人大常委会主任 韩效华
县长 吴秀玲
县政协主席 周志强

【简述】 怀仁县北纬39°37′~39°57′，东经112°46′~113°26′，总面积为1232平方千米，下辖4镇6乡，162个行政村。

全年全县地区生产总值完成190亿元，增长10.5%；规模以上工业增加值110亿元，增长13%；固定资产投资112亿元，增长28.88%；公共财政预算收入11.26亿元，增长32%；社会消费品零售总额50亿元，增长16%；城镇居民人均可支配收入25650元，增长15%；农民人均纯收入11055元，增长12.4%；粮食产量达到20万吨，同比增长28.5%。

农业 新建优质羊养殖小区328个，新增棚圈面积64万平方米。全县棚圈面积达到117万平方米，羔羊饲养量达到432万只，农民人均养羊纯收入5192元，新建金沙滩羔羊肉业、清凉山羔羊肉业、瑞誉羊畜产品加工、于永军肠衣加工4家畜产品深加工龙头企业，全县大中型羊产品加工企业达到12家，年屠宰加工能力达500万只。实现玉米秸秆全消化、羊肉全加工、羊粪全处理。在第十一届中国（武汉）畜牧业博览会上，“怀仁羔羊肉”获得“优质品牌畜牧产品”和“最佳美食”两项大奖。中央电视台《新闻联播》对县羊产业发展进行专题报道，“怀仁羔羊肉”的知名度和美誉度扩大。推进设施农业建设。新建日光节能温室1000个，全县各类大棚累计达到8000个。

工业 实施“怀仁企业家投资在怀仁”“以煤扶瓷、煤瓷联合”“以煤扶羊”“基础母羊补贴”“一矿一企绿化一山一沟”等举措。全年开工建设重点工程116项，完成投资166.11亿元，占年度计划的104.56%。推进“煤成亿吨”战略。集华兴业300万吨发煤站正式发运，金海洋金沙滩运销站试产运行，全县煤炭发运能力达到亿吨。推进“瓷成精品”战略。金沙滩陶瓷工业园区初具规模，新建企业6家，其中东兴、东方、佳美乐陶瓷投产。全县陶瓷企业达到45家，生产线90条，产量达到11.5亿件。举办“金沙滩”杯全省工艺陶瓷美术大赛和全市陶瓷职工技能大赛，“怀仁陶瓷”知名度扩大。发展新兴产业。玉龙精细化工乙撑胺项目、华元医药产业基地项目土建工程全部完工，朔煤电怀仁工业固废循环综合利用项目试生产，形成以煤为基、多元发展的格局。

城乡建设 按照“工作在大同、生活在怀仁，打造现代都市生活圈”的理念，投资60多亿元，实施城建重点工程35项。加快现代商贸服务业发展，金沙滩商业旅游购物项目群、金沙滩民俗文化项目群实施的27个项目主体完工，美之居家居城建成运营。金沙滩、怀贤、仁福3条商业步行街初具规模。全县服务业增加值达到73.5亿元，同比增长9%。推进城市棚户区改造，一中西区、县医院东区、怀义街城市棚户区改造工程全部完工，进行回迁安置。完善城市基础设施，完成热源厂三期扩建工程，新增供热面积240万平方米，推进分户热计量工作。完成北七里水厂、北辛村水厂建设，县城群众吃上安全放心的引黄水。完成8条城市道路的改造贯通工程，改造10条背街小巷，修建5座星级公厕。城市管理规范，开通“12345”市民服务热线，建成全省一流的城市综合管理监督指挥中心，城市管理走上智能化、精细化、长效化道路。加快城乡一体发展进程，以“三拆四改五化”为重点，铺开农村环境整治和农村危房改造工程，7个小集镇建设初具规模，高标准打造15个新农村建设示范村，完成76个村的街道亮化工程。把八大园区纳入城镇化范畴，加快构建以园区经济为承载的城乡一体化发展新格局，全县城市化率达到60.5%。

环境建设 坚持生态优先、绿色转型，加快以“一城两山三湖七河百村”为主要内容的生态文明建设。投资1亿元，对城市道路、公园、广场进行立体绿化，县城建成区绿化覆盖率达到40.4%，绿地率达到37.2%，人均公园绿地达到11平方米。以金沙滩生态经济园林区为重点的“两山”绿化工程，完成前四期工程，造林40万亩，五期工程已全面铺开。全县森林覆盖率达到28%。实施兴水战略，鹅毛河湿地公园一期工程、金沙湖、三台湖工程完工，实现磨道河、鹅毛河、清凉河、口泉河四大水系贯通互补，全县水面面积由5500亩增加到5.5万亩，成为休闲度假的旅游胜地和招商引资的重要平台。开展以村庄绿化和庭院绿化为主要内容的“百村”增绿工程，栽植生态树15万株，庭院绿化栽植果树8.46万株。

社会事业 出版发行《无悔人生——老八路余平的革命生涯》一书，完成《三晋石刻大全(怀仁卷)》的编撰工作。成立煤炭行业协会，全县形成10大行业协会。

实现调频广播复播、有线电视全覆盖。建设图书馆、体育馆、城市规划馆，成为地域特色鲜明的文化符号。在首届山西文博会上，参展作品获得“神工杯”金奖4项、银奖4项、铜奖1项。《千古仁义地、现代幸福城》宣传片在旅游卫视等媒体播出。

举办“桃李杯”全国乒乓球大奖赛、万人快乐健身操活动和幸福怀仁好声音歌舞大赛，开展春节、元宵节、清明节、“四月八”大型民俗文艺活动和科技、文化、卫生三下乡活动。

撤县设市《请示报告》上报省政府。开展“平安怀仁”创建活动，打击各类刑事犯罪活动，社会治安形势好转。监控和打击邪教组织，维护全县改革、发展、稳定局面。各类社会矛盾化解，以群众工作统揽信访工作，开展领导干部大下访、大接访，连续三年实现进京非正常访、赴省集体访双零目标。

民生建设 全县高考二本B类以上达线5448人，达线率为43.6%，连续22年蝉联全市第一。改扩建农村幼儿园4所。成立校车公司,全县高标准校车达到95辆。加强教学管理,规范办学机制,实现公办、民办教育优势互补。建成全省一流的中医院。县乡村三级医疗卫生达标率达100%。新农合参合人数17.07万人,参合率达到99.3%。全县人口自然增长率为4.61‰。提升社会保障能力,五大社会保险基金收入达到2.45亿元,累计结余3.49亿元。城镇登记失业率控制在1.7%以内。为县城居民免费延长一个月供暖期。试行"政府买票、市民乘车、企业营运"的公交运行模式。

(杨志雁　皇素珍)

晋中市

中共市委书记	张　璞
副书记	吴清海*
	胡玉亭*
	刘润民*
	程锡景*
	张秀萍*
市人大常委会主任	张文科
副主任	郭绍华　史景怡
	王纪萍(女)
	杨建林　高增光
	尚金华
市长	吴清海*
	胡玉亭(代)
副市长	胡玉亭*　刘志宏
	畅志仁　郭勇飞*
	王盛章　王建林
	辛　琰(女)*
市政协主席	张春生
副主席	胡俊来*　郭光明
	邓　明　常学斌*
	卢润生*
	辛　琰(女)*
	杨定旺　王书红
	郑琪文*　秦太明*
	李非忠*

【概述】 晋中市北纬36°40′~38°06′,东经110°25′~114°05′,总面积1.64万平方千米,下辖1个市辖区,9个县,1个县级市,59个乡,59个镇,2744个村民委员会,17个街道办事处,199个社区。全市常住人口为3304905人,比上年增加18112人。全年出生36458人,死亡18339人。人口出生率为11.06‰;死亡率为5.56‰;自然增长率为5.50‰。男女性别比为107:100。

全年全市地区生产总值突破千亿元大关,完成1020.4亿元,比上年增长9.1%。第一产业增加值95.7亿元;第二产业增加值535.8亿元;第三产业增加值388.9亿元。三次产业比重由上年的8.4:54.7:36.9调整为9.4:52.5:38.1。全市城镇居民人均可支配收入23714元;城镇居民人均消费性支出11826元。全年农村居民人均纯收入8991元;农村居民人均生活消费支出6330元。

农业　全年耕地保有量37.4万公顷,农作物种植面积32.21万公顷,比上年减少900公顷。全年粮食产量182.4万吨,增产7.6%。全年完成造林2.61万公顷,经济林面积1.16万公顷,全年木材产量1.11万立方米,全市肉类总产量17.4万吨,猪肉产量11.5万吨,牛肉产量1.3万吨,羊肉产量1.3万吨禽肉产量3.2万吨,年末生猪存栏92.1万头,生猪出栏133.5万头,牛奶产量11.4万吨,禽蛋产量14.1万吨,水产品产量0.3万吨,年末全市农业机械总动力363.4万千瓦,机械耕地面积27.1万公顷,机械播种面积25.7万公顷,机械收获面积13.1万公顷。全市农机化经营总收入20.1亿元,增长8.1%。

发展特色农业,初步形成11个"一村一品"精品示范片区,新发展特色专业村243个、达到785个,全市专业村主导产业人均纯收入占到农民人均纯收入72%;新发展设施蔬菜6.1万亩、各类养殖小区(园区)237个、干果经济林20.2万亩;县级以上农业产业化龙头企业达到373家,实现销售收入164.5亿元;新发展农民合作社1256家,达到8070家,保持全省领先,发展生态庄园、沟域经济,探索家庭农场新模式,培育大户140个;流转土地达到113万亩,占家庭承包耕地面积27.2%。

工业　煤炭行业新增25个现代化矿井,新增产能1950万吨;推进焦化行业兼并重组,企业数量由27户减少至12户。培育新兴产业,青云直升机具备生产条件,北达新能源汽车产业项目落地,太重榆液产业园一期、平遥煤化光学新材料、中科鸿基保健等项目建成投产。全市规模以上工业企业517家。规模以上工业增加值472.7亿元。全市8大主导行业,除煤炭行业、机械行业增速同比提高外,其他6大行业均呈回落态势。全年全社会原煤产量8455.9万吨,发电量213.4亿千瓦时,规模以上工业企业焦炭产量1112万吨,粗钢产量214.7万吨。规模以上工业实现主营业务收入1368.1亿元,煤炭、焦炭、冶金和电力行业分别实现主营业务收入649.9亿元、212.8亿元、166.2亿元和60.5亿元,新兴产业中,非金属矿制品业、化学行业、装备制造业、医药行业和食品行业分别实现主营业务收入50.1亿元、55.6亿元、82.6亿元、15.4亿元和57.5亿元,规模以上工业实现利税73.2亿元,其中利润6.6亿元。8个重点工业园区累计入驻企业516个,销售收入达全市40%,介休义安循环经济园区、灵石中煤循环经济园区、榆次工业园区产值超过百亿元。

项目建设　落实"项目推进年"活动,储备项目2.26万亿元、签约2365.5亿元、落地1351亿元、开工1080.4亿元、建设1160.7亿元、投产1020亿元;非煤产业工业增加值比重提高0.7个百分点,新兴产业投资增长48.6%。全市铺开"812"转型综改任务,完成8项重大改革年度目标任务,10项重大事项取得实质性进展,推进20项重大项目建设。启动"108综合发展廊带"建设,通过城乡建设用地增减挂钩和矿业存量用地整合,争取用地周转指标近1.1万亩,露天采矿用地改革批准试点面积近4万亩。左权县在全省首家推出"土地银行",引导民间社会资金实施土地开发项目。

投资贸易　全年全社会固定资产投资945.9亿元,增长27.1%。国有投资327.1亿元;非国有投资618.8亿元。在建固定资产投资项目1420个。计划总投资2467.1亿元,完成投资

744.1亿元。全年房地产开发投资76.9亿元。

社会消费品零售总额429.5亿元。海关进出口总额44405万美元。当年实际使用外资金额18406.4万美元,增长53.3%。

交通邮电 完成汾邢高速左权——和顺段道路施工任务;阳黎高速阳泉——左权段基本具备通车条件。晋中市汽车客运总站主站楼基本建成,昔阳、祁县汽车客运站主体工程完工。全市农村客运企业发展到17家,共开通营运线路256条,实现建制村客车全覆盖。全市新增公路通车里程235千米,晋中市公路通车总里程达到15565.5千米。全市民用汽车保有量404352辆(包括三轮汽车和低速货车4668辆),比上年增长10.5%。邮电业务总量完成58.4亿元。

旅游 荣膺国家旅游服务业标准化示范城市;绵山景区升级5A景区,平遥古城、乔家大院通过国家5A评审,《又见平遥》正式上演,乔家堡整村搬迁完成90%以上;榆次乌金山二期、灵石石膏山风景区一期、红崖大峡谷等项目建成开放。太谷NAPA橡树谷填补全省高端休闲游空白。全年全市共接待海外旅游者35.1万人次,接待国内旅游者3288.2万人次,分别增长14.9%和34.2%;旅游外汇收入11811.8万美元,国内旅游收入294亿元,旅游总收入301.5亿元。

财政金融保险 公共财政预算收入115.1亿元,比上年增长16.0%。税收收入71.4亿元,增长9.2%,公共财政支出209.5亿元,增长17.2%。民间融资登记服务中心在全省率先挂牌,灵石县成立全国首支支持县域经济发展和城镇化建设的私募基金,天津股权交易所山西分会场落户,4户企业在天津股交所正式挂牌。激发民营资本活力,小额贷款公司发展到43家;新筹备设立寿阳村镇银行,晋中银行升级跨区域股份制银行。全市全年金融机构本外币各项存款余额1836.7亿元。各项贷款余额910.3亿元。保费收入43.4亿元。

教育科技 完成第一轮学前教育三年行动计划,完成18所省级、53所市级公办标准化幼儿园建设工程和50所村级幼儿园改造任务,幼儿入园率提高到95%,在公办园就读的幼儿达到70%。全国义务教育均衡发展经验交流暨工作推进会在晋中召开,晋中市获全国教育改革创新特别奖,“晋中模式”在全国推广。太原理工大学等8所高校移驻晋中山西高校新校区,全市普通高等学校由上年的8所增至16所。全年招收普通高等教育本、专科学生37427人,在校大学生105910人,毕业学生17877人。全市普通中学223所,全年招生53823人,在校学生163446人,毕业学生61329人。全市普通小学692所,全年招生40532人,在校学生221492人,毕业学生45332人。特殊教育在校学生744人。全市幼儿园538所,在园幼儿109539人。

晋中市专利申请受理量为1031件,增长8.6%,认定高新技术企业25家,比上年增加10家,创造高技术产业总产值34.8亿元,增长53.3%。

文化事业 开展市级图书馆建设,启动晋中大剧院建设;全市所有图书馆、文化馆和乡镇文化站实行免费开放。开展非物质文化遗产挖掘、整理、保护工作,15个项目入选第四批省级非遗保护名录。平遥唐都推光漆器有限公司和祁县红海玻璃有限公司被命名为第二批山西省文化产业示范基地。晋中市非物质文化遗产国家级传承人柳惠武的传统技艺,中医传统制剂方法(龟龄集传统制作技艺)、中医传统制剂方法(定坤丹制作技艺)荣获第二届“中华非物质文化遗产传承人薪传奖”。介休市光明西街的毛守仁家庭、寿阳县九龙路的白长生家庭、祁县城市信用社宿舍的王全华家庭被评为首届全国书香之家。

卫生 开展新型农村合作医疗试点工作,219.6万农民参加合作医疗,参合率99.37%,住院最高支付限额达15万元,均创历史新高。全年基层医疗机构基本药物零差率销售为全市患者让利3225.46万元。投资近8000万元的寿阳县中医院投入使用;灵石、介休人民医院,榆社、平遥、寿阳监督所新建项目主体完工;新建改扩建14所乡镇卫生院、67所村卫生室,新建3个农村急救中心、17所乡镇卫生院周转宿舍项目开工建设;新增榆次工业园区和北部新城2所社区卫生服务中心前期工作基本完成;和顺县妇幼保健院通过二级验收;投资14亿元推进晋中一院迁址新建项目和晋中全科医师转岗培训基地建设项目。

体育 新建社区体育健身场100块,社区体育设施覆盖率达到68%。9月,晋中市选派28名运动员参加第十二届全运会,刘毅夺男子10米气手枪团体和个人两枚金牌;赵诗夺一枚女子长拳剑术枪术全能比赛银牌;张红玉获场地竞速赛第八名;耿琦、丁海洋参加的省橄榄球队获第七名。启动全国柔力球大篷车公益推广万里行活动。

城乡建设 铺开城镇化项目466项,完成投资266.5亿元,城镇化率达到48.87%。10个县(市)完成大县城建设投资129.4亿元,村镇建设投资173.5亿元。全市打造农村新社区7个,美丽新农村100个。灵石县静升镇被列为全省2个美丽乡村连片区试点之一,整体推进15个村落建设。全市城区9大类85项市政重点工程完成投资119.6亿元,启动科技创新城建设,完成12条城市主要道路建设和晋中北高速出口扩容改造,建成大西铁路专线晋中站,启动城市轨道交通项目。年内阳黎高速昔左段具备通行条件,基本实现县县通高速。和顺恋思、灵石石膏山、左权泽城西安3个新水源工程主体完工并下闸蓄水;昔阳松溪供水工程大坝成功封顶,新增供水能力1亿立方米;推进东山供水、中部引黄晋中供水工程,改善和提高7.5万农村人口和农村学校师生的饮水安全标准。新投产550千伏榆次北、220千伏天湖、东龙湖、110千伏榆次新付、张庆等8个变电站,全市新增110千伏及以上变电容量403万千伏安。完成年度农村电网改造升级工程,建成1个电气化县、4个电气化乡、100个电气化村。新增集中供热面积600.8万平方米,新增燃气用户2.8万户,完成置换天然气3.7万户,市城区垃圾处理厂渗滤液处理设施建成试运行,开展污水处理厂二期工程建设。全市集中供热、供气、污水和垃圾处理达到87.8%、85%、93.7%、69.2%。

环境建设 完成六项主要污染物减排任务,PM2.5有效监测天数达334天,达标率超省定任务28.4个百分点。全市森林面积25.36万公顷,自然保护区总数5个,自然保护区面积10.15万公顷,占全市国土面积的6.2%。全年完成市级重点林业绿化工程33项,造林52万亩;高速公路和国、省道绿化新增150千米;全市林木绿化率增加1.2个百分点。实施公园、街旁绿地、城市道路绿化57项,新增绿化面积247.4万平方米,建成区绿化覆盖率达到38.6%,绿地率达到34.1%。市城区实施晋商公园三期、社火公园、潇河湿地二期等绿化重点项目8项,新增绿化面积55.6万平方米。灵石县、和顺县分别被命名国家园林县城和省级园林县城,左权县、平遥县分别被命名为全国和全省文明县城,灵石县、左权县成为全市首批国家卫生县城。

社会保障 参加城镇基本养老保险49.0万人,参加新型农村社会养老保险145.7万人,参加城镇基本医疗保险88.4万人,参加失业保险32.2万人,参加工伤保险38.7万人,参加生育保险34.1万人。全市纳入城市最低生活保障54206人;纳入农村最低生活保障112494人。纳入农村五保供养18175人。 (刘改英 赵保平)

·榆次区·

中共区委书记	贡 琦
区人大常委会主任	王永平
区 长	贡 琦*
	张祖祁(代)
区政协主席	张增翔

【简述】 榆次区北纬37°23′~37°54′,东经112°34′~113°8′,总面积1328平方千米,下辖6镇4乡,12个街道办事处。

全年全区地区生产总值完成208.3亿元,增长9.1%。全社会固定资产投资总额194.4亿元,增长37.7%;社会消费品零售总额136亿元,增长13.7%;公共财政预算收入10.8亿元,增长10.5%;外贸进出口总额7637.1万美元,增长23%;城镇居民人均可支配收入24960元,增长10.6%;农民人均纯收入12129元,增长14.1%。

工业 规模以上工业增加值71.8亿元,增长14.2%。榆次液压研究院和院士工作站正式挂牌,举办全国液压及装备制造产业研讨会。榆次液压产业集群被科技部列为国家"创新型产业集群试点"。推进以太钢万邦为龙头的新材料工业园建设;食品行业引进康师傅、可口可乐等行业巨头,同时推进本土企业德御坊杂粮发展壮大,依托东湖老陈醋、三盟醋业等企业为龙头,扶持传统酿醋产业上档升级,纺机、液压、冶金、食品四个主导行业产值大幅增长,区属规模企业实现产值223.8亿元。投资1.7亿元完善工业园区基础设施,入园企业达到272家,实现产值159.8亿元,完成税收5亿元。6月10日,"华夏第一醋园—老西醋博园"在榆次区张庆乡怀仁村开园,山西老陈醋技术中心也同时落成。

农业 实施"一村一品"工程,提档升级"粮、菜、果、牧、苗"五大产业。全区粮食总产21.5万吨,实现"七连增";新发展设施蔬菜1.3万亩,总面积达到11.6万亩。建成北田、庄子"三横两纵"(三横即北田镇北梁道、北田镇豆东线、庄子乡西白线。两纵即榆长线、北田镇大伽南村—杜堡村—庄子乡牛村线)水果生态经济林发展框架,新栽水果1.6万亩,干果7000亩,改造中低产果园3000亩;投资3亿元新改扩建10个标准化养殖园区,全区肉蛋奶总产突破8万吨;引进全省最大的苗木绿化公司康培集团,8个月时间内,在张庆乡、修文镇、郭家堡乡、长凝镇、东赵乡、什贴镇6个乡镇20个行政村,流转土地2.6万亩,建成1.5万亩,创造"土地出租+林业劳务"的农民增收新模式,预计投资5.2亿元。改善生态环境,营造合格林3.62万亩,完成通道绿化48.5千米,完善村庄绿化173个,森林覆盖率达到18.5%。改善基础设施,实施土地开发整理8000亩、农综建设项目1万亩、小型水利项目3万亩,水土流失治理1万亩。

项目建设 开展"项目推进年"攻坚,落实"六位一体"工作机制,全年项目储备2336.4亿元、签约221.6亿元、落地226.6亿元、开工130.8亿元、建设172.6亿元、投产150.9亿元,均超额完成市定任务。实施56项重点工程,投资173亿元。22个项目竣工投产,高校新校区、太重榆液、太钢万邦等重大项目建设取得阶段性成果;加快招商引资,推进总投资60亿元的瑞光热电二期、总投资18亿元的康师傅饮品及方便面等项目洽谈工作。打击"两违"(即违法用地、违法建设)行为,拆除"两违"建筑面积13.5万平方米、304宗。

旅游商贸 提升榆次文化旅游知名度,完成投资9亿元的乌金山景区建设工程,狂欢谷开园。山西卫视录制播出《庄园乐翻天》和《我是停车王》大型旅游娱乐节目。乌金山国家森林公园、明乐庄园跻身国家4A、3A级景区,全年接待游客571万人,门票收入6100万元,旅游综合收入突破63.6亿元;由本区企业宜融公司投资拍摄的3D动漫电影《终极大冒险》荣获第15届华表奖和第29届金鸡奖。发展以现代物流为依托的服务业,推进太铁、中储、红星美凯龙等商贸物流项目建设,汇隆市场、晋粮物流一期投入营运。提升城乡商贸服务水平,实施万村千乡、放心粮油、名品名企工程,形成惠民便民网络。

城乡建设 完成高校新校区等46项市政工程,征地8837亩、拆迁42万平方米。完成迎宾街东延道路工程建设,总投资5200余万元。完善园区配套功能,开工高校新校区服务区,完成小南庄456户整村拆迁任务,10栋9.1万平方米回迁安置住宅主体封顶;西堝服务区一期改造项目主体完工。推进城乡一体化建设,启动直隶庄、北关等10个城中村改造,推进榆次电缆厂北宿舍和原电子仪器厂、榆次酒厂宿舍等棚户区改造项目建设;实施牛村、张胡、伽西三个新农村建设试点,一期工程全部完工,探索融居住、观光、养老功能于一体的旧村改造模式。

社会事业 晋华中学篮球馆、榆次二中科技楼投入使用；全年新改扩建幼儿园15所，6所完工；高考二本B类以上达线1145人；全国义务教育均衡发展现场会和全国第四届教育学术年会在榆次召开。推进医疗卫生体制改革，城镇职工医保、城镇居民医保、新农合参保人数分别达到7.2万人、11.3万人、28.5万人；区人民医院建设项目基本完工；人口计生工作连续18年晋中市考核第一。开展学校食堂、餐饮集中区域、红白喜事流动餐厅等专项整治。打造城市500米健身圈，新建51处社区健身场地。推进社会保障工作，扩大五项保险覆盖面，新增就业9552人，城镇登记失业率控制在1.5%以内。完善农村基础设施，改造农村困难家庭危房750户，新建、改造各类农村道路90.4千米，165个村安装太阳能路灯2762盏。（薛丽瑾）

【乌金山国家森林公园狂欢谷开园】 4月28日正式开园，乌金山国家森林公园荣膺国家4A级旅游区、省级休闲旅游度假区授牌仪式同时举行。

乌金山狂欢谷于2011年3月动工，2012年6月竣工，总投资2亿元，占地面积53.3万平方米，建设游乐设施24个，由七彩国度区、百宝峡谷区、星际嘉年华区、矿谷部落区、深海幻想区、九龙小镇区、印象乌金山区等主题游乐区构成。（薛丽瑾）

【2013年中国·榆次液压及装备制造产业发展研讨会开幕暨院士工作站成立】 7月6日，由中国液压气动密封件工业协会、晋中市人民政府主办，榆次区政府承办的2013中国·榆次液压及装备制造产业发展研讨会在榆次召开。国内外液压领域知名专家学者，55家中国500强企业中的装备制造企业老总，63家中国液压气动密封件工业协会常务理事及会员单位，以及榆次区40家重点液压企业负责人参会。7月7日，山西省精密铸造及机械装备数字化制造技术院士工作站在榆次成立并开始运行，同时设立中国液压行业培训中心(基地)。（薛丽瑾）

·榆社县·

中共县委书记 梁潞阳
县人大常委会主任 赵向平
县长 贾尚明
县政协主席 王建华

【简述】 榆社县北纬36°51′~37°24′，东经112°38′~113°12′。总人口137347人，农业人口89924人。

全年全县地区生产总值完成23.8亿元，同比增长1.9%，财政总收入3.82亿元，增长17.9%，一般预算收入1.71亿元，增长20.3%。全社会固定资产投资9.88亿元，增长31.7%，社会消费品零售总额9.16亿元，增长13.4%；城镇居民人均可支配收入16773元，增长9.2%；农民人均纯收入3774元，增长12.8%。

“三农”工作 统筹4000万元财政专项扶持资金，加强核桃种植，设施蔬菜，笨鸡养殖三项产业。年内新增核桃经济林3.65万亩，累计达到11.03万亩，提前完成“十二五”目标任务，新增蔬菜3618亩，累计达到7469亩；新增笨鸡65.5万只，年存栏数达到200万只。粮食总产量达到6879万公斤，建成省级“一村一品”专业村48个，市级40个。214个行政村完成街道亮化工程。

工业 规模以上工业增加值完成10.24万元，比上年下降1.8%，工业总产值完成36.87万元，同比下降7.41%。广华源药用软包装公司成为全县第六户规模以上企业。省政府批复柳泉煤电工业园年产600万吨煤矿项目探矿权出让协议；东方红制漆公司3万吨特种涂料项目、榆化公司精细化工项目、丰晔新型建材项目投入试产。广生公司100亿粒植物胶囊项目6条生产线投入试产，天生公司6000吨中成药投改项目主体完工。东庄食品工业园、野狼山庄生猪屠宰线建成投产，五福小杂粮加工、主力阿胶技改、森生核桃深加工等项目主体完工。

城乡建设 实施1082套保障性住房工程，改造农房1061户，开工建设云竹湖出口——前庄11.5千米县乡公路改造工程，启动运行县城公交车，完成县城迎春南路、城区绿化、4条小巷的亮化等工程。实施东河下游综合治理，文峰园后山公园建设、供热设施和污水处理升级改造等工程。

教育 高考学生达线579人，应届生达线率居晋中市第一，启动实施义务教育寄宿制学生营养餐工程，县直二幼、云竹镇和郝北镇3所幼儿园、职业中学教学实验综合楼、榆社三中综合楼等工程建成使用。

社会事业 石勒文化等4个非文化遗产项目被列为山西省级保护名录，新农村合作医疗参合率99.4%，农村卫生室达标率95%。人口自然增长率控制在4.45%。发放各类救助资金2672.4万元。城镇新增就业1820人，下岗在就业283人，农村劳动力转移2450人，城镇登记失业率在2.2%以内。发放各类救助资金2672.4万元。（常彩萍）

【爱国主义教育基地】 7月23日，举行纪念马定夫烈士牺牲70周年暨全国爱国主义教育基地命名大会。

10个爱国主义教育基地单位为：榆社县烈士陵园、马定夫故居纪念馆、岚峪烈士陵园、岚峪王家沟烈士陵园、云竹烈士陵园、河峪东岭烈士陵园、云竹东庄烈士陵园、郝北烈士陵园、榆社县档案局、榆社县化石博物馆。（常彩萍）

【村民自办武术节】 2月21日，郝北镇成家沟村民自办第四届武术节，汇集榆社县各地的武术爱好者和武乡县、榆次区、等地的武术高手，相互切磋，进行表演。武术节从2010年开始举办，为各地武术爱好者提供一个交流平台。（常彩萍）

【县城公交客运】 11月28日，正式开通运行县城公交客运。投入环保型公共交通中巴车15辆，配备有自动化刷卡系统、投币机、电子语音报站器和GPS智能监控等现代化的公交

服务设施,运行线路两条,每10分钟1辆,使用电子投币箱和刷卡的方式,车费1元。 (常彩萍)

·左权县·

中共县委书记 王 兵
县人大常委会主任 巨树民
县 长 刘 娟*
赵宏钟
县政协主席 韩卫平

【简述】 左权县北纬36°45′~37°97′,东经113°06′~113°48′,总面积2028.1平方千米,下辖5镇5乡,1个城区管理委员会,203个行政村,8个社区居民委员会。全县总人口164067人,男性83499人,女性80568人。年内出生人口2051人,死亡人口1022人,人口出生率12.54‰,死亡率6.25‰,人口自然增长率6.29‰。城镇人口66725人,乡村人口97342人,城镇化率达到40.67%。

全年全县地区生产总值完成351130万元,比上年增长7.6%。第一产业增加值29078万元;第二产业增加值177889万元,其中工业增加值为125805万元,增长7.8%;第三产业增加值144163万元,比上年增长5.4%。三次产业比例由上年的8.2:52.5:39.3调整为8.3:50.7:41.1。人均生产总值21469元。城镇居民可支配收入19561元,农民人均纯收入3699元,城镇居民恩格尔系数26.8%,农民恩格尔系数27.3%。

农业 全年农作物播种面积为12565.49公顷,比上年减少16.31公顷,粮食播种面积为11591.79公顷,在粮食播种面积中,玉米种植面积7969.24公顷,比上年减少127.86公顷。在其他作物播种面积中,油料种植面积294.8公顷,比上年减少0.3公顷;蔬菜种植面积为650公顷,比上年增加70.4公顷。

粮食总产量56251.78吨,比上年增加4549.78吨。夏粮产量260.54吨,秋粮产量55991.24吨。农林牧渔总产值完成52116万元,其中农业产值33462万元;林业产值5106万元;牧业产值12163万元;渔业产值388万元。肉类总产量4128吨,猪肉产量2370吨,牛肉产量384吨,羊肉产量627吨,禽肉产量747吨。禽蛋产量4284.8吨。年末大牲畜存栏598头,猪存栏12535头;羊存栏60583只;鸡存栏32.8万只。

小型水利设施新增22处,累计达到516处。新增水土保持治理面积4万亩。实际灌溉面积达到9万亩;新增节水防渗渠道28千米,防渗渠道累计达253千米。

工业 规模以上工业企业实现工业总产值383083万元,下降4%;主营业务收入374394万元,增长69.6%;实现利税3564万元;利润总额为-18608万元;亏损企业亏损额为27901万元,增长84%。完成工业增加值117065万元,增长29.2%。主要工业产品产量中,原煤产量415.7万吨,增长10.8%;洗精煤产量20.6万吨,增长41.7%;铁精粉产量29.8万吨,增长20.9%;电石产量11950吨,下降7.5%;铁合金产量9358吨,下降13.1%;发电量651087万千瓦时,增长36.33%。

投资贸易 全社会固定资产投资完成769838万元,增长32.9%。城镇投资完成765828万元,增长34.8%;农村投资完成4010万元,下降65.0%。按经济类型分,国有企业完成投资390975万元,同比下降9.5%;非国有企业完成投资378863万元,下降34.6%。按产业分,第一产业完成投资52896万元,增长366.5%;第二产业完成投资559845万元,增长15.2%,占全部投资比重的72.7%,继续占据主导地位;第三产业完成投资157097万元,增长91.2%。按项目构成分,建筑工程完成投资410705万元,增长43.0%;安装工程完成投资45877万元,下降1.3%;设备、工具、器具购置完成投资132084万元,下降4.2%;其他费用完成投资181172万元,增长67.8%。房地产开发投资49489万元,同比增长115.6%。房屋施工面积398664平方米,新开工面积105048平方米。全部固定资产投资施工项目个数79个,增长6.8%,当年新开工项目56个,增长21.7%,占全部施工项目个数的70.9%;新增固定资产226519万元,增长259.1%。城市建成区面积5.8平方千米,城市房屋建筑面积20万平方米。

社会消费品零售总额实现108806万元,比上年同期增长14.1%,其中城镇零售额实现82182.6万元,乡村零售额实现26623.4万元,分别比上年同期增长17.1%、5.6%。批发零售业实现92275.4万元,增长14.2%;住宿和餐饮业实现零售额16530.6万元,增长13.2%。接待旅客达92.5万人次,旅游综合收入达8.2亿元。

交通邮电 境内公路通车里程达1431.566千米,农村新增道路通车里程20.4千米。全县民用汽车拥有量为15654辆,载客汽车13047辆;载货汽车2323辆;其他汽车97辆。

邮电业务总量完成9972.4万元,其中邮政业务总量1336.4万元,电信业务总量8636万元。电话用户总数达65967户,固定电话用户27187户,移动电话用户38780户。全县宽带接入用户达19519户。

财税 财政总收入完成95009万元,增长0.89%,占年度预算110000万元的86.4%,一般预算收入完成44186万元,占年度预算任务43758万元的100.98%,增长1.61%。主体税种增值税、营业税、企业所得税、个人所得税四个税种收入达到全县税收收入的74.1%。

一般预算支出119589万元,其中教育支出19913万元;社会保障与就业支出15079万元;医疗卫生支出8891万元;节能环保支出8707万元;农林水事务支出17904万元。

金融保险 金融机构各项存款余额累计804031万元,增长3.56%,其中个人存款525877万元;单位存款263999万元;财政性存款14052万元;临时性存款92万元;其他存款11万元。各项贷款余额342340万元,较上年同期下降8.21%。

保费收入7201.7万元,其中财产险保费收入2052万元;人寿险保费收入5149.7万元。全年全县支出各类赔款给付1773万元,财产险赔付1349万元,人寿险赔付424万元。

教育科技 县城中小学生占全

县中小学生总数比例高达56.2%。全县各类学校在校学生人数26303人(包括幼儿),普通高中在校学生2305人,职业高中在校学生2206人,初中在校学生4653人,小学在校学生11214人,幼儿园36所,5925人,小学适龄儿童入学率达100%,高考达线445人。

科技项目经费支出698.8万元,科技引资136万元,全年申请专利32件,其中发明专利10件,实用新型9件,外观设计13件。

文化卫生 发展文化事业,左权小花戏享誉国内外。文艺表演团体2个。全社会馆藏图书达到8万册,电视综合人口覆盖率达96%,有线电视用户达2.3万户。

县级医疗卫生机构6个,乡镇卫生院10个,农村卫生所达到207个。县乡村三级医疗机构达标率皆达100%。病床位423张,卫生技术人员465人。全年全县农民有125735人参加新型农村合作医疗,参合率99.3%,覆盖率达到100%。农村社会养老保险85166人。

资源环境 植树造林面积5.06亩,新增育苗3000亩,四旁植树68.5万株。绿化覆盖率38.6%,城区有公园4座。石匣水库(中二型)蓄水总量1770万立方米。总用水量3000.4万立方米,工业用水528万立方米,农业用水1666万立方米,城市生活用水215万立方米,万元工业增加值耗水量43.4立方米,下降10.4%。二级以上天气358天,二氧化硫(SO_2)排放量3758吨,下降2.5%;化学需氧量(COD)排放量1701吨,下降2.7%;氨氮排放量203吨,下降3.5%;氮氧化物排放量3536吨,无下降;粉尘排放量2277吨,下降0.3%;烟尘排放量2431吨,下降0.5%;清漳河麻田出境口断面水质稳定在三类。

安全生产 亿元国内生产总值生产安全事故死亡人数为零。煤矿百万吨死亡人数为零。全县共发生各类安全事故55起,死亡30人。其中道路交通事故40起,死亡27人,消防火灾发生4起,无人员伤亡,其他行业2起,死亡3人。

社会保障 企业参加基本养老保险人数为10002人,参加失业保险人数为9150人,全县共有城镇居民3288人和农村居民5213人得到政府最低社会保障。 (县志办)

·和顺县·

中共县委书记 孙永胜
县人大常委会主任 宋有林
县长 马海军
县政协主席 杨治国

【简述】 和顺县北纬37°03′~37°36′,东经113°05′~113°56′,总面积2250平方千米,下辖5镇5乡,294个行政村。总人口14.19万人,男性7.32万人,女性6.87万人,非农业人口3.15万人。

全年全县地区生产总值完成42亿元,同比增长10%;固定资产投资51.1亿元,同比增长13.6%;公共财政预算收入6.3亿元,同比增长18.5%;社会消费品零售总额完成10.7亿元,同比增长13.1%;全县城镇居民人均可支配收入17771元,同比增长11%;农民人均纯收入达到4366元,同比增长14%。

农业 耕地面积2.25万公顷;粮食总产量6.056万吨,同比增长22%。双孢菇菇床面积达到26万平方米,成为农民增收的新支柱。杂粮年种植面积6667公顷,总产约3万吨。基本形成以马坊乡和牛川乡为主的3334公顷荞麦、以义兴镇和喂马乡为主的2000公顷莜麦、以横岭镇和青城镇为主的1333公顷马铃薯规模化、标准化、产业化生产基地。推进“十企百区千户”现代养牛业致富工程,建成标准化养牛园区88个,农民养牛收入17693万元,人均收入达到1593元。培育省、市级“一村一品”专业村41个(其中省级专业村28个、市级专业村13个)。发展农民专业合作社779个,带动农户1.7万个。投入农机购置资金1281万元,扶持农民购置各类农机具997台(件)。投资1.2亿元,完成造林3867公顷,义务植树22.5万株,村庄绿化38个,通道绿化11.85千米,古树名木保护9株。

工业 规模以上工业增加值完成22.6亿元,同比增长17.6%。原煤产量达到1326万吨,煤矿技改投资完成7.4亿元。山西都宝集团天池瓦斯电厂实现并网发电。华耀300万吨煤炭物流超市项目达产达效并被列为晋中市转型物流园。佰裕东日产1000吨面粉生产线项目投产运行,进入规模以上企业行列。阳煤华鑫煤机维修制造项目一期工程竣工投产。山西新光复杂难处理含金物料资源综合利用项目进入试生产阶段。山西星光煤电2×350兆瓦低热值煤发电项目核准立项。工业园区完成投资3000万元,中心路工程全部完工。

商贸流通 社会消费零售总额实现108022万元,比上年增长14.3%。按销售单位所在地分,城镇消费品零售额69257.7万元,增长14.4%;乡村消费品零售额38764.3万元,增长14%.按消费形态分,餐饮业零售额19661.7万元,增长10.3%;商品零售额88360.3万元,增长10.6%。

项目建设 新签约项目5个,签约资金达258.7亿元,完成市下达任务的235%,到位资金10.97亿元,项目储备65个。实施市级重点项目56个,开工率100%,完成投资82.9亿元,投资完成率102.7%,竣工项目35个。

旅游业 举办第二届许村国际艺术节。完成旅游项目投资4844万元,接待游客41.8万人次,旅游综合收入3.52亿元。

城乡建设 开通南北内环、西外环路,九纵九横城市道路框架基本形成。通过省级园林县城验收,成为2013年全市唯一一个通过省级园林县城验收的县份。李阳镇被省政府确定为省级百镇重点镇之一,回黄村被国家住房与城乡建设部命名为第二批国家级传统村落。和(顺)榆(社)高速平松—喂马、松烟—许村两条连接线桥梁、路基工程全部完工。筹资10亿元组建和(顺)邢(台)铁路投资公司。恋思水库工程实现下闸蓄水,配套管网工程铺开建设。

社会治安 开展“保民安心、护民放心、惠民暖心”三大活动,促进“法治和顺、平安和顺、和谐和顺”三县目标建设。开展平安乡镇(城区)、平安村(社区)、平安校园、平安交通、平安铁路、平安市场、平安文化市场、平安景区等11种形式的基层平安创建活动。案件查处上,共破获各类刑事案件302起,抓获各类犯罪嫌疑人188名,收缴赃物折合人民币共110余万元。查处治安案件483起,查处各类违法人员655人,行政拘留218人。治安防控建设上,以县城为中心,采用高清智能卡口系统在全县建设两道城市防线。共投资2042万元,安装高清智能卡口15套,电子警察8套,高清视频监控2100个,新建18个社区(农村)警务室。政法机关公开办案时限项目25项,公开办案程序23项,公开办案人员251人。

社会事业 民生投入达到7.57亿元,同比增长15.02%,占财政总支出的55.97%。城乡居民社会养老保险参保率达到97.2%,新农合参合率达到98.7%。城镇新增就业2151人,转移农村劳动力2841人,开发公益性岗位111个。1.4万名城乡低保和五保供养对象实现应保尽保。4.3万低收入农户享受到每户1吨免费取暖煤。投资4.2亿元,建设保障性住房1553套。改造农村危房300户。和顺一中高考达线421人,荣获晋中市课程改革先进奖;职业高中对口升学率位居全省前列;初中综合质量评估连续三年位居全市第一。投资310万元,为1.2万余名义务教育阶段中小学生免费提供营养奶。投资670万元,免除普通高中、职业中学学生学费。投资900万元,实施标准化幼儿园附属工程。投资1829万元,新改扩建8所中小学校。实行药品"零差价"销售,全年减少乡村群众医药费用166万元。投资126万元,新建15所村级卫生室。新建中医院投入使用。 (王 燕 张 燕)

【《县长遛牛》获"群星大奖"】 《县长遛牛》是由和顺县牛郎织女晋剧院(和顺戏校)根据和顺县地方剧种凤台小戏排练而成。特聘国家一级编剧张喜明编写剧本,著名音乐人孟文谱曲,著名导演李慧琴执导。该剧目以和顺县500名科级干部进村入户为民解决实际困难为素材,反映领导干部"走基层,转作风,改文风"的举措,是一部践行群众路线的代表力作。10月24日,参加第十届全国艺术节和第十六届全国"群星奖"大赛,获得"群星大奖"。 (王 燕 张 燕)

【荣获"山西园林县城"称号】 和顺县城市建成区面积5.86平方千米,完成东大街、中和街、滨和路、新和路等36个路段的道路绿化和补植补种,绿化面积达到11万平方米。结合旧城改造,通过拆墙透绿、拆违建绿、沿街植绿、综合整治等措施,拓展城市绿化空间,并结合当地实际和群众需求,利用河流、山地,启动和建设一批如泰和湿地公园、文昌森林公园、云龙山森林公园等大型公园绿地,完善绿地功能,构建县城良好的生态格局。加大市政基础设施建设力度,完善城市功能和服务水平,建成生活污水处理厂、垃圾处理厂、集中供热等市政公用设施。被山西省人民政府命名为山西省园林县城。 (王 燕 张 燕)

·昔阳县·

中共县委书记	刘润民*
	丁雪钦
县人大常委会主任	郭爱生
县长	丁雪钦*
	王根元
县政协主席	王录文

【简述】 昔阳县北纬37°20′~37°43′,东经113°20′~114°08′,总面积1954平方千米,下辖5镇7乡,335个行政村。总人口23.58万人,其中农业人口19.8万人。

全年全县地区生产总值完成51亿元,同比增长4.5%。财政收入完成14.3亿元,同比增长13%;一般预算收入完成5.4亿元,同比增长30%;全社会固定资产投资完成79亿元,同比增长33%;社会消费品零售总额完成18.6亿元,同比增长12%;城镇居民人均可支配收入18786元,同比增长11%;农民人均纯收入6120元,同比增长14%。

工业 规模以上工业增加值完成23.5亿元,同比增长2%。坚持"以煤为基、多元发展"的思路,依托资源禀赋,打造煤炭、电石、煤层气、电力四大支柱产业,构建赵壁煤化工和巴州气化两大工业园区。寺家庄500万吨矿井、阳煤40万吨电石、漾泉蓝焰煤层气、山西瑞阳煤层气液化等项目进驻园区正式投产,推进投资20亿元的铁氧体项目建设,投资80亿元的晋煤集团金属镁及镁基合金项目完成前期准备工作。3月,投资350多亿元的阳煤化工综合性循环经济项目签订战略合作意向;11月28日,阳煤氯碱化工项目奠基开工。

农业 按照"西菜东果中养猪,千家万户种蘑菇"的农业发展思路,培育绿色蔬菜、核桃干果、规模养猪、双孢菇种植四大特色产业。蔬菜种植面积达到2.2万亩,核桃干果经济林达到18.2万亩,猪的饲养量突破50万头,成为全省重要的核桃种植基地和生猪养殖基地。发展双孢菇产业,覆盖7个乡镇、51个村、314户,全县种植面积达到51.7万平方米,聘请农业技术专家,对苹果种植管理进行科学指导,鼓励农民大面积发展苹果产业。

项目建设 重点项目储备205项,总投资3095亿元,完成目标任务的257.91%。签约项目总投资219.6亿元,完成目标任务的68.92%。项目落地44项,总投资112亿元,完成目标任务的93.33%。项目开工53项,总投资80.42亿元,完成目标任务的100.53%。实施重点工程68项,总投资184.04亿元。开工率达到100%。累计完成投资76.61亿元,完成年计划的102.11%。

城乡建设 按照"改造上城、提质下城、开发新城"的总体布局,全年共投资34亿元,实施54项工程,建成松溪大道和大寨景观路,打通迎宾街,拓宽厚庄路,改造小西外环和10条县城背街小巷;实施公安大楼、煤销大楼、会展中心、民兵训练基地等一批市政工程;新建新城广厦、留庄新村、晨熙顺景等一批保障性住房;建设墺垴山森林公园,人均公园绿地面积达到20平方米,城市绿化覆盖率达到44%；高标准治理松溪河、思乐河、北河三条环城河道，拉大城市框架。启动巴洲城镇化示范园区建设，建成1086亩农业观光采摘园，建设园区学校、医院等配套设施，完成投资3260万元。组建100人的城市社会秩序管理大队，加强对市容环境秩序监督管理、县城治安巡逻和突发事件应急处置。开展城乡环境综合整治和市场秩序整顿活动，推进城中村“村转居”工程，将县城周边13个城中村纳入县城，统一规划，统一建设，统一管理。

民生建设 教育方面，投资4820万元，新建和改扩建14所幼儿园；投资880万元，对22所中小学校进行维修改造，实施山西健康希望工程，全县5800余名中小学寄学制学生每人每天享受到一颗鸡蛋和半斤牛奶。启动圆梦大学助学工程，对28名家庭贫困的大学生进行援助。医疗卫生方面，加快县乡村三级医疗卫生体系建设，投资100多万元，新建和改扩建村级卫生室36个。社会保障方面，落实各类保障资金4800余万元，救灾救济、城乡低保、医疗救助等扩大社会保障覆盖面。集中分配廉租房和经济适用房304套，解决部分低收入困难家庭住房难的问题。投资1亿多元，采用民办公助的形式，建设全省最大的千人养老院。公共服务方面，投资1800余万元，对212个行政村进行街巷亮化；实施“3215”工程，即建设30个公共停车场、200个廉租摊位、10个便民服务中心、50个街心公园。

旅游产业 围绕“一点三线”的旅游布局，以大寨旅游为龙头，加大旅游开发力度，完善旅游基础设施，开拓旅游文化市场，发展乡村旅游，打造周末经济，昔阳成为周边城市周末假日休闲的“后花园”。全县全年接待游客65.6万人，同比增长19.27%，完成综合收入7.21亿元，同比增长14.42%。 （赵珍珠）

【千座蘑菇大棚】 新发展双孢菇种植面积23.8万平方米，新建的双孢菇棚秋季全部投产，仅秋菇产量238万公斤，产值1904万元。全县累计双孢菇种植面积达到51.7万平方米，已覆盖7个乡镇52个村，315户，建成双孢菇棚552个，其中二代棚467个种植面积47.4万平方米，三代棚85个4.3万平方米，建成的双孢菇棚全部投入使用。双孢菇总产量723.7万千克，总产值6004.6万元，折每平方米产值116元，亩产值7.73万元。除去每平方米40元的原材料及人工成本，总纯收入3764.6万元，折合每平方米纯收入76元，亩纯收入5.07万元，为全县农民人均增收188元。

（赵珍珠）

【两大园区建设】 两大园区包括赵壁川工业园区和巴洲川工业园区。赵壁川工业园区建设主体为阳煤集团，总投资260多亿元，规划建设4×350兆瓦煤矸石自备电厂、2×600兆瓦低热值煤电厂、年产200万吨电石项目、40万吨离子膜烧碱项目、40万吨/年高端PVC树脂项目、20万吨乙二醇、20万吨丁二醇等多个高附加值、高技术含量化工项目。年内开工建设电石二期60万吨项目、离子膜烧碱项目、自备电厂项目和PVC项目。省发改委批复园区规划，启动氯碱、PVC两大项目。巴洲川气化工业园区现有寺家庄500万吨矿井、漾泉蓝焰煤层气，山西瑞阳煤层气液化等项目。 （赵珍珠）

【晋祥千人养老院】 3月，二期工程动工建设，完成1~8号建设任务。室内相关设施配备到位，达到入住条件。院长、副院长已确定聘任人选。首批入住人员全部为五保对象，人数200人以上。项目总投资1亿元，成为全省规模最大、标准最高的社会保障福利院。 （赵珍珠）

【城乡环境综合整治】 投入资金5400余万元，清理垃圾52.6万吨，清理卫生死角8254处，拆除违章建筑75355平方米，新建垃圾池1797个、水冲式公厕15所，治理河道86163米，新增绿化面积211845平方米，建设景观墙23076米，有118个村实现整村墙面粉刷，建立环卫管理办法。县城卫生保洁由洁城清运公司承包经营，实行市场化运作，实现监管分离。洁城清运公司对一级街道实行“一扫全保”（清晨一扫、全天候保洁），二、三级街道实行“一扫一保”（清晨一扫、巡回保洁）。垃圾清运做到密闭收集运输、明点垃圾随产随清、暗点垃圾日产日清。落实沿街单位、门店、个体工商户门前“五包”。 （赵珍珠）

【好人基金】 8月，昔阳县成立好人事业促进会。县政府拿出1000万元设立好人基金，在全县开展诚实守信，敬业奉献，尊亲敬老，见义勇为，助人为乐，拾金不昧等好人好事的评选活动，并每年拿出部分资金重奖“昔阳好人”，在全社会倡导好人精神，传递正能量，建设文明、和谐、大美昔阳。2013年共评选出“好村官、好环卫、好教师、好儿女”等十名昔阳好人。 （赵珍珠）

·寿阳县·

中共县委书记	王继堂*
	杨建平
县人大常委会主任	郭培纲
县长	郝鹏鸿
县政协主席	成建文

【简述】 寿阳县北纬37°32′~38°05′，东经112°46′~113°28′，总面积2100平方千米，下辖7镇7乡。

全年全县地区生产总值完成103亿元，同比增长3.5%；规模以上工业增加值完成56亿元，同比增长2%；固定资产投资完成84亿元，同比增长7.1%；公共财政预算收入完成7.7亿元，同比减少22.2%；社会消费品零售总额完成20.5亿元，同比增长16%；城镇居民人均可支配收入达到25850元，同比增长11.2%；农民人均纯收入达到9500元，同比增长14.6%。

农业 推进“一县一业”“一村一品”工程建设，发展特色农业。全年新增精品核桃1万亩，新增设施蔬菜2000亩，扩大露地蔬菜种植1万亩，新发展优质笨鸡万只以上。建设湖南佳和种猪生猪养殖园、平头万亩旱地蔬菜园、寿星佳园双千亩设施蔬菜园区等种养园区。发展红太阳、华瑞、润田、光明、金辉5个集种技种养示范、农副产品加工、农业观光旅游、休闲习农采摘、新型农民培训、社会化服务为一体的家庭农场,全县现代农业园区项目拓展到15个。全年培育蔬菜种植重点乡镇5个、重点村40个。全县蔬菜总产量达到80.30万吨,粮食总产达到32.5万吨。

城乡建设 启动北部新城建设。全社会城建工程完成投资32亿元,铺开市政重点工程30项,白马河综合治理工程进入配套完善阶段,完善四季公园、滨河公园设施,完成6条城市道路、12条街巷硬化工程。全年新增供热面积70万平方米、天然气用户3000户,垃圾处理率达到85%,污水处理率达到86%。9个新型住宅小区建成入住。推进示范小城镇3个、矿区移民新村4个,23个示范中心村、15个卫生标兵村达到验收标准。全年完成绿化投资2亿元,新增造林7.2万亩,省级园林城市通过验收评审。

项目建设 引进江苏鸿典纳米新材料、北京蓝凯博醚基新燃料、湖北武汉晋和医药、钢铁物流加工、日本住友株式会社冷链仓储物流等一批新型优势项目,实现项目建设引进外资的历史性突破、传统项目向高端项目的突破、单一项目向上下游链条式、园区化发展的突破。全年原煤产量达到2014.34万吨,引进新型产业项目7个,投资656亿元;推进建设项目48个,完成投资137亿元;投产转型项目17个,“六位一体”完成额居全市前列。全县在建新型工业项目达到31个,新产业投资增速达到79%。

民生建设 寿阳一中新校区投入使用,推进4所幼儿园建设。职工五大保险扩面提标,城乡低保实现动态管理,应保尽保。开展创业就业工程建设,全年新增就业2824人。保障性住房建设投资2.15亿元,完成1433套,超额完成29套。第二人民医院、中医院开始运行,人民医院迁建工程启动建设,9个乡镇卫生院、14个村卫生室扩建配套完成,基本药物全部实现零差率销售。 (李丽萍)

【煤电气化多联产循环经济工业园项目】 煤—电—气—化循环经济工业园项目由阳泉煤业(集团)有限责任公司、山西博大集团寿阳京鲁煤业有限责任公司、北京博奇环保科技有限公司三方通过设立合资公司,在寿阳县境内进行合作建设。项目总投资约100亿元,集煤炭开采、发电、煤化工、煤制天然气、粉煤灰制水泥于一体,是全省规模较大的煤电气化多联产、全循环项目。项目建设内容包括:800万吨/年于家庄煤矿、4×30万千瓦低热值煤自备电厂、2×20万吨/年乙二醇项目、200万吨/年尿素项目联产6.3亿立方米/年煤制天然气项目、100万吨/年粉煤灰制水泥项目。 (李丽萍)

【《种子坡地道战的故事》开播】 8月15日,在纪念抗日战争胜利68周年之际,由中共寿阳县委宣传部、寿阳县文体广电新闻出版局、寿阳吉泰装饰材料有限公司联合制作的十二集广播剧《种子坡地道战的故事》在晋中人民广播电台AM1530、FM92.1、FM103.4播出。该剧以抗日战争和解放战争时期的寿阳县种子坡开展山地地道战的动人故事为背景,是寿阳县加快文化强县建设、弘扬革命传统、传承红色文化的一项重要举措。

(李丽萍)

·太谷县·

中共县委书记	郝向明
县人大常委会主任	游大庆
县长	武晓花
县政协主席	李德仁

【简述】 太谷县北纬37°12′~37°32′,东经112°28′~113°01′,总面积1050平方千米,下辖3镇6乡,198个行政村。

全年全县地区生产总值完成66亿元,同比增长8.8%;财政收入完成8亿元,同比增长11%,其中公共财政预算收入完成3.5亿元,同比增长3.5%;固定资产投资完成48.4亿元,同比增长38%;实现社会消费品零售总额27亿元,同比增长14%;实现外贸进出口总额2650万美元,同比增长5.25%;农民人均纯收入12463元,同比增长14%;城镇居民人均可支配收入22102元,同比增长10%。

农业 推进农业“四个一”工程(新增设施蔬菜1万亩、苗木花卉1万亩、干鲜果木经济林1万亩、新建标准化养殖园区10个),探索国家级农业改革与建设试点县各项任务,提升资本农业、公司农业、科技农业三大农业规模效益。设立1000万元土地专项补助资金,流转耕地1.6万亩,新建8个千亩园区,6个标准化果园,10个标准化养殖小区,设施蔬菜、苗木花卉、干鲜果种植面积分别达到9.4万亩、11.3万亩、29.5万亩(水果12.5万亩),畜产品综合产量25.5万吨;经营主体再壮大,家庭农场达到229户,新增农民专业合作社80个、联合社9个,绿美园林、正林农资等8户企业入选省级重点龙头企业,山西农产品国际交易中心正式签约,国有大型企业省投集团落户太谷;融资渠道再拓宽,成立农村产权交易中心,开展农村土地收益担保贷款试点,筹建山西金谷现代农业开发投资有限公司,涉农贷款24.8亿元,同比增长16%;科技服务再提升,巨鑫现代农业园区建设的全省首家脱毒快繁育苗中心投入使用,并与山西农业大学合作开展“一区三园”建设。该项目位于太谷县北洸乡境内,总投资5亿元,规划总面积1万亩。探索产学研一体化发展;投资总额超百亿的金华苑、民生银行等工商资本入驻边山一线进行农业综合开发。

工业 工业增加值完成15.5亿元,同比增长14%。实施玛钢铸造产业振兴计划,入住胡村玛钢铸造园区核心区的8户企业有2户企业投产,28户企业完成60条自动化生产线改造,行业税收突破亿元大关。恒达循环经济园区精密铸造基础完工,电石渣水泥投产,入库税收1.4亿元,同比增长62%,荣获“晋中市十大杰出民营企业”称号。水秀新型产业园区110千伏变电站、35千伏第二电源具备输电能力,启动污水处理厂建设,引入天然气气源,提升工业园区承载能力，入园企业达到33家，5家企业投产，起步区4家企业形成产业链条，园区产值实现3.84亿元。南山医药食品园区通宝醋业老陈醋试生产，快速陈化技术获国家发明专利。广誉远国药在一线城市开设14家精品店，销售收入增长32%，启动实施迁址工作。中远威院士工作站挂牌成立，研发实力增强。

项目建设 出台转型综改试验实施方案，重点推进108国道综合廊带建设，探索土地管理改革，完成两个500亩土地增减挂钩项目，保障23个重点项目建设用地。创新金融服务，开展政银企对接，与中行、建行合作开展“助保贷”业务，累计为24户企业融资近6亿元，兑现政府奖励银行资金103万元。盘活土地资源，设立1000万元土地流转奖补资金，累计流转耕地14.3万亩，荒山荒坡10万亩，保障20余个重点项目建设用地。强化项目建设“三位一体”考核机制和多部门并联审批、前期手续逐项跟踪办理机制，项目建设“六位一体”任务全部超额完成。

旅游业 实施错位发展战略，完善明清古城、休闲度假、中药养生、丛林狩猎旅游四大版块。大禾NAPA橡树谷奥特莱斯购物城、佛峪生态园3000亩绿化工程主体完工，佛峪古村落观光度假区向游人开放；鑫炳记太谷饼博物馆、山西中医药博物馆、怡园酒庄酒窖展区；凤凰山森林公园初具规模，成为省城周边最受网友好评的十大免费自驾游景点之一；北洸、任村、范村3个乡镇农家乐旅游项目广受好评。成立晋中市首家“旅游地接服务中心”，推出“谷色古香、魅力太谷”精品线路，3个生态庄园具备接待能力、2个乡村酒店开门迎客，旅游产品其林麦秆画获全国小商品博览会二等奖，全年接待游客230万人次，旅游综合收入突破13.5亿元。

城乡建设 以建设“省城后花园”为目标，融入太原晋中同城发展，城建60项重点工程完成投资30.6亿元，城镇化率达到50.6%。按照“改造旧城、保护古城、开发新城”的建设思路，城南片区城中村综合改造推进，古城保护工作开展，北部新城“三带、三轴、四大中心”的发展构架初步成型。金谷广场东路、凤仪东街绿化、龙城高速连接线亮化等一批基础工程完工，南山广场、箕城公园对外开放。推进镇村建设，胡村集镇新区一期工程完工，完成108国道过境段亮化和长安街风貌整治；范村镇建成幸福苑移民小区；推进35个农村住宅小区建设，安置2100余户。实施城区体制改革，完成“一镇三区”社区划分，县城周边4个乡镇15个村的3万余人口纳入城市管理范围，规划建成区面积扩大到24平方千米。开展户籍制度管理、失地农民安置、农村住房管理等改革，为288名农民办理农转非手续。保障性住房建成2193套。

环境建设 投资5亿元，绿化凤凰山荒山荒坡2.2万亩，铺开4大功能区16个景点建设，全县绿化荒山荒坡5.1万亩，林地绿化率、森林覆盖率分别提高4个和1个百分点，达到34.4%、22.4%。城镇人均公共绿地面积达到11平方米。投资9.9亿元，开展乌马河综合改造治理工程，治理河道滩涂3.5千米，清理垃圾280万立方米。狠抓节能减排，累计投入1.3亿元，扩大城市集中供热、供气面积，开展初始排污权核定和大气污染防治，实现铸造企业环境治理全覆盖，超额完成二氧化硫、氮氧化物、烟尘、粉尘、氨氮、化学需氧量6大污染物减排任务，城区空气环境质量稳定达到国家2级标准。投入350万元，开展城乡环境卫生综合整治，城区8条主要街道清扫保洁实现市场化运作，4条主干道广告牌匾得到更新亮化，创建1个省级生态文明乡镇、2个生态文明村。

民生建设 财政用于民生领域的支出占总支出的89%，承办两个国家级教育现场交流会，义务教育均衡发展经验在全国推广，中、高考成绩和优生数稳居省、市前列。新编秧歌剧《孟母三迁》作为非遗剧目在省晋剧院展演，动漫电影登陆央视，成为全国首部以动漫形式展演的非遗剧目。推开基本公共卫生服务项目，加强乡村医疗服务能力，荣获全国基层中医药工作先进县、省级食品安全示范县称号。完成5所标准化幼儿园改扩建和700户农村困难家庭危房改造。100个村实现街巷亮化，城乡清洁工程实现全覆盖。省级创业型城市创建工作开展，新增城镇就业岗位2639个，失业率控制在2%以内；扩大城乡低保和社会五大保险覆盖面，为12086户、16425名城乡贫困人口发放最低生活保障金3508.92万元；落实优抚人群免费乘坐城市公交车、高龄老人生活补贴金、低收入农户冬季取暖用煤等惠民政策；完成城市社区500米健身圈任务。 （杨　扬）

·祁　县·

中共县委书记	段燕翔*
	吴文胜
县人大常委会主任	张俊慧
县　　　　长	张　鹏
县政协主席	孔襄中

【简述】 祁县北纬37°04′~37°28′，东经112°12′~112°39′，总面积854平方千米，下辖6镇2乡，160个行政村，289个自然村，1个省级开发区。总人口27万人。

全年全县地区生产总值完成58.2亿元，增长5%。规模以上工业增加值完成12.69亿元，增长3.4%。固定资产投资完成44.65亿元增长35.2%。财政总收入、公共财政预算收入分别增长8.9%、10.7%，达到5.57亿元、2.55亿元；城镇居民人均可支配收入、农村居民人均纯收入分别增长9.5%、13.6%，达到23400元、11507元；社会消费品零售总额增长13.5%，达到30.47亿元；外贸进出口总额增长15.8%，达到5049.9万美元。

项目建设 启动创建全省无矿产资源县经济转型综改试点县工作。全年完成项目储备166个，总投资206.837亿元；新签约项目23个，总投资117.3亿元；落地项目45个，总投资111.66亿元；开工项目34个，总投资51.27亿元；投产项目50个，总投资57.3亿元，湿地公园3000万欧元法署贷款进入国家发改委备选规划和财政部备选清单并通过法署专家第一轮评审。推进经济开发区建设，征地完成1503亩,110千伏变电站建成并投入运营,投资2228万元,完成开发区道路硬化、绿化、亮化工程及天然气管道、通讯网线等铺设工程;实施总投资47亿元的15个项目,新引进总投资15.9亿元的6个项目。截至年底,开发区入驻企业64户,国内生产总值完成12.86亿元,占全县经济总量的22.1%,财政收入2.05亿元,占全县财政收入的36.8%。

县财政每年安排500万元专项资金扶持玻璃器皿企业发展,评选出22位祁县玻璃器皿工艺美术大师。国家玻检中心项目进入设备采购和人员培训阶段,全国玻璃器皿知名品牌创建示范区获批筹建;在美国纽约设立玻璃器皿海外营销中心,全年完成销售额200万美元。在太原长风商务区开设玻璃器皿体验店,在上海自贸区成立贸易公司,增强玻璃器皿产业发展的内生动力,出口比上年增长33.5%。优化工业经济结构,提升玻璃器皿产业自动化能力,启动无铅晶质玻璃生产。发展酒类饮品业,上缴税金突破亿元。机械制造业和材料加工业增强自主研发能力,两户企业荣获省级高新技术产业称号。全年落地新能源、新材料等新兴产业项目10个。

农业 出台《牛业发展规划》,落实奶牛补贴等惠农政策。新发展标准化养殖场11个,牛饲养量达到15.8万头。应对春季冻灾、雪灾带来的不利因素,新发展水果1.2万亩、干果经济林2.29万亩、设施蔬菜6011亩;省市“一村一品”专业村达到124个;荣获国家级肉牛标准化生产示范县、全国绿化模范县称号,被水利部确定为全国小型水利工程管理体制改革50个示范县之一;千朝农谷在全省率先启动良种繁育体系建设并引进澳大利亚安格斯种牛500头。

旅游业 乔家大院景区完成“四堂一园”布展、游客服务中心建设和旅游沿线环境整治,景区面貌焕然一新,5A创建通过景区质量等级评定。启动古城保护开发,紫金山、麓台山开发。红海玻璃文化艺术园完成考古与玻璃艺术博物馆、艺术家创意园、游客服务中心、玻璃器皿会展中心主体建筑,被命名为山西省第二批文化产业示范基地和国家3A旅游景区。千朝农谷完成200亩连栋温室钢架主体、水上乐园框架主体、129栋温室大棚、55个样板房车等工程。昌源河国家湿地公园完成游客服务中心、旅游通道等工程建设。开通太原—祁县旅游直通车。

城乡建设 拉大城市框架,实施总投资4.1亿元的十大交通工程,完成祁方线、谷任线等道路改造和大西客专连接线、农业园区道路等建设工程,启动广大人民群众关注的龙城高速贾令互通连接线工程。实施总投资17亿元的10项市政重点工程,集中供热面积达到31.2万平方米;完成人民公园提升改造,一支退、三支退改造,生活垃圾处理厂建设等工程;省级园林县城创建通过初验,城市绿地率达到34.6%;启动高速出口、主要路口和重点景区的亮化、绿化、美化工作。开展“环境卫生整治百日大会战”活动,被省财政厅确定为美丽乡村建设试点县。推进旧城区和城中村改造,古城东侧城区综合改造完成308户、8.6万平方米房屋征收工作,总投资10亿元的城市综合体项目开工建设;推进城赵庄村棚户区改造工程,启动三合村、城南村、南谷丰村整村改造。完成会善村、乔家堡村“村改居”工程。启动为期五年的大气污染防治行动,打掉土炼油18个,拔掉小烟囱23个,彻底取缔铝矾土燃煤倒烟窑。城赵、贾令农村环境连片整治示范工程全部竣工。基本建成各类保障性住房3275套。

民生建设 设立农村居民大病救助基金200万元,首批32名农村特困大病患者得到救助;为全县60岁以上城乡居民每人每年提高基础养老金120元;省级药品安全示范县通过验收;完成农村危房改造477户;示范、贾令、里村3所标准化幼儿园投入使用。 (岳丽霞)

【权勇获“全国文化共享之星”荣誉称号】 1月3日,因自办文化大院、收集电影拷贝、为村民免费放映电影而闻名的农民权勇,作为山西省的唯一代表,参加全国文化信息资源共享工程10周年活动,荣获“全国文化共享之星”荣誉称号。 (岳丽霞)

【段家窑学校获全国“美丽乡村教育”大奖】 12月4日,由21世纪教育研究院、中国陶行知研究会等多家机构联合发起的发现美丽乡村教育公益评选活动落下帷幕。祁县峪口乡段家窑学校“村校一体化”模式从70多个案例中脱颖而出,荣获2013年全国10大美丽乡村教育大奖。 (岳丽霞)

【黄金冶炼项目落户】 5月28日,山西远力黄金冶炼公司正式开业,与山东省黄金行业联合上马黄金冶炼。项目投资3亿元,日处理金精矿200吨,年产值10亿元,利税5500万元。该项目采用国际先进的冶炼新技术、新设备。在环保技术上,投资160万元,建设尾渣破氰项目,领先国家黄金冶炼水平。 (岳丽霞)

【伊利液态奶基地落户】 4月13日,内蒙古伊利集团液态奶山西生产基地项目花落祁县,为晋中、祁县推进现代畜牧业发展、建设现代农业大市增添又一丰硕成果。项目计划总投资10亿元,采用国际最先进的全自动生产设备,日产1600吨液态奶产品,年产值30亿元,可提供税收1.2亿元,建成后将成为全省最大的液态奶生产线项目。 (岳丽霞)

·平遥县·

中共县委书记 卫明喜
县人大常委会主任 杨登文
县长 卫明喜*
曹治胜
县政协主席 张文渊

【简述】 平遥县北纬36°56′~37°21′,东经111°56′~112°33′,下辖5镇9乡,3个街道办事处,16个居民委员会,273个行政村。总人口511996人,城镇人口201981人,农业人口310015人;男性272443人,女性239553人。

全年全县地区生产总值完成94.6亿元,同比增长8.7%;公共财政预算收入61960万元，增长13.79%；规模以上工业增加值33.13亿元，增长13%；城镇居民人均可支配收入22136元，增长10.1%；农民人均纯收入8718元，增长12.7%。

农业 耕地面积约5.09万公顷。粮食总产量达27.9万吨，同比增加13.3%；单产479.3千克，实现十连增。投资1.2亿元，扶持产业发展和基础设施建设。新增流转土地2.9万亩。新建健康规模养殖小区（场）24个，完工21个，全县畜禽饲养量、肉蛋奶总产分别达1679万头（只）、14.9万吨；新建设施蔬菜园区4个，蔬菜总产达42万吨；新增干鲜果经济林2.2万亩，累计达29万亩；实施龙头企业及改扩建项目20余个，规模以上农业龙头企业实现销售收入28亿元；实施5大类水利工程，改造建设高标准农田近2万亩，争取耕地指标1930亩。

项目建设 43个重点工程项目展开建设，总投资228亿元，开工率100%，完成额100.44亿元，完成目标任务90.54亿元的110.96%。其中省级重点工程煤化集团新建利用改性材料造纸项目主体工程开始建设，总投资13.24亿元。新增投资37.41亿元，11个项目投产或试运行。其中煤化新型光学材料产业园一期项目进入量产阶段，石头造纸项目主体完工；峰岩铸造熔炉项目投入运行；中科鸿基生物产业园一期项目试运行。温家沟煤矿达到省级二级标准化矿井，木家庄煤矿、金众煤业通过竣工验收，全县煤炭产量达208万吨，增长10%。煤化、峰岩两大集团分别纳税20564万元、10054万元，37户规模以上工业企业完成纳税5.14亿元，占财政总收入的41.09%。一针、二针、纺配、纺纱、火柴和减速器厂改制基本完成，商业大厦完成拍卖。在四川成都举办“平遥古城经济发展及投资环境论坛”，首开省外宣传推介先河，全年签约项目16个，总投资239亿元。

金融 农村信用联社改制为农村商业银行，全县金融机构新增贷款13.1亿元；县财政注入风险补偿金500万元，为中小企业发放“助保贷”贷款5000万元。

旅游业 平遥县成功创建国家旅游标准示范县。国家5A景区创建任务通过景观质量评审。清理取缔非法营运三轮客运车898辆、黑景点7处。游客服务中心投入使用。举办平遥国际摄影大展、平遥中国年、第三届梨花旅游节，生态横坡、农家六河、影视洪堡等乡村旅游稳步发展，平遥古城生态旅游文化产业园项目正式启动。“又见平遥”演艺项目完成演艺主体区、艺术团综合业务用房等辅助设施建设及设备购置安装并正式上演，总投资4.7亿元，演出562场，参演人数24.8万人，门票收入3879万元。平遥古城荣获2014年全球百大优价旅游目的地、中国十大魅力小城等殊荣。全年接待游客550万人次，综合收入54.16亿元，分别增长31.89%、34.19%，增幅位居全省重点景区之首；推行“美丽山西休闲游”优惠政策，门票收入完成1.17亿元，下降29.05%。启动运行平遥古城保护管理委员会。

城乡建设 按照“中部神龟灵动、两翼凤凰展翅”的城市发展理念，实施总投资80亿元的城市扩容体制项目50余项。推进双林、文景大道建设；新建改造滨河路、永安路延伸、环城南路西段等6条道路。征收迎薰门两侧房屋近20万平方米。完成惠济河综合治理2.1千米。新增城市绿地10.9万平方米。城市垃圾无害化处理厂正常运行；热电联产集中供热工程全线贯通，污水处理厂中水回用工程同步实施；供热、供气、供水扩网入户统筹推进，城镇化率达39.45%，增幅全市第一。对城墙重点险段、3处县保单位实施抢险修缮，保护修缮传统院落38处，整治主要旅游通道两侧破损院落10处，古城内14条重点街巷、5700余户居民的电力管网和线路进行改造。187个行政村安装太阳能路灯2890盏；乡村造林绿化3.82万亩。基本建成保障性住房3263套；改造农村危房278户；建成商品房25万平方米。投资8000万元，新改建西达蒲至108国道、西王智至南官地、宁固至介休北盐场、五里庄至洪汪县和双林寺旅游专线5条道路，涉及里程40千米。

社会事业 投资1500万元，在洪善、段村、宁固、东泉新建乡镇敬老院4所。二中教学楼、实验中学教辅楼投入使用，二幼具备入住条件。启动建设实验二小、古陶二中、东关小学，10所农村中小学校和5个教学点新建项目基本完工，新改建标准化幼儿园11所，公开招录教师280名，为中小学校配备安保人员230名。

社会保障 发放五大社保资金3.81亿元。城乡居民月增基础养老金10元，企业退休人员人均月增养老金218元；农村五保分散和集中供养年保障标准分别提高600元、1200元，城乡低保月保障标准分别提高30元、24元；为8696名80周岁以上老人发放高龄补贴122万元。新增城镇就业5292人，就业困难群体再就业460人；转移农村劳动力6742人。新农合补偿53.47万人次，补偿金额1.18亿元；城镇职工和居民基本医疗保险最高支付限额分别提高到48万元、26万元，门诊慢性病种增加至17种；人民医院住院楼主体完工，改造乡镇卫生院3所、村卫生室20所。乡镇综合文化站、行政村文化活动室实现全覆盖；3D、7D数字院线影城启动运营，新开通有线数字电视行政村33个，新增城乡用户1.26万户；新建城市500米健身圈场地15个。实施饮水安全工程36处。

自然灾害 受早春极端低温冻害影响，全县7万亩挂果酥梨和4000亩早熟水果基本绝收，损失惨重。

（韩　娟）

【平遥国际摄影大展】 9月19~25日，举办以“走向生活的影像”为主题的2013年第十三届平遥国际摄影大展。32个国家和地区的1600多名摄影师参展，以8大版块、16个单元为脉络，举办国内外展览427个，展出图片1.2万多幅。观展人数达25万人，接待游客3.6万人，古城门票收入约320万元。期间，举办“新·生”——中国（平遥）首届微电影节、绣我晋中手工布艺精品展、第四届平遥漆文化艺术博览会、第八届平遥古城招商洽谈会、书画艺术作品联展、晋商神韵文艺演出等文化经贸活动。（韩　娟）

•灵石县•

中共县委书记　段燕翔
县人大常委会主任　何发荣
县　　长　刘　旋
县政协主席　张玉立

【简述】 灵石县北纬36°40′~37°01′，东经110°20′~112°02′。总面积1206平方千米，下辖6镇6乡3城区，291个行政村，533个自然村，31个居委会。总人口267030人。

全年全县地区生产总值完成193.4亿元，增长18.4%；规模以上工业增加值129.5亿元，增长24.1%；全社会固定资产投资133亿元，增长30.8%；社会消费品零售总额53.1亿元，增长14.5%；公共财政预算收入15.9亿元，增长14.9%；城镇居民人均可支配收入27667.3元，增长9.9%；农民人均纯收入11913.5元，增长13.3%。

农业　全县粮食作物收获面积1.5万公顷，总产5.86万吨，其中夏粮面积3340公顷，总产0.68万吨；秋粮面积1.15万公顷，总产5.18万吨。小杂粮种植面积2340公顷，总产0.63万吨。蔬菜种植面积1173公顷，总产量279万吨。水果总面积733公顷，总产量0.3万吨，总产值992万元。新植补植核桃林2920公顷，新发展葡萄园66.7公顷，新发展设施蔬菜69.3公顷，改造杏园33.3公顷，新发展中药材173.3公顷。肉蛋奶产量达到2.2万吨，"一村一品"专业村发展到268个。

旅游业　文化旅游项目培育和要素整合同步推进，全年共接待国内外游客438.45万人次，实现旅游综合收入36.63亿元，同比增长57.5%，门票收入3160.1万元。铺开王家大院创建5A级旅游景区和石膏山、红崖大峡谷创建4A级景区的前期准备工作。举办首届石膏山国际摄影大赛颁奖盛典。王家大院完成红门堡水冲厕所建设，石膏山地下停车场主体框架完成，红崖沟漂流项目工程完工，晋祠保护修缮工程完工。

项目建设　坚持抓项目、增投资、促转型，实施重点工程78项，完成投资170.6亿元，增长32.2%。新引进项目6个、总投资261亿元，投资对经济增长的贡献率达66%。加快工业新型化步伐，9座技改矿井竣工投产，中煤"18•30"等项目投产试产，存山北斗导航智慧应用云计算、聚义煤矸石制纤维等转型项目开工建设。

转型综改　成立全国首支城镇化建设私募基金，募集资金4.5亿元，为5个项目融资2.8亿元。开展"助保贷"业务，5户中小企业贷款2200万元。推进土地"三项改革"，两轮城乡建设用地增减挂钩解决项目用地52.2公顷，矿业存量土地整合利用复垦土地24.13公顷，为露采矿解决临时用地143.2公顷。

城乡建设　实施大县城战略，城建重点工程完成投资42亿元，启动与北京首创集团合作的城乡一体化建设项目。整村搬迁14个村、7000余人。全县城镇化率达48.2%。加大基础设施建设力度，石膏山水库下闸蓄水，完成5项电力线路改造，推进5条道路建设工程。

环境建设　万元国内生产总值综合能耗下降3.85%，二氧化硫等6项减排任务超额完成。新造生态林1733公顷，通道绿化104.5千米，改造城市公共绿地22块。县城区空气环境质量优良率达90%以上。成功创建国家卫生县城和国家园林县城。

民生建设　财政用于民生领域支出12.7亿元，占到总支出的52%，比上年增长17.3%。城镇新增就业5273人，转移农村劳动力5481人。城乡居民基础养老金每人每月提高10元，城乡居民最低生活保障标准每人每月分别提高30元和24元。开工建设保障性住房2785套，完成农村危房改造440户。发展教育、卫生、文化、体育等事业，乡镇中心幼儿园实现全覆盖，新建改建农村卫生所42所，县图书馆创建国家一级馆，建成12处社区健身场地。人口计生工作走在全省前列。加快户籍制度改革，办结"农转非"306人。深化审批制度改革，行政审批事项由76项精简为52项。完成县级公共资源交易中心组建，利用下放权限办理事项496项。加大食品药品安全监管力度。安全生产形势稳定，事故起数、死亡人数同比下降15.1%和13.8%，全年未发生较大以上安全事故。（景茂礼）

【新编历史晋剧《大禹治水》首演】 1月11日，由中共灵石县委宣传部主办、灵石县文广新局承办，灵石县晋剧团演出的大型新编历史晋剧《大禹治水》在灵石县文化艺术中心首演。本剧是根据"打开灵石口，空出晋阳湖"的历史传说创作的新编晋剧，由王世强、任晋文任编剧，郭林贵担任导演，杏花奖获得者靳宝雄、马云萍联袂主演。（景茂礼）

【晋中市森林消防专业队三大队成立】 4月上旬，晋中市森林消防专业队三大队在灵石县森林防火应急分队基础上组建，承担灵石县境内封山禁牧稽查、防火巡查、火情紧急处置、打击偷砍滥伐林木和违法占用林地等任务，同时承担晋中市境内较大森林火灾扑救任务。（景茂礼）

【静升古镇特种邮票首发式】 5月19日，2013年中国旅游日暨《中国古镇(一)》特种邮票在王家大院景区首发。邮票一套8枚，每枚面值均为1.20元，是具有收藏和鉴赏价值的国家名片。（景茂礼）

【亚太经济形势报告暨中国PECC工作会】 8月3日，2013年亚太经济形势报告暨中国太平洋经济合作理事会工作交流会在灵石县召开，外交部政策规划司司长蔡润、中国太平洋经济合作全国委员会(简称全委会)副研究员王震宇、全委会会长唐国强作报告，山西省商务厅厅长孙跃进、山西太平洋经济合作委员会主任王昕等进行发言，并现场进行互动交流。（景茂礼）

【《王家大院》排演】 12月27日，晋中市重点剧目《王家大院》正式启动排演。主创团队由执导过京剧《骆驼祥子》、晋剧《傅山进京》的著名戏剧导演石玉昆等国家级一流专家组成，演出单位为晋中市晋剧艺术研究院，主演为晋中市著名晋剧表演艺术家

王珍如。（景茂礼）

·介休市·

中共市委书记　秦太明*
　　　　　　　王继堂
市人大常委会主任　李怀珠
市　　　　长　王怀民
市政协主席　吴定元

【简述】 介休市北纬36°50′~37°11′，东经111°44′~112°10′，总面积744平方千米，下辖7镇3乡，5个街道办事处，231个行政村，35个社区。年末常住总人口413475人，男210910人，女202565人。

全年全市地区生产总值完成149.1亿元，增长5.4%；规模以上工业增加值完成86亿元，同比增长5.5%；固定资产投资完成100亿元，增长31.9%；社会消费品零售总额68.7亿元，同比增长13.9%；城镇居民可支配收入25297元，增长9.7%；农民人均纯收入9809元，同比增长12.7%；公共预算收入11.7亿元，下降4.6%。

项目建设　全年完成重大项目储备158个，金额2969亿元；签约项目10个，金额253亿元；落地项目74个，金额156.47亿元，开工项目52个，投资134亿元；投产项目66个，投资115亿元。全市62个省、市重点工程建设投资完成134.91亿元，其中7个省重点工程完成投资61.8亿元，22个重点项目建成投产。义安循环经济园区加快建设全省千万吨级焦化基地，完成焦化兼并主体重组；装备制造园区以中加大型锻件、煤化成套设备等项目落地为标志，园区建设取得突破；新材料园区水、电、路、气等基础设施基本到位；青云通用航空园以建设全国重要的航空产业地为目标，一期工程具备生产条件。2013年入园企业达19个，蔬菜园区达40个，养殖园区达40个。

转型综改　利用全省综改转型和扩权强县试点机遇，加快发展十大工业百亿元产业和现代服务业，推进“四个转变”。“小转大”，5座煤矿正常生产，5座完成竣工验收，实现煤炭产量546万吨；加快焦化兼并重组项目建设，单户产能全部提升到200万吨以上；完成5户洗煤企业技改，洗煤产业加快提升。“粗转精”，志尧、福源超高功率石墨电极项目投产，带动碳素产品结构升级；义棠煤业煤层气发电开工建设，大唐路鑫低热值煤发电项目拿到“路条”，促进资源就地转化；安泰H型钢实现产量77万吨，打开国际、国内两个市场。“重转轻”，发展新材料、装备制造、煤化工等新型产业，三佳有机硅、益达甲醇、博创纳米氧化锌等先进生产装备经济效应显现，安晟泡沫陶瓷保温材料应用得到省、市高度关注逐步在全省推广。“黑转绿”，一批有实力的传统企业投身现代服务业，绵山风景区跻身5A级旅游景区；历史文化名城复兴工程再现老城历史风貌；张壁古堡推进堡内文物景观修复和基础设施升级改造；天峻山景区完成保护开发规划；张兰古玩城一期竣工。

农业　围绕种植、养殖、林果、加工、观光五大产业，实施五大工程，形成一批特色明显，规模效益突出的专业村和专业镇。建成78个省、市“一村一品”专业村、专业镇，土地流转面积达9万亩，发展农民专业合作社360个，省级示范社16个；新发展核桃干果经济林7000亩，总面积达8.9万亩；玉米机收面积达15万亩；绿健60万只蛋鸡项目一期建成投产，全市畜禽饲养量达520万头（只），忠平年产5000吨核桃露、1200吨核桃仁扩建投产；实现粮食总产14万吨，农产品加工产值28亿元。推进以蔬菜、养殖、干果、加工等为特色的农业现代化园区，形成蔬菜园区40个，养殖小区40个。

第三产业　加快绵山、张壁古堡、历史文化街区、张兰古玩城、天峻山等景区建设，完善吃、住、行、旅行社等配套服务，打造五张文化旅游名片，绵山风景区成功创建国家5A级景区，加速全市文化旅游资源向文化旅游经济的转变。全年共接待游客446.5万人次，同比增长10.1%，旅游总收入44.63亿元，同比增长25.7%。引进太原同至人、上海华联等知名商贸企业，路鑫成品油库、益通专用线、汽车品牌4S店等一大批物流企业开工运营。三产占比逐步提升，占到生产总值的32%，比上年提高3个百分点。

城乡建设　按照“新旧两城，协调发展”的思路推进城市建设。铺开总投资110亿元的80项城镇化重点工程，完成投资31.3亿元，城镇化考核蝉联晋中第一。完成历史文化名城保护一期工程、博物馆建设；打造6.8平方千米北部新城，新增城市道路10千米，纬二路东延工程完工，新区道路开工通车；新增天然气用户2000户、集中供热面积60.8平方米；文化艺术中心、法院审判庭完成主体建设；审批人防面积8.2万平方米，人均达0.41平方米；实施十大创卫攻坚工程，通过国家爱卫办的暗访，启动数字城管、智能城管建设，城市管理日趋规范；加大中心镇、重点村建设，铺开“12路3桥43千米”农村、镇区道路交通建设，促进城乡一体化发展。

环境建设　以百里河道治理为核心，汾河介休段综合治理完成一期工程，展开樊王河、龙凤河、张涧河、侯堡河、兴地河治理工程。开工汾河五坝和兴地引水世行项目工程；实施邢汾高速通道绿化、矿区绿化、连福张兰万亩核桃林等十大造林工程，建成北坛游园、新城公园等城市公园，开工绵山公园。启动省级环保模范城市创建，对规模以上企业实施能效对标，落实节能技改项目合同能源管理，加快关闭城市规划区内污染企业，万元国内生产总值能耗下降3.6%，各项污染物减排目标任务全部超额完成，全年二级以上天数达354天，一级天数达134天。（赵俊萍）

【全省蔬菜生产暨晋中盆地设施农业现场会】 4月26~28日，全省蔬菜生产暨晋中盆地农业现场会在介休召开。会议总结全省蔬菜生产及“晋中盆地设施农业示范工程”实施以来的工作经验，促进全省设施蔬菜生产的发展。与会人员深入丰益现代农业示范园区、兴海农业科技发展有限公司、铁巩循环农业园区进行实地观摩。（赵俊萍）

【介休绵山慈孝文化周活动】 6月23~27日在介休绵山风景区举行。25日,“慈孝文化之都”建设合作签约暨“慈孝文化研究院”成立,市慈孝文化国学公开课开讲。25~26日,举行慈孝文化学术研讨会。介休非物质文化遗产介休干调秧歌、介休宝卷、介休三弦书都会举办展演活动。介休电视台慈孝文化频道开播。 (赵俊萍)

【绵山风景区荣膺国家5A级旅游风景区】 10月23日举行揭牌仪式。这是全省第4家,晋中第1家获此殊荣的景区。自1997年后,绵山陆续投资20亿元,形成总面积24平方千米14大游览区,360个景点的宏大格局。“吃、住、行、游、购、娱”六大要素齐全,形成“住在悬崖上,吃在岩沟边,行在云雾中”的旅游服务。 (赵俊萍)

运城市

中共市委书记	王茂设	
副书记	王清宪	
	董鹏翔	
市人大常委会主任	张建合	
副主任	刘冠生	
	史海涌	
	荆青莲	
	李景发	
	苏安乐	
	卫孺牛	
市长	王清宪	
副市长	王殿民	常建忠
	王健康	王俊飚
	陈竹琴	
市政协主席	柴林山	
副主席	杨泽生	王七庚
	薛靛民	潘和平
	谢爱玲	张冠
	闫义勇	孙涛锁

【概述】 运城市北纬34°35′~35°50′,东经110°15′~112°04′,总面积13968平方千米,下辖1区2市10县,133个乡镇。

全年全市地区生产总值完成1140.1亿元,增长9.2%;固定资产投资完成1008.9亿元,增长22%;社会消费品零售总额完成552.1亿元,增长14.3%;外贸进出口总额完成17.5亿美元,增长64%;财政总收入完成91.2亿元,增长13.9%;公共财政预算收入完成45.4亿元,增长9.3%;城镇居民人均可支配收入20718元,增长10.6%;农民人均纯收入7198元,增长12.8%。实现税收3.5亿元,增长57%。

工业 规模以上工业增加值完成406.3亿元,增长13.1%,增幅比全国、全省分别高3.4个和2.6个百分点,实现利税98.6亿元,增长48%;中小企业完成总产值1296.8亿元,增长13.7%。“5+15”工业园区累计完成工业总产值1100亿元,占全市工业总产值的67%。推进“五大战略重点”建设。

项目建设 全年招商引资到位资金691.2亿元,同比增长22.9%,超额完成省定目标任务的140%。全年全市10亿元以上续建和新开工项目达101项。义乌国际商贸城综合工业园建成,其中投资600亿的深圳家居产业园签约。全市新增外商投资企业7家,新增对外贸易经营企业30家,进出口国家或地区达到121个,合同利用外资7715万美元。开通运城信贷融资服务平台。

推进产业园区化集群化发展,167个项目进入工业园区,占到项目总数的68%,规划投资1131亿元,占工业重点项目总投资的78%。围绕煤电铝材、煤焦化和金属镁等产业链条延伸,推动传统产业改造升级。推进焦化行业整合重组。铝深加工产量40万吨,占到全省的87%。煤矿复工复产数达14座,煤炭产量达到855万吨。加快与省内外大企业大集团联合重组步伐,蒲州电厂、河津电厂、永济电厂与同煤集团实现联合重组,大唐运城电厂与陕煤集团成功合作,阳煤丰喜集团与山西海丰铝业达成产权置换协议。实施创新驱动战略,新增4家省级企业技术中心。深化产学研合作,被确定为山西省产学研合作示范基地。全年贷款余额净增125亿元,银保企洽谈会协议信贷总额696.3亿元,履约率达97%以上。推进山西农药厂、永济纺织厂破产清算,省财政支付的破产费用基本落实。运城大酒店、市建筑工程有限公司改制工作基本完成。

“三农”工作 粮食产量310万吨,水果总产量530万吨。水果出口7万吨,增长133%。肉类和禽蛋总产量分别增长5.5%、5.9%。加大农村土地流转力度,出台《关于积极引导农村土地流转促进农业现代化发展的若干意见》。市财政列支2740多万元对农村土地流转进行奖补,列支500万元作为土地流转市级风险储备基金。全市土地流转面积达到123万亩,位居全省第一,新绛、盐湖土地流转经验得到省委、省政府肯定。农产品加工销售收入达到205.4亿元,增长18.7%,已占到全省的1/5。加强农村基础设施建设,完成农村公路建设改造873千米。小浪底引水、禹门口灌区东扩、北赵引黄二期等重点水利项目开工建设。新建和改造末级渠道1621.3千米,新增水地面积25.6万亩。“一村一品”专业村累计达到949个,占行政村总数近30%。专业村主导产业人均收入达到4530元,占到农民人均纯收入的65%。新增农民合作社1920家,累计达到8755家。加大现代农业示范区建设力度,7个省级现代农业示范县累计建设各类示范园区235个,完成投资77.9亿元。

城乡建设 实施城镇化项目215项,完成投资103.9亿元。推进禹都公园、高铁站前广场、工农街跨解放路高架桥等54项重点工程,完成投资57.7亿元。新修道路74.2千米,打通11条城市主干道。实施城镇化项目161个,完成投资46.3亿元。“5+15”工业园区和开发区同步设计城市社区并展开建设。15个重点镇“五建设两整治”完成投资8.6亿元。乡镇商贸中心和农村物流配送中心规模化发展。330个新农村重点村“四化四改”和“五个一工程”完成。实施13个连片示范区建设,完成投资8.2亿元。生态智慧城加快建设。展开绿坡、治湖、兴业建设活动,推进盐湖周边环境整治、绿化造林和湖面扩大等工作。盐湖生态文化旅游景区、碧桂园商业街及高端居住社区等项目达成投资意向。推进“四城联创”,开展交通秩序、非法营运三轮车及环境卫生综合整治。新开工各类保障性住房21897套,基本建成15170套。运城海关、出入境检验检疫大楼主体完工。完成11430户农村危房改造任务;特困群众易地搬迁项目首次扩大到8个非扶贫重点县;1928个行政村街道亮化任务完成。

环境建设 造林40.4万亩,森林覆盖率提高1个百分点。发展以核桃为主的干果经济林20万亩。平陆县被评为全省林业生态县。创建国家生态乡镇1个、省级生态县1个、生态乡镇36个、生态村192个。实施以“一池、四库、三渠、一河、四滩”及各公园水系贯通为主的城市水系修复项目,推进涑水河、汾河环境综合整治。淘汰铁合金、造纸、印染、电力等行业落后产能企业6家。发展循环经济,工业固体废弃物综合利用率达到67.5%。全市万元国内生产总值综合能耗下降3.82%,化学需氧量、氨氮、二氧化硫、氮氧化物、烟尘和工业粉尘等6项主要污染物年度减排任务完成。

文化旅游 制订《运城市加快文化旅游产业发展若干意见》,重点实施盐池生态圈保护与修复、关圣文化建筑群建设、文化创意园区培育、青铜文化产业壮大、包装彩印文化园提升和历史文化古城保护6大工程。编制完成《关圣文化建筑群申遗工作实施方案》。举办关帝圣像巡游台湾和福建活动。25个项目通过第四批省级非遗名录审批,新增省级非物质文化遗产24项。国家级文物保护单位达到90家。开工建设文化项目15个,累计投资50.8亿元。参加深圳文博会和山西首届文博会签约项目16个,达成合作意向228亿元。赴北京、上海、杭州、南京、广州等地开展旅游宣传推介,开通重点城市旅游专列,运城机场进出港人数首次突破100万人次。全年旅游总收入212.6亿元,同比增长28.1%。《晋陕豫黄河金三角区域合作规划》上报国务院,上升为国家战略。与杭州市、伊春市、黑河市成为友好城市,拓宽全市与经济发达地区和边贸旅游城市的交流合作空间。

民生建设 民生支出186.3亿元,占到财政总支出的81.2%。开全市财政新增1000万元扶持教育事业发展,并动员社会各界参与,资助2240名生活困难大学生入学。加强教师队伍建设,首次评选50名优秀教师享受运城名师待遇,清理33名不称职的中小学教师。新(改、扩)建97所公办幼儿园,学前三年毛入园率达到88.8%。新型农村合作医疗参合率达到99.6%。城乡居民人均医疗保险财政补贴由240元提高到280元。城乡居民最低生活保障标准每人每月分别提高30元和24元,惠及27.2万人。建成农村老年人日间照料中心447个,服务1.5万余名农村老年人。转移农村劳动力13.1万人。城镇新增就业5.9万人,城镇登记失业率控制在1.54%。对采取区域锅炉、燃气锅炉等方式供热的小区或企业进行奖励性补贴。完成128万户134万吨“爱心煤”发放任务。开展“戏曲惠民、欢乐百姓”系列活动。改扩建69所村级幼儿园;在全省率先将13个县(市、区)公立医院全部列入省改革试点,全省医改工作现场会在运城市召开。实施公交改制,建立“国有主导、多方参与、公司经营、规模发展”的运营新机制。 (石少青)

·盐湖区·

中共区委书记 王志峰
区人大常委会主任 李　治
区　　　　长 王吉敏
区政协主席 严惠琴

【简述】 盐湖区北纬34°48′~35°22′,东经110°41′~111°12′,总面积1237平方千米,下辖7镇6乡,9个办事处,314个行政村,462个自然村。

全年全区地区生产总值完成181.3亿元,增长9.3%;规模以上工业增加值完成38.8亿元,增长14.6%;固定资产投资完成219.8亿元,增长22.1%;社会消费品零售总额完成179.4亿元,增长14.3%;财政总收入完成25.17亿元,增长11.9%;公共财政预算收入完成8.56亿元,增长10.7%;外贸进出口总额完成3.23亿美元,增长146.5%;城镇居民人均可支配收入完成21942元,增长11.6%;农民人均纯收入完成8375元,增长13.1%。

农业 粮食产量27.6万吨。引导工商企业投资农业、支持农业、反哺农业。迎太塑料、颐源乳业、海升果汁等20余家工商企业开展“公司+农户”的模式,促进农民致富增收。全区新增“一村一品”专业村26个,总数达到93个,新发展农业专业合作社127家,加快农业产业化进程。完成120千米“三纵三横”农业示范园道路建设任务,完善园区的休闲、观光、科普等外延功能。实施“六路一河双万亩”绿化工程,总投资5000万元,植树500万株,造林3万亩,森林覆盖率提高1.5个百分点。在旱塬地带新发展双季槐1万亩,全区双季槐种植面积达到5万亩,农民增收2.5亿元。投资2300万元,完成水利引黄渠系163千米,新增、恢复灌溉面积5.2万亩,改善灌溉面积4.5万亩,解决7个村1.2万人的饮水安全问题。成立农村产权交易服务中心,搭建农村土地流转平台,全区流转土地面积达到12.3万亩,土地流转工作得到省、市领导肯定,在全省土地收益保证贷款试点工作会上做经验介绍。

工业 坚持园区化发展、集群化招商,通过重组改造、产研联姻、融资扶强等路径,提升传统工业,开拓新型产业,孵化中小企业。一是提升传统工业。九龙轧钢回转炉项目试验成功,资源利用率提高;天海移动泵站项目建成投产,优化产品结构;加快企业转型步伐,推进凯盛肥业工厂化生产食用菌项目建设。二是开拓新型产业。在盐湖工业园和城西机电化工产业聚集区确定生物医药、新型材料、高效节能电机、家居产业和盐化工5个主攻产业,聚合30余家上下游关联企业,发挥集群效应。三是孵化中小企业。吸纳人才,鼓励创业,优化服务,金融支持,孵化小微企业104家,新登记个体工商户1836户,新增民营企业369家,培育省级“小巨人”企业1家、市级“小巨人”企业2家,新增规模以上企业13家,总量达到72家,累计完成工业总产值200亿元,增长17%,推动工业经济走上良性发展的轨道。清尚文化创意策划产业成为转型跨越的新引擎。

金融贷款 区财政拿出年度公共财政收入的10%,依托转型发展专项引导基金,与亿鹏投资合作设立城镇化投资基金,与典石投资合作设立运城农业风险投资基金,与中国水务集团合作设立基础设施建设投资基金,破解融资难题。成立运城市企业信用促进会,融资1亿元,撬动10亿元贷款,支持成长型企业发展。区农村信用社改制为运城农村商业银行,资产总额净增加35亿元,税收突破6000万元。组建12家小额贷款公司,累计发放贷款25.6亿元。

文化旅游 推进文化产品开发,义博云长、鑫瑞华青铜制品等特色产品打开全国市场。在首届全省文化产业博览交易会上,盐湖区作为全省唯一独立布展200平方米的县级单位参展,受到省、市领导高度赞扬。完善舜帝德孝公园、凤凰谷、九龙山等旅游景点服务功能,全年接待游客1139万人次,旅游收入83.12亿元,增长25.8%。

城乡建设 新修学院西路、开元大道等15条道路,总长34.1千米。加大城中村、城郊村改造力度,曹允村、陶上村30栋住宅楼全部封顶。加快东郭、北相、三路里等小城镇建设步伐,新修县乡道路19条,总长82.95千米。开展农村环境连片整治和危房改造工作,为187个村安装3700盏太阳能路灯,新完成800户危房改造任务。以创建"国家卫生城市"为契机,开展城乡环境卫生综合整治,累计投入劳力15万人次,出动车辆35万台次,清理各类垃圾32万方,粉刷墙面51万平方米,拆除乱搭乱建3000余处。

民生建设 全年民生支出18.26亿元,占公共财政支出的85.7%,增长9.5%。投资1600万元,改造扩建18所中小学和16所农村幼儿园。高考二本以上达线人数2099人。深化医疗卫生体制改革,投资517万元,改善基层卫生院所医疗条件。为全区18977名70岁以上老人和2299对符合生育条件的育龄夫妇进行免费体检。加强就业和社会保障,全年新增城镇就业1.07万人,转移农村劳动力1.92万人,城镇登记失业率控制在0.5%以内。扩大社会保险覆盖面,城镇医疗保险参合率达95%以上,新农合参合率达99%以上。按照每人每年800元的补助标准,为900多位老人发放高龄补贴。开展农村养老工作,老年人日间照料中心由2012年的20家发展到155家,4150名老人的晚年生活得到照料。连续3年累计增加财政投入1.2亿元,提高全区广大干部职工待遇,实现同城同酬。增加投入2500万元,提高干部职工的取暖标准。完成低收入农户"户均一吨煤"发放任务。坚持"政府买单、农民看戏",为农村送戏150场。盐湖蒲剧团《祝你幸福》获全国第23届"白玉兰奖"。舞蹈剧《我们的城里老师》、河东说唱道情《借亲妈》双双夺得第10届中国艺术节"群星奖"。举办第四届德孝文化节,《当代中国二十四孝》等剪纸作品在《人民日报》《经济日报》等国家级媒体连载,盐湖区的知名度和影响力提高。

政府建设 全年办理人大代表建议65件,政协委员提案116件,满意率均达到100%。推进行政监察和行政效能建设,优化政务环境。推进社区网格化管理,实现管理力量下沉,丰富社区服务内容。推行"11211"民主理财管理机制,加强农村财务管理。 (何桂兰)

·临猗县·

中共县委书记	赵惠民
县人大常委会主任	路香芳
县长	李建刚
县政协主席	孙正来

【简述】 临猗县北纬34°58′~35°18′,东经110°17′~110°54′,总面积1339.32平方千米,下辖8镇5乡,3个工贸区。人口自然增长率为3.42‰。

全年全县地区生产总值完成118亿元,增长9.4%;规模以上工业增加值23.8亿元,增长15.7%;固定资产投资77.5亿元,增长28.5%;财政总收入4.08亿元,增长7.13%;公共财政预算收入2亿元,增长7.86%;社会消费品零售总额48亿元,增长14.4%;外贸进出口总额1.64亿美元,增长49.3%;城镇居民人均可支配收入20355元,增长11.3%;农民人均纯收入8844元,增长13.6%。各项贷款余额65.4亿元,增长22%。

"三农"工作 投资1.5亿元,新建防渗渠道435千米,增加和改善水地16万亩,治理水土流失2.5万亩;投资1200万元,建成嵋阳镇万亩高标准农田示范区;投资5120万元,整理农田土地1.6万亩。争取国补资金2421万元,补贴农机具7246台(套),惠及农户6016户。"临猗苹果"地理标识通过农业部认定注册;枣业新增设施大棚1.3万亩。建成24个高标准养殖示范园区和10个标准化养殖小区,发展规模健康养殖700户,全县畜禽存栏新增42万头(只),达到198万头(只),出栏新增148万头(只),达到368万头(只)。蔬菜面积发展到4.9万亩,形成5000亩设施蔬菜、万亩露地蔬菜、2万亩优质莲菜、千万斤小平菇等四大蔬菜基地。疫情疫病防控监测体系日趋完善,病虫害监测类别达到18种。全年粮食播种面积91.6万亩,总产31.5万吨,增长2%;苹果总产176.5万吨,增长1%,销售收入42.36亿元,增长21%,在黑河举办苹果推介会,签单26万吨,实现收入22.6亿元。鲜枣总产19.9万吨,销售收入8.29亿元。扶持60个"一村一品"工程投资1090万元。新增专业合作社199个、土地流转3700亩、农村劳动力转移5271人。

项目建设 全年实施重点项目72个,完成投资81.16亿元;新上项目24个,完成投资32亿元。东睦华晟400万套输油泵内外转子等7个项目建成投产;推进500千伏超高压大型变压器一期等9个项目建设。投资4.5亿元,加强园区基础设施建设。临猗县工业园实施2千米创业街东扩、600立方米污水收集池、2.8千米防护林带和220千伏变电站等工程,入驻企业52家,总产值突破100亿元,占全县工业总产值的80%,被确定为山西省新型工业化产业示范基地;楚侯高科技工业园多条道路完成建设,两纵两横的园区框架基本形成,110千伏变电站投入运营,签约项目17个,落地12个,开工2个,投产1个。开展招商活动15次,签约项目23个,全年落地开工项目35个,实际到位资金50.2亿元,超出目标任务31%。临猗运输配套装备特色产业基地通过国家火炬计划验收。

解决制约企业发展的突出问题。累计争取土地指标2291亩,帮助企业融资10.6亿元,其中小微企业4550万元,争取民族贸易贴息贷款1148万元。新增规模以上企业5家、亿元以上企业2家,培育“小巨人”企业2家,全县工业总产值达到113亿元,增长22.7%。

第三产业 增加值完成39亿元,占生产总值的32.9%。商贸流通加快崛起。建设万佳美特好超市、嶷山商贸城,三管、东张投资千万元的现代家具城建成营业,全县限额以上商贸流通企业新增2家,达到24家,外贸企业达到20家。

文化旅游 县文化活动中心、6个省级标准乡镇健身广场建成并投入使用,送戏下乡96场,送影下乡4500场,8集眉户电视剧《峨嵋岭》拍摄完成,大型现代戏《守望》参加第十四届山西省“杏花奖”评比调演,眉户剧团被中宣部、文化部命名为“全国第五届服务农民、服务基层先进集体”,苏绣作品《将星升起的地方》和《义炳乾坤》参展山西省首届文博会并获奖,韩振远的短篇小说《炭河》获山西省“赵树理文学奖”。傅作义故居修复及景点开发一期工程和临晋县衙本体维修工程完工。全年旅游组团56.5万人次,增长18%,旅游总收入4.1亿元,增长20%。推进县信用联社向农商银行改制工作。

城乡建设 南城新区实现投资16亿元,占地1800亩的涑水公园基本完工,总长15千米的7条街道建成通车;完成县城15条街道24千米的街景整治工作;完成南环路等5条街道改造拓宽。推进投资1000万元的县城西口综合整治一期工程建设。投资2000余万元的40余千米乡镇街道改造和投资320万元的乡镇街景整治工程完工。县乡道路改造工程、舜帝大道部分建设任务完成。开展县城住宅建设工程13项,总投资33.84亿元,新增商品房预售49.86万平方米。楚侯、孙吉、临晋、角杯等乡镇投资2.2亿元,新建商住面积14万平方米。投资7552万元建成经济适用房774套7万平方米,投资666万元实施棚户区改造100套1.2万平方米,投资98.8万元对562户廉租房住户进行补贴。城乡供水一体化一期工程竣工投运,县城及9个乡镇31万人喝上达标水。完成投资140万元的100户农村困难家庭危房改造、投资245万元的98户特困群众易地搬迁、投资2200万元的210个行政村街巷亮化、投资5850万元的乡村清洁工程、投资1648万元的18个村农村环境连片整治、投资1500万元的345个村天眼工程等任务。

民生建设 民生支出13亿元,占财政总支出的73.14%,增长12%。干部职工津补贴人均月增资800元,取暖费比上年增加两倍多,新增财政支出1.6亿元。教育支出4.3亿元,增长12.6%。31所幼儿园的新建、扩建、改建工程完工,完成投资2758万元;实验小学一期工程、第一职业中学迁建工程主体完工;推进投资2527万元的薄弱学校改造工程建设。全县学前三年毛入园率达98.2%,高中阶段毛入学率达97.5%,职业教育当年毕业生就业率达98.5%。发放参军优抚对象抚恤补助金1700余万元,。城乡低保、养老保险、医疗保险等社会保障资金支出2.7亿元。投入1200万元,组织创业和再就业培训,人数达到9239人;全年新增就业9135人。新增医疗卫生支出2000万元,完成公立医院卫生体制改革,全县人均基本公共卫生服务经费实现翻番,服务内容扩展到10类,北景和庙上中心卫生院改扩建完工并投入使用。投入人口计生服务费3000万元。

环境建设 集中供热一期工程完工。县城绿化63万平方米,投资7000万元。投资1000万元的高速西口和北口亮化绿化等工程完成投资1.2亿元,栽植苗木3000万株,新增城乡绿地132万平方米;拆除取暖燃煤锅炉32台,新增消烟脱硫装置30台,煤改天然气锅炉6台,县城空气2级以上天数347天,超任务67天;6家企业排污设施提标扩容;投资2000万元的21.5千米污水管网工程和投资500万元的20千米涑水河河道治理工程全部完工。(程明清)

·万荣县·

中共县委书记	李尧林
县人大常委会主任	王崇智
县长	廉广锋*
县政协主席	孙典孝

【简述】 万荣县北纬35°13′~35°31′,东经110°25′~110°59′,总面积1080.5平方千米,下辖4镇10乡,281个行政村。总人口44.67万人。

全年全县地区生产总值完成55.87亿元。财政总收入27369万元。固定资产投资总值完成54.29亿元。社会消费品零售总额23.75亿元。外贸进出口总额完成3096万美元。;城镇居民人均可支配收入18042元。农民人均纯收入6369元。城镇居民家庭恩格尔系数为32.7%,农村居民家庭恩格尔系数29.4%。全县金融机构存款余额71.43亿元,各项贷款余额36.65亿元。

农业 新发展有机农业基地25个,涵盖苹果、樱桃、核桃等12个品种。认证有机小麦900亩,有机苹果200亩,有机大闸蟹2000亩,有机鲤鱼2000亩。发展果业生产,苹果总产量67万吨,总产值17.49亿元。完成果树大间伐6.48万亩,树形大改造8万亩,改良品种3100亩,高标准建设北薛、五福两个精品苹果示范园;“八仙过海”“金陵十二钗”等文化果品走向高端市场。完成中低产田改造6900亩,坡耕地综合治理5000亩,机械化保护性耕作4.5万亩;西范、北赵引黄、夹马口北扩三大灌区新修渠道167千米,全县农田灌溉面积达到48万亩。

工业 规模以上工业总产值完成415468万元,增长17.15%,增加值10.92亿元;用电量为7306.68万千瓦小时,下降83.77%。实现主营业务收入255976万元,下降5.14%;实现利税 22740 万元,下降 34.38%;实现利润 10798.7 万元,下降 47.11%。增加值完成 109254 万元,增长 14%;销售产值完成 307948 万元,增长 0.43%。其中非金属矿物制品业增加值完成 36237 万元,增长 18.72%;软饮料制造业增加值完成 19595 万元,增长 5.12%;炼焦加工业增加值完成 9537 万元,增长 43.4%;农副食品加工业增加值完成 602 万元,下降 39.55%;化学原料及化学制品制造业增加值完成 700 万元,下降 98.25%。建筑业总产值完成 62319 万元,上缴税金 1863 万元。

文化旅游 李家大院制定周边开发方案,开展招商引资;东岳庙总体修缮完成午门、献殿、正殿等工程;万泉文庙大成殿完成修缮;完善服务设施,新修后土祠景区旅游路;西滩景区新增滑翔机、卡丁车等项目。六大景区全年接待游客 155 万人次,门票收入 1498 万元。提升"中华笑城·欢乐万荣"知名度,电视剧《快乐的万家村》在山西卫视播出,完成《李家大院》电视剧拍摄,万荣花鼓和笑话产品参加山西省文博会,中国农林卫视、运城市电视台开辟万荣笑话专栏节目,万荣笑话剧在北京举办专场晚会。李家大院、薛瑄家庙及墓地、八龙寺塔、槛泉寺塔、南阳寿圣寺塔、稷王山塔 6 处文物被国家文物局公布为全国重点文物保护单位。丁樊锣鼓,王通、王绩、王勃传说,婴幼儿传统民俗服饰制作技艺和冯氏皮肤烧伤疗法 4 个项目入选山西省第四批非物质文化遗产项目名录。

城乡建设 投资 2.4 亿元,新建道路 25.3 千米,建成西环路、北环路二期等城市框架道路,对人民北路进行翻修改造。实施城北公园、城市生态公园、现代生态农业示范园、南坡生态林等项目,绿化县城新建街路。建成 110 千伏城南变电站。县医院门诊大楼、综合住院楼、实验中学和体育场投入使用。推进中医院门诊大楼、美特好连锁超市等项目建设。发展小城镇,推进荣河西环路、汉薛西大街、贾村大街、王显银河大道等工程建设,建成里望商贸物流城、通化商贸中心、贾村综合超市、万泉商业街等项目。

民生建设 提高 4124 名企业退休人员养老金发放标准;成立 17 个农村老年人日间照料中心;开工建设各类保障性住房 1005 套,竣工 818 套;完成农村危房改造 200 户,建成移民新房 336 户。公开招录中小学和特岗教师 258 名,招录新闻工作人员 9 名,城镇新增就业 9162 人。高考达二本线以上 788 人,两大类达线 658 人。改善村级医疗条件,建成 117 家新建村卫生室。启动天眼工程,为 14 个乡镇和行政村安装 1758 个摄像头。开展科技工作,受理专利 56 件,超额完成年度目标任务 16 件。

(薛勇勤　张东宏)

·闻喜县·

中共县委书记	张汪尤
县人大常委会主任	张英生
县长	张建元
县政协主席	王延平

【简述】 闻喜县北纬 35°09′~35°34′,东经 110°39′~111°37′,总面积 1167.1 平方千米,下辖 7 镇 6 乡。

全年全县地区生产总值完成 100.95 亿元,同比增长 9.5%,第一产业完成 9.672 亿元,同比增长 5.7%;第二产业完成 53.23 亿元,同比增长 11.5%;第三产业完成 38 亿元,同比增长 7.4%。财政总收入完成 6.03 亿元,同比增长 17.2%。固定资产投资完成 90.37 亿元,同比增长 23.4%。社会消费品零售总额完成 32.16 亿元,同比增长 14.2%。外贸进出口总额 66295 万元,同比增长 34.8%。城镇居民人均可支配收入完成 20431 元,同比增长 11.1%。农民人均纯收入完成 6723 元,同比增长 13.3%。

项目建设 实施产业类重点项目 25 个,总投资 178.2 亿元。瑞格再生铝、宏业池炉、象丰农牧等 12 个项目建成投产,启动闻喜工业园、大唐风电、银光轮毂、森特技改、鑫宇豪塑料容器、金阳光蓄电池等 13 个跨年度项目。实施基础设施重点项目 17 个,总投资 23.7 亿元。东镇外环线、城乡电网改造等 6 个项目建成投用;实施涑水河公园、小浪底引黄、石门引水、桐乡 500 千伏变电站等项目;实施民生重点项目 8 个,总投资 5.5 亿元;完工天眼工程、中小学信息化建设等 4 个项目;实施保障性住房、县城安全供水等项目。推进节能减排、造林绿化、环境整治等重点生态项目 10 个,总投资 8.5 亿元。

工业 工业总产值完成 2290558 万元,增加值 496019 万元,规模以上企业完成总产值 2126389 万元,实现增加值 567353 万元、利税 176259 万元、利润 94790 万元。全年生产服装 343.59 万件、焦炭 456598 吨、水泥 2904482 吨、日用玻璃 117166.78 吨、钢材 3097331 吨、金属镁 97120 吨。

围绕新能源、新材料、生物医药、绿色食品等新兴产业,实施项目 51 个,完成投资 56 亿元。建立华隆、华窑瓷业产学研基地,银光集团与清华大学合作研制出海水激活电池板等产品。金属镁、玻璃、服装等领域申报专利 80 件,卫嫂、雷师傅 2 件商标荣获山西省著名商标,海鑫牌钢筋、天王台水泥等 4 种产品被评为山西省名牌产品,华隆瓷业跨入全国陶瓷酒瓶制造十强。

农业 全县小麦播种面积 4.22 万公顷,秋粮播种面积2.74 万公顷,烤烟播种面积 52 公顷,油料播种面积 925 公顷。全年粮食总产量 270724.7 吨、油料总产量 1318.6 吨、烤烟总产量 203 吨、水果总产量 276623 吨。主要牲畜存栏数猪 101626 头、牛 2469 头、羊 104614 只、家禽 269.3 万只。

发展设施农业,建成 7 个农业示范园区;普及机械化作业,农业生产机械化率达到 75%;推广农业实用技术,农作物良种覆盖率达到 100%;实施抗旱保麦、以秋补夏,形成以北垣为主的优质小麦基地、以南垣为主的蔬菜基地、以涑水河谷为主的苗木基地、以阳隅和畖底为主的干果经济林基地、以薛店和礼元为主的中药材基地、以展鑫和保鑫等标准化养殖场为主的畜牧生产基地。年末土地流转增加到 12 万亩、"一村一品"专业村增加到 84 个、农民专业合作社增加到 638 家、农产品加工企业发展到134家。

城乡建设 实施县城至东镇一级路绿化、城市靓化、西湖休闲广场改造、龙海南苑保障性住房等基础设施重点工程9项，总投资15.2亿元，完成投资7.2亿元。完成295个行政村街道亮化、重点镇建设规划、1200户农村危房改造等项目，启动总投资1.47亿元的闻合高速连接线工程，完成侯郭线、东镇外环线路面改造等道路工程，全县形成二级路循环圈。实施白土河防洪应急、坑东水保治理等工程，完成灌溉24.5万亩，治理水土流失2.4万亩，解决农村饮水安全1.4万人。

环境建设 完成冀东水泥、晋丰煤化等5个重点减排工程和城区71家燃煤锅炉改造，关停“土小”污染企业6家。完成节能技改和资源综合利用项目8个，淘汰改造高耗能电机550台，全县工业固废利用率达到80%以上。完成营造林4.8万亩、道路绿化124千米、高速路沿线磨盘岭绿化8座、园林村建设40个，年末全县林木绿化率达24.7%，森林覆盖率为19.5%。城乡空气污染综合指数2.13，县城二级以上天数326天，其中一级天数42天。

文化旅游 免费开放全县13个乡镇文化站、343个农家书屋和县博物馆、图书馆，安装“村村通”直播卫星接收设备753套，惠及129个村3200名山区群众。开展“身边好人”评选、“三关爱”志愿服务、道德大讲堂等群众性创建活动，文明和谐县城创建通过省级测评验收。《闻喜马拉鼓车—闹红火》获第10届中国艺术节“群星奖”；闻喜花馍走俏市场，闻喜县获“山西花馍之乡”称号；剪纸、刺绣、布艺等特色传统文化精品多次参加大型会展并获殊多荣誉；根祖文化游、历史文化和自然风光游、红色革命游、工农业观光游四大旅游精品初具雏形，旅游总收入高速增长。

交通 公路通车里程1305千米。民用汽车拥有量39805辆。旅客运输量108.4万人次，货物运输量105.4万吨。

教育 完成县幼儿园、东镇南街等5所幼儿园和中小学信息化工程建设；高考两大类达线511人，中考合格率78%。

社会保障 参加城镇基本养老保险52712人，农村养老保险225092人，参保率达到96%，45385名适龄人员每人每月领到65元的基础养老金。参加失业保险职工人数27390人，工伤保险54318人，生育保险37783人，参加城镇基本医疗保险人数66862人。农村新型合作医疗参合率99.85%，补偿参合农民91万人次，发放补偿金1.1亿元。 （樊香叶 孟令燕）

【世界上最大的双喜门】 2月21日，东镇上镇村的双喜门被世界纪录协会认证为世界上最大的双喜门。该双喜门高10.66米，宽27.45米，深7.08米。双喜门下制作有十二属相喜字。 （樊香叶 孟令燕）

【电影《喜满堂》】 2月23日在县人民广场首映，由著名导演张路明执导，李万年等明星加盟，编剧为国家一级编剧申达局。 （樊香叶 孟令燕）

【康培苗圃科技示范基地】 康培公司在闻喜县建立集苗木繁育、销售交易、休闲观光一体的现代化苗木花卉快繁基地和交易基地。苗木基地分为两种模式，第一种是“反租全包”模式，每亩每年土地租赁费1000元左右，为农户直接所得；同时公司雇农户打工，每月500元，一年6000元。另一种为“公司+农户”模式经营，农户每亩地的利润可达到4000元左右。通过土地流转规模经营，土地产出效益同比增长15—20倍。 （樊香叶 孟令燕）

【闻喜马拉鼓车—闹红火】 “闻喜马拉鼓车—闹红火”正式搬上舞台表演。表演流行于闻喜北垣一带，主要反映农民群众赶着马车进城参加社火表演、喜庆丰收的欢乐热闹场面，表达人民群众热爱生活、积极向上的精神风貌。共分为3个乐章，第一乐章《田园》；第二乐章《赛鼓》；第三乐章《凯旋》。该表演不仅仅是场地移位的变化，更是传统鼓乐的一次升华，既富有民族传统文化底蕴，又赋予现代音乐意识。 （樊香叶 孟令燕）

·稷山县·

中共县委书记	乔登州
县人大常委会主任	郭崇学
县长	李亚丽
县政协主席	禹桂香*
	高吉华

【简述】 稷山县北纬35°22′~35°48′，东经110°48′~111°05′，总面积686平方千米，下辖5镇2乡，1个社区办事处。总人口35.38万人，其中城镇人口12.23万人，乡村人口23.15万人；男性18.10万人，女性17.28万人，男女人口性别比104:100。人口出生率12.42‰，人口死亡率6.30‰，人口自然增长率6.11‰。

全年全县地区生产总值完成66.94亿元，增长8.3%。第一产业实现增加值11.56亿元，增长4.46%；第二产业实现增加值28.96亿元，增长10.1%；第三产业实现增加值26.43亿元，增长7.4%。人均地区生产总值1.9万元，按当年平均汇率折算为3521美元。城镇居民人均可支配收入1.89万元，农村居民人均纯收入7581元。居民消费价格指数比上年上涨2.6%。食品价格上涨5.7%，商品零售价格指数上涨3.1%，农业生产资料价格总指数上涨5.4%。

农业 全县粮食种植面积78.82万亩，比上年增加4.32万亩。小麦种植面积40.23万亩；秋粮种植面积38.59万亩。红枣种植面积15.3万亩；葡萄种植面积为1.26万亩；桃种植面积1.50万亩；核桃种植面积5.65万亩。粮食总产量23.60万吨，其中小麦产量10.84万吨，减产1.66万吨；秋粮产量12.76万吨，增产2.84万吨。粮食产量实现十连增。农林牧渔及其相关服务业总产值完成20.97亿元，增长10.0%，其中农业11.38亿元，林业2896万元，牧业8.20亿元，渔业56万元，相关服务业1.1亿元。农业增加值完成11.56亿元。全年农田灌溉面积完成4万亩，水土流失治理面积完成2万亩。有效灌溉面积累计40万亩，新增有效灌溉面积1.41万亩，新增节水灌溉面积0.69万亩。修建支斗渠82千米。农业机械总动力52.85万千瓦。机械耕地面积3.48万公顷;机械播种面积3.03万公顷;机械收获面积3.38万公顷。

工业建筑业 规模以上工业企业有24家,总产值完成77.14亿元,增加值完成18.86亿元。重工业实现增加值16.12亿元;轻工业实现增加值2.75亿元。农副食品加工业增加值1.13亿元;医药制造业增加值979万元;其他制造业增加值915万元。六大高耗能行业中,非金属矿物制品业增加值2.07亿元;石油加工、炼焦和核燃料加工业增加值5.61亿元;黑色金属冶炼和压延加工业增加值7.96亿元;有色金属冶炼和压延加工业增加值3634万元;电力、热力生产和供应业增加值46万元。规模以上工业企业实现利税2.81亿元。实现利润9446.4万元;缴纳税金1.86亿元。建筑业总产值2.44亿元。

投资贸易 全县完成固定资产投资53.19亿元。城镇项目固定资产投资49.73亿元;农村非农户固定资产投资5562万元。按产业划分:第一产业投资4.96亿元;第二产业投资32.79亿元;第三产业投资15.44亿元。全年固定资产投资施工项目92个,其中亿元以上项目11个,新开工项目79个,本年竣工项目80个。房地产投资完成2.91亿元。住宅投资2.40亿元,商业营业用房投资4081万元。社会消费品零售总额完成21.60亿元,增长14.5%。外贸进出口总额完成1.48亿美元,其中进口额3210万美元;出口额1.16亿美元。

交通邮电 公路总里程1990.64千米。民用车辆47969辆。营运性公路运输客运量完成204.5万人,旅客周转量9050万人每千米;公路货运量193万吨,货物周转量29510万吨每千米。邮电业务总量1448.8万元,业务收入1802.2万元。固定电话用户30586户,移动用户21.4万部,宽带用户41561户。

财政金融 财政总收入4.06亿元,其中国税2.26亿元;地税1.27亿元;财政5317万元。一般预算收入1.67亿元。一般预算支出12.81亿元,用于民生相关投入达到9.09亿元,其中教育支出2.96亿元;科技支出917万元;农林水事务支出1.82亿元;医疗卫生支出1.61亿元;社会保障和就业支出1.87亿元。

金融机构各项存款余额61.24亿元;各项贷款余额24.19亿元。城乡居民储蓄存款余额48.35亿元。

社会保障 参加城镇基本养老保险25273人,基金征缴收入1.31亿元。参加城镇职工基本养老保险22618人,基金征缴收入1.30亿元。参加职工基本养老保险9796人,基金征缴收入5186.8万元。参加城镇居民养老保险2365人,基金征缴收入25.7万元。参加新型农村社会养老保险160663人,保费收入1591.47万元。参加城镇基本医疗保险32278人,基金征缴收入2598万元。参加失业保险15038人,基金征缴收入182.6万元。参加工伤保险49316人,基金征缴收入571.6万元。参加生育保险18584人,基金征缴收入84.6万元。

审定城市低保对象6182人,发放城市低保金2037万元。审定农村低保对象10811人,发放农村低保金1900万元。发放各类重点优抚对象抚恤补助款897万元。发放五保供养经费212万元。救助3012人次,发放医疗救助432万元。

教育科技 普通高中招生2497人,在校生7171人,毕业生3066人。初中招生3957人,在校生11948人,毕业生5163人。普通小学招生3037人,在校生21636人,毕业生4494人。幼儿园招生4379人,在园幼儿13133人,毕业幼儿4011人。全县中等职业学校在校学生实现免费全覆盖,惠及学生1597人。学前三年教育毛入园率达97.16%,初中三年毛入学率达100%,高中阶段毛入学率达97.00%。高考全县文理两大类二本B类达线796人。

专利申请量32件。申报成功科技计划项目15项,其中省级1项,市级3项,县级11项。

文化卫生 光缆数字电视用户达到12097户。医疗卫生机构有276个。医院7个,乡镇卫生院7个,分院4个,诊所(医务室)58个,村卫生室200个。全县卫生技术人员1365人。执业医师和执业助理医师696人,注册护士672人。医疗卫生机构床位2136张。公立医院933张,乡镇卫生院390张,民营医院813张。参加新型农村合作医疗的农民302744人,参合率达99%以上。新农合全年受益545196人次。乡村门诊受益477826人次,住院受益34467人次。累计拨付补偿款9754.91万元。

环境建设 完成造林面积887公顷,其中人工造林687公顷。年末实有封山育林面积1327公顷,农业综合开发双季槐基地、三地防护林、天保造林工程、退耕还林等生态林业项目完成面积734公顷。全县林木覆盖率达20.3%。全县公园绿化总面积达到51.2公顷,人均公园绿地面积达到6.1平方米,新增绿化面积27.8万平方米,县城绿化覆盖率达36.2%。城市生活污水处理465万吨,城市污水处理率达89.7%。实现县城环境空气PM2.5自动监测,二级以上良好天数达342天。全年减排二氧化硫(SO_2)364.92吨、化学需氧量(COD)2588.46吨、氨氮(NH_3-N)97.51吨、氮氧化物(NO_x)129.11吨、烟尘480.22吨、工业粉尘629.2吨,完成"4+2"年度减排任务指标。地下水止降回升1米,万元工业增加值用水量24.76立方米。 (程明云)

·新绛县·

中共县委书记	邓雁平
县人大常委会主任	李铁路
县长	田艺彬
县政协主席	卫保平

【简述】 新绛县北纬35°28′~35°47′,东经111°01′~111°18′,总面积593.39平方千米,下辖8镇1乡,1个开发区,220个村级单位。常住人口为338849人,比上年增加2222人。其中男性173476人;女性165373人,男女性别比为104:100。人口出生率为11.43‰,人口死亡率为4.98‰,人口自然增长率为6.45‰。全县城镇人口131398人,乡村人口207451人,城镇

化率达到38.78%。

全年全县地区生产总值完成705301万元，比上年增长8.8%，其中第一产业增加值165200万元，增长5.4%；第二产业增加值330344万元，增长11.0%；第三产业增加值209757万元，增长7.2%。第三产业中，金融业17823万元，增长11.0%；批发和零售业32746万元，增长9.7%；交通运输、仓储和邮政业65704万元，增长8.1%；营利性服务业26322万元，增长1.9%。人均生产总值20883元。居民消费价格比上年上涨2.8%。食品价格上涨4.7%；商品零售价格上涨2.8%；工业生产者出厂价格下降8.7%。全年城镇居民人均可支配收入19920元；农村居民人均纯收入7851元；农村占人口20%的低收入者收入3941元。

农业 农林牧渔服务业总产值完成334184.7万元，同比增长10.1%。农业产值245487万元；林业产值3001万元；牧业产值68532万元；渔业产值165万元；农林牧渔服务业产值17000万元。农作物种植面积61654.5公顷，比上年增长2449.6公顷，其中粮食49628.8公顷，增长1383.7公顷。粮食总产量246593吨，增长6.2%，其中夏粮109234吨；秋粮137358吨。棉花总产量316吨；油料产量761.1吨；瓜果产量3287吨；蔬菜产量752793.7吨。肉类总产量15517.5吨，禽蛋产量44332吨。完成造林14900亩，四旁植树100万株。

工业建筑业 规模以上工业企业完成总产值1290071万元，增长1.2%。主营业务收入1276418万元；实现利税126217万元，其中利润102313万元。增加值325662万元，增长14%。其中轻工业增加值15503万元，增长–33.1%；重工业增加值310160万元，增长15.9%；股份制企业增加值270777万元，增长19.1%；外商及港澳台投资增加值20649万元，增长–1.2%；销售产值1263507万元，增长2.4%。产品销售率97.94%，增长1.18个百分点。亏损额1190万元。

具有资质等级的建筑业企业3个，完成总产值43915万元。

能源 全年能源消费总量183.42万吨标准煤，比上年增长4.98%。规模以上工业原煤消费量为176.2万吨，增长1.85%；洗精煤消费量为216.5万吨，下降21.6%；焦炭消费量为60.9万吨，增长7.4%；电力消费量为13亿千瓦时，增长8.2%。万元国内生产总值能耗2.6741吨标准煤，同比下降3.48%；万元国内生产总值电耗同比下降0.45%。

投资贸易 固定资产投资582059万元，比上年增长23.8%，其中房地产开发完成30592万元，增长44.6%。在固定资产投资中，第一产业投资59565万元；第二产业投资341362万元；第三产业投资181132万元。在固定资产投资中，非国有投资450742万元；国有资产131317万元。房地产开发投资30592万元，其中住宅投资22872万元；商业营业用房投资5661万元。

社会消费品零售总额321442万元，增长14.0%。按规模统计，限额以上消费品零售额94131万元；限额以下消费品零售额227311万元。按经营地统计，城镇消费品零售额210009万元；农村消费品零售额111433万元。按行业统计，商品批发业零售额110633万元；商品零售业零售额151137万元；住宿业零售额33757万元；餐饮业零售额36407万元。

交通邮电 铁路营运里程18.3千米。公路线路里程759.2千米，其中高速公路18.8千米，国道、省道51.5千米，县道、乡道、村道及专用道688.9千米。公路客运量199万人，比上年下降9.1%，公路旅客周转量11545万人千米；公路货运量283万吨，增长3.3%，公路货物周转量24360万吨千米，增长44.3%。邮电业务总量13049.8万元，增长13.9%，其中邮政业务总量1204.8万元（不含快递），增长19.9%；电信业务总量11845万元，增长5.2%。全年订销报纸300.2万份，下降26.5%；订销杂志9.96万份，增长15.8%；收寄国内函件23.79万件，增长30.7%；收寄国内包件5231件，下降9.2%。固定电话用户218931户，其中固定电话20311户，移动电话198620户。电话普及率达到64.8部/百人。宽带接入用户达41475户，增长35.9%。

财政 财政总收入47575万元，下降5.0%。公共财政预算收入18675万元，增长2.7%。四大税种完成税收37536万元，占到财政总收入的78.9%，其中增值税完成23598万元；营业税完成7513万元；企业所得税完成5057万元；个人所得税完成1368万元。全年公共财政预算支出139045万元，比上年增长17.8%，其中农林水事务支出增长37.2%；教育支出增长19.4%；科学技术支出增长17.9%；文化体育与传媒支出增长21.7%；社会保障和就业支出增长20.8%；医疗卫生支出增长30.0%；节能环保支出增长21.5%。

金融保险 金融机构各项存款余额701771万元，比年初增加98276万元。在单位存款中，活期储蓄存款128088万元；定期储蓄存款26620万元。各项贷款余额292535万元，比年初增加7681万元。其中短期贷款193201万元，中长期贷款75574万元。在短期贷款中，个人贷款与透支151612万元，单位贷款与透支41589万元。城乡居民储蓄存款余额527588万元。人均储蓄存款为15621元。

保费收入11749.5万元，其中财险业务保费收入5014.5万元；人寿险业务保费收入6735万元。支付各类赔款及给付7013.9万元，其中财险业务赔款3598.2万元，人寿险业务给付3415.7万元。

教育科技 各类学校在校学生51092人。小学在校学生21389人，普通中学在校学生27352人，职业技术学校2351人。专任教师4169人。小学学龄儿童入学率达到100%。高考二本B类以上达线2383人。全年专利申请27件，比上年增长17.4%。

文化卫生 艺术表演团体4个，文化馆1个，公共图书馆1个。博物馆1个，馆藏文物1107件。有线电视用户达2.5万户，数字电视用户达1.3万户。县级以上重点文物保护单位693处，其中，国家级15处，省级6处，市级3处，县级669处。实施“三楼大堂”衙署文化景区三期、李毓秀故居修复、绛州澄泥砚文化园等一批文化产业项目建设，优化名城一日游、两日游线路；开展历史文化名城建设，弘扬以《弟子规》为代表的传统文化。开展文化下乡系列活动,农村公益电影放映2640场,戏曲惠民150场。开展群众性文化体育生活活动。220个行政村全部兴建文体广场和群众文化活动室。县体育场和体育馆建成投入使用。

医疗机构24个,县级医疗卫生单位7个,乡(镇、街道)卫生院13个,社区卫生服务中心(站)9个,民营医院4个,村卫生所261个,诊所97个。各类医疗卫生技术人员1516人,病床1395张。县乡村三级医疗卫生机构达标率100%。新型农村合作医疗参合率为99.9%。

社会保障 全年新增就业人数7900人,转移农村劳动力10100人,下岗再就业1658人,城镇登记失业率控制在0.58%。城市和农村低保人数分别为6467人和12233人。全县参加职工失业保险19506人,参加城镇职工医疗保险职工17294人,参加城镇居民医疗保险17450人,参加职工工伤保险34958人,参加城镇基本养老保险37009人,参加农村基本养老保险173837人。 (许 隽)

·绛 县·

中共县委书记	卫再学
县人大常委会主任	韩廷海
县长	卫再学
县政协主席	李服役

【简述】 绛县北纬35°20′~35°38′,东经111°22′~111°52′,总面积993.49平方千米,下辖8镇2乡。

全年全县地区生产总值完成56.6亿元,同比增长9.5%;规模以上工业增加值27.3亿元,同比增长15.2%;固定资产投资63.1亿元,同比增长18.5%;社会消费品零售总额18.2亿元,同比增长14.3%;外贸进出口总额1100万美元,同比增长23%;财政总收入2.15亿元,同比增长16.6%;公共财政预算收入9154万元,同比增长23.5%;城镇居民人均可支配收入18545元,同比增长10.8%;农民人均纯收入6610元,同比增长12.3%。

项目建设 狠抓园区建设。引进投资12.7亿美元的绛县军民结合航空产业项目,绛侯机场场址通过民航华北管理局、民航山西监管局、省发改委等部门的27名专家联合评审。4月17日,省政府出文致函中国人民解放军空军司令部商请选址审查意见。投资方一期出资9787万美元,从德国M&D公司购买到Samburo双人座动力滑翔飞机技术专利。

延伸冶金业链条,发展金属新材料产业,明迈特70万吨镍铬铁合金一期5台炉投产1台,产能达到40万吨。实施一批非主攻产业项目。德生公司二期年产40万套全钢丝载重子午线轮胎、5万套工程胎项目建成投产。天润风电一期建成。山西晋安通绛县富家山风电项目奠基动工。甲祥机械年加工10万吨机加项目和亚博商贸、鑫泽煤业两个180万吨洗煤项目建成投产。

农业 粮食总产量16.93万吨。新增"一村一品"示范专业村16个,总数达到49个。新增山楂2000亩、大樱桃3000亩、中药材10000亩、苗木5000亩,新建规模养殖场10个。农林水事务支出2.1亿元,同比增长23%。争取上级水利建设资金6000万元。实施投资1600万元的"小农水"重点县工程。引黄入绛支线规划通过审批。完成黑河综合治理工程总量的80%。完成蛤蟆峪水库除险加固工程。完成水保治理面积2.4万亩。南樊万亩高标准农田示范工程完成8000亩。土地流转5.2万亩。发放农机补贴628万元。增加新型农业经营主体,新增农民专业合作社165个,总数达到623个。为农民提供技术培训18100人次。发展家庭农场21户。维之王新厂投产,上市工作完成风险投资评估。引进总投资2.6亿元的隆立康鹿业农业综合体项目。完成一批惠农工程,农村街道亮化工程安装太阳能路灯2580盏,农村改厕10021户,易地扶贫搬迁1081人。

城乡建设 推进大县城建设,拉大城市框架。绛山街东段路基基本建成。拆迁改造城东旧城,完善城市功能,县城垃圾处理场建成投运;装修骏业新天地商业综合体、五星级大酒店;横水至县城一级公路全线安装LED太阳能路灯;新改建5所高标准公厕;县城主街道安装交通护栏;规范5个专业市场。美化城市环境,推进省级园林县城和卫生县城创建,实施县城街道、机关单位、庭院广场等绿化工程,打造以石榴、樱花、柿子、山楂为特色的精品景观街道,新增绿化面积17.5万平方米,县城绿化覆盖率达35.5%。开展小城镇建设,投资2000万元,完成陈村镇涑源北路商住新区附属工程。陈村镇和横水镇申报全国重点镇。新开工建设经济适用房100套、公共租赁住房50套。改造城市和国有林场棚户区226户。实施农村危房改造1800户、贫困残疾人危房改造20户。完成168万平方米"暖房子"工程。

环境建设 淘汰落后产能,拆除土炼油、炼铅厂4家,关停废塑料加工厂31家,淘汰晋博特钢6300KVA矿热炉一台,完成恒大化工节能技改项目和亿丰洗煤污水处理技改工程。开展植树增绿,完成涑水河源头万亩荒坡造林。实施通道绿化122千米,涑水河两岸绿化20.3千米。创建省级生态乡镇1个、生态村2个、园林村4个。全年造林2.865万亩,森林覆盖率达33.8%。改善村镇环境,实施横水、郝庄11个村农村环境连片治理工程,铺设污水收集主管网25千米。开展涑水河、黑河、洮河治理工程,水源地保护区饮用水质、城镇集中式饮用水水源地水质达标率100%。二级以上空气质量天数达到351天。

文化旅游 编制完成《绛县旅游发展总体规划》,录制绛县旅游形象宣传片。壮大旅游龙头项目,运行美丽蝴蝶谷旅游区一期漂流项目。举办第二届大樱桃采摘文化节,实现特色农业和旅游业融合发展。发展文化事业,举办第二届消夏文化周等一批群众性文化活动。送戏下乡200场、电影下乡2460场。编撰完成《三晋石刻大全运城市绛县卷》,完成《绛县志(1991—2008)》初步评审。绛县被省政府授予第二批"山西文化强县"称号。推进文物保护工作。编制《南柳泰山庙保护维修设计方案》,修缮工程经国家文物局立项并完成招标。启动太阴寺修缮工程。对全县重要碑刻开展集中保护。发展现代服务业，提高交通运输、现代物流、商贸流通和家政、餐饮、住宿等服务业发展水平。全年服务业增加值完成21.13亿元，同比增长7.9%，在三次产业中占比37.31%。

社会事业 完成政府机关幼儿园整体搬迁。新招聘中小学教师111名。完成3所初中扩容改造工程，新改扩建22所高标准幼儿园。申报各类科技项目22项。发展医疗卫生事业。启动县级公立医院综合改革试点工作，县医院住院大楼投入使用，与北京301医院实现远程会诊，实现小病不出县，大病有“远程”。落实基本药物制度。提高新农合报销比例，全年补偿金额5974万元。

社会保障 提高各项社会保险参保率，城乡居民基础养老金提高到每人每月65元，全年支付各项社会保险待遇4.18亿元。城乡低保平均保障标准分别提高到340元、175元。实现农村五保户应保尽保，落实优抚对象待遇。完成低收入农户冬季取暖用煤发放任务。扩大创业就业。城镇新增就业5570人。转移农村劳动力6336人，劳动力培训4878人次。全年受理并处置各类社会公共服务事件663件。在医患、交通事故等六大重点领域建立专业性调解组织。安装天眼工程摄像头8106个。

政府建设 办理人大代表建议79件、政协委员提案89件。加大审计和监察工作力度，开展“六五”普法工作。推行以局长负责制为核心的5项制度改革纠正违规使用公车13辆、腾退各类办公用房32间848.17平方米。拆除违规固定测速设备5个。惩处违反党纪政纪人员55人。（刘　超）

·垣曲县·

中共县委书记	史　凯
县人大常委会主任	郭儒社
县　　　长	杨彦康
县政协主席	赵恒坚

【简述】 垣曲县北纬34°59′~35°26′，东经111°30′~112°05′，总面积1620平方千米，下辖5镇6乡。常住人口为235134人，比上年增加2674人。

全年全县地区生产总值完成396672万元，按可比价同比增长9.9%。第一产业增加值完成39574万元，同比增长5.1%；第二产业增加值完成203140万元，同比增长12.6%；第三产业增加值完成153958万元，同比增长9.4%。三产业结构比例为10.0:51.2:38.8。人均地区生产总值16917元。社会消费品零售额完成179423.6万元，同比增长14.42%。城镇居民人均可支配收入18646元，同比增长10%；农民人均纯收入4794元，同比增长13.6%。

财政 总收入完成33574.55万元，同比下降10.43%，公共财政预算收入14335万元，同比增长18.12%。增值税完成2222万元，同比下降25.46%；营业税完成3283万元，同比增长47.95%；企业所得税完成547万元，同比下降41.93%；城市维护建设税1291万元，同比增长12.75%。罚没收入440元，同比增长5.52%；专项收入2650万元，同比增长94.71%；资源税652万元，同比下降39.63%。

公共财政预算支出125135万元，同比增长21.95%。农林水事务支出16351万元，同比增长11.25%；文化体育与传媒支出1936万元，同比增长60.13%；教育支出26600万元，同比增长11.11%；科学技术670万元，同比增长11.85%；医疗卫生费14002万元，同比增长28.28%，社会保障和就业支出20638万元，同比增长32.07%；一般公共服务10379万元，同比增长36.91%；公共安全支出4978万元，同比增长19.75%；城乡社区事务支出5541万元，同比增长8.56%；其他支出2343万元，同比下降41.56%。

农业 农林牧渔服务业产值完成80360.7万元，同比增长5.81%。农作物播种面积471690.2亩，同比下降1.26%，粮食总产量88076.5吨。

工业 规模以上工业企业12家，完成工业总产值463485.17万元，同比增长19.1%；完成工业增加值201118.4万元，同比增长16%；实现销售产值247255.51万元，同比增长0.87%。工业产品销售率53.35%。实现销售产值399224.4万元，同比下降37.57%。单位国内生产总值能耗1.9868吨标准煤/万元，同比下降3.53%；单位工业增加值能耗0.5473吨标准煤/万元，同比下降15.97%；单位国内生产总值电耗2559.85千瓦时/万元，同比下降1.11%。能源消费总量折标准煤65.98万吨，同比增长6.01%，全社会总用电量85024万千瓦时。

交通金融 公路通车里程987.2千米，同比增长1.31%。公路密度60千米/百平方千米。金融机构各项存款余额达到702105万元，比年初增加90900万元，同比增长14.87%。保费收入24174.61万元，同比增长65.05%。

城乡建设 开展环境卫生整治。推进垃圾收集点进小区，纠正垃圾乱倒等违规行为千余起，出动人力1万余人次，清理垃圾5万余平方米，粉刷、清洗、清理各类小广告2万余条；开展公共设施整治。修复县城破损混凝土路面1000余平方米，沥青路面2500余平方米，更换缺失井盖35个，维修、更换减速带24处300余米；开展公共秩序整治，规范早点夜市、固定摊点150余个，取缔学校门口及公园等处流动摊点50余个，清理店外占道经营500余起，纠正违章占道经营300余起，纠正占用机动车道影响交通行为600余起；开展园林绿化整治，组织机关全体人员对街道绿带草坪进行整修除草，对所有街道的树木、路沿石进行刷白。清理树坑杂草、花池垃圾400余处，纠正损坏花草及在树上拴绳搭物行为100余起；开展违章建筑整治，与相关部门联合，拆除县城周边村组6处250平方米违章建筑；开展城市亮化整治，启动街道增绿工程和街景综合整治工作；开展集贸市场整治，对东峰山菜市场、三八路口、黄河市场等处马路市场进行清理，迁入舜王市场、黄河市场等市场内经营，将周六、周日进城销售的农副产品统一规划到新城北大街临时集贸市场经营；开展基础设施建设，投资40万元在各居民小区统一配置垃圾桶1000个，在县城各个街道安装分类收集果皮箱520个，购置压缩式垃圾清运车6台并投入使用;投资386万元升级改造县城街路景观照明,投资近千万元,完成700余个街道绿化池建设,新增绿化面积43万平方米,绿化总面积达174万平方米,绿化覆盖率达34.3%,较上年增长4个百分点。

民生建设 各级各类学校90所,同比增长18.42%,其中幼儿园28所,小学48所,初级中学10所,高级中学3所,聋哑人学校1所。各级学校在校学生数25416人,同比下降25.81%,毕业生数9196人,同比下降8.84%,教师数3170人,同比增长1.77%。普通中学在校学生数13258人,同比下降17.92%,普通中学教师数1369人,同比增长3.32%;小学在校学生数12097人,同比下降32.88%,小学教师数1428人,同比增长1.64%。

卫生机构(含村卫生所和个体诊所)354个,每千人拥有医生6.79人,每千人拥有床位6.43张,新型农村合作医疗参合率99.73%。新建垣曲县人民医院,3月开工建设,1期实施室外硬化、绿化、亮化及管网安装工程。

(王建民)

【低碳循环经济产业聚集区】 实施三大标杆项目和六个关联项目。三大标杆项目:一是五龙集团镁合金循环经济项目。二是总投资26亿元的北方铜业50万吨多金属矿综合捕集回收技改项目,已联动试车。三是总投资10.05亿元的国泰年产500万平方米高强韧纳米微晶玉石板材项目。六个关联项目:建成投产投资2.3亿元的山西富瑞克年产20万吨陶粒砂、投资2000万元的方圆年产8万吨陶粒砂技改、投资4亿元的国泰公司年产20万吨铁精粉、投资1.6亿元的燕尾沟煤矿年产30万吨无烟煤、投资3000万元年产7000万块盛元新型节能墙体建材等项目;待投产投资1.1亿元的鑫玉年产12万吨陶粒砂项目。园区内入驻企业8家。

(王建民)

【亳清河县城段生态环境综合治理工程】 总长2.1千米,工期2年,分三期实施:一期年内完成试验段450米河道治理工程;二期2014年5月投入试运行,6月底前完成800米河道治理工程;三期2014年3月5日完成招标工作,汛前完成河道箱涵、橡胶坝砼主体工程,2014年底前完成850米河道治理工程。

(王建民)

·夏　县·

中共县委书记 葛作民
县人大常委会主任 黄保龙
县　　长 葛作民
县政协主席 刘永录

【简述】 夏县北纬34°35′~35°59′,东经111°02′~111°41′,总面积1352.6平方千米,下辖6镇5乡。

全年全县地区生产总值完成42.5亿元,增长9.2%;规模以上工业增加值完成4.9亿元,增长16.6%;固定资产投资完成42.6亿元,增长24.5%;财政收入完成1.9亿元,增长12.6%;一般预算收入9000万元,增长11%;社会消费品零售总额20.6亿元,增长17.8%;城镇居民人均可支配收入19391元,增长15%;农民人均纯收入5583元,增长19%。

项目建设 实施重点项目55个,总投资145亿元,年度投资任务31.6亿元,实际完成投资40.8亿元。建成康杰路和白沙河中大桥、北京天润一期49.5兆瓦风电场等27个项目;实施运城润恒现代农副产品冷链物流园、好医生药业等16个项目,完成当年建设任务;启动茂华风电、禹王谷生态园等13个项目。全年招商引资到位31.4亿元,超市定考核任务7.4亿元。

建设水头工业园、裴介商贸物流园和瑶峰轻工业园区,实现翱翔生物辣椒深加工生产线、翔天钢铁复产改造项目、威龙铁路动车制动盘生产一期工程、宇达集团青铜文化产业园扩建项目、晨丰交通标示及挂车生产线项目等项目建成投产。建设格瑞特酒业新葡萄酒庄和基地、味益食品酱制品生产线、常运动力单缸柴油机生产线、好医生集团新版GMP异地改造、深圳华德明胶生产线等项目。

“三农”工作 粮食总产27.4万吨,实现十连增。农产品加工龙头企业,实现销售收入7.5亿元,完成全年任务的121%。新增设施蔬菜5600亩,药材2万亩,规模养殖400户,蔬菜、水果、药材种植等专业村发展到182个。完成国家农业综合开发裴介镇土地治理项目、蔬菜产业基地县工程、庙前镇现代农业设施蔬菜示范园工程、高效节水重点县一期工程、农村饮水解困工程、禹王乡万亩优质棉花生产示范基地、胡张乡旱作节水农业示范基地建设,发放农机购置补贴资金1278万元、扶持农户1153户、补贴农机具1460台。

文化旅游 完成晋坪漂流、唐回、架桑漂流返程路拓宽和配套设施提升改造,文庙大成殿修复保护等工程。投资2100万元,完成庙坪漂流景区护河坝、山门、水上娱乐场、接待酒楼、漂流道路、停车场、办公楼、员工宿舍楼等工程。投资500余万元,完成唐回漂流1号码头改扩建、游客接待服务中心建设、返程路拓宽等工程。投资600余万元,完成架桑漂流4千米返程路拓宽工程和提升改造工程。游客接待中心、停车场、旅游商品展示区等基础设施建设到位专项资金900万元。

环境建设 推进造林绿化,对全县重点区域通道实施增绿提升,绿化造林4.62万亩。推进城乡生态建设,完成涑水河夏县段综合治理工程,创建省级生态乡镇1个(南大里乡)、省级生态村1个(南大里乡北大里村)和市级生态村1个(裴介镇郭村),裴介镇10个村庄环境连片整治项目通过验收。推进县城环境整治,采取源头控制、加强监管、结构减排三条措施,加强大气污染综合治理,严格控制主要污染物排放,提升县城环境质量,空气质量综合指数1.9,二级以上天数达到314天,超额完成全年280天目标任务。

民生建设 完成116套经济适用房、100套廉租房建设,完成农村危房改造990户。5所村级幼儿园和3所初中教师周转宿舍建设工程完工;新农合参合率99%。成建制输出劳务4000人,新增就业2436人,城镇登记失业率控制在4%以内,城镇失业人

员再就业546人。城市低保对象、农村低保对象补助标准每人每月分别提高30元、24元。（孙英杰）

·平陆县·

中共县委书记	郭 宏
县人大常委会主任	禹桂香
县 长	李 旸
县政协主席	赵旭光

【简述】 平陆县北纬34°41′~35°00′，东经110°52′~111°37′，下辖6镇4乡，1个茅津经济开发区，228个村民委员会，4个居民委员会。总户数98812户，250312人，男128291人，女122021人；非农业人口35574人。全年出生2892人，死亡1271人。

全年全县地区生产总值完成33亿元，增长10%；固定资产投资41.5亿元，增长21.8%；规模以上工业增加值5.8亿元，增长14.1%；财政总收入21782万元，完成调整后目标任务；公共财政预算收入11407万元，增长7.3%；社会消费品零售总额21万元，增长15%；城镇居民人均可支配收入17000元，增长12%；农民人均纯收入4800元，增长13.3%；外贸进出口总额5800万美元，增长35.5%。

项目建设 完成24个重点项目实际投资40.6亿元，超出计划13.6亿元，实现预期目标。中广核风电一期5万千瓦、康乐橡塑年产3万吨再生胶、新环橡塑120万套汽车上支架总成、昌盛仓储中心等4个生产经营性项目完工试生产；建成“两街一路”、太阳文体广场、土地整理、农田水利等5个基础设施改善项目并投入使用；推进复晟240万吨氧化铝、平曹公路升级改造、黄河大天鹅生态文化风景区等重大项目建设；完成保障性住房、易地扶贫搬迁、龙陡峡景区等项目年度投资计划。

以“园区化发展，集群化招商”为突破口，以提升工业新型化水平为着眼点，建设“煤电铝材一体化”产业园区。开展大园区建设，在县城以东规划占地1500公顷的“煤电铝材一体化”产业园区。推进重点项目建设，在铝产业上，完成投资120亿元的复晟240万吨氧化铝项目场地平整、桩基处理、设备订购前期工作，累计投资15亿元。在煤电产业上，改扩建6个煤矿；建设大金禾180万吨洗煤项目；普大集团与新兴际华4×30万千瓦低热值电厂项目签订框架协议。推进招商引资，与杭州锦江集团签订总投资264亿元的“煤电铝材一体化”产业发展战略合作框架协议，组团参加西洽会、中博会等大型展会。全年落地项目15个，到位资金31.4亿元。

“三农”工作 一是实现主导产业精品化发展。粮食总产量达到10万吨。筹措资金650万元，支持“抗旱保播”。挤出资金700万元，扶持果业、烟叶、畜牧等主导产业。间伐改造果园5.7万亩，建成高标准苹果示范园14个；2.4万吨苹果走出国门，占到全省苹果出口的60%。种植烟叶1.4万亩，总产值达到2819万元。蔬菜面积发展到5.5万亩，总产值2.3亿元。新建人畜分离养殖示范小区和专业村各10个，畜牧业总产值达到3.1亿元。二是实现基础设施条件改善常态化。完成投资1.5亿元，76处水利工程、12座水库除险加固、85处移民后扶工程、3个土地整理项目、202座烟叶密集烤房全部竣工，改善灌溉面积3.5万亩，新增耕地3599亩，治理坡耕地1.25万亩，流转土地7.3万亩，增强农业抵御自然灾害能力。三是实现农民专业合作社经营规范化。新建省级示范社2个、市级示范社4个、县级示范社10个，组建合作社联合社3个，全县农民专业合作社累计达到580个。

城乡建设 推进大县城、小城镇、新农村“三位一体”协调发展，城镇化率同比提高2个百分点，达到32%。启动“东扩、西进、南移、北联、中改”五区联动“大县城”战略，将“煤电铝材一体化”产业园区和黄河大天鹅生态文化风景区纳入“大县城”范畴，城区规划面积实现由36.5平方千米到54平方千米的跨越。筹资8.2亿元，实施“两街一路”、太阳文体广场、体育馆、垃圾填埋场、汽车客运站、“三线入地”等15个项目。完成春元街蔬菜市场建设并投入使用，推进圣人市场建设，将小吃、水果、蔬菜摊点步入“划行归市、集中经营”的轨道；投资2000余万元，开展城乡环境卫生整治和“乡村清洁”工程。

环境建设 投资4500余万元，在龙门关森林公园、通道绿化、新农村绿化、经济林升级改造等8大绿化项目上，完成造林1.8万亩，绿化道路32条、113千米，栽植绿化大苗、景观大苗12.2万株，义务植树和庭院绿化130余万株。全县森林覆盖率达到42.6%，被省政府授予林业生态县称号。实施蓝天碧水工程，推进节能减排，完成各项约束性指标市定任务，二级以上优良天数达到350天，空气质量达到二级标准。全县工业用水重复利用率97%，工业固体废物综合利用率达到100%，城市污水利用率达到84%，城市集中供热普及率60%。

社会保障 扩大职工养老、医疗、失业、工伤、生育等保险覆盖面，达到85%。新增就业5312人，下岗再就业1287人，农村劳动力转移就业8269人。完成保障性住房投资1.2亿元。334户城市住房困难户拿到经济适用房钥匙，874户特困户领到廉租住房补贴，2400户农村困难群众搬进新居。发放7.7万吨“爱心煤”。发放城乡低保金6618万元、五保供养金367万元。建成日间照料中心115个，保障3000多名农村老年人的晚年生活，率先在全省探索出农村社区日间照料养老服务新模式。（杨卯翠）

·芮城县·

中共县委书记	王正风*
	董旭光
县人大常委会主任	胡金虎
县 长	董旭光*
	贾国平
县政协主席	余妙珍

【简述】 芮城县北纬34°35′~34°50′，东经110°14′~110°57′，总面积1175.55平方千米，下辖7镇3乡，1个城镇居民管理委员会。总人口401986人，城镇人口176577人；乡村人口225409人。

全年全县地区生产总值完成

736509万元,增长9.1%。人均国内生产总值18380元;财政总收入完成51265万元;公共财政预算收入完成18618万元;农林牧渔业总产值414574万元;粮食总产量322099吨;规模以上工业总产值完成606628万元;固定资产投资总额完成515243万元;社会消费品零售总额完成241943万元;城镇居民人均可支配收入20969元;农民人均纯收入7667元,在岗职工年平均工资达39096元;外贸进出口总额完成1049万美元。

项目建设 新增2家规模以上企业,全县规模以上工业企业总数达到23家。推进工业项目22个,涉及主攻产业项目10个,年内建成投产5个。园区新入驻企业5家,企业总数达到25家。医药相关配套企业达到18家,基本形成集群化发展态势,编制现代医药产业发展规划,围绕亚宝药业设计6条产业链,推进集群化招商。全年招商引资到位资金31.95亿元,超额完成市定目标任务26亿元的22.9%。完成项目的储备、签约、落地、开工、建设、投产"六位一体"指标全年目标任务。运城市考核本县的61个重点项目,除大唐电厂二期扩建项目转交风陵渡开发区负责外,其余60个项目全部完成年度目标任务。"双十"工程和48个重点项目,建成完工57个,推进11个跨年度项目建设。

"三农"工作 全年粮食产量32.2万吨。县财政拿出800万元作为旱地小麦播种补贴,保证粮食播种面积。全年发展现代苹果标准化示范园2000亩、设施蔬菜3050亩、红枣丰产管理示范园3000亩、核桃经济林1万亩、高标准葡萄观光示范园500亩、大樱桃示范基地500亩,申报认证无公害苹果32.7万亩、有机苹果1800亩,新建"一村一品"专业村20个,启动新农村建设重点推进村22个;提升天之润枣业红枣深加工能力;开工建设投资12亿元的广东温氏集团百万头生猪养殖一体化项目。实施大禹渡泵站扩容改造工程,新增和恢复引黄灌溉面积12.7万亩;完成小农水重点工程、小流域治理、中低产田改造等农田水利基础设施建设,改善农业生产条件。

文化事业 举办中国(芮城)永乐宫第六届国际书画艺术节,并将其提升到国展级别;文化街投入运营;推进百梯山、圣天湖、九峰山等景区建设,年内完成投资1.8亿元。文博馆正式开放,《芮城县志》通过评审。开展"送戏下乡、电影惠民"活动,全年送戏下乡215场,巡回放映公益电影2178场。开展机关文化、乡村文化、广场文化和全民健身活动与群众性书画艺术活动。

城乡建设 完成8条城市道路的排水、人行道或非机动车道建设,7条道路和永乐广场的绿化工程,新建八仙公园,县城新增绿化面积25万平方米,绿化覆盖率达到38.04%。新建和改造公厕23座。运宝高速芮城一级路连接线通车,推进中条山隧道工程,新建、改造县乡公路和旅游公路17千米,完成自然村"村村通"20个村30千米。全县城镇化率达到45.45%,比上年提高3.1个百分点。

环境建设 开展市容市貌、街道秩序和城乡环境卫生专项整治活动,"四城联创"和创建国家级生态文明县的149项硬指标,基本完成93项。实施集中供气供热、"三荒"造林、城市绿化亮化、农村环境连片整治、兆益生物废水综合治理五大生态工程。改造燃煤锅炉20个,新增天然气居民用户5000户;创建5个国家级生态乡镇;建立城乡环境卫生整治和林木管护长效管理机制,全年完成造林绿化3.37万亩,林木覆盖率由上年的41.09%提高到43%。全年二级以上天数365天,一级天数125天。

民生建设 民生方面的支出达8.8亿元,占到财政总支出的72.6%。完成困难家庭危房改造1335户、困难群众易地搬迁90户400人、107个行政村街道亮化和6所村级幼儿园改扩建工程,启动覆盖全县的乡村清洁工程。建设各类保障房661套。新型农村养老保险、城镇居民医疗保险、养老保险参保率提高;全年发放低保金4000余万元,农村五保供养金298万元,农村和城镇低保实现应保尽保。

(樊志华)

·永济市·

中共市委书记	陈　杰
市人大常委会主任	杨文宁
市　　　　长	廉广锋
市政协主席	袁宏轩

【简述】 永济市北纬34°44′~35°04′,东经110°15′~110°45′,总面积1221.06平方千米,下辖7个镇,3个街道,265个村民委员会,402个自然村。全市总户数143337户,总人口452554人。男性233706人,女性218848人,男女人口性别比为106:100;城镇人口208983人,乡村人口243571人,城镇化率为46.18%;出生人口5222人,死亡人口2609人,出生率11.54‰,死亡率5.78‰,人口自增率5.76‰。

全年全市地区生产总值完成127.2亿元,增长9.1%;规模以上工业增加值45.3亿元,增长14.1%;固定资产投资81.67亿元,增长29.1%;财政总收入6.8363亿元,增长13.8%;公共财政预算收入完成2.9961亿元,增长6.3%;社会消费品零售总额44.13亿元,增长14.3%;城镇居民人均可支配收入21169元,增长10.4%;农民人均纯收入9076元,增长12.3%。年末在岗职工29786人,职工年平均工资35317元,比上年增长9.5%。

项目建设 实施重点工业项目15项。宏远化工新能源综合利用、华拓铝业铝合金棒、康裕油脂年产1.5万吨一级精炼油、创拓新型建材公司粉煤灰砖、三丰机电标准化厂房、蒲洲电厂烟气脱硝等9个项目建成并投产;广海铝业5万吨铝型材及表面处理、东方华贸2万吨铝型材加工、康意制药8亿支注射剂、长荣科技生猪养殖加工等6个项目完成时序进度。启动实施蒲洲电厂2×35万千瓦项目,贵阳久联与宏远化工进行战略重组。广亚集团3000亩铝深加工综合园区、阳煤集团和海丰铝业合作等大项目达成合作意向。完成招商引资项目61个,总投资145.5亿元,实际到位资金68.3亿元。

"三农"工作 全年农作物种植

面积132.2万亩，下降1.7%，其中粮食面积119万亩，增长3.5%；棉花面积5.1万亩，下降53%；蔬菜面积4.2万亩，下降34.5%；瓜类面积2.6万亩，增长76%。粮食总产量45420万千克，比上年增加343.9万千克，增长0.8%，其中夏粮总产量19.60万吨，比上年减少3816吨；秋粮总产量25.81万吨，比上年增加7255吨。棉花总产量4.1万千克，下降48%。蔬菜总产量8100万千克，增长5.2%。肉类总产量2091.2万千克，比上年增长32.8%。猪牛羊肉产量1209.06万千克，比上年增长21.6%；禽肉产量882.1万千克，比上年增长51.96%；禽蛋产量794.3万千克，比上年下降9.7%；年末牛存栏4241头，猪存栏84780头，羊存栏46522只，家禽存栏300万只。鱼类总产量1360.5万千克，同比增长12.5%。完成各类造林面积4.39万亩，林木覆盖率35.3%，森林覆盖率24.4%。

推进肉鸡养殖、绿色蔬菜基地、高效干鲜果基地、润源食用菌基地、双万亩生态林带等五大农业调产工程，卿头现代循环农业示范园区基础设施建设竣工。各类合作社851家，实现村级"全覆盖"。流转农村土地16.8万亩，全市森林覆盖率同比提高两个百分点。完成东部腹地排涝二期、井灌区节水园区、黄灌区渠道防渗等工程建设。

城乡建设 实施市文化中心、涑水河城区段综合整治、伍姓湖及城市排污导流管网改造、蒲津世贸广场、市档案馆等一批重点项目建设，完成东外环路路面工程、富强街西延等工程。提升城市绿化水平，实施舜帝山森林公园西扩工程，城市建成区绿化覆盖率达40.32%，人均公共绿地面积达13.17平方米，超过省级园林城市验收标准。推进小城镇建设，新农村省级重点推进村达到168个，占全市总村数的63.5%。

文化旅游 全年接待游客423万人次，同比增长21.6%；景区门票收入3500万元，同比增长25%。9月23日~10月10日，在永济市文化大楼举办为期18天的"中国梦·永济情"书画摄影展。举办鹳雀楼诗歌文化节、普救寺爱情文化节、五老峰登山节及"中国梦·永济情"书画摄影展等文化旅游活动。完成神潭大峡谷旅游综合服务区二期工程、鹳雀楼内部布展和外部提升工程、蒲津渡遗址博物馆展厅布展、五老峰黑龙潭防洪蓄水等旅游项目。对接旅游文化招商项目，与碧桂园集团签订伍姓湖开发框架协议。策划包装精品旅游线路，开拓河南市场，开通旅游微博、微信宣传平台，发展网络营销。

民生建设 完成"十件民生实事"，包括提升重点优抚对象补助标准，建设保障性住房，居民天然气通气，建设文化惠民工程，改扩建公立幼儿园，安装街道红绿灯及电子警察监控系统，推广农业保险，开展新农村保洁费补助，提供老年特困救助，公开招考事业单位人员。压缩财政支出，财政供养人员人均月增发津补贴730元，个人冬季取暖费在上年标准基础上翻番后再增加1000元。提高城市供热质量，完成城市供热首站及冷凝热项目建设；落实省政府"户均一吨煤"计划，确保城乡广大群众温暖过冬。

（岳晓转）

【东外环路改造工程】 总投资1.08亿元，其中省交通运输厅补助4613万元，地方自筹资金6187万元。年内完成一、三、四标段路基、路面、桥梁工程，共计5.1千米，完成路基土石方工程38万立方米，水稳工程12.5万平方米，沥青砼工程12万平方米，3孔20米涑水河中桥1座，4米通道2座；完成4孔30米铁路桥28根桩基工程。

（岳晓转）

【热电公司2×35万千瓦热电联产项目】 项目总投资30亿元，2005年8月启动，2009年8月完成前期工程。2013年7月16日~23日，进行主机设备、监理和拆除招标工作；9月29日，爆破拆除4个凉水塔和一个旧烟囱；10月，完成浇灌混凝土工程。

（岳晓转）

·河津市·

中共市委书记　胡　宝

市人大常委会主任　崔会民

市　　长　杜中伟

市政协主席　王锡义

【简述】 河津市北纬35°28′~35°47′，东经110°32′~110°50′，总面积593平方千米，下辖2镇5乡，2个街道办事处。常住人口40.28万人。

全年全市国内生产总值完成195.6亿元；财政总收入18.27亿元；固定资产投资122.8亿元；社会消费品零售总额69.9亿元；城镇居民人均可支配收入21480元；农民人均纯收入9750元。全市金融机构各项存款余额159.8亿元，其中城乡居民储蓄存款余额112.9亿元。按常住人口算，全市人均国内生产总值为48700元。全市居民消费价格总指数比上年上涨2.5%，其中食品价格上涨3.6%；商品零售价格总指数比上年上涨1.2%；工业品出厂价格下降5.1%。

农业 农林牧渔业总产值实现139061万元，比上年增长3.6%。其中农业总产值94570万元；林业总产值4766万元；牧业总产值26523万元；渔业总产值203万元；农林牧渔服务业总产值13000万元。全年粮食作物播种面积为3.33万公顷；油料播种面积为779.6公顷；棉花播种面积为44.7公顷；蔬菜播种面积为2173.2公顷；水果播种面积1615.5公顷。

完成造林1533公顷，栽植各类苗木130万株。完成通道绿化17.27千米，其中河运高速路11.27千米、高禖庙旅游路6千米、108国道与稷山交接点、209国道与万荣交接点进行绿化提升改造；完成干果经济林1400公顷；完成天保工程133公顷；完成僧楼大街、龙门、东光德等30个村镇绿化及补植提高；对华昌铝业、宏达集团、龙门集团等8家企业实施外围绿化。

水浇地面积为1.87万公顷，农用机械总动力43.6万千瓦，农机综合机械化水平达90%，农村用电量达1.88亿千瓦时，农村化肥使用量3.49万吨，农用柴油使用量3863吨，农药使用量395吨，改造中低产田66.7公顷。

工业 规模以上工业企业总产

值完成376.4亿元，比上年增长11.3%。实现工业增加值105.2亿元，比上年增长15.3%。主营业务收入和主营业务成本分别为394.1亿元和353.9亿元，分别增长20.2%和11.7%。利润总额和利税总额亏损为10.9亿元和28.9亿元，分别增长186.2%和129.9%。规模以上工业企业亏损企业总数33家。

建筑业 具有承包资质的建筑业企业17家，完成总产值21.3亿元，其中建筑工程产值17.1亿元；安装工程产值2.9亿元；其他产值1.4亿元。房屋施工面积175万平方米；竣工产值12.2亿元。

项目建设 开工项目126个，其中新开工的85个，上年结转的41个，完成固定资产投资122.8亿元，比上年同期增长25.8%。其中城镇投资106.4亿元，比上年同期上升9%；农村投资1.6亿元，同比上升30917.4%。房地产投资2.1亿元，比上年同期增长174.9%。

实施总投资173亿元的重点项目70个，其中工业项目30个、农业重点项目10个、基础设施项目30个。王家岭煤矿600万吨矿井、600万吨洗煤厂、2×5千瓦综合利用电厂、9.25千米铁路专运线、中铝烧结法系统改造、龙门150万吨水泥及尾气发电项目基本建成。推进骏达铝业铝轮毂、康庄15万吨冷轧板等项目建设，部分实现投产运行。

财政金融 完成财政收入18.3亿元，比上年增长49.5%，其中一般预算收入6.9亿元，比上年增长10.3%，其中增值税、营业税、企业所得税、个人所得税、资源税和城建税共计完成3.5亿元；一般预算支出17.6亿元，其中农林水事务支出增长75%，教育支出增长16.7%，医疗卫生支出增长21.4%，文化体育与传媒支出增长31.8%，公共安全支出增长7.9%，社会保障和就业支出增长40%。全市金融机构各项存款余额159.8亿元，较年初增加9.3亿元，增长5.8%，其中城乡居民储蓄存款余额112.9亿元，增长6.1%。各项贷款余额为84.7亿元，较年初增加3.7亿元，增长4.3%。

交通 投资8000万元的城市客运站工程完成一期主体，二期工程附属设施建设基本完成；投资1000万元的汾滨街北延高速路立交桥工程南北桩基、桥台、桥墩等全部完成；投资1600万元的九一路改造工程，完成路基及防护设施建设；投资150余万元的小张通村路工程、上化至老下路修补工程、西崖底通村路工程全部完工；投资300余万元的西梁至高禖庙旅游公路主体基本完工。年末民用汽车拥有量45814辆，比上年增长8.3%。全年完成全社会货运周转量2.52亿吨每千米，旅客周转量2.74亿人每千米；完成公路货运量252万吨，公路客运量351万人次。

邮电 邮电业务收入25220万元，比上年增长4.4%，其中邮政业务收入1388万元，电信业务收入23882万元。宽带网用户68013户，固定电话用户61501户，移动电话366346户。

教育 各级各类学校263所，其中幼儿园104所，小学120所，初中30所，职业中学2所，高中7所。在校学生75300人，其中高中13017人，职业中学1282人，初中16221人，小学31251人；幼儿园13529人。教职工6998人，其中高中1005人，职业中学209人，初中1440人，小学2656人，幼儿园995人。高考二本以上达线1448人，中考530分以上优等生1529人。

医疗卫生 各类卫生机构369个，其中医院、卫生院41个。卫生机构拥有病床1890张，每千人拥有病床4.84张；卫生人员总数2910人，其中卫生技术人员2178人，每千人拥有医生数4.41人。市、乡、村三级医疗机构综合达标率为100%，医疗机构达标369个。全市有28万人参加合作医疗，参合率达98.8%。推进医药卫生体制改革，全市11家乡镇卫生院、6家社区卫生服务站、157个村级卫生室全部实行基本药物零差率销售。

文化事业 全市举办各类文化体育活动21场次，送戏下乡350余场，为农村免费送电影1780场。7个乡镇文化站和148个行政村的农家书屋全部建成投用，文化信息资源共享工程实现全覆盖；建设体育活动场所183个，健身路径216条，实现体育场地和器材全覆盖；新增数字电视用户9000余户，在网数字电视用户达53947户。

社会保障 转移农村劳动力18810人，城镇新增就业11645人，就业困难人员再就业804人，失业人员再就业2746人；安置下岗失业人员87人；办理高校毕业生医疗保险和养老保险补贴197人。参加企业养老保险14115人；参加机关事业单位养老保险14538人；参加农村养老保险212985人；参见城镇居民养老保险11980人；参加医疗保险103934人，代缴医疗保险金68.90万元；参加工伤保险66082人；参加生育保险48639人；参加失业保险47975人，征缴失业保险费1853万元；发放失业保险6118人次，发放失业保险金490.2万元；发放农民合同制工人一次性生活补助36.6万元。全市各类敬老院6个，拥有床位383张，收养168人。福利工厂16个，职工3892人。4270位城镇居民、11339位农村居民获得政府最低生活保障，各类优抚对象2023人。

环境建设 全市二级以上天数301天，完成政府承诺的二级以上天数达280天的目标任务。至年底，全市减排二氧化硫3851吨，氮氧化物8167吨，化学需氧量197吨，氨氮27吨，烟尘2130吨，粉尘1989吨；淘汰燃煤锅炉21家；处理生活污水805万吨；处理生活垃圾4.8577万吨；城区建成区绿化覆盖率达到36.86%。

（王　欣　高创奇　柴　欣）

忻州市

中共市委书记	董洪运
副书记	郑连生
	张晓峰
市人大常委会主任	秦新年
副主任	刘银和
	樊惠杰（女）
	李树东
	王炳升

张志哲
罗荣华

市　　长　郑连生
副市长　王　成*　董一兵
王士桦　王月娥(女)
张建平　武宪堂
市政协主席　张明成
副主席　李永胜　谌长瑞
王庆荣　高志伟
贾玉文　李效玲(女)
杜永进　张高栋

【概述】忻州市北纬38°09′~39°40′,东经111°09′~113°58′,总面积25472平方千米,下辖1区12县,1个县级市。常住人口为311.44万人,增加1.51万人。农村177.4万人,城镇134万人;男性160.8万人;女性150.6万人。出生3.56万人,死亡2.05万人。人口出生率为11.45%;死亡率为6.59%;自然增长率为4.85%。出生人口男女性别比为106:100。

全年全市地区生产总值完成654.7亿元,比上年增长9.0%。第一产业增加值63.6亿元;第二产业增加值327.4亿元;第三产业增加值263.7亿元;公共财政预算收入73.7亿元,增长13.1%,其中税收收入47.2亿元,增长8.4%。公共财政支出213.2亿元,增长17.4%,农林水事务支出增长32.1%;教育支出增长4.1%;社会保障和就业支出增长18.2%;医疗卫生支出增长16.6%;文化体育与传媒支出增长42.1%;节能环保支出增38.4%。居民消费价格上涨3.0%,其中食品价格上涨3.7%,商品零售价格上涨2.0%。工业生产者出厂价格下降7.0%,其中生产资料价格下降7.2%,生活资料价格上涨1.1%,工业生产者购进价格下降2.6%。城镇新增就业3.75万人。转移农村劳动力3.87万人。年末城镇登记失业率3.17%。

农业　农作物种植面积47.58万公顷,比上年减少0.02万公顷,其中粮食种植面积42.72万公顷,增加0.08万公顷,增长0.2%;油料种植面积3.09万公顷,减少0.19万公顷,下降5.79%。在粮食种植面积中,玉米种植面积25.2万公顷,比上年增加0.45万公顷,增长1.82%。粮食产量169.57万吨,增加6.15万吨,增产3.76%。其中夏粮0.11万吨,增产22.22%;秋粮169.46万吨,增产3.75%;完成造林3.879万公顷,减少4.69%;木材产量1.47万立方米,减少4.55%。猪牛羊肉总产量9.38万吨,比上年下降4.58%,其中猪肉产量5.64万吨,下降2.76%;牛肉产量0.71万吨,下降1.39%;羊肉产量3.03万吨,增长5.21%。年末生猪存栏43.90万头,生猪出栏61.28万头。牛奶产量5.52万吨,增长9.1%。禽蛋产量5.47万吨,增长7.89%。水产品产量0.25万吨,增长8.7%。

农业机械总动力249.65万千瓦,增长5.47%。机械耕地面积30.31万公顷,增长5.94%;机械播种面积28.04万公顷,机械收获面积14.61万公顷,分别增长5.02%和20.45%。农机化经营总收入10.32亿元,增长7.95%。

工业建筑业　规模以上工业企业332家,增加17家。增加值增长13.0%;全社会原煤产量5683.3万吨,增长7.5%;发电量270亿千瓦时,增长4.1%。焦炭产量198.4万吨,增长6.6%;钢材产量60万吨;主营业务收入实现670.3亿元。其中煤炭、冶金和电力工业分别实现主营业务收入171.5亿元、250.8亿元和93亿元;化学、建材、装备制造、医药和食品工业分别实现主营业务收入13.9亿元、12.8亿元、83.6亿元、1.0亿元和7.0亿元;焦炭实现主营业务收入27.7亿元;实现利税119.4亿元,其中利润69.8亿元,增长18.0%。

建筑业实现增加值30.8亿元,比上年增长10.4%。具有建筑业资质等级的总承包和专业承包建筑业企业实现利润3.1亿元,增长102.4%。

投资贸易　全社会固定资产投资815.2亿元,增长24.8%。其中,国有及国有控股投资397.9亿元;民间投资416.3亿元。在全社会固定资产投资中,内资企业投资784.9亿元;外商及港澳台商企业投资5.7亿元;个体经营及农户投资10.6亿元。在全社会固定资产投资中,第一产业投资85.8亿元;第二产业投资357.1亿元;第三产业投资372.3亿元。在第二产业中,工业投资357.1亿元,其中煤炭工业投资94.5亿元,非煤产业投资262.6亿元;传统产业(煤炭、焦炭、冶金、电力)投资合计200.8亿元,非传统产业投资合计156.3亿元。在建固定资产投资项目1281个,其中5亿元以上项目52个,计划总投资1012.1亿元,完成投资222.4亿元;全年房地产开发投资38.1亿元,增长37.9%,其中住宅投资31.3亿元,增长66.8%;商业营业用房投资4.3亿元,下降20.1%。

社会消费品零售总额246.0亿元。按经营地统计,城镇消费品零售额196.8亿元;乡村消费品零售额49.2亿元。按消费形态统计,商品零售额211.5亿元;餐饮收入额34.5亿元。

海关进出口总额19751万美元,下降9.4%。其中进口额372万美元;出口额19379万美元。全年出口镁及其制品242吨,出口钢材7.7万吨。出口15731万美元机电产品、25万美元高新技术产品,进口151万美元机电产品。新设立外商直接投资企业1家;按全口径统计实际使用外商直接投资金额494.2万美元。

能源　一次能源生产折标准煤4773.9万吨,增长15.8%;二次能源生产折标准煤1092.1万吨,增长9.6%;向市外运输煤炭775.6万吨,增长17.8%,外运煤炭占原煤产量13.6%。在外运煤炭中,铁路运输768.3万吨,增长16.7%;公路运输7.3万吨。全社会用电总量111.0亿千瓦小时。第一产业用电1.9亿千瓦小时,其中第二产业用电77.2亿千瓦小时,其中工业用电75.5亿千瓦小时;第三产业用电23.5亿千瓦小时;城乡居民生活用电8.4亿千瓦小时。

交通邮电　全县公路线路里程17318千米,其中高速公路730千米;民用汽车保有量23.0万辆(包括三轮汽车和低速货车0.4万辆),私人汽车19.2万辆。新注册汽车3.4万辆。轿车保有量11.6万辆,其中私人轿车10.6万辆。

完成邮电业务总量20.6亿元,增长2.0%。其中邮政业务完成2.3亿元;电信业务完成18.3亿元。移动电话用户268.5万户,3G移动电话用户61.9万户。宽带接入用户34万户。

旅游　接待海外旅游者23.1万

人次，接待国内旅游者1951.6万人次，分别增长10.9%和28.5%；旅游外汇收入8447.7万美元，国内旅游收入202.6亿元，旅游总收入207.7亿元，分别增长13.0%、28.3%和27.7%。

金融 金融机构本外币各项存款余额1464.90亿元，比年初增加153.81亿元；各项贷款余额583.08亿元，比年初增加103.26亿元；农村金融合作机构人民币贷款余额251.45亿元，比年初增加40.08亿元；人民币存款余额454.01亿元，比年初增加65.18亿元。保费收入23.47亿元，增长13.1%。寿险保费收入13.56亿元，增长17.3%；财产保费收入9.91亿元，增长7.83%。全年支付各类赔款及给付10.85亿元，增长49.8%。

教育科技 全市有普通高等学校2所。高中阶段毛入学率90%。全年全市专利申请量与授权量分别为982件和390件，分别增长32.9%和59.2%；其中发明专利申请量为263件，增长38.4%，发明授权量为23件，下降36.1%。全年签订各类技术合同15项，技术合同成交总额5510万元，增长125%。全年新登记科技成果2项。认定国家企业技术中心1家，省级企业技术中心14家。年末累计高新技术企业13家；市、县产品质量监督检验和计量检定技术机构14个，监督抽查354家企业12类18种935批次的产品和商品。全年完成强制检定计量器具4.29万台件。

全年防雹、增雨累计受益面积2.5万平方千米，增雨量1.2亿立方米。全年M3.0—M3.9级地震2次，最大震级M3.0级。

文体卫生 群众艺术馆1个，文化馆14个，博物馆12个，艺术表演团体15个，公共图书馆14个。报纸出版1种(不含高校校报)，杂志出版1种，图书出版1种。

忻州籍运动员在国内外重大比赛中获金1枚、银1枚和铜牌3枚(包括非奥运项目比赛)，在省运会获金牌19枚，银牌13枚，铜牌24枚。全市销售中国体育彩票6300万元，比上年增长74%。

卫生机构(含诊所、村卫生室)5127个，床位12187张。妇幼保健院(所、站)15个，卫生技术人员13432人。全市14个农业县(市、区)全部开展新型农村合作医疗试点工作，210万农民参加。

社会保障 全年城镇居民人均可支配收入20324元，增长9.9%；城镇居民人均消费性支出10454元，增长3.4%。农村居民人均纯收入5426元，增长13.6%；农村居民人均生活消费支出4724元，增长10.1%。城镇居民家庭恩格尔系数30.8%，农村居民家庭恩格尔系数36.4%。

参加城镇基本养老保险38.79万人，增加1.26万人；参加新型农村社会养老保险152.65万人，增加3.83万人；参加城镇基本医疗保险65.97万人，增加1.17万人；参加失业保险20.78万人，增加0.91万人；参加工伤保险21.4万人，增加0.71万人；参加生育保险24.54万人，比上年增加1.22万人；城市最低生活保障对象10.34万人、农村最低生活保障对象21.75万人，2.8万人纳入农村五保供养。发放最低保障资金6.3亿元；各类提供住宿的社会服务机构121个，养老服务机构97个，各类福利院床位数312张，收养193人。城镇各种社区服务设施10个，其中综合性社区服务中心2个。销售福利彩票1.6亿元，筹集社会福利资金0.15亿元，接收社会捐赠款0.05亿元。

资源环境 全市水资源总量18.7亿立方米，增长11.3%。平均降水量541.7毫米，与上年相比基本持平。全年总用水量6.36亿立方米，下降3.6%；全年市区环境空气优良天数为287天；其余14个县(市、区)(含五台山风景区)建成区环境空气优良天数范围在359—365天之间。黄河、海河流域忻州段共监测14断面，达到Ⅲ类以上水质标准的断面占68.3%，达到Ⅳ类水质标准的断面占14.4%，达到Ⅴ类水质标准的断面占17.3%，没有超过Ⅴ类水质标准的断面。

安全生产 全年发生各类安全事故350起，上升18.24%；死亡75人，下降53.12%。未发生较大及以上生产安全事故。煤炭百万吨死亡率为1.6%。 (赵　芳)

·忻府区·

中共区委书记	武宪堂*
	张钰祥
区人大常委会主任	李晋华
区　　长	赵志伟
区政协主席	张家祥

【简述】 忻府区北纬38°12′~38°40′，东经112°17′~112°57′，总面积1954平方千米，下辖6镇11乡，3个街道办事处。

全年全区地区生产总值完成113.8亿元，增长8.4%；公共财政预算收入完成4.34亿元，增长19.4%；全社会固定资产投资完成95.4亿元，增长27.2%；社会消费品零售总额完成96.99亿元，增长11%。

工业 规模以上工业增加值完成21.48亿元，增长13%。规模以上工业企业30家，完成主营业务收入80.24亿元，增长15%；实现利税8.17亿元，增长74.8%；其中9家销售收入过亿元，7家利税过千万元。环保装备、煤化工等主导产业完成销售收入70亿元。

农业 建设万亩玉米丰产基地12个。粮食总产量32万吨。推广种植新品种张杂谷23362亩，亩均经济效益达到2200元左右。推进“一品一村”建设，初步形成以玉米为主，辣椒、甜糯玉米、甜瓜、干鲜果、核桃等为特色的种植新格局，种植甜瓜15600亩，探索上架栽培的增产技术，亩均产量成倍增长，温室甜瓜最早于4月3日开园上市，每斤售价35元。义井甜瓜申报特色农产品地理标志认证。新建16个规模养殖小区，完善24个标准化规模养殖小区。实施羊品种改良和奶牛健康养殖项目。成立养牛协会，申报省级养牛重点县区，编制完成《2013~2020全区羊产业发展规划》。扶持锦圆种羊基地、天尧肉业屠宰加工等一批龙头企业。

项目建设 与广东侨商考察团、北京君达投资、中电投、华能等大集团进行对接洽谈。总投资100亿元的华能太阳能光伏发电项目、总投资10亿元的中广核集团风力发电项目签订合作意向。签约引进总投资20亿元的欧蓓莎国际商贸城、一期投资5亿元的航天设施农业光伏发电项目。投资9480万元完善忻州煤化工(禹王)循环经济园区基础设施。投资9700万元配套建设忻州蓝天科技创新园区道路、管网、污水处理厂。规划建设龙岗生物科技园和金山工业园区。通过增减挂钩,解决忻州华润等10个重点项目的用地指标。建立第二批中小企业"助保贷"企业池,为企业贷款8500万元。落实"一圆六企"机制,引进山西中通管业年产20万米管材、省四建钢构件项目。

城乡建设 完成"第二个大干城建年"征迁协调、服务保障工作。推进慕山路等城区20条道路工程建设,保障108国道改线工程建设,完成康乐、酒吧、名吃、古玩四条街的征迁协调任务。完成"7451"工程9条道路的绿化任务。推进古城改造,投资1094万元受实施古城南北大街道路改造。古城区新增绿化面积3800平方米,绿化覆盖率达到15.19%。完善城市管理,创建光明街保洁示范一条街。

投入近2000万元实施乡村清洁工程。开展"三项集中整治",清理垃圾点950处,清运垃圾52.2万立方米,新建垃圾填埋场41个,清理取缔乱设摊点572处,清理店外经营摊点450处,清理乱涂乱画以及小广告数字垃圾2960处3.2万平方米。实现1000户农村困难家庭危房改造;移民搬迁工程26栋楼主体完工;农村街道亮化工程,安装路灯6803盏,比分配多安装2153盏。

社会保障 城镇居民可支配收入21559元,增长10.6%;农民人均纯收入6988元,增长14%。城镇新增就业3880人,城镇登记失业率目标控制在4.0%以内,转移农村劳动力4720人。扩大社会保险、工伤保险、医疗保险和城乡居民养老保险覆盖范围,新型农村合作医疗参合律稳定在99.9%左右。完善低保运行机制,城市低保发放保障金5003万元,农村低保发放保障金4500万元。

民生建设 均衡发展城乡教育,加强教师队伍建设,面向社会公开招聘77名教师。稳步提升办学水平,中考、高考达线率保持稳定增长。新建4所乡镇公立中心幼儿园和1所民办城区标准化幼儿园。

提高卫生计生基础保障水平,董村、奇村、三交中心卫生院污水处理、业务用房建设项目基本完成。完善村级卫生工作机制,落实乡村医生待遇,规范医疗服务市场秩序。人口计生工作取得长足进步,人口出生率稳定在较低水平。

文化事业 完善文化体育场所,开展社区、村级文物保护工作,协助省文物局完成北齐大墓的保护性发掘,完成遗山墓园保护性修缮工程。

政府建设 接办理人大代表建议2件、政协提案131件。开展行政审批事项清理工作,行政审批项目由159项精简为93项。推进行政审批事项进大厅办理,建设综合政务大厅和民政、建设、社会保障、"三农"4个分厅。推进政府采购,节约采购资金214.6万元。贯彻中央"八项规定",公务接待费大幅减少。完善社区管理体制,推进社区网络化管理。(张新华)

·定襄县·

中共县委书记	刘婷芳*
	张文斌
县人大常委会主任	张德星
县长	王志东*
	刘亮
县政协主席	兰继升

【简述】 定襄县北纬38°20′~38°39′,东经112°45′~113°17′,总面积865平方千米,下辖3镇6乡。

全年全县地区生产总值完成42.7亿元,同比增长7.9%;固定资产投资完成29.6亿元,增长31.6%;社会消费品零售总额完成14.2亿元,增长16.2%;财政总收入完成4.1亿元,增长5.2%;公共财政预算收入完成2亿元,增长13%;城镇居民人均可支配收入达到21681元,增长9.2%;农民人均纯收入达到9035元,增长12.7%。

农业 全县粮食总产量达到15.5万吨。设施农业发展到5800亩,受禄乡设施农业园以色列大棚、节能温室达到1300座,实现收入6600万元,以甜瓜、蔬菜为主要作物的设施农业亩均收入5万元,最高达10万元。南王乡赵村招商引资1500万元推进大棚温室建设。推进"一村一品"建设,全县"一村一品"专业村79个,其中19个达到省级标准。"定襄甜瓜"通过全国农产品地理标志认证。投资2.9亿元实施高标准农田建设示范项目、整建制玉米高产创建项目、雁门关生态畜牧项目等15个农业重点项目,促进农业基础条件的改善和农民的增收。发展羊产业,制定出台《定襄县加快羊产业发展的实施意见》,简化养殖用地审批手续,刺激农民创业热情,年底羊存栏达到10万只。

项目建设 全县储备项目282个,总投资900亿元;有111个项目落地,落地金额71亿元;有64个项目开工,总投资65亿元;有58个项目投产,完成投资38亿元。"八位一体"的项目建设任务超额完成。组团赴北京、上海和广州等地外出招商8次,全年招商项目18个,总投资207亿元。向9户企业发放奖金97万元。锻造企业从技术改造、规模扩张、产品升级、产业延伸等方面探索整合转型之路,天宝、管家营组建集团公司启动整合;伟业齿轮装备改造和技术升级,钢材利用率达到80%以上;昊坤公司收购东泰重工,产能达到十万吨。强化融资服务,组织四次银企座谈会,帮助82户企业融资2.5亿元。政府注资300万元,利用"助保贷"为5户企业融资2250万元。为33户参加出口信用保险的企业予以保费补贴,降低出口风险。

环境建设 聘请专业单位设计牧马河生态公园、滹沱河湿地公园、河边文化产业园等十几个总体规划和专项规划,开展环境整治工作。

城乡建设 投资2000多万元完成城区主街道"一街一景"等五项工程,巩固创卫成果。投入9000万元创建河边国家卫生镇,推进宏道镇全省百镇建设。完成定襄北、定襄西、蒋村三条高速公路连接线和忻宏线南王到宏道段改造工程。开展防范和查处违法用地和违法建设工作,整治查处“两违”用地73宗。开展乡村清洁整治工程，全县9条公路沿线97个重点村的环境。

旅游业 举办首届“魅力定襄”自行车环城邀请赛，出版定襄宣传画册。与中国旅游投资股份有限公司签订协议，开发九大农业文化旅游板块，联手打造大旅游品牌。改造凤凰山景区旅游公路，完成河边文化产业园区土地征迁和旧街改造工程，“神汤都”温泉项目自6月份运营以来，成为忻州、太原人的乡村休闲旅游目的地。东峪景区开展微信宣传，声名远扬，游客倍增。开工建设投资35亿元的永旺物流园区项目，为现代服务业的发展奠定基础。

环境建设 完成营造林面积1.4万亩，完成忻台线、河边进镇路和河芳路绿化提升工程，植树2.8万株，全县林木绿化率由23.8%提高到24.6%。万元国内生产总值综合能耗下降4.8%，超额完成任务。城区新增集中供热面积17万平方米。开展污染物减排和重点流域综合治理工作，全年全部为二级以上天气，一级天气203天，COD减排等任务超额完成。推广使用天然气，覆盖44户企业129台加热炉和城区12个小区。

民生建设 开工建设1766套保障性住房，改造农村危房900户、贫困残疾人危房30户。为2.1万户2.5万名城乡低收入对象发放保障金、供养金和生活补助共计4045万元，为各类优抚对象、大病困难人员发放抚恤金、医疗救助金573万元，实现应保尽保。60岁以上的农村居民领上每月65元的养老金。县应急救援分队安置退役士官20人，加强全县的应急救援能力。实施安全饮水工程，21个村、11000人、2300头大畜喝上安全水。完成义务教育薄弱学校改造工程，为全县122所学校配备“班班通”多媒体728套、实验仪器和器材133套。公开招聘农村中小学教师40名。为20.8万城乡居民建立健康档案，开展健康知识讲座370次，137个村卫生室实行基本药物零差价。开展全民健身活动，县运动员梁磊蝉联全运会自由式摔跤120公斤级项目冠军。投资1200万元开展天眼工程建设。

政府建设 执行县人大及其常委会的各项决议，坚持向人大报告工作和向政协通报工作制度。办理人大代表建议68件、政协委员提案139件，办结率100%。举办政风行风评议活动。建立健全基层化解、领导接访和联席会议等六项制度，全年党政主要领导接访38批次、87人，包案12件，解决12件，畅通群众的诉求渠道，化解一些长年积案。开展干部下乡住村活动，155个村得到不同程度的帮扶。执行党风廉政建设责任制，严查各类违法违纪案件。深化行政审批制度改革，县直部门行政许可项目由原来的118项减少到90项。修订出台《政府工作规则》，开展“六五”普法工作，推动政府工作制度化、规范化和法制化。（薄振宇）

·五台县·

中共县委书记	王继明
县人大常委会主任	孙子清
县　　长	武新亮
县政协主席	吕更美

【简述】 五台县北纬38°28′~39°04′，东经112°57′~113°50′，总面积2865平方千米，下辖两区6镇13乡。

全年全县地区生产总值完成37.1亿元，同比增长8.3%；规模以上工业增加值9.2亿元，增长14.5%；全社会固定资产投资36.2亿元，增长39.2%；社会消费品零售总额17.3亿元，增长16.3%；财政总收入6.6亿元，增长28.1%；一般预算收入2.9亿元，增长27%；城镇居民人均可支配收入18886元，增长9.7%；农民人均纯收入4555元，增长13.2%。主要经济指标保持较快增长，财政收入增幅连续两年稳居全市第一。

项目建设 储备项目471个，投资总额183248亿元，完成率305.41%；签约项目9个，签约金额75.9亿元，完成率101.2%；自主招商签约项目15个，签约金额55.07亿元，完成率100.13%；落地项目41个，完成投资43.83亿元，完成率110.13%；开工项目24个，完成投资28.03亿元，完成率177.8%；竣工投产项目9个，总投资50.14亿元，完成率125.57%。实施省市重点工程51个，总投资131.7亿元，累计完成投资36.59亿元，完成率108.67%。实施县乡产业化项目185个，总投资206亿元，完成投资51.6亿元。县工业园区规划面积3690亩，先期实施600亩，完成场地平整、支流排水改造、主干道路建设、线路入地、河道筑坝改造和综合治理等工程。投资6000万元的智通源红木家具厂入驻，投资3亿元、年产1万台的德奥电梯制造项目开工，投资5000万元的浙江木地板项目、北京奥佳服装项目洽谈入园。天和煤业六证齐全，生产能力由30万吨提高到100万吨，完成投资1.21亿元，同华煤业取得五证，完成投资12.11亿元，全年生产工程煤122.2万吨，完成销售产值2.53亿元；云海镁业镁合金压铸件项目，一期年产2000吨方向盘压铸件投产；投资5亿元的峨岭风电项目并网发电。投资3亿元、年产17.6万吨的农夫山泉矿泉水开发项目推进开工。五台山化工有限公司投资1400多万元完成隐患整改，10月份启动生产。

“三农”工作 县财政投入1000万元补贴“三农”，新增日光温室780亩，全县设施农业突破3000亩。建成“一县一业”肉牛示范园2个、标准化养殖小区9个，规模养殖场10个，各类规模养殖户达到4094个。畜牧总收入5.31亿元，纯收入3.84亿元，人均畜牧收入1423元。年底有农民专业合作社980个，农产品加工龙头企业20个。推进东雷乡农业科技示范园区项目建设；总投资1.99亿元的金道物流农产品仓储物流基地项目，完成投资8950万元；润福山庄800亩籽粒苋试种成功，全市羊产业发展暨籽粒苋推广五台现场会召开。全县净减少贫困人口1.05万人。

旅游业 完成“又见五台山”大型情境体验剧项目建设，投资2.75亿元，6月试演；清水河流域环境治理与生态建设项目，开展旅游服务基地中小学校建设，投资4000万元，完成主体工程；旅游服务基地医院，投资1420万元，完成主体工程。东辉国际度假酒店年内营业，完成栖贤阁宾馆、友谊宾馆改造，另有8座星级酒店签订建设合同和意向。完成灵境景区、桃花界景区旅游规划编制，编制阎锡山西汇景区、兰芝山坊度假村旅游规划，驼梁景区二期开发、兰芝山坊会展中心、石瓮村旅游度假村、信和旅游度假村项目抓紧推进，南梁沟自然风光区与山西鸿升集团签订合作开发协议。五台山全年接待游客464.12万人次，实现旅游总收入46.15亿元，同比增长18%。

城乡建设 投资4500万元新建玉轩桥水景工程，投资2920万元新建迎宾路、学府街两条道路。总投资1000万元，新建和改造文昌山公园、玉轩公园等13处休闲健身广场，总面积约24万平方米，县城人均休闲面积达到6平方米；总投资328万元，建设4个集贸市场，总面积3507平方米，221个商户全部入场经营；总投资684万元，建设7个停车场，完成城区道路划线2.7万平方米，安装3套信号灯和电子监控，更新设置71块交通标识标牌。垃圾处理厂总投资2983万元，总库容70万立方米，日可处理垃圾95吨，使用年限14.5年；昌源屠宰厂总投资1000万元，建成生猪屠宰车间、大牲畜屠宰车间、业务综合楼等，投入使用；自来水厂改造工程，总投资350万元，新建化验室、加氯间、水质检测中心；迎宾路泄洪渠截污治理工程，总投资497万元，修建泄洪渠总长700米。

环境建设 投资5亿元，忻阜高速公路通道绿化提升、河道治理和生态修复一期工程均完工；中心区管网入地道路改造工程，投资1亿元，完成碧山寺至污水厂6.3千米路段改造；“气化五台山”项目，投资1.25亿元，9家单位正式使用天然气，管道全部通达后，气化率达到80%；污水处理厂改扩建工程，投资6717万元，日处理污水5000吨，一期污水管网完工；集中供热项目，投资7640万元，完成主管线铺设。

县城周边实施绿化、硬化、净化、美化和亮化“五化”工程，县城水面达到106万平方米，人均26.5平方米；县城绿化面积达到134万平方米，绿化覆盖率达到35.2%，人均33.5平方米，群众对县城卫生状况满意率达94.8%以上。五台山改造提升工程，重点实施10项工程，总投资约6亿元，即中心区道路改造、清水河河道治理、生态修复、桥梁修建、栖贤阁迎宾馆改造、大石线佛城建设、“151”强基为民工程、垃圾处理厂、农村污水改造、星级厕所改造等。全年空气质量二级以上天数达到365天，其中一级天数151天。

社会事业 完成429个行政村街道亮化、500户农村困难家庭危房改造，推进4000人的特困群众异地搬迁，改扩建农村幼儿园5所，实施乡村清洁工程。公开招聘中小学教师97名，中考成绩位居全市县级考核第三，高考达线数增长36人，达到318人，职业中学录取人数跻身全省前五，县财政拿出161万元重奖教育功臣。五台山医院主体工程完工，新农合参合率达到99.75%。全年新增就业人数3023人，城镇登记失业率控制在4.2%以内。续建新建廉租房1358套、公共租赁住房36套，新建经适房108套。完成烈士墓迁建工作，足额发放“爱心煤”10.9万吨。全年接待群众来访286批2578人次，批办群众来信34件，受理信访事项71件，办结165件，结案率96.3%，息诉罢访率93%。社会安全感满意度达到98%以上，排名全省第四、全市第一。

文化事业 举办22期专题培训班，对全县15000余名党员进行培训，对674名副科级以上干部进行集中轮训。全年放映公益电影5800场，送戏下乡135场。制作《大智大美五台》县域形象宣传片，出版《世界遗产地·美丽新五台》画册，创作晋剧《杨五郎下山》剧本，举办创卫系列演讲、摄影比赛和大型图片展。（裴志华）

·代　县·

中共县委书记	霍富荣
县人大常委会主任	籍美田
县长	郝江陵(女)
县政协主席	程耀邦

【简述】 代县北纬38°50′~39°21′，东经112°44′~113°22′，总面积1721.5平方千米，下辖6镇5乡。全县总户数62210户，总人口为217735人。农村人口130295人，城镇人口87740人。男性113320人，女性104415人。

全年全县地区生产总值完成58.6亿元，增长12.3%；固定资产投资完成33.6亿元，增长59.6%；社会消费品零售总额完成7.5亿元，增长16.1%；公共财政预算收入完成5.6亿元，增长42.58%；城镇居民人均可支配收入19250元，增长10.8%；农民人均纯收入4098元，增长13.2%。

项目建设 全县项目储备1307.43亿元；项目出库311.8亿元；项目签约101亿元；项目落地73.97亿元；项目开工44.2亿元；41项省、市重点项目投资36.24亿元；项目投产38.89亿元。久力尾砂制砖和加气混凝土砌块项目投产运营，产值上亿元，年可处理尾矿砂120万立方米。200万吨钢铁项目重新进行规划设计，落实项目选址、变电站建址并开工奠基。200万吨水泥技改扩建项目设备安装完毕。开工建设礼信橡胶二期项目。完成3万亩工业聚集区一期控制性规划，并通过省、市专家评审。白峪里等8家铁精矿粉新建、改扩建项目完工。开展招商引资工作，出台支持产业转型项目优惠政策，签约总投资6亿元的国际商贸物流城项目、总投资50亿元的江苏三丰光伏发电项目和总投资20亿元的英利光伏发电项目。

“三农”工作 全年粮食总产达8010万千克；畜类饲养量29.2万头，存栏18.2万头，出栏11万头；禽类饲养量228.3万只，存栏64.1万只，出栏164.2万只；肉类产量7400吨，同比增长39.6%；蛋产量1443吨，同比增长7.4%。建成“一村一品”村63个，农民专业合作社发展到730个。黄酒、水果玉米、小杂粮、稻米等八大产业初具规模，新认证“三品”4个，全县农产品加工龙头企业销售额达3.2亿元，增长58.8%。开展各种农业知识技能培训，共培训215期3.3万人次，转移农村劳动力4259人。完成扶贫整村推进村15个，全县减少贫困人口1.02万人；开展容纳1052户3000人的扶贫移民工程。落实各项强农惠农支农政策，投入涉农资金2.12亿元，发放良种补贴、种粮补贴、农机补贴、退耕还林补贴3900多万元。

文化旅游 举办第三届中国雁门关国际边塞文化旅游节，铺开雁门关风景区旅游循环公路和生态绿化、赵杲观景区开发、边塞旅游文化体验中心等建设项目，出台《代县文化旅游产业发展扶持办法》，涌现出天顺昌泥塑、一剪阁剪纸、杨氏工艺品雕刻、紫塞旅游产品开发等一批研发、生产、销售旅游文化产品企业。参加多种旅游交易会、博览会、推介会，提升旅游业的知名度和影响力。被中国文化管理协会、文化经济专业委员会授予"中国特色文化产业示范县"，被中国民族建筑研究会授予"中国传统建筑文化旅游目的地"。全年各景区接待游客140万人次，旅游综合收入突破15亿元。

城乡建设 开展大干城建年活动。新城累计投资23亿多元，基本完成市政基础设施建设；体育中心开工，供热站具备供热条件，医院、公安局、消防队、档案局、司法局等建设工程全部竣工；人社局、法院、国税局等建设工程和汇丰花园等六大住宅小区主体完工。旧城铺开西门瓮城、西城墙修复工程。提升新旧"五个全覆盖"工程建设成果。275个村5500盏太阳能路灯亮化工程完工；开工2084套保障性住房建设，1200户农村危房改造项目和续建的250套保障性住房全部完工，800户加固抗震危房基本完工；推进容纳1052户3000人的农村特困人口异地搬迁工程建设；为农村配备保洁员520人、垃圾清运车320辆、乡镇监管员36人。

民生建设 投资2564万元新建、改造完成县直第二示范幼儿园和68所乡村幼儿园；开工建设投资1000万元的县直第三示范幼儿园。发放低保金4643万元、五保供养金492.1万元，实施医疗救助872人次258.7万元。城镇新增就业3382人。解决11个村、2所学校、5000人的饮水安全问题。完成"爱心煤"发放任务。县医院实施改革试点工作，县、乡、村三级医疗机构全部实行基本药物制度、药品零差率销售，基本药物品种从原来的516种增加到720种。新农保、城镇居民保障基础养老金由每人每月60元提高到70元，城镇居民医保财政补贴标准提高到年人均280元。大运高速路连接线改造工程竣工通车，繁大高速公路竣工。深化"平安代县"建设，开展社会管理综合治理，开展矛盾纠纷排查调处和信访积案化解工作，保持社会和谐稳定。

环境建设 加强环境保护和生态治理工作，完成造林3.2万亩，治理水土流失4.5万亩，建成区绿化覆盖率达到44.91%，人均公园绿地面积达到10.51平方米，生活垃圾处理率95%以上。开展城区大气环境污染集中整治、重点流域环境综合整治等12项专项行动，推行脱硫除尘，加快天然气等清洁能源的推广应用，降低二氧化硫等废弃物的排放. 空气质量稳定，二级以上天气达到364天，滹沱河水质达到国家IV类标准，完成6项减排约束性指标任务。 （高继东）

·繁峙县·

中共县委书记	范波涛
县人大常委会主任	李慧英
县长	孔保宝
县政协主席	赵琦

【简述】 繁峙县北纬38°58′~39°27′，东经113°09′~113°58′，总面积2368平方千米，下辖3镇10乡，1个居民办事处，401个行政村。总人口271662人，比上年增长1524人。

全年全县地区生产总值完成60.12亿元，同比增长9.1%，总量在全市排第五，增幅排第七；规模以上工业增加值完成52.50亿元，同比增长13.8%；固定资产投资总额完成61.06亿元，同比增长30.1%；社会消费品零售总额完成9.07亿元，同比增长16.5%；财政总收入完成8.94亿元，同比增长20.5%；一般预算收入完成3.62亿元，同比增长26.7%；城镇居民可支配收入达到20981元，同比增长10.2%；农民人均纯收入达到5381元，同比增长14.2%。

项目建设 41个省、市重点项目完成投资58.89亿元。全县131家选矿企业中有矿山、选厂、冶炼的仅有中兴实业1家，有矿山、选厂的47家，仅有选厂的83家。完成诚达集团二期项目33座风电机组、华能集团完成66座风电机组的组装，全县风电资源达到20万千瓦时。在发展低空经济上，机场选址已由省发改委和北京军区出具相关批准文件。在山西省首届文博会中，共达成意向4项，总投资340万元，成功签约17项，总投资2300万元。

"三农"工作 重点培育南关、果园、古家庄、西沙河、中虎峪、金山铺、兴旺庄等7个设施农业示范园区，新发展设施农业66.67公顷，总面积达到394.63公顷。特别是集义庄万亩现代有机农业示范园区，高标准规划，完成投资3980万元，新建生态科技园区、蔬菜市场、冷藏库，成为忻州市规模最大、标砖最高、功能最全的设施园区。全县规模以上农业产业化龙头企业发展到25家，农产品龙头企业销售收入2.25亿元。农民合作社发展到414家。家庭农场发展到108家。推进百企千村产业扶贫开发项目，太重集团与繁峙县就7个项目签订合作意向书，2014年拟开工建设年出栏10万只的肉羊养殖项目。取得"三品"认证23个，集义庄有机蔬菜认证14个，光峪堡有机杂粮认证9个。全县新建标准化养殖小区77个，发展规模养殖户2200户，猪、牛、羊、禽分别达到26万头、4.2万头、42万只、60万只，肉、蛋、奶总产量分别达到1.9万吨、2万吨、0.12万吨。

城乡建设 投资1.66亿元，实施滹源街西延伸工程。投资972万元，完成永丰街西延伸工程。投资250万元完成光明路南延伸工程。东循环路工程竣工，完成投资近8000万元。开工南循环路工程，完成投资7000万元。砂河镇成功创建国家卫生镇。投资5520万元建成的污水处理厂于7月底投入运营；投资5932万元建设的集中供水工程，一期完工；总投资1.2亿元、供热2000万平方米的集中供暖工程，完成供热30万平方米；投资350万元改造砂义路；投资150万元改造汽车站、火车站；投资300万元建成垃圾填埋场；投资8000万元的镇区北坡森林公园一期工程完工，绿化面积1万亩。开展保障性住房建设，新开工2004套，建成1851套。4月18日，伯强红色旅游景区开工建设，完成施工便道、土石方工程、雕像基座广场、停车场等基础设施及雕像安装，栽植150厘米油松8000多棵。

环境建设 实施城乡清洁工程，建立健全城乡卫生保洁的长效机制。生态环境方面，对燃煤灰尘、工业粉尘等的源头企业进行集中整治，超额完成年度减排任务。抓好造林绿化工作，实施碧秀公园提升改造王程、砂河镇北坡绿化工程、平型关景区绿化工程。

民生建设 发展教育事业，高考二本B类以上达线272人，实现翻番；中考成绩由上年的全市第十跃升到第五。加快发展医疗卫生事业，人均基本公共卫生服务经费提高到30元，完成县中医院综合业务大楼主体工程。落实就业政策，城镇新增就业3136人。新农合参合率达99.78%，城镇职工和城乡居民养老保险、医疗保险全部超额完成市年度考核目标。举办第二届“三民”舞台艺术大赛和首届“中老年人体育健身比赛”，组织县秧歌剧团和县舞蹈协会开展60场免费“送戏下乡”，完成4824场农村公益数字电影免费放映任务。在农村新建84个农村文体活动室，广播电视“村村通”工程全年新安装4000套卫星接收设备。将文化产业发展基金200万元列入财政预算。

安全综治 全县发生各类事故25起，死亡7人，伤4人，造成经济损失72.64万元，其中交通事故8起，死亡7人，伤4人。消防事故17起，破获“两抢一盗”案件202起。 （冯占军）

·宁武县·

中共县委书记 任宁虎
县人大常委会主任 陈润明
县长 边东圣*
王卓
县政协主席 李应成

【简述】 宁武县北纬38°31′~39°08′，东经111°50′~112°40′，总面积1987.7平方千米，下辖4镇10乡。

全年全县地区生产总值完成41.5亿元，同比增长7.8%；固定资产投资完成55.4亿元，同比增长35.7%；一般预算收入完成5.7亿元，同比增长14.2%；社会消费品零售总额完成6.7亿元，同比增长16.3%；农民人均纯收入3777元，同比增长13.5%；城镇居民人均可支配收入17421元，同比增长9.7%。

项目建设 全年储备项目397个，总投资2180亿元。面向市场大招商，全年签约项目8个，总投资75亿元，完成年度任务的107%。58个省市重点工程完成投资59.6亿元，完成年度任务的113.5%；上马县级重点项目94个，总投资244.5亿元，完成投资64.01亿元，完成年度任务的100.2%。高点规划建园区，阳方口煤化工产业园区进行道路设计及场地平整等工作。宁煤集团和阳煤集团共建煤炭发运铁路项目正式签约。完成拆旧区土地复垦面积558亩，获得全国国土资源集约节约模范县称号。创新投资融资机制，注资500万元发展“助保贷”，组建县旅游投资公司和城建投资公司。创新城乡统筹机制，成立农资交易所。与澳大利亚客商萨顿合作建设赛马繁殖中心，并就公司注册及项目审批等成立驻宁公司的具体事宜以及建设高海拔体育训练基地进行探讨。

工业 规模以上工业增加值完成30.3亿元，同比增长10.5%。加快煤矿技能升级改造，24座整合主体矿井有19矿拿到开工报告，18矿开工建设，完成投资27.7亿元，生产原煤1240万吨，提升煤炭规模生产和集约化程度。推进煤炭深度开发，做到“吃干榨尽”，投资30.23亿元的华润2×350兆瓦煤矸石电厂于上年12月份取得“路条”；一期投资55亿元的同煤2×660兆瓦煤电一体化项目，上报省发改委待核准；投资218亿元的煤制烯烃项目，完成可研报告编制修改。

农业 推进“一乡一业”“一村一品”建设，拓宽农民增收致富渠道。推进设施农业建设，狠抓化北屯循环农业、怀道千亩食用菌、余庄高源脱毒马铃薯和西马坊农业集约化经营四大农业科技示范园区的后续建设和体制运营；养殖上培育龙头企业，推进雨润十万头商品猪养殖、大象清福千万只肉鸡养殖、紫云牧业百万只肉羊精细加工三大龙头养殖加工项目；农产品加工上突出本土特色，扶持五谷园、芦芽农夫等七个特色优势农产品加工企业；农民增收上，实施五大富民增收工程。全称“4375”工程。

城乡建设 开展第二个“大干城建年”，在推进“4442”城镇建设后续工程的基础上，实施“一山一环两口”工程，增强城市承载功能。投资3亿多元，实施十大创卫工程，改善县城面貌，提升城市品位，取得国家卫生县城称号。价值560万元的54米登高云梯消防车正式落户县消防大队并投入运行。第二热源厂建成并投入使用，县城二级中心汽车站主体完工，开工建设各类保障性住房917套，改造农村危房600户。投资2.8亿元开工建设刘家园移民四期工程，可安置移民3600多人。在县城开展村改居、平改楼试点。

环境建设 投资2926万元，对恢河县城至阳方口段实施以打坝、清淤、绿化为重点的综合治理；投资6800万元，实施汾河源头生态保护二期工程。年内完成退耕还林、荒山造林、封山育林、通道绿化2.8万亩，组织五大煤炭集团绿化造林2.3万亩。落实节能减排目标责任制，开展企业节能低碳行动，完成淘汰落后产能任务，确定重点工业减排项目2个，确保县城和东寨污水处理厂平稳运行，6项主要污染物约束性指标减排效果明显。全年县城环境空气质量二级以上天数达到365天，综合污染指数平均值1.27，稳定达到国家环境空气质量二级标准。

新兴产业 培育新型能源和发展旅游产业。在培育新型能源上，签约引进总投资18亿元的3个风电项目，年内完成投资9.5亿元，国电洁能谢家坪风电一期5万千瓦并网发电，山西国际电力盘道梁风电5万千瓦待并网发电，龙源余庄10万千瓦风电项目待国家发改委核准。国内仅有两个之一的余庄光热发电项目取得国家能源局“路条”，土地手续上报省国土资源厅。在发展旅游产业上，以打造5A景区为目标，聘请广东新空间旅游设计院和中山大学设计院编制完成《芦芽山风景区创建国家5A级景区整体提升规划》等六个规划设计，重点实施三项生态建设工程，狠抓三类酒店建设，建成芦芽山游客服务中心和大型演艺广场，东寨旅游服务特色一条街主体工程基本完成，推进冰洞沟绿道项目、硅化木保护馆建设，王化沟悬空村保护性开发项目全部完工并正式营业。全年接待游客72万人次、旅游总收入突破5亿元。1月15日，举行首届芦芽山冰雪文化旅游节。

社会事业 推进“教育管理年”各项工作，落实“三免”政策和“营养餐”工程，投入3000万元为27所中小学配置办公和教学设施，新招聘86名幼儿教师充实乡镇幼教队伍，新高中、新职中“三通一平”基本完成。举办“圆梦行动·天源助学”活动，筹集资金21万元，资助全县97名贫困学生，其中对考入大学的47名贫困生每人资助3000元到5000元，对考入重点高中的22名贫困生每人资助1000元，28名在校留守儿童每人资助400元。启动“金秋助学”行动，潞安集团宁武县潞宁煤业公司12名困难职工子女大学生每人发放2000元助学金，并对2名定点资助的农村贫困大学生分别发放5000元助学金。县人民医院“五一”投入使用，14个乡镇卫生院、8个社区卫生服务站以及441个村卫生室实现基本药物制度全覆盖。落实就业再就业优惠政策，新增城镇就业岗位1802个，创业带动就业人数315人，转移农村劳动力2716人，城镇登记失业率控制在4.2%以内。完善覆盖城乡的社会保障体系，城乡低保应保尽保，养老、医疗保险实现城乡覆盖。公共汽车交通公司正式投入运营，公司先期购置10辆公交车，分三条线路运行。

旅游业 旅游电视纪录片《探索中国》摄制组深入宁武悬空村、悬棺、万年冰洞等景点进行拍摄采访。《探索中国》纪录片共分13集，拍摄完成后，在国外、国内100多个国家和地区电视台代理发行并陆续播出。5月8日，中央电视台科教频道《中国·地理》栏目组在宁武县拍摄《悬空村》专题片。宁武县涔山乡小石门村入选第二批拟列入中国传统村落名录的村落名单。 （白瑞萍 路玉英 孙定华 温林凤 李燕燕）

·静乐县·

中共县委书记 李德新
县人大常委会主任 李如意
县长 张文斌*
王昕
县政协主席 王润

【简述】 静乐县北纬38°09′~38°41′，东经110°39′~112°02′，总面积2058平方千米，下辖4镇10乡。

全年全县地生产总值完成21.3亿元，增长12%，位居全市第三，较2上年前进7个位次；固定资产投资达到52.8亿元，增长38%，位居全市第六；一般预算收入达到2.3亿元，增长33%，位居全市第二；规模以上工业增加值达到7亿元，增长15%，位居全市第三；社会消费品零售总额达到5.3亿元，增长16.6%，位居全市第二；城镇居民人均可支配收入达到1.7万元，增长10.7%，位居全市第四；农民人均纯收入达到4566元，增长14.5%，位居全市第一。主要经济指标增幅位居全市前列，环境保护等约束性指标全部完成。

农业 推进“一村一品”“一乡一业”建设。全年种植藜麦1万亩，成为全球第三大种植基地，荣获“中国藜麦之乡”称号，国内众多媒体进行跟踪报道，提升静乐知名度。推广玫瑰种植4800余亩，发展小杂粮示范区10万亩，全县粮食总产量达到4.5万吨。推进扶贫开发，借助“百企千村”产业扶贫机遇，成立山西潞静农业开发有限公司，计划投资2亿元，扶持藜麦、玫瑰产业园区建设，为建设“双十万亩”基地奠定基础。推进羊产业发展，全年新建标准化养羊小区7个，新发展羊4万只，养殖总量达到27.4万只，羊产业成为农民致富的重要支柱。创新现代农业产业生产经营制体制，发展农民专业合作社293个，培育静丰园、汾源科技、稼祺、鸿运、忻静藜麦、亿隆藜麦等一批龙头企业，推动特色农业的规模化、产业化、效益化。

项目建设 实施省市重点项目42个，完成投资48.3亿元，完成任务的103%。煤炭企业复工复产、达产达效步伐加快。天柱山煤焦化工业园区综改工作初见成效，1830化工项目试生产，推进甲醚、百万吨焦炭扩产等12项延伸项目。推进天然气入户工程，主体工程完成。以风电为主的清洁能源项目兴起，国电5万千瓦风电项目并网发电，成为工业经济增长的新亮点。推进龙源15万千瓦风电项目、县电厂生物质能发电项目、双路110千伏变电站项目，形成多业支撑的工业发展格局。

城乡建设 总投资11.2亿元的汾河西区综合开发一期工程主体完工，部分投入使用。实施滨河西路南沿北拓以及次干道建设工程。县城供水、供热、供气、排污等管道一次性铺设完成。县城垃圾处理厂、污水处理厂二期扩建工程投入运行，杜家村污水处理厂建设工程完工。人武部办公楼、公安局技侦大楼、交警队技术业务用房均投入使用。汾水尚苑住宅小区一期工程竣工。静静铁路项目征地拆迁，太佳高速连接线项目落实资金。以“三山两河”为重点，加大生态环综合治理力度，全年造林4.51万亩，育苗3000亩，水土流失治理4.53万亩。

民生建设 高考成绩二本以上达线174人，应届生达线率位居全市前列。县广电中心荣获全国服务农民、服务基层文化建设先进集体称号。推进文化体制改革和文化产业开发，剪纸、刺绣等新兴产业逐渐兴起。完善新型农村合作医疗制度，参合率达到99.8%；健全基本药物制度，提升基层医疗卫生服务能力。办好农村新的“五件实事”，完成1000户农村困难家庭危房改造任务，推进特困群众异地搬迁安置。完成行政村街道亮化目标任务,2所村级幼儿园改扩建完工,实施乡村清洁工程,381个村庄完成村容整饰。过冬煤提前发放到位。落实各类补贴补助、低保五保、救灾救助等惠民政策。 (李青春)

·神池县·

中共县委书记 曹爱民
县人大常委会主任 贺新平
县　　　长 冯晓雷
县政协主席 刘国强

【简述】 神池县北纬38°56′~39°24′,东经111°00′~112°18′,总面积1472平方千米。总人口10.1万人,农业人口8.2万人。

全年全县地区生产总值完成16.3亿元,比上年增长12.1%;规模以上工业增加值完成1.8亿元,比上年增长13.3%,固定资产投资完成27.2亿元,比上年增长39.7%;社会消费品零售总额完成5.2亿元,比上年增长16.3%;财政总收入完成3.8亿元,比上年增长8.9%;公共财政预算收入完成2亿元,比上年增长21.9%;城镇居民人均可支配收入完成16754元,比上年增长9.9%;农民人均纯收入完成5353元,比上年增长12.9%。节能环保9项约束性指标全部完成。

农业 土地面积1467000公顷,耕地面积620000公顷。粮食总产达13万吨。在取得胡油、胡麻、羊肉、莜麦、黑豆、黍子6个地标认证的基础上,申报"中国亚麻油籽之乡",通过国家粮食行业协会认定。加快"一核两线"标杆示范带建设。以东湖设施农业园区为核心,全县温室大棚发展到1300亩。围绕西长线和阳河线,建成膜下滴灌、渗水地膜、起垄马铃薯三个高产旱作农业示范片和胡麻、莜麦等六大特色种植基地。全省地膜覆盖技术培训暨高产创建现场会与马铃薯机械化生产现场观摩培训会召开。投入1000万元,捆绑各类涉农资金3000万元发展羊产业,新建标准化养殖小区7个,羊发展到80.1万只。神池羊产业在全省畜牧产业经验交流大会上作为典型示范推广。平陆、沁水等十多个县区先后组团考察。加大扶贫开发力度,实施整村推进,帮助农民发展种草养羊。投资1.66亿元,建成馨乐苑移民小区。完善绿色食品工业园区的基础设施,长祥圆等5家企业入园,万吨燕麦片厂进入试生产。

项目建设 全县建成投产的风电场达到9期45万千瓦,与北京瑞宏伟业投资有限公司等六大集团签订93万千瓦光电开发协议,取得8万千瓦路条。200万吨新型干法水泥项目完成投资7亿元。5个建成运营的煤台发运量达到563万吨,上缴税金7598万元。开展招商引资,引进18项,总投资157.3亿元,完成率111.6%,全市排名第三。实施省市重点工程项目34项,完成投资37.62亿元,全市排名第八,完成投资计划119.92%,全市排名第二。推进转型综改试验工作,开展龙源继阳山风电等13个标杆项目建设。

环境建设 污水处理场通过国家减排核查组核查,超额完成减排任务60吨。开工建设汽车尾气检测站,完成二期中水利用工程,建设生物滤池,使出水水质达到一级A标准。开展大气污染防治,全县一级天数达到258天,空气质量稳定达到二级标准。绿化造林5.7万亩。投资4091万元新建瓦窑沟骨干坝,完成坡地梯田改造1万亩、坝滩联合整治480亩、雁门关生态配套工程和朱家川河神池县段河道治理工程。被市委、市政府授予环境保护工作先进县和林业生态建设先进县。

城乡建设 推进第二个"大干城建年",投入2.4亿元用于"路、水、医、校、电"等基础设施建设,在财政困难的情况下,投资1.3亿元完成南过境公路建设,7月通车。投资2.2亿元完成23.5万平方米的旧城改造。铺开国家卫生城镇创建工作,在城区14个片区实施绿化、硬化、美化、亮化和垃圾清倒、管网入地等工作。创建国家级平安县,筹资1630万元实施"六六创安"工程,"创安"工作代表全市接受省级检查验收。推进省五项惠民实事。投资1574万元亮化10个乡镇158个村,安装太阳能路灯3160盏。投资2900万元新建和谐苑移民小区。投资675万元完成7个乡镇、560户农民的农村危房改造工程。投资243万元铺开乡村清洁工程。投资197万元完成八角明德、东潮等6所幼儿园改扩建任务。巩固新旧"五个全覆盖"成果,改善农村面貌。

社会事业 发展教育事业。高考达线81人,中考全市排名第七,物理单科成绩全市排名第六。被省教育厅评为"学前教育三年行动计划先进县"。投入1.6亿元完成就业再就业、养老、优抚、救灾、低保等各项社会保障工作。全年城镇新增就业1618人,转移农村劳动力2000人,城镇登记失业率控制在4.2%以内。社会组织管理工作被省人社厅、省民政厅评为先进。为全县33493户农民及时足额发放冬季取暖用煤。修复丁家梁圆明观古迹,维修国家级登山健身步道。虎北乡毛家皂村在第一次全国水利普查中,被省水文水资源勘测局确定为"三晋母亲河"汾河源头。开展各项体育事业。

政府建设 推进农村集体林权制度改革。完成粮食系统19个企业改制,安置348名职工。推进文化体制改革和公立医院改革,食品药品监督管理体制改革取得进展。推进行政审批制度改革,清理规范各类审批事项96项。执行县人大及其常委会决议,听取政协委员及社会各界意见建议,办理人大建议32件,政协提案39件,办复率100%。贯彻落实中央、省市关于改进工作作风、密切联系群众有关规定,接受广大干部群众监督,提高办事效率。控制一般性支出,节俭办文、办会、办事,降低行政成本,"三公"经费压缩10%,完成停止新建楼堂馆所,公车和办公用房清理规范工作。严把工程结算审计关,严格查处各类违法违纪案件,遏制各种不正之风。 (县史志办)

·五寨县·

中共县委书记 张　春
县人大常委会主任 张志军

县　　长　　张宇光
县政协主席　　李映明

【简述】 五寨县北纬38°47′~39°15′，东经111°32′~111°57′，总面积1379平方千米，下辖3镇9乡，2个办事处。

全年全县地区生产总值完成20.7亿元，增长7.8%；规模以上工业增加值完成2亿元，增长16.2%；全社会固定资产投资完成23.3亿元，增长46.8%；社会消费品零售总额完成5.3亿元，增长16%；公共财政预算收入完成1.9亿元，增长5.1%；城镇居民人均可支配收入达到17480元，增长9.7%；农民人均纯收入达到5121元，增长13.8%。

项目建设 实施重点项目154个，总投资113.6亿元。省市重点项目40个，总投资78.74亿元，完成投资27.59亿元，占年度任务的102.4%。三岔加气站、汽贸汽配城、混凝土搅拌站、甚喜茶园、万兴制粉、甜糯玉米加工等一批产业项目建成投产。组织发运煤炭2680万吨，增幅11.5%。

“三农”工作 农林水事务支出约2.2亿元，占财政总支出的22.7%，增幅达59%。实施粮食高产创建和示范基地建设，建成万亩玉米高产创建示范片2个、万亩马铃薯高产创建示范片1个、3000亩连片小杂粮丰产示范区3个，全县玉米、马铃薯、小杂粮种植面积分别达到41万亩、15万亩、15万亩，全年粮食总产19万吨。实施万米渠道防渗工程，新增节水灌溉面积2000亩，改善水地3000亩，恢复水地1000亩。建成温室大棚708亩，发展各类专业村38个、农民专业合作社105个，完成产品认证30个，申报“三品一标”认证7个，全县农业机械化综合作业水平达57%以上，标准化生产面积达35万亩。推进马铃薯基地县建设，启动马铃薯繁育体系建设工程，建成年产微型薯600万粒的智能温室1座、组培室1座、原种繁育网棚100座，完成马铃薯原种繁育1000亩，一级种薯繁育5000亩。发展马铃薯精淀粉加工企业7家，年加工马铃薯10万吨。全省马铃薯生产暨脱毒种薯技术推广现场会在县召开。发展以养羊为主的畜牧业，建设规模养殖小区32个、养殖场23个、屠宰加工场2个，发展专业合作组织130个。羊养殖量发展到48.6万只，存栏基础母羊26.7万只。推进扶贫开发，实施“百企千村”产业扶贫工程，总投资6亿元的山煤五寨绿色农产品开发项目完成前期工作。推进移民搬迁工程，在清涟苑、宜居园两处移民小区新建14栋移民楼。推进30个新农村重点推进村建设，开展干部下乡包村促发展“九个一工程”建设。

城乡建设 实施县城“东移北扩”战略，总投资近3亿元，推进东城新区开发、二道河沿河景观工程、北园新村路改造、政府桥等系列市政工程建设。完成东城区迎宾路以北两条主街道、清涟河两座桥梁、颐峰公园广场、北环路门户景观工程规划设计。推进三岔小集镇建设，道路硬化、给排水改造、绿化亮化等13项基础设施建设工程基本竣工。

加强城乡道路改造。总投资6000余万元，总长42千米的五阳线改造工程全线开工。从旧堡沿东干渠至阳岢路全长3.5千米的东环路建设工程开工，完成路基建设。全长2.1千米的北园新村路改扩建工程竣工。总长4.3千米的旅游路、清涟路拓宽改造工程基本竣工并投入使用。政府桥、北峰台两座人行桥建成并投入使用。汽车客运站完成改址新建前期工作。加强水利工程建设。完成“引黄入五”调蓄水库规划选址。兴建农村饮水安全工程提水工程15处，解决15个村、4000口人的饮水安全问题。清涟河河道治理扫尾工程结束，等待验收。

环境建设 加强市政管理，充实环卫人员，添置环卫设施，统一更换沿街门店牌匾，对县城主街道进行美化、亮化、绿化，提前启动“创卫”工程，推进乡农清洁工程。加强造林绿化。以“荒山绿化、环城绿化、通道绿化、村镇绿化”为重点，实施南山环城绿化、颐峰公园绿化、二道河护岸景观绿化、通乡通村路绿化等8项林业工程，完成造林绿化4.1万亩。开展大气污染综合防治，完成空气质量自动监测点监测项目扩展工作，组建西八县环境监测站化验服务中心，生活垃圾处理场、污水处理厂正常运营，城区集中供热覆盖面扩大，各项节能减排指标平稳下降，空气质量全部保持在二级以上。

平安建设 开展信访积案化解活动，及时解决群众诉求，逐步规范信访秩序。实施“六六创安”工程，开展严打专项整治，严惩各类违法犯罪。加强视频监控系统建设，在县城主要街道、公共场所、城乡干线公路等重点部位安装视频监控探头1200个，在县城出入口设置高清智能视频卡口7个。基层“三级平台，四级网络”建成运行，社会治安秩序持续好转。

社会保障 落实就业和再就业扶持政策，新增就业岗位1631个，下岗失业人员再就业567人，转移农村劳动力1921人，城镇登记失业率控制在3.7%以内。落实机关事业单位津补贴，足额补发两年的行政单位生活补贴1058万元、事业单位人员绩效工资2833万元、机关和企事业单位取暖补贴1165万元、艰苦地区津贴93万元。加强低保对象复核排查，5280名城市低保对象、13450名农村低保对象实现应保尽保。企业离、退休人员养老金、城乡低保金、优抚金、救助金按政策足额发放。提前完成3.8万吨爱心煤发放任务。劳动就业和社会保障服务中心项目竣工，社会福利大楼投入使用，完善清涟移民新村敬老院配套设施，入住五保对象60人。落实保障性住房相关政策，新开工各类保障房486套，建成342套，完成配售140套。

教育 投资2400余万元，完成前所幼儿园、三岔幼儿园、一中综合大楼、韩家楼、胡会学生餐厅、三岔小学食堂，二中生活用房、餐厅、操场、小河头、东秀庄教师周转房建设，全县办学条件进一步改善。继续实施“一颗鸡蛋工程”，推行学生营养改善计划，惠及农村学生5200余人。实施名校、名师、名生战略，深入推进新课程改革，加强教师队伍管理，公开招聘特岗教师60名，教育教学水平显著提升。高考第一次达线101人，其中达重点线31人，全县60%的考生被大专以上院校录取；完成中考升学任务。

卫生 第一人民医院医技楼、卫生监督所业务用房、白求恩血液净化中心建成并投入使用。县急救中心、前所中心卫生院、东秀庄中心卫生院、小河头中心卫生院业务用房建设项目主体竣工。通过"三支一扶",公开招募医护人员24名，加强医疗队伍建设。推行国家基本药物制度,推进新型农村合作医疗,逐步规范城乡居民电子健康档案,提高基本公共卫生服务均等化水平，加强疾病防控、妇幼保健、人口计生工作。

文化 举办"迎五一"全县干部职工乒乓球比赛、"环保杯·美丽五寨摄影大赛"等活动。"八大角秧歌"通过省级初评,即将列入省非物质文化遗产名录。完善12个乡镇综合文化站配套设备;建成50个文化大院、文体广场,250个农村"流动书库""农家书屋";公共图书馆、文化馆实现免费开放;开展文化"三下乡"和"送戏下乡"活动。五寨人民广播电台开播,城区有线电视网络整合完成,完成9500余户广播电视"村村通"工程卫星接收器安装。 (朱和森)

·岢岚县·

中共县委书记	张钰祥*
	王志东
县人大常委会主任	任川中
县长	侯俊生
县政协主席	曾桂花(女)

【简述】 岢岚县北纬38°30′~38°58′,东经111°13′~111°53′，总面积1984平方千米，下辖2镇10乡,204个行政村。总人口85784人，其中男性45046人,女性40738人。农业人口47533人,非农业人口38251人。

全年全县地区生产总值完成17.1亿元,同比增长12%;第一产业增加值37386万元；第二产业增加值41033万元;第三产业增加值93028万元。固定资产投资33.2亿元;规模以上工业增加值4.4亿元；社会消费品零售总额5.9亿元；财政总收入3.04亿元;公共财政预算收入1.4亿元;城镇居民人均可支配收入19135元；农民人均纯收入4541元。全县城镇新增就业2020人,转移农村劳动力1519人，年末城镇登记失业率3.9%。

项目建设 实施202个项目,总投资273亿元。省市重点项目39项(含1个跨境项目，不计入投资),总投资75.29亿元,年度计划投资31.08亿元。超额完成项目建设目标任务,储备项目368个1214亿元;签约38个106.1亿元;落地项目50个,投资额46.55亿元;开工项目33个,投资额40.2亿元;建设投资36亿元;投产项目64个,投产金额40.68亿元。

推进10个万吨级煤炭发运项目建设。大唐风电燕家村一期投产发电,大阳坡一期核准开工建设,龙源风电一期和220千伏变电站项目具备落地开工条件。推进晋兴奥隆新型建材、龙源风电等11个县综改项目建设。与阳煤集团对接,推进总投资325亿元的阳煤集团岢岚清洁能源循环经济产业园区项目建设。

农业水利 以晋岚绒山羊、中华红芸豆、鲁忻蔬菜三大区域品牌为依托,打造现代有机农业示范基地。做大晋岚绒山羊"一县一业"主导产业。推进国家级晋岚绒山羊育种中心续建工程，建设标准化羊舍3000平方米,引进种养5000只,大洋饲料加工厂投产运营;投资1060万元为10个规模养殖场、16个行政村提供种羊5000只,完成绒山羊改良17.3万只,饲养量达到51.2万只。

打造中华红芸豆"一村一品"国际品牌。全县种植红芸豆13万亩,建设10大类21个科技示范园区1.3万亩;建设"一村一品"示范村11个;实施种子换代全覆盖工程,促进农业稳产增收。种植温室大棚1000亩,实施投资560万元的野生菌菌种资源库项目,试种野生食用菇20亩。推进百企千村产业扶贫工程,与潞安集团对接,启动"百万只羊"工程。扶持炜岚工贸、普利丰等红芸豆精深加工出口创汇企业,推进山阳药业、乾泽科技、芦芽春等农副加工企业发展壮大,全年农产品龙头企业实现销售收入达5.6亿元。引进周通煤业集团投资9亿元发展现代生态农业,对中寨沟40平方千米流域进行山水田渠路的综合治理和农林牧产业化开发。

完成农田灌溉1.51万亩、水土流失治理面积5万亩;建设膜下滴灌农业示范园区6080亩，完成"一村一井"工程30眼,投资140万元解决7个乡(镇)13个村3500口人、2119头大畜的农村饮水安全问题;岚漪河河道治理完成80%。

城乡建设 实施总投资10亿元的"22883"城建重点工程。完成广惠园社区道路管网工程,世纪嘉苑社区主体完工。南山森林公园4个景点和文昌塔公园基本建成。总投资5330万元的振兴路、景观路等8条道路基本完工。推进集中供热全覆盖工程、供水二期BT项目、兴茂大酒店、旧汽车站改建人民公园等8个引资项目建设。完成南山、北山和东山绿化各1万亩。完成岢保线路面改造工程路基整理30千米,铺油17千米;209国道至王家岔8千米旅游公路工程全部完工;忻保高速岢岚互通连接线竣工通车;北外环公路建设实现路基通车;岢岚县二级汽车站附属工程建设;李家沟至河曲赵家沟国防公路工程获批立项。推进乡村清洁整治工程建设。改造6个乡镇36个重点村村容村貌。

社会事业 开展干部包户脱贫增收工程，帮扶202个行政村5620户贫困户。推进移民搬迁。岚漪镇管家庄移民住宅楼74套、东街村东华苑二期移民住宅楼240套主体工程全部完工,中寨沟等流域生态治理工程涉及386户移民群众实现整体搬迁,完成12村700户2000口人的搬迁任务。

环境建设 完成义务植树营造林6.7万亩。展开创建国家卫生县城的前期工作,开展环境清洁、交通秩序、文明卫生"三项治理"活动,提升城市环卫水平。实施涉及3个乡镇18个村的农村环境连片整治项目;县城污水处理厂达标运行,垃圾处理厂投入使用，推进集中供热全覆盖建设。空气质量稳定在国家二级标准以上,主要污染物化学需氧量排放总量全部实现零增长。

教育卫生 新岢岚中学教学楼、

行政办公楼、艺术楼等8个项目主体完工。完成东街村、阳蒿塔、西会村3所幼儿园的新建改扩建任务。撤并咀子、石窑坪等11个农村小学教学点；初中教育取消重点班、限制班容量，实行划片、就近入学。实施农村学生营养改善工程，落实“补助政策”为家庭困难学生提供生活补助100余万元；为860余名贫困大学生办理生源地贷款470余万元。推进医药卫生体制改革。全县医疗机构全部实行国家基本药物制度，药品零差价覆盖率100%，推进县级公立医院改革；全县参合农民59311人，参合率99.98%；免费为全县离退休老干部、教师和中小学生体检；为县医院购置16排螺旋CT；总投资255万元的阳坪、西豹峪中心卫生院投入使用；投资2000万元的中医院门诊住院楼项目立项。

社会保障 新型农村社会养老保险参保40114人，城镇新增就业1451人，创业就业224人，失业人员再就业487人，就业困难人员就业141人，转移农村劳动力1523人。实施城乡低保提标工程，城市低保每人每月提高30元，农村低保每人每月提高24元。上年开工的454套保障性住房进行内外装饰及附属工程，年内开工建设总投资1700万元的200套保障性住房。

文化旅游 举办第二届晋岚绒山羊文化节；全年送戏下乡演出40场，放映电影2424场，送书下乡6000余册。投资60万元配套完善全民健身馆、县排练中心附属设施。成立远扬航天旅行社，宋长城旅游开发初具规模，忻州市吴家庄党员干部培训基地开始运营，航天博览城、荷叶坪旅游开发项目开始招商。 (贾润高)

·河曲县·

中共县委书记 边东圣
县人大常委会主任 李志伟
县　　　长 李旭清
县政协主席 李挨恒

【简述】 河曲县北纬38°55′~39°25′，东经111°09′~111°37′，总面积1328平方千米，下辖4镇9乡，340个行政村。全县总人口147941人，其中非农业人口33070人，人口出生率7.48‰。

全年全县地区生产总值完成63.86亿元，同比增长11.8%；财政收入完成15.69亿元，同比增长1.83%；公共财政预算收入完成5.83亿元，同比增长6.67%；规模以上工业增加值完成45.34亿元，同比增长14%；固定资产投资完成81.34亿元，同比增长35.5%；社会消费品零售总额完成9.26亿元，同比增长16%。城乡居民收入消费水平随着全县经济的发展和综合实力的增强明显提高，城镇居民人均可支配收入19497元，同比增长9.7%；农民人均纯收入4535元，同比增长13.8%。被省政府授予山西省县域经济发展先进县荣誉称号，位列全省C类第二名。

“三农”工作 农作物总播种面积2853.3公顷，粮食总产量6.4万吨，油料总产5583吨。农业产业化程度提升，发展马铃薯种植5533公顷，脱毒种薯普及率达到87%；发展新型日光节能温室18.67公顷，小弓棚蔬菜种植133公顷，富硒功能性农作物120公顷。提高农民专业化、组织化程度，建成“一村一品”专业村16个，发展农民专业合作社71个，认证“三品一标”7个。百企千村产业扶贫山煤河曲乳制品项目开工，农产品加工“513”企业销售收入实现2.15亿元。发展标准化畜禽养殖户130户，新建标准化羊舍2.2万平方米。全县牛存栏达到7100头，羊22.3万只，猪5.2万头，鸡53万羽。农林牧渔业总产值完成5.73亿元，同比增长7%。推进新农村建设，实施乡村清洁工程、村村亮等“五件实事”。“一村一井”工程竣工23处，实施173村3.74万人的饮水质量达标工程；安装完成260个村5200盏太阳能路灯；实施农村商业网络–农家店信息化改造工程。

工业 工业总产值完成85亿元，同比增长16%。中小企业发展到4150个，其中企业790家，个体工商3370家，从业人员32180人。民营经济完成增加值18.8亿元，比上年增长15.52%，其中工业增加值9.98万元，比上年增长14.2%；总产值51.6亿元，同比增长13.9%；营业收入50.67亿元，同比增长12.72%；利润总额5.72亿元，同比增长14.13%；上缴税金3.76亿元，同比增长14.16%。

发展煤电化产业，提升3座煤矿产能；神华国能河曲电厂二期、同德产销爆一体化、晋神磁窑沟煤矿、振钢癸二酸建成投产。形成楼子营镇楼子营村工业集聚区、文笔镇蚰蜒村工业园区、巡镇旧县乡煤炭经济区三个大工业集聚区域。在国有企业和大项目带动下，集聚区内民营中小企业数量质量发展壮大。

城乡建设 推进城市建设各项工作，城市综合管理工作纳入正常化轨道。完成长城大街的扫尾工程和益民南路污水抽排泵建设、县城排水管网规划和鲁能电厂余热实施集中供暖工程的前期工作、古渡小区19000平方米的建筑节能改造任务。市容环境实现常态化管理，有各种环卫专用车25辆，改建新建垃圾点160个，县城垃圾容器化覆盖率达到80%以上。

交通运输 投资260万元对全县8条县道169千米进行日常养护和大中修；投资186.6万元对全县900千米乡村道路和1300千米农村街巷硬化道路实施日常养护；投资143万元设置安保设施；完成曲胡线至田巨峁2千米“通返不通”公路改建项目；投资400万元完成城东工业园区1千米道路改造工程。

发展道路客运，全县拥有客运班车线路22条，客运车42辆。公交方面有亨安公交公司一家，车25辆；大兴出租公司有车150辆。二级汽车客运站建成并投入使用。

教育 各级各类学校103所，其中普中2所，职中(职教中心、职业中学)2所，初中18所，小学63所(教学点33个)，幼儿园(班)26所，其中公办园5所，民办园11所，小学附属幼儿班10个。在校人数2.2万人，其中小学生8795人，初中5648人，普高生3043人，职高生1725人，幼儿3480人。学前三年毛入园率73%，适龄儿童入学率100%，小学升初中入学率100%，初中生毕业率99.6%。高中阶段毛入学率达86%。2013年高考二本达线349人。中考成绩位居全市第二。完成中职教育免学费全覆盖任务，落实义务教育薄弱学校改造工程，完成学前教育推进工程建设项目，落实家庭困难师生资助政策。总投资2.45亿元，占地8.67公顷、建筑面积9.1万平方米的二十轨制河曲中学新校区投入使用。

文化卫生 发展文化事业，乡镇综合文化站全部建成投用。西口河酿酒技艺、九曲黄河阵灯游会、河曲灯盏游会被市政府公布列入第三批非物质文化遗产名录，海潮禅寺庙会、九曲黄河阵灯游会被省政府公布列入第三批省级非物质文化遗产名录。文笔镇唐家会村被省文化厅授予“先进文化示范村”，巡镇镇文化站站长樊志田获全省“群文之星”荣誉称号完成农村公益电影放映场次4080场次、农村“送戏下乡”工程文艺演出市级团体任务23场次。

推进医疗卫生各项工作。为城乡居民12.8万人建立健康档案。深化医疗卫生体制改革，储备医务人才。推行场所卫生监督量化分级管理制度，做好公共场所经常性卫生监管，发放卫生许可证280户，从业人员体检960人，体检率100%。健全新农合的管理机制，提高医疗机构的服务能力，减轻农民医疗负担。新农合门诊定点医疗机构200所，农民参合率达到99.87%。全年住院补偿4687人，补偿金额1682.34万元，门诊补偿15.71万人次，补偿金额1682.34万元。

社会保障 城镇登记失业率控制在4.1%。城镇新增就业2153人，创业劳动就业323人，城镇失业人员再就业678人，其中就业困难对象再就业243人，转移农村劳动力2478人。公开招聘未就业大中专毕业生89名，安置退役士官16名。就业再就业工作超额完成市政府下达的任务。劳动维权方面，劳动用工备案率达90%，劳动争议案件全部办结，比上年减少27%。完善社会保障体系，启动“一卡通”制度，新农保参保率达99.4%。加大社会救助力度，发放城乡低保金4235万元，医疗救助金351万元、发放灾民救助款物283万元，五保供养1521人、发放资金426万元，保障重点优抚对象、扶助其他社会救济对象943人发放资金594万元，有效保障困难家庭的基本生活。新建保障性住房、棚户区改造住房1378套，完成310户的农村危房改造，落实住房租赁补贴1170户230万元。

环境建设 拆除2户高耗能企业3台落后产能设施，规模发展工业企业单位总产值能耗同比下降8.66%。完成环保约束性指标，环保“三同时”制度执行率达到100%。启动神河高速通道绿化标杆工程、沿黄经济林富民工程、“两点一线”生态林治本工程，造林绿化2133公顷，城区绿化53公顷。县城建城区绿化面积达240万平方米，绿地率为31%，人均公共绿地面积为7平方米，县城绿化取得阶段性成果。城区环境空气质量二级以上天数359天。

社会治安 强化社会治安综合治理，集中开展“六打六整”专项行动，加大信访积案化解、矛盾纠纷排查调处力度，社会治安案件和信访案件上访率明显下降，有效维护社会稳定。全年侦破刑事案件188起，查处治安案件220起，刑释解教人员帮教率达到100%。 （王巧英）

【山煤九万吨乳制品项目】 12月28日，山煤集团河曲9万吨乳制品项目在河曲县河滩奶牛育种公司启动。该项目是在省委、省政府“百企千村”产业扶贫政策指引下，为实现企业的转型跨越发展和帮助贫困地区农民脱贫致富这一主题，根据河曲县实际情况实施的一项极具市场竞争的涉农工程，总投资1.37亿元，可有效带动周边农民种植牧草、养殖奶牛的积极性，帮助10000余人尽快脱贫致富。 （王巧英）

·保德县·

中共县委书记	段　新
县人大常委会主任	张智前
县　　　　长	郭新生
县政协主席	高定存

【简述】 保德县北纬38°39′~39°06′，东经111°19′~111°56′，总面积997.5平方千米，下辖4镇9乡，341个行政村。总人口16.6万人。

全年全县地区生产总值完成75.8亿元，同比增长9%；固定资产投资79.6亿元，同比增长35.1%；规模以上工业增加值60.4亿元，同比增长12.9%；一般预算收入6.77亿元，同比增长11.5%；社会消费品零售总额11.38亿元，同比增长15%；城镇居民人均可支配收入21085元，同比增长9.2%；农民人均纯收入5108元，同比增长12.%；财政总收入完成17.78亿元，绝对值排名全市第一；原煤产量达到2024万吨。

“三农”工作 发展现代农业，农作物播种面积42万亩，优种普及率达到96%，粮食总产量达到9500万斤；新发展温室大棚503亩，设施农业总面积达到4000亩；新建标准化养殖小区4个、规模养殖场7个，发展科技养殖示范户20个；培育农产品购销组织10个、营销经营大户43个、农民专业合作社59个，新上千万元以上农业产业化企业2个，农产品加工企业销售收入实现2.86亿元；培训农民2.1万人次，转移富余劳动力2500人；农机总动力达到16.6万千瓦时。加强农业基础建设。完成“小水网”工程2处，展开农村饮水安全工程25处，新打机井22眼，铺设管道3.63万米。完成农村“五件实事”时序任务。改造农村危房50户，特困群众易地搬迁1500人，306个村配置乡村清洁人员325人，261个行政村安装太阳能路灯5220盏。繁庄塔高新农业示范园投入运营，康熙枣园南北大门、红枣展示厅建设完工。

项目建设 全年完成项目储备2226.83亿元，项目签约193.8亿元，项目落地49.31亿元，项目开工55.29亿元，项目建设66.39亿元，项目投产68.19亿元，均超额完成年度目标任务。推进同德氧化铝、中石油煤层气、兴保铁路、中机电瓦斯发电等主攻项目；王家岭工业园区500万吨矿井、高耐特石油支撑剂、吉港冠宇余热发电项目完工；泰安、泰山隆安2座矿井正式投产；神达晋保、同舟煤业联合试运转；保德至三岔、保德至瓦塘煤层气管道项目进入试运行;煤炭物流园区、百盛新能源蓄电池项目主体完工。

城乡建设 实现县城创卫。按照完善基础设施、提高管理水平、提升市民素质的“三位一体”创卫模式,完成9个大项、52个小项、239项具体任务,“创卫”工作通过检查验收。提速城市建设。新城区“一横四纵”路网及配套设施建设完工;推进水系、水厂、绿化、挖山填方垫地造地等工程;同舟广场、兴保塔及附属工程、步云路、飞龙山休闲度假区龙池项目投入使用;体育馆、职工培训中心、计生综合服务中心、陈家塔和后沟村商住楼完成主体工程。城市供水率、污水处理率、垃圾无害化处理率、热化率、气化率、绿化率分别达到100%、85%、90%、72%、45%、38.2%。

环境建设 完成造林6.55万亩,森林覆盖率达到10.05%,荣获山西省林业“六大”工程建设先进单位;实施煤改气工程,5200余户居民安装壁挂炉、生活气灶;农村环境连片整治、铁匠铺集中饮用水源地治理、朱家川河污水处理厂和人工湿地工程取得阶段性成效;连接飞龙山森林公园与繁庄塔高新农业示范园的大新公路竣工通车。建成区环境空气质量稳定达到国家二级标准。省级园林城市各项指标通过初步验收,省级环保模范城市通过预验收。义门镇成功创建省级卫生乡镇。

民生建设 健全就业和社会保障体系建设,城镇新增就业2364人,城镇登记失业率控制在3.2%以内。各类社保参保人数达到15.7万人,征缴基金1.77亿元;发放“社会保障卡”7.66万张;发放低保金、临时生活补贴、医疗救助金等各类保障资金4468万元。发展教育事业,推进学前教育三年行动计划,推行基础教育课堂教学改革,启动高中教育提质工程,开展师德师风建设,中考综合排名稳居全市前三,职中对口升学率连续三年蝉联全市第一。展开医改工作,巩固基本药物制度和基层医药卫生体制综合改革成果,严厉打击非法行医,加强食品药品安全,村卫生室展开门诊报销,新农合筹资标准提高到340元。新县人民医院投入运行,义门、林遮峪2所中心卫生院完工。提升优生优育水平,人口自然增长率控制在5.6‰。启动第二轮《保德县志》编纂工作,举办保德民歌培训、农民健身秧歌、“新升杯”篮球赛等活动,开展送戏下乡62场、广场文化周活动36场。推进安居工程建设。保障性住房竣工450套,进行主体施工550套,新开工408套。完成六件实事,创建国家卫生县城工作通过达标验收;公开招聘事业单位工作人员193名;投资220万元免除高中阶段2751名在校生学费;投资416万元免除农村寄宿制学校2978名住校生伙食费;徐孩沟排洪渠改造工程完成箱涵改造680米;东关、桥头、义门、杨家湾、腰庄5个乡镇实现有线电视网络全覆盖。发放取暖用煤4.99万吨、碘盐501吨;按标准足额兑现全县公务员津贴、事业单位工作人员绩效工资,人均月增资300元。 (武延飞)

·偏关县·

中共县委书记	任建华*
	王 源
县人大常委会主任	李枝贵
县 长	王 源*
	曲俊安
县政协主席	贾献忠

【简述】 偏关县北纬39°12′~39°40′,东经111°22′~112°01′,总面积1682平方千米,下辖4镇6乡。全县总户数43887户,常住人口113990人,农村64059人,城镇49931人;男性59221人,女性54769人。出生人口1480人,人口出生率为13.02‰;死亡人口788人,死亡率为6.93‰;自然增长率为6.09‰。

全年全县地区生产总值完成25.7亿元,增长7.3%;财政总收入完成4.1亿元;公共财政预算收入达到2亿元;全社会固定资产投资完成19.3亿元;规模以上工业增加值完成8.6亿元;社会消费品零售总额完成6.4亿元;城镇居民人均可支配收入达到16161元;农民人均纯收入达到4753元。税收收入3.14亿元。一般预算支出9.5亿元。城镇居民人均可支配收入16161元;城镇居民人均消费性支出9682.86元。农村居民人均纯收入4753元,增长12.5%;农村居民人均生活消费支出5895元,增长67.1%。城镇居民家庭恩格尔系数32.9%,农村居民家庭恩格尔系数37.17%。

项目建设 完成签约项目9个,签约总投资达到121亿元;落实项目43个,落实投资额32.27亿元;开工项目28个,投资额17.26亿元;35项省市重点工程完成投资17.98亿元;投产项目14个,投资总额36.84亿元,任务完成率全市排名第一。

农业 农作物种植面积28691.37公顷,比上年增加1198.16公顷。粮食种植面积24852.86公顷,增加1198.16公顷;油料种植面积3243.9公顷,增加550.57。在粮食种植面积中,玉米种植面积8420.93公顷,增加498.4公顷。粮食产量53267.82吨增产16.8%,其中秋粮53267.82吨。猪牛羊肉总产量9087.5吨。猪肉产量4736.7吨;牛肉产量136.7吨;羊肉产量4214.1吨。生猪存栏19776头,生猪出栏60182头,禽蛋产量867.8吨。新发展规模养殖示范户100户,规模养殖户达到3561户,养羊数量达到60.8万只。

农业机械总动力152275千瓦,增长5.3%。机械耕地面积14608公顷,增长0.33%;机械播种面积14000公顷,机械收获面积8333公顷,分别增长2.86%和4.33%。农机化经营总收入3328万元,增长6.85%。新发展日光温室和塑料大棚701座,总数达到2700余座。

完成造林3870公顷,增长9.74%。荒山荒地造林面积336公顷。栽植2万亩仁用杏,成活率达到95.3%。

交通邮电 汽车保有量2088辆,比上年下降1.39%。其中客车36辆,货车368辆,公交车35辆,年末轿车1649辆。货物运输周转量54000万吨/千米;客运量38.6万人;客运周转量3836万人/千米。完成邮电业务总量1490万元,其中邮政业务总量1186万元;电信业务总量304万元。移动电话用户67321户,3G移动电话用户51025户。宽带接入用户8259户。

城乡建设 改善城乡居民生活条件,住房公积金财政缴存比例从过去的1.6%提高到3%。新开工建设保障性住房、棚户区改造1264套,完成续建任务772套,完成投资9348万元。市政工程完成投资1.1亿元。垃圾处理场、二级汽车站完工;“一村一井”工程完成投资1600万元,打钻深井38眼;县城西北循环路于国庆节前建成通车;神河高速路偏关段、县城外环路基本建成。命名城区8条主街(路)、27条小街(巷)路、17个居民住宅区,安装街路标识牌。改造1800户农村困难家庭危房,170个行政村安装路灯3400盏,行政村组建专门垃圾清扫清运队伍、配备收运车辆等设施,改扩建3所村级幼儿园。

金融保险 金融机构本外币各项存款余额401297万元比年初增长8.65%。各项贷款余额98060万元,增长17.75%。全县农村金融合作机构人民币贷款余额77409万元;存款余额120515万元。

全年保费收入4363万元,增长5.3%。寿险业务保费收入1927.52万元,增长1.74%;健康险业务保费收入8.34万元,增长15.83%;意外险业务保费收入137.14万元,增长44.74%;财产险业务保费收入1220万元,增长5.26%。全年支付各类赔款及给付408.32万元,下降16.4%。

教育 普通高中学校1所,高等教育毛入学率84%。中等职业教育招生126人,在校生223人,毕业生310人;普通高中招生757人,在校生2096人,毕业生772人;初中招生1009人,在校生3398人,毕业生1445人;小学招生760人,在校生4806人,毕业生1103人。学前教育招生412人,在校生1905人,毕业生772人。教育经费投入17285万元。新建的196套教师周转房全部投入使用。投资446万元的马家坡移民新区幼儿园暨九年一贯制学校完成主体工程。偏关中学多媒体教学“班班通、堂堂用”工程已完成并投入教学使用。高考二本B类以上达线人数198人。

文体卫生 文化馆1个,博物馆1个,艺术表演团体1个,公共图书馆1个。报纸出版1种(不含高校校报),各类杂志出版1种。有线电视用户5600户,广播电视“村村通”工程完成11000套实施任务。偏关电视台播出新闻稿件600余条,专题20余部。促进体育事业全面发展,全县销售中国体育彩票170万元,比上年增长41.7%。

卫生机构277个,床位731张,卫生技术人员681人。开展新型农村合作医疗试点工作,73589农民参加合作医疗,参合率达99.8%。改善医疗卫生环境,县人民医院住院综合楼完成主体工程建设,2个乡镇中心卫生院业务用房改扩建项目完工并投入使用。实施基本药物制度,乡、村医疗机构实行药品零差率销售。推进计生工作五项任务,食品药品监管体制改革基本完成。

社会保障 全年城镇新增就业1600人,转移农村劳动力1850人,年末城镇登记失业率4.2%。城市最低生活保障对象4900人、农村最低生活保障对象11648人,1583人纳入农村五保供养,全年发放最低保障资金2272.7万元。为36443户低收入农户发放“爱心煤”,为2435户低收入困难家庭发放租赁住房补贴。各类提供住宿的社会服务机构2个,养老服务机构2个,各类福利院床位数80张,收养53人,城镇各种社区服务设施5个,其中综合性社区服务中心5个。全年接收社会捐赠款32万元。参加城镇职工基本养老保险14200人;参加新型农村社会养老保险47550人;参加城镇基本医疗保险17256人;参加失业保险7500人;参加工伤保险8306人,其中农民2451人;参加生育保险8200人。

资源环境 水资源总量1.14亿立方米。平均降水量438.8毫米,增长8%。全年总用水量98万立方米,增长4%。年末全县森林面积2.05万公顷,森林覆盖率12.18%。全年各类自然灾害造成直接经济损失11999万元,增长139.36%;农作物受灾面积17067公顷,增长284.65%,绝收2376公顷,增长85.19%。

生态旅游 接待海外旅游人员6480人次,接待国内旅游人员7503人次,分别增长7%和30%;旅游外汇收入339.59万美元,国内旅游收入78562万元,旅游总收入80600万元,分别增长3%、31%和30%。打造“五大景区”,提高旅游知名度。以老牛湾旅游为中心,黄河、长城两条线为主轴,乾坤湾“一区八景”工程基本完工。推进护宁寺景区建设,水泉红门口“地下长城”景区进行前期规划设计,老牛湾村被财政部、文化部、建设部评为山西唯一的3A级中国传统古村落。新修2.5千米的旅游循环路;在护宁寺景区新建旅游公路和2个停车场;开工建设寺沟西口码头和寺沟长城修复工程;老牛湾大型码头建设项目工程获省交通厅批复;成立境内首家旅行社。 (卢银柱)

·原平市·

中共市委书记	薛根生
市人大常委会主任	闫前元
市长	温建军
市政协主席	尚茂生

【简述】 原平市北纬38°35′~39°09′,东经112°17′~113°35′,总面积2571平方千米,下辖7镇11乡,3个街道办事处,520个行政村。常住人口497691人,其中男257596人,女240095人。

全年全市地区生产总值完成118.1亿元,同比增长9.9%;固定资产投资134.6亿元,增长17.4%;社会消费品零售总额45.5亿元,增长16.7%;公共财政预算收入8.5亿元,下降4%;城镇居民人均可支配收入21885元,增长10%;农民人均纯收入7321元,增长14.1%。

转型综改 推进金融创新,“助保贷”融资业务为中小企业放贷1.19亿元,提升中小企业信用担保中心的融资功能;推进土地管理创新,实施城乡建设用地增减挂钩项目2个,复垦造地3600亩,2座露天采矿用地改革试点方案通过省厅专家评审并上报国土部。被确定为全国20个小城市建设用地节约集约利用评价试点县之一。开展扩权强县工作,8个职能部门的85项权力全部接收到位。组织招商推介会,参加重大展会,深化与经济发达地区的对接合作,全年签约项目25个,总投资641.6亿元。

原平循环经济示范区完成投资4.8亿元,实现示范区路网、给水、供热、供电、通讯、绿化、污水处理、天然气输配等基础设施"十通一平"。示范区入驻项目26个完成投资45.2亿元。中国电力投资集团光伏发电及风电、中国远望集团大容量动力电池、北京昊华化工集团精细化工等高新技术产业项目等相继签约,总投资488亿元。

项目建设 实施项目240个,总投资412.9亿元,累计完成投资247.7亿元。循环经济示范区入驻项目26个,总投资154亿元,累计完成投资51.4亿元,列为省级新型工业化产业示范(培育)基地、省级工业循环经济产业基地、省级中小企业创业基地、国家火炬计划煤机配套装备特色产业基地;9个项目竣工投产,投产企业达到12个,年产值完成8.2亿元。中电投铝业三期筹备建设自备电厂,推进同华电厂二期,开工中远新能源汽车产业园,豪德汇通文化商贸物流园区"三通一平"基本完工,德金农副产品加工贸易园区待运营,推进高龙电力、天兰锅炉、煤层气液化等项目。

"三农"工作 夯实农业基础,发放良种补贴、粮食直补、农资综合补贴7177万元。耕地面积111万亩。粮食播种面积保持在85万亩以上,粮食产量达到36.1万吨。发展高效农业,完善提升北岗设施农业和王家庄温室示范园区,新建总投资1.2亿元的双惠现代农业示范园区。实施"酥梨换优"工程,引进新品种玉露香梨,促进酥梨产业的提质增效。18个乡镇农产品质量安全监管中心建成投用,为杜绝农产品质量安全事故提供保障。在原有203个村的基础上增加新农村重点推进村56个、新农村建设集中连片示范区1个。巩固提升农村两轮"五个全覆盖"成果,省政府确定的农村危房改造、扶贫移民搬迁、行政村街道亮化、村级幼儿园改扩建、乡村清洁工程"五件实事"基本完成。完成14.2万吨的供煤任务。

城乡建设 前进街综合改造竣工投用,推进旧政法大院、晋原市场改造,启动太平街城中村改造和沙河治理工程;平安大街东拓、天牙山和滹沱河两景连接路、永康北路延伸段、日昇北路、文殊西大街和云中路全部投用;7项创卫硬件工程完工;完成城北集中供热工程主管网铺设,两个地下人防商业城(大十字街、范亭广场)完成主体工程,完成大西客运站站前广场规划,4500人的特困群众异地搬迁住宅楼基本建成,4632套的保障性住房任务实际开工5374套,推进城乡标准化幼儿园、基层就业和社会保障服务中心项目以及水库除险加固等工程。轩岗镇污水处理厂建成投运,启动垃圾处理厂建设,公铁立交桥改造完工投入使用。扩大中心城镇建设规模,提升城镇功能。

改造城区道路,硬化街巷户道,拆除乱搭乱建及影响市容市貌建筑,更新市区交通设施。对居民区和城中村、城边村的旱厕进行改造,新建设标准公厕20座,对原有公厕设施进行维修整治,公厕管理制度及标识全部上墙。城区达标公厕33座,31座正式开放运行,申报四星级公厕3座。改造单位、民居旱厕6450座。完善环卫体制,增配环卫车辆,增加环卫力量,清理主次干道、小街小巷和9个城中村的卫生死角,建成区实现"垃圾不落地"。推进节能降耗工作,同华电厂两台发电机组的脱硫、脱硝设施验收投用,铝业公司上马脱硫设施。开展以滹沱河流域为重点的环境综合整治,改善滹沱河水质和大气质量。淘汰不符合排放标准的"黄标车",拆除集中供暖覆盖范围内的燃煤炉灶。建成永康北路、青年街、建设街、工程路、前进东街5个便民市场,总占地面积8252.5平方米,建筑面积4137平方米。永兴路电动车专业市场、青年街花鸟临时市场基本建成。

民生建设 开展创业型城市和农村劳动力转移就业示范县创建工作,城镇登记失业率稳定控制在2.8%以内。加强社会保障,城乡居民基础养老金每人每月增加10元,企业退休人员基本养老金提高10%,城镇居民医保和新农合财政补助标准提高40元,城乡低保每人每月分别增加30元、24元。第三、四幼儿园建成投用,第五、六、七幼儿园完成选址规划,子干乡中心幼儿园完成主体工程,5所村级幼儿园改扩建项目全部完工,第三中学教学区完成主体工程。原平市第一人民医院综合业务大楼投入使用,21所乡级医疗卫生机构和503个村级卫生室全部实现基本药物零差率销售,南城社区卫生服务中心荣获全国敬老文明号称号。福寿康老年公寓成为全国爱心护理工程建设基地。慧济寺晋级第七批国家级文物保护单位,楼烦寺被中央统战部、国家宗教局评为第二届全国创建和谐寺观教堂先进集体。 (武会文)

【风景区建设】 7月,滹沱河水利风景区完工。景区总投资6.17亿元,位于市区以东约4千米处,始起红旗桥下游约100米处,终至红旗桥下游约2.42千米处,治理河道全长约2.32千米,总占地面积2平方千米。整个工程由滨河东西路、两岸景观绿化带和河道治理三部分组成。10月,天牙山风景区主体工程全部完成。景区位于市区东5千米处,规划面积10万平方千米,是依托天牙山自然景观,以2600多年前春秋时期历史人物介子推"精忠纯孝"精神为主题,挖掘旅游文化资源、培育旅游文化产业的重点开发项目。项目二期工程进行天牙山大峡谷的开发。 (武会文)

临汾市

中共市委书记	罗清宇
副书记	岳普煜
	王文英
市人大常委会主任	徐树荣
副主任	梁天运
	柴高潮
	原胜利
	仇振刚
	王醒安
	原学义
	王金珍
市长	岳普煜
副市长	赵建民　李东洪

谢碧玲　陈小洪*
杨治平　王振宇

市政协主席　乔成家
副主席　赵建国　成继东
杨益民　刘淑芬
梁若玉　陈玉士
张成梁　杨忠华

【概述】 临汾市北纬35°23′~36°57′，东经110°22′~112°34′，总面积2.03万平方千米，下辖1个市辖区，14个县，2个县级市。

全年全市地区生产总值完成1223.6亿元，同比增长8.5%；公共财政预算收入完成118.2亿元，增长6.7%；城镇居民人均可支配收入21936元，增长10.3%；农民人均纯收入7768元，增长12.6%。社会消费品零售总额完成475.5亿元，增长13.7%。

转型综改　制定实施转型综改区建设“三年实施方案”和“2013行动计划”，铺开产业转型、生态修复、城乡统筹、民生改善四大任务，推进“五规合一”、户籍制度、用地制度、金融创新和医药卫生体制等五项重大改革，确定10个重大项目，完成投资58亿元。坚持规划指导、基础先行、产业入园、两区同建，建设“百里汾河新型经济带”。编制完成《经济带发展战略规划》；基本完成滨河东路南北延路基工程，河道水利工程洪洞至襄汾段基本完工，完成生态绿化1700多万平方米；18个工业园区销售收入占到全市规模以上企业销售收入的63.9%，10个农业园区有8个形成规模，6个物流园区有4个开工建设，5个文化旅游园区全部实施开发，启动实施11个“两区同建”工程。

项目建设　实施省市重点项目394项，全年项目储备完成20888亿元，项目签约完成3019亿元，项目落地完成1705亿元，项目开工完成1407亿元，省市县重点工程建设完成1157亿元，项目投产完成1250亿元。全社会固定资产投资突破千亿元大关，完成1036.3亿元，增长26%。开展煤矿基本建设年活动，新增投产矿井20座，新增产能2340万吨，全市原煤产量7041万吨。组织全市煤炭、煤焦、煤电、银企和重点项目供需对接会，帮助企业解决生产经营困难。临汾市与国家发改委国际合作中心共同成立区域开放与城乡统筹研究基地。奥特莱斯芭蕾雨现代服务产业园项目在尧都区屯里镇破土动工，总投资15亿美元，规划占地200余公顷，建设规模336万平方米。发展第三产业物流业，推进山西国际陆港园区建设，申报临汾综合保税区。发展旅游业，接待国内外游客2143万人，旅游总收入195亿元，4A级景区6个。第三产业所占比重提高1.82个百分点。

工业　规模以上工业增加值完成661.8亿元，增长12.6%。焦化行业完成45户企业省定兼并重组任务，钢铁行业完成立恒整合中宇工作，淘汰落后炼铁产能75万吨、炼钢产能100万吨。实施新装备、新技术、新材料、新能源等转型项目104个，全市高新技术企业发展到23家，省级以上企业技术中心达到19家，新兴产业投资增速达到50.6%。

农业　粮食总产量232万吨。扩大“四个百万亩”基地和现代农业园区建设规模，新发展设施蔬菜0.29万公顷、水果0.95万公顷、干果1.32万公顷、中药材0.73万公顷。推广“公司+合作社+农户”模式，新确立“一村一品”专业村232个，新发展农民专业合作社1513个，家庭农场1348个，农业产业化龙头企业362家。推进“大水网”涉临工程，累计完成投资2.81亿元。全年完成灌溉面积14.27万公顷，水土流失治理2.77万公顷，生态修复5.33万公顷。实施“百企千村产业扶贫工程”，启动7个项目，总投资17.4亿元。与陕西省榆林市合作，实施吕梁山有机苹果产业开发项目，在全国率先实现产业扶贫项目跨省协作。

城乡建设　完成市规划展览馆、市行政服务监察中心、中大街中段贯通等工程建设；推进五一东路、二中路、北外环拓宽改造、秦蜀路南延、市民广场一期、集中供热九期、污水处理厂改扩建、市区天然气置换等工程建设。超额完成农村“五件实事”年度任务，完成30个新农村连片示范区、300个重点推进村建设任务；完成行政村街道亮化。推进交通基础设施建设，全市公路通车总里程18025千米，同比新增209千米，全省排名第一。霍永高速东段和西段一期工程基本完工。吉河高速路基和桥涵完成60%。完成大运高速土门连接线拓宽改造工程。霍侯一级路北段改造和桃临线霍州至汾西段竣工投用。新建改建农村公路231千米，其中集中连片特困地区农村公路36千米。临汾机场航站楼和高架桥主体完工。推进大西高铁、中南铁路、张台铁路建设。开展市区非法营运三轮车整治行动。开展社区便民商圈、蔬菜直销点、“万村千乡”、新网工程等城乡流通体系建设，锦悦城、居然之家等项目投入运营，奥特莱斯、红星美凯龙、生龙国际、上东世纪等商业项目推进建设。市区天然气置换工程开工，完成河西跨汾河管道顶管工程和平阳北街管网连接工程，河西天然气储备近4万立方米。

环境建设　出台绿色生态工程、创建园林城市、PM2.5防控、市区大气污染防治等实施方案，狠抓节能减排、大气污染防治、水环境修复治理和农村生态保护，实施节能改造项目76个，万元工业增加值能耗下降3.5%，六项主要污染物减排超额完成省定任务。按照新的《环境空气质量标准》评价，市区二级以上天数达到167天，其中一级18天，空气质量指数全省排名第三，PM2.5达标率好于省定标准。改善汾河水质，化学需氧量和氨氮分别下降37.93%和20.93%。实施“两山”“两网”“两林”“两区”和“双保”林业五大工程，新造林4.17万公顷，超省定任务19个百分点。启动涝洰河河道治理工程，完成投资1.87亿元。

安全生产　开展“安全生产稳定年”活动，强化两个主体责任，推进“隐患排查、专项整治和打非治违”三项行动，开展企业安全标准化建设，实施ABCD分级分类动态监管，加强对煤矿、非煤矿山、尾矿库、危险化学品、森林防火、冶金、食品药品、道路交通、地质灾害等重点行业和领域的安全监管，关闭取缔非法企业439家。全年生产经营性事故同比下降132起，没有发生重特大事故。

民生建设　推进市图书馆、博物

馆等工程建设。市直学校改造工程全部投用，改造完成5个县薄弱校，全市新建、改扩建农村学校169所、公办标准化幼儿园30所、村级幼儿园65所。临汾新医院建筑工程竣工，进行设备安装，市精神病医院主体完工，开展市第三人民医院迁建工程，市第四人民医院和市妇幼保健院成功创建三甲，完成9家县级公立医院改革，新农合参合率99.12%。市区创建省级卫生城，16个县被评为省级以上卫生县城。开展易地扶贫搬迁、住村联户、片区开发、整村推进等工作，实现贫困人口脱贫6.1万人。全年新增城镇就业6.3万人，城镇登记失业率2.84%；各项社会保险累计参保人数468.2万人；开工建设各类保障性住房26333套，完成农村危房改造8000套。

政府建设 接受市人大的法律监督、工作监督和市政协的民主监督，依法行政"六五"普法工作，加强廉政建设、行政监察、审计监督和纠风工作。精减行政审批事项，提高办事效率，市本级保留行政审批事项112项，缩减75%，平均审批时限由3周压缩为1周。执行"八项规定"和"约法三章"，清理违规公务用车331辆，停止新建楼堂馆所23个，"三公经费"支出比上年下降15.8%。

（李艳洁）

【曲亭水库垮塌事故】 2月15日，山西省洪洞县曲亭水库灌溉输水洞洞顶发生垮塌事故，导致下游坝体出现管涌，坝体大面积塌陷，满蓄1900万立方米的水库向下游流进。27小时后，坝体出现100米的塌陷。水库漏水向下游泄露，甘亭镇成为重灾区、最终流向汾河。漏水造成多条高速公路、国道、铁路停运。太原铁路局调整相关列车运行，有13趟列车改线绕行，8趟列车停运。19日，大部分村民回迁，供电、公路、铁路恢复正常，一人在灾后意外身亡。年内完成灾后重建及善后工作。（李艳洁）

·尧都区·

中共区委书记　赵志坚
区人大常委会主任　任招振
区　　长　王　震
区政协主席　许百龙

【简述】 尧都区北纬35°54′~36°19′，东经111°05′~111°49′，总面积1304平方千米，下辖10镇6乡，9个办事处，372个行政村，50个社区居委会。总人口95万人。

全年全区地区生产总值完成243亿元，增长6.6%；财政总收入完成36.9亿元，增长12.3%；公共财政预算收入完成15.7亿元，增长20.6%；城镇居民人均可支配收入24100元，增长11.5%；农民人均纯收入10053元，增长12.8%，首次突破万元大关。经济总量继续位居全市第一。社会消费品零售总额完成187.2亿元，增长14.2%，消费总量位居全市第一。

项目建设 实施省、市、区重点建设项目68项，完成投资171亿元。项目储备完成1700亿元，签约完成263亿元，落地完成183亿元，开工完成177亿元，投产完成137亿元。创新融资方式，发行15亿元企业债券，保障项目建设资金。全社会固定资产投资完成239亿元，增长33.8%。970户小微企业免征增值税和营业税，626户企业实现"营改增"，全年新增小微企业590户。9座基建矿井完成投资16.5亿元。原煤产量达到661万吨，销售638万吨，产销创十年来最高水平。

"三农"工作 打造设施蔬菜、优质水果、核桃三大基地。新发展核桃7.4万亩，总面积达到20万亩，成为全省核桃产业发展最快县区；新增设施蔬菜1.2万亩、优质水果1.1万亩。粮食总产量达到26.1万吨。理顺尧都生态产业园经营管理体制。推进乐视控股集团整合接管项目及葡萄种植及酿酒文化产业基地项目建设。改善农业农村基础设施，完成农村"五件实事"年度任务。农田水利重点县一期工程、三级联网公路改造等12项工程完工。

工业 规模以上工业增加值完成63.7亿元，增长10.4%。贾得工业园区具备入园条件，14千米主干道路、18千米引水工程和展示大厅三项工程基本完成。中煤260万吨焦化及煤化工项目，完成园区环评、可研报告、产能置换等工作，落实土地指标。中国五矿西里北铁矿300万吨综合开采项目，完成前期勘探工作，地质报告通过评审，具备开工条件。同世达和太原煤气化公司300万吨焦化项目，完成资产评估和产能置换，签订重组协议。一批产业转型项目陆续入园。推进云鹏药业、宝珠制药、正杰电器、天安电器、北斗导航系统等项目前期工作，陆续入驻园区；推进三星电子产品生产基地、广州捷能环保建材、山西精铸实业铸件等项目建设。

第三产业 发展商贸重点项目。奥特莱斯芭蕾雨嘉励商城主体工程封顶。启动红星美凯龙大型家居购物广场项目征地拆迁工作。恒安新东城美特好项目主体工程竣工。开工建设生龙国际商贸城。开展建材家居博览城、临汾汽车博览城、新发地农贸市场三个项目前期工作。推进物流重点项目建设。中信空港物流园区项目经省发改委立项批复，落实一期400亩土地指标。仙洞沟景区开发进入实质性阶段。推进山西大图置业帝尧文化主题生态公园项目建设。

城乡建设 推进东城建设。按照"一轴两翼"发展规划，推进东城基础设施建设。推进涝洰河生态建设工程。龙湾园节点基本成型，完成河道治理工程年度任务，完善景观建设、区域路网、跨河桥梁工程规划设计。拉大东城道路框架。启动108国道改建城市道路、华州路东延、解放东路拓宽改造工程前期工作，完成五一东路拓宽改造道路工程，实施北外环、二中路拓宽改造地下管网和路基工程。完善东城公共设施。尧都公园、东辰公园竣工开放，解放路学校、职业技术学校投入使用，东城医院主体工程完工。启动实施东城商业公园、东城城市综合体项目拆迁工作，完成全民健身活动中心项目前期工作。实施市级重点工程。完成秦蜀路南延地下管网工程。中大街道路建设工程完成开工准备工作。滨河东路南北延路基工程完工。滨河西路北延工程征地拆迁结束。启动建设景观大道工程。规划十二路竣工通车。规划四路、规划五路、规划三街以及奥体中心职工体育馆项目征地拆迁工作基本完成。滨汾花园、滨西佳园、站北春苑三个还迁小区主体工程基本完工。

推进城中村改造。启动26个城中村改造试点村前期工作。开展尧庙镇郭村、西街西关社区、刘村镇涧头村、汾河办盘龙社区等5个村的改造工作。尧庙镇乔村锦悦城“产城融合”发展模式得到省、市领导肯定。

环境建设 开展春秋大绿化，完成造林4.8万亩，通道绿化140千米，植树114万株。开展城乡环境综合整治，推进大气污染防治工作，铺开“美丽尧都”6S行动，改善城乡面貌。

安全生产 落实部门、企业两大主体责任，开展“打非治违”专项整治行动，取缔非法生产经营单位59家。严厉打击私挖盗采，炸毁、封堵私开坑口30余处。开展“夯实基础管理、落实工作责任”集中教育整顿活动，查摆整治突出问题2800余个。重视信访维稳工作，加强和创新社会治理，城市社区“网格化”、推进城乡“两实”管理工作，维护社会和谐稳定。

社会事业 推进全区教育、医疗、文化、科技等各项事业协调发展，完善社会保障、社会救助、就业指导体系。完成五一路学校、6个乡镇卫生院、87所薄弱学校改造工程。医疗、养老等六大保险参保人数达到60.2万人，1.8万户城乡居民纳入低保范围，6600套保障性住房开工建设，完成200套农村危房改造。发展社区便民商圈和蔬菜直销店，推进“万村千乡”、新网工程和商贸市场建设，激发城乡消费潜力，住房、汽车、家电等各类大宗商品和生活性消费持续增长。（张洪亮）

·曲沃县·

中共县委书记 朱晓东
县人大常委会主任 刘 伟
县 长 郭惠勇
县政协主席 薛经纬

【简述】 曲沃县北纬35°33′~35°51′，东经111°24′~111°37′，总面积437.9平方千米，下辖5镇2乡，158个行政村。总人口24万人。

全年全县地区生产总值完成108亿元，同比增长12%。公共财政预算收入完成2.99亿元，同比增长18.04%。城镇居民人均可支配收入22516元，同比增长12%；农民人均纯收入10260元，同比增长15.2%。

工业 规模以上工业增加值完成66亿元，同比增长14%。在政策和市场的双重压力下，千万吨级钢铁工业园区企业保持稳定生产和正常运转，通才公司污泥回收、南环路、120吨转炉配套和立恒公司厂区生态化建设等项目竣工。马庄新型装备制造园区内盛格特公司年产20万支太阳能路灯灯杆、亚华制盖年产13亿只瓶盖、盛通建材年产1.2亿块煤矸石烧结砖和方圆塑业年产1万吨燃气管道以及三星公司年产10万吨离心铸管等项目竣工。完成山西国际陆港曲沃项目园区主干道路建设涉及220余亩的征地任务，陆港区和钢铁工业园区涉及的9个村庄的搬迁实施方案基本确定，一期建设用地指标落实。紫金山黄金产业开发园区按照相关规划，办理探矿权等各项前期手续。分别与山东润峰集团、上海华仪集团签署光伏发电、风力发电等新型产业合作项目。

农业 实施强农兴旅品牌打造计划，发展全县农业和旅游业，形成“晋之源”农业和“晋文化”旅游模式。打造“晋之源”农业品牌，建设精品农业园区。提升晋之源曲村万亩设施蔬菜、磨盘岭农业观光、里村精品红提和北董优质大蒜等示范园区发展水平，实施高显汾河滩涂循环农业园区和浍河北岸生态农业观光园区的产业配套及景观塑造工程。立恒公司以“工业经营农业”的形式，投资2亿余元建设晋之源太子滩立恒现代农业示范园区，园区内规划建设的南渔北引示范区、双千亩莲鱼共养区、高科技智能温室区、新能源光伏发电区、晋国文化游览区、生态湿地保护区等六大区域，成为曲沃县“晋之源”系列农业园区建设的新亮点，全市农业园区建设现场会在曲沃县召开。

城乡建设 推进东城新区开发建设。东城新区吉祥路、如意路通连文公大街的北拓工程完工，新区中央核心区大贯通、大循环的“三纵三横”主干道路框架形成；建成国际酒店、商业广场和数十栋高层住宅。推进晋都公园建设工程，晋都文化中心“五馆一院一中心”的所有场馆部分主体竣工。万人广场、晋国宫、文公舫、如意湖等一系列富有历史文化特征的单体建筑主体落成。

文化旅游 推进晋国文化旅游区、桥山黄帝文化风景区以及曲村大悲院、南林交龙泉寺、浍河民俗山庄、晋都绿港生态园等景区、景点建设和修复工作。完成晋国博物馆馆区陈列布展、墓址复原、内外装修、设备安装以及绿化、美化、亮化等各项工程，正进行扫尾及配套后续工程。完成多媒体宣传推介片《晋国风云》制作工程，试演晋国历史故事情景剧部分章节，增加景区的文化含量和看点。完成浍河自然风景区“浍河魂”大型人物场景群雕制作工程，核心景区初具雏形。桥山黄帝文化风景区山顶黄帝庙主体、上下山循环步道、山前停车场建设以及景区一期绿化完成，具备开放条件。

社会事业 完成曲沃中学生活区一期、曲沃二中办公生活用房、兴华中学教学楼以及东城幼儿园主体建设；高考二本B类以上达线900人，达线率名列全市榜首；举办“盛世曲沃”春节社火及大型灯展和广场消夏文化月等文化活动50余场次；完善县乡村三级卫生医疗服务机构设施功能，新人民医院门诊楼及附属工程完工，推进县级公立医院综合改革，广大群众看病难、看病贵的问题得到缓解；养老保险、医疗保险、城市低保、农村低保以及大病救助、残疾人援助、新型农村合作医疗等社保制度健康运行，扩大覆盖范围；高标准设计建造一批钢结构仿古公交停靠站，1、2路城市公交车投入试运营；完成省委、省政府确定的农村“五件实事”中涉及曲沃县的农村困难家庭危房改造、村级幼儿园改扩建、行政村街道亮化和乡村清洁工程等四项工作任务；开展安全生产隐患排查，化解社会治安综合治理和矛盾纠纷,提升广大人民群众的安全感、满意度。

社会保障 加强财政保障能力,在保障公教人员工资按时足额发放的基础上,筹集资金6000余万元,解决住房公积金配套、冬季烤火费增发和县级公立医院改革补偿资金,提高财政供养人员的津补贴和绩效工资标准;保障性住房加快建设,完成惠苑小区一期258套廉租房和60套经济适用房的配租配售以及二期230套廉租房主体工程建设。 (张淑霞)

·翼城县·

中共县委书记	郭行杰
县人大常委会主任	李殿梁
县长	杨春权
县政协主席	李伦

【简述】 翼城县北纬35°23′~35°52′,东经111°34′~112°03′,总面积1168平方千米,下辖6镇4乡,212个行政村,878个自然村,6个社区。总人口31.8万人。

全年全县地区生产总值完成88亿元,同比增长8.4%。公共财政预算收入完成5.5亿元。固定资产投资完成54.5亿元,同比增长34.3%;社会消费品零售总额完成32.1亿元%。城镇居民人均可支配收入21948元;农民人均纯收入8076元。

农业 粮食总产达25.4万吨。强化政策扶持,新发展水果经济林6200亩、核桃经济林3600亩、设施农业1000亩,启动实施20个专业村"一村一品"项目。新增县级农业龙头企业8家、专业合作社64家,全县无公害农产品数量达43个、产地认证面积达15万亩。翼众张桥无公害蛋鸡养殖基地、富民万只肉羊养殖和长汇20万吨饲料加工项目投产运营,富华奶牛场改扩建、鑫坤3万只肉羊养殖、12个生猪养殖场改扩建项目完成年度建设任务。实施农机装备与服务提升、南梁片基本农田整理、王庄片高标准农田建设、小型农田水利重点县等项目建设。为123个行政村装上太阳能路灯,推进16个重点村新农村建设和400人异地扶贫搬迁安置工作。

工业 规模以上工业增加值完成49.9亿元,同比增长12.5%。强化工业要素保障,争取企业专项扶持资金6300余万元,组织煤炭企业签订购销对接合同49.6万吨,审批发放小微企业助保金贷款5000万元,3座变电站完工投用。永益30万吨大口径铸管项目投入试生产。舜达公司16500吨热模锻压力机主机设备从俄罗斯发货,与阳煤集团装备制造局等企业开展合作对接。全县原煤产量完成441万吨,7座整合煤矿主体技改工程基本完工,3座达到联合试运转条件。阳煤翼城煤电化循环经济产业园区项目签约,园区规划经省发改委评审并批复,选址已确定,进入推进阶段。翼钢等5家冶炼铸造企业的卫生防护距离得到重新调整确认。7座铁矿达到复工建设条件。

城乡建设 完成县城总体规划修编及供水、道路等专项规划的编制工作。古北线改造、县城水源地建设、北环路西段工程相继完工,县城70%的小街小巷实现硬化,城西防洪排水、唐霸文化公园和翼侯高速桥上连接线工程完成年度建设任务。提高县城集中供热供气覆盖范围和运行质量。城乡环境卫生综合整治取得阶段性成效,建筑市场秩序好转。推进文物修缮、遗址保护和历山、城内"古城新村"景区建设。节能减排完成年度任务,PM2.5监测系统投入试运行。提升城区环境质量,二级以上天数达到350天。完成通道绿化300千米、矿区绿化1500亩、荒山绿化3500余亩。

民生事业 完成16所中小学校、5所村级幼儿园改造工程,汇丰中心幼儿园、5所乡镇中心幼儿园、三中标准化操场建成投用。教师队伍充实,教学质量提升,中考、高考成绩位居全市前列。科技项目申报和资金争取工作取得新突破,科普基地建设达到全省县级领先水平。完成2个乡镇卫生院、4个分院的业务用房建设和危房修缮,新中医院投入运营。深化基层医疗机构改革,推进公立医院综合改革,县医院、中医院实行药品零差率销售,推行"先看病、后付费"制度,全县近29.7万居民有电子健康档案。实现农村劳动力转移就业5212人,新增城镇就业4620人、困难群体再就业470人。扩大各类社会保险、社会救助覆盖范围和保障水平,提高新农合报销补偿比例、60周岁以上老人基本养老金补助和城乡低保、五保、80周岁以上农村籍老人敬老金发放标准,启动农村老年人日间照料中心建设。对180余户残疾人家庭实施帮扶救助。"暖心煤"发放、首批便民连锁店信息化改造、科学储粮仓发放工作完成。加强公共文化服务体系建设,开展免费送戏、送电影下乡活动,为10个乡镇文体站和212个农家书屋配备电脑和图书,推进广播电视网络巩固改造工程。

社会治理 完成县乡村三级社会管理服务中心建设,提升社区"三有一化"水平,完善社会管理服务体系。开展集中教育整顿和安全生产大检查活动,深化各行业、各领域安全隐患排查治理,加大打非治违力度,改善安全生产形势。推进食品药品安全监管体制改革。严打整治和重点部位治安防控,增强人民群众安全感。完善信访工作机制,加大信访案件督查督办力度,维护社会和谐。 (翟铭泰)

·襄汾县·

中共县委书记	王国平
县人大常委会主任	张拽牛
县长	程明温*
	张宏志
县政协主席	王建中

【简述】 襄汾县北纬35°40′~36°03′,东经110°06′~111°40′,总面积1034平方千米,下辖7镇6乡,348个行政村。

全年全县地区生产总值完成125.17亿元,增长9.1%。公共财政预算收入完成7.45亿元,增长6.47%。城镇居民人均可支配收入22243元,增长11.3%;农民人均纯收入9206元,增长12.6%。

农业 应对夏粮歉收的不利影响,加强农田水利等基础设施建设,改善灌溉面积15万亩，增加秋粮复播面积4万余亩，全年粮食总产达到46.4万吨。狠抓八大园区和两大基地建设，蔬菜、果树、中药材等特色农业的种植面积稳中有增。完成南辛店、景毛、新城3个万头生猪养殖园区建设。加快农业产业化步伐，侯临农业科技有限公司一期日产10吨杏鲍菇项目投产达效，天美食品、三盛合酿造、奥格姆食用菌、敬德面粉4家企业成为全省“513”农产品加工龙头企业。加大农业品牌认证力度，新增无公害产地认证6000亩，赵康辣椒通过国家地理标志认证，“五谷丰”醋业跻身山西省著名商标行列。推进以燕村为重点和以陈郭为重点的两个新农村连片区新农村建设。

工业 突出招商引资、产业整合、项目调产、园区建设等重点，促进工业转型升级。组织参加各类商贸洽谈活动，晋润冷链物流、戎子酒庄生产基地等项目成功落地。世界500强企业新兴际华下属新兴重工襄汾绿色铸造科技产业园落地开工。推进焦化行业整合重组，县内整合主体企业由1家增加到4家，产能由760万吨增加到820万吨。实施传统产业升级改造，宏源10万吨甲醇项目进入试生产，光大90万吨干熄焦项目投产达效。发展循环经济，星原100万吨高速线材、400万吨高活性石灰建成投产。抓好工业园区建设，辉瑞制药园区一期工程通过国家食品药品监督管理局验收，宏源260万吨焦化项目成为河西煤化工园区重点项目。

城乡建设 加大“百里汾河新型经济带”襄汾段建设力度，完成滨河东路和汾河治理年度目标任务。加快县城扩容提质步伐，开展复兴路、丁陶大道北延等路网工程；晨光家园、泽欣花园等住宅小区主体完工，瑆海建材广场、华亿百货等便民工程投入使用；实施旧城街巷改造、自来水管网建设、集中供热扩面等提质工程，推进“大县城”发展战略。开展环境卫生、建筑质量安全、规划管理和物业管理等专项整治活动，提升城市管理水平。完成241个行政村的街道亮化工程，启动“两区同建”，推进乡村清洁工程，改善环境脏乱差状况。整治大气污染，推进生态建设，二氧化硫、氮氧化物等约束性指标全部完成市里下达任务，县城二级以上天数达到338天。

文化旅游 依托丰富的文化旅游资源，以根祖文化之乡建设为目标，发展文化旅游业。抓景区开发，与广东中惠源集团签订总投资21.9亿元的旅游开发协议，开发建设丁村、陶寺、汾城、龙澍峪和玛斯兰德温泉度假小镇，总投资1.2亿元的龙澍峪景区一期工程进程过半。加强文物保护，襄陵文庙、邓庄灵光寺琉璃塔入选国家第七批文物保护单位。振兴文化产业，赵康古建文化产业园开工建设，晋尧古玩市场投入试运营，完成唐人居晋作家具改造提升，丁村土布成为集自主创新、联合加工生产为一体的文化产业。组织荷花文化旅游节、尉村跑鼓车节、赵氏孤儿忠义文化节、龙澍峪祈福节和陶寺龙文化节等活动，全县文化旅游产业收入达到10.37亿元，比上年增长21.4%。

安全生产 落实部门监管责任和企业主体责任，开展安全生产大检查活动，引深“打非治违”“风雷一号”等专项整治，加大对重点行业和领域的安全监管，累计排查整改隐患3252条，安全生产各项指标均在市政府下达的控制范围之内，全年没有发生一起重特大安全事故。开展信访积案化解“百日攻坚”活动，处理信访1580件次，化解历史积案110件、复杂案件350起，解决一大批群众关注的热点、难点问题。开通运营“清风丁陶”政务监督平台，受理回复群众反映问题和政策咨询1000余件。组织“春季攻势”“丁陶净土”等专项行动，打击各种违法犯罪活动，改善社会治安状况。

社会事业 推进教育体制改革，改善教学条件，加强教师队伍，提升办学质量。星原学校建成投入使用，普通高考二本达线1196人，比上年增加256人，4名同学被清华、北大录取。完成省级公立医院改革试点工作，扩大新农合大病保障范围，加速县医院河西新院建设，验收通过“全省计划生育优质服务先进县”，推进食品药品监管体制改革工作。推动社会保障体系建设，新增城镇就业7320人；五大保险参保人数达到42.9万人次，征缴社保基金3.1亿元；全年发放社会救助资金5266万元，6万余名60周岁以上老人享受到城乡居民养老保险待遇；累计建成保障性住房672套，改造残疾人和农村困难家庭危房535户。推动文化事业发展，排版审定《陶寺文化新论》和介绍襄汾历史文化的专著《襄汾》两书。《丁陶鼍鼓》摘得第十届中国艺术节“群星奖”，平阳麻笺、徐记锣鼓等5项民间技艺入选第四批省级非遗保护名录。 （王建刚）

·洪洞县·

中共县委书记	王黎明
县人大常委会主任	李世杰
县长	孙京民*
	郑步电
县政协主席	魏金顺

【简述】 洪洞县北纬36°14′~36°32′，东经111°22′~111°52′，总面积1493.8平方千米，下辖9镇7乡，463个村委会。

全年全县地区生产总值完成165.5亿元，同比增长9.8%；财政收入完成23.5亿元，同比增长3.9%；一般预算收入完成11.5亿元，同比增长21.1%；限额以上工业增加值完成104.8亿元，同比增长13.5%；固定资产投资完成138.9亿元，同比增长37%；城镇居民人均可支配收入20096元，同比增长9.7%；农民人均纯收入8249元，同比增长12.1%；社会消费品零售总额达到43.8亿元，同比增长13.1%。

“三农”工作 扶持历山农业观光园、大槐树生态农业园和天泽现代农业示范园3大园区，发挥示范园区的辐射带动作用，培育市级龙头企业13家，农产品“513”龙头企业销售收入完成4.35亿元，新发展设施蔬菜373.333公顷，新发展药材353.333公顷，改造中低产果园140公顷。推进新农村建设。投资3000余万元，整修53个重点推进村的残垣断壁500余处,设置垃圾池5000余个;投资4200万元,完成涉及343个村的农村太阳能路灯亮化一期工程,共安装7360盏太阳能路灯;创新实施以洪洞(天泽)现代农业转型综改示范园为代表的现代农业园区、新型农村社区"两区同建"的示范模式,被列为临汾市2013年"两区同建"转型综改标杆项目。加大强农、惠农、富农政策扶持力度,基层农技推广体系建设项目投入404万元,"一村一品" 补贴项目投入256万元;加大对农民的技能培训,开办电工、焊工、计算机、营业员、家政服务员等培训班24期,培训学员2532人,有组织地转移农村富余劳动力7300余人。

项目建设 通过参加西洽会、中博会及自行签约等方式,全年签约20个项目,意向投资176亿元,落实项目建设"六位一体"推进机制,完成储备投资额1473亿元;完成项目落地43个,投资额达171亿元;开工项目29个,完成开工投资额101.9亿元。华翔精密制造三期、飞虹微纳米光电、飞虹高功率激光器、山焦20万吨甲醇、三维3万吨四氢呋喃等项目竣工投产;推进山焦60万吨烯烃、山水200万吨水泥等项目建设;洪洞大酒店、滨河新区、碳纤维等项目达成合作意向;晨丰饮料、江苏鸿典新型材料、文化旅游商业街等项目开始前期工作;锦江物流园新能源汽车城项目入驻甘亭园区。完善园区建设,规划实施3个农业园区、4个工业园区、2个旅游景区、2个物流园区和1个滨河新区。

工业建筑业 规模以上工业企业56家,减少11家;增加值增长13.5%;实现主营业务收入4224828万元,增长0.6%;实现税金总额226074万元,同比降低2.1%;实现利润53533万元,降低24.5%。省属企业实现主营业务收入2260841万元,降低4.3%;省属以下企业实现主营业务收入1963987万元,增长6.8%。全社会原煤产量1277.87万吨,增长47.0%;洗精煤2010.80万吨,增长11.5%;发电量3864万千瓦时,下降24.9%。焦炭产量429.60万吨,增长6.5%。

具有资质的建筑业企业实现产值36246万元,增长86.2%。房地产开发投资33891万元,降低60.5%。住宅投资31833万元,商业营业用房投资1339万元。

文化旅游 文化馆1个,博物馆1个。文化系统共有专业和非专业艺术表演团体4家。公共图书馆1个,档案馆1个。广播电台1座,电视台1座。年末有线电视用户60150户,比上年增加13403户。出版《话说广胜寺》《祖槐》等作品,编撰《洪洞楹联大全》《历代皇帝与洪洞》《洪洞通史》等系列作品,打造寻根文化品牌,完善旅游配套服务设施,推进落实景区拓展改造工程。投资406万元,完成大槐树景区监控、照明等工程建设;实现广胜寺景区长2千米的洪广南路竣工通车;基本建成以"根祖文化"为核心,规划总面积400公顷的"汾河之韵"景观区。政府大楼平移工程完工,启动旧县衙恢复工程。以大槐树、苏三监狱、广胜寺为核心的旅游景区,共接待游客372万人次,实现旅游门票收入5200万元。加强重点文物的修缮保护,净石宫、商山庙、关帝庙被录为国家级重点文物保护单位;重八席、娄氏胃灵散、贾氏乌金散被列为省级非物质文化遗产。

城乡建设 编制完成《洪洞县城总体规划》、15个专项规划及12个乡镇规划。推进"百里汾河新型经济带"框架工程,高标准完成以城区段引河、桥梁、东岸景观公园和上游段中度治理为主要内容的汾河生态修复治理与保护二期工程;滨河东路贯通工程二标段率先完工。推进大槐树文化中心室内外装修工程,涧南东街建成通车,霍侯一级路翻新亮化、城区路灯节能改造及桥梁夜景工程全部完成。垃圾无害化处理厂投入运营;新增集中供热面积50万平方米、天然气用户6000户;安装农村太阳能路灯7360盏;全年植树造林0.26万公顷394万株。

环境建设 开展乡村清洁工程,清理积存垃圾7.7万立方米,粉刷墙面1.9万平方米,规划垃圾填埋点390处,完成赵城片区农村环境连片整治。环保控制指标超额完成市下达任务,城区二级以上天数达到335天,一级天数达到78天。全县城市污水处理率达到90%;城区生活垃圾无害化处理率连续两年达到100%;全县集中供热面积310万平方米,比上年增加52万平方米。

教育卫生 为全县3000余名五类特殊家庭学生发放补助200余万元,3座乡镇中心幼儿园和10所义务教育标准化学校建设,职业中学教学楼主体封顶,高考二本以上达线1783人。卫生机构(含诊所、村卫生室)881家,其中妇幼保健院(所、站)1家。床位1397张,其中医院床位821张,卫生院床位576张,卫生技术人员1381人。深化医疗卫生体制改革,实施国家基本药物制度,新农合参合率达99.4%。

社会保障 全年实现就业再就业7505人,发放各类低保和救助金9616万元,为低收入农户发放低供煤20.5万吨,完成各类保障性住房1436套,分配廉租房348套,改造农村危房423户。参加各类保险61万人,参加城镇基本养老保险46925人;参加新型农村社会养老保险414900人;参加农村合作医疗保险631459人,参合率达99.4%。参加失业保险23000人;参加工伤保险33786人;参加生育保险17126人。全年全县纳入城市最低生活保障的居民8017人,发放城市低保资金2498万元,比上年减少328万元;纳入农村最低生活保障的居民26354人,发放农村低保资金4657万元,比上年增加556万元。全县各类福利院单位床位数180张,收养人数65人。城镇建立经常性社会救助工作站1个、捐赠接收工作站1个、福利企业2个。全年接收社会捐款670万元,接收捐赠衣被500件。筹集公益金1.5万元,安置残疾职工46人,福利企业产值1899万元。全年销售社会福利彩票2500万元。

(曹 月 王俊平 张甜甜)

·古 县·

中共县委书记 李 菲
县人大常委会主任 辛普选
县 长 李 强

县 政 协 主 席　　李朱锁

【简述】 古县北纬36°02′~36°05′,东经111°27′~112°11′,总面积1206平方千米,下辖4镇3乡。总人口9.26万人。

全年全县地区生产总值完成51.4亿元,增幅11.8%;工业增加值完成40.2亿元,增幅16%;公共财政预算收入完成4.8亿元,完成任务的105.6%;固定资产投资完成39.5亿元,增幅40.8%;社会消费品零售总额完成7.4亿元,增幅13.8%;城镇居民人均可支配收入22817元,增幅11.1%;农民人均纯收入7179元,增幅12.5%;原煤、焦炭、洗精煤产量分别完成514万吨、217万吨、520万吨,增幅分别为31.9%、7.9%和11.5%。

农业 粮食总产量达到5.87万吨,增幅5%。依托片区开发项目,完成核桃栽植2200公顷,90余万株,巩固核桃主业地位。培育连翘产业,高标准发展257.3公顷,连翘产业步入规范化轨道。1个县级和7个乡镇级农业示范园区得到巩固提升,石壁王滩农夫菜园、北平大田豆角等品牌在省内外打响。推进产业结构调整,支持农民合作组织发展特色种植和特色养殖,全县农民专业合作社达到487个。全年争取涉农资金4800万元,先后实施农业综合开发、土地整理、巩固退耕还林、红色小流域治理等农田水利项目。

工业 加快工业转型步伐,推进煤炭兼并重组工作,8座基建矿井完成投资10亿元,下辛佛、柳沟、老母坡、泓翔、蔺润等5座矿井转入生产,兰花宝欣煤业进入联合试运转,煤炭产能首次突破500万吨。华宝工业园区环评通过省专家评审。国新正泰焦炉煤气制备天然气项目进入试车阶段,成为全省乃至全国的标杆项目。利达焦化6万吨合成氨项目经市经信委备案,铺开基建工程建设。搁置多年的西山煤电古县2×35万千瓦煤矸石综合利用发电项目,前期工作取得一定进展。

旅游业 牡丹文化旅游节旅游人数20万人次,旅游团数58个,全年旅游人数累计达到43.4万人,旅游综合收入5.64亿,比上年有所增加;旅游车辆达到2万辆次,自驾游的车辆有大幅增加;门票直接收入60万元,景区综合社会收入3000余万元,同比增加60%。五一国际劳动节期间,游客人数达到5万人次,车辆达到4000车次,门票收入13.6万元。各种摊位达到285家。

城乡建设 推进基础设施建设,文昌新区道路工程主体完工,实现城市建设扩容提质;升级提档城市园林绿化,古县县城被国家住房与城乡建设部命名为国家级园林县城;开展城乡环境清洁工程和创建省级林业生态县工作,改善全县环境卫生与生态面貌。12个新农村重点推进村建设任务全部完成,连片示范区巩固。农村困难家庭危房改造、特困群众易地搬迁、村级幼儿园改扩建、乡村清洁工程、行政村街道亮化等省定"五件实事"均完成年度任务,农村基础设施建设加强。

社会事业 古县三中正式投入使用,古阳、下冶、石壁、旧县四所乡镇中学教育资源有效整合;高考成绩刷新历史纪录,高考达二本B类线209人,稳居临汾市山区县前列。新医院附属及装修工程进入攻坚阶段。县政府年初承诺的10件实事全部落到实处,人民群众共享到公共财政阳光。县、乡、村三级社会管理指导(服务)中心初步建成。　　(毛华丽)

·安泽县·

中共县委书记　　任秀红(女)
县人大常委会主任　　韩建辉
县　　　　长　　郑步电*
　　　　　　　　毛跟云
县 政 协 主 席　　王孝恩

【简述】 安泽县北纬35°53′~36°32′,东经112°05′~112°34′,总面积1967.3平方千米,下辖4镇3乡,103个行政村,513个自然村。总人口8.3万人。

全年全县地区生产总值完成48.27亿元,增长10.1%;规模以上工业增加值36.48亿元,增长12.9%;固定资产投资41.64亿元,增长35.1%;社会消费品零售总额6.97亿元,增长14.49%;城镇居民人均可支配收入20256元,增长10.4%;农民人均纯收入6532元,增长13.9%。

项目建设 总投资52.6亿元,涵盖产业发展、基础设施、社会事业等方面的53项工程项目完成投资32.95亿元,完工34项。投资5.6亿元,完成玉华、玉和泰、安鑫、登茂通4座煤矿提能改造建设工程;天盛化工15万吨煤焦油深加工异地改造、1.2亿块煤矸石烧结砖、120万吨重介洗煤等延伸项目的土建工程。推进唐城煤焦化工业园区建设,园区配套设施南湾110千伏变电站项目完工,投入试运营。工业园区取水许可审批上报省水利厅。采取减、免、缓等措施优化企业发展环境,对每吨签订购销协议的原煤减免财政收费30元。全县原煤产量完成510万吨,同比增长15.5%,焦炭产量完成262万吨,同比增长74.57%。推进物流产业发展,9家物流企业全年营业总额达6900万元,实现增值税759万元。扶持村官创业,累计发放创业贴息贷款100万元,引导14名大学生村官参与创业。

"三农"工作 出台17条具体奖补措施,累计发放奖补金额680余万元。强化农业基础设施建设,推进现代玉米丰产建设,巩固扩大优质玉米种植规模,全县玉米总产量稳定在12.7万吨;加快"一县一业"基地县建设,引进基地项目等资金640万元,实施500亩连翘育苗基地、1.5万亩中药材惠农种植项目,连翘通过国家地理标志产品认证,并与康仁堂药业就合作开发中药材达成初步意向;开展"核桃管理年"活动,补植补栽核桃35万株,优质核桃保存率95%以上的达到1.4万亩;发展规模健康养殖,规模大户突破200户,畜禽存栏总量达到74万头(只)。蔬菜发展产业,新建春秋大棚327座,日光温室48座,全县蔬菜播种面积达到1.4万亩。坚持"龙头+基地+合作社+农户"发展模式,扶持蔺泉酿酒、润祥农贸等现有农副产品加工企业和各类农民专业合作社发展,引进金玉玉米等龙头企业,新发展农民专业合作社62个,全县合作社总量达到363个(省级示范窗口合作社4个),农副产品加工企业年产值达7800余万元。推进“双引领双服务”活动,全年新增“双引领”示范村7个,新增产业项目49个,总量达到321个,集体经济积累5万元以上的村达39个。

生态旅游 推进“两山两林两区”工程,完成人工造林1.1万亩,四旁植树65万株。实施劳井至边寨大油松通道绿化和月亮湾植物园工程,打造交通沿线“绿色风景”和县城绿化“景观园林”。投资2727万元,实施泗河安泽段河道治理工程,投资300余万元,完成泗河、沁河庄12平方千米的小流域治理。开展碧水蓝天工程和节能减排工作,全年空气质量二级以上天数达365天,一级天数102天。推进荀子文化园建设,以荀子文化为龙头发展旅游产业和物流业,以宜居生态为核心打造临汾后花园,全县累计接待游客15万人次,实现旅游综合收入1.8亿元。

城乡建设 投资1.39亿元,实施“一纵一横”旧城改造提升、县城街巷道改造、奥体中心、垃圾处理厂、保障性住房、月亮湾植物园、音乐喷泉等城建重点工程。围绕“一廊两道七区”建设,高标准实施第二轮新农村建设工程。投资493万元完成53个行政村街道亮化,安装太阳能路灯1060盏。投资1491万元完成320户农村困难家庭危房改造工程和147户特困群众易地搬迁任务。投入1167万元深入实施农村环境整治工程,配备保洁员150名,保洁车辆80余台,清理垃圾1.85万立方米,残垣断壁45处,受惠群众7.5万人。推行农村清洁能源应用技术,建造节能型吊炕500户。全县13个城镇化建设村,7个省重点推进村和2个连片区全部完成建设任务;县定11个新农村建设村完成年初自选项目建设。

社会保障 投入5400余万元,实施住宿生交通补助、农村饮水安全等10件民生实事。取消25项涉民行政审批收费项目,为群众减免费用40余万元;投入330余万元,为全县群众购买意外伤害保险;投入121.94万元为全县26.8万亩玉米购买种植保险,农户因受灾获得赔付107万元。提高城乡低保标准,城市低保每月增加30元,农村低保每月增加22元。参加机关事业养老保险5139人;参加企业养老保险6185人;参加农村居民社会养老保险27345人;参加医疗保险20309人;参加工伤保险14556人。为全县885名80岁以上老人发放补助金93.9万元。全年新增就业岗位840个,转移农村劳动力1720人,城镇失业人员再就业170人。完成低收入农户冬季取暖用煤工作,免费供应取暖用煤24829吨。

文化事业 实施文化惠民工程,投资441.7万元,完成望岳楼安泽史情馆布展工作;推进乡镇文化站能力提升工程,完成7个乡镇建设任务;组织参加市县形象歌曲展演大赛,歌曲《辉煌安泽》被市委、市政府授予二等奖;举办“乐在周五”活动232期,送文化进农村108场,国家、省、市媒体集中采访报道全县群众文化活动开展的经验做法,在全省推广“安泽经验”。

教育卫生 投资2000余万元,完成冀氏幼儿园新建和石槽、北三交村级幼儿园建设任务,完成义务教育标准化设施配套等工程建设,实施“十二年教育全免费”等教育惠民工程;开展顶岗支教、“三名”创建等活动,招录教师80名,调配中小学校长28名,提升教育教学质量,高考达二本B类以上录取分数线161人。投资2000余万元,完成县急救中心、中医院康复中心、和川、良马卫生院及石槽卫生服务站改扩建工程,完善县医院、中医院医疗设备配备。完成公立医院改革任务,实现药品零差价销售,为群众让利283万元。

政府建设 清理办公用房1379平方米,各类会议下降21.74%,文件下降10.42%,三公经费支出下降20.66%;全县审批项目精简到92项;强化作风纪律整顿,开展明察暗访80余次,查处违反纪律作风案件48起,给予党政纪处分48人;查办腐败案件,全年立案80件,结案80件,给予党政纪处分80人。 (尚晓玲)

·浮山县·

中共县委书记	孙京民
县人大常委会主任	李　凡
县　　　　长	梁秀娟
县政协主席	段玉明

【简述】 浮山县北纬35°49′~36°06′,东经111°41′~113°13′,总面积938平方千米,下辖2镇7乡,185个村民委员会。常住人口数129751人,自然增长率为5.47‰。

全年全县地区生产总值完成47.43亿元,增长11.0%。公共财政预算收入完成1.98亿元,增长0.1%。城镇居民人均可支配收入21128元,增长9.1%;农民人均纯收入6224元,增长11.6%。

项目建设 按照“六位一体”工作要求,坚持实行领导包联责任制、每周项目例会制、每月项目调度制、项目挂牌督办制,推进项目建设,各项指标全部超额完成。全年完成项目储备700亿y元、签约144亿元、落地72.7亿元、开工50.76亿元、投产23.01亿元。年初确定的50个重点项目,完成投资22.3亿元,为年度计划的104.2%,其中9个市级重点监测项目完成投资11.05亿元,为年度任务的128.5%。途经浮山县的古县—翼城高速公路建设纳入全省“十二五”规划;“引沁入汾”浮山引水工程可行性研究报告通过省水利厅审查并报省发改委;办理西坪煤电一体化项目前期手续。编制完成“印象田园”生态农业示范区、尧山森林公园、尾矿资源综合利用等3个重点项目的总体规划,以及县城控制性详规和城市供热、供气、排水等10个相关配套项目的专项规划。

工业 规模以上工业增加值完成34.82亿元,增长15.6%。建成投产年产3.2万吨活性炭项目,开工中强铁路自备专用线。春山煤矿获国家能源局批复,办理划界延期手续。实施福山煤业90万吨升级改造。三利万吨铬系合金铸球、太平洋矿用电缆项目试产。推进华润浮山风电项目。加强非煤矿山管理,推进企业换证工作。

农业 发展生态农业、循环农业和特色农业,培育壮大龙头企业。打造张庄农业示范园区的升级版——“印象田园”生态农业示范区,分步实施设施农业体验区、锦绣园林观赏区和休闲养生度假区三大版块。设施农业体验区完成园区水、电、路等配套设施建设和道路绿化,建成日光节能温室403座、春秋大棚550座,被评为全省设施蔬菜生产先进县。玉杰农业循环经济项目加快推进,万吨全价饲料生产线正式投产,玉杰牧业繁育养殖项目完工。振强杂粮醋建设项目,加快生产设备安装调试。核桃产业新发展1万亩,14个“一村一品”专业村全部通过验收,各类农民专业合作社累计发展到443个。

城乡建设 以“三城联创”为抓手,打造宜居家园。开展市级文明城、省级卫生县城、省级环保模范城创建活动和城乡环境综合整治百日大会战。省级卫生县城和市级文明城通过验收,推进省级环保模范县城创建工作。文体活动中心和尧山广场投入使用,启动城市街巷改造工程,天坛路、财政巷高标准改造完成。集中供热面积达到50万平方米,集中供气覆盖城区居民3000户,垃圾处理二期工程开工建设,污水管网覆盖面扩大。110千伏文昌变电站建成投用。临浮城际公交开通营运。27个新农村重点推进村实施“四化四改”“六通六个一”改造建设,141个行政村完成路灯安装。

安全生产 开展“夯实基础管理、落实工作责任”集中教育整顿活动和安全生产大检查,排查各类隐患2623条,现场整治2570条,限期整改53条。加强安全生产宣传教育培训,先后对企业法人、管理人员、特种作业人员进行培训换证,增强全员安全生产意识。开展企业标准化建设,全县5家非煤矿山企业和18座尾矿库达到安全标准化三级,1座尾矿库达到安全标准化二级。

社会事业 高考达线150人;县示范幼儿园建成投用,13所农村幼儿园改建完成,乡镇学前教育基本实现全覆盖;职业中学学生宿舍楼整体竣工,学生操场主体工程基本完工。中医院、妇幼保健院和卫生综合办公大楼投入使用;新农合参合率达到95.5%;城镇新增就业837人,城镇登记失业率控制在4.0%以内;各类社会保险累计参保人数达12.86万人次。946名贫困学生享受到生活补助,150名大学生全部享受助学金。发放各类民政救助资金3736万元。完成棚户区改造和廉租房建设。推进农村危房改造、特困人口易地搬迁。组建成立在外人员服务中心。县厨师协会组织浮山餐饮名厨,参加全国第七届烹饪大赛和“晋人晋菜晋味道”活动,荣获省团体赛金奖。（崔 勍 李彤新）

·吉 县·

中共县委书记	毛益民*
	郝忠祥
县人大常委会主任	孔繁新
县长	刘 浩
县政协主席	吴忠民

【简述】 吉县北纬35°53′~36°21′,东经110°27′~111°07′,总面积1777.26平方千米,下辖3镇5乡,79个村民委员会,567个自然村。总人口108381人。

全年全县地区生产总值完成17.7亿元,同比增长8.6%;规模以上工业增加值完成8.1亿元,同比增长12.5%;固定资产投资完成22.5亿元,同比增长35.4%;社会消费品零售总额完成5.38亿元,同比增长13.3%;财政总收入完成2.46亿元,同比增长0.18%;公共财政预算收入完成1.19亿元,同比增长12.8%;城镇居民人均可支配收入14634元,同比增长9.7%;农村居民人均纯收入3562元,同比增长13.5%。

苹果产业 遵循产业发展规律,顺应苹果有机化发展趋势,实施有机苹果开发试点工作,1666公顷果园通过有机苹果转换认证,举办中国吕梁山特困地区山地有机苹果产业开发启动大会。实施减密间伐、节水灌溉、生草覆盖、地膜保墒及防雹网、生物物理杀虫设施安装等工程,规范苹果标准化生产规程。推进苹果深加工项目发展,顶吉食品投产上市,达明一派试产成功,苹果产业产、贮、加、销一体化格局初步形成。全年苹果总产15万吨,产值6亿多元,直接出口540吨,创汇30.4万美元。

旅游业 修订、完善壶口景区发展规划,推进壶口瀑布国家5A级景区创建工作,壶口游客服务中心、停车场、游览步行道、电子门禁、监控系统等工程建成投入使用。加快人祖山开发,完成人祖文化国际大厦、窑洞宾馆主体工程以及景区旅游循环公路路基工程。拍摄两集人文历史纪录片《人祖山之悠》。全省风景名胜区工作会议在壶口召开。中央电视台连续两年在国庆假期直播壶口瀑布壮美景观,壶口的知名度和吉县的影响力扩大,旅游综合效益再创新高。

工业 应对煤炭市场低迷的不利形势,组织企业参加煤博会及煤炭订货会,推动煤炭产销有效衔接。桑峨煤电材一体化项目实施勘探和勘测划界等工作;中石油煤层气开发项目实施排采井数据采集和自动化监控系统建设,明珠集气站投入运营;中石化煤层气开发项目钻井308口;中油中泰煤层气利用项目覆盖县城22个小区和部分商业用户。创建中小微企业创业基地,全县民营企业发展306个。加大节能减排工作力度,万元国内生产总值能耗降幅3.37%,空气质量二级以上天数达363天。

城乡建设 编制完成城市控制性规划。新城区一期工程基本完成,二期工程有序推进,公检法业务用房主体工程完成,推进武装部、人行业务用房等项目建设。老城区糖酒肉食公司片区、城关供销社片区改造工程基本完成,完成309国道霖雨桥至前下岭桥段道路改造工程。实施旧区复垦、土地开发整理、农村环境综合治理、造林绿化、流域治理等工程。完成8个重点推进村、5个整村推进村、6个移民新村、7个“一村一品”专业村建设任务,树立8个“一村一品”标杆村,完成42个行政村街巷道亮化任务,新建、改造农村安全饮水工程12处。加强市政管理,整治村容村貌,提升城乡基础设施和环境面貌。

社会事业 实施教育提质、医疗健康、文化强县、扩大就业、社会保障五大民生工程和涉及用水、行路、住房等方面的10件民生实事。教育方面，完成学校餐厅、宿舍、操场、多媒体教室及教师周转房、幼儿园等一批基础设施建设工程，43所中小学全部通过市级标准化学校验收；落实职业教育免费全覆盖、义务教育阶段贫困学生补助及“学生营养改善计划”等政策，免除普通高中学生学费；高考达二本线以上112人，首次突破百人大关。卫生方面，完善新医院基础设施并投入使用，完成中垛、文城卫生院的改建工程及13个村卫生室标准化建设工程；新农合参合率达99%，财政补助标准提高到280元，门诊统筹报销比例提高到80%，全年合作医疗基金补偿11.3万人次、2060多万元。文化方面，开展元宵社火表演、佳木斯快乐舞步健身操、广场消夏文艺演出、文化下乡等活动，实行图书馆免费开放，拍摄20余部微电影，反映全县干部群众建设新家园、创造新生活的精神风貌。就业和社会保障方面，提高城乡最低生活保障标准，扩大“五险一金”、社会救助覆盖面，全年发放养老、医疗、救助及优抚安置等各类保障金1亿多元。十件实事方面，完成苹果自然灾害保险试点、平价商店、菜篮子工程、水价补贴、农村危房改造、保障性住房、节水灌溉、城乡清洁工程、农村有线数字化改造、县乡道路改造路基工程。

政府建设 办理人大代表建议85件、政协委员提案79件，办结率100%；坚持依法行政、依规办事，强化行政监察、审计监督，严肃工作纪律，严格责任追究，规范行政行为。推进行政审批制度改革，简化审批程序，压缩审批时限，创建“绿色通道”，加强行政效能，改善政务环境。建立完善安全生产责任体系和各类应急预案，开展安全生产大检查、大整治；强化信访稳定工作，解决群众困难；加强社会综合治理，依法打击各类违法犯罪活动。 （强培家）

·乡宁县·

中共县委书记	杨安虎
县人大常委会主任	张春龙
县长	郝忠祥*
	樊洪平
县政协主席	张欢虎

【简述】 乡宁县北纬35°41′~36°09′，东经110°30′~111°16′，总面积2029平方千米，下辖5镇5乡。

全年全县地区生产总值完成85.33亿元，增长12.0%；规模以上工业增加值64.69亿元，增长17.8%；固定资产投资50.99亿元，增长33.5%；社会消费品零售总额15.19亿元，增长14.1%；财政总收入22.07亿元，下降14.89%；城镇居民人均可支配收入21160元，增长9.8%；农民人均纯收入6829元，增长13%。

农业 落实各类强农惠农补贴9677.38万元。农业持续获得丰收，粮食总产达到8.6万吨。新栽植核桃1.4万亩，总面积达到13.8万亩。实施“一村一品”专业村项目25个、千亩以上特色产业专业村达到53个。投资1亿元，高标准建设管头连片示范区和24个重点村，完成148个行政村街道亮化和2000口人移民搬迁。开展农田水利基本建设、土地开发整理等工程，改造中低产田6600亩，建设淤地坝2处，新增耕地2131亩，新建饮水安全工程21处，解决7000口人饮水安全问题，完成农民科技培训1.2万人次，夯实“三农”基础。开展双凤祥百万株核桃园建设工程。

项目建设 推进交通项目建设。临吉高速连接线建成通车，53.1千米道路标准化工程竣工投用，推进樊家坪至金桥沟改线工程，改善道路交通条件。推进乡宁220千伏输变电工程，农网升级改造完成98.5千米。落实省煤炭20条、市煤炭25条优惠政策，制定县煤炭减负12条，加快矿井建设进度，1座建成投产，5座申报联合试运转，全年生产原煤858万吨。焦化企业完成兼并重组。补充完善“内留外引”优惠政策，出台《中小微企业“惠商贷”管理办法》，参加各类招商引资会议，超额完成“六位一体”重点项目建设年度任务。戎子酒庄和琪尔康销售收入突破4亿元，云丘山旅游项目建设步入正轨。

城乡建设 保障性住房开工建设628套，改造农村危房500户，完成420套廉租房实物配租巩固“省级卫生城”创建成果，省级环保模范城、省级双拥模范城通过初验，加快创建省级园林城、省级文明和谐城。罗河河道治理、迎旭广场改扩建、解放路改扩建、北山甬道二期等市政工程建成投用，推进县城引黄供水、鄂河河道综合治理、新城“三纵九横”交通标志和天眼等重点工程，启动新城综合开发，完善城市功能。

环境建设 开展环境污染集中整治，推进昌宁、管头16个村环境连片整治示范项目。开展造林绿化，完成造林面积5.68万亩。新增供热面积30万平方米、供气用户1500户。全县二级以上天数达到356天，空气污染综合指数平均值下降到1.6。

民生建设 实施59所义务教育学校标准化建设工程，改建幼儿园48所，免除义务教育阶段、高中阶段学生学费、书本费和住宿费1100万元，发放困难学生生活补助500余万元，高考达线606人，教师节奖励368万元。招考教师195人、医护人员102人。完成县级公立医院综合改革任务，药物补偿487万元。举办中和文化节、广场消夏月、西山七县篮球锦标赛等系列文化活动，扩大数字有线电视覆盖面。

社会保障 农村新农合参合率、城镇登记失业率、人口自然增长率均完成市定指标。发放各类保障补助7287万元，免费供应冬季取暖用煤14.3万吨。

安全生产 坚持把安全生产作为最大的民生工程，落实政府安全监管和企业安全生产两个主体责任，明确细化各行业领域的安全监管责任。开展安全生产大检查和回头看活动，严厉打击非法违法生产经营建设行为，关闭非法企业8家。全县事故起数减少3起、下降13.04%；死亡人数减少2人、下降15.38%，各类指标均控制在市定目标以内，实现事故总量和死亡人数双下降，安全生产形势好转。重视信访维稳工作，推进社会治安综合治理，严打涉暴涉毒涉赌等违法犯罪行为，维护社会和谐稳定。

（闫　涛）

·大宁县·

中共县委书记　刘奎生

县人大常委会主任　贺寅生

县　　长　樊　宇

县政协主席　姚如意

【简述】 大宁县北纬36°16′~36°36′，东经110°27′~111°60′，总面积967平方千米，下辖2镇4乡，84个行政村。总人口65730万人，城镇人口26876人，农村人口38854人；男33585人，女32145人。人口自然增长率为4.79‰。

全年全县地区生产总值完成4.4亿元，同比增长6.2%；财政总收入完成5390万元，同比增长11.2%；公共财政收入完成3125万元，同比增长11.5%；城镇居民人均可支配收入完成14326元，同比增长9.4%；农民人均纯收入完成2249元，同比增长11.8%；社会消费品零售总额完成2.47亿元，同比增长13.4%；固定资产投资完成8.05亿元，同比增长35%。

“三农”工作 坚持“区域布局、连片开发、规模发展”的原则，实施连片扶贫开发、“一县一业”“一村一品”等项目，推进“优质苹果、设施蔬菜、高效养殖”三大基地建设。新增苹果经济林2330公顷，完成吉宁果蔬物流交易市场主体工程；完善蔬菜大棚水利配套设施，生产各类瓜菜6000吨，产值达960万元，菜农户均增收8000多元；完成丰冠源万头猪场二期工程，建设猪舍、饲料房近6000平方米，引进种猪500头。全县发展养猪专业合作社8个，年出栏达到2万头。粮食总产量达到3.9万吨。

工业 启动轻工业园区、移民新区“两区同建”项目建设，新建工业厂房两座，与鑫辉公司等两家电子元件企业签订进驻协议，启动移民新区的基础工程。编制完成三多循环工业经济园区总体规划，开展三多矿区煤炭详查和煤层气地震勘探工作，探明煤炭资源21亿吨，煤层气、天然气储量500亿立方米。在而吉村建成全县首座太阳能发电站。同德化工公司实现产值3000万元，辰康公司麦绿素生产线投入生产。

城乡建设 新建城南滨河路，改写大宁县城仅有一条街的历史。实施城西路改造、保障性住房建设、古乡大桥建设、旧城改造等城建重点工程，拆除破旧建筑11500平方米，新增建筑面积32000平方米。完成城市供水改造工程，日增供水量400吨，启动10万平方米供热站建设工程，实施天然气利用工程，铺设天然气管道9703米，入户468户。启动易地扶贫搬迁工程，实施50个行政村的路灯亮化工程，改造农村危房500户，完成3所村级幼儿园改扩建及乡村清洁工程的年度任务。

新建总投资2.67亿元的220千伏变电站，启动110千伏变电站建设工程，完成“宁大线”公路改造一期和南外环路改造工程。实施坡改梯、以工代赈、土地开发、农业综合开发等工程，新增机修梯田924公顷、机耕路15千米，修筑生产坝26座，平整土地1800公顷。实施三北防护林、天然林保护和巩固退耕还林成果工程，新增造林面积2770公顷。安装两套PM2.5自动监测系统，对大气中有害颗粒物质进行监测。实施节能减排，单位国内生产总值能耗同比下降3%。

社会事业 发展教育事业，在全市率先推行15年免费教育，免费为学生发放校服和教辅材料，增设礼仪课。招聘29名特岗教师，高考国家二本以上院校录取46人。发展卫生事业，特殊病种大额门诊扩大到30个病种，实行网络直报工作，推行报销公示制度。全县新农合参合率为99.86%，报销医药费1600万元。

社会保障 新增城镇就业512人，失业率控制在3.8%以内。参加城乡居民基本养老保险23633人，参加城镇职工基本养老保险8071人，参加城镇基本医疗保险13136人。为全县所有公民免费缴纳自然灾害公众责任保险。全年发放城乡低保、五保、大病医疗救助等各类救助资金1900万元。

安全生产 开展安全生产大检查和加强食品药品安全专项检查活动，推进“六五”普法进程，开展社会治安整治行动，社会安全感满意度达到90%以上。办理群众提出的意见和建议，把各种矛盾和纠纷化解到最基层，消除在萌芽状态。打击制售假冒伪劣产品、价格欺诈、计量欺骗等不法行为。

（李宏伟）

·隰　县·

中共县委书记　王天郎

县人大常委会主任　贺崇伟

县　　长　李　强*
王晓斌

县政协主席　张瑞燕

【简述】 隰县北纬36°30′~36°55′，东经110°55′~111°15′，总面积1413.1平方千米，下辖3镇5乡，97个村民委员会。全县总户数39238户，总人口105467人，男54826人，女50641人；城镇人口39072人，农村人口65288人。总人口数较上年增加509人。自然增长率为4.85‰。出生人口男女性别比为107:100。

全年全县地区生产总值完成111752万元，比上年增长6.0%。人均国内生产总值10592元。财政总收入完成12372万元，比上年增长12.4%。一般预算收入完成7670万元，增长19.19%。一般预算支出92727万元，比上年增长20.8%。全年居民消费价格比上年上涨2.3%，食品价格上涨3.4%，工业品价格上涨2.8%，服务项目价格上涨0.6%。城镇居民人均可支配收入17045元，城镇居民人均消费性支出10831元，农村居民人均纯收入3937元，农村居民人均消费性支出3574.8元。农村居民家庭食品消费支出占消费总支出的比重为42.3%。城镇单位在岗职工平均工资28094元。

农业 全年粮食总产量81050吨，比上年增加13462吨，增产19.9%，其中玉米69297.92吨，增产24.96%。

耕地保有量2.06万公顷,基本农田1.73万公顷。农作物播种面积2.21万公顷,其中粮食作物种植面积2.11万公顷,比上年增加11.28公顷;油料种植面积311.5公顷;蔬菜(含菜用瓜)种植面积267.7公顷。生猪存栏14231头,牛存栏1997头,羊存栏23505只,家禽存栏18.99万只,其中蛋用鸡18.2万只。猪肉产量1550.01吨,牛肉产量75.58吨,羊肉产量179.32吨,禽肉产量266.64吨,牛奶产量313.88吨,禽蛋产量2354.24吨。

完成造林3334公顷,比上年下降18.9%。人工育林2400公顷,封山育林934公顷。营造林合格面积5.5万亩,完成水土流失治理年度任务6.5万亩。

农业机械总动力98511千瓦,比上年增长8.9%;化肥施用量(实物量)22022吨,增长2.0%;农村用电量628万千瓦时,增长3.6%。

工业建筑业 工业企业全部为规模以下企业。工业增加值9255万元,比上年增长10.4%。乡镇企业实现增加值2509万元,同比增长6.7%。建筑业实现增加值10478万元,比上年增长2.2%。

城乡建设 推进“城乡管理年”活动。城乡规划、建设和管理“三位一体”齐抓共管。新建或改造11条街、9座桥、13个公园(广场)和15座公厕,建起51栋高层商住一体楼、97栋6层楼房,总面积达100万平方米。新安装太阳能路灯200余盏,铺设污水管网6.73千米,燃气管网12千米,城区集中供热面积达到近100万平方米,基本实现全覆盖。城镇化率达到40.77%,垃圾处理率达到100%。推行城乡环境卫生管理市场化运作模式,对城乡“脏、乱、差”进行彻底整治。

投资贸易 固定资产投资完成16.92亿元,比上年增长47.2%。投资施工项目41个,全部为500万元以上项目,年内投产项目32个。全年社会消费品零售总额74404万元,比上年增长13.4%。

交通邮电 交通运输、仓储和邮政业增加值13142万元,比上年增长9.8%。公路通车里程858.3千米。

邮政电信业务量完成5000万元,增长14.6%。固定电话和移动电话普及率每百人分别达到9.17部和61.45部。

旅游业 中国梨博园和小西天景区荣获国家4A旅游景区。明代大观楼和七里脚石窟被确定为第七批国家重点文物保护单位。央视七套《乡约》栏目走进隰县。全年接待海内外旅游者58万人次,实现旅游收入7.09亿元。

金融保险 金融机构各项存款余额267085万元,比年初增加29860万元,增长10.9%。各项贷款余额105748万元,比年初增加35348万元,增长33.4%。城乡居民储蓄存款余额168936万元,增长11.9%;人均存款14420元,增长21.1%。

保险行业实现保费收入3658万元,财产保险1068.99万元。共支付各类赔款848万元。

教育科技 高考二本达线人数118人。中考达线率在临汾市东西山十县中排名第一。学前三年毛入园率达81%,高中毛入学率达88%,中等职业教育免费覆盖率达到100%。

投资1727万元,完成四中教学楼,下李、南关两所公立幼儿园和留城、均庄、瓦窑坡3所村级幼儿园建设。投入1380余万元,新建或改建12所寄宿制学校食堂和宿舍、改造4所学校厕所、建成四中塑胶操场,提高硬件水平。实施薄弱学校改造项目,为全县中小学装备图书10万套,1560种实验仪器,1.1万件音体美器材和200个多媒体教室,改善办学条件。新招58名特岗教师,优化教师结构。开展学习型学校创建,加强教师培训。全县共有普通高中1所,初级中学5所,小学59所。

文体卫生 县级文化馆1个,公共图书馆1个,广播电视台1座。全县实现村通广播电视全覆盖,城区有线电视网络数字化平移用户9000余户,广大城区用户看上80套高清晰的数字电视节目。

举办“中国·隰县第三届梨花节”。完成二轮《隰县志》编修及《隰县年鉴(2011~2012)》《中国共产党隰县大事记述》《隰县大事记》编纂出版工作,出版发行《隰行漫记》《印象梨博园》等文学作品,举办大型文艺晚会20余场,文艺下乡演出86场次,奥体中心标准化体育场、篮球场、网球场、羽毛球场地等健身场所竣工。县关工委主任解绍亮被评为“感动山西十大人物”,8岁女孩冯莉清荣获山西省“乡村十大爱心大使”“美德少年”;举办“感动隰县十大人物”“最美共产党员”“最美村官”评选活动。

卫生机构121个,医院、卫生院10个,妇幼保健院(所、站)1个,疾病预防控制中心1个,卫生监督检验机构1个。全县医院和卫生院床位304张,卫生技术人员354人,执业医师和执业助理师183人,注册护士82人,影像师5人,药剂人员17人,检验人员20人,其他卫生技术人员12人。

环境建设 城区空气质量好于二级以上天数350天。化学需氧量(COD)排放总量214.0吨,氨氮排放量25.3吨,氮氧货物排放量5.5吨,烟尘、工业粉排放量791吨。大气综合污染指数1.22%,比上年下降0.06个百分点。

社会事业 推行养老、医疗、工伤、失业、生育五险统一征缴,各类参保人数达10.1万余人次,征缴支付总额达到2.04亿元。城乡低保应保尽保,分别达到3856人和7549人,发放低保金2621万元,医疗救助金247万元,惠及1205人。城镇新增就业人数1665人,城镇失业率控制在4%以内,为7家单位公开招聘30名高校毕业见习生。

安全生产 落实安全生产“一岗双责”制度,开展安全生产隐患排查整治。全县未发生特重大安全事故。未发生集体到市赴省进京上访事件。应对霜冻和洪涝灾害。修订完善12个专项应急预案,开展非煤矿山坍塌事故应急救援和水利、消防应急演练。建立社会服务管理中心,加强社会治安防控体系建设,严厉打击各类违法犯罪活动,创建“平安隰县”。向低收入农户发放冬季取暖用煤,提高义务兵优待金标准,加快各类保障性住房建设,发展社会福利、优抚安置和社会互助等公益事业。 (张克强)

·永和县·

中共县委书记	加天山
县人大常委会主任	韩忠秀
县长	梁秀娟*
	范洋平
县政协主席	郭永平

【简述】 永和县北纬 36°31′~36°56′，东经 110°22′~110°49′，总面积 1212 平方千米，下辖 2 镇 5 乡，79 个行政村，306 个自然村。

全年全县地区生产总值完成 6.2 亿元，同比增长 6%；全社会固定资产投资完成 7 亿元，同比增长 8%；社会消费零售总额完成 3.6 亿元，同比增长 12.4%；财政收入完成 5982 万元，同比增长 19.04%，增幅居全市第一；城镇居民可支配收入 15495 元，同比增长 9.2%；农民人均纯收入 2462 元，同比增长 11.6%。

项目建设 完成项目储备 359.3 亿元，签约 42.6 亿元，落地 30.32 亿元，开工 18.59 亿元，投产 9.83 亿元。推进坡耕地水土流失综合治理项目、煤层气开发利用项目、美特好农产品存储加工配送中心建设项目、乾坤湾游客接待中心建设项目等多种产业项目建设。完成 2 口煤层气水平井的钻探以及“7+1”井组的管网铺装和集气站建设。

农业 以规模扩张、品质提升、加工增值为重点，栽植核桃经济林 1.2 万亩，重点管护经济林 1.8 万亩。完成芝河源头生态精品农业园区梯田 1.25 万亩，完善阁西垣高效农业园区建设。

旅游业 以打造红军东征永和纪念馆——于家咀红色旅游路为重点，编制《永和县精品旅游线路建设三年执行计划》，完成黄河蛇曲国家地质公园景区绿化，举办“天下永和、大美乾坤”中外百名摄影家看永和活动。

城乡建设 以“三城联创”为目标，重点实施城市燃气供热、廉租房建设、城市棚户区改造等建设项目，完善县城服务功能。实施楼山旅游路路面改造、阁底至地质公园段公路升级改造、刘家庄公路路面拓宽改造项目。完成农网改造升级、交口开闭所升压改造、35 千伏变电站建设、104 千米输电线路改造、13 千米输电线路架设、8 座移动通信基站等项目建设。

完成乌华沟小流域治理，实施 2 万亩三北防护林工程和乾坤湾——于家咀 7.5 千米通道绿化工程。完成 1000 户农村危房改造任务。

社会事业 县城数字电视平移项目完工。改善学前教育教学条件，城镇第二幼儿园扩建和城镇第一幼儿园改造完成；完成老师周转房、二中宿舍楼建设主体工程。深化医药卫生一体化综合改革，在全市率先实行所有药品零差价销售。永和县被评为“全省农村中医药工作先进单位”，县中医院被国家中医药局授予“二级甲等中医院”。举办消夏晚会、篮球赛、青年歌手大赛等群众性文体活动。

社会保障 全县新型农村合作医疗参合率达 99.6% 以上，共为 93663 人次参合农民报销医疗费用 1595.83 万元。扩大城乡低保覆盖面，发放城乡低保金 1232 万元、自然灾害救济金 409 万元、城乡医疗救助金 387 万元。

防汛救灾 面对强降雨天气和洪涝灾害，永和县妥善转移安置群众 960 人，及时下拨救灾资金 200 余万元，投资630 余万元及时修复水毁严重的县、乡道路和市政公用设施，维护正常的生产生活秩序。 （樊永兴）

·蒲　县·

中共县委书记	邓彩彪*
	闫建国
县人大常委会主任	王安保
县长	闫建国*
	赵志慧（代）
县政协主席	史虎喜

【简述】 蒲县北纬 36°11′~36°38′，东经 110°51′~111°23′，总面积 1510.61 平方千米，下辖 4 镇 5 乡，93 个行政村，504 个自然村。总人口 10.94 万人，人口出生率 12.81‰，人口自然增长率 6.26‰。

全年全县地区生产总值首次突破 50 亿元大关，完成 513410 万元，比上年增长 12.6%。第一产业增加值 16620 万元；第二产业增加值 420745 万元；第三产业增加值 76045 万元；第一、二、三产业比为3.2:82.0:14.8。固定资产投资完成367574 万元；财政总收入完成 148841 万元；一般预算收入完成 90131 万元。城镇居民人均可支配收入 20219 元，比上年增长 10.4%；农村居民人均纯收入 6277 元，增长 12.6%。城镇居民人均消费性支出 12983.49 元，增长 1.79%；农村居民人均生活消费支出 4119 元，增长 2.3%。城镇居民家庭恩格尔系数 31.01%，农村居民家庭恩格尔系数 41.4%。城镇单位在岗职工平均工资 37012 元，增长 18.89%。

农业 耕地保有量 23295.6 公顷。全年粮食总产量 60123 吨，比上年增长 6.1%。玉米 51366.73 吨，减少 1.96%；小麦 53.6 吨，减少 6.78%；夏粮 53.6 吨，减少 6.78%；秋粮 60069.4 吨，增长 6.15%。薯类 5732 吨，增长 68.28%；油料 611.7 吨，增长 21.7%；蔬菜 6895.66 吨，减少 4.1%；烤烟 419.1 吨，减少 35.3%。新栽植核桃 1333.33 公顷，高标准建成山中垣万亩核桃示范园和 14 个百亩示范基地；推广种植脱毒马铃薯 3333.33 公顷，种薯 333.33 公顷，特色薯 133.33 公顷；培育龙头企业，正茂核桃新扩建的精炼核桃油和多味核桃仁两条生产线正式投产，完成马铃薯高新技术示范园二期工程。发展农民专业合作经济组织，各类合作社达 348 个。

完成造林面积 3784 公顷，植树 50 万株，全县林木覆盖率达到 52.6%。垒石坑填土植树累计达 65 万株，主要河流（河谷地）、干线公路裸岩区绿化治理率达到 50%，全县森林覆盖率达到 33.05%。投入资金 1810 万元，兴建 6 处水利工程，解决 20 个自然村、3036 人的农村饮水安全问题。实际审批耕地33.19公顷，土地整理复垦开发补充耕地31.35公顷。

工业建筑业 规模以上工业增加值实现420745万元；产品销售率77.3%；主营业务收入实现77.3亿元，实现利税2.48亿元，其中利润-3.14亿元。主要工业产品产量：原煤产量496.4万吨；洗精煤产量473.5万吨；焦炭产量7.64万吨；水泥产量1.03万吨；发电量23058万千瓦时。建筑业实现增加值11695万元。

项目建设 落地建设大唐100兆瓦风电和山煤国际煤炭集运站两大招商项目，宏源2×350兆瓦低热值煤发电项目通过初评；基本完成煤气化煤机维修制造、山煤300万吨重介选煤项目，完成龙祥干法水泥二期土建工程和部分设备安装；16座矿井竣工投产或进入联合试运转，形成1245万吨生产能力，全市新矿井建设现场会在县召开。落实省"煤炭20条"，为企业减免费金3亿多元，稳定煤炭产销，全年原煤产量达到496.4万吨。

城乡建设 完成主街道改造，锦绣大桥、第一中学、奥体中心投入使用，翠屏山森林公园、迎宾公园竣工开放，蒲红路路基形成；完成乔家湾"百镇建设"投资7855万元；五鹿山旅游公路、曹午线薛关——白家庄段竣工通车，曹村——薛关段路基基本形成；西坪垣220千伏输变电工程主体完工，完成11千米城网入地、98千米农网改造。

投资贸易 全社会固定资产投资367574万元，比上年增长47.02%。分产业看，第二产业投资317792万元，第三产业投资49782万元。全社会消费品零售总额58858.3万元，比上年增长13.7%，其中城镇零售额51389.6万元，增长12.79%；乡村零售额7468.7万元，增长20.69%。

财政金融保险 财政总收入148841万元，其中一般预算收入90131万元，国税完成28103万元；地税完成62062万元；财政系统完成58675万元。一般预算支出137581万元。金融机构各项存款余额620378万元，比年初增长3.96%；各项贷款余额307409万元，增长43.82%。保费收入3936万元，其中寿险业务保费收入2756万元，财产险业务保费收入1180万元。支付各类赔款及给付1201万元，其中寿险业务给付256万元，财产险业务赔款945万元。

交通邮电 交通运输和邮政业增加值12996万元，比上年增长13.3%。公路线路年末里程937.19千米，干线公路68.51千米，县公路137.72千米，乡道333.89千米，村公路397.08千米。街道硬化348.4平方米，巷道硬化224.2平方米。民用汽车保有量达到8656辆。邮政业务总量完成801.8万元，比上年下降5.8%。全县固定电话18237部；移动电话92566部。93个行政村全部通电话。宽带接入用户达到7679户。

教科文卫 普通中学11所（含民办），职业中学1所，小学56所(含民办)，注册幼儿园2所。小学学龄儿童入学率100%，初中学生入学率100%。全县普通中学在校生4749人，其中普通高中1235人，普通初中3266人；职业中学在校生248人。8月，新建蒲县第一中学投入使用，学校有26个教学班，教职工128人，学生1300余人。

申请专利2件，完成科技投入1776万元，1家企业被认定为山西省高新技术企业。民营科技企业总数达到3家。政府部门研究机构1个，从业人员6人。

实现村村通电视全覆盖，户数达到8500户；60个自然村开通无线接收设施2200套。开展新型农村合作医疗试点工作，80958人参加合作医疗，参合率100%。

社会保障 纳入城市最低生活保障的居民1606户，4368人，发放资金1602.82万元；纳入农村最低生活保障的居民5526户，5896人，发放资金1074万元。城乡医疗救助1078人，其中城市366人，发放资金212万元；农村652人，发放资金177.96万元；优抚60人，发放资金14.31万元。各项社会保障基金总收入13668万元，总支出8795.63万元。参加企业保险4563人，收入3800万元，支出3794万元；参加机关事业保险9202人，收入2650万元，支出659.68万元；参加失业保险7500人，收入430.04万元，支出12.2万元；参加农村养老保险43463人，收入450万元，支出751.34万元；参加工伤保险26317人，收入975万元，支出428万元；参加城镇医疗保险23453人，收入2699万元，支出1348万元。参加农村医疗保险81745人，收入2663.7万元，支出180241万元。全县新增城镇就业人员2142人，城镇登记失业率小于4%。

环境建设 全县年度水资源总量6934万立方米，人均水资源563立方米，全年全县用水量690万立方米。关闭取缔高耗能企业2家，10家企业完成脱硫、脱硝治理，11座煤矿污水处理系统投入运行，万元国内生产总值综合能耗下降3.78%，达到1.93吨标准煤。农村环境连片整治项目完成40%工程量，城乡环境综合整治清除垃圾400万立方米，粉刷墙面68万平方米。城区空气质量好于二级以上天数351天，全县化学需氧量(COD)削减286.5吨；二氧化硫削减351.11吨。 （王建宏　朱荣华）

·汾西县·

中共县委书记	任天顺
县人大常委会主任	樊国俊
县长	毛跟云*
	张安文
县政协主席	郭炎林

【简述】 汾西县北纬36°27′~36°48′，东经111°13′~111°40′，总面积880平方千米，下辖5镇3乡，126个行政村(居委会)。总人口14.65万人，农业人口12.89万人。

全年全县地区生产总值完成18.4亿元，增长8.2%；财政总收入完成1.65亿元，公共财政预算收入完成1.25亿元，增长8.8%。固定资产投资完成20.9亿元，增长38.8%；城镇居民人均可支配收入1.86万元，增长10.2%；农民人均纯收入2670元，增长13.3%。

农业 耕地面积2.6万公顷。建设4个县级农业示范区、40个"一长一园"示范园和40个"一村一品"专业示范村。扶持肉鸡养殖产业发展，补贴洪昌养殖公司200万元，克服“速生鸡”事件和“禽流感”疫情冲击，对完成“两池两室”配套建设的70家养殖户每户补贴5000元。续建肉鸡大棚72个，新建肉鸡大棚16个，全县肉鸡大棚达到281个，年出栏2200万只，全县农民人均增收730元，被省政府列为全省“一县一业”肉鸡养殖重点县。推进核桃经济林建设，组建核桃研究所，建设繁育苗圃，新建核桃经济林1030公顷，全县核桃经济林总面积达到9400公顷，被省林业厅确定为全省核桃产业重点县，申报中国核桃之乡。“汾西核桃甲天下”广告语在山西卫视播出。实施以工代赈、农业开发、土地整理等坝系农业项目，新增改善基本农田800公顷。规划建设14个新农村建设重点推进村、9个连片区和14个示范亮点村。发展小杂粮、蔬菜、扁桃、中药材等特色产业，新建玉露香梨基地333.33公顷，扩大扁桃栽植4.733万公顷，建设樱桃基地33.33公顷，发展獭兔养殖5万只。

工业 规模以上工业增加值完成5.3亿元，增长13.3%。投资5.26亿元的石膏加工项目、投资6.6亿元的高端铝质耐火材料项目、投资9.7亿元的酸铁联产项目完成立项备案、项目选址等前期工作。投资13.54亿元，开工建设巨同塬煤业矿井、巨开元煤业矿井和110千伏变电站。总投资145.5亿元的铝系产业项目完成立项备案、项目选址工作。参加广州招商引资推介会，举办汾西县(北京)招商引资推介会，签约旅游、农产品加工等项目11个，融资191亿元。

城乡建设 改造旧城、开发新区，南连西扩、拉大框架，抢抓霍永高速建设和省道桃临线改造机遇，架设平安大桥、连通高速引线、拓宽桃临公路、建设汾西大道，县城面积由3.3平方千米扩大到11.3平方千米，形成“三垣合一”的A字型大县城框架。投资1.5亿元的高速引线平安大桥南北贯通；投资4亿元，长5.5千米、红线50米、绿线60米、双向6车道的汾西大道开工；投资1亿元的桃临公路、投资2460万元的北环路、北外环路竣工通车。启动汾西客运站、就业和社会保障服务中心、仓储物流配送中心、卫生综合业务用房等城市建设项目。投资8000余万元的县人民医院、移动生产综合楼和垃圾填埋场投入使用，北街廉租房回迁。打造园林城市，实施城市绿化、硬化工程，拆墙透绿，新栽国槐、法桐582棵，绿化空地2000平方米。万元地区生产总值能耗降幅4.2%，县城空气质量二级以上天数达到340天。

文化旅游 投资6000余万元，启动姑射山景区开发、师家沟文物修缮、阳光体育场改造和综合体育馆建设；投资75万元，修缮汾西古楼，布置文物展览，打造姑射山、汾西古楼、清代民居“三点一线”的精品旅游线路。创作汾西县歌，提炼“坚韧、包容、务实、图强”的汾西精神。本县作家孟黎明创作的长篇小说《古刹枪声》被改编成电影《莲花行动》，由朱时茂执导，陈佩斯、潘阳等主演，在汾西县全程拍摄。

社会事业 高考二本达线145人、中考重点高中达线112人。举办社火节、艺术灯展等群众性文化活动，开展送电影下乡、送戏下乡100余场，举办消夏文艺晚会9场解决群众上学难、看病难、吃水难、行路难、就业难等问题，落实10件49项利民为民实事。推进农村“五件实事”，实施200户农村困难家庭危房改造、89个行政村街道亮化工程、5所村级幼儿园改扩建工程，改造农村无害化卫生厕所1060座。推进城市配套、农村设施、优抚助残、社会保障等工作。

安全生产 制定打击非法采矿举报奖励、责任追究、查扣物品处置等政策措施，引深“拔钉子”专项行动，抓捕非法采矿违法犯罪分子21人，批捕7人。开展“夯实基础管理、落实工作责任”集中教育整顿活动，查找问题675条，整改662条，整改率98%。健全社会治安防控体系，开展“打黑除恶”等专项行动。引深安全生产专项整治，全年未发生重大安全事故。

（陈华伟）

·侯马市·

中共市委书记　李朝旗
市人大常委会主任　尉合怀
市　长　李建国*
　　王煦杰
市政协主席　陈毅林

【简述】 侯马市北纬35°34′~35°52′，东经111°23′~111°41′，总面积220.1平方千米，下辖3个乡，5个街道办事处。

全年全市财政总收入65666万元，一般预算收入33032万元，同比增长12.3%；固定资产投资累计完成460766万元，比上年同期增长14.0%；金融机构各项存款余额148.9亿元，各项贷款余额62.7亿元；社会消费品零售总额675187万元，比上年同期增长12.5%。

工业 规模以上工业企业累计完成增加值251251万元，同比下降11.3%。完成淘汰落后产能任务，大利、新利焦化170万吨焦炉依法拆除。同煤集团2×300兆瓦热电联产项目完成工程总投资的75%。通盛集团LNG项目、模范铸造异地扩产项目开工建设；平阳重工、北铜铜业、旺龙药业产业基地扩产改造项目前期启动。普天小微创业园入园企业82家，被认定为全省首批中小企业创业示范园区。

项目建设 华强集团、汇丰建材等本土企业的资源综合利用项目竣工投产；建邦集团煤化工循环经济项目完成产能置换、用地审批、焦炉选型、道路开通等前期工作，具备开工建设条件；传统商贸开发项目取得实质性进展，启动古玩城项目；北方轻工城一期加建改造工程完工运营，新增商户1300余户，市场入驻率95%；晋都茶城、海宁皮草、鸿明都家具城等一批专业市场投入运营。推进现代物流业发展，方略保税物流3.5万平方米联检办公楼和11万平方米特殊监管仓库主体工程完工。以服务商贸市场为支撑、与现代营销模式相适应的电子商务平台建设筹备就绪。100余户服装、鞋帽、床品加工企业建成投产，具有标杆意义的宏盛鞋业年产100万双生产线项目落地生根，5个加工园区初见雏形。

“三农”工作 农村以加快土地流转为抓手，以发展现代农业为重点,搭建市、乡、村三级流转交易平台,共流转土地1400公顷,助推一大批种植大户、农民合作社和农副产品加工企业走向规模化、集约化和专业化经营。全市以蔬菜、苗木和中药材为特色的现代农业种植园区发展到10个,以规模健康养殖、食品加工为主导的龙头企业达到22个,省政府认定的“一村一品”专业村达到19个,各类农民专业合作社组织达到288个。

城乡建设 采取拆迁清腾、包装打包、公开拍卖的方式,提升土地资源利用效率,充实地方财力。争取用地指标,全年供地113.3公顷,确保重点项目需求。实施创建国家卫生城市、国家环保模范城市、全国文明城市、国家园林城市“四城联创”工程。加大城市基础设施建设力度,启动集中供热空白区域先期管网对接工程;城市供气管网、供水管网向城郊延伸,全市有22个村用上天然气、41个村接上自来水;城市绿化覆盖率和森林覆盖率分别达到43%和21.8%;开展城市环境卫生大整治、乡村清洁工程和一系列文明创建活动,文明单位创建率达90%以上,文明社区创建率达100%。实现市域天眼工程全覆盖。

转型综改 推进扩权强县试点工作,全年共审批办理投资类事项95项、非投资类事项223项。深化行政审批制度改革,审批事项由258项缩减到103项。区域同城化发展取得新进展,与开发区、陆港园区建立招商互动、利益共享机制,与周边5县市实现公交互通,与曲沃县实现有线电视同网。加大金融创新力度,农村商业银行、建设银行、中国银行分别推出流转土地抵押贷款、小微企业“助保贷”和无抵押、无担保贷款业务,全年各金融机构贷款余额达62.7亿元。对接国家政策导向,争取全省小型农田水利建设重点县项目8000万元资金和省级一般转移支付比上年增加7000多万元。

社会事业 实施教育优先发展战略,中、高考成绩在临汾市保持领先,完成10所义务教育阶段学校标准化建设,新扩建及附设幼儿园10所;深化卫生体制改革,三级医疗机构达标率98.06%,新农合参合率99.95%;提供就业岗位15000余个,城镇新增就业7611人,城镇登记失业率控制在2%以内;完成3.4万吨低供煤发放工作;200套棚户区、200户农村危房改造工程全部开工,700套限价商品住房开展土地收储工作;实施公共文化服务体系建设,推进东城新区综合文体活动中心建设,实现城市社区文化活动场所全覆盖;实施文化惠民工程,全年免费送电影、送戏下乡1300场次。拨款6000多万元,将财政供养人员的津贴、补贴、绩效工资和取暖费提高标准部分全部兑现。

(耿文静)

【香江晋都茶城投入运营】 9月16日开业。茶城总投资1.2亿元,营业面积20000余平方米,可容纳商户150余家,是晋南地区最大的茶叶流通集散地。地址位于侯马市主干道晋都西路,距大西高铁、大运高速、阳西高速、京昆高速入口10分钟车程,距火车站5分钟车程,长途客运站3分钟车程。整体建筑以晋国文化背景为设计风格,大面积仿古建筑群与古老的茶文化相结合。该项目可以填补晋南地区茶叶市场的空白,整合区域内茶叶销售、流通行业,形成集茶叶批发、零售、茶艺休闲为一体的一站式茶文化消费市场。茶城内有百花、云南普洱、西湖龙井、安溪铁观音、安徽毛峰、碧螺春、信阳毛尖等全国各地名茶。 (赵香琴)

·霍州市·

中共市委书记 陈纲
市人大常委会主任 张建军
市长 崔山原
市政协主席 王国平

【简述】 霍州市北纬36°26′~36°42′,东经111°38′~112°03′,总面积765.39平方千米,下辖4镇3乡,5个街道办事处,199个村(居)民委员会,308个自然村。总人口304908人,其中男159278人,女145630人。人口自然增长率为6‰。

全年全市地区生产总值完成85.49亿元,同比增长9%。财政总收入完成15.66亿元,公共财政预算收入完成7.1亿元。固定资产投资完成119.49亿元,增长34.1%;社会消费品零售总额完成25.61亿元,增长13.2%;城镇居民人均可支配收入21915元,比上年增长9.99%;农村居民人均纯收入9840元,增长12.2%。

“三农”工作 农作物种植面积299108亩,比上年增加1613亩;全年粮食产量72645吨,比上年增加2115吨,增加3%;全年全市肉类总产量8654吨,比上年下降2.64%。推进无公害蔬菜、规模养殖、特色经济林三大基地及中低产田改造、土地整治、末级渠系工程等农田水利基本建设,无公害蔬菜播种面积达到4万亩;新栽植优质核桃2000余亩,累计达到2.6万亩左右;新增养殖场22个,达到260余个;夏粮产量在持续干旱的情况下仍然达到45890吨。推进“一县一业”“一村一品”特色农业建设,发展专业村30个,形成十里铺甜瓜、古衙黄小米、下王苹果、段庄大葱、东湾芦笋等特色农产品品牌。推进西张垣现代农业生态循环示范园区建设,完成现代化日光温室育苗中心、农技培训中心和果菜交易中心建设。

工业 规模以上工业增加值完成56.98亿元,增长12.6%。抓好液化天然气调峰储气、河西循环工业园区、霍东新区新产业聚集区山西焦煤霍东新型产业园区建设、力拓煤业矿井改造等项目。运作陶瓷基地建设、风能发电、霍化甲醇深加工等项目,进入实质性建设阶段;加大招商引资力度,引进一批大中型加工制造项目,培育新的经济增长点。坚持把项目建设作为工业结构调整的主抓手,实施力拓、兴盛园、紫晟、什林等煤炭企业改造、锦兴洗煤厂改扩建、山西焦煤霍东新型产业园区建设等项目。完成兆光、霍化减排项目,关停中冶、矸石电厂两台机组,整顿洗煤、矸石加工17家企业,万元国内生产总值能耗同比下降3.9%,超额完成节能减排任务。

城乡建设 霍州署文化产业示范园项目奠基开工,占地面积180亩,总建筑面积40万平方米,总投资15亿元。完成旧108线(北关段)改建工程建设，全长1.6千米，宽24米。热电联产集中供热项目汾河以东工程开工建设，计划投资约5亿元，当年投资1.5亿元，置换旧城区供热面积160万平方米，新增供热面积40万平方米。启动中镇国际花园示范住宅区项目建设，总投资10亿元。完成辛置商业文化广场建设，占地面积24亩，建筑面积4.7万平方米，总投资1.2亿元。开工建设汾河霍州段治理与生态修复工程，治理长度23.4千米，总投资8.03亿元，完成投资1.26亿元。投资1300多万元，为122个行政村安装高标准太阳能路灯2440盏；投资200余万元，开展乡村清洁工程，基本达到街明村亮。狠抓城乡环境综合整治，市区一级天数达到63天，二级天数达到274天，第5年荣获省级卫生城市桂冠。

交通邮电 公路线路里程1087千米。全市民用汽车保有量13794辆，旅客运输量960万人千米。完成邮电业务总量18345万元。邮政业务总量1560万元；电信业务总量16785万元。固定电话45614部；新增移动电话用户32381户。宽带接入用户39489户。

旅游业 全年全市接待旅游者8万人次，比上年增长17.6%，门票收入130万元，增长34%。加大对各旅游景区景点的开发建设力度，打造“中镇霍山·华夏州署”两大品牌，带动商贸服务业发展。在香港举办的“中国最具海外影响力城市（县区）”评选活动中，霍州市获评“中国最具海外影响力城市”。在七里峪山门广场举办“中镇霍山·华夏州署”第八届文化旅游月开幕式—锣鼓大赛。发展锣鼓、年馍、布艺、剪纸等传统文化产业，全年实现产值500余万元；挖掘和弘扬丰厚的历史文化，举办霍山文化、曹端文化等研讨会，提升霍州市的对外影响力和文化软实力；以丰富群众精神文化生活为目标，投资600万元新建广电播控中心，完成3000户数字电视改造任务。举办群众喜闻乐见的文体活动，送戏下乡365余场，送电影下乡2200余场，举办10场“幸福霍州·激情飞扬”大型消夏文艺晚会，开展各种文体活动20余次，门球比赛荣获全国第九名，蝉联中国民间文化艺术之乡称号。

社会事业 实施市职教中心、市一中图书楼、市委党校综合办公楼及公办幼儿园等教育基础设施项目。总投资9800万元的市职教中心，完成土地、环评等前期工作，进行征地拆迁；投资1400万元的市一中图书楼完工；总投资4400万元的市委党校综合办公楼项目和残疾人服务中心投入使用；总投资1450万元的白龙、退沙中心幼儿园基本完工，推进职教中心、技校教学楼以及总投资7亿元的普仁集团新医院建设工程，深化基层医药卫生体制改革。高考二本以上达线780人，增315人，创历史最高，名列临汾市第一。强化义务教育标准化学校建设，图书室、仪器室、体育器材等设施设备达到省定要求。加强教师队伍建设，从优秀大学毕业生中公开招聘187名教师充实教学一线，提高教师队伍整体素质。

社会保障 新增就业岗位5634个，创业就业650人，转移农村劳动力3520人，城镇登记失业率控制在4.2%以内。参加企业养老保险13453人，参加城镇居民医疗保险113278人，参加失业保险人数12715人，社会保障覆盖率达到98%。加强弱势群体帮扶救助，投资600万元新建残疾人综合服务中心，完成主体工程建设；为6365名城市低保对象发放保障金1914万元；为9255名农村低保对象发放保障金1582万元；为1735名农村80岁以上老人发放保障金214.5万元，保障弱势群体生产生活。

（郭秀东）

吕梁市

中共市委书记	高卫东
副书记	丁雪峰
	吴志国
市人大常委会主任	刘明勇
副主任	张保福
	张翠兰
	张国彪
	韩明瑞
	徐　德
	郑明珠
市长	丁雪峰
副市长	张效彪　郝月生
	成锡峰　李润林
	秦怀金　张中生*
	刘永平
市政协主席	朱锦平
副主席	王侯党　刘本旺
	梁来茂　李俊平
	曹　牛*　刘广龙
	王志强

【概述】 吕梁市北纬36°43′~38°43′，东经110°22′~112°19′，总面积21140平方千米，下辖1个市辖区，10个县，2个县级市。

全年全市地区生产总值完成1228.6亿元，增长9.5%；公共财政预算收入完成163.98亿元，增长15.5%；规模以上工业企业增加值完成875.6亿元，增长12%；固定资产投资完成872.9亿元，增长26.4%；社会消费品零售总额完成344亿元，增长14.2%；外贸进出口总额完成7.48亿美元，增长30.1%；居民消费价格指数上涨3.0%，控制在年底目标3.5%以内；城镇登记失业率2.1%，低于4.2%的控制目标。

项目建设 4月，在上海举办“山西吕梁投资发展推介座谈会”，重点推介项目12个、总投资达1700多亿元。5月，组织49户企业参加第八届中博会，签约项目60个，项目总投资额达1574.8亿元。6月，举办“吕梁市招商引资项目集中签约活动”，共签约50个项目，总投资达1200多亿元。8月，在福州举办“山西吕梁招商引资项目推介活动”，签署项目合作意向15个，总投资52亿元。开工重点工程173个，完成投资1445亿元。临县霍煤1000万吨煤矿、兴县肖家洼1000万吨煤矿、兴县中铝100万吨氧化铝、孝义信发180万吨氧化铝、汾阳杏花村酒业集中发展区、交城国锦2×30万千瓦电厂等项目基本建成或正式投产。开工建设孝义信发铝系二期、汾阳国峰2×30万千瓦电厂等项目。中阳中澳生态铝循环经济一体化等项目落地奠基。“天河二号”超级计算机落户吕梁,使吕梁市成为全省、全国重要的运算中心。全年新兴产业增加值增速高出工业增加值7个百分点,占到工业增加值的20.6%,创历史新高。全市第三产业增加值达到296.5亿元。

农业 粮食总产量达116万吨,实现九连增。“三农”支出达到113.96亿元,同比增长12.38%。实施“8+2”农业产业振兴工程,建成核桃和红枣标准化管理示范园区3.5万亩、绿色谷子生产基地2.3万亩,新发展林下中药材1.3万亩、设施蔬菜2.52万亩,建设一级种薯和绿色商品薯基地各1万亩,发展窑洞食用菌6015孔、574.5万棒。开展扶贫攻坚,启动“百企千村”产业扶贫工程,50家省市企业与10个贫困县、1000个贫困村结对开发,组建开发公司20家,实施各类项目63个。推进易地扶贫搬迁、片区开发、整村改造等扶贫开发项目,实现12.7万低收入贫困人口稳定脱贫。推进造林绿化,全年共造林77.4万亩,栽植核桃林50.9万亩。汾阳市举办第七届世界核桃大会。

城乡建设 省政府批复《吕梁城市总体规划》(2013~2030)。铺开吕梁新区主干路网、河道整治以及供水、供气、供热管网建设,开展回迁安置房及部分配套设施建设。实施大县城建设项目211项,完成投资44.75亿元。保障性安居工程开工30335套,建成24648套。全市城区集中供热普及率达到67.91%,燃气普及率达到76%,污水处理率达到75.6%,生活垃圾处理率达到51.3%。城镇化率达到43.11%,较上年提高1.5个百分点。吕梁机场正式通航,推进中南、太兴及吕临支线铁路建设,西纵、环城两条高速基本具备通车条件。完成农村公路建设338千米。推进中部引黄工程建设,龙门供水取水枢纽主体工程完工,千年水库主要工程建设任务基本完成,坪底供水工程大坝主体封顶。新打机井200眼,增加灌溉面积5万亩。煤气层勘探开发利用地面抽采量达到15亿立方米,输气管网架构基本形成。开展新城建设,吕梁大道基本贯通;8条横路完成铺油;新城与环城高速、机场连接线贯通;10座桥梁完成基础;完工北川河整治工程年度任务;开工离石区、方山县各30幢安置楼建设;推进供水、供气、供热、学校、大医院、火车站站前广场、便民服务中心、体育中心等工程建设。

社会事业 推进“便民六件实事”建设。投资4亿多元,建成农村幼儿园648所、洗澡理发室1979个、碾米磨面坊1011个、红白理事厅1096个、主街道安装太阳能路灯村948个、县级社会福利中心8个。新改扩建城区幼儿园21所、农村幼儿园75所,高中阶段毛入学率达到93.5%。高考二本B类以上达线人数首次突破万人大关。深化医药改革,全市13个县级综合医院全部达到二级甲等标准,完成县级公立医院改革试点任务。新农合参合人数达到276.3万人,参合率达到98.46%,筹资标准提高到每人340元。新农保参保人数达到170.9万人,领取待遇人数达到36万人。10个省级非遗项目通过评审。吕梁慈善总会正式成立。

科技 全年申请专利963件,全社会研究与试验发展经费达到4亿元,增长18%。山西吕梁国家农业科技园区正式获批,建成1个国家级企业技术中心、2个省级工程技术研究中心。

社会保障 城镇居民人均可支配收入达20145元,增长9.9%;农民人均纯收入达6067元,增长13.1%。城乡居民基础养老金每人每月增加10元;企业退休人员基本养老金提高10%;城镇居民医保财政补助标准提高40元;城乡低保补助标准每人每月分别提高30元、24元;失业人员失业保险金标准提高15%以上;财政筹资570万元,将市属48户国有特困企业的3043名职工纳入医疗保险和大病保险。

环境建设 12个县(市)和吕梁市区平均优良天数比例达到91.8%,市区PM2.5日均浓度达标率为78.9%,全省排名第二。

安全生产 事故起数和死亡人数同比分别下降2.62%、18.85%。开展“平安吕梁”建设,实施“六六创安”工程,推进“一社区三中心”建设,排查化解社会矛盾。开展食品安全专项检查,推进“六五”普法。

文化事业 2月19日,现代晋剧音乐剧《杏花酒翁》在省演艺中心举行全国巡回演出500场启动仪式暨首场演出;4月21日,反映吕梁抗日军需功臣事迹的高清数字电影《吕梁铁骨》在吕梁首映;现代晋剧《刘胡兰》获得好评;电影《密战黑茶山》《枣儿红了》相继开机。 (刘翠翠)

【国家卫计委帮扶吕梁市卫生事业】 5月9日,“中华健康快车”驶进吕梁,共医治白内障患者1098名。10月20日,国家卫计委、国家中医药管理局举行支持吕梁山片区捐赠仪式,中华慈善总会通过国家中医药管理局向市政府捐赠救护车4辆、医疗设备74台,总价值1890万元;通过国家卫计委妇幼健康服务司向吕梁山片区捐赠救护车5辆、多功能微波治疗仪100台,总价值170万元。 (刘翠翠)

【晋豫鲁铁路通道沿线地市党报记者联合采访活动】 10月11日,晋豫鲁铁路通道沿线地市党报记者联合采访活动在吕梁市启动,来自3省10家地市党报记者组成的采访团先后赴吕梁、长治、鹤壁、濮阳、济宁、泰安、莱芜、淄博、临沂、日照10个铁路沿线城市进行现场采访。 (刘翠翠)

·离石区·

中共区委书记	阎刚平
区人大常委会主任	乔拯民
区长	吕文平
区政协主席	冯晋平

【简述】 离石区北纬37°21′~37°42′,东经110°55′~111°35′,总面积1324平方千米,下辖2镇3乡,7个街道。

全年地区生产总值完成85亿元,同比增长0.2%;公共财政总收入完成12.16亿元,同比增长9.1%;固定资产投资完成66.48亿元,同比增长32.1%;社会消费品零售总额完成56.2亿元,同比增长14.42%;城镇居民人均可支配收入 21967 元，同比增长 9.8%；农民人均纯收入 4377 元，同比增长 14.2%。

项目建设 落实"三包一"项目服务推进机制，铺开各类续建、新建重点工程 27 项，完成投资 70 亿元。实施"大城区、大园区、大民生、大生态、大环境"5 大建设工程。发展现代商贸物流业，开工建设天源物流、居然之家等项目，完成旭海物流、早餐工程等项目建设前期准备。引入市场机制，确定安国寺、宝峰山景区开发建设主体，改善全区产业结构，扩大经济规模，增强发展后劲。

农业 实施"8+2"农业产业化项目，全年累计落实奖补资金近 2 亿元，整合投入各类扶持资金 5.6 亿元，打造核桃精品示范园区 15 个；建成 30 万吨的饲料厂、5 万头的标准化育肥场、千头祖代种猪场；完善蔬菜种植区的配套设施；鼓励种植 8840 亩中药材；引导农民利用空闲窑洞发展食用菌 128 万棒。

工业 推进八大产业园区基础性工作建设，开工建设无人机产业园区；90 万吨金晖荣泰煤业建成投产；贾家沟和永宁两座矿井试运转，新增煤炭产能 210 万吨；环保造纸项目第一条生产线试产成功；基本建成日产 4000 吨熟料亿龙水泥项目。

城乡建设 配合吕梁新城建设，拆迁房屋 42.6 万平方米，预收土地 9707 亩，开工建设安置楼 40 栋，为新城道路、河道整治等重点工程项目建设清障开路，保证各项重点工程项目实施。确定东城开发建设的战略性思路，开展数字生态科技城建设，河道综合整治和六座跨河桥梁工程进入扫尾阶段。推进基础设施建设，白马仙洞旅游公路基本完工，坪头高速互通完成前期工作，店梁线改造工程开工建设。推进农村基础设施建设，完成 143 个行政村的亮化任务。完成农村便民"五件实事"任务。完成 700 人的移民搬迁任务，解决 3000 口人的农村安全饮水问题。推进生态文明建设，完成马家沟流域生态脆弱区 1 万亩荒山绿化，关停东义 42 万吨焦化厂，城区环境空气质量二级以上天数达到 322 天，空气质量优良率达到 88%以上。

民生建设 全年民生领域投入占公共财政总支出的 72%以上。筹措资金 2.73 亿元，兑现干部职工住房公积金、津补贴、取暖费提高标准、事业人员绩效工资、养老保险等工资福利政策，落实干部职工的工资福利待遇。发展教育事业，投入 8070 万元，新增"一村一所"幼儿园 15 所，完成三中教学实验楼、西崖底小学多功能室和袁家庄中、小学附属工程；教育城域网完工，实现教育同城化。实施 100 个农家书屋的标准化建设，开展文化下乡活动，丰富群众精神文化生活。加强公共卫生体系建设，提高合作医疗补偿标准，补偿农民 12.7 万人次，支付资金 3667 万元，减轻人民群众的就医负担。完成五大保险征缴扩面任务，提高城镇医保、城乡低保和五保供养标准，扩大覆盖面，全年下发各类保障救助资金 7212 万元，公共财政普惠社会各类困难群众。

安全生产 推进"平安离石"建设，开展"三打一整治"活动，刑事案件同比下降 26.95%，群众安全感提升。落实安全生产责任制，推行安全生产标准化管理，持续开展安全专项整治，改善安全生产形势。推进社区建设，落实社区建设经费 987 万元，铺开 34 个村的村改居，建成标准化社区 31 个。启动三地确权和三资清理工作，加强基层组织建设。加大信访矛盾纠纷处置力度，财政投入 1300 余万元化解处理历史遗留问题。

政府建设 全年办理人大代表建议、意见 63 件，承办政协委员提案 119 件，回复率为 100%。深化行政审批制度改革，压缩审批时限和审批环节，全年办结各类审批服务事项 65286 件，办结率 100%。推进行政监察、政务公开和政风行风评议，清理腾退办公用房 5722 平方米，严控"三公"经费支出，同比下降 39.9%，增强政府的公信力、执行力。 （孙银爱）

·文水县·

中共县委书记 孙善文
县人大常委会主任 张九聪
县　　　　长 王成军
县政协主席 胡学英

【简述】 文水县北纬 37°15′~37°55′，东经 111°29′~112°19′，总面积 1064.4 平方千米，下辖 7 镇 5 乡，1 个办事处，199 个行政村。总人口 44 万。

全年全县地区生产总值完成 58.74 亿元，同比增长 11%；财政总收入完成 6.03 亿元，同比增长 7.2%；公共财政预算收入完成 2.64 亿元，同比增长 20.7%；固定资产投资完成 19.98 亿元，同比增长 39.3%；规模以上企业工业增加值完成 38.62 亿元，同比增长 15.9%；城镇居民可支配收入 15940 元，同比增长 9.4%；农民人均纯收入 7109 元，同比增长 12.5%；社会消费品零售总额完成 15.51 亿元，同比增长 15.3%。

项目建设 完成海威公司年产 60 万吨高速线材项目建设并投产；推进国金电力 2×350 兆瓦发电项目和 2×200 万吨固废综合利用项目建设；金地公司赤峪煤矿年产 300 万吨项目取得《采矿证》复印件；开工建设华一重工大型锻造件项目；开展汇晶公司氮化物项目建设；编制完成白酒原酒集聚区发展项目规划，海华公司形成年产 3000 吨基酒、1 万吨生物保健酒的生产能力；太中银铁路文水战略装车点项目中的海威公司钢铁货运站站内和货场铺轨；引进并落地晋能集团年产 500 兆瓦太阳能电池及 600 兆瓦太阳能组件项目、美锦能源集团年产 30 万吨不锈钢原料生产项目和年产 100 万吨不锈钢项目。

"三农"工作 落实强农惠农政策，粮食总产量达到 27.1 万吨，实施"5+4"农民收入翻番工程，大象农牧、诚信种业、仙塔食品、胡兰乡食品、汇丰源食品、贤美食品、野山坡饮料、康欣药业、锦绣农牧、森源饲料被省定为新一轮省级龙头企业；立项建设万头肉牛养殖、设施蔬菜等 55 个项目，争取上级资金 3.41 亿元；全县蔬菜、梨果、核桃面积分别达到 3 万亩、11 万亩、2 万亩。建设新农村，建成 13 个新农村重点推进村和 8 个高标准新农村示范村。推动农业基础设施建设，实施玉米高产创建、"三微五环"技术推广等项目。

城乡建设 完成文东新区“四桥、五街、三路、一小区、一广场”建设，5月，实现堡子村安置小区22幢安置楼搬迁入住。实施占地1.33公顷的大陵湖广场建设工程，完成狄青大街中段取直工程和私评村城中村整治改造任务。改造县城旧城区和老旧基础设施。胡兰镇“1+10”工程中的红色旅游路(文水东高速口—胡兰村)建成通车，村级组织活动场所建成投入使用；实施保贤村集中整治工程，完成进村公路、集中屠宰场建设。完成省道古吴线苍儿会段10.4千米路面改造工程、省道祁方线北峪口段760米路面配套工程、县道段马线下曲段2.1千米改建工程、文峪河东堰(西槽头—开栅)14千米新建工程和乡道小南线(清徐小汽道—南安)7千米改造工程。城乡清洁工程投入560万元，配备完善保洁人员、保洁三轮车、清运车辆。建设农村便民店、物流基地，完善农村现代流通服务网络。

民生建设 投资1.87亿元的新文水中学投入使用，文水二中恢复办学；实施教育布局调整，西南街小学、城镇五中以及县特校、社会救助福利院等学校投入使用；扶持农村初中办学，促进教育均衡发展。实施县医院新址建设主体工程，完成开栅、下曲、南庄三所卫生院改扩建工程，扩大城镇居民基本医疗保险和新农合覆盖面。完成投资4268万元、涉及116个村庄333个项目的便民“六件实事”，实现“三年任务、两年完成”的目标。完成经济适用房、限价商品房建设任务；落实城乡低保、农村五保、养老保险等政策。

旅游业 苍儿会生态旅游景区通过“山西休闲旅游度假区”验收，被评为国家3A级旅游景区；上贤梵安寺塔被确定为国家级重点文物保护单位；启动东岩寺重建项目和则天纪念馆、武午关帝庙等建筑文物维修项目建设。 (徐锦笙 郝卫凤)

·交城县·

中共县委书记 李志安
县人大常委会主任 刘文海
县长 乔晓峰*
薛凤奎
县政协主席 桑小平

【简述】 交城县北纬37°28′~37°49′，东经111°29′~112°16′，下辖6镇4乡，142个行政村，254个自然村。

全年全县地区生产总值完成70.25亿元，增长7.6%；公共财政收入达到5.74亿元，增长3.2%，占财政总收入的比重达53.14%；规模以上工业增加值完成60.6亿元，增长8.3%；全社会固定资产投资完成39.9亿元，增长31.4%；社会消费品零售总额完成17.2亿元，增长13.8%；城镇居民可支配收入达到16416元，增长10.4%；农民人均纯收入达到6897元，增长13.6%。

“三农”工作 以全市“8+2”农业产业发展为契机，提升特色农业产业化水平，发展设施蔬菜2974亩，核桃经济林面积达到6.1万亩，山区乡镇培育壮大特色养殖、种植、采摘等专业合作社52户。实施“百企千村产业扶贫开发工程”，会立、庞泉沟、东坡底3个乡镇实现牛存栏1.4万头、羊存栏5万只。实施旅游富民战略，全年游客人数突破110万人次，带动农家乐、采摘、特色农产品销售等富民产业发展。

项目建设 推进产业交城建设，开展产业攻坚，实施总投资672亿元的重点项目47个，完成立项34个、环评24个、土地25个。坚持“六位一体”建设，超额完成市下达任务，省市重点工程投资完成率排名全市第三，投产完成率排名全市第一，综合考核排名全市第五。国锦煤电2×30万千瓦热电联产项目第一台机组点火；华鑫1860项目份投产；义望铁合金新上16万吨锰铁合金项目建成投产；国利天能太阳能聚光热发电用反射镜项目进行设备安装。推进重点工程建设，龙门供水工程完成枢纽工程、防洪堤、输水箱涵和倒虹吸工程建设，开挖隧洞8050米，占全部工程量的85%。平川管线铺设工程完成招投标和地面附着物清理。改善投资环境，整治开发园区，采用“企业出资、政府补贴”模式，完成全长14千米的园区路网改造工程，水、电设施一次性配套到位，栽植绿化树种4万余株。完成投资7280万元的高速引线改建工程。

城乡建设 以建设“山水园林宜居文化名城”为目标，加快城市化建设步伐，推进各项重点工程。总投资5886万元的县城垃圾处理厂库区整体框架完成；投资1200万元的华鑫供热站、南街供热站竣工投用，供热覆盖面达到340万平方米；铺开县城供水改扩建及配水管网改造工程建设，投资160万元完成龙山大街、迎宾大道等重点区域绿化。

民生建设 总投资5300万元的职中新校园工程主体完工，14所农村幼儿园投入使用，交城中学高考达线人数突破千人大关。完成县医院“医药分家”改革，县财政拨款619万元用于药品零差价补贴、医务人员工资保障等项目，基层医卫人员全部实现财政供养。建设各类保障性住房1376套，完成新开路中段132户回迁安置任务，完成604套经济适用房、500套棚户区改造房建设任务。推进“便农六件实事”建设，投资2494万元，新建红白理事厅55个、洗澡理发室20个、碾米豆腐坊28个、安装太阳能路灯1460盏、改造农村困难家庭危房197户，改扩建农村幼儿园7所。全年二级以上天数达到356天，城市空气优良率达到97.5%。

人才建设 坚持“人才引领转型、科技支撑跨越”的发展理念，加大高层次人才引进力度，面向全国公开招聘154名全日制硕士研究生，全部选派到县直机关、教育、卫生、园区企业等基层一线。引进产业转型亟须的高中级技术人才、管理人才613名。

社会治理 推进以“三中心一社区一网格一室”为主的社会管理体系建设，开展社会治安专项整治行动。治理治安乱点400余处，全国道路交通安全防控体系建设现场观摩会在本县召开。狠抓安全生产，排查整改各类安全隐患950处，改善安全生产形势。学习“枫桥经验”，建立“三级联动”信访工作机制，开展“百

日双千案攻坚战”活动，化解各类信访案件125件。　（县史志办）

·兴　县·

中共县委书记　郭　颖
县人大常委会主任　史建春
县　　　　长　梁志峰
县政协主席　刘五娥（女）

【简述】　兴县北纬38°05′~38°43′，东经110°33′~111°28′，总面积3167平方千米，下辖7镇10乡，372个行政村，822个自然村。总人口279369万人。

全年全县地区生产总值完成63.41亿元，增长2.3%；规模以上工业增加值完成52.47亿元，增长1.8%；社会消费品零售总额完成5.71亿元，增长14.15%；固定资产投资完成48.45亿元，增长33.27%；财政总收入完成27.05亿元，增长7.01%；一般预算收入完成8.02亿元，增长9.39%；城镇居民可支配收入15936元，增长9.6%；农民人均纯收入3230元，增长14.1%。

项目建设　落实省、市重点工程项目9个，总投资349亿元。县重点工程项目34个，总投资122亿元。项目储备完成1412.4亿元，完成率169%；项目签约完成205亿元，完成率113.89%；项目落地完成170.56亿元，完成率77.53%；项目开工完成121.85亿元，完成率69.6%；项目建设完成88.1亿元，完成率73.4%；项目投产完成54.87亿元，完成率42.2%。

“三农”工作　开展设施蔬菜建设，消灭空棚任务800亩，日光温室50亩，移动大棚750亩，为消费者提供新鲜蔬菜12750吨，实现产值7000万元，菜农户均收入5.7万元。完成核桃经济林造林工程5万亩；完成吕梁山生态脆弱区造林4.87万亩，超额完成0.5万亩。推进水利工程建设，完成投资423万元的50处饮水工程；完成省级投资1600万元的40眼灌溉深井建设任务；完成水土保持治理任务7.15万亩，占任务的119%；完成移民主体工程建设，扶贫移民工程年度任务500人，完成403人。推进新农村建设，年内新确定的48个重点村中，完成街道硬化、环境净化、村庄绿化、路灯亮化“四化”建设；改善农村水、厕、厨、圈，完成中心村小学、计生卫生所、科技文化活动室、便民超市、健身场所建设。

城乡建设　完成蔡家崖革命历史文化保护规划。开工建设中共中央晋绥分局旧址历史风貌修复工程；完成蔚汾北路改造工程（道路工程）及蔚汾河北岸箱涵扩建工程；完成连城大道附属工程及新区河北片道路工程；完成兴县垃圾无害化处理场建设工程量的80%；启动省级园林县城创建工作，创建园林道路1条、星级公园、园林单位、园林小区各1个；完成农村困难群众住房解困1000户改造任务和510套城市棚户区改造任务。完成城市旧城区和老旧基础设施改造，投资8400万元。打造恶虎滩、康宁2个覆盖镇域的城乡清洁示范镇，创建晋绥东路城市保洁示范街道和连城大道容貌示范街道各1条；改造完成城市星级公厕2座；完成市政公用设施固定资产投资22570万元，创建1个供水设施建设示范工程，用水普及率达到90.2%。创建1个市政道路设施建设示范工程，人均道路面积达12.35平方米。建成南山生态文化公园，全县建成区绿化覆盖率达到22%。新敷设污水管网长度6.5千米，全县污水处理率达到80.34%，污水处理厂负荷率达到72.84%。推进保障性住房建设。新建廉租住房200套、公租房150套。棚户区改造项目510套全部完工；推进限价商品房500套建设；续建棚户区改造项目777套完工。全年保障性住房开工率157%；竣工和基本建成套数1277套，完成投资27273万元。

交通建设　推进县道曹家坡至枣林坡段公路改造工程。路线全长31千米，计划总投资5318万元。路基工程完工，完成投资2800万元。推进上年遭遇“7·27”特大暴雨袭击破坏的沿黄公路水毁改造工程建设。全线长93千米，完成投资3000万元。推进公路养护。完成沿黄线维修涵洞2孔，清理排水沟42.5千米，清理塌方4万余立方米。推进山西中南部铁路通道工程建设。完成兴县境内60.122千米铺轨任务。推进太兴铁路工程建设，开展兴县境内13.43千米架梁铺轨建设。完成西纵高速公路“岢临段”兴县境内64千米路基建设任务。

文化建设　免费开放全县公共图书馆、文化馆、美术馆、乡镇综合文化站，举办教育培训及科普讲座2期，举办大型文艺活动3次，接待群众及文艺爱好者达6600余人次；投资480万元，拍摄大型专题电影《密战黑茶山》，纪念牺牲在黑茶山的“四八”烈士；申报非物质文化遗产项目，省级2项，市级5项，县级14项。投资28.35万元购置国产“永中”牌正版办公软件450套，实现全县机关计算机软件正版化。

教育　投入10余万元表彰奖励优秀单位杰出个人；投入1444万元推进农村学生供餐工程；投入6.27万元奖励优秀教师；投入483万元资助年内高考达线学生。完成120师学校地下室主体工程，规划占地面积120亩，建筑面积约6万余平方米，总投资2亿元。投资1800余万元，完成建筑面积7400余平方米的新区幼儿园建设主体工程；推进投资2000余万元的西城幼儿园招投标；完成投资900余万元的魏家滩中心幼儿园等19所闲置校舍和小学附设幼儿园改造工程并投入使用。规划农村中小学食堂项目40个，改造面积13408平方米，总投资2569.74万元。改扩建10个，维修21个并投入使用。

医疗卫生　建立以电子病历和医院管理为重点的医院信息系统，实现与新农合、职工医疗保险信息系统互联互通；为县医院聘请骨科专家1名，心血管专家1名，硕士研究生6名。新农合补助标准由每人每年240元提高到280元。扩展慢性病补偿范围，补偿比例为可补偿费用的50%，封顶线为10000元/人/年。提高儿童先心病、白血病等20种重大疾病医疗保障水平，新农合按70%补偿。开展乡村两级门诊支付方式改革，门诊补偿比例提高到80%。改扩建8个乡镇卫生院，完工2个并投入使用。以中医适宜技术为主要内容，培训376名乡村医生。“五苗”接种率以乡为单位均保持在98%以上。

文物旅游 完成蔡家崖乡北坡村中共中央晋绥分局旧址修复工程相关任务。北坡整村移民搬迁安置一期工程完工，完成投资8000余万元；制订“四八”烈士纪念馆布展方案，由北京兴中创国际展示有限公司开展布展工作；争取到上级拨款80万元，开展蔡家崖明代砖塔保护修缮工程；开展第一次全国可移动文物普查工作，普查国有单位393家，反馈文物单位7家，反馈文物总数19890件；举办兴县首届“美丽兴县·旅游风光”摄影艺术展，展出作品百余幅。

环境建设 实施集中供热工程、集中供气工程，加大治污减排力度，按照规定对全县机动车辆进行环保尾气检测。二级以上天数达到317天，建成区环境空气质量优良率达到85%以上，综合污染指数控制在1.6以下，达到国家二级标准。

民生建设 推进“一村一个”工程：建设农村幼儿园9所；村设洗澡堂102个、理发室72个；为290个村主街道安装太阳能路灯。建设碾米磨面豆腐坊161个，未完成年度任务6个；建设红白事务厅53个，未完成年度任务3个。投入使用1所社会综合福利院。

社会保障 参加企业职工养老保险11403人；参加机关事业单位养老保险1285人；参加基本医疗保险28832人；参加失业保险16309人；参加新行农村养老保险148242人。城镇低保标准提高到每人每月234.62元，农村低保标准提高到每人每月134元。农村五保供养标准提高到每年1800元。完善城乡医疗救助制度，给予患大病的贫困对象1000元以上、10000元以下医疗救助。完善临时救助制度，推进流浪乞讨人员救助规范化建设，加强乡镇救灾物资储备库和社区应急避难场所建设。城镇新增就业2940人；创业带动就业650人；城镇失业人员再就业852人；就业困难人员就业189人；城镇登记失业率控制在4.2%以内；转移农村劳动力3742人；完成创业培训210人；完成城镇失业人员再就业培训572人；完成农村劳动力技能培训850人；完成新成长劳动力培训237人。

（牛小兵）

·临　县·

中共县委书记　张建国
县人大常委会主任　闫金英（女）
县　　　　长　李双会
县政协主席　薛全清

【简述】 临县北纬37°35′~38°14′，东经110°39′~111°18′，下辖13镇10乡，631个行政村。总户数24.2835万户，总人口65.0291万人。非农业人口6.1985万人，男性占52.1%。出生人口7062人，人口出生率为12.01‰；死亡人口3292人，死亡率为5.6‰；自然增长率为6.41‰，出生人口男女性别比为109:100。

全年全县地区生产总值完成40.12亿元，比上年增长11.5%，其中第一产业增加值95231万元；第二产业增加值192892万元；第三产农业增加值113173万元。人均地区生产总值6824元，按2013年平均汇率计算为1112美元。财政总收入达12.0226亿元，公共财政收入完成6.24亿元。社会固定资产投资完成40.7亿元；社会消费品零售总额实现31.4亿元；城镇居民人均可支配收入13131元；农民人均收入3488元。；增加值完成17.42亿元。城乡居民储蓄存款余额为77.6512亿元。

项目建设 推进重点项目建设，省重点项目3个，完成投资21亿元；市重点项目10个，完成投资80亿元；县重点项目27个，完成投资43亿元；总投资498亿元。完成项目储备2697.8亿元；项目签约257.93亿元；项目投资150亿元；项目落地投资额90亿元；项目开工投资额110亿元；项目投产额120亿元。

“三农”工作 农作物播种面积128.7万亩，比上年增加0.35万亩，其中粮食种植面积108.2万亩；油料种植面积20.5万亩；棉花种植面积0.14万亩。粮食作物主要以玉米为主，种植面积44.1万亩。全年粮食产量达12.2万吨，实现十连增。建成红枣标准化示范园区3000亩，有机红枣基地1000亩，打造万亩有机红枣标准示范园。红枣加工项目推进。在白文、城庄等乡镇发展核桃林6.5万亩，品种改良1万亩。在安家庄等乡镇发展绿色谷子示基地2000亩。在石白头、安家庄等乡镇的废旧窑洞发展食用菌910孔。支付粮食直补、良种补贴等资金7179.5万元，完成补贴面积109.2万亩。落实农机购置补贴资金1185万元，受益农户7625户。

建成省级“一村一品”专业村124个，从业农户近4.5万户、14万人，专业村农民人均纯收入高于当地平均水平15%。完成招商项目5个，签约额达到2.2743亿元；吸引社会资金投入农业项目0.12亿元。全县农产品“513”龙头企业完成销售收入2.43亿元，完成任务数的97.2%。用于“三农”的投入3.5亿元，其中县级财政农业投入9200万元，同比增长15%；项目配套资金到位1320万元。

农业机械总动力172328千瓦。机械耕地面积55.35万亩；机械播种面积18.225万亩，机械收获面积9.9万亩。农机化经营总收入3300万元。

完成造林8.2215万亩，增长19.2%，其中荒山荒地造林面积4.5405万亩，增长79.5%，经济林面积3.681万亩。

交通邮电 公路线路里程2731.788千米，其中高速公路70千米。完成农村公路“7·27”灾后重点重建工程13条338千米县道、5条90千米重灾乡道水毁恢复、11座危桥改建新建、兔水公路9千米路面改造和三曲公路安家庄至丛罗峪段挡墙防护等工程建设任务全部保质保量如期完工，两年投资7680万元。完成101千米沿黄扶贫旅游公路路面改造工程，投资1750万元。完成西纵高速路面工程，太佳高速黄河大桥贯通。中南铁路、太中银铁路吕临支线、太兴铁路等重点工程项目建设取得突破。确定安业火车站扩容方案。白文、临县北、车赶、林家坪等4个战略装车点具备开工条件。通客车行政村达420个，有营运农村班线36条，农村客车70辆，通车率达66%。全年实现客票代理费收入146万元，发送营运班次 43800 次，输送旅客 108 万人次。邮电业务总量完成 19701.5 万元，增长 20.6%。

城乡建设 投资 2240 万元，完善西山生态公园项目；投资 1000 万元，建设白文—碛口燃气长输管网建设工程；总投资 300 万元，完成湫水河景观区喷泉、栏杆、草坪的修复维护工程；投资 260 万元，建设内容计生指导站旁、中医院附近、旧房产宿舍旁 3 座公厕，维护改造城区原有 18 座公厕。开展以清扫保洁和垃圾收集、清运、处理为主的乡村清洁工程，配备乡村保洁员 1220 人。完成农网升级改造 10KV 线路工程项目 19 个，线路长度 111.028 千米，投资额 1197 万元。钟底 35KV 升压 110KV 输变电工程完成投资 1759 万元。推进中部引黄工程临县段 6 个支洞开挖工程建设。开展“六件实事”建设，幼儿园建成 54 个，在建 11 个；洗澡室建成 70 个，在建 52 个；理发室建成 73 个，在建 49 个；磨面房建成 91 个，在建 54 个；红白理事厅建成 115 个，在建 60 个；推进社会福利中心建设。

完成街巷硬化 630 千米，村庄绿化栽植绿化树种 3 万余株，新建垃圾池 385 个，所有重点村均建立卫生保洁长效机制；90 个村路灯安装率、安全饮水达标率均达到 100%；新建文化活动室 72 个、计生卫生所 65 个、便民连锁店 90 个；在新建成的 65 个休闲健身广场，绿化并配备健身器材 20 套；完成 20 村的标准化小学改造。

水利建设 总用水量 2104.81 万立方米，下降 15.7%。完成农田实灌面积 12 万亩，新增水土流失治理面积 7.67 万亩，万元工业增加值用水量 18.6 立方米，比上年 19.8 下降 6.1%，地下水平均提升 1 米左右，局部地带提升 3 米。恢复 383 个自然村的 285 处饮水安全工程，完成投资 2780 万元；开展淤地坝建设，完成碛口河南坪与白文高家沟坝滩联治扫尾工程，新建河坝 450 米，排洪渠 1580 米，道路 1.2 千米，垫滩地 13.17 公顷，投资 300 万元。对国家水土保持重点建设临县阳坡小流域片综合治理工程，完成梯田 45 公顷，乔木林 109 公顷，田间道路 4 千米，治理面积 8.57 平方千米，占年度治理任务的 60%。完成山洪灾害非工程防治措施建设，新建 146 个简易雨量站，18 个自动雨量站，4 个简易水位站，3 个自动水位站，安装县、乡两级监测预警平台。

文化旅游 有线电视用户 4.5 万户，新增 800 户，入户率 32%，电视人口覆盖率达 34%。本地歌曲《心里装着谁》荣获 2013 年美丽中国大型音乐展演全国总决赛金奖。碛口号子申报为省级非物质文化遗产保护项目；完成碛口文化生态保护实验区规划纲要的制定。接待海外旅游者 5325 人次，接待国内旅游者 128.06 万人次；旅游外汇收入 186.14 万美元，国内旅游收入 100300 万元，旅游总收入 101900 万元。

教育事业 职业中学 3 所，在校学生 2280 人；普通高中 2 所，在校学生人数 7308 人；初级中学 38 所，在校学生人数 8228 人。教职工 6150 人。适龄儿童入学率 99.8%，小学六年巩固率 97%，初中三年保留率 92%，高中阶段毛入学率 86%。

高考达线率 454 人，新补充特岗教师 60 名，幼儿教师 75 名；全县有 4.3 万名学生享受到营养餐改善计划，1.2 万名经济困难学生享受到生活补助，4871 名贫困学生享受到雨露计划补助。

医疗卫生 卫生机构（含诊所）684 个，其中医院 3 个，妇幼保健院 1 个，卫生院 23 个，城区社区卫生服务中心 1 个，疾病预防控制中心 1 个，卫生监督所 1 个，新农合医办 1 个，健康教育中心 1 个，卫校 1 个，村级卫生所及个人诊所 651 所。全县卫生机构共有专用病床 1165 张，卫生技术人员 950 人，其中执业医师和执业助理医师 569 人，注册护士 381 人。深化医药卫生体制改革，公立医院取消“以药补医”，实行药品“零差率”销售。新型农村医疗参合人数达 52.79 万人，参合率 98.76%。

社会保障 对特大暴雨洪涝灾害中房屋受损群众实施易地扶贫搬迁，重建房屋主体全部竣工。资助贫困家庭大学生 95 人，发放补助资金 47.5 万元。针对农村富余女劳力充足的现状，主要培训针织刺绣，马铃薯实用技术培训，完成劳动力转移培训 740 人。参加城镇职工基本医疗养老保险 29828 人；参加新型农村社会养老保险 337712 人；参加城镇基本医疗保险 56731 人；参加失业保险 21635 人；参加工伤保险 15014 人，其中农民工 5608 人；参加生育保险 5165 人。城市最低生活保障对象 10089 人，农村最低生活保障对象 68324 人，4947 人纳入农村五保供养。各类提供住宿的生活服务机构 2 个，养老服务机构 3 个，各类福利院床位数 90 张，手痒 75 人，接收生活捐赠款 20 万元。新增就业人数 1.3 万人。8.86 万人享受到保障性救助；发放廉租房租赁补贴 114 万元。（张海红）

·柳林县·

中共县委书记 王宁
县人大常委会主任 陈繁昌
县长 武跃飞
县政协主席 杨登生

【简述】 柳林县北纬 37°08′~37°37′，东经 110°39′~110°05′，总面积 1287.29 平方千米，下辖 8 镇 7 乡。

全年全县地区生产总值完成 252.1 亿元，同比增长 3%；财政收入完成 72.25 亿元，同比下降 16.3%；公共财政预算收入完成 6914 万元，同比增长 4.4%；城镇居民可支配收入达到 23561 万元，同比增长 11%；农民人均纯收入达到 8441 元，同比增长 14%。

项目建设 确定重点工程项目 81 个，总投资达 837.45 亿元，建成后可实现年产值 1343 亿元、上缴税金 135 亿元。26 对矿井规模化、集约化、机械化、信息化升级改造基本完成，其中 16 对矿井通过考核评定达到安全质量标准化矿井，完成目标任务的 100%。总投资 3.1 亿元的宏盛聚德 240 万吨坑口洗煤项目建成投用；总投资 5.2 亿元的凌志华泰 960 万吨洗煤和总投资 9860 万元的鑫飞贺昌 300 万吨坑口洗煤项目试生产。全年原煤产量完成3751万吨，同比增长2.82%;洗精煤产量完成1891万吨,同比增长6.76%。推进高红循环经济示范区建设，宏光发电项目一期工程投产,可实现年产值9亿元,上缴税费8000万元。柳林森泽煤铝公司计划投资200亿元的400万吨煤矸石提取氧化铝、白炭黑及余热发电项目开工,项目建成后每年可消化400万吨煤矸石。5月13日,与美国雅保公司正式签约，成立吕梁首家中美合资企业——森泽雅保化工有限公司，上马年产5万吨超细氢氧化铝阻燃剂项目,引进外资达2316万美元,实现柳林县引进外资零突破。组织柳林县沟门前食品有限公司和柳林县达滋食品有限责任公司参加第八届中国中部投资贸易博览会。全县签约项目3个,总投资额377.4亿元,其中引资165亿元。

环境建设 加大城区环境治理力度,改善人居环境。二级以上天气达到324天（其中一级天气88天),综合污染指数1.65,二氧化硫、氮氧化物、可吸入颗粒物三项指标平均浓度均控制在标准范围内。为采煤矿井建设矿井水处理站,对三川河沿线的重点污染企业安装废水在线监测系统,三川河两河口断面水质达到V类标准,达标率65%,完成年度考核任务。龙门会至康家沟段和杨家港至杜家湾段14千米污水管网完成，污水处理率达到58%以上。推进城乡清洁工程,对未纳入城乡清洁工程重点村的180个行政村铺开乡村清洁工程,建立完善乡村清洁工程管理体制,新增清扫保洁面积32.76万平方米,对城区做到“一日三扫、全天保洁”。生活垃圾无害化处理率达到90%,城市集中供热普及率达到70%,城区绿化覆盖率达到34%。

交通 1月19日,太中银铁路柳林客运南站举行首发仪式,是柳林县第一个投入运营的客运火车站,新增4趟进站列车。

民生建设 为全县人均收入低于9472元的农户发放煤炭，全县有96913户农户领取计97883吨优质煤炭。 （张景尧）

·石楼县·

中共县委书记 闫孝敏
县人大常委会主任 孙卫东
县长 程晓春
县政协主席 郑连弟

【简述】 石楼县北纬36°51′~37°16′,东经110°22′~111°6′,总面积1808平方千米,下辖4镇5乡。

全年全县地区生产总值完成7.9亿元,同比增长7.2%;规模以上企业工业增加值完成1.65亿元,同比增长14.2%；固定资产投资完成7.2亿元,同比增长0.5%；财政收入完成1.35亿元,同比增长15.3%;公共财政预算收入完成6914万元,同比增长4.4%;城镇居民可支配收入1.3万元，同比增长29.9%；农民人均纯收入3212元,同比增长31%。

农业 实施“8+2”农业产业化工程,助推农民增收。重点发展红枣、核桃干果经济林主导产业。在红枣产业上，新建总面积4300亩的6个红枣林精品园。在核桃产业上,以产业扶贫为依托,整合涉农项目,捆绑使用扶贫、林业、发改、交通、水利等部门资金3000余万元，在东部3个乡镇集中打造3个万亩核桃林片区开发综合示范园区,实现核桃产业的布局区域化、种植规模化和管理科学化。多元发展其他增收产业。推行“企业+合作社+农户”经营模式,重点支持长荣妇女蘑菇种植合作社发展壮大,拉动周边900户农民实现居家就业。以和合乡5000亩谷子生产基地为示范，全县发展10万亩小杂粮生产基地,把“小杂粮”做成农民增收致富的“大产业”。发展养殖业,上年在省纪委支持下投资1100万元新建的灵泉镇薛家垣村、王村、岔沟3个现代化规模养猪小区正式运营,辐射带动全县养殖业发展。发展4个育苗基地,育苗面积达到5000亩。

项目建设 煤炭综合利用方面,总投资40亿元的300万吨煤炭项目和投资15亿元的120万吨焦化项目完成资源普查,并开展核准文件获取等前期工作。煤层气开发方面,开工建设20亿立方天然气开发项目和LNG天然气液化项目。山西新天能源有限公司注册成立石楼分公司,启动县城天然气管网铺设。县城月亮湾小区首先实现管道输送天然气供热,标志着“气化”石楼建设取得实质性进展。煤电一体化建设上,2×350兆瓦低热值煤电项目于6月份开工奠基,配合承载企业晋能集团进行立项、土地、环评等各项前期工作。

11个省市县级重点项目中,红枣基地建设及深加工项目和屈产河综合治理2个项目全部完工；东征一级路、黄河第一湾开发、县城煤层气利用、干法水泥、马村220千伏变电站等6个项目开工建设。

城乡建设 铺开王府佳苑、福祥苑、西河湾等六处居民住宅精品工程,完成154套12.5万平方米;实施县城供水、供暖、供气工程;东征大街延伸工程路基工程基本完成。出台《石楼县县城总体规划》和《控制性详规》，开展县城违法乱建专项清理整顿活动。发展水利事业,完成“一村一井”工程建设,实施屈产河河道综合治理工程,支持坪底水库和中部引黄工程。推进罗村110千伏变电站项目和马村220千伏变电站建设,增强城乡供电能力。实施裴沟至乔子头、裴沟至曹家垣、留村至和合等乡际公路拓宽改造工程。

社会事业 高考二本以上达线人数增加22%,达线率连续七年稳居吕梁山区九县第一。推进新建职业中学进度,确保下年投入使用,力争把新建职业中学建设成为全市一流的职教基地。发展医疗卫生事业,提高公共卫生服务水平。新建两座乡镇中心医院。成立县中医院,中医院大楼工程完成选址并列入2014年国债资金项目。提高城乡低保标准。城乡低保和五保供养实现应保尽保,新农合实现全覆盖,启动机关事业养老保险和困难企业职工医保改革,初步构建起多层面、宽领域、全方位的社会保障体系。

民生建设 落实“5+1”六件便民实事,实施城乡清洁工程,提升群众生活水平。下拨各类救灾资金693万元,应对春旱、春冻、夏季强降雨灾害造成的损失。加强保障性住房建设,第一期廉租住房基本竣工,第二、三期廉租房主体完工;完成农村危房改造任务,解决1000户农民住房不安全问题。

政府建设 开展“干部下乡住村”活动。结合“访民生、知民情、解民忧”活动,实现领导干部下乡住村常态化,县四大班子领导带头到所包乡村蹲点调研。各级领导干部700余人深入全县134个行政村495个自然村,解决涉及农村发展、农民增收、文教卫生、基础设施、民生事业、信访稳定等6大类1600多个实际问题。开展信访积案百日攻坚活动。以全省“信访积案百日双千攻坚”活动为契机,在巩固“大排查、大接访、大化解”活动成果的基础上,重点在“事要解决”上下功夫,调处化解信访积案63件,化解率近90%;信访总量下降30%。 （郑凤斌）

·岚 县·

中共县委书记 薄宇新
县人大常委会主任 丁清泉
县 长 油晓峰
县政协主席 李拴珍

【简述】 岚县北纬38°05′~38°36′,东经111°21′~111°50′,总面积1508.9平方千米,下辖4镇7乡。

全年全县地区生产总值完成20.8亿元,同比增长13.2%;财政总收入完成6.19亿元;规模以上工业企业固定资产投资完成20亿元,增幅45%;社会消费品零售总额完成8039亿元,同比增长13.04%;城镇居民人均可支配收入完成14906元,同比增长9.3%;农民人均纯收入完成3721元,同比增长12.9%,外贸出口总额220万美元,完成市下任务66万美元的333%,增幅全省第一。

项目建设 续建、新建项目42个,完成建设投资82.22亿元。总投资125亿元的省重点项目、亚洲规模最大的露天冶金矿山——太钢袁家村铁矿2200万吨采矿、750万吨精矿粉、200万吨球团项目建成投产,正利煤业达产达效,昌恒煤焦具备投产条件。开工建设同安、龙达两座煤矿。继亨30万吨铸造技改配套518立方高炉及汽车配件总装生产线项目投产,投资30亿元集新材料设计制造、核心技术延伸拓展、特殊相关产品设计制造为一体的江川国威新材料工业园区落户岚县,一期年产2万吨全国最大的生物质复合材料生产线和1200万只软磁芯项目建成,开工建设盛达2×48兆瓦风电项目。全县中小微企业总数达到237户,从业人员2万余人。

农业 马铃薯种植总面积达到22万亩,完成20万亩无公害马铃薯产地认定和30万吨无公害产品认证,启动岚县马铃薯地理标志产品认证工作,加大马铃薯的宣传和营销力度,落实马铃薯主导产业“助保贷”扶持政策,拓宽企业融资渠道。集电子交易、产品检验、恒温贮藏为一体的绿禾薯业马铃薯批发市场主体完工。康农薯业、宜芳食品等龙头企业进行技术改造和规模升级。马铃薯产业形成集“优种培育、基地建设、加工转化、市场营销”为一体的产业体系。油松育苗产业实现规模扩张,总面积达到6万亩。

城乡建设 推进“四城”同创工作,国家卫生县城通过最终验收和公示,省级文明县城和省级园林县城通过初验。实施“三河九园”绿化工程,启动岚河、上明河、岚城河生态修复治理工程,完成九大公园升级改造。完成市政供水管网改造,实现城区集中供水全覆盖;基本完成集中供热管网改造升级,供热总面积达到80万平方米,3300余户居民用上天然气。新建城市规划馆和儿童游乐场,改造提升图书馆、青少年活动中心,完善市政公共文化设施。加快小城镇建设,推进普明“百镇”建设和岚城、梁家庄、社科等中心乡镇建设,完成新农村建设重点推进村“四化四改”“五个一”工程任务和集中连片示范区建设任务。

民生建设 总投资3.6亿元的岚县中学(新建)项目主体完工;建设总投资2亿元的职业教育中心;推进乡村幼儿园建设,基本完成中小学校舍标准化改造。促进基本公共卫生服务均等化,改善医疗卫生条件,总投资2亿元的岚县人民医院(新建)项目主体完工;完成基层医改工作,实施公立医院改革,落实国家基本药物制度。推进太佳高速连接线西段、岚河南路建设;启动饮马池、茅龙山旅游公路建设。“便民五件实事”开工率达到100%,“5+1”工程年度目标任务全部完成,推进以廉租房、经济适用房为重点的城市保障性住房建设。打造岚县特色文化品牌,“岚县八音”入选第四批省级非物质文化遗产扩展项目,“岚城面供”申报国家级非物质文化遗产保护项目,白龙山风景区列入全省首批休闲旅游度假区;建设乡镇文化站、农家书屋、农村电影放映等文化惠民工程。

社会管理 开展“平安岚县”创建活动,建立“服务群众、社会管理、人民调解、公共安全、维护稳定”一体化综治工作平台。推进行政审批“两集中、两到位”改革,建设岚县政务服务中心,35个单位的220项审批事项全部进入大厅,实现“一站式”服务。开展群众问政评议,回应并集中解决群众反映强烈的突出问题。 （郭学民）

·方山县·

中共县委书记 李少杰
县人大常委会主任 任年有
县 长 田安平
县政协主席 林 祥

【简述】 方山县北纬37°36′~38°18′,东经111°02′~111°34′。总面积1434.1平方千米,下辖5镇2乡,169个行政村,总人口14.6万人。

全年全县地区生产总值完成27.2亿元,增长11.9%;规模以上工业增加值完成18.1亿元,增长15.9%;固定资产投资完成14.2亿元,增长17.2%;社会消费品零售总额完成7.3亿元,增长13.5%;财政总收入完成9.4亿元,增长11.1%;公共预算收入完成3.6亿元,增长18.9%;城乡居民人均收入分别达到15910元、3340

元,增长9%、13.1%。

项目建设 完成项目储备778亿元、签约152亿元、落地43亿元、开工50亿元、投资57亿元、投产40亿元。完成金晖凯川、金晖瑞隆、汇丰新星三个煤矿竣工验收,开工建设中铝恒亚、安华汇丰两个铝矾土深加工项目,推进方山联盛2×350兆瓦低热值煤电厂、国电风力发电、宝塔山透闪石粉深加工、山西光腾石材加工以及庞泉工贸扩建项目建设。

农业 耕地面积2.2万公顷,林地面积11万公顷,森林覆盖率为41%,沟川地6667公顷。农作物以玉米、谷子、马铃薯、蔬菜为主,是吕梁市重要的菜篮子基地。发展核桃、马铃薯、蔬菜、食用菌、畜牧、万寿菊、林下经济、育苗8大产业,新栽核桃林2000公顷,推广脱毒种薯666.7公顷,新发展设施蔬菜17公顷、窑洞食用菌952孔,新建、扩建千万元以上的养殖场3个,完成万寿菊订单面积666.7公顷,以中药材为主完成林下经济复合种植333公顷,新育苗233公顷。启动"百企千村"产业扶贫开发工程,17户省市县企业参与县产业扶贫开发,协议投资22亿元。实施6大造林工程,绿化总面积7万亩,总投资1.1亿元。完成整村推进25个村,异地移民搬迁1500人,全年新减少贫困人口1.1万人。

城乡建设 推进吕梁新城建设,完成拆迁3500余户、面积55万平方米,开工安置区6个、24栋楼。集中供热新增20万平方米;完成天然气入户外围工程226户;太佳高速连接线完成路基工程;北川河综合治理(城区段)完成河道工程;完成店坪35KV线路输变电工程。开展城乡环境、市场秩序、建筑市场、交通秩序整治工作,改善城镇面貌。全县城镇化率提高3个百分点,达到31%,增强城镇的吸纳力和带动力。

交通建设 推进太中银铁路吕临支线、吕梁环城高速境内附属建设,创建"铁公机"三位一体连接的新交通格局。

社会事业 新建、改扩建幼儿园15所,完成教师周转房建设项目4个,开展薄弱学校改造工程,按照标准化建设配置教学资源,高考二本以上达线人数达到104人。新农合人均筹资水平达到340元,新农合参合率达到98%。农家书屋、农村文化活动室等文化惠民工程实现全覆盖。完成北武当山、南阳沟景区总体规划大纲评审,硬化积翠至云顶山路面25千米,延伸北武当山后山步道20千米,完成北武当山索道项目勘探设计及主体设备安装工程。

加大民生投入力度,全年财政民生支出近6亿元。完成省"五件实事"和市"便民六件实事"年度任务。稳定和扩大就业,新增城镇就业3596人,城镇登记失业率控制在1.5%以内。加强价格调控,新建蔬菜平价惠民超市9个。保障低收入群体基本生活,救助困难群众4200余户,发放各类资金4800余万元。发放暖心煤5.6万吨。提高干部职工待遇,提高公务员津补贴、事业单位绩效工资以及冬季取暖费标准,执行标准与市直单位一致。

安全生产 开展信访案件百日攻坚、信访案件集中化解月等活动,全年信访总量同比下降22%。落实企业安全生产和政府安全监管两个责任主体,推进安全生产大检查大整治,全年未发生一起重大安全事故。开展社会管理综合治理活动,依法防范和打击违法犯罪活动,全年各类刑事案件立案331起、破获160起。

(高海龙)

•中阳县•

中共县委书记	郭保平
县人大常委会主任	高升平
县长	王建国*
	乔晓峰
县政协主席	郭润保

【简述】 中阳县北纬37°05′~37°28′,东经110°50′~111°29′,总面积1441.4平方千米,下辖5镇2乡,100个行政村(居)委会。总户数55429户,总人口数154645人,农业人口101125人,非农业人口53520人,城镇化率59.90%;人口自然增长率为4.46‰。

全年全县地区生产总值完成66.97亿元,同比增长20.4%;;财政总收入完成17.39亿元,同比下降8.14%;全社会固定资产投资完成37.59亿元,同比34.78%;金融机构各项存款余额达775920万元,同比增长58021万元;各项贷款余额达575151万元,同比增长131084万元;社会消费品零售总额11.75亿元,同比增长13.31%;城镇居民人均可支配收入16455元;农民人均纯收入4870元;城区空气质量改善,二级以上天数达到325天。

农业 农林牧渔业总产值完成21783.3万元,同比增长5.41%,其中农业产值11814.9万元,同比下降6.28%;林业产值2116万元,同比增长22.81%;牧业产值7541.6万元,同比增长25.03%;渔业产值95.2万元,同比增长2.15%;农林牧渔服务业产值为215.7万元,同比增长2.72%。全县耕地总面积14.1万亩;粮食作物播种总面积15.5万亩,较上年增加0.5万亩,粮食总产量达到2.1万吨,其中油料面积5941亩,产量256吨,马铃薯面积24080.55亩,产量2640吨;优质核桃产量400吨,产值927.9万元;全县畜禽养殖存栏总量达到31万头(只);肉、蛋、奶产品总产量达到6090吨,畜禽总产值达7541.6万元,同比增长25.03%。全年造林6.3万亩,植树40万株(育苗面积5100亩,其中新育2505亩,幼林抚育4500亩)。创建省级园林小区、单位、道路各1个(条)。森林覆盖率达47%。新增农田1950亩,新打旱井240眼,完成农村饮水工程10处。

工业 规模以上工业企业总产值完成156.79亿元,同比增长22.05%。增加值累计完成624160万元,同比增长29%;销售产值累计完成1501820.9万元,同比增长21.21%,工业产品产销率为93.45%。完成利税106400万元,同比下降24.32%;其中利润53300万元,同比下降32.61%;主要产品产量:原煤生产829.2万吨;洗精煤517.3万吨;焦炭产量106.7万吨;生铁产量283.9万吨;水泥产量

44.2 万吨;钢材产量 250.7 万吨。

列入省、市、县重点推进的工业项目 21 项，总投资 503.42 亿元,完成投资 27.80 亿元。其中新建 3 项,续建 18 项。山西中阳钢铁有限公司一期 1×1780 立方米高炉提升改造项目竣工投产；中阳县桃园水泥有限公司日产 4000 吨熟料项目进入试生产阶段。山西中泰金属有限公司铝镁合金循环经济一体化项目成功签约。申报大唐桃园 2×350 兆瓦低热值煤发电项目。

交通邮电 全县农村公路总里程达到 800 多千米(不含国省道 96 千米),其中县公路 7 条 183 千米,乡公路 30 条 260 千米，村公路 137 条 349 千米。邮政业务总收入实现 965.4 万元,实现收支差 822.75 万元,人均劳动生产率达到 8.77 元/人。联通分公司主营业务收入完成 2325 万元,宽带用户 1.2 万户,3G 用户 9500 户,营业网点 21 个。移动分公司运营收入完成 6500 万元,手机用户 10 万户,基站点 170 个,宽带用户 600 户。电信分公司运营收入完成 716 万元，手机用户 6900 户,宽带用户6350 户。

文化 推进综合多功能文化活动中心、中兴广场、体育场(设有全套健身器材）和 11 个基层文化站等文化活动场所建设;县图书馆馆藏图书达 1.5 万册;档案馆馆藏档案资料 3.8 万卷(册)。“四馆合一”(图书馆、博物馆、展览馆、体育馆)项目进行前期设计工作。投资 1000 余万元修建乡镇文化站和 87 个农家书屋。开展“广场文化”“社区文化”“农村文化”和“送戏、电影下乡”等群众性文化活动。设立 1000 万元的文化产业发展专项资金。完成 4000 户广播电视“村村通”全覆盖。筹划开发车鸣峪兵工厂、上顶山等旅游景点。

教育 中小学、幼儿园 75 所,其中高中和职业中学各 1 所、初中 11 所、小学 50 所、幼儿园 12 所。完成 3 所村级幼儿园的改扩建工作并投入使用；城区新建 1 所幼儿园主体竣工;投资 125 万元,为 15 所农村幼儿园配齐配足教玩具。投资 577 万元,为 35 所学校配全各类图书、仪器和体艺设施;投资 1092 万元,新建多功能餐厅 5 个,改扩建学校 4 所。投资 600 余万元，完成中阳三中塑胶操场建设并投入使用。中钢公司出资 1000 万元支持免费普及高中教育,并出资 300 万元设立教师培训基金。年内高考达线 478 人;高中阶段毛入学率达到 93.6%；职高毕业和就业率均达到 98%以上。投资 2000 万元新建中阳一中数字化校园。

卫生 卫生机构 117 个,其中县级 4 个,乡镇卫生院、社区卫生服务站 11 个,村卫生所 100 个,疾病预防控制中心、卫生监督所各 1 所。新型农村合作医疗参合率达 99.71%;启动慢性病大额门诊申报及费用补偿工作;63 个村卫生室实行门诊统筹定点补偿,比上年增加 12 个;省级定点医疗机构住院费用报销比例达到 60%。县乡医疗机构基本药物全部实行零差率销售,乡镇卫生院累计采购基本药物近 200 万元。人均基本公共卫生补助标准由 25 元提高到 30 元,城乡群众可免费享受到 11 项基本公共卫生服务。举办健康教育知识讲座 590 次，发放各种宣传资料 12 种 6 万余册。300 余名乡、村两级医护人员参加各级培训。

城乡建设 铺开“两路两片区一交通枢纽”改造工程,完成 298 户 9 万平方米的拆迁任务,滨河西路南延水稳层铺设工程、中钢大道南延地下管网工程基本完工。实施邢家塔片区护坡治理，完成交通枢纽规划初审。车韩线完成立项、设计、招标,万吴线完成路基工程量的 90%、隧道工程量的 70%。原 209 国道太高至乔家沟段街路一体化改造工程建成通车。

社会保障 城镇居民人均住宅建筑面积 26.5 平方米,农村居民人均住宅建筑面积 29.44 平方米，人均公共体育场地面积 0.93 平方米；农村自来水普及率达 40.38%，城市集中供热普及率达 50%。全县新增城镇就业 2300 人,下岗失业人员再就业 500 人,城镇登记失业率为 3.7%。全县城镇职工基本养老保险参保人数 17997 人,新型农村养老保险参保人数 54498 人，城镇居民养老保险参保人数 10171 人。全县城镇基本医疗保险参保缴费人数 47150 人。全县失业保险参保人数 24120 人。实现农民补贴“一卡通”,落实民生保障资金 2101 万元。社保基金累计发放各类养老金 6748 万元，支付各类医疗保险基金 4175 万元，城乡享受低保人数 18173 人,发放低保金 2213 万元,享受城乡医疗救助 1045 人，支付救助金 442 万元。

社会安全 破获各类刑事案件 175 起，打掉犯罪团伙 8 个 80 人,刑事拘留犯罪嫌疑人 193 人,抓获网上逃犯 101 人；查处治安案件 544 起,行政拘留 749 人。使用涉法涉诉救助资金 30 万元，民商事案件的调解率达到 60%以上。检察院全年批准逮捕 70 件 105 人,提起公诉 96 件 158 人,立案查处各类职务犯罪案件 9 件 9 人;法院受理各类案件 738 件,审、执结 689 件。（县史志办）

·交口县·

中共县委书记　徐宇平
县人大常委会主任　王熙平
县　长　刘应刚
县政协主席　周来有

【简述】 交口县北纬 36°43′~37°12′,东经 111°03′~111°34′,总面积 1257.61 平方千米,下辖 4 镇 3 乡,1 个社区管理委员会,93 个行政村,2 个居委会。总人口 120617 人,非农业人口 41154 人。人口出生率为 9.18‰,人口自然增长率为 6.06‰。

全年全县地区生产总值完成 43 亿元,同比增长 7.1%。财政总收入完成 20.05 亿元,同比增长 11.3%;公共财政收入完成 7.81 亿元，同比增长 38.3%。工业增加值完成 43.69 亿元,同比增长 16.9%。固定资产投资完成 31.6 亿元,同比增长 30%。社会消费品零售总额预计完成 4.27 亿元,同比增长 19.6%。城镇居民人均可支配收入 16897 元,同比增长 23.7%;农民人均纯收入 6654 元,同比增长 35.8%。

项目建设 实施 6 大类 55 个重点工程项目，概算总投资 740 亿元,年内完成投资 110 亿元。完成立项 45 个，土地 35 个，环评 40 个,41 个开工,23个完工或投运。重点项目中:省重点项目2个,全部开工,1个投运;市重点项目7个,3个开工建设。全年完成项目储备2105亿元;签约250亿元;落地50.49亿元;开工172.4亿元;投资155.21亿元;投产121.42亿元。永兴煤业进入联合试运转,华润联盛孟家焉煤业各专项验收全部完毕;1500万吨洗煤项目建成投运;加快推进焦炭产能整合,兼并重组方案上报省经信委。华瑞2×35万千瓦低热值煤电厂项目35项支撑性文件完成28项,五通一平等基础工程基本完成;信发260万吨氧化铝及配套100万吨电解铝等深加工项目,氧化铝项目正式投产,筹备自备电厂和铝材项目;兴华科技铝基新材料项目,前期手续办结并开工建设;道尔200万吨低品味铝土矿综合利用项目,一期工程建成投运。冶铸一体化产业链上,安华100万吨循环铸造集群交口产业园项目及冶炼企业循环化改造、带式烧结生产线建设部分投运。

农业 发展特色农业,推进“一村一品”“一县一业”工程,落实“5+2”农业产业化振兴计划,推进“百企千村”农业产业扶贫。巩固农业基础,完成水保治理7.7万亩,中低产田改造8900亩;推广玉米丰产方5.06万亩,推广测土配方施肥面积16万亩,种植设施蔬菜323亩,建设种薯种植基地1000亩;全年完成农作物播种面积20.5万亩,粮食总产量达3339万千克。解决饮水安全人口2.3万人。完成8个新农村建设重点推进村规划编制。壮大特色农业产业,建成千亩绿色谷子高产示范片1个,种植面积1296亩;发展中药材种植4868亩;发展530孔窑洞平菇1.5万平方米;新栽核桃经济林3.02万亩,综合管护1万亩;建设标准化放养猪养殖小区7个、标准化舍饲养羊小区6个,全县牛存栏达3200头,羊存栏达5.3万只,猪存栏2.2万头,鸡饲养量168.2万只;组织各类农民培训2.37万人次。申报“一村一品”专业村6个。推进农业龙头项目建设,投资27亿元新上或扩建5个农业项目;农业龙头企业完成销售收入2.5亿元;以全省“百企千村”产业扶贫为契机,发挥资源型企业的主力军作用,启动10大现代农业科技示范园区建设。

环境建设 推进造林绿化工作,全年完成造林任务4.6万亩,开工县道窑西线绿化工程,完成虎明生态园道路绿化工程,完善提高209国道、孝石线计57千米的道路绿化工程。淘汰落后产能,完成钢宇焦化、兴荣焦化、金象冶炼设施拆除。推进节能减排、露采企业环保专项整治、重点企业环保整改、违法排污排查整治和以“净空、净水、减排”为重点的绿色生态工程攻坚等专项行动,新上PM2.5监测设备,县城环境空气质量优良天数达96%。

城乡建设 实施“五大扩容工程”和“八大标志性”建筑建设,完成北部新区五麟大街1.8千米北延、南部新区道路1.1千米河道改造工程,完成中心商贸区17万平方米改造房屋征收工作,煤炭大厦、铝业大厦、东征文化广场、会展中心、体育场等项目开工或完成主体。完善城市功能。以水、电、路、气、通信“五网建设”为重点,改善基础设施,优化投资环境,提升市政功能。交通建设方面:启动交石铁路、西纵高速、汾阳至石楼高速建设,县道窑西线、关西线及康石线修补工程完工。水利方面:完成中部引黄工程境内占用地规划及相关手续,8支洞建设工程开工。电力方面:温泉110千伏输变电工程开工建设,完成农网、城网升级改造工程10千伏线路改造89.5千米,低压台区改造60项,高压接续线6.1千米,接户线58.4千米,户表改造3765户。供气方面:推进天然气进城入户、城乡全覆盖工作,新增天然气用户600户。

社会事业 建成各级各类幼儿园10所,实施寄宿生营养餐计划,受助学生达3994人。义务教育小学入学率、巩固率达100%,初中入学率、毕业率达100%,义务教育完成率98.5%,学前三年毛入园率达到95%;发展成人教育、民办教育,全年培训各级各类人员1.55万人次。县一中高考二本线以上达218人,职中达本科线46人。选聘24名高素质师范院校毕业生充实到县一中和职中,申报选聘56名农村特岗教师充实到农村中小学教学一线。开展文化基础建设,推进“文化活县”战略,东征文化广场、会展中心、数字影院等文化基础设施建设工程开工建设;组织戏剧、歌舞演出80余场,送图书下乡1.5万册,农村数字化电影放映1116场。深化医药卫生体制改革,巩固基层医改成果,新农合参合率达100%,增补基本药物273种,基药目录达785种,新建村卫生室5所,人均基本公共卫生服务经费提高到30元/人。城乡居民健康档案电子建档率达80%,免疫规划接种率达95%以上。

社会保障 加大保障性住房建设力度,新开工890套,续建787套全部完工,完成农村危房改造700户。全县新增城镇就业3304人,转移农村劳动力3502人,城镇登记失业率控制在2.5%,培养技能人才684人,新农保参保达53600人。特困群众、残疾人、五保户、受灾群众等弱势群体得到基本生活保障。推进“方便农民五件实事”建设,完成65个村的建设任务,建成幼儿园12所、洗澡室47个、理发室53个、磨面坊50个、红白理事厅65个,全部投入运营;实施58个村委的街道亮化工程,安装太阳能路灯1107盏。 (武允明)

·孝义市·

中共市委书记	张旭光
市人大常委会主任	焦张生
市长	郭保平*
	王建国
市政协主席	李安

【简述】 孝义市北纬36°56′~37°18′,东经111°21′~111°55′,总面积945.8平方千米,下辖7镇5乡,5个街道办事处,年内原胜溪湖、东许2个办事处合并成1个胜溪湖街道办事处。总户数185793户,总人口490233人。

全年全市地区生产总值完成412.3亿元,同比增长16.1%;公共财政预算收入实现25.2亿元,同比增长1.5%;规模以上工业增加值完成294.2亿元,同比增长23.8%;全社会固定资产投资完成280.2亿元,同比增长

26.6%；社会消费品零售总额完成106.5亿元，同比增长14.1%；城镇居民人均可支配收入25582元，同比增长10.5%；农民人均纯收入12244元，同比增长13.4%。在全国百强中继续位列第65位。

转型综改 列入国家农业发展银行、国家开发银行全国区域性发展试点市和信贷支持新农村建设试点市，批准融资授信额度6亿元。深化土地改革，争取用地指标6996亩，完成增减挂钩拆旧复垦4242亩。市综改试点考评位列全省第一，被确定为全国4个资源再生型城市之一、全省首个国家循环经济示范创建县级市。

项目建设 建成公共资源交易中心，规范扩权权限运行，项目审批平均缩短15个工作日。新招商引资重大项目5个，概算投资169.6亿元；储备项目261个，概算投资4505.4亿元；开工亿元以上项目12个，总投资311.7亿元。77个总投资1769.7亿元的亿元以上项目，39个完工或部分完工，30个投产或部分投产。推进金融创新，各项融资贷款余额达287.8亿元，各项贷款净增104.7亿元，增长57.2%，金融贷款规模、平均增速稳居全省前列。煤焦化产业上档升级，金达煤矿正式投产，万峰煤矿具备验收条件，金岩、金达、楼俊等新型焦化项目加快推进，鹏飞60万吨甲醇、晋茂20万吨苯加氢开工建设。信发铝系综合循环项目一期180万吨氧化铝建成投产，100万吨液碱设备安装。华夏动力与上汽申沃客车合作的新能源客车联合研制生产基地启动。发展现代服务业集群，沃尔玛、美特好、华美新天地等现代服务业项目建成运营，烟草物流配送中心、孝龙煤炭综合物流园基本建成，义乌商品交易国际博览城一期主体完工，加快红星美凯龙城市综合体项目建设。

“三农”工作 加快农业产业化步伐，财政投入“三农”资金4.37亿元，同比增长9%。推进“8+2”农业产业化增收工程，依托大象、铭信两大龙头企业，带动养殖规模达3600万只。新发展设施蔬菜4200亩，总面积达2.2万亩。新发展核桃经济林5.1万亩，总面积达50万亩，基本实现宜栽核桃地区全覆盖。核桃、肉禽、蔬菜成为农民增收的重要产业。“一村一品”专业村达70个，农民专业合作社达429个。胜溪新村农业标准化示范园区被命名为全国农业标准化优秀示范区，威尔仓储获批农业部蔬菜标准园，高阳现代农业园区升级为国家级农业科技园区。

城乡建设 启动下堡河流域“一镇两乡”、梧桐与下栅“一镇一乡”一体化综合改革试点，高阳、振兴、大孝堡居民安置区工程开工。梧桐新区、胜溪新村、西泉集中居住区32村2.26万村民搬迁入住。压煤村庄西南安置区主体完工，西北安置区启动建设。建成总里程11千米的7条主次干道，“八横九纵一环”的城市道路体系完善。城市供热、燃气普及率分别达95%、89%。推进城市棚户区改造，人民医院周边片区改造安置房封顶；三贤路片区一期开工。全市城镇人口达35万人，城镇化率超过70%。

环境建设 推进“一湖六河”综合整治，管控沿线企业。胜溪湖湿地公园三期开园。全年完成各类工程造林8746公顷，新增城市绿化面积119公顷，森林覆盖率达32.1%，城区绿化覆盖率达43.5%。园林绿地率38.7%。城区二级以上天数达353天，其中一级天数115天。通过创建国家卫生城市专家组技术评审。

民生建设 高考二本B类以上达线2680人。吕梁职业技术学院一期建成使用，三期启动建设。推进医药卫生体制改革，人均基本公共卫生服务经费提高30元，参合农民实际报销最高达20万元，新农合参合率达99.6%。加快发展文化事业，创作《影戏缘》《皮影人》等一批优秀影视作品。实施“一乡一所规模养老院”工程，新建乡镇养老院13所，9个乡镇实现五保户集中供养。全年新增就业岗位6258个，城镇登记失业率控制在3%以内。养老、城镇医疗、失业、工伤、生育保险参保人数分别达25.84万人、18.48万人、5.3万人、1.98万人和3.98万人。新建续建公廉租房1823套，分配1958套。安全生产形势和治安环境好转，荣获全国平安建设先进县(市)称号。 （张彩琴）

·汾阳市·

中共市委书记	李建国
市人大常委会主任	马林巨
市长	李玉林
市政协主席	任海铭

【简述】 汾阳市北纬37°08′~37°29′，东经111°20′~112°00′，总面积1178.98平方千米，下辖9镇2乡，5个街道，262个行政村，37个社区。总人口425847人，人口自然增长率4.33‰。

全年全市地区生产总值完成110亿元，同比增长2.1%；规模以上工业增加值60亿元，同比增长1.3%；固定资产投资53亿元，同比增长15.89%；社会消费品零售总额48.2亿元，同比增长14.58%；公共财政预算收入完成9.01亿元，同比增长22.46%，占财政收入的22.47%，同比增长5.55%。城镇居民人均可支配收入17430元，同比增长10%；农民人均纯收入9933元，同比增长13.2%。被国土部授予“第二届国土资源节约集约模范市”称号，奖励33.3公顷土地利用计划指标。

“三农”工作 推进农业产业化和新农村建设。全市粮食产量21.85万吨，同比增长7.39%，实现五连增；全市畜牧业总产值8.65亿元，人均畜牧业收入925元。猪、牛、羊、家禽存栏分别为14万头、1.4万头、7.3万只、245万只。生猪出栏21万头，肉牛出栏0.6万头，羊出栏4.7万只，禽出栏625万只，肉、蛋、奶产量分别为3.1万吨、2.5万吨、1.7万吨。“513”龙头企业销售收入20.4亿元，同比增长29.1%；全年市财政安排“三农”投入2.6亿元，同比增长55.45%。实施“8+2”农业产业化振兴三年计划，全市新增核桃经济林3333公顷，建成谷子、高粱、花生、豆类设施蔬菜5大高产创建示范基地6180公顷，发展林下经济5400公顷，171户农民利用空闲窑洞990孔，新发展食用菌87.2万棒。推进新农村试点村和重点村196个，省级标准“一村一品”专业村59个,新发展农业专业合作社291个,转移农村劳动力3762人。全市7户企业被认定为农业产业化省级重点龙头企业，汾州裕源公司被认定为国家级龙头企业。

城乡建设 推进基础设施建设,完成城市广场建设和文峰东段、规划路等4项道路工程,开工建设英雄南路打通至汾介线、鼓楼东街、东湖路3项道排工程；整修路面和便道3.2万平方米,改造供水管网1.4万余米,天然气管网基本覆盖主干街区、用户达到2.5万余户，集中供热面积330万平方米。城镇组群建设方面,杏花新区经销商总部大楼等3项工程主体封顶,3个新村的居民楼主体完工,大部分居民回迁入住;新区道路框架基本成型，推进5项道排工程施工,部分工程完工。铺开西北环等6项交通工程，实施35千伏线路改造等5项电力建设项目。全市累计完成基础设施投资8.6亿元。

项目建设 推进项目建设年活动,完成“六位一体”建设任务。28个重点项目办理立项、征地、环评三大手续68项,开工建设26个,完成投资138.14亿元,40个商贸项目开工25个，完工5个，完成投资18.2亿元。

社会保障 发放低保金7431.6万元、低收入农户冬季取暖用煤12.9万吨；城乡低保人数分别为12084人和24092人;新增城镇就业岗位6701个、转移农村劳动力3762人；城乡居民养老参保人数分别为5970人和18万人;城镇基本医疗保险参保人数85623人，农村医疗保险参合率96.99%。

民生建设 推进教育文化事业建设，完成薄弱学校改造工程9项,全市高考二本B类以上达线1319人,比上年增加398人。全年申报各类专利237项,新建乡镇综合文化站4个。开展民生工程建设,推进省“五件实事”建设,改造农村危房660户;投资4.45亿元，完成1206套保障房建设工程;改扩建村级幼儿园22所、完成170个村的街道亮化任务;400名特困群众异地搬迁主体工程完工;完成“便民六件实事”年度任务,全年建成幼儿园28所、洗澡堂58个、理发室43个、碾米磨面豆腐坊46个、红白理事厅38个,投资2970万元的社会福利中心投入使用。（郭宇霞）

【第七届世界核桃大会】 7月20~23日,在汾阳市举办。世界核桃大会由国际园艺学会创办，每4年举办一次,被誉为“核桃界的奥林匹克”。这是全国首次由县级市举办的世界级大会。中国·汾州核桃会展中心是本次大会的主会场，总占地面积15万平方米，总建筑面积17146平方米。会展分为核桃文化展区、吕梁农副产品展区、中国核桃食品展区、汾阳名优白酒展区、名优核桃苗木展区、核桃研发加工机械展区等6大展区342个展位。北京、山东、河北、河南、新疆、陕西、浙江、安徽等省市的240多家企业、38个核桃产区的3200多种产品亮相会展，包括核桃苗木繁育、核桃栽培、核桃生产加工、核桃油等深加工、核桃木根雕、核桃手工艺品及其他土特产品的展出。

展会期间举办学术论坛,全球30多个国家、地区的100多名国内外专家学者参加,国内外数十位专家学者就汾州核桃的种植历史、生长环境以及核桃产业的近况及发展前景进行分析研讨。在组委会开展的“三优”评选活动中,山西省林科院选送的“晋香”核桃及汾阳市乐龙核桃专业合作社、协和核桃专业合作社联合选送的“乐龙”核桃等14种核桃产品被评选为中国优良核桃品种,汾阳市汾州裕源土特产品有限公司生产的“裕源”“汾州裕源”“乐透”牌核桃休闲系列食品、核桃油系列保健品等6家企业产品荣获中国优质核桃产品金奖,汾阳市颐养土特产贸易中心生产的“颐养”牌核桃等17家企业产品荣获中国优质核桃产品银奖,汾州裕源土特产品有限公司及山西特达土畜产有限公司等9家企业荣获中国优秀核桃加工企业称号。为期4天的第七届世界核桃大会共接待国内外参会参展人员6.17万人次,实现交易额580万元，达成订购意向2280万元。

（郭宇霞）

附　录

Appendix

经济和社会发展统计资料

2013年山西省各市房地产开发施工、竣工面积及价值情况

单位：平方米

市名	房屋施工面积	#住　宅	房屋竣工面积	#住　宅	房屋竣工价值（万元）	#住　宅
全　省	140400463	107549465	22848204	18479861	4984611	4015974
太原市	42997601	33207844	2261692	1908677	510873	436505
大同市	21290594	16009990	6562114	5243448	1619701	1275331
阳泉市	8236291	6369507	1532598	1401705	360973	326197
长治市	11065754	8180685	2221363	1590873	478458	353510
晋城市	5798175	4279079	925812	692966	226088	164336
朔州市	8653384	6048956	1824231	1338689	353114	273451
晋中市	9915124	8020943	1302589	1094596	268518	219633
运城市	13629226	10811684	3161352	2628459	494276	411382
忻州市	5669449	4770710	1062417	916960	211155	178157
临汾市	7530548	5467377	988356	835073	253765	214602
吕梁市	5614317	4382690	1005680	828415	207690	162870

2000~2013年山西省城镇职工社会保障基本情况

年份	参加保险人数(万人)				基金收入(亿元)		
	城镇在岗职工养老保险		失业保险	医疗保险	城镇在岗职工养老保险		失业保险
	企业	机关事业			企业	机关事业	
2000	358.81		254.80		53.87		2.43
2001	365.57		286.10	156.00	58.05		2.94
2002	361.24		278.90	217.00	75.91		3.42
2003	364.42	67.13	284.10	272.00	86.27	7.09	3.80
2004	376.08	68.71	286.50	295.00	109.30	9.04	4.22
2005	383.43	80.08	288.50	325.00	118.90	11.96	5.53
2006	404.25	82.58	295.93	354.00	168.93	19.64	6.22
2007	418.84	87.83	298.97	461.00	203.67	27.89	10.05
2008	450.62	88.80	312.15	594.00	253.97	35.56	12.75
2009	471.70	92.40	293.30	879.30	290.30	42.20	11.90
2010	494.92	96.11	305.05	935.00	357.13	48.24	13.52
2011	523.93	99.84	309.35	1005.06	516.78	56.93	18.62
2012	548.67	100.02	380.88	1055.90	602.26	64.68	25.05
2013	570.21	102.22	400.98	1086.30	563.51	75.53	34.13

年份	医疗保险	基金支出(亿元)				城镇低保人数(万人)	新型合作医疗参合率(%)
		城镇在岗职工养老保险		失业保险	医疗保险		
		企业	机关事业				
2000		50.62		1.34		3.06	
2001	1.32	51.22		1.49	0.68	28.53	
2002	4.13	60.32		2.12	1.53	62.21	
2003	10.19	65.18	8.19	3.17	4.80	84.21	
2004	17.88	76.30	12.40	2.58	10.98	84.86	87.32
2005	25.60	78.37	14.75	2.78	15.75	84.97	80.92
2006	32.22	96.78	16.65	2.59	21.00	86.98	86.11
2007	44.95	126.11	24.11	3.27	29.16	89.95	87.54
2008	64.65	159.34	31.12	4.66	42.79	91.90	90.42
2009	64.80	184.30	36.80	6.20	46.00	94.44	91.43
2010	86.74	226.81	43.61	6.56	69.65	91.51	96.61
2011	106.32	367.39	51.79	5.64	84.07	91.69	98.45
2012	141.04	437.23	58.24	4.96	104.24	89.04	98.94
2013	160.93	411.31	66.49	5.22	128.25	85.03	99.30

2013年山西省固定资产投资价格指数

指 标	2005	2010	2013
固定资产投资	103.0	103.7	100.5
建筑安装、装饰工程	102.7	105.5	100.8
人工费	106.9	109.1	109.2
工程管理人员	105.8	109.6	104.3
工程技术人员	106.4	107.2	106.3
普通工人	107.2	109.4	110.8
材料费	101.7	104.5	97.4
钢 材	100.1	105.0	94.4
木 材	101.4	102.4	102.2
水 泥	102.3	104.9	99.6
地方建筑材料	104.8	104.1	99.9
化工材料	106.5	104.4	101.5
电 料	98.7	104.4	100.2
其他材料	103.7	104.4	102.3
机械费	102.9	104.9	103.6
土石方及筑路机械	103.6	104.4	103.5
打桩机械	100.2	103.1	99.7
起重机械	104.1	102.9	105.1
运输机械	103.0	107.7	103.7
混凝土及砂浆机械	102.4	104.2	103.1
加工机械	100.8	102.7	102.4
泵类机械	100.6	102.3	108.1
船舶机械	95.2		
其他机械	101.6	105.6	101.5
设备、工器具购置	104.3	100.3	99.0
其他费用	102.5	100.9	100.7
土地取得费	101.5	100.3	102.0
前期工程费	102.2	100.1	99.7
施工工作费	103.7	101.8	100.9
建设单位其他费用	102.6	101.3	100.2

2013年山西省科学研究机构及人员

项　　目	机构(个)	职工人数(人)	从事科技活动人员(人)	#大学本科及以上学历
总　　计	158	10330	8396	6003
一、自然科学	129	9191	7408	5225
中　央	1	580	519	398
地　方	128	8611	6889	4827
在自然科学研究机构中农、林、牧、渔业	49	3260	2697	1938
采矿业	2	138	49	41
制造业	21	1109	697	421
建筑业	1	634	565	539
信息传输、计算机及软件业	1	103	91	71
科学研究和技术服务业	17	1734	1523	951
水利、环境和公共设施管理业	17	812	697	496
卫生和社会工作	16	1256	993	709
文化、体育和娱乐业	5	145	96	59
公共管理、社会保障和社会组织				
二、社会科学	17	820	677	544
管理学	1	14	14	12
艺术学	3	74	63	28
考古学	2	189	134	78
经济学	7	368	304	275
社会学	1	22	22	20
教育学	2	144	131	124
统计学	1	9	9	7
三、情报科学	12	319	311	234

2013年山西省人民物质文化生活情况

指 标	2005	2010	2013
一、城乡居民收入(元)			
城镇居民人均可支配收入	8914	15648	22456
农民人均纯收入	2891	4736	7154
在岗职工平均工资	15645	33544	47417
二、平均每人住房面积(平方米)			
城镇居民建筑面积	25.6	28.0	31.1
农村居民住房面积	24.2	28.7	33.5
三、生活、文化、教育、卫生			
每百户拥有(抽 样)			
彩色电视机(台)			
城镇居民	113.7	111.8	111.5
农村居民	82.3	109.0	109.8
洗衣机(台)			
城镇居民	99.8	100.7	104.5
农村居民	69.3	81.0	86.8
移动电话(部)			
城镇居民	109.7	146.6	196.1
农村居民	27.5	107.7	191.9
每人每年拥有期刊(份)	1.8	1.1	0.9
每百人每天拥有报纸(份)	27.0	16.2	16.6
每万人拥有在校大学生(人)	121.7	160.8	186.9
每千人拥有医院床位数(张)	2.3	3.1	3.5
每千人拥有卫生技术人员(人)	4.1	5.5	5.6
四、储 蓄			
城乡居民储蓄存款	4119.7	9223.0	13339.4
年末余额(亿元)			
平均每人储蓄存款余额(元)	12315	26346	36846

2012-2013年山西省农户固定资产投资主要指标

单位:万元

指　　标	2012	2013
一、本年新增固定资产原值	2517000	2789439
二、本年固定资产投资完成额	2784109	2865426
按投资来源分		
国内贷款	113333	319361
自筹资金	2660276	2520217
其他资金	10500	25847
按投资构成分		
建筑工程	1901802	1993251
#水　利		1656
房　屋	1901802	1983926
#住　宅	1860401	1906858
安装工程		
设备工器具购置	689276	727639
#生产设备	489125	727639
其　他	193031	144535
按具体投资项目分		
房　屋	1901802	1983926
#住　宅	1860401	1906858
道　路		
桥　梁		
设　备	689276	727639
水　利		1656
其　他	193031	152205
三、本年施工房屋面积(万平方米)	2676	2700
#住　宅	2459	2531
#当年新开工	2301	2628
四、本年竣工房屋面积(万平方米)	2020	2365
#住　宅	1907	2264
五、本年竣工房屋投资额	1330340	1907906
#住　宅	1321667	1832392

法规选登

山西省人民防空工程建设条例

(2008年5月16日山西省第十一届人民代表大会常务委员会第二次会议通过。根据2013年3月31日山西省第十二届人民代表大会常务委员会第二次会议关于修改《山西省人民防空工程建设条例》的决定修正)

第一条 为了加强和规范人民防空工程建设，提高城市整体防护能力，保护人民生命和财产安全，依据《中华人民共和国人民防空法》等法律、法规,结合本省实际,制定本条例。

第二条 本条例所称人民防空工程包括为保障战时人员与物资掩蔽、人民防空指挥、医疗救护等而单独修建的地下防护建筑,以及结合地面建筑修建的战时可用于防空的地下室(以下简称防空地下室)。

第三条 建设人民防空工程应当坚持长远建设与应急建设相结合,战时防空与平时利用相结合,地上建设与地下开发相结合,国家投资与社会筹资相结合的原则。

第四条 县级以上人民政府和同级军事机关领导本行政区域内的人民防空工程建设工作。

县级以上人民政府应当将人民防空工程建设纳入本级国民经济和社会发展规划。

第五条 县级以上人民政府人民防空行政主管部门管理本行政区域内的人民防空工程建设工作。

发展和改革、财政、规划、建设、国土资源、公安消防等部门,在各自的职责范围内,做好人民防空工程建设的相关工作。

第六条 县级以上人民政府根据人民防空需要，组织本级人民防空、规划、建设等部门编制人民防空工程建设规划并向社会公布,但涉密工程除外。

编制人民防空工程建设规划时,应当统筹兼顾、保证重点,将学校、医院、车站等人口密集区域列为防护重点。

县级以上人民政府人民防空行政主管部门为本级城乡规划委员会成员单位。

第七条 县级以上人民政府应当将人民防空工程建设规划纳入城市和县人民政府所在地的镇总体规划、控制性详细规划和修建性详细规划。

城市和县人民政府所在地的镇地下空间开发利用规划，公共绿地、广场、地下交通干线以及其他重大基础设施的规划与建设,应当根据人民防空工程建设规划,兼顾人民防空的功能。

人民防空行政主管部门负责对地下空间开发利用兼顾人民防空功能的管理和监督。

第八条 人民防空指挥、通信等涉密工程,公用人员掩蔽工程和疏散干道工程的建设经费,列入同级政府财政预算,由人民防空行政主管部门负责组织建设;用于医疗救护、物资储备等的专用工程,由有关部门和单位负责投资建设;防空地下室,由建设单位负责投资建设,所需资金列入建设项目总投资,并纳入各级基本建设投资计划。

第九条 鼓励和支持企业、事业单位、社会团体和个人以合资、合作、股份制、独资等多种形式投资建设人民防空工程。

人民防空工程建设项目（包括配套设施及附属工程）依法享受国防工程和社会公益性项目的有关优惠政策。

第十条 人民防空工程平时由投资者使用,收益归投资者所有,战时由人民政府根据需要统一安排使用。

使用人民防空工程的单位和个人,应当按照国家和省的有关规定对人民防空工程进行维护管理,不得损坏防护设备和擅自改变防护工程结构,使其保持良好的防护效能。

第十一条 在城市、县人民政府所在地的镇以及开发区、工业园区、教育园区和重要经济目标区新建民用建筑的,建设单位应当按照下列规定同步修建防空地下室:

(一) 新建10层以上的民用建筑，按照不少于地面首层建筑面积修建防护级别为6级以上的防空地下室;

(二)新建9层以下、地面总建筑面积在2000平方米以上的民用建筑,按照地面总建筑面积的2%至5%修建防护级别为6级以上的防空地下室。幅度具体划分:一类人民防空重点城市按照5%修建；二类人民防空重点城市按照4%修建；三类人民防空重点城市按照3%修建；其他城市和县人民政府所在地的镇按照2%修建。

除城市、县人民政府所在地的镇外,其他乡(镇)应当根据当地经济发展的情况,逐步规划和建设人民防空工程。

第十二条 依法应当修建防空地下室的工程项目的,建设单位在办理建设工程规划许可证之前,应当将项目说明、可行性研究报告、立项批准文件、地质勘查报告和工程设计文件提交建设项目所在地的县（市)人民政府人民防空行政主管部门,建设项目所在地为市辖区的,应当向设区的市人民政府人民防空行政主管部门提交;人民防空行政主管部门应当在收到材料之日起10日内向建设单位提供下列资料:

(一)建设位置;

(二)建设规模;

(三)战时用途;

(四)防护类别;

(五)防护等级;

(六)防化等级;

(七)其他应当载明的事项。

建设单位应当根据人民防空行政主管部门提供的资料进行防空地下室施工图设计。

建设单位在领取建设工程规划许可证之前,应当持防空地下室施工图设计文件,报人民防空行政主管部门审批;人民防空行政主管部门应当在收到申请之日起15日内出具人民防空工程建设审查批准书。

第十三条 新建除防空地下室以外的其他人民防空工程的建设单位和其他进行地下空间开发的建设单位,应当按照本条例第十二条的规定办理相关手续。

第十四条 符合下列条件之一的工程项目，建设单位可以向项目所在地的县(市)人民政府人民防空行政主管部门提出不修建防空地下室的申请，建设项目所在地为市辖区的，向设区的市人民政府人民防空行政主管部门提出申请，并提供立项批准文件、地质勘察报告和工程设计文件：

(一)建在流砂、暗河、基岩埋深很浅等地段的项目,因地质条件不适于修建的；

(二)因建设地段房屋或者地下管道设施密集,防空地下室不能施工或者难以采取措施保证施工安全的；

(三)按照规定指标应建防空地下室的面积小于新建民用建筑地面首层建筑面积，结构和基础处理困难,且经济很不合理的。

人民防空行政主管部门应当在收到申请之日起15日内作出批准或者不批准的决定。经批准的,建设单位可以不修建，但应当按照应修建防空地下室面积所需造价一次足额缴纳易地建设费，由人民防空行政主管部门按照人民防空工程建设规划统一就近易地建设,并定期向社会公布。

第十五条 防空地下室易地建设费纳入同级财政预算管理,专项用于易地建设人民防空工程和易地建设的人民防空工程的维护和管理；易地建设费的收缴和管理办法由省人民政府制定。

各级财政、审计、人民防空行政主管部门应当加强对易地建设费收缴、使用的审计和监督。

第十六条 对下列符合本条例第十四条规定,不能同步修建防空地下室的新建民用建筑工程项目,应当减免防空地下室易地建设费：

(一)享受国家优惠政策建设的廉租房、经济适用房等居民住房,减半收取；

(二)新建幼儿园、学校教学楼、养老院以及为残疾人修建的生活服务设施等民用建筑,减半收取；

(三)临时民用建筑和不增加面积的危房翻新改造住宅项目,予以免收；

(四)因遭受水灾、火灾或者其他不可抗拒的自然灾害造成损坏后按原建筑面积修复的民用建筑,予以免收。

除前款和国家另有规定的减免项目外,各级政府、任何部门和个人不得批准少建、不建防空地下室,不得批准减免易地建设费。

第十七条 申请减免易地建设费的建设单位,应当向省人民政府人民防空行政主管部门提出申请,省人民政府人民防空行政主管部门应当在收到申请之日起15日内，作出批准或者不批准的决定。决定批准的,发给批准文件;决定不批准的,应当书面通知申请人并说明理由。

第十八条 对应建防空地下室的工程项目,建设单位未提供人民防空行政主管部门出具的人民防空工程建设审查批准书的;对经批准不修建防空地下室的工程项目,建设单位未提供人民防空行政主管部门发给的批准文件和足额缴纳易地建设费的凭证的,规划(建设)部门不得发给建设工程规划许可证,建设行政主管部门不得发给施工许可证,公安消防部门不得办理相关手续,建设单位不得擅自开工。

第十九条 除人民防空指挥、通信等涉密工程外,其他人民防空工程的设计、施工、监理和防护设备的采购,建设单位应当依法实行招标。

第二十条 建设单位不得擅自修改人民防空工程施工图设计文件;确需变更设计的,应当经出具工程建设审查批准书的人民防空行政主管部门同意后方可变更。

第二十一条 人民防空工程的防护设备,应当按照人民防空工程施工图设计文件,与主体工程同步建设安装。

人民防空工程防护设备,应当符合国家规定的标准。

第二十二条 人民防空工程应当按照国家规定的防护标准和质量标准修建。

人民防空工程竣工后,建设单位应当及时报请出具人民防空工程建设审查批准书的人民防空行政主管部门进行专项验收。

第二十三条 人民防空工程建设单位应当在竣工验收合格之日起15日内,将建设工程竣工验收报告和规划、公安消防等部门出具的认可文件，报出具人民防空工程建设审查批准书的人民防空行政主管部门备案，同时将人民防空行政主管部门出具的认可文件报建设行政主管部门备案。

第二十四条 人民防空工程建设单位应当在竣工验收后30日内，向出具人民防空工程建设审查批准书的人民防空行政主管部门移交相关建设项目档案。

第二十五条 县级以上人民政府和同级军事机关,对在人民防空工程建设和管理工作中做出显著成绩的组织和个人,给予表彰和奖励。

第二十六条 违反本条例规定,不同步修建防空地下室的,由县级以上人民政府人民防空行政主管部门给予警告,并责令限期修建,可以并处10万元以下的罚款;无法修建的,应当足额缴纳易地建设费。

第二十七条 违反本条例规定,未足额缴纳易地建设费的,由县级以上人民政府人民防空行政主管部门责令建设单位限期缴纳;逾期不缴纳的,按日加收3‰的滞纳金。

第二十八条 违反本条例规定,人民防空工程施工图设计文件未经审查或者审查不合格,建设单位擅自施工,或者建设单位擅自变更施工图设计文件进行施工的,由县级以上人民政府人民防空行政主管部门责令限期改正;逾期不改正的,责令停止施工。

第二十九条 违反本条例规定,人民防空行政主管部门和其他有关机关工作人员,在人民防空工程建设和管理工作中，有下列行为之一的,对直接负责的主管人员和其他直接责任人员依法给予行政处分;构成犯罪的,依法追究刑事责任：

(一)对应当依法修建防空地下室的建设单位,批准缴纳易地建设费的；

(二)对不符合减免条件的新建民用建筑项目,批准减免易地建设费的；

(三)除国家规定的减免项目外,批准少建或者不建防空地下室的；

(四)挤占、截留和挪用防空地下室易地建设费的；

(五)擅自发给建设单位建设工程规划许可证、施工许可证等相关手续的；

(六)对建设单位提出的申请,未在规定的时限内出具人民防空工程建设审查批准书，或者未在规定的时限内作出批准或者不批准的决定，或者作出不批准的决定没有书面说明理由的；

（七）其他滥用职权、玩忽职守、徇私舞弊的。

第三十条 本条例自2008年7月1日起施行。1997年5月22日山西省人民政府发布的《山西省结合民用建筑修建防空地下室管理规定》同时废止。

山西省实施《中华人民共和国国防动员法》办法

（2013年8月日山西省第十二届人民代表大会常务委员会第四次会议通过）

第一章 总 则

第一条 为了实施《中华人民共和国国防动员法》，结合本省实际，制定本办法。

第二条 本办法适用于本省行政区域内国防动员的准备、实施及相关活动。

第三条 国防动员坚持平战结合、军民结合、寓军于民的方针，遵循统一领导、全民参与、长期准备、重点建设、统筹兼顾、有序高效的原则。

第四条 县级以上人民政府应当加强国防动员工作的领导，将国防动员建设纳入国民经济和社会发展规划，保障本行政区域国防动员工作的开展。

县级以上人民政府有关部门和军队有关部门在各自的职责范围内，做好相关的国防动员工作。

第五条 国防动员所需经费由县级以上人民政府予以保障，按照事权划分的原则，列入财政预算。

第六条 公民和组织应当依法履行国防动员义务，其履行国防动员义务而享有的权利受法律保护。

各级人民政府、军事机关和国防动员委员会对在国防动员工作中做出突出贡献的公民和组织，应当给予表彰和奖励。

第二章 组织领导机构及其职责

第七条 县级以上国防动员委员会在本级人民政府和同级军事机关的领导下负责组织、指导、协调本行政区域内的国防动员工作，成员单位由同级人民政府有关部门、同级军事机关有关部门、有关社会团体、行业管理部门等组成，并报上一级国防动员委员会备案。

第八条 县级以上国防动员委员会，履行下列职责：

（一）贯彻和落实国防动员的法律、法规和方针、政策，建立健全国防动员相关制度；

（二）组织编制国防动员计划和国防动员实施预案；

（三）检查评估国防动员计划和国防动员实施预案的执行情况；

（四）组织本行政区域人民武装动员、国民经济动员、人民防空、交通战备、政治动员、科技动员、信息动员、电磁频谱管理动员、装备动员等工作；

（五）指导、协调专业保障队伍建设；

（六）指导下级国防动员委员会做好国防动员的各项工作；

（七）协调军事、经济、社会等方面的国防动员工作；

（八）法律、法规和上级国防动员委员会赋予的其他职责。

国防动员委员会成员单位在各自的职责范围内，做好相关的国防动员工作。

国防动员委员会综合办公室、专业办公室等办事机构，承担本级国防动员委员会的具体工作。

第九条 国家决定实施国防动员后，各级人民政府根据上级下达的国防动员任务，组织本行政区域国防动员的实施。

第三章 国防动员计划、实施预案与潜力统计调查

第十条 县级以上国防动员委员会编制国防动员计划和国防动员实施预案，应当符合国防动员的方针和原则、上级国防动员计划和国防动员实施预案、国防动员潜力状况和军事需求。

国防动员计划应当明确国防动员建设的目标、任务和措施，并与国民经济和社会发展规划相协调。

国防动员实施预案应当与突发事件应急预案在指挥、力量使用、信息和保障等方面相互衔接。

第十一条 国防动员计划包括总体计划和专项计划，国防动员实施预案包括总体预案和专项预案。

总体计划和总体预案，由县级以上国防动员委员会编制，报同级人民政府和同级军事机关审批，并报上一级国防动员委员会备案。

专项计划和专项预案，由县级以上国防动员委员会办事机构会同本级人民政府有关部门和同级军事机关编制，报本级国防动员委员会审批，并报上一级国防动员委员会办事机构备案。

第十二条 县级以上国防动员委员会应当加强对机关、团体、企业事业单位执行国防动员计划和国防动员实施预案的指导和监督，建立健全评估检查制度，科学评估计划、实施预案的执行效果。

第十三条 县级以上国防动员委员会应当根据国防动员实施预案，组织开展国防动员演练，检验和完善实施预案，提高组织指挥和快速反应能力。

国防动员演练可以专门进行，也可以结合军队演习和应急演练进行。

第十四条 省国防动员委员会负责组织协调全省国防动员潜力统计调查工作。

县级以上人民政府统计机构和有关部门应当根据国防动员的需要，及时准确地向本级国防动员委员会的办事机构提供有关统计资料。提供的统计资料不能满足需要时，县级以上国防动员委员会办事机构可以依法组织开展国防动员潜力专项统计调查，同级人民政府统计机构应当给予协助。

对大型企业和军工单位的统计调查，必要时由当地国防动员委员会

报请上级国防动员委员会确定。

第十五条 国防动员潜力专项统计调查应当采用信息化手段,使用统一的表格、软件系统和指标体系。

第十六条 国防动员潜力统计调查的对象,应当及时、准确、完整地提供统计调查所需的资料。

国防动员潜力统计调查工作人员,应当如实收集、报送统计调查资料,不得伪造、篡改、毁损统计调查资料,不得泄露统计调查对象的秘密。

第四章 与国防密切相关的建设项目、产品和设施

第十七条 各级人民政府及其有关部门、相关企业事业单位应当根据国防动员的需要,保障与国防密切相关的建设项目、产品和设施符合国防要求。

第十八条 县级以上人民政府及其有关部门在国道省道主干线、高速公路、重要交通枢纽、铁路、机场、桥梁、隧道、城市轨道交通、大型水利工程、油气储存设施、通信干线、移动通信设施、电网工程、大型电厂、地下工程、钢铁、煤炭、高新技术、医疗救护、广播电视、电磁监测、大型气象观测站等重要建设项目规划和立项时,应当按照国家有关规定,兼顾国防动员的需要。

第十九条 县级以上人民政府有关部门根据国家确定的与国防密切相关的建设项目和重要产品目录,在项目审批、核准和重要产品设计定型时,应当按照国家有关规定征求军事机关和驻军的意见。

第二十条 与国防密切相关设施的管理单位,应当加强设施的维护管理,采取措施,保障设施功能完整、有效。

与国防密切相关设施的管理单位不得擅自改变其用途或者作报废处理,确需改变用途或者作报废处理的,应当征得县级以上国防动员委员会的同意。

任何组织和个人不得破坏、危害与国防密切相关的设施。

第五章 预备役人员的储备与征召

第二十一条 县级以上人民政府兵役机关负责组织实施本行政区域预备役人员的储备工作,做好预备役登记和预备役人员的核对、调整、编组、管理工作,加强预备役专业技术兵员储备区建设。

第二十二条 县级以上人民政府应当为预备役人员的训练、储备提供经费、场地、物资等保障。

预备役人员应当依法参加训练,其所在单位应当给予支持和保障。参加训练期间,预备役人员是机关、社会团体、企业事业单位工作人员或者职工的,继续享有原工作单位的工资、奖金和福利待遇;其他预备役人员的误工补贴按照国家和本省有关规定执行。

第二十三条 国家决定实施国防动员后,县级人民政府兵役机关应当根据上级命令,迅速向被征召的预备役人员下达征召通知,同时通知其所在单位;对外出务工的预备役人员,还应当通知其务工所在地的兵役机关。

接到征召通知的预备役人员应当按照通知要求,准时到指定地点报到。

第二十四条 被征召的预备役人员所在单位应当协助当地人民政府兵役机关做好本单位预备役人员的征召工作,并提供必要的条件。

第二十五条 从事交通运输的组织和个人,接到运送被征召预备役人员任务的通知或者被征召预备役人员提出运送请求,应当优先运送被征召的预备役人员。

第六章 民用资源的征用与补偿

第二十六条 国家决定实施国防动员后,储备物资无法及时满足动员需要的,县级以上人民政府可以依法征用组织和个人所有或者使用的设施、设备、场所和其他物资等民用资源。

县级以上人民政府根据对民用资源的征用需求,发布征用公告,及时向有关组织和个人下达征用通知,对被征用的民用资源进行登记,并向被征用人出具凭证。

第二十七条 被征用的民用资源根据军事要求需要进行改造的,由县级以上人民政府会同有关军事机关共同组织实施。

承担改造任务的单位应当按照使用单位提出的军事要求,与使用单位共同研究提出改造实施方案,签订改造任务书,保证质量,按期交付使用。

第二十八条 除法律、行政法规规定免予征用的民用资源外,任何组织和个人不得拒绝、逃避民用资源的依法征用,不得阻碍对被征用的民用资源依法进行改造。

第二十九条 被征用的民用资源使用完毕,县级以上人民政府应当组织有关部门,对拟返还的民用资源的数量、类型、分布地点等情况进行清点、核实、登记,及时返还。

被征用并经过改造的民用资源,经被征用组织和个人同意,可以直接返还;影响原使用功能或者造成损坏的,应当进行修复,恢复原使用功能后返还。

被征用的民用资源不能修复或者灭失的,以及因征用造成经济损失的,按照国家和本省有关规定给予补偿。

第七章 军品科研、生产与维修保障

第三十条 县级以上人民政府及其有关部门对承担国家重点军品科研、生产、维修保障任务的单位,应当给予政策扶持,提供优先保障。

第三十一条 县级以上人民政府应当在经费、物资、技术等方面扶持和帮助承担军品科研、转产、扩大生产的单位开发、应用先进的军民两用技术,提高转产、扩大生产军品的综合保障能力。

第三十二条 承担转产、扩大生产军品和维修保障任务的单位,应当根据军事需求,突出重点、平战结合,储备所需的设备、材料、配套产品和技术,建立所需的专业技术队伍,制定和完善相应的工作预案与措施,为军品生产动员和支前遂行保障做好准备。

第三十三条 县级以上人民政府及其有关部门应当按照国防保密的要求,对军品科研、生产单位采取必要的安全措施。

在军品科研、生产单位周边安全控制区域的建设项目,应当按照《山

西省涉及国家安全事项建设项目管理条例》的规定报送审批。

第三十四条 县级以上人民政府应当规范、引导、支持社会资源进入军品科研、生产领域，根据军品需求，发展关键原材料和配套产品。

第八章 防护与救助

第三十五条 县级以上人民政府应当将重要目标防护建设纳入城乡规划，并会同有关军事机关共同组织实施重要目标的防护工作。

第三十六条 承担重要目标防护任务的单位，应当制定防护计划和应急预案，落实相关措施，组织防护演练，提高防护效能。

第三十七条 国家决定实施国防动员后，人员、物资的疏散和隐蔽由县级以上人民政府充分利用预定疏散地区、人防工程和应急避难场所组织实施。

第三十八条 县级以上人民政府及其卫生行政部门，应当加强平战结合的医疗卫生救护能力建设。根据战时医疗卫生动员需求，组建医疗卫生救护队伍，加强救护知识和技能的培训，定期组织演练，提高战时动员的组织指挥和保障能力。

第九章 国防勤务

第三十九条 依法担负国防勤务的交通运输、邮政、电信、无线电、医药卫生、食品和粮食供应、工程建筑、能源化工、大型水利设施、民用核设施、电力供应、新闻媒体、国防科研生产和市政设施保障等单位，应当组建专业保障队伍，制定战时动员计划和预案，定期组织训练、演练。

第四十条 县级以上人民政府应当将担负国防勤务的专业保障队伍纳入应急救援体系，为队伍建设、训练演练提供必要的保障，发挥专业保障队伍在应对突发事件、维护社会稳定等方面的作用。

第四十一条 国家决定实施国防动员后，县级以上人民政府根据国防动员实施的需要，可以动员符合法定条件的公民和组织担负支援保障军队作战、预防与救助战争灾害以及协助维护社会秩序等国防勤务，并明确担负国防勤务公民和组织的数量规模、专业种类、组织方式、具体任务和相关保障。

第十章 宣传教育

第四十二条 各级人民政府应当组织开展国防动员宣传教育，普及国防动员知识；有关军事机关应当协助开展国防动员主题宣传教育，增强公民的国防观念和国防动员责任意识。

第四十三条 国家机关、社会团体、企业事业单位和基层群众性自治组织，应当结合各自的工作特点，采用多种方式，加强对所属人员的国防动员教育。

第四十四条 高等学校、普通高中和中等职业学校应当将国防动员教育作为国防教育的重要内容，采取课堂教学、军事训练等方式，普及国防动员知识，掌握必要技能。

第四十五条 新闻出版、广播影视、文化演艺、网络传媒等单位，应当按照国防动员的要求，通过开设专题专栏，创办刊物，出版作品，以及组织国防论坛、讲座、文艺演出等活动，做好国防动员宣传教育和相关工作；战时应当根据国防动员的需要和要求，遵守新闻宣传管理规定，把握正确舆论导向。

第四十六条 各级人民政府应当采取多种形式开展拥军优属和慰问活动，按照国家有关规定做好抚恤优待工作。

第十一章 特别措施

第四十七条 国家决定实施国防动员后，决定在本省部分地区实行特别措施的，由省人民政府、省军区根据特别措施的要求，结合实际，制定具体实施方案，并组织实施特别措施。

第四十八条 特别措施实施区域内的公民和组织在规定的时限内，应当服从组织实施特别措施的机关的管理。

第四十九条 不再需要实行特别措施时，省人民政府、省军区应当根据国务院、中央军事委员会的决定及时终止。

第十二章 法律责任

第五十条 违反本办法规定，法律、行政法规已经规定法律责任的，从其规定。

第五十一条 违反本办法规定，有下列行为之一的，对直接负责的主管人员和其他直接责任人员，依法给予处分；构成犯罪的，依法追究刑事责任：

（一）在国防动员潜力统计调查中，未及时、准确、完整地提供统计调查所需资料的；

（二）伪造、篡改、毁损国防动员潜力统计调查资料的；

（三）泄露国防动员潜力统计调查对象秘密的；

（四）擅自改变与国防密切相关的设施的用途或者作报废处理的；

（五）破坏、危害与国防密切相关设施的。

第五十二条 违反本办法规定，承担转产、扩大生产军品和维修保障任务的企业事业单位，未根据军事需求储备所需的设备、材料、配套产品和技术，或者未建立所需的专业技术队伍的，由县级以上人民政府责令限期改正；逾期不改的，强制其履行义务，并处以十万元以上二十万元以下的罚款。

第五十三条 县级以上国防动员委员会和县级以上人民政府有关部门的工作人员在国防动员工作中玩忽职守、滥用职权、徇私舞弊的，依法给予处分；构成犯罪的，依法追究刑事责任。

第十三章 附 则

第五十四条 本办法自2013年10月1日起施行。

山西省信息化促进条例

（2013年8月1日山西省第十二届人民代表大会常务委员会第四次会议通过）

第一章 总 则

第一条 为了加快信息化发展，

提高信息化水平，规范信息化行为，保障信息安全,促进经济发展和社会进步,根据有关法律、行政法规,结合本省实际,制定本条例。

第二条 本条例适用于本省行政区域内信息化规划与建设、信息资源共享与开发利用、信息产业发展、信息技术应用与服务、信息安全保障等活动。

第三条 县级以上人民政府应当将信息化建设和发展纳入国民经济和社会发展规划,建立健全信息化工作领导统筹协调机制,制定信息化发展政策和措施。

县级以上人民政府应当设立信息化发展专项资金,逐步增加信息化投入。

鼓励公民、法人和其他组织依法投资信息化建设和发展,其合法权益受法律保护。

第四条 县级以上人民政府经济和信息化主管部门(以下简称信息化主管部门)负责本行政区域内信息化建设和发展的统筹推进、指导协调和监督管理。

县级以上人民政府发展和改革、公安、国家安全、财政、教育、商务、住房和城乡建设、规划、广播电视等部门以及省通信管理机构,在各自职责范围内负责信息化建设和发展的有关工作。

第五条 鼓励和支持信息化研究与创新、信息技术人才的培养与引进、信息化知识的普及、信息技术的推广与应用。

第六条 县级以上人民政府应当建立信息化绩效评估指标体系和考核制度，对在信息化建设和发展中做出突出贡献的单位和个人给予表彰。

第二章 信息化规划与建设

第七条 信息化主管部门应当组织编制本行政区域信息化发展规划,经本级人民政府批准后公布实施。

经批准的信息化发展规划,不得随意变更;确需变更的,应当经本级人民政府批准。

信息化主管部门应当会同有关部门对信息化发展规划实施情况进行监督检查。

第八条 县级以上人民政府应当采取措施推动公共信息基础设施的共建共享和互联互通，推进电信网、广播电视网、互联网在业务、网络和终端等层面的融合。

第九条 电信网、广播电视网和互联网等公共信息基础设施的建设,应当符合本行政区域信息化发展规划,统一标准,实行集约化建设和管理,提高公共信息基础设施利用率。

任何单位和个人不得损毁或者擅自拆除、迁移电信网、广播电视网、互联网等公共信息基础设施。

第十条 新建建筑物内的电信网、广播电视网、互联网等信息管线、配线设施以及建设项目用地范围内的信息管道,应当纳入建设项目的设计文件,并与建设项目同时施工。

建筑物驻地网应当对电信、广播电视、互联网业务经营者和其他驻地网建设者,实行平等接入。

第十一条 固定资产投资类信息化项目的审批、核准或者备案,按照国家和省有关固定资产投资项目管理规定,由政府投资主管部门办理,并将办理结果告知信息化主管部门。

政府投资的固定资产类信息化项目和涉及公共服务、公共利益的非政府投资信息化项目,有关投资部门或者建设单位应当将办理结果告知信息化主管部门。

第十二条 从事信息基础设施建设、计算机信息系统集成、信息系统工程监理等信息化服务和工程建设、监理活动的单位和个人，应当按照国家有关规定取得相应资质和资格。

建设单位不得将信息化工程发包给不具备相应资质的单位;同一信息化工程的施工和监理,不得由相互有隶属关系或者其他利害关系的单位承担。

第十三条 省质量技术监督部门会同省信息化主管部门根据国家信息化建设标准和技术规范,制定本省信息化建设标准和技术规范并监督实施。

第十四条 信息化工程竣工后,应当按照国家和省有关规定进行验收。

信息化工程的施工单位应当对信息化工程质量承担保修责任。保修期自工程竣工验收合格之日起不得少于两年。

第十五条 信息化主管部门会同有关部门对信息化工程进行绩效评价，将评价结果作为申请新建、改建、扩建或者运行维护信息化工程项目的主要依据。

第三章 信息资源共享与开发利用

第十六条 县级以上人民政府应当建立和完善本行政区域的人口、法人、自然资源与空间地理、宏观经济、文化等基础信息数据库,促进政务信息资源共享和信息资源社会化开发利用。

信息资源共享与开发利用的具体管理办法,由省人民政府制定。

第十七条 省信息化主管部门会同有关部门制定统一规范的政务信息资源的相关标准、共享目录,依托全省统一的电子政务网络和信息资源共享交换平台,完善共享交换体系。

设区的市、县(市、区)人民政府及其有关部门编制本行政区域或者本单位信息共享目录,向信息资源共享交换平台提供相关信息,并依法向社会提供信息服务。

第十八条 国家机关应当遵循一个数据一个来源和谁采集、谁更新、谁负责的原则,在各自职责范围内做好信息资源采集、维护、更新,避免重复采集、多头采集。

国家机关以外的单位和个人采集信息，应当征得被采集人同意,说明信息的使用目的、方式和范围,不得违反法律、法规的规定和双方的约定收集、使用信息。

任何单位和个人不得非法获取信息，不得非法披露所采集的信息，不得非法出售或者以其他非法方式将获取的信息提供给他人。

第十九条 信息资源开发利用应当依法保护国家秘密、知识产权、商业秘密和个人隐私。

鼓励和支持对信息资源的公益性开发利用,引导和规范对信息资源的增值性开发利用。

鼓励和支持信用服务机构依法

采集、整合信用信息，为社会提供信用征信、评估评级、信用管理等服务。

第二十条 公共服务机构和其他拥有公众信息的单位，应当采取措施，防止个人信息的泄露、篡改、毁损和丢失。

公民发现泄露个人身份、散布个人隐私等侵害其合法权益，或者受到商业性电子信息侵扰的，有权要求服务提供者删除有关信息或者采取其他必要措施予以制止，同时可以向公安机关举报。

公民、法人和其他组织有权要求采集、使用其信息的单位和个人更正、删除与其相关的不实信息。

第四章 信息产业发展

第二十一条 省人民政府应当制定鼓励信息产业发展的优惠政策和措施，加大对信息产业、示范企业和信息技术自主创新的扶持力度，发展集成电路、软件、高端元器件、电子设备等基础产业，培育有特色的信息产业，推动信息技术创新与应用。

县级以上人民政府应当根据本行政区域信息化发展规划和经济社会发展需要，支持信息产业基地和园区建设，加大对园区配套基础设施和公共服务设施的资金投入。

第二十二条 省信息化主管部门应当会同有关部门编制信息产业发展目录，定期公布信息产业关键技术名称和产品指南。

第二十三条 符合条件的从事电子信息产品制造、软件开发、信息服务的企业，按照国家和省有关规定，享受税收减免、投资融资、土地使用、政府采购、人才培养等方面的优惠政策。

第二十四条 设计、制造电子信息产品，应当采用节约资源、保护环境的材料、技术和工艺。

鼓励采用先进技术和工艺集中处理废弃电子信息产品。

第二十五条 鼓励和支持企业、高等院校、科研机构联合研究、开发、推广信息技术产品和服务，推进创新成果的产业化。

鼓励和支持企业、高等院校、科研机构建立信息化人才实习、培训基地，合作培养人才。

第二十六条 培育、发展信息技术转让和知识产权交易市场，促进信息技术成果转化。

第二十七条 信息化主管部门应当会同有关部门加强信息产业市场的监督管理，维护公平竞争秩序和消费者的合法权益。

第五章 信息技术应用与服务

第二十八条 省信息化主管部门会同有关部门编制本地区信息技术推广应用指南，确定推广应用目标和重点领域，组织实施重点推广应用项目。

第二十九条 县级以上人民政府应当培育、发展信息化和工业化深度融合试验区和示范企业，加快信息技术在区域、行业、企业的示范应用，建立健全信息化和工业化融合水平评估体系，推行企业首席信息官制度，推进信息化和工业化深度融合。

实施信息化和工业化融合项目的企业，应当组织专家对项目的需求与效益、实施基础、技术方案等进行评估，并将评估结果报送信息化主管部门，作为信息化主管部门支持企业开展信息化和工业化融合的依据。

第三十条 县级以上人民政府应当推动信息化和工业化融合公共服务体系建设，支持信息化共性技术开发、技术创新服务等专业公共服务机构发展，支持面向行业和中小企业的公共信息服务平台建设，支持信息化外包服务业发展。

第三十一条 鼓励采用先进适用的信息技术改造传统产业，推动信息技术集成应用和信息化科技工程建设，加快煤炭、冶金、装备制造业等行业的升级改造。

鼓励采用信息技术培育和发展文化、旅游产业，推动实现文化、旅游资源的数字化、网络化。

第三十二条 县级以上人民政府应当加快农村信息基础设施建设，在农业生产经营、农村社会管理、农村文化生活等方面，推广应用信息技术，促进新农村建设和现代农业发展。

第三十三条 省人民政府应当建设和完善全省统一的电子政务网络。

县级以上人民政府应当建立统一的电子政务平台，推进信息技术在社会管理、公共服务、内部办公和监督检查等方面的应用。

第三十四条 县级以上人民政府应当加强教育信息化建设，实现优质教育资源共享，推进义务教育均衡发展，提高各类教育水平。

高等院校应当加强信息化建设，采用先进的信息技术，提高教学与科研水平。

第三十五条 鼓励和支持电子商务建设和应用，建立和完善社会信用服务、安全认证、在线支付和现代物流等支撑体系，促进电子商务发展。

第三十六条 社会保障、环境保护、交通运输、教育、卫生、广播电视、气象等部门以及供电、供水、供气等公共服务机构，应当建立健全公共服务信息系统，及时、准确提供与民生相关的公共信息服务。

第三十七条 县级以上人民政府应当采取措施，推进适合残疾人使用的信息交流技术和产品的研发、应用，为残疾人信息交流提供服务。

第三十八条 省信息化主管部门应当会同统计等有关部门建立信息化评价指标体系。

信息化主管部门应当对本行政区域内的信息化发展水平进行调查、分析、预测和评估，定期发布评价报告。有关部门、企业事业单位和社会团体应当及时提供相关数据。

第六章 信息安全保障

第三十九条 县级以上人民政府应当建立信息安全保障机制，提高信息安全风险防御能力和信息安全突发事件处置能力。

第四十条 信息网络与信息系统的运营、使用单位及其主管单位，应当建立信息安全警示、宣传教育等管理制度，明确信息安全管理人员，保障信息网络与信息系统安全运行。

第四十一条 信息系统的运营、使用单位应当根据国家和省有关规定，确定信息系统的安全等级，依法向公安机关备案,并根据安全等级进行建设、测评和整改。

涉及国家安全、国家秘密的信息系统安全分级保护和信息安全系统建设,应当按照国家有关规定执行。

第四十二条 能源、交通、金融等领域涉及国计民生的重要信息系统和电信网、广播电视网、互联网等基础信息网络,以及航空航天、油气管网、电力系统、水利枢纽、城市设施等重要领域工业控制系统的运营、使用单位,应当按照国家有关规定进行信息安全检查和风险评估,并采取相应的安全保护措施。

第四十三条 信息安全系统应当与信息化工程同时设计、同时施工、同时投入使用,采用依法认证的信息安全产品,所需经费列入工程预算。

第四十四条 从事安全运行维护管理、风险评估、等级保护等信息安全专业服务活动的,应当符合国家和省有关规定,并接受有关部门监督。

第四十五条 信息网络与信息系统运营、使用单位及其主管单位,应当建立和完善信息安全监控系统,加强对信息内容的安全监管,防止违法信息的传播。

网络信息服务提供者发布的信息应当合法、真实。

第四十六条 信息化主管部门应当会同有关部门编制本行政区域信息安全突发事件应急预案,由本级人民政府批准,并报上一级信息化主管部门备案。

基础信息网络和重要信息系统的运营、使用单位及其主管单位应当制定本单位信息安全突发事件应急预案,定期组织演练。应急预案应当报同级信息化主管部门备案。

信息网络与信息系统发生信息安全突发事件的,运营、使用单位及其主管单位应当迅速采取措施,降低损害,防止事态扩大,保存相关记录,并按照相关规定及时向有关部门报告。

第七章 法律责任

第四十七条 违反本条例规定,法律、行政法规已有法律责任规定的,从其规定。

第四十八条 违反本条例规定,新建建筑物内的电信网、广播电视网、互联网等信息管线、配线设施以及建设项目用地范围内信息管道,未纳入建设项目的设计文件,并与建设项目同时施工的,由有关主管部门责令改正,并处以该项建设所需费用一倍以上三倍以下的罚款。

第四十九条 违反本条例规定,未取得相应资质,从事信息基础设施建设、计算机信息系统集成、信息系统工程监理等信息化服务和工程建设、监理活动的,由信息化主管部门责令限期改正,没收违法所得,并处合同标的价款百分之三的罚款。

违反本条例规定,建设单位将信息工程发包给不具备相应资质单位的,由信息化主管部门责令改正;有关部门对直接负责的主管人员和其他直接责任人员依法给予处分。

第五十条 违反本条例规定,非法获取信息,非法披露、非法出售或者以其他非法方式向他人提供所获取信息的,由公安机关责令停止违法行为,没收违法所得;对单位处十万元以上五十万元以下的罚款,对个人处一万元以上五万元以下的罚款;构成犯罪的,依法追究刑事责任。

第五十一条 信息化主管部门和其他有关部门工作人员玩忽职守、滥用职权、徇私舞弊的,依法给予处分;构成犯罪的,依法追究刑事责任。

第八章 附 则

第五十二条 本条例自2013年10月1日起施行。

山西省森林公园条例

(2013年8月1日山西省第十二届人民代表大会常务委员会第四次会议通过)

第一章 总 则

第一条 为了培育、保护和合理利用森林风景资源,规范森林公园建设和管理,促进生态文明建设,满足人民群众提高生活质量的需求,根据《中华人民共和国森林法》和有关法律、行政法规的规定,结合本省实际,制定本条例。

第二条 本省行政区域内森林公园的规划、设立、建设、保护、利用和管理适用本条例。

第三条 本条例所称森林公园,是指以森林资源为依托,具有一定规模和质量的森林风景资源与环境条件,按照法定程序批准设立,保护森林风景资源、自然文化资源和生物多样性,为公众提供休闲健身、森林旅游、生态科普和科学研究等服务活动的区域。其中,地处城镇周边、政府组织建设的森林公园统称为城郊森林公园。

森林公园的建设和保护属于社会公益事业。森林公园的建设、保护、利用和管理,坚持统筹规划、分级管理、严格保护、科学利用、协调发展的原则,实行政府主导、林业主管、部门合作、社会参与的运行机制。

第四条 县级以上人民政府应当加强对发展森林公园事业的领导,将森林公园公共基础设施建设纳入当地国民经济和社会发展规划,为森林公园的森林风景资源保护和森林公园管理机构提供必要的条件和经费保障,统筹、协调解决森林公园建设、保护、利用和管理中的重大事项。

第五条 县级以上人民政府林业主管部门负责本行政区域所属森林公园的监督管理工作,其他有关部门按照各自职责做好与森林公园相关的管理工作。

县级以上人民政府林业主管部门所属森林公园管理机构负责本行政区域所属森林公园的业务指导和监督管理的具体工作。

第六条 森林公园内的单位、居民以及在森林公园内从事建设、经营、游览等活动的单位和个人,应当履行保护森林公园景观、动植物资源和各项设施的义务,遵守森林公园的管理制度,服从森林公园管理单位的统一管理。

任何单位和个人对破坏、侵占森林公园内森林风景资源的行为有权进行监督、制止和举报。

第二章 规划建设

第七条 省林业主管部门应当根据全省森林风景资源状况,编制全省森林公园发展规划,报省人民政府批准实施,报国务院林业主管部门备案。

市、县级林业主管部门应当根据全省森林公园发展规划和本行政区域森林风景资源状况,编制本行政区域森林公园发展规划,报同级人民政府批准实施,报上一级林业主管部门备案。

森林公园发展规划应当符合国民经济和社会发展规划、环境保护规划、土地利用总体规划、城乡规划,与自然保护区发展规划、文化自然遗产保护规划、风景名胜区体系规划、地质公园规划和旅游发展规划等相衔接。

第八条 森林公园规划范围内的森林、林木、林地、土地、寺庙、文物、历史文化遗产等,产权和隶属关系明确的,其产权和隶属关系不变,其用途不得擅自改变。

第九条 设立国家级森林公园,按照国务院林业主管部门规定的条件和程序办理。

第十条 设立省、市、县级森林公园,申请人向所在地县级林业主管部门提出申请,分别由同级林业主管部门审核,报同级人民政府批准,报上一级林业主管部门备案。设立省级森林公园,还应当事先征得所在地县、市级人民政府同意;设立市级森林公园,还应当事先征得所在地县级人民政府同意。

国有林单位申请设立森林公园,应当符合当地森林公园发展规划。省直国有林单位申请设立省级森林公园,由省林业主管部门审核,报省人民政府批准,报国务院林业主管部门备案;市直国有林单位申请设立市、省级森林公园,分别由市、省级林业主管部门审核,报市、省级人民政府批准,报上一级林业主管部门备案。

森林公园批准设立后,由批准机关向社会公布。

第十一条 森林、林木、林地以及其他土地的所有权人或者使用权人可以申请设立森林公园。申请设立森林公园应当具备下列条件:

(一)符合森林公园发展规划;

(二)森林覆盖率在百分之六十以上,其中城郊森林公园林木绿化率在百分之六十以上;

(三)森林公园面积:省级在二百公顷以上,市级在一百公顷以上,县级在三十公顷以上;

(四)森林风景资源质量等级:省级达到国家标准二级以上,市、县级达到国家标准三级以上,城郊森林公园可适当放宽标准;

(五)法律法规规定的其他条件。

第十二条 申请设立森林公园应当提交下列材料:

(一)申请报告;

(二)可行性研究报告;

(三)森林、林木、林地以及其他土地所有权、使用权证明材料。

第十三条 申请设立森林公园,批准机关所属的林业主管部门应当组织有关专家实地考察、论证,出具书面意见。批准机关自受理申请之日起二十日内作出书面决定,符合条件的予以批准;不符合条件的,不予批准并书面说明理由。

未经批准,任何单位或者个人不得以森林公园名义开展相关活动。

第十四条 经批准设立的森林公园需要更名、分立、合并或者变更地界范围与隶属关系的,应当按照设立程序,报原批准机关批准。

国有林单位设立的森林公园不得变更隶属关系。

第十五条 森林公园有下列情形之一的,原批准机关应当予以撤销并向社会公布:

(一)因管理不善或者不可抗力导致森林风景资源受到严重破坏,景观质量明显下降,达不到森林公园设立条件且无法恢复的;

(二)批准设立后三年内未进行建设,保护和管理措施得不到落实的;

(三)林地性质或者主要用途发生重大改变,无法继续保护和利用森林风景资源的;

(四)法律法规规定的应当予以撤销的其他情形。

第十六条 经批准设立的森林公园应当组建相应的森林公园管理单位,并按照有关规定进行法人登记。其中,国有林单位设立的森林公园和政府筹资建设的森林公园,其管理单位应当进行事业法人登记,管理经费列入本级财政预算,管理职责不得委托他人行使。

第十七条 森林公园管理单位在林业主管部门和森林公园管理机构的监督指导下,负责组织编制、实施森林公园总体规划。

编制或者修编森林公园总体规划的设计(咨询)单位,应当具有工程规划设计国家乙级以上资质。

第十八条 森林公园总体规划应当在森林公园批准设立之日起18个月内编制完成;森林公园变更地界范围的,应当自批准之日起12个月内完成总体规划修编。森林公园总体规划的规划期一般为10年,在规划期满前1年,应当根据建设发展情况进行修编,并报原批准机关批准。

第十九条 省、市级森林公园的总体规划应当报省林业主管部门批准,县级森林公园的总体规划应当报市林业主管部门批准。

森林公园总体规划批准后应当向社会公布。

经批准的森林公园总体规划不得擅自改变。确需调整或者修编的,应当按照原审批程序办理。

第二十条 森林公园建设应当按照森林公园总体规划进行,项目建设应当与周边景观和环境相协调,相应的防火、服务、环境保护设施应当同时设计、同步建设、同时使用。

第二十一条 森林公园核心景观区和城郊森林公园内,除必要的保护和辅助设施外,不得建设住宿、餐饮、购物、娱乐等永久性设施。

森林公园内禁止建设破坏自然景观、地质遗迹、历史文化遗址、古生物化石遗迹和妨碍游览、污染环境、破坏资源的工程设施。已建项目不符合森林公园总体规划的,应当限期改造、拆除,恢复植被。

森林公园内不得新建高尔夫球场、狩猎场等项目。

第二十二条 森林公园内建设各类永久性设施,应当符合森林公园总体规划,经森林公园管理单位同意后,按照有关法律法规的规定办理土地等相关手续。

第三章　保护利用

第二十三条　森林公园管理机构应当定期组织开展森林风景资源的调查、监测、建档工作,编制森林风景资源保护名录,明确保护对象和范围。对古稀树木以及有特殊文化价值的森林风景资源,应当划定保护区域,采取专门保护措施。

第二十四条　森林公园内的林木应当严格保护。因提高森林风景资源质量的需要,按照有关法律法规的规定审批后,可以进行抚育或者更新性质的采伐。

森林公园管理单位应当培育具有地域特色的风景林木、植被,形成多树种、多层次、乔灌草相结合的森林景观,丰富生物多样性,提高森林公园的森林覆盖率、游览观光价值和综合功能。

森林公园内河流、湖泊、岩溶泉、瀑布等自然景观,应当按照国家有关规定和森林公园总体规划进行保护和利用。

第二十五条　森林公园管理单位应当对林业有害生物进行调查、监测和预防,发现疑似重大或者危险性林业有害生物等异常情况的,应当及时采取措施并报告当地林业主管部门。

第二十六条　森林公园管理单位应当健全护林防火管理制度,建立森林防火监测和处置体系,制定防火应急预案,配备必要的防火人员、设施,加强防火宣传和用火管理。

森林公园毗邻区域的单位应当协同森林公园管理单位,共同搞好护林防火工作,实行联防联治。

第二十七条　严格森林公园林地征收、征用、占用审批,未经批准不得改变森林公园林地性质和用途。

国家重点工程、省重点基础设施工程建设项目确需征收、征用、占用森林公园林地的,经原森林公园批准机关同意后,按照有关法律法规的规定报批。

经批准的建设项目,项目单位和施工单位应当加强管理,采取有效措施,减少对森林景观和环境的影响。

第二十八条　森林公园内禁止下列行为:

(一)开矿、采石、挖沙、取土、毁林开垦等;

(二)损毁高山草甸;

(三)在非指定区域使用明火;

(四)伤害或者擅自猎捕野生动物;

(五)采挖树木(苗)或者树根;

(六)擅自移动或者损毁园内设施、设备和游览服务标识;

(七)刻划、污损景物景观或者损毁林木、花草;

(八)随意丢弃垃圾;

(九)法律法规禁止的其他行为。

第二十九条　鼓励企业、事业单位、社会团体和个人参与建设、经营森林公园景区(点)旅游开发项目。

森林公园管理单位可以以森林风景资源使用权,通过公开招投标方式引进社会资金,按照森林公园总体规划,建设、经营森林公园景区(点)旅游开发项目。合作双方应当签订书面合同,明确双方权利义务。

第四章　服务管理

第三十条　森林公园建设完成,经同级林业等有关主管部门验收合格,办理相关手续后向公众开放。未经有关部门验收合格的,不得向公众开放。

第三十一条　省林业主管部门应当会同有关部门制定森林公园建设、服务、管理等方面的技术标准和规范,实行森林公园分类分级标准化管理。

第三十二条　森林公园管理机构应当加强对森林公园的业务指导和监督管理,提供相关服务,并接受社会监督:

(一)加强对森林公园总体规划实施情况的监督检查;

(二)建立健全森林公园监督管理制度;

(三)对森林公园管理单位履职情况进行监督检查;

(四)对森林风景资源等情况进行动态监测;

(五)建立和完善森林公园信息系统,组织对外宣传推介,提供相关信息服务。

第三十三条　森林公园管理单位应当加强管理,保护公园环境,完善服务设施,提高服务质量:

(一)健全公园管理制度,建立信息统计报送制度,建设宣传和信息发布等公共服务平台;

(二)加强对公园管理和服务人员的教育、培训、管理;

(三)加强对公园内经营单位和个人的管理、服务、指导;

(四)加强公园安全管理,根据生态承载力确定游客接待容量,在危险地段和游客可能遭受伤害的区域设置安全防护设施和警示标识,健全突发事件应急机制;

(五)按照国家和本省有关规定减免门票,为老年人、儿童、学生、现役军人、残疾人等提供优惠,有条件的免费向公众开放;

(六)城郊森林公园免费向公众开放;

(七)提供游览服务设施以及无障碍设施;

(八)在明显位置设置游览路线、服务设施等标识标牌,公示收费事项,告知禁止事宜;

(九)加强生态科普宣传,普及自然科学和生态文化知识。

第三十四条　森林公园门票的收费标准,由省价格主管部门会同有关部门,根据体现公益、合理成本、分类定价和公开透明的原则,区别不同性质和特点确定。

其他相关服务收费标准,由价格主管部门根据分级管理、公开透明的原则确定。

第三十五条　国有林单位设立的森林公园,其门票以及相关收入应当上缴同级财政,实行收支两条线管理,专项用于森林公园建设、维护和管理。

森林公园门票收入的百分之三统一上缴省财政,统筹用于全省森林风景资源调查、监测、建档和森林公园的管理工作。

第三十六条　森林公园内从事经营活动的单位和个人应当遵守国家有关法律法规和公园管理制度,诚信经营、文明服务，在森林公园管理单位指定的区域从事经营活动。

在森林公园内进行教学科研、采集标本以及影视拍摄、集会活动的，应当征得森林公园管理单位同意，并按照有关规定办理审批手续。未经批准，不得开展相关活动。

第五章　法律责任

第三十七条　违反本条例规定，有关法律法规有法律责任规定的，从其规定。

第三十八条　违反本条例第十三条第二款、第十四条第二款、第二十一条、第二十八条第二项规定的，由县级以上林业主管部门责令停止违法行为，有违法所得的没收违法所得；造成森林风景资源破坏的，责令恢复原状、赔偿损失，并处以十万元以上三十万元以下的罚款。

第三十九条　违反本条例第二十八条第五项、第六项，第三十六条第二款规定的，由县级以上林业主管部门责令停止违法行为，有违法所得的没收违法所得，并处以五百元以上五千元以下的罚款。

第四十条　违反本条例第二十八条第七项、第八项，第三十六条第一款规定的，由森林公园管理单位责令停止违法行为，予以批评教育；拒不改正的，由县级以上林业主管部门处以五十元以上二百元以下的罚款。

第四十一条　县级以上人民政府及其相关部门、森林公园管理机构、森林公园管理单位的工作人员玩忽职守、滥用职权、徇私舞弊的，依法给予处分；构成犯罪的，依法追究刑事责任。

第六章　附　则

第四十二条　本条例自2013年10月1日起施行。

山西省高速公路管理条例

（2005年12月2日山西省第十届人民代表大会常务委员会第二十一次会议通过。根据2011年12月1日山西省第十一届人民代表大会常务委员会第二十六次会议关于修改部分地方性法规的决定修正。2013年9月29日山西省第十二届人民代表大会常务委员会第五次会议修订）

第一章　总　则

第一条　为了规范高速公路管理，保障高速公路完好、安全和畅通，维护高速公路使用者和经营者的合法权益，根据《中华人民共和国公路法》《公路安全保护条例》和有关法律、行政法规的规定，结合本省实际，制定本条例。

第二条　在本省行政区域内从事高速公路的养护、经营、服务、使用和管理，适用本条例。

第三条　高速公路管理应当遵循集中统一、安全高效、畅通便民、依法管理的原则。

第四条　省人民政府交通运输主管部门主管全省高速公路工作，其所属的省高速公路管理机构具体负责全省高速公路路政、养护、经营服务活动的监督管理工作，所需经费纳入省级财政预算。

省人民政府其他有关部门和高速公路沿线各级人民政府，应当在各自的职责范围内，做好高速公路相关的监督、管理和服务工作。

第五条　高速公路经营者应当保障高速公路的完好、安全和畅通，为通行车辆和人员提供优质服务。

高速公路经营者从事高速公路收费、养护、清障等活动，其合法权益受法律保护。

第六条　任何单位和个人不得破坏、损坏、非法占(利)用高速公路、高速公路用地及其附属设施，不得有影响高速公路安全的行为。

第二章　养护管理

第七条　高速公路管理机构、高速公路经营者应当加强高速公路养护，保证高速公路及其附属设施处于良好技术状态。

高速公路收费期限内的养护由其经营者负责；收费期限届满后，由高速公路管理机构负责。

第八条　高速公路养护作业应当科学调度、统筹安排，减少对车辆通行的影响。

高速公路养护作业路段长度超过二公里并且作业期限超过三十日的，高速公路经营者应当编制施工路段现场管理方案，报省高速公路管理机构备案，并在养护作业开始五日前向社会公告。

高速公路养护作业车辆应当安装示警灯，喷涂明显标志图案。进行作业时，养护作业车辆应当开启示警灯和危险报警闪光灯，养护人员应当穿着统一的安全标志服。

施工路段应当设置明显的导向标志，过往车辆应当按照导向标志减速行驶，注意避让高速公路养护人员和养护作业车辆，并服从现场交通警察、工作人员指挥。

第九条　高速公路经营者应当按照养护规范进行日常养护巡查，制作巡查记录；发现坍塌、坑槽、隆起等损毁或者有影响交通安全的障碍物，应当及时进行修复或者排除险情，并设置警示标志。

第十条　经营性高速公路实行公路养护质量保证金制度。公路养护质量保证金缴纳标准、使用和管理办法由省人民政府制定。

公路养护质量保证金及其利息属于高速公路经营者所有。

第十一条　除高速公路及其附属设施外，上跨高速公路的桥梁、下穿高速公路的道路以及连接线，应当在建成后移交当地公路管理机构养护和管理。

第三章　经营与服务

第十二条　高速公路经营者应当在收费站显著位置设置统一样式的公告牌，主要内容包括收费站名称、审批机关、收费单位、收费标准、收费起止年限和监督电话等，并接受社会监督。

第十三条　高速公路经营者应当根据车流量开通收费道口，并按照国家和本省统一规划和要求建设高速公路联网电子不停车收费等智能收费系统,提高通行效率。

第十四条 高速公路实行全省联网收费。高速公路经营者收取的通行费应当全部上解省高速公路管理机构,省高速公路管理机构应当按照规定拆分结算,定期公布收费结算信息。

高速公路联网收费和拆分结算的具体办法由省人民政府制定。

第十五条 进入高速公路的车辆应当在入口领取通行凭证,驶出时在出口交回通行凭证,并依法交纳车辆通行费,国家另有规定的除外。

对损坏、调换、不能出示通行凭证,违法折返,难以确定驶入站或者通行里程的,驾驶人应当按照从驶出站到联网收费区域内最远端收费站的通行里程交纳车辆通行费。

因高速公路经营者的原因无法核实车辆驾驶人所提供信息的,应当按照驾驶人提供的驶入站信息收取车辆通行费。

通行凭证损坏、遗失的,应当按照省人民政府价格、财政主管部门核定的通行凭证工本费予以赔偿。

第十六条 高速公路经营者及其收费人员,在收费活动中不得有下列行为:

(一)擅自设立收费项目、减免车辆通行费、提高收费标准和扩大收费范围;

(二)代收车辆通行费以外的其他费用;

(三)出具不合法或者无效的票据;

(四)擅离职守,影响车辆正常通行;

(五)法律、法规禁止的其他行为。

第十七条 驾驶人行驶高速公路,在交费活动中不得有下列妨碍通行秩序的行为:

(一)假冒绿色通道优惠车辆;

(二)调换通行凭证、使用伪造的通行凭证;

(三)妨碍计重器具正常计重;

(四)冲闯收费站;

(五)故意堵塞收费道口;

(六)其他故意妨碍通行秩序的行为。

第十八条 高速公路经营者发现拒交、逃交通行费的,要求其补交通行费,对拒不补交并造成收费通道拥堵的,可以将其车辆强行移离;对两次以上拒交、逃交的车辆,高速公路管理机构应当向社会公布,高速公路经营者在补交通行费前有权拒绝其通行。

第十九条 高速公路经营者应当建立和完善电子信息平台,及时发布交通状况、气象信息、安全注意事项、施工作业、收费标准等有关服务信息。

高速公路经营者应当及时向省高速公路管理机构提供路网运行、收费、养护和管理等有关信息资料。

第二十条 高速公路经营者应当保证高速公路隧道照明、通风、监控、国防和人民防空等设施的正常运转,不得随意停止使用。

第四章 服务区管理

第二十一条 省人民政府交通运输主管部门应当制定全省统一的高速公路服务区经营管理标准和规范,高速公路管理机构负责对服务区经营者执行标准和规范的情况进行监督检查。

高速公路服务区所在地的县(市、区)人民政府公安、卫生、环保、工商、价格等部门应当依照各自职责加强对服务区的监督管理。

第二十二条 高速公路服务区经营者应当提供下列服务设施:

(一)休息区、停车场、饮用水供应、无障碍设施、路况信息服务、公共厕所等免费使用的公益性基本设施;

(二)加油、购物、餐饮以及汽车维修等经营性基本设施;

(三)绿化、环保、照明、供暖、供水等功能性基本设施。

第二十三条 高速公路服务区经营者应当依法经营、文明服务,公开服务内容、标准、价格,保持服务区的安全、清洁、卫生。

第二十四条 高速公路服务区应当向社会公众提供连续服务;确需关闭的,应当报省高速公路管理机构批准,并及时向社会发布公告。

第五章 路政管理

第二十五条 省人民政府交通运输主管部门应当加强路政执法队伍建设,配备的路政执法人员和装备应当与高速公路的车流量、通行里程相适应。

省高速公路管理机构应当向经营性高速公路派出路政管理机构和人员,依法做好高速公路保护工作。

第二十六条 经高速公路管理机构许可,在高速公路用地范围内可以从事涉路施工活动、设置非公路标志、更新采伐护路林。

第二十七条 在高速公路及高速公路用地范围内设置的非公路设施,其所有权人或者管理人应当巡查维护。

高速公路管理机构发现前款规定的设施有缺损、移位、变形影响高速公路安全畅通的,责令其所有权人或者管理人限期整改,必要时可以设置警示标志;影响交通安全的,应当及时通知公安机关交通管理部门。

第二十八条 建设单位从事涉路施工活动应当符合公路工程技术标准,对高速公路造成损坏的,应当按照不低于该公路原有的技术标准予以修复、改建或者按照损坏程度给予补偿。

造成高速公路路产损坏的单位和个人,有义务报告高速公路管理机构并接受调查处理。

第二十九条 在高速公路及高速公路用地范围内,禁止下列行为:

(一)摆摊设点、兜售商品;

(二)擅自设置、移动、涂改、遮挡高速公路标志及其他附属设施;

(三)排放污染物、倾倒垃圾;

(四)设置障碍、放养牲畜;

(五)除故障、交通事故等情况外,在高速公路装卸货物;

(六)其他侵占、损坏、污染高速公路和影响高速公路畅通的行为。

第三十条 任何单位和个人不得损坏、擅自移动在高速公路建筑控制区内依法设置的标桩、界桩;不得焚烧秸秆、垃圾等。

第三十一条 高速公路经营者应当按照国家规定的标准设置高速公路标志、标线,任何单位和个人不得随意变更。

第三十二条 高速公路路政执

法人员在执行公务时，应当统一着装、佩戴标志、持证上岗、文明执法。

高速公路路政执法人员在依法调查取证时,被检查单位和个人应当予以配合。

第三十三条 用于高速公路监督检查的专用车辆应当经省人民政府交通运输主管部门批准,并设置统一的标志和示警灯,公安机关交通管理部门应当为其办理登记手续。

省人民政府交通运输主管部门可以委托其所属的交通运输执法监督机构对高速公路执法活动实施监督检查。

第六章 超限运输管理

第三十四条 车辆运载不可解体物品,车货总体外廓尺寸或者总质量超过高速公路、桥梁、隧道的限载、限高、限宽、限长标准,确需在高速公路、桥梁、隧道行驶的,承运人应当向高速公路管理机构申请高速公路超限运输许可,并提供下列材料:

(一)超限运输车辆行驶高速公路申请书;

(二)货物名称、重量、外廓尺寸以及必要的总体轮廓图;

(三)运输车辆的厂牌型号、自载质量、轴载质量、轴距、轮数、轮胎单位压力、载货时总的外廓尺寸等有关资料;

(四)货物运输的起讫点、拟经过的路线和运输时间;

(五)车辆行驶证原件及复印件。

高速公路管理机构在实施超限运输许可时,需要勘测、方案论证、加固、改造、护送及修复损坏部分的,其所需费用由承运人承担。

第三十五条 经许可从事超限运输的,应当随车携带超限运输车辆通行证。超限运输车辆的型号及运输的物品应当与通行证记载的内容一致。

未经许可,超过高速公路、桥梁、隧道的限载、限高、限宽、限长标准的车辆,不得在高速公路、桥梁和隧道行驶。

第三十六条 高速公路管理机构应当在高速公路入口处设置超限检测装置,派驻路政执法人员对货运车辆进行检测。

高速公路管理机构、公安机关交通管理部门应当建立联合执法机制,对超限运输车辆实施执法检查。

省界公路超限检测站的设置,由省人民政府交通运输主管部门提出方案,报省人民政府批准。

第七章 应急管理与交通安全

第三十七条 高速公路沿线县级以上人民政府应当制定高速公路突发事件应急预案。

省人民政府交通运输、公安等部门应当制定高速公路突发事件应急预案,加强应急演练,提高处置突发事件综合能力。

第三十八条 高速公路经营者应当根据高速公路突发事件应急预案和有关规定制定应急方案，根据实际需要组建应急救援队伍，配备必要的设备，协助和配合当地人民政府及其公安消防、环保、安监等部门处置高速公路火灾、危险品泄漏和其他事故。

第三十九条 高速公路出现损毁、恶劣气象条件或者重大交通事故等严重影响车辆安全通行情形时,高速公路管理机构和公安机关交通管理部门应当及时相互通报,发布有关路况信息;公安机关交通管理部门可以依法采取限速通行、间断放行、关闭高速公路等交通管制措施,并派交通警察现场指挥,及时发布交通管制信息。

交通管制措施解除后,公安机关交通管理部门应当及时恢复交通,并通知高速公路经营者。

第四十条 高速公路发生交通堵塞无法正常通行时,机动车应当依次停车排队等候,开启危险报警闪光灯,不得占用应急通道,影响高速公路救援车辆行驶。

禁止在高速公路行车道、桥梁、匝道和隧道内停放、检修车辆。

除遇有障碍、发生故障等必须停车的情况外，禁止在高速公路停车、上下人员。驾乘人员休息、检查车辆应当进入服务区。

第四十一条 除高速公路路政、公安机关交通管理部门执行任务和养护人员养护作业外,任何人不得在高速公路隔离栅以内行走和逗留,不得开启中央分隔带活动护栏。

高速公路管理机构或者公安机关交通管理部门因处置交通事故、突发事件或者抢险救灾,确需临时开启中央分隔带的,应当设置安全警示标志和防护设施。

第二款规定情形消除后,高速公路管理机构或者公安机关交通管理部门应当及时恢复中央分隔带。

第四十二条 车辆通过收费站安全岛通道时,应当按照标志、标线行驶,减速慢行,不得随意变更行驶路线。

禁止在收费站安全岛通道前后各一百米区域内从事与高速公路管理、服务和交纳车辆通行费无关的活动。

第四十三条 高速公路管理机构、公安机关交通管理部门、高速公路经营者应当建立交通安全隐患排查机制,发现高速公路及其附属设施存在交通安全隐患的,经评估论证需要整改的,由高速公路经营者按照公路工程技术标准和国家有关技术规范进行处置。

第四十四条 在高速公路上发生交通事故时,公安机关交通管理部门、高速公路管理机构和高速公路经营者接到报告后应当立即互相通报,并派员赶赴现场,组织抢救伤员。

公安机关交通管理部门负责组织交通事故的调查处理、维持事故现场交通秩序直至恢复交通;高速公路管理机构负责路产损失的调查处理;高速公路经营者负责事故车辆的清障救援、受损设施的恢复和路面污染物以及障碍物的清除。

公安机关交通管理部门处理交通事故涉及路产损失的,应当告知高速公路管理机构;高速公路管理机构处理涉路案件涉及交通事故的,应当告知公安机关交通管理部门。

第四十五条 高速公路经营者应当建立快速清障救援机制，车辆清障救援遵循就近、安全和便捷的原则。

省高速公路管理机构应当向社会公布清障施救服务单位、项目和价格等信息,并对清障救援服务进行监督。

清障救援收费项目包括转运货

物、拖车和吊装,其收费标准按照省人民政府财政、价格主管部门规定执行。

第八章 法律责任

第四十六条 违反本条例规定,法律、行政法规已经规定法律责任的,从其规定。

第四十七条 违反本条例规定,高速公路经营者未按照规定上解通行费,影响全省高速公路联网收费统一结算的,由省高速公路管理机构责令限期上解;逾期不上解的,依法承担民事责任。

第四十八条 违反本条例规定,损坏、擅自移动高速公路建筑控制区内标桩、界桩的,由高速公路管理机构责令停止违法行为,处以二百元以上一千元以下的罚款。

第四十九条 违反本条例规定,从事涉路施工不符合公路工程技术标准的,由高速公路管理机构责令改正,处以一万元以上三万元以下的罚款;在高速公路用地范围内未经许可,擅自设置非公路标志的,由高速公路管理机构责令改正,处以五千元以上二万元以下的罚款。

第五十条 违反本条例规定,造成高速公路损坏的责任人未履行报告义务或者拒绝接受高速公路管理机构调查处理的,由高速公路管理机构处以二百元以上一千元以下的罚款。

第五十一条 违反本条例第二十九条规定的,由高速公路管理机构责令停止违法行为,处以五百元以上五千元以下的罚款。

第五十二条 违反本条例规定,有下列行为之一的,由高速公路管理机构责令停止违法行为,车货总质量、外廓尺寸每超过限定标准百分之一(含百分之一)的,处以二百元罚款;超过百分之百的,加倍处罚,但最高不超过三万元:

(一)未经许可在高速公路擅自超限行驶的;

(二)车货总质量、外廓尺寸超过超限运输车辆通行证记载内容的。

第五十三条 违反本条例规定,交通运输主管部门、高速公路管理机构工作人员以及其他行政机关工作人员玩忽职守、徇私舞弊、滥用职权的,依法给予处分;构成犯罪的,依法追究刑事责任。

第九章 附 则

第五十四条 本条例所称高速公路经营者,是指依法取得政府还贷高速公路收费权的事业单位和依法取得经营性高速公路收费权的企业。

第五十五条 本条例自2014年1月1日起施行。

山西省发展中医药条例

(2013年9月29日山西省第十二届人民代表大会常务委员会第五次会议通过)

第一章 总 则

第一条 为了促进中医药事业发展,发挥中医药在医疗卫生保健中的独特作用,提高公众健康水平,根据有关法律、行政法规的规定,结合本省实际,制定本条例。

第二条 发展中医药事业应当贯彻中西医并重的方针,坚持继承和创新相结合的原则,保持、发挥本省中医药特色和优势,运用现代科学技术,丰富、发展中医药理论和实践,促进中医药医疗、保健、科研、教育、产业、文化全面协调发展,建设中医药强省。

第三条 县级以上人民政府应当加强对中医药工作的领导,将中医药事业纳入国民经济和社会发展计划,建立健全中医药服务体系,建立完善中医药工作协调机制,并将发展中医药事业专项经费纳入财政预算,逐步增加对中医药事业的投入。

第四条 县级以上人民政府中医药行政主管部门负责本行政区域内的中医药管理工作,食品药品监督管理部门负责中药的监督管理工作,其他有关部门在各自的职责范围内负责中医药有关工作。

第五条 鼓励单位和个人通过投资、捐助、技术合作等方式举办、参与举办中医医疗机构或者中药企业。

第二章 医疗机构与从业人员

第六条 县级以上人民政府在制定区域卫生规划时应当合理配置中医医疗机构,并按照下列规定建立完善中医医疗服务体系:

(一)按照国家规定标准设置中医医疗机构;

(二)在综合医院设置中医科、中药房,并按照国家规定标准设置中医病床;

(三)在乡(镇)卫生院和社区卫生服务中心设置中医科、中药房,配备具有资质的中医药从业人员;

(四)社区卫生服务站和村卫生室(所)能够提供中医药服务。

县级以上人民政府举办的中医医疗机构合并、撤销或者改变性质,应当经省人民政府中医药行政主管部门同意。

第七条 县级以上人民政府应当保障政府举办的中医医疗机构的用地面积、业务用房和医疗设备、专业技术人员的配备等达到国家和省规定的基本标准。

中医医疗机构的建设用地,按照有关法律、法规的规定,依法以划拨方式取得。

第八条 鼓励社会资本举办各类中医医疗机构。社会资本举办的中医医疗机构按照国家有关规定,在医保定点、科研立项等方面与政府举办的中医医疗机构享受同等待遇。

第九条 中医医疗机构应当发挥中医药特色,吸收和运用现代医学诊疗技术,提高中医诊疗技术水平,提供优质的中医药服务。

第十条 中医药从业人员按照国家和省有关规定,在职称晋升、工资待遇等方面享受优惠政策。

县级以上人民政府应当制定政策,鼓励高等、中等中医药院校毕业生和中医执业医师到偏远山区医疗卫生机构和其他基层医疗卫生机构工作或者开展服务活动。

第十一条 具有中等以上中医专业学历的中医执业医师和执业助理医师开展诊疗活动时,可以运用现代医学诊疗技术。

第十二条 全科医师和乡村医生应当具备中医药基本知识以及运用中医药知识、技术处理常见病和多发病的基本技能。

注册在村卫生室(所)的中医执业医师、执业助理医师或者掌握中医药知识技能和中药材识别能力的乡村医生，按照国家有关规定可以自种、自采、自用中草药,并保证用药安全。

第十三条 省人民政府中医药行政主管部门应当建立完善中医院、中医重点专科和名中医评审制度。

第三章 中药与中药产业

第十四条 县级以上人民政府应当将中药产业作为新兴产业,按照有关规定在资金支持、税收优惠、金融服务等方面加大支持力度,延伸中药产业链,培育和发展中药特有品种和晋药品牌。

第十五条 县级以上人民政府有关部门应当加强药用野生动植物资源保护,支持开展药用野生、珍稀濒危动植物资源的繁育和人工种植、养殖以及替代品的研究与开发。

第十六条 县级以上人民政府有关部门应当加强道地药材原产地保护和良种繁育,支持中药材生产基地建设，开展技术培训和示范推广,建立中药材交易信息平台,促进规模化生产经营,发展壮大中药材产业。

第十七条 县级以上人民政府中医药行政主管部门应当会同有关部门开展中药资源普查,建立中药信息库和特有、道地药材种质资源库。

第十八条 支持运用传统工艺炮制中药饮片、生产传统剂型中成药。

鼓励运用现代科学技术和方法研发安全、有效、简便的中药新药或者中药新剂型。

鼓励运用中医经典处方、中医经验方研制中药制剂。

第十九条 医疗机构配制中药制剂,应当依法取得《医疗机构制剂许可证》和制剂批准文号。未取得《医疗机构制剂许可证》的,经省人民政府食品药品监督管理部门批准,可以委托符合条件的医疗机构或者药品生产企业配制中药制剂。

医疗机构中药制剂经省人民政府食品药品监督管理部门批准,可以在医疗机构之间调剂使用。

第二十条 县级以上人民政府有关部门应当加强对中药材种植、养殖、采集以及中药研制、生产、经营和使用的监督管理。

医疗机构应当规范中药进货渠道,严格验收中药质量,建立药品档案。

第四章 教育与科研

第二十一条 省人民政府应当加强中医药高等教育和重点学科建设，提高中医药教育和科研水平,培养中医药高级人才。

第二十二条 县级以上人民政府有关部门应当建立和完善中医药从业人员继续教育制度,加强对中医药学科带头人和中青年技术骨干的培养。

鼓励不具备相应学历的在职中医药从业人员参加学历教育。

第二十三条 县级以上人民政府中医药行政主管部门应当建立和完善中医药师承教育制度,支持具备条件的中医执业医师作为师承教育的指导老师带徒授业。

鼓励医疗机构培养和引进名中医药专家、中西医结合专家。

第二十四条 县级以上人民政府中医药行政主管部门应当在县级中医医疗机构,建立中医药适宜技术推广培训基地,并加强对基层医疗卫生机构从业人员的中医药基本知识和技能的培训。

中医医疗机构和具备条件的基层医疗卫生机构应当推广和运用中医药适宜技术,提供中医医疗和预防保健服务。

第二十五条 县级以上人民政府中医药行政主管部门应当采取措施，鼓励西医药从业人员学习中医药、中医药从业人员学习西医药,加强中西医结合人才培养。

第二十六条 县级以上人民政府应当将中医药科技工作纳入科技发展规划并设立中医药专项,加强中医药基础理论和临床研究,支持中医药产学研相结合,鼓励跨行业、跨学科中医药科学研究。

省人民政府中医药行政主管部门应当会同有关部门建立中医药科学技术研发体系和评价体系,完善中医药科技服务体系和科技成果转化机制,推广、应用中医药科技成果。

第二十七条 县级以上人民政府有关部门应当加强中医药科研机构建设,保障其业务用房、仪器装备、技术人员达到国家规定的标准。

第二十八条 鼓励运用现代科学技术,开展对疾病的中医药防治技术和方法研究,开发和应用中医药新技术、新成果。

第二十九条 鼓励申请中医药专利、注册商标、地理标志、药用植物新品种权和中医药著作权等知识产权。对不适宜公开的工艺和方法等,可以采取技术秘密的方式实施保护。

中医药秘方、经验方、专利技术和其他科研成果受法律保护，可以依法转让或者许可使用,也可以作价入股。

第三十条 开展中医药专业技术人员职称评审和中医药科研项目立项、评奖等活动时,应当成立中医药评审、鉴定组织,并吸收中医药专家参加。

第五章 保障与促进

第三十一条 县级以上人民政府应当制定扶持中医药事业发展的优惠政策。有关部门制定政策涉及中医药时,应当征求同级中医药行政主管部门的意见。

县级以上人民政府应当加强中医药管理机构建设,市、县级卫生行政主管部门应当设置中医药管理机构或者配备中医药管理人员。

第三十二条 县级以上人民政府应当落实国家和省对中医医疗机构的优惠政策,制定有利于促进其发挥中医药特色服务的补偿办法,提高政府举办的中医医疗机构从业人员工资经费补贴标准。

第三十三条 实行政府指导价的中医类医疗服务价格,由省人民政府价格主管部门会同中医药行政主管部门制定。

医疗服务价格应当体现中医药

服务成本和技术劳务价值。

第三十四条 县级以上人民政府应当完善中医药应急体系建设,加强中药储备,发挥中医药在突发事件卫生应急和重大传染病防治中的作用。

发生灾情、疫情等突发事件时,县级以上人民政府中医药行政主管部门可以组织中医药专家研究提出治疗方案。治疗方案确定的治疗用处方,由符合条件的中医医疗机构提出申请,经省人民政府食品药品监督管理部门批准后配制医疗机构中药制剂。

第三十五条 县级以上人民政府应当加强对中医药文化遗产的保护,对中药老字号、驰名商标、著名商标、列入非物质文化遗产项目的中医药和确有疗效的民间诊疗技术,给予重点保护和扶持。

县级以上人民政府应当采取措施,总结和传承名中医药专家学术思想和实践经验,保障和改善其工作条件。具体办法由省人民政府制定。

第三十六条 有下列情形之一的,由县级以上人民政府给予表彰、奖励:

(一)在中医药医疗、教育、科研、管理、交流以及促进中西医结合等方面成绩显著的;

(二)捐献或者发掘、整理、保护有价值的中医药学术文献以及有特效的处方、诊疗技术的;

(三)带徒授业成绩显著的;

(四)长期在基层医疗卫生机构从事中医药工作成绩显著的;

(五)资助、捐助中医药事业贡献突出的;

(六)对促进中医药事业发展有其他突出贡献的。

第三十七条 县级以上人民政府有关部门应当将符合条件的中医医疗机构纳入城镇职工基本医疗保险、城镇居民基本医疗保险、新型农村合作医疗、工伤保险和生育保险定点医疗机构范围,将符合规定的针灸、推拿等中医诊疗项目、中成药、中药饮片和定点医疗机构中药制剂纳入支付范围,并按照国家规定适当提高报销比例。

第三十八条 县级以上人民政府中医药行政主管部门和其他有关部门应当规范中医药服务行为,依法查处非法中医药活动。

县级以上人民政府有关部门应当依法保护中医药从业人员的合法权益,维护中医医疗机构的医疗秩序。

第三十九条 广播、电视、报刊、网络等大众传播媒体应当宣传普及中医药知识,弘扬中医药文化。

任何组织和个人不得以中医药名义从事有损社会公共利益的宣传活动。

第六章 法律责任

第四十条 违反本条例规定,县级以上人民政府有关部门的工作人员在中医药监督管理工作中滥用职权、玩忽职守、徇私舞弊的,依法给予处分;构成犯罪的,依法追究刑事责任。

第四十一条 违反本条例规定,未经省人民政府中医药行政主管部门同意,擅自合并、撤销政府举办的中医医疗机构或者改变其性质的,由上一级人民政府责令限期改正,并对直接负责的主管人员和其他直接责任人员依法给予处分。

第四十二条 违反本条例规定,以中医药名义从事有损社会公共利益的宣传活动的,由有关部门给予批评教育,责令停止违法活动;违反治安管理规定的,由公安机关依法给予处罚;构成犯罪的,依法追究刑事责任。

第七章 附 则

第四十三条 本条例自2013年10月11日起施行。2001年5月19日山西省第九届人民代表大会常务委员会第二十三次会议通过的《山西省发展中医条例》同时废止。

山西省志愿服务条例

(2013年11月28日山西省第十二届人民代表大会常务委员会第六次会议通过)

第一章 总 则

第一条 为了弘扬中华民族传统美德,倡导奉献、友爱、互助、进步的志愿服务精神,规范志愿服务活动,保障志愿者、志愿服务组织和志愿服务对象的合法权益,促进志愿服务事业健康发展,结合本省实际,制定本条例。

第二条 在本省行政区域内组织开展的志愿服务适用本条例。

第三条 本条例所称志愿服务,是指自愿、无偿服务社会和帮助他人的公益行为。

志愿服务的范围包括扶贫济困、帮老助幼、帮孤助残、应急救援、抢险救灾、科学技术普及、文化体育、医疗卫生、支教助学、植树造林、环境保护、社区服务、大型社会活动等公益服务。

第四条 县级以上人民政府应当将志愿服务事业纳入国民经济和社会发展规划,采取多种措施,支持志愿服务事业发展。

第五条 县级以上人民政府民政主管部门负责组织实施志愿服务政策,建立志愿服务动员系统、志愿服务信息平台、志愿服务评价体系,完善社会工作专业人才与志愿者协作的机制,监督指导志愿服务组织开展志愿服务。

县级以上人民政府其他有关部门应当按照各自职责,为志愿服务提供支持。

第六条 国家机关、企业事业单位、社会团体以及基层群众性自治组织应当支持本单位的职工、本社区的居民、本村的村民开展志愿服务。

鼓励具备志愿服务能力的个人参加志愿服务活动。

第七条 广播、电视、报刊、网络等新闻媒体应当宣传志愿服务,弘扬志愿服务精神,促进和谐社会建设。

第二章 志愿者

第八条 具有民事行为能力以及与其所从事的志愿服务相适应的智力、体力、技能的自然人,可以向志愿服务组织申请并经志愿服务组织同意,登记成为志愿者。

限制民事行为能力的自然人,经其监护人同意,也可以申请登记成为志愿者。

第九条 志愿者享有下列权利：

(一)选择参加志愿服务项目；

(二)获得所参加志愿服务活动相关的真实、完整的信息；

(三)获得与志愿服务有关的知识和技能培训；

(四)获得所参加志愿服务活动必要的物质和安全保障；

(五)对志愿服务组织进行监督，提出建议；

(六)拒绝提供超出其自身能力的志愿服务；

(七)参加志愿服务活动受到意外伤害时，获得相应的帮助和补偿；

(八)遇到困难需要他人帮助时，优先获得志愿服务；

(九)自愿退出志愿服务组织；

(十)法律、法规规定的其他权利。

第十条 志愿者应当履行下列义务：

(一)提供本人真实、准确的服务技能等基本信息；

(二)参加志愿服务的相关培训；

(三)参加志愿服务组织安排的志愿服务；

(四)保守志愿服务对象的个人隐私等依法受保护的信息；

(五)法律、法规规定的其他义务。

第十一条 县级以上人民政府民政主管部门会同有关部门推行志愿者统一注册制度。

经志愿者本人申请，志愿服务组织可以在民政主管部门认定的专门网站为其注册登记成为注册志愿者，并向志愿者发放注册志愿者证和注册志愿服务标识。

第三章 志愿服务组织

第十二条 申请成立志愿服务组织的，应当依法在县级以上人民政府民政主管部门进行登记，并接受其监督和管理。

国家机关、企业事业单位、社会团体以及基层群众性自治组织在本单位、本社区、本村以外开展志愿服务的，可以以志愿服务队、志愿服务站等形式申请成为志愿服务组织的成员，并接受其管理。

第十三条 县级以上人民政府民政主管部门应当定期向社会公告志愿服务组织的名称、住所、服务范围以及设立、变更、注销等信息。

第十四条 志愿服务组织应当履行下列职责：

(一)制定志愿服务计划并组织实施；

(二)发布志愿服务信息；

(三)注册、招募、评价、表彰志愿者；

(四)对志愿者进行知识技能培训和安全教育；

(五)依法筹集、使用和管理志愿服务经费、物资；

(六)维护志愿者合法权益，保护志愿者个人信息，为志愿者提供基本工作条件和必要的帮助；

(七)建立志愿者服务档案，如实记录志愿者的服务内容、服务时间、服务效果等情况；

(八)根据志愿者申请，无偿如实出具志愿服务的相关证明；

(九)组织志愿服务宣传、合作与交流活动。

第十五条 志愿服务组织招募志愿者，应当公告志愿服务项目和志愿者的条件、招募人数、服务内容以及在志愿服务过程中可能存在的风险等信息。

第四章 志愿服务

第十六条 志愿服务组织应当尊重志愿者本人意愿，安排与其年龄、智力、体力、技能、时间等相适应的志愿服务。

限制民事行为能力的志愿者，参加志愿服务活动时，须经其监护人同意或者由其监护人陪同。

志愿服务组织、志愿服务对象不得要求志愿者从事超出其能力的志愿服务。

第十七条 需要志愿服务的组织或者个人，可以通过志愿服务信息平台提供所需志愿服务真实、完整的信息。

志愿服务组织对志愿服务需求信息进行审核和风险评估；能够提供志愿服务的，可以与需要志愿服务的组织或者个人协商确定。

提倡优先为老年人、残疾人、未成年人和其他有特殊困难的社会群体以及个人提供志愿服务。

第十八条 志愿者、志愿服务组织和志愿服务对象应当就志愿服务的主要内容、相关责任等协商明确。

有下列情形之一的，应当签订志愿服务书面协议：

(一)志愿服务可能造成一定人身危害的；

(二)为大型社会活动提供志愿服务的；

(三)一方要求签订书面协议的。

第十九条 为大型社会活动提供志愿服务的志愿服务组织，应当制定志愿服务应急预案，并对志愿者身份进行核实。

第二十条 志愿服务组织开展专业性志愿服务，应当有相关专业技术人员参加并指导。

参加有职业资格要求的志愿服务时，志愿者应当具有相应的职业资格证书或者执业许可证书。

第二十一条 志愿服务组织在开展应对突发事件的志愿服务时，应当与突发事件发生地人民政府或者其委托的志愿服务组织联系，服从统一指挥和管理。

第五章 保障与支持

第二十二条 县级以上人民政府应当制定鼓励政策、落实经费保障措施，为志愿服务创造条件，对表现突出的志愿者、志愿服务组织以及其他对志愿服务有突出贡献的组织和个人给予表彰和奖励。

乡(镇)人民政府和街道办事处应当支持和帮助本辖区内志愿服务活动的开展。

第二十三条 县级以上精神文明建设指导机构组织有关部门加强对志愿服务活动的统筹协调、检查指导。

第二十四条 县级以上人民政府民政主管部门会同有关部门整合志愿服务资源，发挥社会工作人才队伍的专业优势，提高志愿服务水平，组织开展以志愿服务时间和服务质量为主要内容的志愿者星级评定工作。

第二十五条 县级以上人民政

府教育主管部门、学校应当将志愿服务精神纳入学生思想品德教育内容，培养学生志愿服务意识，鼓励学生参加或者开展力所能及的志愿服务。

第二十六条 鼓励公民、法人和其他组织向志愿服务组织和志愿服务项目捐赠、资助，并依法享受相关优惠政策。

第二十七条 志愿服务组织筹集的经费、物资应当用于志愿服务项目并进行公示，接受政府有关部门、捐赠者、资助者和志愿者的监督，不得侵占、私分、挪用。

第二十八条 志愿服务组织、志愿服务对象根据服务需要，为志愿者提供必要的物质和安全保障。

志愿服务组织在安排可能存在一定人身危害性的志愿服务前，应当为志愿者购买相应的人身意外伤害保险。

志愿者在志愿服务过程中出现人身意外伤害的，志愿服务组织应当及时组织救助，提供相应的帮助。

第二十九条 除抢险救灾等确有必要的情形外，志愿服务组织不得安排志愿者从事需要承担重大管理责任、经济责任或者具有较大人身危害的志愿服务。

第三十条 任何组织和个人不得强行指派志愿者、志愿服务组织提供服务，不得利用志愿服务的名义进行营利性活动或者非法活动。

第三十一条 全社会应当尊重志愿服务，为志愿服务提供必要的支持和帮助，维护志愿者和志愿服务组织的合法权益。

第六章 法律责任

第三十二条 志愿者参加志愿服务组织安排的志愿服务活动时，因志愿服务组织或者志愿服务对象过错受到人身、财产损害的，志愿服务组织或者志愿服务对象应当依法承担民事责任。

志愿者参加志愿服务组织安排的志愿服务活动时，因不可抗力受到损害的，志愿服务组织应当给予适当补偿；因第三人的原因受到损害的，志愿服务组织应当协助志愿者依法向第三人获得赔偿。

第三十三条 志愿者参加志愿服务组织安排的志愿服务活动时，造成志愿服务对象人身、财产损害的，由志愿服务组织依法承担民事责任；因志愿者重大过失造成的损失，志愿服务组织可以依法向其追偿。

第三十四条 违反本条例规定，利用志愿服务的名义开展营利性活动或者非法活动的，由县级以上人民政府民政、公安、工商等有关部门予以制止，并依法追究法律责任。

第三十五条 违反本条例规定，有下列行为之一的，由县级以上人民政府民政、公安等有关部门予以制止，责令改正；情节严重的，依法追究法律责任：

(一)志愿服务组织提供虚假志愿服务记录证明的；

(二)泄露志愿者或者志愿服务对象的个人隐私等依法受保护的信息的；

(三)强行指派志愿者、志愿服务组织提供服务的。

第三十六条 违反本条例规定，侵占、私分、挪用志愿服务经费、物资的，按照有关规定追究责任；构成犯罪的，依法追究刑事责任。

第七章 附 则

第三十七条 本条例所称志愿者，是指在志愿服务组织登记，不以获取报酬为目的，利用自己的智力、体力、技能和时间等，从事志愿服务的自然人。

(何涛 秦钟 王磊 郭强)

主要缩略语解释

说 明 缩略语，也就是通常所说的简称，是把比较复杂的名称经过压缩和简略之后形成的词或词组。缩略语在日常生活中被大量使用，有简单明了的特点。《山西年鉴(2014)》使用了不少缩略语，为了方便读者使用年鉴，编辑部把《山西年鉴(2014)》内文中依次出现的主要缩略语作了辑录，并按其首字的汉语拼音字母顺序排列(数字开头缩略语另排序)。对于一些大家常用的缩略语不再作注释。

安泽经验 安泽县开展干部“三三制”工作机制，农村、社区开展的“三和”(人和、家和、邻里和)活动，构建县乡村三级调和矛盾网络，形成了安泽经验。

“百校兴教”工程 即打造百余所具有示范性的各级各类学校，为学校建设标准化体育场，提升学校的信息化装备水平，普通高中和中职学校的教学装备达到省定标准；建设一定数量的标准化幼儿园。

百校兴学 即每年新建、改扩建和整合100所中小学校。

“便民六件实事”建设 即推进各级行政村根据自生条件，开展每村一个幼儿园、洗澡理发室、磨面房、红白理事厅、社会福利中心建设，路灯农村全覆盖建设。

财政15条 即山西省下发的《关于进一步支持中小微企业发展的措施(2013年第1批)》，通过设立基金、建立贷款风险补偿机制、建设小微企业创业基地、加强人才建设等15条措施支持全省中小微企业发展。

残疾人“两项补贴”制度 重度残疾人护理补贴和贫困残疾人生活补贴制度。

金融12条 即山西省下发的《进一步支持中小微企业发展的措施(2013年第2批)》，措施共12条，以金融支持政策破解中小微企业融资难融资贵等“瓶颈”问题。12条主要包括:提高中小微企业贷款审批效率、增设小微企业金融专业服务机构、降低小微企业融资成本、降低小微企业金融服务费用、设立民间融资登记中心、拓宽地方金融机构支持小微企业资金来源、提高小额贷款公司小微贷款比例等。

晋中模式　即晋中市探索建立的以“四化两改三保证”为抓手推进义务教育均衡发展的模式,“四化”即学校建设标准化、教师交流制度化、教育管理规范化、教学手段信息化,“两改”即改造薄弱学校、改革高中招生制度,“三保证”即保证贫困生不失学、保证学困生不流失、保证农民工子女和城市学生享受同等待遇。

九地合作　即九三学社与地方政府的合作,是在社中央的指导协调下,社省级组织与地市级政府开展合作,帮助地方解决发展中的若干问题,推动地方发展。其根本目的是通过履行参政党职能,调动九三学社的智力资源,充分发挥科技力量强、接触面广等优势,解决地方发展中的若干问题,推动和促进地方经济社会发展。

九个一　每个行政村有1个简易雨量监测报警站、明确1名报警员、配备1套简易报警设备、编制1个村级应急撤避预案、确定1处避灾安置点、制作1个宣传告示栏、每户发放1张明白卡、每年进行一次培训、每年举行1次演练。

“两个率先”发展目标　即率先实现农业现代化、率先全面建成小康社会。

“两个试点”建设　即孝义市列入国家农业发展银行、国家开发银行“全国区域性发展试点市”和“信贷支持新农村建设试点市”,批准融资授信额度6亿元。

两个至少　每个月至少召开一次安全生产例会,每个月至少组织开展一次安全生产隐患排查。

两重点一重大　重点监管危险化学品、重点监管化工工艺、重大危险源。

六个提升　中国电信提出。即提升用户发展速度、提升有效发展率、提升光纤小区实占率、提升包年用户续费率、提升IPTV业务发展水平、提升宽带收入增幅。

“六六创安”工程　即着力打好打黑除恶、打击“两抢一盗”等“六场硬仗”,开展对社会治安重点地区“六项整治”,推进社会治安防控体系“六网覆盖”,化解征地拆迁、村矿村企矛盾等“六类纠纷”,抓好刑释解教、社区矫正人员等“六类特殊人群”管控帮教,深化以“平安社区”“平安县市”等为主要内容的“六安联创”活动。

“六统一”管理模式　即通过统一管理、统一签约、统一结算、统一佣金、统一库管、统一稽核,建立一体化电子渠道专有管理运营机制的管理模式。

六位一体　即在项目建设中实行一个重点项目、一个牵头领导、一个责任单位、一套管理班子、一套推进方案、一抓到底交账的工作机制。

龙岩模式　即福建省龙岩市政府和人保财险龙岩市分公司联手推出围绕农民生产、生活、人身等方面的风险管理需求,使农民“用得着、买得起”的“三农”综合保险项目形成的服务经验。

煤炭20条　又称“山西省煤炭经济二十条”,全称《进一步促进全省煤炭经济转变发展方式实现可持续增长的措施》。其中20条措施,分近期、中期、长期三个类别同时实施,主要目标在于促进全省煤炭经济健康发展。

民营经济四十条　即太原市市委、市政府制定的《关于大力推进民营经济转型跨越发展的意见》的主要内容及关配套政策。

农产品加工“513”工程　即省级梯次52家,市级梯次120家,县级梯次309家。

平鲁模式　即平鲁区积极帮助煤炭企业化危机、渡难关,采取“煤电互保”的办法,提高煤炭就地转化率,构建产运销相衔接的煤炭洗选和物流产业集群。

人防“三三三”战略　整合省市县三级人防主管部门的力量;围绕“人防自身能力建设、人防特色和品牌工作打造、人防融合式发展”三大任务开展工作;每项任务按照“打基础、抓试点,重点发展、取得突破,巩固提高、完善发展”三个阶段推进。

三标共创　是指标准化班组、标准化班组长、标准化岗位三个安全风险防控基础工作的创建活动。

三拆四改五化　“三拆”,就是拆除多年无人居住的老村旧房,拆除乱搭乱建、有碍环境面貌的违章建筑,拆除影响村容村貌和主干道畅通的建筑物;“四改”,就是改水、改路、改厕、改造危房;“五化”,就是布局优化、街道硬化、村庄绿化、路灯亮化、环境美化。

“三大三出”活动　即“大调研、大改革、大服务”“出思路、出制度、出效果”。

三带、三轴、四大中心　即太谷县制订的北部新城发展构架。“三带”即以乌马河为主的滨水景观带,以凤仪街为主的新城发展带;“三轴”即以108国道为主的经济带;以中轴线为主的历史景观轴,以太太路为主的城市空间拓展轴,“四大中心”即以龙城连接线为主的对外交通发展轴;以国防动员指挥演练中心为主的行政商务中心,以金谷北广场为主的人文居住中心,以乌马河滨河景观为主的休闲活动中心,以农大信息学院为主的文教中心。

三点共识　即确立安全工作无小事的意识,树立安全第一的指导思想,明确影响安全的问题必须立即解决的工作要求。

三个“重中之重” 即把客车安全作为安全工作的重中之重,把加强安全管理作为安全各项工作的重中之重,把抓落实作为安全管理的重中之重。

“三横两纵”水果生态经济林 榆次区提出。“三横”即北田镇北梁道、北田镇豆东线、庄子乡西白线。“两纵”即榆长线、北田镇大伽南村—杜堡村—庄子乡牛村线。

三化三建设 安全教育课程化、安全演练常态化、安全职责全员化,建设校园安全保障体系、家校共管体系、安全工作考核体系。

“三名”创建 临汾市提出。利用5年时间分3批在全市专任教师和现职校长(园长)中评选产生500位名师、50位名校长(园长);从全市各级各类学校(含幼儿园)中评选产生50所名校(园)。通过充分发挥名师、名校、名校长的骨干、示范、带动作用,进一步优化全市教师队伍结构,提高教师队伍整体素质和各级各类学校办学水平,推动教育事业持续稳定健康发展。

“三清”工作 即开展办公用房清理、公务用车清理、基本建设清理。

三山两河 静乐县提出的生态建设工程。“三山”即岑山、天柱山、风神山,“两河”即汾河、碾河。

“三深入”活动 即深入基层老年协会,深入贫困老年人家庭,深入空巢老年人家庭。

“三审”专项整治 即审计“三公”经费、审计会议经费、审计专项资金。

三项改革 灵石县提出。在组建全国首家城镇化建设私募基金的同时,重点实施城乡建设用地增减挂钩、矿业存量土地整合利用、露天采矿用地方式三项改革试点。

三项集中整治 即忻州市委、市政府结合忻州城区环境卫生实际,开展就整治违法占地用地建设、乱倒垃圾损害设施和乱设经营摊点等三项重点工作。

“三重一大”决策制度 是指中共中央办公厅、国务院办公厅印发的《关于进一步推进国有企业贯彻落实“三重一大”决策制度的意见》,即国有企业重大决策、重要人事任免、重大项目安排和大额度资金运作,应由集体决策的制度。

三纵十二横十二环 2013年省政府对全省高速公路网规划进行调整,路网布局调整为“三纵十二横十二环”,较上一规划增加一横一环,总规模将增加到7258千米,新增高速公路938千米。新增10条高速公路,分别是太原二环高速公路、朔州东北环高速公路、昔阳龙坡至榆次东阳高速公路、祁县城赵至离石高速公路、阳城至运城高速公路、应县至繁峙高速公路、静乐丰润至兴县黑峪口高速公路、汾阳至石楼高速公路、洪洞至大宁高速公路、古县至翼城高速公路。

省委“四个实施办法” 《关于改进工作作风、搞好调查研究的实施办法》《关于改进工作作风、精简会议活动和文件简报的实施办法》《关于改进工作作风、规范新闻报道的实施办法》《关于厉行勤俭节约、反对铺张浪费的实施办法》。

“双擎两翼”工程 即以重点业务和重点项目为双擎,坚持传统业务和新兴产品同步发展为两翼,促进中间业务收入增长。

“双提升”工作 即对内提升发展效益,对外提升客户感知。

“双引领双服务”活动 安泽县提出。即农村支部引领产业,走特色发展之路,农村党员引领创业,走合作发展之路;机关支部服务转型,提升推动科学发展的能力,机关党员服务群众,提升构建和谐的能力。

“四帮一助”活动 “省军区帮县、师旅帮乡、部团帮村、营连帮户、干部助学”为主要内容。

四城联创 即同时实施国家卫生城市、国家环保模范城市、全国文明城市、国家园林城市创建工程。

四大新市场 即先进制造业、战略性新兴产业、现代服务业、文化产业融资四个领域。

“四带头、四过硬”活动 以“带头服务大局,做政治过硬组工干部;带头求真务实,做作风过硬组工干部;带头学习实践,做能力过硬组工干部;带头严格要求,做纪律过硬组工干部”。

四改四化 即改厨、改厕、改圈、改水四改;街巷硬化、村庄绿化、环境净化、路灯亮化四化。

四个“上线” 即公路煤炭交易合同网上签订、票据上线、调度上线、货款结算上线。

“四个交通”建设 即交通部提出的加快综合交通、智慧交通、绿色交通和平安交通建设。

“四个双下降”和“一个良好”态势 一是各类生产经营事故总起数、总死亡人数同比双下降。二是一次死亡3人以上事故起数、死亡人数同比双下降。。三是一次死亡10人以上事故起数、死亡人数同比双下降。四是部分重点行业领域事故起数、死亡人数同比呈现双下降。五是安全生产指标控制情况良好。

“四个一”原则 即应当排查的问题一个不漏,应当建立的制度一项不缺,应当监督的环节一个不少,应当规范的操作一项不乱。

四个转变 介休市政府发展战略。即“小转大”,促进煤矿焦化企业兼并重组,提升产能,技术;“粗转精”,促进碳素产品结构升级,煤炭资源就地转化,变输煤为输电,提升钢铁质量;“重转轻”,促进新材料、装备制造、煤化工等新型产业快速发展；“黑转绿”，鼓励支持传统企业投身现代服务业、旅游业，开发生态产业链。

四机制一标准　即理赔服务质量评价机制、积案定期清理机制、小额赔付快速处理机制、理赔纠纷调处机制和服务质量标准。

四送一帮扶　为群众送科技、送文化、送医药、送法律，让困难群众得到程度不同的帮扶和资助。

四堂一园　即乔家大院在原乔致庸宅第“在中堂”的基础上，修复开放了原属于乔家建筑群的“德兴堂”，并在此基础上再将相继开放宁守堂、保元堂及乔家花园，形成规模化旅游景区。

四网协同　即以TD-LTE技术为主导，中国移动推进的“2G、3G、WLAN、4G”四网协同发展的技术。

四小建设　即开展事业单位“小食堂、小浴室、小卫生间、小活动室”建设。

“四纵三横”道路　纵一路（通达南路）；纵三路（创新路）；纵四路（雪花南路）；纵五路；横一主干道（河东街空港段）；横一次干道（铺安街空港段）；横四路（汤王街）。

太原指数　即“中国太原煤炭交易价格指数”，包含一个综合价格指数、四个分煤种交易价格指数和六个代表规格品加权平均价（图1）。四个分煤种交易价格指数依次为中国太原动力煤交易价格指数、中国太原炼焦煤交易价格指数、中国太原喷吹煤交易价格指数和中国太原化工煤交易价格指数；六个代表规格品分别为动力煤Q5500、主焦煤S≤1、主焦煤1<S≤2、肥煤G≥85S≤1.3、V12-14喷吹煤和无烟中块Q≥6000。是国内首个煤炭主产地价格指数，是反映产地煤炭价格水平及其变化情况的指数体系总称。

万村千乡　是指2005年开始实施的农村现代流通网络建设工程。国家通过安排财政资金，以补助或贴息的方式，引导城市连锁店和超市等流通企业向农村延伸发展“农家店”，力争用三年时间（2005年-2007年），在全国建设25万家标准化“农家店”，覆盖75%以上的县，形成以城区店为龙头、乡镇店为骨干、村级店为基础的农村现代流通网络，以改善农村消费环境，满足农民生产生活需求。

万人脱贫大行动　即通过产业扶贫、技能扶贫、就业扶贫、助学扶贫和安居温饱扶贫等多种途径，帮助上万贫困人口脱贫。

五个亲自　必须亲自组织召开会议研究安全生产工作、必须亲自部署安全生产任务、必须亲自参加安全生产检查、必须亲自研究安全隐患整改措施、必须亲自下达要害部位隐患整改和严看死守任务。

五个一　即每村有一个科技文化活动室、一个标准化卫生所、一个休闲健身活动场所、一个便民连锁店、一所标准化小学。

“五个一”活动　通过“建立一套工作体系”，“创建一批工作典范”“建设一支人才队伍”“培养一种安全文化”“贡献一份青春才智”，引导和动员全省各界青年认清安全生产形势、强化安全生产意识、提高安全生产技能、参与安全生产监管，并在全社会营造人人关心安全生产，人人投身安全生产氛围，创造安全生产环境。

五规合一　是将国民经济和社会发展、城镇规划、国土规划、产业规划、环保规划的核心要素进行重组和整合，用以解决现行规划体制下各种规划各自为政、目标抵触、内容重叠、项目重复建设以及管理分割、指导混乱等一系列问题。

五件实事　是指2013年初，李小鹏省长在《政府工作报告》中提出的为农民群众再办五件实事，即“全面完成农村困难家庭危房改造、特困群众易地搬迁、行政村街道亮化、村级幼儿园改扩建和乡村清洁工程。”五项工程，预计总投资达400亿元。

“五进”活动　即组织员工立足周边政府机关、企事业单位、大企业、大商场，开展走进社区、走进企业、走进商户、走进校园、走进社区的“五进”活动，主动为金融消费者提供上门金融知识普及服务。

“五进”战略　“进机关、进企业、进社区、进乡村、进学校”。

“五统一”旅游新格局　是指壶关县提出的“统一规划、统一管理、统一开发、统一品牌、统一经营”的旅游经营模式。

五学五用　学习理论，用服务宗旨武装头脑。学习党纪，用严明纪律约束言行。学习政策，用群众观点导向服务。学习业务，用群众利益落实服务。学习方法，用群众智慧改进服务。

新“五个全覆盖”工程　即实施农村街巷硬化、农村便民连锁商店、农村文化体育场所、中等职业教育免费、新型农村社会养老保险五个方面实现全覆盖。

一城、两区、六园　“一城”即阳曲县城，通过建设东部新城，县城由原来的4.6平方千米，扩建至17平方千米。“两区”分列新城两翼，分别是以阳曲县为主建设的转型产业园区，规划面积60平方千米；以民营区（异地扩区）为主建设的太原工业新区，规划面积43平方千米。“六园”是新材料、新能源、新型装备制造、食品工业、现代服务、创意研发等六大园区。

一城两山三湖七河百村　即怀仁县生态绿化工程。“一城”，是指县城建成区；“两山”，是指以金沙滩生态经济园林区为重点的“两山”；“三湖”，是指鹅毛河湿地公园、金沙湖、三台湖的；“四河”是指磨道河、鹅毛河、清凉河、口泉河。“百村”则以村庄绿化和庭院绿化为主要内容。

一村一品　即在一定区域范围内,以村为基本单位,按照国内外市场需求,充分发挥本地资源优势、传统优势和区位优势,通过大力推进规模化、标准化、品牌化和市场化建设,使一个村(或几个村)拥有一个(或几个)市场潜力大、区域特色明显、附加值高的主导产品和产业,从而大幅度提升农村经济整体实力和综合竞争力的农村经济发展模式。

一点三线　昔阳县提出。"一点"就是以大寨为龙头,挖掘和拓展大寨旅游资源。"三线"就是在西部打造以崇家岭、毛家大院、庞家峪、西水东调旧址为代表的集历史名居、自然生态、红色文化为一体的旅游带;在东部打造以水磨头、三教河、刀把口、嶂石岩为代表的集太行山自然风光和红色景点为一体的旅游长廊;在南部打造以潘掌、石马寺、大寨为代表的集田园风光、佛教文化、大寨红色旅游为一体的旅游圈。

"一个理念、三大作为、四个要求和五项建设"山西特色强局兴检工作思路　一个理念,就是小局要有大气魄,小局要有大作为。三大作为:树立开拓创新的大气魄,在抓质量和保安全方面要有大作为;树立先行先试的大气魄,在服务经济和促进发展方面要有大作为;树立励精图治的大气魄,在强局兴检和构建和谐方面要有大作为。四个要求:开拓创新、实干兴局、规范管理、构建和谐。五项建设:核心职能、优化服务、基层基础、制度效能、文明和谐。

"一核两线"特色种植示范带　神池县提出。以东湖设施农业园区为核心,围绕西长线和阳河线两条公路线,创建高产旱作农业示范片和特色种植基地。

"一湖六河"综合整治　孝义市提出。"一湖"即胜溪湖湿地公园;"六河"即孝河、兑镇河、下堡河、曹溪河、虢义河、柱濮河等六河。

一矿一企　按照以煤为基、多元发展的思路,鼓励煤矿发展转产项目、建设地面企业。实行"一矿一企,矿启联动",向以主业助非煤,以非煤精主业的新型产业结构转变。

"一矿一企绿化一山一沟"工程　即凡煤炭企业都要加大矿区生态修复力度,履行社会责任,确保被破坏的面貌得到有效治理、尽快恢复,打造地下有矿、地上有林、矿在林中的生态环境。煤炭企业要从生态环境恢复保证金中,划出专项资金重点用于本企业矿区造林绿化,开展矿山植被恢复治理工程。

一区三园　即太谷县与山西农业大学合作开展"一区三园"建设,"一区"即山西农业大学现代农业科技创新园区,"三园"即山西农业大学大学生创业园、山西农业大学科技创新园、山西农业大学现代农业技术推广示范园。

一区三园一带　是指清徐县提出的以经济开发区为核心,通过打造孟封食品产业园、徐沟文化产业园、王答产业园和208国道沿线产业带进行产业发展布局的战略规划。

一扫一保　即昔阳县洁城清运公司对一级街道实行清晨一扫、全天候保洁,对二、三级街道实行清晨一扫、巡回保洁。

彭云精神　朔州市山阴县下喇叭乡口子梁村原党支部书记彭云同志,任村支书二十年,致力于改变山村贫穷落后的面貌,开展实实在在的扶贫济困工作,不怕吃苦,毫无功利,甘于奉献,立足本职岗位奋力创先争优的精神。

"一山两河一湖"工程　即朔州市朔城区主导的西山生态环境、七里河、恢河、太平湖综合治理工程。

一山一环两口　宁武县提出。"一山"即南山公园;"一环"即县城环城公路,全长30千米,覆盖面积50平方千米。"两口"即凤凰大街东、西出入口。

"一委一居一中心"的管理模式　"一委"即社区党委,"一居"即社区居民委员会,"一中心"即社区社会服务管理中心。

一县一业　即要求以县为基础,在一定区域范围内,按照国内外市场需求,依托当地比较优势,培植至少一个区域型主导产业发展壮大。

右玉精神　以"执政为民、尊重科学、百折不挠、艰苦奋斗"为核心。是新中国成立60年来,右玉县历届县委、县政府团结带领全县党员干部群众,坚持植树造林,改善生态环境,全县森林覆盖率由不到0.3%提高到52%,在艰苦的探索实践中铸就的革命精神。

中央"八项规定"　改进调查研究、精简会议活动、精简文件简报、规范出访活动、改进警卫工作、改进新闻报道、严格文稿发表、厉行勤俭节约。

"1+6"工作体系　依法治省办与六个联席会议,法治建设的地方立法、依法行政、公正司法、依法经营、基层民主法治建设、普法和依法治理六个联席会议机制。

"1235"行动计划　10项重大改革和20项重大事项,30项重大项目,5项重大课题。

"14·46·36·500"工程　指确定14户省属国有企业联系衔接山西省以吕梁山、太行山两大连片特困地区为主战场的36个国家扶贫开发重点县,成立46个农业产业开发公司,五年累计投融资500亿元,实施以发展现代特色农业、结合当地扶贫搬迁推进城镇化建设,实施开发性农业建设为主要内容的产业扶贫开发。

"3211"标准　盈利指标,上一年度或最近12个月的净利润累计不少于300万元;营业收入+成长指标,上一年度或最近12个月的营业收入累计不少于2000万元,或最近24个营业收入累计不少于2000万元，且增长率不少于30%；净资产+营业收入指标，净资产不少于1000万元，且上一年度或最近12个月的营业收入不少于500万元；金融机构增信指标，上一年度或最近12个月银行贷款达100万元以上或投资机构股权投资达100万元以上。

“3215”工程 昔阳县主推的建设30个公共停车场、200个廉租摊位、10个便民服务中心、50个街心公园项目。

“3个10”项目工程 一是包联帮扶10个投产达效项目，志盛太阳能电池组件、鹏诚飞模塑电子等6个工业项目已全部建成投产，恒威新生IDC数据处理中心、中国网库“电商谷”等4个电商项目上线。二是包联帮扶10个在建竣工项目，聚鑫源针织、高新产业孵化中心、园区职工公寓等10个项目主体工程完工，部分投产或投入使用。三是重点推进10个落地开工项目，铃木电梯、阀门集成工业园、园区物流配送中心等10个项目全部落地。

“4+1”产业发展框架 即以山西振东安特生物制药有限公司、德元堂药业有限公司、“中华老字号”山西双合成工贸有限公司为代表的医药食品加工业；以中航美运兰田装备制造有限公司、山西鸿基科技股份有限公司为代表的装备制造业；以北方自动控制研究所、山西物联谷科技有限公司为代表的电子信息产业；以山西晋能艾斯特空冷设备制造有限公司、山西亚乐士环保设备有限公司为代表的节能环保产业，以三晋国际物流城和汽贸园为支撑的现代物流产业。

“4+1”产业扶贫 即在农村发展养羊、蔬菜种植、育苗、万寿菊种植以及农家乐。

“4375”工程 宁武县狠抓化北屯循环农业、怀道千亩食用菌、余庄高源脱毒马铃薯和西马坊农业集约化经营四大农业科技示范园区的后续建设和体制运营；养殖上培育龙头企业，推进雨润十万头商品猪养殖、大象清福千万只肉鸡养殖、紫云牧业百万只肉羊精细加工三大龙头养殖加工项目；农产品加工上突出本土特色，扶持五谷园、芦芽农夫等七个特色优势农产品加工企业；农民增收上，实施五大富民增收工程。

“4442”城镇建设工程 宁武县提出。第一个“4”是指“四区开发”，即：一是以大河堡为中心的东城新区，定位为县行政经济文化中心区。二是以新建西关小学、县人民医院和刘家园移民新区为中心的西城新区，定位为县综合服务和移民新区。三是以东梁坡为中心的东北片区，定位为县教育文化新区。四是以人民大街和凤凰大街为中心的旧城区。第二个“4”指的是“四馆建设”。即在东城新区新建体育馆、文化馆、档案馆、博物馆。第三个“4”指的是“四大广场建设”。即：东城区人民广场、西城区凤凰广场、恢河广场和火车站站前广场。“2”是指阳方口和东寨两大集镇整治。

“6203计划” 在“十二五”期间实施人才强教、布局优化、科技创新、职教振兴、均衡发展、文化引领等6大工程，落实20项具体推进措施，提升山西省教育的科技创新、服务综改、人才支撑等3大能力。

“7451工程” 是忻州市忻府区城市建设工程中“七路四桥、五馆一院”的简称。“七路”是指在中心城区规划区域新建七条主干线，形成四横三纵干道网；“四横”是指龙翔街、凤栖街、梨花街和雁门大道；“三纵”是指牧马路、慕山路和云中北路；“五馆”是指图书馆、博物馆、艺术馆、科技馆、体育馆；“一院”是指歌舞剧院。

“812”转型综改任务 晋中市完成8项重大改革年度目标任务，10项重大事项取得实质性进展，推进20项重大项目建设。

索 引

说 明 (1)本索引以人名、地名、机构名称、活动名称、事件(事物)名称等为主题词。(2)本索引按主题词汉语拼音字母顺序排列(数字开头主题词另排序)，主题词后面的数字和字母分别表示所在页码和分栏位置(abc表示本页码左中右三栏)，如《沧桑》112c，表示《沧桑》在第112页c栏。(3)本索引主题词主要选自本年鉴正文部分，特载、大事记、附录以及图表、照片不在索引范围内。

H

M

N

P

Q

T

W

X

Y

Z